Gesellschaftsrecht

2. Auflage

Prof. Dr. Peter Jung, Maître en droit
Ordinarius für Privatrecht an der Universität Basel

Prof. Dr. Peter V. Kunz, RA, LL.M.
Ordinarius für Wirtschaftsrecht und Rechtsvergleichung an der Universität Bern

Prof. Dr. Harald Bärtschi, RA, LL.M.
Titularprofessor für Privat- und Wirtschaftsrecht an der Universität Zürich

Schulthess § 2018

Bibliografische Information der Deutschen Nationalbibliothek
Die Deutsche Nationalbibliothek verzeichnet diese Publikation in der Deutschen Nationalbibliografie; detaillierte bibliografische Daten sind im Internet über http://dnb.d-nb.de abrufbar.

ISBN 978-3-7255-7777-4

www.schulthess.com

Gestaltungskonzept: Beling Thoenen Design, Zürich.

Gesellschaftsrecht

«litera B»

herausgegeben von

Vorwort der Herausgeber

Liebe Leserin, lieber Leser

Dieser Band ist Teil der Lehrbuchreihe «litera B». Das Herausgeberteam hat sich zum Ziel gesetzt, ein Lehrmittel zu entwickeln, das den Anforderungen des Bologna-Systems gerecht werden kann. Die Erfahrung hat gezeigt, dass dieses Lehrmittel aber auch dem Praktiker einen willkommenen Einstieg in ein spezifisches Rechtsgebiet bietet.

Das Herausgeberteam besteht ganz im Sinne des Bologna-Grundgedankens aus Vertretern der meisten Universitäten der Schweiz. Wir haben uns bemüht, auch für die einzelnen Lehrmittel jeweils Autoren aus unterschiedlichen Universitäten zu gewinnen.

Das Bologna-Konzept überträgt den Studierenden eine höhere Verantwortung für ihre eigene Ausbildung. Sie müssen im Rahmen des ECTS-Anrechnungssystems wesentliche Teile des Stoffes im Selbststudium erarbeiten. Den Dozierenden bietet sich dadurch die Chance, mit Studierenden zu arbeiten, die sich auf die einzelnen Lehrveranstaltungen vorbereitet haben. Das Konzept des vorliegenden Lehrmittels setzt an diesem Punkt an. Es ist darauf ausgelegt, die Schnittstelle zwischen dem Selbststudium und den einzelnen Lehrveranstaltungen genauer zu definieren.

Die Lehrbuchreihe wurde wohlwollend aufgenommen. Bereits sind einige Werke in weiteren Auflagen erschienen. Die Herausgeber haben aufgrund der Erfahrungen das Konzept soweit notwendig leicht überarbeitet.

Weiterhin zeichnet sich die Lehrbuchreihe durch folgende Charakteristika aus:

- Die Autoren konzentrieren sich, gestützt auf die Erfahrungen aus ihrer Forschungs- und Lehrtätigkeit, auf eine pädagogische Aufarbeitung des Stoffes.
- Der Stoff wird in Modulen präsentiert, die von den Studierenden im Selbststudium erarbeitet werden können.
- Jedes Modul beginnt jeweils mit einer Übersicht über die Lernziele, den gesetzlichen Grundlagen und den Literaturhinweisen. Dieser Übersicht folgt zur Illustration des Wochenthemas ein Fall, der den Studierenden den Einstieg in die Thematik erleichtert sowie verschiedene Fragen, um das Erlernte im Selbststudium zu prüfen. Diese Fälle werden in der Lehrveranstaltung besprochen.

Auf dieser Grundlage haben die Studierenden die Gewissheit, wie sie sic
auf die Lehrveranstaltungen vorbereiten; die Dozierenden wissen, au
welchem Vorwissen sie ihre Ausführungen aufbauen können.

Die Autorinnen und Autoren haben den Text mit Blick auf das pädago
gisch ausgerichtete Ziel bewusst knapp gehalten und in vielen Bereiche
auf eine Darstellung und Diskussion von Einzelproblemen verzichtet. Si
konzentrieren sich auf diejenigen Fragen, die für das Verständnis des je
weiligen Themengebietes zwingend notwendig und für die Basisausbil
dung unerlässlich sind. Weiterführende Hinweise sollen den Zugang z
einer vertiefteren Auseinandersetzung mit der Materie erleichtern.

Das Herausgeberteam dankt dem Schulthess Verlag für die grosse Hilf
und Unterstützung, die es im Laufe der Entwicklung dieser neuen Lehr
mittelreihe erfahren durfte. Gerne nehmen wir Kritik und Anregungen ent
gegen und freuen uns auf einen schrittweisen Ausbau dieses Lehrmittels

Im Sommer 2015, das Herausgeberteam

Vorwort der Autoren, 1. Auflage

ieses Lehrbuch der Reihe «litera B» dient der Vermittlung und Vertiefung on Grundwissen im Gesellschaftsrecht unter Einschluss der für Gesellchaften bedeutsamen handelsrechtlichen Regelungen. Zugleich besteht die Gelegenheit, die Anwendung der erworbenen Kenntnisse anhand von praktischen Beispielen und Fällen einzuüben. Zur Wiederholung des Stoffes eignen sich insbesondere die zusammenfassenden Grafiken und Tabellen. Das Lehrbuch richtet sich an Studierende auf Bachelor- und Masterstufe sowie an Anwaltskandidatinnen und -kandidaten.

Behandelt werden in einem ersten von *Peter Jung* verfassten Kapitel die Grundlagen des Handels- und Gesellschaftsrechts mit Ausführungen zum Gegenstand und zu den Quellen (§ 1) sowie den Grundbegriffen und Fragestellungen des Gesellschaftsrechts (§ 2), zu den verschiedenen Gesellschaftsformen und -typen (§ 3), zum Gesellschaftsunternehmen (§ 4), zur Register-, Firmen- und Rechnungslegungspublizität (§ 5) sowie zum rechtsgeschäftlichen und tatsächlichen Handeln von Gesellschaften (§ 6). Die §§ 1–3 und § 6 sind auch als Repetitorium geeignet. Im Besonderen Teil widmet sich *Peter V. Kunz* den verschiedenen Personengesellschaften (§ 7), dem Konzern-, Umstrukturierungs- und Börsengesellschaftsrecht (§§ 12–14) sowie den besonderen Gesellschaftsformen des Kollektivanlagenrechts (§ 15). *Harald Bärtschi* behandelt die Aktien- (§ 8) und die Kommanditaktiengesellschaft (§ 9), die GmbH (§ 10) sowie die Genossenschaft (§ 11). Der Band schliesst mit einer von *Peter Jung* verfassten kurzen Darstellung des Gesellschaftsrechts der Europäischen Union und seiner Bedeutung für die Schweiz (§ 16).

Die Lernziele wurden dem jeweiligen Paragrafen vorangestellt und danach unterteilt, was man kennen (z. B. die Begriffselemente der Gesellschaft), verstehen (z. B. die Funktionsweisen der einzelnen Personengesellschaften) oder leisten können (z. B. die Lösung von Fällen im Bereich der Verantwortlichkeit von Organen) sollte. Ferner finden sich zu jedem Abschnitt Hinweise auf die wichtigsten Gesetzesbestimmungen und auf die zur weiteren Beschäftigung mit den entsprechenden Rechtsfragen geeignete Literatur. Ein lebensnaher Sachverhalt soll für die jeweilige Problematik sensibilisieren. Im eigentlichen Text stehen schliesslich diejenigen Informationen, die zur Erreichung der Lernziele notwendig sind. Die Fussnoten enthalten weitere Hinweise auf die zur Vertiefung geeignete Rechtsprechung und Literatur.

Die Autoren möchten sich bei dieser Gelegenheit ganz herzlich für die wertvolle Unterstützung durch *Elias Bischof LL.M.*, *Danijela Glavonjic*, *Dr. Bernd Hauck*, *Adrian Kägi*, *Eva Laederach*, *Esther Reymann*, *Dr. Tizian Troxler* und *Nadine Zbinden* bedanken. Frau *Nina Vates* vom Schulthess Verlag gebührt ein besonderer Dank für die stets geduldige und zuverlässige Betreuung dieser Publikation.

Basel, Bern und Zürich, im März 2016

Peter Jung/Peter V. Kunz/Harald Bärtschi

Vorwort der Autoren, 2. Auflage

Die durch die gute Aufnahme des Lehrbuchs erforderlich gewordene Neuauflage gab Gelegenheit, die seit März 2016 eingetretenen Neuerungen einzuarbeiten. Das gilt insbesondere für das neue Firmenrecht, die Botschaft zur Änderung des Obligationenrechts (Aktienrecht) vom 23. November 2016 und für die auf Gesetzesstufe bereits beschlossene, aber aufgrund ausstehender Ausführungsverordnungen voraussichtlich erst 2020 in Kraft tretende Revision des Handelsregisterrechts. Rechtsprechung und Literatur wurden generell bis zum Mai 2018 nachgeführt. Die Autoren danken *David Ballmer*, *Eva Laederach*, *Giulia Müller*, *Stephanie Stohwasser und Lukas Wendt* für die wertvolle Unterstützung bei der Vorbereitung der Neuauflage, *Dr. Karolina Kuprecht* für die Hinweise zu den §§ 8–11 und dem Schulthess Verlag für die zuverlässige Betreuung der Drucklegung.

Basel, Bern und Zürich, im Juni 2018

Peter Jung/Peter V. Kunz/Harald Bärtschi

nhaltsübersicht

Inhaltsverzeichnis

Abbildungsverzeichnis

Abkürzungsverzeichnis

a	alte/r/s
a. A.	anderer Ansicht
a. a. O.	am angegebenen Ort
aBEHG	alte BEHG-Fassung, in Kraft bis 31. Dezember 2015; Bundesgesetz über die Börsen und den Effektenhandel (Börsengesetz) vom 24. März 1995 (SR 954.1)
aBEHV	alte Börsenverordnung, wurde auf den 1. Januar 2016 durch die FinfraV ersetzt; Verordnung über die Börsen und den Effektenhandel (Börsenverordnung) vom 2.12.1996 (ehemals SR 954.11)
aBEHV-FINMA	alte Börsenverordnung-FINMA, wurde auf den 1. Januar 2016 durch die FinfraV-FINMA ersetzt; Verordnung der Eidgenössischen Finanzmarktaufsicht über die Börsen und den Effektenhandel (Börsenverordnung-FINMA) vom 25. Oktober 2008 (ehemals SR 954.193)
Abl.	Amtsblatt der Europäischen Union
Abs.	Absatz
ABV	Aktionärsbindungsvertrag
AcP	Archiv für die civilistische Praxis, Tübingen
a. E.	am Ende
AEUV	Vertrag über die Arbeitsweise der Europäischen Union
AFG	Anlagefondsgesetz, wurde auf den 1. Januar 2007 durch das KAG ersetzt; Bundesgesetz über die Anlagefonds (Anlagefondsgesetz) vom 18. März 1994 (ehemals SR 951.31)
AG	Aktiengesellschaft und Kanton Aargau
AHV	Alters- und Hinterlassenenversicherung
AHVG	Bundesgesetz über die Alters- und Hinterlassenenversicherung (AHVG) vom 20. Dezember 1946 (SR 831.10)
AJP	Aktuelle Juristische Praxis, St. Gallen
AktG	Aktiengesetz vom 6. September 1965 (Deutschland)
a. M.	anderer Meinung
AmtlBull	Amtliches Bulletin der Bundesversammlung

Anh.	Anhang
Anm.	Anmerkung
AppGer	Appellationsgericht
ARGE	Arbeitsgemeinschaft
ArG	Bundesgesetz über die Arbeit in Industrie, Gewerbe und Handel (Arbeitsgesetz, ArG) vom 13. März 1964 (SR 822.11)
Art.	Artikel
AS	Amtliche Sammlung des Bundesrechts
ASA	Archiv für Schweizerisches Abgaberecht, Bern
ASR	Abhandlungen zum schweizerischen Recht, Bern
AT	Allgemeiner Teil
Aufl.	Auflage
AVO	Verordnung über die Beaufsichtigung von privaten Versicherungsunternehmen (Aufsichtsverordnung, AVO) vom 9. November 2005 (SR 961.011)
BankG	Bundesgesetz über die Banken und Sparkassen (Bankengesetz, BankG) vom 8. November 1934 (SR 952.0)
BankV	Verordnung über die Banken und Sparkassen (Bankenverordnung, BankV) vom 30. April 2014 (SR 952.02)
BB	Betriebs-Berater, Frankfurt/M.
BBl	Schweizerisches Bundesblatt
Bd./Bde.	Band/Bände
BE	Kanton Bern
BEG	Bundesgesetz über Bucheffekten (Bucheffektengesetz, BEG) vom 3. Oktober 2008 (SR 957.1)
BEHG	Bundesgesetz über die Börsen und den Effektenhandel (Börsengesetz, BEHG) vom 24. März 1995 (SR 954.1)
betr.	Betreffend
BewG	Bundesgesetz über den Erwerb von Grundstücken durch Personen im Ausland (BewG) vom 16. Dezember 1983 (SR 211.412.41)
BezGer	Bezirksgericht
BGB	Bürgerliches Gesetzbuch vom 18. August 1896 (Deutschland)
BGBB	Bundesgesetz über das bäuerliche Bodenrecht (BGBB) vom 4. Oktober 1991 (SR 211.412.11)

BGE	Amtliche Sammlung der Entscheidungen des Schweizerischen Bundesgerichts
BGer	Bundesgericht
BGG	Bundesgesetz über das Bundesgericht (Bundesgerichtsgesetz, BGG) vom 17. Juni 2005 (SR 173.110)
BGH	Bundesgerichtshof, Karlsruhe
BGHZ	Entscheidungen des Bundesgerichtshofs in Zivilsachen
BIS	Bank for International Settlements
BJM	Basler Juristische Mitteilungen, Basel
BJR	Business Judgement Rule
BK	Berner Kommentar
BL	Kanton Basel-Landschaft
BLG	Basler Lagerhaus- und Speditionsgesellschaft AG
BN	Der bernische Notar, Langenthal
BS	Kanton Basel-Stadt
BSK	Basler Kommentar
bspw.	beispielsweise
BTJP	Berner Tage für die juristische Praxis, Bern
BV	Bundesverfassung der Schweizerischen Eidgenossenschaft vom 18. April 1999 (SR 101)
BVG	Bundesgesetz über die berufliche Alters-, Hinterlassenen- und Invalidenvorsorge (BVG) vom 25. Juni 1982 (SR 831.40)
BX	BX Berne eXchange (Schweizer Effektenbörse in Bern)
bzgl.	bezüglich
bzw.	beziehungsweise
CapLaw	Swiss Capital Market Law (Online-Zeitschrift)
CEO	Chief Executive Officer
CFO	Chief Financial Officer
CHF	Schweizer Franken
CHK	Handkommentar zum Schweizer Privatrecht
Co.	Compagnie
c/o	care of
COM	European Commission Document (= KOM)
Corp.	Corporation

CR	Commentaire Romand
CSR	Corporate Social Responsibility
DBG	Bundesgesetz vom 14. Dezember 1990 über die direkte Bundessteuer (SR 642.11)
ders./dies.	derselbe/dieselbe(n)
d. h.	das heisst
DesG	Bundesgesetz über den Schutz von Design (Designgesetz, DesG) vom 5. Oktober 2001 (SR 232.12)
DesV	Verordnung über den Schutz von Design (Designverordnung, DesV) vom 8. März 2002 (SR 232.121)
Diss.	Dissertation
Dr.	Doktor
DSG	Bundesgesetz über den Datenschutz (DSG) vom 19. Juni 1992 (SR 235.1)
E.	Erwägung(en)
E-	Entwurf
EBK	Eidgenössische Bankenkommission (Vorgängerorganisation FINMA)
ECFLR	European Company and Financial Law Review
EFD	Eidgenössisches Finanzdepartement
EFTA	European Free Trade Association
EG	Europäische Gemeinschaft
eG	einfache Gesellschaft
EGMR	Europäischer Gerichtshof für Menschenrechte
EHRA	Eidgenössisches Amt für das Handelsregister
Eidg.	Eidgenössische
EMRK	Konvention zum Schutz der Menschenrechte und Grundfreiheiten (Europäische Menschenrechtskonvention) vom 4. November 1950 (SR 0.101)
endg.	endgültig
EÖBV	Verordnung über die Erstellung elektronischer öffentlicher Urkunden und elektronischer Beglaubigungen (EÖBV) vom 8. Dezember 2017 (SR 211.435.1)
ErgBd	Ergänzungsband
Erw.	Erwägung
ESTV	Eidg. Steuerverwaltung

et al.	et alii (und andere)
etc.	et cetera
EU	Europäische Union
EuGH	Europäischer Gerichtshof
Europ.	Europäisch/e/er/es
EuZW	Europäische Zeitschrift für Wirtschaftsrecht, Frankfurt/M.
EVD	Eidgenössisches Volkswirtschaftsdepartement
evtl.	eventuell
EWG	Europäische Wirtschaftsgemeinschaft
EWIV	Europäische Wirtschaftliche Interessenvereinigung
EWR	Europäischer Wirtschaftsraum
EWRA	Abkommen über den Europäischen Wirtschaftsraum (EWRA) vom 2. Mai 1992
EWS	Europäisches Wirtschafts- und Steuerrecht, Frankfurt/M.
f., ff.	folgende Seite(n)
FamPra.ch	Die Praxis des Familienrechts, Bern
FASB	Financial Accounting Standards Board
FATF	Financial Action Task Force on Money Laundering (= GAFI)
FE	Fundatio Europea
FER	Fachempfehlungen zur Rechnungslegung
FIDLEG	Bundesgesetz über die Finanzdienstleistungen (Finanzdienstleistungsgesetz, FIDLEG), Entwurf
FinfraG	Bundesgesetz über die Finanzmarktinfrastrukturen und das Marktverhalten im Effekten- und Derivatehandel (Finanzmarktinfrastrukturgesetz, FinfraG) vom 19. Juni 2015 (SR 958.1)
FinfraV	Verordnung über die Finanzmarktinfrastrukturen und das Marktverhalten im Effekten- und Derivatehandel (Finanzmarktinfrastrukturverordnung, FinfraV) vom 25. November 2015 (SR 958.11)
FinfraV-FINMA	Verordnung der Eidgenössischen Finanzmarktaufsicht über die Finanzmarktinfrastrukturen und das Marktverhalten im Effekten- und Derivatehandel (Finanzmarktinfrastrukturverordnung-FINMA, FinfraV-FINMA) vom 3. Dezember 2015 (SR 958.111)

FINIG	Bundesgesetz über die Finanzinstitute (Finanzinstitutsgesetz, FINIG), Entwurf
FINMA	Eidgenössische Finanzmarktaufsicht, Bern
FINMAG	Bundesgesetz über die Eidgenössische Finanzmarktaufsicht (Finanzmarktaufsichtsgesetz) vom 22. Juni 2007 (SR 956.1)
FKVO	Verordnung (EG) Nr. 139/2004 des Rates vom 20. Januar 2004 über die Kontrolle von Unternehmenszusammenschlüssen (EG-Fusionskontrollverordnung)
Fn.	Fussnote
FR	Kanton Freiburg
FS	Festschrift
FStR	IFF Forum für Steuerrecht, St.Gallen
FusG	Bundesgesetz über Fusion, Spaltung, Umwandlung und Vermögensübertragung (Fusionsgesetz, FusG) vom 3. Oktober 2003 (SR 221.301)
FuW	Finanz und Wirtschaft (Zeitung)
FZA	Abkommen zwischen der Schweizerischen Eidgenossenschaft einerseits und der Europäischen Gemeinschaft und ihren Mitgliedstaaten andererseits über die Freizügigkeit (Freizügigkeitsabkommen, FZA) vom 21. Juni 1999 (SR 0.142.112.681)
GAAP	Generally Accepted Accounting Principles
GAFI	Groupe d'Action Financière (= FATF)
GesKR	Schweizerische Zeitschrift für Gesellschafts- und Kapitalmarktrecht sowie Umstrukturierungen, Zürich
GBV	Grundbuchverordnung (GBV) vom 23. September 2011 (SR 211.432.1)
GeBüV	Verordnung über die Führung und Aufbewahrung der Geschäftsbücher (Geschäftsbücherverordnung, GeBüV) vom 24. April 2002 (SR 221.431)
Gen	Genossenschaft
GesRZ	Der Gesellschafter (Zeitschrift), Wien
ggf.	gegebenenfalls
GmbH	Gesellschaft mit beschränkter Haftung (= Sàrl = Sagl)
GmbH & Co. KG	Gesellschaft mit beschränkter Haftung & Compagnie Kommanditgesellschaft

GoB	Grundsätze ordnungsmässiger Buchführung
GoR	Grundsätze ordnungsmässiger Rechnungslegung
GPR	Zeitschrift für das Privatrecht der Europäischen Union (früher: Zeitschrift für Gemeinschaftsprivatrecht), München
GR	Kanton Graubünden
grds.	grundsätzlich
GV	Generalversammlung
GVP	Gerichts- und Verwaltungspraxis
GwG	Bundesgesetz über die Bekämpfung der Geldwäscherei und der Terrorismusfinanzierung (Geldwäschereigesetz, GwG) vom 10. Oktober 1997 (SR 955.0)
Habil.	Habilitation
HB	Halbband
h. c.	honoris causa
HG	Haftungsgesetz
HGB	Handelsgesetzbuch vom 10. Mai 1897 (Deutschland)
HGer	Handelsgericht (AG, BE, SG, ZH)
h. L./h. M.	herrschende Lehre/herrschende Meinung
HR	Handelsregister
HRegV	Handelsregisterverordnung vom 17. Oktober 2007 (SR 221.411)
Hrsg.	Herausgeber
HWP	Schweizer Handbuch der Wirtschaftsprüfung
HWpÜ	Haager Wertpapierübereinkommen vom 5. Juli 2006 (Übereinkommen über die auf bestimmte Rechte an Intermediärverwahrten Wertpapieren anzuwendende Rechtsordnung)
IAS	International Accounting Standards
IASB	International Accounting Standards Board
i. d. R.	in der Regel
i. e. S.	im engeren Sinne
IFRS	International Financial Reporting Standards
IKS	Internes Kontrollsystem
Inc.	Incorporated

in Liq.	in Liquidation
insb.	insbesondere
IPRG	Bundesgesetz über das Internationale Privatrecht vom 18. Dezember 1987 (SR 291)
i. S.	in Sachen
i. S. d.	im Sinne der/des
i. S. v.	im Sinne von
i. V. m.	in Verbindung mit
i. w. S.	im weiteren Sinne
Jh.	Jahrhundert
KAG	Bundesgesetz über die kollektiven Kapitalanlagen (Kollektivanlagengesetz, KAG) vom 23. Juni 2006 (SR 951.31)
KAKV-FINMA	Verordnung der Eidgenössischen Finanzmarktaufsicht über den Konkurs von kollektiven Kapitalanlagen (Kollektivanlagen-Konkursverordnung-FINMA) vom 6. Dezember 2012 (SR 951.315.2)
Kap.	Kapitel
KassGer	Kassationsgericht
KG	Bundesgesetz über Kartelle und andere Wettbewerbsbeschränkungen (Kartellgesetz, KG) vom 6. Oktober 1995 (SR 251)
KG	Kommanditgesellschaft (Abkürzung gängig in Deutschland)
KGer	Kantonsgericht
KKV	Verordnung über die kollektiven Kapitalanlagen (Kollektivanlagenverordnung, KKV) vom 22. November 2006 (SR 951.311)
KKV-FINMA	Verordnung der Eidgenössischen Finanzmarktaufsicht über die kollektiven Kapitalanlagen (Kollektivanlagenverordnung-FINMA, KKV-FINMA) vom 27. August 2014 (SR 951.312)
KlG	Kollektivgesellschaft
KmAG	Kommanditaktiengesellschaft (= SCmA = SAcA)
KmG	Kommanditgesellschaft (= SCm = SAc)
KmGK	Kommanditgesellschaft für kollektive Kapitalanlagen
KMU	Kleine und mittlere Unternehmen

KOM	Dokumente der Europäischen Kommission (= COM)
KR	Kotierungsreglement
KR BX	Kotierungsreglement der BX Berne eXchange (Schweizer Effektenbörse in Bern)
krit.	kritisch
KR SIX	Kotierungsreglement der SIX Exchange Regulation AG, Zürich (Schweizer Börse)
KUKO	Kurzkommentar
KVG	Bundesgesetz über die Krankenversicherung (KVG) vom 18. März 1994 (SR 832.10)
lit.	litera
LFG	Bundesgesetz über die Luftfahrt (Luftfahrtgesetz, LFG) vom 21. Dezember 1948 (SR 748.0)
LGVE	Luzerner Gerichts- und Verwaltungsentscheide (Luzern)
Ltd.	Limited
LU	Kanton Luzern
LugÜ	Übereinkommen über die gerichtliche Zuständigkeit und die Anerkennung und Vollstreckung von Entscheidungen in Zivil- und Handelssachen (Lugano-Übereinkommen, LugÜ) vom 30. Oktober 2007
LVA	Abkommen zwischen der Schweizerischen Eidgenossenschaft und der Europäischen Gemeinschaft über den Luftverkehr (LVA) vom 21. Juni 1999 (SR 0.748.127.192.68)
m. a. W.	mit anderen Worten
M&A	Mergers and Acquisitions
m. E.	meines Erachtens
Mio.	Million(en)
MSchG	Bundesgesetz über den Schutz von Marken und Herkunftsangaben (Markenschutzgesetz, MSchG) vom 28. August 1992 (SR 232.11)
MSchV	Verordnung über den Schutz von Marken (MSchV) vom 23. Dezember 1992 (SR 232.111)
m. w. H.	mit weiteren Hinweisen
m. w. N.	mit weiteren Nachweisen
MWSTG	Bundesgesetz über die Mehrwertsteuer (Mehrwertsteuergesetz, MWSTG) vom 12. Juni 2009 (SR 641.20)

N	Note/Randnote
NBG	Bundesgesetz über die Schweizerische Nationalbank (Nationalbankgesetz, NBG) vom 3. Oktober 2003 (SR 951.11)
NC	Numerus Clausus
NF	Neue Folge
NJW	Neue Juristische Wochenschrift, München/Frankfurt/M.
Nr.	Nummer
NStP	Die neue Steuerpraxis, Bern
NZG	Neue Zeitschrift für Gesellschaftsrecht, Frankfurt/M.
NZZ	Neue Zürcher Zeitung
OECD	Organisation für wirtschaftliche Zusammenarbeit und Entwicklung, Paris
OGer	Obergericht
OHG	Offene Handelsgesellschaft (Deutschland)
OR	Bundesgesetz betreffend die Ergänzung des Schweizerischen Zivilgesetzbuches (Fünfter Teil: Obligationenrecht) vom 30. März 1911 (SR 220)
OR 1883	erste Fassung des Obligationenrechts
OTC	Over the Counter (ausserbörslich)
PartG	Bundesgesetz über die eingetragene Partnerschaft gleichgeschlechtlicher Paare (Partnerschaftsgesetz) vom 18. Juni 2004 (SR 211.231)
PatG	Bundesgesetz über die Erfindungspate (Patengesetz, PatG) vom 25. Juni 1954 (SR 232.14)
PDG	Président Directeur Général
PfG	Pfandbriefgesetz (PfG) vom 25. Juni 1930 (SR 211.423.4)
PGR	Personen- und Gesellschaftsrecht vom 20. Januar 1926 (Liechtenstein; LR 216.0)
PKG	Die Praxis des Kantonsgerichts Graubünden, Chur
PmbH	Partnerschaft mit beschränkter Haftung
Pra	Die Praxis des Bundesgerichts, Basel
PrHG	Bundesgesetz über die Produktehaftpflicht (Produktehaftpflichtgesetz, PrHG) vom 18. Juni 1993 (SR 221.112.944)
RAB	Eidgenössische Revisionsaufsichtsbehörde

RAG	Bundesgesetz über die Zulassung und Beaufsichtigung der Revisorinnen und Revisoren (Revisionsaufsichtsgesetz, RAG) vom 16. Dezember 2005 (SR 221.302)
RAV	Verordnung über die Zulassung und Beaufsichtigung der Revisorinnen und Revisoren (Revisionsaufsichtsverordnung, RAV) vom 22. August 2007 (SR 221.302.3)
RCDIP	Revue critique de droit international privé, Paris
re	in Sache(n)
recht	recht (Zeitschrift, Bern)
REPRAX	Zeitschrift für Handelsregisterpraxis, Zürich
resp.	Respektive
RFJ	Revue Fribourgeoise de Jurisprudence, Fribourg
RGZ	Sammlung der Entscheidungen des Reichsgerichts in Zivilsachen, Leipzig
RIW	Recht der Internationalen Wirtschaft, Frankfurt am Main
RL	Richtlinie (EWG/EG/EU)
RLAhP	Richtlinie betr. Ad hoc-Publizität (Richtlinie Ad hoc-Publizität) der SIX vom 29. Oktober 2008
RLCG	Richtlinie betreffend Informationen zur Corporate Governance (der Schweizer Börse SIX Swiss Exchange)
RLR	Richtlinie betreffend Rechnungslegung (der Schweizer Börse SIX Swiss Exchange)
RS	Rundschreiben
Rs.	Rechtssache
R-UEK	Reglement der Übernahmekommission vom 21. August 2008 (SR 954.195.2)
Rz.	Randziffer(n)
S.	Seite(n)
s.	siehe
SA	Société anonyme
SAcA	Società in accomandita per azioni (= KmAG = SCmA)
SAG	Die Schweizerische Aktiengesellschaft, Zeitschrift für Handels- und Wirtschaftsrecht, Zürich (ab 1990: SZW)
Sagl	Società a garanzia limitata (= GmbH = Sàrl)
Sàrl	Société à responsabilité limitée (= GmbH = Sagl)

SBBG	Bundesgesetz über die Schweizerischen Bundesbahnen (SBBG) vom 20. März 1998 (SR 742.31)
SBG	Schweizerische Bankgesellschaft
SCBP	Swiss Code of Best Practice for Corporate Governance
SCE	Societas Cooperativa Europaea
SchKG	Bundesgesetz über Schuldbetreibung und Konkurs (SchKG) vom 11. April 1889 (SR 281.1)
SCm	Société en commandite (= KmG = Sac)
SCmA	Société en commandite par actions (= KmAG = SAcA)
SE	Societas Europaea
SECO	Staatssekretariat für Wirtschaft
Semjud	La semaine judiciaire, Genf
SG	Kanton St. Gallen
SGK	St. Galler Kommentar
SHAB	Schweizerisches Handelsamtsblatt, Bern
SHK	Stämpflis Handkommentar
SIC	Standing Interpretations Committee
sic!	Zeitschrift für Immaterialgüter-, Informations- und Wettbewerbsrecht, Zürich
SICAF	Société d'Investissement à Capital Fixe
SIWR	Schweizerisches Immaterialgüter- und Wettbewerbsrecht
SICAV	Société d'Investissement à Capital Variable
SIX	SIX Swiss Exchange, Zürich (Schweizer Börse)
SJ	La Semaine Judiciaire, Genf
SJZ	Schweizerische Juristen-Zeitung, Zürich
Slg.	Sammlung
SMI	Schweizerische Mitteilungen über Immaterialgüterrecht, Zürich
SNB	Schweizerische Nationalbank
sog.	sogenannt
SPR	Schweizerisches Privatrecht
SR	Systematische Sammlung des Bundesrechts
SRG	Schweizerische Radio- und Fernsehgesellschaft
SRL	Systematische Rechtssammlung des Kantons Luzern

SSHW	Schweizer Schriften zum Handels- und Wirtschaftsrecht, Zürich
ST	Der Schweizer Treuhänder, Zürich
StG	Bundesgesetz vom 27. Juni 1973 über die Stempelabgaben (SR 641.10)
StGB	Schweizerisches Strafgesetzbuch vom 21. Dezember 1937 (SR 311.0)
StHG	Bundesgesetz vom 14. Dezember 1990 über die Harmonisierung der direkten Steuern der Kantone und Gemeinden (SR 642.14)
StPO	Schweizerische Strafprozessordnung (Strafprozessordnung, StPO) vom 5. Oktober 2007 (SR 312.0)
StR	Steuer Revue, Muri bei Bern
str.	strittig
StromVG	Bundesgesetz über die Stromversorgung (Stromversorgungsgesetz, StromVG) vom 23. März 2007 (SR 734.7)
SVG	Strassenverkehrsgesetz (SVG) vom 19. Dezember 1958 (SR 741.01)
Swiss GAAP	Swiss Generally Accepted Accounting Principles der Fachkommission für Empfehlungen zur Rechnungslegung FER
SZ	Kanton Schwyz
SZIER	Schweizerische Zeitschrift für internationales und europäisches Recht, Zürich
SZW	Schweizerische Zeitschrift für Wirtschafts- und Finanzmarktrecht, Zürich
TG	Kanton Thurgau
ToG	Bundesgesetz über den Schutz von Topographien von Halbleitererzeugnissen (Topographiengesetz, ToG) vom 9. Oktober 1992 (SR 231.2)
ToV	Verordnung über den Schutz von Topographien von Halbleitererzeugnissen (Topographienverordnung, ToV) vom 26. April 1993 (SR 231.21)
TUG	Bundesgesetz über die Organisation der Telekommunikationsunternehmung des Bundes (Telekommunikationsunternehmungsgesetz, TUG) vom 30. April 1997 (SR 784.11)
u. a.	unter anderem

u. Ä.	und Ähnliche(s)
UEK	Übernahmekommission
UEV	Verordnung der Übernahmekommission über öffentliche Kaufangebote (Übernahmeverordnung, UEV) vom 21. August 2008 (SR 954.195.1)
UID	Unternehmens-Identifikationsnummer
ULPA	Uniform Limited Partnership Act (USA 2001)
UNCITRAL	United Nations Commission on International Trade Law
UN/UNO	Organisation der Vereinten Nationen
UPA	Uniform Partnership Act (USA, 1997)
US	United States
USA	Vereinigte Staaten von Amerika
USG	Bundesgesetz über den Umweltschutz (Umweltschutzgesetz, USG) vom 7. Oktober 1983 (SR 814.01)
US-GAAP	United States Generally Accepted Accounting Principles
UStRG II	Bundesgesetz über die Verbesserung der steuerlichen Rahmenbedingungen für unternehmerische Tätigkeiten und Investitionen (Unternehmenssteuerreformgesetz II) vom 23. März 2007 (AS 2008, 2893 ff.)
usw.	und so weiter
u. U.	unter Umständen
UWG	Bundesgesetz gegen den unlauteren Wettbewerb (UWG) vom 19. Dezember 1986 (SR 241)
v. a.	vor allem
VAG	Bundesgesetz betreffend die Aufsicht über Versicherungsunternehmen (Versicherungsaufsichtsgesetz, VAG) vom 17. Dezember 2004 (SR 961.01)
Var.	Variante
VASR	Verordnung über die anerkannten Standards zur Rechnungslegung (VASR) vom 21. November 2012 (SR 221.432)
VE	Vorentwurf
VegüV	Verordnung gegen übermässige Vergütungen bei börsenkotierten Aktiengesellschaften (VegüV) vom 20. November 2013 (SR 221.331)
VG	Bundesgesetz über die Verantwortlichkeit des Bundes sowie seiner Behördenmitglieder und Beamten (Verantwortlichkeitsgesetz, VG) vom 14. März 1958 (SR 170.32)

VGer	Verwaltungsgerichtsentscheid
vgl.	vergleiche
VO	Verordnung (EWG/EG/EU)
VR	Verwaltungsrat
vs.	versus
VSPB	Vereinigung Schweizerischer Privatbanken
VStG	Bundesgesetz über die Verrechnungssteuer vom 13. Oktober 1965 (SR 642.21)
VStR	Bundesgesetz über das Verwaltungsstrafrecht (VStR) vom 22. März 1974 (SR 313.0)
VVAG	Verordnung des Bundesgerichts über die Pfändung und Verwertung von Anteilen an Gemeinschaftsvermögen (VVAG) vom 17. Januar 1923 (SR 281.41)
VVG	Bundesgesetz über den Versicherungsvertrag (Versicherungsvertragsgesetz) vom 2. April 1908 (SR 221.229.1)
VwVG	Bundesgesetz über das Verwaltungsverfahren (Verwaltungsverfahrensgesetz, VwVG) vom 20. Dezember 1968 (SR 172.021)
WuW	Wirtschaft und Wettbewerb
XML	Extensible Markup Language
z. B.	zum Beispiel
ZBGR	Schweizerische Zeitschrift für Beurkundungs- und Grundbuchrecht, Wädenswil
ZBJV	Zeitschrift des Bernischen Juristenvereins, Bern
ZG	Kanton Zug
ZGB	Schweizerisches Zivilgesetzbuch vom 10. Dezember 1907 (SR 210)
ZGR	Zeitschrift für Unternehmens- und Gesellschaftsrecht, Berlin
ZH	Kanton Zürich
ZHR	Zeitschrift für das gesamte Handels- und Wirtschaftsrecht, Frankfurt/M.
Ziff.	Ziffer(n)
ZIP	Zeitschrift für Wirtschaftsrecht, Köln
zit.	zitiert
ZK	Zürcher Kommentar

ZPO	Schweizerische Zivilprozessordnung (Zivilprozessordnung, ZPO) vom 19. Dezember 2008 (SR 272)
ZR	Blätter für Zürcherische Rechtsprechung, Zürich
ZRA SIX	Zulassungsreglement für die Kotierung von Anleihen der SIX Exchange Regulation AG, Zürich (Schweizer Börse)
ZSR	Zeitschrift für Schweizerisches Recht, Basel
ZStP	Zürcher Steuerpraxis, Zürich
ZStR	Schweizerische Zeitschrift für Strafrecht, Bern
ZVglRWiss	Zeitschrift für Vergleichende Rechtswissenschaft, Frankfurt am Main

1. Kapitel: Grundlagen des Handels- und Gesellschaftsrechts

§ 1 Gegenstand des Gesellschaftsrechts

A. Einstieg

Lernziele

- Sie kennen die Begriffselemente der Gesellschaft, die schweizerischen Gesellschaftsformen sowie Eckdaten der geschichtlichen Entwicklung und die Quellen des Gesellschaftsrechts.
- Sie verstehen die Gesellschaft als schuldrechtlichen Vertrag und interessengebundene Organisation.
- Sie sind in der Lage, eine Gesellschaft von anderen Personen- und Vermögensvereinigungen zu unterscheiden.

Gesetzliche Grundlagen

- Art. 530 Abs. 1 OR

Literaturhinweise

FELLMANN, WALTER, Grundfragen im Recht der einfachen Gesellschaft, ZBJV 1997, 285 ff.

JUNG, PETER, in: Roberto/Trüeb (Hrsg.), Handkommentar zum Schweizer Privatrecht, 3. Aufl., Zürich 2016, Art. 530 OR N 1 ff.

MEIER-HAYOZ, ARTHUR/FORSTMOSER, PETER, Schweizerisches Gesellschaftsrecht, 11. Aufl., Bern 2012 (§ 1 und § 10)

RUEDIN, ROLAND, Droit des sociétés, 2. Aufl., Bern 2007, N 390 ff.

B. Einführungsfall

Die Bankangestellte Anna Gabler aus Zürich ist eine begeisterte Cineastin. Sie beschliesst daher, in ihrer Freizeit gemeinsam mit ihrem Mann und ein paar Kollegen aus Zug zum Spass einen Film zu drehen. Alle Beteiligten zahlen CHF 1000 in eine gemeinsame Kasse ein, damit die erforderlichen Utensilien gekauft werden können und über eine Künstleragentur ein Regisseur verpflichtet werden kann.

Aufgaben

1. Wollen sich Anna Gabler und ihre Mitstreiter überhaupt rechtlich binden?
2. Bilden sie eine Gesellschaft i. S. v. Art. 530 Abs. 1 OR?
3. Ist zur Gründung einer Gesellschaft die Bildung von Gesellschaftsvermögen erforderlich?
4. Ist eine Gesellschaft stets auf Gewinnerzielung ausgerichtet?

C. Begriff und Erscheinungsformen der Gesellschaft

I. Begriff der Gesellschaft

Legaldefinition der Gesellschaft

Eine Gesellschaft im Sinne des materiellen schweizerischen Privatrechts (zu Art. 150 IPRG siehe N 28) ist nach *Art. 530 Abs. 1 OR* eine «vertragsmässige Verbindung von zwei oder mehreren Personen zur Erreichung eines gemeinsamen Zweckes mit gemeinsamen Kräften oder Mitteln». Aus dieser grundsätzlich[1] für alle Gesellschaftsformen massgeblichen Begriffsdefinition und ihrer Stellung im Obligationenrecht ergeben sich *vier Begriffselemente*[2]: personelle (N 4 ff.), privatrechtliche (N 7 ff.) und vertragliche (N 10 ff.) Grundlage sowie gemeinsamer Zweck (N 13 ff.). 3

1 Siehe allerdings noch N 5 und N 10.

2 Die Anzahl der in der Literatur genannten Begriffselemente variiert zwischen drei (Zusammenziehung der Merkmale zwei und drei) und fünf (gesonderter Ausweis der ausdrücklich genannten gemeinsamen Kräfte und Mittel neben der Zweckverfolgung).

1. Begriffselement: Personelle Grundlage

Grundsatz

Eine Gesellschaft stellt zunächst im Prinzip eine *Vereinigung von mindestens zwei Personen* dar (ausdrücklich Art. 530 Abs. 1 OR). Es kann sich dabei grundsätzlich sowohl um natürliche und juristische Personen wie um sonstige rechtlich verselbständigte Personengesamtheiten[3] handeln (Art. 594 Abs. 2, 625, 775, 828 Abs. 1 OR). Lediglich die Gesellschafter einer KlG (Art. 552 Abs. 1 OR) sowie die unbeschränkt haftenden Gesellschafter (sog. Komplementäre) einer KmG (Art. 594 Abs. 2 OR) und einer KmAG (Art. 764 Abs. 1 i. V. m. Art. 552 Abs. 1 OR) müssen wegen der besonderen personalen Prägung der Gesellschafterstellung sowie zur Vermeidung von anonymen und gestuften Haftungsverhältnissen natürliche Personen sein[4]. Auf der anderen Seite kommen als Komplementäre einer KmG für kollektive Kapitalanlagen[5] keine natürlichen Personen, sondern nur Aktiengesellschaften mit Sitz in der Schweiz in Frage (Art. 98 Abs. 2 Satz 1 KAG), weil Aktiengesellschaften namentlich über ein besonders gesichertes Grundkapital verfügen (§ 8 N 48 ff., 115 ff.). Urteils- oder handlungsunfähige Gesellschafter werden durch ihre gesetzlichen Vertreter vertreten. Entgegen dem Wortlaut von Art. 545 Abs. 1 Ziff. 3, 574 Abs. 1, 619 Abs. 1, Abs. 2 S. 2 OR soll die nachträgliche umfassende Verbeiständung eines persönlich haftenden Gesellschafters nur auf Begehren eines Mitgesellschafters, nicht jedoch ipso iure zur Auflösung der betreffenden Personengesellschaft führen[6].

Ausnahmen

5 Eine Ausnahme «nach unten» findet sich im Recht der Kapitalgesellschaften: Die Aktiengesellschaft (Art. 625 Abs. 1 OR) und die GmbH (Art. 772 Abs. 1, 775 OR) können auch nur durch eine Person gegründet werden bzw. nach dem Ausscheiden von Gesellschaftern als *Einpersonengesellschaften* fortbestehen. Umstritten ist, ob dies aufgrund des Verweises in Art. 764 Abs. 2 OR auf das Aktienrecht auch für die KmAG gilt oder ob dem die besondere Zweiklassenstruktur dieser aus Komplementären und Kommanditaktionären mit unterschiedlicher Rechtsstellung beste-

3 Rechtlich verselbständigt sind die KlG (Art. 562 OR), die KmG (Art. 602 OR) und die Stockwerkeigentümergemeinschaft (Art. 712l ZGB); nach h. M. (z. B. BGE 114 V 2 E 3b und BK-Fellmann/Müller, Art. 530 OR N 372) soll dies auch für die Erbengemeinschaft gelten (a. A. CHK-Jung, Art. 530 OR N 3).

4 Krit. Jung, Mélanges Roland Ruedin, 2006, S. 3, 9 ff.

5 Siehe näher zu dieser speziellen Gesellschaftsform des Kollektivanlagenrechts § 15 N 34 ff.

6 BGer 4A_150/2014 E. 1.4.

henden Gesellschaften entgegensteht[7]. Eine Ausnahme «nach oben» macht das Genossenschaftsrecht: Bei Eintragung[8] der *Genossenschaft* müssen nämlich immer noch mindestens sieben Personen bzw. rechtlich verselbständigte Personengemeinschaften an dieser beteiligt sein (Art. 831 Abs. 1 OR). Sinkt die Zahl der Genossenschafter später unter sieben, handelt es sich zwar nicht um einen Organisationsmangel i. S. v. Art. 908 OR (Gesellschafter sind keine Organe), sondern um den Verlust einer begriffsbestimmenden Existenzvoraussetzung, auf den nach Art. 831 Abs. 2 OR die Regelungen über Organisationsmängel bei Aktiengesellschaften (Art. 731b OR) entsprechende Anwendung finden. Das Gericht kann der Genossenschaft daher nur noch eine letzte Frist zur Wiederherstellung des rechtmässigen Zustands durch die Neuaufnahme von Genossenschaftern setzen und muss nach deren fruchtlosem Ablauf oder bei deren von vornherein gegebener Aussichtslosigkeit (z. B. Pattsituation unter den verbliebenen Genossenschaftern) die Genossenschaft auflösen (vgl. Art. 731b Abs. 1 Ziff. 1 und 3 OR)[9].

Abgrenzungen

Die Tatsache, dass eine Gesellschaft immer durch mindestens eine natürliche bzw. juristische Person oder verselbständigte Personengesamtheit als Gesellschafterin gebildet wird, unterscheidet die Gesellschaft von den privatrechtlichen Stiftungen (Art. 80 ff. ZGB) und den vertraglichen Anlagefonds (Art. 25 ff. KAG). Bei diesen handelt es sich um blosse Vermögenszusammenfassungen, die zwar wie die Gesellschaft und das Gesellschaftsvermögen zweckgebunden sind, jedoch keine Gesellschafter haben.

2. Begriffselement: Privatrechtliche Grundlage

Ausgrenzung öffentlich-rechtlicher Organisationen

Auch wenn dies in Art. 530 Abs. 1 OR nicht ausdrücklich erwähnt wird, 7
sondern sich aus der systematischen Stellung des Gesellschaftsrechts im Obligationenrecht ergibt, können als Gesellschaften *nur privatrechtliche Organisationen* gelten (vgl. auch Art. 763 OR). Ausgeschlossen und grundsätzlich nicht dem ZGB oder OR unterworfen sind damit juristische Personen des öffentlichen Rechts, die öffentliche Aufgaben wahrnehmen und hierzu mit hoheitlicher Gewalt ausgestattet sind (Art. 763, 829 OR). Dazu gehören:

[7] Mit Recht für die Zulässigkeit einer Einpersonen-KmAG Sethe, SZW 2014, 307 ff., da Art. 764 Abs. 2 OR grundsätzlich auf das Recht der AG verweist auch ein einziger Gesellschafter zugleich als Komplementär und als Kommanditaktionär beteiligt sein kann.

[8] Siehe zur Massgeblichkeit des Eintragungszeitpunkts und nicht des Errichtungsakts CHK-Courvoisier, Art. 831 OR N 2.

[9] BGE 138 III 407; dazu Taisch/Troxler, AJP 2012, 1646 ff.

Beispiele

- die öffentlich-rechtlichen Körperschaften i. S. v. Art. 52 Abs. 2 und Art. 59 Abs. 1 ZGB, also öffentlich-rechtliche Gebietskörperschaften (z. B. Einwohnergemeinden), Personalkörperschaften (z. B. öffentlich-rechtlich organisierte Studentenschaften) und Realkörperschaften (z. B. Alpkorporationen);
- die öffentlich-rechtlichen Anstalten, also ausgegliederte Verwaltungseinheiten wie z. B. die Universitäten;
- die öffentlich-rechtlichen Stiftungen, also vom allgemeinen Vermögen der Verwaltung getrennte Sondervermögen, die selbständig (z. B. Pro Helvetia) oder unselbständig (z. B. Gottfried-Keller-Stiftung) einem öffentlichen Zweck dienen;
- die spezialgesetzlichen Aktiengesellschaften des eidgenössischen oder kantonalen öffentlichen Rechts (z. B. die Schweizerische Nationalbank, die Schweizerischen Bundesbahnen, die Telekommunikationsunternehmung des Bundes[10] oder einzelne Kantonalbanken[11]), auf die allerdings subsidiär auch Regelungen des privaten Aktienrechts zur Anwendung gelangen (siehe z. B. Art. 2 NBG, Art. 22 Abs. 1 SBBG, Art. 2 Abs. 1, 4 TUG)[12].

Sonderfall: Gemischtwirtschaftliche Unternehmen

Bei den sog. gemischtwirtschaftlichen Unternehmen handelt es sich um *private* Aktiengesellschaften (Art. 762 OR) oder Genossenschaften (Art. 926 OR), die aufgrund eines Vertrages öffentlich-rechtlichen Körperschaften in ihren Statuten Mitverwaltungsrechte eingeräumt haben (z. B. Swissgrid, Flughafen Zürich AG), sowie um private Personenvereinigungen, die mit der Erfüllung einzelner öffentlicher Aufgaben betraut sind (z. B. Schützenvereine). Die gemischtwirtschaftlichen Unternehmen zählen zwar zu den Gesellschaften, ihre Leitung bzw. ihre Tätigkeit wird jedoch durch öffentlich-rechtliche Normen überlagert[13]. Dies bedingt etwa eine direkte Bindung an die Grundrechte im Bereich der Wahrnehmung öffentlicher Aufgaben (Art. 35 Abs. 2 BV)[14]. Fraglich ist zudem die Möglichkeit, sich gegenüber anderen staatlichen Akteuren auf die Grundrechte zu berufen[15].

....

10 Swisscom AG, nicht jedoch die Tochtergesellschaft Swisscom (Schweiz) AG.

11 Zum unterschiedlichen rechtlichen Statut der Kantonalbanken siehe Zobl, FS Niklaus Schmid, 2001, S. 517 ff.

12 Zur Problematik derartiger regelmässig als dynamisch zu betrachtender Verweisungen siehe die allerdings fragwürdige und inzwischen durch eine Gesetzesänderung für den konkreten Fall auch überholte Entscheidung BGE 132 III 470, 472 ff.

13 Dazu näher Stöckli, Behördenmitglieder, 2012; Stämpfli, Die gemischtwirtschaftliche Aktiengesellschaft, 1991.

14 Dazu Häsler, Geltung der Grundrechte, 2005.

15 Für die SRG als staatlich konzessionierter privatrechtlicher Verein bejahend EGMR (73604/01) Monnat c. Suisse vom 21.9.2006.

3. Begriffselement: Vertragliche Grundlage

Doppelnatur des Gesellschaftsvertrags

Die Gesellschaft beruht drittens auf einer vertraglichen Basis (Rechtsgemeinschaften: Gesellschaftsvertrag; Körperschaften: Errichtungsakt und Statuten). Insofern ist Gesellschaftsrecht nicht nur Organisationsrecht, sondern auch Sondervertragsrecht. Der Gesellschaftsvertrag hat eine Doppelnatur: Er regelt nicht nur die Rechte und Pflichten der Gesellschafter (schuldrechtliche Komponente), sondern auch die Struktur und Finanzverfassung der Gesellschaft (organisationsrechtliche Komponente). Während bei der einfachen Gesellschaft das vertragsrechtliche Element besonders ausgeprägt ist, ist es bei den Körperschaften wie insbesondere der Aktiengesellschaft das organisationsrechtliche Element, so dass dort teilweise nur der Errichtungsakt mit der Feststellung der Statuten als Vertrag zwischen den Gründern qualifiziert wird[16]. Bei der Einpersonen-Aktiengesellschaft bzw. -GmbH handelt es sich zudem nur um einen Errichtungsakt des Alleingründers als einseitiges öffentlich zu beurkundendes Rechtsgeschäft.

Mängel der Vertragsgrundlage

Sofern der Gesellschaftsvertrag mit Mängeln behaftet ist (rechts- oder sittenwidriger Inhalt, Formmangel, Handlungsunfähigkeit oder Willensmangel eines Beteiligten, versteckter Dissens), besteht eine sog. *fehlerhafte Gesellschaft* (auch sog. faktische Gesellschaft[17]. Mangels gesellschaftsrechtlicher Sonderregelungen müsste auf die fehlerhafte Gesellschaft grundsätzlich das allgemeine Vertragsrecht angewendet werden, was zumeist zu ihrer anfänglichen Unwirksamkeit (Art. 12 ff. ZGB; Art. 1, 11 Abs. 2, 16 Abs. 1, 20 OR) oder einseitigen Unverbindlichkeit (Art. 21, 23 ff. OR) und damit zu einer bereicherungs- und vindikationsrechtlichen Rückabwicklung führen würde[18]. Da dies regelmässig sehr kompliziert wäre und überdies den Interessen Dritter und der Gesellschafter, die auf den Bestand der Gesellschaft vertraut haben, widerspräche, werden die allgemeinen Regelungen jedoch modifiziert: Wenn die Gesellschaft vor Entdeckung ihrer Fehlerhaftigkeit in Vollzug gesetzt wurde (Rechtsgeschäfte mit Dritten, Bildung von Gesellschaftsvermögen) und es sich nicht lediglich um eine Scheingesellschaft handelt, kommt es aufgrund eines nicht behebbaren oder nicht behobenen Mangels grundsätzlich lediglich zu einer *Auflösung und Liquidation der Gesellschaft ex nunc*[19]. Auf die Gutgläubigkeit Dritter kommt es anders als bei einer Scheingesellschaft[20]

16 Zur Rechtsnatur der Statuten einer AG ZK-Jung, Art. 620 OR N 56 f.

17 Näher dazu Neese, Fehlerhafte Gesellschaften, 1991.

18 Für eine solche Rückabwicklung bei widerrechtlichem oder unsittlichem Zweck BK-Fellmann/Müller, Art. 530 OR N 700 f.

19 BGE 116 II 707, 709; ZK-Handschin/Vonzun, 530 OR N 262 und zu Besonderheiten bei der Abwicklung N 282 ff.

20 Zu dieser BGer 4a_513/2015 E.3.1.

nicht an, da es auch um einen Schutz der Gesellschafter selbst geht[21]. Der Behandlung der Gesellschaft als in der Vergangenheit wirksam können dann allenfalls noch bedeutende Allgemeininteressen oder der Schutz handlungsunfähiger Personen entgegenstehen[22]. Sofern ein vergleichbares Bedürfnis nach Schutz der Gesellschafter oder Dritter besteht, können die Grundsätze über die fehlerhaft gegründete Gesellschaft auch auf fehlerhafte Änderungen des Gesellschaftsvertrags übertragen werden[23].

Abgrenzungen

Es zählen wegen einer fehlenden vertraglichen Grundlage nicht zu den Gesellschaften:

- Gesetzlich begründete Gemeinschaften wie insbesondere die *gesetzlich begründeten Bruchteilsgemeinschaften* (z. B. Miteigentumsgemeinschaften nach Art. 200 Abs. 2, 670 oder 727 ZGB), die (fortgesetzte) Erbengemeinschaft (Art. 602 ZGB), bei welcher der Teilungswille noch nicht (ggf. auch nur stillschweigend) vertraglich aufgegeben wurde (dann Gesellschaftsgründung unter den Miterben[24]), oder die Gläubigergemeinschaft im Konkurs (Art. 235 ff. und 252 ff. SchKG);
- *Interessengemeinschaften ohne Rechtsbindungswillen*, wie sie etwa bei einem kurzfristigen geselligen Zusammenschluss (z. B. Jassrunde, Wanderung, Mitfahrgemeinschaft unter Freunden[25]), einer religiösen Gemeinschaft[26] oder einer lockeren Partnerschaftsbeziehung (nicht jedoch bei einer auf Dauer angelegten Lebenspartnerschaft mit gemeinsamer Kasse; dazu N 27) entstehen[27].

4. Begriffselement: Gemeinsame Zweckverfolgung

a) Begriff und Arten des Zwecks

Unmittelbarer Zweck

3 Die Gesellschafter müssen schliesslich einen gemeinsamen Zweck verfolgen (affectio oder animus societatis) und diesen Zweck in irgendeiner Weise durch Beitragsleistungen (z. B. Einsatz der Arbeitskraft, Bereitstellung

....

21 A. A. offenbar BSK OR II-Pestalozzi/Vogt, Art. 543 N 21.

22 Vgl. für das deutsche Recht BGHZ 62, 234 und BGHZ 17, 160, 166.

23 BK-Fellmann/Müller, Art. 530 OR N 720 f.; grds. ablehnend ZK-Handschin/Vonzun, Art. 530 OR N 296.

24 Da die Fortsetzung der Erbengemeinschaft vermutet wird, muss sich die Umwandlung in eine einfache Gesellschaft unzweifelhaft aus einer ausdrücklichen Vereinbarung oder den Umständen ergeben (dazu BGer 5A_304/2015 E.3.3, 4.1 und 6.3).

25 Vgl. dazu auch im deutschen Recht den Grenzfall BGH NJW 1974, 1705, 1706 (kein Rechtsbindungswille bei Lottogemeinschaft).

26 BGer 4C.173/2006 E 3.1 (Gemeinschaft von Nonnen und Mönchen).

27 Siehe zur Abgrenzung zwischen loser Bindung und einfacher Gesellschaft auch ZK-Handschin/Vonzun, Art. 530 OR N 197.

von Geld oder Sachen) fördern. Der Zweck einer Gesellschaft besteht zunächst aus einem von allen Gesellschaftern angestrebten *unmittelbaren Erfolg* (auch sog. unmittelbarer oder thematischer Zweck bzw. objet social), der z. B. (mehr oder minder konkret) in der Herstellung eines Produkts, der Erbringung einer Dienstleistung oder der Verwaltung des eigenen Vermögens bestehen kann (z. B. Produktion von Papier, Förderung des Schweizer Films).

Endzweck

Sodann wird mit diesem unmittelbaren Zweck noch gemeinsam ein *Endzweck* (auch sog. mittelbarer Zweck bzw. but social) verfolgt, der wirtschaftlicher oder sonstiger Natur sein kann (vgl. z. B. Art. 620 Abs. 3 OR). Eine *wirtschaftliche* Zielsetzung ist durch das gemeinsame Streben nach geldwerten Vorteilen für die Gesellschafter gekennzeichnet (v. a. Gewinnerzielung, aber auch Kosteneinsparung z. B. durch eine Kooperation in der Forschung oder beim Einkauf; vgl. auch Art. 828 Abs. 1 OR). Eine nicht wirtschaftliche Zielsetzung ist gegeben, wenn *ideelle eigennützige* (Befriedigung nicht wirtschaftlicher Bedürfnisse der Gesellschafter wie z. B. Selbstverwirklichung oder Vergnügen im kulturellen, geselligen oder sportlichen Bereich) oder *gemeinnützige Ziele* (Befriedigung von materiellen oder ideellen Bedürfnissen Dritter; vgl. Art. 23 Abs. 1 lit. f StHG, Art. 56 lit. g DBG) verfolgt werden[28]. Im Gesetz ist mit «Gesellschaftszweck» entweder nur der thematische Zweck (so z. B. in Art. 626 Ziff. 2, 671 Abs. 4 OR), nur der Endzweck (so z. B. in Art. 620 Abs. 3, 706 Abs. 2 Ziff. 4 OR) oder auch beides (so z. B. in Art. 685b Abs. 2, 704 Abs. 1 Ziff. 1, 718a Abs. 1 OR) gemeint.

Verwandte Erscheinungen

Als gemeinsames Nah- und Fernziel ist der Gesellschaftszweck zu unter- 1
scheiden von[29]:

- den individuellen Motiven bzw. Zielen eines jeden Gesellschafters, die dieser mit seiner Gesellschaftsbeteiligung verbindet (z. B. Sicherung des Lebensunterhalts, Geldanlage, Selbstverwirklichung, soziales Engagement);
- der konkreten Tätigkeit der Gesellschaft, die bereits als blosses Mittel zum Zweck zu betrachten ist (z. B. Betrieb einer Papierfabrik als kaufmännisches Gewerbe oder einer kleineren Anwaltskanzlei als nichtkaufmännisches Gewerbe, Vergabe von Filmsubventionen)[30].

....

[28] Bei der Aktiengesellschaft etwa bildet die Absicht der Gewinnerzielung den Regelfall (vgl. Art. 620 Abs. 3, 706 Abs. 2 Ziff. 4 OR).

[29] MEIER-HAYOZ/FORSTMOSER, § 4 N 5 ff.

[30] Abweichend obiter BGer 4A_533/2014 E. 2.3 (gemeinsamer Betrieb eines Restaurants als möglicher Gesellschaftszweck).

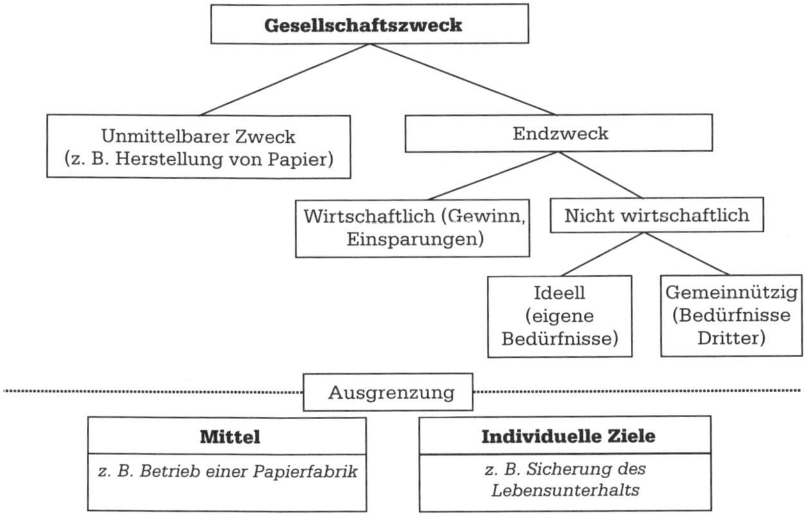

Abb. 1: Gesellschaftszweck – Arten und Abgrenzungen

Gesellschaftszweck und Gewinn- bzw. Verlustverteilung

6 Regelmässig (aber nicht zwingend) wird zur Zweckverfolgung ein von den Privatvermögen der Gesellschafter gesondertes Gesellschaftsvermögen gebildet. Am Ergebnis der Zweckverfolgung (Gewinn oder Verlust) ist jeder Gesellschafter nach Massgabe des Gesellschaftsvertrags bzw. der gesellschaftsrechtlichen Regelungen beteiligt (z. B. Art. 532 f., 660 OR). Regelmässig partizipiert ein Gesellschafter unter Beachtung des Gleichbehandlungsgrundsatzes zugleich am Gewinn und Verlust (vgl. Art. 533 OR). Fraglich ist, ob eine gemeinsame Zweckverfolgung auch dann gegeben ist, wenn ein Gesellschafter den gesamten Gewinn erhalten und der andere den gesamten Verlust tragen soll (sog. *societas leonina*)[31]. Überwiegend wird eine unter Umständen beschränkte Verlusttragung durch jeden Gesellschafter grundsätzlich als wesensnotwendig betrachtet, da die gemeinsame Zweckverfolgung mit den in der Legaldefinition von Art. 530 Abs. 1 OR ausdrücklich erwähnten gemeinsamen Kräften und Mitteln auch eine gemeinsame Risikotragung bedinge[32]. Die in Art. 533 Abs. 3 OR für die Personengesellschaften getroffene Regelung[33] wird dann entweder als Beleg dafür angesehen, dass bereits der Verlust der

[31] Näher FREI, Societas leonina, S. 61 ff. und BK-FELLMANN/MÜLLER, Art. 532 OR N 25 ff.

[32] BGE 26 II 241 E 3.

[33] Zulässigkeit der Befreiung eines ausschliesslich oder vorwiegend Arbeitsleistungen als Beitrag erbringenden Gesellschafters von der Verlusttragung.

Beitragsleistung (z. B. die vergebens erbrachte Arbeitsleistung) generell eine hinreichende Verlusttragung im weiteren Sinne darstelle und damit eine Verlusttragung im engeren Sinne stets vertraglich ausgeschlossen werden könne[34], oder als gesetzliche Ausnahme betrachtet, die allenfalls noch durch Analogien zu erweitern sei[35]. Wenn man klar zwischen dem gemeinsamen Zweck und den gemeinsam eingesetzten Mitteln unterscheidet und wie hier nur die gemeinsame Zweckverfolgung, nicht aber auch den gemeinsamen Mitteleinsatz als begriffsnotwendig ansieht, ist eine Gesellschaft zumindest definitionsgemäss ohne weiteres auch als societas leonina denkbar. Die Vereinbarung einer solchen Gesellschaft könnte dann allenfalls noch nach Art. 20 OR wegen Sittenwidrigkeit (teilweise) nichtig bzw. nach dem analog auch auf Gesellschaftsverhältnisse[36] anwendbaren Art. 21 OR (partiell) anfechtbar sein.

Auf der anderen Seite sollte ein Gesellschafter wegen der in den Grenzen von Art. 19 Abs. 2 OR bestehenden Vertragsfreiheit auch über die Sonderregelung von Art. 533 Abs. 3 OR hinaus von der *Verlusttragung befreit* werden können[37]. Auch aus Art. 530 Abs. 1 OR und der gemeinsamen Zweckverfolgung ergibt sich lediglich die Pflicht zur Beitragsleistung (einschliesslich der Möglichkeit ihres ersatzlosen Verlusts), nicht aber zu einer darüber hinausgehenden zwingenden Beteiligung an einem negativen Geschäftssaldo.

b) Abgrenzungen

Abgrenzung von den einfachen Austauschverträgen

Der gemeinsame Zweck unterscheidet die Gesellschaft zunächst von den 1
einfachen entgeltlichen Veräusserungsverträgen (Kauf oder Tausch), die auf die wechselseitige Erbringung von Leistungen *(do ut des)* und nicht wie der Gesellschaftsvertrag auf die zweckgemäss koordinierte Zusammenfügung von Leistungen gerichtet sind.

Abgrenzung von den Geschäftsbesorgungsverträgen

Die Parteien verfolgen zwar auch bei den *einfachen Geschäftsbesorgungs-* 19
verträgen (z. B. Arbeitsvertrag, Werkvertrag, Auftrag, Maklervertrag) ein gemeinsames Ziel (z. B. Herstellung einer Sache, Gewinn eines Rechts-

[34] So z. B. MEIER-HAYOZ/FORSTMOSER, § 1 N 76 ff.

[35] So z. B. BSK OR II-HANDSCHIN, Art. 533 N 7 f. (analoge Anwendung auf weitere einen Sozialschutz verdienende Gesellschafter) und ZK-SIEGWART (1938), Art. 533 OR N 7 ff. (analoge Anwendung auf weitere eine stark zurückgesetzte Stellung einnehmende Gesellschafter).

[36] Die Gesellschaft ist – anders als durch den Wortlaut von Art. 21 OR vorausgesetzt – kein Austauschvertrag mit Leistung und Gegenleistung (dazu noch N 18 ff.).

[37] So auch FELLMANN, ZBJV 1997, 285, 305 ff.; wegen des Normzwecks von Art. 533 Abs. 3 OR jedoch eine soziale Schutzbedürftigkeit des Begünstigten voraussetzend BSK OR II-HANDSCHIN, Art. 533 N 8; generell ablehnend BGE 26 II 241 ff.

streits), dieses Ziel wird aber von einer Partei allein festgelegt und letztlich nur in deren Interesse vom Geschäftsbesorger verfolgt (Interessenwahrung statt Interessengemeinschaft). So wäre etwa auch der Managementvertrag zwischen der Künstleragentur und dem Filmregisseur im Ausgangsfall kein Gesellschaftsvertrag, sondern ein Auftrag, da das beiderseitige Interesse am künstlerischen und wirtschaftlichen Erfolg des Regisseurs noch keine gesellschaftsrechtlich relevante Interessengemeinschaft zwischen dem Regisseur und der vorrangig an ihrem Honoraranspruch interessierten und die Engagements lediglich vermittelnden Agentur begründet[38]. Werden im Rahmen eines Austauschverhältnisses Vereinbarungen getroffen, die lediglich partiell einen Interessengleichlauf herstellen, begründet dies keine einfache Gesellschaft[39].

Auch bei den *partiarischen Rechtsverhältnissen* handelt es sich um Austauschverträge, wobei die Besonderheit darin besteht, dass die im Gegenseitigkeitsverhältnis stehende Leistung eines Vertragspartners ganz oder teilweise von dessen wirtschaftlichem Erfolg abhängig gemacht wird (aleatorisches Element). Abgrenzung von den partiarischen Rechtsverhältnissen

Beispiele: Partiarisches Darlehen (Darlehen, bei welchem dem Darleiher kein oder nur ein geringer fester Zinssatz und stattdessen eine Beteiligung am Geschäftsgewinn des Borgers gewährt wird); Teilpacht (Beteiligung des Verpächters am Gewinn des Pächters); partiarisches Arbeitsverhältnis (Beteiligung von Arbeitnehmern am Gewinn der Arbeitgeberin); partiarischer Kauf (Abhängigkeit des Kaufpreises vom Gewinn des Käufers).

21 Die Vertragsparteien eines partiarischen Rechtsverhältnisses haben ein gemeinsames Interesse an der Erzielung eines möglichst hohen Geschäftsgewinns. Daher kann die Abgrenzung zu der nach aussen hin nicht in Erscheinung tretenden einfachen Gesellschaft (sog. stille Gesellschaft) schwierig sein. Abgrenzungsproblem

22 Bei einem partiarischen Rechtsverhältnis geht es dem am Gewinn beteiligten Vertragspartner nicht um die Verfolgung und Förderung eines gemeinsamen unmittelbaren Zwecks, sondern nur um den Erhalt einer besonders berechneten Entgeltleistung. In Zweifelsfällen sind bei der Abgrenzung der gesamte Inhalt sowie die Umstände des Abschlusses und der Durchführung des Vertrags im Rahmen einer typologischen Gesamtbetrachtung zu würdigen[40]. Im Gegensatz zu einer begrifflichen Abgrenzung, bei der geprüft wird, ob die betreffenden abschliessenden Merkmale entweder erfüllt oder nicht erfüllt sind, ist eine typologische Abgrenzung Abgrenzungskriterium

38 Vgl. zum Künstler- bzw. Veranstaltungsmanagement BGE 104 II 108, 111 ff. bzw. BGer 4C.30/2007 E 4.
39 So für die Beteiligung eines Fussballers an der Transfersumme BGer 4A.59/2007 E 3.
40 BGE 99 II 303 ff.; BGer 4A_509/2010 E 5.2 f.; BGer 4A_533/2014 E. 2.2 f.

durch die Offenheit der Kriterien sowie die vereinzelte Entbehrlichkeit und Abstufbarkeit der Merkmale gekennzeichnet, so dass die stärker wertende typologische Betrachtung zwar besonders vielfältigen Erscheinungsformen besser gerecht wird, aber auch eine geringere Trennschärfe aufweist als die rechtssichere begriffliche Abgrenzung[41].

Abgrenzungsindizien

Indizien (nicht mehr und nicht weniger) für das Bestehen einer Gesellschaft sind die Bezeichnung des Vertrags als Gesellschaftsverhältnis, Mitentscheidungsrechte des Geldgebers in laufenden oder auch nur in grundlegenden Fragen, ein Mindestmass an Kontrollrechten (vgl. den zwingenden Art. 541 OR) sowie eine Verlustbeteiligung.

Beispiel (nach BGE 99 II 303 ff. = Pra 63 Nr. 41 S. 100): B beabsichtigte den Bau eines Hauses. Die Eigenmittel sollten sich auf CHF 250 000 belaufen, wovon B CHF 100 000 selber tragen sollte. Die restlichen CHF 150 000 sollten von K beigesteuert werden, welcher ein Schwager der B und in geschäftlichen Dingen nicht unerfahren war. Der dazu vom Mann M der B, einem Bezirksgerichtspräsidenten, aufgesetzte Vertrag bezeichnet den von K zu zahlenden Betrag als «Darlehen». Nach Art. 1 des Vertrages ist im Falle der Veräusserung der Liegenschaft der erlittene Verlust oder der Gewinn entsprechend dem Beitrag an der Finanzierung des Anwesens zu teilen. Art. 2 des Vertrages sieht den jährlich an K auf «die geliehene» Summe zu entrichtenden «Zinssatz» vor, der variabel sein, aber höchstens 8 % betragen sollte. B sollte alleinige Eigentümerin des Hauses werden und wurde als solche auch im Grundbuch eingetragen. Gegenüber Dritten sollte allein B haften. Nach Abschluss der Bauarbeiten behauptet K, dass er mit B eine einfache Gesellschaft gegründet hat. B meint mit K einen Darlehensvertrag geschlossen zu haben. Wer hat Recht?

Das Wesen des zwischen K und B entstandenen Rechtsverhältnisses ist durch Auslegung zu ermitteln. Es kommt das Vorliegen eines Darlehensvertrages gem. Art. 312 OR oder eines Gesellschaftsvertrages gem. Art. 530 OR in Betracht. Ein Gesellschaftsvertrag wäre gegeben, wenn die Parteien einen gemeinsamen Zweck i. S. v. Art. 530 Abs. 1 OR verfolgen würden. Für das Bestehen eines gemeinsamen Zwecks spricht die Verlustbeteiligung des K. Das Vorliegen einer Verlustbeteiligung allein reicht zur Begründung einer einfachen Gesellschaft jedoch nicht aus. Erforderlich ist vielmehr eine Gesamtschau der Umstände. So sprechen gewichtige Argumente gegen die Annahme eines animus societatis. Zwar ist die Bezeichnung eines Vertrages zu seiner Qualifikation allein nicht ausreichend, sie ist jedoch ein gewichtiges Auslegungsindiz. Dies ist umso mehr der Fall, wenn der Vertrag wie vorliegend durch eine fachkundige Person aufgesetzt wurde. Die drei Ausdrücke «Darlehen», «geliehen» und «Zins» sprechen dafür, dass der in geschäftlichen Dingen nicht unerfahrene K den Vertrag als Darlehensvertrag verstanden hat. Sicher enthält der Vertrag ein gewisses aleatorisches Element. Eben dadurch unterscheidet er sich von einem herkömmlichen Darlehen. K wollte aber nicht zusammen mit der B Mittel

[41] Zur methodischen Gegenüberstellung von Begriff und Typus siehe nur LARENZ, Methodenlehre[6], 1991, S. 215 ff. und 461 ff.

und Kräfte einsetzen, um mit dieser einen gemeinsamen Zweck zu erreichen. So sollte allein B die erforderlichen Entscheidungen treffen; K hatte keine Einflussnahmemöglichkeit. Allein B sollte für die Verbindlichkeiten einstehen, die bei der Errichtung des Hauses entstanden. K sollte auch nicht am Ergebnis einer gemeinsamen Bemühung partizipieren; Eigentümerin sollte allein B werden. K und B verfolgten daher keinen gemeinsamen Zweck, so dass sie keinen Gesellschaftsvertrag gem. Art. 530 Abs. 1 OR, sondern einen partiarischen Darlehensvertrag i. S. v. Art. 312 OR geschlossen haben. Noch klarer wäre dies gewesen, wenn B dem K – wie bei einem Darlehen typisch – für ihre Rückzahlungsverpflichtung eine Sicherheit bestellt gehabt hätte.

Hinweis

Unter Umständen können gesellschaftsrechtliche Regelungen (z. B. Art. 541 OR) auf partiarische Rechtsverhältnisse im Einzelfall analoge Anwendung finden.

Gesellschaft	Geschäftsbesorgung	Partiarische Rechtsgeschäfte
• Ziel wird von den Gesellschaftern gemeinsam festgelegt und verfolgt	• Wahrung von Interessen des anderen (gegen Entgelt) statt Interessengemeinschaft; Ziel wird von einer Partei allein festgelegt	• Parteien verfolgen Austauschziel (do ut des)
• Gemeinsame Risikotragung grds. mit Verlustbeteiligung	• Allenfalls erfolgsabhängige Vergütung; grds. keine Verlustbeteiligung	• Blosse Risikoabhängigkeit der Gegenleistung grds. ohne Verlustbeteiligung
• Grds. umfassende Mitbestimmung	• Weisungsrecht des Geschäftsherrn	• Allenfalls partielle Mitbestimmung
• Mindestmass umfassender Kontrollrechte		• Allenfalls partielle Kontrollrechte

Abb. 2: Gesellschaft – Geschäftsbesorgung – Partiarische Rechtsgeschäfte

Abgrenzung von den Bruchteilsgemeinschaften

25 **Aufgrund des gemeinsamen Zwecks unterscheiden sich die Gesellschaften zudem von den *vertraglich begründeten Bruchteilsgemeinschaften*, d. h. der gewöhnlichen Bruchteilsgemeinschaft nach Art. 646 ff. ZGB und der Stockwerkeigentümergemeinschaft nach Art. 712a ff. ZGB. Bei diesen Rechtsgemeinschaften ist auch schuldrechtlich eine gesonderte Verfügung der Gemeinschafter gestattet, so dass sie ihre Aufgabe in einem blossen Nutzen, Erhalten und Verwalten von gemeinschaftlichen Vermögenswerten und nicht in einer darüber hinausgehenden wirtschaftlichen, ideellen oder gemeinnützigen Zielsetzung sehen**[42]**.**

[42] Meier-Hayoz/Forstmoser, § 12 N 21; a. A. BK-Fellmann/Müller, Art. 530 OR N 112 ff., die stattdessen

Beispiel: Damit die Kosten des Filmprojekts möglichst gering ausfallen, erwerben Anna G und ihre Kollegen eine teure Kamera gemeinsam mit einer anderen Filmgruppe, wobei jede Gruppe die Hälfte des Kaufpreises zahlt und zur Hälfte die Unterhaltungskosten trägt. Als es zu Meinungsverschiedenheiten über die Nutzung der Kamera kommt, möchte die Gruppe um Anna G ihren Anteil an der Kamera auf Dreier übertragen. Ist dies möglich?

Die Filmgruppe um Anna G kann den Anteil nach Art. 646 Abs. 3 ZGB übertragen, wenn Bruchteilseigentum i. S. v. Art. 646 ff. ZGB gegeben ist. Die Art. 646 ff. ZGB sind jedoch subsidiär gegenüber dem Gesellschaftsrecht der Art. 530 ff. OR, so dass zu prüfen ist, ob nicht eine einfache Gesellschaft vorliegt. Dann stünde die zwischen den beiden Filmgruppen begründete Rechtsgemeinschaft der Übertragung des Anteils an der Kamera bis zur Kündigung und Abwicklung der Gesellschaft nach Art. 545 Abs. 1 Ziff. 6 OR entgegen. Dreier könnte dann allenfalls mit Zustimmung der anderen Filmgruppe durch Übertragung des Gesellschaftsanteils nach Art. 542 Abs. 1 OR Gesellschafter der einfachen Gesellschaft werden. Abgrenzungskriterium ist hier die für die einfache Gesellschaft charakteristische Verfolgung eines gemeinsamen Zwecks durch die beiden Filmgruppen. Das gemeinsame Anschaffen, Halten und Verwalten einer Sache kann durchaus Gegenstand eines Gesellschaftsvertrages sein[43]. Hier fehlt allerdings eine ausdrückliche Vereinbarung. Durch Auslegung ist daher zu ermitteln, ob die Filmgruppen mit dem gemeinsamen Anschaffen, Halten und Verwalten der Kamera eine blosse sich darin erschöpfende Interessengemeinschaft gebildet haben oder ob sie darüber hinaus noch ein gemeinsames Ziel verfolgt haben. Das ist hier zu verneinen, so dass die Anteilsübertragung möglich ist. Die andere Filmgruppe kann, wenn sie dagegen ist, nur nach Art. 650 f. ZGB Aufhebung und Teilung verlangen.

Abgrenzung von der einfachen Solidarität

Aus der *einfachen Solidarität* (Art. 143 ff. OR) entsteht nur dann eine einfache Gesellschaft (mit einer ebenfalls solidarischen Haftung der Gesellschafter für die gemeinsam begründeten Verbindlichkeiten nach Art. 544 Abs. 3 OR), wenn die Identität der Schuldnerinteressen zu deren gemeinsamer Verfolgung (z. B. gemeinsame Prozessführung) führt[44] oder sonst mit der gemeinsamen vertraglichen Verpflichtung (vgl. Art. 143 Abs. 1 OR) ein weitergehender gemeinsamer Zweck verfolgt wird[45]. 2

Abgrenzung von den familienrechtlichen Gemeinschaften

Der Zweck von *familienrechtlichen Gemeinschaften* erschöpft sich im zwischenmenschlichen Zusammenleben (vgl. Art. 159 ZGB) sowie der Zusammenlegung der hierfür erforderlichen Güter (vertraglicher Güterstand der Gütergemeinschaft nach Art. 221 ff. ZGB und Gemeinderschaft der Verwandten nach Art. 336 ff. ZGB). Dies ist jedoch kein gemeinsamer Zweck 27

zur Abgrenzung auf die bei Gesellschaften vorhandenen verdichteten wechselseitigen Bindungen abstellen.

43 BGE 99 II 315, 321 ff.; BGE 110 II 287.

44 ZK-HANDSCHIN/VONZUN, Art. 530 OR N 198.

45 So für die gemeinsame Anmietung von Geschäftsräumlichkeiten BGer 4C.236/2003 E 2.1.

i. S. d. Gesellschaftsrechts. Das hindert die Ehegatten oder eine Familie freilich nicht daran, gemeinsam eine Gesellschaft zu gründen, die durch den Betrieb eines Unternehmens (z. B. gemeinsamer Betrieb einer Anwaltskanzlei) auf die Erbringung von Leistungen (z. B. Rechtsberatungsdienstleistungen) mit dem Endzweck der Gewinnerzielung gerichtet ist (vgl. für die sog. Ehegattengesellschaft Art. 168 ZGB). Dies kann unter Umständen sogar nur konkludent geschehen. Der eine Ehegatte darf aber nicht lediglich angestellt sein (sonst einfacher Arbeitsvertrag), sondern er muss gleichberechtigt an der Zweckverfolgung mitwirken[46].

Beispiel (nach BGE 109 II 228): K und B leben in einer eheähnlichen Gemeinschaft. Sie beabsichtigen zu heiraten. K arbeitet im Hotel des B mit. Das für das Betreiben des Hotels erforderliche Wirtepatent besitzt allein die K. B hat für K eine Risikolebensversicherung abgeschlossen und ein Grundstück in Florida erworben. Durch die Mitarbeit der K erwirtschaftet B in seinem Hotel hohe Gewinne. Nachdem es zur Trennung zwischen K und B gekommen ist, verlangt K von B eine Bezahlung der im Hotel des K geleisteten Arbeit. Zu Recht?

K könnte gegen B einen Anspruch aus Art. 532, 533 Abs. 1 OR haben. Dazu müssten K und B einen Gesellschaftsvertrag geschlossen haben. Ob auf ein Konkubinatsverhältnis die Bestimmungen über die einfache Gesellschaft Anwendung finden, ist nach den Umständen des Einzelfalles zu bestimmen. Insbesondere ist ein Gesellschaftszweck erforderlich, der über die Bedürfnisse des gemeinsamen Haushalts hinausgeht. Über das gemeinsame Zusammenleben hinaus arbeitet K im Hotel des B. Der Hotelbetrieb wäre ohne das Wirtepatent der K gar nicht möglich. K und B verfolgen daher einen gemeinsamen Zweck und haben keine entgegengesetzten Interessen, so dass eine einfache Gesellschaft gegeben ist und die Annahme eines Arbeitsvertrages ausscheidet. Zwar kann auch ein geschäftsführender Gesellschafter neben der Gewinnbeteiligung noch eine Vergütung auf der Grundlage eines gesonderten Auftrags erhalten (vgl. Art. 537 Abs. 3 OR), doch spricht in casu nichts für den Abschluss eines gesonderten Auftrags. K hat daher gegen B einen Anspruch auf Gewinnbeteiligung nach Köpfen aus Art. 532, 533 Abs. 1 OR.

28 Das Gesellschaftsrecht ist nach alledem das Organisationsrecht der privatrechtlichen Personenvereinigungen, die zur Erreichung eines bestimmten gemeinsamen Zwecks durch Rechtsgeschäft begründet werden. Der für das internationale Privat- und Zivilverfahrensrecht massgebliche Begriff der Gesellschaft nach Art. 150 IPRG ist teils weiter (Erfassung von organisierten Vermögenseinheiten und von öffentlich-rechtlichen Organisationen) und teils enger (Ausschluss nicht organisierter einfacher Gesellschaften) als der sachrechtliche Begriff der Gesellschaft nach Art. 530 Abs. 1 OR[47]. Merksatz und Querverweis zu Art. 150 IPRG

46 Siehe dazu etwa Meier-Hayoz, FS Frank Vischer, 1983, S. 577 ff.; Hausheer, ZBJV 131 (1995), 617, 621.

47 Siehe zu Art. 150 IPRG Schnyder/Liatowitsch, Internationales Privat- und Zivilverfahrensrecht[4], 2017, N 870 f.

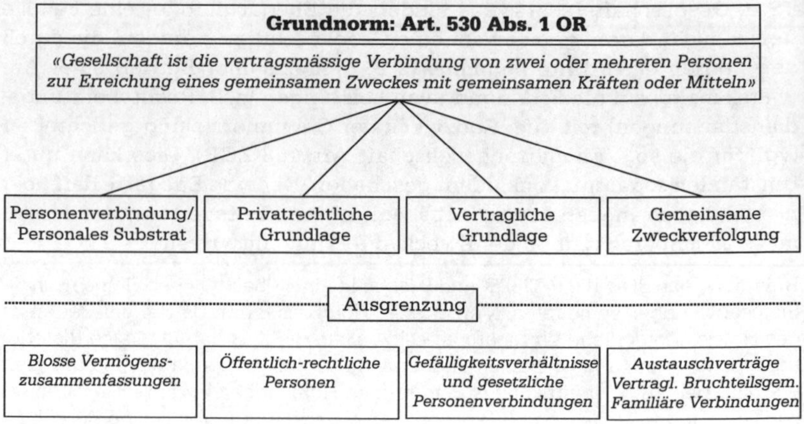

Abb. 3: Begriff der Gesellschaft

II. Überblick über die in der Schweiz bestehenden Gesellschaftsformen

Schweizerische Gesellschaftsformen

Das schweizerische Privatrecht kennt insgesamt zehn eigenständige[48] Gesellschaftsformen: 29

Bezeichnung (Anzahl[49])	Hauptmerkmale	Regelung
Einfache Gesellschaft (Anzahl unbekannt, aber gross); dazu § 7 N 42 ff.	Personenbezogene Rechtsgemeinschaft (dazu § 2 N 32 ff.) mit wirtschaftlichem oder nicht wirtschaftlichem Zweck (§ 1 N 14) ohne kaufmännisches Unternehmen (§ 4 N 12 ff.)	Art. 530–551 OR
Kollektivgesellschaft, KlG (11 415); dazu § 7 N 105 ff.	Personenbezogene Rechtsgemeinschaft mit typischerweise wirtschaftlichem Zweck und kaufmännischem Unternehmen	Art. 552–593 OR

[48] Während die SICAV (Art. 36 ff. KAG) aufgrund zahlreicher Besonderheiten (dazu § 15 N 45 ff.) als eigenständige Rechtsform zu qualifizieren ist, ist dies bei der SICAF (Art. 110 ff. KAG), die lediglich eine Sonderform der Aktiengesellschaft (Art. 620 ff. OR) darstellt, die durch einen besonderen unmittelbaren Zweck (kollektive Kapitalanlage) gekennzeichnet ist, nicht der Fall.

[49] Zahlen gemäss EHRA-Statistik 2017 (Stand 1.1.2018).

Bezeichnung (Anzahl)	Hauptmerkmale	Regelung
Kommanditgesellschaft, KmG (1618); dazu § 7 N 157 ff.	Aus mindestens einem Komplementär und einem Kommanditär bestehende Rechtsgemeinschaft mit typischerweise wirtschaftlichem Zweck und kaufmännischem Unternehmen	Art. 594–619 OR
Kommanditgesellschaft für kollektive Kapitalanlagen, KmGK; dazu § 15 N 34 ff.	Aus mindestens einem Komplementär und einem Kommanditär bestehende Rechtsgemeinschaft mit dem ausschliesslichen Zweck der kollektiven Kapitalanlage	Art. 98 ff. KAG
Aktiengesellschaft, AG (215 194); dazu § 8	Kapitalbezogene Körperschaft (dazu § 2 N 5 ff.) mit typischerweise wirtschaftlichem Zweck und kaufmännischem Unternehmen	Art. 620–763 OR
Investmentgesellschaft mit variablem Kapital (SICAV); dazu § 15 N 45 ff.	Kapitalbezogene Körperschaft mit ausschliesslichem Zweck der kollektiven Kapitalanlage sowie variablem und in Unternehmeraktien bzw. Anlegeraktien aufgeteiltem Kapital	Art. 36 ff. KAG
Kommanditaktiengesellschaft (KmAG); dazu § 9	Personen- und kapitalbezogene Körperschaft mit typischerweise wirtschaftlichem Zweck und kaufmännischem Unternehmen	Art. 764–771 OR
Gesellschaft mit beschränkter Haftung, GmbH (188 428); dazu § 10	Personen- und kapitalbezogene Körperschaft mit wirtschaftlichem Zweck und typischerweise kaufmännischem Unternehmen	Art. 772–827 OR
Genossenschaft, Gen (8683); dazu § 11	Personenbezogene Körperschaft zur Förderung gemeinsamer wirtschaftlicher Interessen	Art. 828–926 OR
Verein (9117)	Personenbezogene Körperschaft mit grundsätzlich nicht wirtschaftlichem Zweck	Art. 60–79 ZGB

D. Rechtsquellen des schweizerischen Gesellschaftsrechts

I. Internationales und supranationales Recht

Staatsverträge

Staatsverträge haben für das Gesellschaftsrecht nur eine geringe Bedeutung. Es fehlt insbesondere an internationalem Einheitsrecht und praktisch an staatsvertraglichem internationalem Kollisionsrecht. Relevant sind insbesondere:

- Das nahezu paneuropäische Übereinkommen von Lugano (*LugÜ*) regelt im Rahmen seines räumlich-persönlichen Anwendungsbereichs (Art. 4 Ziff. 1, 22, 23, 32 und 60 LugÜ) die internationale direkte Zuständigkeit (Art. 2 Ziff. 1, 22 Ziff. 2 und 3, 23 f. LugÜ) sowie die Anerkennung und Vollstreckung (Art. 32 ff. LugÜ)[50].

- Das Haager Wertpapierübereinkommen (*HWpÜ*)[51], das zwar noch nicht in Kraft getreten ist, aber von der Schweiz ratifiziert und bereits inhaltlich in das autonome schweizerische Kollisionsrecht (Art. 108a bis 108d IPRG) übernommen wurde, regelt Fragen betreffend das auf die grenzüberschreitende Wertpapierverwahrung anwendbare Recht[52].

- Das Luftverkehrsabkommen Schweiz-EG (*LVA*)[53] garantiert den Gesellschaften im Bereich des Luftverkehrs die Niederlassungsfreiheit in einer dem EU-Recht (jetzt Art. 49 und 54 AEUV) entsprechenden Weise (Art. 4 und 5 LVA).

- Das gemischte Freizügigkeitsabkommen Schweiz-EG (*FZA*)[54] enthält lediglich Regelungen zur Dienstleistungsfreiheit von Gesellschaften. Es garantiert den nach schweizerischem Recht gegründeten Gesellschaften jedoch keine Niederlassungsfreiheit bzw. kein

50 Näher zum revidierten Lugano-Übereinkommen (SR 0.275.12) SCHNYDER, Lugano-Übereinkommen – Kommentar, 2011.

51 Haager Übereinkommen über die auf bestimmte Rechte an intermediär verwahrten Wertpapieren anzuwendende Rechtsordnung vom 5. Juli 2006.

52 Dazu GIRSBERGER/HESS, AJP 2006, S. 992 ff.

53 Abkommen zwischen der Schweizerischen Eidgenossenschaft und der Europäischen Gemeinschaft über den Luftverkehr vom 21. Juni 1999 (SR 0.748.127.192.68).

54 Abkommen zwischen der Schweizerischen Eidgenossenschaft einerseits und der Europäischen Gemeinschaft und ihren Mitgliedstaaten andererseits über die Freizügigkeit vom 21. Juni 1999 (SR 0.142.112.681).

Recht auf Anerkennung in einem anderen Vertragsstaat (dazu noch § 16 N 21 a. E.).

- Die Menschenrechte und Grundfreiheiten der *EMRK* haben für das Gesellschaftsrecht noch eine untergeordnete Bedeutung. Relevant sind namentlich die Gewährleistung eines fairen Verfahrens (Art. 6 EMRK), der Geheimnisschutz (Art. 8 EMRK)[55] und die Vereinigungsfreiheit (Art. 11 EMRK). Eine Gesellschaft kann zum Schutz dieser Rechte nach Erschöpfung aller innerstaatlichen Rechtsbehelfe (Art. 34 f. EMRK) den Europäischen Gerichtshof für Menschenrechte (EGMR) anrufen (siehe zur eingeschränkten Anwendbarkeit der Grundrechte im Gesellschaftsrecht allerdings noch N 32 ff.).

II. Bundesverfassung

31 Unter den staatsorganisationsrechtlichen Bestimmungen haben vor allem Art. 122 Abs. 1 BV (Gesetzgebungskompetenz des Bundes auf dem Gebiet des Zivilrechts und des Zivilprozessrechts) und Art. 95 Abs. 1 BV (Erlass von Vorschriften über die Ausübung der privatwirtschaftlichen Erwerbstätigkeit durch den Bund) Bedeutung für das Gesellschaftsrecht. Mit der Annahme der Volksinitiative «gegen die Abzockerei» (sog. Minder-Initiative) fanden zudem einzelne, zwar noch der Ausführung bedürftige, aber doch sehr konkrete aktienrechtliche Regelungen Eingang in die Verfassung (Art. 95 Abs. 3 BV). Mit der sog. Konzern(verantwortungs)-Initiative soll die Bundesverfassung um einen Art. 101a erweitert werden, der den Bund verpflichten soll, Massnahmen zum Schutz der Menschenrechte und der Umwelt durch Unternehmen zu ergreifen[56]. Bei allen aktienrechtlichen Vorschriften ist der Gesetzgeber zudem an die in Art. 94 BV festgeschriebenen Grundsätze der schweizerischen Wirtschaftsordnung gebunden[57]. Staatsorganisationsrecht

32 Die Grundrechte sind grundsätzlich auch auf juristische Personen (Kapitalgesellschaften, Genossenschaft und Verein) anwendbar (vgl. dazu auch das privatrechtliche Gleichstellungsprinzip nach Art. 53 ZGB). Das gilt erst recht für die gar nicht oder in geringerem Masse gegenüber ihren Gesellschaftern rechtlich verselbständigten Personengesellschaften. Der auch im Verfassungsrecht gemachte *Vorbehalt der wesensgemässen An-* Grundrechte

[55] Siehe zum Schutz der Geschäftsräume EGMR vom 16. April 2002, Nr. 37971/97 (Stés Colas Est u. a. gegen Frankreich).

[56] Dazu näher und krit. A. Bohrer, GesKR 2017, 323 ff.

[57] Dazu näher Reich, Grundsatz der Wirtschaftsfreiheit, 2011.

wendbarkeit (vgl. im Privatrecht Art. 53 ZGB) führt jedoch zu diversen Einschränkungen, die im Einzelnen noch nicht geklärt und zudem angesichts der im Privatrecht bereits weit vorangeschrittenen Gleichstellung der juristischen mit den natürlichen Personen (insbesondere Anerkennung von Persönlichkeitsrechten mit Namens-, Ehr- und Geheimnisschutz; dazu § 2 N 10) nicht immer nachvollziehbar sind[58].

Horizontalwirkung der Grundrechte

Die Aktiengesellschaft und die Gesellschafter können sich im Rahmen des jeweiligen subjektiven Anwendungsbereichs auf die Grundrechte nicht nur gegenüber dem Staat (sog. Vertikalwirkung), sondern auch gegenüber anderen privaten Rechtssubjekten zumindest mittelbar berufen (sog. *Horizontalwirkung* oder Drittwirkung). Nach Art. 35 Abs. 1 BV müssen die Grundrechte nämlich in der ganzen Rechtsordnung und damit auch im Privatrecht bzw. Gesellschaftsrecht zur Geltung kommen. Die Behörden unter Einschluss der Zivilgerichte haben zudem dafür zu sorgen, dass die Grundrechte, soweit sie sich dazu eignen, auch unter Privaten wirksam werden (Art. 35 Abs. 3 BV). Nach h. M. stellt Art. 35 Abs. 3 BV nur eine Konkretisierung von Art. 35 Abs. 1 BV für den Bereich der privatrechtlichen Beziehungen dar. Er ordnet keine unmittelbare Bindung der Privaten an die Grundrechte an, sondern nur eine über die Bindung der staatlichen Instanzen und ihre Handlungen vermittelte indirekte Geltung der Grundrechte für Private (sog. indirekte Horizontal- oder Drittwirkung)[59]. Jedenfalls hat der Gesetzgeber bereits nach Art. 35 Abs. 1 BV die Grundrechte bei der Ausgestaltung des Gesellschaftsrechts im Rahmen seines allerdings weit gesteckten Ermessens zu beachten. So können die Grundrechte den Gesetzgeber und die Gerichte bei einem Machtgefälle bzw. Gefährdungspotenzial, wie es in einer Gesellschaft insbesondere zwischen Mehrheit und Minderheit bestehen kann, zum Schutz der schwächeren Partei verpflichten (vgl. z. B. Art. 736 Ziff. 4 OR)[60]. Im vertraglichen Bereich (z. B. Aktionärbindungsverträge) bezieht sich der Schutz allerdings nur auf die vom Staat zu gewährleistenden gesetzlichen Rahmenbedingungen der Privatautonomie (v. a. Gleichwertigkeit der Parteien) und darf nicht zu einer gerichtlichen Korrektur der privatautonomen Ausgestaltung des Vertragsverhältnisses führen[61]. Das Bundesgericht übt daher zwar Zurückhaltung mit grundrechtlich begründeten Eingriffen in die Privatautonomie[62], doch ist bei der Auslegung unbestimmter Rechtsbegriffe und

[58] Dazu näher ZK-Jung, Art. 620 OR N 144 ff.

[59] Rhinow/Schefer/Uebersax, Verfassungsrecht³, 2016, N 1166 ff.; SGK-BV/Schweizer, Art. 35 N 48 ff.

[60] Siehe generell zur grundrechtlichen Begründung staatlicher Schutzpflichten im Privatrecht BGE 126 II 300, 314 f. und Egli, Drittwirkung, S. 155 ff.

[61] Schefer, AJP 2002, 1131, 1138.

[62] Siehe etwa BGE 133 III 167, 172 ff.

bei der Anwendung von Generalklauseln den grundrechtlichen Wertungen von Verfassung wegen Rechnung zu tragen[63]. Da im Gesellschafts- wie generell im Privatrecht von den Parteien fast durchgängig auf beiden Seiten Grundrechte ins Feld geführt werden können, sind diese regelmässig gegeneinander abzuwägen und möglichst miteinander in Einklang zu bringen[64].

Relevante Grundrechte

Unter den einzelnen Grundrechten haben für das Gesellschaftsrecht insbesondere der Gleichheitssatz (Art. 8 BV), die Vereinigungsfreiheit (Art. 23 BV)[65], die Niederlassungsfreiheit (Art. 24 BV), die Eigentumsgarantie (Art. 26 BV) und die Wirtschaftsfreiheit (Art. 27, 94 BV) eine Bedeutung. Hinsichtlich der Einzelheiten ist auf das Verfassungsrecht zu verweisen. In der Praxis ausdrücklich anerkannt wurden etwa der Schutz von Geheimnissen[66], der Schutz der Geschäftsräume[67] und die Organisationsfreiheit als Teil der Wirtschaftsfreiheit[68].

III. Gesetzesrecht

Allgemein geltendes Gesellschaftsrecht

35 Im schweizerischen Gesellschaftsrecht gibt es anders als etwa im französischen Recht (Art. 1832–1844–17 Code civil) nur ganz wenige gesetzliche Regelungen, die jenseits des allgemeinen Privatrechts und der allgemeinen ungeschriebenen Grundsätze des Gesellschaftsrechts (z. B. Gleichbehandlungsgrundsatz[69], Gebot der schonenden Rechtsausübung) für alle Gesellschaften Geltung beanspruchen. Eigentlich trifft dies nur auf die bereits behandelte allgemeine *Definition der Gesellschaft* in Art. 530 Abs. 1 OR (dazu N 3 ff.) und auch auf diese nur mit der erwähnten Modifikation hinsichtlich der Einpersonengesellschaften (dazu N 5) zu. In einem weiteren Sinne kann man auch noch das Recht der stillen Beteiligungen (Art. 531 ff. OR; dazu § 7 N 202 ff.) und Unterbeteiligungen (Art. 542 Abs. 2

63 Siehe nur BGE 130 III 28, 32 und BGE 132 III 122, 133 sowie Saladin, SJZ 84 (1988), 373, S. 381 ff. und Göksu, SJZ 98 (2002), 89, S. 90 ff.

64 BGE 126 II 300, 315.

65 Zum Vorrang der Vereinigungsfreiheit vor dem Verbot der Geschlechtsdiskriminierung BGer 2C_421/2013 E. 6.5 ff.; dazu auch Riemer, recht 2014, 233 f.

66 So ist das Datenschutzgesetz nach Art. 2 Abs. 1, Art. 3 lit. b DSG auch auf das Bearbeiten von Daten juristischer Personen anwendbar (siehe dazu die Botschaft BBl 1988 II, 415, 439).

67 Vgl. dazu für Art. 8 EMRK EGMR vom 16. April 2002, Nr. 37971/97 (Stés Colas Est u. a. gegen Frankreich).

68 So im Zusammenhang mit der Zulassung von Anwalts-Kapitalgesellschaften durch BGE 138 II 440, 456.

69 Die grundsätzliche Gleichbehandlung der Gesellschafter erfolgt im Personengesellschafts- (Kopfprinzip) und Kapitalgesellschaftsrecht (Grundsatz der Nennwertproportionalität) allerdings nach durchaus unterschiedlichen Massstäben.

OR; dazu auch § 7 N 47) zu diesen allgemeinen Regelungen zählen, weil eine stille Beteiligung bzw. Unterbeteiligung an jedem Gesellschaftsunternehmen bzw. jeder gesellschaftsrechtlichen Beteiligung bestehen kann. Die stille Beteiligung und die Unterbeteiligung selbst sind jedoch Sonderformen der einfachen Gesellschaft.

Sonderregelungen für einzelne Gesellschaftsformen

Die bundesrechtlichen Sonderregelungen für die *einzelnen Gesellschaftsformen* (Übersicht bei N 29) finden sich im Obligationenrecht (Art. 530–926 OR: Einfache Gesellschaft, Handelsgesellschaften und Genossenschaft), Personenrecht (Art. 60 ff. ZGB: Verein) und Kollektivanlagenrecht (Art. 36 ff. und 98 ff. KAG: SICAV, KmGK, SICAF). In geringem Umfang können die für eine bestimmte Gesellschaftsform gedachten Bestimmungen auch auf Gesellschaften einer anderen benachbarten Rechtsform lückenfüllend zur Anwendung gelangen, sofern hierfür die allgemeinen Analogievoraussetzungen[70] vorliegen[71]. Nach Art. 59 Abs. 3 ZGB sind die Allmendgenossenschaften und ähnliche privatrechtliche Körperschaften unter den Bestimmungen des kantonalen Rechts verblieben.

Sonderregelungen für einzelne Sachbereiche

Bestimmte Materien des Gesellschaftsrechts werden mehr oder weniger 3
gesellschaftsformübergreifend geregelt. Sie bilden dann für den betreffenden Fragenkreis die grundsätzlich speziellere und damit vorrangige Regelung[72]. Das gilt zunächst für die statusrechtlichen Regeln des Handelsrechts, die neben sog. Einzelunternehmern die entsprechende (in aller Regel kaufmännische) Unternehmen tragenden Gesellschaften betreffen. Zu diesem auch sog. *Unternehmensrecht* gehören das Handelsregisterrecht (Art. 927–943 OR; dazu § 5 N 3 ff.), das Firmenrecht (Art. 944–956 OR; dazu § 5 N 42 ff.), das Buchführungs- und Rechnungslegungsrecht (Art. 957–963 OR; dazu § 5 N 83 ff.) sowie das Revisionsrecht (Art. 727 ff. OR, RAG[73]; dazu § 8 N 327 ff.). Wichtig sind zudem für die Körperschaften (Kapitalgesellschaften, Genossenschaften, Vereine) die gemeinsamen Regelungen des Personenrechts für *juristische Personen* (Art. 52–59 ZGB). Allgemeine Regelungen für *Gesamthandsgemeinschaften* (einfache Gesellschaft mit Gesamthandsvermögen, Personenhandelsgesellschaften)

....

70 Siehe zu diesen Voraussetzungen (Planwidrigkeit der Regelungslücke, Gebot der Gleichbehandlung aufgrund einer wertungsmässigen Vergleichbarkeit des geregelten und des ungeregelten Sachverhalts) nur KRAMER, Juristische Methodenlehre[5], 2016, S. 211 ff.

71 Siehe z. B. die Anwendung von Art. 573 und Art. 579 OR (dazu etwa OGer LU, ZBJV 1997, 338) im Recht der einfachen Gesellschaft sowie von Art. 75 ZGB (Konkretisierung des Verbots des venire contra factum proprium), nicht jedoch von Art. 68 ZGB (dazu etwa BGE 83 II 57, 64) im Aktienrecht.

72 Dabei sind einzelne Konkurrenzverhältnisse durchaus umstritten wie etwa das Verhältnis von Art. 643 Abs. 2 OR zu Art. 52 Abs. 3 ZGB (für einen Vorrang der aktienrechtlichen Norm BGE 112 II 1, 6 f.; a. A. BSK OR I-HUGUENIN/MEISE, Art. 19/20 N 57, 60).

73 Bundesgesetz vom 16. Dezember 2005 über die Zulassung und Beaufsichtigung der Revisorinnen und Revisoren (Revisionsaufsichtsgesetz, SR 221.302).

....

finden sich in Art. 652 ff. ZGB (dazu § 2 N 33 f.). Das Recht der Strukturänderung von Gesellschaften ist rechtsformübergreifend im Fusionsgesetz (*FusG*) enthalten (dazu § 13). In den Art. 120 ff. und 125 ff. *FinfraG* finden sich kapitalmarktbezogene Sondervorschriften für börsenkotierte Gesellschaften und deren Gesellschafter (Teil des sog. Börsengesellschaftsrechts; dazu § 14). Im *KAG* sind nicht nur die dem besonderen Zweck der kollektiven Kapitalanlage dienenden selbständigen (SICAV, KmGK) und unselbständigen (SICAF) Gesellschaftsformen, sondern auch allgemeine Fragen des Kollektivanlagenrechts (z. B. Prospektgestaltung und -haftung nach Art. 75 ff., 145 KAG) geregelt (dazu § 15). Nicht nur international verfahrensrechtliche und kollisionsrechtliche Bestimmungen zum Internationalen Gesellschaftsrecht, sondern auch Sachnormen mit internationalem Bezug enthalten schliesslich die Art. 150 ff. IPRG.

8 Für die gesellschaftsrechtliche Fallprüfung ist die Hierarchie der einfachgesetzlichen Normen von besonderer Bedeutung, weil die in Abhängigkeit von der konkreten Fragestellung tatbestandlich spezielleren Normen grundsätzlich vorrangig zu beachten sind (lex specialis derogat legi generali). Die folgende Übersicht verdeutlicht dies in grober Form[74] für wichtige Regelungsbereiche des Gesellschaftsrechts, wobei die Vorrangfrage im Einzelfall immer noch eine Wertungsfrage bleibt:

Hierarchie der einfachgesetzlichen Normen

1. Ebene	Gesellschaftsformübergreifende Spezialregelungen (z. B. FusG)
2. Ebene	Bestimmungen für einzelne Gesellschaftsformen (z. B. Art. 557 ff. OR)
3. Ebene	Allgemeine Bestimmungen für juristische Personen bzw. Personengesellschaften (z. B. Art. 52 ff. ZGB, Art. 531 ff. OR)
4. Ebene	Allgemeine (ungeschriebene) Grundsätze des Gesellschaftsrechts (z. B. Gleichbehandlungsgrundsatz)
5. Ebene	Unternehmensrechtliche Regelungen (Art. 927 ff. OR)
6. Ebene	Allgemeine Regeln über gegenseitige Verträge (ggf. Art. 82 f., 107 ff., 119 Abs. 2 OR analog)[75]
7. Ebene	Bestimmungen über Schuldverhältnisse aus Verträgen (Art. 1 ff., 151 ff. OR)
8. Ebene	Allgemeine Bestimmungen über Schuldverhältnisse (Art. 68–81, 84–106, 110–150, 164–183 OR)

[74] Zu beachten ist etwa auch noch der Grundsatz lex posterior derogat legi priori, wonach beispielsweise Art. 959a Abs. 2 Ziff. 3 lit. e OR als spätere Regel Vorrang vor der eigentlich spezielleren, aber auch älteren Regelung in Art. 659a Abs. 2 OR geniesst.

[75] Die analoge Anwendung dieser Normen auf Gesellschaften ist umstritten, da der auf die gemeinsame Zweckverfolgung ausgerichtete Gesellschaftsvertrag kein synallagmatischer Austauschvertrag ist (dazu § 2 N 94).

IV. Verordnungsrecht

Verordnungen

Verordnungen mit Bedeutung für das Gesellschaftsrecht sind etwa:

- im Handelsregisterrecht die Handelsregisterverordnung (HRegV) vom 17. Oktober 2007 (SR 221.411)[76] und die Verordnung über das Schweizerische Handelsamtsblatt (Verordnung SHAB) vom 15. Februar 2006 (SR 221.415);
- im Buchführungs-, Rechnungslegungs- und Revisionsrecht die Verordnung über die Führung und Aufbewahrung der Geschäftsbücher (GeBüV) vom 24. April 2002 (SR 221.431), die Verordnung über die anerkannten Standards zur Rechnungslegung (VASR) vom 21. November 2012 (SR 221.432) sowie die Verordnung über die Zulassung und Beaufsichtigung der Revisorinnen und Revisoren (RAV) vom 22. August 2007 (SR 221.302.3);
- im Vollstreckungsrecht die Verordnung des Bundesgerichts über die Pfändung und Verwertung von Anteilen an Gemeinschaftsvermögen (VVAG) vom 17. Januar 1923 (SR 281.41).

V. Gewohnheits- und Richterrecht

Richterrecht

Das positive Gesellschaftsrecht wird an der einen oder anderen Stelle 4
durch Gewohnheits- bzw. Richterrecht konkretisiert, ergänzt oder sogar korrigiert. So wurde etwa das gesetzliche Verbot von Vereinen mit wirtschaftlicher Zwecksetzung richterrechtlich dahingehend eingeschränkt, dass es nur die Verfolgung eigener wirtschaftlicher Zwecke durch den ein kaufmännisches Gewerbe betreibenden Verein, nicht aber die blosse Förderung wirtschaftlicher Interessen der Mitglieder z. B. durch einen Wirtschaftsverband ohne eigenes kaufmännisches Gewerbe betrifft[77]. Ein ähnliches Beispiel bildet die Anerkennung der nach Art. 828 Abs. 1 OR eigentlich nicht vorgesehenen rein gemeinnützigen Genossenschaft in der Praxis[78]. Wichtige Domänen des Gewohnheits- und Richterrechts sind das Konzernrecht (§ 12), der Durchgriff (§ 2 N 22 ff.) unter Einschluss der Wissenszurechnung (§ 2 N 27) und das Recht der Insichgeschäfte (§ 6 N 69 ff.).

[76] Zur geplanten Revision der HRegV siehe die Botschaft zur Änderung des Obligationenrechts (Handelsregisterrecht) vom 15. April 2015, BBl 2015, 3617 ff. (Inkrafttreten voraussichtlich 2020).

[77] BGE 62 II 32 ff.; BGE 90 II 333 ff.; krit. Meier-Hayoz/Forstmoser, § 4 N 25 ff.

[78] Zum Genossenschaftszweck näher Forstmoser/Taisch/Troxler/D'Incà-Keller, REPRAX 2012, 2/1012, S. 1 ff.

VI. Soft Law

Rechnungslegungsstandards

Internationale (z. B. IFRS) bzw. nationale Standards (z. B. Swiss GAAP FER) und Gebräuche spielen zunächst in der Buchführung und der Rechnungslegung eine massgebliche Rolle. Auf sie wird auch direkt und indirekt[79] im Gesetzes- und Verordnungsrecht Bezug genommen[80]. Durch diese als dynamisch einzustufenden Verweisungen werden die Standards in ihrer jeweils geltenden Fassung zu Rechtsnormen mit Gesetzesrang erhoben[81].

Standards zur Corporate Governance

2 Eine weitere Domäne des Soft Law bilden Fragen der *Corporate Governance* von grossen Publikumsgesellschaften, wobei auf internationaler Ebene die OECD Principles of Corporate Governance[82] und national der Swiss Code of Best Practice for Corporate Governance (SCBP)[83] besonders hervorzuheben sind. Der Gesetz- oder Verordnungsgeber nimmt auf diese Regelwerke allerdings noch nicht Bezug. Immerhin verpflichtet die schweizerische Leitbörse (SIX Swiss Exchange) im Rahmen ihrer Kompetenz zur Selbstregulierung die Emittenten der an ihr kotierten Beteiligungsrechte zur Einhaltung der im Anhang der Richtlinie Corporate Governance vom 1. September 2014 (RLCG) vorgesehenen Offenlegungspflichten. Danach haben die Emittenten entsprechend dem Grundsatz «comply or explain» bestimmte Angaben über die Führung und Kontrolle auf der obersten Leitungsebene, die Kapitalstruktur, die Vergütung der Exekutivorganmitglieder und die Informationspolitik der Gesellschaft in einem eigenen Corporate Governance-Kapitel des Geschäftsberichts zu publizieren oder einzeln und substanziell zu begründen, warum sie bestimmte Angaben nicht machen[84]. Überhaupt gelten für Gesellschaften, deren Beteiligungspapiere an einem schweizerischen Handelsplatz (Börse oder multilaterales Handelssystem) zum Handel zugelassen sind, die auf Emittenten bezogenen Selbstregulierungserlasse des Handelsplatzes (vgl. Art. 27 und Art. 35 f. FinfraG)[85]. So stellt etwa das wichtige Kotie-

[79] So im Fall der Vermittlung über die Selbstregulierung einer Börse nach Art. 962 Abs. 1 Ziff. 1 bzw. 963b Abs. 1 Ziff. 1 i. V. m. (für die SIX Swiss Exchange) Art. 51 KR SIX und der Richtlinie betr. Rechnungslegung vom 20. März 2018 (RLR).

[80] Art. 957a Abs. 2 S. 1, 958c Abs. 3, 962 f., 963 Abs. 3, 963b OR und Art. 6b Abs. 4 BankG; Verordnung über die anerkannten Standards zur Rechnungslegung (VASR) vom 21. November 2012 (SR 221.432).

[81] Zur grundsätzlichen Zulässigkeit dieser dynamischen Verweisungen BGE 123 I 112, 124 ff.; dazu auch TROXLER, in: Jusletter vom 16. November 2015 N 14.

[82] Dazu NOBEL, Internationales und Transnationales Aktienrecht², Bd. 1, 2012, Kap. 4 N 129 ff.

[83] Zur revidierten Fassung vom 28. August 2014 FRICK, GesKR 2014, 431 ff.

[84] Dazu näher BÜHLER, Regulierung im Bereich der Corporate Governance, 2009, S. 413 ff.; ferner BOHRER, Corporate Governance, N 113 und aktuell BÜHLER, SJZ 111 (2015), 349, 350 f.

[85] Zur Selbstregulierung als staatlich beeinflusster Koregulierung ZULAUF, Jusletter vom 4. November 2013.

rungsreglement der SIX Exchange Regulation AG vom 4. April 2018 (KR SIX) für die Kotierung der Beteiligungsrechte und die Aufrechterhaltung der Kotierung besondere Anforderungen (v. a. Kotierungsprospekt, Berichterstattung, Ad hoc-Publizität, Offenlegung von Managementtransaktionen; siehe dazu noch § 14).

Standards zur Corporate Social Responsibility

Grundsätze zur gesellschaftlichen Verantwortung von Gesellschaften (sog. Corporate Social Responsibility) haben in letzter Zeit stark an Bedeutung gewonnen[86]. Es geht dabei um die Verantwortung von zumeist global agierenden Gesellschaften namentlich für die Einhaltung der Menschenrechte, von rechtsstaatlichen Grundsätzen, des Korruptionsverbots, von Arbeitsbedingungen sowie von Umwelt-, Nachhaltigkeits- oder Technologietransferstandards. Wichtige Beispiele sind die OECD Guidelines for Multinational Enterprises vom 25. Mai 2011 sowie die Richtlinie 2014/95/EU im Hinblick auf die Angabe nichtfinanzieller und die Diversität betreffender Informationen durch bestimmte grosse Unternehmen und Gruppen. Im Rahmen des Global Compact können sich Unternehmen zudem seit Juli 2000 gegenüber der UNO dazu verpflichten, nach Möglichkeit bestimmte soziale und ökologische Mindeststandards einzuhalten und hierüber Bericht zu erstatten.

VII. Innergesellschaftliche Rechtsquellen

Gesellschaftsvertrag bzw. Statuten

Zu den innergesellschaftlichen Rechtsquellen gehören zunächst der Gesellschaftsvertrag von Personengesellschaften bzw. die Statuten von Körperschaften (dazu § 2 N 38 ff.). Die Statuten sind als Beleg der Handelsregisteranmeldung und als Teil der Handelsregisterakten (z. B. Art. 43 Abs. 1 lit. b HRegV 2007) öffentlich zugänglich (Art. 930 OR bzw. demnächst Art. 936 OR). Während der Gesellschaftsvertrag wie ein gewöhnlicher Vertrag anhand des Parteiwillens subjektiv auszulegen ist, gilt für die Statuten jedenfalls dann ein objektiver Massstab nach dem Vorbild der Gesetzesauslegung, wenn es sich um eine Körperschaft mit wechselndem Mitgliederbestand handelt oder durch die Regelung auch Dritte betroffen sind[87]. Gesellschaftsverträge und Statuten wiederholen nicht selten zwingende oder dispositive gesetzliche Regelungen. Im Falle einer Gesetzesänderung stellt sich dann die Frage, ob die Regelung von den Ge- 44

[86] Zu einem Überblick siehe NOBEL, Internationales und Transnationales Aktienrecht², Bd. 1, 2012, Kap. 3 N 12 ff.; siehe dazu auch das Positionspapier des Bundesrates vom 1.4.2015; FORSTMOSER, FS Peter Nobel, 2015, S. 157 ff.; K. MÜLLER, ZSR Beiheft 54, 2017; SCHENKER, SZW 2017, 635 ff.

[87] BGE 140 III 349, 352; BGE 107 II 179, 186; BÖCKLI, Aktienrecht⁴, 2009, § 1 N 632 ff.

sellschaftern auch unabhängig vom Gesetzesrecht als eigenständige konstitutive Regelung gewollt war[88].

Reglemente

Wichtige interne Rechtsquellen sind zudem die vor allem in Aktiengesellschaften verbreiteten Reglemente. Sie werden von einer hierzu gesellschaftsrechtlich legitimierten Stelle (z. B. Verwaltungsrat) erlassen und enthalten generell-abstrakte Bestimmungen zur Geschäftstätigkeit (sog. Geschäftsreglemente oder Geschäftsordnungen) und/oder Organisation (sog. Organisationsreglemente) namentlich der Exekutive. Sie sind anders als der Gesellschaftsvertrag oder die Statuten grundsätzlich fakultativer Natur (vgl. z. B. für das in Aktiengesellschaften wichtige Organisationsreglement Art. 716b Abs. 1) und auch nicht zwingend offenzulegen (vgl. lediglich Art. 716b Abs. 2).

Innergesellschaftliche Observanz

6 Als Observanz wird das verbandsinterne Gewohnheitsrecht bezeichnet. Wie dieses wird es begründet durch eine lange Zeit andauernde, unangefochtene und ununterbrochene Übung, die von der Überzeugung der Beteiligten getragen wird, es handele sich bei der Übung um eine rechtlich verbindliche Ordnung[89]. Die Observanz tritt hinter zwingendem Gesetzesrecht zurück. Auch dispositives Gesetzesrecht kann durch eine Observanz nur dann verdrängt werden, wenn das Gesetz nicht wie häufig eine förmliche Regelung in den Statuten oder einem Reglement vorschreibt. Die Observanz kann Statuten und Reglemente konkretisieren und ergänzen. Eine Abänderung von statutarischen oder reglementarischen Regelungen ist jedoch nur dort möglich, wo weder das Gesetz in Form eines (bedingt) notwendigen Vertrags- bzw. Statuteninhalts noch der betreffende interne Erlass durch eine Formklausel dies ausschliessen. Ausserdem erfordert die Berufung auf eine von formellen internen Erlassen abweichende Observanz gegenüber Dritten eine Abwägung zwischen deren regelmässig vorrangigem Vertrauen auf den Rechtsschein des formellen Erlasses und dem Vertrauen der Gesellschafter und Organmitglieder auf den Bestand der derogierenden Observanz[90].

Ergänzende schuldrechtliche Vereinbarungen

47 Die gesellschaftsvertraglichen bzw. statutarischen Regelungen werden in der Praxis häufig durch vielfältige weitere Vereinbarungen zwischen (einzelnen) Gesellschaftern, zwischen (einzelnen) Gesellschaftern und ihrer Gesellschaft sowie zwischen Gesellschaftern bzw. Gesellschaft und Dritten ergänzt. So kann der Gesellschafter einer KlG dieser eine für die

....

88 Mit BGer ZR 48 (1949) Nr. 155 (S. 306 f.) und Forstmoser/Meier-Hayoz/Nobel, Aktienrecht, 1996, § 7 N 19 ist dies im Zweifel anzunehmen.

89 Forstmoser, Organisation und Organisationsreglement, 2011, § 14 N 46.

90 Dazu näher Rusch, Rechtsscheinlehre, 2010, S. 397 f.; differenzierend auch König, Statut, Reglement und Observanz, 1933, S. 103 ff.

Zweckverfolgung benötigte Sache nicht nur auf der Grundlage des Gesellschaftsvertrages als Beitragsleistung ohne Gegenleistung der Gesellschaft (dazu § 2 N 85 ff.), sondern auch auf der Basis eines Kaufvertrages gegen Entgelt zur Verfügung stellen. Ebenso kann er Dienstleistungen für die Gesellschaft als Beitragsleistung oder im Rahmen eines gesonderten (entgeltlichen) Auftrags erbringen (vgl. dazu auch Art. 538 Abs. 3 OR). Besondere Bedeutung haben im Aktienrecht die ergänzend zu den Statuten geschlossenen sog. Aktionärbindungsverträge (dazu § 7 N 97 f. und § 8 N 239), bei denen es zumeist um die Verpflichtung geht, (einzelne) Mitgliedschaftsrechte (z. B das Stimmrecht) in einer bestimmten Weise auszuüben bzw. nicht auszuüben[91].

E. Regelungsbereiche des Gesellschaftsrechts

Doppelnatur

48 Das Gesellschaftsrecht weist wie auch der Gesellschaftsvertrag und die Gesellschaften selbst eine Doppelnatur auf: Es ist zum einen besonderes Schuldvertragsrecht und zum anderen ein Recht der Organisation von Gesellschaften als Personenvereinigungen und Unternehmensträgern. Die klassischen Regelungsgegenstände des Gesellschaftsrechts sind auch in Art. 155 IPRG (Regelung zur Reichweite des sog. Gesellschaftsstatuts nach schweizerischem Kollisionsrecht) aufgeführt.

I. Gesellschaftsrecht als Vertragsrecht

Besonderes Obligationenrecht

49 Wie es bereits die systematische Stellung der rechtsformspezifischen Regelungen des Gesellschaftsrechts im Besonderen Teil des OR verdeutlicht, ist dieses zunächst ein Sonderrecht des Schuldvertrags. Es geht um Regelungen zum Vertragsschluss (z. B. Art. 629 OR, Art. 60 Abs. 2 ZGB), zur Vertragsänderung (z. B. Art. 534, 647 OR), zur Vertragsauflösung (z. B. Art. 545 ff. OR) sowie um die Rechte und Pflichten der Gesellschafter untereinander und im Verhältnis zur Gesellschaft (z. B. Recht auf Gewinnbeteiligung, Stimmrecht, Pflicht zur Beitragsleistung). Soweit sich hierzu keine besonderen Vorschriften im Gesellschaftsrecht finden,

91 Siehe zum Stimmbindungsvertrag etwa BGE 81 II 534; BGE 88 II 172; BGE 109 II 43; BGer 4C.143/2003.

ist auf die allgemeinen Regelungen des Obligationenrechts zurückzugreifen (z. B. Art. 1 ff. und 97 ff. OR).

Hinweis zur Falllösung

Bei der Falllösung ist mithin stets die allfällige Verzahnung von Gesellschaftsrecht und allgemeinem Obligationenrecht zu beachten!

II. Gesellschaftsrecht als Organisationsrecht

Organisationsrecht

51 Das Gesellschaftsrecht regelt zugleich aber auch alle Fragen der Organisation von Gesellschaften. So geht es zunächst um die Gründung und Auflösung von Gesellschaften als gegenüber ihren Gesellschaftern mehr oder weniger verselbständigte Rechtsgebilde. Als solche sind Gesellschaften mit Ausnahme der einfachen Gesellschaft Träger von Rechten bzw. Pflichten (näher § 2 N 4 ff.) und betreiben zumeist ein kaufmännisches oder sonstiges Unternehmen (näher § 4). Aufgabe des Gesellschaftsrechts ist es ferner zu bestimmen, wie die Gesellschaften als Personenvereinigungen durch ihre Gesellschafter bzw. ihre Organe einen Willen bilden und handeln können (näher § 6 N 3 ff.). Zum Organisationsrecht gehören schliesslich auch Regelungen zur Vermögens- und Haftungsordnung (näher § 2 N 102 ff.).

Innen- und Aussenverhältnis

52 Als Organisationsrecht hat das Gesellschaftsrecht sowohl im Verhältnis der Gesellschafter untereinander wie auch in den Beziehungen der Gesellschaft zu Dritten zahlreiche Interessengegensätze zum Ausgleich zu bringen. Dies gilt im Innenverhältnis namentlich für Interessenkonflikte zwischen Mehrheits- und Minderheitsgesellschaftern, zwischen unternehmerisch engagierten und lediglich an einer renditeträchtigen Kapitalanlage interessierten Gesellschaftern sowie zwischen Gesellschaftern und Management. Im Aussenverhältnis ist den unterschiedlichen Interessen der Gesellschafter und der Gesellschaft auf der einen Seite sowie den Vertragspartnern, Gläubigern und der Allgemeinheit auf der anderen Seite Rechnung zu tragen.

III. Gesellschaftsrecht als Unternehmensrecht

Unternehmensrecht

53 Zum Gesellschaftsrecht werden traditionell auch diejenigen Regelungen des Handels- und Unternehmensrechts gezählt, die sich mit dem Verhältnis der Gesellschaften als klassischen Unternehmensträgern zu dem von ihnen zumeist betriebenen kaufmännischen Unternehmen befassen. Dies gilt für die Eintragung der meisten Gesellschaften in das Handelsregister, ihre Firmierung und die Rechnungslegung (dazu näher § 5).

F. Das Verhältnis des Gesellschaftsrechts zu anderen Rechtsgebieten

Das Gesellschaftsrecht ist ein wichtiges Teilgebiet des Privatrechts, da das schweizerische Wirtschaftsleben vornehmlich durch Gesellschaften und weniger durch Einzelunternehmen geprägt wird. Es weist zahlreiche Berührungspunkte mit anderen Rechtsgebieten auf. So bestehen insbesondere Bezüge zum allgemeinen Obligationenrecht (z. B. Stellvertretung, Leistungsstörungen, Haftung), zum Handelsrecht (Register-, Firmen- und Rechnungslegungsrecht), zum Finanzmarktrecht (Sonderrecht der Gesellschaften mit kotierten Beteiligungspapieren), zum Kartellrecht (Kartelle als einfache Gesellschaften, Wettbewerbsverbote für Gesellschafter, Fusionskontrolle), zum Arbeitsrecht (Status der Organträger) und zum Steuerrecht (Unternehmenssteuerrecht).

WIRTSCHAFTSRECHT

Öffentliches Recht	Handelsrecht	Zivilrecht
Wirtschaftsvölkerrecht	Handelsgesellschaftsrecht (552 ff. OR)	Personenrecht (52 ff. ZGB)
Wirtschafts-verfassungsrecht	Kapitalmarktrecht (z.B. FinfraG, KAG, UEV, VegüV, KR)	Einf. Gesellschaft (530 ff. OR)
Wirtschafts-verwaltungsrecht	Statusrecht der kaufm. Unternehmen (kaufm. Stellvertretung Handelsregisterrecht Firmenrecht Rechnungslegung Handelsgerichtsbarkeit)	Familienrecht (z.B. Ehe, Kindschaft)
Wirtschaftsstrafrecht	Kaufm. Verkehrsrecht (z.B. 104 Abs. 3, 190 f., 313 Abs. 2 OR)	Erbrecht (Erbengemeinschaft)
		Sachenrecht (Stockwerk-/ Miteigentum)

Abb. 4: Gesellschaftsrecht im schweizerischen Rechtssystem

G. Überblick über die Geschichte des schweizerischen Gesellschaftsrechts

Die geschichtliche Entwicklung des schweizerischen Gesellschaftsrechts ergibt sich aus dem folgenden Überblick[92]:

Zeit	**Ereignis**
Antike	Herausbildung der gesellschaftsrechtlichen Grundformen der *societas* (rein schuldrechtliche Personengemeinschaft zur Verfolgung eines gemeinsamen Zwecks) und der *universitas* (körperschaftlich strukturierte Personenvereinigung mit eigener Rechtspersönlichkeit) im römischen Recht
Mittelalter	Herausbildung der gegenüber den römisch-rechtlichen Gesellschaftsformen modifizierten deutsch-rechtlichen Grundformen der *Gemeinschaft zur gesamten Hand* (Stärkung der organisatorischen Verfestigung im Vergleich zur römischen societas insbesondere durch Sonderung des Gesellschaftsvermögens nach dem Gesamthandsprinzip) und der *Körperschaft bzw. Genossenschaft* (geringere Verselbständigung gegenüber den Mitgliedern als bei der römischen universitas)
Spätmittelalter und Neuzeit	Herausbildung der *commenda* und der *participatio* als den Vorformen der Kommanditgesellschaft und der stillen Gesellschaft
17. Jh.	Entstehung der *Handelskompanien* als staatlich konzessionierte Kapitalsammelbecken mit unternehmerisch beteiligten Hauptpartizipanten und kapitalistisch beteiligten Anlagegesellschaftern zur Erschliessung von Kolonien (z. B. Vereenigde Oostindische Compagnie)
1807	Erste gesetzliche Regelung der Aktiengesellschaft im französischen Code de commerce
um 1850	Entstehung des wirtschaftlichen Phänomens der (modernen) Genossenschaft als Selbsthilfegemeinschaft zu wirtschaftlichen Zwecken
1863	Scheitern des Entwurfs von Walther Munzinger für eine gesonderte handelsrechtliche Kodifikation nach französischem und deutschem Vorbild (sog. Zwei-Code-Prinzip)
1881/ 1883	Altes *Obligationenrecht* mit Einführung des Systems der Normativbestimmungen in das schweizerische Aktienrecht und einer ersten Regelung des Genossenschaftsrechts
1911	Revision des Rechts der einfachen Gesellschaft im Zuge der Anpassung des OR an das ZGB

92 Näher Meier-Hayoz/Forstmoser, § 10; für das Aktienrecht ZK-Jung, Vor Art. 620 OR N 1 ff.

Zeit	Ereignis
1936/ 1937	Revision des OR-Gesellschaftsrechts mit Einführung der GmbH in das schweizerische Recht sowie einer grundlegenden Revision und Ausweitung des Aktienrechts (Schutz vor Missbräuchen, Stärkung der Stellung der Verwaltung) und Genossenschaftsrechts (Stärkung des Genossenschaftsgedankens)
1991/ 1992	Grundlegende Reform des Aktienrechts (Orientierung am Leitbild der Publikumsgesellschaft, Ausweitung der Publizitätspflichten, Stärkung der Eigenkapitalbasis und des Minderheitenschutzes, Regelung von Partizipations- und Genussscheinen, Reform der Organstruktur)
1997	Inkrafttreten des Bundesgesetzes über die Börsen und den Effektenhandel *(BEHG)* mit börsengesellschaftsrechtlichen Regelungen (jetzt Art. 120 ff. FinfraG)
2002	Teilrevision des Rechnungslegungsrechts
	Verabschiedung des ersten Swiss Code of Best Practice for Corporate Governance (economiesuisse)
2004	Inkrafttreten des Fusionsgesetzes *(FusG)*
2007	Inkrafttreten des Bundesgesetzes über die kollektiven Kapitalanlagen *(KAG)*
2008	Revision des Rechts der *GmbH* sowie Anpassungen im Aktien-, Genossenschafts-, Handelsregister- und Firmenrecht
	Totalrevision der Handelsregisterverordnung *(HRegV)*
2009	Inkrafttreten des Bucheffektengesetzes *(BEG)*
2013	Inkrafttreten des totalrevidierten Buchführungs- und *Rechnungslegungsrechts*
	Annahme der Volksinitiative «gegen die Abzockerei» (3.3.2013) und Verabschiedung der *VegüV* (Inkrafttreten zum 1.1.2014)
Juli 2015/ Januar 2016	Inkrafttreten des Bundesgesetzes zur Umsetzung der 2012 revidierten Empfehlungen der Groupe d'action financière *(GAFI)*
Januar 2016	Inkrafttreten des Bundesgesetzes über die Finanzmarktinfrastrukturen und das Marktverhalten im Effekten- und Derivatehandel *(FinfraG)*
November 2016	Verabschiedung der Botschaft zur Revision des Aktienrechts
Januar 2017	Inkrafttreten des revidierten Firmenrechts
März 2017	Verabschiedung des revidierten Handelsregisterrechts (Inkrafttreten voraussichtlich 2020)

H. Vertiefungsfragen

1. Warum sind juristische Personen als unbeschränkt haftende Gesellschafter einer Personenhandelsgesellschaft ausgeschlossen?
2. Was versteht man unter dem Gesellschaftszweck?
3. Haben die Gesellschafter einer einfachen Gesellschaft zwingend Beiträge zu leisten? Gehört die Festlegung von Beitragsleistungen der Gesellschafter zu den essentialia negotii eines Gesellschaftsvertrages?
4. Welchen gesetzlichen Regelungen unterliegt ein Konkubinat?
5. Welche Bedeutung haben die Grundrechte im Gesellschaftsrecht?
6. Welche Vor- und Nachteile hat Soft Law als Quelle des Gesellschaftsrechts?
7. Worin unterscheiden sich Gesellschafts- und Unternehmensrecht?
8. Welches sind die Meilensteine in der Entwicklung des schweizerischen Gesellschaftsrechts?

§ 2 Grundbegriffe und Grundfragen des Gesellschaftsrechts

A. Einstieg

Lernziele

- Sie kennen die Unterschiede zwischen Personengesellschaften und Körperschaften.
- Sie kennen Inhalt und Reichweite des Gleichstellungs-, Trennungs- und Transparenzprinzips, der gesellschaftsrechtlichen Vertragsfreiheit, des Gleichbehandlungsgrundsatzes und des Grundsatzes der Korrespondenz zwischen Schuld und Haftung.
- Sie kennen die Voraussetzungen der Wissenszurechnung.
- Sie kennen den jeweiligen Unterschied zwischen Statut und Nationalität der Gesellschaft, zwischen Geschäftsführung, Grundlagengeschäften und Vertretung, zwischen Gesellschaftsvermögen, Gesellschaftskapital und Unternehmenswert.
- Sie verstehen die Grundstrukturen des Gesellschaftsrechts (Verselbständigung der Gesellschaft als Organisation gegenüber ihren Gesellschaftern, Bindung der Gesellschaft an das Organ- und Gesellschafterhandeln, Mitgliedschaft als ein Bündel von Rechten und Pflichten).
- Sie sind in der Lage, einzelne Normanwendungsprobleme auf die Grundfragen des Gesellschaftsrechts zurückzuführen.

Gesetzliche Grundlagen

- Art. 530–963b OR
- Art. 52–79 und Art. 646–654a ZGB

Literaturhinweise

DRUEY, JEAN NICOLAS/DRUEY JUST, EVA/GLANZMANN, LUKAS, Handels- und Gesellschaftsrecht, 11. Aufl., Zürich 2015, § 1 N 9 ff., § 3 N 17 ff.

FELLMANN, WALTER, Grundfragen im Recht der einfachen Gesellschaft, ZBJV 1997, 285 ff.

MEIER-HAYOZ, ARTHUR/FORSTMOSER, PETER, Schweizerisches Gesellschaftsrecht, 11. Aufl., Bern 2012 (§ 2 und § 10)

VONZUN, RETO, Rechtsnatur und Haftung der Personengesellschaften, Basel 2000

WEBER ROLF H., Juristische Personen, Schweizerisches Privatrecht, Band II/4, Basel 1998

B. Einführungsfall

Anna G erwirbt für die soeben gegründete einfache Filmgesellschaft mehrere Kostüme. Wegen des wachsenden Geldbedarfs für das Filmprojekt stellt sie zudem einen Antrag auf Projektförderung durch den Kulturfonds des Kantons Zürich, der sich die Förderung von Kulturschaffenden aus dem Kanton Zürich zur Aufgabe gemacht hat. 1

Aufgaben 2

1. Wer erwirbt das Eigentum an den Kostümen – Anna G, die Gesellschaft oder alle Gesellschafter?
2. Kann ein Gläubiger von Anna G die Kostüme pfänden lassen?
3. Auf wessen Gutgläubigkeit kommt es an, wenn der Veräusserer nicht verfügungsbefugt ist?
4. Wer muss den Kaufpreis entrichten?
5. Steht die Mitwirkung der Zuger Kollegen einer Förderung durch den Zürcher Kulturfonds entgegen?
6. Kann Anna G gegen den Widerstand eines Kollegen einen Nachschuss von CHF 200.– pro Gesellschafter zur Deckung des unbestrittenen Geldbedarfs durchsetzen?

7. Wie sind die Fragen zu beantworten, wenn die Filmgesellschaft eine GmbH ist?

Den § 2 dieses Lehrbuchs sollten Sie nach Möglichkeit am Ende der Gesamtlektüre noch einmal durcharbeiten. Der folgende Abschnitt enthält nämlich nicht nur wichtige Grundbegriffe und Grundstrukturen, die für das gesamte Gesellschaftsrecht von Bedeutung sind, er bildet zugleich auch eine Art Zusammenfassung zentraler Aspekte des gesamten Rechtsgebietes. Die bei der ersten Lektüre teilweise noch etwas abstrakten Ausführungen werden Sie zudem noch besser verstehen können, wenn Sie sich näher mit den einzelnen Gesellschaftsformen vertraut gemacht haben. Hinweis

C. Rechtliche Verselbständigung von Gesellschaften

4 Die Gesellschaft dient, wie bereits dargelegt (§ 1 N 13 ff.), der Verfolgung eines den Gesellschaftern gemeinsamen Zwecks und zumindest nicht unmittelbar den Interessen der einzelnen Gesellschafter. Damit die Gesellschaft dieser überindividuellen Funktion gerecht werden kann, wird sie im Rechtsverkehr gegenüber ihren Gesellschaftern als Vermögens-, Willens- und Aktionseinheit mehr (Körperschaften als juristische Personen) oder weniger (Personengesellschaften als Rechtsgemeinschaften) verselbständigt. Verselbständigung zur Zweckverfolgung

I. Körperschaften als juristische Personen

1. Inhalt der Rechtspersönlichkeit der Körperschaften

a) Realitätsprinzip

5 Nach der germanistischen sog. Realitätstheorie (v. Gierke, Beseler, Huber) verfügen die Körperschaften als juristische Personen über eine eigene, von der Gemeinschaft der Mitglieder gebildete reale Verbandspersönlichkeit, die statt als körperlicher als sozialer Organismus aufgebaut ist und anstelle von physischen durch rechtliche Organe handelt. Das Handeln und Wissen der Organe ist daher immer auch ein Handeln und Wissen der juristi- Realitätstheorie

schen Person selbst (sog. Organtheorie). Auf dieser Grundlage wird auch eine Deliktsfähigkeit und strafrechtliche Verantwortung der juristischen Person befürwortet. Der Realitätstheorie folgen der Gesetzgeber (z. B. Art. 55 ZGB, Art. 102 StGB) und die Rechtsprechung[1].

Fiktionstheorie

Demgegenüber existieren die Körperschaften als juristische Personen nach der romanistischen sog. Fiktionstheorie (u. a. v. Savigny, Puchta, Windscheid) in Wirklichkeit nicht, sondern werden lediglich von der Rechtsordnung zur Verwirklichung bestimmter Zwecke gedanklich geschaffen und vermögensmässig den natürlichen Personen als Rechtssubjekte gleichgestellt. Das künstliche Gebilde Körperschaft ist als solches handlungsunfähig und kann lediglich durch für sie als Stellvertreter handelnde natürliche Personen vertreten werden. Der Wille und das Wissen der für sie handelnden Stellvertreter kann der juristischen Person daher nur innerhalb der bestehenden Vertretungsmacht zugerechnet werden (sog. Vertretertheorie). Im Ergebnis führt dies insbesondere zu einer der Regelung in Art. 55 ZGB widersprechenden Verneinung der Deliktsfähigkeit juristischer Personen.

Querverweis

Der im 19. Jh. heftig geführte Meinungsstreit[2] um das Wesen der juristi- 7
schen Person hat heute nur noch eine geringe Bedeutung, da die wichtigsten praktischen Fragen durch den Gesetzgeber (Art. 55 ZGB, Art. 102 StGB[3]) und die Rechtsprechung (z. B. Wissenszurechnung; dazu N 27) zugunsten des Realitätsprinzips gelöst wurden.

b) Gleichstellungsprinzip

Gesetzliche Grundlage

Die Körperschaften (Aktiengesellschaft, Kommanditaktiengesellschaft, 8
Gesellschaft mit beschränkter Haftung, Genossenschaft, Verein) sind mit eigener Rechtspersönlichkeit ausgestattete juristische Personen. Als solche sind sie nach *Art. 53 ZGB* «aller Rechte und Pflichten fähig, die nicht die natürlichen Eigenschaften des Menschen, wie das Geschlecht, das Alter oder die Verwandtschaft, zur notwendigen Voraussetzung haben». Dieses sog. Gleichstellungsprinzip hat folgende Konsequenzen[4]:

Handlungsfähigkeit

- Die Körperschaft tritt selbständig im Rechts- und Prozessverkehr 9

....

1 BGE 117 IV 266: *«Die Einmannaktiengesellschaft ist wie jede AG eine reale Person, nicht nur eine Fiktion oder gewissermassen ein zweites Portemonnaie, über dessen Inhalt der einzige Verwaltungsrat und Alleinaktionär nach Belieben verfügen könnte».*

2 Näher Fögen, SJZ 1999, 393, 396.

3 Näher Pieth, ZStR 121 (2003), 355 ff., Ryser/Kuchowsky, ST 2005, 583 ff. und Seelmann, Kollektive Verantwortung im Strafrecht, 2002, S. 13 ff.

4 Näher ZK-Jung, Art. 620 OR N 113 f. und 131 ff.

auf, wobei die entsprechenden Realakte, Rechtsgeschäfte und Prozesshandlungen von ihren Organmitgliedern (z. B. Verwaltungsrat, Geschäftsführerin, Vorstand), sonstigen Funktionsträgern (z. B. Prokurist) sowie besonderen Vertretern und Hilfspersonen vorgenommen werden (dazu näher N 58 und 61 f. sowie § 6). Handlungsfähig ist eine juristische Person nach Art. 54 ZGB, sobald sie hierfür die nach Gesetz und Statuten erforderlichen Organe bestellt hat (speziell zur Prozessfähigkeit siehe auch noch N 13).

- Die Körperschaft ist als solche *Trägerin der* sich aus ihrem Verhalten ergebenden *Rechte und Pflichten*. Dies gilt nicht nur für Vermögensrechte wie das Eigentum, beschränkte dingliche Rechte, Forderungsrechte, gewerbliche Schutzrechte (z. B. Marken- und Patentrechte) und das Erbrecht, sondern auch für Personen- und Persönlichkeitsrechte wie den Wohnsitz bzw. Sitz (Art. 56 ZGB; dazu N 47 ff.), die Nationalität (N 52 ff.), die Mitgliedschaftsfähigkeit (Art. 594 Abs. 2, 772 Abs. 1, 828 Abs. 1 OR), die Grundrechte[5], das Namens- bzw. Firmenrecht[6], die Ehre[7] sowie die Geheim- und Privatsphäre[8]. Rechtsfähigkeit

Beispiel (nach BGE 95 II 481 ff.): Im Tages-Anzeiger für Stadt und Kanton Zürich wurde Ende der 60er Jahre eine Seite mit Karikaturen abgedruckt, welche die bei der Club Méditerranée SA zu buchenden Ferien in Verbindung mit den um das Mittelmeer herrschenden nicht demokratischen Regierungen und den durch diese begangenen Menschenrechtsverletzungen brachte. Überschrieben war die Seite mit den Worten «CLUB MEDITYRANNIS» und «Devisen willkommen». Die Club Méditerranée SA verlangte daraufhin das gerichtliche Verbot einer erneuten Veröffentlichung dieser Karikaturen. Das Bundesgericht entschied, dass die auf Art. 28, 28a Abs. 1 Ziff. 1 ZGB gestützte Unterlassungsklage nicht schon daran scheitere, dass juristischen Personen das allgemeine Persönlichkeitsrecht nicht zustehe. Denn die Rechtsfähigkeit von juristischen Personen sei nicht nur auf Vermögenswerte beschränkt. Weder die Entstehungsgeschichte des Art. 28 ZGB noch dessen Stellung im System des Gesetzes rechtfertigten eine Einschränkung seines Anwendungsbereiches. Seinem Zweck nach verdiene das allgemeine Persönlichkeitsrecht auch den juristischen Personen jeder Art zuerkannt zu werden. Die in ständiger Rechtsprechung prinzipiell anerkannte Möglichkeit, der in ihrem Persönlichkeitsrecht verletzten juristischen Person

5 Dazu etwa HÄFELIN/HALLER/KELLER/THURNHERR, Bundesstaatsrecht[9], 2016, N 294 ff.; problematisch ist allenfalls die Grundrechtsberechtigung von öffentlich-rechtlichen und gemischtwirtschaftlichen Aktiengesellschaften (dazu eingehend HÄSLER, Geltung der Grundrechte, 2005, S. 152 ff. und 168 ff.).

6 BGE 95 II 481, 486.

7 BGE 95 II 481, 488 ff.; BGE 108 II 241, 244 f.; BGE 108 IV 21 f.; BGE 138 III 337, 341.

8 BGE 64 II 162, 169 f.; BGE 97 II 97, 100 ff.; DRUEY, Geheimsphäre des Unternehmens, 1977, S. 90 f.; vgl. dazu auch die Erfassung juristischer Personen durch Art. 3 lit. b DSG.

auch eine Genugtuung zuzusprechen[9], lehnte das Bundesgericht in casu allerdings ab, weil die Voraussetzungen von Art. 49 OR (besondere Schwere des Verschuldens und der Verletzung) nicht gegeben seien.

Deliktsfähigkeit

- Die juristische Person haftet für *widerrechtliche Schädigungen*, die durch ihre formell wirksam bestellten oder faktischen Organe in Ausübung ihrer geschäftlichen Verrichtungen Dritten zugefügt werden (Art. 55 Abs. 2 ZGB sowie Art. 722, 817 und 899 Abs. 3 OR; dazu näher § 6 N 74 ff.). Diese Eigenhaftung der juristischen Person tritt solidarisch neben diejenige des schädigenden Organs (vgl. Art. 55 Abs. 3 ZGB), wobei die juristische Person im Falle einer Inanspruchnahme bei ihrem Organ Regress nehmen kann (Art. 51, 148 Abs. 2 OR).

Fähigkeit zur Geschäftsführung und Vertretung

- Die Fähigkeit der Körperschaften, in anderen Gesellschaften bzw. für andere im Rechtsverkehr *Geschäftsführungs- und Vertretungsfunktionen* wahrzunehmen, ist stark *eingeschränkt*. So kommen die Körperschaften grundsätzlich nicht als Mitglieder von Leitungsorganen anderer Körperschaften in Betracht. So können sie etwa weder Verwaltungsrätin einer Aktiengesellschaft (Art. 707 Abs. 3 OR) noch Geschäftsführerin einer GmbH (Art. 809 Abs. 2 OR) oder Verwaltungsmitglied einer Genossenschaft (Art. 894 Abs. 2 OR) sein (vgl. auch Art. 120 S. 1 HRegV 2007). Sie können lediglich als Revisionsstelle (Art. 730 Abs. 2 OR), Liquidatorin[10] und ausseramtliche Konkursverwaltung[11] fungieren (vgl. auch Art. 120 S. 2 HRegV 2007) sowie Vermögensverwaltungsaufgaben für eine börsenkotierte Aktiengesellschaft übernehmen (Art. 6 Abs. 2 VegüV). Eine Körperschaft kommt zwar als Geschäftsführerin einer einfachen Gesellschaft i. S. v. Art. 535 Abs. 1 OR und ggf. auch einer KmG, nicht jedoch als Geschäftsführerin einer KlG (vgl. Art. 552 Abs. 1 OR) in Frage. Nach h. M. soll auch die Stellung von juristischen Personen als Prokuristen (vgl. auch Art. 120 S. 1 HRegV 2007) und Handlungsbevollmächtigten ausgeschlossen sein[12]. Während eine juristische Person von einer handlungsfähigen Person für den Fall von deren Urteilsunfähigkeit nach Art. 360 Abs. 1 ZGB ausdrücklich mit der Vorsorge beauftragt werden kann, kommen für eine Bestel-

9 Dazu (in casu mangels Schwere der Verletzung teilweise verneinend) BGE 138 III 337, 341 ff.; BGE 31 II 242, 247; BGE 60 II 326, 331; BGE 64 II 14, 21 f.; BGE 95 II 481, 502; näher Trümpy-Waridel, Le droit de la personnalité, 1986, S. 256 ff. m. w. N.

10 BGE 62 II 284; BGE 115 Ib 291.

11 BGE 101 II 46 ff.

12 BGE 108 II 129; BK-Gautschi, Art. 458 OR N 16a und Art. 462 OR N 4; a. A. für die Handlungsvollmacht ZK-Egger, Art. 53 ZGB N 8 und ZK-Jung, Art. 620 OR N 185.

lung zum Beistand durch die Erwachsenenschutzbehörde nach Art. 400 Abs. 1 S. 1 ZGB ausdrücklich nur natürliche Personen in Betracht. Im Bereich der Erbschaftsverwaltung lässt die Praxis hingegen sowohl bei der privatautonomen Beauftragung eines Willensvollstreckers (Art. 517 f. ZGB)[13] wie bei der Anordnung der Erbschaftsverwaltung (Art. 554 f. ZGB) auch juristische Personen zu. Grund für all diese (nicht ganz konsequent durchgeführten) Einschränkungen des Gleichstellungsprinzips ist die mit der jeweiligen Funktion verbundene besondere Vertrauensstellung, die von einer juristischen Person nicht in einer den natürlichen Personen vergleichbaren Form wahrgenommen werden könne, weil die für die juristische Person jeweils Verantwortung tragenden Personen häufig wechselten, von Aussenstehenden insbesondere über das Handelsregister nicht oder nur mittelbar über zumindest einen weiteren Eintrag identifiziert werden könnten und die Gesellschafter bzw. Organmitglieder grundsätzlich keiner persönlichen Haftung ausgesetzt seien.

Partei- und Prozessfähigkeit

3 • Aus der materiell-rechtlichen Rechtsfähigkeit der Körperschaften ergibt sich ihre zivilprozessuale *Parteifähigkeit*, da nach Art. 66 Var. 1 ZPO parteifähig ist, wer rechtsfähig ist[14]. Als Partei kann die Körperschaft unter ihrer Firma bzw. ihrem sonstigen Namen klagen und verklagt werden. Im Gesellschaftsprozess kommt die Parteieigenschaft nur der Gesellschaft zu, sofern die Gesellschafter in diesen Prozess nicht als Streitgenossen (Art. 70 ff. ZPO) oder Nebenintervenienten (Art. 74 ff. ZPO) einbezogen sind. Entsprechendes gilt für verwaltungsrechtliche (Art. 6 VwVG) und strafrechtliche (Art. 104 Abs. 1 StPO i. V. m. Art. 102 Abs. 4 lit. a StGB, Art. 74 VStrR) Verfahren. So ist etwa auch der Allein- oder Mehrheitsaktionär nicht bereits wegen seiner Stellung und des damit verbundenen wirtschaftlichen Interesses berechtigt, eine Entscheidung anzufechten, welche die von ihm beherrschte Gesellschaft und ihn selbst lediglich mittelbar betrifft[15]. Ein Wechsel im Aktionärskreis berührt die Parteistellung der Gesellschaft zudem nicht. Aus der materiell-rechtlichen Handlungsfähigkeit der Körperschaften folgt zudem ihre Prozessfähigkeit, d. h. die rechtliche Befugnis, im eigenen Namen oder als Vertreter im Prozess rechtswirksam zu handeln (Art. 67 Abs. 1 ZPO). Verlangen das Gesetz (z. B. Art. 204 ZPO be-

[13] Vgl. BGE 90 II 376 ff.; CHK-Künzle, Art. 517–518 ZGB N 5.

[14] Bohnet/Jéquier, in: La personne morale et l'entreprise en procédure, 2014, S. 21 f.

[15] BGE 131 II 306, 311 f.; BGE 130 V 560, 564 f.; BGE 124 II 499, 505; BGer 2C_1158/2012 E. 2.3.3; anders lediglich obiter BGE 110 Ib 105, 110.

treffend die Schlichtungsverhandlung) oder das Gericht in einem Verfahren das persönliche Erscheinen einer Partei, muss die Körperschaft durch eine Person vertreten werden, die für sie im Hinblick auf den Verhandlungsgegenstand vollumfänglich verfügungsbefugt ist (z. B. Verwaltungsratsmitglied, Prokuristin, Handlungsbevollmächtigter mit gesonderter umfassender Prozessvollmacht). Das Erscheinen eines einfachen Mitarbeiters oder eines lediglich faktischen Organs ist insoweit nicht ausreichend[16].

Registerfähigkeit

- Körperschaften können als solche unter ihrer Firma bzw. ihrem 1
sonstigen Namen in das *Handelsregister* eingetragen werden. Grundsätzlich erlangen sie die Rechtspersönlichkeit auch erst mit dieser konstitutiven Eintragung (z. B. Art. 643 Abs. 1; Ausnahme: Art. 60 Abs. 1 ZGB). Möglich ist zudem die deklaratorische Eintragung auf dem Handelsregisterblatt einer KmG als deren Kommanditärin[17]. Als Grundeigentümerin ist die Körperschaft in das *Grundbuch* einzutragen (vgl. Art. 49 Abs. 1, Art. 51 Abs. 1 lit. b, Art. 90 Abs. 1 lit. b GBV). Als Inhaberin *gewerblicher Schutzrechte* erscheint sie im Markenregister (Art. 5 f. MSchG, Art. 40 Abs. 1 lit. c MSchV), Patentregister (Art. 3, 60 Abs. 1bis PatG), Design-Register (Art. 5 f. DesG, Art. 25 Abs. 1 lit. c DesV) und Topographienregister (Art. 3 f. ToG, Art. 7 lit. d ToV).

Besteuerungsfähigkeit

- Als Rechtspersonen mit vermögensmässiger Existenz sind Körper- 15
schaften grundsätzlich ein taugliches passives *Steuersubjekt*. Das gilt nicht nur für die Gewinnsteuer (Art. 1 lit. b i. V. m. Art. 49 ff. DBG), die Quellensteuer (Art. 1 lit. c i. V. m. Art. 83 ff. DBG), die Verrechnungssteuer (Art. 10 Abs. 1 VStG) und die Mehrwertsteuer (Art. 10 Abs. 1 MWSTG) des Bundes, sondern auch die Gewinn-, Kapital- und Quellensteuern der Kantone (Art. 2 Abs. 1 lit. b und lit. c, Art. 20 ff., 32 ff. StHG). Darüber hinaus unterliegen auch Körperschaften bei Verwirklichung des entsprechenden Steuertatbestandes z. B. der Stempelabgabe, der Erbschafts- und Schenkungssteuer, der Handänderungssteuer, der Liegenschaftssteuer, Grundstücksgewinnsteuer, Motorfahrzeugsteuer oder Hundesteuer. Anlass zur Diskussion gab und gibt die in den meisten Kantonen vorgesehene und sehr unterschiedlich ausgestaltete Heranziehung juristischer Personen zur Kirchensteuer[18].

16 BGE 140 III 70, 72 ff.; BGE 141 III 80, 82; BGE 141 III 159.

17 Dies ergibt sich aus Art. 594 Abs. 3 OR und Art. 41 Abs. 2 lit. g HRegV 2007.

18 Näher Süess/Tappenbeck/Pahud de Mortanges, Die Kirchensteuern juristischer Personen, 2013.

c) Trennungsprinzip

aa) *Verselbständigung gegenüber den Gesellschaftern*

Aus dem Inhalt der Rechtspersönlichkeit wird für die Körperschaften auch die grundsätzliche rechtliche Trennung zwischen der Gesellschaft und ihren Mitgliedern (einzeln und insgesamt) bzw. zwischen den diesen jeweils zugeordneten Sphären abgeleitet. Dieses selbst bei Einpersonengesellschaften (Art. 625, 775 OR) und bei wirtschaftlich verbundenen Konzerngesellschaften[19] geltende sog. Trennungsprinzip bedeutet im Einzelnen[20]: Prinzip

- Im *Rechts- und Prozessverkehr* ist die Körperschaft als Vertrags- und Prozesspartei (dazu N 9, 13), Rechtsträgerin (dazu N 10) und Betreiberin eines allfälligen Unternehmens (§ 4 N 27) gegenüber ihren Gesellschaftern und Organmitgliedern verselbständigt. Dies ermöglicht insbesondere auch Rechtsgeschäfte zwischen der Körperschaft und ihren Gesellschaftern bzw. Organmitgliedern. Aufgrund des Trennungsprinzips und der Relativität der Vertrags- bzw. Schuldverhältnisse können die Gesellschafter und Organe grundsätzlich auch keine Rechte aus Verträgen der Körperschaft mit Dritten herleiten und umgekehrt. Ausserhalb der Fälle einer Mitverpflichtung durch gesonderte Vereinbarung (z. B. kumulative Schuldübernahme, Bürgschaft) kommt eine Mithaftung der Gesellschafter allenfalls unter dem Gesichtspunkt des Durchgriffs in Betracht. Betreibt die Körperschaft ein Unternehmen, kommen die von den organschaftlichen und rechtsgeschäftlichen Vertretern abgeschlossenen unternehmensbezogenen Rechtsgeschäfte vermutungsweise mit Wirkung für und gegen die Körperschaft als Unternehmensträgerin zustande (Art. 32 Abs. 2 OR). So ist die Körperschaft im Zweifel etwa auch die Arbeitgeberin der in ihr Unternehmen weisungsabhängig integrierten und auf Dauer zu Dienstleistungen verpflichteten Personen. Verselbständigung im Rechts- und Prozessverkehr

Beispiel (nach BGE 129 III 380 ff.): A ist Angestellte bei der X-AG, bei welcher es sich um eine Einpersonengesellschaft handelt. Einzige Aktionärin und Verwaltungsrätin ist B, die auch die Geschäfte führt. A wird von der X-AG mit der Begründung fristlos entlassen, eine Fortsetzung des Arbeitsverhältnisses sei nicht zumutbar, weil A ein Verhältnis mit dem Ehemann von B unterhalte. Das Bundesgericht hielt fest, dass es sich bei der Arbeitgeberin um eine juristische Person handele. Insofern liege kein Verhältnis

[19] Zum Trennungsprinzip im Konzern siehe nur BGE 108 Ib 440, 448; BGE 110 Ib 127, 132; BGE 115 Ib 55, 61; BGE 137 III 27, 31 und BGE 137 III 550, 552.

[20] Näher ZK-Jung, Art. 620 OR N 115 ff.

zwischen der A und dem Ehemann der Arbeitgeberin vor. Dieses betreffe vielmehr den Ehemann ihrer Geschäftsführerin B, die lediglich auch die an der X. AG wirtschaftlich Berechtigte sei. Selbst wenn es sich bei der Arbeitgeberin um eine Einpersonengesellschaft handele, müsse sich B deren Verselbständigung entgegenhalten lassen. Es sei auch nicht ersichtlich, dass die Privatangelegenheit der einzigen Aktionärin das Arbeitsverhältnis zwischen der X-AG und B derart vergiftet habe, dass der X-AG eine Fortsetzung des Arbeitsverhältnisses bis zum nächsten Kündigungstermin nach den konkreten Umständen objektiv nicht mehr habe zugemutet werden können.

Vermögens- und Haftungstrennung

- Das *Gesellschaftsvermögen* ist von den Privatvermögen der Gesellschafter zu trennen und dinglich allein der Gesellschaft zugeordnet. Den Gesellschaftsgläubigern haftet i. d. R. ausschliesslich die Gesellschaft mit ihrem Gesellschaftsvermögen (z. B. Art. 620 Abs. 1 OR). 1

Anerkennung eigener Interessen

- Körperschaften verfügen über ein rechtlich anerkanntes *Eigeninteresse*, welches als sog. Gesellschaftsinteresse im Rahmen von Interessenabwägungen im Innen- und Aussenverhältnis zu berücksichtigen ist (z. B. Art. 697 Abs. 2 S. 2, 697e Abs. 2, 717 Abs. 1 OR). Mit der Anerkennung einer solchen selbst bei der Einpersonengesellschaft bestehenden gesonderten Interessenträgerschaft stellt sich allerdings das *Problem, das Eigeninteresse* der Gesellschaft näher *zu bestimmen*[21]. Zum einen wird erwogen, es unabhängig von den Interessen der im weitesten Sinne beteiligten natürlichen Personen (Gesellschafter, Organmitglieder, Geschäftspartner, Arbeitnehmer, Gläubiger) normativ zu bestimmen[22]. So wird im Lichte des Trennungsprinzips etwa ein Interesse der Gesellschaft an der Aufrechterhaltung einer zur Zweckverfolgung geeigneten Organisation postuliert[23]. Aus dem Interesse der Gesellschaft an der Wahrung ihrer Eigenständigkeit soll sich dann beispielsweise auch das Verbot ergeben, die Existenz der Gesellschaft durch offensichtlich riskante bzw. nachteilige Geschäfte zu gefährden[24]. Denkbar wäre auch der Rückgriff auf den Gesellschaftszweck oder das Interesse eines Idealgesellschafters, woraus ein eigenes Bestands- und Rentabilitätsinteresse der Gesellschaft abgeleitet werden könnte[25]. Überzeugender ist jedoch die personenbezogene Bestimmung 1

[21] Dazu etwa GIGER, Corporate Governance, 2003, S. 100 ff. (schwer zu fassendes Ergebnis einer Abwägung verschiedener Interessen).

[22] Krit. ZK-JUNG, Art. 620 OR N 117 f.

[23] BGer 4A_693/2015 E. 3.2.2.

[24] Vgl. dazu im deutschen Recht etwa BGH ZIP 2001, 1874, 1876 und WINTER, ZGR 1994, 570, 585 ff.

[25] Vgl. dazu im deutschen Recht etwa ZIEMONS, Haftung der Gesellschafter, 1997, S. 87 ff. und S. 130 ff.

des Gesellschaftsinteresses. Diese wäre theoretisch unter Rückgriff auf die Interessen aller von der Gesellschaftstätigkeit betroffenen natürlichen Personen möglich. Auf der Grundlage des geltenden schweizerischen Gesellschaftsrechts kommt hierfür jedoch letztlich nur eine Bezugnahme auf die gesellschaftszweckbezogenen Interessen der Gesamtheit der Gesellschafter bzw. des Alleingesellschafters in Betracht[26], welche das Gesellschaftsinteresse nicht nur im Rahmen des zwingenden Gesetzesrechts frei bestimmen, sondern z. B. bei einem Auflösungsbeschluss auch ignorieren können. Insbesondere sollte die Berücksichtigung von Interessen der Drittorgane einer Gesellschaft ausscheiden, weil gerade diese als Verwalter fremden Vermögens in besonderer Weise an das Gesellschaftsinteresse gebunden werden sollen (vgl. z. B. Art. 717 Abs. 1, 812 Abs. 1 OR).

Eigenständigkeit bei Rechtsanwendungsfragen

0 • Sofern es für die Anwendung einer Rechtsnorm oder vertraglichen Regelung auf einen bestimmten *Status* (z. B. Kaufmannseigenschaft), *persönliche Eigenschaften* (z. B. Gewähr) oder die *Vermögensverhältnisse* (z. B. Bedürftigkeit) ankommt, sind grundsätzlich allein die Umstände der Körperschaft massgeblich (z. B. Sitz, Nationalität, Vermögenslage).

Beispiele: Eine privatwirtschaftlich tätige Aktiengesellschaft kann sich auf die Grundrechte der EMRK berufen, obwohl ihre Aktien zu 100 % einer Organisation mit öffentlich-rechtlichem Status gehören[27]. Als Vermieterin kann eine Aktiengesellschaft wegen Eigenbedarfs nach Art. 271a Abs. 3 lit. a OR nur dann kündigen, wenn der Eigenbedarf bei ihr selbst und nicht nur bei ihren Aktionären besteht[28].

Weist die Aktiengesellschaft die von einer Rechtsnorm verlangte Eigenschaft (z. B. Menschenwürde, Geschlecht) nicht selbst auf, führt dies grundsätzlich zur Nichtanwendung der betreffenden Norm (vgl. auch Art. 53 ZGB). Ausnahmen können sich jedoch unter dem Gesichtspunkt eines sog. notwendigen *Zurechnungsdurchgriffs* von Eigenschaften der hinter der juristischen Person stehenden natürlichen Personen ergeben (N 26 f.).

[26] So etwa auch BGE 69 II 246, 250; BGer 4C.386/2002 E. 3.2; LAMBERT, Gesellschaftsinteresse, 1992, S. 41 ff.

[27] BGE 121 I 30, 34.

[28] BGer 4C.139/2000 E. 2b (obiter); HONSELL, OR BT[10], 2017, S. 244; offengelassen BGE 132 III 737, 745 f.; zur Frage, ob bei einer juristischen Person überhaupt ein Eigenbedarf bestehen kann, obiter BGE 115 II 181, 185.

Mediatisierung der Gesellschafter

- Die Gesellschafter verfügen lediglich über Mitgliedschaftsrechte gegenüber der Körperschaft, die ihnen Möglichkeiten der Einflussnahme auf das Verhalten der juristischen Person und eine wirtschaftliche Beteiligung am Gesellschaftsvermögen vermitteln. Sie sind aber nicht die Inhaber der der Körperschaft zustehenden Rechte, so dass sie diese nicht selbst geltend machen können.

bb) Durchgriff als Ausnahme

Rechtfertigung der Ausnahme

Bei der Anwendung von Normen und vertraglichen Regelungen kann es 22
jedoch ausnahmsweise auch zu einer *Missachtung des Trennungsprinzips* und damit zu einer Berücksichtigung der hinter der rechtlichen Form liegenden persönlichen und wirtschaftlichen Realität kommen. Da entsprechende gesetzliche Anordnungen weitgehend fehlen (z. B. Art. 3 Abs. 2 lit. c^{bis}, Art. 3bis Abs. 1 und Abs. 3 BankG, Art. 5 Abs. 1 lit. c BewG), muss ein solcher sog. Durchgriff im Einzelfall mit einer sorgfältigen Begründung gerechtfertigt werden. Insoweit sind zwei Ansätze denkbar: Nach der Lehre vom Durchgriff aufgrund (subjektiven) Rechtsmissbrauchs ist der Durchgriff auf die qualifiziert[29] beteiligten Gesellschafter gerechtfertigt, wenn die juristische Person von diesen in *rechtsmissbräuchlicher Weise* zur Erreichung unlauterer Zwecke verwendet wird und daher eine Berufung auf die formale Selbständigkeit der juristischen Person gegen Art. 2 ZGB verstösst[30]. Nach der Lehre vom Durchgriff zum Zwecke sachgerechter Rechtsanwendung kann der Durchgriff auf qualifiziert[31] beteiligte Gesellschafter mit einer *besseren Verwirklichung des Normzwecks* der jeweils einschlägigen Norm begründet werden[32].

Fallgruppen des Durchgriffs

Der prominenteste Unterfall des Durchgriffs ist der eher seltene sog. (di- 23
rekte) *Haftungsdurchgriff*, aufgrund dessen ein Gesellschafter mit seinem Privatvermögen für Gesellschaftsschulden einzustehen hat (dazu N 24). Daneben gibt es aber auch noch den in der Praxis häufigeren sog. *umgekehrten Haftungsdurchgriff* von Privatgläubigern auf das Gesellschaftsvermögen oder einzelne Teile desselben (dazu N 25), den notwendigen oder ergänzenden sog. *Zurechnungsdurchgriff* (dazu N 26 f.) und den

---

29 Verlangt wird unter dem Stichwort der sog. wirtschaftlichen Einheit zumeist eine Beherrschung (BGer 5A_330/2012 E. 3.2; BGer 5A_739/2012 E. 7.2.1) oder Beherrschungsmöglichkeit (BGer 5A_498/2007 E. 2.2).

30 So z. B. BGE 113 II 31, 36; näher und zugleich krit. ZK-Jung, Art. 620 OR N 210 ff.

31 Die Anforderungen an die Höhe und Art der Beteiligung sind abhängig vom jeweiligen Normzweck und ggf. von weiteren Umständen des Einzelfalls (näher ZK-Jung, Art. 620 OR N 225, 245 f., 248 und 270).

32 So etwa BGE 85 II 115 f.; Weber, SPR II/4, 1998, S. 106; grundlegend Müller-Freienfels, AcP 156 (1957), 522, 529 ff.

sog. *Identifikationsdurchgriff* (dazu N 28). Beim Durchgriff kann das Trennungsprinzip nur einmal (sog. einfacher Durchgriff z. B. auf die Muttergesellschaft in einem Konzern) oder auch mehrfach (sog. mehrfacher Durchgriff z. B. auf eine Grossmuttergesellschaft) durchbrochen werden[33]. Nach der Stossrichtung des Durchgriffs kann man auch zwischen dem Durchgriff nach oben (direkter Durchgriff auf den Gesellschafter), dem Durchgriff nach unten (umgekehrter Durchgriff vom Gesellschafter auf die Gesellschaft; auch Rückdurchgriff) und dem Durchgriff zur Seite (Querdurchgriff auf eine Schwestergesellschaft) unterscheiden[34], wobei der Querdurchgriff eigentlich einen zweifachen gegenläufigen Durchgriff zunächst nach oben und dann nach unten darstellt[35]. Der Durchgriff erfolgt zumeist zu Lasten der juristischen Person und ihrer Mitglieder und nicht zu ihren Gunsten, da der Durchgriff regelmässig dem Schutz von Drittinteressen dient und den Gesellschaftern in den Durchgriffsfällen oft ein missbräuchliches und widersprüchliches Verhalten vorgeworfen werden kann[36]. Im Wesentlichen sind folgende Fälle einer Ausnahme vom Trennungsprinzip zu unterscheiden:

24 Direkter Haftungsdurchgriff

- Beim sog. (direkten) *Haftungsdurchgriff* geht es um die ausnahmsweise Einschränkung des Trennungsprinzips durch eine Haftungserstreckung vom Gesellschafts- auf das Privatvermögen eines Gesellschafters. Dieser führt bei einer massiven Unterkapitalisierung von Kapitalgesellschaften (vgl. auch Art. 165 Abs. 1 StGB)[37], der systematischen Unternehmens- oder Vermögensvermischung (sog. Sphärenvermischung)[38] sowie der sonstigen anerkannt zweckwidrigen Ausnutzung der Haftungsbeschränkung (sog. Institutsmissbrauch)[39] zu einer persönlichen Haftung der hierfür verantwortlichen Gesellschafter mit ihrem eigenen Vermögen. Es kommt mithin zu einer Missachtung der Vermögenstrennung[40].

[33] Wick, Durchgriff, 1994, S. 68; Kobierski, Durchgriff, 2012, S. 35.

[34] Weber, SPR II/4, 1998, S. 105; zum «Querdurchgriff» BGE 113 II 31, 37.

[35] Wick, Durchgriff, 1994, S. 68.

[36] BGE 72 II 67, 77; BGE 109 Ib 110, 113 f.; BGE 121 III 319, 321; vgl. aber auch BGer 4C.139/2000 E. 2b; zu Einschränkungen Weber, SPR II/4, 1998, S. 106 m. w. N.

[37] Dazu generell BGer 5C.279/2002 E. 5.1; BGer 5A_498/2007 E. 2.2; speziell für die Unterkapitalisierung der Tochtergesellschaft im Konzern Dennler, Durchgriff, 1984, S. 59 ff.; krit. Glanzmann, AJP 1997, 51, 54 und 58.

[38] Dogmatisch werden derartige Fälle aber zunehmend mit Hilfe des Instituts der Vertrauenshaftung gelöst (dazu ZK-Jung, Art. 620 OR N 221 ff.).

[39] Monsch/von der Crone, SZW 2013, 445, 456; das Musterbeispiel bildet eine Muttergesellschaft, die sich selbst die attraktiven Geschäfte und der Tochtergesellschaft die risiko- bzw. verlustreichen Geschäfte zuordnet.

[40] Krit. zum Haftungsdurchgriff ZK-Jung, Art. 620 OR N 228 ff.

Beispiele: Xaver ist Alleingesellschafter der X-AG. Diese betreibt die Fluggesellschaft «Swiss Wings» mit zehn Mittelstreckenjets. Wird die Gesellschaft von Xaver lediglich mit dem überdies nur teilliberierten gesetzlichen Mindestaktienkapital ausgestattet und im Übrigen durch Fremdkapital finanziert, liegt eine qualifizierte Unterkapitalisierung vor, welche Xaver als hierfür verantwortlichen Gesellschafter den Gläubigern gegenüber subsidiär haftbar macht. Gleiches würde gelten, wenn Xaver die X-AG zwar hinreichend kapitalisiert, sie aber im Vergleich zu der von ihm ebenfalls allein gegründeten Y-AG systematisch benachteiligt und u. a. die voraussichtlich lukrativen Destinationen ausschliesslich von der Y-AG bedienen lässt.

Umgekehrter Haftungsdurchgriff

- **Als *umgekehrter Haftungsdurchgriff* wird die Haftung der Körperschaft und ihres Vermögens für die Verbindlichkeiten eines ihrer Gesellschafter bezeichnet. Ein solcher Durchgriff wurde vom Bundesgericht verschiedentlich für juristische Personen im Falle einer Alleingesellschafterstellung oder einer zumindest vorliegenden Beherrschung bzw. Kontrolle[41] und eines rechtsmissbräuchlichen Verhaltens des Schuldners (z. B. Vermögensvermischung, Verhinderung des Vollstreckungszugriffs auf andere Vermögenswerte) angenommen[42]. Das ist jedoch nicht unproblematisch, da ein sich spiegelbildlich an den Voraussetzungen des direkten Haftungsdurchgriffs orientierender umgekehrter Haftungsdurchgriff, der sich auf das gesamte Vermögen der juristischen Person erstreckt, nicht nur das Trennungsprinzip missachtet, sondern auch eine Person aufgrund eines Verhaltens generell haftbar macht, das ihr nicht zuzurechnen ist. Da das Vermögen einer Gesellschaft als solches nur den Gesellschaftsgläubigern als Haftungsmasse zur Verfügung stehen soll, ist beim umgekehrten Haftungsdurchgriff Zurückhaltung geboten[43] und ein Privatgläubiger grundsätzlich ausschliesslich auf die Möglichkeit der Vollstreckung in den Gesellschaftsanteil zu verweisen[44].**

Beispiel: Xaver ist zu 90 % an der X-AG beteiligt. Das zuständige Betreibungsamt pfändet zugunsten eines Gläubigers von Xaver auf dem Werksgelände der X-AG ein im Eigentum der X-AG stehendes Kraftfahrzeug. Grundsätzlich kann die X-AG der Pfändung als Dritteigentümerin widersprechen (Art. 106 Abs. 1, 108 Abs. 1 Ziff. 1 SchKG). Stand das Kraftfahrzeug kurz zu-

41 BGer 5A_330/2012 E. 3.2; auf das Kontrollprinzip abstellend MONSCH/VON DER CRONE, SZW 2013, 445, 452 ff.

42 BGE 102 III 165, 169 f.; BGer 5A_587/2007 E. 2 bis E. 6; BGE 105 III 107, 112 (obiter); BGer 5A_498/2007 E. 2 bis E. 5 (Stiftung).

43 So immerhin BGE 85 II 111, 116; BGer 4C.200/2001 E. 2.c und BGer 5C.209/2001 E. 3.d.

44 Zu Ausnahmen im Falle rechtsmissbräuchlichen Verhaltens BGE 102 III 165, 169 f.; BGE 126 III 95, 97 f.

vor aber noch im Eigentum von Xaver und hat er es an die X-AG zum Marktpreis verkauft (Ausschluss von Art. 285 ff. SchKG), um das Fahrzeug dem Zugriff seiner Gläubiger zu entziehen und das Geld auszugeben, bleibt der Widerspruch nach der Rechtsprechung wegen Rechtsmissbrauchs unbeachtlich[45], obwohl Xaver nicht Alleinaktionär der X-AG ist und auch Gläubiger der X-AG Interesse an einem Zugriff auf das Auto haben könnten.

Zurechnungsdurchgriff

26 • **Bei der Rechtsanwendung von Normen oder Vertragsbestimmungen auf eine juristische Person können die Persönlichkeitsdefizite der Körperschaft in Verbindung mit dem Gleichstellungsprinzip oder der Wunsch nach einer besseren Verwirklichung des Normzwecks bzw. Parteiwillens die Frage nach einer *notwendigen oder ergänzenden Berücksichtigung der persönlichen Verhältnisse* einzelner oder aller Gesellschafter aufwerfen. In diesen Fällen werden dann etwa das Wissen, Willensmängel, die gewerbliche Zuverlässigkeit (z. B. Art. 10 Abs. 2 lit. d BEHG) oder die Staatsangehörigkeit von Mitgliedern der juristischen Person zugerechnet (sog. Zurechnungsdurchgriff)[46].**

Beispiel: Nach Art. 5 Abs. 1 lit. c BewG («Lex Friedrich/Koller») gelten als «Personen im Ausland» nicht nur juristische Personen mit statutarischem oder tatsächlichem Hauptverwaltungssitz im Ausland, sondern nach der sog. Kontrolltheorie auch solche, «die ihren statutarischen und tatsächlichen Sitz in der Schweiz haben und in denen Personen im Ausland eine beherrschende Stellung innehaben».

Beispiel Wissenszurechnung

27 **Ein wichtiger Anwendungsfall des Zurechnungsdurchgriffs ist die *Zurechnung des Wissens* eines Gesellschafters ohne formelle Organstellung.**

Beispiel: Die A-GmbH mietet durch ihren Alleingesellschafter A bei der X-AG einen Lieferwagen. Diesen Lieferwagen verkauft und übergibt der alleinige Geschäftsführer B der A-GmbH an eine von ihm zusammen mit C und D gegründete einfache Gesellschaft. Haben B, C und D gesamthänderisch Eigentum an dem Lieferwagen erworben?

Hier haben B, C und D nur dann Eigentum erworben, wenn sie als Gesellschafter der einfachen Gesellschaft von der fehlenden Verfügungsmacht der A-GmbH keine Kenntnis hatten bzw. eine solche auch nicht haben mussten (Art. 3 Abs. 2 ZGB) und sich damit auf einen gutgläubigen Erwerb nach Art. 933 Abs. 1 ZGB berufen können. C und D sind zwar vermutungsweise gutgläubig (Art. 3 Abs. 1 ZGB), doch kommt ein gutgläubiger Erwerb der Gesamthandsgemeinschaft nur in Betracht, wenn auch B gutgläubig ist. Bei ihm könnte die Gutglaubensvermutung durch eine doppelte Zurech-

[45] Vgl. etwa BGE 102 III 165, 169 f.

[46] Näher ZK-Jung, Art. 620 OR N 235 ff.

nung der Kenntnis des Alleingesellschafters A zur A-GmbH und von dieser zu ihrem Alleingeschäftsführer B widerlegt sein.

Die Frage der Wissenszurechnung, deren Ziel es ist, eine juristische Person nicht davon profitieren zu lassen, dass sie als solche kein Wissen hat und arbeitsteilig vorgehen kann, ist mangels gesetzlicher Regelung umstritten[47]. Nach der schematisch verfahrenden und auf der Realitätstheorie beruhenden sog. *Organtheorie* (insoweit auch Theorie der absoluten Wissenszurechnung) ist einer juristischen Person (hier A-GmbH) nur das Wissen eines Organmitglieds, dieses dann aber auch unabhängig davon zuzurechnen, ob das Organmitglied das Wissen in dieser Eigenschaft erlangt, es an dem konkreten Rechtsgeschäft mitgewirkt bzw. von diesem Kenntnis gehabt und ob es die Organstellung inzwischen wieder verloren hat. A ist zwar Alleingesellschafter, aber anders als B kein Organ der A-GmbH, solange er sich zumindest nicht faktisch wiederholt Organfunktionen anmasst. Demgegenüber könnte nach dem neueren organisationstheoretischen Ansatz der *Wissensverantwortung* in casu eine Wissenszurechnung zur A-GmbH erfolgen. Nach dieser Lehre erstreckt sich die Wissenszurechnung nämlich auf alle wissenden Personen (mithin auch Gesellschafter), die aufgrund der Wahrnehmung von Funktionen in einem Unternehmen die Pflicht zur Weiterleitung von Informationen trifft, sofern dieses Wissen aufgrund seiner Relevanz zu speichern und bei anderer Gelegenheit abzurufen ist (Zurechnung des sog. Aktenwissens). Auch nach der auf der Fiktionstheorie beruhenden sog. *Vertretertheorie* könnte in casu eine Zurechnung des Wissens von A zur A-GmbH angenommen werden, da nach dieser Theorie der juristischen Person nach Stellvertretungsgrundsätzen zwar nur das Wissen von Personen zugerechnet werden könnte, die an dem konkreten Rechtsgeschäft (hier Abschluss des Mietvertrages) mitgewirkt oder von diesem zumindest gewusst haben, doch diese Voraussetzungen in casu vorlägen. Das auf diese Weise der A-GmbH zugerechnete Wissen kann nun aber nicht auch einfach dem B als ihrem alleinigen Geschäftsführer zugerechnet werden. Denn die Wissenszurechnung erfolgt nur zu Lasten der juristischen Person, nicht aber auch zu Lasten ihrer Organe. B hatte daher keine Kenntnis von der fehlenden Verfügungsmacht. B, C und D haben daher als Gesellschafter der einfachen Gesellschaft das Eigentum an dem Lieferwagen gutgläubig erworben.

Identifikationsdurchgriff

- **Schliesslich können es die besonderen Beziehungen von (einzelnen) Mitgliedern zur juristischen Person rechtfertigen, diese mit der juristischen Person gleichzusetzen. Mit diesem sog. *Identifikationsdurchgriff* wird die prinzipielle rechtliche Selbständigkeit der juristischen Person aufgehoben, um aus Gründen der Gleichbehandlung und des Umgehungsschutzes für die juristische Person oder das betreffende Mitglied eine bestimmte, die Personenidentität bzw. Personenverschiedenheit voraussetzende Rechtsfolge** 28

[47] Näher ZK-JUNG, Art. 620 OR N 252 ff.

herbeizuführen bzw. auszuschliessen. Zur Identifikation kommt es etwa im Zusammenhang mit dem grundsätzlichen Verbot von Insichgeschäften[48], Konkurrenzverboten (z. B. Art. 536, 561, 803 Abs. 2 OR) oder gesellschaftsrechtlichen Stimmverboten (z. B. Art. 68 ZGB, Art. 695 Abs. 1, 806a OR), wenn wie insbesondere bei den Einpersonengesellschaften eine Willensbildungs-, Interessen-, Handlungs- und Haftungseinheit zwischen Gesellschafter und Gesellschaft besteht[49].

Beispiel (nach BGE 71 II 272 ff.): K verkaufte dem N ein Patent betreffend ein Verfahren und eine Vorrichtung zur Herstellung schraubenförmig gerillter Schläuche in fortlaufendem Arbeitsgang. Im Vertrag war die Übertragung des Patents «auf den Kläger oder auf eine von demselben namhaft gemachte Person» vorgesehen. In Wirklichkeit wurde das Patent auf die B-AG übertragen, die N erst nach dem Kaufvertragsschluss gegründet hatte. Der Vertrag sah vor, dass der Käufer dem Verkäufer auf allen den Gegenstand des Vertrages bildenden Gebieten seine gesammelten Erfahrungen, Verbesserungen und Erfindungen bekannt geben respektive für alle Staaten ausserhalb der Schweiz kostenlos überlassen sollte. Ferner verpflichtete sich der Käufer, ausserhalb der Schweiz keinerlei Erzeugnisse des den Gegenstand des Vertrags bildenden Patents zu verkaufen oder wissentlich an Dritte für die Ausfuhr aus der Schweiz zu liefern. Im Zeitpunkt der Patentübertragung war N zwar nicht Alleinaktionär der B-AG, die anderen Aktionäre waren aber verpflichtet, entsprechend dem Willen von N von ihren Aktienrechten Gebrauch zu machen. Der Verwaltungsratspräsident der B-AG handelte ausschliesslich nach den Anordnungen des N. K verlangt von der B-AG, die Verpflichtungen aus dem Kaufvertrag zu erfüllen. Zu Recht?

Vertragspartner des K ist allein N. Die B-AG besitzt als juristische Person eigene Rechtspersönlichkeit und ist an vertragliche Verpflichtungen Dritter nicht gebunden. Dies gilt auch für vertragliche Verpflichtungen ihrer Aktionäre. Anders wäre die Situation nur dann, wenn die Berufung auf die rechtliche Selbständigkeit der B-AG Treu und Glauben (Art. 2 ZGB) widersprechen würde. Ein Verstoss gegen Treu und Glauben kann sich vor allem bei Einmanngesellschaften ergeben. Wenngleich die juristische Person in diesen Fällen rechtlich ein selbständiges Gebilde ist, stellen doch Alleinaktionär und AG wirtschaftlich eine Einheit dar. Es widerspräche dem Grundsatz von Treu und Glauben, wenn sich ein vertraglich Verpflichteter durch die Gründung einer AG und die Entfaltung einer Geschäftstätigkeit durch die AG seinen vertraglichen Verpflichtungen entziehen könnte. Ein für den Alleinaktionär geltendes Konkurrenzverbot gilt regelmässig auch für die Einpersonen-AG. Entsprechend gilt das von N vereinbarte Konkurrenzverbot auch für die B-AG. Unerheblich ist, dass N nicht Alleinaktionär ist. Da

48 BGE 89 II 321, 324; näher Jung, in: Entwicklungen im Gesellschaftsrecht VI, 2011, S. 273 ff.
49 Näher ZK-Jung, Art. 620 OR N 268 ff.

er die faktische Verfügungsbefugnis über die B-AG hat, ist seine Rolle der eines Alleinaktionärs gleichzusetzen. K kann von der B-AG daher die Einhaltung der Verpflichtungen aus dem Kaufvertrag mit N verlangen.

2. Erwerb und Verlust der Rechtspersönlichkeit

a) Erwerb der Rechtspersönlichkeit

Prinzipien

Nach dem sog. *Prinzip der freien Körperschaftsbildung* erlangt eine Körperschaft die Rechtspersönlichkeit bereits mit dem wirksamen Abschluss des Gesellschaftsvertrags. Im schweizerischen Recht gilt dies jedoch nur für den Idealverein (Art. 60 Abs. 1 ZGB), für den die freiwillige (Art. 61 Abs. 1 ZGB) oder obligatorische (Art. 61 Abs. 2 ZGB) Eintragung in das Handelsregister mithin nur deklaratorische Bedeutung hat. Alle anderen Körperschaften entstehen als juristische Personen hingegen nach dem sog. *Normativsystem* erst mit der für sie konstitutiven Eintragung in das Handelsregister, wobei die Gründer einen Anspruch auf Eintragung haben, sofern die von ihnen zur Eintragung angemeldete Gesellschaft die gesetzlichen Anforderungen erfüllt (Art. 940 bzw. künftig Art. 937 i. V. m. z. B. Art. 643 Abs. 1 OR). Das sog. *Konzessionsprinzip*, wonach der Erwerb der Rechtspersönlichkeit aus gesellschaftsrechtlichen Gründen einer verwaltungsrechtlichen Bewilligung bedarf, hat im schweizerischen Recht keine Bedeutung mehr[50]. Allerdings sind die Eintragung in das Handelsregister und damit bei den meisten Körperschaften auch der Erwerb der Rechtspersönlichkeit bei bestimmten Tätigkeiten von der Erteilung einer aufsichtsrechtlichen Bewilligung der Tätigkeit abhängig (z. B. Art. 3 Abs. 1 BankG). 2

Vorgesellschaft

Vor der Handelsregistereintragung ist die dem Normativsystem unterstehende Körperschaft nach h. M. eine *einfache Gesellschaft*[51], deren Zweck die Gründung bzw. die Entstehung der Körperschaft durch Eintragung im Handelsregister ist. Zwischen Errichtung und Eintragung, d. h. insbesondere nach Festlegung der Statuten der Körperschaft (vgl. z. B. Art. 629 OR), ist diese einfache Gesellschaft nach dem Willen der Gesellschafter jedoch schon so weit wie möglich dem Recht der zur Eintragung zu bringenden Körperschaft zu unterstellen[52]. So fehlt im Aussenverhältnis zwar 30

50 Siehe etwa zur schweizweit zwingenden Einführung des Normativsystems durch das Obligationenrecht vom 14. Juni 1881 VON MAY, Gründung, 1945, S. 83 ff.

51 BGE 104 Ib 264, 265; BGE 102 II 420, 423; differenzierend JUNG, recht 2013, 79 ff.

52 Näher JUNG, recht 2013, 79, 82 ff.

naturgemäss noch die Rechtspersönlichkeit mit der Folge der Haftungsbeschränkung, so dass sich die Vertretung der Gesellschaft und die Haftungsverhältnisse der jetzt sog. Vorgesellschaft grundsätzlich (siehe aber auch noch Art. 645, 779a und 838 Abs. 2, 3 OR) nach dem Recht der einfachen Gesellschaft bzw. (beim bereits gegebenen Betrieb eines kaufmännischen Gewerbes) der Kollektivgesellschaft richten. Im Innenverhältnis unter den Gründern können aber angesichts des weitgehend dispositiven Personengesellschaftsrechts schon einige Regeln des betreffenden Körperschaftsrechts zur Anwendung kommen (z. B. Abstimmung nach dem Mehrheitsprinzip, Ausschluss von Nachschusspflichten).

b) Verlust der Rechtspersönlichkeit

Auflösung und Beendigung

31 Das Gesetz unterscheidet beim Untergang der Körperschaft zwischen zwei Phasen, nämlich der *Auflösung* mit einer sich grundsätzlich anschliessenden Liquidation und der nach Abschluss der *Liquidation* durch Löschung im Handelsregister eintretenden Beendigung der Gesellschaft. Die Körperschaft ist mit dem Eintritt eines Auflösungsgrundes (z. B. Art. 736, 770, 821 OR) aufgelöst, da die Eintragung der Auflösung in das Handelsregister (Art. 737, 770 Abs. 2, 821a Abs. 2 OR) zwar obligatorischer, aber rein deklaratorischer Natur ist[53]. Sofern kein Fall der liquidationslosen Auflösung (Fusion, Aufspaltung, Vermögensübertragung auf eine Körperschaft des öffentlichen Rechts) gegeben ist, wird die Gesellschaft anschliessend liquidiert (Art. 738 ff., 764 Abs. 2, 821a Abs. 1, 826 Abs. 2 OR)[54]. Im Liquidationsstadium behält die Körperschaft ihre Rechtspersönlichkeit (Art. 739 Abs. 1, 764 Abs. 2, 821a Abs. 1, 826 Abs. 2 OR). Die Liquidationsgesellschaft ist mit der (früheren) Erwerbsgesellschaft rechtlich identisch[55], ändert jedoch ihre Zwecksetzung von einer bislang werbenden zu einer sich auf ihre eigene Abwicklung beschränkenden Gesellschaft. Bestehende Verträge gelten grundsätzlich weiter[56]. Die Firma wird lediglich mit dem Zusatz «in Liquidation» versehen (Art. 739 Abs. 1, 770 Abs. 2, 821a Abs. 1, 826 Abs. 2 OR), wobei eine allfällige Nichtverwendung des Liquidationszusatzes bei der Vornahme von Rechtsgeschäften diese nicht unwirksam werden lässt[57]. Nach zutreffender Ansicht ist die *Löschung im Handelsregister ein notwendiger, aber nicht hinreichender Akt* für die Beendigung einer Körperschaft. Erforderlich ist mithin, dass

[53] Siehe dazu nur BSK OR II-Stäubli, Art. 737 N 2.

[54] Art. 57 Abs. 1 ZGB (Vermögensanfall an das Gemeinwesen) ist wegen der erwähnten vorrangigen Vorschriften nicht anwendbar.

[55] BGE 64 II 150, 151; BGE 90 II 247, 257.

[56] BSK OR II-Stäubli, Art. 739 N 1.

[57] BGE 90 II 247, 257.

die Körperschaft sowohl im Register gelöscht als auch materiell vollständig beendet ist, d. h. keine Aktiven oder Passiven mehr vorhanden sind[58].

II. Personengesellschaften als Rechtsgemeinschaften

Rechtsgemeinschaften

Die Personengesellschaften (einfache Gesellschaft, Kollektiv- und Kommanditgesellschaft) sind als Rechtsgemeinschaften keine juristischen Personen. Träger der in der Gesellschaftssphäre begründeten Rechte und Pflichten sind jeweils die Gesellschafter als Personenmehrheit und (zumindest bei der einfachen Gesellschaft bzw. im Ausgangspunkt) nicht die Gesellschaft als solche (vgl. Art. 543, 544 Abs. 1 und 3 OR; siehe allerdings auch Art. 562, 567, 602 f. OR). 3

1. Arten der gemeinsamen Rechtsträgerschaft

Arten von Rechtsgemeinschaften

Nach der Art der Ausübung der gemeinsamen Rechtsträgerschaft unterscheidet das Gesetz in Art. 646 ff. ZGB *zwei Arten* der Rechtsgemeinschaft: 33

- Bei der *Bruchteilsgemeinschaft* wird das Recht durch jeden Gemeinschafter anteilsmässig ausgeübt, da die einzelnen Teilhaber dinglich über ihre ideellen Bruchteile an den einzelnen Vermögensgegenständen selbständig verfügen können (Art. 646 Abs. 3 ZGB). Die Regelungen zum Miteigentum gelten entsprechend für die Mitinhaberschaft an anderen Rechten (z. B. Forderungsrechten).
- Bei der *Gesamthandsgemeinschaft* wird das Recht durch die Gemeinschafter in ihrer Gesamtheit ausgeübt. Damit ist insbesondere während des Bestehens der Gemeinschaft ein Recht auf Teilung oder eine Verfügung über den Bruchteil ausgeschlossen (Art. 653 Abs. 3 ZGB). Verfügungen sind nur gemeinschaftlich (zur gesamten Hand) möglich. Die Regelungen zum Gesamthandseigentum gelten entsprechend für die gesamthänderische Berechtigung an anderen Rechten (z. B. Immaterialgüterrechten).

[58] Eingehend dazu JUNG, recht 2013, 79, 85 ff.

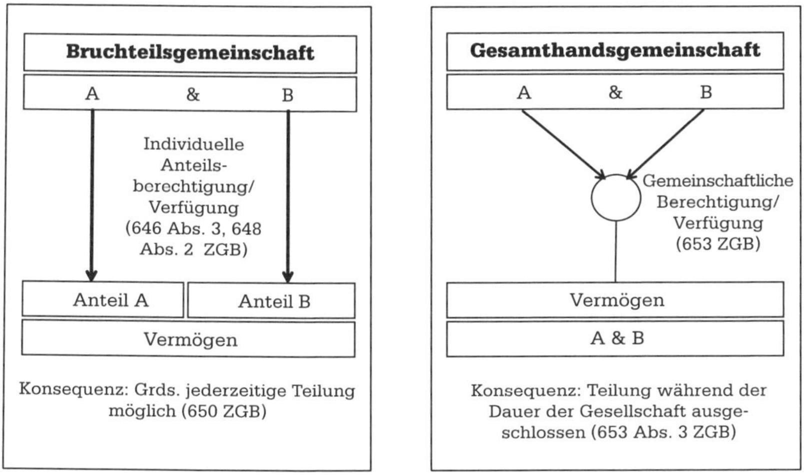

Abb. 5: Vermögenszuordnung bei Bruchteils- und Gesamthandsgemeinschaften

Problematik der Bruchteilsgemeinschaften

34 Die bei den Bruchteilsgemeinschaften bestehende individuelle Verfügungsmöglichkeit kann durch den Gesellschaftsvertrag lediglich schuldrechtlich beschränkt werden. Das schuldrechtliche Gesellschaftsverhältnis und die dingliche Bruchteilsgemeinschaft bestehen dann nebeneinander[59]. Die für die Gesellschaften charakteristische gemeinsame Zweckverfolgung kann daher stets durch dinglich wirksame Individualverfügungen gefährdet werden. Um dieser Gefahr zu begegnen, müssen die *Kollektiv- und Kommanditgesellschaften zwingend als Gesamthandsgemeinschaften* ausgestaltet werden. Auch bei der einfachen Gesellschaft kann nur dann von einer Bruchteilsgemeinschaft ausgegangen werden, wenn dies ausdrücklich vereinbart wurde (selten)[60].

[59] BGE 134 III 597, 601 ff. m. w. N.; a. A. ZK-Handschin/Vonzun, Art. 542 OR N 16 ff.

[60] Näher zur einfachen Gesellschaft als Bruchteilsgemeinschaft BK-Fellmann/Müller, Art. 530 OR N 355 ff.

2. Transparenz und Verselbständigung der Personengesellschaften

Transparenzprinzip

Die Personengesellschaften sind grundsätzlich weder als Bruchteils- noch als Gesamthandsgemeinschaften gegenüber ihren Gesellschaftern rechtlich verselbständigt. Statt des bei den juristischen Personen geltenden Trennungsprinzips gilt daher der Grundsatz der *Transparenz*. Gesellschaftergesamtheit und Gesellschaft sind eins[61]. Das gilt gerade auch im Einkommensteuerrecht. 35

Idealtypus: Einfache Gesellschaft

Eine vollkommen transparente Gesellschaft ist allerdings nur die *einfache Gesellschaft*, da nur bei ihr die Gesellschafter und nicht die Gesellschaft aus den im Namen der Gesellschaft oder aller Gesellschafter getätigten Rechtsgeschäften berechtigt und verpflichtet werden (vgl. Art. 543 und 544 Abs. 1, Abs. 3 OR). Die einfache Gesellschaft kann daher unter ihrem Namen keine Rechte erwerben und keine Verbindlichkeiten eingehen (fehlende Rechtsfähigkeit), sie wird nicht als solche vertreten (fehlende Handlungsfähigkeit) und kann auch vor Gericht weder klagen noch verklagt werden (fehlende aktive und passive Parteifähigkeit)[62]. Sie ist auch nicht grundrechts-[63], delikts-[64], konkurs- oder betreibungsfähig[65]. 36

Verselbständigung von Personenhandelsgesellschaften im Aussenverhältnis

Die *Kollektiv- und Kommanditgesellschaften* sind nach traditionellem Verständnis zwar ebenfalls keine juristischen Personen, doch werden sie im Rechts- und Prozessverkehr gegenüber ihren Gesellschaftern in gewisser Weise wie juristische Personen verselbständigt. So können sie unter ihrer Firma Rechte erwerben bzw. Verbindlichkeiten eingehen (Art. 562, 602 OR) und werden insbesondere durch die von einem vertretungsbefugten Gesellschafter in ihrem Namen getätigten Rechtsgeschäfte als solche berechtigt und verpflichtet (Art. 567 Abs. 1, 603 OR). Sie haften für den Schaden aus unerlaubten Handlungen, die ein Gesellschafter in Ausübung seiner geschäftlichen Verrichtungen begeht (sog. Deliktsfähigkeit nach Art. 567 Abs. 3 OR). Ausserdem sind diese Gesellschaften unter ihrer Firma partei-, prozess-, konkurs- und betreibungsfähig (Art. 562, 602 OR, Art. 39 Abs. 1 Ziff. 6, 7 SchKG). Dennoch soll diese nach traditioneller Auffassung auf das Aussenverhältnis beschränkte Verselbständigung nicht 37

61 Für die einfache Gesellschaft CHK-JUNG, Art. 530 OR N 22; für die KlG ZK-HANDSCHIN/CHOU, Art. 562 OR N 45 ff.

62 BGE 96 III 100, 103; BGE 132 I 256.

63 BGE 100 Ia 392.

64 BGE 84 II 381.

65 Vgl. Art. 39 Abs. 1 SchKG.

zur Anwendung des nur für juristische Personen geltenden Trennungsprinzips führen (vgl. aber noch Art. 568 Abs. 3, 604, 610, 572 f. OR)[66].

D. Organisationsstruktur

I. Die Vertragsfreiheit und ihre Grenzen

Geltungsgrundlage der Vertragsfreiheit

38 Da es sich bei der Gesellschaft um eine Personenvereinigung auf privatvertraglicher Grundlage handelt, gilt auch hier der zudem verfassungsrechtlich unter dem Gesichtspunkt der Wirtschafts- und Vereinigungsfreiheit (Art. 27, 23 BV) geschützte Grundsatz der Vertragsfreiheit mit seinen drei Ausprägungen der Abschluss-, Form- und Inhaltsfreiheit[67].

1. Vertragsabschlussfreiheit

Freie Wahl der Vertragspartner

39 Sofern es sich nicht ohnehin um eine Einpersonengesellschaft handelt, können sich die Gründer bzw. Gesellschafter ihre Mitgründer bzw. (mit Einschränkungen) *Mitgesellschafter wechselseitig grundsätzlich frei aussuchen*. Bei den personenbezogenen Gesellschaften ist dies auch der Grund für einige Sonderregelungen (z. B. Art. 538 Abs. 1, 539 Abs. 1, 542 OR). Ein Anspruch auf Aufnahme in eine Gesellschaft besteht daher nur im Ausnahmefall, wenn ein gesetzlicher Aufnahmezwang besteht (z. B. Art. 4 KVG) oder wenn die Verweigerung der Aufnahme gegen allgemeine Rechtsgrundsätze (Art. 2 Abs. 2, 28 Abs. 1 ZGB, Art. 41 Abs. 2 OR[68]) bzw. das Kartellrecht (Art. 12 Abs. 1 lit. a i. V. m. Art. 7, 4 Abs. 2 KG) verstösst.

Beispiel (nach BGE 118 II 435): Die Eiport AG importierte Eier und Geflügel. Nach der seinerzeit in Kraft befindlichen Eierverordnung vom 15. August 1990 musste sie eine bestimmte Pflichtmenge von Eiern aus der geschützten inländischen Produktion übernehmen. Die Eiport AG begehrte daher die Aufnahme in eine der beiden bestehenden Genossenschaften, die sich zur Sammlung der Inlandproduktion und deren Zuteilung auf die Importeure gebildet hatten. Als ihr dies unter Hinweis auf eine Statutenregelung, die bestimmte Anforderungen stellte, verweigert wurde, klagte die Eiport AG auf Verpflichtung der Genossenschaft, sie als Mitglied aufzunehmen. Mit Erfolg?

---

66 Näher zum Streitstand ZK-Handschin/Chou, Art. 552 OR N 45 ff. und 562 N 2 ff.; krit. etwa Vonzun, Rechtsnatur und Haftung, N 181 ff. und N 475.

67 Generell dazu Schwenzer, OR-AT[7], 2016, N 26.01 ff.

68 Zu den Voraussetzungen eines Kontrahierungszwangs nach Art. 41 Abs. 2 OR siehe BGE 129 III 35 ff.

Nach Art. 839 Abs. 2 OR dürfen die Statuten den Eintritt in eine Genossenschaft zwar nicht übermässig erschweren (sog. Prinzip der offenen Tür). Nach Wortlaut, Sinn und Entstehungsgeschichte der Vorschrift kann daraus jedoch auch dann kein klagbares Recht auf Eintritt in eine Genossenschaft abgeleitet werden, wenn die statutarischen Eintrittsvoraussetzungen erfüllt sind. Etwas anderes kann nur dann gelten, wenn die Aufnahmeverweigerung als rechtsmissbräuchlich erscheint oder dem Schutz der Persönlichkeit zuwiderläuft (Art. 2 und 28 Abs. 1 ZGB). Auch kartellrechtlich besteht ein Aufnahmeanspruch (Art. 12 Abs. 1 lit. a KG) nur gegen Kartellmitglieder und marktbeherrschende Unternehmen, wenn anderenfalls ein Wettbewerber diskriminiert oder rechtlich bzw. faktisch daran gehindert wäre, in einen Markt einzudringen (Behinderungsmissbrauch). Da die genannten Ausnahmetatbestände im Falle der Eiport AG nicht eingriffen, hatte diese keinen Anspruch auf Aufnahme in die Genossenschaft.

2. Formfreiheit

Grundsatz der Formfreiheit im Personengesellschaftsrecht

Bei den *Personengesellschaften* bedürfen der Abschluss und die Änderung eines Gesellschaftsvertrags grundsätzlich keiner Form (Art. 11 Abs. 1 OR). Der Gesellschaftsvertrag kann daher auch nur konkludent abgeschlossen bzw. geändert werden, sofern nicht die Gesellschafter etwas anderes vereinbaren (gewillkürte Schriftform; vgl. Art. 16 OR) oder das Gesetz für die Beitragsverpflichtung eines Gesellschafters eine besondere Form verlangt (Art. 657 Abs. 1 ZGB[69], Art. 243 Abs. 1, 785 Abs. 1 OR). Im Übrigen ist zumindest die Schriftform aus Beweisgründen zu empfehlen. 40

Beispiel: Die Erben können durch stillschweigende Fortführung des Einzelunternehmens des Erblassers eine KlG gründen, sofern nicht einer der Gesellschafter ohne eigene Beitragsleistung durch schenkweise Aufnahme in die Gesellschaft beteiligt werden soll (Schriftformerfordernis nach Art. 243 Abs. 1 OR mit Heilung nach Art. 243 Abs. 3 OR durch Vollzug der Aufnahme) oder ein Grundstück als Sacheinlage quoad dominium (zu Eigentum) in das Gesellschaftsvermögen eingebracht werden soll (Erfordernis der öffentlichen Beurkundung nach Art. 657 Abs. 1 ZGB[70]).

Der Gesellschaftsvertrag bedarf zudem dann der *Form öffentlicher letztwilliger Verfügungen* (Art. 512 Abs. 1 i. V. m. 499 ff. ZGB), wenn die Gesellschafter für den Fall des Todes eines Gesellschafters die Fortsetzung der Gesellschaft mit einer Abfindung der Erben vorsehen, die niedriger ist als 41

---

69 Nach h. M. (siehe nur ZK-HANDSCHIN/VONZUN, Art. 530 OR N 154) soll das Beurkundungserfordernis nur die Einbringung des Grundstücks (sog. Illationsvertrag) und nicht den gesamten Gesellschaftsvertrag betreffen, was zwar praktisch (Zeit- und Kostenersparnis), angesichts des wirtschaftlichen und rechtlichen Zusammenhangs zwischen der Einbringung und den anderen gesellschaftsvertraglichen Regelungen (z. B. über Mitverwaltungsrechte und die Gewinnbeteiligung) nicht überzeugend ist.

70 Nach BGE 104 II 99, 101 besteht insoweit zwar keine Heilungsmöglichkeit, doch kann die Berufung auf den Formmangel unter besonderen Umständen (v. a. vollständige oder zumindest überwiegende Erfüllung, arglistige Veranlassung des Formmangels) rechtsmissbräuchlich sein.

der Wert des Gesellschaftsanteils des Verstorbenen, und eine vergleichbare Regelung nicht auch für das Ausscheiden zu Lebzeiten getroffen wird[71].

42 Für den Errichtungsakt von *Körperschaften* besteht hingegen entweder das Erfordernis der einfachen *Schriftlichkeit* (Vereine: Art. 60 Abs. 2 ZGB; Genossenschaften: Art. 834 OR) oder der *öffentlichen Beurkundung* (Kapitalgesellschaften: Art. 629 Abs. 1, 764 Abs. 2, 777 Abs. 1 OR). Bei der GmbH bedürfen zudem die Übertragung von Stammanteilen sowie die Verpflichtung hierzu der Schriftform (Art. 785 Abs. 1 OR). Statutenändernde Beschlüsse sind bei der Aktiengesellschaft und GmbH öffentlich zu beurkunden (Art. 647, 780 OR). Formerfordernisse im Körperschaftsrecht

43 Zur Entstehung einer nicht kaufmännischen KlG oder KmG (Art. 553, 595 OR) sowie einer Kapitalgesellschaft (Art. 643 Abs. 1, 764 Abs. 2, 779 Abs. 1 OR) oder Genossenschaft (Art. 838 Abs. 1 OR) kommt es zudem nur, wenn die Gesellschaft in das Handelsregister eingetragen wird. Handelsregistereintragung

3. Inhaltsfreiheit

a) Freiheit der Rechtsformwahl und Formenzwang

44 Der Gesetzgeber stellt den Gesellschaftern aus Gründen der Verkehrssicherheit nur einen abgeschlossenen Kreis von in ihren Kernmerkmalen definierten Gesellschaftsformen zur Verfügung (Numerus clausus oder Formenzwang; näher § 3 N 3 ff.). Im Gesellschaftsrecht gibt es daher *keine Innominatkontrakte*. Die Wahl zwischen den zehn Gesellschaftsformen des Obligationen- und Kollektivanlagenrechts und etwaigen weiteren kantonalen Rechtsformen (vgl. Art. 59 Abs. 3 ZGB) steht den Gesellschaftern jedoch grundsätzlich frei (zu Ausnahmen § 3 N 5). Numerus clausus

b) Mindestinhalt

45 Bei den *Personengesellschaften* bestehen mit Ausnahme der KmGK (Art. 102 Abs. 1 KAG) auch nur wenige Anforderungen an den Mindestinhalt (essentialia negotii) eines Gesellschaftsvertrags. Hier genügt es nach Art. 530 Abs. 1 OR, wenn sich die Parteien darauf einigen, einen bestimmten gemeinsamen Zweck mit gemeinsamen (nicht zwingend festzulegenden; vgl. Art. 531 Abs. 2 OR) Kräften oder Mitteln zu verfolgen. Demgegenüber sieht das Gesetz bei den *Körperschaften* zwingend einen mehr oder Essentialia negotii

[71] BGE 113 II 270, 271 ff.; krit. und wegen des aleatorischen Elements einer solchen Vereinbarung für deren Formlosigkeit eintretend Rusch, AJP 2013, 1625, 1629.

minder umfänglichen Mindestinhalt der Statuten als Voraussetzung für das Zustandekommen der Gesellschaft vor (sog. absolut notwendige Statuteninhalte nach Art. 626, 776, 832 OR, Art. 43 Abs. 1 KAG). Hinzu tritt der Umstand, dass bestimmte fakultative Regelungen zu ihrer Wirksamkeit einer Aufnahme in die Statuten bedürfen (sog. bedingt notwendige Statuteninhalte v. a. nach Art. 627, 776a, 833 OR und Art. 43 Abs. 2 KAG).

c) Ausgestaltungsfreiheit

Zwingendes und dispositives Gesellschaftsrecht

Das Gesellschaftsrecht ist als besonderes Vertragsrecht *grundsätzlich dispositives Recht*. Im Personengesellschaftsrecht gibt es nur wenige zwingende Normen, die vor allem das Verhältnis der Gesellschaft zu Dritten und mehr die Personenhandelsgesellschaften als die einfache Gesellschaft betreffen (z. B. Art. 541, 552 Abs. 1, 564, 568, 603 OR). Die Personengesellschafter haben daher weitgehend die Freiheit, die gewählte Gesellschaftsform insbesondere im Innenverhältnis ihren spezifischen Bedürfnissen anzupassen (vgl. z. B. Art. 533 Abs. 1, 535, 557 Abs. 1 OR). Im Bereich der Körperschaften bieten das Vereinsrecht und das GmbH-Recht einen im Vergleich zum Aktienrecht (AG, KmAG) grossen Spielraum (dazu § 3 N 6). Nur in Ausnahmefällen bedürfen gesellschaftsvertragliche bzw. statutarische Regelungen der Genehmigung durch eine Aufsichtsbehörde oder den Bundesrat (dazu § 3 N 8). 4

II. Räumlich-persönlicher Status der Gesellschaft

1. Sitz der Gesellschaft

Hinsichtlich des Sitzes von Gesellschaften hat man zwischen dem tatsächlichen Hauptverwaltungssitz und dem statutarischen Sitz zu unterscheiden (vgl. auch Art. 46 Abs. 2 SchKG): 47

Hauptverwaltungssitz

- Der *tatsächliche Hauptverwaltungssitz* ist derjenige Ort, an dem die gesellschaftsrechtlich zur Geschäftsführung berufenen Personen vorwiegend zusammentreten und die grundlegenden Entscheidungen der Unternehmensleitung in laufende Geschäftsführungsakte umgesetzt werden. Auch die einfache Gesellschaft kann über einen solchen tatsächlichen Sitz verfügen, sofern sie nicht als blosse Gelegenheitsgesellschaft organisiert ist und insbesondere ein Unternehmen betreibt[72]. Die Verlegung des tatsächlichen Haupt- 48

[72] ZK-Handschin/Vonzun, Art. 531 OR N 98; a. A. Meier-Hayoz/Forstmoser, § 12 N 74.

verwaltungssitzes ist eine Grundlagenentscheidung, die regelmässig eines einstimmig (Personengesellschaften) bzw. mit qualifizierter Mehrheit (z. B. Art. 704 Ziff. 7 OR) gefassten Beschlusses der Gesellschafter bedarf. Nach dem tatsächlichen Hauptverwaltungssitz richten sich bei den Personenhandelsgesellschaften wegen der dort bestehenden Übereinstimmung mit dem Sitz die Registerzuständigkeit (Art. 554, 596 Abs. 1 OR) und das allgemeine Beklagtenforum (Art. 10 Abs. 1 lit. b ZPO) sowie bei allen Gesellschaften in den meisten Fällen die Nationalität (N 52 ff.) und hilfsweise das Gesellschaftsstatut (Art. 154 Abs. 2 IPRG[73]).

49 • Der *statutarische Sitz* ist der im Gesellschaftsvertrag bzw. in den Statuten freiwillig (Personengesellschaften) bzw. zwingend (Körperschaften; Art. 626 Ziff. 1, 776 Ziff. 1, 832 Ziff. 1 OR) angegebene Sitz der Gesellschaft. Während bei den Personengesellschaften der im Gesellschaftsvertrag aufgeführte Sitz mit dem tatsächlichen Hauptverwaltungssitz übereinstimmen muss, kann er bei den Körperschaften innerhalb der Schweiz unter Vorbehalt des Verbots des Rechtsmissbrauchs frei gewählt werden und muss daher nicht mit dem tatsächlichen Hauptverwaltungssitz identisch sein (Art. 56 ZGB). Auch die Verlegung des statutarischen Sitzes bedarf als Vertrags- bzw. Statutenänderung regelmässig eines einstimmigen bzw. mit qualifizierter Mehrheit gefassten Beschlusses der Gesellschafter. Nach dem statutarischen Gesellschaftssitz richten sich bei den Körperschaften die Registerzuständigkeit (z. B. Art. 640 OR) sowie die Gründungsmodalitäten und damit bei internationalen Sachverhalten primär das auf die Gesellschaft anwendbare Organisationsrecht (Art. 154 Abs. 1 IPRG). Der statutarische Sitz hat zudem Bedeutung für die Vornahme von bestimmten Publizitätsakten (z. B. Art. 16 FusG). Er bildet schliesslich bei den Körperschaften den allgemeinen Gerichtsstand bei Passivprozessen der Gesellschaft (Art. 10 Abs. 1 lit. b ZPO). Statutarischer Sitz

50 Der Sitz der Gesellschaft ist rechtlich zudem von den *Niederlassungen*[74] und den unselbständigen *Betriebsstätten* des Gesellschaftsunternehmens zu unterscheiden. Während die Hauptniederlassung des Gesellschaftsunternehmens mit dem tatsächlichen Hauptverwaltungssitz der Gesellschaft (dazu N 48) zusammenfällt und damit bei den Personengesellschaften auch dem Sitz entspricht (vgl. Art. 554 bzw. 596 Abs. 1 OR), ist die Zweigniederlassung ein Unternehmensteil mit einer gewissen organisa- Niederlassungen

[73] Nobel, Internationales und Transnationales Aktienrecht², Bd. 1, 2012, Kap. 1 N 33 ff.
[74] Zur (Zweig-)Niederlassung eingehend Cramer, SZW 2015, 243 ff.

torischen Eigenständigkeit (z. B. eigene Finanz- und Personalverantwortung) und einer dauerhaften räumlichen Trennung von der Hauptniederlassung. Am Ort der Haupt- oder Zweigniederlassung kann ein Erfüllungsort[75] oder ein alternativer Gerichtsstand (Art. 5 Ziff. 5 LugÜ, Art. 112 Abs. 2 IPRG, Art. 12 ZPO) begründet sein. Die Vertretungsmacht von Prokuristen (Art. 460 Abs. 1 OR), von Leitungsorganmitgliedern einer Körperschaft (Art. 718a Abs. 2, 814 Abs. 4, 899 Abs. 2 OR) und (analog) von unbeschränkt haftenden Gesellschaftern einer Personenhandelsgesellschaft[76] kann auf den Bereich der Haupt- oder einer Zweigniederlassung beschränkt werden. Die Zweigniederlassung ist nach Art. 935 OR (demnächst Art. 931 Abs. 2 OR) und Art. 2 lit. a Ziff. 14, 109 ff. HRegV 2007 eine registerfähige sog. Rechtseinheit, die allerdings erst dann durch das für ihren Ort zuständige Handelsregisteramt eingetragen werden kann, wenn die Eintragung der Unternehmensträgerin durch das für deren Sitz zuständige Handelsregisteramt erfolgt ist. Die Gesellschaft hat als Unternehmensträgerin für eine Zweigniederlassung dieselbe Firma wie für die Hauptniederlassung zu führen, wobei sie insoweit besondere Zusätze beifügen kann, die nur für die Zweigniederlassung zutreffen (Art. 952 Abs. 1 OR; dazu § 5 N 65).

2. Statut der Gesellschaft

IPRG Unter dem Gesellschaftsstatut versteht man das bei einem internationalen Sachverhalt auf die Gesellschaft *zur Anwendung kommende nationale Organisationsrecht*. In praktischer Ermangelung von ansonsten vorrangig zu berücksichtigenden Staatsverträgen wird dieses Recht von einem schweizerischen Gericht nach Art. 154 ff. IPRG bestimmt. Dabei regelt das auf diese Weise ermittelte nationale Recht nach Art. 155 IPRG insbesondere die Rechtsnatur, die Entstehung und den Untergang, die Rechts- und Handlungsfähigkeit, den Namen oder die Firma, die Organisation, die Innenbeziehungen sowie die Haftung und die Vertretung der Gesellschaft. Nach Art. 154 Abs. 1 IPRG ist das Gesellschaftsstatut grundsätzlich das Recht desjenigen Staates, nach dessen Publizitäts- und Registrierungsvorschriften bzw. sonstigen Vorschriften sich die Gesellschaft organisiert hat (prinzipielle Regelanknüpfung des Gesellschaftsstatuts nach der sog. Inkorporations- oder Gründungstheorie). Erfüllt eine Gesellschaft diese Voraussetzungen nicht, so untersteht sie nach Art. 154 Abs. 2 IPRG grundsätzlich dem Recht des Staates, in dem sie tatsächlich verwaltet 51

[75] Siehe dazu nur KUKO OR-Gross, Art. 74 N 8.

[76] Zur Möglichkeit der Beschränkung der Vertretungsmacht der Gesellschafter im Recht der Personenhandelsgesellschaften siehe ZK-Handschin/Chou, Art. 554–556 OR N 60 ff.

wird (hilfsweise Anknüpfung des Gesellschaftsstatuts nach der sog. Sitztheorie)[77]. In den Art. 156 ff. IPRG enthält das schweizerische Kollisionsrecht zudem noch einige Sonderanknüpfungen für Spezialfragen (z. B. für den Firmenschutz, die Beschränkung der Vertretungsmacht und schweizerische Zweigniederlassungen einer Gesellschaft mit Sitz im Ausland).

3. Nationalität der Gesellschaft

52 Die Nationalität (auch Staatszugehörigkeit) einer Gesellschaft darf nicht mit ihrem Gesellschaftsstatut verwechselt werden. Während es beim Gesellschaftsstatut um das auf die Gesellschaft anwendbare Organisationsrecht geht (dazu N 51), hat die Nationalität einer Gesellschaft *Bedeutung* für Normen, die ihre Anwendbarkeit von der Staatsangehörigkeit eines Rechtssubjekts abhängig machen (sog. fremdenrechtliche Normen). Die Nationalität einer Gesellschaft kann dabei auf zweierlei Weise bestimmt werden[78]: Fremdenrechtliche Normen

53 • Im schweizerischen Fremdenrecht erfolgt die Bestimmung der Nationalität einer Gesellschaft überwiegend nach der sog. *Strukturtheorie*. Danach wird die Nationalität einer Gesellschaft nach dem Schwerpunkt ihrer eigenen Beziehungen zu einem bestimmten Staat ermittelt. Im Rahmen der Strukturtheorie wird zumeist auf den statutarischen Sitz abgestellt, obwohl auch andere Kriterien denkbar wären (z. B. Ort des tatsächlichen Hauptverwaltungssitzes, Gründungsort, Belegenheit des Vermögens, Betriebsmittelpunkt).

  Beispiel: Nach Art. 9 Abs. 1 VStG gilt als Inländer, wer im Inland Wohnsitz, dauernden Aufenthalt oder statutarischen Sitz hat oder als Unternehmen im inländischen Handelsregister eingetragen ist.

54 • Bisweilen kann sich die Nationalität einer Gesellschaft aber auch nach der sog. *Kontrolltheorie* richten. Danach wird die Nationalität einer Gesellschaft von der Staatsangehörigkeit derjenigen natürlichen Personen abhängig gemacht, die die Gesellschaft als Gesellschafter und/oder Mitglieder der Gesellschaftsorgane beeinflussen.

---

77 Nobel, Internationales und Transnationales Aktienrecht², Bd. 1, 2012, Kap. 1 N 33 ff.

78 Näher ZK-Jung, Art. 620 OR N 264 ff.

Beispiel: Nach Art. 5 Abs. 1 lit. c BewG gelten als Personen im Ausland auch juristische Personen oder vermögensfähige Gesellschaften ohne juristische Persönlichkeit, die ihren statutarischen und tatsächlichen Sitz in der Schweiz haben und in denen Personen im Ausland eine beherrschende Stellung innehaben.

III. Geschäfte der Gesellschaft

1. Geschäftsführung

Geschäftsführung i. w. S.

Die Geschäftsführung umfasst in einem *weiteren Sinne* alle zur Verfolgung des Gesellschaftszwecks bzw. zur Durchführung des Gesellschaftsvertrags erforderlichen Massnahmen[79]. Hierzu gehören nicht nur tatsächliche Massnahmen und Verrichtungen im Innenverhältnis, sondern auch die auf einer gesellschaftsrechtlichen (bei Organen sog. organschaftlichen) Vertretungsmacht (vgl. Art. 40 OR) beruhende Vornahme von Rechtsgeschäften, Prozesshandlungen und rechtsgeschäftsähnlichen Handlungen im Aussenverhältnis. 55

Beispiele: Leitung der Produktion, Erstellung der Buchführung, Erledigung der Korrespondenz, Abschluss eines Kaufvertrags, Registeranmeldung, Abschluss eines Prozessvergleichs, Mahnung.

Geschäftsführung i. e. S.

Unter der Geschäftsführung im *engeren Sinne* versteht man hingegen nur die Wahrnehmung der gesellschaftsinternen Funktionen[80]. Die Kompetenz zur Geschäftsführung i. e. S. ist eine Frage des Innenverhältnisses zwischen den Gesellschaftern. Die Geschäftsführung i. e. S. kann daher grundsätzlich frei von den Gesellschaftern geregelt werden, da das Gesetz nur eine weitgehend dispositive Auffangregelung enthält: 56

- Bei den *Personengesellschaften* (Art. 535, 557 Abs. 2, 599 f. OR) und der *KmAG* (Art. 765 Abs. 1 S. 2 OR[81]) obliegt die Geschäftsführung grundsätzlich kraft Gesetzes und ohne gesonderte Bestellung allen unbeschränkt haftenden Gesellschaftern (sog. Grundsatz der Selbstorganschaft), wobei jeder Geschäftsführer grundsätzlich auch alleine handeln kann und den übrigen Geschäftsführern lediglich ein Widerspruchsrecht zusteht (Grundsatz der Einzelgeschäftsführung). Durch Vereinbarung oder Beschluss kann die Ge- 57

....

79 MEIER-HAYOZ/FORSTMOSER, § 2 N 112.

80 MEIER-HAYOZ/FORSTMOSER, § 2 N 114.

81 Zur Anwendbarkeit des Kollektivgesellschaftsrechts auf die Geschäftsführung in der KmAG (Grundsätze der Selbstorganschaft und der Einzelgeschäftsführung) siehe nur KUKO OR-SETHE, Art. 765 N 5.

schäftsführungsbefugnis jedoch auch auf einzelne Gesellschafter oder teilweise bzw. sogar gänzlich auf Nichtgesellschafter übertragen werden (ausdrücklich Art. 535 Abs. 1 OR)[82]. Dies ist auch stillschweigend möglich[83]. Aussergewöhnliche Geschäfte[84] bedürfen allerdings stets der Einwilligung aller Gesellschafter, sofern nicht Gefahr im Verzuge liegt (Art. 535 Abs. 3 OR). Auch bei der *GmbH* (Art. 809 Abs. 1 OR) gilt wegen deren Personenbezogenheit der dispositive Grundsatz der Selbstorganschaft, wobei die Geschäftsführer aber vorbehaltlich abweichender Regelung nur gemeinsam zur Geschäftsführung berufen sind (Grundsatz der Gesamtgeschäftsführung).

8 • Bei den *Aktiengesellschaften* (Art. 707 Abs. 1, 710, 716b Abs. 1 OR), *Genossenschaften* (Art. 894 Abs. 1, 896 Abs. 1, 898 Abs. 1 OR) und *Vereinen* (Art. 69 ZGB) ist die Geschäftsführung gesondert zu bestellenden Geschäftsführungsorganen (Verwaltungsrat, Delegierter, Direktor, Verwaltungsmitglied, Vereinsvorstand) übertragen, die aus dem Kreis der Gesellschafter oder Dritter[85] bestellt werden können (sog. Grundsatz der Drittorganschaft). Die Organmitglieder verfügen vorbehaltlich abweichender Regelung nur über eine Gesamtgeschäftsführungsbefugnis (Art. 716b Abs. 1, 898 Abs. 1 OR, Art. 69 ZGB).

2. Grundlagengeschäfte

59 Die *Grundlagengeschäfte* sind keine Akte der Geschäftsführung, da sie nicht der Durchführung des Gesellschaftsvertrags bzw. der Statuten dienen, sondern dessen Änderung herbeiführen. Grundlagengeschäfte keine Geschäftsführung

Beispiele: Gesellschafterwechsel und Beitragsänderungen bei den Personengesellschaften, Kapitaländerungen bei den Kapitalgesellschaften, Änderungen des Gesellschaftszwecks oder Gesellschaftssitzes, Strukturänderungen nach dem FusG.

60 Die *Grundlagengeschäfte* sind den Gesellschaftern vorbehalten. Bei den Personengesellschaften sind sie durch einvernehmliche Vertragsänderung oder einen grundsätzlich einstimmigen Beschluss (Art. 534 OR)[86] vor-

82 BGE 77 III 119, 122; BK-Fellmann/Müller, Art. 535 OR N 197; a. A. ZK-Handschin/Vonzun, Art. 534/535 OR N 176 ff.

83 BGE 79 II 389, 392 f.

84 Zu einer Liste siehe BK-Fellmann/Müller, Art. 535 OR N 87.

85 Bei der Genossenschaft muss die Mehrheit der Verwaltungsmitglieder allerdings aus Genossenschaftern bestehen (Art. 894 Abs. 1 OR).

86 Zu den umstrittenen Ausnahmen vom Einstimmigkeitsprinzip CHK-Jung, Art. 534 OR N 6 f.

zunehmen[87]. Bei den Körperschaften sind die Grundlagengeschäfte mit qualifizierter Mehrheit zu beschliessen (z. B. Art. 704 und 808b OR), sofern sie nicht ausnahmsweise der Einstimmigkeit bedürfen (z. B. Art. 706 Abs. 2 Ziff. 4 OR).

3. Vertretungsgeschäfte

Vertretung als Unterfall der Geschäftsführung

Die Vertretung der Gesellschaft ist ein *Unterfall der Geschäftsführung i. w. S.* (näher § 6 N 21 ff.). Sie betrifft nur die Befugnis und die Macht der gesellschaftsrechtlichen (Gesellschafter, Leitungsorganmitglieder) oder rechtsgeschäftlichen (Prokuristen, Handlungsbevollmächtigte, einfache Bevollmächtigte) Vertreter, Rechtsgeschäfte und rechtsgeschäftsähnliche Handlungen im Namen und mit Wirkung für und gegen die Gesellschaft abzuschliessen (Art. 32 Abs. 1, 40 OR). Dabei hat man zwischen dem Können im Aussenverhältnis, das zur Zurechnung des Vertreterhandelns zur Gesellschaft führt (Vertretungsmacht), und dem Dürfen im Innenverhältnis (Vertretungsbefugnis) zu unterscheiden[88]. 6

Beispiel: Der Verwaltungsrat einer Aktiengesellschaft *kann* nach Art. 718a i. V. m. 718 Abs. 1 OR die Gesellschaft gegenüber einem gutgläubigen Dritten bei einem Kaufvertrag zum Preis von CHF 200 000 auch dann wirksam allein vertreten (Art. 32 Abs. 1 OR), wenn er aufgrund einer internen Vereinbarung Geschäfte mit einem Volumen von über CHF 100 000 nur gemeinsam mit einem anderen Verwaltungsratsmitglied tätigen *darf*.

Geschäftsführungsbefugnis und Vertretungsmacht

Grundsätzlich entsprechen sich Geschäftsführungs- und Vertretungsbefugnis sowie Vertretungsbefugnis und Vertretungsmacht. Wer im Innenverhältnis zur Geschäftsführung i. w. S. und damit grundsätzlich auch zur Vertretung in rechtsgeschäftlichen Angelegenheiten berufen ist (Art. 535, 707 ff., 809 Abs. 1, 894 ff. OR), hat daher grundsätzlich auch eine gesellschaftsrechtliche Vertretungsmacht im Aussenverhältnis (Art. 543 Abs. 3, 563 f., 603, 718 f., 814 und 898 f. OR). Nicht selten wird das Können im Aussenverhältnis allerdings weiter reichen als das Dürfen im Innenverhältnis. Denn während der Umfang der Vertretungsmacht zum Schutz gutgläubiger Dritter bei den Personenhandelsgesellschaften und Körperschaften (mit Ausnahme des Vereins) gesetzlich zwingend und noch weitreichender als bei einem Prokuristen festgelegt wird (Art. 564, 603, 718a, 814 Abs. 4 und 899 OR), haben die Geschäftsführer im Innenverhältnis sehr häufig Einschränkungen der Geschäftsführungs- und Vertretungsbe- 62

---

[87] Näher zur Beschlussfassung in der Personengesellschaft Jung, in: Entwicklungen im Gesellschaftsrecht X, 2015, S. 179 ff.

[88] Siehe zu dieser vom Gesetzgeber allerdings nicht immer durchgeführten Terminologie auch Meier-Hayoz/Forstmoser, § 2 N 115.

fugnis hinzunehmen, die sich aus dem Gesellschafts- bzw. Anstellungsvertrag ergeben. Aufgrund dieses hier besonders verbreiteten und markanten Auseinanderfallens von Können und Dürfen entsteht dann das allgemeine und ausgesprochen prüfungsrelevante Problem einer Übertretung der Vertretungsbefugnis bzw. eines Missbrauchs der Vertretungsmacht (näher dazu im Zusammenhang mit der Prokura § 6 N 54 f.).

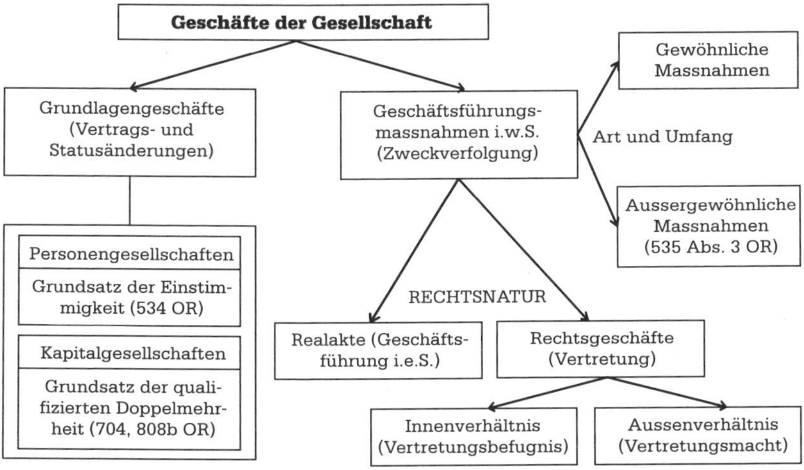

Abb. 6: Geschäfte der Gesellschaft

IV. Status der Gesellschafter

1. Mitgliedschaft

63 Das durch den Gründungs- bzw. Aufnahmevertrag begründete Rechtsverhältnis zwischen dem Mitglied (Gesellschafter, Aktionär, Partizipant, Genossenschafter, Vereinsmitglied) und der Gesellschaft sowie den anderen Mitgliedern bezeichnet man als Mitgliedschaft. Das Mitglied ist als solches *Vertragspartner* des Gesellschaftsvertrags (Personengesellschaften) bzw. des Errichtungsakts und der Gründungsstatuten (Körperschaften) sowie Teil der Gesellschaftsorganisation. Trotz dieses Mitgliedschaftsverhältnisses kann ein Mitglied der Personenvereinigung aber *auch wie ein* gewöhnlicher *Dritter gegenübertreten*.

Wesen der Mitgliedschaft

Beispiel: Die einfache Filmgesellschaft von Anna G benötigt eine Filmkamera. Sollte Anna G bereits Eigentümerin einer entsprechenden Kamera sein und sich zur Übertragung dieses Eigentums auf die Gesamthandsgemeinschaft der Gesellschafter verpflichten wollen, so hat sie hierfür zwei Möglichkeiten: Sie kann sich im Gesellschaftsvertrag entweder zu einer entsprechenden Beitragsleistung als Mitglied der Filmgesellschaft verpflichten (Art. 531 OR) oder aber die Kamera wie ein Nichtgesellschafter an die durch einen Mitgesellschafter nach Art. 543 Abs. 3 i. V. m. Art. 535 Abs. 1 OR vertretene Gesamthandsgemeinschaft verkaufen (Art. 184 ff. OR). Es kämen dann entweder die gesellschaftsrechtlichen Regeln über die Beitragsleistung oder das Kaufrecht zur Anwendung.

Abspaltungsverbot

Bei der Mitgliedschaft handelt es sich um die *Summe der Rechte und Pflichten* des Mitglieds gegenüber der Personenvereinigung und den anderen Mitgliedern. Als solche ist die Mitgliedschaft nach überwiegender Auffassung unteilbar. Es gilt das sog. Abspaltungsverbot, wonach der Gesellschafter zwar seine unter Umständen auch erst künftig[89] zu gesonderten Gläubigerrechten werdenden Vermögensrechte (z. B. Art. 660 Abs. 1, 652b Abs. 1, 826 Abs. 1 S. 1 OR)[90], nicht jedoch seine Mitverwaltungsrechte auf Dritte übertragen oder an diese verpfänden kann. Verbotswidrige Abspaltungsgeschäfte sind nichtig. Das hindert den Gesellschafter allerdings nicht daran, sich bei der Ausübung auch seiner nicht vermögensmässigen Rechte vertreten zu lassen (z. B. Art. 689 Abs. 2, 689a Abs. 1, 689b ff. OR) oder sich zur Ausübung in einer bestimmten Weise zu verpflichten (z. B. Stimmrechtsbindung). Die Umgehung des Abspaltungsverbots durch eine gesetzlich nicht vorgesehene sog. Legitimationszession, d. h. die Ermächtigung eines Dritten zur freien Ausübung von Mitgliedschaftsrechten im eigenen Namen, ist hingegen abzulehnen, weil sie der klaren Rechtszuordnung abträglich ist und die Inhaberschaft am Gesellschaftsanteil überdeckt.

2. Gleichbehandlungsgrundsatz

Rechtsgrundlagen

Das Recht der Gesellschafter auf grundsätzliche Gleichbehandlung durch 65
die Organe der Gesellschaft und in Sondersituationen auch durch ihre Mitgesellschafter (z. B. Art. 127 Abs. 2, 135 Abs. 2 FinfraG) ist in Rechtspre-

89 Vorausgesetzt ist nach allgemeinen Grundsätzen lediglich die Bestimmbarkeit der Forderung, wobei der Entstehungszeitpunkt und die Höhe der Forderung noch nicht festzustehen brauchen.

90 Die vermögensmässigen Forderungsrechte (v. a. der Anspruch auf Dividende) eines Aktionärs können auch durch ein Inhaberpapier gesondert als sog. Nebenpapier zur Aktie verbrieft und damit einfach umlauffähig gemacht werden (sog. Coupon; vgl. auch Art. 981 Abs. 1 und Abs. 4 OR).

chung[91] und Lehre[92] als ein allgemeiner Grundsatz anerkannt. Das Gleichbehandlungsprinzip kommt an verschiedenen Stellen *auch im Gesetz* zum Ausdruck:

- Die Genossenschafter stehen «in gleichen Rechten und Pflichten, soweit sich aus dem Gesetz nicht eine Ausnahme ergibt» (Art. 854 OR).
- Beschlüsse der Generalversammlung einer Aktiengesellschaft sind anfechtbar, wenn sie «eine durch den Gesellschaftszweck nicht gerechtfertigte Ungleichbehandlung oder Benachteiligung der Aktionäre bewirken» (Art. 706 Abs. 2 Ziff. 3 OR; Sonderregelung zum Bezugsrechtsausschluss in Art. 652b Abs. 2 S. 3 OR).
- Die Mitglieder des Verwaltungsrats und die mit der Geschäftsleitung befassten Personen haben «die Aktionäre unter gleichen Voraussetzungen gleich zu behandeln» (Art. 717 Abs. 2 OR). Vergleichbares gilt für die Geschäftsführer der GmbH (Art. 813 OR).
- Die Partizipanten sind nach Art. 656f Abs. 1 und Abs. 2 OR sowie Art. 656g Abs. 3 OR mit den Aktionären der am wenigsten bevorzugten Aktienkategorie vermögensmässig zumindest gleich zu behandeln (Grundsatz der sog. Mindestgleichstellung).
- Im Börsengesellschaftsrecht bestehen weitere auch über die gesellschaftsrechtlichen Beziehungen hinausreichende Gleichbehandlungspflichten (z. B. Art. 127 Abs. 2, 135 Abs. 2 FinfraG, Art. 9, 49 UEV, Art. 53 Abs. 3 KR SIX).

Inhalt des Gleichbehandlungsgrundsatzes

36 Der Gleichbehandlungsgrundsatz sichert den Mitgliedern grundsätzlich jedoch nur eine *relative Gleichbehandlung* nach dem gleichen und sachlich gerechtfertigten Massstab (z. B. Gewinnbeteiligung und Stimmgewicht nach Massgabe der effektiven oder nominalen Kapitalbeteiligung; vgl. z. B. Art. 661, 692 Abs. 1 OR). Die Festlegung dieses Massstabs und die damit verbundene Einführung von Differenzierungen sind dann grundsätzlich der privatautonomen Gestaltung im Gesellschaftsvertrag bzw. den Statuten überlassen. Dies gilt nach h. M. auch im Genossenschaftsrecht (Art. 854 OR)[93]. Vom Gesetz nicht ausdrücklich zugelassene Differenzierungen sind hier aber nur dann möglich, wenn diese mit dem Wesen der

[91] Siehe etwa BGE 69 II 246, 248 f. (AG); BGE 91 II 298, 300 ff. (AG); BGE 108 II 15, 22 f. (Verein); BGE 117 II 290, 312 (AG); vgl. auch noch für die Stockwerkeigentümergemeinschaft BGE 111 II 330, 338 und BGE 131 III 459, 464 ff.

[92] SCHLUEP, Wohlerworbene Rechte, 1955, S. 320 ff.; HUGUENIN JACOBS, Gleichbehandlungsprinzip, 1994; STOCKMANN, Festgabe Wolfhart Bürgi, 1971, S. 381 ff.

[93] BGE 69 II 41 ff.

Genossenschaft (Zweckverfolgung durch gemeinsame Selbsthilfe, Personenbezogenheit der Mitgliedschaft) vereinbar sind. Damit scheidet bei der Genossenschaft insbesondere die Schaffung unterschiedlicher Mitgliedschaftskategorien aus (anders etwa bei der AG; vgl. z. B. Art. 654 ff. OR). Bisweilen wird den Mitgliedern zwingend aber auch eine *absolute Gleichbehandlung* nach Köpfen zuteil. Dies gilt namentlich für die Ausübung der Schutzrechte (Einsichts- und Auskunftsrechte, Klagerechte) und einzelne Mitverwaltungsrechte wie das Teilnahme-, Rede- und Antragsrecht.

Tragweite des Gleichbehandlungsgrundsatzes

Der Grundsatz der Gleichbehandlung gilt für jegliches Organverhalten und insbesondere auch für die Inhaltskontrolle von Mehrheitsbeschlüssen[94]. Er hat vor allem dann *Bedeutung*, wenn es darum geht, eine unklare oder wegen unzureichender Vereinbarung bzw. unwirksamer Klauseln lückenhafte gesellschaftsvertragliche bzw. statutarische Regelung zu ergänzen. 6

3. Mitgliedschaftsrechte

Klassifizierung von Mitgliedschaftsrechten

Die Mitgliedschaftsrechte können in verschiedener Weise klassifiziert werden. Man unterscheidet im Allgemeinen: 68

- *Individual- und Kollektivrechte*: Die meisten Rechte sind dabei Individualrechte, so dass sie von jedem Gesellschafter unabhängig von seiner Beteiligungsquote auch allein ausgeübt werden können (z. B. Art. 541, 660 Abs. 1, 692, 696, 697, 706). Die Ausübung von Gesellschafterrechten kann jedoch auch an eine Beteiligungsquote (z. B. Art. 699 Abs. 3, 736 Ziff. 4 OR) oder die Mitwirkung der Generalversammlung durch zustimmenden Beschluss (z. B. Art. 697a Abs. 2 OR) gebunden sein. Teilweise findet sich auch eine Kombination aus individuellem Initiativrecht (Art. 697a Abs. 1 OR) und quotengebundenem Erzwingungsrecht (Art. 697b OR). Die Bedeutung der Unterscheidung liegt neben der unterschiedlichen Geltendmachung auch darin, dass mit dem Verzicht auf das Individualrecht nicht zugleich auch ein Verzicht auf das Kollektivrecht und umgekehrt verbunden ist. 69
- *Verzichtbare* und *unverzichtbare* Rechte: Verzichtbar sind nämlich nur Rechte, die einem Gesellschafter ausschliesslich im individuellen Interesse zustehen. Auf Rechte, die wie etwa das Anfechtungsrecht (z. B. Art. 706 OR) oder das Recht zur Verantwortlichkeitsklage (z. B. Art. 754 i. V. m. Art. 756 OR) auch die ge- 70

[94] Vgl. für Beschlüsse einer Stockwerkeigentümergemeinschaft BGE 131 III 459, 461 ff.

sellschaftsrechtliche Grundordnung und allgemeine Interessen berühren, kann ein Gesellschafter hingegen niemals ganz verzichten.

- *Entziehbare* und absolut bzw. relativ *unentziehbare* (auch sog. absolut bzw. relativ wohlerworbene[95]) Rechte: Absolut unentziehbare Rechte sind zwar verzichtbar, können einem Gesellschafter aber nicht gegen seinen Willen entzogen werden (z. B. Art. 706 Abs. 2 Ziff. 4, Art. 706b Ziff. 1 und Ziff. 2, Art. 727a Abs. 2 OR, Art. 16 Abs. 2, 18 Abs. 4 FusG). Zur Einschränkung oder Beseitigung eines solchen allen Gesellschaftern zustehenden Rechts bedarf es daher der Einstimmigkeit (z. B. Art. 706 Abs. 2 Ziff. 4, 706b Ziff. 1, 2 OR). Relativ unentziehbare Rechte (z. B. Art. 660 Abs. 1, 697 OR) sind dagegen nur grundsätzlich gegen Zugriffe geschützt, so dass bei ihnen stets eine Interessenabwägung zwischen den überindividuellen Gesellschafts- und Unternehmensinteressen und dem Schutz des betroffenen Gesellschafters nach Art. 2 ZGB erfolgt. Die Unentziehbarkeit ergibt sich entweder unmittelbar aus dem Gesetz (absolut z. B. aus Art. 706 Abs. 2 Ziff. 4 und 706b Ziff. 1 OR; relativ z. B. aus Art. 652b Abs. 2 und 706b Ziff. 2 OR) oder aus dem Wesen des jeweiligen Mitgliedschaftsverhältnisses in Verbindung mit elementaren Gesichtspunkten des Minderheitenschutzes[96].

72

- *Vermögensmässige* und *nicht vermögensmässige* Rechte: Dabei können die nicht vermögensmässigen Rechte noch in Mitwirkungs- und Schutzrechte untergliedert werden[97]. Sie können zudem versammlungsgebunden (z. B. Rederecht) oder nicht versammlungsgebunden (z. B. Recht zur Verantwortlichkeitsklage) sein. Die Unterscheidung hat insbesondere vor dem Hintergrund des Abspaltungsverbots Bedeutung. Während nämlich die Mitverwaltungsrechte nicht getrennt von der Mitgliedschaft übertragen werden können, hat ein Gesellschafter die Möglichkeit, über seine Vermögensrechte unabhängig von der Mitgliedschaft durch Abtretung (Art. 164 ff. OR) oder Verpfändung (Art. 899 ff. ZGB) an Dritte zu verfügen.

95 An diesem auf Art. 627 OR 1881 bzw. Art. 646 OR 1936 zurückgehenden, mit der Aktienrechtsrevision von 1991 aber aufgegebenen Begriff halten etwa fest Meier-Hayoz/Forstmoser, § 16 N 260 ff.; kritisch Böckli, Aktienrecht[4], 2009, § 16 N 186.

96 Siehe etwa zur Qualifikation der freien Übertragbarkeit von Aktien als einem relativ wohlerworbenen Recht AppGer BS in BJM 1965, S. 86 f. und HGer ZH in SJZ 44 (1948), S. 178 f.; gegen die Qualifikation des Rechts auf Beibehaltung eines bestimmten Aktiennennwerts als wohlerworbenes Recht BGE 86 II 78, 82 ff.

97 Siehe etwa für die Aktiengesellschaft Meier-Hayoz/Forstmoser, § 16 N 167.

Die Unterscheidung zwischen vermögensmässigen und nicht vermögensmässigen Rechten liegt auch der folgenden begrifflichen Übersicht über die Mitgliedschaftsrechte zugrunde.

a) Vermögensmässige Rechte

Charakteristikum

Die vermögensmässigen Rechte eines Gesellschafters sind auf seine wirtschaftliche Beteiligung am Risiko der Gesellschaftszweckverfolgung bezogen. 7

aa) *Recht auf Gewinnbeteiligung*

Personengesellschaften: Verteilung grds. nach Köpfen

Bei den *Personengesellschaften* bestimmt sich die Gewinnbeteiligung mangels abweichender Vereinbarung nach Köpfen, d. h. gleichen Anteilen (Art. 533, 558 OR), oder nach freiem Ermessen des Gerichts (Art. 601 Abs. 2 OR für die Gewinnbeteiligung des Kommanditärs[98]). Nur für den Verzinsungsanspruch ist der Kapitalanteil massgeblich (Art. 558 Abs. 2 OR). Jeder Gesellschafter kann seinen Anteil am Gewinn des abgelaufenen Geschäftsjahres zudem aus der Gesellschaftskasse entnehmen (Entnahmerecht). Bei den Personenhandelsgesellschaften ist dies allerdings erst nach Feststellung der Bilanz möglich (Art. 559 Abs. 2 OR). Sofern vertraglich vereinbart, können hier jedoch Zinsen aus der Verzinsung des im vorangegangenen Jahr festgestellten Kapitalanteils (gesetzlicher Zinssatz von 4 % gemäss Art. 558 Abs. 2 S. 2 OR) und Honorare (Art. 558 Abs. 3 OR) auch bereits im laufenden Geschäftsjahr aus der Gesellschaftskasse entnommen werden (sog. Vorwegentnahmen). 7

Kapitalgesellschaften: Verteilung grds. nach Kapitalanteilen

Bei den *Kapitalgesellschaften* richtet sich der Gewinnbeteiligungsanspruch der Gesellschafter lediglich auf den sog. ausschüttungsfähigen Gewinn. Dieser ergibt sich de lege lata[99] aus dem Jahresüberschuss der Gesellschaft zuzüglich der zu Ausschüttungszwecken im Vorjahr gebildeten Reserven und abzüglich eines etwaigen Verlustvortrags aus dem Vorjahr sowie der gesetzlich bzw. statutarisch vorgeschriebenen (Art. 671 ff., 798 Abs. 2, 801 OR) und der ad hoc beschlossenen (Art. 674 Abs. 2 und Abs. 3, 801 OR) Reserven. Der Anspruch auf Dividende (Art. 660 Abs. 1, 675 Abs. 2, 798 Abs. 1 OR) wird mit dem Gewinnverwendungsbeschluss der Generalversammlung bzw. einem darin festgesetzten Termin fällig 75

---

98 Die Vorschrift findet nach h. M. analoge Anwendung auf den stillen Gesellschafter BK-FELLMANN/MÜLLER, Art. 533 OR N 94 ff.; MEIER-HAYOZ/FORSTMOSER, § 15 N 27; a. A. BSK OR II-HANDSCHIN, Art. 530 N 15.

99 Zu der im Zuge der anstehenden Aktienrechtsrevision geplanten Neuregelung der Reservenbildung (Art. 671 ff. E-OR) siehe die Botschaft zur Änderung des Obligationenrechts (Aktienrecht) vom 23. November 2016, BBl 2017, 399, 436 und 522 ff.

(Art. 674 Abs. 1, 698 Abs. 2 Ziff. 4, 798 Abs. 2 OR). Die Verteilung dieses ausschüttungsfähigen Gewinns richtet sich sodann grundsätzlich nach Kapitalanteilen (Art. 661, 798 Abs. 3 OR). Der mitgliedschaftliche Gewinnbeteiligungsanspruch (z. B. Anspruch auf Dividende nach Art. 660 Abs. 1, 798 Abs. 1 OR) ist hier zudem von dem nach der Beschlussfassung über die jährliche Gewinnverwendung (Art. 698 Abs. 2 Ziff. 4 und 804 Abs. 2 Ziff. 5 OR) bestehenden reinen Forderungsrecht auf Auszahlung (Anspruch aus der Dividende) zu unterscheiden.

bb) *Recht auf die Liquidationsquote*

Liquidationsanteil

76 Die Gesellschafter haben nach Auflösung der Gesellschaft Anspruch auf Beteiligung an einem unter Umständen verbleibenden Überschuss, wobei die Verteilung zumeist entsprechend den Grundsätzen über die Gewinnbeteiligung vorzunehmen ist (Art. 549 Abs. 1, 588 Abs. 2, 619 Abs. 1, 660 Abs. 2, 661, 745 Abs. 1, 826 Abs. 1 OR). Bei der Genossenschaft, die ohnehin nur ausnahmsweise eine Verteilung von Gewinn- und Liquidationsanteilen kennt, erfolgt die eine im Zweifel nach dem Masse der Benutzung der genossenschaftlichen Einrichtungen (Art. 859 Abs. 2 OR) und die andere grundsätzlich nach Köpfen (Art. 913 Abs. 3 S. 1 OR).

cc) *Vermögensrechte bei Kapitalmassnahmen und Strukturänderungen*

Bezugsrecht und Zahlungsansprüche

77 Die *Kapitalgesellschafter* haben bei einer effektiven Kapitalerhöhung ein *Bezugsrecht* (Art. 652b Abs. 1, 781 Abs. 5 Ziff. 2 OR) und bei einer Kapitalerhöhung aus Gesellschaftsmitteln (vgl. Art. 652d OR) ein Recht auf unentgeltliche Zuteilung neuer Anteile (sog. Gratisaktien bzw. -anteile)[100]. Bei einer konstitutiven Kapitalherabsetzung zum Zwecke der Einlagenrückgewähr haben die Kapitalgesellschafter einen Anspruch auf Auszahlung der durch die Senkung der Auszahlungssperre (vgl. Art. 680 Abs. 2, 675 Abs. 2 OR) frei werdenden Gesellschaftsmittel[101]. Rechte auf Ausgleichs- und Abfindungszahlungen können sich im Zusammenhang mit Strukturänderungen nach dem Fusionsgesetz ergeben (z. B. Art. 7 Abs. 2, 8 FusG)[102].

[100] Zur Mischnatur des Bezugsrechts als vermögensmässiges und nicht vermögensmässiges Recht ZINDEL, Bezugsrechte, 1984, S. 70 ff.

[101] Zur konstitutiven Kapitalherabsetzung MEIER-HAYOZ/FORSTMOSER, § 16 N 655 ff.

[102] Dazu etwa BERETTA, SPR VIII/8, 2006, S. 112 ff., 143 f.

dd) *Recht zur Verpfändung des Gesellschaftsanteils*

Gesellschaftsanteil als Sicherungsmittel

78 Ein *Kapitalgesellschafter* kann nicht nur seine jeweiligen Vermögensrechte, sondern im Gegensatz zu einem Personengesellschafter auch seinen Gesellschaftsanteil insgesamt verpfänden (Art. 899 ff. ZGB) und damit unmittelbar als Kreditsicherheit nutzbar machen[103].

b) Nicht vermögensmässige Rechte

aa) *Mitwirkungsrechte*

Zu den Mitwirkungsrechten gehören das:

Stimmrecht

79 • *Stimmrecht* (Art. 67 Abs. 1 ZGB, Art. 534, 692, 806, 885 OR): Mit diesem Recht nimmt der Gesellschafter an der Willensbildung der Gesellschaft durch Beschlüsse und Wahlen teil. Das Stimmrecht kann einem Gesellschafter grundsätzlich (Ausnahme: Art. 656a Abs. 1, 656c Abs. 1 OR) nicht gänzlich entzogen werden (z. B. Art. 692 Abs. 2 S. 1, 706b Ziff. 1 OR). Es sind lediglich eine Beschränkung (z. B. Höchststimmrecht nach Art. 692 Abs. 2 OR) sowie ein vorübergehender Ausschluss wegen eines bestehenden Interessenkonflikts (z. B. Art. 68 ZGB, Art. 695, 806a OR) oder aus Sanktionsgründen (z. B. Art. 144 lit. a FinfraG) möglich. Das Stimmrecht ist als Mitverwaltungsrecht unübertragbar (Abspaltungsverbot). Der Gesellschafter kann sich allerdings vertreten lassen (z. B. Art. 689 Abs. 2, 691 Abs. 1 OR) oder sich gegenüber seinen Mitgesellschaftern durch einen schuldrechtlichen Stimmbindungsvertrag zu einem bestimmten Abstimmungsverhalten verpflichten[104].

Beispiel: Die Grossaktionäre A, B und C der X-AG haben sich zu einer einheitlichen Stimmabgabe nach Massgabe einer vorherigen internen Mehrheitsentscheidung verpflichtet, um hierdurch der Mehrheit unter ihnen zu einem überproportionalen Stimmgewicht zu verhelfen und gemeinsamen Einfluss auf die X-AG auszuüben (Stimmrechtskonsortium als einfache Gesellschaft). Dieser Vertrag begründet einen klagbaren Erfüllungsanspruch, der mittels vorsorglichen Rechtsschutzes gesichert und real vollstreckt werden kann[105]. Sofern aber etwa der Aktionär A entgegen der Stimmbindungsvereinbarung abgestimmt haben sollte, sind die von ihm abgegebene Stimme und der entsprechende Beschluss dennoch gültig. A konnte wegen der fehlenden Aussenwirkung des Stimmbindungsvertrags seine Stimme nämlich auch vertragswidrig wirksam abgeben. Da er dies jedoch im Innenver-

....

103 Dazu etwa ZK-Jung, Art. 625 OR N 69.

104 Eingehend dazu Appenzeller, Stimmbindungsabsprachen, 1996.

105 KassGer ZH ZR 1984, 141.

hältnis zu seinen Mitgesellschaftern nicht durfte, macht er sich unter den übrigen Voraussetzungen gegenüber B und C schadenersatzpflichtig[106].

Sonstige Versammlungsrechte

- *Teilnahme-, Antrags- und Rederecht*: Sofern die Mitglieder zur Beschlussfassung in einer Versammlung (Vereins-, General- oder Gesellschafterversammlung) zusammentreten, hat grundsätzlich jeder Gesellschafter ein Recht auf Teilnahme, welches auch ein Recht auf ordnungsgemässe Einladung und Bekanntgabe der Traktanden sowie auf Antragstellung und Meinungsäusserung umfasst (Art. 689, 699 Abs. 3, 656c Abs. 2, 805 Abs. 5, 883 OR). Diese Rechte bestehen unter Umständen auch unabhängig von der Existenz eines Stimmrechts, da es auch um die Möglichkeit zur anderweitigen Einflussnahme auf die Willensbildung der Gesellschaft durch Antragstellung und Ausübung des Rederechts geht (vgl. aber auch Art. 656c Abs. 1, 2, 656d Abs. 1 OR). Das Teilnahmerecht ist in seinem Kern unentziehbar (z. B. Art. 706b Ziff. 1 OR). Die Teilnahme kann bei der AG und KmAG jedoch von einem besonderen Ausweis abhängig gemacht werden (Art. 689a OR)[107]. Ausserdem sind Ordnungsmassnahmen (Beschränkung der Redezeit im Einzelfall, Wortentziehung, Saalverweis) unter Beachtung des Verhältnismässigkeitsgrundsatzes möglich. Die Aktionäre und GmbH-Gesellschafter haben zudem ein von einer bestimmten Beteiligungshöhe abhängiges Recht zur Veranlassung der *Einberufung* bzw. *Traktandierung* (Art. 699 Abs. 3, 4 und Art. 805 Abs. 5 OR)[108].

Geschäftsführung und Vertretung

- *Recht zur Geschäftsführung und Vertretung*: In einer Personengesellschaft haben mit Ausnahme der Kommanditäre (Art. 600 OR) und vorbehaltlich abweichender Parteivereinbarung alle Gesellschafter das Recht und die Pflicht zur Geschäftsführung (Art. 535, 539, 557 Abs. 2, 599 OR). Für die Vertretung gilt grundsätzlich dasselbe (Art. 543 Abs. 3, 563, 603 OR), wobei der Kommanditär allerdings zwingend von der gesellschaftsrechtlichen Vertretungsmacht ausgeschlossen ist, so dass ihm lediglich eine Prokura (Art. 458 ff. OR) oder Handlungsvollmacht (Art. 462 OR) eingeräumt werden kann[109]. Bei den Körperschaften sind nur die persönlich haftenden Gesellschafter einer KmAG (Art. 765 Abs. 1 OR) und – vorbehaltlich abweichender statutarischer Regelung –

[106] BSK OR II-Länzlinger, Art. 692 N 10 und 13.
[107] Zur Möglichkeit einer nicht unverhältnismässigen Anmeldeobliegenheit HGer AG SJZ 114 (2018) 124.
[108] Zum Quorum näher BGE 142 III 16, 18 ff.
[109] Zur zwingenden Natur von Art. 603 OR ZK-Handschin/Chou, Art. 602–603 OR N 4.

die GmbH-Gesellschafter (Art. 809 Abs. 1 S. 1 OR) zur Geschäftsführung und Vertretung berechtigt und verpflichtet.

Beendigungsrechte

- *Recht zur Kündigung und Gesellschaftsauflösung*: Die *Personengesellschafter* können mit ihrem Recht zur ordentlichen Kündigung (Art. 545 Abs. 1 Ziff. 6 i. V. m. 546, 574 Abs. 1, 619 OR) bzw. zur Auflösungsklage aus wichtigem Grund (Art. 545 Abs. 1 Ziff. 7 i. V. m. 545 Abs. 2 OR) die Gesellschaft entweder zur Auflösung bringen oder, wenn eine Vereinbarung über die Fortsetzung der Gesellschaft unter den übrigen Gesellschaftern im Gesellschaftsvertrag (sog. Fortsetzungsklausel) oder später vereinbart wurde, ihr Ausscheiden aus der Gesellschaft herbeiführen (für die KlG ausdrücklich Art. 576 OR). Hinsichtlich der Voraussetzungen und Modalitäten dieser Beendigungsrechte hat man danach zu unterscheiden, ob der Gesellschaftsvertrag als Dauerschuldverhältnis auf unbestimmte oder bestimmte Zeit bzw. auf Lebenszeit eines Gesellschafters geschlossen wurde (Art. 545 Abs. 1 Ziff. 6, Abs. 2 OR), ob jährliche Rechnungsabschlüsse vorgesehen sind (Art. 546 Abs. 2 OR) und ob ein wichtiger Grund für die Auflösung gegeben ist (Art. 545 Abs. 2 OR). Kündigt ein Gesellschafter zur Unzeit und ohne wichtigen Grund, so ist er den übrigen Gesellschaftern zum Schadenersatz verpflichtet (vgl. Art. 545 Abs. 2, 546 Abs. 2 OR). Bei den *Kapitalgesellschaften* kommt eine Auflösung der Gesellschaft grundsätzlich nur durch qualifizierten Mehrheitsbeschluss in Betracht (Art. 736 Ziff. 2, 821 Abs. 1 Ziff. 2 OR). Allerdings kann die Gesellschaft auch durch gerichtliches Urteil aufgelöst werden, wenn dies aus wichtigem Grund von Aktionären, die mindestens 10 % des Aktienkapitals vertreten (Art. 736 Ziff. 4 OR), oder von einem GmbH-Gesellschafter (Art. 822 Abs. 1 OR) verlangt wird. Ein Austrittsrecht von Gesellschaftern gibt es bei der GmbH aus wichtigem Grund bzw. aufgrund statutarischer Regelung (Art. 822 OR), bei der Aktiengesellschaft jedoch nach h. L. auch statutarisch nur ohne Abfindung (Dereliktionsrecht) oder im Rahmen einer Kapitalherabsetzung[110]. Die *Genossenschaft* (Art. 911 Ziff. 2 OR) und der *Verein* (Art. 76 ZGB) können durch Beschluss, der Verein kann zudem auch noch bei Widerrechtlichkeit oder Sittenwidrigkeit des Zwecks auf Klage eines Beteiligten hin (Art. 78 ZGB) aufgelöst werden.

[110] ZK-Bürgi, Art. 680 OR N 33; Böckli, Aktienrecht[4], 2009, § 16 N 203a; Forstmoser/Meier-Hayoz/Nobel, Aktienrecht, 1996, § 44 N 66 ff.; a. A. Kunz, Minderheitenschutz, 2001, § 4 N 98 ff.

bb) Schutzrechte

Zu den Schutzrechten gehören:

3 • *Informations- und Kontrollrechte*: Diese Rechte können wegen der unterschiedlichen Informationsbedürfnisse der Mitglieder und der Geheimhaltungsinteressen der Gesellschaft je nach gesetzlicher Ausgestaltung der Gesellschafterstellung und der gesellschaftsvertraglichen Vereinbarung zwar stark variieren. Es gibt aber immer ein Minimum an unverzichtbaren Informations- und Kontrollrechten (vgl. z. B. Art. 541, 706b Ziff. 2 OR)[111]. Befriedigt werden kann das Informationsbedürfnis der Mitglieder zunächst durch Pflichten der Gesellschaft zur Erstellung und Veröffentlichung von Berichten (z. B. Art. 696 OR, Art. 14 ff. FusG). Daneben haben die Gesellschafter vielfach individuelle Auskunftsansprüche (z. B. Art. 697 Abs. 1 OR[112]) und Einsichtsrechte (z. B. Art. 541 OR), um auf eigene Initiative hin an Informationen zu gelangen. Bei der Ausübung des Auskunfts- und Einsichtsrechts kann auch ein zur Verschwiegenheit verpflichteter neutraler Sachverständiger beigezogen oder ein vertrauenswürdiger Dritter mit der Wahrnehmung beauftragt werden (vgl. dazu auch Art. 600 Abs. 3 OR sowie das aktienrechtliche Institut der Sonderprüfung nach Art. 697a ff. OR).

Informations- und Kontrollrechte

84 • *Klagerechte* wie die actio pro socio eines Personengesellschafters (§ 7 N 60), das Recht zur Anfechtung von gesetz- oder statutenwidrigen Körperschaftsbeschlüssen (z. B. Art. 706 f. OR; dazu § 8 N 280 ff.) oder das Recht zur Verantwortlichkeitsklage (z. B. Art. 752 ff. OR; dazu § 8 N 346 ff.).

Klagerechte

4. Mitgliedschaftspflichten

a) Beitragspflicht

aa) Festlegung

85 Die Gesellschafter haben zunächst begriffsnotwendig einen Beitrag zur Verfolgung des gemeinsamen Zwecks zu leisten (vgl. Art. 530 Abs. 1 OR: *«mit gemeinsamen Kräften oder Mitteln»*). Bei den *Personengesellschaften* ist eine Einigung über Art und Umfang der Beitragsleistungen der Gesell-

Festlegung im Gesellschaftsvertrag

[111] Vgl. dazu auch die Abgrenzung der einfachen Gesellschaft von den partiarischen Rechtsverhältnissen (dazu oben § 1 N 20 ff.).

[112] Siehe dazu etwa BGE 132 III 71.

schafter wegen der hilfsweisen Bestimmungsmöglichkeit nach Art. 531 Abs. 2 OR nur dann Wirksamkeitsvoraussetzung des Gesellschaftsvertrags, wenn einer der Gesellschafter dies für erforderlich hält[113]. Für die Wirksamkeit des Gesellschaftsvertrags genügt aber auch dann die Bestimmbarkeit des Beitrags[114]. Fraglich ist, ob sich aus Art. 531 Abs. 2 OR eine Pflicht zu Nachschüssen in die laufende Gesellschaft[115] nach Massgabe der Zweckerforderlichkeit ergibt[116]. Abzulehnen ist dies dann, wenn die Gesellschafter im Vertrag eine bestimmte (begrenzte) Beitragsleistung (z. B. Zahlung von CHF 10 000) vorgesehen haben (vgl. auch Art. 560 Abs. 2 OR). Auch dann können die Gesellschafter aber einstimmig und ggf. sogar mit Mehrheit[117] eine nachträgliche Erhöhung der ursprünglich vereinbarten Beitragsleistungen beschliessen. Bei den *Kapitalgesellschaften* sind Art und Umfang der Beitragsleistungen in den Statuten festzulegen (vgl. z. B. 626 Ziff. 3 OR). Während die Pflicht zu Nachschüssen in die laufende Gesellschaft im Aktienrecht zwingend ausgeschlossen ist (Art. 680 Abs. 1 OR), können die Statuten einer GmbH die Gesellschafter zu Nachschüssen verpflichten (Art. 795 ff. OR). Bei der *Genossenschaft* und dem *Verein* können Beitragsleistungen und deren Erhöhung in Form von Nachschüssen statutarisch vorgesehen werden (Art. 832 Ziff. 3, 871 OR, Art. 71 ZGB).

bb) Arten

Bilanzierungsfähige und sonstige Beiträge

Bei den Personengesellschaften ist jede Leistung zur Beitragsleistung geeignet, die im Gesellschaftsvertrag festgelegt und dem Gesellschaftszweck irgendwie förderlich ist (vgl. auch die nicht abschliessende Aufzählung in Art. 531 Abs. 1 OR). Die Kapitalgesellschafter können allerdings nur bilanzierungsfähige Beitragsleistungen (sog. Einlagen) erbringen (Art. 620 Abs. 2, 680 Abs. 1 OR), so dass für sie nur Geld- und Sacheinlagen quoad dominium in Betracht kommen. 86

113 Nach h. M. kann die Vermutung von Art. 2 Abs. 1 OR durch den Nachweis der subjektiven Wesentlichkeit eines Nebenpunkts widerlegt werden (siehe dazu nur SCHWENZER, OR-AT[7], 2016, N 29.04 m. w. N.).

114 KUKO OR-SETHE, Art. 531 N 3.

115 Nachschüsse in die laufende Gesellschaft (Beitragserhöhungen) sind von der Pflicht zur Deckung eines etwaigen Verlusts nach Art. 549 Abs. 2 OR zu unterscheiden.

116 Grundsätzlich bejahend für die bewusste Gesellschaftsgründung ZK-HANDSCHIN/VONZUN, Art. 531 OR N 37 f.; bei Festlegung der Beiträge im Gesellschaftsvertrag verneinend BK-FELLMANN/MÜLLER, Art. 531 OR N 103 ff.

117 BK-FELLMANN/MÜLLER, Art. 531 OR N 107; siehe generell zur umstrittenen Zulässigkeit von Mehrheitsbeschlüssen im Personengesellschaftsrecht § 7 N 50.

Zu den bilanzierungsfähigen Beiträgen *(Einlagen)*, die von allen Gesellschaftern erbracht werden können, gehören:

7 • *Geldeinlagen* (auch Bareinlagen): Hier besteht der Beitrag in einer effektiven Geldleistung an die Gesellschaft durch Barzahlung, Scheckzahlung oder Überweisung sowie durch Verrechnung mit einer Forderung gegen die Gesellschaft[118] oder durch Umbuchung vom Gesellschafterkonto auf das Kapitaleinlagekonto. Es handelt sich um die verbreitetste Form der Beitragsleistung. Denn zum einen unterliegen Geldeinlagen keinen besonderen Anforderungen und sind bei Gläubigern beliebt. Zum anderen kann jede bestehende Vergütungsforderung gegen die Gesellschaft (etwa wegen einer vom Gesellschafter erbrachten Dienstleistung) durch Verrechnung in eine Geldeinlage umgewandelt werden. Die Geldeinlage (Eigenkapital) ist nicht zu verwechseln mit der Darlehensgewährung an die Gesellschaft (Fremdkapital). Bareinlagen

88 • *Sacheinlagen* (Einbringung quoad dominium): Hier überträgt der Gesellschafter die Inhaberschaft an einem nicht in Geld bestehenden Vermögensgegenstand auf die Gesellschaft (Übertragung des Eigentums an einer beweglichen oder unbeweglichen Sache, Übertragung der Inhaberschaft an Wertpapieren, Forderungen gegen Dritte oder Immaterialgüterrechten). Bei Liquidation der Gesellschaft kann der *Personengesellschafter* den Gegenstand nicht herausfordern, sondern nur Ersatz des vertraglich festgelegten oder objektiv zu bestimmenden Übernahmewerts verlangen (Art. 548 OR). Wenn der in eine Personengesellschaft eingebrachte Gegenstand mit einem Sach- oder Rechtsmangel behaftet ist, greifen die Art. 192 ff. OR entsprechend ein (Art. 531 Abs. 3 OR). Neben der Nachlieferung (vgl. Art. 206 OR) kommt dann aber zunächst nur eine Art Minderung mit der Folge der Nachschusspflicht des Gesellschafters als Rechtsfolge in Betracht. Verspricht dies keinen Erfolg, ist die Gesellschaft entweder wegen Zweckverfehlung kraft Gesetzes oder aus wichtigem Grund auf Klage eines Gesellschafters durch Urteil aufgelöst und zu beenden (Art. 545 Abs. 1 Ziff. 1 bzw. Ziff. 7 i. V. m. 545 Abs. 2; Art. 574 Abs. 1 S. 2, 619 Abs. 1 OR). Bei den *Kapitalgesellschaften* bestehen für Sacheinlagen und Sachübernahmen, bei denen sich die Gesellschaft zur entgeltlichen Übernahme von vorhandenen oder herzustellenden Vermögensge- Sacheinlagen

[118] Im Kapitalgesellschaftsrecht unterliegt die Verrechnung als Form der qualifizierten Gründung allerdings noch Sonderregelungen (Art. 634a Abs. 2, 635 Ziff. 2, 652e Ziff. 2 bzw. – über den Wortlaut hinaus – Art. 777c Abs. 2 OR).

genständen verpflichtet, umfangreiche Sonderregelungen, um die Werthaltigkeit der Einlageleistung sicherzustellen (sog. Sachgründungsvorschriften: Art. 628 Abs. 1, 631 Abs. 2 Ziff. 5, 634, 635 Ziff. 1, 635a, 642, 777c Abs. 2 OR). Die Grundsätze der Kapitalaufbringung sind auch zu beachten, wenn eine Kapitalgesellschaft bei einer mangelhaften Sacheinlage in analoger Anwendung von Art. 531 Abs. 3 OR oder von Art. 237 OR Sach- bzw. Rechtsmängelgewährleistungsrechte nach Art. 192 ff. OR geltend macht (z. B. Ausschluss der Wandelung).

Zu den *sonstigen Beitragsleistungen*, die nicht Bestandteil des Gesell- 89
schaftsvermögens werden und daher auch nicht in der Bilanz erscheinen und nur von den Personengesellschaftern erbracht werden können, gehören:

Einbringung quoad usum

- *Einbringung zum Gebrauch (quoad usum)*: Hier stellt der Gesell- 90
schafter der Gesellschaft einen nicht vertretbaren und nicht verbrauchbaren Gegenstand zur freien Nutzung (Gebrauch, Bezug der Früchte oder Erträgnisse) zur Verfügung, wobei er aber Berechtigter bleibt und die Sache daher im Konkurs oder bei Auflösung der Gesellschaft (Art. 548 Abs. 1 OR)[119] bzw. bei seinem Ausscheiden zurückfordern kann. Ist der Gegenstand durch Zufall untergegangen oder verschlechtert, kann er allerdings keinen Ersatz verlangen (Art. 531 Abs. 3 OR; casum sentit dominus). Sofern nicht besonders vereinbart, hat der Gesellschafter bis zur Auflösung der Gesellschaft keinen Entgeltanspruch[120]. Hinsichtlich der Unterhaltspflicht des Gesellschafters, der Nebenkostentragungspflicht durch die Gesellschaft und des Umfangs der Nutzungsrechte gelten die Regelungen über den Miet- bzw. Pachtvertrag entsprechend (Art. 531 Abs. 3 OR analog)[121].Weist der eingebrachte Gegenstand einen Mangel auf, sind die Art. 258 ff. OR entsprechend anwendbar (Art. 531 Abs. 3 OR). Eine Wertsteigerung, die auf Leistungen der Gesellschaft beruht, stellt einen mit den Mitgesellschaftern zu teilenden (Art. 532 OR) Gewinn dar[122].

119 BGE 105 II 204, 208.

120 TI TA, SZW 1990, 299 r72; zum Entgeltanspruch in der Liquidationsphase jedoch BGer 4A_586/2011 E 5.

121 ZK-Handschin/Vonzun, Art. 531 OR N 80.

122 BGE 105 II 204, 208.

- *Einbringung dem Werte nach (quoad sortem)*: Hier stellt der Gesellschafter der Gesellschaft den Gegenstand nicht nur zur freien Nutzung zur Verfügung, sondern überträgt ihr auch die Chancen und Gefahren der Wertveränderung des Gegenstands, was sich (regelmässig erst nach Auflösung der Gesellschaft) in der Form eines Wertausgleichsanspruchs der Gesellschaft (Wertsteigerung) bzw. des Gesellschafters (Wertverlust, Untergang, Veräusserung) ausdrückt[123]. Die Einbringung quoad sortem entspricht wirtschaftlich der Übertragung des Vollrechts, doch können wegen des fehlenden Rechtsübergangs die daran anknüpfenden Rechtsfolgen (z. B. Art. 548 OR, Handänderungssteuer) vermieden werden. Der Gesellschaftsvertrag unterliegt auch nur dann dem Formerfordernis von Art. 657 Abs. 1 ZGB, wenn der Gesellschafter sich zugleich dazu verpflichtet, das dem Werte nach eingebrachte Grundstück nach Massgabe des Willens der Gesellschafter oder Geschäftsführer der Gesellschaft zu veräussern[124]. Die genaue Ausgestaltung der Einbringung quoad sortem ist abhängig von den Parteivereinbarungen[125]. Einbringung quoad sortem

92 - *Einbringung von Dienstleistungen*: Personengesellschafter können auch die Verpflichtung zu künftigen Dienstleistungen als Beitrag erbringen (Art. 531 Abs. 1 OR). Sofern der Gesellschafter mit der Gesellschaft nicht auch noch einen Arbeitsvertrag abschliesst, gilt er nicht schon wegen der Beitragsleistung als deren Arbeitnehmer. Die Übernahme von Dienstleistungsverpflichtungen ist insofern eine geringere Sicherheit, als der Anspruch mit Risiken in der Person des Schuldners behaftet ist und der Anspruch auf Dienstleistung mangels Abtretbarkeit[126] weder für die Gesellschafter in der Liquidation noch die Gläubiger durch Pfändung verwertbar ist. Einbringung von Dienstleistungen

123 BGer 4A_485/2013 E 6.

124 BK-FELLMANN/MÜLLER, Art. 531 OR N 169.

125 Vgl. BGer 4A_70/2008 E 4; 4A_398/2010 E 5.2.3.2.

126 Der Abtretung von Ansprüchen auf Arbeitsleistung steht das gesetzliche Verbot von Art. 333 Abs. 4 OR und der Abtretung von Ansprüchen auf Dienstleistung steht die höchstpersönliche Natur des Auftragsverhältnisses (vgl. dazu generell BGE 115 II 264, 266) entgegen (vgl. Art. 164 Abs. 1 OR).

Weitere sonstige Beiträge

- *Weitere sonstige Beiträge*: Dies können etwa die Gewährung eines Geld- oder Sachdarlehens, die Übernahme einer Unterlassungspflicht (z. B. Verzicht auf eine Geschäftschance), die Einräumung eines beschränkt dinglichen Rechts (z. B. Pfandrecht, Baurechtsdienstbarkeit), die Einbringung von Know-how oder das gelegentliche Erteilen eines Rats sein. Die blosse Übernahme der Stellung als persönlich und unbeschränkt haftender Gesellschafter stellt nur dann eine sonstige Beitragsleistung dar, wenn hierdurch die Kreditwürdigkeit der Gesellschaft oder durch das Konkurrenzverbot (Art. 536 OR) die Geschäftstätigkeit der Gesellschaft und damit zumindest indirekt auch die Verfolgung des Gesellschaftszwecks gefördert werden[127]. 9

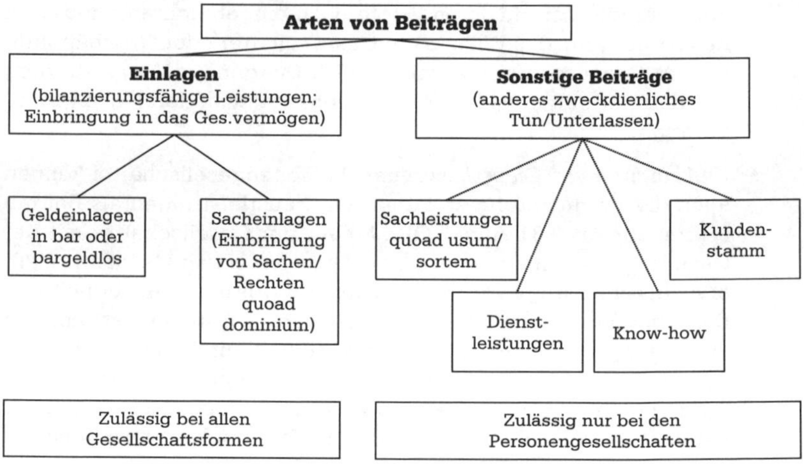

Abb. 7: Arten von Beiträgen

[127] BGer SJ 1995, 725; von Steiger, SPR VIII/1, 1976, S. 369; generell enger und z. B. gegen Unterlassungsverpflichtungen als taugliche Beitragsleistungen Fellmann/Müller, BK OR 531 N 27 ff.

	Bareinlagen	**Sacheinlagen quoad dominium**	**Sacheinlagen quoad usum**	**Sacheinlagen quoad sortem**	**Dienstleistungen**	**Sonstige**
Form der Leistung	Barzahlung Überweisung Scheck- und Kreditkartenzahlung Verrechnung mit einer Forderung gegen die Gesellschaft Umbuchung	Übertragung der Rechtsinhaberschaft (Handänderung)	Einräumung der Nutzungsmöglichkeit	Einräumung der Nutzungsmöglichkeit und schuldrechtliche Beteiligung an Wertänderungen	Erbringung der Dienste	Darlehensgewährung Übernahme einer Unterlassungspflicht Einbringung von Know-how Einbringung eines Kundenstamms
Gefahrtragung	–	Gefahrtragung durch Gesellschaft (531 Abs. 3 i. V. m. 185, 220 OR)	Gefahrtragung durch den Gesellschafter (531 Abs. 3 OR i. V. m. casum sentit dominus)	Gefahrtragung durch den Gesellschafter mit Möglichkeit der schuldrechtlichen Abwälzung	Gefahrtragung durch den Gesellschafter	–
Gewährleistung	–	531 Abs. 3 i. V. m. 192 ff., 219 OR (Sachen); 171 ff. OR (Forderungen gegen Dritte)	531 Abs. 3 i. V. m. 258 ff. OR	531 Abs. 3 i. V. m. 258 ff. OR	97 Abs. 1 OR	97 Abs. 1 OR

	Bareinlagen	Sacheinlagen quoad dominium	Sacheinlagen quoad usum	Sacheinlagen quoad sortem	Dienstleistungen	Sonstige
Rückgewähr bei Liquidation	Rückerstattung des Beitrags	Ersatz des Übernahmewerts (548 OR)	Rückforderungsrecht	Rückforderungsrecht	–	Unterschiedlich

cc) *Nichterfüllung*

Personengesellschaften

Bei den *Personengesellschaften* hat die Nichterfüllung der Beitragspflicht keine gesonderte gesetzliche Regelung erfahren. Da das Gesellschaftsverhältnis kein synallagmatischer Vertrag ist, ist es den Mitgesellschaftern grundsätzlich nicht möglich, unter Berufung auf die Einrede des nichterfüllten Vertrags (Art. 82 OR) die Erbringung ihrer eigenen Beitragsleistungen zu verweigern[128]. Etwas anderes kann allenfalls dann gelten, wenn es sich um eine noch nicht in Vollzug gesetzte zweiseitige Gesellschaft handelt, da dann keine Interessen von Gläubigern oder anderen Mitgesellschaftern betroffen sind. Die Mitgesellschafter können die Erfüllung aber gemeinsam mit der Gesamtklage und (bei Untätigkeit der Geschäftsführer) einzeln mit der actio pro socio[129] einfordern. Unter den übrigen Voraussetzungen können sie zudem Schadenersatz nach Art. 97 ff. OR verlangen oder die Gesellschaft aus wichtigem Grund kündigen (Art. 545 Abs. 2 OR). Sofern einem Gesellschafter die Erbringung der Beitragsleistung schliesslich unmöglich wird und hierdurch zugleich der Gesellschaftszweck nicht mehr erreicht werden kann, endigt die Gesellschaft kraft Gesetzes (Art. 545 Abs. 1 Ziff. 1 OR). 94

Kapitalgesellschaften

Erfüllt der Gesellschafter einer Aktiengesellschaft seine Einlageverpflichtung nicht, drohen ihm nicht nur die allgemein bei einseitigen Leistungspflichten eingreifenden Verzugsfolgen (Art. 681 Abs. 1, 103 ff. OR), sondern auch die Kaduzierung der betroffenen Aktien (Art. 681 Abs. 2, 682 OR) und eine gegebenenfalls statutarisch festgesetzte Konventionalstrafe (Art. 681 Abs. 3 OR). Auch einem statutarisch zu Beitragsleistungen verpflichteten Genossen droht bei Nichterfüllung der Verlust seiner Genossenschaftsrechte (Art. 867 Abs. 3, 4 OR). Auf den säumigen GmbH-Gesellschafter kommen die Art. 102 ff. OR zur Anwendung. Er kann zudem aus 95

[128] BGE 116 III 70, 72 ff.
[129] BGE 24 II 731, 736.

der Gesellschaft aus wichtigem Grund ausgeschlossen werden (Art. 823 OR).

b) Verlusttragungspflicht

96 Eine Verlusttragungspflicht trifft nur die *Personengesellschafter* und dies auch erst bei Auflösung der Gesellschaft (Art. 549 Abs. 2 OR). In die laufende Gesellschaft sind grundsätzlich keine Nachschüsse zu erbringen (siehe aber noch N 85). Die Verlusttragungsquote eines jeden Gesellschafters berechnet sich vorbehaltlich abweichender Parteivereinbarung grundsätzlich nach Köpfen (Art. 533 OR) oder nach Billigkeitsgrundsätzen (Art. 601 Abs. 2 OR). Der Kommanditär nimmt am Verlust höchstens bis zum Betrage seiner Kommanditsumme teil, soweit diese noch nicht geleistet oder soweit sie dem Kommanditär wieder zurückerstattet worden ist (Art. 601 Abs. 1, 610 Abs. 2 OR). Verlusttragung

c) Geschäftsführungspflicht

97 Sofern nicht etwas anderes vereinbart wird, haben alle unbeschränkt haftenden Gesellschafter einer Personengesellschaft oder KmAG sowie die Gesellschafter einer GmbH nicht nur das Recht, sondern auch die Pflicht zur Geschäftsführung (Art. 535, 557 Abs. 2, 599, 765 Abs. 1, 809 Abs. 1 OR). Für die Kommanditäre gilt dies hingegen nur bei besonderer Vereinbarung (Art. 600 Abs. 1 OR). Auch die Gesellschafter einer Aktiengesellschaft haben ein Recht auf Desinteresse und Passivität[130]. Geschäftsführung

d) Treuepflichten

aa) Anwendungsbereich

98 Für Personengesellschafter besteht wegen der engen persönlichen Beziehungen und der gemeinsamen Zweckverfolgung eine über die allgemeine vertragliche Treuepflicht hinausgehende spezifisch gesellschaftsrechtliche Treuepflicht[131]. Auch die Genossenschafter trifft eine mitgliedschaftliche Treuepflicht im Hinblick auf ihre besondere Bindung an den Genossenschaftszweck (Art. 866 OR). Für Vereinsmitglieder wird eine entsprechende Pflicht ebenfalls befürwortet[132]. Eine Treuepflicht der Aktionäre wird hingegen unter Hinweis auf Art. 680 Abs. 1 OR und das Keine Treuepflicht der Aktionäre

130 ZK-Jung, Art. 620 OR N 25.
131 BK-Fellmann/Müller, Art. 530 OR N 588.
132 BK-Riemer, Art. 70 ZGB N 189 ff.

Wesen der typischen Aktiengesellschaft als Kapitalsammelstelle ohne persönliche Bindung zwischen den Gesellschaftern ganz überwiegend abgelehnt[133].

Beispiel (nach BGE 91 II 298 ff.): Die W-AG betreibt ein Elektrogeschäft in Visp. Ihr Aktienkapital ist in 100 Namenaktien zerlegt. Der Aktionär F besitzt 30 dieser Aktien und ist zugleich Leiter der Radioabteilung der W-AG. Der zwischen der W-AG und F bestehende Arbeitsvertrag wird wegen Streitigkeiten des F mit den anderen Aktionären ordnungsgemäss gekündigt. Daraufhin gründet F in Visp ein eigenes Elektrogeschäft und droht mit der Abwerbung von Angestellten der W-AG. Die W-AG verlangt von F die Einstellung seines Konkurrenzbetriebs und Unterlassung der angedrohten Abwerbungen. Zu Recht?

Der Unterlassungsanspruch könnte sich aus einer Treuepflicht des F als Aktionär der W-AG ergeben. Fraglich ist, ob sich aus Treu und Glauben (Art. 2 ZGB) eine solche vertragliche Nebenpflicht des Aktionärs ableiten lässt. Die Aktiengesellschaft ist eine Kapitalgesellschaft. Als Aktionär ist F verpflichtet, eine bestimmte Einlage zu leisten. Das Gesetz statuiert darüber hinaus keine weiteren Aktionärspflichten. Zu einer über die Einlage hinausgehenden Leistung kann der Aktionär auch nicht durch eine ausdrückliche Bestimmung in den Statuten der Gesellschaft verpflichtet werden (Art. 680 Abs. 1 OR). Das gilt nach h. M. auch für Unterlassungspflichten. Der Aktionär ist daher grundsätzlich in seiner Tätigkeit ausserhalb der Gesellschaft frei und braucht auf die Interessen der Gesellschaft keine Rücksicht zu nehmen. Es ist dem F daher nicht verwehrt, als Konkurrent der W-AG tätig zu werden[134]. Diese hat dementsprechend keinen Unterlassungsanspruch.

bb) Inhalt

Allgemeiner Inhalt

Die Treuepflicht verlangt die Rücksichtnahme auf die gesellschaftsbezogenen (nicht: privaten) Interessen der Mitgesellschafter sowie das Gesellschafts- und Unternehmensinteresse[135]. Die Intensität der Treuepflicht im konkreten Fall ist von der Rechtsform der Gesellschaft, der Stellung des Gesellschafters und der Anzahl der Gesellschafter abhängig. Aus der allgemeinen Treuepflicht werden verschiedene, teilweise auch gesetzlich geregelte spezifische Pflichten abgeleitet, die die vertraglichen Vereinbarungen ergänzen oder die Rechtsausübung einschränken: 99

133 Näher ZK-Jung, Art. 620 OR N 26 ff.; einschränkend etwa BSK OR II-Baudenbacher, Art. 620 N 35 (Treuepflichten in stark personalistisch strukturierten Aktiengesellschaften und im Konzernverhältnis).

134 Abweichend Würsch, Der Aktionär als Konkurrent der Gesellschaft, 1989, S. 107 ff., der entgegen der h M. Unterlassungspflichten als mit Art. 680 Abs. 1 OR vereinbar ansieht.

135 Siehe etwa BGer 4A_619/2011 E 3.6.

Einzelne Treuepflichten

0 • Für Personengesellschafter besteht als Ausfluss der Treuepflicht zunächst ein auch gesetzlich geregeltes *Konkurrenzverbot*. Danach ist es dem einfachen Gesellschafter untersagt, zu seinem besonderen Vorteil Geschäfte zu betreiben, durch die der Gesellschaftszweck vereitelt oder beeinträchtigt werden würde (Art. 536 OR). Den Personenhandelsgesellschaftern (auch dem Kommanditär) ist es nur mit Zustimmung der Mitgesellschafter gestattet, der Gesellschaft in deren Geschäftszweig Konkurrenz durch den Betrieb eines eigenen Unternehmens oder die Beteiligung an einer KlG, KmG oder GmbH zu machen (Art. 561 OR). Die GmbH-Gesellschafter dürfen insbesondere keine Geschäfte betreiben, die ihnen zum besonderen Vorteil gereichen und durch die der Zweck der Gesellschaft beeinträchtigt würde (Art. 803 Abs. 2 S. 2 OR). Sie haben zudem ein statutarisches Verbot konkurrenzierender Tätigkeit zu beachten (Art. 803 Abs. 2 S. 3 OR). Durch das Konkurrenzverbot soll nicht die volle Arbeitskraft des Gesellschafters für die Gesellschaft erhalten werden. Es soll vielmehr den Gefahren begegnet werden, denen die Gesellschaft und die Mitgesellschafter dadurch ausgesetzt sind, dass die betroffenen Gesellschafter nicht nur über Insiderinformationen, sondern auch über Einflussnahmemöglichkeiten auf die eigene und die fremde Gesellschaft verfügen. Wegen dieser Funktionsnotwendigkeit sind die gesetzlichen Konkurrenzverbote auch mit dem Kartellverbot (Art. 5 Abs. 1 KG) und der Wirtschaftsfreiheit (Art. 27 BV) vereinbar.

- Aufgrund seiner Treuepflicht kann ein Gesellschafter auch zur *Verschwiegenheit* verpflichtet sein.

- *Beschränkungen von Mitgliedschaftsrechten* (z. B. Informationsrecht, Stimmrecht, Gewinnbeteiligung) können unter Umständen ebenfalls durch die Treuepflicht gerechtfertigt werden.

  Beispiel: Ein Kollektivgesellschafter darf sein Recht auf die Vorwegentnahme von Zinsen und Honoraren (Art. 559 Abs. 2 OR) unter Umständen (Interessenabwägung) wegen der prekären Finanzlage der Gesellschaft (vorübergehend) nicht geltend machen.

- Die Treuepflicht kann den Gesellschafter schliesslich zur *Zustimmung* zu einer notwendigen Strukturanpassungsmassnahme verpflichten.

  Beispiel: In der A-KmG benötigt der unbeschränkt haftende A für den von ihm gewünschten Verkauf eines wesentlichen Betriebsteils die Zustimmung des Kommanditärs K (e contrario Art. 600 Abs. 2 OR). Hier wäre K zur Erteilung dieser Zustimmung verpflichtet, wenn der geplante Verkauf den Fortbestand der Gesellschaft sichern würde und K nicht seinerseits ein legitimes Interesse an der Fortführung des Betriebsteils durch die KmG darlegen könnte.

e) Pflichtverletzungen

Sorgfalt in eigenen Angelegenheiten

Verletzungen gesellschaftsvertraglicher Pflichten, die der Gesellschafter zu vertreten hat, führen in erster Linie zu Schadenersatzansprüchen der Mitgesellschafter bzw. der Gesellschaft nach allgemeinem Leistungsstörungsrecht (Art. 97 ff. OR) und besonderen gesetzlichen Haftungstatbeständen (z. B. Art. 41 ff. und 420 f. OR). Für das Vertretenmüssen der *Personengesellschafter* bei Verletzung ihrer gesellschaftsrechtlichen Pflichten gilt jedoch grundsätzlich statt der allgemeinen Regelungen der besondere Haftungsmassstab der *diligentia quam in suis* (Art. 538 Abs. 1 OR; Ausnahme: Art. 538 Abs. 3 OR). Danach hat ein Gesellschafter im Innenverhältnis und in den Angelegenheiten der Gesellschaft mangels abweichender Vereinbarung (Art. 100 f. OR) diejenige Sorgfalt anzuwenden, die er auch in eigenen Angelegenheiten z. B. im Hinblick auf Gewissensanspannung, Ordnungssinn, Risikobereitschaft oder Schnelligkeit tatsächlich praktiziert, auch wenn diese Sorgfalt etwa aufgrund von Faulheit oder Liederlichkeit hinter den individuellen Möglichkeiten zurückbleibt[136]. Allenfalls kann die Berufung auf das an die tatsächlichen Verhältnisse anknüpfende Haftungsprivileg als widersprüchliches Verhalten unbeachtlich sein, wenn der Gesellschafter sich bei Vertragsschluss oder vor der betreffenden Handlung einer besonderen Sorgfalt berühmt hat. Auch ein Übernahmeverschulden kommt in Betracht, sofern den Mitgesellschaftern die haftungsmildernden Umstände unbekannt waren[137]. Die Haftung für objektiv grobe Fahrlässigkeit und Vorsatz bleibt in jedem Fall bestehen (vgl. Art. 100 Abs. 1 OR). Auf der anderen Seite kann der Haftungsmassstab von Art: 538 Abs. 1 OR bei Gesellschaftern, die über besondere Kenntnisse bzw. Fähigkeiten verfügen oder sich in eigenen Angelegenheiten besonders anstrengen, zu entsprechenden Erwartungen der anderen Gesellschafter und damit zu einer Haftungsverschärfung führen[138]. Der Grund für den spezifischen Haftungsmassstab liegt in der besonderen persönlichen Verbundenheit der Gesellschafter, die damit auch auf die besonderen Stärken der Mitgesellschafter vertrauen können sollen bzw. deren übliche Schwächen hinzunehmen haben.

....

136 A. A. die auf das Können abstellende h. L. (siehe dazu nur BK-Fellmann/Müller, Art. 538 OR N 32).

137 BK-Fellmann/Müller, Art. 533 OR N 43 ff.

138 Fellmann, ZBJV 1997, 285, 312 ff.; a. A. ZK-Siegwart (1938), Art. 538 OR N 10.

....

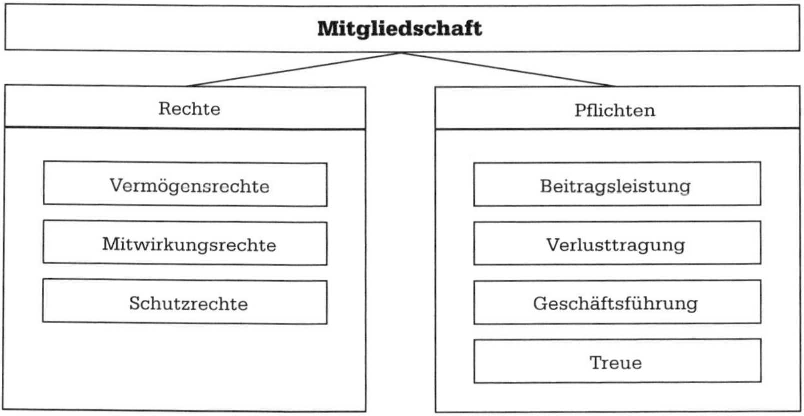

Abb. 8: Rechte und Pflichten von Gesellschaftern

E. Finanz- und Haftungsordnung

I. Gesellschaftsvermögen

1. Begriff des Gesellschaftsvermögens

102 Das Gesellschaftsvermögen umfasst im juristischen Sinne alle der Verfolgung des Gesellschaftszwecks *dienstbar gemachten* und in der Bilanz als Aktiva auszuweisenden *Vermögensgegenstände* (z. B. bewegliche oder unbewegliche Sachen, Forderungen, Urheberrechte) sowie die Verbindlichkeiten der Gesellschaft. Damit gehören zum Gesellschaftsvermögen: Inhalt

- alle bilanzierungsfähigen Beitragsleistungen *(Geld- und Sacheinlagen)* der Gesellschafter. Solange die Beitragsleistung noch nicht (vollständig) erbracht wurde, gehört die Beitragsforderung gegen den Gesellschafter zum Gesellschaftsvermögen;
- alle von der Gesellschaft im Rahmen ihrer Geschäftstätigkeit oder von Todes wegen nach den entsprechenden Regelungen (z. B. Art. 560, 656 ff., 714 ff., 727 ZGB, Art. 164 ff. OR) wirksam *erworbenen Vermögensgegenstände* (vgl. Art. 544 Abs. 1 OR);
- alle *Früchte und Surrogate* von Vermögensgegenständen des Ge-

sellschaftsvermögens (z. B. Mieteinnahmen aus der Vermietung eines Gesellschaftsgrundstücks, Wertersatzleistungen, Enteignungsentschädigungen, Versicherungsleistungen).

Abgrenzungen

Das Gesellschaftsvermögen ist *zu unterscheiden vom*:

- *Eigenkapital* einer Kapitalgesellschaft, das nach Art. 959a Abs. 2 Ziff. 3 OR aus dem Grundkapital (Aktien- und Partizipationskapital einer AG oder KmAG bzw. Stammkapital einer GmbH), den gesetzlichen Reserven (Kapitalreserve, Gewinnreserve), freiwilligen Gewinnreserven (oder kumulierten Verlusten als Minusposten) und den eigenen Kapitalanteilen als Minusposten besteht. Ein Teil des Eigenkapitals (sog. gebundenes Kapital) wird als Haftungsgrundstock für die Gläubiger besonders gegen Ausschüttungen an die Gesellschafter gesichert[139];
- *Unternehmenswert* (auch Geschäftswert), bei dem es sich um einen ökonomischen Begriff handelt. Der Unternehmenswert hängt nicht nur vom Wert des Gesellschaftsvermögens, sondern auch vom Wert der nicht bilanzierungsfähigen geldwerten Vermögensgegenstände (beitragsmässig eingeräumte Gebrauchsmöglichkeiten, Dienstberechtigungen, Firma, Know-how, Kundenstamm) sowie der aktuellen und künftig zu erwartenden Ertragskraft des Gesellschaftsunternehmens ab. Der Unternehmenswert ist massgeblich für die Bestimmung des Anteilswerts, von dem wiederum beim Anteilsverkauf der Kaufpreis, beim Anteilstausch das Tauschverhältnis und beim Ausscheiden eines Gesellschafters die Höhe der Abfindung abhängen (vgl. z. B. Art. 580 Abs. 2 OR: Vermögenslage der Gesellschaft; Art. 685b Abs. 1, 4 OR und Art. 23 Abs. 2 lit. a FusG: wirklicher Wert; Art. 7 Abs. 1 FusG: Berücksichtigung des Vermögens).

139 Näher dazu für die Aktiengesellschaft ZK-Jung, Art. 620 OR N 294 ff. und Art. 621 OR N 1 ff.

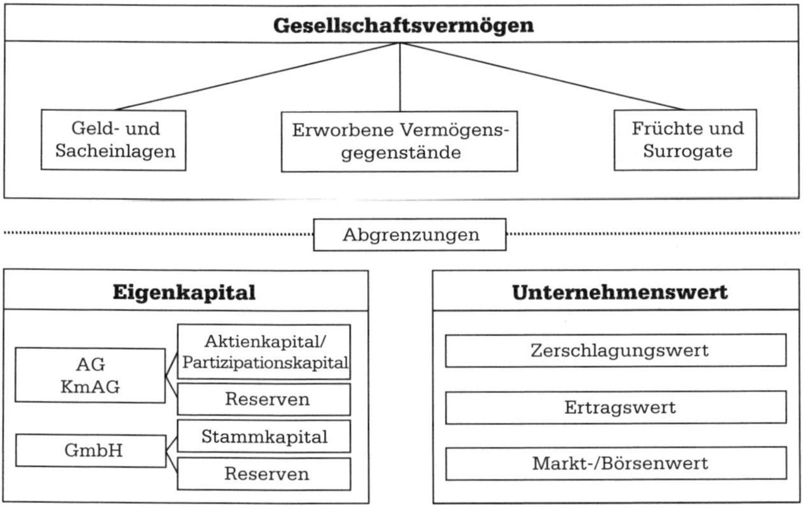

Abb. 9: Bestandteile des Gesellschaftsvermögens

2. Zuordnung des Gesellschaftsvermögens

104 Hinsichtlich der Zuordnung des Gesellschaftsvermögens hat man zwischen der rechtlichen und der wirtschaftlichen Zuordnung zu unterscheiden. *Rechtlich* steht das Gesellschaftsvermögen entweder der Gesellschaft als solcher (Körperschaften) oder den Gesellschaftern zur gesamten Hand (Personengesellschaften) bzw. nach Bruchteilen (einfache Gesellschaft bei besonderer Vereinbarung) zu. *Wirtschaftlich* ist es hingegen stets über die Gesellschaftsbeteiligung den Gesellschaftern zugeordnet. Vermögenszuordnung

II. Haftungsgrundsätze

1. Schuld und Haftung

105 Das für die jeweilige Gesellschaft geltende Haftungsregime ist ein wichtiger *Faktor bei der Wahl der Gesellschaftsform*. Grundlegend für das Verständnis der Haftungsordnungen ist die Unterscheidung zwischen Schuld und Haftung. Unter einer Schuld versteht man die Pflicht einer natürlichen oder juristischen Person sowie einer Personenhandelsgesellschaft zu einem Tun oder Unterlassen. Mit dem Begriff der Haftung wird hingegen der Umstand bezeichnet, dass zur Erfüllung einer Pflicht auf die Arbeits- Grundlagen

kraft oder das Vermögen einer Person zugegriffen werden muss. Dabei gilt für das Verhältnis von Schuld und Haftung, dass ein Schuldner grundsätzlich nur mit der eigenen Arbeitskraft und dem ihm zugeordneten Vermögen haftet (Grundsatz der *Korrespondenz von Schuld und Haftung*). Von diesem Grundsatz gibt es jedoch verschiedene Ausnahmen, bei denen es zu einer (subsidiären) Haftung ohne Schuld kommt (z. B. Art. 568 Abs. 1 OR). Im Gesellschaftsrecht hat man zudem die generelle Verselbständigung des zweckgebundenen Gesellschaftsvermögens gegenüber den Privatvermögen der Gesellschafter sowie bei den Personenhandelsgesellschaften und den Körperschaften auch die zumindest hinsichtlich der Verpflichtungsfähigkeit bestehende Verselbständigung der Gesellschaft gegenüber ihren Gesellschaftern zu berücksichtigen.

Haftungsregeln

Hieraus ergeben sich die folgenden Haftungsregeln für Verbindlichkeiten, 10
die im Namen der Gesellschaft und (einzelner) Gesellschafter eingegangen wurden:

- Bei der *einfachen Gesellschaft* sind allein die Gesellschafter Solidarschuldner der von ihnen gemeinschaftlich oder durch Stellvertretung einem Dritten gegenüber eingegangenen Verpflichtungen (Art. 544 Abs. 3 OR). Da den Gesellschaftern aber nicht nur ihre Privatvermögen zugeordnet sind, sondern ihnen auch das Gesellschaftsvermögen zur gesamten Hand zusteht, können sämtliche Vermögensmassen einem direkten, primären, inhaltsgleichen und unbeschränkten Gläubigerzugriff unterliegen[140]. Auf der anderen Seite kann ein Gläubiger, der lediglich eine Forderung gegen einen einzigen oder einen Teil der Gesellschafter hat (sog. Privatgläubiger) nur auf das entsprechende Privatvermögen zugreifen, zu dem allerdings auch der künftige Liquidationsanteil des schuldenden Gesellschafters gehört (vgl. Art. 544 Abs. 2 OR). Das Gesellschaftsvermögen kann aber auch dann ein taugliches Haftungsobjekt sein, wenn es sich um eine Privatverbindlichkeit sämtlicher Gesellschafter handelt (z. B. Verbindlichkeit aus der gemeinsamen Anschaffung einer Ferienwohnung)[141].

- Bei den *Personenhandelsgesellschaften* würde nach dem Grundsatz 107
der Korrespondenz von Schuld und Haftung eigentlich nur die als solche verpflichtungsfähige Gesellschaft (vgl. Art. 562, 567, 602 OR) für die unter ihrer Firma begründeten Verbindlichkeiten mit dem Gesellschaftsvermögen haften. Nach Art. 568 OR bzw.

140 Näher Jung, in: Entwicklungen im Gesellschaftsrecht IX, 2014, S. 107 ff.

141 BK-Fellmann/Müller, Art. 542 OR N 274 ff. m. w. N.; CHK-Jung, Art. 544 OR N 4; a. A. BSK OR II-Pestalozzi/Vogt, Art. 544 N 10.

Art. 604 OR haften aber auch die Kollektivgesellschafter und Komplementäre für diese Gesellschaftsschulden direkt, subsidiär, inhaltsgleich, solidarisch und unbeschränkt mit ihren Privatvermögen. Der Kommanditär kann diese Haftung auf die im Handelsregister eingetragene Kommanditsumme beschränken (Art. 605 ff. OR). Anders als bei der einfachen Gesellschaft kann ein Privatgläubiger auch dann nicht auf das insoweit stärker verselbständigte Gesellschaftsvermögen zugreifen, wenn er eine private Forderung gegen alle Gesellschafter haben sollte (vgl. Art. 570 Abs. 1, 572 OR).

8 • Bei den *Körperschaften* ist nur die Gesellschaft als juristische Person Schuldnerin der in ihrem Namen begründeten Verbindlichkeiten. Ein Gesellschaftsgläubiger kann grundsätzlich auch nur auf das Gesellschaftsvermögen zugreifen. Eine Ausnahme hiervon bildet jedoch bereits die direkte, subsidiäre, inhaltsgleiche, solidarische und unbeschränkte Haftung der Verwaltungsmitglieder einer KmAG (Art. 764 Abs. 1 i. V. m. 568 Abs. 3 OR). Zum anderen können die Statuten einer Genossenschaft (Art. 869 f. OR) und eines Vereins (Art. 75a S. 2 ZGB) eine subsidiäre persönliche Haftung der Mitglieder vorsehen. Schliesslich kann es noch unter den engen Voraussetzungen des Haftungsdurchgriffs zu einer persönlichen Haftung der (verantwortlichen) Gesellschafter kommen (dazu N 24). Andererseits kann ein Privatgläubiger einzelner oder aller Gesellschafter grundsätzlich nicht das Gesellschaftsvermögen in Anspruch nehmen. Etwas anderes gilt nur unter den strengen Voraussetzungen eines sog. umgekehrten Haftungsdurchgriffs vom Mitglied auf die Körperschaft und das ihr zugeordnete Vermögen (N 25)[142].

09 Sofern ein Gläubiger auf fremdes Vermögen zugreifen möchte, sind daher immer folgende Fragen zu klären: Prüfungsschema

1. Besteht überhaupt eine Forderung des Gläubigers (Forderung entstanden, fortbestehend und durchsetzbar)?
2. Besteht die Forderung gegenüber der Person, der das Zielvermögen zugeordnet ist, oder haftet diese ausnahmsweise wegen eines besonderen Haftungsgrundes (z. B. Haftung nach Art. 568 bzw. 569 OR mit den drei Voraussetzungen eines wirksamen Kollektivgesellschaftsvertrags, der Gesellschafterstellung des mit seinem Vermö-

142 Dazu etwa BGE 102 III 165, 169 f.; BGE 105 III 107, 112; BGer 5A_498/2007 E. 2 bis E. 5; BGer 5A_587/2007 E. 2 bis E. 6.

gen Haftenden im Zeitpunkt der Forderungsentstehung bzw. der Geltendmachung, Belangbarkeit)?

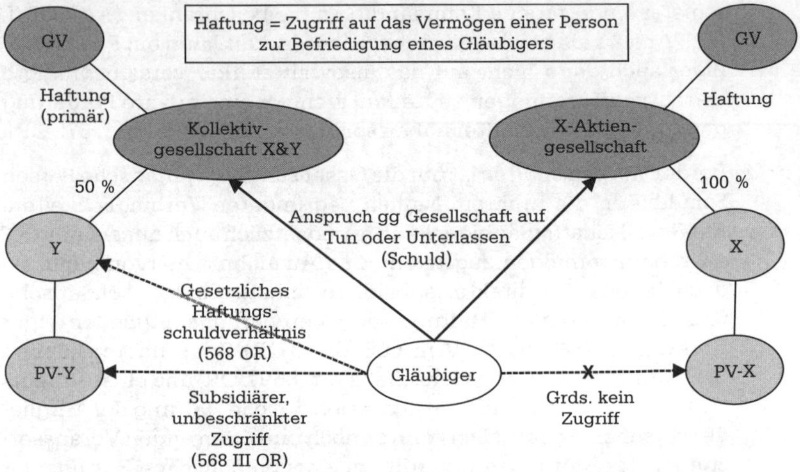

GV = Gesellschaftsvermögen; PV = Privatvermögen

Abb. 10: Haftung für Gesellschaftsschulden

2. Herrschaft und Haftung

Korrespondenz als rechtspolitische Forderung

Der im Gesellschaftsrecht umstrittene Grundsatz der Korrespondenz von 110
Herrschaft und Haftung enthält in erster Linie die (rechtspolitische) Forderung nach einer persönlichen und unbeschränkten Haftung sämtlicher unternehmerisch engagierter Gesellschafter. Dieser Maxime wird das geltende Recht jedoch nur teilweise gerecht (Art. 544 Abs. 3, 568 Abs. 1, 604, 764 Abs. 1 OR). Insbesondere von Vertretern des *Ordoliberalismus* werden daher die geltenden Haftungsbeschränkungsnormen (Art. 620 Abs. 2, 772 Abs. 1 S. 3 OR) de lege ferenda insbesondere für Allein- und Mehrheitsgesellschafter in Frage gestellt[143].

....

143 Siehe etwa EUCKEN, Wirtschaftspolitik[6], 1990, S. 279 ff. und MÜLLER-ERZBACH, Das private Recht der Mitgliedschaft, 1948, S. 114 ff.

....

F. Vergleich zwischen Personengesellschaften und Körperschaften

1 Die folgende Tabelle enthält die *typischen Unterschiede* zwischen Personengesellschaften und Körperschaften, wobei sich weder die zehn gesetzlichen Gesellschaftsformen (dazu § 1 N 29) noch gar die unzähligen Realformen einer Gesellschaft genau in ein solches Schema pressen lassen: Übersicht

	Personengesellschaften	**Körperschaften**
Formen	Einfache Gesellschaft, KlG, KmG, KmGK	Verein, AG, KmAG, GmbH, Gen, SICAV
Rechtspersönlichkeit/ Rechtsfähigkeit	Keine eigene Rechtspersönlichkeit, aber Rechts- und Parteifähigkeit von KlG und KmG im Aussenverhältnis nach Art. 562, 567, 602 OR	Eigene Rechtspersönlichkeit und daher auch Rechtsfähigkeit und Parteifähigkeit
Anzahl der Gesellschafter	Mindestens zwei Gesellschafter und i. d. R. wenige Gesellschafter	Häufig zahlreiche Gesellschafter/ Mitglieder; teilweise aber auch Möglichkeit der Einpersonengesellschaft
Beziehungen zw. den Gesellschaftern	Persönliche Beziehung; intensive Treuepflichten; Haftungsmassstab der diligentia quam in suis	Zumeist fehlende persönliche Beziehungen; teilweise Ablehnung von Treuepflichten; allgemeiner Haftungsmassstab
Beziehungen zwischen der Gesellschaft und den Gesellschaftern	Mangels eigener Rechtspersönlichkeit ist die Gesellschaft mit der Gesamtheit der Gesellschafter identisch und insoweit nicht verselbständigt (Transparenzprinzip); grundsätzlich Abhängigkeit der Existenz der Gesellschaft von jedem Mitglied (vgl. Art. 545 Abs. 1 Ziff. 2 OR)	Aufgrund ihrer eigenen Rechtspersönlichkeit ist die Körperschaft von ihren Gesellschaftern/Mitgliedern unabhängig (Trennungsprinzip); Möglichkeit des Eintritts und (grds.) Austritts sowie des Mitgliederwechsels
Beteiligungsart	Regelmässig persönliche und unternehmerische Beteiligung	Regelmässig kapitalistische Beteiligung

	Personengesellschaften	Körperschaften
Rechtliche Zuordnung des Gesellschaftsvermögens	Gemeinschaftliche Zuordnung zu den Gesellschaftern (i. d. R. als Gesamthandsvermögen)	Alleinige Zuordnung zur Gesellschaft als juristischer Person
Vertragliche Grundlage	Individuell ausgehandelter Vertrag mit stark schuldvertraglichem Charakter; weitreichende Gestaltungsfreiheit	Statuten mit stark organisatorischem Charakter; vergleichsweise eingeschränkte Gestaltungsfreiheit
Beschlussfassung	Einstimmigkeitsprinzip	Mehrheitsprinzip; bei den Kapitalgesellschaften mit einer der Kapitalbeteiligung grds. entsprechenden Stimmkraft
Geschäftsführung	Grundsatz der Selbstorganschaft	Grundsatz der Drittorganschaft
Haftungsordnung	Persönliche Haftung der Gesellschafter, welche entweder primär oder subsidiär sowie grds. direkt, inhaltsgleich, solidarisch und unbeschränkt ausgestaltet ist	Grundsätzlich ausschliessliche Haftung der Körperschaft; ausnahmsweise subsidiäre Gesellschafterhaftung (z. B. Haftungsdurchgriff, Art. 764 Abs. 1 OR)
Gesellschafterwechsel	Wechsel als Vertragsänderung eingeschränkt	Grds. freie Übertragbarkeit der Gesellschafterstellung/Mitgliedschaft

G. Vertiefungsfragen

1. Welche Tragweite haben das Gleichstellungs- und Trennungsprinzip im Körperschaftsrecht?
2. Welche Stadien kann man bei der Entstehung und beim Untergang von Körperschaften unterscheiden, und welche Ereignisse sorgen jeweils für den Übergang von einem zum nächsten Stadium?
3. Welche Elemente bilden den Kern der Gesamthandslehre im Personengesellschaftsrecht?
4. Welchen Stellenwert hat die Vertragsfreiheit im Gesellschaftsrecht?

5. Was versteht man unter der Nationalität einer Gesellschaft? Wie kann diese bestimmt werden?
6. Gibt es Grundsätze, die der Stellung als Gesellschafter gemein sind?
7. Was sind wohlerworbene Rechte eines Gesellschafters? Nennen Sie Beispiele!
8. Was bedeuten die Grundsätze des Gleichlaufs von Schuld und Haftung bzw. von Herrschaft und Haftung?

§ 3 Die verschiedenen Gesellschaftsarten

A. Einstieg

Lernziele

- Sie kennen den Numerus clausus der Gesellschaftsformen des schweizerischen Rechts sowie den Unterschied zwischen Gesellschaftsform und Gesellschaftstypus;
- Sie kennen die Grenzen der Vertragsfreiheit im Gesellschaftsrecht (Formenzwang und Formenfixierung) und deren Gründe;
- Sie kennen und verstehen die unterschiedlichen Möglichkeiten der Klassifizierung von Gesellschaften und sind in der Lage, konkrete Zuordnungen vorzunehmen;
- Sie sind in der Lage, in einem konkreten Fall anhand der wichtigsten Gesichtspunkte einen Rat für die Wahl einer geeigneten Gesellschaftsform und deren Ausgestaltung zu erteilen.

Gesetzliche Grundlagen

- Art. 530–963b OR
- Art. 52–79 und Art. 646–654a ZGB

Literaturhinweise

BEELER, ADOLF: AG, GmbH oder Einzelfirma?: aktueller Ratgeber für den Unternehmer zur Wahl der richtigen Rechtsform, 5. Aufl., Muri 2017

DRUEY, JEAN NICOLAS/DRUEY JUST, EVA/GLANZMANN, LUKAS, Handels- und Gesellschaftsrecht, 11. Aufl., Zürich 2015, § 2

FORSTMOSER, PETER, Abschied vom Numerus clausus im Gesellschaftsrecht?, in: Waldburger, Robert et al. (Hrsg.), Wirtschaftsrecht zu Beginn des 21. Jahrhunderts, Festschrift für Peter Nobel zum 60. Geburtstag, Bern 2005, S. 77 ff.

GUTZWILLER, MAX, Zum Problem der Freiheit bei der Wahl der Verbandsperson, ZSR 84 (1965) I, 223 ff.

JUNG, PETER, Neue Gestaltungsmöglichkeiten im Recht der personenbezogenen Gesellschaften, in: Kunz, Peter V./Arter, Oliver/Jörg, Florian (Hrsg.), Entwicklungen im Gesellschaftsrecht IV, Bern 2009, S. 19 ff.

MEIER-HAYOZ, ARTHUR/SCHLUEP, WALTER R./OTT, WALTER, Zur Typologie im schweizerischen Gesellschaftsrecht, ZSR 90 (1971) I, 293 ff.

MEIER-HAYOZ, ARTHUR/FORSTMOSER, PETER, Schweizerisches Gesellschaftsrecht, 11. Aufl., Bern 2012 (§§ 1–4 und 11)

VON DER CRONE, HANS CASPAR, Auf dem Weg zu einem Recht der Publikumsgesellschaften, ZBJV 133 (1997), 73 ff.

B. Einführungsfall

Anna Gabler hat immer mehr Freude an ihrem Hobby, so dass sie mit ihren fünf Mitstreitern weitere Filmprojekte in Angriff nehmen möchte. Weniger gefällt ihr jedoch das bisherige Rechtskleid der einfachen Gesellschaft. Sie will sich auf ihre filmischen Arbeiten konzentrieren und ihren Vertragspartnern nicht ständig erklären müssen, dass man zur Verwirklichung von Filmprojekten eine Gesellschaft gegründet habe, die diesen gegenüber als solche gar nicht existiere. Im Gegensatz zu ihrem Mann, der beruflich eine strenge Zeit durchmacht, ist Anna bereit und gewillt, sich um alle organisatorischen Fragen zu kümmern. 1

Aufgaben 2

1. Mit welchen auch ansonsten passenden Gesellschaftsformen könnte Anna Gabler zumindest ihre eigene persönliche und unbeschränkte Haftung vermeiden?

2. Mit welcher auch ansonsten passenden Gesellschaftsform könnte sie eine Eintragung im Handelsregister vermeiden?
3. Was muss Anna bei den nach Frage 1 und 2 in Betracht kommenden Gesellschaftsformen jeweils beachten bzw. vorsehen, wenn sie mit Wirkung für und gegen die Gesellschaft Rechtsgeschäfte tätigen möchte?
4. Bei welchen Gesellschaftsformen kann Anna ihren Mann nach welchen Vorschriften zur (gesellschaftsbezogenen) Treue verpflichten und bei welchen nicht?
5. Bei welchen Gesellschaftsformen könnten vergleichsweise leicht weitere Filmenthusiasten als Gesellschafter aufgenommen werden?
6. Mit der Wahl welcher Gesellschaftsformen könnte verhindert werden, dass durch Erbgang Personen Gesellschafter werden, die Anna nicht genehm sind?

C. Gesellschaftsformen und Gesellschaftstypen

I. Numerus clausus der Gesellschaftsformen

Abschliessend definierte Gesellschaftsformen

3 Das eidgenössische Gesellschaftsrecht kennt *zehn eigenständige Gesellschaftsformen* (dazu bereits § 1 N 29): die einfache Gesellschaft (Art. 530–551 OR), die Kollektivgesellschaft (KlG, Art. 552–593 OR), die Kommanditgesellschaft (KmG, Art. 594–619 OR), die Aktiengesellschaft (AG, Art. 620–763 OR), die Kommanditaktiengesellschaft (KmAG, Art. 764–771 OR), die Gesellschaft mit beschränkter Haftung (GmbH, Art. 772–827 OR), die Genossenschaft (Gen, Art. 828–926 OR), den Verein (Art. 60–79 ZGB), die Investmentgesellschaft mit variablem Kapital (SICAV, Art. 36–52 KAG) und die Kommanditgesellschaft für kollektive Kapitalanlagen (KmGK, Art. 98–109 KAG). Ferner können nach kantonalem Recht weitere Rechtsformen wählbar sein (vgl. Art. 59 Abs. 3 ZGB). Die genannten Gesellschaftsformen werden vom Gesetz jeweils durch bestimmte Merkmale *begrifflich umschrieben*.

Beispiele: Die KlG wird durch Art. 552 Abs. 1 OR als eine Gesellschaft definiert, «in der zwei oder mehrere natürliche Personen, ohne Beschränkung ihrer Haftung gegenüber den Gesellschaftsgläubigern, sich zum Zwecke vereinigen, unter einer gemeinsamen Firma ein Handels-, ein Fabrikations- oder ein anderes nach kaufmännischer Art geführtes Gewerbe zu betreiben». Art. 620 OR umschreibt die Aktiengesellschaft etwas weniger vollkommen als eine körperschaftlich strukturierte Gesellschaft mit Rechtspersönlichkeit, die mit einem festen und in Aktien bzw. Partizipationsscheine zerlegten Grundkapital ausgestattet ist, für deren Verbindlichkeiten ausschliesslich das Gesellschaftsvermögen haftet und die als Handelsgesellschaft kraft Rechtsform zur Eintragung ihrer Firma in das Handelsregister verpflichtet ist.

Sind die begrifflichen Merkmale keiner anderen Gesellschaftsform erfüllt, handelt es sich bei einem Vertrag, der die Merkmale von Art. 530 Abs. 1 OR (Personenvereinigung, privatrechtliche Natur des Vertrags, gemeinsamer Zweck; dazu § 1 N 3 ff.) aufweist, nach Art. 530 Abs. 2 OR um eine einfache Gesellschaft[1].

Zahlenmässige Beschränkung der Formenwahl

4 Die Gesellschafter haben bei der Gründung einer Gesellschaft nur die Wahl zwischen den zehn vom Gesetz zur Verfügung gestellten Rechtsformen *(Numerus clausus)*. Diese Rechtsformen stehen prinzipiell auch bei einer späteren Änderung der Rechtsform zur Verfügung, wobei die identitätswahrende Änderung der Rechtsform ohne Auflösung und Neugründung (sog. Umwandlung) nach Art. 53 ff. FusG allerdings nur nochmals eingeschränkt möglich ist[2]. Anders als sonst im Obligationenrecht können die Gesellschafter kraft ihrer Vertrags- und Vereinigungsfreiheit keine neuen Gesellschaftsformen schaffen oder bestehende Gesellschaftsformen mischen bzw. kombinieren. Grundsätzlich möglich ist lediglich die Beteiligung einer mitgliedschaftsfähigen Gesellschaft an einer Gesellschaft anderer Rechtsform (näher und zu Einschränkungen § 1 N 4), was zwar zu einem Zusammenspiel des Rechts der Gesellschaftergesellschaft und der Zielgesellschaft der Beteiligung führt, jedoch nichts daran ändert, dass die Zielgesellschaft als solche einzig dem Recht ihrer Gesellschaftsform untersteht und umgekehrt.

Grundsätzliche Freiheit der Formenwahl

5 In ihrer Wahl zwischen den vom Gesetz auf Bundesebene und in den Kantonen zur Verfügung gestellten Rechtsformen sind die Gesellschafter grundsätzlich frei. Für bestimmte bewilligungspflichtige Tätigkeiten sind jedoch besondere Rechtsformen vorgeschrieben. Das gilt etwa für die Tätigkeit als Versicherung bzw. Pfandbriefzentrale (Art. 7 VAG bzw. Art. 2

1 Zur Funktion der einfachen Gesellschaft als «eine Art Auffangbecken im Gesellschaftsrecht» MEIER-HAYOZ/FORSTMOSER, § 12 N 34.

2 So kann sich etwa eine Kapitalgesellschaft nach Art. 54 Abs. 1 FusG nur in eine Kapitalgesellschaft anderer Rechtsform oder eine Genossenschaft umwandeln.

Abs. 2 PfG: Aktiengesellschaft oder Genossenschaft), Privatbank (Art. 1 Abs. 1 BankG: Einzelunternehmen, Personenhandelsgesellschaft)[3], Fondsleitung von kollektiven Kapitalanlagen (Art. 28 Abs. 1 KAG: Aktiengesellschaft mit Sitz und Hauptverwaltung in der Schweiz) oder für die Komplementärstellung in einer KmGK (Art. 98 Abs. 2 S. 1 KAG: Aktiengesellschaft mit Sitz in der Schweiz).

6 Die Gesellschafter können die von ihnen gewählte Gesellschaftsform zudem grundsätzlich frei ausgestalten. So gibt es im *Personengesellschaftsrecht* nur wenige zwingende Normen (auch sog. Formenfixierung), die vor allem das Verhältnis der Gesellschaft zu Dritten und mehr die dem handelsrechtlichen Verkehrsschutz verpflichteten Personenhandelsgesellschaften als die einfache Gesellschaft betreffen (z. B. Art. 541, 552 Abs. 1, 564, 568, 603 OR). Die Personengesellschafter können daher insbesondere das Innenverhältnis sehr weitgehend ihren spezifischen Bedürfnissen anpassen (vgl. z. B. Art. 533 Abs. 1, 535, 557 Abs. 1 OR). Die Regelungen des *Körperschaftsrechts* sind zwar ebenfalls grundsätzlich dispositiv, doch führen dort diverse Schutzanliegen (Verkehrs-, Gläubiger- und Minderheitenschutz) zu einer mehr (Aktiengesellschaft[4]) oder weniger (Idealverein[5], GmbH[6]) starken Formenfixierung. So haben bereits die Statuten einer Körperschaft einen bestimmten notwendigen bzw. bedingt notwendigen Inhalt aufzuweisen (z. B. Art. 60 Abs. 2 ZGB, Art. 626 f., 776a, 832 f. OR). Weitgehend zwingend sind nicht allein die Regelungen zur Vertretungsmacht (z. B. Art. 718a OR; Ausnahme: Art. 69 ZGB), sondern auch die Eckpfeiler der internen Organisationsstruktur (z. B. Art. 698 Abs. 2, 716a Abs. 1 OR) sowie die Regelungen zum Minderheitenschutz (z. B. Art. 699 Abs. 3, 704, 736 Ziff. 4 OR) und zum Kapitalschutz bei den Kapitalgesellschaften (z. B. Art. 628 ff., 706b Ziff. 3, 680 Abs. 2, 732 ff. OR).

Grundsätzliche Ausgestaltungsfreiheit

7 Selbst zwingende Gesetzesvorschriften müssen den Spielraum der Gesellschafter nicht in jeder Hinsicht einengen. So setzen manche Normen nur einen zwingenden Mindeststandard, so dass von ihnen «nach oben» abgewichen werden kann (sog. halb- oder einseitig zwingende Normen; z. B. Art. 704 Abs. 1, 2 OR). Teilweise werden zwingende Normen auch als blosse Ordnungsvorschriften betrachtet, um die im Falle einer Missachtung

Begrenzte Reichweite zwingenden Rechts

3 Das geplante Finanzinstitutsgesetz soll nach Art. 43 E-FINIG für Banken und Sparkassen mit Sitz in der Schweiz die Rechtsformen der AG, KmAG, GmbH und Gen sowie für Privatbankiers die Rechtsformen der KlG und KmG vorsehen.

4 BK-Riemer, Vor 52 ZGB N 14, 83; vgl. dazu aber auch noch das sehr viel strengere deutsche Aktienrecht, dessen Regelungen grundsätzlich zwingend und abschliessend sind (vgl. § 23 Abs. 5 AktG; sog. Grundsatz der Satzungsstrenge).

5 BGE 51 II 237, 241; BK-Riemer, Vor 52 ZGB N 14; Meier-Hayoz/Forstmoser, § 20 N 5.

6 Siehe zu den spezifischen Gestaltungsspielräumen des GmbH-Rechts von 2008 Jung, in: Entwicklungen im Gesellschaftsrecht IV, 2009, S. 24 ff.

ansonsten eintretende Unwirksamkeit abzuwenden[7]. Andere zwingende Normen stehen nur den ihnen unmittelbar widersprechenden, nicht aber ergänzenden Regelungen entgegen (z. B. Art. 656c Abs. 3 OR).

Ausnahmsweise Genehmigungsbedürftigkeit

8 Bei bestimmten beaufsichtigten (Bankgesellschaften, SICAV und SICAF), sondergesetzlichen (z. B. Swissgrid) und gemischtwirtschaftlichen (z. B. Skyguide) Gesellschaften bedürfen wesentliche (ggf. gar sämtliche) gesellschaftsvertragliche bzw. statutarische Regelungen noch der Genehmigung der zuständigen Aufsichtsinstanz (z. B. Art. 3 Abs. 3 BankG, Art. 15 Abs. 1 lit. b und lit. d KAG, Art. 19 StromVG, Art. 40a Abs. 2 lit. d LFG).

Rechtfertigung der Beschränkungen

9 Mit den Beschränkungen der Wahlfreiheit (Numerus clausus bzw. Formenzwang) und der Ausgestaltungsfreiheit (Formenfixierung) soll wie etwa auch im Sachenrecht der Verkehrsschutz gewährleistet werden: Dritte sollen sich im Rechtsverkehr als Vertragspartner und Gläubiger darauf verlassen können, dass die Gesellschaften, mit denen sie in Rechtsbeziehungen treten, bestimmte zwingend festgelegte Eigenschaften (z. B. Rechts- und Parteifähigkeit, Vertretungs- und Haftungsordnung) aufweisen. Darüber hinaus dienen die Einschränkungen der Vertragsfreiheit auch den später einer Gesellschaft beitretenden Gesellschaftern, weil sie besser erkennen können, was sie bei ihrem gesellschaftsrechtlichen Engagement insbesondere im Hinblick auf die Einflussmöglichkeiten und eine allfällige unbeschränkte Haftung mit dem Privatvermögen erwartet. Im Rahmen des zwingenden Rechts können die Gesellschafter schliesslich auf den Fortbestand ihrer in der Gesellschaft erlangten Rechtsstellung vertrauen, weil ihnen die betreffenden Rechte auch durch einen Mehrheitsbeschluss entweder gar nicht oder nur unter den zwingend festgelegten Voraussetzungen (z. B. qualifizierte Mehrheit, wichtiger Grund) entzogen werden können.

II. Vielfalt der Gesellschaftstypen

Ideal- und Realtypen

10 Da die gesetzlich definierten Gesellschaftsformen von den Gesellschaftern jeweils ganz unterschiedlich ausgestaltet werden können (dazu N 6 f.), weisen sie eine grosse Bandbreite ihrer tatsächlichen Erscheinungsformen auf. Diese werden in aller Regel nicht begrifflich durch abschliessende und zwingende Tatbestandsmerkmale definiert (Ausnahme z. B. Art. 671 Abs. 4 OR), sondern typologisch durch einen offenen Katalog von mehr oder weniger stark ausgeprägten Wesensmerkmalen umschrie-

[7] Das gilt etwa für die Grenzen des Erwerbs eigener Aktien (vgl. Art. 659 OR) oder die Firmengebrauchspflicht (vgl. Art. 954a OR).

ben, weshalb sie auch als Typen bezeichnet werden[8]. So gibt es neben einer zumeist der gesetzlichen Regelung zugrundeliegenden Modellvorstellung einer Gesellschaftsform (sog. Idealtypus) diverse andere hiervon mehr oder weniger abweichende Erscheinungsformen (sog. Realtypen).

Beispiel: Die Aktiengesellschaft wird in Abgrenzung zu den anderen Gesellschaftsformen sowie aufgrund einer historischen und rechtsvergleichenden Betrachtung idealtypisch durch die Erscheinungsform des auf Gewinnerzielung ausgerichteten Trägers eines grösseren Unternehmens verkörpert, der als Kapitalsammelstelle fungiert und dem eine grössere Zahl von wechselnden und untereinander nicht, kaum oder nur zum Teil verbundenen Gesellschaftern[9] angehört[10]. Von dem in Art. 620 OR definierten Begriff der Aktiengesellschaft sind aber so ganz unterschiedliche Realtypen wie etwa die Einpersonen-Aktiengesellschaft, die geschlossene Familienaktiengesellschaft, die Publikumsaktiengesellschaft mit börsenkotierten Beteiligungspapieren, die konzernverbundene Aktiengesellschaft, die Aktiengesellschaft mit nicht wirtschaftlichem Zweck oder die Investmentgesellschaft mit festem Kapital erfasst. So ist es auch seit längerem das erklärte Ziel des Gesetzgebers, möglichst all diesen Erscheinungsformen im prinzipiell einheitlichen Aktienrecht durch dispositive Normen (z. B. Art. 704 Abs. 2 OR), Gestaltungsoptionen (z. B. Art. 716b OR) und spezifisch zugeschnittene Normen (ausdrücklich z. B. Art. 671 Abs. 4 OR; faktisch z. B. Art. 701 OR) gerecht zu werden[11]. Lediglich die Kommanditaktiengesellschaft (Art. 764–771 OR) und die Investmentgesellschaft mit variablem Kapital (Art. 36–52 KAG) wurden vom Gesetzgeber als eigenständige Gesellschaftsformen ausgestaltet. Insofern ist auch umstritten, ob den aktienrechtlichen Regelungen (Art. 620 ff. OR) überhaupt ein einheitlicher Idealtypus zugrunde liegt bzw. de lege ferenda zugrunde liegen sollte[12].

Bedeutung eines gesetzgeberischen Leitbilds für die Rechtsanwendung

11 **Die typologische Umschreibung eines bestimmten gesetzgeberischen Leitbilds gewinnt dann eine praktische Bedeutung, wenn man diesem eine prägende Rolle bei der Auslegung und Anwendung des betreffenden Gesellschaftsrechts beimisst. Im Ergebnis werden die aktienrechtlichen Normen bei einer solchen Betrachtung zunächst (insbesondere in ihrem Kernbereich) eher als zwingend und seltener als dispositiv angesehen[13], obwohl sich die ausnahmsweise Qualifikation einer gesellschaftsrechtlichen Norm als zwingend vorrangig anhand des Normzwecks und namentlich aufgrund von Schutzüberlegungen und weniger aus der Orientierung einer Norm am Idealtypus ergibt. Ausserdem kann eine Analogie zu Vorschriften des Rechts anderer Gesellschaftsformen dann eher mit**

8 Zum typologischen Denken im Gesellschaftsrecht näher A. Koller, Grundfragen, S. 15 ff.

9 Zum Idealtypus des Aktionärs siehe zudem Bär, ZBJV 1959, 379, 381 ff.

10 Näher ZK-Jung, Vor Art. 620 OR N 112.

11 Botschaft 1983, BBl 1983 II, 745, 787, 799, 823 f., 827 und 924; krit. Weiss, Zum schweizerischen Aktienrecht, 1956/1968, N 263.

12 Dazu näher ZK-Jung, Vor Art. 620 OR N 113 ff.

13 Vgl. dazu etwa die in BGE 95 II 555, 559 f. referierten Ansichten.

dem Argument abgelehnt werden, dass die atypische Ausgestaltung als solche keine planwidrige Regelungslücke im Gesetz aufdeckt. Schliesslich wird die Berücksichtigung von «wesensfremden» Elementen selbst dann tendenziell abgelehnt, wenn dies der noch mögliche Wortsinn einer ggf. unbestimmt bzw. generalklauselartig gefassten rechtsformspezifischen Norm durchaus hergäbe. Wer das Rechtskleid einer bestimmten Gesellschaftsform frei gewählt habe, müsse das Spiel dieser Rechtsform auch dann spielen und die entsprechenden Konsequenzen hinnehmen, wenn sich dieses Recht für eine atypische Erscheinungsform im Einzelfall als ungeeignet erweise[14].

Beispiel (nach BGE 95 II 555): Das Bundesgericht hatte darüber zu entscheiden, ob die Statuten einer Aktiengesellschaft dem Vorsitzenden der Generalversammlung das Recht zum Stichentscheid einräumen können. Die Vorinstanz hatte sich in Übereinstimmung mit einem Teil der Lehre[15] für die Unwirksamkeit einer derartigen Klausel ausgesprochen, da sie dem «Wesen der Aktiengesellschaft als Kapitalgesellschaft» widerspreche und in der paritätischen Zweipersonen-AG eine Missbrauchsgefahr gegeben sei. In einer Aktiengesellschaft beruhe das Stimmrecht nämlich auf der Kapitalbeteiligung, so dass weder Raum für ein Stimmrecht nach Köpfen noch für eine von der Kapitalbeteiligung unabhängige persönliche Stimme des Vorsitzenden bestehe. Das Bundesgericht wies diese Ansicht, die auf der Vorstellung beruhe, der Gesetzgeber habe bei der Regelung des Aktienrechts die sogenannte Publikums-Aktiengesellschaft als Leitbild im Auge gehabt, mit der Begründung zurück, dass angesichts zahlreicher auf die personalistische Aktiengesellschaft gemünzter Regelungen nicht von einem solchen einheitlichen Leitbild des Gesetzgebers ausgegangen werden könne[16].

D. Klassifizierung der Gesellschaftsformen

Begriffliche und typologische Unterscheidungen

Die Rechts- und Erscheinungsformen von Gesellschaften können anhand verschiedener Kriterien klassifiziert werden. Dabei werden die Differenzierungskriterien entweder begrifflich genau definiert (z. B. Vorhanden- 12

[14] So pointiert für das Aktienrecht Jäggi, SAG 31 (1958/59), 57, 67, 70; BGE 91 II 298, 305 f. (Ablehnung eines Konkurrenzverbots in der geschlossenen AG); Weiss, Zum schweizerischen Aktienrecht, 1956/1968, N 263; krit. von Greyerz, SPR VIII/2, S. 37 f.

[15] Frei, SAG 1950/51, 230 f.; ZK-Bürgi, Art. 698 OR N 24 f. und Art. 703 OR N 2.

[16] In der Begründung abweichend Wolf, SJZ 1965, 201, 205; im Grundsatz bestätigt durch BGE 143 III 120, aber mit einer Ausnahme für die Beschlussgegenstände nach Art. 693 Abs. 3 OR bei ausstehenden Stimmrechtsaktien.

sein oder Fehlen eigener Rechtspersönlichkeit, Anzahl der Gesellschafter) oder nur typologisch durch ein Bündel von teilweise verzichtbaren sowie mehr oder weniger stark ausgeprägten typischen Merkmalen umschrieben (z. B. Personenbezogenheit, Geschlossenheit des Gesellschafterkreises)[17]. Die Klassifizierungen sind kein Selbstzweck. Sie haben Bedeutung für die Rechtsanwendung (Gleichbehandlungs- und Differenzierungsgebot, Lückenfüllung durch Analogie) und dienen zur Orientierung bei der Wahl einer geeigneten Gesellschaftsform (dazu N 30).

Beispiel: Die bisherige Einzelunternehmerin Eigner erwägt zur Regelung ihrer Nachfolge die Gründung einer Gesellschaft. Durch die Wahl einer geeigneten Rechtsform sollen die einfache Übertragung der Anteile im Zuge des Erbgangs, die Option auf zusätzliches Kapital zur Finanzierung einer angedachten Expansion des Unternehmens und der Fortbestand des Einflusses der derzeit fünfköpfigen Familie auf die Geschicke des Unternehmens gewährleistet werden. Hier haben Eigner und ihre Berater (etwas vereinfacht) folgende Überlegungen anzustellen: Die Übertragung der Anteile im Erbgang ist vor allem bei einer Kapitalgesellschaft, die Eigner auch allein gründen könnte (vgl. N 24), einfach möglich, da die Universalsukzession in die Gesellschaftsanteile ohne weiteres nach Art. 560 Abs. 1 ZGB und die Aufteilung der ein entsprechendes Gewicht in der Gesellschaft vermittelnden Anteile anhand der vorgesehenen Erbquoten erfolgen können (vgl. N 17). Bei erheblichem künftigem Kapitalbedarf bietet sich die Rechtsform der Aktiengesellschaft an, weil diese Gesellschaftsform mit ihrer starken Kapitalbezogenheit (vgl. N 17) und der Option zur Börsenkotierung ihrer Beteiligungspapiere (vgl. N 27 ff.) am besten zur Sammlung von Kapital geeignet ist[18]. Der Einfluss bzw. die Privilegierung der Familie lässt sich in einer kapitalbezogenen Aktiengesellschaft freilich nicht ohne weiteres sicherstellen (vgl. N 17)[19]. Hierzu eignen sich die Personenhandelsgesellschaften – die Gründung einer einfachen Gesellschaft scheidet wegen des Betriebs eines kaufmännischen Gewerbes aus – und die GmbH besser als die Aktiengesellschaft. Die Schaffung einer KmAG könnte wegen des möglichen einfachen Zugangs zum Kapitalmarkt und dem besonderen Einfluss der Verwaltungsmitglieder insoweit zwar ebenfalls interessant sein, diese Rechtsform wäre jedoch mit einer persönlichen Haftung der Familienmitglieder als Komplementären und angesichts der Mischnatur und geringen Verbreitung dieser Gesellschaftsform mit Rechtsunsicherheiten verbunden. Sollte sich Eigner für die Gründung einer Einpersonen-AG entscheiden, würde sich nach dem Erbgang noch die Frage stellen, ob die aus vier Gesellschaftern bestehende Familien-AG wegen ihrer personenbezogenen und geschlossenen Natur nicht doch noch entgegen der h. M. einzelnen Regelungen des

---

[17] Zur Unterscheidung zwischen begrifflichen und typologischen Klassifizierungen siehe nur LARENZ, Methodenlehre[6], 1991, S. 215 ff. und 461 ff.

[18] Näher ZK-JUNG, Art. 620 OR N 290 ff.

[19] Vgl. zu etwa bestehenden Möglichkeiten die Botschaft 1983, BBl 1983 II, 745, 787 (Stimmrechtsaktien), 799 (Partizipationsscheine) und 823 f. (Vinkulierung); zur Revisionsdiskussion CHENAUX, SZW 2015, 517 ff.

GmbH-Rechts in analoger Anwendung zu unterwerfen wäre (z. B. Konkurrenzverbot der Gesellschafter nach Art. 803 Abs. 2 OR[20]).

I. Rechtsgemeinschaften und Körperschaften

Unterscheidung nach dem Grad der Verselbständigung

Die grundlegende begriffliche Unterscheidung zwischen den mit Rechts- 1
persönlichkeit ausgestatteten und auf eine grössere Zahl wechselnder Mitglieder angelegten Körperschaften einerseits und den personalistisch strukturierten Rechtsgemeinschaften ohne eigene Rechtspersönlichkeit andererseits wurde bereits näher vorgestellt (§ 2 N 5 ff.). Das massgebliche Differenzierungskriterium sind insoweit Art und Umfang der Verselbständigung der Gesellschaft gegenüber ihren Gesellschaftern. Zu den Körperschaften gehören der Verein, die AG (einschliesslich SICAF), die KmAG, die GmbH, die Gen und die SICAV. Den Rechtsgemeinschaften sind die einfache Gesellschaft, die KlG, die KmG und die KmGK zuzurechnen, wobei zwischen der vollkommen transparenten und ggf. auch als Bruchteilsgemeinschaft ausgestaltbaren einfachen Gesellschaft und den im Aussenverhältnis rechtsfähigen Personenhandelsgesellschaften noch grosse Unterschiede bestehen (näher § 2 N 32 ff.).

II. Personen- und kapitalbezogene Gesellschaften

Unterscheidung nach dem Wesen der Beteiligung

Nach der Natur der Beteiligung unterscheidet man typologisch zwischen 14
personenbezogenen und kapitalbezogenen Gesellschaften[21]. Während bei den personenbezogenen Gesellschaften (Personengesellschaften, Genossenschaft, Verein) eher das persönliche Engagement der Gesellschafter bzw. deren Persönlichkeit mit ihren Eigenschaften und Fähigkeiten im Vordergrund steht, ist es bei den kapitalbezogenen Gesellschaften (Kapitalgesellschaften: AG, KmAG, GmbH, SICAV) eher der von den Gesellschaftern geleistete finanzielle Beitrag, der die Beteiligung ausmacht.

Reine Personenbezogenheit

Am reinsten wird die personenbezogene Gesellschaft von der *einfachen* 15
Gesellschaft und der vielfach als sog. Mitunternehmergemeinschaft in Erscheinung tretenden *Kollektivgesellschaft* verkörpert. Kennzeichnend sind hier die persönliche und unbeschränkte Haftung aller Gesellschafter

[20] Zur Diskussion um ein auch bei der personalistischen Aktiengesellschaft von der h. M. abgelehntes Konkurrenzverbot siehe ZK-JUNG, Art. 620 OR N 26 ff. und 31 m. w. N. sowie WÜRSCH, Der Aktionär als Konkurrent, 1989.

[21] Siehe nur MEIER-HAYOZ/FORSTMOSER, § 3.

(Art. 544 Abs. 3, 568 OR), das Kopfprinzip (z. B. Art. 533 Abs. 1, 534 Abs. 2 OR), der Grundsatz der Selbstorganschaft (Art. 535, 539, 557 Abs. 2 OR), die grundsätzliche Abhängigkeit der Gesellschaft vom unveränderten Fortbestand des Gesellschafterkreises (Art. 542, 545 Abs. 1 Ziff. 2, 3, 557 Abs. 2, 574 Abs. 1 OR), die Existenz intensiver Treuepflichten (z. B. Art. 536, 561 OR) und der Haftungsmassstab der Sorgfalt in eigenen Angelegenheiten (Art. 538 Abs. 1 OR).

Eingeschränkte Personenbezogenheit

16 Bereits bei der *Kommanditgesellschaft* hält hingegen mit der Sonderstellung des Kommanditärs (grundsätzlicher Ausschluss von der Geschäftsführung, Beschränkung der persönlichen Haftung auf die Kommanditsumme) ein kapitalistisches Element Einzug, das zugleich zu einer geringeren Personenbezogenheit der Beteiligung führt, so dass als Kommanditäre auch juristische Personen in Frage kommen (Art. 594 Abs. 2 OR) und der Tod bzw. die umfassende Verbeiständung des Kommanditärs die Auflösung der KmG nicht zur Folge hat (Art. 619 Abs. 2 S. 2 OR). Die *Genossenschaft* und der *Verein* weisen zwar eine auf den steten Mitgliederwechsel angelegte körperschaftliche Struktur auf (z. B. Art. 70 Abs. 1, 2 ZGB, Art. 828 Abs. 1, 839 ff. OR), doch kann die Neuaufnahme von Mitgliedern an eine Entscheidung der Gesellschafterversammlung bzw. Verwaltung und an materielle Voraussetzungen gebunden sein (Art. 65 Abs. 1 ZGB, Art. 839 Abs. 2, 840 Abs. 3, 849 OR). Die Mitgliedschaft in einem Verein ist zudem weder veräusserlich noch vererblich (Art. 70 Abs. 3 ZGB); diejenige in einer Genossenschaft erlischt mit dem Tod, sofern die Statuten nicht etwas anderes vorsehen (Art. 847 OR). Bei beiden Gesellschaften ist ferner eine Ausschliessung möglich (Art. 72 ZGB, Art. 846 OR). Das Genossenschaftsrecht (Art. 866 OR) und das Vereinsrecht[22] kennen schliesslich eine Treuepflicht sowie die statutarische Option für eine beschränkte oder unbeschränkte persönliche Haftung der Mitglieder (Art. 75a S. 2 ZGB, Art. 868 ff. OR). Der für die Personenbezogenheit eigentlich typische Grundsatz der Selbstorganschaft ist ihnen allerdings wiederum fremd (vgl. Art. 65 Abs. 1 ZGB, Art. 879 Abs. 2 Ziff. 2, 894 f. OR).

Reine Kapitalbezogenheit

17 Die *Aktiengesellschaft* ist die am stärksten kapitalbezogene Gesellschaft[23], da bei ihr die Persönlichkeit der Aktionäre und Partizipanten grundsätzlich hinter ihrer Kapitalbeteiligung, auf welche die Haftung beschränkt ist, zurücktritt[24]. So verhalten sich auch die Vermögensrechte der Gesellschafter (Dividende, Bauzinsen, Benutzungsrechte, Liquidations-

22 BK-Riemer, Art. 70 ZGB N 191 f.

23 Nach Art. 620 Abs. 1 S. 1 E-OR soll die Aktiengesellschaft deshalb künftig auch ausdrücklich als Kapitalgesellschaft bezeichnet werden (vgl. dazu bereits Erläuternder Bericht zur Änderung des Obligationenrechts [Aktienrecht] vom 28. November 2014, S. 67).

24 von Greyerz, SPR VIII/2, 1982, S. 14; BSK OR II-Baudenbacher, Art. 620 N 31.

anteil) und die Zahl der Stimmen grundsätzlich proportional zum Wert der jeweils auf das Nennkapital einbezahlten Beträge (Art. 661 und 745 Abs. 1 OR) bzw. zum Nennwert der jeweiligen Kapitalbeteiligung (Art. 652b Abs. 1, 653c Abs. 1, 692 Abs. 1 OR). Die Ausübung bestimmter Minderheitsrechte ist ebenfalls von einer Mindestbeteiligung am Kapital und nicht von einer Mindestanzahl der Köpfe abhängig (Art. 699 Abs. 3, 697b Abs. 1, 727 Abs. 2, 736 Ziff. 4 OR). Ausnahmen vom Grundsatz der Kapitalproportionalität bilden Vorzugsaktien (Art. 654 ff. OR), Stimmrechtsaktien (Art. 693 mit Einschränkungen durch Art. 693 Abs. 3 und 704 Abs. 1 OR), Höchststimmrechte (Art. 692 Abs. 2 S. 2 OR) und der Bestandsschutz im Sanierungsfall (Art. 692 Abs. 3 OR) sowie der Umstand, dass den Partizipanten trotz einer Beteiligung am Nennkapital überhaupt keine Stimmrechte zustehen (Art. 656a Abs. 1, 656c Abs. 1 OR). Ausserdem sind die Pflichten der Gesellschafter einer Aktiengesellschaft rein kapitalbezogen ausgestaltet, da sie nach Art. 620 Abs. 2 und 680 Abs. 1 OR nur die von ihnen gezeichneten Aktien bzw. Partizipationsscheine zu liberieren haben, dies aber nur in Form von Einlagen (§ 2 N 87 f.) und nicht auch durch sonstige Beitragsleistungen (§ 2 N 89 ff.) tun können. Der Aktionär kann – von Sonderfällen abgesehen[25] – nur dann seines Anteils verlustig gehen, wenn er diese kapitalbezogene Leistungspflicht trotz dreimaliger Aufforderung innerhalb der ihm gesetzten Nachfrist nicht erfüllt (Art. 681 f. OR). Insbesondere auch zur Geschäftsführung besteht weder ein Recht noch eine Pflicht (Grundsatz der sog. Drittorganschaft). Vor allem anhand der finanziellen Interessen der Parteien beurteilt sich auch, ob ein wichtiger Grund zur Auflösung der Aktiengesellschaft nach Art. 736 Ziff. 4 OR besteht[26]. Nur bei der Aktiengesellschaft mit einem kleinen Aktionärskreis kann das personalistische Element zumindest rein tatsächlich in den Vordergrund treten[27]. Darüber hinaus kann es etwa durch eine Vinkulierung von Namenaktien (Art. 685 ff. OR), einen begleitenden Aktionärbindungsvertrag (§ 7 N 97 f. und § 8 N 239) oder durch wirtschaftliche Verflechtungen zwischen Gesellschaft und Gesellschaftern (z. B. Darlehen, Bürgschaften) auch rechtliche Bedeutung erlangen[28].

[25] Art. 137 FinfraG und Art. 8 Abs. 2 i. V. m. Art. 18 Abs. 5 FusG.

[26] BGE 136 III 278, 280; BGE 67 II 162, 164 f.; VOGT/ENDERLI, recht 2010, 238, 241 f.

[27] Zur fraglichen Behandlung personalistischer Aktiengesellschaften ZK-JUNG, Vor Art. 620 OR N 155 ff. m. w. N.

[28] MEIER-HAYOZ, FS Hug, S. 377 ff.; für die Familienaktiengesellschaft eingehend PREMAND, Les sociétés de famille, 2010, S. 49 ff.

8 Demgegenüber wird die *GmbH* bereits vom Gesetz ausdrücklich als «personenbezogene Kapitalgesellschaft» bezeichnet (Art. 772 Abs. 1 S. 1 OR). Zwar ist auch bei ihr vorbehaltlich des Durchgriffs eine persönliche Haftung der Gesellschafter ausgeschlossen (Art. 772 Abs. 1 S 3 OR), doch gilt bei ihr im Gegensatz zur Aktiengesellschaft der Grundsatz der Selbstorganschaft (Art. 809 Abs. 1 OR). Die Gesellschafter haben zudem Treuepflichten (Art. 803 OR; dazu § 2 N 98 ff.) und können sich statutarisch ein höchstpersönliches Vetorecht gegen bestimmte Beschlüsse der Gesellschafterversammlung vorbehalten (Art. 807 OR)[29]. Möglich sind im Gegensatz zur Aktiengesellschaft schliesslich auch statutarische Nebenleistungspflichten (Art. 796 f. OR)[30]. Die *Kommanditaktiengesellschaft* ist zwar im Grundsatz eine kapitalbezogene Aktiengesellschaft, weist in Gestalt ihrer persönlich und unbeschränkt haftenden sowie die Verwaltung bildenden Komplementäre jedoch auch ein personalistisches Element auf[31].

Eingeschränkte Kapitalbezogenheit

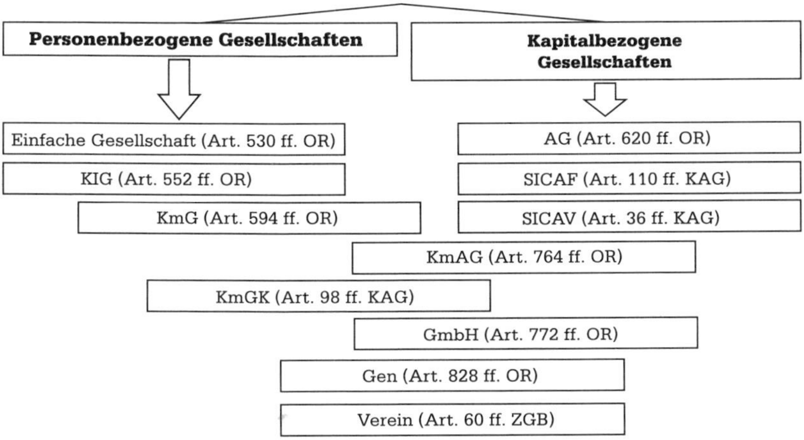

Abb. 11: Einteilung von Gesellschaften nach dem Wesen der Beteiligung

29 Olivar Pascual/Roth, ST 2007, 470 f.
30 Handschin/Truniger, Die neue GmbH², 2006, N 18.7 f.
31 Näher KUKO OR-Sethe, Art. 764 N 1 ff.

III. Gesellschaften mit und ohne wirtschaftlichen Zweck

Unterscheidung nach der Zwecksetzung

Nach dem Gesellschaftszweck als gemeinsamem Endzweck der Gesell- 1
schafter (§ 1 N 14) sind begrifflich Gesellschaften mit und ohne wirtschaftlichen Zweck zu unterscheiden. Eine wirtschaftliche Zielsetzung ist durch das gemeinsame Streben nach geldwerten Vorteilen für die Gesellschafter gekennzeichnet (v. a. Gewinnerzielung, aber auch Kosteneinsparung z. B. durch eine Kooperation in der Forschung oder beim Einkauf; vgl. auch Art. 828 Abs. 1 OR). Eine nicht wirtschaftliche Zielsetzung ist gegeben, wenn ideelle eigennützige (Befriedigung nicht wirtschaftlicher Bedürfnisse der Gesellschafter wie z. B. Selbstverwirklichung oder Vergnügen im kulturellen, geselligen oder sportlichen Bereich) oder gemeinnützige Ziele (Befriedigung von materiellen oder ideellen Bedürfnissen Dritter; vgl. Art. 23 Abs. 1 lit. f StHG, Art. 56 lit. g DBG) verfolgt werden. Ob eine Gesellschaft wirtschaftliche oder nicht wirtschaftliche Zwecke verfolgt und ob sie ein kaufmännisches Unternehmen betreibt oder nicht, sind zwei voneinander unabhängig zu beantwortende Fragen, wenn auch regelmässig ein wirtschaftlicher Zweck mit dem Betrieb eines kaufmännischen Gewerbes einhergehen wird und umgekehrt. So kann eine Gesellschaft, die einen nicht wirtschaftlichen Endzweck verfolgt, hierzu ein kaufmännisches Unternehmen (Mittel) betreiben. Umgekehrt kann eine Gesellschaft einen wirtschaftlichen Zweck verfolgen und hierzu gar kein oder jedenfalls kein kaufmännisches Unternehmen betreiben.

Beispiele: Die X-AG betreibt zum Zwecke der Verbesserung der Volksbildung (gemeinnütziger Zweck; vgl. zur Zulässigkeit ausdrücklich Art. 620 Abs. 3 OR) einen Buchverlag und ein Schulungszentrum (kaufmännisches Unternehmen). Die Y-AG beschränkt sich zum Zwecke der Gewinnerzielung auf das Halten einer Beteiligung an einer anderen Aktiengesellschaft und betreibt daneben kein eigenes Unternehmen (sog. reine Holdinggesellschaft; vgl. Art. 671 Abs. 4 OR). Zur Bestreitung ihres Lebensunterhalts (wirtschaftlicher Zweck) können zwei Anwältinnen gemeinsam eine Anwaltskanzlei betreiben (nicht kaufmännisches freiberufliches Unternehmen).

Grundsätzliche Zweckbestimmungsfreiheit

Aufgrund der Vertrags- und Vereinigungsfreiheit können die Gesellschaf- 20
ter den Zweck der Gesellschaft in den Grenzen der Sittenwidrigkeit und des zwingenden Rechts (vgl. auch Art. 52 Abs. 3 ZGB) frei bestimmen. Daher können im Prinzip im schweizerischen Recht alle Gesellschaften sowohl einen wirtschaftlichen wie einen nicht wirtschaftlichen Zweck verfolgen. Eine Ausnahme scheint zumindest nach dem Gesetz die *Genossenschaft* zu bilden, da sie definitionsgemäss die Förderung oder Sicherung bestimmter wirtschaftlicher Interessen ihrer Mitglieder in gemeinsamer

Selbsthilfe bezweckt (Art. 828 Abs. 1 OR)[32]. Der *Verein* ist vom Gesetz zwar ebenfalls nur als Idealverein konzipiert und kann allenfalls zur Verfolgung seines nicht wirtschaftlichen Zwecks ein kaufmännisches Gewerbe betreiben (vgl. Art. 60 Abs. 1, 61 Abs. 2 Ziff. 1 ZGB). Die Praxis lässt jedoch auch einen Verein mit wirtschaftlichem Zweck zu, solange der Verein nur die Förderung der wirtschaftlichen Interessen seiner Mitglieder bezweckt (z. B. rechtmässiges Kartell, Wirtschaftsverband) und zur Verfolgung dieses Zwecks nicht auch noch ein kaufmännisches Gewerbe betreibt, da dann keine Umgehung der nach Art. 59 Abs. 2 ZGB[33] auf Gesellschaften mit wirtschaftlichem Zweck anwendbaren besonderen Verkehrsschutzregelungen für Handelsgesellschaften droht[34]. Für die *Aktiengesellschaft* wird im Gesetz sogar ausdrücklich festgehalten, dass auch ein nicht wirtschaftlicher Zweck möglich ist (Art. 620 Abs. 3 OR), weil sich dies bei einer Kapitalgesellschaft, die regelmässig auf eine Gewinnerzielung ausgerichtet ist (vgl. z. B. Art. 706 Abs. 2 Ziff. 4 OR), weniger von selbst versteht[35]. Da die *Personenhandelsgesellschaften* in aller Regel nach Art. 552 Abs. 1 bzw. 594 Abs. 1 OR ein kaufmännisches Gewerbe betreiben (vgl. allerdings noch Art. 553 und 595 OR) und damit eine wirtschaftliche Tätigkeit (vgl. Art. 2 lit. b HRegV 2007) ausüben, verfolgen sie damit typischerweise auch einen wirtschaftlichen Zweck. Die *einfache Gesellschaft* ist demgegenüber gleichermassen offen für wirtschaftliche (insbesondere bei einer Unternehmensträgerschaft) wie nicht wirtschaftliche Zwecke[36].

32 Siehe zur Zulassung der nicht wirtschaftlichen Genossenschaft in der Praxis jedoch FORSTMOSER/TAISCH/TROXLER/D'INCÀ-KELLER, REPRAX 2/1012, 1 ff.

33 Die Vorschrift ist missverständlich formuliert, weil sie nach ihrem Wortlaut entgegen der heutigen Dogmatik den (gerade für nicht wirtschaftliche Zielsetzungen konzipierten) Verein und die Genossenschaft nicht als Gesellschaften betrachtet.

34 BGE 62 II 32 ff.; BGE 90 II 333 ff.; krit. MEIER-HAYOZ/FORSTMOSER, § 4 N 25 ff.

35 So enthielt Art. 772 Abs. 3 a OR noch eine im Zuge der letzten grossen GmbH-Revision zum 1.1.2008 aufgehobene Beschränkung der GmbH auf wirtschaftliche Zwecke; der Revisionsgesetzgeber verzichtete jedoch ausdrücklich auf eine Parallelregelung zu Art. 620 Abs. 3 OR, weil einer solchen Regelung wegen der bestehenden Vertragsfreiheit «kein normativer Gehalt zukäme» (Botschaft GmbH-Revision BBl 2002, 3148, 3171; daher jetzt auch für eine Streichung von Art. 620 Abs. 3 OR die Botschaft zur Änderung des Obligationenrechts [Aktienrecht] vom 23. November 2016, BBl 2017, 399, 480).

36 MEIER-HAYOZ/FORSTMOSER, § 4 N 20.

Beispiele: Keine wirtschaftlichen Zwecke verfolgt die einfache Gesellschaft, wenn Konkubinatspartner eine Wohnung mieten[37], für eine gemeinsame Ferienreise ein Auto gekauft wird[38] oder Personen gemeinsam jagen[39]; wirtschaftlich ist der Zweck der einfachen Gesellschaft hingegen bei einer Bauarbeitsgemeinschaft zwischen zwei Aktiengesellschaften (ARGE)[40], einem auf die gemeinsame Beherrschung einer Aktiengesellschaft gerichteten Aktionärbindungsvertrag[41] oder beim Betrieb eines kleineren freiberuflichen Unternehmens (z. B. Arztpraxis)[42].

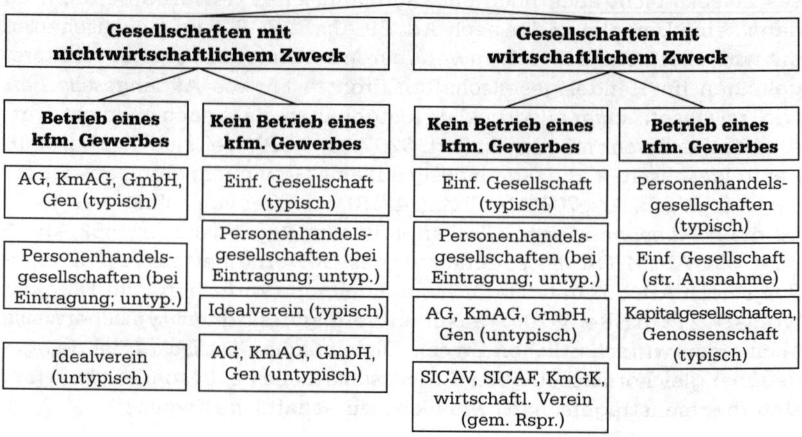

Abb. 12: Einteilung von Gesellschaften nach Zweck und Mitteln

IV. Gelegenheits- und Dauergesellschaften

Unterscheidung nach der Dauer der Zweckverfolgung

Eine weitere Unterscheidung betrifft diejenige zwischen Gesellschaften, 21
mit denen nur einmalig ein bestimmtes Rechtsgeschäft bzw. Vorhaben verwirklicht werden soll (sog. Gelegenheitsgesellschaften), und solchen, die auf eine dauerhafte bzw. wiederholte Zweckverfolgung gerichtet sind. *Gelegenheitsgesellschaften* werden mit der Erreichung ihres Zwecks ipso

37 BGE 108 II 204 E 4a und b.

38 BGE 99 II 315 E 3c/aa.

39 OGer LU, SJZ 1996, 419.

40 MÜLLER, Die Arbeitsgemeinschaft, 1981; zur sog. kaufmännischen einfachen Gesellschaft näher und krit. JUNG, Mélanges Roland Ruedin, 2006, S. 3 ff.

41 BGer 4A_197/2008; BGE 109 II 43, 45 (obiter).

42 Siehe dazu im Grundsatz, wenn auch in casu die Qualifikation als einfache Gesellschaft wegen der Art und Grösse der Unternehmen jeweils verneinend BGE 124 III 363; BGE 130 III 707; 100 Ib 345; BGer 4A_526/2008 E 4.

iure aufgelöst (Art. 545 Abs. 1 Ziff. 1 OR). Ein Gewerbe, das definitionsgemäss auf Dauer angelegt ist (vgl. Art. 2 lit. b HRegV 2007), wird von einer Gelegenheitsgesellschaft nur betrieben, wenn das einmalige Vorhaben ausnahmsweise eine längerfristige Kooperation erfordert (z. B. grösseres Bauvorhaben). Nur in diesen Fällen kommt bei einem Zusammenschluss von natürlichen Personen auch eine Ausgestaltung als Personenhandelsgesellschaft in Betracht (vgl. Art. 552 Abs. 1, 594 Abs. 1 OR). Da für eine Gelegenheitsgesellschaft zudem die Gründung einer Körperschaft wegen des damit verbundenen Zeit-, Kosten- und Organisationsaufwands in aller Regel nicht sinnvoll ist, finden sie sich in der Praxis vor allem als einfache Gesellschaften. *Dauergesellschaften* können auf eine bestimmte oder auf unbestimmte Zeit eingegangen werden, was Bedeutung für ihre Auflösung hat (z. B. Art. 545 Abs. 1 Ziff. 5, 546 OR).

V. Zivil- und Handelsgesellschaften

Unterscheidung nach der Anwendbarkeit handelsrechtlicher Normen

22 Im Hinblick auf den thematischen Zweck und die Anwendbarkeit der handelsrechtlichen Sonderregelungen des schweizerischen Rechts (z. B. Art. 895 Abs. 2, 934 Abs. 2 ZGB, Art. 190 f., 458 ff., 923 ff. OR) ist die begriffliche Unterscheidung zwischen Zivil- und Handelsgesellschaften von Bedeutung. Zu den *Handelsgesellschaften* gehören alle wegen des Betriebs eines kaufmännischen Gewerbes deklaratorisch in das Handelsregister einzutragenden (Art. 552, 594 OR) oder konstitutiv eingetragenen (Art. 553, 595 OR) Personengesellschaften sowie kraft blosser Rechtsform die Kapitalgesellschaften. Die *Genossenschaft* gilt wegen ihres kooperativen Elements zwar traditionell nicht als Handelsgesellschaft (vgl. die Überschrift zur Dritten Abteilung des OR vor Art. 552 sowie z. B. Art. 939 Abs. 1, 956 Abs. 1 OR), wird jedoch durch Verweisungen und Parallelregelungen grundsätzlich wie eine Handelsgesellschaft behandelt (z. B. Art. 835 ff., 939, 950, 956 Abs. 1 OR, Art. 39 Abs. 1 Ziff. 10 SchKG, Art. 6 Abs. 4 lit. b ZPO; siehe allerdings auch z. B. Art. 963 Abs. 4 OR). Die *einfache Gesellschaft* ist keine Handelsgesellschaft[43] und kann auch nicht in das Handelsregister eingetragen werden, ohne hierdurch zur KlG zu werden (vgl. Art. 553 OR). Die analoge Anwendung von Regelungen des Handelsrechts kommt nur dann in Betracht, wenn eine ein kaufmännisches Gewerbe betreibende Personengesellschaft nach Art. 552 Abs. 1 bzw. 594 Abs. 2 i. V. m. Art. 530 Abs. 2 OR nur deshalb als einfache Gesellschaft qualifiziert

[43] Vgl. dazu auch die Gliederung des Gesetzes, welches die einfache Gesellschaft noch der Zweiten Abteilung (Vertragsverhältnisse) und nicht der Dritten Abteilung (Handelsgesellschaften und Genossenschaft) zuordnet.

wird, weil an ihr eine juristische Person oder eine im Aussenverhältnis verselbständigte Personenvereinigung (Art. 562, 602 OR, Art. 712l ZGB) als unbeschränkt haftende Gesellschafterin beteiligt ist (sog. kaufmännische einfache Gesellschaft)[44]. Auch der *Verein* ist keine Handelsgesellschaft, wird aber handelsrechtlichen Regelungen unterworfen, wenn er ein kaufmännisches Gewerbe betreibt bzw. der Revisionspflicht unterliegt (Art. 61 Abs. 2, 69a S. 2, 69b, 79 ZGB).

VI. Innen- und Aussengesellschaften

Unterscheidung nach dem Auftreten nach aussen

Während eine Innengesellschaft nur intern im Verhältnis zwischen den 23
Gesellschaftern besteht und entweder geheim bleibt oder rein tatsächlich bekannt wird, tritt eine *Aussengesellschaft* als solche bzw. als Gemeinschaft ihrer Gesellschafter nach aussen auch rechtlich in Erscheinung, indem sie am Rechts-, Register- oder Prozessverkehr teilnimmt (z. B. Vertragsschluss, Anmeldung zum Handelsregister, Einreichung einer Klage). Betreibt die Gesellschaft ein Unternehmen, ist sie immer Aussengesellschaft. Insoweit kann man dann noch die Träger von kleinsten Unternehmen, kleinen und mittleren Unternehmen (KMU-Gesellschaften) sowie von Grossunternehmen unterscheiden (zur rechtlichen Bedeutung siehe z. B. Art. 727 Abs. 2, Art. 957 Abs. 2 Ziff. 1, 2, 961 ff., 963a OR). Da *Innengesellschaften* nicht die Voraussetzungen anderer Gesellschaften erfüllen können, weil deren Entstehung entweder eine körperschaftliche Organisation (Art. 60 ZGB), den Betrieb eines kaufmännischen Unternehmens (Art. 552, 594 OR) oder die Handelsregistereintragung (Art. 553, 595, 643 Abs. 1, 764 Abs. 2, 779 Abs. 1, 838 Abs. 1 OR) voraussetzt und die betreffende Gesellschaft damit zur Aussengesellschaft wird, sind sie nur als einfache Gesellschaften denkbar (Art. 530 Abs. 2 OR). Innengesellschaften sind als Sonderformen der einfachen Gesellschaft die stille Gesellschaft (näher § 7 N 202 ff.) und die in Art. 542 Abs. 2 OR («...an seinem Anteil beteiligt») angedeutete Unterbeteiligungsgesellschaft (dazu auch § 7 N 47). Innengesellschaften haben regelmässig kein Gesellschaftsvermögen, können aber nach umstrittener Ansicht durchaus auch ein Bruchteils- oder Gesamthandsvermögen bilden[45].

---

[44] Zu der von der h. M. geduldeten kaufmännischen einfachen Gesellschaft sowie zur teilweise und insbesondere für das Aussenverhältnis befürworteten analogen Anwendung handelsrechtlicher Vorschriften (z. B. Handelsregister- und Firmenrecht) siehe BGE 84 II 381; BGE 79 I 179 E. 1 (insoweit unveröffentlicht); Vonzun, Rechtnatur und Haftung, 2000, N 574 ff.; krit. Meier-Hayoz/Forstmoser, § 4 N 50 ff; Jung, Mélanges Roland Ruedin, 2006, S. 23 ff.

[45] ZK-Handschin/Vonzun, Art. 530 OR N 24; a. A. BK-Fellmann/Müller, Art. 530 OR N 291.

Beispiele: Eigner betreibt als Einzelunternehmer eine Galerie (kaufmännisches Gewerbe). Als Eigner von seiner Hausbank ein dringend benötigter Kredit verweigert wird, bietet der vermögende Rentner Stiegler an, gegen Mitsprache und Kontrollrechte sowie eine Gewinnbeteiligung das Geld als Beitragsleistung auf der Grundlage eines Gesellschaftsvertrags zur Verfügung zu stellen. Da Stiegler weiterhin seinen Ruhestand geniessen und nach aussen nicht in Erscheinung treten möchte, soll Eigner die Galerie auch künftig im eigenen Namen allein führen (Angebot zur Eingehung einer stillen Gesellschaft; zur Abgrenzung vom partiarischen Darlehen siehe bereits § 1 N 20 ff.). Da Eigner aber auch eine Verstärkung in seiner florierenden Galerie sucht, lehnt er das Angebot Stieglers ab und gründet stattdessen gemeinsam mit dem erfahrenen Galeristen Gilliéron eine KlG. Da Gilliéron aber Mühe hat, die gesellschaftsvertraglich geschuldete Bareinlage aufzubringen, wendet er sich nun seinerseits an Stiegler, der ihm das benötigte Geld unter der Bedingung zur Verfügung stellt, dass Gilliéron ihn in den kommenden zehn Jahren zur Hälfte an den auf Gilliéron entfallenden Gewinnen der KlG beteiligt und vor wichtigen Entscheidungen seinen Rat einholt (Unterbeteiligung).

VII. Einpersonen- und Mehrpersonengesellschaften

Unterscheidung nach der Gesellschafterzahl

24 **Während die Aktiengesellschaft und die GmbH kraft ausdrücklicher gesetzlicher Regelung (Art. 625 Abs. 1, 772 Abs. 1, 775 OR) und die KmAG nach zutreffender Ansicht[46] auch nur durch eine Person gegründet werden bzw. nach dem Ausscheiden von Gesellschaftern als Einpersonengesellschaften fortbestehen können, sind die anderen Gesellschaften stets Mehrpersonengesellschaften. So bedarf es zur Gründung einer *Personengesellschaft* durch Gesellschaftsvertrag mindestens zweier Gesellschafter als Vertragspartner (Art. 530 Abs. 1 OR). Scheidet der vorletzte Gesellschafter aus der Personengesellschaft aus, kann das bisherige Gesellschaftsunternehmen allenfalls noch von dem verbleibenden Gesellschafter durch Universalsukzession übernommen und als Einzelunternehmen fortgeführt werden (vgl. Art. 579 OR[47]). An der Gründung einer *Genossenschaft* müssen zudem mindestens sieben Personen bzw. rechtlich verselbständigte Personengemeinschaften mitwirken (Art. 831 Abs. 1 OR). Sinkt die Zahl der Genossenschafter später unter sieben, kann das Gericht**

[46] Mit Recht für die Zulässigkeit einer Einpersonen-KmAG SETHE, SZW 2014, 307 ff., da Art. 764 Abs. 2 OR grundsätzlich auf das Recht der AG verweist und auch ein einziger Gesellschafter zugleich als Komplementär und als Kommanditaktionär beteiligt sein kann.

[47] Die Übernahmemöglichkeit durch Universalsukzession besteht nicht nur unter den Voraussetzungen bzw. in den Fällen von Art. 579 OR, sondern kann auch ex ante oder ex post vereinbart werden. Das gilt aufgrund Verweises (Art. 619 Abs. 1 OR) auch für die KmG und analog für die einfache Gesellschaft (dazu BGer 5A.28/2005 E. 3.3 ff.; OGer LU, ZBJV 1997, 338 ff.).

der Genossenschaft zur Beseitigung dieses Organisationsmangels nur noch eine letzte Frist zur Wiederherstellung des rechtmässigen Zustands durch die Neuaufnahme von Genossenschaftern setzen und muss nach deren fruchtlosem Ablauf oder bei deren von vornherein gegebener Aussichtslosigkeit (z. B. Pattsituation unter den verbliebenen Genossenschaftern) die Genossenschaft auflösen (vgl. Art. 831 Abs. 2 i. V. m. Art. 731b Abs. 1 Ziff. 1 und 3 OR)[48]. *Einpersonengesellschaften* sind gleich- und vollwertige Gesellschaften, welche vollständig den Vorschriften der betreffenden Kapitalgesellschaftsform unterliegen. Allenfalls sind sie besonders anfällig für einen sog. Durchgriff (dazu § 2 N 22 ff.).

Beispiel: Aebi ist Alleingesellschafter der A-AG. Wurden Schulden im Namen der Gesellschaft begründet, kann Aebi sich auf das Trennungsprinzip und die Beschränkung der Haftung auf das Gesellschaftsvermögen berufen (Art. 620 Abs. 2 OR). Er muss aber auch das «das Spiel der AG spielen»[49] und sämtliche Regelungen zur Organisation (z. B. Durchführung und Protokollierung einer Generalversammlung mit Abstimmungen und Wahlen) und Finanzverfassung (z. B. Gewinnausschüttung erst nach einem Gewinnverwendungsbeschluss) einer Aktiengesellschaft beachten sowie das Trennungsprinzip gegen sich gelten lassen[50]. Er darf daher etwa das Vermögen der Aktiengesellschaft nicht als ein «zweites Portemonnaie» betrachten[51]. Vermögensvermischungen, die auf einem arglistigen (z. B. Vermögensverschiebungen zur Gläubigerschädigung)[52], einfach vorsätzlichen (z. B. Mischnutzungen) oder unsorgfältigen (z. B. unzureichende Rechnungslegung bei sog. «Waschkorblage») Verhalten beruhen[53], werden zumeist mit einem sog. Haftungsdurchgriff geahndet (dazu § 2 N 24 f.).

VIII. Geschlossene Gesellschaften und offene Gesellschaften

Unterscheidung nach der Veränderlichkeit des Gesellschafterkreises

Nach der Kontinuität bzw. dem Wandel im Gesellschafterkreis kann man typologisch zwischen geschlossenen und offenen Gesellschaften unterscheiden. So verfügt die geschlossene Gesellschaft über einen regelmässig überschaubaren Kreis an untereinander typischerweise eng verbundenen Gesellschaftern, in dem es nur relativ selten zu einer Veränderung kommt, weil der Eintritt oder die Übertragung der Mitgliedschaft die Zustimmung grundsätzlich aller Mitgesellschafter bzw. der Gesellschaft 25

48 BGE 138 III 407; dazu TAISCH/TROXLER, AJP 2012, 1646 ff.
49 JÄGGI, SAG 31 (1958/59), 57, S. 67, 70.
50 Näher ZK-JUNG, Art. 625 OR N 137 ff.
51 So plastisch BGE 117 IV 266.
52 BGE 102 III 169 ff.
53 Illustrativ BGE 117 IV 261 f.

(sog. Vinkulierung) erfordert und das Ausscheiden grundsätzlich zur Auflösung der Gesellschaft führt. Demgegenüber ist die offene Gesellschaft wie insbesondere die Genossenschaft und die börsenkotierte Aktiengesellschaft (dazu N 27 ff.) durch eine grössere Zahl häufig durch Eintritt, Austritt oder Übertragung von Mitgliedschaftsrechten oder Anteilen wechselnder und untereinander gar nicht, kaum oder nur zum Teil verbundener Mitglieder gekennzeichnet. Es besteht wegen einiger Typusmerkmale eine Nähe zu, aber keine Deckungsgleichheit mit der Unterscheidung zwischen Körperschaften und Rechtsgemeinschaften bzw. zwischen personen- und kapitalbezogenen Gesellschaften.

26 Die Zuordnung einer Gesellschaft zum einen oder anderen Typus ist weniger eine Frage der Gesellschaftsform als vielmehr der gesellschaftsvertraglichen bzw. statutarischen Regelung sowie der tatsächlichen Erscheinungsform der Gesellschaft, die auch durch sonstige vertragliche Vereinbarungen zwischen den Gesellschaftern (z. B. sog. Aktionärbindungsvertrag; dazu § 7 N 97 f. und § 8 N 239) beeinflusst wird. So gehören die *Personengesellschaften* des Obligationenrechts zwar prinzipiell zu den geschlossenen Gesellschaften (vgl. etwa Art. 542, 545 Abs. 1 Ziff. 2, 3, 574 Abs. 1 S. 2 OR), doch können auch sie wegen der grundsätzlichen[54] Abdingbarkeit der genannten Regelungen Veränderungen im Gesellschafterkreis ermöglichen bzw. erleichtern und damit als offene Gesellschaften bestehen. Zuordnung

Beispiel: Die KmGK (Art. 98 ff. KAG; dazu § 15 N 34 ff.) ist zwar eine Form der sog. geschlossenen kollektiven Kapitalanlage. Sie hat jedoch nach Art. 102 Abs. 1 lit. f, 105 KAG einen Ein- und Austritt der Kommanditäre zu festgelegten Bedingungen zu ermöglichen. Aufgrund ihrer Struktur mit einer Aktiengesellschaft als unbeschränkt haftender Komplementärin und wechselnden Kommanditären als qualifizierten Anlegern könnte die KmGK darüber hinaus auch als Publikumspersonengesellschaft in Erscheinung treten.

Während die *Genossenschaft* (vgl. zum sog. Prinzip der offenen Tür Art. 828 Abs. 1, 839 ff. OR) und die *Kapitalgesellschaften* grundsätzlich den offenen Gesellschaften zuzuordnen sind (vgl. etwa zur Einschränkung der Vinkulierung bei der Aktiengesellschaft Art. 685 ff. OR), ist die GmbH häufig rechtlich (vgl. zur Vinkulierungsmöglichkeit Art. 786 ff. OR) und faktisch eine geschlossene Gesellschaft. Bei der Kommanditaktiengesellschaft bedürfen Änderungen im Bestand der Komplementäre der Zustim-

[54] Nach einer im Schrifttum vertretenen Ansicht soll über Änderungen im Gesellschafterkreis als Vertragsänderungen nur einstimmig beschlossen werden können (ZK-Handschin/Vonzun, Art. 534–535 OR N 105 ff.); a. A. BK-Fellmann/Müller, Art. 530 OR N 159 ff. und CHK-Jung, Art. 534 OR N 6 (blosse Ausübungskontrolle).

mung der bisherigen Komplementäre und der Änderung der Statuten (Art. 765 Abs. 3 OR). Familiengesellschaften sind auch in der Rechtsform der Aktiengesellschaft regelmässig geschlossene Gesellschaften, da an ihnen ausschliesslich oder zumindest in dominierender Stellung durch Verwandtschaft oder Eheschliessung verbundene Personen beteiligt sind[55] und dies aufgrund der zumeist in einem sog. Aktionärbindungsvertrag getroffenen Absprachen unter den Familienaktionären auch künftig bleiben sollen (vgl. auch schon N 10). Die *SICAV* ist als Form der offenen kollektiven Kapitalanlage trotz gewisser Vinkulierungsmöglichkeiten in besonderer Weise auf den Wechsel ihrer Aktionäre ausgelegt (vgl. Art. 40 Abs. 3 und 42 Abs. 1 KAG). Das gilt auch für die bei ihr zentralen Unternehmeraktionäre (Art. 41 Abs. 4 KAG). Beim *Verein* ist die Mitgliedschaft zwar weder veräusserlich noch vererblich (Art. 70 Abs. 3 ZGB), doch wird die für den Verein typische Offenheit durch den jederzeit möglichen Eintritt (vgl. lediglich noch Art. 65 Abs. 1 ZGB) und den fristgebundenen Austritt hergestellt (vgl. Art. 70 Abs. 1, 2 ZGB).

IX. Gesellschaften mit und ohne Kapitalmarktorientierung

Unterscheidung nach der Kapitalbeschaffung

27 Gesellschaften können schliesslich begrifflich danach unterschieden werden, ob sie sich das von ihnen benötigte Fremd- und Eigenkapital öffentlich vom allgemeinen Publikum über einen regulierten (Börse, multilaterales Handelssystem, organisiertes Handelssystem) bzw. nicht regulierten (nicht organisierter OTC-Markt oder auch «grauer» Kapitalmarkt) Kapitalmarkt oder von bestimmten Kreditgebern (z. B. Hausbank) bzw. Einlagen leistenden Gesellschaftern (z. B. Familiengesellschaftern) beschaffen. Öffentlich ist jede Einladung zur Finanzierung, die sich nicht an einen begrenzten Kreis von Personen richtet (vgl. für die Aktienzeichnung Art. 652a Abs. 2 OR), was in der Praxis regelmässig bei einem Angebot an mehr als 20 Personen angenommen wird[56].

Bedeutung der Unterscheidung

28 Um den Begriff des öffentlichen Angebots bzw. die Finanzierung über den Kapitalmarkt herum hat sich in den letzten Jahrzehnten mit dem *Kapitalmarktrecht* ein immer umfangreicheres Sonderrecht entwickelt (näher § 14). Das gilt insbesondere für Gesellschaften, deren Beteiligungspapiere (z. B. Aktien, Partizipationsscheine) an einer Börse (z. B. SIX Swiss Ex-

[55] Näher zur Typologie der Familiengesellschaft PREMAND, Les sociétés de famille, 2010, N 17 ff.; BAUMANN, Familienholding, 2005, S. 19 ff.

[56] Näher zu der letztlich mehr qualitativen Betrachtung des Begriffs der Öffentlichkeit BSK OR II-ZINDEL/ISLER, Art. 652a N 2 ff.

change) kotiert, d. h. dort unter bestimmten Voraussetzungen (vgl. Art. 35 FinfraG) zum Handel zugelassen sind. Der Ausbau dieses sog. Börsengesellschaftsrechts führt zu einer immer stärkeren Zweiteilung im grundsätzlich immer noch einheitlich konzipierten schweizerischen Aktienrecht. Auch *andere Publikumsgesellschaften* (vgl. zum Begriff z. B. Art. 727 Abs. 1 Ziff. 1 OR), die etwa Anleihensobligationen ausstehen haben, unterliegen im Interesse des Schutzes der Anleger und der Kapitalmarktfunktionen zahlreichen Sonderregelungen[57]. Die kapitalmarktrechtlichen Vorschriften finden sich nicht allein im Obligationenrecht (z. B. Art. 652a, 685d ff., 727 Abs. 1 Ziff. 1, 962 f., 1156 OR), Sondergesetzen (z. B. FinfraG) und Verordnungen (z. B. UEV, VegüV), sondern auch in Selbstregulierungserlassen der Börsen (bei der SIX Swiss Exchange z. B. KR, RLAhP, RLR, RLCG) und in Rundschreiben der FINMA (z. B. FINMA-RS 2010/1 Vergütungssysteme). Dabei wird der persönliche Anwendungsbereich der Vorschriften bzw. der Begriff der (börsenkotierten) Publikumsgesellschaft durchaus unterschiedlich definiert[58].

Beispiele: Die Sonderregelungen zur Emissionsprospektpflicht (Art. 652a, 1156 Abs. 1, 2 und 752 OR) betreffen Publikumsaktiengesellschaften, die Aktien oder Partizipationsscheine (Art. 656a Abs. 2 OR) bzw. Anleihensobligationen (Art. 1156 Abs. 1 OR) öffentlich (Art. 652a Abs. 2 OR) zur Zeichnung anbieten. Erfasst wird damit auch die öffentliche Platzierung der Anteile auf einem nicht besonders organisierten und beaufsichtigten Markt. Art. 1 Abs. 1 VegüV definiert den Anwendungsbereich der VegüV demgegenüber enger und stellt auf die Kotierung der Aktien (erfasst sind über Art. 656a Abs. 2 OR zumindest auch Partizipationsscheine)[59] an einer Börse im In- oder Ausland ab. Vergleichbares gilt trotz weniger klarer Formulierungen im Gesetz für Art. 663b^{bis}, 663c, 685d ff. OR. Nochmals anders wird der Begriff der Publikumsgesellschaft sodann im Revisionsrecht definiert (Art. 727 Abs. 1 Ziff. 1 OR; sinngemäss auch Art. 958e Abs. 1 OR im Konzernrechnungslegungsrecht), weil dort zum einen in lit. a nicht nur auf die Kotierung von Aktien und Partizipationsscheinen, sondern genereller von Beteiligungspapieren abgestellt wird, so dass (unter Einschluss von Wertrechten und Bucheffekten) neben Aktien und Partizipationsscheinen auch die Kotierung von Genussscheinen sowie von bedingten Beteiligungen (Optionsscheinen, Wandelobligationen) und indirekten Beteiligungen (z. B. American Depository Receipts) erfasst ist. Zum anderen wird die Eigenschaft als Publikumsaktiengesellschaft i. S. d. Art. 727 ff. OR nach Art. 727 Abs. 1 Ziff. 1 lit. b und lit. c OR alternativ auch noch durch das Ausstehen von Anleihensobligationen (Art. 1156 ff. OR) oder durch die Eigenschaft als wesentliche Tochtergesellschaft einer Publikumsaktiengesellschaft nach lit. a oder lit. b begründet.

57 Zur Entwicklungsgeschichte von der Crone Hans Caspar, ZBJV 133 (1997), 73 ff.; zu den ökonomischen Grundlagen des Sonderrechts Ruffner, Publikumsgesellschaft, 2000, S. 127 ff.

58 Dazu und zugleich kritisch von Ballmoos, SJZ 1997, 345 ff.

59 Vgl. zur Erfassung auch von Partizipations- und Genussscheinen durch den ebenfalls nur auf «Aktien» abstellenden Art. 663b^{bis} KUKO OR-Burkhalter, Art. 663b^{bis} N 26.

Für die gesetzliche Pflicht zur zusätzlichen Rechnungslegung bzw. zur Konzernrechnungslegung nach einem durch die VASR anerkannten Standard zur Rechnungslegung (sog. «dual reporting») ist nach Art. 962 Abs. 1 Ziff. 1 bzw. Art. 963b Abs. 1 Ziff. 1 OR hingegen allein die Kotierung von Beteiligungspapieren an einer Börse, die eine solche Rechnungslegung verlangt, massgeblich. Nach Art. 120 Abs. 1 bzw. Art. 125 Abs. 1 FinfraG betreffen die Regelungen zur Beteiligungspublizität (Art. 120 ff. FinfraG) bzw. über öffentliche Kaufangebote (Art. 125 ff. FinfraG) nur Zielgesellschaften mit Sitz in der Schweiz, deren Beteiligungspapiere ganz oder teilweise in der Schweiz kotiert sind, oder Zielgesellschaften mit Sitz im Ausland, deren Beteiligungspapiere ganz oder teilweise in der Schweiz hauptkotiert sind. All das muss und sollte man nicht auswendig lernen, sondern sich lediglich der Problematik bewusst sein, um bei Bedarf den subjektiven Anwendungsbereich der betreffenden Vorschriften mit Hilfe des Normtextes und der Kommentarliteratur genau zu bestimmen.

Erscheinungsformen der Publikumsgesellschaft

29 **Idealtypisch befinden sich alle Beteiligungspapiere einer Publikumsgesellschaft im sog. «*Streubesitz*». Die Gesellschaft ist dann polykratisch verfasst bzw. managerkontrolliert[60], wobei immer wieder Vorschläge unterbreitet werden, wie die Mitwirkung der vielfach (rational) desinteressierten Gesellschafter gestärkt werden könnte[61]. In der Praxis ist allerdings die Publikumsaktiengesellschaft mit einem oder mehreren massgeblich beteiligten Aktionären (auch sog. *gemischte Publikumsgesellschaft*) sehr viel weiter verbreitet[62]. Häufig sind in Publikumsgesellschaften zudem sog. institutionelle Investoren (z. B. Investmentfonds, Pensionskassen) anzutreffen[63], wobei die Beherrschung von einer auch noch anderweitig unternehmerisch engagierten Konzernmuttergesellschaft oder von nur an der gemischten Publikumsgesellschaft massgeblich beteiligten sog. Privatgesellschaftern (z. B. Unternehmensgründer oder dessen Nachkommen) ausgehen kann. Der Wechsel von einer reinen zu einer gemischten Publikumsaktiengesellschaft stellt eine bedeutende Änderung der Realstruktur einer Aktiengesellschaft dar, weshalb dieser Vorgang bei Aktiengesellschaften**

60 Dazu klassisch Berle/Means, The Modern Corporation, 1956, S. 69 ff.; für die Schweiz etwa Vogt, Aktionärsdemokratie, 2012, S. 37 ff.

61 Siehe für die Publikumsaktiengesellschaft etwa Art. 661 Abs. 2 VE-OR 2014 (fakultativer Dividendenzuschlag/-abschlag für die an der Generalversammlung (nicht) teilnehmenden Aktionäre (verworfen im E-OR; dazu Botschaft zur Änderung des Obligationenrechts [Aktienrecht] vom 23. November 2016, BBl 2017, 399, 444 ff.) sowie Art. 699 Abs. 3, 699b Abs. 1 und 736 Ziff. 4 E-OR (Stärkung der Minderheitsrechte durch die Herabsetzung von Schwellenwerten); zur Diskussion um die Einführung der auch im US-amerikanischen und französischen Recht bekannten Aktionärsausschüsse Vogt, Aktionärsdemokratie, 2012, S. 81 ff. und krit. Böckli, SZW 2013, 1 ff.; zum zwischenzeitlich geplanten Aktionärsforum siehe Art. 701g VE-OR 2014 (verworfen im im E-OR; dazu Botschaft zur Änderung des Obligationenrechts [Aktienrecht] vom 23. November 2016, BBl 2017, 399, 427 f.) sowie generell zur Verbesserung des Informationsaustauschs in der Phase vor der Generalversammlung etwa Maizar, Willensbildung, 2012, S. 588 ff. und Böckli, GesKR 2013, 179, 185 f.

62 Vgl. dazu den Nachweis einer Studie bei Forstmoser/Meier-Hayoz/Nobel, Aktienrecht, 1996, § 2 Fn. 8.

63 Näher Spillmann, Institutionelle Investoren, 2004.

mit börsenkotierten Beteiligungspapieren eine besondere Regelung erfahren hat (Art. 120 ff., 125 ff. FinfraG).

E. Wahl der Gesellschaftsform

30 Welche Gesellschaftsform sich am besten für die Gesellschafter eignet, ist von einer Vielzahl von Faktoren und ihrer Gewichtung durch die Beteiligten abhängig. Wichtige Kriterien sind: Kriterien

- die aktuelle und künftig absehbare Zahl von Gesellschaftern (dazu N 14 ff., 24);
- ob die Gesellschaft nach aussen hin in Erscheinung treten und ggf. in das Handelsregister eingetragen werden soll (dazu N 23);
- ob ein wirtschaftlicher oder nicht wirtschaftlicher Endzweck verfolgt werden soll (dazu N 19 f.);
- ob die vorübergehende Verwirklichung eines einmaligen Vorhabens oder eine auf Dauer angelegte Zweckverfolgung beabsichtigt ist (dazu N 21);
- ob der thematische Zweck zu einer Beschränkung der Rechtsformenwahl führt und ob er den Betrieb eines kaufmännischen Gewerbes mit sich bringen wird (dazu N 5 und 21);
- mit welchem Finanzbedarf zu rechnen ist und ob die erforderlichen Mittel als Eigen- und/oder Fremdkapital beschafft werden sollen (dazu N 14 ff. und 27 ff.);
- in welcher Form und in welchem Umfang die Gesellschafter (ggf. später erweiterte) Beiträge leisten können und wollen bzw. personenbezogenen Pflichten (geborene Geschäftsführung, persönliche Haftung, Treuepflichten) unterliegen möchten (dazu N 14 ff.);
- wie die Stellvertretung und die Haftungsordnung ausgestaltet werden sollen (dazu N 13 sowie § 2 N 4 ff. und § 6);
- wie rasch, einfach und kostengünstig eine Gründung und Umstrukturierung möglich sind;
- wie einfach absehbare Veränderungen im Gesellschafterbestand möglich sind (dazu N 25 f.);

- ob eine Revisionspflicht besteht (dazu § 8 N 327 ff.);
- ob die Geschäftseinkünfte bzw. das Vermögen der Gesellschaft und der Gesellschafter getrennt oder zusammen besteuert werden sollen (vgl. § 2 N 15 und 35), wobei aktuell hohe Gewinne bei Kapitalgesellschaften tendenziell weniger hoch besteuert werden als bei Personengesellschaften;
- ob eine prinzipiell in Betracht kommende Gesellschaftsform noch auf besondere Bedürfnisse der Gesellschafter zugeschnitten werden kann (dazu N 6).

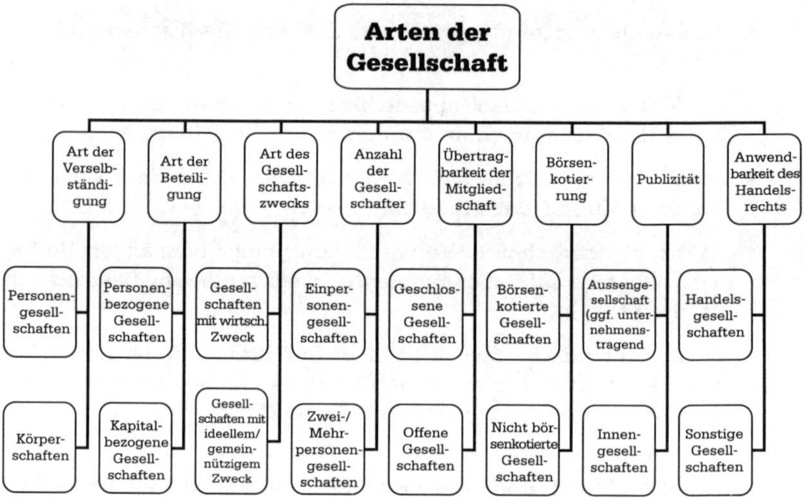

Abb. 13: Übersicht über die verschiedenen Arten von Gesellschaften

F. Vertiefungsfragen

1. Warum kennt das schweizerische Recht einen Numerus clausus der Gesellschaftsformen?
2. Was macht die Personenbezogenheit einer Gesellschaft aus? Mit welchen Rechtsformen lässt sich die Personenbezogenheit verwirklichen?

3. Können an einer Personengesellschaft, die ein kaufmännisches Gewerbe betreibt, juristische Personen beteiligt sein?
4. Wie kann bei Kapitalgesellschaften die freie Übertragung von Gesellschaftsanteilen eingeschränkt werden?

§ 4 Gesellschaft und Unternehmen

A. Einstieg

Lernziele

- Sie kennen die verschiedenen rechtlichen Begriffe und Bezeichnungen des Unternehmens sowie insbesondere die Elemente des Gewerbebegriffs und die Arten des kaufmännischen Gewerbes.
- Sie verstehen den Unterschied zwischen Unternehmen, Betrieb, Niederlassung, Unternehmensträger und Firma.
- Sie sind in der Lage, die schuld-, sachen- und vollstreckungsrechtlichen Regelungen auf das Unternehmen und seinen Träger anzuwenden.

Gesetzliche Grundlagen

- Art. 934 f., 936a, 944 ff. OR (demnächst Art. 930 f., 944 ff. OR)
- Art. 52 ff., 646 ff. ZGB

Literaturhinweise

CRAMER, CONRADIN, Zweigniederlassungen in der Schweiz – Zu Rechtswirkungen und fraglicher Notwendigkeit der Eintragung von Zweigniederlassungen im Handelsregister, GesKR 2015, 243 ff.

DRUEY, JEAN NICOLAS/DRUEY JUST, EVA/GLANZMANN, LUKAS, Handels- und Gesellschaftsrecht, 11. Aufl., Zürich 2015, § 1 N 52 ff. und § 22

JUNG, PETER, Gibt es in der Schweiz ein Handelsrecht?, recht 2009, 43 ff.

MEIER-HAYOZ, ARTHUR/FORSTMOSER, PETER, Schweizerisches Gesellschaftsrecht, 11. Aufl., Bern 2012 (§ 4 N 34 ff. und § 5)

RUEDIN, ROLAND, Droit des sociétés, 2. Aufl., Bern 2007, N 6, 290, 322

WIELAND, KARL, Handelsrecht, Bd. 1, München und Leipzig 1921, S. 145 ff.

B. Einführungsfall

Anna Gabler hat von ihrem Grossvater Urs Gabler ein «Firmenimperium» 1 geerbt. Seither betreibt sie als Alleininhaberin unter der Einzelfirma «Urs Gabler Moden Nachf.» eine Damenboutique «Schickeria» in Gstaad und ein Herrenausstattungsgeschäft «Carlos» in Montreux. Einen ebenfalls zur Erbschaft gehörenden Hotelbetrieb mit 100 Betten in Basel hatte sie kurz nach dem Erbgang als Sacheinlage in eine neu gegründete Schlaraffia GmbH eingebracht, deren Alleingesellschafterin und Geschäftsführerin sie wurde. Anna Gabler möchte sich nunmehr jedoch ganz auf die Tätigkeit als Bankangestellte und ihre privaten Filmprojekte konzentrieren. Sie verkauft daher die beiden Modegeschäfte jeweils mit öffentlicher Urkunde an ihren Mitarbeiter Merz sowie aufgrund privatschriftlicher Vereinbarung 90 % der Geschäftsanteile der Schlaraffia GmbH an Küchlin. Während Merz die Modegeschäfte ohne Probleme fortführt, muss Küchlin, der auch neuer Geschäftsführer der Schlaraffia GmbH wurde, schon bald feststellen, dass das Hotel einen denkbar schlechten Ruf hat und die Schlaraffia GmbH daher die von Anna Gabler prognostizierten Umsatzzahlen nicht erreichen wird. Ausserdem erweist sich das Hoteldach bei heftigen Regenfällen als undicht. Küchlin zeigt diese Mängel sofort nach der Entdeckung an und verlangt die Rückzahlung des Kaufpreises gegen Rückgewähr der Gesellschaftsanteile.

Aufgaben 2

1. Wer ist jeweils Träger der Modegeschäfte und des Hotels?
2. Bildeten die Modegeschäfte und der Hotelbetrieb vor dem Tod von Urs Gabler ein einziges, zwei oder drei Unternehmen?
3. Handelt es sich bei den Modegeschäften und dem Hotelbetrieb jeweils um kaufmännische Unternehmen und wenn ja, in welcher Form?

4. Kann Herr Merz Frau Pfeiffer, die als Leiterin der Damenboutique «Schickeria» bereits über eine Vollmacht für das Geschäftskonto der Damenboutique verfügt, eine auch im Aussenverhältnis auf die Boutique in Gstaad beschränkte Prokura erteilen?
5. Kann Herr Küchlin Rückzahlung des Kaufpreises gegen Rückgewähr der GmbH-Anteile verlangen?

C. Begriff des Unternehmens

I. Unterschiedliche Bezeichnungen und Bedeutungen

Wirtschaftlicher Unternehmensbegriff

3 *Wirtschaftlich* ist das Unternehmen eine organisierte Einheit sachlicher und personeller Mittel, mit deren Hilfe der Unternehmensträger selbständig und auf Dauer angelegt am Wirtschaftsverkehr teilnimmt. Zum Unternehmen gehören die materiellen (Sachen und Rechte) und immateriellen (Geschäftsbeziehungen, Geschäftsgeheimnisse, Goodwill) Werte sowie die Verbindlichkeiten. Das Unternehmen kann aus einem oder mehreren Betrieben bestehen.

Privatrechtlicher Unternehmensbegriff

4 Rechtlich gibt es wegen der in den einzelnen Rechtsgebieten unterschiedlichen Funktion und Ausgestaltung des Unternehmensbegriffs kein einheitliches Begriffsverständnis. Im Privatrecht und damit auch im Handels- und Gesellschaftsrecht ist das Unternehmen ein *Rechtsobjekt*. Als solches wird es (ggf. unter zusätzlichen Voraussetzungen) nicht nur als Unternehmen (z. B. Art. 944 Abs. 1 OR), sondern auch als Geschäft (z. B. Art. 181, 347 Abs. 1 OR) oder (kaufmännisches) Gewerbe (z. B. Art. 934 Abs. 1 OR bzw. demnächst 931 Abs. 1 S. 2 OR; näher N 6 ff.) bezeichnet. Werden in dem Unternehmen Arbeitnehmer(innen) beschäftigt, ist im Arbeitsrecht auch von einem Betrieb die Rede (z. B. Art. 1 Abs. 2 ArG). Als Objekt wird das Unternehmen von einer natürlichen bzw. juristischen Person oder einer Rechtsgemeinschaft betrieben (sog. Unternehmensträgerin), die im Gesetz als (Geschäfts-)Inhaber (z. B. Art. 458 Abs. 1, 946 Abs. 1, 954 OR), Rechtseinheit (Art. 2 lit. a HRegV 2007 bzw. demnächst Art. 927 Abs. 2 OR) oder fälschlich auch als Unternehmen (z. B. Art. 322a Abs. 3, 671 Abs. 4, 673 OR) bezeichnet wird. Für den Träger eines kaufmännischen Gewerbes (dazu N 12 ff.) findet sich im Gesetz auch die geläufige Bezeichnung Kaufmann (vgl. z. B. 104 Abs. 3, 190 Abs. 1, 313 Abs. 2 OR), wobei damit keine Beschränkung auf die Betreiber von eigentlichen Han-

delsgewerben (Gross- und Detailhändler)[1] oder auf natürliche Personen verbunden ist. Der alleinige natürliche Träger eines Unternehmens (eigentlich Einzelunternehmer) wird vom Gesetz fälschlich auch als Einzelunternehmen (z. B. Art. 181 Abs. 4, 957 Abs. 1 Ziff. 1 OR, Art. 2 lit. a Ziff. 1 HRegV 2007), im Obligationenrecht aber richtigerweise nicht mehr als Einzelfirma (siehe aber noch z. B. Art. 1 Abs. 1 BankG; zur Firma als blossem Namen § 5 N 42 ff.) bezeichnet.

Unternehmensbegriff in anderen Rechtsgebieten

Im Gegensatz zum allgemeinen Privatrecht wird das Unternehmen im *Kartellrecht* hingegen als vertrags-, beteiligten- und sanktionsfähige Wirt- 5
schaftseinheit angesehen (vgl. Art. 2 Abs. 1bis, 49a KG), wobei sich die Sanktion im Ergebnis aber immer nur gegen das Vermögen eines Unternehmensträgers bzw. die Vermögen mehrerer Unternehmensträger richten kann[2]. Auch in einigen Gesetzen des öffentlichen Wirtschaftsrechts findet sich der Begriff des Unternehmens als eines etwa der Aufsicht unterliegenden Rechtssubjekts, wobei der Begriff aber nur als Oberbegriff für die diversen Träger eines Unternehmens fungiert (z. B. Art. 2 lit. b RAG, Art. 15 BankG). Im *Strafrecht* wird dem Unternehmen zwar nach Art. 102 Abs. 1 S. 1 StGB ein im Unternehmen sowie in Ausübung einer geschäftlichen und unternehmenszweckbezogenen Verrichtung begangenes Verbrechen oder Vergehen zugerechnet, wenn diese sog. Anlasstat wegen mangelhafter Organisation des Unternehmens keiner bestimmten natürlichen Person zugerechnet werden kann, doch führt dies wie auch die Zurechnung bestimmter Katalogstraftaten nach Art. 102 Abs. 2 StGB nicht zu einer eigentlichen Strafbarkeit des Unternehmens, sondern zu einer solchen des Unternehmensträgers (vgl. Art. 102 Abs. 4 StGB). Im *internationalen Schiedsverfahrensrecht* kann immerhin ein staatlich beherrschtes Unternehmen seine Parteifähigkeit nicht unter Berufung auf das eigene Recht in Frage stellen (Art. 177 Abs. 2 IPRG).

II. Das Unternehmen als Gewerbe

1. Begriff des Gewerbes

Unternehmen und Gewerbe als Synonyme

Der Begriff des Gewerbes wird in *Art. 2 lit. b HRegV 2007* für die Zwecke 6
des Handelsregisterrechts in einer durchaus verallgemeinerungsfähigen Form als «eine selbständige, auf dauernden Erwerb gerichtete wirtschaft-

1 A. A. allerdings für das Handelskaufrecht BGE 65 II 173 (zu Art. 215 OR) und BGE 120 II 296, 299 (zu Art. 191 OR).

2 Dazu nur BSK KG-Lehne, Art. 2 N 21.

liche Tätigkeit» definiert. Danach scheint sich der Begriff des Gewerbes mit demjenigen des wirtschaftlichen und privatrechtlichen Unternehmensbegriffs zu decken. Das ist jedoch nur dann der Fall, wenn man den Begriff «wirtschaftlich» in einem weiten Sinne versteht und so auch Unternehmen der Urproduktion (Land-, Gartenbau- und Forstwirtschaft) sowie freiberufliche Unternehmen zu den Gewerben zählt (dazu N 19). In der Tradition eines überholten Standesdenkens, welches etwa zwischen dem Stand der Bauern und Kaufleute sowie Gewerbetreibenden und freiberuflich Tätigen unterschied, bestanden in Rechtsprechung und Lehre aber stets Vorbehalte, etwa die bäuerliche, anwaltliche oder ärztliche Tätigkeit als gewerblich bzw. gar als kaufmännisch zu qualifizieren. Das Gesetz unterscheidet aber zumindest im Privatrecht mit Recht nicht zwischen gewerblichen und anderen selbständig gegen Entgelt am Markt erfolgenden Tätigkeiten. Auch das Bundesgericht ist in den letzten Jahren zumindest bei grösseren freiberuflichen und landwirtschaftlichen Unternehmen von seiner früheren Sonderbehandlung dieser Unternehmen abgerückt (dazu N 19)[3]. Unternehmen und Gewerbe sollten daher übereinstimmend durch die folgenden drei Tatbestandsmerkmale gekennzeichnet sein:

a) Selbständigkeit

7 Selbständig ist, wer seine Tätigkeit im Wesentlichen frei gestalten kann und die betreffenden Geschäfte auf eigenes finanzielles Risiko betreibt[4]. Anders als der Arbeitnehmer oder Beamte ist der Selbständige *nicht im Dienst eines Anderen* tätig (vgl. z. B. Art. 319 Abs. 1 OR einerseits und Art. 418a Abs. 1 OR andererseits). Kennzeichen der Selbständigkeit sind mithin:

Unternehmerfreiheit und -risiko

- die persönliche Unabhängigkeit, d. h. die grundsätzliche Freiheit von örtlichen, zeitlichen und inhaltlichen Weisungen und damit die eigenständige Organisation des Geschäftsbetriebs;
- die Übernahme eines Unternehmerrisikos durch das Ausnutzen unternehmerischer Chancen auf eigene Rechnung oder auf fremde Rechnung gegen Provision[5].

8 Bei der Selbständigkeit handelt es sich um einen *Typusbegriff*, so dass eine wertende Gesamtbetrachtung aller Umstände des Einzelfalls erforderlich ist. Im Zweifel wird in der Praxis die Selbständigkeit bejaht. Massgeblich

Rechtliche Selbständigkeit als Typus

[3] So ausdrücklich m. w. N. BGE 135 III 304, 307 ff. (für einen grösseren Gartenbaubetrieb).
[4] BGE 91 I 139 ff.
[5] BGE 91 I 139, 141 ff. (Versicherungsagent); BGE 118 II 157, 159 f. (Franchisenehmer).

ist allein die *rechtliche* Selbständigkeit, die nicht notwendig auch eine wirtschaftliche Unabhängigkeit voraussetzt. Die Abhängigkeit von Kreditgebern, Lieferanten oder Kunden hindert daher die Qualifikation als selbständig nicht.

Beispiele: Der Agent (Art. 418a ff. OR) ist im Gegensatz zum Handlungsgehilfen selbständiger Gewerbetreibender, was ein Weisungsrecht des Prinzipals nicht ausschliesst (vgl. Art. 397 OR), aber einschränkt[6]. Auch der Franchisenehmer ist in aller Regel trotz gewisser Bindungen an die Vorgaben des Franchisegebers als selbständiger Gewerbetreibender anzusehen[7], während der Filialleiter einer Einzelhandelskette als Angestellter kein Gewerbetreibender ist.

Hinweise

Das Merkmal der Selbständigkeit ist nur für natürliche Personen von Bedeutung. Die Gesellschaften sind bereits aufgrund ihrer Natur (auch als Konzerngesellschaften) stets selbständige Unternehmensträger. Zu beachten ist zudem, dass eine rechtlich selbständige Person aufgrund ihrer starken wirtschaftlichen Abhängigkeit von einem einzigen Prinzipal als eine den Arbeitnehmern ähnlich schutzbedürftige Person einzelnen arbeitsrechtlichen Schutzregelungen kraft ausdrücklicher gesetzlicher Regelung (z. B. Art. 418m Abs. 2 OR) oder kraft Analogie[8] unterliegen kann. 9

b) Dauerhaftigkeit

Auf Dauer angelegt

Im Rahmen der Dauerhaftigkeit kommt es nicht darauf an, dass die unternehmerische Tätigkeit eine bestimmte und ununterbrochene Mindestdauer (z. B. mindestens drei Monate[9]) aufweist. Entscheidend ist, ob das Unternehmen eine gewisse organisatorische Verfestigung aufweist, ob nach aussen eher der Eindruck einer gewöhnlichen und wiederholten oder einer aussergewöhnlichen Tätigkeit entsteht und ob die Tätigkeit auf die Erzielung eines kontinuierlichen Einkommens durch eine Vielzahl von Geschäften angelegt ist[10]. Ist dies der Fall, kann die Aktivität auch dann als Gewerbe qualifiziert werden, wenn sie etwa aufgrund einer wider Erwarten schlechten Geschäftsentwicklung oder der Verweigerung einer Bewilligung bald wieder eingestellt wird. Die Absicht, nur einmalig ein grösseres Geschäft oder nur gelegentlich Geschäfte zu tätigen, ist jedoch nicht ausreichend. 10

6 Siehe dazu BGE 136 III 518, 520 f.

7 HGer ZH ZR 102 (2003), 34, 48.

8 Siehe zur analogen Anwendung von Art. 336a OR (Entschädigung bei missbräuchlicher Kündigung) auf das sog. Subordinationsfranchising etwa BGE 118 II 157, 163 ff. m. w. N.

9 Vgl. dazu aber BGE 84 I 187, 191 (drei Monate ausreichend) und BGE 104 Ib 261, 262 f. (fünf Monate ausreichend).

10 BGE 104 Ib 261, 262 f.

Beispiele: Der gelegentliche Verkauf von überschüssigem Obst aus dem eigenen Garten oder der jährliche Weiterverkauf eines Jahreswagens begründet kein Gewerbe, während der Saisonbetrieb eines Eiscafés bzw. Skilifts oder der regelmässige Betrieb eines Bücherstands auf dem jährlich stattfindenden Schweizerischen Juristentag ein Gewerbe darstellt.

c) Erwerbsbezogene Wirtschaftstätigkeit

11 Von einer erwerbsbezogenen wirtschaftlichen Tätigkeit i. S. v. Art. 2 lit. b HRegV 2007 kann immer dann gesprochen werden, wenn der Selbständige gegen Entgelt am Markt auftritt bzw. seine Tätigkeit an wirtschaftlichen Grundsätzen ausrichtet. Erwerbsbezogenheit und Wirtschaftlichkeit bedeuten dabei *nicht notwendig Gewinnbezogenheit*[11]. Die Tätigkeit muss daher nicht darauf gerichtet sein, einen den Aufwand übersteigenden Ertrag (Gewinn) zu erwirtschaften[12]. Es genügt das Ziel der Kostensenkung oder Kostendeckung. Unerheblich ist, ob das wirtschaftliche Ziel (Gewinnerzielung etc.) auch tatsächlich erreicht wird. Die wirtschaftliche Tätigkeit kann sich etwa bei einem Idealverein auch mit ideellen (End-) Zwecken verbinden. Die öffentlich-rechtliche Natur des Betreibers steht der Qualifikation als Gewerbe ebenfalls nicht entgegen[13]. Obwohl es sich um eine erwerbsbezogene Wirtschaftstätigkeit handelt, gilt die blosse Verwaltung eigenen Vermögens aber herkömmlich nicht als gewerblich, da sie nicht auf einem Markt nach aussen hin in Erscheinung tritt[14]. Obwohl eine Gesellschaft nach ihrer Auflösung in der Liquidationsphase auch nicht mehr werbend tätig ist, verliert das von ihr betriebene Unternehmen die Gewerbeeigenschaft nicht, da die Unternehmensgegenstände noch nach wirtschaftlichen Grundsätzen zu Geld zu machen sind[15].

Tätigkeit nach wirtschaftlichen Grundsätzen

Beispiele: Beständige Vermietung eines Saals durch einen Idealverein an die Universität Bern zur Aufbesserung des Etats für die gemeinnützige Arbeit; Betrieb eines juristischen Antiquariats («Büchermarkt») und eines Skriptenverkaufs durch die Fachgruppe Ius der Universität Basel zur Aufbesserung des eigenen Etats.

11 Siehe nur BGE 80 I 383, 384.
12 BGE 80 I 383, 384.
13 BGE 80 I 383 (Kreisspital).
14 BGE 79 I 57, 60; BGE 98 Ia 212, 217.
15 BGE 41 III 329, 334.

2. Arten des Gewerbes

a) Kaufmännische Gewerbe

Begriff und Bedeutung

Kaufmännische Gewerbe sind solche, die nach Art und Umfang (dazu N 13) des Unternehmens einen kaufmännischen Betrieb und eine geordnete Buchführung erfordern (dazu N 14)[16]. Der Träger eines «nach kaufmännischer Art geführten Gewerbes» (vgl. Art. 458 Abs. 1 sowie Art. 934 Abs. 1 OR bzw. demnächst Art. 931 Abs. 1 S. 2 OR) unterliegt den verschiedenen Sonderregelungen des Handelsrechts (dazu N 21 f.). Da die Struktur bzw. Regelung der einfachen Gesellschaft nicht mit den Bedürfnissen des Handelsverkehrs bzw. den Sondervorschriften des Handelsrechts vereinbar ist (z. B. fehlende Verselbständigung im Aussenverhältnis, fehlende Firmen- und Handelsregisterpublizität), können kaufmännische Gewerbe bzw. Unternehmen nach dem Gesetz grundsätzlich nicht von einer einfachen Gesellschaft, sondern nur von natürlichen Personen, Stiftungen und anderen Gesellschaften betrieben werden (siehe allerdings noch § 3 N 22). Die ein kaufmännisches Gewerbe betreibenden Kollektiv- oder Kommanditgesellschaften entstehen als solche bereits vor der für sie zwar obligatorischen, aber lediglich deklaratorischen Handelsregistereintragung (Art. 552 Abs. 2, 594 Abs. 3 OR; vgl. demgegenüber Art. 553, 595 OR). 12

aa) Voraussetzungen

Nach Art und Umfang des Gewerbes

Bei der Beurteilung der Erforderlichkeit kaufmännischer Einrichtung kommt es auf die Art und den Umfang des Gewerbes an. Mit der *Art* ist die Geschäftsstruktur angesprochen. Es geht um ein qualitatives Kriterium, das etwa die Natur und Vielfalt der gewöhnlich vorkommenden Geschäfte, die Abwicklungsweise der konkreten Geschäfte, die Vielfalt der Erzeugnisse und Leistungen oder die Komplexität und Streuung des Kundenkreises in den Blick nimmt. Mit dem *Umfang* des Gewerbebetriebes ist ein quantitatives Kriterium gemeint, wobei es etwa um das Umsatzvolumen (dazu noch N 15), die Grösse des Anlage- und Betriebskapitals, die Höhe des Kreditbedarfs, die Zahl der Beschäftigten, die Zahl und Grösse der Betriebsstätten oder den Umfang der Werbung und Lagerhaltung geht. 13

Erfordernis kaufmännischer Einrichtung

Art und Umfang müssen sodann eine kaufmännische Einrichtung erfordern. Eine *kaufmännische Einrichtung* ist typischerweise durch den Ein- 14

[16] Siehe nur BGE 80 I 383, 384.

satz kaufmännischen Personals mit oder ohne Vertretungsmacht (vgl. z. B. Art. 347 ff., 458 ff. OR), eine Aufgliederung in Geschäfts- bzw. Zuständigkeitsbereiche, eine kaufmännische (doppelte) Buchführung (vgl. Art. 957a OR), eine Aufbewahrung von Geschäftsunterlagen (vgl. Art. 958 f. OR) sowie eine Firmenführung zur Identifikation des Firmenträgers (vgl. Art. 944 ff. OR) gekennzeichnet. *Erforderlich* ist ein solcher Betrieb, wenn er zur ordentlichen und übersichtlichen Geschäftsführung bzw. zum Schutz der Geschäftspartner notwendig ist. Nach dem Wortlaut des Gesetzes soll es zwar etwa für die Pflicht zur Eintragung in das Handelsregister (Art. 934 Abs. 1 und demnächst noch Art. 931 Abs. 1 S. 2 sowie Art. 552 und 594 Abs. 1, 3 OR) massgeblich sein, ob das Gewerbe nach kaufmännischer Art (tatsächlich) «geführt» wird, doch kann es nur darauf ankommen, was an Einrichtung vorhanden sein *soll* bzw. erforderlich wäre, und nicht darauf, was tatsächlich vorhanden *ist*. Anderenfalls könnte sich der Gewerbetreibende den handelsrechtlichen Pflichten durch eine nicht ordnungsgemässe Betriebsführung entziehen. Sind umgekehrt kaufmännische Einrichtungen tatsächlich vorhanden, ist grundsätzlich davon auszugehen, dass sie auch erforderlich sind.

15 Die Entscheidung über das Erfordernis kaufmännischer Einrichtung erfolgt aufgrund einer wertenden typologischen Gesamtbetrachtung aller genannten und allfälliger weiterer Kriterien. Dabei kommt dem zuletzt erzielten bzw. dem zu erwartenden Jahresumsatz zwar eine zentrale, aber keine alleinentscheidende Bedeutung zu. Zumindest für die Pflicht eines Einzelunternehmers zur Eintragung in das Handelsregister stellt Art. 36 HRegV 2007 (demnächst Art. 931 Abs. 1 OR) aber neben dem Betrieb eines nach kaufmännischer Art geführten Gewerbes noch zusätzlich darauf ab («und»), dass der Einzelunternehmer in den zwölf der Prüfung der Eintragungspflicht vorausgegangenen Monaten Roheinnahmen[17] von mindestens CHF 100 000 erzielt hat[18]. Das Überschreiten der Schwelle ist damit notwendige, aber nicht hinreichende Voraussetzung der Eintragungspflicht, die frühestens nach einem Jahr entstehen kann. Mit der bereits beschlossenen, aber noch nicht in Kraft gesetzten Revision des Handelsregisterrechts soll die Regelung für Einzelunternehmer lediglich auf Gesetzesstufe verankert und neben der unveränderten Mindesterlösschwelle von CHF 100 000 nicht mehr auf den Betrieb eines kaufmännischen Gewerbes, sondern nur noch auf den Betrieb eines Gewerbes abgestellt werden

Mindestumsatzerfordernis?

[17] Mit dem veralteten Begriff der Roheinnahmen ist hier wie auch sonst (z. B. Art. 727 Abs. 1 Ziff. 2 lit. b OR) der Umsatzerlös (auch Bruttoumsatz) gemeint, d. h. die gesamten Geschäftseinnahmen ohne Abzug der Aufwendungen.

[18] Diese Umsatzschwelle entspricht derjenigen der Mehrwertsteuerpflicht (Art. 10 Abs. 2 lit. a MWSTG).

(Art. 931 Abs. 1 E-OR). Es ist umstritten, ob der derzeit noch geltende Art. 36 HRegV 2007 entsprechend der bis Ende 2007 geltenden Fassung der HRegV analog auch bei den Personenhandelsgesellschaften (vgl. Art. 552 Abs. 2, 594 Abs. 3 OR) und allenfalls beim Idealverein (Art. 61 Abs. 2 Ziff. 1 ZGB) gilt[19]. Die Systematik der HRegV und der offensichtliche Begrenzungswille des Verordnungsgebers sprechen für einen Umkehrschluss und damit gegen eine analoge Anwendung von Art. 36 HRegV 2007 im Gesellschaftsrecht[20]. Auf der anderen Seite passt die Ratio der Vorschrift ebenso gut auf Personengesellschaften und Idealvereine. Unklar ist zudem, ob es sich bei Art. 36 HRegV 2007 um ein nicht nur für die Eintragungspflicht, sondern auch die Anwendbarkeit weiterer handelsrechtlicher Regelungen (z. B. Art. 104 Abs. 3, 313 Abs. 2, 458 ff., 944 ff. OR) relevantes Erfordernis handelt. Wegen des engen Zusammenhangs mit der Handelsregistereintragung, die unter der Firma erfolgt (dazu § 5 N 75), sollte die Mindestumsatzschwelle zumindest auch für die Firmenführungspflicht gelten. Unbeachtlich ist sie hingegen bei der Beurteilung der Rechnungslegungspflicht nach Art. 957 OR, weil diese in Form der vereinfachten sog. Milchbüchlein-Rechnung nunmehr bei Einzelunternehmern und Personengesellschaften auch unterhalb der Schwelle von CHF 100 000 besteht (Art. 957 Abs. 2, 3 OR) und für die normale Rechnungslegung an eine bestimmte Rechtsform bzw. einen Mindestumsatzerlös von CHF 500 000 anknüpft (Art. 957 Abs. 1 OR). Eine hinreichend geordnete Buchführung ist zudem erforderlich, um das Überschreiten der Mindestumsatzschwelle überhaupt verlässlich beurteilen zu können, wie dies von Art. 36 Abs. 2 HRegV 2007 gefordert wird.

Schwankungen bei Art und Umfang

Die im Hinblick auf das Erfordernis kaufmännischer Einrichtung zu prüfen- 16
den Umstände können Veränderungen unterliegen (z. B. Reduzierung des Produktangebots, Einstellung weiterer Mitarbeiter, Rückgang des Umsatzes). Das gilt insbesondere für das auf Expansion angelegte Unternehmen unmittelbar nach der Gründung («Start-up»). Insoweit stellt sich die Frage, ob es für die Beurteilung der massgeblichen Kriterien allein auf deren gesichertes Vorliegen oder ob es auch (schon) auf eine absehbare Entwicklung ankommt. Nach Art. 36 Abs. 2 HRegV 2007 soll zumindest die Pflicht von Einzelunternehmern zur Eintragung in das Handelsregister erst gegeben sein, wenn im Hinblick auf das Überschreiten der Mindestumsatzschwelle von CHF 100 000 verlässliche Zahlen vorliegen (dazu bereits N 15). Diese Regel dürfte verallgemeinerungsfähig sein, da das Be-

19 Befürwortend für die Personenhandelsgesellschaften BSK OR II-Baudenbacher, Art. 552 N 35; für eine Begrenzung auf Einzelunternehmer hingegen Meier-Hayoz/Forstmoser, § 4 N 45 f.

20 So auch ohne Begründung die Botschaft zur Änderung des Obligationenrechts (Handelsregisterrecht) vom 15.4.2015, BBl 2015, 3617, 3640 f.

dürfnis für die handelsrechtlichen Sonderregelungen (z. B. gesteigerter Verkehrsschutz, Beschleunigung der Geschäftsabwicklung, geringere Schutzbedürftigkeit des Unternehmensträgers; näher N 20) eigentlich erst mit einem tatsächlich gegebenen handelsrechtlichen Zuschnitt des Unternehmens entsteht. Auf der anderen Seite kann die einmal gegebene Erforderlichkeit durch tatsächlich eintretende Veränderungen im Geschäftsbetrieb (z. B. sinkender Umsatz, Vereinfachung der Geschäftsstruktur) wieder entfallen, was dann erst ab diesem Zeitpunkt – vorbehaltlich einer fortbestehenden Handelsregistereintragung (zu deren dann konstitutiver Bedeutung N 23) – zur Unanwendbarkeit der handelsrechtlichen Sonderregelungen führt.

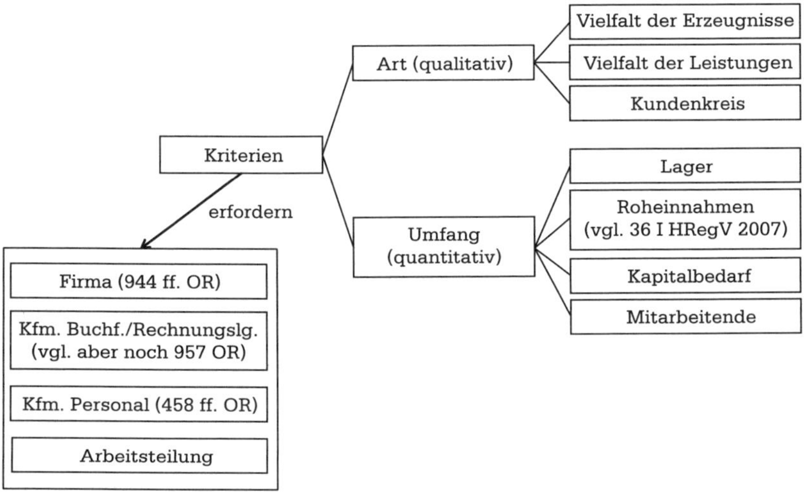

Abb. 14: Begriff des kaufmännischen Unternehmens

bb) Formen der kaufmännischen Gewerbe

17 Zu den kaufmännischen Gewerben zählen nach dem noch geltenden Art. 934 Abs. 1 OR sowie den Art. 552 Abs. 1 und 594 Abs. 1 OR zunächst die Handelsgewerbe. Sie sind auf die klassischen kaufmännischen Tätigkeiten des erwerbsmässigen Umsatzes von im Wesentlichen unbearbeiteten Sachen und die Erbringung von handelsbezogenen Dienstleistungen (Absatzmittlung, Finanzdienstleistungen, Lagerung, Transport) gerichtet. Handelsgewerbe

Beispiele: Warengrosshandel, Import- und Exportgeschäft, Betrieb eines Supermarkts, Banken- und Versicherungsgeschäft, Agententätigkeit, Transport- und Lagergeschäft, Verlagstätigkeit.

Fabrikationsgewerbe

Die zweite Kategorie bilden die Fabrikationsgewerbe. Sie dienen der (industriellen) Bearbeitung von Rohstoffen und anderen Waren mit Hilfe von Maschinen oder anderen technischen Hilfsmitteln zur Herstellung neuer oder veredelter Erzeugnisse. 1

Beispiele: Autoproduktion, Konservenherstellung.

Sonstige kaufmännische Gewerbe

Zu den anderen nach Art und Umfang eine kaufmännische Einrichtung erfordernden Gewerben zählen zunächst die *grösseren Handwerksbetriebe*[21], die im Gegensatz zu den Fabrikationsgewerben hauptsächlich durch eine manuelle Fertigung bzw. Bearbeitung gekennzeichnet sind. Eine wirtschaftlich bedeutende Gruppe bilden zudem die *Bauunternehmen*. Erfasst werden aber vor allem alle Arten von *Dienstleistungsunternehmen*. 19

Beispiele: Schuhmacherbetrieb, Kinobetrieb, Spital, Unternehmen eines Internetproviders.

Eine besondere Gruppe unter den kaufmännischen Dienstleistungsunternehmen bilden seit geraumer Zeit auch die grösseren *freiberuflichen und künstlerischen Unternehmen*. Die Abgrenzung der einen freien Beruf Ausübenden (z. B. Arzt, Anwältin, Architekt, Wirtschaftsprüferin, Bausachverständiger, Hebamme)[22] von anderen selbständigen Dienstleistungserbringern ist historisch bedingt und kann etwa bei neu auftretenden Berufen (z. B. Softwareentwickler) nur schwer anhand allgemeingültiger Merkmale vorgenommen werden. Bei einem freiberuflichen Unternehmen ist nicht nur zu prüfen, ob nach Art und Umfang eine kaufmännische Einrichtung erforderlich ist. Vielmehr muss der Zuschnitt des Unternehmens auch dazu führen, dass die höchstpersönliche und individuelle Betreuung von Kunden (Patienten, Mandanten etc.) hinter einer kaufmännischen Zusammenführung von Produktionsmitteln (Kapital und Arbeit) bzw. einer Betriebsführung nach rein wirtschaftlichen Grundsätzen zurücktritt[23]. In der Praxis werden auf dieser Grundlage immer mehr Gesellschaften von Freiberuflern auch als Personenhandelsgesellschaften und nicht nur als

[21] BGE 75 I 74, 76 ff. (in casu verneint).

[22] Vgl. dazu die abstrakte Definition und den (nicht abschliessenden) Katalog typischer freier Berufe in § 1 Abs. 2 des deutschen Partnerschaftsgesellschaftsgesetzes (PartGG).

[23] Siehe nur BGE 124 III 363, 365.

Aktiengesellschaften[24] oder GmbH[25] in das Handelsregister eingetragen.

Beispiele: Eintragungspflicht eines Arztes, der eine Klinik mit neun medizinischen Angestellten exklusive weiterer Verwaltungsangestellter rund um die Uhr betreibt[26]; Eintragungspflicht eines Architekten, wenn das Unternehmen in erster Linie unter Rentabilitätsgesichtspunkten organisiert und damit unter Zurückstellung des für freie Berufe typischen persönlichen Kunden- bzw. Mandantenverhältnisses tatsächlich wie ein kaufmännisches geführt wird[27]; Eintragungspflicht grösserer Anwaltskanzleien mit zahlreichen angestellten Anwälten, einer gesonderten Büroleitung und einer Betreuung durch fachspezifisch gebildete Teams[28].

Neuerdings werden schliesslich auch die einem Handels- oder Fabrikationsgewerbe vergleichbaren (grösseren) Unternehmen der *Land- und Forstwirtschaft* unter Einschluss der *Gartenbaubetriebe* zu den sonstigen kaufmännischen Gewerben gezählt. Die früher vorherrschende Ansicht[29], wonach die durch bodenabhängige Urproduktion gekennzeichneten Betriebe der Land- und Forstwirtschaft auch dann nicht zu den kaufmännischen Gewerben gehören sollten, wenn sie eigentlich eine kaufmännische Führung erforderten, wurde mit Recht ausdrücklich aufgegeben[30].

Beispiele: Agrartechnischer Grossbetrieb bzw. grösserer Gartenbaubetrieb (Bedürfnis nach kaufmännischer Einrichtung)[31], Betrieb mit angeschlossener Lebensmittelfabrikation bzw. einem Lebensmittelgrosshandel (Mischgewerbe)[32].

cc) Sonderbehandlung der kaufmännischen Gewerbe

Anwendbarkeit des Handelsrechts

20 Die handelsrechtlichen Sonderregelungen sind im schweizerischen Privatrecht in die allgemeine Kodifikation des Privatrechts (ZGB mit OR) und Zivilprozessrechts (ZPO, SchKG) integriert (sog. System des Code unique[33]) und nicht in einem eigenen Gesetzbuch enthalten (sog. Zwei-Code-System). Die danach verstreut im jeweiligen thematischen Kontext

24 Zur Zulässigkeit des Betriebs einer Anwaltskanzlei in der Rechtsform der Aktiengesellschaft BGE 138 II 440, 443 ff.; dazu näher ZK-Jung, Vor Art. 620 OR N 128 f.

25 Zum Betrieb einer Anwaltskanzlei in der Rechtsform der GmbH Jung, in: Entwicklungen im Gesellschaftsrecht IV, 2009, S. 30 ff.

26 BGE 100 1b 345 ff.

27 BGE 130 III 707 (in casu Umsatz bis zu CHF 4 Mio. und 19 Mitarbeiter).

28 Dazu eingehend BGE 124 III 363.

29 Siehe etwa BGE 97 I 417 (eine Gemüsegärtnerei mit einem damaligen Jahresumsatz von ca. CHF 250 000 sei kein kaufmännisches Gewerbe).

30 BGE 135 III 304, 307 ff.

31 BGE 135 III 304.

32 BGE ASA 61 (1992), 525, 528 f.

33 So etwa auch (teils unter Bezugnahme auf das schweizerische Vorbild) in Italien, Brasilien und den Niederlanden; eine (häufigere) gesonderte Kodifikation des Handelsrechts (sog. Zwei-Code-System) findet sich hingegen etwa im französischen sowie nach dessen Vorbild im deutschen und österreichischen Recht.

angeordneten Sonderregelungen knüpfen mit Tatbestandsmerkmalen wie «Inhaber/Betreiber eines ... nach kaufmännischer Art geführten Geschäftes/Gewerbes»[34], «im kaufmännischen Verkehr»[35], «unter Kaufleuten»[36] oder dem Adjektiv «kaufmännisch»[37] bzw. dem Nomen «Kaufmann»[38] an den Betrieb eines nach kaufmännischer Art geführten Gewerbes an. Teilweise geschieht dies auch mit Begriffen wie «Handelsgesellschaft» (dazu § 3 N 22) oder «Einzelunternehmen, die im Handelsregister eingetragen sind» (Art. 181 Abs. 4 OR). Dabei wollen die Sonderregelungen im Vergleich zum allgemein geltenden Privatrecht im Handelsrecht die Verkehrssicherheit erhöhen[39], die Geschäftsabwicklung beschleunigen und vereinfachen[40], die Privatautonomie der weniger schutzwürdigen Träger kaufmännischer Unternehmen erhöhen[41], deren Vergütungsinteressen Rechnung tragen[42] und Handelsbräuche als besondere Verkehrssitten auch rechtlich für massgeblich erklären[43]. Bei einseitigen Handelsgeschäften, bei denen nur auf einer Seite ein unternehmensbezogen handelnder Unternehmer (Einzelunternehmer, Gesellschaft, unternehmenstragende Stiftung) steht, stellen sich demgegenüber Fragen des Konsumentenschutzes. Bei ihnen ist allerdings für das unternehmerische Handeln zumeist nur ein gewerbliches (dazu N 6 ff.) oder selbständig berufliches (zur nicht kaufmännischen freien Berufsausübung noch N 22 f.) Handeln (z. B. Art. 40a Abs. 1 lit. a, 210 Abs. 4 OR), nicht jedoch auch der Betrieb eines nach kaufmännischer Art geführten Gewerbes erforderlich ist (so aber z. B. nach Art. 347 ff. OR).

Gesellschaftsrechtlich relevante Sonderregelungen

21 Gesellschaften, die ein kaufmännisches Gewerbe betreiben, unterliegen als Handelsgesellschaften (dazu § 3 N 22), Genossenschaften (zu deren Gleichstellung § 3 N 22) oder Idealvereine (vgl. Art. 61 Abs. 2 Ziff. 1 ZGB) den folgenden gesellschaftsrechtlich relevanten *Statusregeln* des Handelsrechts:

34 Siehe z. B. Art. 347 Abs. 1 und 934 Abs. 1 OR bzw. demnächst Art. 931 Abs. 1 S. 2 OR.
35 Siehe z. B. Art. 190 Abs. 1, 215 Abs. 1 und 313 Abs. 2 OR.
36 Siehe z. B. Art. 104 Abs. 3 OR.
37 Siehe z. B. Art. 212 Abs. 3, 314 Abs. 3, 458 Abs. 1, 957 ff. OR und Art. 61 Abs. 2 Ziff. 1 ZGB.
38 Siehe z. B. Art. 418c Abs. 1 OR.
39 Siehe z. B. Art. 460 Abs. 3, 933 Abs. 2 bzw. demnächst 936b Abs. 2 OR sowie Art. 341 Abs. 3 und 934 Abs. 2 ZGB.
40 Siehe z. B. Art. 190, 191 Abs. 3, 215 Abs. 2, 933 Abs. 1 bzw. demnächst 936b Abs. 1 OR sowie die Lehre vom kaufmännischen Bestätigungsschreiben.
41 Siehe z. B. Art. 314 Abs. 3 OR.
42 Siehe z. B. Art. 104 Abs. 3, 313 Abs. 2 und 314 Abs. 3 OR.
43 Siehe z. B. Art. 124 Abs. 3, 212 Abs. 3, 429 Abs. 2 und 430 Abs. 1 OR.

- Die ein kaufmännisches Gewerbe betreibende Personengesellschaft ist, sofern nicht juristische Personen oder rechtlich im Aussenverhältnis verselbständigte Personengesamtheiten an ihr beteiligt sind (dazu noch N 12 und § 3 N 22), auch ohne Handelsregistereintragung eine *Personenhandelsgesellschaft*.

- Personenhandelsgesellschaften und Idealvereine sind zur *deklaratorischen Eintragung* der Gesellschaft in das Handelsregister *verpflichtet* (Art. 552 Abs. 2, 594 Abs. 3 OR, Art. 61 Abs. 2 Ziff. 1 ZGB).

- *Kapitalgesellschaften* und Genossenschaften sind mit *konstitutiver Wirkung* in das Handelsregister einzutragen (Art. 643 Abs. 1, 779 Abs. 1, 838 Abs. 1 OR).

- Handelsgesellschaften und Genossenschaften sind zur ordnungsgemässen Bildung und Führung einer *Firma* verpflichtet (Art. 944 ff. OR; näher § 5 N 42 ff.). Für Idealvereine gilt zwar auch im Falle des Betriebs eines kaufmännischen Gewerbes nur das allgemeine Namensrecht, doch kommt auch dort nach allgemeinen Grundsätzen des Kennzeichenrechts und wegen der Teilnahme solcher Vereine am wirtschaftlichen Wettbewerb das Verbot täuschender bzw. irreführender (z. B. Art. 3 Abs. 1 lit. b UWG), rechts- und sittenwidriger (dazu § 5 N 63 f.) sowie identischer bzw. verwechslungsfähiger Firmen (z. B. Art. 3 Abs. 1 lit. b und lit. d UWG) zum Tragen.

- Es besteht eine Pflicht zur *Buchführung und Rechnungslegung* (Art. 957 ff. OR; dazu § 5 N 83 ff.), wobei jedoch nach dem seit 1.1.2013 geltenden Recht einerseits auch einfache Gesellschaften und Idealvereine ohne kaufmännisches Unternehmen dieser Pflicht unterliegen und andererseits für Personengesellschaften (übrigens auch Einzelunternehmer) mit einem Jahresumsatzerlös von weniger als CHF 500 000 und Idealvereine ohne kaufmännisches Unternehmen nur eine eingeschränkte Pflicht zur sog. Milchbüchlein-Rechnung besteht (Art. 957 OR).

- Die Gesellschaft hat die Möglichkeit, sich durch *Handlungsbevollmächtigte* vertreten zu lassen (Art. 458 ff. OR), wobei die Prokura (eigentlich systemwidrig und praktisch nicht sonderlich bedeutsam) auch als sog. nicht kaufmännische Prokura von dem Betreiber eines sonstigen Gewerbes oder Geschäfts erteilt werden kann (Art. 458 Abs. 3 OR) und die in einem kaufmännischen Gewerbe erteilten Vollmachten zumindest immer Handlungsvollmachten i. e. S. sind (dazu § 6 N 58).

- Im Falle der Eintragung in das Handelsregister unterliegen die Gesellschaft und ihre unbeschränkt haftenden Gesellschafter der *Konkurs- und Wechselbetreibung* (Art. 39 ff., 159 ff. SchKG).

- In den Kantonen Aargau, Bern, St. Gallen und Zürich ist ein *Handelsgericht* als einzige kantonale Instanz zuständig, sofern die geschäftliche Tätigkeit mindestens einer Partei betroffen ist, gegen die Entscheidung die Beschwerde in Zivilsachen offensteht und wenigstens die beklagte Partei im schweizerischen Handelsregister oder einem vergleichbaren ausländischen Register eingetragen ist (dann fakultative Zuständigkeit nach Wahl des Klägers) oder dies bei beiden Parteien der Fall ist (Art. 6 Abs. 1–3 ZPO). Die besagten Kantone können das Handelsgericht zudem für Streitigkeiten aus dem Recht der Handelsgesellschaften und Genossenschaften für zuständig erklären (Art. 6 Abs. 4 lit. b ZPO).

b) Nicht kaufmännische Gewerbe

Begriff und Arten

Zu den nicht kaufmännischen Gewerben, bei denen wegen der Art oder des Umfangs des Gewerbes eine Führung nach kaufmännischen Grundsätzen nicht erforderlich ist (vgl. N 13 ff.), zählen: 22

- Kleingewerbe mit einfacher Struktur oder geringem Umsatz (vgl. N 13 ff.);

- Handwerksbetriebe, bei denen die persönliche manuelle Tätigkeit des Betriebsinhabers und allenfalls einiger weniger Hilfskräfte im Vordergrund steht (vgl. N 18 f.)[44];

- freiberufliche Unternehmen mit höchstpersönlicher Kunden-, Patienten- bzw. Mandantenbetreuung «aus einer Hand» (vgl. N 19);

- überschaubar organisierte Betriebe der Land- und Forstwirtschaft sowie des Gartenbaus (vgl. N 19)

Beispiele: Kleiner Kioskbetrieb, Schuhputzer, einfach strukturierte Käserei, Schuhmacherwerkstatt, kleine Anwaltskanzlei bzw. Arztpraxis, bäuerlicher Familienbetrieb oder Nebenerwerbsbetrieb.

Da sich die Betreiber nicht kaufmännischer Gewerbe zwar nicht in das *Handelsregister* eintragen lassen müssen, dies aber tun und sich damit freiwillig einem Teil der handelsrechtlichen Sonderregelungen unterstellen können (dazu N 23), hat man insbesondere zwischen eingetragenen

---

44 BGE 75 I 74 ff. (einfach strukturierte Käserei).

und nicht eingetragenen nicht kaufmännischen Gewerben zu unterscheiden. Die Möglichkeit zur Handelsregistereintragung ergibt sich für Einzelunternehmer aus Art. 934 Abs. 2 OR (demnächst Art. 931 Abs. 3 OR) und für Personengesellschaften aus Art. 553 bzw. 595 OR. Körperschaften, die ein nicht kaufmännisches Gewerbe betreiben, bedürfen mit Ausnahme des Idealvereins (vgl. Art. 60 ZGB) zu ihrer Entstehung ohnehin der (konstitutiven) Eintragung in das Handelsregister (Art. 643 Abs. 1, 779 Abs. 1, 838 Abs. 1 OR).

23 Die freiwillig im Handelsregister eingetragenen Betreiber eines nicht kaufmännischen Gewerbes unterliegen den folgenden gesellschaftsrechtlich relevanten Sonderregelungen:

Rechtsfolgen freiwilliger Handelsregistereintragung

- Gründung einer *Personenhandelsgesellschaft* bzw. Erlangung des Status eines *Einzelkaufmanns* durch die konstitutive Eintragung in das Handelsregister (Art. 553, 595 sowie Art. 934 Abs. 2 OR bzw. demnächst Art. 931 Abs. 3 OR);
- Pflicht zur Führung und Schutz einer ordnungsgemäss gebildeten *Firma* (Art. 944 ff. OR);
- *Konkurs- und Wechselbetreibung* (Art. 39 ff., 159 ff. SchKG);
- Möglichkeit zur Erteilung einer nicht kaufmännischen Prokura (Art. 458 Abs. 3 OR).

D. Niederlassungen des Unternehmens

24 Ein einziges Unternehmen wird von seinem Träger häufig an verschiedenen Orten (Produktionsstätten, Büros, Ladengeschäfte, Lager etc.) betrieben. Soweit die Unternehmenstätigkeit an einem dieser Orte eine gewisse Stabilität erreicht hat (z. B. Montagestelle von mindestens zwölf Monaten Dauer), spricht man im Steuerrecht von einer Betriebsstätte, d. h. einer festen Geschäftseinrichtung, in der die Geschäftstätigkeit eines Unternehmens ganz oder teilweise ausgeübt wird (z. B. Art. 4 Abs. 2, 51 Abs. 2 DBG). Nicht jede Betriebsstätte ist jedoch bereits eine (Zweig-)Niederlassung im privatrechtlichen Sinne (z. B. Art. 934 f. bzw. demnächst Art. 931 Abs. 2 und Abs. 3 OR, Art. 21 Abs. 4 IPRG). Von einer Niederlassung kann erst gesprochen werden, wenn von dem betreffenden *Ort aus* das Unternehmen insgesamt (Hauptniederlassung) oder in Teilen (Zweigniederlassung) *wirtschaftlich eigenständig geführt* wird (dann Eintragungspflicht

Begriff der Niederlassung

nach Art. 935 OR bzw. demnächst Art. 931 Abs. 2 OR) oder wenn die Betriebsstätte freiwillig als Zweigniederlassung in das Handelsregister eingetragen wurde (dazu demnächst Art. 931 Abs. 3 OR)[45].

Arten der Niederlassung

Das Gesetz unterscheidet an einigen Stellen zwischen Haupt- und Zweig- 25
niederlassung (vgl. z. B. Art. 934 f. bzw. demnächst Art. 931 Abs. 2 und 934a OR, Art. 109 ff. HRegV 2007, Art. 21 Abs. 4 IPRG):

- Die *Hauptniederlassung* wird vom Gesetz auch als Sitz (z. B. Art. 554 OR) bzw. Hauptsitz (z. B. Art. 46 Abs. 2 SchKG) bezeichnet. Sie ist entweder als Ort der beruflichen Niederlassung bzw. Geschäftsleitung der Mittelpunkt des Unternehmens (bei Einzelunternehmern und Personenhandelsgesellschaften) oder der statutarisch bestimmte Sitz (bei Körperschaften).
- Die *Zweigniederlassung* (Art. 935 bzw. demnächst Art. 931 Abs. 2 und Abs. 3 OR, Art. 109 ff. HRegV 2007) ist zusammen mit der Hauptniederlassung und allfälligen weiteren Zweigniederlassungen ein Teil eines von einem einzigen Unternehmensträger betriebenen Unternehmens, der entweder räumlich und wirtschaftlich selbständig ist[46] oder als solcher in das Handelsregister eingetragen wurde[47]. Es handelt sich um eine Zwischenform zwischen Tochtergesellschaft und unselbständigem bzw. nicht im Handelsregister eingetragenem Unternehmensteil. Im Gegensatz zur Tochtergesellschaft eines Konzerns ist die Zweigniederlassung kein eigener Unternehmensträger, sondern trotz ihrer registerrechtlichen Bezeichnung als «Rechtseinheit» (Art. 2 lit. a Ziff. 14 HRegV 2007) und ihrer gesonderten Eintragungsfähigkeit[48] rechtlich nicht verselbständigt. Von der blossen Betriebsstätte oder Filiale unterscheidet sie sich aber – zumindest nach traditioneller Auffassung – durch eine gewisse wirtschaftliche und geschäftliche Unabhängigkeit (z. B. Personalhoheit, Profitcenter-Rechnung, eigener Marktauftritt). Da die Handelsregisterpraxis seit 1.1.2008 allerdings auf die entsprechende Selbständigkeitserklärung als Anmeldungsbeleg und damit als Eintragungsvoraussetzung verzichtet, nimmt sie in Kauf, dass nunmehr auch unselbständige Betriebsstätten durch die Han-

[45] Näher CRAMER, GesKR 2015, 243, 244 f.

[46] Siehe nur BGE 108 II 122, 124 f.; BGE 117 II 85, 87.

[47] SHK HRegV-CHAMPEAUX, Art. 109 N 3 ff.; zum 1.1.2018 waren laut EHRA-Statistik der eingetragenen Rechtseinheiten pro Rechtsform und Kanton gut 15 500 Zweigniederlassungen in- und ausländischer Unternehmen in schweizerischen Handelsregistern eingetragen.

[48] Die Zweigniederlassung ist mit diversen Angaben zu ihr und zur Hauptniederlassung bei dem für sie örtlich zuständigen Handelsregisteramt in das Handelsregister einzutragen (Art. 935 bzw. demnächst Art. 931 Abs. 2 und Abs. 3 OR, Art. 109 ff. HRegV 2007).

delsregistereintragung zu Zweigniederlassungen erhoben werden[49]. Während die Handelsregistereintragung[50] bei wirtschaftlicher Selbständigkeit obligatorisch[51] und grundsätzlich deklaratorischer Natur ist (siehe aber etwa Art. 656d Abs. 2 OR)[52], entfaltet die im Fall der Unselbständigkeit nunmehr freiwillig mögliche Eintragung der Zweigniederlassung konstitutive Wirkung. Die Zweigniederlassung steht der Hauptniederlassung rechtlich grundsätzlich gleich (dazu und zu Ausnahmen N 26).

Rechtliche Behandlung

26 Haupt- und Zweigniederlassung haben rechtliche Bedeutung als *Erfüllungsorte* i. S. v. Art. 74 OR, sofern es sich um Leistungen im Zusammenhang mit der betreffenden Niederlassung handelt[53]. Am Ort der Haupt- oder Zweigniederlassung ist zudem ein alternativer *Gerichtsstand* für Klagen aus dem Betrieb der Niederlassung begründet (Art. 12 ZPO, Art. 5 Ziff. 5 LugÜ, Art. 112 Abs. 2 IPRG). Die Prokura und die Macht zur Vertretung von Körperschaften können auf den Bereich der Haupt- oder einer Zweigniederlassung beschränkt werden (Art. 460 Abs. 1, 718a Abs. 2, 814 Abs. 4, 899 Abs. 2 OR). Auf der anderen Seite kann durch den Eintrag einer Zweigniederlassung der lokale Schutzraum der *Firma* von Einzelunternehmern (vgl. Art. 946 Abs. 1 OR) auf den Ort der Zweigniederlassung ausgedehnt werden (vgl. Art. 952 Abs. 1 OR). Ausserdem kann sich eine Gesellschaft mit Sitz im Ausland auf das schweizerische Firmenschutzrecht berufen, wenn es seine schweizerische Zweigniederlassung im Handelsregister eingetragen hat (Art. 157 Abs. 1 IPRG). Gesellschaften sind an ihrem Sitz in das *Handelsregister* einzutragen (Art. 554, 596 Abs. 1 OR), wobei dieser Sitz bei den Personenhandelsgesellschaften wie bei den Einzelunternehmern stets der Ort der Hauptniederlassung ist (vgl. den noch geltenden Art. 934 OR). Von den Körperschaften kann der Sitz allerdings innerhalb der Schweiz unter Vorbehalt des Verbots des Rechtsmissbrauchs frei gewählt werden und muss daher nicht mit der Hauptniederlassung identisch sein (Art. 56 ZGB; dazu bereits § 2 N 49). Bei den eingetragenen Einzelunternehmern und Gesellschaften ist der im Handelsregister eingetragene Sitz zugleich der *Betreibungsort*, während dieser bei den nicht eingetragenen Einzelunternehmern und Gesellschaften am «Hauptsitz ihrer Verwaltung», d. h. am Ort der Hauptniederlassung, liegt (Art. 46 Abs. 2 SchKG). Nur eine eingetragene Körperschaft

49 SHK HRegV-Champeaux, Art. 109 N 3 ff.

50 Näher zur Eintragung von Zweigniederlassungen Cramer, GesKR 2015, 243, 251 ff.

51 Siehe nur BGE 117 II 85, 87; BSK OR II-Eckert, Art. 935 N 1; krit. für die Zweigniederlassungen schweizerischer Unternehmen Cramer, GesKR 2015, 243, 249 f.

52 BGE 98 Ib 100, 104; BGE 108 II 122, 130.

53 Siehe nur KUKO OR-Gross, Art. 74 N 8.

hat mithin die Möglichkeit, den Ort einer Zweigniederlassung zu ihrem statutarischen Sitz zu erklären und dann dort in das Handelsregister eingetragen und betrieben zu werden.

E. Unternehmen und Unternehmensträger

Unternehmen selbst kein Rechtssubjekt

27 Jedes Unternehmen hat einen Unternehmensträger (natürliche Person, juristische Person oder Rechtsgemeinschaft), der das Unternehmen betreibt und daher auch als Betreiber bzw. (Geschäfts-)Inhaber bezeichnet wird. Gesellschaften sind ganz überwiegend Unternehmensträgerinnen[54]. Während Gesellschaften unter ihrer einen Firma (dazu § 5 N 65) immer nur ein einziges Unternehmen in allenfalls mehreren Sparten und mehreren Niederlassungen (dazu N 24 ff.) betreiben, können Einzelunternehmer mehrere voneinander organisatorisch getrennte Unternehmen unter verschiedenen Firmen führen. Das Unternehmen ist im Gegensatz zu seinem Träger im Privatrecht selbst kein Rechtssubjekt (siehe bereits N 4). Das Unternehmensvermögen ist daher dem Unternehmensträger als Teil seines Privatvermögens (Einzelunternehmer) oder als gesondertes Gesellschaftsvermögen (Gesellschaft) zugeordnet. Auch die Firma ist der Name des kaufmännischen Unternehmensträgers und nicht des Unternehmens. Aus den für das Unternehmen getätigten Rechtsgeschäften (sog. unternehmensbezogene Geschäfte) wird der jeweilige Unternehmensträger auch dann berechtigt und verpflichtet, wenn seine Identität beim Vertragsschluss nicht ausdrücklich offengelegt wurde (vgl. Art. 32 Abs. 2 OR). Im Prozessverkehr muss der Unternehmensträger allerdings genau bezeichnet werden.

Beispiel: Anna G bestellt sich in einer Drehpause telefonisch beim «Limmat Pizzaservice» eine Pizza und verletzt sich beim Verzehr der Pizza an dem Splitter einer Konservendose. Hier hat sie den Kaufvertrag mit dem gegenwärtigen Träger des Pizzaserviceunternehmens geschlossen, sofern sie nicht ausdrücklich auf einen anderen Vertragspartner hingewiesen wird. Darüber, ob ihr Gesprächspartner am Telefon z. B. der Inhaber eines Einzelunternehmens, der Geschäftsführer einer GmbH oder der Angestellte einer KlG ist und welcher Unternehmensträger letztlich für den entstandenen Schaden haftet, wird sie sich erst Gedanken machen müssen, wenn sie in einer Klage auf Schadenersatz den haftenden Unternehmensträger regelmäs-

[54] Dazu auch Druey/Druey Just/Glanzmann, § 1 N 53 ff.

sig mit Hilfe von dessen Firma genau bezeichnen muss. Verklagt sie nämlich nicht den Träger des Pizzaserviceunternehmens, ist ein Parteiwechsel erforderlich.

F. Das Unternehmen als Gegenstand des Rechtsverkehrs

28 Das Unternehmen bildet wirtschaftlich und organisatorisch eine Einheit (dazu N 3). Als Rechtsgegenstand wird das Unternehmen aber nur zum Teil als Einheit behandelt.

I. Das Unternehmen im Obligationenrecht

29 Im Obligationenrecht ist eine Einheitsbetrachtung möglich. Insbesondere Verpflichtungsgeschäfte können auf die Übertragung oder die zeitweilige Überlassung des Unternehmens als Gesamtheit gerichtet sein. Der Übertragung kann beispielsweise ein Kauf, eine Schenkung oder ein Gesellschaftsvertrag mit der Verpflichtung zur Überführung des Unternehmens in das Gesellschaftsvermögen als Beitragsleistung (sog. Einbringung) zugrunde liegen. Die Verpflichtung zur zeitweiligen Überlassung des Unternehmens kann insbesondere durch einen Pacht- oder Treuhandvertrag begründet werden. Einheitsbetrachtung im Obligationenrecht

30 Im Zweifel sind alle Aktiva und Passiva des Unternehmens einschliesslich des Zugehörs Gegenstand des Verpflichtungsgeschäfts[55]. Das Verpflichtungsgeschäft bedarf grundsätzlich keiner Form. Ausnahmen können sich aber aus Art. 657 Abs. 1 ZGB (Erstreckung des Vertrags auf ein Betriebsgrundstück) und Art. 243 OR (Schenkungsversprechen) ergeben. Verpflichtungsgeschäft

31 Bei einem Kaufvertrag hat man genau zwischen dem Kauf des Unternehmens als rechtlicher Einheit mit einem Wechsel des Unternehmensträgers (Unternehmenskauf i. e. S.; sog. asset deal) und dem blossen Kauf von Gesellschaftsanteilen am Träger des Unternehmens (Beteiligungskauf; sog. share deal) zu unterscheiden. Asset deal und share deal

Beispiel: Das gesamte Vermögen der Xenon AG besteht aus einem Grundstück, das mit einem Vorkaufsrecht belastet ist. Überträgt nun der Alleingesellschafter

[55] Zur Anwendbarkeit von Art. 644 f. ZGB auf das Verpflichtungsgeschäft BSK ZGB II-Wiegand, Art. 644/645 N 25.

der Xenon AG (nahezu) alle seine Aktien auf Dreier, bildet der Anteilsverkauf kein wirtschaftlich einem Verkauf des Grundstücks gleichkommendes Geschäft i. S. v. Art. 216c Abs. 1 OR, da die Übertragung der gesamten mitgliedschaftsrechtlichen Stellung mehr als eine blosse Übertragung des Anteils am Gesellschaftsvermögen darstellt und daher auch wirtschaftlich nicht mit dem Grundstücksverkauf gleichgestellt werden kann[56].

Obwohl das Unternehmen eine wirtschaftliche Einheit aus Sachen, Rechten etc. und damit weder eine Sachgesamtheit noch eine Gesamtsache i. S. v. Art. 209 OR ist, steht der asset deal dem Sachkauf nahe, dessen Vorschriften entsprechend anwendbar sind. Der share deal ist demgegenüber ein reiner Rechtskauf. Bedeutung hat dies insbesondere für die entsprechende Anwendung des Rechts der Sachmängelgewährleistung.

Beispiel: Bei einem Beteiligungskauf und Mängeln im Unternehmen kommt nach h. M. Art. 171 OR zur Anwendung, so dass der Käufer Gewährleistungsrechte nur dann geltend machen kann, wenn einerseits der Verkäufer entsprechende Zusicherungen betreffend den wirtschaftlichen Wert der Gesellschaftsanteile gemacht hat und der Käufer die Mängel andererseits ordnungsgemäss gerügt (Art. 201 OR) hat[57]. Der Käufer hat im Übrigen nur die Möglichkeit der Irrtumsanfechtung, wenn er hinsichtlich der Vermögenswerte der Gesellschaft einem Irrtum unterlag[58]. Die Sachmängelgewährleistungsvorschriften sollen auch dann keine entsprechende Anwendung finden, wenn die Mängel aufgrund ihrer Tragweite das Unternehmen als Ganzes berühren und (nahezu) alle Gesellschaftsanteile übertragen wurden. Gerade in einem solchen Fall erscheint die analoge Anwendung der Art. 197 ff. OR jedoch geboten. Die Erwerbsabsicht des Käufers ist dann nämlich auf das Unternehmen als Vermögenseinheit und nicht nur auf eine Beteiligung am Unternehmensträger gerichtet. Zudem erlangt der Käufer durch den Anteilserwerb eine derart beherrschende Stellung, dass er in der Ausübung seiner Leitungsmacht und damit seiner Verfügungsmacht über die Unternehmensgegenstände durch andere Anteilsinhaber nicht mehr entscheidend beeinträchtigt wird. Man kann daher sagen, dass die das Unternehmen als Ganzes berührenden Mängel auf die Anteilsrechte «durchschlagen»[59].

II. Das Unternehmen im Sachenrecht

Spezialitätsgrundsatz im Sachenrecht

Aufgrund des Spezialitätsgrundsatzes bildet das Unternehmen sachenrechtlich keine Einheit. Es gibt keine Sache «Unternehmen» und kein Eigentum am Unternehmen, sondern allenfalls an den einzelnen Unter- 32

56 So im Ergebnis auch BGE 92 II 160, 165 f.; weitergehend jedoch BSK OR I-Fasel, Art. 216c N 7.

57 BGE 107 II 419, 422; BSK OR I-Honsell, Art. 197 N 1.

58 BGE 79 II 155, 159 ff.; BGE 108 II 102, 104.

59 So auch BK-Giger, Art. 197 OR N 85 ff. und Luginbühl, Leistungsstörungen beim Unternehmenskauf, 1993, S. 185 ff.

nehmensgegenständen. Das Unternehmen kann als Gesamtheit weder übereignet noch verpfändet werden. Die Verfügungsgeschäfte sind daher einzeln nach den jeweiligen Vorschriften (z. B. Art. 656 ff. ZGB, Art. 164 ff. OR) vorzunehmen. Gewisse Erleichterungen sind lediglich durch die vielfach mögliche Behandlung von beweglichen Unternehmensgegenständen als Zugehör des Betriebsgrundstücks (vgl. Art. 644 f. ZGB) denkbar. Zwar wird hierfür auch eine nur mittelbare Zweckbindung als ausreichend betrachtet. Da das Unternehmen jedoch selbst keine Sache ist und damit auch keine Hauptsache i. S. v. Art. 644 Abs. 2 ZGB sein kann, ist hierfür jedoch Voraussetzung, dass das Gewerbe mit dem betreffenden Zugehör im Wesentlichen auf der Liegenschaft betrieben wird[60]. Eine Übertragung des Unternehmens als Ganzes durch Universalsukzession ist zudem im Rahmen von Strukturänderungen unter dem FusG und hier insbesondere im Wege einer Vermögensübertragung (Art. 69 ff. FusG) möglich.

Asset Deal (Objekt: Aktiven/Passiven)	**Share Deal (Objekt: Gesellschaftsanteile)**	**Vermögensübertragung (Objekt: Aktiven/Passiven)**
Verpflichtungsgeschäft 184 ff., 237 f., 239 ff., 530 OR	Verpflichtungsgeschäft 184 ff., 237 f., 239 ff., 530 OR	Verpflichtungsgeschäft 184 ff., 237 f., 239 ff., 530 OR
Verfügungsgeschäfte (Singularsukzession) • Sachen: 656 f., 714 ff. ZGB • Forderungen: 164 ff. OR • Sonstige Rechte: 164 ff. OR analog, Sonderrecht • Schulden: 176, 181 OR	Verfügungsgeschäft 164 ff., 684 ff., 785 ff., 849 f., 1001 ff. OR, 714 ff. ZGB, BEG	Übertragung nach 69 ff FusG): • Handelsregistereintragung (Überträgerin, Übertragung) • Übertragungsvertrag mit Form und Inhalt • Inventar mit Aktivenplus Rechtsfolge: (Partielle) Universalsukzession
Problem: Verkauf d. Unternehmens als Zugehör eines Grundstücks (644 ZGB)?	Problem: Mangel im Unternehmen / des Unternehmens	Probleme: Singularsukzession, Vertragsnachfolge

Abb. 15: Arten der Unternehmensübertragung

60 BGE 80 II 228, 230 ff.; BSK ZGB II-WIEGAND, Art. 644/645 N 6.

III. Das Unternehmen in der Zwangsvollstreckung und im Konkurs

Unternehmen als Vollstreckungsobjekt

Das Unternehmen ist weder Subjekt noch Objekt der Zwangsvollstre- 33
ckung. Subjekt der Zwangsvollstreckung ist allein der Unternehmensträger. Wer in das Unternehmensvermögen vollstrecken will, muss daher einen Titel gegen den Unternehmensträger erwirken. Objekt der Zwangsvollstreckung ist mit Ausnahme des Nachlassvertrags mit Vermögensabtretung (Art. 317 ff. SchKG) nicht das Unternehmen als Ganzes, sondern nach dem Spezialitätsgrundsatz sind dies wiederum nur die einzelnen Gegenstände des Unternehmens. Vergleichbares gilt im Konkurs. Schuldner ist nicht das Unternehmen, sondern der Unternehmensträger. Die Konkursverwaltung kann das Unternehmen allerdings als Einheit verkaufen.

G. Vertiefungsfragen

1. Warum ist der Begriff des Unternehmensträgers für das Unternehmensrecht zentral?
2. Wie verhalten sich die Begriffe Unternehmen, Gewerbe und kaufmännisches Gewerbe zueinander?
3. Was macht eine Betriebsstätte zur Niederlassung?
4. Wie kann ein Unternehmen als Gesamtheit übertragen werden?

§ 5 Die Publizität von Gesellschaften

A. Einstieg

Lernziele

Sie kennen

- die Funktionen des Handelsregisters, der Firma und der Rechnungslegung;
- die Organisation des Handelsregisters und die Reichweite der Kognitionsbefugnis des Handelsregisteramts;
- den Begriff und die Regelungen zum Schutz einer Firma;
- die Mechanismen der doppelten Buchführung sowie den Inhalt der Bilanz und der Erfolgsrechnung;
- Sie verstehen die materielle Registerpublizität, die Firmengrundsätze (v. a. Firmenfreiheit, Firmenstrenge, Firmenwahrheit, Firmenbeständigkeit und Eintragungspriorität) sowie die Rechnungslegungsgrundsätze;
- Sie sind in der Lage, sich Informationen aus dem Handelsregister zu beschaffen, eine Firma zu bilden und eine Bilanz zu lesen.

Gesetzliche Grundlagen

- Art. 927–963b OR
- HRegV vom 17. Oktober 2007 (SR 221.411)

Literaturhinweise

Handelsregisterrecht:

Gauch, Peter, Von der Eintragung im Handelsregister, ihren Wirkungen und der negativen Publizitätswirkung, SAG 1976, 139 ff.

Gwelessiani, Michael, Praxiskommentar zur Handelsregisterverordnung, 3. Aufl., Zürich 2016

Meier-Hayoz, Arthur/Forstmoser, Peter, Schweizerisches Gesellschaftsrecht, 11. Aufl., Bern 2012 (§ 6)

Meier-Schatz, Christian, Funktion und Recht des Handelsregisters als wirtschaftsrechtliches Problem, ZSR 1989 I, 433 ff.

Siffert, Rino/Turin, Nicolas (Hrsg.), Handelsregisterverordnung (HRegV), Bern 2013

Vogt, Hans-Ulrich, Der öffentliche Glaube des Handelsregisters, Zürich 2003

Firmenrecht:

Achermann, Eduard, Die Täuschungsgefahr im Firmenrecht, BN 1985, 47 ff.

Eidgenössisches Amt für das Handelsregister, Anleitung und Weisung an die Handelsregisterbehörden für die Bildung und Prüfung von Firmen und Namen vom 1. Juli 2016 (www.bj.admin.ch/dam/data/bj/wirtschaft/handelsregister/weisung-firmenrecht-d.pdf)

Eidgenössisches Amt für das Handelsregister, Interne Weisung zur Prüfung der Firmenidentität vom 1. Juli 2016 (www.bj.admin.ch/dam/data/bj/wirtschaft/handelsregister/firmenidentitaet-d.pdf)

Hilti, Christian, Firmenrecht, in: von Büren, Roland/David, Lucas (Hrsg.), Kennzeichenrecht (SIWR III/2), 2. Aufl., Basel 2005, S. 1 ff.

Meier-Hayoz, Arthur/Forstmoser, Peter, Schweizerisches Gesellschaftsrecht, 11. Aufl., Bern 2012 (§ 7)

Reusser, Ruth, Entwicklungstendenzen im Schweizerischen Firmenrecht, ZBJV 1996, 166 ff.

Siffert, Rino, Die Geschäftsfirmen, Art. 944–956 OR, in: Berner Kommentar zum schweizerischen Privatrecht – Das Obligationsrecht, Bern 2017

Rechnungslegungsrecht:

Böckli, Peter, Einführung in die IFRS/IAS, International Financial Reporting Standards, 2. Aufl., Zürich 2005

Böckli Peter, Die neue OR Rechnungslegung, Zürich 2014

Handschin, Lukas, Rechnungslegungs- und Revisionsrecht in a nutshell, 2. Aufl., Zürich 2013

Handschin, Lukas, Rechnungslegung im Gesellschaftsrecht, 2. Aufl., Basel 2016

Lipp, Lorenz, CHK-Ergänzungsband: Revidiertes Rechnungslegungsrecht 2013, Zürich 2013

Meier-Hayoz, Arthur/Forstmoser, Peter, Schweizerisches Gesellschaftsrecht, 11. Aufl., Bern 2012 (§ 8)

Materialien unter www.expertsuisse.ch/home

B. Einführungsfall

1 Anna Gabler und ihren Mitstreitern gelingt es, den ersten gemeinsamen Film auf einem Kurzfilmfestival in Luzern vorzuführen. Dort wird der Filmagent Frisch auf die Truppe aufmerksam und verheisst ihr eine glorreiche filmische Zukunft. Hierfür müsse man allerdings längerfristig planen, sich völlig neu in einer kaufmännischen Filmproduktionsgesellschaft organisieren und ein wenig Geld investieren. Da die bisherigen Gesellschafter jedenfalls zunächst nur insgesamt CHF 10 000 einzahlen wollen und sich der Kulturfonds des Kantons Zürich bereits vertraglich zur Bereitstellung eines zinslosen Kredits über CHF 500 000 bereit erklärt hat, gründen die jungen Künstler eine GmbH. In den Statuten einigen sie sich u. a. auf Zürich als Sitz der GmbH, die im Rechtsverkehr möglichst als Met@box Filmstudio & Co und hilfsweise als «Laterna Magica GmbH» auftreten soll. Die Gründungskosten belaufen sich auf CHF 5000. Annas Freund Max scheidet schon bald nach der Gründung der GmbH wieder aus der Gesellschaft aus. Mit Erschrecken habe er feststellen müssen, dass in einer Kapitalgesellschaft nur der schnöde Mammon zähle. Auch wolle er sich nicht von «Paragrafenreitern» die Rahmenbedingungen seiner künstlerischen Arbeit diktieren lassen.

Aufgaben 2

1. Kann das Handelsregisteramt in Zürich die Eintragung der von Anna Gabler angemeldeten GmbH in das Handelsregister zurückweisen wegen:
   - unzureichender Einlageleistungen der Gründergesellschafter?
   - unzulässiger Firmenbildung?
   - einer bei Errichtung der GmbH fehlenden Urteilsfähigkeit von Max?
   - Welche Rechtsschutzmöglichkeiten hat die Gesellschaft?
3. Wie können sie feststellen, ob es in der Schweiz bereits eine Laterna Magica GmbH gibt?
4. Wie würde die GmbH in einer im Zeitpunkt der Handelsregisteranmeldung erstellten Bilanz die Einlagen der Gesellschafter, die Kreditzusage des Kulturfonds und die Gründungskosten unter Einschluss der voraussichtlichen Registrierungskosten verbuchen?

C. Handelsregister

I. Begriff des Handelsregisters

Begriff

Das Handelsregister ist ein amtlich geführtes (Art. 927 ff. OR) und öffentlich zugängliches (Art. 930 bzw. demnächst Art. 936 OR) Register. Es enthält einige wesentliche Informationen über die in Art. 2 lit. a HRegV 2007 (demnächst Art. 927 Abs. 2 OR) aufgeführten sog. Rechtseinheiten sowie die nicht kaufmännischen Prokuren und das Haupt von Gemeinderschaften (Art. 7 HRegV 2007). Mit Ausnahme der einfachen Gesellschaft, die nicht eintragungsfähig ist, und des Idealvereins, der lediglich eingetragen werden kann, sind alle Gesellschaften in das Handelsregister einzutragen bzw. bestehen überhaupt nur aufgrund der Eintragung als juristische Person. Die Registereintragungen und die dazugehörigen Bekanntmachungen (Art. 931 bzw. demnächst Art. 936a OR) bilden den Kern der gesellschaftsrechtlichen Publizität. 3

II. Funktionen des Handelsregisters

4 Das Handelsregister hat vier Funktionen (vgl. demnächst auch Art. 927 Abs. 1 S. 2 OR):

5 • *Informationsfunktion:* Im Interesse der Informationskostensenkung und der Verkehrssicherheit gibt das Handelsregister zunächst Auskunft über bestimmte Rechtstatsachen, die im Zusammenhang mit kaufmännischen Unternehmen (dazu § 4 N 12 ff.) für den Rechtsverkehr von besonderem Interesse sind (v. a. Gesellschaftszweck, Firma, Sitz, Haftungs- und Vertretungsverhältnisse). Die formelle Publizität wird durch die Öffentlichkeit des Handelsregisters (Art. 930 bzw. demnächst Art. 936 OR, Art. 10 HRegV 2007) und die Pflicht zur Bekanntmachung (Art. 931 bzw. demnächst Art. 936a OR, Art. 35 HRegV 2007) gewährleistet (näher N 23 f.). Die öffentlichen Daten des Zentralregisters sind im elektronischen Abrufverfahren über die Internetdatenbank «zefix» (www.zefix.ch) für Einzelabfragen unentgeltlich zugänglich (Art. 14 Abs. 1 S. 1 HRegV 2007). Auf der materiellen Publizität des Handelsregisters beruhen der Vertrauensschutz Dritter gemäss Art. 933 Abs. 2 bzw. demnächst Art. 936b Abs. 2 OR und der künftig durch Art. 936b Abs. 3 OR anerkannte öffentliche Glaube des Handelsregisters (näher N 30 ff.). Informationsfunktion

6 • *Kontrollfunktion:* Das Handelsregister dient zudem der staatlichen Kontrolle, da das Handelsregisteramt aufgrund seiner allerdings eingeschränkten Kognitionsbefugnis prüft, ob die einzutragenden Tatsachen oder Rechtsverhältnisse dem Gesetz entsprechend begründet wurden. Dies gilt insbesondere für die Rechtsaufsicht im Zusammenhang mit der konstitutiven Eintragung von Körperschaften nach dem System der Normativbestimmungen (dazu N 21). Kontrollfunktion

7 • *Anknüpfungsfunktion:* In der Praxis sind hauptsächlich vier an den Handelsregistereintrag anknüpfende Rechtsfolgen von Bedeutung: Bei nicht kaufmännischen Gewerben ergibt sich aus der in diesen Fällen freiwilligen Handelsregistereintragung, dass der eingetragene Unternehmensträger als Personengesellschaft zur Handelsgesellschaft wird (Art. 553, 595 OR), für seine Firma den erhöhten registerrechtlichen Schutz geniesst (Art. 956 OR) sowie der seinen Kredit fördernden Konkurs- und Wechselbetreibung unterliegt (Art. 39 ff., 159 ff. SchKG). Sodann stellt die Regelung zur sachlichen Zuständigkeit der Handelsgerichte in den Kantonen Aargau, Bern, St. Gallen und Zürich aus Gründen der Rechtsklarheit auf die Eintragung zumindest der beklagten Partei im Handelsregister ab Anknüpfungsfunktion

(Art. 6 ZPO). Konstitutivwirkung hat schliesslich auch die nach der neueren Registerpraxis mögliche freiwillige Eintragung einer nicht hinreichend verselbständigten Zweigniederlassung (dazu § 4 N 25; demnächst Art. 931 Abs. 3 OR).

Beweis- und Publikationsfunktion

- *Beweis- und Publikationsfunktion:* Handelsregistereintragungen kommen schliesslich auch dem Eingetragenen selbst zugute. Die Registereintragung entbindet die Einzelunternehmerin oder die Handelsgesellschaft etwa von dem Nachweis, dass sie ein Gewerbe betreibt, das nach Art und Umfang kaufmännische Einrichtung erfordert, da sie so oder so nach Art. 934 Abs. 2 (demnächst Art. 931 Abs. 3), 553 oder 595 OR prinzipiell den handelsrechtlichen Sonderregelungen unterstellt ist. Ausserdem besteht nach *Art. 9 ZGB* und Art. 179 ZPO eine die Beweislast umkehrende Vermutung, dass die Registereintragung der materiellen Rechtslage entspricht. Zum anderen verhindert die richtige und korrekt im SHAB publizierte Handelsregistereintragung nach Art. 933 Abs. 1 OR (demnächst Art. 936b Abs. 1 OR) grundsätzlich die Berufung auf einen gegenteiligen Rechtsschein, so dass sich der Eingetragene damit u. U. eine entsprechende Mitteilung an seine Geschäftspartner ersparen und sich selbst absichern kann (näher N 31 ff.). 8

III. Inhalt des Handelsregisters

Eintragungsfähigkeit

Es kann nicht alles in das Handelsregister eingetragen werden, was irgendwie im Zusammenhang mit Geschäftskontakten eines Eingetragenen von Bedeutung sein mag. Die Abwägung zwischen dem Informationsbedürfnis des Rechtsverkehrs einerseits und dem Geheimhaltungsbedürfnis des Eingetragenen, dem Schutz vor einer Informationsflut (Verwässerungsschutz) sowie der Praktikabilität der Registerführung andererseits haben prinzipiell der Gesetz- und der Verordnungsgeber vorzunehmen. Eingetragen werden können daher grundsätzlich nur die im Gesetz und in der HRegV rechtsformspezifisch (Art. 36–115 HRegV 2007) und rechtsformübergreifend (Art. 116–151 HRegV 2007) als solche aufgeführten eintragungsfähigen Tatsachen, wobei unter Tatsachen nicht nur Tatsachen i. e. S., sondern auch Rechtsumstände wie beispielsweise das Bestehen einer Prokura zu verstehen sind. Andere Tatsachen werden nur dann auf Antrag in das Handelsregister aufgenommen, wenn die Eintragung dem Zweck des Handelsregisters entspricht und an der Bekanntgabe ein öffentliches Interesse besteht (Art. 30 Abs. 1 HRegV 2007). Ausdrücklich nicht mehr eingetragen werden Geschäftsbezeichnungen und Enseignes (dazu N 45). Funktionsbezeichnungen sollen ebenfalls zurück- 9

gedrängt und möglichst nur noch dann eingetragen werden, wenn sie einen Informationsgehalt aufweisen[1].

Beispiele: Im Gegensatz zur organschaftlichen Vertretungsmacht und zur Prokura ist die Handlungsvollmacht (Art. 462 OR) auch als Generalhandlungsvollmacht nach allgemeiner Ansicht und Praxis weder eintragungspflichtig noch auch nur eintragungsfähig[2]. Es fehle nicht nur eine mit Art. 458 Abs. 2 OR vergleichbare gesetzliche Regelung, sondern auch ein Bedürfnis i. S. v. Art. 30 Abs. 1 HRegV 2007. Kollektivzeichnungsberechtigungen, bei denen die zur gemeinsamen Unterzeichnung befugten Personen namentlich bezeichnet werden, können hingegen auch in dieser spezifizierten Form in das Handelsregister eingetragen werden[3].

10 **Nach Grund und Rechtswirkung der Eintragung kann man die folgende Einteilung der eintragungsfähigen Tatsachen vornehmen:** Arten der eintragungsfähigen Tatsachen

- **Bei den *eintragungspflichtigen* Tatsachen entfaltet die Eintragung mit Ausnahme bestimmter Nebenwirkungen lediglich deklaratorische Wirkung und ist daher keine Entstehungsvoraussetzung für den bereits bestehenden Rechtszustand. Der Betroffene hat die Eintragung jedoch zwingend vorzunehmen (z. B. Eintragungspflicht nach Art. 458 Abs. 2, 552 Abs. 2, 594 Abs. 3, 934 Abs. 1 bzw. demnächst Art. 931 Abs. 1 OR und Art. 61 Abs. 2 ZGB).**
- **Bei den *eintragungsbedürftigen* Tatsachen ist die Eintragung dem Betroffenen zwar freigestellt, doch muss er die hier stets konstitutive Eintragung bewirken, um bestimmte Rechtsfolgen herbeizuführen (z. B. Entstehung der nicht kaufmännischen KlG und der AG erst durch die Eintragung nach Art. 553 bzw. 643 Abs. 1 OR).**
- **Bei den *sonstigen eintragungsfähigen* Tatsachen entfaltet die Eintragung mit Ausnahme bestimmter Nebenwirkungen lediglich deklaratorische Wirkung und ist dem Betroffenen freigestellt (z. B. freiwillige Eintragung nach Art. 61 Abs. 1 ZGB, Art. 555, 718a Abs. 2 OR).**

1 Die aktuell prinzipiell eintragungsfähigen Funktionsbezeichnungen ergeben sich aus der (immer noch zu langen) Liste, die das EHRA in revidierter Form am 19.12.2012 zum Zwecke der Standardisierung und des Datenabgleichs erstellt hat (Swiss Commercial Registry Data – Structure XML Data Model, S. 56 f.; abrufbar unter https://ehra.fenceit.ch/wp-content/uploads/sites/54/HREG_BlueBook_1.10.pdf).

2 Ziff. 5 der Praxismitteilung des Eidgenössischen Handelsregisteramts (EHRA) 4/09 vom 17. Dezember 2009; SHK HRegV-Zihler, Art. 30 N 10.

3 BGE 142 III 204, 208 f.

Nicht eintragungsfähige Tatsachen

Als Folge der Auswahl durch den Gesetz- und den Verordnungsgeber sind 11
auch durchaus bedeutsame Umstände wie z. B. die Gründung einer einfachen Gesellschaft[4] oder die Erteilung einer Generalhandlungsvollmacht (Art. 462 OR) nicht eintragungsfähig. Umstritten ist, ob die in Art. 460 Abs. 1, 718a Abs. 2 und 899 Abs. 2 OR, nicht jedoch in Art. 555 OR erwähnte Möglichkeit der Beschränkung der Vertretungsmacht auf eine Niederlassung auch bei den Personenhandelsgesellschaften in das Handelsregister eingetragen und damit Dritten nach Art. 933 Abs. 1 OR (demnächst Art. 936b Abs. 1 OR) entgegengehalten werden kann[5]. Sofern nicht eintragungsfähige Tatsachen versehentlich in das Handelsregister eingetragen werden, entfalten diese nicht die spezifisch registerrechtlichen Publizitätswirkungen.

Beispiel: Grossi wird versehentlich als Generalhandlungsbevollmächtigter (Art. 462 OR) der X-AG in das Handelsregister eingetragen, wobei auch vermerkt wird, dass er Geschäfte nur bis zu einem Volumen von CHF 10 000 abschliessen können soll. Schliesst der in Wahrheit nicht einmal wirksam bevollmächtigte Grossi im Namen der X-AG einen Kaufvertrag mit Vogt ab, kann dieser sich nicht auf den ohnehin umstrittenen öffentlichen Glauben des Handelsregisters (dazu N 39), sondern nur auf die allgemeinen Rechtsscheingrundsätze berufen. Diese begründen eine Anscheinsvollmacht von Grossi nur dann, wenn die Handelsregistereintragung von der X-AG zurechenbar veranlasst wurde und Vogt aufgrund einer Einsicht in das Register oder einer Kenntnisnahme von der Bekanntmachung auf die Vollmacht vertraute. Auf der anderen Seite kann sich die X-AG dann nur auf die Volumenbeschränkung berufen, wenn diese dem Vogt tatsächlich bekannt war oder hätte bekannt sein müssen, da die Kenntnisfiktion nach Art. 933 Abs. 1 OR (demnächst Art. 936b Abs. 1 OR) nur für eintragungsfähige Tatsachen gilt.

[4] Eine Ausnahme besteht nach h. M. lediglich für die sog. kaufmännischen einfachen Gesellschaften (dazu § 3 N 22), wobei nach BGE 79 I 179, 181 jedoch nicht die Gesellschaften als solche, sondern nur die einzelnen Gesellschafter mit ihren persönlichen Angaben als Einzelunternehmer eingetragen werden können.

[5] Mit Recht eine planwidrige Regelungslücke bejahend ZK-Handschin/Chou, Art. 554–556 OR N 60 ff.; a. A. von Steiger, SPR VIII/1, 1976, S. 486.

IV. Führung des Handelsregisters

1. Organisation des Handelsregisters

a) Kantonale Registerämter

12 Das von den kantonalen Registerämtern geführte Handelsregister besteht nach Art. 6 Abs. 1 HRegV 2007 aus dem Tagesregister und dem Hauptregister sowie den Anmeldungen und Belegen: Aufbau des Handelsregisters

- Im *Tagesregister* (früher «Tagebuch» genannt) werden alle zur Eintragung angemeldeten Tatsachen in *chronologischer Reihenfolge* elektronisch verzeichnet (Art. 6 Abs. 2, Art. 8 HRegV 2007).
- Die Tagesregistereinträge werden nach ihrer Genehmigung durch das EHRA spätestens am Tag der SHAB-Veröffentlichung in das elektronische *Hauptregister* übernommen, wobei die Angaben für jede Rechtseinheit i. S. v. Art. 2 lit. a HRegV 2007 (demnächst Art. 927 Abs. 2 OR) getrennt aufgeführt werden (Art. 6 Abs. 3 und Art. 9 HRegV 2007).
- Die *Anmeldung* (dazu N 15 f.) muss die Rechtseinheit klar bezeichnen und die einzutragenden Tatsachen angeben oder auf die entsprechenden Belege einzeln verweisen (Art. 16 Abs. 1 HRegV 2007).
- Die einzutragenden Tatsachen sind durch dem Handelsregisteramt einzureichende *Belege* (Art. 20 ff. HRegV 2007) nachzuweisen (Art. 15 Abs. 2 HRegV 2007). Die jeweils erforderlichen Belege ergeben sich, geordnet nach Rechtseinheiten und einzutragenden Tatsachen, aus der HRegV (z. B. Art. 40, 43, 46 HRegV 2007). Zu den Belegen gehören auch die Listen der allenfalls persönlich haftenden Genossenschafter bzw. Vereinsmitglieder nach Art. 84 Abs. 1 lit. h bzw. 90 Abs. 1 lit. f. HRegV 2007.

13 In jedem Kanton besteht grundsätzlich mindestens ein *Handelsregisteramt* (Art. 927 bzw. demnächst Art. 928 Abs. 1 OR, Art. 3 HRegV 2007). Die *Aufsicht* mit Weisungsrecht in administrativen und disziplinarischen Angelegenheiten über die kantonalen Handelsregisterämter obliegt vorrangig der jeweils zuständigen kantonalen Aufsichtsbehörde (Art. 4 HRegV 2007). Für die Anfechtung von Verfügungen der Registerbehörde ist auf kantonaler Stufe nicht die Aufsichtsbehörde, sondern ein oberes Gericht als einzige kantonale *Beschwerdeinstanz* zuständig (Art. 4 Abs. 3 i. V. m. 165 HRegV 2007 bzw. demnächst Art. 942 OR). Gegen die ihrer Na- Kantonale Behördenorganisation

tur nach öffentlich-rechtlichen Entscheidungen der einzigen kantonalen Beschwerdeinstanz steht wegen des Zusammenhangs der Eintragungen mit privatrechtlichen Fragen gleichwohl die zivilrechtliche Beschwerde an das Bundesgericht offen (Art. 72 Abs. 2 lit. b Ziff. 2 BGG). Das EHRA ist ebenfalls beschwerdeberechtigt (Art. 5 Abs. 2 lit. e HRegV 2007).

b) Eidgenössisches Amt für das Handelsregister (EHRA)

Funktionen des EHRA

Das Eidgenössische Amt für das Handelsregister im Bundesamt für Justiz 14
in Bern *prüft* die ihm von den kantonalen Registerämtern mitgeteilten Eintragungen und kann diese ggf. verhindern bzw. rückgängig machen (Art. 5 Abs. 2 lit. b, 32 HRegV 2007). Hierzu übermitteln die kantonalen Handelsregisterämter dem EHRA ihre Einträge am Werktag der Aufnahme in das Tagesregister (Art. 31 HRegV 2007). Genehmigte Eintragungen werden vom EHRA grundsätzlich ihrem ganzen Inhalte nach und ohne Verzug im Schweizerischen Handelsamtsblatt (SHAB) *veröffentlicht* (Art. 931 Abs. 1 bzw. demnächst Art. 936a Abs. 1 OR, Art. 32 Abs. 4, 35 HRegV 2007). Wird die Genehmigung verweigert, teilt das EHRA dies mit summarischer Begründung dem kantonalen Handelsregisteramt mit (nicht selbständig anfechtbare Zwischenverfügung nach Art. 33 Abs. 1 HRegV 2007). Können die Mängel vom kantonalen Handelsregisteramt bzw. den anmeldenden Personen nicht behoben werden, verweigert das EHRA die Genehmigung endgültig mit einer *beschwerdefähigen Verfügung* (Art. 33 Abs. 2–4 HRegV 2007, Art. 5 VwVG), die innerhalb von 30 Tagen nach ihrer Eröffnung mit der Beschwerde beim Bundesverwaltungsgericht angefochten werden kann (Art. 2 Abs. 4, 44, 50 Abs. 1 VwVG und Art. 31, 33 lit. d, 37 VGG). Die Beschwerde kann schliesslich mit der Beschwerde in Zivilsachen an das Bundesgericht weitergezogen werden (Art. 72 Abs. 2 lit. b BGG). Das EHRA führt zudem noch ein *Zentralregister*, das der Unterscheidung und dem Auffinden sämtlicher in den kantonalen Registern eingetragenen Rechtseinheiten dient (Art. 13 HRegV 2007). Schliesslich übt das EHRA eine *Oberaufsicht* im fachlichen Bereich aus (Art. 5 HRegV 2007). Es kann dabei den kantonalen Registerämtern insbesondere Weisungen zur formellen und materiellen Registerführung erteilen[6]. Diese sind auch für die kantonalen Aufsichtsbehörden verbindlich.

6 Siehe dazu etwa die vor N 1 aufgeführten firmenrechtlichen Weisungen.

2. Eintragungsverfahren

a) Anmeldung

5 Handelsregistereintragungen werden regelmässig auf eine Anmeldung des Betroffenen hin vorgenommen (Art. 15 Abs. 1 HRegV 2007 und demnächst Art. 929 Abs. 2 S. 1 OR), wobei die Anmeldung auf Papier oder in elektronischer Form (Art. 16 Abs. 2, 3 i. V. m. Art. 12b ff. HRegV 2007) möglich ist. Die Eintragung kann aber auch aufgrund eines Urteils oder einer Verfügung eines Gerichts bzw. einer Verwaltungsbehörde oder von Amtes wegen erfolgen (vgl. demnächst Art. 929 Abs. 3 OR). Besteht eine Eintragungspflicht, hat das Handelsregisteramt die Beteiligten zu deren Erfüllung anzuhalten und nötigenfalls die Eintragung von Amtes wegen vorzunehmen (Art. 941 bzw. demnächst Art. 938 OR, Art. 152 HRegV 2007). Die absichtliche oder fahrlässige Missachtung der Anmeldepflicht kann Schadenersatzansprüche und Ordnungsbussen nach sich ziehen (Art. 942 f. bzw. demnächst noch zu den Ordnungsbussen Art. 940 OR). Vorsätzlich unwahre Angaben bzw. ein vorsätzliches Verschweigen gegenüber der Handelsregisterbehörde sind zudem strafbar (Art. 153 StGB). Anmeldeprinzip

6 Die Handelsregisteranmeldungen sind von den zuständigen Personen bzw. Organen vorzunehmen, wobei diese die Anmeldung beim Handelsregisteramt zu unterzeichnen oder mit den beglaubigten Unterschriften einzureichen haben (Art. 18 HRegV 2007). Zuständig sind: Anmeldeberechtigte

- bei einem Einzelunternehmen der *Inhaber* (Art. 934 bzw. demnächst Art. 931 Abs. 1 OR, Art. 17 Abs. 1 lit. a HRegV 2007),
- bei einer KlG oder KmG *alle Gesellschafter* (Art. 552 Abs. 2, 556, 594 Abs. 3, 597 OR, Art. 17 Abs. 1 lit. b HRegV 2007) und
- bei den juristischen Personen des Privatrechts das oberste Leitungs- bzw. *Verwaltungsorgan*, wobei die Anmeldung von zwei Mitgliedern oder einem Mitglied mit Einzelzeichnungsberechtigung unterzeichnet werden muss (einstweilen noch Art. 931a OR, Art. 17 Abs. 1 lit. c HRegV 2007)[7].

Die Anmeldungen können zudem nach Art. 17 Abs. 2 HRegV 2007 von den *betroffenen Personen selbst* vorgenommen werden, wenn diese wie z. B. bei Löschungen (dazu auch ausdrücklich Art. 938b Abs. 2 OR bzw. demnächst Art. 933 Abs. 2 OR) ein besonderes Interesse an der Eintragung haben.

[7] Zu den weiteren Rechtseinheiten siehe noch Art. 17 Abs. 1 lit. d–i HRegV 2007.

b) Registersperre

Einstweiliger Schutz Dritter

17 Dritte können die Eintragung einer Tatsache in das Tagesregister durch einen *schriftlichen Widerspruch* vorläufig verhindern (sog. Registersperre), wobei das Handelsregisteramt die betroffene Rechtseinheit informiert, dem Dritten ggf. Einsicht in die Anmeldung und Belege gewährt sowie die Eintragung letztlich vornimmt, wenn nicht innert zehn Tagen bei Gericht ein Gesuch um Erlass einer vorsorglichen Massnahme gestellt und nachgewiesen wird (sog. Prosequierung) oder wenn das Gericht das Massnahmegesuch rechtskräftig abgewiesen hat (Art. 162 f. HRegV 2007). Das Gericht entscheidet im summarischen Verfahren unverzüglich über die Registersperre (Art. 162 Abs. 4 HRegV 2007). Erheben Dritte erst nach Eintragung einer Tatsache in das Tagesregister Einsprache, sind sie an das Gericht zu verweisen (Art. 162 Abs. 5 HRegV 2007).

Beispiel: Die Generalversammlung der X-AG beschliesst gegen die Stimmen des Minderheitsaktionärs A die Absorptionsfusion durch die Y-AG (vgl. Art. 3 Abs. 1 lit. a, 18 Abs. 1 lit. a, 20 FusG). A möchte den Beschluss wegen eines vermeintlichen Gesetzesverstosses anfechten (Art. 106 Abs. 1 FusG). Da der Anfechtungsprozess Zeit in Anspruch nehmen wird, muss er verhindern, dass die Verwaltungsräte der X-AG und der Y-AG zwischenzeitlich «vollendete Tatsachen» schaffen, indem sie dem Handelsregisteramt die Fusion zur Eintragung anmelden (Art. 21 Abs. 1 FusG), die Fusion damit wirksam wird (Art. 22 Abs. 1 FusG) und die übertragende X-AG durch Löschung untergeht (Art. 21 Abs. 3 FusG), was auch bei einer erfolgreichen Anfechtung des Beschlusses nur bedingt bzw. schwer wieder rückgängig gemacht werden kann (vgl. Art. 107 FusG). Er wird daher durch schriftlichen Widerspruch und ein Gesuch um Erlass einer vorsorglichen Massnahme versuchen, die Eintragung der Fusion in das Tagesregister zu verhindern[8].

c) Kognition des Handelsregisteramts

Prüfungspflicht des Handelsregisteramts

18 Das Handelsregisteramt und das EHRA müssen die beantragte Eintragung auf ihre Gesetzmässigkeit hin überprüfen (Art. 940 OR und Art. 28 HRegV 2007 bzw. demnächst Art. 929 Abs. 1 und 937 OR). Dabei hat man zwischen der umfassenden formellen und der eingeschränkten materiellen Prüfung zu unterscheiden:

8 Siehe zum Missbrauchspotenzial und zu den hiergegen zu ergreifenden Massnahmen noch SHK HRegV-Carbonara, Art. 162 N 11 ff. und 123 ff.

aa) Formelle Prüfung

Umfassende formelle Prüfung

19 Das kantonale Handelsregisteramt bzw. das EHRA hat die Eintragung zu verweigern, wenn eine formelle oder registerverfahrensrechtliche Voraussetzung fehlt. Dies ist etwa der Fall, wenn das mit der Eintragung befasste Amt (vgl. z. B. Art. 640 OR) oder die anmeldenden Personen (vgl. Art. 17 HRegV 2007) unzuständig sind, die Anmeldung aufgrund fehlender bzw. mangelhafter Belege unvollständig ist (vgl. Art. 28 S. 2 HRegV 2007 bzw. demnächst Art. 937 OR) oder die Eintragung einer nicht eintragungsfähigen Tatsache (z. B. Generalhandlungsvollmacht) begehrt wird (vgl. Art. 30 HRegV 2007).

bb) Materielle Prüfung

Eingeschränkte materielle Prüfung

20 Sofern das kantonale Handelsregisteramt bzw. das EHRA nicht aufgrund besonderer Regelung zu einer umfassenden materiellen Prüfung berechtigt und verpflichtet ist (z. B. Art. 955 OR; dazu noch N 21), ist die sog. materielle Kognition eingeschränkt. Nach der in ständiger Rechtsprechung entwickelten sog. *Kognitionsformel* hat das Handelsregisteramt «bloss auf die Einhaltung jener zwingenden Gesetzesbestimmungen zu achten, die im *öffentlichen Interesse oder zum Schutze Dritter* aufgestellt worden sind, während die Betroffenen zur Durchsetzung von Vorschriften, die dem dispositiven Recht angehören oder nur private Interessen berühren, den Zivilrichter anzurufen haben» (vgl. zu dieser sachlichen Einschränkung auch Art. 26, 28 HRegV 2007 und Art. 940 Abs. 2 OR bzw. demnächst Art. 929 Abs. 1 und 937 OR)[9]. Die Eintragung einer Tatsache ist zudem «nur dann abzulehnen, wenn sie *offensichtlich und unzweideutig* dem Recht widerspricht, nicht dagegen, falls sie auf einer ebenfalls denkbaren Gesetzesauslegung beruht, deren Beurteilung dem Richter überlassen bleiben muss» (verfahrensmässige Einschränkung)[10]. In einer neueren Entscheidung hat das Bundesgericht die freie Kognition des Handelsregisteramts aber auch für sog. «fundamentale Fragen des Gesellschaftsrechts» angenommen, was zwar dem Schutz öffentlicher Interessen und Dritter dient, jedoch kaum der Ratio der Selbstbeschränkung entspricht, wonach gerade wichtige Fragen der Entscheidung durch ein Gericht vorbehalten bleiben müssten.

Beispiel (nach BGer 4A_363/2013 E. 2; nicht publiziert in BGE 140 III 206): Eine Genossenschaft möchte gegen Einlage Beteiligungsscheine ausgeben, die wie die Partizipationsscheine einer Aktiengesellschaft (vgl. Art. 656a ff. OR) zwar Vermö-

[9] So erfasst die Kognitionsbefugnis auch nicht die Einhaltung statutarischer Anforderungen (dazu etwa BGer 4A_370/2015 E.2.8).

[10] Siehe nur BGE 117 II 186, 188; BGE 121 III 368, 371; BGE 125 III 18, 21.

gensrechte (Gewinnbeteiligung, Beteiligung am Liquidationserlös), aber kein Stimmrecht gewähren sollen. Mit dem Ziel einer Vorabklärung begehrt die Genossenschaft beim EHRA die Feststellung, dass die geplante Statutenänderung und deren Eintragung zulässig seien. Während das EHRA die Feststellung verweigert, stellt das Bundesverwaltungsgericht die Zulässigkeit fest, woraufhin das EHRA zivilrechtliche Beschwerde nach Art. 72 Abs. 2 lit. b Ziff. 2 BGG erhebt. Es handelt sich zwar um eine grundlegende Frage des Gesellschaftsrechts, nicht jedoch um ein offensichtlich und unzweideutig rechtswidriges Vorgehen, da die Nichtregelung des Partizipationskapitals im Genossenschaftsrecht ebenso ein qualifiziertes Schweigen des Gesetzgebers[11] wie eine planwidrige und nach Art. 1 Abs. 2 ZGB zu schliessende Lücke des Gesetzes darstellen kann[12].

Einzelne Prüfungspunkte

21 Nicht nur die Rechtsprechung ist bisweilen uneinheitlich, auch der Gesetz- und der Verordnungsgeber haben es bis bislang bewusst vermieden, die Frage der materiellen Kognition in allgemeiner Form zu regeln, da es sich um eine Interessenabwägung im Einzelfall handelt[13]. Immerhin finden sich für Teilfragen noch mehr oder weniger konkrete Sonderregelungen:

- Nach Art. 26 HRegV 2007 (demnächst Art. 929 Abs. 1 OR) erstreckt sich die Kognition auf die *Wahrheit und Klarheit* der Eintragung sowie ihre Vereinbarkeit mit dem *öffentlichen Interesse*, wobei auch hier eine Überprüfung durch das kantonale Handelsregisteramt bzw. das EHRA nur dann stattfindet, wenn begründete Zweifel an der Richtigkeit der Angaben bzw. der Vereinbarkeit mit spezifischen und nicht lediglich allgemein wirtschaftlichen Interessen der Öffentlichkeit bestehen.
- Nach Art. 940 Abs. 2 bzw. demnächst Art. 937 OR und Art. 28 S. 2 HRegV 2007 betrifft die Prüfungsbefugnis vor allem die Vollständigkeit der *Statuten* von juristischen Personen und deren (offensichtliche) Vereinbarkeit mit dem zwingenden Recht (sog. System der Normativbestimmungen).
- Nach Art. 955 OR besteht eine besondere uneingeschränkte Prüfungspflicht hinsichtlich der *Firmenbildung*, wobei der vom Handelsregisterführer gewährte Ausschliesslichkeitsschutz vorbestehender Firmen in der Praxis nur auf identische und fast identische Firmen beschränkt ist (näher N 67 ff.).

....

11 So im GmbH-Recht (vgl. BBl 2001, 3249 Ziff. 2.4).

12 Die volle Kognitionsbefugnis bejahend BGer 4A_363/2013 E. 2; krit. Forstmoser/Taisch/Troxler/D'Incà-Keller, REPRAX 2/1012, 1, 33 f.

13 Siehe dazu etwa den Begleitbericht zur Totalrevision der Handelsregisterverordnung (HRegV) gemäss Vernehmlassungsentwurf vom 28. März 2007, S. 4 f.

- Nach Art. 61 Abs. 2 und 3 HRegV 2007 dürfen nur nach dem RAG zugelassene und nach Art. 728 bzw. 729 OR unabhängige *Revisionsstellen* in das Handelsregister eingetragen werden.
- Nach Art. 162 f. HRegV 2007 kann das Handelsregisteramt eine Eintragung im Tagesregister vorläufig nicht vornehmen. Wird einer bereits in das Tagesregister eingetragenen Tatsache widersprochen, hat es den Einsprecher jedoch an das Gericht zu verweisen (zur *Registersperre* bereits N 17).

d) Haftung für nicht ordnungsgemässe Registerführung

22 Durch die unberechtigte Verweigerung, Vornahme, Verzögerung oder Verfälschung einer Eintragung können der betreffenden Rechtseinheit oder Dritten Vermögensschäden entstehen. In diesen Fällen stellt sich dann die Frage der Haftung. Aufgrund der Verantwortlichkeitsgesetze der Kantone und des Bundes, die schon heute gegenüber dem im Zuge der Handelsregisterrechtsrevision ausser Kraft tretenden Art. 928 OR Vorrang beanspruchen (vgl. auch Art. 61 OR)[14], haftet im Aussenverhältnis gegenüber dem Geschädigten allein der Kanton bzw. der Bund für das widerrechtlich und amtsbezogen handelnde Personal seiner Handelsregisterbehörden, wobei der Staat aber bei einem grob fahrlässigen oder vorsätzlichen Verhalten gegen die fehlbare Person Rückgriff nehmen kann (siehe zu dieser sog. *kausalen Freistellungshaftung des Staates* z. B. im Halbkanton Basel-Stadt §§ 3, 5, 8 f. HG[15] und auf Bundesebene Art. 3, 7 VG). Haftung des Personals und des Staates

V. Formelle Registerpublizität

23 Das Handelsregister ist unter Einschluss der Anmeldungen und Belege öffentlich (Art. 930 OR, Art. 10 ff. HRegV 2007). Jedermann kann daher – ggf. gegen Entrichtung einer Gebühr – auch ohne den Nachweis eines besonderen Interesses *Einsicht* in das Hauptregister, die Anmeldungen und die Belege (nicht die Korrespondenz) sowie entsprechende *Auszüge* und Bescheinigungen verlangen (Art. 10 f. HRegV 2007)[16]. Über das zentrale Portal www.zefix.admin.ch sind die Daten aus den Hauptregistern der kantonalen Registerämter zudem kostenlos elektronisch über Hyperlinks Öffentlichkeit des Registers

14 Siehe nur BSK OR II-Eckert, Art. 928 N 1.

15 Gesetz über die Haftung des Staates und seines Personals (Haftungsgesetz, HG) vom 17. November 1999 (SG 161.100).

16 Zu den Vor- und Nachteilen der Publizität Theus Simoni, ius.full 2014, 156 ff.

abrufbar, wobei jedoch den elektronisch abgerufenen Daten für sich keine materielle Publizitätswirkung zukommt (Art. 12 Abs. 2, 14 Abs. 1 HRegV 2007).

Bekanntmachung

24 Die Eintragungen sind zudem unverzüglich und vollständig im Schweizerischen Handelsamtsblatt (**SHAB**) bekannt zu machen, sofern das Gesetz oder die HRegV nicht ausdrücklich Befreiungen vorsieht (Art. 931 bzw. demnächst Art. 936a OR, Art. 35 HRegV 2007). Die aktuellen Publikationen im SHAB können ebenfalls über ein Internetportal kostenlos eingesehen werden (www.shab.ch). Die Kantone können die Eintragungen im Tagesregister zudem noch in anderen Publikationsorganen (z. B. kantonalen Amtsblättern) veröffentlichen, wobei sie hierfür keine Gebühren erheben dürfen und die Publikationen keine bundesrechtlichen Publizitätswirkungen entfalten[17].

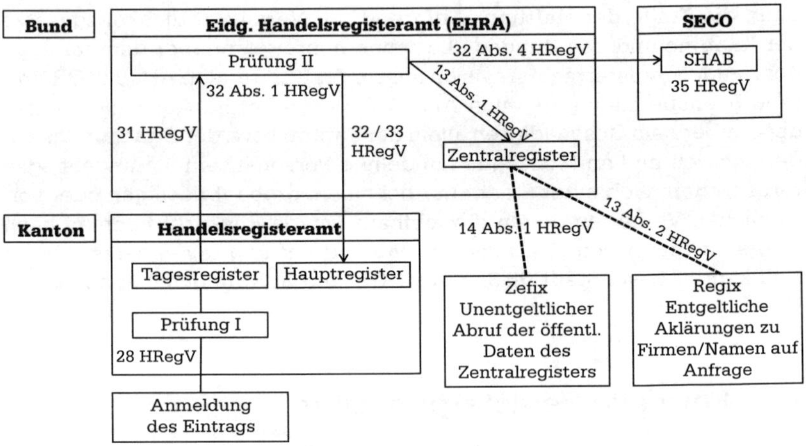

Abb. 16: Organisation und Verfahren der Handelsregisterpublizität (Stand: 1. September 2018)

VI. Wirkungen der Handelsregistereintragung

Zeitpunkt

25 Mit der Eintragung in das Handelsregister bzw. der anschliessenden Publikation sind zahlreiche Rechtswirkungen verbunden. Massgeblicher Zeitpunkt für den Eintritt der Rechtswirkungen im *Innenverhältnis* ist einstweilen noch die Einschreibung der Anmeldung in das Tagesregister

17 SHK HRegV-Tagmann, Art. 35 N 9.

des zuständigen kantonalen Registeramts (Art. 932 Abs. 1 OR, Art. 34 HRegV 2007). *Dritten gegenüber* treten die Rechtswirkungen der Eintragung jedoch nach noch geltendem Recht erst an dem auf die Publikation im SHAB folgenden Werktag ein (Art. 932 Abs. 2 OR). Mit dem für den 1. Januar 2020 geplanten Inkrafttreten des neuen Handelsregisterrechts werden die Handelsregistereintragungen nach dem Wortlaut von Art. 936a Abs. 1 S. 2 E-OR einheitlich mit der Veröffentlichung im SHAB wirksam werden[18].

1. Deklaratorische und konstitutive Wirkung

26 Die Registereintragung hat regelmässig nur eine deklaratorische Wirkung. Durch die Eintragung werden dann lediglich Tatsachen oder Rechtsverhältnisse kundgetan und beurkundet, die auch ohne die Eintragung bestehen. Die Bedeutung der Eintragung liegt insofern ausschliesslich in der mit ihr verbundenen Beweiswirkung (vgl. Art. 9 ZGB, Art. 179 ZPO), der sog. Heilungswirkung (dazu N 29) und der positiven Registerpublizität nach Art. 933 Abs. 1 OR bzw. demnächst Art. 936b Abs. 1 OR (dazu N 31 ff.).

Deklaratorische Wirkung

Beispiele: Eintragung einer bereits durch den Abschluss des Gesellschaftsvertrags entstandenen und ein kaufmännisches Gewerbe betreibenden KlG oder KmG; Eintragung einer Prokura.

27 Bisweilen ist die Registereintragung aber auch ein Erfordernis für die Entstehung von Rechtsverhältnissen. In diesen Fällen hat allein die Eintragung eine die Rechtslage umgestaltende (konstitutive) Wirkung. Selbst die sichere ausserregisterrechtliche Kenntnis aller Beteiligten kann diese Rechtswirkung dann ohne Eintragung nicht herbeiführen.

Konstitutive Wirkung

Beispiele: Eintragung einer nicht kaufmännischen KlG oder KmG (Art. 553, 595 OR); Eintragung einer erst durch diese die Rechtspersönlichkeit erlangenden AG, KmAG, GmbH oder Gen (Art. 52 Abs. 1 ZGB, Art. 643 Abs. 1, 779 Abs. 1, 838 Abs. 1 OR); Eintragung von Statutenänderungen bei den genannten Gesellschaften[19].

28 Konstitutive Wirkung kann die Registereintragung zudem insofern entfalten, als sie zur Unterstellung des eingetragenen Unternehmensträgers unter bestimmte handelsrechtliche Spezialregelungen führt (sog. Nebenwirkungen der Registereintragung).

Nebenwirkungen der Eintragung

[18] Unklar allerdings die Botschaft (BBl 2015, 3617, 3646), welche sich nur auf das Wirksamwerden gegenüber Dritten bezieht.

[19] So entgegen der h. L. auch für das Innenverhältnis BGE 55 II 100, 106; BGE 84 II 34, 38 ff.

Beispiele: Von der Handelsregistereintragung abhängig sind etwa die Anwendung der Regelungen zur Betreibung auf dem Weg des Konkurses (Art. 39 ff., 159 ff. SchKG), zur Wechselbetreibung (Art. 39 ff., 177 ff. SchKG), zum erhöhten Firmenschutz (Art. 956 OR) und die Zuständigkeit der besonderen kantonalen Handelsgerichtsbarkeit (Art. 6 Abs. 2 lit. c ZPO).

2. «Heilende» Wirkung

Eintragungswirkung trotz Mangels

29 **Zum Schutze aller auf die materiell-rechtliche Richtigkeit einer Eintragung Vertrauenden kommt der Eintragung bisweilen eine sog. heilende Wirkung zu. In diesen Fällen wird dann eine auf mangelhafter Grundlage beruhende Eintragung Gut- und sogar Bösgläubigen gegenüber gleichwohl als wirksam betrachtet. Das gilt nach dem Gesetz insbesondere für die fehlerhafte Gründung einer Kapitalgesellschaft (Art. 643 Abs. 2 und 779 Abs. 2 OR), nach Rechtsprechung bzw. Lehre aber auch für die Genossenschaft[20] und die Kapitalerhöhung[21]. Entgegen der verbreiteten Bezeichnung werden hierdurch die Mängel allerdings nicht geheilt, sondern lediglich im Hinblick auf die Eintragungswirkungen als unerheblich angesehen.**

Beispiel: Nach Art. 643 Abs. 2 OR erlangt eine Aktiengesellschaft die Rechtspersönlichkeit durch die Eintragung auch dann, wenn die Eintragungsvoraussetzungen tatsächlich nicht vorhanden waren. Hierdurch wird das Vertrauen des Rechtsverkehrs in den Bestand der Aktiengesellschaft geschützt. Die Mängel sind damit jedoch nicht beseitigt und müssen im Falle ihrer Erheblichkeit behoben werden, da anderenfalls das Gericht auf (allerdings fristgebundenes) Betreiben von in ihren Interessen gefährdeten Gläubigern oder Aktionären die Auflösung der AG mit Wirkung ex nunc verfügen kann (Art. 643 Abs. 3, 4 OR).

3. Materielle Registerpublizität

Überblick

30 **Die materielle Publizität des Handelsregisters nach Art. 933 OR (demnächst Art. 936b OR) ist ein besonders geregelter Anwendungsfall der allgemeinen Vertrauenstheorie. Während die positive Publizität nach Art. 933 Abs. 1 OR (demnächst Art. 936b Abs. 1 OR) dem Eingetragenen selbst zugutekommt und Dritten die Berufung auf einen der Registereintragung widersprechenden Rechtsschein grundsätzlich versagt, dient die negative Publizität nach Art. 933 Abs. 2 OR (demnächst Art. 936b Abs. 2 OR) dem Schutz gutgläubiger Dritter, die bis zur Kenntnis des Gegenteils auf das Schweigen des Registers hinsichtlich pflichtwidrig nicht eingetragener Tatsachen vertrauen dürfen. Der Drittschutz wird künftig**

20 Sie nur BSK OR II-Schenker, Art. 838 N 3 m. w. N.

21 BGE 102 Ib 22, 24.

noch deutlich durch den von Art. 936b Abs. 3 E-OR grundsätzlich anerkannten öffentlichen Glauben des Handelsregisters gestärkt werden.

a) Positive Publizität

31 Die positive Publizität des Handelsregisters ist in Art. 933 Abs. 1 OR (demnächst Art. 936b Abs. 1 OR) geregelt. Sie betrifft alle *Tatsachen, die*: Anwendungsvoraussetzungen

- *eintragungsfähig* sind, so dass einerseits die nicht eintragungsfähigen Tatsachen im Falle ihrer versehentlichen Eintragung keine positive Publizitätswirkung entfalten und es andererseits im Gegensatz zur negativen Publizität nach Art. 933 Abs. 2 OR (demnächst Art. 936b Abs. 2 OR) nicht auf die Pflicht zur Eintragung der Tatsache ankommt, sowie
- *zutreffend* im Handelsregister eingetragen und ordnungsgemäss im SHAB veröffentlicht wurden, so dass es nur um Tatsachen geht, die mit dem wirklichen Sachverhalt bzw. der wirklichen Rechtslage übereinstimmen[22].

32 Erfüllt eine Tatsache die genannten Voraussetzungen, kann ein Dritter grundsätzlich nicht einwenden, die betreffende Tatsache nicht gekannt zu haben. Anders als in den EU-Mitgliedstaaten, deren Rechte aufgrund einer Richtlinienvorgabe eine Schonfrist von immerhin noch 15 Tagen vorsehen, gilt dies nach noch geltendem Recht bereits einen Werktag nach der SHAB-Bekanntmachung und künftig sogar sofort mit der Veröffentlichung (Art. 936a Abs. 1 S. 2 E-OR). Aufgrund dieser sog. *Kenntnisfiktion* wirken die zutreffenden Handelsregistereintragungen gegenüber jedermann. Diese auf den ersten Blick selbstverständliche Regelung hat insofern eine nicht unerhebliche Bedeutung, als sie auch gutgläubigen Dritten die Berufung auf einen vom Registerinhalt abweichenden Rechtsschein grundsätzlich verwehrt[23]. Sie dient damit dem Eingetragenen, dem die wirksame Bekanntmachung von Tatsachen und Rechtsverhältnissen erleichtert wird (zur Publikationsfunktion des Handelsregisters bereits N 8). Grundsatz der Kenntnisfiktion

Beispiel: Kubli ist Kommanditär der X-KmG. Er hat seine persönliche Haftung auf die im Handelsregister zutreffend eingetragene und ordnungsgemäss bekannt gemachte Kommanditsumme von CHF 100 000 begrenzt. Diese Haftungsbeschränkung kann er allen künftigen Gläubigern der X-Gesellschaft entgegenhalten und

[22] Bis zum Inkrafttreten des neuen Handelsregisterrechts im Jahre 2020 muss die Eintragung Dritten gegenüber zudem wirksam geworden sein, was nach dem noch geltenden Art. 932 Abs. 2 OR erst einen Werktag nach der SHAB-Bekanntmachung der Fall ist.

[23] BGer 2A.165/2005 E. 4.4.

sich damit ersparen, alle aktuellen und künftigen Geschäftspartner der X-Gesellschaft z. B. durch ein Rundschreiben über die Haftungsbeschränkung zu informieren.

Ausnahmen

33 **Bisweilen kann der vom Register- und Bekanntmachungsinhalt abweichende Rechtsschein allerdings auch so stark sein, dass eine Berufung auf die Kenntnisfiktion *rechtsmissbräuchlich* wäre (Art. 2 Abs. 2 ZGB). Dies kann etwa der Fall sein, wenn Art. 933 Abs. 1 OR (demnächst Art. 936b Abs. 1 OR) mit einer vorrangigen gesetzlichen Regelung kollidiert (z. B. Art. 997 OR[24]) oder sich aus der besonderen Vertrauensbeziehung der Parteien die Pflicht ergibt, den Geschäftspartner auf eine eingetragene Veränderung besonders hinzuweisen[25].**

Beispiel: Der im Handelsregister eingetragene Gesellschaftszweck der P-AG ist «der Versandhandel mit Haushaltswaren». Der Verwaltungsrat V schliesst mit dem Edelsteinhändler E im Namen der P-AG einen Vertrag über die Lieferung von Diamanten im Wert von CHF 100 000 und behauptet, eine entsprechende Vertretungsmacht zu besitzen. Bereits in der Vergangenheit hatte V als Vertreter der P-AG mit dem E ähnliche Verträge geschlossen, die von beiden Vertragsparteien ordnungsgemäss erfüllt wurden. Hier wurde die P-AG durch V verpflichtet. Zwar ist die Vertretungsmacht des V als Verwaltungsrat der P-AG auf den Gesellschaftszweck begrenzt (Art. 718a Abs. 1 OR). Nach Art. 933 Abs. 1 OR (demnächst Art. 936b Abs. 1 OR) muss E diesen Zweck zudem kennen. Auch eine generell gebotene weite Auslegung des Gesellschaftszwecks kann E hier nicht helfen[26], da Diamanten eindeutig keine Haushaltswaren sind. E kann hier aber noch einwenden, dass eine Berufung der P-AG auf die Beschränkung der Vertretungsmacht des V treuwidrig ist, da er aufgrund der Duldung vorheriger vergleichbarer Geschäfte durch die P-AG ein besonderes Vertrauen in die Vertretungsmacht des V entwickeln durfte, das durch eine besondere Mitteilung hätte zerstört werden müssen.

Merksatz

34 **Den Inhalt des Handelsregisters muss man kennen, da man sich auf einen gegenteiligen Rechtsschein grundsätzlich nicht berufen kann!**

b) Negative Publizität

Anwendungsvoraussetzungen

35 **Die negative Publizität des Handelsregisters ist in Art. 933 Abs. 2 OR (demnächst Art. 936b Abs. 2 OR) geregelt. Sie betrifft:**

[24] BGE 99 Ia 1, 5.
[25] BGE 106 II 346, 351 f. (Erfordernis eines gesonderten Hinweises auf das Ausscheiden eines Vorstandspräsidenten, auf dessen gute Bankkontakte man zu Beginn von Vertragsverhandlungen hingewiesen hatte).
[26] Vgl. demgegenüber BGE 96 II 439, 444 f.

- *Eintragungspflichtige Tatsachen*, so dass einerseits im Gegensatz zur positiven Publizität nach Art. 933 Abs. 1 OR (demnächst Art. 936b Abs. 1 OR) die blosse Eintragungsfähigkeit nicht ausreicht, es andererseits aber auch unerheblich ist, ob die Eintragung konstitutiver oder (wie zumeist) lediglich deklaratorischer Natur ist. Eintragungspflichtig können nicht nur Primärtatsachen (z. B. Erteilung der Prokura nach Art. 458 Abs. 2 OR, Eintritt eines Kollektivgesellschafters nach Art. 41 Abs. 1 lit. f HRegV 2007), sondern auch Sekundärtatsachen (z. B. Erlöschen der Prokura nach Art. 461 Abs. 1 OR, Ausscheiden eines Kollektivgesellschafters nach Art. 581 OR) sein. Dabei besteht die Pflicht zur Eintragung hinsichtlich der Sekundärtatsache auch dann, wenn sie für die Primärtatsache versäumt wurde.

  Beispiel: Die Pflicht zur Eintragung des Erlöschens der Prokura durch Widerruf (Art. 461 Abs. 1 OR) besteht auch dann, wenn die Erteilung der Prokura entgegen Art. 458 Abs. 2 OR noch gar nicht in das Handelsregister eingetragen worden sein sollte.

- *Nicht eingetragene und/oder nicht bekannt gemachte Tatsachen*, so dass es entgegen dem Wortlaut von Art. 933 Abs. 2 OR (demnächst Art. 936b Abs. 2 OR) nicht allein auf die fehlende Eintragung ankommt, sondern auch eine fehlende Bekanntmachung genügt. Ein Verschulden des Eintragungspflichtigen ist nicht erforderlich, so dass die negative Handelsregisterpublizität auch dann zum Tragen kommt, wenn sie vom Handelsregisteramt zu vertreten ist.

- *Dem Dritten unbekannte Tatsachen*, wobei es unschädlich ist, wenn diese Unkenntnis auf einfacher oder gar grober Fahrlässigkeit beruht (vgl. demgegenüber Art. 3 Abs. 2 ZGB).

Vertrauen auf das Schweigen des Handelsregisters

36 Nach Art. 933 Abs. 2 OR (demnächst Art. 936b Abs. 2 OR) kann eine vorschriftswidrig nicht eingetragene Tatsache von dem Eintragungspflichtigen einem Dritten nur entgegengehalten werden, wenn bewiesen wird, dass sie diesem bekannt war. Die blosse Kenntnis von Tatsachen, aus denen sich die eintragungspflichtige Tatsache erst ergibt, ist unschädlich. Bei Unkenntnis kann sich der Dritte auf diejenige Rechtsfolge berufen, die bei tatsächlichem Vorhandensein der von ihm unterstellten Rechtslage eingetreten wäre.

Beispiele: Der unabhängig von der lediglich deklaratorischen Eintragung (vgl. Art. 581 OR) bereits wirksam ausgeschiedene Kollektivgesellschafter gilt weiterhin als Gesellschafter und haftet nach Art. 568 OR auch für Neuschulden. Die Vertretungsmacht der Gesellschafter einer sich in Liquidation befindlichen KlG bleibt entgegen Art. 585 Abs. 2 OR im bisherigen Umfang erhalten (vgl. Art. 564 OR), wenn der Liquidationsvermerk nicht in das Handelsregister eingetragen wurde[27]. Die erloschene Prokura gilt als fortbestehend (ausdrücklich auch noch Art. 461 Abs. 2 OR).

Abstrakter Vertrauensschutz

37 **Art. 933 Abs. 2 OR (demnächst Art. 936b Abs. 2 OR) statuiert einen *abstrakten Vertrauensschutz*. Es kommt daher nicht darauf an, dass der Dritte etwa durch Einsicht in das Register bzw. das SHAB auf die Nichteintragung einer bestimmten Tatsache konkret vertraut hat oder gar danach sein rechtsgeschäftliches Verhalten im Sinne eines für die Rechtsscheinlehre ansonsten typischen Kausalitätserfordernisses ausgerichtet hat. Allerdings muss die Bildung von Vertrauen wenigstens prinzipiell möglich sein. Daran fehlt es bei einer rein deliktischen Schädigung des Dritten.**

Beispiel: Urs Schmid wird von einem Camion der X-KlG angefahren und schwer verletzt. Schmid nimmt den noch im Handelsregister eingetragenen, aber bereits vor dem Unfall aus der X-KlG ausgeschiedenen Gesellschafter Reich unter Berufung auf Art. 933 Abs. 2 OR (demnächst Art. 936b Abs. 2 OR) persönlich nach Art. 568 OR in Anspruch. Hiermit wird Schmid jedoch keinen Erfolg haben, da er bei dem plötzlichen Verkehrsunfall keine auch nur abstrakte Möglichkeit gehabt hat, ein Vertrauen hinsichtlich des Fortbestehens der Gesellschafterstellung von Reich zu entwickeln. Es wäre auch absurd zu behaupten, dass Schmid sich im Vertrauen auf die fehlende Handelsregistereintragung und Bekanntmachung des Ausscheidens überfahren liess. Art. 933 Abs. 2 OR (demnächst Art. 936b Abs. 1 OR) sollte daher aufgrund einer teleologischen Reduktion nicht zur Anwendung gelangen[28].

Merksatz

38 **Dem Schweigen des Registers und/oder der Bekanntmachung über eintragungspflichtige Tatsachen kann man mithin trauen!**

c) Schutz des öffentlichen Glaubens

Schutz des öffentlichen Glaubens

39 **Anders als beim Grundbuch (vgl. Art. 973 ZGB) hat der Gesetzgeber die Frage, ob gutgläubige Dritte sich auch auf *unrichtige Handelsregistereintragungen* berufen können, bislang nicht beantwortet (siehe demnächst allerdings in einem grundsätzlich positiven Sinne Art. 936b Abs. 3 OR). Es ist umstritten, ob es sich dabei um eine bewusste oder planwidrige Regelungslücke handelt. Nach traditioneller Auffassung liegt ein qualifiziertes Schweigen des Gesetzgebers vor, so dass gutgläubige Dritte sich nur dann auf einen unrichtigen Registerinhalt berufen können, wenn dies zu ihrem Schutz durch gesetzliche Einzelanordnungen (z. B. Art. 608 f., 874 Abs. 4, 876 OR) ausdrücklich vorgesehen ist[29]. Nach der mit Recht im Vordringen begriffenen Gegenansicht ergibt sich hingegen aus dem Sinn und**

27 BGE 65 II 85 ff.

28 Vgl. dazu auch im deutschen Recht RGZ 93, 238, 241.

29 BGE 78 III 33, 45; OGer ZG SJZ 1986, 300 f. Nr. 47; implizit ablehnend BGE 121 V 80, 85 f.; als «umstritten» bezeichnet die Frage BGE 111 II 480, 484.

Zweck des Handelsregisters als eines wie das Grundbuch amtlich geführten Registers, aus der allgemeinen Vertrauenstheorie und im Umkehrschluss aus Art. 933 Abs. 1 OR (demnächst Art. 936b Abs. 1 OR) ein grundsätzlicher Schutz des öffentlichen Glaubens[30]. Schliesslich setzt die Handelsregistereintragung einen besonderen Vertrauenstatbestand, auf den sich der Eingetragene immer dann behaften lassen muss, wenn er an der Eintragung durch eine entsprechende Anmeldung zurechenbar mitgewirkt hat. Insofern wird demnächst Art. 936b Abs. 3 OR dem Handelsregister zu Recht auch ausdrücklich öffentlichen Glauben zusprechen, sofern dem keine überwiegenden Interessen entgegenstehen.

Beispiel: Die X-AG hat es versäumt, das nach Art. 716b OR für eine ordnungsgemässe Kompetenzdelegation erforderliche Organisationsreglement zu erlassen. Die gleichwohl vom Verwaltungsrat vorgenommene Bestellung des Angestellten Dolder zum Direktor der X-AG ist daher unwirksam. Daran ändert auch die bei Direktoren nach Art. 720 obligatorische Eintragung Dolders in das Handelsregister nichts, da das Gesetz der Eintragung von Organmitgliedern anders als etwa der Eintragung der Aktiengesellschaft selbst (vgl. Art. 643 Abs. 2 OR) keine sog. Heilungswirkung (dazu N 29) beimisst. Ausserdem können sich nach der vom Bundesgericht vertretenen traditionellen Ansicht auch gutgläubige Dritte nicht auf die Eintragung Dolders als Direktor berufen und unter Hinweis auf den öffentlichen Glauben des Handelsregisters hieraus entsprechende Rechtsfolgen (z. B. organschaftliche Vertretungsmacht nach Art. 718a OR) ableiten. Dolder ist lediglich ein faktischer Direktor, sofern er (insbesondere auch im Glauben an seine wirksame Bestellung) die einem Direktor vorbehaltenen Aufgaben wiederholt rein tatsächlich wahrnimmt. Seine Vertretungsmacht müsste anhand der Grundsätze über die Duldungs- und Anscheinsvollmacht[31] begründet werden[32]. Nach der neueren Lehre und künftig nach Art. 936b Abs. 3 OR könnten sich gutgläubige Dritte hingegen auf den Handelsregistereintrag und damit die Stellung Dolders als Direktor berufen.

40 **Anders als dem Grundbuch kommt dem Handelsregister bis zum Inkrafttreten des neuen Handelsregisterrechts noch kein öffentlicher Glaube zu!** Merksatz

30 Bär, in: Berner Festgabe zum Schweizerischen Juristentag 1979, S. 131 ff.; Vogt, Der öffentliche Glaube des Handelsregisters, 2003, S. 773 ff.; obiter und ohne Begründung auch BGE 104 Ib 321, 322 und 325.

31 Dazu KUKO OR-Jung, Art. 33 N 14 ff.

32 Vgl. dazu BGE 141 III 289.

VII. Revision des Handelsregisterrechts

Konzept und Tragweite

41 Am 17.3.2017 hat das Parlament eine grundlegende Revision des Handelsregisterrechts verabschiedet[33], welche zusammen mit einer totalrevidierten HRegV und einer revidierten Gebührenverordnung zum 1. Januar 2020 in Kraft gesetzt werden soll. Das neue Recht wird weniger durch umwälzende Neuerungen als vielmehr durch eine mit kleineren Änderungen verbundene *Verlagerung* von bislang in der HRegV zu findenden Regelungen (z. B. Art. 2 lit. a, 26, 28, 36 Abs. 1, 155, 164, 165 HRegV 2007) *auf die Gesetzesstufe* (z. B. Art. 927 Abs. 2, 929 Abs. 1, 937, 931 Abs. 1, 934 Abs. 2, 935, 942 E-OR) sowie durch eine Neunummerierung der Vorschriften gekennzeichnet sein. Es geht damit vor allem um die Beseitigung eines rechtsstaatlichen Geburtsfehlers der letzten grundlegenden Revision von 2007. Einstweilen gescheitert ist die Schaffung eines nationalen Handelsregisters. So finden sich im neuen Recht lediglich Regelungen zur Behördenzusammenarbeit und zur Führung zentraler Datenbanken (Art. 928a, 928b E-OR). Eine verfahrensmässige Neuerung bildet die systematische Verwendung der AHV-Versichertennummer, damit eine natürliche Person mit all ihren Funktionen in unterschiedlichen Rechtseinheiten über eine zentrale Datenbank «Personen» identifiziert werden kann (Art. 928c E-OR). Materiell-rechtlich ist die gesetzliche Festschreibung des bislang umstrittenen *öffentlichen Glaubens* des Handelsregisters (dazu N 39) durch Art. 936b Abs. 3 E-OR zu begrüssen. Gutgläubige Dritte sollen danach in ihrem Vertrauen in einen unrichtigen Registerinhalt geschützt werden, wenn dem keine überwiegenden Interessen entgegenstehen.

D. Firma

I. Die Firma im Handelsverkehr

1. Begriff der Firma

Definition

42 Die Firma ist der Name, unter dem eine natürliche Person, Handelsgesellschaft oder Genossenschaft, die zumeist Trägerin eines Unternehmens ist, im Handelsverkehr auftritt. Dies bedeutet:

---

[33] BBl 2017, 2433; krit. (noch zum Entwurf) JUNG, in: R. H. Weber et al. (Hrsg.), Aktuelle Herausforderungen des Gesellschafts- und Finanzmarktrechts, Zürich 2017, S. 337 ff.

43 • Die Firma ist *nur ein Kennzeichen* und für sich kein Rechtssubjekt. Im Gegensatz zum allgemeinen Sprachgebrauch und teilweise auch demjenigen des Gesetzes (vgl. z. B. die untechnische Verwendung des Begriffs der Firma in Art. 360b Abs. 6 OR) darf die Firma rechtlich daher weder mit dem Unternehmen (das OR spricht von «Unternehmen», «Gewerbe» oder «Geschäft») noch mit dem Unternehmensträger (das OR bzw. die HRegV spricht von «Inhaber» oder «Rechtseinheit») verwechselt werden. Firma als Name

44 • Die Firma bezeichnet ein Rechtssubjekt, das als natürliche Person, Handelsgesellschaft oder Genossenschaft regelmässig *Unternehmensträger* ist. Während die Handelsgesellschaften und Genossenschaften allerdings auch dann eine Firma haben, wenn sie ausnahmsweise kein Unternehmen betreiben, führen die einfachen Gesellschaften, Vereine, Stiftungen und Institute des öffentlichen Rechts auch dann keine Firma, sondern lediglich einen schlichten Namen bzw. eine Bezeichnung, wenn sie ein (kaufmännisches) Unternehmen betreiben und ggf. sogar im Handelsregister eingetragen sind (Art. 92 lit. a, 95 lit. b und 107 lit. a HRegV 2007). Diese Namen bzw. Bezeichnungen unterliegen lediglich dem allgemeinen Namens- und Kennzeichenrecht. Name des Unternehmensträgers

45 • Als Bezeichnung eines Rechtssubjekts ist die Firma jedenfalls *nicht der Name des Unternehmens* oder eines Unternehmensteils. Dies unterscheidet sie von Bezeichnungen, die das Unternehmen als solches (Geschäftsbezeichnung) oder einzelne Betriebsstätten und Geschäftslokale (Enseigne) benennen. Sofern die Geschäftsbezeichnungen und Enseignes nicht als Bestandteil in die Firma aufgenommen werden, geniessen sie nur den Schutz des allgemeinen Namens- und Kennzeichenrechts (Art. 29 ZGB, UWG, MSchG). Die Möglichkeit der Eintragung von Geschäftsbezeichnungen und Enseignes wurde mit der zum 1.1.2008 in Kraft getretenen Revision der HRegV abgeschafft. Kein Name des Unternehmens

Beispiel: Der «FC Basel 1893» (Vereinsname), FCB (Kurzbezeichnung), könnte die Aktivitäten des Vereins im Bereich «FCB Merchandising» (Geschäftsbezeichnung) unter dem Dach der «FCB Merchandising AG» (Firma), die u. a. ein Restaurant «Zum Joggeli» (Enseigne) und einen «FCB Fanshop Bahnhof» (Enseigne) betreibt, zusammenführen. Möchte nunmehr auch der FC Liestal eine «FCL Merchandising AG» gründen und über diese einen «FCL Fanshop am Bahnhof Liestal» betreiben, dann richtet sich die Zulässigkeit der gewählten Bezeichnungen hinsichtlich der Firma «FCL Merchandising AG» vorrangig nach Art. 951, 956 OR und hinsichtlich der Enseigne «FCL Fanshop am Bahnhof Liestal» nach Art. 29 ZGB und Art. 2, 3 lit. d, 9 ff. UWG sowie ggf. Art. 13 MSchG.

Abgrenzung zur Marke

- Als Bezeichnung eines Rechtssubjekts ist die Firma auch von den *Marken zu unterscheiden*, die als Zeichen (Wörter, bildliche Darstellungen, dreidimensionale Formen etc.) geeignet sind, Waren oder Dienstleistungen eines Unternehmens von solchen anderer Unternehmen zu unterscheiden (vgl. Art. 1 MSchG). Die als Firma eingetragene Bezeichnung wird seit 1993 nicht mehr per se auch als Marke geschützt, sondern mittelbar nur noch dann, wenn sie insgesamt bzw. in Teilen als Marke verwendet wird und im Markenregister eingetragen ist. 46

Identifikation des Unternehmensträgers

- Da die Firma ihren jeweiligen Inhaber (Einzelunternehmer, Handelsgesellschaft, Genossenschaft) bezeichnet, wird dieser auch immer aus den *unter der Firma getätigten Rechtsgeschäften* berechtigt und verpflichtet. Dies gilt bei eindeutig unternehmensbezogenen Geschäften auch dann, wenn die Identität des Inhabers beim Vertragsschluss nicht ausdrücklich offengelegt wurde (vgl. Art. 32 Abs. 2 OR). Auch im Zivilprozess wird derjenige Partei, der die in der Klageschrift benannte Firma im Zeitpunkt der Rechtshängigkeit führt. 47

Firma als Geschäftsname

- Die Firma ist ein besonderer *Name für Handelsgeschäfte* (Geschäftsname). Da die Handelsgesellschaften und Genossenschaften alle Rechtsgeschäfte als Handelsgeschäfte tätigen und keine Privatsphäre haben, führen sie als Namen lediglich die Firma. Die Inhaber von Einzelunternehmen haben dagegen neben ihrer Firma für den Handelsverkehr (Art. 944 ff. OR) immer auch einen zivilrechtlichen Namen für den sonstigen Rechtsverkehr (Art. 29 f. ZGB). Beide Namen können, müssen jedoch nicht übereinstimmen (vgl. Art. 945 OR). In jedem Fall sind sie rechtlich streng auseinanderzuhalten. Denn im Gegensatz zum Familiennamen ist die Firma anderen Ordnungsvorschriften unterworfen (z. B. Art. 944 ff. OR statt z. B. Art. 160, 270 ZGB), übertragbar (vgl. Art. 953 aOR), kein reines Persönlichkeitsrecht und gesondert geschützt (Art. 956 OR als lex specialis zu Art. 29 ZGB). 48

Firma als absolutes Recht

- Das Recht an der Firma ist als Namensrecht ein *absolutes Recht*, das gegenüber jedermann durch Art. 956, 946 Abs. 1, 951 OR firmenrechtlich und durch Art. 29 ZGB namensrechtlich sowie ggf. durch Art. 2, 3 lit. d, 9 ff. UWG wettbewerbsrechtlich und durch Art. 13 MSchG markenrechtlich geschützt wird. Es ist kein reines Persönlichkeitsrecht, da es neben persönlichkeitsrechtlichen (Verwendung von Vor- und Familiennamen als Firmenbestandteil, Hinweis auf den Unternehmensträger) auch vermögensrechtliche und im- 49 materialgüterrechtliche Elemente (Träger des Unternehmensgoodwills) aufweist.

2. Bestandteile der Firma

50 Eine Firma besteht zunächst aus dem *Firmenkern*, der bei einer Personenfirma aus dem Familiennamen (z. B. «Rutishauser & Co.»), bei einer Sachfirma aus Hinweisen auf den Unternehmensgegenstand (z. B. «BLG Basler Lagerhaus- und Speditionsgesellschaft AG»), bei einer Phantasiefirma aus Phantasiebezeichnungen (z. B. «Syngenta AG») und bei einer gemischten Firma aus einer Kombination entsprechender Angaben (z. B. «Schreibwaren Staehelin am Spalentor») gebildet wird. Firmenkern

51 Hinzu kommt zumeist ein *Firmenzusatz*, der auf die Rechtsform, die Person (Vorname, Titel, Verwandtschaft), den Unternehmensgegenstand (Sachzusatz), den geografischen Tätigkeitsbereich, eine Phantasiebezeichnung oder eine Filialstellung Bezug nimmt (z. B. «Brunnen-Apotheke Gebrüder Meier AG»). In den folgenden Fällen sind solche Zusätze sogar *zwingend notwendig*: Firmenzusatz

- In der Firma von Handelsgesellschaften und Genossenschaften muss die Rechtsform klar erkennbar[34] angegeben werden (Art. 950 Abs. 1 S. 2 OR), wobei der Bundesrat nach Art. 950 Abs. 2 OR und Art. 116a HRegV 2007 im Anhang zur HRegV die zulässigen Abkürzungen für den Rechtsformzusatz von Aktiengesellschaften (AG/SA), Genossenschaften (Gen/SCoop), Gesellschaften mit beschränkter Haftung (GmbH/Sàrl/Sagl/Scrl), Kollektivgesellschaften (KlG/SNC/SCl), Kommanditgesellschaften (KmG/SCm/SAc/SCm) und Kommanditaktiengesellschaften (KmAG/SCmA/SAcA/SACm) festgelegt hat;
- Rechtsformzusatz nach Art. 101 KAG in der Firma einer Kommanditgesellschaft für kollektive Kapitalanlagen (zulässige Abkürzung: KmGK);
- Zusatz nach Art. 946 Abs. 2, 951 OR zur Wahrung der Ausschliesslichkeit (z. B. «Lederwaren Schnyder am Aeschenplatz»);

[34] Vgl. dazu Ziff. 74 der EHRA-Anleitung und Weisung an die Handelsregisterbehörden für die Bildung und Prüfung von Firmen und Namen vom 1. Juli 2016, wonach die Firmen «ARMAG» und «Adissa» anders als etwa «Wohnbaugenossenschaft Alpenblick» unzulässig sind.

- Liquidationszusatz nach Art. 739 Abs. 1, 826 Abs. 2 und 913 Abs. 1 OR sowie Art. 159 Abs. 1 lit. c HRegV 2007 bei Auflösung einer Gesellschaft (z. B. «Meier AG in Liquidation»);
- Zweigniederlassungszusätze bei Zweigniederlassungen von Unternehmen mit Sitz im Ausland (Art. 952 Abs. 2 OR); bei Unternehmen mit Sitz im Inland sind Zweigniederlassungszusätze nach Art. 952 Abs. 1 OR freiwillig.

Gleichwertigkeit Firmenkern und Firmenzusätze sind grundsätzlich gleichwertig. Ist der 52 Zusatz unzulässig, ist die gesamte Firma zu löschen. Die Änderung oder der Wegfall eines Zusatzes bedeutet eine Firmenänderung.

3. Arten der Firma

Klassifikation Man unterscheidet zwischen folgenden Arten der Firma: 53

- Personen-, Sach-, Phantasie- und gemischte Firmen (nach der Art der Bildung des Firmenkerns; dazu N 50);
- Einzel- und Gesellschaftsfirmen (nach der Art des Firmenträgers);
- ursprüngliche (Inhaberschaft des ursprünglichen Firmenträgers) und fortgeführte Firmen (Inhaberschaft eines Rechtsnachfolgers).

4. Funktionen der Firma

Firmenfunktionen Die Firma hat im Wirtschaftsverkehr im Wesentlichen vier Aufgaben: 54

- *Identifikationsfunktion*: Die Firma soll ihren Inhaber mit seinem Unternehmen im Geschäftsverkehr identifizieren und von anderen (insbesondere Konkurrenten) unterscheiden. Insofern tritt die Firma neben die in ihrem Anwendungsbereich etwas weitere Unternehmens-Identifikationsnummer nach Art. 936a OR (demnächst Art. 930 OR).
- *Informationsfunktion*: Die Firma dient der Vermittlung von wesentlichen Informationen über den Firmenträger und das von ihm zumeist betriebene Unternehmen.
- *Werbefunktion*: Aussagefähige und zugkräftige Firmen werben für den Firmenträger und das von ihm zumeist betriebene Unternehmen.
- *Wertträgerfunktion*: Die Firma ist Trägerin einer ihrem Inhaber aufgrund seiner Leistungen im Wettbewerb (z. B. Produktqualität, Zu-

verlässigkeit, Werbemassnahmen) entgegengebrachten Wertschätzung. Dieser sog. Goodwill kann den Unternehmenswert deutlich über den Wert der vorhandenen Vermögensgegenstände hinaus steigern. In diesen Fällen verkörpert die Firma daher neben anderen Kennzeichen (z. B. Marken, Enseignes) einen besonderen wirtschaftlichen Wert.

II. Grundsätze des Firmenordnungsrechts

55 Die Grundsätze des Firmenrechts dienen den genannten vier Funktionen der Firma und führen zu einem Ausgleich zwischen dem Interesse des Firmenträgers an der Bildung und Beibehaltung einer werbewirksamen bzw. prestigeträchtigen und daher wertvollen Firma, dem Schutz bestehender Firmen gegen Verwechslung und dem Interesse der Allgemeinheit an der Firmenwahrheit und -klarheit. Ziel des Interessenausgleichs

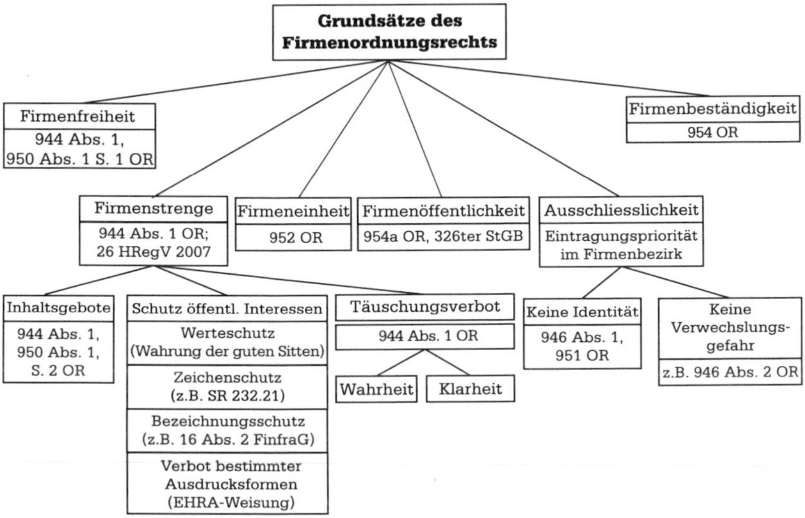

Abb. 17: Grundsätze des Firmenordnungsrechts

1. Firmenfreiheit und Firmenstrenge

Firmenfreiheit

56 Das Prinzip der Firmenfreiheit beherrscht das Firmenrecht der Handelsgesellschaften und der Genossenschaft (Art. 950 Abs. 1 S. 1). Danach kann die Firma unter Wahrung der allgemeinen Grundsätze (vgl. Art. 944, 951 OR) *grundsätzlich frei gebildet und fortgeführt* werden. So kann der Firmenkern aus Namen von gegenwärtigen oder früheren Gesellschaftern, aus einem (regelmässig verkürzten) Hinweis auf die Tätigkeit der Gesellschaft, einer Phantasiebezeichnung oder aus einer Kombination entsprechender Angaben bestehen. Zwingend sind lediglich der Rechtsformzusatz (Art. 950 Abs. 1 S. 2 und Abs. 2 OR) und im Falle der aufgelösten Gesellschaft der Liquidationszusatz «in Liquidation» bzw. abgekürzt «in Liq.» (Art. 739 Abs. 1, 826 Abs. 2, 913 Abs. 1 OR, Art. 159 Abs. 1 lit. c HRegV 2007)[35]. Weitere Einschränkungen der Firmenfreiheit ergeben sich aus dem Wahrheits- und Klarheitsgebot (dazu N 60 f.) sowie aus dem Ausschliesslichkeitsgrundsatz (dazu N 67 ff.).

Firmenstrenge

57 Der Einzelunternehmer unterliegt bei der Bildung und Fortführung der Firma verschiedenen Vorgaben (sog. *Firmenstrenge*; vgl. Art. 945 OR). So hat er zwingend eine Personenfirma zu führen und bei einer aus mehreren Namen bestehenden Firma den eigenen Familiennamen als denjenigen des Inhabers zu kennzeichnen (Art. 945 Abs. 1 und Abs. 2 OR)[36]. Der Einzelunternehmer darf seiner Firma auch keinen ein Gesellschaftsverhältnis andeutenden Zusatz (z. B. «& Co», «& Cie») beifügen (Art. 945 Abs. 3 OR).

Prüfung der Firmenbildung

58 Nach Art. 955 OR und Art. 26, 28 HRegV 2007 überwacht das Handelsregisteramt von Amtes wegen die Einhaltung der Firmenbildungsvorschriften *mit voller Kognition*, so dass eine in ihrem Kern oder einem Zusatz unzulässige Firma nicht eingetragen werden darf und eine versehentlich eingetragene unzulässige Firma auf Antrag zu ändern bzw. zu löschen oder von Amts wegen zu löschen ist (Art. 940 bzw. demnächst 937 OR sowie Art. 955 OR und Art. 28, 152 Abs. 1 lit. b und Abs. 2 HRegV 2007). Der Inhaber einer unzulässigen Firma kann sich nicht auf eine Heilungswirkung des Registereintrags berufen[37]. Für die Bildung und Prüfung von Firmen und Namen durch die Handelsregisterbehörden hat das EHRA eine für die Praxis bedeutsame *Anleitung und Weisung* (vor N 1) erlassen, welche die Behörden und Gerichte zwar formal nicht bindet, von der aber doch wegen des in ihr zum Ausdruck kommenden Sachverstands und des Gebots der Gleichbehandlung vergleichbarer Fälle zumindest dann keine Ab-

[35] Näher Ziff. 106 ff. der der EHRA-Anleitung und Weisung an die Handelsregisterbehörden für die Bildung und Prüfung von Firmen und Namen vom 1. Juli 2016.

[36] Z. B. «Hotel Heierli, Inh. Huber».

[37] BGE 117 II 575, 582.

weichung angezeigt ist, solange hierfür keine zwingende Notwendigkeit besteht und die Weisung mit den bundesrechtlichen Vorschriften betreffend Firmen vereinbar ist[38].

59 Das früher sehr strenge schweizerische Firmenrecht wurde *1998 erstmalig* durch eine Änderung der HRegV *liberalisiert*. Seinerzeit wurden das für Firmen geltende Reklameverbot (Art. 44 Abs. 1 aHRegV) und das Erfordernis der Bewilligung von nationalen, territorialen und regionalen Bezeichnungen (Art. 45 f. aHRegV) generell aufgehoben. Eine weitere Liberalisierung ist mit der zum *1. Juli 2016* in Kraft getretenen Revision des Firmenrechts von Einzelunternehmern, Personenhandels- und Kommanditaktiengesellschaften erfolgt[39]. Mit ihr wurden die Art. 607, 947, 948 und 953 aOR ersatzlos gestrichen sowie die Art. 950 und 951 OR angepasst. Seither besteht die Pflicht zur Personenfirma nur noch für Einzelunternehmer. Die KlG, KmG und KmAG haben aber nunmehr nach dem Vorbild von AG, GmbH, Gen und KmGK ebenfalls zwingend einen Rechtsformzusatz in die Firma aufzunehmen, die sich zudem nicht mehr nur lokal, sondern schweizweit deutlich von bereits eingetragenen Firmen zu unterscheiden hat (Art. 950 Abs. 1 S. 2, 951 OR). Die bis 1998 bzw. 2016 bestehende Registerpraxis und Rechtsprechung hat daher nur noch eingeschränkte Bedeutung.

Liberalisierung des Firmenrechts

2. Täuschungs- und Irreführungsverbot

60 Nach Art. 944 Abs. 1 und Art. 26 HRegV 2007 (demnächst Art. 929 Abs. 1 OR) darf die Firma weder insgesamt noch auch nur mit einzelnen Bestandteilen dazu geeignet sein, bei den Durchschnittsmitgliedern des angesprochenen Verkehrskreises unrichtige Vorstellungen hervorzurufen[40]. Hierzu muss sie nicht nur bei der erstmaligen Bildung, sondern grundsätzlich auch im weiteren Verlauf (dazu noch N 73 f.) den tatsächlichen Verhältnissen entsprechen (sog. Täuschungsverbot oder Gebot der Firmenwahrheit) und darf keine (ggf. auch wahren) Elemente enthalten, die den Durchschnittsadressaten zu unzutreffenden Schlussfolgerungen verleiten (sog. Irreführungsverbot oder Gebot der Firmenklarheit)[41].

Wahrheits- und Klarheitsgebot

38 BGer REPRAX 2/1999, 69, 75.

39 Siehe dazu die Botschaft zur Änderung des Obligationenrechts (Firmenrecht) vom 19. November 2014, BBl 2014, 9305 ff.

40 Näher Ziff. 1 ff. der EHRA-Anleitung und Weisung an die Handelsregisterbehörden für die Bildung und Prüfung von Firmen und Namen vom 1. Juli 2016; Achermann, BN 45 (1985), 47 ff.

41 Ziff. 12 ff. der EHRA-Anleitung und Weisung an die Handelsregisterbehörden für die Bildung und Prüfung von Firmen und Namen vom 1. Juli 2016; vgl. näher zur Täuschung und Irreführung über wettbewerbsrelevante Angaben SHK UWG-Jung, Art. 3 Abs. 1 lit. b N 59 ff.

Beispiele: Unzulässigkeit der Firma «Genossenschaftliche Privatbank AG» bei einer Aktiengesellschaft, die das Bankgeschäft betreibt, da das Privatbankgeschäft nach Art. 1 Abs. 1 BankG nicht von einer Aktiengesellschaft betrieben werden kann (Täuschungsverbot) und die Rechtsform nicht klar genug zum Ausdruck kommt (Irreführungsverbot); Unzulässigkeit der Firma «Airgenève SA» wegen Irreführung über den Sitz bzw. eine Beteiligung des Kantons Genf und über die Grösse des Unternehmens[42]; Unzulässigkeit der Firmierung mit einem «Dr. h. c.»-Titel, wenn dieser einem entsprechenden schweizerischen Titel nicht gleichwertig ist und daher ohne Ortsangabe gegen das Klarheitsgebot verstösst[43]; Erwecken des Eindrucks, dass eine Nebentätigkeit die Haupttätigkeit des Unternehmens bildet[44]; Verwendung des Zusatzes «international» nur dann, wenn das betriebene Unternehmen eine internationale Struktur aufweist, was regelmässig bei zwei ausländischen Tochtergesellschaften, nicht jedoch schon bei einer ausländischen Repräsentanz oder Kundschaft gegeben ist[45]; Unzulässigkeit der Firma bei Unklarheiten über die Rechtsform[46].

Da nur eine *objektive Eignung* zur Täuschung bzw. Irreführung erforderlich ist, kommt es nicht darauf an, ob tatsächlich Personen irregeführt wurden oder gar Schädigungen eingetreten sind[47]. Auch eine Täuschungs- oder Irreführungsabsicht ist nicht erforderlich[48]. Eine nur entfernte Wahrscheinlichkeit von Irreführungsmöglichkeiten ist allerdings nicht ausreichend[49].

Folgen von Verstössen

Eine trotz gegebener Täuschungsgefahr versehentlich eingetragene oder durch Umstandsänderungen täuschend gewordene Firma ist grundsätzlich zu *korrigieren* (siehe aber noch N 74)[50]. Die Eintragung einer Firma entbindet den Berechtigten nach Art. 955a OR ausdrücklich nicht von der Einhaltung anderer bundesrechtlicher Vorschriften, namentlich zum Schutz vor Täuschung und Irreführung (z. B. Art. 3 Abs. 1 lit. b UWG, Art. 47 Abs. 3 MSchG) Die Verwendung einer täuschenden Firma kann zu einer *Schadenersatzpflicht* nach Art. 41 Abs. 1 oder Abs. 2 OR führen[51]. Beruht die Irreführung auf einer mangelnden Übereinstimmung mit der Handelsregistereintragung, wird eine irreführende Bezeichnung für eine nicht im 61

---

42 BGE 85 I 128 ff.
43 BGE 113 II 280, 282 f.
44 Vgl. obiter BGE 117 II 192, 198.
45 BÖCKLI, Aktienrecht⁴, 2009, § 1 N 458 mit Fn. 935.
46 Ziff. 13 f., 74, 88 f. und 94 der EHRA-Anleitung und Weisung an die Handelsregisterbehörden für die Bildung und Prüfung von Firmen und Namen vom 1. Juli 2016 u. a. mit dem Beispiel «Genossenschaftliche Vereinsbank AG».
47 BGE 108 II 130, 132; BGE 113 II 280, 282 m. w. N.; BGE 117 II 192, 193 f.
48 ACHERMANN, BN 45 (1985), 47, 50.
49 BÜHLER, Grundlagen des materiellen Firmenrechts, 1991, S. 104.
50 BGE 113 II 179 f.
51 BGE 123 III 220, 227 f.

Handelsregister eingetragene Rechtseinheit verwendet oder wird über den inländischen Sitz eines Rechtsträgers mit Sitz im Ausland irregeführt, droht zudem eine strafrechtliche *Busse* nach Art. 326ter StGB.

3. Gebot kennzeichnungskräftiger Firmen

62 Die Firma einer Aktiengesellschaft muss zudem nach allgemeinen Grundsätzen eine hinreichende abstrakte Kennzeichnungskraft aufweisen. Dies dient nicht nur dem Schutz vor Verwechslungen (dazu N 67 ff.), sondern ganz allgemein der Identifikationsfunktion der Firma und dem Bedürfnis, Begriffe des sprachlichen Gemeinguts für eine Verwendung durch jedermann freizuhalten (sog. Freihaltebedürfnis bzw. Monopolisierungsverbot). Daher sind nach ständiger Praxis Sachfirmen, die ausschliesslich aus rein beschreibenden Sachbegriffen (auch in unspezifischer Kombination) und einem Rechtsformzusatz gebildet werden, nicht dazu geeignet, das Rechtssubjekt zu individualisieren[52]. Auch nationale, territoriale und regionale Bezeichnungen sowie Namen von Körperschaften des öffentlichen Rechts und von Ortschaften dürfen nicht alleinige Bestandteile einer Firma sein[53]. Möglich ist lediglich die spezifische Kombination von unspezifischen Bestandteilen[54]. Freihaltebedürfnis

Beispiele: Bank AG (unzulässig); Pilatus Genossenschaft (unzulässig); Schuhladen am Aeschenplatz GmbH (wegen des individualisierenden Zusatzes zulässig); «Kick Lernstudio AG» (wegen der individualisierenden Kombination zulässig[55]).

4. Verbot bestimmter Inhalte

63 Zum Schutz öffentlicher Interessen (Art. 944 Abs. 1 OR a. E.) darf die Firma auch nicht gegen das religiöse, sittliche oder nationale Empfinden verstossen[56]. Bei der Firmenbildung sind zudem die Sonderregelungen zum Schutz öffentlicher Wappen und Zeichen (SR 232.21), zum Schutz des Roten Kreuzes (SR 232.22) und zum Schutz von Zeichen der UN (SR 232.23)[57] zu beachten[58]. Bestimmte Bezeichnungen (allein oder in Wortverbindungen) für bewilligungspflichtige bzw. gesetzlich definierte Tätigkeiten (z. B. Bank, Effektenhändler, Anlagefonds, Spielbank, Casino, Schutz öffentlicher Interessen

52 BGE 101 Ib 361, 368 f.; BGE 114 II 284, 286 f.

53 Ziff. 15 ff. der EHRA-Anleitung und Weisung an die Handelsregisterbehörden für die Bildung und Prüfung von Firmen und Namen vom 1. Juli 2016.

54 So etwa BGE 114 II 284 (für «Aeroleasing S. A.»). und BGer 4C.197/2003 E. 5.4 (für «Kick Lernstudio»).

55 So für die entsprechende Einzelfirma BGer 4C.197/2003 E. 5.4.

56 BGE 101 Ib 361, 368 (obiter).

57 Vgl. zum Schutz der Abkürzung «BIS» für «Bank for International Settlement» nur BGE 105 II 135, 137 ff.

58 Zum Ganzen näher Hilti, SIWR III/2^2, 2005, S. 39 ff.

Universität) dürfen schliesslich nur verwendet werden, wenn eine entsprechende Bewilligung vorliegt bzw. die Merkmale der Definition erfüllt sind[59]. Die genannten Regelungen dienen nicht allein dem Schutz der betreffenden Bild- und Wortzeichen gegen Verwässerung, missachtende Verwendung und Ausbeutung, sondern auch dem Schutz des Publikums vor Täuschungen und Irreführungen.

Beispiele: Madonna AG (unzulässig wegen sittenwidriger Verletzung des religiösen Empfindens breiter Bevölkerungskreise[60]); Grand Casinò Admiral SA (unzulässig, wenn der Betreiber nur über eine Lizenz zum Betrieb kleinerer Casinos verfügt[61]).

5. Verbot bestimmter Ausdrucksformen

Schreibbarkeit

Der Ausdruck der Firma kann grundsätzlich frei gewählt werden. So kann die Firma unabhängig vom Sitz der Gesellschaft in jeder schweizerischen Amtssprache oder einer anderen lebenden bzw. toten Sprache oder in Dialekt unter Einschluss zugehöriger Interpunktionszeichen formuliert werden. Selbst der Rechtsformzusatz kann nicht nur in einer Landessprache, sondern auch in englischer Sprache eingetragen werden, wenn noch eine Übersetzung in einer Landessprache hinzugefügt wird. Die Firma muss nur derjenigen im Gesellschaftsvertrag bzw. den Statuten genau entsprechen und darf einer zweckmässigen Registerführung, einer korrekten Anschrift durch Dritte sowie der Suche nach Firmen nicht entgegenstehen. Daher muss die Firma in lateinischen Buchstaben und arabischen Zahlen schreibbar sein[62]. Mit Ausnahme der Gross- und Kleinschreibung sowie der üblichen «&» und «+» können daher grafische Besonderheiten (z. B. Fettdruck, Hochstellung) oder Symbole (z. B. @, ☒) nicht in das Handelsregister eingetragen werden. Sie können allenfalls als Marke geschützt werden. 64

Beispiele: «Joop! AG» (Zulässigkeit einer Verbindung von Buchstaben und Satzzeichen ausserhalb des Rechtsformzusatzes); «MacCooperative, Genossenschaft der Macintosh-Anwender» (angebliche Unzulässigkeit wegen einer regelwidrig gebil-

....

59 Ziff. 4 ff. der EHRA-Anleitung und Weisung an die Handelsregisterbehörden für die Bildung und Prüfung von Firmen und Namen vom 1. Juli 2016 unter Hinweis auf die entsprechenden gesetzlichen Regelungen.

60 Vgl. dazu BGE 136 III 474, 477 ff. (Schutzverweigerung gegenüber der international registrierten Wort-/Bildmarke «Madonna» wegen Sittenwidrigkeit).

61 BGE 132 III 532, 536 ff. (zum Firmenbestandteil «Grand Casino»).

62 BGE 106 II 58, 62 ff.; Ziff. 50 ff. der EHRA-Anleitung und Weisung an die Handelsregisterbehörden für die Bildung und Prüfung von Firmen und Namen vom 1. Juli 2016; krit. BÖCKLI, Aktienrecht[4], 2009, § 1 N 462 («Normbildende Schreibmaschine ist offenbar die beim Verfasser archivierte alte ‹Hermes Baby›»).

deten und daher als figürlich erscheinenden Folge von Buchstaben[63]); «Schoggistängeli Akziegsellschaft» (zulässig); Rochester Finance AG (Rochester Finance Ltd) – zulässig[64]; men@work GmbH (unzulässig[65]).

6. Firmeneinheit

Ein Unternehmen – eine Firma

65 Nach dem Grundsatz der Firmeneinheit führt der Unternehmensträger für ein Unternehmen eine einzige Firma. Besteht das Unternehmen aus einer Haupt- und mindestens einer Zweigniederlassung (dazu § 4 N 24 ff.), hat er für eine Zweigniederlassung dieselbe Firma zu führen wie für die Hauptniederlassung. Er darf der Firma lediglich besondere Zusätze beifügen, sofern diese nur für die Zweigniederlassung zutreffen (Art. 952 Abs. 1 OR). Ein Unternehmensträger mit Sitz im Ausland ist dabei sogar verpflichtet, der Firma der Zweigniederlassung die Orte von Haupt- und Zweigniederlassung beizufügen (Art. 952 Abs. 2 OR). Auch für inländische Unternehmensträger kann sich aus dem Gebot der Firmenunterscheidbarkeit eine Pflicht zur Beifügung von Zusätzen ergeben.

Beispiele: Xenon AG, Zweigniederlassung Liestal; Yenga GmbH, Zweigniederlassung Translational Research; Hoover Ltd., London, Zweigniederlassung Zug.

Verbot der Leerübertragung

66 Aus der Einheit von Unternehmen und Firma lässt sich zudem ableiten, dass die Firma als Namensrecht nach Art. 164 ff. OR analog nur übertragen werden kann, wenn zugleich das Unternehmen zumindest in seinem Kern mitübertragen wird. Eine Ausnahme von diesem Verbot der Leerübertragung der Firma könnte allenfalls im Konkurs des Unternehmensträgers gemacht werden, weil der Konkursverwaltung hierdurch die Verwertung des Firmenwerts erleichtert und das konkursite Unternehmen ohnehin abgewickelt wird.

7. Firmenausschliesslichkeit

Schutz prioritärer Firmen

67 Damit die Firma ihrer Identifikations- und Werbefunktion gerecht werden kann, muss sie ihren Träger im Firmenbezirk (Einzelunternehmer) bzw. schweizweit (Handelsgesellschaften, Genossenschaften) eindeutig und ausschliesslich bezeichnen (Art. 946, 951 OR). Nach dem sog. Grundsatz der Eintragungspriorität bzw. der Ausschliesslichkeit der Firma darf die

[63] BGE 118 II 319, 320 ff.

[64] Ziff. 35 f. der EHRA-Anleitung und Weisung an die Handelsregisterbehörden für die Bildung und Prüfung von Firmen und Namen vom 1. Juli 2016.

[65] Ziff. 59 der EHRA-Anleitung und Weisung an die Handelsregisterbehörden für die Bildung und Prüfung von Firmen und Namen vom 1. Juli 2016.

später gebildete Firma daher mit einer der zuvor eingetragenen und im Handelsregister noch nicht gelöschten und tatsächlich geführten[66] Firmen im Kern bzw. nach dem Gesamteindruck *nicht identisch* sein (Verbot identischer Firmen)[67] und muss sich von diesen so *deutlich unterscheiden*, dass die Gefahr einer Verwechslung durch die angesprochenen Personen ausgeschlossen ist (Verbot verwechslungsfähiger Firmen). Während dies bei den Einzelunternehmen nur für den betreffenden Ort mit dem dazugehörigen Wirtschaftsraum gilt (*lokaler Schutzraum* nach Art. 946 Abs. 1 OR), bestehen die entsprechenden Anforderungen bei den Handelsgesellschaften und Genossenschaften für die gesamte Schweiz (*landesweiter Schutzraum* nach Art. 951 OR).

Kriterien Die (Quasi-)Identität bzw. Verwechslungsgefahr ist nach dem durch 68 Schriftbild, Klangbild und Sinngehalt[68] geprägten *Gesamteindruck* im Erinnerungsbild der Personen des relevanten Verkehrskreises (Fachkreis, Allgemeinheit)[69] zu beurteilen, wobei die Zeichenfolge wichtig, aber nicht allein massgeblich ist[70]. Die Verwechslungsgefahr darf nicht nur vereinzelt, sondern muss mit einer gewissen Wahrscheinlichkeit und Breite bestehen. Von besonderer Relevanz für die Verwechslungsgefahr sind die geografische Nähe[71], die Branchennähe[72] und der Umstand, ob sich die Firmen hinsichtlich besonders kennzeichnungskräftiger oder nur hinsichtlich unspezifischer Bezeichnungen (z. B. Allerweltsnamen, gemeinfreie Sachbezeichnungen, Floskeln oder unverständliche Buchstabenfolgen) decken bzw. unterscheiden.

Beispiele[73]: «Walter Staehelin» und «Urs Staehelin» (unterscheidbar; vgl. Art. 946 Abs. 2 OR); «Huber Bau AG» und «Bau Huber AG» (fast identisch[74]); «Schweizerische Isola-Werke AG» und «Elektrisola Feindraht AG» (angeblich verwechslungsfähig[75]);

....

66 Zum mangelnden Schutz einer Scheinfirma BGE 93 II 256, 257 f.

67 Nach der Handelsregisterpraxis besteht die Identität nicht nur bei sog. absoluter Identität der Zeichenfolge, sondern auch bei einem lediglich identischen Gesamteindruck (siehe etwa Interne Weisung des EHRA zur Prüfung der Firmenidentität vom 1. Juli 2016, Ziff. 9 f. und BGer REPRAX 2/1999, 69, 75).

68 Zur Berücksichtigung des Sinngehalts und zur Verwechselbarkeit von «Hydro» und «Water» BGer 4A_553/2014 E. 2.2.3 und BGer 4A_467/2015 E. 2.2.1.

69 Zur Differenzierung zwischen dem allgemeinen Publikum und einem speziell angesprochenen Fachkreis CdJ GE sic! 2018, 25.

70 BGE 118 II 322, 324; so für die Identität auch die Interne Weisung des EHRA zur Prüfung der Firmenidentität vom 1. Juli 2016, Ziff. 9 f.

71 BGE 118 II 322, 325.

72 BGE 127 III 160, 169; BGE 118 II 322, 325; vgl. auch BGE 97 II 234, 236 f. (in casu offengelassen); DRUEY/DRUEY JUST/GLANZMANN, § 24 N 72 m. w. N.

73 Zu weiteren Beispielen aus der reichhaltigen Kasuistik siehe MEIER-HAYOZ/FORSTMOSER, § 7 N 139 f.

74 Interne Weisung des EHRA zur Prüfung der Firmenidentität vom 1. Juli 2016, Ziff. 20; BGer REPRAX 2/1999, 69, 75.

75 BGE 97 II 153 ff. (Übernahme des charakteristischen Firmenbestandteils).

....

«Ferosped AG» und «Fertrans AG» (angeblich verwechslungsfähig[76]); «Prosoft Zürich AG» und «Profisoft Informatik AG» (unterscheidbar[77]); B._Verlag AG und B._Medien AG (verwechslungsfähig[78]).

69 In der Praxis können die Gründer bzw. die Gesellschaft mit Hilfe der sog. Firmenrecherche des EHRA kostenpflichtig überprüfen lassen, ob die ins Auge gefasste Firmenbildung bzw. -änderung vorbestehenden Firmen ähnlich ist und damit möglicherweise Prioritätsrechte verletzt. Hinweis

70 Während das Handelsregisteramt den *(fast) identischen Firmen* die Eintragung von Amtes wegen verweigern kann und muss, soll dies bei *einfacher Verwechslungsgefahr* nach ständiger Praxis nicht der Fall sein[79]. Begründet wird dieser Unterschied damit, dass das Verbot identischer Firmen im öffentlichen Interesse, das Verbot verwechslungsfähiger Firmen hingegen nur im Interesse des vorberechtigten Inhabers bestehe, um ihn vor lästigen (z. B. fehlgeleitete Post) und schädlichen (Verwässerung der Werbekraft seiner Firma) Verwechslungen zu schützen. Daher könne es nur von dem Betroffenen selbst und nicht von Amtes wegen durchgesetzt werden[80]. Diese Sichtweise ermöglicht den Inhabern lediglich verwechslungsfähiger Firmen auch den Abschluss sog. Koexistenzvereinbarungen mit wechselseitigen Duldungspflichten[81]. Unterschiedliche Kognition

71 Die unterschiedliche Behandlung von (fast) identischen und lediglich verwechslungsfähigen Firmen ist inhaltlich *nicht überzeugend*. Sie führt zum Rückzug aus einem wichtigen Teil der präventiven Firmenkontrolle, der sich nicht nur zu Lasten der Inhaber vorbestehender Firmen, sondern auch des Rechtsverkehrs, der Gerichte und des von einem Prozess bedrohten Zweitnutzers selbst auswirkt. Das Handelsregisteramt verfügt bei der materiellen Prüfung von Firmen über eine ausnahmsweise volle Kognition (Art. 955 OR), welche sich auf sämtliche Vorschriften der Firmenbildung und damit auch auf das Gebot einer deutlichen Unterscheidung nach Art. 946, 951 OR bezieht. Ausserdem sind bei blosser Verwechselbarkeit ebenso öffentliche Interessen (z. B. Vermeidung einer Fehlleitung von Geschäftspartnern) berührt wie bei einer im Kern bestehenden Identität der Firmen. Die Tatsache, dass der Grundsatz der Ausschliesslichkeit in Art. 956 Abs. 1 OR auch als subjektives Recht des Inhabers der prioritären

[76] BGE 118 II 322, 324 ff. (Übernahme des charakteristischen Firmenbestandteils «Fer» und Bestehen eines Konkurrenzverhältnisses).

[77] BGer SMI 1994, 53.

[78] BGer 4A_284/2014 E. 2.

[79] Interne Weisung des EHRA zur Prüfung der Firmenidentität vom 1. Juli 2016, Ziff. 5 f.; BGE 101 Ib 361, 366; BGE 117 II 575, 582; BGE 123 III 220, 226.

[80] BÜHLER, Grundlagen des materiellen Firmenrechts, 1991, S. 99 f.

[81] Dazu etwa BGer 4A_553/2014 und BGer 4A_467/2015.

Firma postuliert wird, ändert daran nichts[82]. Zutreffend ist lediglich der Hinweis, dass es immer schwieriger wird, zugleich prägnante und werbewirksame wie hinreichend unterscheidungskräftige Firmen zu bilden, was eine Benachteiligung jüngerer Unternehmensträger mit sich bringt[83]. Diesem Umstand sollte die Praxis aber nur durch eine Wahrung von Freihaltebedürfnissen, eine grosszügigere Praxis bei der Firmenbildung (z. B. Zulassung von Sonderzeichen) und eine nicht zu strenge Prüfung der Verwechslungsgefahr Rechnung tragen.

Verhältnis zu anderen Kennzeichen

Art. 946, 951 und 956 Abs. 1 OR gelten nur zwischen verschiedenen Firmen. Unklar ist die Bedeutung der Priorität im Verhältnis zu anderen Kennzeichen wie der Marke oder dem Domainnamen. Da die Praxis in diesen Kollisionsfällen eine offene Interessenabwägung vornimmt und nicht per se auf die Priorität abstellt, kann es vorkommen, dass das Recht an einer prioritätsälteren Firma durch den zulässigen Gebrauch eines identischen oder verwechslungsfähigen anderen Kennzeichens eingeschränkt wird[84]. 72

8. Firmenbeständigkeit

Grundsätzliches Anpassungsgebot

Aufgrund des Täuschungsverbots (vgl. Art. 944 Abs. 1 OR) ist die Firma grundsätzlich an jede für sie und die angesprochenen Verkehrskreise massgebliche Veränderung des Unternehmensträgers oder des von ihm betriebenen Unternehmens anzupassen[85]. Zwar kann der Rechtsnachfolger eines Einzelunternehmers dessen Namen in der Firma beibehalten, doch muss er diesem seinen eigenen Namen hinzufügen und die eigene Inhaberschaft deutlich machen (Art. 945 Abs. 2 OR). Bei einer Aufgabe des kaufmännischen Gewerbes ist die Firma im Handelsregister zu löschen (Art. 938 bzw. demnächst Art. 934 OR) und ihre weitere Führung zu unterlassen. 73

Ausnahmsweiser Bestandsschutz

Zur Erhaltung der Werbe- und Wertträgerfunktion der Firma kann eine unwahr gewordene Firma in bestimmten Fällen jedoch zumindest teilweise 74

82 Anders BGE 123 III 220, 226.

83 DRUEY/DRUEY JUST/GLANZMANN, § 24 N 9.

84 Siehe dazu etwa BGE 116 II 614 (Gucci); BGE 125 III 91 (Rytz gegen Rytz); BGer 4C.376/2004 (www.maggi.com).

85 BGE 100 Ib 240, 242 ff.; 113 II 179, 180 (jeweils zur Anpassung der Ortsangabe nach Sitzverlegung); BGE 108 II 130, 132 ff. (in casu wurde die Beibehaltung der Bezugnahme auf einen kleineren Berg im Zürcher Oberland als Phantasiebezeichnung jedoch gestattet); BGE 117 II 192, 193 (in casu wurde der Anpassungsbedarf dann aber verneint); zur Anpassung eines geografischen Zusatzes nach Sitzverlegung auch Ziff. 23 der EHRA-Anleitung und Weisung an die Handelsregisterbehörden für die Bildung und Prüfung von Firmen und Namen vom 1. Juli 2016; vgl. zur Anpassung der Firma nach Entzug der Bewilligung zur Führung eines offiziellen Zusatzes BGE 82 I 40, 43 f.; in der Literatur etwa HILTI, SIWR III/2[2], 2005, S. 43 ff.

fortgeführt werden. Ein solcher Bestandsschutz ist *nach dem Gesetz* ausdrücklich möglich, wenn der in der Firma enthaltene *Name* des Einzelunternehmers bzw. eines Gesellschafters gesetzlich oder behördlich *geändert* wurde (Art. 954 OR). Nach der ersatzlosen Streichung der Art. 947, 948 und 953 aOR erfordert der allgemeine Wahrheitsgrundsatz (vgl. Art. 944 Abs. 1 OR) auch bei den Personenhandelsgesellschaften und KmAG nicht mehr, dass der in einer Gesellschaftsfirma aufgeführte Name demjenigen eines (aktuellen) Gesellschafters entspricht[86]. Für die Firma einer AG, GmbH und Genossenschaft galt dies schon vor dem 1. Juli 2016[87]. In den übrigen Fällen kann die ursprüngliche Firma nur beibehalten werden, wenn eine Täuschung bzw. Irreführung des Publikums nur in geringem Umfang zu befürchten ist und andererseits dem Geschäftsinhaber durch die Firmenänderung *unverhältnismässige Nachteile drohen*. In diesen Fällen überwiegt dann das Interesse des Inhabers an der Fortführung der zumindest in ihrem Kern unveränderten Firma derart, dass eine Änderung unverhältnismässig wäre. Bei der Anerkennung eines ungeschriebenen Bestandsschutzes übt die Rechtsprechung Zurückhaltung[88].

Beispiel: Marc Staehelin erbt nach dem Tod seines Vaters Dr. Urs Staehelin als Alleinerbe ein Delikatessengeschäft, das er zu einem grösseren Lebensmitteldiscountgeschäft ausbauen möchte. Hierzu beabsichtigt er, das Geschäft unter Fortführung der angestammten Firma «Dr. Urs Staehelin Kolonialwaren» in eine gemeinsam mit dem Investor Reich zu gründende Aktiengesellschaft einzubringen. In diesem Fall einer Geschäftsübernahme ist die Aktiengesellschaft als neue Geschäftsinhaberin grundsätzlich an Art. 944 Abs. 1 OR (Täuschungs- und Irreführungsverbot) gebunden. Insbesondere hat sie nach Art. 950 Abs. 1 S. 2 OR als Aktiengesellschaft ihre Rechtsform in der Firma anzugeben («AG»). Sie kann daher nur den bisherigen Firmenkern («Urs Staehelin») fortführen. Da weder Marc Staehelin noch Reich über einen Doktortitel verfügen und die Beibehaltung des akademischen Grades nicht durch besondere Interessen der Parteien gerechtfertigt werden kann, müsste dieser Personalzusatz nämlich als täuschungsgeeignet entfallen. Dies dürfte auch für den Sachzusatz «Kolonialwaren» gelten, da wegen der starken Täuschungseignung in einem relevanten Bereich (Unternehmensgegenstand) hier selbst ein gewichtiges Bestandsinteresse die ausnahmsweise Fortführung kaum wird rechtfertigen können[89]. Immerhin sind die beiden Gesellschafter nicht dazu verpflichtet, in die Firma

86 Ziff. 76 der EHRA-Anleitung und Weisung an die Handelsregisterbehörden für die Bildung und Prüfung von Firmen und Namen vom 1. Juli 2016.

87 BGE 73 II 119, 120 ff.; BSK OR II5-Altenpohl, Art. 953 N 10 f.

88 BGE 100 Ib 240, 245 (ablehnend); BGE 105 II 135, 141 f. (ablehnend); BGE 108 II 130, 134 (offengelassen); BGE 117 II 192, 198 (offengelassen).

89 Vgl. aber auch den etwas anders gelagerten Fall BGE 117 II 192 ff. (Zulässigkeit der Beibehaltung der Firma «Münsterkellerei AG» durch ein Wein- und Spirituosenhandelsunternehmen nach Verlust des Kellers).

einen Nachfolgezusatz oder ihre Familiennamen aufzunehmen, da eine Aktiengesellschaft keine Personenfirma führen muss (Art. 950 Abs. 1 S. 1 OR) und es bei einer Aktiengesellschaft weniger auf die hinter ihr stehenden Personen ankommt.

9. Firmengebrauchspflicht

Firmenöffentlichkeit

Nach dem Grundsatz der Firmenöffentlichkeit ist die Firma insbesondere zur Eintragung in das *Handelsregister* anzumelden (Art. 934 Abs. 1 OR bzw. demnächst Art. 931 Abs. 1 OR sowie Art. 552 Abs. 2 und 594 Abs. 3 OR). Dies gilt auch für allfällige Änderungen (Art. 937 OR bzw. demnächst Art. 933 Abs. 1 OR) sowie einen Inhaberwechsel und die Einstellung des Gewerbes (vgl. auch Art. 938 bzw. für die Amtslöschung demnächst Art. 934 OR). Kapitalgesellschaften und Genossenschaften haben die Firma zudem bereits in ihren *Statuten* anzugeben (Art. 626 Ziff. 1, 776 Ziff. 1, 832 Ziff. 1 OR). Aufgrund der sog. Firmengebrauchspflicht ist die Firma im sog. *formellen Verkehr* persönlicher (Korrespondenz, Bestellscheine, Rechnungen) oder unpersönlicher (Bekanntmachungen z. B. in Adressbüchern, Katalogen, Preislisten oder auf Visitenkarten bzw. Schildern) Art so zu verwenden, wie sie im Handelsregister eingetragen ist (Art. 954a Abs. 1 OR)[90]. Wird dies unterlassen und besteht hierdurch die Gefahr der Irreführung, ist zudem der Straftatbestand von Art. 326ter StGB einschlägig. Die in der Praxis (zu sehr) verbreiteten Firmenkurzbezeichnungen dürfen im formellen Verkehr seit 1.1.2008 ausdrücklich nur noch zusätzlich verwendet werden (Art. 954a Abs. 2 OR)[91]. Lediglich in der *Werbung* sind sie auch allein zulässig, wobei auch hier der Grundsatz 3.1 der Schweizerischen Lauterkeitskommission zur Lauterkeit in der kommerziellen Kommunikation den Gebrauch der vollständigen Firma empfiehlt. Ausserdem ist die Firma kraft Lauterkeitsrechts bei der öffentlichen Werbung für einen Konsumkredit eindeutig zu bezeichnen (Art. 3 Abs. 1 lit. k und lit. l UWG). Die Grundsätze zur Firmengebrauchspflicht gelten entsprechend für die im Handelsregister nach Art. 92 lit. a, 95 lit. b und 107 lit. a HRegV 2007 eingetragenen Namen und Bezeichnungen (Art. 954a OR). 75

III. Schutz der Firma

Subjektives Ausschliesslichkeitsrecht

Der Firmeninhaber besitzt zum Schutz der Identifikations-, Werbe- und Wertträgerfunktion der Firma ein *absolutes Recht* zur ausschliesslichen Führung seiner Firma (Art. 956 Abs. 1, 946 Abs. 1, 951 OR). Dieses Aus- 76

[90] Dazu schon vor Einführung von Art. 954a OR BGE 103 IV 202, 203 ff. und BGE 123 III 220, 227 f.

[91] Hilti, SIWR III/2², 2005, S. 53 f.

schliesslichkeitsrecht wird handelsrechtlich, namensrechtlich, wettbewerbsrechtlich und ggf. mittelbar auch markenrechtlich geschützt.

1. Firmenrechtlicher Schutz

77 Unter den folgenden Voraussetzungen gewährt *Art. 956 Abs. 2 OR* einen spezifisch firmenrechtlichen Schutz der Firma: Voraussetzungen

- Die *zu schützende Firma* ist im Handelsregister *eingetragen* und im SHAB bekannt gemacht.
- Die *Beeinträchtigung* muss *durch eine andere Firma* erfolgen, wobei diese im Gegensatz zu der zu schützenden Firma nicht (versehentlich) im Handelsregister eingetragen sein muss[92]. Wird die Firma durch andere Kennzeichen (z. B. Marke, Domainname, Kurzbezeichnung, Enseigne) beeinträchtigt, kann der Schutz der Firma nicht auf Art. 956 Abs. 2 OR gestützt werden.

  Beispiel: Die «Utopia Computersystems AG» kann die Verwendung der Domain «www.utopia-software.ch» durch Dritte allenfalls namens- und wettbewerbsrechtlich, nicht jedoch firmenrechtlich untersagen lassen.

- Der beeinträchtigende Gebrauch der anderen Firma muss *unbefugt* sein, was nur bei einem Verstoss gegen das objektive Firmenrecht (v. a. Ausschliesslichkeit) und nicht auch bei einer Verletzung anderer Rechtsnormen (z. B. Art. 2, 3 Abs. 1 lit. b, d UWG, Art. 13 MSchG) oder der Verletzung einer vertraglichen Vereinbarung gegeben ist.

78 Sind die genannten Voraussetzungen erfüllt, hat der Inhaber der geschützten Firma folgende Rechte: Rechtsfolgen

- Anspruch auf Unterlassung der weiteren Führung der störenden Firma, wenn auch künftig Verletzungen des Firmenrechts durch den Usurpator drohen; die Verurteilung zur Unterlassung des Gebrauchs einer Firma verpflichtet dabei zugleich zur zügigen Herbeiführung ihrer Änderung bzw. Löschung im Handelsregister (vgl. Art. 292 StGB);
- Anspruch auf Ersatz allfälliger Schäden bei einem Verschulden des Usurpators;
- Recht auf Feststellung des Ausschliesslichkeitsrechts bzw. des unbefugten Gebrauchs (str.; vgl. auch Art. 29 Abs. 1 ZGB)[93].

[92] BGE 131 III 572, 578.
[93] Befürwortend BSK OR II-Altenpohl, Art. 956 N 13 m. w. N.; a. A. BGE 76 II 77, 90.

2. Namensrechtlicher Schutz

Firma als Persönlichkeitsrecht

Da die Firma ein Name ist, kann ihr Inhaber nach Art. 29 ZGB auch einen persönlichkeitsrechtlichen Schutz begehren. Das gilt auch dann, wenn es sich nicht um eine Personenfirma, sondern eine Sach- oder Phantasiefirma handelt. Die nach Art. 29 ZGB möglichen Klagen auf Feststellung und Unterlassung sowie (bei Verschulden) Schadenersatz und Genugtuung sind gegenüber Art. 956 Abs. 2 OR subsidiär. Sie erlangen dann eine Bedeutung, wenn es um den Schutz einer (noch) nicht eingetragenen Firma oder um Beeinträchtigungen durch einen nicht firmenmässigen Gebrauch geht. Anders als beim allfälligen lauterkeitsrechtlichen Schutz (dazu N 80) kommt es dann auch nicht darauf an, dass die Firma durch eine Wettbewerbshandlung beeinträchtigt wird. 79

Beispiel: Beeinträchtigung der Firma «Fiducia S. A.» durch den Zeitschriftentitel «Fiducia»[94].

3. Wettbewerbsrechtlicher Schutz

Wettbewerbsrechtlicher Schutz

Das Recht an der Firma wird auch wettbewerbsrechtlich durch negatorische (Unterlassung, Beseitigung, Feststellung, Urteilspublikation) und reparatorische (Schadenersatz, Genugtuung, Gewinnherausgabe) Ansprüche geschützt (Art. 9 UWG). Ein Wettbewerbsverhältnis zwischen dem Inhaber der zu schützenden Firma und dem Verletzer ist hierfür nicht erforderlich. Das Verhalten des Verletzers muss lediglich dazu geeignet sein, den Wettbewerb zu beeinflussen[95], und unlauter i. S. v. Art. 2 ff. UWG sein. Dies ist nach Art. 3 Abs. 1 lit. d UWG insbesondere dann der Fall, wenn jemand durch eine nicht hinreichend unterscheidungskräftige Firma Verwechslungen mit dem Geschäftsbetrieb des Inhabers der zu schützenden Firma herbeiführt[96]. Dabei kann der wettbewerbsrechtliche Firmenschutz auch dann gewährt werden, wenn die Firma (noch) nicht in einem schweizerischen Handelsregister eingetragen oder wenn sie ausserhalb des Schutzraums (vgl. Art. 946 Abs. 3 OR) bzw. in anderer Weise als durch einen Verstoss gegen das Firmenrecht beeinträchtigt wird. Ausserdem kommt es für die Priorität nicht wie im Firmenrecht auf die Registereintragung, sondern auf den Gebrauch der Firma an. Schliesslich sind im Wettbewerbsrecht neben dem Inhaber der älteren Firma nach Art. 10 UWG auch Kunden und bestimmte Organisationen sowie ggf. der Bund aktivlegitimiert. 80

94 BGE 80 II 138 ff.
95 Zum Begriff näher SHK UWG-Jung, Art. 2 N 11 ff.
96 Dazu SHK UWG-Spitz/Brauchbar, Art. 3 Abs. 1 lit. d N 25 ff.

Beispiel: Die ausländische und daher nicht in einem schweizerischen Handelsregister eingetragene «Computerland Europe S.à.r.l.» kann von der schweizerischen «Computerland AG» Unterlassung eines entsprechenden Firmengebrauchs verlangen, weil sie bereits zuvor in der Schweiz mit ihrer Firma geworben hatte[97].

4. Markenrechtlicher Schutz

Markenrechtlicher Schutz

81 Die als Firma eingetragene Bezeichnung wird seit 1993 nicht mehr per se auch als Marke geschützt. Ein Unterlassungsanspruch nach Art. 13 MSchG besteht daher nur dann, wenn die Firma insgesamt oder in Teilen als Marke verwendet wird und als solche im Markenregister eingetragen ist.

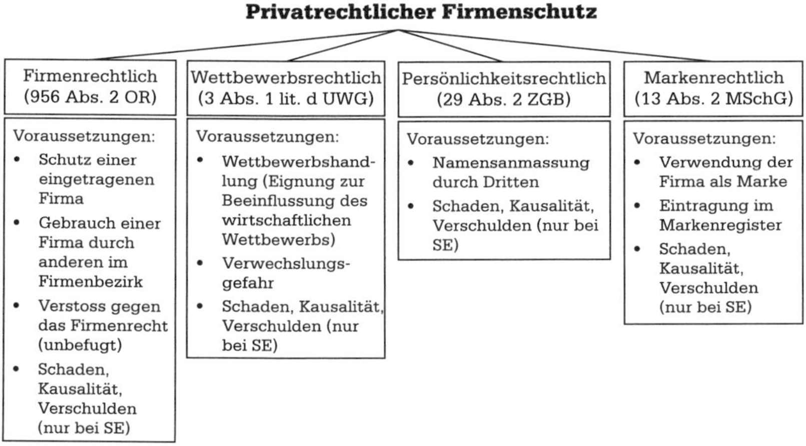

Abb. 18: Privatrechtlicher Firmenschutz

Querverweis

82 Das Firmenrecht weist einige strukturelle Parallelen mit dem sonstigen *Kennzeichenrecht* auf. Das zum Täuschungsverbot, zum Sittlichkeitsgebot und zur Eintragungspriorität von Firmen exemplarisch Gelernte kann daher grundsätzlich auch auf andere Kennzeichen wie etwa Marken und Domainnamen übertragen werden.

[97] BGE 109 II 483 ff.

E. Buchführung und Rechnungslegung

I. Pflicht zur Buchführung und Rechnungslegung

Rechtsformneutralität

83 Die Vorschriften zur Buchführung und Rechnungslegung sind seit der zum 1.1.2013 in Kraft getretenen umfassenden Revision[98] grundsätzlich rechtsformneutral ausgestaltet. Sie gelten daher für Einzelunternehmer, Personengesellschaften und juristische Personen in prinzipiell gleicher Weise. Der Anwendungsbereich wird nicht mehr über den Begriff des kaufmännischen Unternehmens (dazu § 4 N 12 ff.) definiert. Man hat jedoch nunmehr zwischen einer uneingeschränkten und einer erleichterten Buchführung bzw. Rechnungslegung zu unterscheiden.

Ordentliche Buchführung und Rechnungslegung

84 Der uneingeschränkten Buchführung und Rechnungslegung unterliegen nach *Art. 957 Abs. 1 OR*:

- Einzelunternehmen und Personengesellschaften, die im letzten Geschäftsjahr einen Umsatzerlös (Nettoerlöse aus Lieferungen und Leistungen sowie andere betriebliche und betriebsfremde Erträge exklusive Mehrwertsteuer) von mindestens CHF 500 000 erzielt haben;
- juristische Personen, wobei Vereine, die nicht verpflichtet sind, sich in das Handelsregister eintragen zu lassen (vgl. Art. 61 Abs. 2, 69b Abs. 1, 52 Abs. 2 ZGB), und Stiftungen, die keine Revisionsstelle zu bezeichnen haben (vgl. Art. 83b Abs. 1, 2 und 87 Abs. 1bis ZGB), ausgenommen sind (dazu N 85).

Erleichterte Buchführung und Rechnungslegung

85 Von Erleichterungen bei der Buchführung und Rechnungslegung profitieren nach *Art. 957 Abs. 2 OR*:

- Einzelunternehmen und Personengesellschaften, die im letzten Geschäftsjahr einen Umsatzerlös von weniger als CHF 500 000 erzielt haben;
- Vereine, die nicht verpflichtet sind, sich in das Handelsregister eintragen zu lassen (vgl. Art. 61 Abs. 2, 69b Abs. 1, 52 Abs. 2 ZGB);

[98] Siehe dazu die Botschaft des Bundesrates vom 21. Dezember 2007 zur Änderung des OR (Aktienrecht und Rechnungslegungsrecht sowie Anpassungen im Recht der Kollektiv- und der Kommanditgesellschaft, im GmbH-Recht, Genossenschafts-, Handelsregister- sowie Firmenrecht), BBl 2008, 1589 ff.

- Stiftungen, die keine Revisionsstelle zu bezeichnen haben (vgl. Art. 83b Abs. 1, 2 und 87 Abs. 1bis ZGB).

Diese Träger von in der Regel kleinen Unternehmen können ihre Buchführung auf der Grundlage von Zahlungsströmen (Einnahmen und Ausgaben) vereinfacht erstellen (sog. «*Milchbüchlein-Rechnung*»)[99]. Sie haben aber ebenfalls die Grundsätze ordnungsmässiger Buchführung (dazu N 89) sinngemäss zu beachten (Art. 957 Abs. 3 OR) und daher etwa die Geschäftsvorfälle systematisch zu erfassen und durch geordnete Belege nachzuweisen. Auch wenn das Gesetz in Art. 957 Abs. 2, 3 OR nur von Buchführung spricht und es nur andeutet («Vermögenslage»), ist die Einnahmen- und Ausgabenrechnung auch durch separate *jährliche Übersichten* über den Anfangs- und Endbestand der Aktiven und Passiven zu ergänzen. Diese Übersichten müssen jedoch nicht den Anforderungen der Rechnungslegung nach Art. 958 ff. OR gerecht werden. Erforderlich sind etwa eine Liste der offenen Forderungen und Verbindlichkeiten sowie ein bewertetes Inventar der Vorräte und Anlagen[100].

Zuständigkeit für die Buchführung und Rechnungslegung

86 Die Buchführung und die Rechnungslegung einer Gesellschaft gehören zu den *Geschäftsführungsaufgaben*. In einer Personengesellschaft obliegen diese Aufgaben daher den jeweils zur Geschäftsführung verpflichteten Gesellschaftern und Drittpersonen (vgl. Art. 535 Abs. 1 OR). In einer Aktiengesellschaft sind Buchführung und Rechnungslegung vom Verwaltungsrat oder zumindest unter dessen Oberleitung zu erstellen (Art. 716a Abs. 1 Ziff. 3 OR). In der KmAG bzw. GmbH sind die Verwaltung (Art. 765 Abs. 1 OR) bzw. die Geschäftsführer (Art. 809 OR) zuständig. Bei der Genossenschaft sind die Pflichten grundsätzlich von der Verwaltung wahrzunehmen (Art. 902, 898 OR). Die Ergebnisse der Rechnungslegung (Geschäftsbericht) sind von den Personengesellschaftern (vgl. Art. 535 Abs. 3 OR) bzw. der General-/Gesellschafterversammlung (vgl. Art. 698 Abs. 2 Ziff. 3, 4, 804 Abs. 2 Ziff. 4, 5, 879 Ziff. 3 OR) zu *genehmigen* sowie von den Gesellschaftern bzw. dem Vorsitzenden des obersten Leitungs- oder Verwaltungsorgans und der innerhalb des Unternehmens für die Rechnungslegung zuständigen Person zu *unterzeichnen* (Art. 958 Abs. 3 OR).

99 Näher CHK-ErgBd-Lipp, Art. 957 N 11 ff.
100 CHK-ErgBd-Lipp, Art. 957 N 13.

II. Funktionen der Buchführung und Rechnungslegung

Schutzrichtungen

Die Buchführung und Rechnungslegung dienen zunächst dem Pflichtigen selbst, da sie ihm bzw. seinen geschäftsführenden Organen einen Überblick über die Lage des Unternehmens verschaffen und Daten für die unternehmerische Planung liefern. Daneben soll durch die einschlägigen Vorschriften aber auch der Schutz der Gläubiger (vgl. z. B. Art. 725 OR), der Arbeitnehmer (vgl. z. B. Art. 322a OR), der (Mit-)Gesellschafter (vgl. z. B. Art. 541, 600 Abs. 3, 696 f. OR) und der (potenziellen) Kapitalanleger (vgl. z. B. Art. 12, 49 ff. KR SIX[101]) gewährleistet werden. Schliesslich hat auch der Fiskus ein Interesse an einer ordnungsgemässen Buchführung und Rechnungslegung als Grundlage für die Besteuerung (vgl. z. B. Art. 70 MWSTG). 87

III. Rechtsquellen

1. Gesetzes- und Verordnungsrecht

Überblick

Die unabhängig von der Rechtsform und der Tätigkeit des Pflichtigen geltenden Vorschriften finden sich in Art. 957–963b OR, wobei besondere Regeln für die Rechnungslegung grösserer Unternehmen (Art. 961–961d OR), die zusätzliche Rechnungslegung nach einem anerkannten Standard (Art. 962, 962a OR, VASR[102]) und die Konzernrechnung (Art. 963–963b OR) gelten. Für die Aktien- und Kommanditaktiengesellschaften (Art. 764 Abs. 2 OR) enthalten Art. 663b^{bis}, 663c, 670 OR) einige ergänzende Regelungen vor allem zur Offenlegung bestimmter Umstände im Anhang zur Bilanz. Für einzelne Wirtschaftszweige bestehen schliesslich nochmals strengere Rechnungslegungsvorschriften (z. B. Art. 6 ff. BankG i. V. m. Art. 25 ff. BankV, Art. 25 f. VAG i. V. m. Art. 110 ff. AVO). Relevante Straftatbestände enthalten Art. 152, 166, 170, 251 und 325 StGB. 88

....

101 Kotierungsreglement der SIX Exchange Regulation in der zum 25. Mai 2018 in Kraft getretenen Fassung.

102 Verordnung über die anerkannten Standards zur Rechnungslegung (VASR) vom 21. November 2012 (SR 221.432).

2. Private Rechnungslegungsstandards

89 Die gesetzlichen Regelungen werden durch sog. *Grundsätze ordnungsmässiger Buchführung (GoB) und Rechnungslegung (GoR)* konkretisiert bzw. ergänzt. Nationale Standards wurden von den Handels-, Gewerbe- und Industrieverbänden («Kontenrahmen KMU», Branchen-Kontenpläne) sowie der schweizerischen Kammer der Wirtschaftsprüfer, Steuerberater und Treuhänder EXPERTsuisse (Schweizer Handbuch der Wirtschaftsprüfung, *HWP*) und der von ihr gegründeten Stiftung für Empfehlungen zur Rechnungslegung (Fachempfehlungen der Fachkommission für Empfehlungen zur Rechnungslegung, *Swiss GAAP FER*) ausgearbeitet. Das seit 2007 stark dem Grundsatz der Fair Presentation (N 108) verpflichtete Regelwerk Swiss GAAP FER besteht aus vier Bausteinen, nämlich den Kern-FER mit dem Rahmenkonzept und den allgemeinen Regelungen (FER 1 bis 6), den allgemein geltenden weiteren Standards (FER 10 bis 41), den Empfehlungen zur Konzernrechnung (FER 30) und den branchenspezifischen Empfehlungen (FER 14, 21, 26, 41). Auf internationaler Ebene existieren insbesondere die vom International Accounting Standard Board (IASB), einem internationalen Zusammenschluss von Wirtschaftsprüferverbänden, entwickelten International Financial Reporting Standards (*IFRS*). Die IFRS (früher IAS)[103] haben sich mit Ausnahme der USA, wo immer noch die kasuistisch angelegten United States Generally Accepted Accounting Principles (*US-GAAP*) zur Anwendung gelangen, die IFRS aber auch als im Wesentlichen gleichwertig anerkannt werden, zu einem globalen Standard der Rechnungslegung entwickelt. Die grundsätzlich und nicht kasuistisch angelegten IFRS bestehen aus drei Bausteinen, nämlich dem Framework, den Standards und den Interpretations des International Financial Reporting Interpretations Committee (IFRIC) bzw. des früheren Standing Interpretations Committee (SIC). Sie orientieren sich ebenfalls an dem auch die US-GAAP beherrschenden Grundsatz der Fair Presentation (dazu N 108). In der Schweiz werden die IFRS von der Mehrzahl der grossen Publikumsgesellschaften und einer erheblichen Anzahl nicht kotierter grösserer Gesellschaften angewandt.

Bestehende Standards

90 Die genannten Buchführungs- und Rechnungslegungsstandards sind private Regelwerke, deren Verbindlichkeit jedoch auf einer unmittelbaren oder mittelbaren gesetzlichen Anerkennung durch verschiedene *Transpositionsnormen* beruht:

Anerkennung und Massgeblichkeit

[103] Siehe zu einer Liste der zahl- und umfangreichen Standards www.ifrs.org/issued-standards; auch nach der Umbenennung des Gesamtregelwerks in IFRS heissen die zahlreichen noch gültigen IAS-Bestimmungen weiterhin IAS.

- So sind die gesamte Buchführung (Art. 957 Abs. 3, 957a Abs. 2 OR) und die Rechnungslegung (Art. 322a, 958c, 960a Abs. 3, 963b OR) nach allgemein bzw. branchenspezifisch anerkannten kaufmännischen Regeln aufzustellen. Die insoweit allgemein anerkannten Standards zur Rechnungslegung ergeben sich aus Art. 1 VASR (v. a. IFRS, US-GAAP FER, Swiss GAAP FER).
- Nach Art. 962 f. OR haben bestimmte Gesellschaften und Stiftungen neben dem Jahresabschluss nach Art. 957 ff. OR noch einen Abschluss nach einem anerkannten Standard anzufertigen, sofern nicht eine entsprechende Konzernrechnung erstellt wird. Betroffen von dieser Pflicht zum sog. *Dual Reporting* sind Gesellschaften, deren Beteiligungspapiere an einer die Rechnungslegung nach anerkannten Standards verlangenden Börse kotiert sind, Genossenschaften mit mindestens 2000 Genossenschaftern, zur ordentlichen Revision verpflichtete Stiftungen sowie Gesellschaften, bei denen dies qualifizierte Gesellschafter verlangt haben.
- Gesellschaften, deren Beteiligungspapiere an der Schweizer Börse SIX Swiss Exchange nach Massgabe des sog. International Reporting Standard kotiert sind, haben ihre Rechnungslegung nach dem Kotierungsreglement (Art. 12 und 51 KR SIX) und der Richtlinie Rechnungslegung (Art. 6 Ziff. 1 RLR) der SIX Exchange Regulation entweder gemäss IFRS oder US-GAAP zu erstellen (vgl. zur Massgeblichkeit internationaler Standards auch Art. 35 Abs. 2 FinfraG). Nur bei einer Kotierung im Swiss Reporting Standard sind die Swiss GAAP FER bzw. die bankengesetzlichen Rechnungslegungsstandards massgeblich. Die US-GAAP sind daher nicht allein für schweizerische Aktiengesellschaften relevant, die sich über US-Kapitalmärkte finanzieren.

Die Verweisungen auf die betreffenden Regelwerke sind *dynamisch*, so dass die Standards – rechtsstaatlich nicht ganz unbedenklich[104] – in ihrer jeweils aktuellen Fassung massgeblich sind[105].

104 Zur grds. Zulässigkeit dieser dynamischen Verweisungen BGE 123 I 112, 124 ff.

105 Siehe etwa zu den Standards als «mittelbarem Gesetzesrecht» Handschin, Rechnungslegung im Gesellschaftsrecht², 2016, N 30.

IV. Buchführung

1. Zweck und Grundsätze der Buchführung

Grundlage der Rechnungslegung

91 Die Buchführung bildet die Grundlage der Rechnungslegung. Sie erfasst diejenigen Geschäftsvorfälle und Sachverhalte, die für die Darstellung der wirtschaftlichen Lage des Unternehmens, d. h. seiner Vermögens-, Finanz- und Ertragslage, notwendig sind (Art. 957a Abs. 1 OR). Die Buchführung muss nicht allein zum Ende eines jeden Geschäftsjahres, sondern jederzeit auch eine ausserordentlich erforderlich werdende Ermittlung der Vermögenslage des Unternehmens durch Bilanzierung und Erfolgsrechnung erlauben[106]. Nach Art. 957a Abs. 2 Ziff. 1 OR hat der Buchführungspflichtige daher in herkömmlicher oder elektronischer Form alle Geschäftsvorfälle und vermögensmässig relevanten Sachverhalte vollständig, wahrheitsgetreu und systematisch zu erfassen. Die Buchführung hat dabei klar, zweckmässig und nachprüfbar zu sein (Art. 957a Abs. 2 Ziff. 3–5 OR). Hierzu sind alle durch Geschäftsvorfälle bewirkten Vermögensveränderungen systematisch auf Konten zu verbuchen (dazu N 92 f.) und durch Nachweise zu belegen (zur Nachweispflicht Art. 957a Abs. 2 Ziff. 2 OR).

Beispiel: Der Verkäufer verbucht nicht den Kaufvertragsschluss mit seinen schuldrechtlichen Beziehungen, sondern die Lieferung der Ware (Abgang) und den Erhalt des Kaufpreises bzw. (bei Lieferung vor Zahlung) das Entstehen der erst jetzt buchbaren Kaufpreisforderung (Zugang).

Die Buchführung erfolgt in der Landeswährung (CHF) oder in der für die Geschäftstätigkeit wesentlichen Währung sowie in einer der Landessprachen oder in Englisch (Art. 957a Abs. 4, 5 OR). Betriebswirtschaftlich ist die Buchführung neben der Kostenrechnung, der Statistik und der Planung ein Teil des Rechnungswesens.

2. Methoden der Buchführung

Buchführung mit Konten

92 Die Buchführung erfolgt weitgehend mit Hilfe von Konten, d. h. zweiseitigen Rechnungen, die links das Soll und rechts das Haben ausweisen. Die Bezeichnungen «Soll» und «Haben» sind aus dem Forderungskonto abgeleitet, auf dem die Forderungen links («der Schuldner *soll* zahlen») und die eingegangenen Tilgungen rechts («wir *haben* erhalten») ausgewiesen werden. Für alle anderen Konten haben sie jedoch ihren unmittelbaren Erklärungswert verloren. Entsprechend der Unterteilung der Jahresrech-

[106] BGE 77 IV 164, 166.

nung in Bilanz und Erfolgsrechnung unterscheidet man zudem zwei Grundarten von Konten (Bestandeskonten, Erfolgskonten), die jeweils in Form von zwei Unterarten (Aktiv- und Passivkonten bzw. Aufwands- und Ertragskonten) geführt werden:

- Die *Bestandeskonten* (auch Bilanzkonten genannt) dienen der Dokumentation des Vermögensbestands und damit der Erstellung der Bilanz (Art. 959 f. OR). Für jeden Bilanzposten wird ein Bestandeskonto geführt. Bei den *aktiven* Bestandeskonten, die einen aktiven Bilanzposten betreffen (z. B. Warenkonto), werden der Anfangsbestand und die Zugänge im Soll gebucht, während die Abgänge im Haben ausgewiesen werden. Bei einem *passiven* Bestandeskonto (z. B. Darlehenskonto) verhält es sich genau umgekehrt. Durch Saldierung wird der Unterschied zwischen den beiden Seiten des Kontos ermittelt. Der Saldo (Abschlussbestand) wird anschliessend auf der kleineren Seite des Kontos eingetragen, um die Summengleichheit von Soll- und Habenseite zu erzielen. Ein Bestandeskonto ist mithin (wie übrigens auch die Bilanz aufgrund des ausgewiesenen Gewinns bzw. Verlusts) bei Kontenschluss immer ausgeglichen.
- Die *Erfolgskonten* (Aufwands- und Ertragskonten) dienen der Dokumentation von Vermögensveränderungen durch Geschäftsvorfälle (z. B. Lohnzahlungen, Umsatzerlöse) und damit der Erstellung der Erfolgsrechnung (Art. 959b OR).

Doppelte Buchführung

Damit die Verbuchung der Vermögensveränderungen auf den Geschäftskonten den Anforderungen von Art. 957a OR (Möglichkeit der jederzeitigen Bilanzziehung und Erfolgsrechnung) genügt, hat sie regelmässig in Form der sog. doppelten Buchführung zu erfolgen[107]. Hierbei werden mit unterschiedlichen Methoden alle Geschäftsvorfälle nicht nur chronologisch (im Journal), sondern auch systematisch nach den einzelnen Bilanz- und Erfolgsposten (im Hauptbuch) geordnet. Auf den Konten des Hauptbuchs muss jeder Geschäftsvorfall (mindestens) einmal im Haben des einen Kontos und einmal im Soll eines anderen Gegenkontos (doppelt) gebucht werden (sog. Buchungssatz). 93

Beispiel: Die Vorjahresbilanz der X-AG weist unter der Rubrik Aktiva einen Grundstücksbestand im Wert von CHF 80 000 und unter der Rubrik Passiva Verbindlichkeiten aus Lieferungen und Leistungen in Höhe von CHF 50 000 aus. Im aktuellen Geschäftsjahr begleicht die X-AG diese Verbindlichkeiten aus laufenden Einnahmen. Kurz vor dem Bilanzstichtag erwirbt sie noch ein Grundstück, dessen Kauf-

107 Näher HANDSCHIN, Rechnungslegung im Gesellschaftsrecht², 2016, N 68 ff.

preis von CHF 500 000 erst im kommenden Geschäftsjahr zu bezahlen ist. Die X-AG wird diese Bestandesveränderungen auf den Bestandeskonten «Grundstücke» und «Verbindlichkeiten aus Lieferungen und Leistungen» wie folgt doppelt verbuchen:

Aktivkonto Grundstücke

Anfangsbestand	800 000		
Zugänge	500 000 (an Verbindlichkeiten)	Schlussbestand (Saldo)	1 300 000

Passivkonto Verbindlichkeiten aus Lieferungen und Leistungen

Abgänge (an Bank)	50 000	Anfangsbestand	50 000
Schlussbestand (Saldo)	500 000	Zugänge	500 000 (per Grundstücke)

Abb. 19: Doppelte Buchführung

Inventarerstellung

94 Insbesondere zur Vorbereitung der Bilanz sind die einzelnen Vermögens- und Schuldpositionen (Aktiva und Passiva) sowie das Reinvermögen einer Wirtschaftseinheit nach Art, Menge und Wert in einem Inventar aufzulisten (Art. 958c Abs. 2 OR). Die Aufstellung des Inventars (sog. Inventur) erfolgt grundsätzlich durch eine *Bestandsaufnahme* der Vermögensgegenstände und Verbindlichkeiten bei Gründung (sog. Eröffnungsinventar) und zu jedem Bilanzstichtag (sog. Stichtagsinventar).

V. Rechnungslegung

1. Zweck der Rechnungslegung

Zuverlässige Urteilsbildung

95 Die Rechnungslegung soll die wirtschaftliche Lage des Unternehmens so darstellen, dass sich Dritte (Gläubiger, Kapitalanleger) ein *zuverlässiges Urteil* bilden können (Art. 958 Abs. 1 OR). Da das Gesetz jedoch nach wie vor im Sinne des traditionellen Vorsichtsprinzips im grossen Umfang Bewertungen unterhalb der gesetzlich festgelegten Obergrenzen und damit die Bildung sog. stiller Reserven zulässt (dazu N 107), ist damit – anders als es der Wortlaut von Art. 958 Abs. 1 OR vielleicht vermuten lassen könnte – letztlich keine Umstellung auf den Grundsatz der sog. Fair Presentation US-amerikanischer Prägung (dazu N 108) verbunden.

2. Bestandteile der Rechnungslegung

Überblick

96 Die Rechnungslegung erfolgt im *Geschäftsbericht*, der beim Einzelabschluss grundsätzlich aus einer *Jahresrechnung* besteht, die sich aus Bilanz, Erfolgsrechnung und Anhang zusammensetzt (Art. 958 Abs. 2 OR). Während dabei die meisten Einzelunternehmer und Personengesellschaf-

ten auf die Erstellung des Anhangs verzichten können (Art. 958c Abs. 3 OR), ist bei grösseren Unternehmen die Jahresrechnung noch um eine Geldflussrechnung (als Teil der Jahresrechnung) und einen gesonderten Lagebericht zu ergänzen (Art. 961 ff. OR). Kontrolliert eine rechnungspflichtige juristische Person ein oder mehrere rechnungslegungspflichtige Unternehmen, so erstellt sie nach Art. 963 ff. OR grundsätzlich für die Gesamtheit der kontrollierten Unternehmen eine konsolidierte Jahresrechnung (sog. *Konzernrechnung*; dazu näher N 109 und § 12 N 57 ff.).

a) Bilanz

Gegenüberstellung von Aktiven und Passiven

97 Eine Bilanz ist zumindest zum Ende eines jeden Geschäftsjahres (Bilanz als Teil des Geschäftsberichts nach Art. 958 Abs. 2, 3 bzw. 963 Abs. 1 OR) und bei besonderen Anlässen (z. B. bei Überschuldung nach Art. 725 Abs. 2 OR oder bei Fusion nach Art. 11 FusG) zu erstellen. Die Bilanz stellt die Vermögens- und Finanzierungslage am Bilanzstichtag dar und enthält hierzu eine *Gegenüberstellung* des Aktivvermögens (Aktiven) und des bereitgestellten Kapitals (Passiven) des Rechnungslegungspflichtigen (Art. 959 Abs. 1 OR). Ihr Inhalt entspricht mithin dem Inventar, von dem die Bilanz sich allerdings in der Art der Darstellung (Zusammenfassung der Posten in Kontenform, Wert- statt Mengenangaben) deutlich unterscheidet. Die Passivseite der Bilanz bezeichnet die Mittelherkunft von den Gesellschaftern (Eigenkapital) und Gesellschaftsgläubigern (Fremdkapital), während die Aktivseite die Mittelverwendung im Anlage- und Umlaufvermögen ausweist. Sowohl der Gewinn als auch der Verlust (als Negativposten) werden unter der Rubrik Eigenkapital auf der Passivseite vermerkt. Damit ist die Bilanz im Ergebnis immer *ausgeglichen* («balanciert»). Die einzelnen Positionen der Bilanz ergeben sich aus der gesetzlich vorgeschriebenen Mindestgliederung (Art. 959a OR). Die Zuordnung von Geschäftsvorfällen zu diesen Positionen und die Grösse der einzelnen Positionen werden durch Art. 959 Abs. 2–7 OR sowie die diversen Grundsätze der Rechnungslegung und Bewertung bestimmt (dazu N 102 ff.).

b) Erfolgsrechnung

Aufwendungen und Erträge

98 In der Erfolgsrechnung (Art. 959b OR) werden die in einem Geschäftsjahr angefallenen *Aufwendungen* den in derselben Periode erzielten *Erträgen* gegenübergestellt. Sie kann als Produktionserfolgsrechnung (Gesamtkostenverfahren nach Art. 959b Abs. 2 OR) oder als Absatzerfolgsrechnung (Umsatzkostenverfahren nach Art. 959b Abs. 3, 4 OR) mit den sich jeweils aus der gesetzlichen Mindestgliederung ergebenden Positionen dargestellt werden. Die Erfolgsrechnung dient nicht nur der Ermittlung des Jah-

resgewinns bzw. -verlusts, der auch aus der Bilanz ersichtlich wäre, sondern insbesondere der detaillierten Information darüber, auf welche Weise der Gewinn oder Verlust zustande gekommen ist (sog. *Ertragslage* des Unternehmens). Die Erfolgsrechnung ist daher keine Einnahmen- und Ausgabenrechnung, sondern eine Zusammenstellung der Erfolgskomponenten des Unternehmens (z. B. Erlöse aus Lieferungen bzw. Leistungen und Materialaufwand).

c) Anhang

99 Der Anhang der Jahresrechnung (Art. 959c OR) ergänzt und erläutert die Bilanz und die Erfolgsrechnung sowie (bei grösseren Unternehmen) die Geldflussrechnung. Der Anhang hat nach Art. 959c Abs. 1, 2 OR einen notwendigen und einen bedingt notwendigen Mindestinhalt (z. B. Angabe zu den angewandten und gesetzlich nicht vorgeschriebenen Rechnungslegungsgrundsätzen). Unternehmensträger, die von Gesetzes wegen zu einer ordentlichen Revision verpflichtet sind, müssen im Anhang zur Jahresrechnung zusätzliche Angaben machen (Art. 961a OR). Im Falle der Börsenkotierung von Beteiligungspapieren treten nach Art. 663b^{bis} und 663c OR ebenfalls noch weitere Pflichtangaben hinzu (z. B. Angaben zur Vergütung der Mitglieder von Verwaltungsrat und Geschäftsleitung, Angaben zu bedeutenden Aktionären). Einzelunternehmen und Personengesellschaften können hingegen auf die Erstellung des Anhangs ganz verzichten, wenn sie nicht zur Rechnungslegung nach den Vorschriften für grössere Unternehmen verpflichtet sind (Art. 959c Abs. 3 S. 1 OR).

Inhalt und Erstellungspflicht

d) Geldflussrechnung

100 Unternehmensträger, die von Gesetzes wegen zu einer ordentlichen Revision verpflichtet sind (Art. 727 OR), müssen zusätzlich eine Geldflussrechnung als Teil der Jahresrechnung erstellen (Art. 961 Ziff. 2 i. V. m. 961b OR). Diese Rechnung stellt die Veränderung der flüssigen Mittel aus der Geschäftstätigkeit, der Investitionstätigkeit und der Finanzierungstätigkeit je gesondert dar.

Erstellungspflicht und Inhalt

e) Lagebericht

101 Unternehmensträger, die von Gesetzes wegen zu einer ordentlichen Revision verpflichtet sind (Art. 727 OR), müssen zusätzlich einen gesonderten Lagebericht verfassen (Art. 961 Ziff. 3 i. V. m. 961c OR). Dieser Bericht stellt den Geschäftsverlauf und die wirtschaftliche Lage des Unternehmens sowie gegebenenfalls des Konzerns am Ende des Geschäftsjahres

Erstellungspflicht und Inhalt

unter Gesichtspunkten dar, die in der Jahresrechnung nicht zum Ausdruck kommen. Er enthält insbesondere Angaben zur Anzahl Vollzeitstellen im Jahresdurchschnitt, zur Durchführung einer Risikobeurteilung, zur Bestellungs- und Auftragslage, zur Forschungs- und Entwicklungstätigkeit, zu aussergewöhnlichen Ereignissen und zu den Zukunftsaussichten. Damit ergänzt der Lagebericht die Jahresrechnung um wichtige Informationen, darf dieser aber nicht widersprechen (Art. 961c Abs. 3 OR).

3. Allgemeine Grundsätze der Rechnungslegung

a) Fortführungsgrundsatz

Bilanzierung zu Fortführungswerten

Die Rechnungslegung beruht zunächst auf der Annahme, dass das Unternehmen auf absehbare Zeit fortgeführt wird, so dass zu den regelmässig höheren sog. Fortführungswerten zu bilanzieren ist (Art. 958a Abs. 1 OR; auch sog. *Going-Concern-Prinzip*). Dies gilt jedoch nicht mehr, wenn die vollständige oder teilweise Einstellung der Tätigkeit in den nächsten zwölf Monaten ab Bilanzstichtag beabsichtigt oder voraussichtlich nicht abwendbar ist. In diesem Fall sind der Rechnungslegung für die betroffenen Unternehmensteile die regelmässig niedrigeren Veräusserungswerte (auch sog. Zerschlagungswerte) zugrunde zu legen und Rückstellungen für die mit der Einstellung verbundenen Aufwendungen zu bilden (Art. 958a Abs. 2 OR[108]). 102

b) Periodenabgrenzung

Zeitliche Periodenabgrenzung

Die Jahresrechnung ist jeweils für ein Geschäftsjahr zu erstellen, das 12 Monate nicht überschreiten darf. Dies erfordert einen willkürlichen Schnitt durch die regelmässig zeitraumübergreifende Unternehmenstätigkeit. Die Aufwands- und Ertragskonten des Unternehmens werden daher am Stichtag in aller Regel Beträge enthalten, die zwar aufgrund erfolgter Zahlungen (und damit Buchungen) formell diesem Geschäftsjahr, wirtschaftlich betrachtet aber ganz bzw. teilweise dem vorangegangenen oder folgenden Geschäftsjahr zuzurechnen sind. Die nach Art. 958b OR grundsätzlich[109] erforderliche zeitraumgerechte Verteilung aller Aufwände und Erträge (sog. zeitliche Periodenabgrenzung) kann in diesen Fällen nur durch aktive oder passive sog. *Rechnungsabgrenzungsposten* (sog. 103

108 Plastisch HANDSCHIN, FS Roland von Büren, 2009, S. 78 mit Fn. 22: «Sturz vom Bewertungssockel».

109 Nach Art. 958b Abs. 2 OR kann auf die zeitliche und sachliche Periodenabgrenzung verzichtet werden, wenn die Nettoerlöse aus Lieferungen und Leistungen oder die Finanzerträge CHF 100 000 nicht übersteigen.

transitorische Aktiven oder transitorische Passiven) erfolgen, welche die Erfolgsrechnung sowie die Bilanz entsprechend korrigieren.

Beispiel: Die X-AG hat als Bilanzstichtag den 31.12. gewählt und am 1.7. für die Zeit vom 1.7. bis zum 30.6. des folgenden Geschäftsjahres eine Miete von CHF 20 000 vereinnahmt. Sie muss daher den Mietertrag auf dem Mietertragskonto durch eine Buchung von CHF 10 000 zugunsten des Kontos «transitorische Passiven» mindern. Damit weist die Erfolgsrechnung den tatsächlich bis zum 31.12. erwirtschafteten Ertrag und die Bilanz den tatsächlichen Vermögensbestand zum 31.12. aus. Im folgenden Geschäftsjahr werden schliesslich die auf die Zeit vom 1.1. bis 30.6. entfallenden Mieteinnahmen durch eine Rückbuchung von CHF 10 000 auf das Mietertragskonto und damit eine Auflösung des Kontos «transitorische Passiven» ertragswirksam.

104 **Die zeitliche Verteilung der Aufwendungen und Erträge auf die jeweilige Rechnungsperiode wird noch ergänzt durch eine sog. sachliche Periodenabgrenzung (Art. 958b Abs. 1 OR), wonach sämtliche Aufwendungen, die zur Erzielung bestimmter Erträge angefallen sind, möglichst zeitgleich mit dem Ertragsanfall in der Erfolgsrechnung zu berücksichtigen sind. Der Ertrag darf dabei nach dem sog. Realisationsprinzip (vgl. Art. 959 Abs. 2 OR) erst erfasst werden, wenn er realisiert wurde (z. B. Übergang von Nutzen und Gefahr sowie der Verfügungsmacht beim Erwerb einer Sache, verlässliche Bestimmbarkeit und Eintreibbarkeit einer Forderung). Auf der anderen Seite müssen nach dem Imparitätsprinzip (dazu N 107) Aufwendungen bereits dann berücksichtigt werden, wenn sie festgestellt werden. Daher sind im Verursachungszeitraum für ungewisse künftige Zahlungsabflüsse, die ihre Ursache im Geschäftsjahr haben, sog. *Rückstellungen* zu bilden (Art. 960e Abs. 2, 3 OR). Rückstellungen sind aber nur zur Absicherung von Risiken zulässig und dürfen grundsätzlich nicht zu Thesaurierungszwecken missbraucht werden (vgl. aber noch Art. 960e Abs. 3 Ziff. 4 OR). Fällt das Risiko endgültig ganz oder teilweise weg, muss die Rückstellung aber gleichwohl nicht entsprechend aufgelöst werden (Art. 960e Abs. 4 OR).** Sachliche Periodenabgrenzung

Beispiel: Der Geschäftsführer Gehrig der X-GmbH hat bei der Erbringung einer ertragswirksamen Dienstleistung am 30.12. einen Verkehrsunfall mit Personenschaden verschuldet. Die X-GmbH wird bereits in der auf den Stichtag 31.12. erstellten Jahresrechnung nach Art. 960e Abs. 2 OR Rückstellungen für im Folgejahr zu erwartende Schadenersatzansprüche der Geschädigten nach Art. 55 Abs. 2 ZGB bilden.

c) Wahrheit und Klarheit

105 **Nach Art. 958c Abs. 1 Ziff. 1–4 OR hat die Rechnungslegung klar, verständlich, vollständig, verlässlich und auf das Wesentliche konzentriert zu sein (formelle und materielle Wahrheit). Aus dem Klarheitsgebot folgt** Formelle und materielle Wahrheit

insbesondere auch das Verbot, Aktiven und Passiven bzw. Aufwand und Ertrag zu saldieren (sog. Verrechnungsverbot oder Bruttoprinzip nach Art. 958c Abs. 1 Ziff. 7 OR), sowie das Gebot, Aktiven und Passiven grundsätzlich einzeln zu bewerten (Art. 960 Abs. 1 OR). Nach dem Grundsatz der Wesentlichkeit (Ziff. 4) hat die Rechnungslegung nicht nur alle für die Beurteilung der wirtschaftlichen Lage wesentlichen Informationen zu enthalten, sondern sich im Interesse der Klarheit auch auf das Wesentliche zu beschränken (vgl. auch Art. 958 Abs. 1 OR)[110]. So brauchen etwa Positionen, die keinen oder nur einen unwesentlichen Wert aufweisen, nicht separat aufgeführt zu werden (Art. 958d Abs. 1 S. 2 OR).

d) Bilanzkontinuität

Stetigkeit

Nach Art. 958c Abs. 1 Ziff. 6 OR sind die einmal von einem Rechnungslegungspflichtigen im Rahmen des ihm zustehenden Ermessensspielraums gewählten *Darstellungs- und Bewertungsmethoden* möglichst beizubehalten und im Falle von Abweichungen nach Art. 959c Abs. 1 Ziff. 1 OR im Anhang darzulegen (sog. materielle Bilanzkontinuität). Ausserdem müssen die *Wertansätze* der Eröffnungsbilanz eines Geschäftsjahres mit denen der Schlussbilanz des vorangegangenen Geschäftsjahres übereinstimmen (sog. Bilanzidentität). Dabei ist der *Nominalwertgrundsatz* («CHF gleich CHF») zu beachten, so dass Inflationsverluste nicht berücksichtigt werden können. 106

e) Vorsichtsprinzip

Gläubigerschutz durch Vorsicht

Der Grundsatz der Vorsicht (Art. 958c Abs. 1 Ziff. 5, 960 Abs. 2 OR) dient insbesondere dem Gläubigerschutz, da hierdurch nach Möglichkeit verhindert wird, dass tatsächlich nicht erzielte Gewinne ausgewiesen und an die Gesellschafter ausgeschüttet werden. Das Vorsichtsprinzip hat im Wesentlichen folgende Konsequenzen: 107

- Nach dem *Imparitätsprinzip* sind Gewinne grundsätzlich erst nach ihrer Realisierung (zumindest in Form einer rechtlich und tatsächlich durchsetzbaren Forderung) auszuweisen (sog. *Realisationsprinzip* nach Art. 959 Abs. 2 OR; Ausnahmen: Art. 670, 960b OR), während vorhersehbare Verluste und Risiken, die bis zum Abschlussstichtag entstanden sind, schon vor ihrer Realisierung berücksichtigt werden müssen. So sind für dem Grunde und/oder der Höhe nach ungewisse Verbindlichkeiten (z. B. Bürgschafts-

[110] Näher HANDSCHIN, Rechnungslegung im Gesellschaftsrecht², 2016, N 323 ff.

und Schadenersatzrisiken), die mit einiger Wahrscheinlichkeit eine Inanspruchnahme erwarten lassen, zu Lasten der Erfolgsrechnung entsprechende *Rückstellungen* auszuweisen (Art. 958b Abs. 1, 960e Abs. 2, 3 OR). Bestehen konkrete Anzeichen für eine Überbewertung von Aktiven oder für zu geringe Rückstellungen, so sind die Werte zu überprüfen und gegebenenfalls durch *Wertberichtigungen* anzupassen (Art. 960 Abs. 3, 960a Abs. 3 OR).

- Die Bewertung von Aktiven ist eher zu niedrig (sog. *Niederstwertprinzip*) und bei den Passiven eher zu hoch (sog. *Höchstwertprinzip*) vorzunehmen, ohne dass hierdurch allerdings die zuverlässige Beurteilung der wirtschaftlichen Lage des Unternehmens beeinträchtigt werden darf (Art. 960 Abs. 2 OR; vgl. zum widerstreitenden Grundsatz der Fair Presentation N 108).

- Das sog. *Anschaffungswertprinzip* gebietet es, Vermögensgegenstände bei ihrer erstmaligen Erfassung im Bestandeskonto mit ihren Anschaffungs- oder Herstellungskosten (sog. historische Kosten) anzusetzen. Das Gesetz spricht zwar nur von einer Höchstgrenze (Art. 960a Abs. 1 OR: «höchstens»), doch verbieten es die Grundsätze ordnungsmässiger Buchführung, die Erstbewertung niedriger vorzunehmen und dadurch bereits zu Beginn stille Reserven zu bilden[111]. Auch bei späteren Bewertungen (sog. Folgebewertungen) dürfen die Aktiven grundsätzlich nicht höher bewertet werden. Ausnahmen bilden die Bewertung von Aktiven mit einem beobachtbaren Marktpreis wie v. a. einem Börsenkurs (Art. 960b OR: Bewertung zum Marktpreis am Bilanzstichtag) und die in der Krise zur Beseitigung einer Unterbilanz nach Art. 670 OR mögliche Aufwertung von Grundstücken und Beteiligungen auf ihren aktuellen wirklichen Wert.

- Bei Folgebewertungen sind die Aktiven vermindert um notwendige *Abschreibungen und Wertberichtigungen* auszuweisen (Art. 960a Abs. 3 OR). Dabei ist dem nutzungs- und altersbedingten Wertverlust durch sog. (planmässige) *Abschreibungen* nach Massgabe der voraussichtlichen Nutzungsdauer Rechnung zu tragen. Eine voraussichtlich dauernde anderweitige Wertminderung ist durch eine sog. Wertberichtigung zu berücksichtigen. Die Abschreibungen werden über die Abschreibungszeit hinweg entweder mit einem gleichbleibenden Prozentsatz vom ursprünglichen Wert (linear) oder vom jeweiligen Restbuchwert (degressiv) vorge-

[111] CHK-ErgBd-Lipp, Art. 960a N 5 und N 8.

nommen. Zu Wiederbeschaffungszwecken sowie zur Sicherung des dauernden Gedeihens des Unternehmens sind auch zusätzliche Abschreibungen und Wertberichtigungen möglich (zu diesen sog. Wiederbeschaffungsreserven Art. 960a Abs. 4 OR). Zu den gleichen Zwecken kann davon abgesehen werden, nicht mehr begründete Abschreibungen und Wertberichtigungen aufzulösen[112]. In der Bilanz werden Abschreibungen und Wertberichtigungen direkt oder indirekt als Minderung des entsprechenden Aktivpostens zu Lasten der Erfolgsrechnung erfasst (Art. 960a Abs. 3 S. 3 OR). Sie mindern auf diese Weise das Jahresergebnis. Auch Vermögensgegenstände, die vollständig abgeschrieben sind, müssen noch mit einem Erinnerungswert in die Bilanz aufgenommen werden, um deren Vollständigkeit zu gewährleisten (sog. *Merkfranken*). Überhöhte oder zusätzliche Abschreibungen bzw. Wertberichtigungen, die im Rahmen einer vernünftigen kaufmännischen Beurteilung durchaus möglich sind, führen dazu, dass der wahre Wert des Unternehmens höher ist als sein Buchwert (z. B. der bereits abgeschriebene Gegenstand ist in Wahrheit noch nutzbar) und damit sog. *stille Reserven* gebildet werden.

Beispiel: Der gestiegene Marktwert einer mit ihrem Anschaffungswert aktivierten Immobilie (vgl. Art. 960a Abs. 1 OR) darf grundsätzlich (Ausnahme: Art. 670 OR) erst bei seiner tatsächlichen Realisierung durch Verkauf der Immobilie berücksichtigt werden (Art. 958b Abs. 1, 960a Abs. 2 OR), während ein voraussichtlich dauernd gesunkener Marktwert durch eine zeitnahe Herabsetzung des Aktivpostens (sog. Wertberichtigung) auszuweisen ist (Art. 960 Abs. 3, 960a Abs. 3 OR).

f) Grundsatz der Fair Presentation

Anlegerschutz durch Fair Presentation

Nach dem Grundsatz der Fair Presentation (auch True-and-Fair-View- 108
Prinzip) hat der Rechnungslegungspflichtige ein den tatsächlichen Verhältnissen entsprechendes Bild zu vermitteln, so dass die Vermögens-, Finanz- und Ertragslage des Unternehmens weder zu positiv noch zu negativ dargestellt werden darf. Das aus dem angloamerikanischen Recht stammende Prinzip dient insbesondere den Kapitalanlegern, die bei ihren Anlageentscheidungen gerade an den tatsächlichen Verhältnissen interessiert sind. Es kann daher nicht verwundern, dass der in einem Spannungsverhältnis zum Vorsichtsprinzip (dazu N 107) stehende Grundsatz in der Tendenz[113] die drei von der SIX Swiss Exchange anerkannten Rech-

112 CHK-ErgBd-Lipp, Art. 960a N 28.

113 Relativierend Handschin, Rechnungslegung im Gesellschaftsrecht², 2016, N 3 ff.

nungslegungsstandards IFRS, US-GAAP und Swiss GAAP FER (zu diesen Standards N 89 f.) prägt.

g) Konsolidierung im Konzern

109 Kontrolliert eine rechnungslegungspflichtige juristische Person ein oder mehrere rechnungslegungspflichtige Unternehmen, so muss sie im Geschäftsbericht für die Gesamtheit der kontrollierten Unternehmen eine konsolidierte Jahresrechnung (Konzernrechnung) erstellen (Art. 963 Abs. 1 OR). Durch diese gesetzlich nicht näher geregelte Konsolidierung sollen nach Grundsätzen ordnungsmässiger Rechnungslegung und anerkannten Standards (vgl. auch Art. 963 Abs. 3 OR) konzerninterne Bilanzposten ausgeglichen werden und konzerninterne Geschäftsvorgänge unberücksichtigt bleiben (näher § 12 N 57 ff.). So dürfen Aktiven nicht doppelt als Vermögenswert in der Bilanz der Tochtergesellschaft und mittelbar durch die Aufnahme der Beteiligung an der Tochtergesellschaft in der Bilanz der Muttergesellschaft ausgewiesen werden. Ausserdem dürfen Gewinne aus konzerninternen Geschäften in der Erfolgsrechnung nicht berücksichtigt werden.

Konzernrechnungslegung

4. Steuerrechtliche Rechnungslegung

110 Neben der handelsrechtlichen besteht darüber hinaus eine steuerrechtliche Rechnungslegungspflicht. Zu ihr gehört u. a. die Aufstellung einer an den Interessen des Fiskus ausgerichteten Steuerbilanz. Die handelsrechtliche (Handelsbilanz) und die steuerrechtliche (Steuerbilanz) Rechnungslegung sind durch das sog. Massgeblichkeitsprinzip miteinander verbunden, so dass die Art. 957 ff. OR grundsätzlich auch Bedeutung für die Steuererklärungen und die Veranlagungen zur Gewinnsteuer des Bundes (Art. 58 Abs. 1 DBG) sowie zur Gewinn- und Kapitalsteuer der Kantone (Art. 24 Abs. 1, 29 Abs. 2 StHG) haben[114]. Damit gelten die handelsrechtlichen Grundsätze ordnungsmässiger Buchführung und Rechnungslegung (GoB/GoR) grundsätzlich auch für das Steuerrecht. Insbesondere die nach Handelsrecht zulässig gebildeten konkreten Wertansätze sind grundsätzlich auch für die steuerliche Gewinnermittlung massgebend. In der Praxis erstellen grössere Unternehmen zumeist eine Handelsbilanz, die sie anschliessend als Steuerbilanz den Erfordernissen des Steuerrechts anpassen. Kleinere Unternehmen berücksichtigen bei der Aufstel-

Massgeblichkeitsprinzip

[114] Böckli, Aktienrecht[4], 2009, § 8 N 16 f. und 169 ff.

lung der Handelsbilanz häufig gleich die steuerlichen Vorschriften, soweit dies handelsrechtlich möglich ist (sog. Einheitsbilanz).

5. Formelle Rechnungslegungsvorschriften

a) Vorgaben zur Erstellung

Periodische und ausserordentliche Rechnungslegung

Der wenigstens eine Bilanz und Erfolgsrechnung enthaltende Geschäfts- 111
bericht (zu den Bestandteilen N 96 ff.) ist *zumindest alljährlich innerhalb von sechs Monaten* nach Ablauf des Geschäftsjahres zu erstellen und dem zuständigen Organ bzw. den zuständigen Personen (dazu N 86) zur Genehmigung vorzulegen (Art. 958 Abs. 2, 3 OR). Dabei muss das Geschäftsjahr nicht unbedingt dem Kalenderjahr entsprechen. Gesellschaften, deren Beteiligungspapiere an der SIX Swiss Exchange kotiert sind, unterliegen zudem der Pflicht zur halbjährlichen Zwischenberichterstattung mit Hilfe eines Zwischenabschlusses nach Art. 50 Abs. 1 KR SIX. Die Veröffentlichung von entsprechenden Quartalsabschlüssen ist jedoch auch für diese Gesellschaften (noch) freiwillig (Art. 50 Abs. 2 KR SIX). Ausserordentliche Ereignisse (z. B. begründete Besorgnis einer Überschuldung nach Art. 725 Abs. 2 S. 1 OR oder Abschluss eines Fusionsvertrags nach Art. 11 FusG) können zudem die Pflicht zur Erstellung einer ausserordentlichen *Zwischenbilanz* begründen.

Darstellungsform

Die Bilanz und die Erfolgsrechnung können in *Konto- oder in Staffelform* 112
dargestellt werden (Art. 958d Abs. 1 S. 1 OR), wobei der Grundsatz der Klarheit (N 105) und bestimmte *Mindestgliederungsvorschriften* zu beachten (Art. 959a. 959b OR) sowie neben den Zahlen für das Geschäftsjahr die entsprechenden Werte des Vorjahres anzugeben (Art. 958d Abs. 2 OR) sind. Die Rechnungslegung muss nicht zwingend in der Landeswährung (CHF) und in einer der Landessprachen, sondern kann auch in der für die Geschäftstätigkeit wesentlichen Währung (bei zusätzlicher Wertangabe in Landeswährung[115]) und in Englisch erfolgen (Art. 958d Abs. 3, 4 OR).

[115] Während die Aktiven konstitutiv in der Fremdwährung und nur zur Orientierung nach Umrechnung zum Bilanzstichtagskurs parallel in Landeswährung auszuweisen sind (Art. 958d Abs. 3 S. 2 OR), müssen die Beträge des gebundenen Eigenkapitals (Grundkapital, zwingende Reserven) wegen der bislang unterbliebenen Anpassung der Kapitalschutzvorschriften noch konstitutiv in CHF ausgewiesen und nach dem Bilanzstichtagskurs in einen für die Fremdwährungsbilanz massgeblichen Fremdwährungsbetrag umgerechnet werden.

b) Vorgaben zur Aufbewahrung und Publizität

113 Die Geschäftsbücher, die Geschäftskorrespondenz und die Buchungsbelege sowie der Geschäftsbericht und der Revisionsbericht sind zehn Jahre lang in Papierform oder (mit Ausnahme des Geschäfts- und Revisionsberichts) elektronisch bzw. in vergleichbarer Form aufzubewahren (Art. 958f OR). Das gilt auch noch nach Löschung der Gesellschaft im Handelsregister, wobei die zehnjährige Frist zudem erst ab der Löschung und nicht bereits ab Ende des Geschäftsjahres zu laufen beginnt (für die Kapitalgesellschaften ausdrücklich Art. 747, 826 Abs. 2 OR). Details sind in der Geschäftsbücherverordnung (GeBüV[116]) geregelt. Aufbewahrung

114 Die Rechnungslegungsunterlagen sind den *Gesellschaftern* zur Einsicht zur Verfügung zu stellen (Art. 541, 557 Abs. 2, 600 Abs. 3, 696, 697 Abs. 3, 802 Abs. 2, 856, 857 Abs. 2 OR und z. B. Art. 16 FusG). Es besteht jedoch nur in Ausnahmefällen die Pflicht, die Rechnungslegungsunterlagen *Dritten* in Teilen zugänglich zu machen: Zugänglichmachung

- Gesellschaften, die Anleihensobligationen ausstehen oder Beteiligungspapiere an einer Börse kotiert haben (sog. *Publikumsgesellschaften*), müssen die Jahresrechnung und Konzernrechnung (nicht Lage- und Zwischenberichte) nach der Genehmigung durch das zuständige Organ mit den Revisionsberichten entweder im SHAB veröffentlichen oder jeder Person, die es innerhalb eines Jahres nach der Genehmigung verlangt, auf deren Kosten in einer Ausfertigung zustellen.

- Gesellschaften, die Beteiligungspapiere oder Anleihen an der SIX Swiss Exchange kotiert haben, müssen den Geschäftsbericht (nicht den Lagebericht) mit dem Revisionsbericht und ggf. weiteren Informationen (z. B. zur Corporate Governance nach der RLCG) sowie (lediglich nicht bei Anleihen) die Zwischenabschlüsse veröffentlichen (Art. 49 f. KR SIX, Art. 29 Abs. 1 ZRA SIX).

- *Banken* haben den Geschäftsbericht und ggf. Zwischenabschlüsse der Öffentlichkeit zugänglich zu machen (Art. 6a BankG), wobei für Privatbankiers (Einzelunternehmer, KlG und KmG), die sich nicht öffentlich zur Annahme fremder Gelder empfehlen, nur Art. 958e Abs. 2 OR gilt.

[116] Verordnung über die Führung und Aufbewahrung der Geschäftsbücher vom 24. April 2002 (SR 221.431).

- *Versicherungen* müssen ihre Jahresrechnung der FINMA zuleiten, welche diese dann in ihrem Aufsichtsbericht veröffentlicht (Art. 25 Abs. 5 VAG).
- *Gläubiger*, die ein schutzwürdigen Interesse nachweisen, können Einsicht in den Geschäfts- und Revisionsbericht verlangen (Art. 958e Abs. 2 OR).
- Das *Gericht* kann bei geschäftsbezogenen Streitigkeiten zu Beweiszwecken verlangen, dass Rechnungslegungsunterlagen vorgelegt bzw. lesbar gemacht werden (Art. 160 Abs. 1 lit. b ZPO).

F. Vertiefungsfragen

1. Was leistet die handelsrechtliche Publizität durch Handelsregister, Firma und Rechnungslegung und was leistet sie nicht?
2. Welches sind die Gemeinsamkeiten und Unterschiede zwischen Handelsregister und Grundbuch?
3. Warum findet Art. 933 Abs. 2 OR (demnächst Art. 936b Abs. 2 OR) hauptsächlich auf deklaratorische Eintragungen Anwendung?
4. Welche Neuerungen wird die beschlossene, aber erst 2020 in Kraft tretende Revision des Handelsregisterrechts mit sich bringen?
5. Was haben die Firma und der bürgerliche Name gemeinsam und worin unterscheiden sie sich?
6. Nennen Sie die vier Funktionen der Firma im Wirtschaftsleben und die mit ihnen in Verbindung stehenden Firmengrundsätze!
7. Unter welchen Voraussetzungen kann eine Einzelfirma trotz Inhaberwechsels fortgeführt werden?
8. Welche Neuerungen haben die Revisionen des Firmenrechts von 1998 und 2016 mit sich gebracht?
9. Unterliegt der Träger eines kaufmännischen Unternehmens stets der Pflicht zur uneingeschränkten Buchführung und Rechnungslegung?
10. Was versteht man unter den Grundsätzen ordnungsmässiger Buchführung und Rechnungslegung?

11. An welcher Stelle der Bilanz wird der Jahresüberschuss ausgewiesen und warum?
12. Welches sind die Funktionen der Buchführung und Rechnungslegung, und welche Grundsätze der Rechnungslegung können diesen Funktionen jeweils zugeordnet werden?

§ 6 Das Handeln der Gesellschaft

A. Einstieg

Lernziele

- Sie kennen die Bedeutungen des Organbegriffs sowie die unterschiedlichen Geschäftsführungs- und Vertretungsmodelle bei den einzelnen Gesellschaftsformen.
- Sie kennen die Voraussetzungen und Wirkungen der Prokura und der Handlungsvollmacht i. e. S.
- Sie verstehen die Grundsätze der Selbst- und Drittorganschaft sowie der Übertretung der Vertretungsbefugnis bzw. des Missbrauchs der Vertretungsmacht als ein allgemeines Problem des Stellvertretungsrechts.
- Sie sind in der Lage, zwischen gesellschaftsrechtlicher und rechtsgeschäftlicher Vertretungsmacht zu unterscheiden.

Gesetzliche Grundlagen

- Art. 32–40, 458–465, 543 f., 563–567, 603, 716–722, 809–817, 898–902 OR

Literaturhinweise

Bucher, Eugen, Organschaft, Prokura, Stellvertretung, in: Boemle (Hrsg.), Lebendiges Aktienrecht, Festgabe für Wolfhart Friedrich Bürgi, Zürich 1971, S. 39 ff.

Fellmann, Walter, Geschäftsführung, Vertretung und Haftung bei den Personengesellschaften, in: Girsberger/Schmid (Hrsg.), Rechtsfragen rund um die KMU, Zürich 2003, S. 113 ff.

JUNG, PETER, in: Honsell, Heinrich (Hrsg.), Kurzkommentar Obligationenrecht (Art. 1–529), Art. 32–40 und 458–465 OR, Basel 2014

JUNG, PETER, Insichgeschäfte im Gesellschaftsrecht oder vom gefahrlosen Umgang mit sich selbst, in: Kunz, Peter V./Arter, Oliver/Jörg, Florian S. (Hrsg.), Entwicklungen im Gesellschaftsrecht VI, Bern 2011, S. 273 ff.

MEIER-HAYOZ, ARTHUR/FORSTMOSER, PETER, Schweizerisches Gesellschaftsrecht, 11. Aufl., Bern 2012 (§ 9)

WYTTENBACH, MICHAEL, Formelle, materielle und faktische Organe – einheitlicher Organbegriff?, Basel 2012

ZOBL, DIETER, Probleme der organschaftlichen Vertretungsmacht, ZBJV 1989, 289 ff.

B. Einführungsfall

Die von Anna Gabler und ihren Mitstreitern gegründete Filmproduktions-GmbH wurde schliesslich doch noch in das Handelsregister eingetragen. Als Geschäftsführer wurden Anna Gabler und Urs Huber eingetragen. Diese melden wenig später die von Anna allein vorgenommene und nur mit «Anna Gabler» unterzeichnete Erteilung einer Prokura an den Angestellten Pfeiffer zur Eintragung in das Handelsregister an. Noch bevor der Registerführer Rickli die Anmeldung bearbeitet hat, widerrufen Anna Gabler und Urs Huber die Prokura Pfeiffers und entlassen diesen fristlos, weil es zu Unregelmässigkeiten und zu einem Streit über die Geschäftspolitik gekommen ist. Noch ganz unter dem Eindruck der kurz zuvor erfolgten Entlassung stehend, verursacht Pfeiffer auf dem Weg nach Hause aus Unachtsamkeit einen Unfall, bei dem der Fussgänger Faller leicht verletzt wird. Trotz des Widerrufs kauft Pfeiffer zudem noch im Namen der GmbH ein Grundstück von Vischer. 1

Aufgaben 2

1. Konnte Anna Gabler die Prokura alleine erteilen?
2. Ist Pfeiffer als Prokurist ein Organ der GmbH?
3. Bedarf die Prokura zu ihrer Wirksamkeit der Eintragung in das Handelsregister und der Bekanntmachung?

4. Kann die Registeranmeldung der Prokura von den Geschäftsführern vorgenommen werden?
5. Kann Faller die GmbH auf Schadenersatz in Anspruch nehmen?
6. Konnte Pfeiffer noch wirksam einen Grundstückskaufvertrag mit Vischer abschliessen?
7. Gegen wen muss Vischer ggf. gerichtlich vorgehen?
8. Könnte Vischer Anna Gabler in einem allfälligen Zivilprozess als Zeugin benennen?

C. Handelnde Personen

3 Eine Gesellschaft ist als solche nicht handlungsfähig. Sie handelt daher im Rechts-, Prozess- und Deliktsverkehr durch ihre Gesellschafter und Organe sowie durch rechtsgeschäftliche Vertreter und durch Hilfspersonen. Während die Gesellschafter und Organe über die entsprechende Geschäftsführungsbefugnis und Vertretungsmacht aufgrund ihrer Stellung als Gesellschafter oder bestelltes Leitungsorganmitglied, also kraft Gesellschaftsrechts, verfügen (z. B. Art. 535 Abs. 1, 563 f., 718 ff. OR), werden die rechtsgeschäftlichen Vertreter durch gesondertes einseitiges Rechtsgeschäft von der Gesellschaft bevollmächtigt (Art. 33 Abs. 2, 458 ff. OR) und verfügen wie die Hilfspersonen regelmässig aufgrund eines Arbeitsverhältnisses intern über bestimmte Handlungsbefugnisse. Während die Gesellschafter und Organe über eine sachlich nur durch den Gesellschaftszweck begrenzte sowie räumlich und funktional grundsätzlich (Ausnahmen z. B. Art. 555, 718a Abs. 2 OR) unbeschränkte Einzelvertretungsmacht verfügen, ist die Vertretungsmacht der rechtsgeschäftlichen Vertreter in einem starken (einfache Bevollmächtigte nach Art. 33 Abs. 2 OR), mittleren (Handlungsbevollmächtigte nach Art. 462 OR) oder schwachen (Prokura nach Art. 458 ff. OR) Mass beschränkt. Überblick

I. Handelnde kraft Gesellschaftsrechts

1. Gesellschafter

a) Personengesellschafter

Selbstorganschaft

Nach traditioneller Ansicht verfügen Personengesellschaften als Rechtsgemeinschaften im Gegensatz zu den juristischen Personen (vgl. für diese Art. 54 f. ZGB; dazu N 12 ff.) über keine Organe. Sie handeln im Aussenverhältnis durch ihre Gesellschafter und Dritte (zu diesen N 10 f.), die auch vom Gesetz nicht als Organe bezeichnet werden (Art. 535 Abs. 1, 540, 543 Abs. 2, 3, 563 ff., 599 f., 603 OR)[1]. Die Gesellschafter einer Personengesellschaft sind nach dem (gleichwohl so genannten) *Grundsatz der Selbstorganschaft* allein aufgrund ihrer Gesellschafterstellung sog. geborene Geschäftsführer, so dass sie nicht eigens durch angenommene Wahl zu sog. gekorenen Geschäftsführern bestellt werden müssen. Urteils- oder handlungsunfähige Gesellschafter werden auch bei der Geschäftsführung durch ihre gesetzlichen Vertreter vertreten[2]. 4

Grundsatz der Einzelgeschäftsführung

Die Gesellschafter einer Personengesellschaft können grundsätzlich als Einzelpersonen (Grundsatz der Einzelgeschäftsführung und -vertretung nach Art. 535 Abs. 2, 563, 603 OR), müssen unter Umständen aber auch zusammen mit einzelnen anderen Gesellschaftern (gewillkürte Kollektivgeschäftsführung und -vertretung i. e. S.) oder gar als Gesamtheit (Grundlagen- und Inhabergeschäfte, gewillkürte Gesamtgeschäftsführung und -vertretung) agieren. Ist nach dem Gesellschaftsvertrag, einem Beschluss der Gesellschafter oder dem Gesetz ein Zusammenwirken mit einzelnen oder allen anderen Gesellschaftern erforderlich, bedeutet dies freilich nicht, dass die Gesellschafter auch räumlich und zeitlich gemeinsam handeln müssten. Sie können auch einen von ihnen entweder als Boten (vgl. z. B. Art. 556 Abs. 1 Var. 2 OR) oder als gesondert bevollmächtigten Stellvertreter (Art. 33 Abs. 2 OR) einsetzen. 5

Beispiele: Die X-KlG wird beim Abschluss eines Kaufvertrags durch ihren einzelzeichnungsberechtigten geschäftsführenden Gesellschafter Gehrig vertreten (Art. 563 f. OR); die Y-KmG muss beim Abschluss eines Arbeitsvertrages durch ihre beiden nach dem Gesellschaftsvertrag und der Handelsregistereintragung nur kollektivzeichnungsberechtigten Komplementäre Ying und Yang vertreten werden (Art. 603 i. V. m. 563 f., 555 OR); die Z-KlG muss durch alle ihre Gesellschafter zur Eintragung in das Handelsregister angemeldet werden (Art. 556 OR) bzw. eine Prokura oder Generalhandlungsvollmacht erteilen (Art. 566 OR).

[1] Art. 40 OR scheint die Gesellschafter allerdings stillschweigend zu den Organen zu zählen.

[2] Für eine KlG BGer 4A_150/2014 E. 1.4.

6 Ob auch den geschäftsführenden Gesellschaftern einer Personengesellschaft, insbesondere einer Personenhandelsgesellschaft, Organqualität zukommt, ist im Wesentlichen eine terminologische Frage. Die relevanten Rechtsfragen wurden nämlich vom Gesetzgeber sowie von der Rechtsprechung und Lehre unabhängig von der Qualifikation eines Gesellschafters als Organ entschieden. So findet in jedem Fall Art. 55 Abs. 2 ZGB auf die gegenüber der Gesamtheit ihrer Gesellschafter nicht verselbständigte einfache Gesellschaft keine Anwendung (dazu N 80), während andererseits die Art. 567 Abs. 3, 603 OR bei den Personenhandelsgesellschaften für eine dem Art. 55 Abs. 2 ZGB entsprechende Zurechnung des deliktischen Verhaltens der geschäftsführenden Gesellschafter zur Gesellschaft sorgen (dazu N 79). Ausserdem können juristische Personen und Personenhandelsgesellschaften unabhängig von ihrer Zulassung als Organ in jedem Fall geschäftsführende Gesellschafter einer einfachen Gesellschaft und kraft ausdrücklicher Regelung (Art. 594 Abs. 2 OR) auch (ggf. geschäftsführende[3]) Kommanditäre einer KmG sein, während sie grundsätzlich (Ausnahme: Art. 98 Abs. 2 S. 1 KAG) nicht als Kollektivgesellschafter oder Komplementäre in Betracht kommen (Art. 552 Abs. 1, 594 Abs. 2, 764 Abs. 1 OR; vgl. auch Art. 120 S. 1 HRegV 2007). Die geschäftsführenden Personengesellschafter werden schliesslich regelmässig auf der Grundlage des Gesellschaftsvertrags und nicht eines gesonderten Auftrags tätig, was freilich der grundsätzlichen entsprechenden und subsidiären Anwendung der Vorschriften über den Auftrag nicht entgegensteht (Art. 540 Abs. 1 OR). Für ihr Tätigwerden auf der Grundlage des Gesellschaftsvertrags gilt aber etwa vorrangig der besondere Haftungsmassstab der Sorgfalt in eigenen Angelegenheiten (Art. 538 Abs. 1 OR mit der Ausnahme nach Art. 538 Abs. 3 OR; dazu § 2 N 101 und § 7 N 65).

Behandlung der Gesellschafter-geschäftsführer als Organe?

7 Da den Personengesellschaftern die Geschäftsführerstellung bereits aufgrund des Gesellschaftsvertrags zukommt, ist der Abschluss eines gesonderten Anstellungsvertrages nicht erforderlich. Nach Art. 540 Abs. 1 und 557 Abs. 2 OR gelten für die Rechtsbeziehungen der im Rahmen ihrer Befugnisse handelnden geschäftsführenden Gesellschafter zueinander und zu ihren Mitgesellschaftern aber dennoch die *Vorschriften des Auftrags, sofern nicht* der Gesellschaftsvertrag oder die Art. 530 ff, 557 ff. OR etwas anderes vorsehen. In jedem Fall sind damit vorbehaltlich abweichender Vereinbarung die Art. 397, 400[4], 401 und 403 Abs. 2 OR anwendbar. Bei einem vertraglich begründeten Substitutionsrecht gelten Art. 397, 398 Abs. 3, 399 Abs. 2, 3 OR. Wegen der Sonderregelung in Art. 538 OR gelten

Behandlung der Gesellschafter-geschäftsführer als Beauftragte?

[3] Siehe zur dispositiven Natur von Art. 600 Abs. 1 OR nur ZK-Handschin/Chou, Art. 600 OR N 4.

[4] Hinsichtlich der Rechenschaftslegung ist Art 400 Abs. 1 OR allerdings subsidiär gegenüber dem zwingenden Art. 541 OR.

Art. 398 Abs. 1, 2 OR für die Haftung der Geschäftsführer nur im Falle besonderer Vergütung (Art. 538 Abs. 3 OR). Gänzlich unanwendbar sind wegen der besonderen Natur der Geschäftsführung durch Gesellschafter Art. 394 f. OR (stattdessen gelten Art. 535, 533 OR), Art. 396 OR (stattdessen gelten Art. 535, 543 Abs. 3 OR), Art. 402 (stattdessen gilt Art. 537 OR[5]), Art. 403 Abs. 1 OR (stattdessen gelten Art. 538, 50, 99 Abs. 3 OR), Art. 404 Abs. 1 (stattdessen gelten Art. 539, 546 Abs. 2 OR) und (bei Auflösung) Art. 405 f. OR (stattdessen gilt Art. 547 OR). Auch für die Pflicht zur Treue gegenüber den Mitgesellschaftern gilt die im Vergleich zu Art. 2 ZGB stärkere gesellschaftsrechtliche Treuepflicht.

b) Gesellschafter von Körperschaften

Drittorganschaft

8 Die Gesellschafter von Körperschaften sind aufgrund ihrer Gesellschafterstellung grundsätzlich nur Mitglieder des Willensbildungsorgans (General-, Gesellschafter- oder Mitgliederversammlung). Eine Ausnahme gilt nach Art. 765 Abs. 1 OR bzw. Art. 809 Abs. 1 S. 1 OR für die Komplementäre einer KmAG bzw. die Gesellschafter einer GmbH[6], die als sog. geborene Verwaltungsmitglieder bzw. Geschäftsführer ihrer Gesellschaft grundsätzlich einzeln bzw. gemeinsam zur Geschäftsführung berufen sind. Bei allen anderen Körperschaften bedürfen die Gesellschafter nach dem *Grundsatz der sog. Drittorganschaft* für eine Mitgliedschaft in dem mit der Geschäftsführung und Vertretung betrauten Leitungsorgan der Gesellschaft (Verwaltungsrat, Verwaltung, Vorstand) einer wirksamen *Bestellung* durch angenommene Wahl (dazu N 13 f.). Im Übrigen haben sie weder das Recht noch die Pflicht zur Geschäftsführung. Nachdem seit 1.1.2008 die Aktionärseigenschaft nicht mehr Voraussetzung der Bestellung zum Verwaltungsrat einer Aktiengesellschaft ist, gibt es nur noch bei der Genossenschaft (Art. 894 Abs. 1 OR) das Erfordernis, dass die Verwaltungsmitglieder zumindest mehrheitlich auch Genossenschafter sein müssen[7].

Rechtsstellung als Leitungs- oder Aufsichtsorgan

9 Für die Bestellung zum Leitungs- oder Aufsichtsorganmitglied einer Körperschaft sowie für die Rechtsstellung als Mitglied gelten für die Gesellschafter dieselben Regeln wie für Dritte (dazu N 13 ff., 27 ff, 34 ff.). Im Zusammenhang mit den Unabhängigkeitserfordernissen bei Bestellung einer Revisionsstelle ist lediglich zu beachten, dass die Gesellschafterstel-

5 BGE 116 II 316, 317 f.

6 Die Gesellschafter einer GmbH können nach Art. 809 Abs. 1 S. 2 OR aber etwas anderes vereinbaren und so durch Abkehr vom Grundsatz der Selbstorganschaft ein Bestellungserfordernis begründen (vgl. auch Art. 804 Abs. 2 Ziff. 2 OR).

7 Zur Bestellung von Nichtmitgliedern zu Vorstandsmitgliedern eines Vereins BGE 73 II 1 f.

lung als solche einen grundsätzlich[8] massgeblichen Interessenkonflikt begründet (Art. 728 Abs. 2 Ziff. 2 und Abs. 3 bzw. 729 Abs. 1 OR).

2. Fremdgeschäftsführer von Personengesellschaften

10 In einer Personengesellschaft kann die Geschäftsführung abweichend vom Grundsatz der Selbstorganschaft (dazu N 4) nach Art. 535 Abs. 1, 557 Abs. 2, 598 Abs. 2 OR ausdrücklich auch auf Dritte übertragen werden. Erforderlich sind eine entsprechende Vereinbarung im Gesellschaftsvertrag oder ein Beschluss der Gesellschafter (Art. 535 Abs. 1 OR) sowie die Vereinbarung eines Auftragsverhältnisses mit dem Dritten (Art. 394 ff. OR), wobei auch eine stillschweigende Übertragung möglich ist[9]. Diese sog. Fremdgeschäftsführer sind dann zwar auch aufgrund des Gesellschaftsrechts (Gesellschaftsvertrag bzw. Beschluss), vor allem aber aufgrund des zwischen ihnen und der Gesellschaft/Gesellschaftergesamtheit bestehenden Auftragsverhältnisses zur Geschäftsführung befugt. Sie sind aber weder Gesellschafter noch Organe, sondern Beauftragte. Sonderstellung

11 Da das Gesetz die Möglichkeit zur Fremdgeschäftsführung lediglich in genereller Form erwähnt und im Personengesellschaftsrecht keine Bestimmungen zu diesen vor dem Hintergrund der Selbstorganschaft eigentlich systemwidrigen Fremdgeschäftsführern enthält, sind ihre Zulassung im Einzelfall und ihre grundsätzlich auf den *Art. 394 ff. OR* basierende Rechtsstellung teilweise unklar bzw. umstritten: Grds. Anwendung des Auftragsrechts

- Nach h. M. kann die Geschäftsführung *auch gänzlich* auf Fremdgeschäftsführer übertragen werden[10]. Es steht den Gesellschaftern danach frei (Grundsatz der Privatautonomie), sich auch vollständig aus der Geschäftsführung zurückzuziehen und diese allein auf nicht persönlich und unbeschränkt für die Schulden der Gesellschaft, sondern lediglich für schuldhafte Pflichtverletzungen nach Art. 398 OR haftende Fremdgeschäftsführer zu übertragen, auch wenn damit für die Gesellschafter aufgrund einer regelmässig höheren Risikobereitschaft der Fremdgeschäftsführer das Haftungsri-

[8] Nach dem Wortlaut von Art. 728 Abs. 2 Ziff. 2 OR, der nicht nur Art. 728 Abs. 1 OR, sondern prinzipiell auch Art. 729 OR konkretisiert, gilt der Ausschluss generell, es sind jedoch bei unbedeutend beteiligten Publikumsaktionären (teleologische Reduktion) und im Rahmen von Art. 729 OR durchaus Einschränkungen denkbar.

[9] Vgl. für einen Gesellschafter BGE 79 II 389, 392.

[10] BGE 77 III 119, 122 (KlG); BK-Fellmann/Müller, Art. 535 OR N 197; a. A. ZK-Handschin/Vonzun, Art. 534/535 OR N 176 ff.

siko steigt. Der Grundsatz der Selbstorganschaft steht dem kraft ausdrücklich abweichender gesetzlicher Regelung nicht entgegen.

- Das Widerspruchsrecht nach *Art. 535 Abs. 2 OR gilt nicht* für Fremdgeschäftsführer, sondern nur für Gesellschaftergeschäftsführer. Den Fremdgeschäftsführern kann allenfalls vertraglich ein Vetorecht eingeräumt werden, damit sie der auch in ihrer Person bestehenden Gesamtverantwortung für die Geschäftsführung gerecht werden können[11].
- Der Aufwendungsersatz-, Befreiungs- und Verlustersatzanspruch nach Art. 537 Abs. 1 OR gilt nur für Gesellschafter. Der Fremdgeschäftsführer kann derartige Ansprüche allein auf *Art. 402 und 422 OR* stützen[12].
- Der besondere Haftungsmassstab der Sorgfalt in eigenen Angelegenheiten (Art. 538 Abs. 1 OR) gilt aufgrund der besonderen persönlichen Bindung zwischen den Gesellschaftern nur für Pflichtverletzungen eines Gesellschafters. Der Fremdgeschäftsführer unterliegt dem allgemeinen Haftungsmassstab nach *Art. 398 Abs. 1 OR*.
- Für den Fremdgeschäftsführer gilt statt Art. 539 OR das Kündigungsrecht des einfachen Auftrags. Damit besteht die nach ständiger Rechtsprechung zwingende[13] Möglichkeit jederzeitiger Kündigung nach *Art. 404 OR* auch ohne (wichtigen) Grund[14]. Umstritten ist allerdings, ob die Kündigung nur durch einen ggf. einstimmig zu fassenden Beschluss der Gesellschafter oder auch individuell von jedem Gesellschafter erklärt werden kann[15].
- Die für das Aussenverhältnis bedeutsamen Regelungen zur vermuteten *Vertretungsmacht* der einfachen Gesellschafter (Art. 543 Abs. 3 OR) bzw. zur standardisierten Vertretungsmacht der Kollektivgesellschafter und Komplementäre einer KmG (Art. 563 f., 603

11 BK-Fellmann/Müller, Art. 535 OR N 214; a. A. unter Hinweis auf den Grundsatz der Selbstorganschaft ZK-Handschin/Vonzun, Art. 534/535 OR N 188.

12 Vgl. umgekehrt zum Vorrang von Art. 537 vor Art. 402, 422 OR BGE 116 II 316, 318.

13 Seit BGE 59 II 260, 261; zuletzt etwa BGer 4A_284/2013 E. 3.5.1.

14 Die angedachte Revision der Vorschrift wurde inzwischen wieder verworfen (siehe dazu den Bericht zur Abschreibung der Motion Barthassat 11.3909, BBl 2017, 7431).

15 Siehe dazu BSK OR II-Handschin, Art. 539 N 2 (Individualkündigung nur bei wichtigem Grund); ZK-Handschin/Vonzun, Art. 539 OR N 4 f. (Individualkündigung nur bei Bestellung des Fremdgeschäftsführers durch notwendig einstimmigen Beschluss); im Hinblick auf die unbeschränkte persönliche Haftung der Gesellschafter mit Recht die Individualkündigung befürwortend KUKO OR-Sethe, Art. 539 N 7.

OR) gelten nur für Gesellschafter. Dem Fremdgeschäftsführer kann jedoch eine Handlungsvollmacht (Prokura, Handlungsvollmacht i. e. S.) oder einfache Vollmacht erteilt werden (dazu N 37 ff.). Besteht nur eine einfache Vollmacht, gelten zum Schutze gutgläubiger Dritter lediglich die allgemeinen Regelungen des Stellvertretungsrechts (Art. 33 Abs. 3, 34 Abs. 3, 36 Abs. 2, 37 OR; Duldungs- und Anscheinsvollmacht)[16].

3. Organe

a) Begriff des Organs

12 Der Organbegriff wird im Gesetz nicht einheitlich verwendet und ist auch in Rechtsprechung und Literatur teilweise umstritten[17]: Organ als Funktionseinheit oder Funktionsträger

- Zum einen wird als Organ eine *Funktionseinheit* der Gesellschaftsorganisation bezeichnet (z. B. Art. 626 Ziff. 6, 689c, 698 Abs. 1, 731b Abs. 1 S. 1 OR). Insoweit kann man Willensbildungs-, Leitungs- und Aufsichtsorgane unterscheiden.

  Beispiele: Generalversammlung einer AG; Verwaltung einer Genossenschaft; Revisionsstelle einer AG.

- Zum anderen werden aber auch die nach aussen hin für die Gesellschaft auftretenden *Funktionsträger* als (Leitungs-)Organe[18] bzw. Organmitglieder[19] (auch Organträger, Organpersonen oder Organwalter) bezeichnet. Dieser Organbegriff hat Bedeutung für die Zurechnung und Organhaftung (z. B. Art. 55 ZGB, Art. 722, 754 ff. OR). Man kann insoweit noch zwischen den wirksam bestellten Mitgliedern der Leitungsorgane (sog. formelle Organe) sowie den unwirksam bestellten Organmitgliedern oder sonst wiederholt mit der Geschäftsführung tatsächlich befassten Personen (sog. faktische Organe; dazu N 16 ff.) unterscheiden.

  Beispiele: Das formell wirksam bestellte Verwaltungsratsmitglied einer AG; der ohne Organisationsreglement vom Verwaltungsrat bestellte Direktor einer AG; die auf die Geschicke der Tochtergesellschaft wiederholt massgeblichen Einfluss nehmende Muttergesellschaft.

[16] BGer 4D_105/2014 E.3.
[17] Eingehend dazu Wyttenbach, Organbegriff, 2012, S. 27 ff.
[18] So etwa in Art. 54, 55 Abs. 2, 3 ZGB und Art. 629 Abs. 1 OR.
[19] So die Bezeichnung etwa in Art. 689c, 728 Abs. 3 S. 2, Abs. 5 OR.

b) Formelle Organe

Wirksame Bestellung

13 Formelle Organe wurden wirksam zu Mitgliedern des Leitungs- oder Aufsichtsorgans einer Körperschaft bestellt. Die *ordnungsgemässe Bestellung in das oberste Leitungsorgan* (Verwaltungsrat, Verwaltung, Vorstand) setzt mit Ausnahme der Komplementäre einer KmAG (vgl. Art. 765 Abs. 1 OR) und der Gesellschafter einer GmbH (vgl. Art. 809 Abs. 1 S. 1 OR[20]) die Wahl durch das Willensbildungsorgan der Gesellschaft und die Annahme dieser Wahl durch das zu bestellende Organmitglied voraus (Art. 698 Abs. 2 Ziff. 2, 804 Abs. 2 Ziff. 2, 879 Abs. 2 Ziff. 2 OR, Art. 65 Abs. 1 ZGB). Mit der Bestellung wird zwischen dem Gewählten und der Körperschaft das Organverhältnis (dazu N 15) begründet. Formelle Organe können vom Wahlorgan *jederzeit wieder abberufen* werden, wobei die Fortdauer des vertraglichen Geschäftsbesorgungsverhältnisses bis zu dessen Kündigung und daraus resultierende Ansprüche vorbehalten bleiben (Art. 705, 815 Abs. 1 und Abs. 5 OR, Art. 65 Abs. 2 ZGB[21]). Vergleichbares gilt für die *Bestellung von Direktoren* einer Aktiengesellschaft oder Genossenschaft, die vielfach auch als materielle Organe[22] bezeichnet werden. Die Direktoren werden lediglich nicht vom Willensbildungsorgan der Gesellschaft, sondern vom obersten Leitungsorgan gewählt (Art. 716a Abs. 1 Ziff. 4, 898 Abs. 1 OR). Dieses bedarf hierfür und für die Delegation von organschaftlichen Geschäftsführungsaufgaben an die Direktoren eines mit statutarischer Ermächtigung erlassenen Organisationsreglements (Art. 716b, 898 Abs. 1 OR). Fehlt es an einem Organisationsreglement oder sieht dieses keine Delegation von organschaftlichen Geschäftsführungsaufgaben auf Direktoren vor, ist die Bestellung unwirksam und der bestellte Direktor lediglich faktisches Organ (dazu N 16 ff.).

Wählbarkeitsvoraussetzungen

14 Im Zusammenhang mit der Wahl von Leitungsorganmitgliedern können diverse gesetzliche oder statutarische Wählbarkeitsvoraussetzungen bestehen:

- Zu *Leitungsorganmitgliedern* können nach dem Gesetz *nur handlungsfähige natürliche* Personen bestellt werden (Art. 707 Abs. 3, 764 Abs. 1 i. V. m. Art. 552 Abs. 1 bzw. Art. 764 Abs. 2 i. V. m. Art. 707 Abs. 3 sowie Art. 809 Abs. 2[23], 894 Abs. 2 OR; vgl. auch

[20] Eine Wahl auch von Gesellschaftern ist bei der GmbH nach Art. 804 Abs. 2 Ziff. 2 OR allerdings dann erforderlich, wenn in den Statuten vom Grundsatz der Selbstorganschaft abgewichen wird.

[21] Bei der Genossenschaft umfasst das Wahlrecht der Generalversammlung nach Art. 879 Abs. 2 Ziff. 2 OR auch das Recht zur Abberufung (dazu nur KUKO OR-Ruggle, Art. 879 N 7).

[22] Dazu etwa Wyttenbach, Organbegriff, 2012, S. 139 ff.

[23] Handschin/Truniger, Die neue GmbH², 2006, § 33 N 24 ff., wollen das Verbot unter Hinweis auf den Wortlaut von Art. 809 Abs. 2 OR («eingesetzt») auf die nicht in Selbstorganschaft geführte GmbH beschränken; a. A. Jung, Entwicklungen im Gesellschaftsrecht IV, 2009, S. 35 f.

noch Art. 120 S. 1 HRegV 2007)[24]. Juristische Personen und Personengesellschaften[25] können lediglich als Revisionsstelle (Art. 730 Abs. 2 OR), Liquidatorin[26] und ausseramtliche Konkursverwaltung[27] fungieren (vgl. auch Art. 120 S. 2 HRegV 2007) sowie Vermögensverwaltungsaufgaben für eine börsenkotierte Aktiengesellschaft übernehmen (Art. 6 Abs. 2 VegüV). Möglich sind zudem eine faktische Leitungsorganstellung (dazu N 16 ff.) und allenfalls eine Organstellung kraft Kundgabe (auch sog. Anscheinsorgan)[28]. Ist die Körperschaft oder Personenhandelsgesellschaft als Organmitglied ausgeschlossen, muss sie an ihrer Stelle natürliche Personen als Vertreter bezeichnen (Art. 809 Abs. 2 S. 2 OR) bzw. bestellen lassen (Art. 707 Abs. 3, 894 Abs. 2 OR). Grund für diese Einschränkungen des Gleichstellungsprinzips (vgl. Art. 53 ZGB; dazu § 2 N 8 ff.) ist nach Ansicht des Gesetzgebers die mit der jeweiligen Funktion verbundene besondere Vertrauensstellung, die von einer juristischen Person nicht in einer den natürlichen Personen vergleichbaren Form wahrgenommen werden könne, weil die für die juristische Person jeweils Verantwortung tragenden Personen häufig wechselten, von Aussenstehenden insbesondere über das Handelsregister nicht oder nur mittelbar über zumindest einen weiteren Eintrag identifiziert werden könnten und die Gesellschafter bzw. Organe der juristischen Person grundsätzlich keiner persönlichen Haftung ausgesetzt seien.

- Bei der *Genossenschaft* muss die Mehrheit der Verwaltungsmitglieder aus Genossenschaftern bestehen (Art. 894 Abs. 1 OR). Die Aktionärseigenschaft wird hingegen seit dem 1.1.2008 nicht mehr für die Bestellung zum Verwaltungsrat einer Aktiengesellschaft vorausgesetzt.

- Für die Leitungsorgane von juristischen Personen bestanden früher diverse *Nationalitäts- und Wohnsitzerfordernisse* (z. B. Art. 708, 813, 895 aOR), um eine zuverlässige Ausübung der Leitungsfunktionen und eine effektive Kontrolle der Gesellschaften zu gewährleisten. Seit 1.1.2008 muss allerdings nur noch eine vertretungsbe-

[24] Trotz Fehlens einer gesetzlichen Regelung gilt dies auch für den Verein (dazu nur BSK ZGB I-Heini/Scherrer, Art. 69 N 7 ff.).

[25] Soweit das Gesetz auch der einfachen Gesellschaft die Organstellung eröffnet (z. B. Art. 730 Abs. 2 OR) wird nicht diese, sondern die Gesamtheit der Gesellschafter Organmitglied.

[26] BGE 62 II 284; BGE 115 Ib 274, 291; Böckli, Aktienrecht[4], 2009, § 17 N 31; BSK OR II-Stäubli, Art. 740 N 3.

[27] BGE 101 II 43, 46 ff.

[28] Eine Organstellung kraft Kundgabe für möglich haltend Vogel, Haftung der Muttergesellschaft, 1997, S. 411 ff.; a. A. Wyttenbach, Organbegriff, 2012, S. 352 f.

rechtigte Person, die Mitglied des Verwaltungsrats oder Direktor (Art. 718 Abs. 4 OR), Geschäftsführer oder Direktor (Art. 814 Abs. 3 OR) bzw. Mitglied der Verwaltung oder Direktor (Art. 898 Abs. 2 OR) ist, ihren Wohnsitz in der Schweiz haben. Bei einer Kollektiv- oder gar Gesamtvertretung erstreckt sich das Wohnsitzerfordernis auf alle Personen, die an einer wirksamen Vertretung mitwirken müssen[29]. Das Wohnsitzerfordernis soll insbesondere die Steuereintreibung vereinfachen und daher vereinbar mit den völkerrechtlichen Verpflichtungen der Schweiz (z. B. Freizügigkeitsabkommen Schweiz–EU) sein[30].

- Für die *Revisionsstelle* und die an der Revision beteiligten Personen besteht ein detailliert geregeltes Unabhängigkeitserfordernis (Art. 728, 729 OR).
- Aus dem Recht der Aufsicht über *Finanzmarktakteure* können sich zudem besondere Anforderungen an den Ruf und die Gewähr des Organmitglieds für eine einwandfreie Geschäftstätigkeit ergeben (z. B. Art. 3 Abs. 2 lit. c BankG, Art. 10 Abs. 2 lit. c, d BEHG).
- Schliesslich können die *Statuten* persönliche Anforderungen für die Wahl zum Organmitglied stellen (z. B. Mindest- und Höchstalter, Qualifikationen, Höchstmandatszahl, Amtszeitbeschränkung, Diversität[31]).

Doppelnatur des Organverhältnisses

Die Rechte und Pflichten der Organmitglieder von Körperschaften ergeben sich auch bei einer Bestellung von Gesellschaftern aus dem Organverhältnis. Die Rechtsnatur dieses Verhältnisses ist umstritten[32]. Nach einer Ansicht handelt es sich um einen einheitlichen Geschäftsbesorgungsvertrag, der als Innominatkontrakt gesellschaftsorganisationsrechtliche («organschaftliche») und schuldrechtliche Elemente in sich vereint (sog. *Einheitstheorie*)[33]. Dabei soll hinsichtlich des schuldrechtlichen Elements entweder das Auftragsrecht (Verwaltungsräte, Delegierte) oder das Arbeitsrecht (Direktoren) gelten[34]. Nach anderer Ansicht ist zwischen dem gesellschaftsrechtlichen Organverhältnis und dem schuldrechtlichen Anstellungsverhältnis streng zu unterscheiden (sog. *Trennungstheorie*)[35]. 15

29 Botschaft OR-Revision vom 19.12.2001, BBl. 2001, 3148, 3216.

30 Krit. Cottier/Krafft/Locher/von Büren, REPRAX 2004, 1 ff.

31 Vgl. dazu die nach Art. 734f E-OR geplante Berichtspflicht, wenn ein Geschlecht zu weniger als 30 % im Verwaltungsrat und zu weniger als 20 % in der Geschäftsleitung vertreten ist.

32 Dazu eingehend Schmidtmadel, Exekutivorganmitgliedschaft, 2013, S. 34 ff.

33 BGE 125 III 78, 81; Sommer, AJP 2004, 159 ff.; Meier-Hayoz/Forstmoser, § 2 N 120.

34 Dazu näher Roth Pellanda, Organisation, 2008, N 581 ff.

35 BGE 130 III 213, 216 f.

Unabhängig vom prinzipiellen Ansatz wird das Organverhältnis primär durch das zwingende Gesellschaftsrecht und die Statuten der Gesellschaft sowie sekundär durch schuldrechtliche Vereinbarungen (Auftrag bzw. Arbeitsvertrag) zwischen dem Organmitglied und der Gesellschaft geprägt. So unterliegen die Organmitglieder beispielsweise einer gesellschaftsrechtlichen Treuepflicht gegenüber der Gesellschaft (Art. 717 Abs. 1, 812, 902 Abs. 1 OR), die im Konfliktfall der Treuepflicht aus einem Arbeitsverhältnis mit anderen Konzerngesellschaften vorgeht[36]. Während die Vertreter der Einheitstheorie im Rahmen der einzelfallbezogenen Rechtsanwendung teilweise wieder eine Trennung der Rechtsverhältnisse vornehmen (vgl. auch Art. 705 Abs. 2 OR)[37], kommt es bei den Vertretern der Trennungstheorie teilweise zu Durchbrechungen der prinzipiellen Trennung zwischen beiden Rechtsverhältnissen.

Beispiel: Gesellschaftsrechtlich kann das Amt eines Verwaltungsratsmitglieds nach Art. 705 OR durch Abberufung oder Rücktritt jederzeit mit sofortiger Wirkung für das Organisationsgefüge der Gesellschaft beendet werden. Für die Beendigung der schuldrechtlichen Elemente des Organverhältnisses bzw. für den Anstellungsvertrag (Auftrag, Arbeitsvertrag) gelten hingegen die Regelungen zur Vertragsauflösung (Art. 334 ff., 404 OR)[38] und die vertraglichen Vereinbarungen (z. B. Abfindungsanspruch).

c) Faktische Organe

16 Als faktische Organe werden natürliche oder juristische Personen bezeichnet, die – ohne hierzu wirksam bestellt worden zu sein – effektiv, wiederholt und in entscheidender Weise an der Bildung und Äusserung des Willens der Gesellschaft teilhaben, indem sie Leitungsorganen vorbehaltene Entscheidungen treffen oder die eigentliche Geschäftsführung besorgen (vgl. auch Art. 754 Abs. 1 OR: «*alle mit der Geschäftsführung … befassten Personen*»). Ein nur einmaliges oder sehr seltenes Eingreifen genügt daher nicht. Es muss sich zudem um ein Eingreifen in bedeutende, den Leitungsorganmitgliedern zukommende Aufgaben wie insbesondere Leitungsentscheidungen oder den Abschluss wichtiger Geschäfte handeln. Ein wiederholtes Tätigwerden auf einer untergeordneten operativen Ebene (z. B. Unterstützung bei der Inventur oder der Anbahnung von Geschäftskontakten) genügt daher nicht. Insofern ist der Begriff des faktischen Organs *enger als der Organbegriff des Strafrechts*, das alle Personen, Begriff

[36] BGE 130 III 213, 217.

[37] Meier-Hayoz/Forstmoser, § 2 N 120.

[38] BGer 4A_349/2017 E. 3 bzw. E. 4.

die im Rahmen der Gesellschaftstätigkeit eine selbständige Entscheidungsbefugnis haben, zu den Organen zählt[39].

Arten

17 Als faktische Organe kommen zunächst die zwar formell bestellten, aber aufgrund einer nichtigen bzw. wirksam angefochtenen oder nicht wirksam angenommenen Wahl nicht ordnungsgemäss bestellten Leitungsorganmitglieder in Betracht. Darüber hinaus geht es um (zumeist massgeblich beteiligte) Gesellschafter oder (zumeist mit der Gesellschaft z. B. als Kreditgeberin eng verbundene) Dritte, die sich zur Wahrung ihrer Interessen in nennenswerter Form in die organschaftliche Geschäftsführung einmischen und mit an den «Schalthebeln des Unternehmens»[40] sitzen. Hilfspersonen und besondere Vertreter gehören hingegen in aller Regel nicht zu den faktischen Organen einer Körperschaft. Unter den genannten Voraussetzungen, d. h. nicht per se und teilweise nur ausnahmsweise, können zu den faktischen Organen gezählt werden:

- der beherrschende (Allein-)Gesellschafter[41] wie insbesondere auch eine Konzernmuttergesellschaft[42];
- von der Konzernmuttergesellschaft entsandte Organmitglieder der Tochtergesellschaft[43] sowie von neben- oder untergeordneten Konzerngesellschaften entsandte Organmitglieder[44];
- leitende Angestellte der Gesellschaft wie Sekretäre[45], Prokuristen[46], Bankdirektoren[47], Versicherungsdirektoren[48] oder der verantwortliche Redaktor einer Zeitung[49].

Rechtsstellung

18 Faktische Organe sind den formellen Organen *nicht durchwegs gleichgestellt*. Es handelt sich vor allem um einen haftungsrechtlichen Begriff, mit dem der Anwendungsbereich der Zurechnung des deliktischen Verhaltens von Organen zur Gesellschaft (Art. 55 Abs. 2 ZGB, Art. 722, 817, 899 Abs. 3 OR) und der Organverantwortlichkeit (Art. 754 ff., 827 OR) er-

[39] Vgl. BGE 100 IV 38, 42.
[40] BGE 61 II 339, 342.
[41] BGE 102 II 353, 359.
[42] BGE 117 II 570, 574 (obiter); BGE 128 III 92 ff.; BGE 132 III 523, 528 f.; BGer 4A_306/2009 E. 7.1.1 und 7.2.2. (in casu verneint); VOGEL, Haftung der Muttergesellschaft, 1997, S. 205 ff., 301 ff. und 345 ff.
[43] BGE 128 III 29, 33 (in casu verneint); BGer 4A_306/2009 E. 7.1.2 (in casu vereint).
[44] BGE 117 II 570, 574 f. (in casu verneint).
[45] BGE 101 Ib 422, 436.
[46] Nach BGE 68 II 295, 301 und BGE 102 II 353, 359 gehört ein Prokurist nur in Ausnahmefällen zu den faktischen Organen; bejaht in BGE 117 II 432, 441 ff.
[47] BGE 65 II 2, 6 f.; BGE 68 II 91, 98; BGE 89 II 239, 250 f. (Vizedirektor); BGE 104 II 190, 197; BGer SJ 1988, 337, 341 (sous-directeur).
[48] BGE 61 II 339, 342.
[49] Vgl. BGE 72 II 65 f. (Organeigenschaft der Redaktion der NZZ).

weitert wird. Im Übrigen ist jedoch fraglich, ob die für formelle Organe massgeblichen Vorschriften auch für faktische Organe gelten. Das ist insbesondere hinsichtlich der organschaftlichen Vertretungsmacht zu verneinen[50], so dass faktische Organe die Körperschaft nur aufgrund einer Vollmacht (Art. 33 Abs. 2 OR) unter Einschluss der Duldungs- und Anscheinsvollmacht wirksam vertreten können (dazu N 37 ff.). Die Gleichstellung ist auch abzulehnen, wenn die Anwendung des betreffenden Tatbestands massenhaft erfolgt oder ein besonderes Mass an Rechtssicherheit erfordert, da dann die schwierige und aufwendige Einzelfallprüfung der faktischen Organstellung nicht sachgerecht ist[51]. So sollten faktische Organe etwa weder im Zusammenhang mit Art. 159 ZPO[52] noch mit Art. 204 ZPO[53] den formellen Organen gleichgestellt werden.

Beispiel (nach BGE 141 III 159): Wurde eine klagende Aktiengesellschaft im vorgängigen erfolglosen Schlichtungsverfahren allein durch die als faktisches Organ der Gesellschaft zu qualifizierende Mutter des einzigen Verwaltungsratsmitglieds vertreten, stellt sich im Rahmen der Prüfung der Prozessvoraussetzungen die Frage, ob die Aktiengesellschaft im Schlichtungsverfahren ordnungsgemäss vertreten war und ihr daher mit Recht eine Klagebewilligung erteilt wurde (vgl. Art. 197, 209 ZPO). Die Pflicht zum persönlichen Erscheinen nach Art. 204 ZPO gilt nämlich auch für juristische Personen, wobei diese jedoch zwingend vertreten werden müssen. Nach ständiger Rechtsprechung kommen als Vertreter neben den Exekutivorganmitgliedern (vgl. Art. 55 Abs. 2 ZGB) nur (vor dem Hintergrund der Realitäts- und Organtheorie aber auch immerhin) Personen in Betracht, die über eine derart umfassende Vertretungsmacht verfügen, dass sie prozessual über den Streitgegenstand vollständig und eigenständig verfügen können[54]. Das sind Mitglieder des Verwaltungsrates (Art. 718 Abs. 1 OR), Delegierte und Direktoren (Art. 718 Abs. 2 OR) sowie Prokuristen (Art. 458 OR) und mit einer Prozessvollmacht ausgestattete Handlungsbevollmächtigte (Art. 462 OR)[55]. Eine persönliche Vertretung juristischer Personen durch faktische Organe ohne entsprechende Vollmacht hat das Bundesgericht im Beispielsfall hingegen mit Recht für unzulässig gehalten. Es hat dies vor allem mit dem Bedürfnis nach Rechtssicherheit und dem Argument begründet, dass im Schlichtungsverfahren eine Beweisaufnahme nur sehr eingeschränkt möglich sei (vgl. Art. 203 Abs. 2 ZPO) und daher die häufig ohnehin schwer zu beurteilenden

50 Ablehnend auch Wyttenbach, Organbegriff, 2012, S. 247 ff. und 267 f.; a. A. BGer 4C.307/2001 E. 2b; offengelassen durch BGE 141 III 159, 164 f.

51 Dazu im Zusammenhang mit dem Erfordernis persönlichen Erscheinens BGE 141 III 159, 165 ff.

52 Die allfällige Befangenheit eines faktischen Organs kann noch hinreichend im Rahmen der freien Beweiswürdigung nach Art. 157 ZPO berücksichtigt werden; wie hier und näher Egger, Die Stellung der Organe im Zivilprozess, S. 152 ff.; a. A. Botschaft ZPO, BBl 2006, 7221, 7315 und OGer LU LVGE 2011 Nr. 31.

53 BGE 141 III 159.

54 BGE 140 III 70, 72 ff.

55 BGE 141 III 80, 82.

Voraussetzungen einer faktischen Organschaft nicht sicher geklärt werden könnten[56].

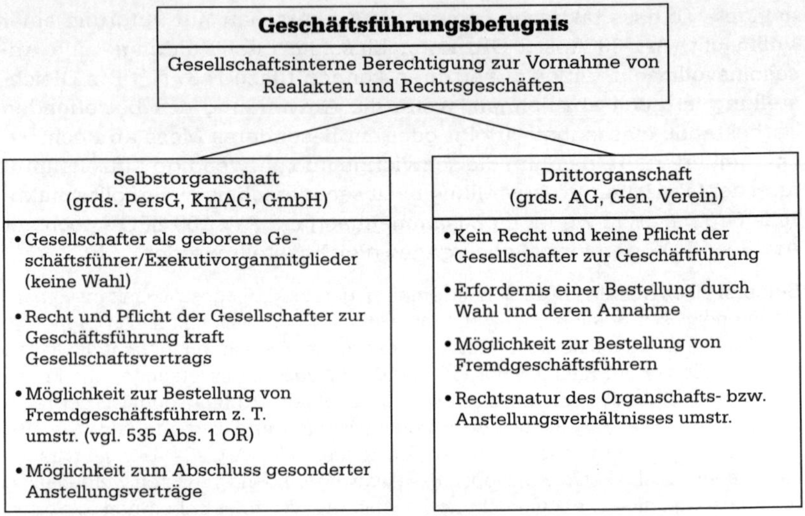

Abb. 20: Selbst- und Drittorganschaft

II. Bevollmächtigte

Begriff und Rechtsstellung

Im Aussenverhältnis können die Bevollmächtigten die Gesellschaft kraft 19
einer einfachen Vollmacht (Art. 33 Abs. 2 OR) oder einer Handlungsvollmacht (Prokura nach Art. 458 ff. OR, Handlungsvollmacht i. e. S. nach Art. 462 OR, Handelsreisendenvollmacht nach Art. 348b Abs. 2 OR) vertreten. Es handelt sich in aller Regel um kaufmännische Hilfspersonen, die intern in einem Arbeits- oder Auftragsverhältnis zur Gesellschaft stehen. Ihre Vertretungsmacht beruht als sog. rechtsgeschäftliche Vertretungsmacht auf dem einseitigen Rechtsgeschäft der Vollmachterteilung (vgl. Art. 33 Abs. 2 OR). Die Gesellschaft wird bei der Vollmachtserteilung durch ihre Leitungsorgane oder (mit Ausnahme der von der Gesellschaft und damit ihren Leitungsorganen höchstpersönlich zu erteilenden Prokura) durch andere rechtsgeschäftliche Vertreter vertreten. Die Regeln zur organschaftlichen Vertretung gelten für die rechtsgeschäftlichen Vertre-

[56] Näher zur Stellung faktischer Organe im Zivilprozess und zu BGE 141 III 159 Jung, FS Sutter-Somm, 2016, S. 263 ff.

ter nicht. Es kommt vielmehr das allgemeine Stellvertretungsrecht zur Anwendung (Art. 32 ff. OR). Zum Schutz Dritter ist aber auch die Vertretungsmacht der Handlungsbevollmächtigten (nicht der einfachen Bevollmächtigten) im Aussenverhältnis gesetzlich festgelegt (Art. 348b Abs. 2, 459 f., 462 OR), wobei die Vollmacht allerdings auch bei der Prokura weniger weit reicht als die organschaftliche Vertretungsmacht (dazu N 35 f. und N 48 ff.).

III. Hilfspersonen

Begriff und Rechtsstellung

20 Die gesellschaftsrechtliche Geschäftsführung durch Gesellschafter und Organe ist vorbehaltlich abweichender Regelung höchstpersönlich auszuüben. Dies schliesst jedoch auch ohne gesonderte Ermächtigung die Einschaltung von Hilfspersonen nicht aus. Hilfspersonen sind dabei Personen, die für die Gesellschaft im Rahmen der ihnen *zugewiesenen Aufgaben* in irgendeiner Form eigenverantwortlich (unabhängige Erfüllungsgehilfen) oder weisungsabhängig (abhängige Erfüllungsgehilfen, Verrichtungsgehilfen) tätig werden. Die Gesellschaft ist für diese Hilfspersonen mangels Organstellung nicht nach Art. 55 Abs. 2 ZGB, sondern allenfalls als Schuldnerin (Art. 101 OR) oder Geschäftsherrin (Art. 55 OR) verantwortlich.

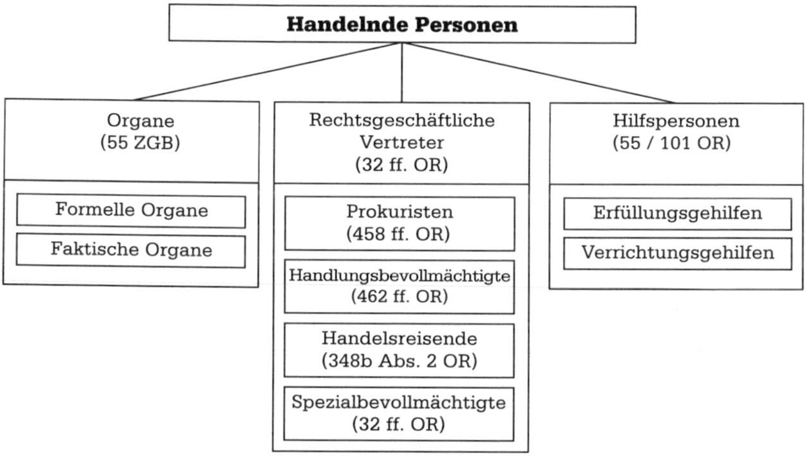

Abb. 21: Für Gesellschaften handelnde Personen

D. Handeln der Gesellschaft im rechtsgeschäftlichen Verkehr

Überblick

Eine Gesellschaft wird bei rechtsgeschäftlichen Handlungen (z. B. Vertragsschluss, Vollmachtserteilung, Kündigung) durch Personen vertreten, die entweder kraft ihrer gesellschaftsrechtlichen Stellung als Gesellschafter (dazu N 4 ff.) oder formelles Organ (dazu N 12 ff.) über eine sog. gesellschaftsrechtliche Vertretungsmacht oder als Fremdgeschäftsführer von Personengesellschaften (dazu N 11) oder sonst Bevollmächtigte (dazu N 37 ff.) über eine rechtsgeschäftliche Vertretungsmacht verfügen. 21

I. Gesellschaftsrechtliche Vertretung der Gesellschaft

Vertretungsbefugnis und Vertretungsmacht

Bei der gesellschaftsrechtlichen Vertretung (vgl. Art. 40 OR) hat man zwischen Vertretungsbefugnis und Vertretungsmacht zu unterscheiden. Die gesellschaftsrechtliche *Vertretungsbefugnis* betrifft die Frage, inwieweit ein Gesellschafter oder ein Dritter kraft Gesellschaftsrechts berechtigt ist, für die Gesellschaft einseitige (z. B. Kündigung) oder mehrseitige (z. B. Vertrag, Beschluss) Rechtsgeschäfte vorzunehmen. Es geht mithin um ein durch das Gesellschaftsverhältnis legitimiertes *Dürfen im Innenverhältnis*. Demgegenüber ist es eine Frage der gesellschaftsrechtlichen *Vertretungsmacht*, ob rechtsgeschäftliche Erklärungen, die ein Gesellschafter oder ein Dritter im Namen der Gesellschaftergesamtheit bzw. unter der Firma der Gesellschaft abgibt, diese als Vertretene auch berechtigt und verpflichtet. Es geht mithin bei der Vertretungsmacht um ein *Können im Aussenverhältnis*, das im Gesellschaftsrecht zum Schutze Dritter regelmässig weiter reicht als das Dürfen im Innenverhältnis (z. B. Art. 563 f., 718a OR). Ob die Gesellschaft letztlich wirksam vertreten wurde und das Rechtsgeschäft damit Wirkungen für und gegen die Gesellschaft entfaltet, ist eine Frage der Vertretungsmacht und nicht der Vertretungsbefugnis. 22

1. Gesellschaftsrechtliche Vertretungsbefugnis

Geschäftsführungs- und Vertretungsbefugnis

Im Gesellschaftsrecht ist die Vertretungsbefugnis ein Sonderfall der Geschäftsführungsbefugnis. Die interne Befugnis zur gesellschaftsrechtlichen Vertretung einer Gesellschaft (bei den Körperschaften spricht 23 man auch von organschaftlicher Vertretungsbefugnis) ist daher grundsätzlich an die Befugnis zur Geschäftsführung gekoppelt. Das Aktienrecht sieht allerdings vorbehaltlich abweichender Regelung durch die Statuten bzw. das Organisationsreglement für die Verwaltungsräte eine Gesamtgeschäftsführung einerseits (Art. 716b Abs. 1, 3 OR) und eine Einzelvertretungsbefugnis andererseits (Art. 718 Abs. 1 OR) vor.

a) Vertretungsbefugnis bei den Personengesellschaften

24 In einer Personengesellschaft steht die Vertretungsbefugnis grundsätzlich *jedem unbeschränkt haftenden Gesellschafter einzeln* zu (Art. 535 Abs. 1, 557 Abs. 2, 598 Abs. 2 OR). Eine Prokura oder Generalhandlungsvollmacht kann jedoch nur von allen zur Vertretung befugten Gesellschaftern gemeinsam erteilt werden (Art. 566, 603 OR). Abweichende Vereinbarungen im Gesellschaftsvertrag (Ausschluss einzelner oder aller Gesellschafter von der Vertretung, Anordnung der Kollektiv- oder Gesamtvertretung, Fremdgeschäftsführung) sind ausdrücklich möglich (Art. 535 Abs. 1, 557 Abs. 2, 598 Abs. 2 OR). Ausserdem kann später selbst einem unbeschränkt haftenden Gesellschafter die Geschäftsführungs- und Vertretungsbefugnis aus wichtigem Grund (vgl. auch Art. 4 ZGB) entzogen werden (Art. 539, 565, 598 Abs. 2 OR), sofern dieser nicht der einzige zur gesellschaftsrechtlichen Vertretung und damit zum Widerruf allfälliger Vollmachten (vgl. Art. 34 Abs. 1 OR) befugte Vertreter der Gesellschaft ist. Im Gegenzug hat ein geschäftsführender Gesellschafter die Möglichkeit, die Geschäftsführung als Dauerschuldverhältnis zumindest durch Kündigung aus wichtigem Grund niederzulegen. Sofern juristische Personen wie bei der einfachen Gesellschaft als Gesellschafter in Betracht kommen, können diese auch Geschäftsführer und Vertreter sein, wobei sie wiederum durch ihre eigenen (nicht notwendig der einfachen Gesellschaft als Gesellschafter angehörenden) Leitungsorganmitglieder grundsätzlich einzeln vertreten werden (dazu N 27 ff., 34 ff.). Unbeschränkt haftende Gesellschafter

25 Die Kommanditäre können aufgrund einer von Art. 600 Abs. 1 OR abweichenden Vereinbarung zur Geschäftsführung und damit auch intern zur Vertretung befugt werden. Die Regeln zur gesellschaftsrechtlichen Vertretung der Gesellschaft im Aussenverhältnis sind allerdings zwingend unanwendbar (vgl. Art. 603, 605 OR). Insofern muss den Kommanditären, damit sie die KmG wirksam vertreten können, noch eine Handlungsvollmacht erteilt werden, was auch stillschweigend im Zusammenhang mit der Einräumung der Vertretungsbefugnis geschehen kann (Art. 458 ff. OR; dazu N 39 ff.). Kommanditäre

Vetorecht bei Einzelvertretungsbefugnis

Sofern eine Einzelvertretungsbefugnis besteht, können die übrigen zur Geschäftsführung befugten Gesellschafter ein Vetorecht gegen das von einem Mitgesellschafter geplante Geschäft geltend machen (Art. 535 Abs. 2, 557 Abs. 2 OR). Gegen aussergewöhnliche Geschäfte können auch die nicht zur Geschäftsführung befugten Gesellschafter Einspruch erheben (Art. 535 Abs. 3, 600 Abs. 2 OR). Eine unter Missachtung des Vetos gegenüber Gutgläubigen vorgenommene Vertretungshandlung ist dennoch wirksam (vgl. Art. 543 Abs. 3[57], 563 f. OR; dazu N 32 f.). Der betreffende Geschäftsführer haftet jedoch als Geschäftsführer ohne Auftrag (Art. 419 ff. OR). 26

b) Vertretungsbefugnis bei den Körperschaften

Aktiengesellschaft

In der *Aktiengesellschaft* obliegen die Geschäftsführung und die organschaftliche Vertretung den Verwaltungsratsmitgliedern, wobei das Gesetz – vorbehaltlich einer abweichenden Regelung in den Statuten oder im Organisationsreglement – einerseits eine *Gesamtgeschäftsführung* (Art. 716b Abs. 1, 3 OR) und andererseits eine *Einzelvertretungsbefugnis* (Art. 718 Abs. 1 OR) vorsieht. Nach Massgabe eines mit statutarischer Ermächtigung erlassenen Organisationsreglements kann der Verwaltungsrat die Geschäftsführung und die organschaftliche Vertretungsbefugnis aber auch auf einzelne seiner Mitglieder (Delegierte) oder Dritte (Direktoren) übertragen (Art. 716b, 718 Abs. 2 OR) sowie Vollmachten erteilen (Art. 721 OR). Damit kann auch einzelnen Verwaltungsratsmitgliedern die Vertretungsbefugnis entzogen werden, sofern nur mindestens noch ein Verwaltungsratsmitglied vertretungsbefugt bleibt (Art. 718 Abs. 3 OR). 27

KmAG

Bei der *KmAG* stehen die Geschäftsführung und die Vertretung der Gesellschaft den *Komplementären* als Verwaltung *einzeln* zu, sofern nicht einzelne von ihnen von der Geschäftsführung bzw. Vertretung aufgrund des Gesellschaftsvertrags ausgeschlossen wurden (Art. 765 Abs. 1 i. V. m. 557 Abs. 2, 535 Abs. 1 OR) oder ihnen die entsprechenden Befugnisse entzogen wurden (Art. 767 i. V. m. 565 OR). 28

GmbH

Das Recht der *GmbH* folgt dem Modell der Selbstorganschaft, so dass grundsätzlich die Geschäftsführung allen Gesellschaftern gemeinsam obliegt (Art. 809 Abs. 1 OR), aber jeder Gesellschafter einzeln zur Vertretung befugt ist (Art. 814 Abs. 1 OR). Statutarisch werden die Geschäftsführung 29

[57] Die Wirksamkeit ergibt sich nach Art. 543 Abs. 3 OR allerdings nur, wenn man dessen Vermutung mit der ständigen Rechtsprechung Gutgläubigen gegenüber als unwiderlegbar ansieht oder den Gesellschaftern die Widerlegung misslingt.

(Art. 809 Abs. 1 S. 2 OR) und die Vertretung (Art. 814 Abs. 2 OR) jedoch zumeist auf einzelne Gesellschafter, Fremdgeschäftsführer oder Direktoren übertragen, wobei mindestens ein Geschäftsführer vertretungsbefugt bleiben muss (Art. 814 Abs. 2 S. 1 OR). Jeder Gesellschafter kann dem Gericht beantragen, einem Geschäftsführer die Geschäftsführungs- und Vertretungsbefugnis aus wichtigem Grund (massgeblich ist das Interesse der passivlegitimierten Gesellschaft) zu entziehen oder zu beschränken (Art. 815 Abs. 2 OR)[58].

30 Der *Verein* wird durch die Mitglieder des Vorstands vertreten (Art. 69 ZGB). Dabei geht die h. L. im Interesse des Verkehrsschutzes von einer Einzelvertretungsbefugnis aus, obwohl der Wortlaut von Art. 69 ZGB eher auf eine Gesamtvertretung hindeutet[59]. Bei der *Genossenschaft* stehen den Mitgliedern der Verwaltung (Art. 894 ff. OR) die Geschäftsführung gesamthaft und die organschaftliche Vertretung einzeln zu, sofern nicht die Generalversammlung oder die Verwaltung mit statutarischer Ermächtigung etwas anderes vorsehen (Art. 898, 899 Abs. 2 OR).

Verein und Genossenschaft

2. Gesellschaftsrechtliche Vertretungsmacht

31 Im Interesse des Verkehrsschutzes können sich gutgläubige Dritte kraft Gesetzes auf einen typisierten Umfang der gesellschaftsrechtlichen Vertretungsmacht verlassen. Die Gesellschaft wird daher unter bestimmten Voraussetzungen aus einem Vertreterhandeln auch dann berechtigt und verpflichtet, wenn es an einer entsprechenden Vertretungsbefugnis fehlt. Das Können des Vertreters im Aussenverhältnis reicht dann weiter als sein Dürfen im Innenverhältnis.

Gutglaubensschutz

a) Gesetzliche Regelungen zum Bestehen einer Einzelvertretungsmacht

32 Bei der *einfachen Gesellschaft* wird die Einzelvertretungsmacht im Interesse der Verkehrssicherheit *vermutet, sobald* der handelnde Gesellschafter (noch) über eine *Geschäftsführungsbefugnis* (Art. 535, 539 OR) verfügt (*Art. 543 Abs. 3 OR*). Die Vermutung gilt nach zutreffender Ansicht auch dann, wenn die generell überlassene Geschäftsführungsbefugnis intern beschränkt wurde (Art. 539 Abs. 1 OR) oder ein Mitgesellschafter zuvor gegen eine bestimmte Geschäftsführungsmassnahme Widerspruch ein-

Einfache Gesellschaft

58 BGer 4A_693/2015 E. 3.

59 Zu Kompromisslösungen in der Praxis GVP SG 1981 Nr. 66 S. 128 (Einbeziehung mehrerer Vorstandsmitglieder bei wichtigen Rechts- und Prozessgeschäften) und v. TUHR/ESCHER, OR-AT³, S. 384 f. (Vertretung durch die Mehrheit der Vorstandsmitglieder).

gelegt hat (Art. 535 Abs. 2 OR). Die Vermutung von Art. 543 Abs. 3 OR greift nach zutreffender h. M. zudem unabhängig davon ein, ob sich die Geschäftsführungsbefugnis ausdrücklich aus dem Gesellschaftsvertrag bzw. einem Beschluss oder nur aus dem Gesetz (Art. 535 OR) ergibt[60]. Die Vermutung gilt allerdings nur für gewöhnliche Geschäftsführungsmassnahmen und nicht auch für Massnahmen, die den Gesellschaftszweck übersteigen oder im Missverhältnis zu den Gesellschaftsmitteln stehen bzw. sonst aussergewöhnlich sind[61]. Sie ist zudem nur auf Gesellschaftergeschäftsführer anwendbar. Für Fremdgeschäftsführer gelten lediglich die allgemeinen Gutglaubensschutzvorschriften des Stellvertretungsrechts (Art. 33 Abs. 3, 34 Abs. 3, 36 Abs. 2, 37 OR; Duldungs- und Anscheinsvollmacht). Der handelnde Gesellschafter muss bloss die Vermutungsbasis (Bestehen einer Gesellschaft und Nichtentzug der Geschäftsführungsbefugnis bzw. Berechtigung zur Notgeschäftsführung) darlegen und allenfalls beweisen können. Die Mitgesellschafter können diese Vermutung dann nur noch durch gegenteilige Darlegungen und Beweise (z. B. Bestellung lediglich als mittelbarer Stellvertreter) widerlegen. Gegenüber gutgläubigen Dritten (Art. 3 ZGB) ist die Vermutung nach Ansicht des Bundesgerichts aus Gründen des Verkehrsschutzes sogar unwiderlegbar[62]. Bei überlassener Geschäftsführungsbefugnis entspricht dies im Ergebnis dem handelsrechtlichen Verkehrsschutz, was nicht nur der Systematik des Gesetzes (die einfache Gesellschaft ist keine Handelsgesellschaft; Art. 543 Abs. 2 OR verweist auf Art. 32 ff. OR), sondern auch der individualistischen Struktur der nicht gegenüber ihren Gesellschaftern verselbständigten einfachen Gesellschaft widerspricht[63]. Rechtfertigen lässt sich die Unwiderlegbarkeit allenfalls dann, wenn die einfache Gesellschaft ausnahmsweise ein kaufmännisches Gewerbe betreibt (ebenfalls systemwidrig), weil an ihr juristische Personen oder mitgliedschaftsfähige Personengesamtheiten beteiligt sind[64].

Personenhandelsgesellschaften und KmAG

Bei der *KlG und KmG* sind gutgläubige Dritte zu der Annahme berechtigt, 33
dass jeder unbeschränkt haftende Gesellschafter allein zur Vertretung der Gesellschaft ermächtigt ist, sofern nicht die Beschränkung der Vertretungsmacht auf einen oder einzelne Gesellschafter oder das Bestehen einer Kollektiv- bzw. Gesamtvertretung aus dem Handelsregister ersichtlich ist (Art. 563 OR i. V. m. 555 und Art. 603 OR; vgl. auch Art. 933 Abs. 1 bzw. demnächst Art. 936b Abs. 1 OR). Ausserdem kann sich der Dritte

60 OGer LU SZW 1997, 247 r130.
61 BGer 4C.16/2006, E 7.2.
62 BGE 124 III 355, 357 ff.
63 Krit. auch Fellmann/Müller, AJP 2000, 637, 639 ff.
64 Jung, Mélanges Roland Ruedin, 2006, S 3, 18 f. m. w. N.

dann nicht auf seine Gutgläubigkeit berufen, wenn das Fehlen der Vertretungsmacht offensichtlich war und ihm mithin ein grobfahrlässiges Verhalten vorgeworfen werden kann (dazu noch N 54 f.). Die Verkehrsschutzregel gilt zudem nur für Gesellschaftergeschäftsführer und nicht für Fremdgeschäftsführer. Über Art. 765 Abs. 1 OR gelten diese Regelungen auch für die *KmAG*.

34 Bei Aktiengesellschaft, GmbH, Genossenschaft und Verein besteht ein den Personenhandelsgesellschaften vergleichbarer Verkehrsschutz in Bezug auf das Bestehen der Einzelvertretungsmacht. Sofern im Handelsregister nicht das Bestehen einer Kollektiv- oder Gesamtvertretung eingetragen ist, können gutgläubige Dritte auf eine Einzelvertretungsmacht der Leitungsorganmitglieder vertrauen (Art. 718a Abs. 2, 814 Abs. 4, 899 Abs. 2 OR, Art. 69 ZGB; vgl. auch Art. 933 Abs. 1 bzw. demnächst Art. 936b Abs. 1 OR). Sie gelten allerdings auch dann als bösgläubig, wenn das Fehlen der Vertretungsmacht offensichtlich war und ihnen mithin grobfahrlässige Unkenntnis vorgeworfen werden kann (dazu noch N 54 f.). Körperschaften

b) Gesetzliche Regelungen zum sachlichen Umfang der Vertretungsmacht

35 Bei den Personenhandelsgesellschaften und den Körperschaften wird die umfassende Vertretungsmacht grundsätzlich *nur durch den Gesellschaftszweck begrenzt*. Der gesellschaftsrechtlich zur Vertretung Befugte gilt gutgläubigen Dritten gegenüber grundsätzlich als ermächtigt, alle Arten von materiellen und prozessualen Rechtshandlungen vorzunehmen, die der Zweck der Gesellschaft mit sich bringen kann (Art. 564 Abs. 1, 603, 718a Abs. 1, 814 Abs. 4, 899 Abs. 1 OR, Art. 69 ZGB). Damit kommt es nur auf den konkreten Zweck der Gesellschaft und ausdrücklich weder auf den Umfang und die Bedingungen des Geschäfts («*alle* Rechtshandlungen») noch auf den konkreten tatsächlichen Zuschnitt der Gesellschaftstätigkeit («mit sich bringen *kann*») an. Erfasst werden auch unnütze, unvorteilhafte und aussergewöhnliche Rechtsgeschäfte, sofern es sich nur objektiv um *generell arttypische Rechtsgeschäfte* handelt[65]. Im Gegensatz zum Prokuristen, der hierfür eine gesonderte Vollmacht benötigt (vgl. Art. 459 Abs. 2 OR; dazu N 49), kann der gesellschaftsrechtliche Vertreter auch ein Grundstück verkaufen, übereignen und belasten. Wie bei einem Prokuristen kann die Vertretungsmacht jedoch durch eine entsprechende Vertretung im Rahmen des Gesellschaftszwecks

[65] Vgl. zur Prokura BGE 38 II 103, 105; BGE 84 II 168, 170; BGE 96 II 439, 444 f.

Eintragung im Handelsregister auf eine *Haupt- oder Zweigniederlassung* beschränkt werden (Art. 555 OR analog[66] sowie Art. 718a Abs. 2, 814 Abs. 4, 899 Abs. 2 OR). Ausserdem gelten auch hier wie sonst die grundsätzlichen Verbote des Selbstkontrahierens und der Doppelvertretung (vgl. dazu auch das Schriftformerfordernis nach Art. 718b, 814 Abs. 4, 899a OR; näher N 69 ff.)[67].

Missbrauchsgefahr

36 Von besonderer Bedeutung ist, dass wie bei der Prokura allfällige andere rechtsgeschäftliche Beschränkungen der Vertretungsmacht gegenüber gutgläubigen Dritten keine Wirkung haben (Art. 564 Abs. 2, 603, 718a Abs. 2, 814 Abs. 4, 899 Abs. 2 OR). Da dadurch das Können im Aussenverhältnis zumeist wesentlich weiter reicht als das Dürfen im Innenverhältnis, entsteht eine erhebliche Übertretungs- und Missbrauchsgefahr (näher N 54 f.)[68].

Beispiel: Der Kollektivgesellschafter Grassi kauft im Namen seiner Gesellschaft bei Velten Rohstoffe zum Preis von CHF 100 000, welche zweckkonform im Betrieb der Gesellschaft verarbeitet werden können. Hier kann Velten den Kaufpreis überhaupt nur dann von einem anderen Gesellschafter verlangen (Art. 184 Abs. 1 i. V. m. 568 Abs. 1 OR), wenn Grassi die Gesellschaft aufgrund einer entsprechenden Einzelvertretungsmacht im Aussenverhältnis vertraglich wirksam verpflichten konnte (Art. 567 Abs. 1 OR). Mangels entgegenstehender Eintragungen im Handelsregister ist dies nach Art. 563 f. OR der Fall. Dies würde auch dann gelten, wenn die Befugnis Grassis, für die Gesellschaft Verträge abzuschliessen, durch den Gesellschaftsvertrag im Innenverhältnis auf ein Volumen von CHF 50 000 beschränkt gewesen wäre. Diese Beschränkung der Geschäftsführungsbefugnis hätte nämlich auf das Aussenverhältnis grundsätzlich keine Auswirkung (Art. 564 Abs. 2 OR). Im Innenverhältnis hätte Grassi jedoch als Geschäftsführer ohne Auftrag gehandelt und müsste sich daher gemäss Art. 540 Abs. 2 OR wie ein solcher behandeln lassen (Art. 419 ff. OR). Etwas anderes würde nur gelten, wenn Velten bösgläubig gewesen wäre bzw. sich nicht auf seine Gutgläubigkeit berufen könnte (dazu N 54 f.).

[66] Im Gegensatz zu Art. 460 Abs. 1, 718a Abs. 2 und 899 Abs. 2 OR wird die Beschränkungsmöglichkeit auf eine Niederlassung in Art. 555 OR nicht erwähnt, es handelt sich jedoch um eine planwidrige Regelungslücke (so auch ZK-Handschin/Chou, Art. 554–556 OR N 60 ff.; a. A. von Steiger, SPR VIII/1, 1976, S. 486).

[67] Dazu näher Jung, in: Entwicklungen im Gesellschaftsrecht VI, 2011, S. 273 ff.

[68] BGer 4A_357/2007.

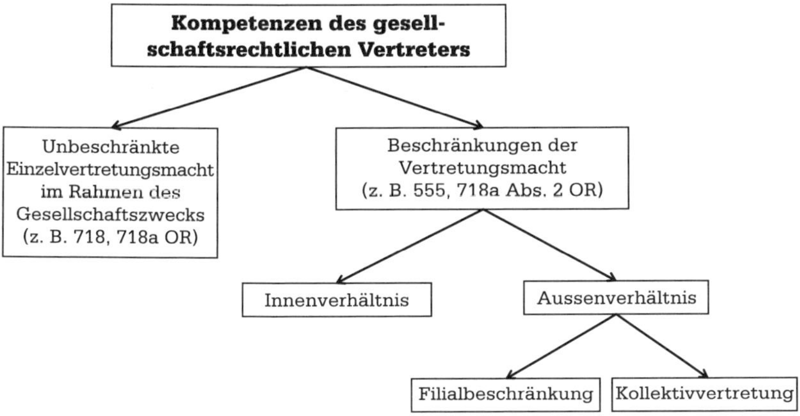

Abb. 22: Kompetenzen des gesellschaftsrechtlichen Vertreters

II. Rechtsgeschäftliche Vertretung der Gesellschaft

1. Einfache Stellvertretung

37 Die Gesellschaft kann als juristische Person (Körperschaften) bzw. als mehr oder weniger verselbständigte Gesamtheit von natürlichen Personen (Personengesellschaften) zunächst nach den allgemeinen Regelungen über die rechtsgeschäftliche Stellvertretung (Art. 32 ff. OR) vertreten werden. Danach treffen die Wirkungen des Rechtsgeschäfts die Gesellschaft bzw. Gesellschaftergesamtheit nur unter den folgenden kumulativen Voraussetzungen: Voraussetzungen

- Zulässigkeit der Stellvertretung (kein Inhabergeschäft);
- Abgabe einer eigenen Willenserklärung durch den Vertreter (Art. 32 Abs. 1 OR; Abgrenzung zur blossen Botenstellung);
- Abgabe der Willenserklärung zumindest konkludent im Namen bzw. unter der Firma der Gesellschaft oder auch (bei der einfachen Gesellschaft) im Namen aller Gesellschafter (Art. 32 Abs. 1, 2 OR); unternehmensbezogene Geschäfte werden dabei im Zweifel im Namen des jeweiligen Unternehmensträgers abgeschlossen (Art. 32 Abs. 2 Var. 1 OR); unter Umständen wird die Gesellschaft auch nach

den Grundsätzen der Lehre vom Geschäft für den, den es angeht, vertreten (Art. 32 Abs. 2 Var. 2 OR);

- Abgabe im Rahmen der dem Vertreter zustehenden Vertretungsmacht (Art. 32 Abs. 1, 33 OR) oder (bei Verträgen) Genehmigung des Vertrags durch die Gesellschaft (Art. 38 OR).

Umfang der Vollmacht

Der Umfang der durch einseitiges Rechtsgeschäft erteilten Vertretungsmacht (Vollmacht) kann von der Gesellschaft bzw. den Gesellschaftern individuell und frei bestimmt werden (Art. 33 Abs. 2, 34 Abs. 1 OR). Die Geschäftspartner werden nur (aber immerhin) in Ausnahmefällen in ihrem Vertrauen auf die Vertretungsmacht des Stellvertreters geschützt (Art. 33 Abs. 3, 34 Abs. 3, 36 Abs. 2, 37 OR; Fälle der Rechtsscheinsvollmacht[69]; dazu noch N 68). 38

2. Handlungsvollmachten

Verkehrsschutzbedürfnis im Handelsverkehr

Im Handelsverkehr mit seinem Bedürfnis nach Arbeitsteilung, Rechtsklarheit und rascher Geschäftsabwicklung ist der allgemeine Schutz des Vertrauens in die Vertretungsmacht eines Vertreters nicht ausreichend. Daher stellt der Gesetzgeber für die Inhaber bestimmter (i. d. R. kaufmännischer) Unternehmen und damit gerade auch für Handelsgesellschaften und Genossenschaften zwei besondere rechtsgeschäftliche Vertretungsformen bereit, deren Umfang sich insbesondere zum Schutze Dritter weitgehend aus dem Gesetz ergibt: die Prokura (Art. 458 ff. OR) und die Handlungsvollmacht i. e. S. (Art. 462 OR). Hierdurch kann es insbesondere bei der Prokura wie auch bei der organschaftlichen Vertretung zu einer starken Diskrepanz zwischen dem gesetzlichen Können im Aussenverhältnis und dem vertraglich geregelten Dürfen im Innenverhältnis mit erheblichen Übertretungs- und Missbrauchsgefahren kommen. Da es sich bei den Handlungsvollmachten um *Sonderformen der Vollmacht* i. S. v. Art. 33 Abs. 2 OR handelt, sind *Art. 32 ff. OR subsidiär anwendbar*. Das allgemeine Stellvertretungsrecht wird jedoch in vielerlei Hinsicht durch vorrangige Sonderregelungen abgewandelt oder ergänzt. 39

a) Prokura

Der Prokurist wurde vom Gesetz mit einer besonders umfangreichen Vertretungsmacht ausgestattet und kann daher fast wie ein organschaftlicher Vertreter nahezu alle Rechtshandlungen vornehmen, die der Zweck 40

[69] Zur Terminologie vgl. BGE 120 II 197, 199 ff.; siehe auch den Überblick bei Berger, Allgemeines Schuldrecht, 2012, N 874.

der Gesellschaft bzw. des Einzelunternehmens mit sich bringen kann (Art. 459 Abs. 1 OR).

aa) Erteilung der Prokura

41 Als Sonderform der Vollmacht wird die Prokura durch eine empfangsbedürftige *Willenserklärung* des handlungsfähigen oder gesetzlich vertretenen Geschäftsherrn gegenüber dem Prokuristen persönlich erteilt. Dabei hat man zwischen kaufmännischer und nicht kaufmännischer Prokura zu unterscheiden (N 42 f.). Vertretungswirkungen können zudem aufgrund einer Duldung[70] und kraft Rechtsscheins[71] eintreten, wobei für die Annahme einer *Duldungs- oder Anscheinsprokura* zumindest ein auf Dauer angelegtes und auch sonst einem Prokuristen entsprechendes Handeln des Vertreters erforderlich ist (ansonsten und im Zweifel blosse Duldungs- oder Anscheinshandlungsvollmacht)[72]. Handelt es sich nicht um ein kaufmännisches Gewerbe, besteht wegen der in diesen Fällen erforderlichen konstitutiven Eintragung der Prokura in das Handelsregister (Art. 458 Abs. 3 OR) lediglich eine einfache Duldungs- oder Anscheinsvollmacht, sofern nicht noch zusätzlich gegenüber dem auch insoweit gutgläubigen Dritten der Anschein eines kaufmännischen Gewerbes erweckt wird. Überblick

42 Der eintragungspflichtige Inhaber eines *kaufmännischen Gewerbes* kann die Prokura auch formlos und sogar stillschweigend erteilen (Art. 458 Abs. 1 OR)[73]. Die ausdrückliche Bezeichnung der Vollmacht als «Prokura» oder die Ausstellung einer entsprechenden Vollmachtsurkunde sind nicht erforderlich. Die anschliessende Eintragung dieser sog. kaufmännischen Prokura in das Handelsregister ist zwar obligatorisch, aber lediglich deklaratorisch und damit keine Entstehungsvoraussetzung (Art. 458 Abs. 2 OR). Kaufmännische Prokura

Beispiel: Kaufmann Klotz spricht gegenüber seiner Angestellten Probst eine Beförderung aus und erklärt, dass sie ihn nunmehr in allen gerichtlichen und aussergerichtlichen Angelegenheiten vertreten könne.

43 Die von dem Inhaber eines *nicht kaufmännischen Gewerbes* erteilte sog. nicht kaufmännische Prokura entsteht hingegen erst mit ihrer *konstitutiven Eintragung* in das Handelsregister (Art. 458 Abs. 3 OR). Die Prokura kann auch eingetragen werden, ohne dass der Prinzipal bereits im Handelsregister eingetragen ist (Art. 7 lit. b, 149 HRegV 2007). Nicht kaufmännische Prokura

[70] BGE 96 II 439, 442 f.
[71] BGE 50 II 123, 138 f.; Cour GE SJ 1985, 598.
[72] BGE 120 II 197, 204 f.
[73] BGE 94 II 117.

Persönliche Erteilung

44 Der Inhaber hat die Prokura grundsätzlich *persönlich* zu erteilen. Die Bestellung eines Prokuristen durch einen rechtsgeschäftlichen Vertreter ist damit ebenso ausgeschlossen wie die Unterprokura[74]. Auch die Anmeldung zur Eintragung hat wie die Erteilung durch den Inhaber selbst zu erfolgen (Art. 458 Abs. 2 OR, Art. 18 Abs. 1 HRegV 2007). Der ernannte Prokurist kann weder als Einzel- noch als Gesamtprokurist die Anmeldung vornehmen. Lediglich bei Gesellschaften (dazu N 45) und handlungsunfähigen Geschäftsinhabern ist die unvermeidliche Vertretung bei der Erteilung der Prokura möglich.

Erteilung durch Gesellschaften

45 Bei der Erteilung der Prokura durch eine Gesellschaft hat man wie auch sonst im rechtsgeschäftlichen Verkehr zwischen dem Aussen- und dem Innenverhältnis zu unterscheiden:

- Bei den *einfachen Gesellschaften* wird die nicht kaufmännische Prokura nach der gesetzlichen Regellage im Aussenverhältnis gegenüber dem gutgläubigen Prokuristen durch jeden zur Geschäftsführung befugten Gesellschafter erteilt (Art. 543 Abs. 3 OR), während im Innenverhältnis die Einwilligung aller Gesellschafter erforderlich ist (Art. 535 Abs. 3 OR).

- Bei den *Personenhandelsgesellschaften* haben im Aussenverhältnis alle vertretungsbefugten Gesellschafter die Prokura gemeinsam zu verleihen (Art. 566, 603 OR), während sie vorbehaltlich abweichender Vereinbarung im Innenverhältnis auch der Einwilligung der nicht vertretungsbefugten Gesellschafter bedürfen (Art. 557 Abs. 2, 598 Abs. 2 i. V. m. 535 Abs. 3 OR).

- Bei den *Körperschaften* können die Prokuren von den Mitgliedern der Leitungsorgane – vorbehaltlich abweichender Regelungen in den Statuten oder im Organisationsreglement – einzeln erteilt werden (Art. 718 Abs. 1, 718a Abs. 1, 814 Abs. 1, 4, 899 Abs. 1, 2 OR, Art. 69 ZGB), doch bedarf es im Innenverhältnis nach der gesetzlichen Regellage eines Mehrheitsbeschlusses des Gesamtorgans (Art. 716a Abs. 1 Ziff. 4, arg. e 898 Abs. 1 OR, Art. 69 ZGB) bzw. der Zustimmung aller Geschäftsführer (Art. 809 Abs. 1 OR).

Bestellbarkeitsvoraussetzungen

46 Als Prokuristen können nach *h. M. nur natürliche Personen* bestellt werden (vgl. auch Art. 120 S. 1 HRegV 2007)[75]. Da der Prokurist wie jeder andere Vertreter einerseits eine eigene Willenserklärung abgibt, ihn andererseits aber die Wirkungen dieser Erklärung nicht treffen, muss der Bestellte nach

[74] KUKO OR-Jung, Art. 458 N 7.

[75] BGE 108 II 129; BK-Gautschi, Art. 458 OR N 16a.

richtiger Ansicht zwar nicht handlungsfähig, aber doch zumindest *urteilsfähig* sein[76]. Prokuristen dürfen mit dem Prinzipal zudem *nicht identisch* sein, da niemand sein eigener Vertreter sein kann. Fraglich wird diese eigentlich selbstverständliche Voraussetzung bei der Bestellung von von der Vertretung ausgeschlossenen Gesamthandsgesellschaftern sowie von Organmitgliedern zu Prokuristen. Obwohl ein Gesamthandsgesellschafter nach der Gesamthandslehre nicht die Gesellschaft, sondern die Gesellschafter und damit auch sich selbst vertritt, wird auch hier die Erteilung einer Prokura (zumindest an einen Kommanditär) zugelassen. Denn der einzelne Gesellschafter ist eben doch nicht mit der von ihm vertretenen Gesamtheit der Gesellschafter identisch. Auch das Mitglied eines Vertretungsorgans kann zum Prokuristen der Gesellschaft bestellt werden, da es als Organ die Gesellschaft zwar repräsentiert, aber mit dieser als Prinzipal nicht identisch ist.

Beispiel: Die nur zur Kollektivvertretung berechtigte Verwaltungsrätin Vischer der X-AG kann zugleich zur Prokuristin mit Einzelvertretungsmacht bestellt werden[77].

bb) Handeln mit Prokura

47 Nach Art. 458 Abs. 1 OR legt der Prokurist sein Vertretungsverhältnis dadurch offen, dass er unter der Firma seines Prinzipals (bzw. bei der nicht kaufmännischen Prokura unter dem Namen des Prinzipals) mit seinem Namen und einem die Prokura andeutenden Zusatz (zumeist «*ppa*» = per procura) zeichnet. Es handelt sich aber nur um eine sog. *Ordnungsvorschrift*. Unterschreibt der Prokurist z. B. allein mit seinem Namen, zeitigt die abgegebene Willenserklärung dennoch Rechtswirkungen für und gegen den Vertretenen. Überwiegend wird es in der Praxis sogar zugelassen, dass der Prokurist wie die geschäftsführenden Gesellschafter von Personenhandelsgesellschaften die Unterschrift auch nur durch die individuell ausgeschriebene Firma ohne Beifügung seines Namens leistet[78]. Offenkundigkeitsprinzip

cc) Umfang der Prokura

48 Der Prokurist gilt gutgläubigen Dritten gegenüber grundsätzlich als ermächtigt, alle Arten von materiellen und prozessualen Rechtshandlungen vorzunehmen, die der Zweck der Gesellschaft bzw. des Einzelunternehmens mit sich bringen *kann* (Art. 459 Abs. 1 OR). Damit kommt es nur Grundsatz

[76] KUKO OR-Jung, Art. 32 N 9 und Art. 458 OR N 8 m. w. N.

[77] Vgl. dazu BGE 86 I 105 ff. (Eintragung einer Einzelprokura zugunsten des kollektiv vertretungsberechtigten Verwaltungsrats, wenn auch unter Hinweis auf die beschränkte Kognition).

[78] Aufgrund von Art. 14 OR mit Recht an der Wirksamkeit zweifelnd Meier-Hayoz/Forstmoser, § 9 N 21.

auf den zumeist auch dem Handelsregister zu entnehmenden Zweck des Gewerbes bzw. Geschäfts und ausdrücklich weder auf den Umfang und die Bedingungen des Geschäfts («*alle Arten* von Rechtshandlungen») noch auf den konkreten tatsächlichen Zuschnitt des Gewerbes bzw. Geschäfts («mit sich bringen *kann*») an. Erfasst werden auch unnütze, unvorteilhafte und aussergewöhnliche Rechtsgeschäfte, sofern es sich nur aus Sicht des Geschäftspartners um *generell arttypische Rechtsgeschäfte* handelt[79].

Beispiele: Erfasst sind Wechselzeichnungen (so ausdrücklich Art. 459 Abs. 1 OR, was jedoch nicht bedeutet, dass diese Geschäfte von der Prokura auch ausserhalb der allgemeinen Zweckgrenze gedeckt wären[80]); Check- und Postcheckzeichnungen[81]; Bürgschaftsübernahmen[82]; Erwerb von Grundstücken (vgl. Art. 459 Abs. 2 OR); Erwerb von Diamanten[83]; Kündigungen[84]; Gesellschaftsverträge[85], Prozesshandlungen[86]; Entgegennahme von Betreibungsurkunden[87]; *nicht* mehr erfasst sind umfangreichere Schenkungen[88], Schmiergeldzahlungen[89] und die Einrichtung einer Personalfürsorgestiftung[90].

Gesetzliche Grenzen

Neben der allgemeinen Bindung an den Gesellschafts- bzw. Unternehmenszweck sind der Reichweite der Prokura aber auch noch weitere gesetzliche Grenzen gesetzt. Der Prokurist kann daher die folgenden Geschäfte *nicht* mit Wirkung für und gegen die Gesellschaft tätigen: 49

- *Inhabergeschäfte*, die kraft Gesetzes dem Einzelunternehmer, den Gesellschaftern bzw. den Gesellschaftsorganen höchstpersönlich vorbehalten sind, wie z. B. die Erteilung der Prokura (Art. 458 Abs. 1 OR; dazu N 44), die Vornahme von Handelsregisteranmeldungen (Art. 556 Abs. 1; Art. 17, 18 Abs. 1 HRegV 2007) oder die Unterschrift unter den Geschäftsbericht (Art. 958 Abs. 3 S 2 OR);
- *Grundlagengeschäfte*, die nicht zum Geschäftsverkehr bzw. zur Geschäftsführung und damit nicht zur Verfolgung des Zwecks der Gesellschaft bzw. des Einzelunternehmens gehören, wie z. B. die

79 BGE 38 II 103, 105; BGE 84 II 168, 170; BGE 96 II 439, 444 f.
80 BSK OR I-Watter, Art. 459 N 5; a. A. BK-Gautschi, Art. 459 OR N 2c.
81 BGE 67 III 97 f.
82 BGE 81 II 60, 63.
83 BGE 96 II 439, 444 f.
84 BGE 128 III 129, 134.
85 BK-Gautschi, Art. 459 OR N 5a.
86 BGer 4P.184/2003 E. 2.3.2; BVGer A-1471/2006; VwGer BE BVR 2008, 23 ff.
87 BGE 69 III 33, 37.
88 Zobl, ZBJV 1989, 289, 293.
89 OGer LU LGVE 1983 I 70.
90 KGer SG ZBGR 1948, 256 ff.

Veräusserung, Verpachtung oder Einstellung des Geschäfts[91], die Änderung der Firma oder des Unternehmensgegenstands, die Verlegung des Sitzes oder die Aufnahme eines Gesellschafters;

- *Insichgeschäfte*, welche auch die Prokuristin nur vornehmen kann, wenn dies nach allgemeinen Grundsätzen zulässig ist (dazu N 69 ff.);
- Zur *Veräusserung und Belastung von Grundstücken* bedarf der Prokurist einer besonderen Vollmacht, die ihm für den Einzelfall oder generell im Voraus (sog. Grundstücksklausel) erteilt werden kann (Art. 459 Abs. 2 OR). Unter die Begriffe «Veräusserung und Belastung» fallen dabei nicht nur die Begründung von beschränkten dinglichen Rechten (Grundpfandrechte, Dienstbarkeiten, Grundlasten) zugunsten Dritter oder auch nur des Eigentümers, sondern nach allgemeiner Ansicht auch die Einräumung von vormerkungsfähigen (Art. 959 ZGB) Miet-, Pacht-, Kaufs-, Rückkaufs- und Vorkaufsrechten. Erfasst werden zudem die hierauf gerichteten Verpflichtungsgeschäfte, da anderenfalls der bezweckte Schutz des Prinzipals ins Leere liefe (teleologische Extension). Keiner besonderen Vollmacht bedürfen nach dem eindeutigen Wortlaut von Art. 459 Abs. 2 OR hingegen der Erwerb, die vormerkungsfreie Vermietung bzw. Verpachtung eines Grundstücks, die Ablösung dinglicher Rechte sowie die Verfügung über bereits bestehende Belastungen wie z. B. die Übertragung eines Eigentümerschuldbriefes. Auch die Bestellung eines Restkaufgeldgrundpfandrechts im Zusammenhang mit dem Erwerb eines Grundstücks sollte dem Prokuristen aufgrund einer teleologischen Reduktion von Art. 459 Abs. 2 OR möglich sein, da die Vorschrift den Prinzipal lediglich vor der nachteiligen Verfügung über wesentliche Betriebsmittel schützen soll und sich der Prinzipal in den Fällen der besicherten Restkaufpreisstundung wirtschaftlich nicht schlechter steht als bei dem Erwerb eines bereits belasteten Grundstücks, welcher einem Prokuristen ohne weiteres möglich wäre.

Rechtsgeschäftliche Grenzen

50 Im Innenverhältnis kann der Prinzipal die Prokura beliebig (auch nachträglich; Art. 34 Abs. 1 OR) beschränken. Diese sog. *rechtsgeschäftlichen Grenzen* der Prokura können jedoch einem gutgläubigen *Dritten grundsätzlich nicht entgegengehalten* werden (Art. 460 Abs. 3 OR). Von diesem Grundsatz gibt es lediglich *zwei gesetzlich geregelte Ausnahmen* (Art. 460 Abs. 1, 2 OR), die als Beschränkungen der Prokura eintragungsfähig sind (vgl.

[91] Vgl. zu Art. 718 OR BGE 116 II 320, 323 f. (Ausnahme lediglich bei Dringlichkeit).

Art. 119 Abs. 1 lit. h HRegV 2007) und daher nach ihrem Wirksamwerden im Aussenverhältnis (Art. 932 Abs. 2 bzw. demnächst Art. 936a Abs. 1 S. 2 OR) jedem Dritten entgegengehalten werden können (Art. 933 Abs. 1 bzw. demnächst Art. 936b Abs. 1 OR):

Filialprokura

51 • Bei der als solche im Handelsregister eingetragenen *Filialprokura* ist die Vertretungsmacht auch mit Wirkung gegenüber gutgläubigen Dritten in *sachlicher Hinsicht* auf den Geschäftskreis der Haupt- oder einer Zweigniederlassung beschränkt (Art. 460 Abs. 1 OR).

Kollektiv-Prokura (Arten)

52 • Bei der als solche im Handelsregister eingetragenen *Kollektiv-Prokura* ist die Vertretungsmacht auch mit Wirkung gegenüber gutgläubigen Dritten in *funktionaler Hinsicht* dahingehend beschränkt, dass der Prokurist *nur gemeinsam* mit einem oder mehreren beliebigen anderen aus dem Kreis der Prokuristen (Kollektiv-Prokura i. e. S.) bzw. allen anderen Prokuristen (seltene sog. Gesamt-Prokura) zur Vertretung ermächtigt ist (Art. 460 Abs. 2 OR). Die Kollektiv-Prokura entspricht damit strukturell der organschaftlichen Kollektiv- und Gesamtvertretung, wobei sie in mehreren Arten auftritt[92]: Eine sog. *echte und allseitige* Kollektiv-Prokura liegt vor, wenn die Prokura im Aussenverhältnis nur durch mehrere (zumeist zwei) Prokuristen gemeinsam ausgeübt werden kann. Die Kollektiv-Prokura kann auch *«halbseitig»* durch eine Kombination von Einzel- und Kollektiv-Prokura angeordnet werden. Dies führt dazu, dass der eine Prokurist als Einzelprokurist den Prinzipal auch alleine vertreten kann, während der andere Prokurist als Kollektiv-Prokurist auf die Mitwirkung des Einzelprokuristen angewiesen ist. Darüber hinaus besteht bei den Handelsgesellschaften auch die Möglichkeit einer sog. *gemischten* Kollektiv-Prokura, bei welcher der Prokurist gemeinsam mit einem gesellschaftsrechtlichen Vertreter (z. B. Gesellschaftergeschäftsführer, Verwaltungsrat) handeln muss[93] und bei der sich der Umfang der Kollektiv-Prokura dann nach dem stärkeren Glied (der gesellschaftsrechtlichen Vertretungsmacht) richtet[94].

Beispiel: Prokurist Pfeiffer und die Kollektivgesellschafterin Gehrig sind nur gemeinsam vertretungsberechtigt (Art. 460 Abs. 2, 555 OR). Die Reichweite dieser allseitigen gemischten Kollektiv-Prokura richtet sich nach der Reichweite der gesellschaftsrechtlichen Vertretungsmacht von Gehrig gemäss Art. 564 Abs. 1 OR. Pfeif-

92 Zur Eintragungsfähigkeit diverser Kombinationen BGE 121 III 368, 373 ff.

93 Vgl. dazu BGE 60 I 386 ff.

94 Offengelassen von BGE 60 I 55, 58 f.

fer kann gemeinsam mit Gehrig daher beispielsweise auch ein Grundstück veräussern. Art. 459 Abs. 2 OR kommt nicht zum Tragen.

Schliesslich ist eine Kombination dieser Sonderformen als *gemischt halbseitige Kollektiv-Prokura* zulässig[95]. In einem solchen Fall ist der Prokurist zwar an die Mitwirkung des gesellschaftsrechtlichen Vertreters gebunden, dieser kann aber auch ohne den Prokuristen Rechtsgeschäfte vornehmen. Hierdurch wird gewährleistet, dass die Gesellschaft auch ohne Mitwirkung des Prokuristen vertreten werden kann. Anderenfalls wäre die Vertretung der Gesellschaft zu sehr eingeschränkt, was nicht nur bei den Personenhandelsgesellschaften zu einem Konflikt mit dem Grundsatz der Selbstorganschaft führen würde, sondern etwa auch den Widerruf der Prokura faktisch unmöglich machen würde.

Beispiele: Pfeiffer ist Prokurist der A&B-KlG und nur gemeinsam mit dem Gesellschafter Albert vertretungsberechtigt. Dies ist unproblematisch, wenn nur Pfeiffer, nicht aber Albert an die Mitwirkung des jeweils anderen gebunden ist (halbseitig gemischte Kollektiv-Prokura). Dies würde auch dann gelten, wenn Albert seinerseits nur gemeinsam mit dem anderen Gesellschafter Berthold geschäftsführungsbefugt wäre. Wegen der halbseitigen Ausgestaltung wäre die Handlungsfähigkeit der KlG nämlich auch insoweit nicht durch die Kollektiv-Prokura eingeschränkt. Wenn aber auch Albert nur gemeinsam mit Pfeiffer handeln könnte (allseitig gemischte Kollektiv-Prokura), wäre zu unterscheiden: Sind Albert und Berthold nach dem Gesellschaftsvertrag gesamtvertretungsberechtigt und tritt die Kollektiv-Prokura Alberts mit Pfeiffer damit als Erweiterung der Vertretungsmöglichkeiten neben die gesellschaftsrechtliche Gesamtvertretung, wäre gegen eine allseitig gemischte Kollektiv-Prokura nichts einzuwenden, da die KlG noch immer durch Albert und Berthold ohne Mitwirkung von Pfeiffer vertreten werden könnte. Möglich wäre sie auch im Falle der Einzelvertretungsmacht von Albert und Berthold, sofern die Bindung Alberts an Pfeiffer bereits im Gesellschaftsvertrag vereinbart wurde. Unzulässig wäre eine allseitig gemischte Kollektiv-Prokura hingegen, wenn Albert der einzige zur Geschäftsführung berechtigte Gesellschafter wäre.

Einzelhandeln trotz Kollektiv-Prokura

53 Bei einer Kollektiv-Prokura müssen die betroffenen Prokuristen *nicht notwendig gleichzeitig* oder in gleicher Weise agieren. So kann der präsente Prokurist die Willenserklärung des abwesenden Prokuristen zunächst als *Bote* weiterleiten. Er kann den anderen zudem aufgrund einer nur für einzelne oder der Gattung nach genau bestimmte Geschäfte erteilten *besonderen Vollmacht* (Art. 33 Abs. 2 OR) vertreten. Die erforderliche besondere Vollmacht kann von dem zu vertretenden Kollektiv-Prokuristen aber wiederum nicht alleine erteilt werden, so dass er auch hierfür der Mitwirkung des speziell zu ermächtigenden anderen Prokuristen bedarf, sofern nicht weitere Personen als geeignete Vertreter in Betracht kommen. Für

95 BGE 60 I 386 ff.

den ermächtigten Prokuristen stellt die Spezialvollmacht dann ein nur ausnahmsweise wirksames Insichgeschäft dar (dazu N 69 ff.). Schliesslich kann die Kollektivvollmacht ausdrücklich oder stillschweigend[96] sowie durch Duldung[97] oder zurechenbaren Rechtsschein[98] in eine generelle *Einzel-Prokura umgewandelt* werden, wobei der Rechtsschein bei Eintragung der Kollektiv-Prokura im Handelsregister jedoch eine besondere Intensität aufweisen muss, um sich gegen die Kenntnisfiktion von Art. 933 Abs. 1 bzw. demnächst Art. 936b Abs. 1 OR durchzusetzen (dazu generell § 5 N 31 ff.).

Gutgläubigkeit des Dritten

Der *Dritte wird* allerdings *nur bei Gutgläubigkeit* in seinem Vertrauen in die gesetzliche Reichweite der Prokura *geschützt*. Die Gutgläubigkeit des Dritten ist dabei nach Art. 3 Abs. 1 ZGB zu vermuten. Bösgläubig ist der Geschäftspartner danach nur, wenn der Vertretene den Gegenbeweis erbringen kann. Im Übrigen ist fraglich, ob im Rahmen von Art. 459 Abs. 1 OR die allgemeine Regel von Art. 3 Abs. 2 ZGB (Unzulässigkeit der Berufung auf den guten Glauben bei einfach fahrlässiger Unkenntnis) oder der Schutz der negativen Handelsregisterpublizität nach Art. 933 Abs. 2 bzw. demnächst Art. 936b Abs. 2 OR (Bösgläubigkeit nur bei Kenntnis) eingreift. Da die rechtsgeschäftlichen Schranken der Prokura keine eintragungspflichtigen Tatsachen darstellen, könnte Art. 933 Abs. 2 bzw. demnächst Art. 936b Abs. 2 OR nur analog herangezogen werden[99]. Denkbar ist die Analogie aber allenfalls im Zusammenhang mit den vom Gesetz in *Art. 460 Abs. 1, 2 OR* anerkannten rechtsgeschäftlichen Schranken der Prokura, da es sich immerhin um eintragungsfähige Tatsachen handelt, so dass der Prinzipal die im Interesse des Drittschutzes gebotene, für ihn jedoch nachteilige Heraufsetzung der Bösgläubigkeitsschwelle nach Art. 933 Abs. 2 bzw. demnächst Art. 936b Abs. 2 OR analog jederzeit durch eine Handelsregistereintragung und die mit ihr nach Art. 933 Abs. 1 bzw. demnächst Art. 936b Abs. 1 OR verbundene Kenntnisfiktion in ihr Gegenteil verkehren kann. Durch eine analoge Anwendung von Art. 933 Abs. 2 bzw. demnächst Art. 936b Abs. 2 OR wird er zudem effektiv zur entsprechenden Registerpublizität angehalten. Was die *übrigen Beschränkungen* der Vertretungsbefugnis anbetrifft, ist angesichts der allgemeinen Regelung in Art. 3 ZGB bereits das Vorhandensein einer Regelungslücke fraglich. Ausserdem sind die ungeregelten und die durch Art. 933 Abs. 2 bzw. demnächst Art. 936b Abs. 2 OR geregelten Fälle nicht 54

96 BGE 50 II 123, 138; BGer SemJud 1985, 598 f.; allerdings nicht bei blossem Ausscheiden eines Kollektiv-Prokuristen.

97 BGE 66 II 249, 254.

98 Dazu generell KUKO OR-JUNG, Art. 33 N 16.

99 Offenbar sogar eine direkte Anwendung befürwortend BSK OR I-WATTER, Art. 460 N 5, 11.

vergleichbar, da es sich bei den übrigen rechtsgeschäftlichen Schranken der Prokura um nicht einmal eintragungsfähige, geschweige denn um eintragungspflichtige Tatsachen handelt, bei denen der Vertretene den weitreichenden Drittschutz von Art. 933 Abs. 2 bzw. demnächst Art. 936b Abs. 2 OR nicht durch eine freiwillige Eintragung abwenden kann. Auf der anderen Seite scheint es aber auch problematisch, im Rahmen von Art. 3 Abs. 2 ZGB eine nur leicht fahrlässige Unkenntnis genügen zu lassen. Dies würde nämlich den von Art. 459 Abs. 1, 460 Abs. 3 OR bezweckten Verkehrsschutz wieder unterlaufen. Der Dritte hätte schon bei relativ schwachen Zweifeln Nachforschungen anzustellen, damit ihm deren Unterlassen nicht als sorgfaltswidrig angelastet wird. Er sollte daher im Rahmen von Art. 459 Abs. 1, 460 Abs. 3 OR nur dann als *bösgläubig* i. S. v. Art. 3 Abs. 2 ZGB angesehen werden, *wenn* es für ihn *offensichtlich* hätte sein müssen, dass der Prokurist die ihm gesetzten Grenzen der Vertretungsbefugnis überschritt. Bei einer derartigen Bösgläubigkeit des Dritten ist der missbräuchlich handelnde Prokurist dann ein *Vertreter ohne Vertretungsmacht* i. S. v. Art. 38 f. OR.

Differenzierung zwischen Übertretung und Missbrauch?

55 Das *Bundesgericht* hat demgegenüber in der Mövenpick-Entscheidung[100] einen etwas anderen Weg eingeschlagen. Es differenziert bei der Anwendung des von ihm mit Recht für einschlägig gehaltenen Art. 3 Abs. 2 ZGB zwischen einer aus der Sicht des Prokuristen fahrlässigen (sog. Übertretung) und einer vorsätzlichen bzw. arglistigen (sog. Missbrauch) Überschreitung der Vertretungsbefugnisse durch den Prokuristen. Während der Vertragspartner bei einer Übertretung nur bei ernsten Zweifeln als bösgläubig betrachtet werden müsse, sei dies bei einem Missbrauch bereits bei leichten Zweifeln der Fall.

Beispiel (nach BGE 119 II 23): Pfeiffer ist im Handelsregister eingetragener Prokurist der M-AG, die einen Weinhandel betreibt. Ohne Wissen seines Arbeitgebers handelt Pfeiffer entgegen Art. 464 OR ebenfalls mit Weinen. Im Namen der M-AG verkauft Pfeiffer an den Weinliebhaber Kühn, einen guten Kunden der M-AG, Wein für CHF 100 000. Der Kaufpreis für den Wein liegt bis zu 29 % unter dem Anschaffungspreis der M-AG. Kühn zahlt mit einem Check zugunsten der M-AG, den er auf Wunsch von Pfeiffer auch auf dessen Namen ausstellt. Die von Kühn verlangte Lieferung des Weins wird von der M-AG verweigert. Sie kann Kühn allerdings keine Kenntnis der mangelnden Vertretungsbefugnis von Pfeiffer nachweisen. Wie ist die Rechtslage?

Ein Lieferanspruch nach Art. 184 Abs. 1 OR könnte sich aus dem Vertrag ergeben, den Kühn mit Pfeiffer als Vertreter der M-AG geschlossen hat. Fraglich ist, ob Pfeiffer mit Vertretungsmacht handelte. Der Umfang der Vertretungsmacht bestimmt sich

100 BGE 119 II 23.

nach Art. 459 Abs. 1 OR. Pfeiffer hat ausschliesslich im eigenen Interesse und nicht im Interesse der Gesellschaft gehandelt. Der vereinbarte Kaufpreis war für die M-AG ausgesprochen nachteilig. Nach dem Innenverhältnis war Pfeiffer zu solchen Geschäften nicht befugt und handelte sogar deliktisch. Ein solcher Missbrauch der Vertretungsmacht hat allerdings nicht automatisch die Unwirksamkeit des Vertrages im Aussenverhältnis zur Folge, da das von Pfeiffer getätigte Geschäft zumindest abstrakt dem Zweck des Weinhandels diente. Erforderlich ist vielmehr, dass Kühn hinsichtlich des Missbrauchs der Vertretungsmacht aufgrund von Kenntnis bösgläubig war (Art. 459 Abs. 1 OR, Art. 3 Abs. 1 ZGB) oder sich, sofern man Art. 3 Abs. 2 ZGB und nicht Art. 933 Abs. 2 bzw. demnächst Art. 936b Abs. 2 OR für anwendbar hält, zumindest infolge von Fahrlässigkeit nicht auf seine Gutgläubigkeit berufen kann. Eine Kenntnis kann K nicht nachgewiesen werden. Es ist daher zu prüfen, ob Art. 3 Abs. 2 ZGB oder Art. 933 Abs. 2 bzw. demnächst Art. 936b Abs. 2 OR in casu Anwendung findet. Diese Frage ist umstritten (dazu N 54). Das BGer hat sich in einem vergleichbaren Fall zumindest implizit für die Anwendbarkeit von Art. 3 Abs. 2 ZGB ausgesprochen. Es differenziert jedoch beim Sorgfaltsmassstab. Bei einer (hier nicht gegebenen) blossen sog. Übertretung der Vertretungsbefugnis (einfache Nichtbeachtung interner Beschränkungen) könne sich der Vertragspartner nur dann nicht auf seine Gutgläubigkeit berufen, wenn er ernste Zweifel an der wahren Vertretungsbefugnis hätte haben müssen. Bei einem wie in casu sog. Missbrauch der Vertretungsmacht (eigennütziges Handeln zum Schaden des Vertretenen) sei dies zum Schutz des Vertretenen hingegen bereits bei relativ schwachen Zweifeln des Dritten der Fall. Nach dieser Rechtsprechung des Bundesgerichts kann Kühn sich nicht auf seinen guten Glauben berufen. Als Weinkenner musste er wissen, dass ihm der Wein weit unter dem üblichen Preis verkauft wurde. Kühn hätte auch stutzig machen müssen, dass Pfeiffer darauf bestand, selbst auf dem Check genannt zu werden. Da Kühn in dieser Konstellation zumindest geringe Zweifel hegen musste, kann er sich nicht auf seine Gutgläubigkeit berufen. Dementsprechend kann K aus dem mit P geschlossenen Vertrag keine Ansprüche gegen die M-AG ableiten. So richtig der Fall damit im Ergebnis wegen der Offensichtlichkeit des Missbrauchs entschieden wurde, so fragwürdig ist die vom Bundesgericht vorgenommene Differenzierung. Diese stellt nämlich mit der subjektiven Einstellung des Prokuristen auf einen für das Verhältnis zwischen Prinzipal und Drittem unerheblichen und von beiden nicht zu beeinflussenden Umstand ab, der zudem im Gesetz keinen Niederschlag gefunden hat. Ausserdem höhlt die in den Fällen des Missbrauchs zu starke Herabsetzung des Bösgläubigkeitsmassstabs auf «relativ schwache Zweifel» den durch Art. 460 Abs. 3 OR angestrebten Drittschutz zu stark aus. Zwar verdient der arglistig Handelnde keinen Schutz, doch ist es – abgesehen von den Fällen eines den Prinzipal bewusst schädigenden Zusammenwirkens zwischen Prokurist und Drittem (sog. Kollusion) – nicht der Dritte, sondern allein der Prokurist, der sich im Falle des Missbrauchs arglistig verhält. Den Dritten hierfür bereits bei schwachen Zweifeln in eine Art Mithaftung zu nehmen, ist nicht gerechtfertigt.

dd) *Erlöschen der Prokura*

56 Für die Prokura als Sonderform der Vollmacht gelten *grundsätzlich die allgemeinen* Erlöschensgründe (Art. 34 f., 465 Abs. 1 OR). Auch eine Beschränkung der Prokura nach Art. 34 Abs. 1 OR ist jederzeit möglich (zur nur ausnahmsweisen Wirkung im Aussenverhältnis N 50 ff.). Nach Art. 465 Abs. 2 OR sind von den allgemeinen Erlöschensgründen lediglich der *Tod des Geschäftsherrn* und der *Eintritt seiner Handlungsunfähigkeit ausgenommen*, damit der Prokurist als umfassend Vertretungsberechtigter zumindest bis zu einem etwaigen Widerruf durch die Erben bzw. den gesetzlichen Vertreter des Geschäftsherrn für die Fortführung des Unternehmens in der Übergangszeit sorgen kann. Damit *erlischt die Prokura durch*: Erlöschensgründe

- jederzeitigen formlosen *Widerruf* (Art. 34 Abs. 1, 3, 465 Abs. 1 OR);
- den *Verlust der Geschäftsinhaberschaft* des Geschäftsherrn durch Einstellung oder Veräusserung des Handelsgewerbes;
- durch den *Konkurs oder die Auflösung* des Geschäftsherrn (Art. 35 Abs. 1, 2 OR), wobei jedoch die Konkursverwaltung bzw. die Liquidatoren erneut eine Handlungsvollmacht erteilen können[101], die auf den wegen des Konkurs- bzw. Liquidationsvermerks erkennbaren Abwicklungszweck beschränkt ist;
- den *Tod des Prokuristen* bzw. den Verlust der natürlichen Handlungsfähigkeit (Art. 35 Abs. 1 OR);
- die *Löschung* der nicht kaufmännischen Prokura von Amtes wegen (Art. 149 Abs. 3 S. 2 HRegV 2007);
- im Zweifel die Beendigung des Grundverhältnisses (z. B. Arbeitsvertrag, Auftrag) wegen Zeitablaufs, Kündigung oder Vertragsaufhebung; zwar hat die Beendigung des Grundverhältnisses wegen der Abstraktheit der Vollmacht nicht automatisch auch das Erlöschen der Vollmacht zur Folge, doch ist im Regelfall davon auszugehen, dass die Vollmacht stillschweigend auf die Dauer des Grundverhältnisses befristet ist[102].

57 Das Erlöschen der Prokura ist mit ebenfalls rein deklaratorischer Wirkung in das Handelsregister auch dann *einzutragen*, wenn die Eintragung ihrer Erteilung unterblieben ist (Art. 461 Abs. 1 OR). Bis zur Eintragung und Bekanntmachung des Erlöschens bleibt die Prokura daher aufgrund der Eintragungspflicht

[101] A. A. BK-Gautschi, Art. 461 OR N 5d.
[102] Siehe dazu nur Schwenzer, OR-AT[7], 2016, N 42.07 und N 42.22.

negativen Publizität des Handelsregisters (vgl. Art. 933 Abs. 2 bzw. demnächst Art. 936b Abs. 2 OR) gegenüber gutgläubigen Dritten in Kraft (ausdrücklich nochmals Art. 461 Abs. 2 OR).

Beispiel: Kauffrau Dr. Klöbner hat ihrer Angestellten Probst Prokura erteilt und dies in das Handelsregister eintragen und bekannt machen lassen. Nach einem heftigen Streit mit Probst widerruft sie jedoch wenig später die Prokura. Probst schliesst noch vor Eintragung und Bekanntmachung des Widerrufs mit dem Lieferanten Läufer, der lediglich von dem Streit erfahren hat, einen Kaufvertrag. Aufgrund der negativen Publizität des Handelsregisters kann Klöbner dem Läufer, der keine positive Kenntnis von dem Widerruf der Prokura selbst hat, die fehlende Vertretungsmacht von Probst nicht entgegenhalten (Art. 461 Abs. 2, 933 Abs. 2 bzw. demnächst Art. 936b Abs. 2 OR). Das Beispiel verdeutlicht die Stärke des registerrechtlichen Publizitätsschutzes, der nur durch Kenntnis ausgeschlossen wird (Art. 933 Abs. 2 bzw. demnächst Art. 936b Abs. 2 OR gilt auch für Art. 461 Abs. 2 OR[103]). Wegen der Fahrlässigkeit des immerhin über den Streit informierten Läufer (Art. 3 Abs. 2 ZGB) würde der durch die Bekanntmachung grundsätzlich ebenfalls begründete Schutz nach Art. 34 Abs. 3 OR nämlich nicht eingreifen.

b) Handlungsvollmacht i. e. S.

aa) Begriff der Handlungsvollmacht i. e. S.

Begriff

Die Handlungsvollmacht i. e. S. ist nach *Art. 462 Abs. 1 OR* jede von dem Inhaber eines kaufmännischen Gewerbes (dazu § 4 N 12 ff.) im Rahmen seines Handelsgewerbes erteilte Vollmacht, die keine Prokura darstellt. Die Handlungsvollmacht i. e. S. nimmt eine Zwischenstellung zwischen der einfachen Vollmacht i. S. v. Art. 33 Abs. 2 OR und der Prokura i. S. v. Art. 458 ff. OR ein. Sie ermächtigt ihren Inhaber grundsätzlich zur Vornahme aller Rechtshandlungen, die der Betrieb eines derartigen Gewerbes (Generalhandlungsvollmacht) oder die Ausführung bestimmter Geschäfte (Spezialhandlungsvollmacht) gewöhnlich mit sich bringt (Art. 462 OR). Damit der von Art. 462 Abs. 1 OR angestrebte Verkehrsschutz nicht unterlaufen wird, kann der Inhaber eines kaufmännischen Gewerbes für dessen Betrieb keine über ein einzelnes Geschäft hinausreichende schlichte Vollmacht i. S. v. Art. 33 Abs. 2 OR erteilen. 58

[103] BSK OR I-WATTER, Art. 461 N 4.

bb) *Erteilung und Offenlegung der Handlungsvollmacht i. e. S.*

59 Die Handlungsvollmacht i. e. S. kann im Gegensatz zur Prokura (vgl. Art. 458 Abs. 3 OR) nur von dem Inhaber eines kaufmännischen Gewerbes erteilt werden (Art. 462 Abs. 1 OR). Der Prinzipal kann sich hierbei aber anders als bei der Prokura vertreten lassen, so dass auch die Begründung einer Unterhandlungsvollmacht möglich ist. Entgegen verbreiteter Ansicht sollten zumindest als Spezialhandlungsbevollmächtigte auch juristische Personen oder Personenhandelsgesellschaften in Betracht kommen[104]. Wegen der grundsätzlichen Formfreiheit der Vollmacht (Ausnahme: Art. 348b Abs. 1 OR) sind wie bei der Prokura neben der stillschweigenden Erteilung auch eine Duldungs- und Anscheinshandlungsvollmacht denkbar[105]. Erteilung

Beispiel (nach BGE 74 II 149 ff.): Hotz ist Angestellter der T-AG. Er tritt über einen längeren Zeitraum als Vertreter der T-AG im Handelsverkehr auf. Seit geraumer Zeit wird auch der Geschäftsverkehr zwischen der T-AG und der M-AG ausschliesslich von Hotz abgewickelt. Schliesst Hotz im Namen der T-AG einen Vertrag über die Bestellung von Waren bei der M-AG, so kann sich die T-AG nicht darauf berufen, dass eine Vertretungsmacht von Hotz nicht bestanden habe. Die M-AG durfte nach Treu und Glauben davon ausgehen, dass Hotz Vertretungsmacht für die T-AG besass. Der T-AG wiederum war es zumindest möglich, von Hotz' Handeln Kenntnis zu erlangen. Sie schritt aber nicht ein, obwohl ihr dieses möglich gewesen wäre. Es liegt ein Fall der Anscheinshandlungsvollmacht vor.

60 Die Tatsache der Erteilung einer Handlungsvollmacht i. e. S. ist im Handelsregister weder eintragungspflichtig noch auch nur eintragungsfähig[106]. Da für das Handeln des Handlungsbevollmächtigten i. e. S. keine Sonderregelungen bestehen, kann dieser das Vertretungsverhältnis in irgendeiner Form offenlegen (vgl. Art. 32 Abs. 2 OR)[107]. Offenlegung

cc) *Umfang der Handlungsvollmacht i. e. S.*

61 Der gesetzlich vorgesehene Umfang der Handlungsvollmacht i. e. S. ist zunächst davon abhängig, ob es sich um eine Generalhandlungs- oder Spezialhandlungsvollmacht handelt. Nach dem in Art. 462 Abs. 1 OR niedergelegten Grundsatz ermächtigt die *Generalhandlungsvollmacht* zu allen Rechtsgeschäften, die der Betrieb eines derartigen Gewerbes gewöhnlich Grundsatz bei der Generalhandlungsvollmacht

[104] ZK-Jung, Art. 620 OR N 185; ZK-Egger, Art. 53 ZGB N 8; a. A. BK-Gautschi, Art. 462 OR N 4; BSK OR I-Watter, Art. 462 N 2.

[105] BGE 120 II 197, 199 ff.

[106] Siehe dazu obiter Ziff. 5 der EHRA-Praxismitteilung 4/09 vom 17.12.2009; im Schrifttum ablehnend SHK HRegV-Zihler, Art. 30 N 10; Forstmoser/Meier-Hayoz/Nobel, Aktienrecht, 1996, § 29 N 67.

[107] BSK OR I-Watter, Art. 462 N 7.

mit sich bringt. Im Gegensatz zur Prokura werden also nicht alle zweckgerechten (d. h. generell arttypischen), sondern *nur die für das konkrete Unternehmen* aus der Sicht eines Dritten *typischen Geschäfte* erfasst. Aussergewöhnlich sind danach nicht nur die Grundlagengeschäfte und branchenunüblichen Geschäfte, sondern auch die erkennbar für das konkrete Unternehmen angesichts seines Bedarfs und seiner Mittel unüblichen Geschäfte.

Beispiel: Frau Edel ist Filialleiterin in dem Weingrosshandel des Gross und verfügt als solche über eine Generalhandlungsvollmacht. Über die Frage, ob Frau Edel damit nicht nur Rot- und Weissweine, sondern auch Spirituosen, alkoholfreie Weine oder Fruchtsäfte mit Wirkung für und gegen Gross einkaufen kann, entscheidet allein der bisherige für Dritte erkennbare Geschäftsgang und der Grad der Abweichung des konkreten Geschäfts von diesem.

Grundsatz bei der Spezialhandlungsvollmacht

Die *Spezialhandlungsvollmacht*, die für eine durch ihren Anlass (z. B. Messebesuch) oder der Art nach (z. B. Inkassovollmacht) näher bestimmte Gruppe von Geschäften erteilt wird, ermächtigt nach Art. 462 Abs. 1 OR grundsätzlich zu allen Rechtshandlungen, die ein derartiges Geschäft gewöhnlich mit sich bringt. Die Beschränkung auf eine bestimmte Art von Geschäften kann sich hier insbesondere auch aus der Art des Anstellungsverhältnisses des Bevollmächtigten ergeben. 62

Beispiele: Ermächtigung des als Abschlussvertreter eingesetzten Handlungsreisenden zum Geschäftsabschluss ohne Inkasso (Art. 348b Abs. 2 OR); Ermächtigung des auf eine Messe entsandten Handlungsbevollmächtigten zum Abschluss von üblichen Kaufverträgen über Messewaren; Ermächtigung des Ladenverkäufers zu den für einen derartigen Laden typischen Verkäufen; Ermächtigung der Kassiererin zur Entgegennahme von Kundenzahlungen.

Art. 462 Abs. 1 OR schützt den Dritten dabei nur in seinem Vertrauen auf den Umfang einer tatsächlich in dieser Form erteilten Handlungsvollmacht, nicht aber auch hinsichtlich des Bestehens einer bestimmten Art oder des Bestehens der Handlungsvollmacht überhaupt. 63

Beispiel: Spekulant Sturm beauftragt den Bankangestellten Blei, den er für den Filialleiter der B-Bank in Basel hält, mit dem Verkauf von Wertpapieren (Kommissionsvertrag). Die B-Bank trägt in einem gegen sie gerichteten Rechtsstreit über mangelhafte Vertragserfüllung vor, dass Blei weder Prokurist noch Filialleiter der B-Bank in Basel sei, sondern lediglich für den Zahlungsverkehr der Basler Filiale verantwortlich zeichne. Sofern hier Sturm nicht das Gegenteil beweisen kann, ist lediglich eine Spezialhandlungsvollmacht von Blei dargetan, die das konkrete Geschäft nicht deckt. Dem gutgläubigen Sturm könnten dann allenfalls noch die allgemeinen Regeln über die Duldungs- oder Anscheinshandlungsvollmacht helfen.

Gesetzliche Grenzen

Auch wenn es sich im konkreten Fall um für das Unternehmen insgesamt bzw. das konkrete Geschäft gewöhnliche Rechtshandlungen handelt, 64 kann der Handlungsbevollmächtigte bestimmte Rechtsgeschäfte *nur mit einer ausdrücklichen Spezialermächtigung* vornehmen (siehe v. a. Art. 462 Abs. 2 OR). Hierzu gehören:

- das Eingehen von Wechselverbindlichkeiten als Haupt- oder Garantieschuldner;
- die Aufnahme von Darlehen;
- die aktive und passive Prozessführung;
- die Veräusserung und Belastung von Grundstücken (a maiore Art. 459 Abs. 2 OR);
- der Abschluss von Insichgeschäften (dazu N 69 ff.).

65 Allfällige interne Beschränkungen der Handlungsvollmacht i. e. S. können wie bei der organschaftlichen Vertretungsmacht und der Prokura Dritten nur dann entgegengehalten werden, wenn der Dritte die Beschränkung kannte oder bei gehöriger Sorgfalt unter den gegebenen Umständen hätte kennen müssen (Art. 3 Abs. 2 ZGB). Dies gilt auch für die Filial- und Kollektivhandlungsvollmacht.

Rechtsgeschäftliche Grenzen grds. nur im Innenverhältnis

dd) *Erlöschen der Handlungsvollmacht i. e. S.*

66 Die Handlungsvollmacht erlischt nach Art. 465 OR unter denselben Voraussetzungen wie die Prokura. Einer wie bei der Prokura deklaratorischen Eintragung bedarf das Erlöschen der Handlungsvollmacht i. e. S. allerdings nicht.

Erlöschen

67

Übersicht zu den Arten der Vollmacht

	Einfache Vollmacht	**Prokura**	**Handlungsvollmacht i. e. S.**
Regelung	Art. 32 ff. OR	Art. 458–461, 464 f. OR	Art. 462, 464 f. OR
Prinzipal	Jedermann	Jeder Betreiber eines kaufmännischen Gewerbes bzw. im Handelsregister Eingetragene	Jeder Inhaber eines kaufmännischen Gewerbes
Bevollmächtigter	Jede natürliche oder juristische Person	Nur natürliche Personen (h. M.)	Nur natürliche Personen (str.)

	Einfache Vollmacht	Prokura	Handlungsvollmacht i. e. S.
Erteilung	Auch stillschweigend; jede Art der Vertretung möglich	Auch stillschweigend; keine rechtsgeschäftliche Vertretung möglich (Inhabergeschäft)	Auch stillschweigend; jede Art der Vertretung möglich
Untervollmacht	Möglichkeit	Unterprokura unmöglich; Möglichkeit der einfachen Untervollmacht	Möglichkeit
Grundsätzlicher Umfang	Individuell festgelegt	Fast alle generell zwecktauglichen gerichtlichen und aussergerichtlichen Rechtshandlungen (Art. 459 Abs. 1 OR)	Fast alle konkret typischen aussergerichtlichen Rechtshandlungen (Art. 462 Abs. 1 OR)
Gesetzliche Beschränkungen	Keine höchstpersönlichen Geschäfte (z. B. Eheschliessung, Testamentserrichtung)	Keine Privat-, Inhaber- und Grundlagengeschäfte; keine Belastung und Veräusserung von Grundstücken (Art. 459 Abs. 2 OR)	Keine Privat-, Inhaber- und Grundlagengeschäfte; keine Belastung und Veräusserung von Grundstücken (a maiore Art. 459 Abs. 2 OR); keine Wechselverbindlichkeiten, Darlehensaufnahme; Prozessführung nur bei ausdrücklicher Ermächtigung (Art. 462 Abs. 2 OR)
Rechtsgeschäftliche Beschränkungen	Individuell festzulegen	Grundsätzlich im Aussenverhältnis ohne Bedeutung (Art. 460 Abs. 3 OR); Ausnahmen bei Kenntnis und offensichtlichem Missbrauch	Grundsätzlich im Aussenverhältnis ohne Bedeutung; Ausnahmen bei Kenntnis und fahrlässiger Unkenntnis
Handelsregistereintragung	Keine eintragungsfähige Tatsache	Erteilung und Erlöschen eintragungspflichtig (Art. 458 Abs. 2, 461 OR)	Keine eintragungsfähige Tatsache

3. Duldungs- und Anscheinsvollmacht

68 Ausnahmsweise kann die Gesellschaft auch dann durch eine Person wirksam vertreten werden, wenn dieser zuvor *keine ausdrückliche* Vollmacht erteilt worden ist. Eine solche Konstellation, in der die Gesellschaft durch das Handeln einer nicht ausdrücklich bevollmächtigten Person gebunden wird, ist immer dann gegeben, wenn die Gesellschaft es in einer auf eine Bevollmächtigung hindeutenden Weise *geschehen lässt, dass eine bestimmte Person einem Dritten gegenüber als Bevollmächtigter auftritt*[108]. Das ist insbesondere dann der Fall, wenn die Gesellschaft eine Person mit der Wahrnehmung von Aufgaben betraut, die üblicherweise die Vornahme bestimmter Rechtsgeschäfte mit sich bringt, oder aber auch dann, wenn die Gesellschaft es dauerhaft duldet, dass eine Person eine bestimmte Tätigkeit für sie ausübt. Nach dem *Vertrauensprinzip* sollen hier Dritte, die nach Treu und Glauben aufgrund der äusseren Umstände vom Vorliegen einer Vollmacht ausgehen dürfen, in ihrem Vertrauen darauf geschützt werden, dass die Gesellschaft durch das Handeln des für sie Auftretenden gebunden wird[109]. Liegt ein solcher Tatbestand vor, tritt die Vertretungswirkung für die Gesellschaft unabhängig davon ein, ob die Gesellschaft von dem Auftreten der für sie handelnden Person Kenntnis hatte und es akzeptierte (Duldungsvollmacht) oder ob sie dieses zwar nicht kannte, der Dritte aber davon ausgehen durfte, dass sie Kenntnis davon habe und es akzeptiere (Anscheinsvollmacht).

Vertrauensprinzip

III. Insichgeschäfte im Gesellschaftsrecht

1. Anwendungsbereich der Regeln über Insichgeschäfte

69 Das Selbstkontrahieren und die Doppelvertretung bilden die beiden Grundkonstellationen des grundsätzlich unzulässigen Insichgeschäfts[110], das besonders im Gesellschaftsrecht anzutreffen ist. Hier kommt es zum Selbstkontrahieren, wenn ein oder mehrere Gesellschafter, Organmitglieder bzw. Bevollmächtigte als Vertreter der Gesellschaft mit sich selbst einen Vertrag schliessen[111]. Der massgebliche Interessenkonflikt entsteht dabei auf Seiten des Vertragspartners der Gesellschaft, der nicht nur die

Selbstkontrahieren und Doppelvertretung

[108] Vgl. BGE 76 I 338, 351; BGE 120 II 197, 199 ff.; BGE 141 III 289, 290 ff.
[109] Vgl. BGE 74 II 149, 151 f.
[110] Schwenzer, OR AT[7], 2016, N 42.18 f.
[111] Dazu etwa BGE 39 II 561; BGE 50 II 168; BGE 95 II 442; KGer SG GVP 1997 Nr. 33 SJZ 95 (1999), 328.

Interessen der von ihm zu vertretenden Gesellschaft wahrzunehmen hat, sondern daneben auch seine eigenen Interessen als Vertragspartner verfolgen möchte. In den Fällen einer Doppelvertretung werden die Vertragspartner durch denselben rechtsgeschäftlichen (Doppelvertretung i. e. S.) oder organschaftlichen (Doppelorganschaft) Vertreter vertreten[112]. Der massgebliche Interessenkonflikt entsteht damit in der Person des Vertreters, der nicht allein die Interessen einer Vertragspartei wahrzunehmen hat und eine der Parteien zu bevorzugen droht[113]. Ferner ist die kontroverse Verhandlung des Vertragsinhalts nicht gewährleistet.

Erstreckung auf vergleichbare Interessenkonflikte

Die Regeln über Insichgeschäfte sollten aus Gründen der Gleichbehandlung und des Umgehungsschutzes auf Fälle vergleichbarer Interessenkonflikte erstreckt werden[114]. So liegt beispielsweise eine dem Selbstkontrahieren benachbarte Konstellation vor, wenn zwei Aktiengesellschaften zwar durch zwei verschiedene Vertreter vertreten werden, der eine Vertreter jedoch an der von ihm nicht vertretenen Aktiengesellschaft zu 100 % beteiligt ist[115]. Eine der Doppelvertretung vergleichbare Situation entsteht, wenn zwei Personen zwar durch zwei verschiedene Vertreter vertreten werden, der eine Vertreter jedoch an der anderen, z. B. als Aktiengesellschaft organisierten Vertreterin zu 100 % beteiligt ist. 70

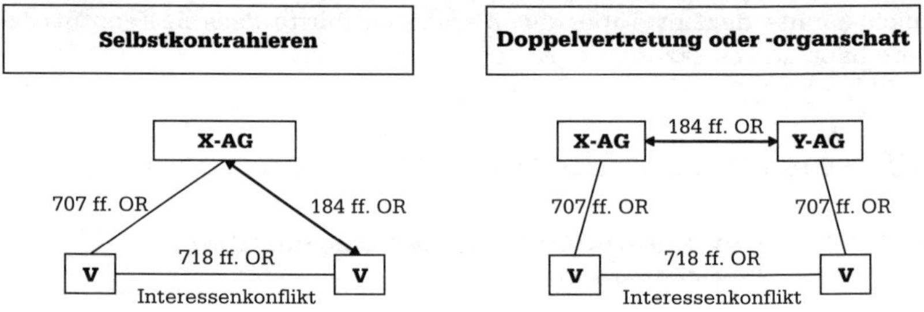

Abb. 23: Arten des Insichgeschäfts

112 Beispiele aus der Rechtsprechung bilden die Entscheidungen BGE 63 II 173, 174 f.; BGE 93 II 461, 480 ff.; BGE 95 II 617, 621 f.; BGE 98 II 211, 219; BGer ZR 77 (1978), 126 ff. (Nr. 44); BGE 4C.18/2001; BGer 4C.212/2002; BGer 4C.35/2005; BGE 132 III 758; BGer 4A_134/2007.

113 ZK-Bühler, Art. 717 OR N 134.

114 BGE 89 II 321 (bejahend); BGE 111 II 284 (bejahend); BGE 126 III 361 (bejahend); BGer 4C.327/2005 (bejahend); BGer 4C.402/1998 (ablehnend); Jung, in: Entwicklungen im Gesellschaftsrecht VI, 2011, S. 275 ff. (bejahend für sog. Eigengeschäfte, bei wirtschaftlichen oder persönlichen Näheverhältnissen, bei Einflussnahmen auf Vertreter, einseitige Rechtsgeschäfte und ggf. Beschlüsse); weitgehend ablehnend Zobl, ZBJV 1989, 289, 304 ff.

115 Vgl. dazu BGer 4C.327/2005 (in casu bestand zwar nur eine Mehrheitsbeteiligung an der anderen Aktiengesellschaft, doch wurde diese durch die Ehefrau des Mehrheitsaktionärs vertreten); siehe auch die Erwägungen in BGE 112 II 503, 506.

2. Grundsätzliches Verbot von Insichgeschäften

Konsequenzen des Verbots

71 Zum Schutze der vertretenen Gesellschaft ist das Selbstkontrahieren ihres Vertreters nach Rechtsprechung[116] und ganz herrschender Lehre[117] grundsätzlich unzulässig. Die Art und Weise des Zustandekommens des Geschäfts, die einen Interessenkonflikt heraufbeschwört, begründet unabhängig von einer Inhaltskontrolle die Vermutung von dessen Unzulässigkeit. Dem Vertreter fehlt für solche Geschäfte die Vertretungsmacht. Das Geschäft ist schwebend unwirksam i. S. v. Art. 38 OR[118].

Ausnahmsweise Zulässigkeit

72 Etwas anderes gilt nur dann, wenn die Gefahr einer Übervorteilung der vertretenen Gesellschaft ausgeschlossen werden kann[119] oder die Gesellschaft aus anderen Gründen wie insbesondere einer Zustimmung ausnahmsweise einmal nicht schutzbedürftig sein sollte. Da das Verbot dem Schutz der Gesellschaft und allenfalls noch mittelbar demjenigen von Minderheitsgesellschaftern[120] und Gläubigern[121] der Gesellschaft dient, kann das Verbot in diesen Fällen teleologisch reduziert werden. Man kann drei Grundkonstellationen einer fehlenden Schutzbedürftigkeit der Gesellschaft unterscheiden[122]:

- Unproblematisch ist das Selbstkontrahieren zunächst dann, wenn durch die Natur des abgeschlossenen Vertrags eine *Benachteiligung* der vertretenen Gesellschaft von vornherein *ausgeschlossen ist* (z. B. Abschluss eines für die Gesellschaft lediglich vorteilhaften Geschäfts[123]; Erfüllung einer Verbindlichkeit der Gesellschaft gegenüber der sie dabei vertretenden Person[124]; Abschluss eines Geschäfts zu Marktbedingungen[125]).
- Zulässig ist ein Insichgeschäft auch in Fällen, in denen der *Vertreter* direkt oder über Treuhänder *alle Anteile* der betroffenen Gesellschaft *hält*[126]. Dann besteht nämlich eine sog. Interessenidentität,

116 BGE 39 II 561, 568; BGE 95 II 442, 453; BGE 95 II 617, 621; BGE 126 III 361, 363; BGer 4C.212/2002.

117 Siehe nur Böckli, Aktienrecht[4], 2009, § 13 N 602; BSK OR II-Watter, Art. 718a N 12 ff.

118 BSK OR I-Watter, Art. 33 N 19.

119 So zu eng die ständige Rechtsprechung seit BGE 39 II 561, 566.

120 Dazu insbesondere BGE 126 III 361, 366 f.

121 Siehe dazu insbesondere noch BGE 50 168, 184 f.; nunmehr jedoch die Berücksichtigung von Gläubigerinteressen mit Recht verneinend BGE 126 III 361, 366 f.

122 Näher Jung, in: Entwicklungen im Gesellschaftsrecht VI, 2011, S. 282 ff.

123 BGE 59 II 111, 112 f. (Übernahme einer Bürgschaft durch den Vormund).

124 BGE 39 II 561, 568; offengelassen von BGE 57 II 556, 560 f. und BGE 89 II 321, 324 ff.

125 Zur nach h. M. gegebenen Zulässigkeit des sog. Abschlusses «at arm's length» siehe nur BK-Zäch, Art. 33 OR N 83 sowie indirekt BGE 39 II 561, 569 f. und BGE 82 II 388, 393; krit. Jung, in: Entwicklungen im Gesellschaftsrecht VI, 2011, S. 282 f.

126 BGE 50 II 168, 182 ff.; BGE 126 III 361, 365 ff.; BGer 4C.148/2002; HGer ZH ZR 104 (2005), 257 ff. (Nr. 71).

die einen Interessenkonflikt zwischen der Gesellschaft und ihrem rechtlichen bzw. wirtschaftlichen Alleingesellschafter als Vertreter ausschliesst. Die Gesellschaft bzw. ihr (Quasi-)Alleingesellschafter verdienen auch in diesem Fall keinen Schutz (vor sich selbst). Der Alleingesellschafter könnte auch generell oder im Einzelfall eine formelle Zustimmung erwirken bzw. durch Generalversammlungsbeschluss selbst herbeiführen[127]. Da wegen der Interessenidentität das Verbot von Insichgeschäften erst gar nicht zum Tragen kommt, bedarf es allerdings nicht der zumeist rein fiktiven Annahme einer stillschweigenden Zustimmung der Gesellschaft[128]. Probleme bestehen hier allenfalls im Aussenverhältnis, wenn die Gesellschaft – wie zumeist – Gläubiger hat. Der Gläubigerschutz ist jedoch über andere Instrumente zu gewährleisten (z. B. Art. 285 ff. SchKG).

- Der beim Selbstkontrahieren bestehende Interessenkonflikt ist schliesslich unbeachtlich, wenn die *Gesellschaft zustimmt*. In der Praxis spielt dies eine sehr grosse Rolle. Die Gesellschaft hat bei der Erteilung der Zustimmung keine Gläubigerinteressen zu beachten[129]. Die Zustimmung der Gesellschaft kann sich entweder aufgrund einer generellen organisationsrechtlichen Ermächtigung oder im Einzelfall aufgrund vorgängiger Ermächtigung bzw. nachträglicher Genehmigung durch hierfür kompetente unabhängige Organe der Gesellschaft ergeben[130].

Beispiel (nach BGE 127 III 332 ff.): Die G-AG hat eine Forderung gegen die S-AG. Meier ist geschäftsführendes Mitglied des Verwaltungsrates der G-AG und Mitglied einer Erbengemeinschaft. Meier tritt die Forderung der G-AG an die Erbengemeinschaft formgerecht ab, indem er auch auf Seiten der Erbengemeinschaft als Vertreter mit Vertretungsmacht auftritt. Im Nachhinein genehmigt der Verwaltungsratspräsident der G-AG die Abtretung an die Erbengemeinschaft. In diesem Fall stand der Wirksamkeit der Abtretung (Art. 164 ff. OR) das nicht ausdrücklich normierte grundsätzliche Verbot des Selbstkontrahierens entgegen. Dieses gilt auch für den Fall der Doppelvertretung, da es in dieser Konstellation im gleichen Masse zu Interessenkonflikten kommen kann. Wenn man allerdings davon ausgeht, dass der Verwaltungsratspräsident der G-AG allein zur Vertretung berechtigt war und nicht selbst einem Interessenkonflikt unterlag[131], wäre das zunächst unwirksame Geschäft durch dessen Genehmigung geheilt worden. Die Erbengemeinschaft hätte dann die Forderung gegen die S-AG rechtswirksam erworben. Die Genehmigung wäre aber etwa dann unbeachtlich gewesen, wenn der Verwaltungsratspräsident

127 BGer 4C.148/2002.
128 Anders noch BGE 50 II 168, 184 f.
129 Dazu generell BGE 93 II 461, 481.
130 Dazu im Einzelnen Jung, in: Entwicklungen im Gesellschaftsrecht VI, 2011, S. 284 ff.
131 Vgl. dazu BGE 127 III 332, 334 f.

hierzu wiederum nur unter Mitwirkung von Meier berechtigt oder selbst Mitglied der Erbengemeinschaft gewesen wäre. In diesem Fall hätte die Abtretung von einem anderen geeigneten Verwaltungsratsmitglied und beim Fehlen eines solchen von der Generalversammlung als Ersatzvertretungsorgan genehmigt werden müssen[132].

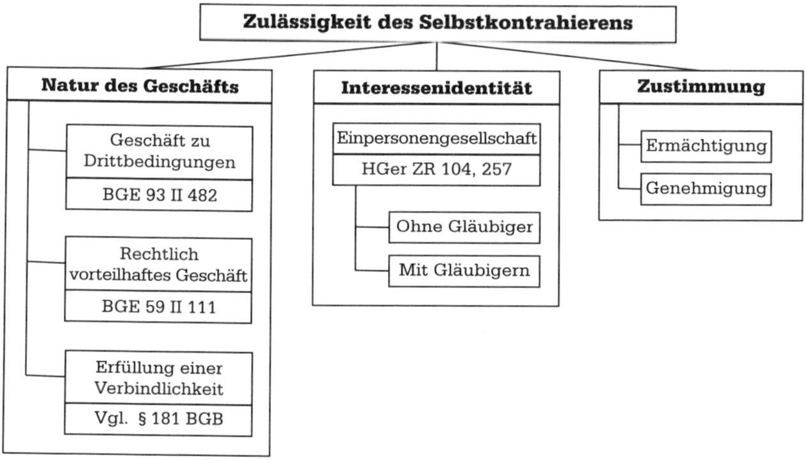

Abb. 24: Zulässigkeit des Selbstkontrahierens

3. Formelle Zulässigkeitsanforderungen

73 Mit Art. 718b, 814 Abs. 4 und 899a OR gelten im Kapitalgesellschafts- und Genossenschaftsrecht zusätzliche formelle Zulässigkeitsanforderungen für das Selbstkontrahieren (direkte Anwendung) sowie die Doppelvertretung und vergleichbare Interessenkonflikte (analoge Anwendung). Danach muss der betreffende Vertrag (analog auch ein einseitiges oder mehrseitiges Rechtsgeschäft) vollständig schriftlich abgefasst werden (Art. 13 ff. OR)[133], sofern der Wert der Gesellschaftsleistung (bei zusammenhängenden Verträgen addiert) über CHF 1000 liegt oder es sich nicht mehr um ein laufendes Geschäft handelt[134]. Kapitalgesellschaften und Genossenschaften

[132] BGE 127 III 332, 334 f.; BGer 4C.25/2005 E. 1 (für den Sonderfall von gleichzeitig mit allen Mitgliedern des Verwaltungsrats abgeschlossenen Anstellungsverträgen, für deren Abschluss jeweils einfach die Rollen als Vertreter und Vertragspartner ausgetauscht wurden).

[133] Näher BSK OR II-Watter/Roth Pellanda, Art. 718b N 4.

[134] Siehe nur CR-Peter/Cavadini, Art. 718b OR N 5; zum Umgang mit nicht bewertbaren Geschäften Böckli, Aktienrecht[4], 2009, § 13 N 605b.

E. Verantwortung der Gesellschaft für deliktisches Handeln

I. Deliktsfähigkeit von Gesellschaften

1. Körperschaften

Deliktsfähigkeit

74 Nach der Realitätstheorie (§ 2 N 5) können die Körperschaften als juristische Personen Delikte begehen und sich entsprechend haftbar machen. Diese Deliktsfähigkeit (zur Straffähigkeit N 83) beruht insbesondere auf der Zurechnung eines deliktischen Organverhaltens zur Körperschaft nach Art. 55 Abs. 2 ZGB bzw. Art. 722, 817, 899 Abs. 3 OR. Daneben ist eine Körperschaft aber auch nach Art. 55 Abs. 1 OR bzw. Art. 11 UWG für Verrichtungsgehilfen verantwortlich (dazu N 78). Schliesslich kann sie als Werkeigentümerin (Art. 58 Abs. 1 OR), Eigentümerin eines Grundstücks (Art. 679 ZGB), Halterin eines Tieres (Art. 56 OR) oder Motorfahrzeugs (Art. 58 SVG), (Quasi-)Herstellerin (Art. 1 ff. PrHG) oder Betreiberin einer gefährlichen Anlage (z. B. Art. 59a Abs. 1 USG) aus Delikt haftbar werden.

a) Zurechnung von unerlaubten Handlungen der Organe

Voraussetzungen

75 Die Zurechnung eines unerlaubten Organhandelns zur Körperschaft hat folgende Voraussetzungen:

- Die widerrechtliche Schädigung (z. B. Art. 41 ff., 97 OR) muss von einem *formellen* (dazu N 13 ff.) oder einem *faktischen* (dazu N 16 ff.) *Leitungsorganmitglied eigenverantwortlich* begangen worden sein. Dies ergibt sich aus einer sachgerechten Interpretation der vom Gesetz nur ungenau und widersprüchlich umschriebenen subjektiven Reichweite der einschlägigen Zurechnungstatbestände durch die h. M. Während Art. 55 Abs. 2 ZGB nämlich auf die «Organe» und ihr «sonstiges Verhalten», d. h. ein nicht rechtsgeschäftliches Verhalten, Bezug nimmt, betreffen die für die jeweils betroffene Gesellschaftsform spezielleren Art. 722, 817, 899 Abs. 3 OR nach ihrem Wortlaut und ihrer systematischen Stellung eine «zur Geschäftsführung oder zur Vertretung befugte Person», welche die unerlaubte Handlung «in Ausübung ihrer geschäftlichen Verrichtungen» begeht. Damit wird der subjektive Anwendungsbereich der Zurechnung nach vorherrschender Auslegung einerseits zu weit und andererseits zu eng bestimmt. Da es dogmatisch um die Zurechnung eines tatsächlichen Verhaltens (Delikt) geht, sollte es entgegen dem Wortlaut und der systematischen Stellung von Art. 722, 817, 899 Abs. 3 OR nicht genügen, dass die betreffende Person z. B. als Handlungsbevollmächtigte lediglich rechtsgeschäftlich zur Vertretung der Gesellschaft befugt ist[135]. Vielmehr ist vor dem Hintergrund der allgemeineren Regelung von Art. 55 Abs. 2 ZGB eine (zumindest faktische) Organstellung der massgeblichen Person zu verlangen. Auf der anderen Seite sind die Art. 722, 817, 899 Abs. 3 OR aber auch zu eng gefasst, weil sie nur auf eine «befugte Person» Bezug nehmen, unstreitig aber auch bei faktischen Organen eine Zurechnung in Betracht kommen soll, so dass das Adjektiv «befugte» erweitert i. S. v. «befasste» (so auch Art. 754 Abs. 1 OR) zu lesen ist. Die Formulierung des Zurechnungstatbestands ist in Art. 722 aber insofern gegenüber Art. 55 Abs. 2 ZGB genauer, als dort nur auf Exekutivorgane Bezug genommen wird, wie sich aus der erforderlichen Befugnis zur Geschäftsführung oder Vertretung sowie aus dem Erfordernis eines funktionalen Zusammenhangs mit «geschäftlichen Verrichtungen» ergibt.

Beispiele: Formell wirksam bestellte oder faktische Verwaltungsräte, Delegierte und Direktoren einer Aktiengesellschaft, GmbH-Geschäftsführer, Verwaltungsmitglieder einer Genossenschaft und Vorstandsmitglieder eines Vereins, *nicht jedoch* die Revisionsstelle.

- Das betreffende (faktische) Leitungsorganmitglied muss die unerlaubte Handlung zudem *in Ausübung* seiner geschäftlichen Verrichtungen begangen haben (Art. 722, 817, 899 Abs. 3 OR). Auch wenn dies in Art. 55 Abs. 2 ZGB nicht eigens erwähnt wird, muss nach allgemeiner Meinung zwischen dem Delikt und den übertragenen bzw. angemassten organschaftlichen Geschäftsführungsaufgaben auch beim Verein ein derartiger *funktionaler Zusammenhang* bestehen[136]. Das Tatbestandsmerkmal ist wie in Art. 55 Abs. 1 OR und Art. 567 Abs. 3 OR auszulegen. Damit kommt es zu keiner Zurechnung, wenn das Verhalten nicht der Gesellschaftssphäre, also insbesondere dem Privatbereich des Organs, zuzurechnen ist oder wenn das Delikt lediglich bei Gelegenheit der gesellschaftsbezogenen Geschäftsführung verwirklicht wurde[137]. Dabei genügt es allerdings, wenn das Verhalten nur abstrakt der Gesellschaftssphäre und den Geschäftsführungsaufgaben zuzu-

135 Vgl. BGE 122 III 225, 227 f.; vorbehalten bleibt die Stellung als faktisches Organ (dazu N 16 ff.).

136 Siehe nur BGE 68 II 91, 98 f.; BGE 101 Ib 422, 436 f.; BK-Riemer, Art. 54/55 ZGB N 35 f.

137 Siehe nur BGE 121 III 176, 180; BGE 105 II 289, 295 f.

rechnen ist, so dass die Zurechnung auch dann greift, wenn das (faktische) Leitungsorganmitglied seine Kompetenzen im massgeblichen Einzelfall überschritten haben sollte[138]. In Zweifelsfällen ist nach dem Vertrauensprinzip zu entscheiden, ob der Dritte ein Handeln für die Körperschaft annehmen durfte oder nicht[139].

Beispiel (nach BGE 105 II 289): Namens der H-AG wurde an die Order von Meier ein Eigenwechsel ausgestellt, der auf CHF 3 000 000 lautete. Der Wechsel war an die F-AG indossiert. Die Urkunde trug ausser dem Firmenstempel der Ausstellerin die Unterschriften ihres Direktors Sutter und des Prokuristen Rapp, die beide kollektivzeichnungsberechtigt waren. Die Unterschrift von Sutter war echt, die von Rapp hingegen von Sutter gefälscht. Bei Verfall des Wechsels verweigerte die H-AG wegen der gefälschten Unterschrift die Zahlung. Zu Recht?

Da mangels einer Vertretungsmacht Sutters eine wechselrechtliche Haftung nicht gegeben ist, kommt allein eine ausservertragliche Haftung der H-AG in Betracht. Durch die Unterschriftenfälschung und durch die betrügerische Begebung des Wechsels hat Sutter zum Nachteil der F-AG eine unerlaubte Handlung begangen. Fraglich ist, ob das Handeln von Sutter als Organhandeln gemäss Art. 722 OR zu verstehen ist, was zu einem Schadenersatzanspruch gegen die H-AG aus Art. 41 Abs. 1 OR führen würde. Erforderlich dafür ist, dass eine Handlung ihrer Natur und ihrem Typus nach in den Bereich der Organkompetenz fällt. Hierzu muss ein funktionaler Zusammenhang zwischen dem Handeln und der Organkompetenz bestehen. Eine Vertretungsmacht des Organs ist nicht erforderlich. Vorliegend hat Sutter nicht lediglich ohne Vertretungsmacht gehandelt. Er hat nämlich nicht nur eine gefälschte Unterschrift auf dem Wechsel angebracht, sondern den Wechsel auch in Verkehr gebracht. Dies konnte er unbeschadet der fehlenden Einzelzeichnungsbefugnis auch alleine tun. Insofern unterscheidet sich der vorliegende Fall von einer Situation, in der ein lediglich kollektiv zeichnungsberechtigtes Organ einem gutgläubigen Dritten seine Einzelzeichnungsberechtigung vorspiegelt. Im letzteren Falle kann nur bei einem vertretungsberechtigten Organ gesagt werden, es handele in Ausübung seiner geschäftlichen Verrichtungen. Das Eingreifen von Art. 722 OR wird auch nicht dadurch gehindert, dass Sutter eigenmächtig und gegen die Interessen der Gesellschaft gehandelt hat. Wegen des funktionellen Zusammenhangs liegt kein den Art. 722 OR ausschliessendes Privathandeln von Sutter vor. Die F-AG hat daher aus Art. 41 Abs. 1, 722 OR gegen die H-AG einen Anspruch auf Zahlung von CHF 3 000 000.

[138] Siehe nur BGE 105 II 289, 292 f. und 295 f.

[139] BK-Riemer, Art. 54/55 ZGB N 40.

76 Aufgrund der Zurechnung nach Art. 55 Abs. 2 ZGB bzw. Art. 722, 817, 899 Abs. 3 OR wird das betreffende Delikt nicht nur von dem handelnden (faktischen) Leitungsorganmitglied, sondern auch von der Körperschaft selbst begangen. Gesellschaft (Art. 55 Abs. 2 ZGB) und handelndes Organ (Art. 55 Abs. 3 ZGB)[140] sind *solidarisch zum Ersatz* des aus dem Delikt der geschädigten Person entstandenen Schadens *verpflichtet*. Dabei ist das handelnde Organ über den Wortlaut von Art. 55 Abs. 3 ZGB hinaus nicht nur bei eigenem Verschulden, sondern auch in Fällen der einfachen oder strengen Kausalhaftung neben der juristischen Person solidarisch haftbar[141].

Rechtsfolge: Solidarische Haftung

77 Wird die Körperschaft wie zumeist von dem Geschädigten in Anspruch genommen (Art. 144 OR), kann sie zumindest auf der Grundlage von *Art. 148 Abs. 2 OR* gegen das handelnde Organmitglied im Innenverhältnis nach Massgabe von *Art. 51 OR Regress nehmen*. Da Art. 51 Abs. 1 OR auf Art. 50 Abs. 2 OR verweist, bestimmt sich die Höhe des Regressanspruchs nach gerichtlichem Ermessen unter Berücksichtigung der sog. Kaskadenordnung von Art. 51 Abs. 2 OR. Da die Körperschaft aufgrund einer gesetzlichen Zurechnung (Art. 55 Abs. 2 ZGB) haftbar wurde und ihr anders als im Aussenverhältnis im Rahmen des Regresses nicht die Schuld des Organs als eigene zu dessen Entlastung angerechnet werden sollte, ist die Körperschaft im Rahmen von Art. 51 Abs. 2 OR als eine ohne eigene Schuld ex lege haftende Person zu betrachten[142]. Dies führt dann auch im Rahmen der letztlich massgeblichen Ermessensentscheidung nach Art. 50 Abs. 2 OR dazu, dass die Körperschaft gegen ein schuldhaft handelndes Organ in aller Regel vollständig Regress nehmen kann. Etwas anderes kann sich aber aus einer Haftungsfreistellungsvereinbarung mit dem betreffenden Organmitglied oder bei einem Organisationsverschulden der Körperschaft, welches die Zurechnung von mitwirkenden Tatbeiträgen anderer Personen verhindert hat, ergeben. Möglich sind schliesslich noch *Regressansprüche* der Körperschaft *aus dem* zumeist zwischen Organ und Gesellschaft bestehenden *Anstellungsverhältnis* (Art. 97 Abs. 1, 321e, 398 OR).

Regress der Körperschaft

b) Zurechnung von unerlaubten Handlungen der Verrichtungsgehilfen

78 Die unerlaubten Handlungen von Verrichtungsgehilfen, die in einem Unterordnungsverhältnis zur Gesellschaft mit geringen Entscheidungsspielräumen stehen, werden der Körperschaft als Geschäftsherrin nach *Art. 55*

Verrichtungsgehilfen

140 Zur Eigenhaftung des Organs näher Spitz, SJZ 99 (2003), S. 165 ff.

141 BK-Riemer, Art. 54/55 ZGB N 64 f. und 68.

142 Vgl. dazu näher für den Verein BK-Riemer, Art. 69 ZGB N 129 m. w. N.

Abs. 1 OR zugerechnet, sofern wiederum ein funktionaler Zusammenhang zwischen Delikt und zugewiesener Verrichtung besteht und sich die Gesellschaft nicht durch den Nachweis entlasten kann, dass sie die unerlaubt handelnde Person sorgfältig ausgewählt, instruiert bzw. ausgestattet und kontrolliert hat[143]. Eine Sonderregelung für Wettbewerbshandlungen i. S. v. Art. 2 UWG enthält Art. 11 UWG[144].

2. Personengesellschaften

a) Personenhandelsgesellschaften

Körperschaftsähnliche Zurechnung

Die KlG haftet nach *Art. 567 Abs. 3 OR* für den Schaden aus unerlaubten Handlungen, die *ein Gesellschafter in Ausübung* seiner geschäftlichen Verrichtungen begeht[145]. Das gilt auch für die KmG, der das geschäftsbezogene Verhalten der Komplementäre und der ausnahmsweise geschäftsführungsbefugten Kommanditäre zugerechnet werden kann, obwohl die Verweisung in Art. 598 Abs. 2 OR nur das Innenverhältnis und die Verweisung in Art. 603 OR nur die Komplementäre und die auf Rechtsgeschäfte bezogene Stellvertretung betreffen[146]. Diese Eigenhaftung der im Aussenverhältnis rechtlich gegenüber den Gesellschaftern verselbständigten Personenhandelsgesellschaften, die solidarisch neben diejenige des schädigenden Gesellschafters tritt, entspricht nach Tatbestand und Rechtsfolgen derjenigen der Körperschaften (dazu N 75 ff.). Sie bezieht sich lediglich anstelle der Leitungsorganmitglieder auf die geschäftsführenden Gesellschafter. Auch eine Personenhandelsgesellschaft kann zudem aus Art. 55, 56, 58 OR, Art. 679 ZGB, Art. 58 SVG, Art. 1 ff. PrHG, Art. 59a Abs. 1 USG etc. haftbar werden. 79

b) Einfache Gesellschaft

Keine Zurechnung von Gesellschafterverhalten

Für die *Zurechnung* des gesellschaftsbezogenen deliktischen Verhaltens einzelner Gesellschafter *zur Gesellschaftergesamtheit* fehlt es im Recht der einfachen Gesellschaft an einer dem Art. 55 Abs. 2 ZGB oder dem Art. 567 Abs. 3 OR vergleichbaren Zurechnungsnorm. Es handelt sich um eine planmässige Gesetzeslücke, die nicht durch eine Analogie gefüllt 80

143 Näher CHK-MÜLLER, Art. 55 OR N 5 ff.

144 Dazu näher SHK UWG-SPITZ/JUNG, Art. 11 N 1 ff.

145 Zum erforderlichen funktionalen Zusammenhang näher ZK-HANDSCHIN/CHOU, Art. 567 OR N 29 ff.

146 So im Ergebnis mit unterschiedlichen Begründungen FELLMANN, in: Rechtsfragen rund um die KMU, 2003, S. 113, 146 (Anwendung von Art. 603 OR); ZK-HANDSCHIN/CHOU, Art. 602–603 OR N 8 (Anwendung von Art. 567 Abs. 3 OR); BSK OR II-PESTALOZZI/VOGT, Art. 603 N 8 (Anwendbarkeit von Art. 55 ZGB).

werden kann, da die einfache Gesellschaft nach der traditionellen Gesamthandslehre auch im Aussenverhältnis gegenüber der Gesamtheit ihrer Gesellschafter nicht verselbständigt ist und daher anders als etwa eine juristische Person nicht als Zurechnungssubjekt von Delikten Dritter in Betracht kommt (sog. *Deliktsunfähigkeit* der einfachen Gesellschaft). Das deliktische Verhalten einzelner Gesellschafter kann den anderen Gesellschaftern auch nicht individuell zugerechnet werden. Die anderen Gesellschafter können nämlich nicht als Geschäftsherren des deliktisch handelnden Mitgesellschafters i. S. v. Art. 55 OR gelten, weil ein Gesellschafter aufgrund seiner unabhängigen und im Verhältnis zu den Mitgesellschaftern gleichberechtigten Stellung kein im Subordinationsverhältnis stehender Verrichtungsgehilfe der anderen Gesellschafter ist[147].

Möglichkeiten der deliktischen Solidarhaftung

81 Eine Gesellschaftsschuld mit solidarischer Haftung der Gesellschafter nach Art. 544 Abs. 3 OR kann sich im Zusammenhang mit deliktischen Schädigungen aber dann ergeben, *wenn alle Gesellschafter* an der schädigenden Handlung als Mittäter, Teilnehmer bzw. Nebentäter mitgewirkt haben (Art. 50 f. OR). Ausserdem kann die Gesamtheit der Gesellschafter als Geschäftsherrin (Art. 55 OR[148]), Tierhalterin (Art. 56 OR), Werkeigentümerin (Art. 58 OR), Eigentümerin eines Grundstücks (Art. 679 ZGB) oder Halterin eines Motorfahrzeugs (Art. 58 SVG) für eine Schädigung verantwortlich sein.

II. Strafrechtliche Verantwortlichkeit von Gesellschaften

Primäre Verantwortlichkeit der handelnden natürlichen Personen

82 Gesellschaften sind zwar auch strafrechtlich handlungsfähig[149], jedoch nicht schuldfähig und damit grundsätzlich nicht straffähig[150]. Besondere Pflichten, welche die Gesellschaft treffen und deren Verletzung die Strafbarkeit begründet oder erhöht, werden daher den natürlichen Personen zugerechnet, die für die Gesellschaft handeln, um jene strafrechtlich zur Verantwortung ziehen zu können (*Art. 29 StGB*). Das gilt insbesondere auch für die Stellung der Gesellschaft als sog. Geschäftsherrin bzw. die daraus erwachsenden Garantenpflichten (siehe insbesondere Art. 179^{sexies} Abs. 2, 326bis Abs. 2 und Abs. 3 StGB, Art. 6 Abs. 2 und 3 VStrR). Im Gegen-

147 Siehe nur BGE 84 II 381, 382 f.; VON STEIGER, SPR VIII/1, 1976, S. 435; ein Subordinationsverhältnis hingegen in Ausnahmefällen für möglich haltend ZK-HANDSCHIN/VONZUN, Art. 544 OR N 99 f.

148 BGE 72 II 255, 266.

149 WOHLERS, SJZ 96 (2000), 381, 384 f.

150 Siehe zur Diskussion um die Straffähigkeit juristischer Personen sowie zu internationalen Einflüssen auf das Schweizer Recht PIETH, ZStrR 2001, 1 ff.

satz zu Art. 55 Abs. 2 ZGB erfolgt keine Zurechnung des Verhaltens der massgeblichen natürlichen Personen zur Aktiengesellschaft, sondern umgekehrt eine Zurechnung der die Gesellschaft treffenden Pflicht zu den genannten realiter verantwortlichen natürlichen Personen, die diese Pflicht für die juristische Person verantwortlich wahrzunehmen haben. Ausserdem können aufgrund der Zurechnung von Garantenpflichten auch Personen strafrechtlich sanktioniert werden, die an dem massgeblichen Delikt weder als Mittäter noch als Anstifter oder Gehilfen teilgenommen haben, dem Täter gegenüber aber eine Pflicht zur Überwachung hatten[151]. Eine allgemeine Pflicht des Unternehmensträgers bzw. seiner Exekutivorgane, Straftaten im Unternehmen mit Ausnahme sog. Exzesstaten zu verhindern, ist in der Praxis allerdings umstritten geblieben[152].

Ausnahmsweise Strafbarkeit von Gesellschaften

Seit 1. Oktober 2003 besteht jedoch auch eine eigene Strafbarkeit der Träger von Unternehmen, die keine natürlichen Personen sind (zunächst Art. 100^quater aStGB, jetzt *Art. 102 StGB*)[153]. Wird daher in einem Unternehmen in Ausübung geschäftlicher Verrichtung im Rahmen des Unternehmenszwecks ein Verbrechen oder Vergehen (Art. 10 Abs. 2, Abs. 3 StGB) begangen und kann diese sog. Anlasstat wegen mangelhafter Organisation des Unternehmens keiner bestimmten natürlichen Person zugerechnet werden, so wird das Verbrechen oder Vergehen nach Art. 102 Abs. 1 S. 1 StGB dem Unternehmen zugerechnet. Es droht eine Busse von bis zu 5 Millionen Franken. Die Aktiengesellschaft wird insoweit kraft subsidiärer Zurechnung bestraft, weil die Anlasstat aufgrund von Organisationsmängeln im Unternehmen trotz intensiver Bemühungen der Strafverfolgungsbehörden keiner natürlichen Person zugerechnet werden kann. Der Organisationsmangel muss mithin nur die Zurechnung und damit die Verfolgung der Tat unmöglich machen, nicht aber die Tatbegehung ermöglicht haben[154]. Die theoretisch in Betracht kommenden natürlichen Personen müssen die objektiven und subjektiven Voraussetzungen der Anlasstat verwirklicht haben. Der Unternehmensträger ist hingegen unabhängig von der Anlasstat allein *für seine fehlende Transparenz* für die Strafverfolgungsbehörden bzw. seine mangelnde Kooperation mit den Strafverfolgungsbehörden *verantwortlich*[155]. Handelt es sich bei der Straftat nach Art. 102 Abs. 1 StGB um eine Straftat nach den Art. 260ter, 260^quinquies, 305bis, 322ter, 322^quinquies, 322^septies Abs. 1 oder 322^octies StGB, so wird das Unternehmen gemäss Art. 102 Abs. 2 StGB auch unabhängig von 83

[151] Dazu etwa für Art. 6 Abs. 2 und Abs. 3 VStrR Böckli, StR 1981, 1, S. 3.
[152] BGE 96 IV 155, 180 f.; BGE 105 IV 172, 175 ff.; BGE 122 IV 103, 128 f.
[153] Zur Entstehungsgeschichte und zu Grundfragen des Tatbestands siehe Heine, ZStrR 2003, S. 24 ff.
[154] Botschaft AT StGB, BBl 1999, 1979, 2142.
[155] Arzt, SZW 2002, 226, S. 227.

der Strafbarkeit natürlicher Personen bestraft, wenn dem Unternehmen vorzuwerfen ist, dass es nicht alle gesetzlich oder allenfalls kraft Selbstregulierung[156] erforderlichen und zumutbaren organisatorischen Vorkehren getroffen hat, um eine solche Straftat zu verhindern. Der Unternehmensträger wird im Rahmen von Art. 102 Abs. 2 StGB folglich wegen der Verletzung von Überwachungspflichten als Garant verantwortlich gemacht[157]. Die Anlasstat ist nur objektive Bedingung der Strafbarkeit der Gesellschaft und muss anders als in den Fällen von Abs. 1 nicht ihrerseits vorsätzlich oder fahrlässig begangen worden sein[158]. Art. 102 StGB hat bislang kaum praktische Bedeutung erlangt[159]. Bussen können die Gesellschaften als Unternehmensträger aber auch noch bei einer *Steuerhinterziehung* (Art. 181 Abs. 1 DBG[160]) und im *Verwaltungsstrafrecht* (Art. 7 Abs. 1 VStrR) treffen.

F. Handeln der Gesellschaft im Zivilprozess

84 Die einfache Gesellschaft ist als solche weder rechts- noch parteifähig. Es können daher nur alle Gesellschafter gemeinsam klagen (Aktivprozess) und eingeklagt werden (Passivprozess). Die Personenhandelsgesellschaften (Art. 562, 602 OR) und die Körperschaften (Art. 53 ZGB[161]) können hingegen unter ihrer Firma bzw. ihrem Namen klagen und eingeklagt werden. Die Gesellschaft ist dann Partei. Sie wird bei Prozesshandlungen durch ihre vertretungsbefugten Gesellschafter bzw. Organe sowie ggf. durch Prokuristen und gesondert zur Prozessführung ermächtigte Handlungsbevollmächtigte (vgl. Art. 462 Abs. 2 OR) vertreten, die anders als lediglich faktische Organe (dazu N 18) auch das persönliche Erscheinen einer Gesellschaft nach Art. 204 ZPO gewährleisten können[162]. Nach Art. 159 ZPO sind die Organe juristischer Personen im Beweisverfahren wie eine Partei zu behandeln. Damit können sie nach Art. 169 i. V. m. 159 Parteifähigkeit

156 Siehe zur fehlenden Bindung der Strafgerichte an Selbstregulierungserlasse nur BGE 125 IV 139, 144 f. und BGE 111 Ib 126, 128.

157 Heine, ZStrR 2003, 24, S. 38 ff.

158 BSK StGB-Niggli/Gfeller, Art. 102 N 243.

159 Siehe lediglich RFJ 2005, S. 59, Nr. 2 (Zurechnung eines Verkehrsdelikts wegen Nichtfeststellbarkeit des fahrenden Mitarbeiters).

160 Dazu BGE 135 II 86.

161 BGE 42 II 553, 555.

162 BGE 141 III 80, 82; BGE 141 III 159, 162.

ZPO nicht als Zeuge (Art. 169 ff. ZPO), sondern nur als Partei (Art. 191 ff. ZPO) befragt und zur Beweisaussage verpflichtet werden. Das gilt nach jeweils h. M. entsprechend für die geschäftsführenden Gesellschafter und Fremdgeschäftsführer einer Personenhandelsgesellschaft sowie für faktische Organe[163].

G. Vertiefungsfragen

1. Können Nichtgesellschafter Geschäftsführer einer Personengesellschaft sein?
2. Was ist ein Organ? Wodurch unterscheidet es sich von einem rechtsgeschäftlichen Stellvertreter?
3. Kann ein Prokurist im Namen des Prinzipals ein Grundstück erwerben und zur Sicherung des gestundeten Restkaufpreises eine Grundpfandverschreibung errichten?
4. Warum gilt bei manchen Gesellschaften der Grundsatz der Einzelgeschäftsführung und bei anderen der Grundsatz der Gesamtgeschäftsführung? Was bedeutet dies jeweils für die Vertretungsmacht?
5. Warum stellt sich im Aktienrecht relativ häufig die Frage nach der Zulässigkeit von Insichgeschäften? Welches sind die Voraussetzungen ihrer Zulässigkeit?
6. Inwiefern können von Gesellschaften unerlaubte Handlungen begangen werden?
7. Unter welchen Voraussetzungen besteht eine strafrechtliche Verantwortlichkeit von juristischen Personen?
8. Kann das faktische Organ einer GmbH diese in einer Schlichtungsverhandlung vertreten?

163 Näher JUNG, BJM 2009, 121, 124 ff.; krit. zur beweisrechtlichen Parteistellung faktischer Organe JUNG, FS Sutter-Somm, 2016, S. 263, 269 f.

2. Kapitel: Besonderer Teil

§ 7 Personengesellschaftsrecht

A. Einstieg

Lernziele

- Sie verstehen betreffend die drei Personengesellschaften des OR – nämlich die einfachen Gesellschaften, die Kollektivgesellschaften sowie die Kommanditgesellschaften – deren Rechtsgrundlagen, deren Strukturen und deren Funktionsweisen.
- Sie können die Personengesellschaften als Rechtsgemeinschaften einerseits gegenüber den Körperschaften (z. B. AG) und andererseits untereinander abgrenzen.
- Sie erkennen die Praxisrelevanz der einfachen Gesellschaft; als Auswahl: Konkubinate, Aktionär- oder Gesellschafterbindungsverträge, Kreditkonsortien, ARGE («Arbeitsgemeinschaften») oder kaufmännische einfache Gesellschaften.
- Sie entdecken das Gestaltungspotenzial bei Kollektivgesellschaften sowie bei Kommanditgesellschaften, insbesondere im Zusammenhang mit KMU-Situationen und deren Praxisbezug (z. B. als Anwaltskanzleien oder als Privatbankiers).
- Sie kennen die aktuellen rechtspolitischen Entwicklungen zu den Personengesellschaften in der Schweiz (GmbH & Co. KG, Partnerschaft mit beschränkter Haftung).

Gesetzliche Grundlagen

- Art. 530 ff. OR, Art. 552 ff. OR, Art. 594 ff. OR (SR 220)
- Art. 40 ff. HRegV (SR 221.411)

Literaturhinweise

FELLMANN WALTER/MÜLLER KARIN, Berner Kommentar – Die einfache Gesellschaft: Art. 530–544 OR, Band VI 2. Abteilung 8. Teilband (Bern 2006).

HANDSCHIN LUKAS/CHOU HAN-LIN, Zürcher Kommentar – Die Kollektivgesellschaft, die Kommanditgesellschaft, Bd. V/4b (Zürich 2009).

HANDSCHIN LUKAS/VONZUN RETO, Zürcher Kommentar – Die einfache Gesellschaft, Bd. V/4a (Zürich 2009).

KUNZ PETER V., Aktualitäten im schweizerischen Personengesellschaftsrecht – ein erster Überblick, in: Entwicklungen im Gesellschaftsrecht II (Bern 2007) 135 ff.

B. Einführungsfall

Annette, Beat und Claudio studieren Rechtswissenschaft an der Universität Bern und besuchen im 3. Semester bei Prof. Konrad die (hervorragende!) *Vorlesung «Wirtschaftsrecht 1»*. Da die drei befreundeten Studierenden gelegentlich in den Vorlesungen von Prof. Konrad fehlen, tauschen sie ihre *detaillierten Notizen* untereinander aus; insbesondere die Vorlesungsnotizen von Annette erweisen sich als ausführlich und für alle nützlich. Nachdem Mitstudenten diese Unterlagen ebenfalls kopiert haben möchten, beschliessen «Die Drei», ihre Notizen gemeinsam kopieren und binden zu lassen sowie für CHF 20.– pro Exemplar *zum Kauf* anzubieten.

Annette hat ein ungutes Gefühl und fragt sich, ob sie allenfalls *haftbar* werden könnte, wenn sich Fehler in den Vorlesungsnotizen eingeschlichen hätten. Beat belächelt Annette etwas gönnerhaft und erklärt ihr, dass sie als *einfache Gesellschafterin* von «Die Drei» ohnehin nur bei *Vorsatz* haftbar wäre; er sei aber bereit, eine «kaufmännische einfache Gesellschaft» zu gründen, bei der einzig das *Gesellschaftskapital* hafte.

Annette, Beat und Claudio geniessen einen grossen Verkaufserfolg und beschliessen deshalb, die im nächsten Semester stattfindende *Vorlesung «Wirtschaftsrecht 2»* ebenfalls als inoffizielles Skript unter dem Label «Die Drei» zu produzieren – notabene zum doppelten Preis, weil die Vorlesung nunmehr vier statt zwei Wochenstunden umfasst. Annette besteht darauf, zu diesem Zweck eine *Kollektivgesellschaft zu gründen*; Beat und Claudio sind einverstanden. Zur Klärung der Rechtslage wünscht Claudio einen möglichst baldigen *Handelsregistereintrag* der Gesellschaft, weil «Die Drei» bis zu diesem Moment als «Gründungsgesellschafter» primär haften würden.

Als *Firma* der zu gründenden Gesellschaft schlägt Beat schlicht *«Die Drei»* vor; ausserdem müsse, so Beat, ein *Hinweis auf die Rechtsform* in den Unternehmensnamen aufgenommen werden. Schliesslich verständigen sich «Die Drei» darauf, alles in der gemeinsamen Kollektivgesellschaft zu *teilen*, nämlich die Geschäftsführung, die Vertretung und den Gewinn (zur Verlusttragung schweigen sie sich allerdings aus). Claudio erkundigt sich nach dem *Mindestkapital* einer Kollektivgesellschaft, und Annette und Beat wissen keine Antwort. Die Kollektivgesellschaft wird – nach einigen *notwendigen Anpassungen* – ins Handelsregister Bern eingetragen.

Das Team von «Die Drei» fällt – zur eigenen Überraschung – in der Wirtschaftsrechtsprüfung von Prof. Konrad durch. Dies verunsichert Annette hinsichtlich der Korrektheit der Notizen. Sie will deshalb ihre *Haftung beschränken* und nur als *Kommanditärin* haften. Beat zeigt sich wenig erfreut und verweist auf die hohen Kosten, die dieses Anliegen von Annette mit sich bringe: Auflösung der Kollektivgesellschaft und Neugründung einer Kommanditgesellschaft oder Durchführung einer Umwandlung nach Fusions- bzw. Umstrukturierungsrecht (Umwandlungsplan und -bericht, Revision etc.); ausserdem sei die *minimale Kommanditsumme* nicht unbedeutend. Er sei nur einverstanden, wenn der *Name* von Annette weiterhin in der Firma ausgewiesen werde.

Aufgaben

1. Wie ist die *Abrede* von Annette, Beat und Claudio zum Austausch der Vorlesungsnotizen rechtlich zu qualifizieren? Ändert sich dadurch etwas, dass die drei Studenten diese Notizen zur Vorlesung von Prof. Konrad *professionell bearbeiten* lassen und den übrigen Studenten *zum Kauf anbieten* (mit dem Label «Die Drei»)?

2. Was halten Sie von den *Aussagen von Beat*, die in erster Linie wohl Annette beruhigen sollen? Besteht zwischen den drei Studenten wirklich eine *einfache Gesellschaft*? Was denken Sie über die Bemerkung, dass Annette als einfache Gesellschafterin ausschliesslich für *Vorsatz* haftbar gemacht werden könnte? Wie entsteht eine «kaufmännische einfache Gesellschaft» – und was sind deren Haftungsfolgen?

3. Wie wird eine *Kollektivgesellschaft* gegründet? Welche Bedeutung kommt dem *HR-Eintrag* im konkreten Fall zu? Was wird unter *Gründungsgesellschaft* verstanden – und wie wird eine solche Gesellschaft in aller Regel qualifiziert?

4. Welche *firmenrechtlichen* Grundsätze sowie Spezialitäten sind für eine Kollektivgesellschaft zu berücksichtigen? Welche rechtlichen Konsequenzen hat es, wenn – wie im konkreten Fall – keine ausdrückliche Regelung zur *Verlusttragung* besteht? Wie hoch ist das *gesetzliche Mindestkapital* einer Kollektivgesellschaft?

5. Vor welchen *Schäden* (konkret: vergangenen und/oder künftigen Schädigungen) wäre Annette durch eine Kommanditgesellschaft geschützt? Wie erfolgt die *Umwandlung* der Kollektivgesellschaft «Die Drei» in eine Kommanditgesellschaft? Wie hoch ist die *minimale Kommanditsumme*? Ist es möglich, den *Namen von Annette* als Firmenteil zu belassen, und zwar als Kommanditärin – welche Rechtsfolgen hätte dies?

C. Einführung

I. Grundlagen

1. Wirtschaftsrealitäten

Fokus auf KMU

Die *Personengesellschaften* erweisen sich aus verschiedenen Gründen – z. B. hohe Flexibilität sowie tiefe Kosten – als ideal für kleine und mittlere Unternehmungen (KMU). Obwohl sie meist nicht im Fokus des (medialen und sonstigen) Interesses stehen, stellen sie einen zentralen Teil der *schweizerischen Volkswirtschaft* dar[1]. 1

Zugegebenermassen spielen die Personengesellschaften bzw. die Rechtsgemeinschaften gerade etwa in den Medien oder bei den Finanzanalysten und sogar in der Rechtswissenschaft in der «*zweiten Liga*» verglichen mit den Kapitalgesellschaften bzw. mit den Körperschaften (z. B. den Aktiengesellschaften).

1 Ein nicht zu unterschätzender Teil der die schweizerische Wirtschaft prägenden *Familiengesellschaften* sind als Personengesellschaften organisiert.

2 Nicht anders verhält es sich im Übrigen im *Ausland*. M. W. sämtliche ausländischen Rechtsordnungen sehen Personengesellschaften vor (vgl. dazu hinten N 233 ff.), die aber als KMU meist nur lokal und kaum jemals grenzüberschreitend tätig sind. Mangels Interesse und mangels Notwendigkeit gibt es *keine formellen Rechtsvereinheitlichungen* im Bereich der Personengesellschaften (vgl. dazu hinten N 247 ff.)[2] – ganz anders als bei den Kapitalgesellschaften (insbesondere in der EU). Ausland

2. Normative Basis

3 Die *drei zentralen* Personengesellschaften finden ihre detaillierten Rechtsgrundlagen betreffend Struktur und Funktionsweise im *Obligationenrecht* (OR), und zwar in Art. 530 ff. OR (einfache Gesellschaften bzw. eG), in Art. 552 ff. OR (Kollektivgesellschaften bzw. KlG)[3] sowie in Art. 594 ff. OR (Kommanditgesellschaften bzw. KmG) – und dies war notabene bereits der Fall seit der ersten eidgenössischen Gesellschaftsrechtsordnung, d. h., seit dem OR 1883[4]. Obligationenrecht

Das Personengesellschaftsrecht im «klassischen Gesellschaftsrecht» umfasst ca. 90 Artikel. Ergänzt werden diese Regelungen durch die *Handelsregisterverordnung* des Bundesrats (z. B. Art. 40 ff. HRegV). Die KlG sowie die KmG müssen ausserdem im Rahmen von Art. 957 ff. OR die Regeln zur *Buchführung* sowie zur *Rechnungslegung* beachten (vgl. dazu hinten N 210)[5].

4 Eine *vierte* Personengesellschaft, nämlich die Kommanditgesellschaft für kollektive Kapitalanlagen (KmGK) wird im Rahmen des *Kollektivanlagenrechts* reguliert (vgl. dazu hinten § 15 N 34 ff.). Die drei OR-Personengesellschaften (also: eG, KlG sowie KmG), mit denen sich die folgenden Ausführungen beschäftigen, kommen – je nach Tätigkeit oder Verhalten – in den Anwendungsbereich von wirtschaftsrechtlichen *Spezialgesetzen*; zu denken ist etwa an das Fusionsgesetz (vgl. dazu hinten N 213 ff.) oder an das Bankengesetz (vgl. dazu hinten N 220 ff.). Spezialgesetze

2 Immerhin sind *materielle Rechtsvereinheitlichungen* insofern festzustellen, als die Personengesellschaften in den ausländischen Gesellschaftsrechten *ähnlich ausgestaltet* sind.

3 Das Bundesgericht bezeichnet die *KlG* in BGE 124 III 365 Erw. 2. a als *Sonderform der eG*.

4 Das Personengesellschaftsrecht hat sich im Rahmen des OR in den letzten 130 Jahren inhaltlich kaum verändert.

5 Der *Begriff «Personengesellschaft(en)»* wird im eigentlichen Personengesellschaftsrecht des OR nicht verwendet, anders hingegen im *Buchführungsrecht* (Art. 957 Abs. 1 Ziff. 1/Abs. 2 Ziff. 1 OR), im *Rechnungslegungsrecht* (Art. 959c Abs. 3 OR) sowie im *Revisionsrecht* (Art. 728 Abs. 3 OR sowie Art. 730 Abs. 2 OR).

Legaldefinition(en)

Der Terminus *«Personengesellschaft»*, der meist *untechnisch* (ebenfalls in dieser Darstellung) als Oberbegriff für die eG, für die KlG und für die KmG verwendet wird, hat *keine Legaldefinition*. An einigen Stellen erwähnen Regulierungen nichtsdestotrotz diesen Begriff (z. B. Art. 728 Abs. 3 OR und Art. 730 Abs. 2 OR; Art. 957 Abs. 1 Ziff. 1/Abs. 2 Ziff. 1 OR; Art. 959*c* Abs. 3 OR; Art. 153*b* Abs. 1 lit. a/Abs. 2 lit. a Ziff. 2/Abs. 3 HRegV; Art. 154 Abs. 1/Abs. 2 lit. a/Abs. 2bis HRegV und Art. 159 Abs. 1 lit. c/Abs. 2 lit. c/Abs. 4 lit. c HRegV)[6]. 5

Dem Begriff *«Handelsgesellschaft»* kommt hingegen eine *spezifische* Bedeutung zu; aus der Marginale zur Dritten Abteilung des OR (nämlich: «Die Handelsgesellschaften und die Genossenschaft») wird ersichtlich, dass nicht allein z. B. die AG und die GmbH, sondern ausserdem die *KlG* und die *KmG* als Handelsgesellschaften zu qualifizieren sind; die *eG* hingegen gehört nicht zu den Handelsgesellschaften, sondern zur Zweiten Abteilung des OR (also: «Die einzelnen Vertragsverhältnisse»). 6

Die Handelsgesellschaften werden durch *Regulierungen* oft erwähnt[7], etwa: Art. 181 Abs. 4 OR, Art. 594 Abs. 2 OR, Art. 625 OR, Art. 707 Abs. 3 OR, Art. 772 Abs. 1 OR, Art. 775 OR; Art. 776*a* Abs. 1 Ziff. 12 OR; Art. 809 Abs. 2 OR; Art. 828 Abs. 1 OR; Art. 894 Abs. 2 OR; Art. 939 Abs. 1 OR; Art. 950 Abs. 1 OR; Art. 951 OR; Art. 956 Abs. 1 OR; Art. 116*a* Abs. 1 HRegV oder Art. 120 HRegV.

KMU-Statut

Seit einigen Jahren wird auf wissenschaftlicher Ebene ein sog. *KMU-Statut* im schweizerischen Gesellschaftsrecht debattiert[8], und die Entwicklung scheint längst nicht abgeschlossen. Das *Personengesellschaftsrecht* stellt den ältesten Teil dieses Statuts dar. Da der Gesetzgeber zumindest implizit eine *Verbesserung des KMU-Statuts* beabsichtigt, sollten m. E. die Personengesellschaften de lege ferenda gestärkt werden, ansonsten ihnen über kurz oder lang das Aus droht (vgl. dazu hinten N 223 ff.). 7

....

[6] Es ist abzuklären, ob die jeweiligen Gesetzesbestimmungen unter «Personengesellschaft» alle drei Gesellschaften verstehen oder – wie dies meist der Fall ist – einzig die *KlG* und die *KmG*, d. h., eben gerade die *eG nicht*.

[7] Die gesetzliche Verweisung auf «Handelsgesellschaft» muss *nicht* notwendigerweise e contrario *gegen die eG* ausgelegt werden; beispielsweise kann m. E. eine eG durchaus Aktionärin oder GmbH-Gesellschafterin oder Genossenschafterin sein: Vgl. dazu hinten N 88 f.

[8] Zur Auswahl: Dorothea Herren, Das KMU-Statut: ein flüchtiges Ziel, Jusletter vom 6. November 2006, *passim*; Peter V. Kunz, Aufbruchstimmung im Schweizer Wirtschaftsrecht, Jusletter vom 18. Februar 2008, N 19 f.

....

3. Vertragliche Basis

8 Eine *Einzelunternehmung* («Einzelfirma» oder «Einzelkaufmann» etc.)[9] stellt keine Gesellschaft dar[10], handelt es sich doch um eine *natürliche* Person, die ein kaufmännisches Unternehmen betreibt[11]. In der Wirtschaftsrealität kommen daneben *zahlreiche Kooperationsformen* vor. Die geschäftsmässige Zusammenarbeit von mehreren beruht entweder auf einem Vertrag einerseits oder auf einer Gesellschaft andererseits, wobei die Abgrenzung im Einzelfall schwierig sein kann. Jede *Gesellschaft* zeichnet sich prinzipiell durch *drei Grundelemente* aus:

Was ist eine Gesellschaft?

9 Erstens, es braucht eine *Mehrzahl von Personen* als Gesellschafter[12] (in der Schweiz sind Einpersonen-Personengesellschaften ausgeschlossen)[13].

Konstitutive Grundelemente jeder Gesellschaft

Zweitens, ein *gemeinsamer Zweck* der Gesellschafter ist unerlässlich (die Abgrenzung insbesondere der eG gegenüber den *partiarischen Rechtsverhältnissen* – etwa «partiarische Darlehen»[14] oder «partiarische Einzelarbeitsverträge»[15] – kann in der Praxis zu Problemen führen)[16].

Drittens, sämtliche Gesellschaften basieren auf einer *vertraglichen Grundlage* (bei den Körperschaften sind Formerfordernisse zu beachten, indem schriftlich bzw. öffentlich zu beurkundende Statuten vorliegen müssen)[17].

10 Das zentrale Grund- bzw. Strukturelement der Personengesellschaften ist der *Gesellschaftsvertrag*, der *formfrei* – sogar stillschweigend oder konkludent – von den Gesellschaftern abgeschlossen werden kann und einen Innominatkontrakt darstellt. Bei den Personengesellschaften ist die *Ver-*

Vertragsnähe

[9] Allg.: PETRA RIHAR, Das Einzelunternehmen im Schweizerischen Privatrecht (Diss. Luzern 2006) *passim*; FLORIAN JÖRG, Die Einzelunternehmung, in: Entwicklungen im Gesellschaftsrecht VII (Bern 2012) 77 ff.

[10] Einzelunternehmen werden (von Studenten) oft mit einfachen Gesellschaften verwechselt.

[11] Die *quantitative* Bedeutung ist *gross*; per 1. Januar 2018 waren 158'758 Einzelunternehmen in den kantonalen HR eingetragen, d. h., weniger als AG und GmbH, aber deutlich mehr als alle übrigen Gesellschaften.

[12] *Abgrenzungen* zu diesem Personenbezug sind z. B. Stiftungen, Anlagefonds sowie Anstalten.

[13] Bei den *Personengesellschaften* braucht es *mindestens zwei* Gesellschafter; bei den Körperschaften sind Einpersonen-AG (Art. 625 OR) und Einpersonen-GmbH (z. B. Art. 775 OR) zulässig.

[14] Zur *Abgrenzung*: BGE 4P.333/2006 vom 15. März 2007: E. 5.1; statt aller: MICHAEL GUERY, Die Abgrenzung des partiarischen Darlehens von der Gesellschaft (...) (Diss. Zürich 1999) *passim*.

[15] Hierzu: GABRIEL AUBERT, Le contrat de travail partiaire, SJZ 79 (1983) 169 ff.

[16] Allg.: MARTIN FURRER, Der gemeinsame Zweck als Grundbegriff und Abgrenzungskriterium im Recht der einfachen Gesellschaft (Diss. Zürich 1995) 130 ff.; zudem: ROBERT MÜLLER, Gesellschaftsvertrag und Synallagma (Diss. Zürich 1971) 24 ff.

[17] Personenverbindungen *ex lege* (z. B. eine Erbengemeinschaft oder eine Gläubigergemeinschaft im Konkurs) oder öffentlich-rechtliche Verbindungen sind mangels vertraglicher Basis *keine Gesellschaften*.

tragsnähe ausgeprägter und offensichtlicher als bei den Kapitalgesellschaften:

Dies wird zum Beispiel daran ersichtlich, dass das *Einstimmigkeitsprinzip* bei den Personengesellschaften vorherrscht (z. B. Art. 534 Abs. 1 OR) und dass die eG normativ systematisch bei den *besonderen Vertragsverhältnissen* des OR geregelt wird (sc. Art. 530 ff. OR als «Dreiundzwanzigster Titel» wird vor «Dritte Abteilung: Die Handelsgesellschaften und die Genossenschaft» ab Art. 552 ff. OR geregelt)[18].

Vertragstypisch sind ausserdem die *Kündigungsmöglichkeiten* der Gesellschaftsverträge (Art. 545 Abs. 1 Ziff. 6 OR, Art. 574 Abs. 1 OR [Verweisung auf eG], Art. 619 Abs. 1 OR [Verweisung auf KlG]). Die eG wird schliesslich ausdrücklich als *«vertragsmässige Verbindung»* umschrieben (Art. 530 Abs. 1 OR).

Zum «Nexus of Contracts»

Konzeptionell können die *Personengesellschaften* durchaus als *Vertragsgeflecht* zwischen den beteiligten Vertragspartnern (= Personengesellschafter) verstanden werden; m. E. verdient diese Theorie, die schon seit vielen Jahrzehnten in den USA[19] unter dem Stichwort des *«Nexus of Contracts»* diskutiert wird, in der Schweiz eine wissenschaftliche Vertiefung (etwa in Dissertationen). 11

Privatautonomie

Das *Personengesellschaftsrecht* enthält (wie das Gesellschaftsrecht generell) nur wenige zwingende Bestimmungen[20], d. h., es ist *dispositiv* ausgestaltet[21]. Das OR wird subsidiär angewendet, wenn die Gesellschafter keine privatautonome Regelung getroffen haben[22]; bei der KlG und bei der KmG wird explizit auf die Vertragsfreiheit verwiesen[23]. Es besteht ein Forschungsbedarf in der Schweiz im Grenzbereich von *Vertragsrecht* und von *Gesellschaftsrecht*; u. a. steht nicht fest, welche Regelungen in welcher Ausgestaltung privatautonom vorgenommen werden können. 12

18 Generell: ALAIN HIRSCH, La Société et les tiers, in: FS für H. Deschenaux (Fribourg 1977) 411.

19 Zudem: FRANK H. EASTERBROOK/DANIEL R. FISCHEL, The Economic Structure of Corporate Law (Boston 1991) 1 ff. («The Corporate Contract»).

20 Generell zur Thematik: PETER V. KUNZ, Der Minderheitenschutz im schweizerischen Aktienrecht (Habil. Bern 2001) § 6 N 172 ff. m. w. H.

21 Als Beispiel für eine *Ausnahme* im Recht der eG: Art. 541 Abs. 2 OR («Eine entgegenstehende Vereinbarung ist nichtig»); statt aller: EUGEN BUCHER, Der Ausschluss dispositiven Gesetzesrechts durch vertragliche Absprachen, in: FS für H. Deschenaux (Freiburg i. Ü. 1977) 249 ff.

22 Im Innenverhältnis der eG gelangen z. B. das Auftragsrecht oder das Recht der Geschäftsführung ohne Auftrag subsidiär zur Anwendung: Art. 540 OR.

23 *Marginalien* von Art. 557 OR bzw. von Art. 598 OR.

13 Zahlreiche Themen könnten (und sollten) im Gesellschaftsvertrag der eG, der KlG sowie der KmG *vereinbart* werden, sei es bei der Gesellschaftsgründung oder bei einer späteren Vertragsänderung; Beispiele für *mögliche Abredebereiche*:

Umfang und Art der Beiträge der Gesellschafter (z. B. Arbeitsleistung)[24]; Regelungen zur Geschäftsführung[25] sowie zur Vertretung[26] (inklusive Übertragung); Gewinnbeteiligung[27] bzw. Verlusttragung[28] sowie Vereinbarung von finanziellen Ansprüchen (etwa Zinse und Honorare)[29]; allfällige Änderungen beim Einstimmigkeitsprinzip[30]; Miteigentum statt Gesamteigentum beim Gesellschaftsvermögen der eG[31]; Weiterbestehen der Gesellschaft trotz Gesellschaftertod («Fortsetzungsklauseln»)[32]; Ausschluss eines einfachen Gesellschafters aus der eG[33] sowie privatautonome Ausgestaltung des Ausschlussrechts bei der KlG[34]; Betrag des ausscheidenden Kollektivgesellschafters[35]; Sonderordnung zur Liquidation[36]; Informationsrechte des Kommanditärs.

4. Transparenzen – ausgewählte Themen

a) Firmenrecht

14 Die *eG* verfügt – eine Ausnahme unter Gesellschaften – über *keine Firma*, sondern über einen Namen[37]. Insofern gelangt der zivilrechtliche Namensschutz (Art. 29 ZGB) zur Anwendung. Anders verhält es sich hingegen bei der *KlG* (Art. 552 Abs. 1 OR) einerseits und bei der *KmG* (Art. 594 Abs. 1 OR) andererseits, die jeweils über eine Firma verfügen. Die *generellen Firmenbildungsgrundsätze* gemäss Art. 944 ff. OR gelten ebenfalls für diese beiden Personengesellschaftsformen. Name und Firma

24 Beispiel: Art. 531 Abs. 2 OR.
25 Beispiel: Art. 535 Abs. 1 OR.
26 Beispiele: Art. 543 OR und Art. 544 OR
27 Beispiele: Art. 533 OR und Art. 601 Abs. 2 OR.
28 Beispiele: Art. 533 OR; wichtig bei KmG bzw. für die *Kommanditäre*: Art. 601 Abs. 2 OR.
29 Beispiel: Art. 559 OR.
30 Beispiel: Art. 534 Abs. 2 OR; es ist indes *umstritten*, ob diese Regelung *dispositiv* (wie hier vertreten) oder *zwingend* ist: Vgl. dazu hinten N 50.
31 Art. 544 Abs. 1 OR.
32 Beispiele: Art. 545 Abs. 1 Ziff. 2 OR; Art. 576 OR.
33 Bei der *eG* gibt es m. E. *kein Ausschlussrecht* ohne vertragliche Basis: Vgl. dazu hinten N 91.
34 Art. 577 ff. OR erscheinen dispositiv, so dass das *Ausschlussrecht* bei der *KlG* (und ebenfalls bei der KmG) *erleichtert* oder *erschwert* werden kann: Vgl. dazu hinten N 148 ff. und N 199.
35 Art. 580 Abs. 1 OR.
36 Art. 582 OR.
37 *Unsaubere* Begriffsverwendung vom Bundesgericht: BGE 2A.455/2006 vom 1. März 2007.

Mit einer *firmenrechtlichen Teilrevision* im Jahr 2015[38] sollten, in erster Linie im Hinblick auf Personengesellschaften, u. a. die Kontinuität der Firma (bei Gesellschafterwechsel), die Erkennbarkeit der Rechtsform sowie die Vereinheitlichung der Firmenbildung zwischen sämtlichen Handelsgesellschaften sichergestellt werden[39]. Die *frühere Ordnung* zum Firmenrecht wurde *grundlegend* überarbeitet.

Rückblick

15 Gemäss Art. 947 aOR mussten bei Kollektiv- sowie bei Kommanditgesellschaften bei der Wahl der Firma mindestens der Familienname eines Kollektivgesellschafters, resp. eines Komplementärs mit einem das Gesellschaftsverhältnis andeutenden Zusatz verwendet werden («& Co.» oder «Gebr.» oder «und Partner» o. Ä.). Diese Ordnung wurde mit der Revision des Firmenrechts, welche auf den 1. Juli 2016 in Kraft trat, aufgehoben. Jedoch bestehen auch heute noch solche Firmen. So sehen die Übergangsbestimmungen[40] in Art. 2 vor, dass Kollektiv- und Kommanditgesellschaften, welche vor dem Beschluss der Revision gegründet wurden, ihre Firma solange beibehalten dürfen, bis auch nach altem Recht eine Änderung erforderlich geworden wäre.

Geltendes Firmenrecht

16 Für Kollektiv- und Kommanditgesellschaften ist in firmenrechtlicher Hinsicht nun Art. 950 OR massgebend, welcher für sämtliche Handelsgesellschaften sowie für die Genossenschaften die gleichen firmenrechtlichen Regelungen vorsieht (Art. 950 Abs. 1 OR). Gemäss dieser Vorschrift ist die Firma unter Wahrung der allgemeinen Grundsätze (Art. 944 OR) frei wählbar. Jedoch muss zwingend die Rechtsform angegeben werden (Art. 950 Abs. 1 Satz 2 OR), wobei gemäss Art. 950 Abs. 2 OR i. V. m. Anhang 2 der HRegV auch die vom Bundesrat als zulässig festgelegten Abkürzungen verwendet werden dürfen. Anstelle von Familiennamen können somit bei KlG sowie bei KmG auch *Sach-oder Fantasiebezeichnungen* verwendet werden[41]

b) Handelsregisterrecht

Keine Eintragung

17 Das *Handelsregister*, dem u. a. verschiedene Publizitätsfunktionen zukommen, stellt im Wesentlichen eine wirtschaftsrechtliche Datenbank dar, die für jedermann *öffentlich* ist (Art. 930 OR i. V. m. Art. 10 ff. HRegV). Durch die HR-Eintragung von Gesellschaften entsteht Transparenz, besonders ausgeprägt bei KlG bzw. KmG. Im Prinzip sind *sämtliche* Gesellschaften

38 Botschaft zur Änderung des Obligationenrechts (Firmenrecht) vom 19. November 2014: BBl 2014 9305 ff.; zum bundesrätlichen Gesetzesentwurf: BBl 2014 9325 ff.

39 BBl 2014 9308.

40 Obligationenrecht, Übergangsbestimmungen der Änderung vom 25. September 2015.

41 BBl 2014 9321, resp. 9319.

– mit unterschiedlichen Rechtsfolgen sowie mit verschiedenen Inhalten – in das HR einzutragen, doch eine wichtige *Ausnahme* besteht:

Die *eG* müssen (und können) nicht in das HR eingetragen werden und sind denn auch nicht erwähnt in Art. 2 HRegV; selbst eine «freiwillige» HR-Eintragung ist somit ausgeschlossen. Das HR vermag deshalb *keine Transparenz* zu schaffen, und zwar weder für die eG noch für deren Gesellschafter. Die Kognition des Handelsregisterführers (Art. 940 Abs. 1 OR) ist insofern *uneingeschränkt*; sollte also eine eG angemeldet werden, wird deren Eintragung im HR von Amtes wegen verweigert (z. B. BGE 79 I 179)[42].

Das Handelsregisterrecht soll modernisiert werden. Im Jahr 2015 wurden die Botschaft und der Entwurf veröffentlicht[43]. Mit einer Inkraftsetzung der Bestimmungen ist aber kaum vor 2020 zu rechnen.

18 Die *KlG* und die *KmG* sind eintragungspflichtig im HR am Sitz der Gesellschaft, wobei die rechtlichen Wirkungen unterschiedlich sind im Hinblick auf die *Gründung* der Personengesellschaften: Eintragungspflicht

Eine kaufmännische KlG bzw. kaufmännische KmG entsteht unabhängig von der (obligatorischen) Registrierung im HR (= *deklaratorisch*: Art. 552 Abs. 2 OR bzw. Art. 594 Abs. 3 OR)[44]; bei einer nichtkaufmännischen KlG bzw. nichtkaufmännischen KmG wird die Gesellschaft überhaupt erst gegründet durch die Eintragung im HR (= *konstitutiv*: Art. 553 OR bzw. Art. 595 OR)[45].

19 Massgeblich für die *erhöhte Transparenz* bei den KlG sowie bei den KmG – unbesehen der Ausgestaltung – sind allerdings die Inhalte der HR-Eintragungen: Erhöhte Transparenz durch HR

Im HR ersichtlich sind beispielsweise die *Rechtsform* (also: KlG oder KmG), die *Gesellschafter* (konkret: Kollektivgesellschafter, Komplementäre und Kommanditäre) und weitere wichtige Angaben wie der *Sitz*, die *Firma* oder die *Kommanditsumme* (bei KmG); weitere eintragungspflichtige Details finden sich in Art. 41 HRegV. Der *Gesellschaftsvertrag* als Basis der Personengesellschaft wird hingegen, selbst bei Vorliegen in Schriftform, niemals beim HR hinterlegt und bleibt somit vertraulich.

42 Möglich ist nur, aber immerhin, dass die *einfachen Gesellschafter* persönlich als *Einzelunternehmer* im HR eingetragen werden; generell zur uneingeschränkten HR-Kognition: PETER V. KUNZ, Kognition der Handelsregisterämter bei Eintragungen von Generalversammlungsbeschlüssen, in: Entwicklungen im Gesellschaftsrecht X (Bern 2015) 116 ff.

43 Botschaft: BBl 2015 3617; Entwurf: BBl 2015 3661.

44 Es ist von einer *Eintragungspflicht* die Rede.

45 Solche Personengesellschaften sind zwar nicht eintragungspflichtig, aber es liegt eine *Eintragungsbedürftigkeit* vor.

c) Börsengesellschaftsrecht

Personengesellschaften als Publikumsgesellschaften?

Das Börsengesellschaftsrecht (vgl. dazu hinten § 14) sieht für die *Publikumsgesellschaften* zahlreiche Regelungen vor, die eine *erhöhte Transparenz* gegenüber «privaten» Gesellschaften sicherstellen; als Beispiele können die Ad hoc-Publizität der Gesellschaft (vgl. dazu hinten § 14 N 77 ff.), die Meldepflichten der Publikumsgesellschafter gemäss Art. 120 FinfraG (vgl. dazu hinten § 14 N 53 ff.) oder die Pflicht zur Offenlegung der Jahresrechnung (Art. 958e OR) erwähnt werden. 20

Personengesellschaften, also insbesondere eG sowie KlG oder KmG können – mangels handelbarer Beteiligungspapiere (wie z. B. Aktien oder PS) – überhaupt *keine Publikumsgesellschaften* sein, so dass die verschiedenen börsengesellschaftsrechtlichen Transparenzen a priori ausser Betracht bleiben. Nichtsdestotrotz besteht ein Bezug zwischen Börsengesellschaftsrecht sowie Personengesellschaftsrecht:

Gruppen-Begriff

Das Börsengesellschaftsrecht kann nämlich mittelbar zur Transparenz bei *gewissen eG* führen. Die Qualifikation von sich «koordinierenden» Publikumsaktionären als eG ist zwar nicht notwendig, aber hinreichend, um als *börsenrechtliche Gruppe* – notabene mit meldepflichtrechtlichen Folgen im Rahmen von Art. 120 FinfraG (vgl. dazu hinten § 14 N 53 ff.) – eingestuft zu werden. Der *Gruppen-Begriff* im Börsengesellschaftsrecht, in erster Linie bei der Meldepflicht einerseits oder bei der Angebotspflicht andererseits, weist somit zahlreiche *Bezugspunkte zu eG* auf[46]. 21

5. Bedeutung

Quantitatives

Per 1. Januar 2018 waren im HR eingetragen: 11 415 KlG sowie 1618 KmG; diese Summe macht nur gut 2 % aller eingetragenen Rechtseinheiten aus[47]. Die quantitative Bedeutung der Personengesellschaften dürfte immerhin etwas grösser sein, weil die *nicht eingetragenen* kaufmännischen KlG bzw. KmG und die *nicht eintragbaren* eG in dieser Statistik nicht berücksichtigt werden (können). 22

Angesichts des in der Wirtschaftsrealität breiten Anwendungsbereichs insbesondere der eG (vgl. dazu hinten N 42 ff.) darf vermutet werden, dass es in der Schweiz wohl ähnlich viele Personengesellschaften wie Kapital-

[46] Detailliert, wenn auch auf das *Finanzmarktrecht* beschränkt: Verfügung der Eidgenössischen Bankenkommission (EBK) vom 13. Juli 2007 in Sachen Converium Holding AG.

[47] Zur abnehmenden Popularität von KlG und KmG: OLIVIER HARI, Les sociétés commerciales de personnes (…), SZW 86 (2014) 383 ff.

gesellschaften gibt. Wichtiger als der quantitative erscheint indes der qualitative Aspekt:

23 Die eG – anders als die anderen beiden Personengesellschaftsformen – sind weitverbreitet. Bei den (heute) relativ selten vorkommenden KlG sowie KmG sollte eher eine qualitative anstelle einer quantitativen Betrachtung vorgenommen werden. Diese Personengesellschaften stellen nämlich einerseits den *Idealtypus der KMU* dar (vgl. dazu vorne N 1) und können andererseits in einem Bereich der Finanzindustrie – konkret als *Privatbankiers* – zum Einsatz gelangen (vgl. dazu hinten N 156). Qualitatives

Die Zukunft insbesondere von KlG und von KmG erscheint heute indes ungewiss. Sozusagen rechtspolitische «Gegensteuer» könnte und m. E. sollte immerhin durch *Anpassungen de lege ferenda* gegeben werden (vgl. dazu hinten N 227 ff.).

II. Abgrenzungen zu Körperschaften[48]

1. Vorteile und Nachteile

24 Was erscheint *positiv* oder *negativ* bei Personengesellschaften im Vergleich zu Körperschaften (AG etc.)? Es kommt natürlich auf die Perspektive des Betrachters an, welche Abgrenzungselemente als Vorteile oder als Nachteile angesehen werden[49]: Positive Elemente

Sicherlich *positiv* bei den Personengesellschaften fallen die *tieferen Kosten* auf, die deren Gründung verursacht (z. B. braucht es keine öffentliche Urkundsperson und kein Mindestkapital). Ausserdem zu erwähnen sind die *geringen Formalien* (beispielsweise sind Statuten überflüssig)[50] und die *Flexibilität* der Ausgestaltung (die Personengesellschaftsverträge unterstehen der Vertragsfreiheit gemäss Art. 19 OR). Schliesslich kann angefügt werden, dass *keine steuerliche Doppelbelastung* erfolgt[51].

48 Übersicht: ARTHUR MEIER-HAYOZ/PETER FORSTMOSER, Schweizerisches Gesellschaftsrecht (11. A. Bern 2012) § 2 N 81; im Folgenden wird eine *Auswahl* getroffen.

49 Beispielsweise führt die *fehlende Revisionspflicht* von Personengesellschaften – vgl. dazu hinten N 210 f. – zwar zu Kosteneinsparungen, doch erscheinen die Gesellschaften dadurch allenfalls weniger kreditwürdig.

50 PETER V. KUNZ, Statuten (...), in: Die «grosse» Schweizer Aktienrechtsrevision (Zürich 2010) 56 m. w. H.

51 *Personengesellschaften* stellen steuerrechtlich regelmässig *keine Steuersubjekte* dar, so dass nicht die Gesellschaften, sondern unmittelbar die Personengesellschafter besteuert werden.

Negative Elemente

Hingegen als *negativ* wird regelmässig das *(umfassende) Haftungsrisiko* bei Personengesellschaften empfunden, indem alle Personengesellschafter jeweils eine persönliche Haftung eingehen[52]; insofern sollten m. E. rechtspolitische Änderungen in diesem Zusammenhang zur Debatte stehen (vgl. dazu hinten N 227 ff.). 25

Das durchaus zutreffende *Image als «KMU-Gesellschaften»* kann die Attraktivität der Personengesellschaften ebenfalls in Frage stellen; tatsächlich scheinen sie wenig geeignet für Grossgesellschaften. Schliesslich ist es für Personengesellschaften meist unmöglich, sich über die *Kapitalmärkte* zu finanzieren[53].

2. Rechtspersönlichkeit

a) Körperschaften

Juristische Personen

Die *Körperschaften* (meist als Synonym: Kapitalgesellschaften)[54] sind immer *juristische Personen*, d. h., es kommt ihnen als Personenverbindung unmittelbar Rechtspersönlichkeit zu[55]. Eine Körperschaft ist somit *rechtsfähig* und *handlungsfähig*; beispielsweise kann sie im Rechtsverkehr klagen (Aktivlegitimation) bzw. beklagt werden (Passivlegitimation) oder betreiben bzw. betrieben werden. 26

Eine Kapitalgesellschaft beruht konzeptionell auf einer *rechtlichen Verselbständigung* zwischen der Gesellschaft auf der einen Seite und ihren Gesellschaftern auf der anderen Seite; deren Rechtsstellung basiert auf Beteiligungen (etwa Aktien), die den Berechtigten verschiedene Gesellschafterrechte (z. B. Aktionärsrechte) einräumen.

b) Rechtsgemeinschaften

Keine juristischen Personen

Die Personengesellschaften sind *keine juristischen Personen*, sondern *Rechtsgemeinschaften*. Deren herausragendes Merkmal besteht darin, dass mehrere Personen zum Träger ein und desselben Rechts werden. 27

52 Es braucht *Differenzierungen* beim Umfang (unbeschränkte Haftung v. beschränkte Haftung) und bei der Reihenfolge der persönlichen Haftung (primäre Haftung v. subsidiäre Haftung).

53 Insbesondere können die Personengesellschaften *keine Publikumsgesellschaften* sein (vgl. dazu vorne N 20), d. h., kein Going Public bzw. kein Initial Public Offering (IPO) durchführen.

54 Im Vordergrund stehen die *Aktiengesellschaften* (AG) (vgl. dazu hinten § 8) sowie die Gesellschaften mit beschränkter Haftung (GmbH) (vgl. dazu hinten § 10); ebenfalls zu erwähnen sind die Kommanditaktiengesellschaften (vgl. dazu hinten § 9) sowie – im Bereich des Finanzmarktrechts – die SICAV (vgl. dazu hinten § 15 N 45 ff.).

55 Statt aller: ROLF H. WEBER, Juristische Personen, SPR II/4 (Basel 1998) 117 ff.

M. a. W. stehen Rechte und Pflichten mehreren Gesellschaftern *«gemeinschaftlich»* zu (vgl. dazu hinten N 29 f.).

Die Personengesellschaften als Personenverbindungen haben folglich *keine Rechtspersönlichkeit*. Nichtsdestotrotz werden zumindest die KlG sowie die KmG im Aussenverhältnis sozusagen *wie* juristische Personen *behandelt* (obwohl sie es rechtlich eben gerade nicht sind)[56]; insbesondere sind die KlG bzw. die KmG sowohl aktivlegitimiert als auch passivlegitimiert (Art. 562 OR bzw. Art. 602 OR)[57].

3. Gesellschaften sowie Gesellschafter

a) Aktiven-Seite

28 Als Ausfluss der Rechtspersönlichkeit der Körperschaften steht das *Gesellschaftsvermögen* zu ungeteiltem Eigentum, also zu *Alleineigentum*, der Kapitalgesellschaft als solcher zu[58]. Die Gesellschafter haben keinen direkten «Zugriff» auf das Vermögen «ihrer» Körperschaft[59], die von ihnen rechtlich verselbständigt ist; ihre Teilhabe beschränkt sich vielmehr auf die Wahrnehmung der *Gesellschafterrechte*, die sich auf das Gesellschaftsvermögen auswirken können (z. B. Reduktionen durch eine Kapitalherabsetzung oder durch eine Dividendenauszahlung).

Kapitalgesellschaften

Grundlegend anders verhält es sich bei den Personengesellschaften, bei denen die klare Trennung zwischen Gesellschaft und Gesellschafter «aufgeweicht» ist:

29 Das Gesellschaftsvermögen gehört *nicht der Gesellschaft*, die nicht rechtsfähig ist, sondern vielmehr den Gesellschaftern der jeweiligen Personengesellschaft, und zwar *«gemeinschaftlich»* oder m. a. W. als Rechtsgemeinschaft. Den Personengesellschaftern steht ein direkter «Zugriff» offen auf die Aktiven der Gesellschaft, über die sie verfügen können, allerdings nicht als Alleineigentümer, sondern – bei Sachen – entweder als *Ge-*

Personengesellschaften

[56] Die *Lehre* spricht gelegentlich etwa von «relativen juristischen Personen» oder von «Personen mit beschränkter Rechtspersönlichkeit» oder von einer «selbständigen Kategorie rechtsfähiger Rechtspersonen».

[57] Ein weiteres *Beispiel* sind die Regelungen, wonach der *Gesellschaftskonkurs* (also der Konkurs einer KlG bzw. einer KmG) *nicht automatisch* den Konkurs der Personengesellschafter bewirkt (ebenso vice versa), d. h., zwischen Gesellschaft und Gesellschaftern ist bei KlG und bei KmG klar zu *unterscheiden* wie bei juristischen Personen: Art. 571 OR sowie Art. 615 OR.

[58] Alleineigentum bezieht sich auf *Sachen*; bei *Forderungen* besteht eine Alleinberechtigung.

[59] Das *Eigentum* der Kapitalgesellschafter bezieht sich nicht auf die Gesellschaft und nicht auf deren Vermögen, sondern vielmehr auf die *Beteiligungen* an der Gesellschaft (z. B. auf die Aktien der AG oder auf die Stammanteile bei der GmbH).

samteigentümer (= Gesamthandschaft)[60] oder als *Miteigentümer* (= Bruchteilgemeinschaft)[61] des Gesellschaftsvermögens.

Bei der *KlG* und bei der *KmG* bilden die Gesellschafter zwingend eine Gesamthandschaft; sie sind also obligatorisch «zu gesamter Hand» und damit als *Gesamteigentümer* oder als Gesamtberechtigte an den Aktiven berechtigt. Eine andere Beteiligungsvereinbarung (z. B. Miteigentum) ist ausgeschlossen. 30

Anders verhält es sich bei der *eG*, bei der von Gesetzes wegen zwar ebenfalls eine Gesamthandschaft vorliegt (Art. 544 OR), die sich indes als dispositiv erweist. Die einfachen Gesellschafter können folglich verabreden, als *Miteigentümer* oder als Mitberechtigte an den Gesellschaftsaktiven berechtigt zu sein.

b) Passiven-Seite

Kapitalgesellschaften

Bei den wichtigsten Körperschaften, nämlich bei den AG und bei den GmbH, sieht das Gesellschaftsrecht *keine Gesellschafterhaftung* (mehr) vor[62]; beispielsweise ist es bei der AG sogar ein Begriffselement, dass «für deren Verbindlichkeiten nur das Gesellschaftsvermögen haftet» (Art. 620 Abs. 1 OR; inhaltsgleich zur GmbH: Art. 772 Abs. 1 Satz 3 OR)[63]. *Gesellschaftsschulden* können von den Gläubigern niemals bei den Gesellschaftern[64], sondern ausschliesslich bei den *Gesellschaften* geltend gemacht werden. 31

Davon zu unterscheiden ist die Thematik der *Verantwortlichkeit* (z. B. Art. 754 ff. OR), die nicht mit einer «Gesellschafterhaftung» verwechselt werden darf. In diesem Zusammenhang werden nicht die Gesellschafter, also beispielsweise die Aktionäre, sondern einzig die *Exekutivvertreter* bzw. die Geschäftsführer der Kapitalgesellschaften (etwa VR) für ihr eigenes Fehlverhalten haftbar gemacht und finanziell zur Verantwortung gezogen, notabene unbeschränkt und solidarisch.

....

60 Das Recht wird durch die Gesellschafter *in ihrer Gesamtheit* ausgeübt, d. h., es besteht *keine selbständige* Verfügungsbefugnis über das Recht; zudem: Art. 653 Abs. 3 ZGB; allg.: ROMANO KUNZ, Über die Rechtsnatur der Gemeinschaft zur gesamten Hand (Diss. Zürich 1963) *passim*.

61 Das Recht wird durch jeden Gesellschafter *anteilsmässig* ausgeübt, wobei er über seinen Bruchteil (= Quote) *selbständig verfügungsbefugt* ist; zudem: Art. 646 Abs. 3 ZGB.

62 Es besteht keine *gesetzliche* Gesellschafterhaftung, und ausgeschlossen sind auch *statutarische* Haftungen der Gesellschafter (z. B. Art. 680 Abs. 1 OR).

63 Ausserdem sieht Art. 620 Abs. 2 OR vor: «Die Aktionäre (...) haften für die Verbindlichkeiten der Gesellschaft nicht persönlich.»

64 Vorbehalten bleibt der *Durchgriff* in Sonderfällen (etwa in Konzernverhältnissen: Vgl. dazu hinten § 12 N 155 ff.).

....

32 Bei sämtlichen Personengesellschaften besteht – grundsätzlich immer[65] – eine *persönliche Solidarhaftung* der *Gesellschafter* für die Verbindlichkeiten der Gesellschaft[66], und zwar unbesehen dessen, ob es sich im Rahmen des Gesetzes um natürliche Personen oder um juristische Personen als Personengesellschafter handelt. Die *Gesellschafter als solche* haften («persönlich»), und zwar untereinander («solidarisch»). Personengesellschaften

Im Übrigen müssen zwei Differenzierungen vorgenommen werden, nämlich danach, ob diese Gesellschafterhaftung *beschränkt* oder *unbeschränkt* einerseits[67] sowie *primär* oder *subsidiär* andererseits[68] besteht (vgl. dazu hinten N 77 f., N 136 ff. und N 190 ff.).

4. Ausgestaltungen

33 Bei der *AG* als Prototyp der Körperschaft steht der Aktionär nicht als Person, sondern vielmehr als Eigen- bzw. als Risikokapitalgeber im Vordergrund: Kapitalistische Elemente

Eine *kapitalistische* Ausgestaltung ist in diesem Bereich durchaus sinnvoll, denn es geht, etwas trivialisiert, um das Kapital und nicht um die Person des Gesellschafters als solche. Kapitalistische *Elemente* sind z. B. das Mehrheitsprinzip (Art. 703 OR), die Abhängigkeit des Stimmrechts von der Kapitalbeteiligung (Art. 692 Abs. 1 OR), das Verbot von Nebenleistungspflichten (Art. 680 Abs. 1 OR), der fehlende Automatismus zwischen Gesellschaftertod und Gesellschaftsauflösung (Art. 736 OR) sowie – als Prinzip – die Unmöglichkeit eines Ausschlusses oder eines Austritts des Aktionärs.

34 Abweichungen von einer kapitalistischen Ausgestaltung sind bei der *AG* mindestens in begrenztem Umfang möglich. Eine «Personalisierung», sozusagen ein Hybrid, bei dem der Fokus auf den Gesellschaftern statt auf dem Kapital liegt, wird durch *privatautonome* Regelungen ermöglicht. Dazu gehören etwa – in Statuten – Vinkulierungen (Art. 685*a* ff. OR) sowie – in Aktionärbindungsverträgen (ABV) (vgl. dazu hinten N 97 f. sowie § 8 N 239) – Nebenleistungspflichten oder Nachschusspflichten. Hybride Ausgestaltungen

65 Abreden zur Verlusttragung kommt nur interne Wirkung zu.

66 Bei der *eG* geht es einzig um *rechtsgeschäftliche* Schulden und *nicht* um *deliktische* Verbindlichkeiten der Gesellschaft: Vgl. dazu hinten N 76.

67 *Beschränkte* Haftung = Kommanditäre; *unbeschränkte* Haftung = Kollektivgesellschafter, Komplementäre sowie einfache Gesellschafter.

68 *Primäre* Haftung = einfache Gesellschafter; *subsidiäre* Haftung = Kollektivgesellschafter, Komplementäre sowie Kommanditäre.

Bei der *GmbH* bestehen bereits *von Gesetzes wegen* zahlreiche personalistische Elemente[69]. Die «Personalisierung» kann ausserdem auch bei GmbH – wie bei AG – durch privatautonome Abreden weiter ausgebaut werden.

Personalistische Elemente

Von Gesetzes wegen sind die Personengesellschaften – wie schon deren «Namensgebung» andeutet – primär *personalistisch* ausgerichtet, d. h., auf die *Gesellschafter als solche* und nicht auf deren (mögliche) Funktion als Kapitalgeber fokussiert. 35

Ersichtlich wird dies an zahlreichen gesetzlichen Vorschriften, nämlich etwa: Einstimmigkeitsprinzip, Selbstorganschaft, Ausschlussmöglichkeiten; Gesellschaftertod führt bei den (meisten) Personengesellschaften – mindestens prinzipiell – zu einer Gesellschaftsauflösung. In einigen Bereichen sind *kapitalistische* Ausgestaltungen möglich[70].

III. Aufbau der Darstellung

Einzelbeschreibungen

Die Strukturen und die Funktionsweisen von Rechtsgemeinschaften können wohl am besten verstanden werden, wenn *Abgrenzungen* der Personengesellschaften einerseits zu den Kapitalgesellschaften (vgl. dazu vorne N 24 ff.) und andererseits untereinander (vgl. dazu hinten N 39 ff.) vorgenommen werden. 36

Es folgen *Einzelbeschreibungen* zu den drei Personengesellschaftsformen des OR, nämlich zur eG (vgl. dazu hinten N 42 ff.), zur KlG (vgl. dazu hinten N 105 ff.) und zur KmG (vgl. dazu hinten N 157 ff.); auf die spezialgesetzliche Personengesellschaft der KmGK wird an anderer Stelle (vgl. dazu hinten § 15 N 34 ff.) eingegangen.

Spezialthemen

Die Personengesellschaften und deren Bedeutung für die Wirtschaftsrealität werden oftmals unterschätzt. Aus diesem Grund wird kurz auf einige *Praxisbeispiele* von Personengesellschaften eingegangen oder zumindest darauf hingewiesen (vgl. dazu hinten N 97 ff., N 100 ff., N 153 ff. und N 156 sowie N 220 ff.). Zudem werden *einige Spezialthemen* behandelt, nämlich etwa die stille Gesellschaft (vgl. dazu hinten N 202 ff.), die (fehlende) Revisionspflicht (vgl. dazu hinten N 210 ff.), die Besonderheiten im Umstruktu- 37

[69] Beispiele: Zustimmungserfordernis zum Gesellschafterwechsel (Art. 786 OR); Austrittsrecht (Art. 822 f. OR) und Ausschlussrecht (Art. 823 OR); Nachschusspflicht (Art. 795 ff. OR) und Nebenleistungspflicht (Art. 796 OR).

[70] Dies gilt etwa für die Funktion des *Kommanditärs*, der primär als Kapitalgeber bzw. als «Mithaftender» interessiert; ausserdem sind z. B. privatautonome Abweichungen vom *Einstimmigkeitsprinzip* möglich (Art. 598 Abs. 2 OR i. V. m. Art. 557 Abs. 2 OR i. V. m. Art. 534 Abs. 2 OR).

rierungsrecht (vgl. dazu hinten N 213 ff.) oder die Situation de lege ferenda (vgl. dazu hinten N 227 ff.).

38 Schliesslich wird auf einige ausgewählte Rechtsordnungen zu Personengesellschaften im *Ausland* verwiesen (vgl. dazu hinten N 233 ff.). Das Gesellschaftsrecht in sämtlichen Staaten basiert auf relativ wenigen Grundprinzipien; dazu kann etwa auch der Umstand gezählt werden, *dass überhaupt* Personengesellschaften von den jeweiligen nationalen Rechtsordnungen zugelassen werden[71]. Exkurs

D. Personengesellschaften

I. Vergleich

1. Ausgewählte Gleichheiten

39 Bei sämtlichen Personengesellschaften erfolgt die *Gründung* der Gesellschaft durch *formfreie Willensübereinstimmung*. Insbesondere bedarf es, anders als bei Körperschaften, keiner (Fremd-)Organe[72], keiner Statuten, keines schriftlichen Gründungsvertrags und – ausser in Ausnahmefällen – keiner Eintragung im HR als Gründungsvoraussetzung[73]. Die Gesellschafts*gründung* wird nicht durch eine Publikation im Schweizerischen Handelsamtsblatt (SHAB) ersichtlich. Übersicht

Alle Personengesellschaften sind, mindestens in der Tendenz, *relativ locker organisiert* und erscheinen gerade für KMU geeignet (vgl. dazu vorne N 1 und N 23). Für die Beschlussfassungen gilt jeweils das *Einstimmigkeitsprinzip*. Schliesslich führt ein Gesellschaftertod mindestens ex lege zur Gesellschaftsauflösung.

71 Während die *Grundlinien* der Regelungen zu den Personengesellschaften in der Schweiz sowie im Ausland im Grossen und Ganzen identisch sind, fallen doch immer wieder *unterschiedliche Details* auf; diese können m. E. von rechtspolitischem Interesse sein, wenn sie sozusagen als Vorbilder für mögliche Gesetzesänderungen herangezogen werden (z. B. Zulässigkeit von *juristischen Personen* als Personen*gesellschafter*).

72 Erforderlich sind *mindestens zwei* Gesellschafter, d. h., Einpersonen-Personengesellschaften sind de lege lata unzulässig.

73 Anders bei der *KmGK*, bei der die HR-Eintragung konstitutiv ist für die Gründung: Art. 100 Abs. 1 KAG (vgl. dazu hinten § 15 N 37); ebenso bei der *nichtkaufmännischen* KlG (Art. 553 OR) und bei der *nichtkaufmännischen* KmG (Art. 595 OR).

2. Ausgewählte Ungleichheiten

Dualität von eG v. KlG/KmG

40 Es existieren *zahlreiche Unterschiede* zwischen den einzelnen Personengesellschaften (ex lege), wobei die eG einerseits von den KlG und andererseits den KmG prinzipiell abzugrenzen ist; es kann sogar eine eigentliche *Dualität* zwischen den Personengesellschaften festgestellt werden. Während die Differenzen zwischen einer KlG und einer KmG *relativ klein* sind, erscheinen sie *relativ gross* beim Vergleich der Kategorie der eG mit der Kategorie der anderen beiden Personengesellschaften. Die *Ungleichheiten* zwischen *eG und KlG/KmG* liegen beispielsweise bei den folgenden Themen:

Betrieb eines kaufmännischen Unternehmens[74] nur bei KlG/KmG unproblematisch und bei der eG als Ausnahme (vgl. dazu hinten N 54 und N 93 f.); Unmöglichkeit einer HR-Eintragung bei eG; eG haben – anders als KlG/KmG – keine Firma und keinen Sitz; deliktische Vertretung ist ausschliesslich bei KlG/KmG möglich; Miteigentum der einfachen Gesellschafter am Gesellschaftsvermögen vereinbar; kein gesetzliches Ausschlussrecht bei eG; keine Unzulässigkeit von juristischen Personen als Gesellschafter bei eG; schliesslich können KlG/KmG ohne weiteres Kapitalgesellschafter (z. B. Aktionäre) sein, was bei eG zumindest unklar erscheint.

KlG v. KmG

41 Relativ kleine Unterschiede gibt es ausserdem zwischen KlG und KmG, und zwar meist betreffend den Gesellschafterstatus des *Kommanditärs* bei der KmG – Beispiele:

Gesellschafterhaftungsbeschränkung einzig bei KmG bzw. bei deren Kommanditär (= Kommanditsumme), bei allen übrigen Gesellschaftern unbeschränkte persönliche Haftung (= Komplementäre); bei KmG sollten ehemals nicht alle Gesellschafter (konkret: Kommanditäre) in deren Firma namentlich erwähnt werden (Art. 947 Abs. 4 aOR mit der Konsequenz in Art. 607 aOR); Ausschluss der Geschäftsführungs- und der Vertretungsbefugnis für Kommanditäre (Art. 599 OR); mangels Vereinbarung entscheidet Richter über Gewinn-/Verlustbeteiligung des Kommanditärs (Art. 601 Abs. 2 OR); Tod eines Kommanditärs bedeutet keine Auflösung der KmG (Art. 619 Abs. 1 OR).

---

[74] Das kaufmännische Unternehmen ist, etwas trivialisiert, Mittel zum Zweck; beim *möglichen Zweck* gibt es hingegen *keine Unterschiede*, d. h., die eG, die KlG und die KmG können sowohl wirtschaftliche (= Verschaffen ökonomischer Vorteile für die Gesellschafter) als auch nichtwirtschaftliche (= ideale oder gemeinnützige) Gesellschaftszwecke verfolgen.

II. Einfache Gesellschaft (eG)

1. Grundelemente

a) Umschreibung

42 Das *Recht der eG* wird in *22 Artikeln* geregelt (Art. 530 ff. OR)[75]. Art. 530 Abs. 1 OR umschreibt die eG – und damit indirekt die Grundform jeder Gesellschaft – wie folgt: Begriff

«Gesellschaft ist die vertragsmässige Verbindung von zwei oder mehreren Personen zur Erreichung eines gemeinsamen Zweckes mit gemeinsamen Kräften oder Mitteln».

Weitere *qualifizierende* Merkmale nebst diesen vier Begriffselementen *fehlen* bei der eG, so dass eine grosse Flexibilität zur individuellen privatautonomen Ausgestaltung ermöglicht werden soll. Bei der eG – wie bei den anderen Gesellschaften – braucht es in jedem Fall einen *«animus societatis»* (Bindungswille)[76].

43 Die eG hat einen *breiten Anwendungsbereich* in der Wirtschaftsrealität (ABV, Gründungsgesellschaften, Konkubinate, Ehegattengemeinschaften, ARGE bei Bauprojekten[77] etc.: Vgl. dazu hinten N 97 ff.)[78]. Dieser Gesellschaftsform kommt m. a. W. eine Art von *Auffangfunktion* im Bereich des Gesellschaftsrechts zu (sozusagen als «Subsidiärgesellschaft»), was Art. 530 Abs. 2 OR ausdrücklich anspricht: Auffangfunktion

«Sie ist eine einfache Gesellschaft im Sinne dieses Titels, sofern dabei nicht die Voraussetzungen einer andern durch das Gesetz geordneten Gesellschaft zutreffen» – eine Funktion, die durchaus aus *anderen Rechtsbereichen* ebenfalls bekannt ist[79].

---

75 Allg.: WALTER FELLMANN, Grundfragen im Recht der einfachen Gesellschaft, ZBJV 133 (1997) 285 ff.

76 In einem konkreten Fall fehlte der Bindungswille bei einer religiösen Gemeinschaft (BGE 4C.173/2006 vom 9. Juli 2007: Erw. 3.1).

77 Eine eG kann *zeitlich befristet*, durchaus aber auch auf *langfristige* Zusammenarbeit ausgerichtet sein.

78 Eine *Stockwerkeigentümerschaft* kann eine eG sein: BGE 134 III 597 (Pra 2009 Nr. 43).

79 Bekanntes Beispiel aus dem Vertragsrecht ist der *Auftrag*, der eine Auffangfunktion für Verträge über Arbeitsleistungen wahrnimmt (Art. 394 Abs. 2 OR); ausserdem spielt im Umstrukturierungsrecht die *Vermögensübertragung* eine vergleichbare Rolle: Vgl. dazu hinten N 219 sowie § 13 N 82 ff.

b) Gesellschafter

Keine Einschränkungen

44 *Einpersonen-eG* sind (wie immer bei Personengesellschaften) unzulässig; sollte nur eine einzige Person wirtschaftlich aktiv sein, dürfte es sich regelmässig um einen *Einzelunternehmer* handeln. Es braucht eine *Mehrzahl* von einfachen Gesellschaftern («Verbindung von zwei oder mehreren Personen»: Art. 530 Abs. 1 OR)[80].

45 Die *möglichen Gesellschafter* einer eG werden im Gesetz nicht näher umschrieben bzw. eingeschränkt; Art. 530 Abs. 1 OR spricht vielmehr von *«Personen»*, was einen Oberbegriff im Sinne des Zivilgesetzbuches darstellt.

Daraus folgt, dass – teilweise anders als bei den übrigen Personengesellschaften – *natürliche* Personen und insbesondere *juristische* Personen, aber ebenfalls Rechtsgemeinschaften, als einfache Gesellschafter in Frage kommen[81]. Dass eine juristische Person (z. B. eine AG) als unbeschränkt haftbare (einfache) Gesellschafterin auftreten kann, wurde in diesem Bereich – anders als bei den KlG und bei den KmG – als unproblematisch erachtet.

Gesellschaftertod

46 Die juristischen Personen im Besonderen sowie die Handelsgesellschaften im Allgemeinen können nicht sterben. Sollte hingegen der *Tod* einer *natürlichen Person* eintreten, die eine einfache Gesellschafterin ist, bedeutet dies von Gesetzes wegen im Rahmen von Art. 545 Abs. 1 Ziff. 2 OR die *Auflösung der eG*. Die übrigen einfachen Gesellschafter können zwar eine neue eG gründen, doch die bisherige und nunmehr aufgelöste eG muss liquidiert werden (vgl. dazu hinten N 83 ff.)[82]. Die Regelung von Art. 545 Abs. 1 Ziff. 2 OR ist indes nicht zwingend:

Folglich kann die Auflösung der eG durch Abrede privatautonom verhindert und der *Fortbestand* zwischen den anderen Gesellschaftern vereinbart werden, obwohl die Mitgliedschaft als höchstpersönlich und als un-

....

80 Es verhält sich somit ähnlich wie im *Strafrecht* beim Begriff der *Bande* (Art. 139 Ziff. 3 StGB): BGE 135 IV 158 f. Erw. 2.

81 Die Begriffsverwendung *«Personen»* in Art. 530 Abs. 1 OR scheint die *Personengesellschaften* auszuschliessen, die weder zu den natürlichen Personen noch zu den juristischen Personen zu zählen sind, doch dürfte der *Terminus untechnisch* verstanden werden; m. E. sind (sozusagen a maiore ad minus nicht zuletzt wegen der Zulassung von juristischen Personen) *eG*, *KlG* und *KmG* als *Gesellschafter von eG* möglich; diese Auslegung entspricht ausserdem dem umfassenden Anwendungsbereich der eG (Art. 530 Abs. 2 OR): Vgl. dazu vorne N 43.

82 Eine wohl etwas überraschende *erbrechtliche* Norm findet sich versteckt im *Gesellschaftsrecht*, nämlich in Art. 547 Abs. 2 OR: «Wird die Gesellschaft durch den Tod eines Gesellschafters aufgelöst, so hat der Erbe des verstorbenen Gesellschafters den andern den Todesfall unverzüglich anzuzeigen und die von seinem Erblasser zu besorgenden Geschäfte in guten Treuen fortzusetzen, bis anderweitige Fürsorge getroffen ist.»

....

vererblich zu qualifizieren ist[83]. Im Gesellschaftsvertrag finden sich oft sog. *Fortsetzungsklauseln* für den Todesfall eines Gesellschafters[84]. Eine solche Abrede auf Fortbestand der eG kann vor dem Tod des Gesellschafters (Art. 545 Abs. 1 Ziff. 2 OR: «vorher vereinbart») oder nach dem Gesellschaftertod (z. B. BGE 119 II 122 Erw. 3. a) geschlossen werden.

47 Die *Übertragung* der Mitgliedschaft[85] und der *Beitritt* neuer (einfacher) Gesellschafter[86] verändert die eG erheblich[87], so dass die Zustimmung sämtlicher Gesellschafter erforderlich ist (Art. 542 Abs. 1 OR), d. h., das *Einstimmigkeitsprinzip* gilt. Der einfache Gesellschafter kann zwar auch ohne Zustimmung der übrigen Gesellschafter seinen Anteil an einen Dritten abtreten (= *Unterbeteiligung*)[88], dadurch wird dieser aber *nicht zum Gesellschafter* (Art. 542 Abs. 2 OR); er kann immerhin beispielsweise vermögensrechtliche Ansprüche erhalten. Gesellschafterwechsel

48 Gegenüber einem einfachen Gesellschafter (anders als gegenüber einem Kollektivgesellschafter: Art. 577 f. OR) gibt es von Gesetzes wegen *kein Ausschlussrecht*, und zwar weder durch den Richter (aus wichtigen Gründen) noch durch die übrigen Gesellschafter; ein Ausschlussrecht der Gesellschafter kann bei der eG nur, aber immerhin *vertraglich* vorbehalten bleiben (vgl. dazu hinten N 91).

c) Strukturelles

aa) Organe

49 Die interne Geschäftsführung sowie die externe Stellvertretung sind bei *eG* nicht von (Dritt-)Organen wahrzunehmen, sondern von den *Gesellschaftern selbst*, wobei Besonderheiten bei der Vertretung – gerade im Vergleich mit der KlG bzw. mit der KmG – zu berücksichtigen sind (vgl. dazu hinten N 111 und N 167); die eG beruht somit auf einer *Selbstorgan-* Selbstorganschaft

[83] Präzisierend: BGE 119 II 121 ff. Erw. 3.

[84] Vertragsparteien sind normalerweise einzig die *einfachen Gesellschafter*, aber die (potenziellen) *Erben* können ebenfalls einen entsprechenden Vertrag abschliessen; generell: RUDOLF P. SCHAUB, Die Nachfolgeklausel im Personengesellschaftsvertrag, SAG 56 (1984) 17 ff.

[85] Zur Thematik: KARIN MÜLLER, Die Übertragung der Mitgliedschaft bei der einfachen Gesellschaft (Diss. Luzern 2003) 93 ff. m. w. H.; zudem: BGE 134 III 597 (Pra 2009 Nr. 43).

[86] Der *beitretende einfache* Gesellschafter *haftet* nur für die Verbindlichkeiten, die *nach* seinem Beitritt begründet wurden – also anders als der beitretende Kollektivgesellschafter: Vgl. dazu hinten N 137.

[87] Hierzu: DIETER ZOBL, Änderungen im Personenbestand von Gesamthandschaften (Diss. Zürich 1973) *passim*.

[88] Allg.: JEAN M. LÖLLIGER, Die Unterbeteiligung an Personengesellschaftsanteilen (Diss. Basel 1998) *passim*.

schaft, mindestens zur Geschäftsführung (= Prinzip der Einzelgeschäftsführungsbefugnis: Art. 535 Abs. 1/Abs. 2 OR).

bb) Beschlussfassung

Einstimmigkeitsprinzip

50 In einer eG gilt für die Beschlussfassung gemäss Art. 534 Abs. 1 OR das *Einstimmigkeitsprinzip*, das jedem einfachen Gesellschafter faktisch ein Vetorecht einräumt: «Gesellschaftsbeschlüsse werden mit Zustimmung aller Gesellschafter gefasst»; privatautonom bzw. durch den Gesellschaftsvertrag kann das *Mehrheitsprinzip* – sei es «einfach» oder «qualifiziert»[89] – eingeführt werden[90], wobei die Mehrheit in diesem Fall «nach Köpfen», d. h., nach «Personenzahl» der einfachen Gesellschafter berechnet wird (Art. 534 Abs. 2 OR).

Es ist in der Lehre *umstritten*, ob Art. 534 Abs. 2 OR – also die Berechnung der Mehrheit nach der Zahl der Personen statt beispielsweise nach der Höhe der Beiträge – *dispositiv* oder *zwingend* ist (das Bundesgericht geht von einer dispositiven Ordnung aus: BGE 90 II 341 Erw. 5. a). M. E. ist kein Grund ersichtlich, weshalb es sich um eine zwingende Regelung handeln sollte. Der Gesellschaftsvertrag darf die Mehrheitsberechnung etwa durchaus nach der *Höhe der Beiträge* vorsehen.

Formfreiheit

51 Für die Beschlüsse der eG gilt *Formfreiheit*, d. h., die Beschlussfassung kann sozusagen «irgendwie» erfolgen; möglich sind beispielsweise Versammlungen oder Zirkularbeschlüsse oder schliesslich sogar konkludentes Verhalten der Gesellschafter.

Anwendungsbereich(e)

52 Bei der *Beschlussfassung* handelt es sich um ein Thema des *Innen*verhältnisses der eG (vgl. dazu hinten N 63), das somit mittels gesetzlicher Verweisung(en) bei den übrigen Personengesellschaften, also bei der KlG gemäss Art. 557 Abs. 2 OR bzw. bei der KmG gemäss Art. 598 Abs. 2 OR, zu berücksichtigen ist.

Es gelangt bei der eG ebenfalls zur Anwendung für *Gesellschafterwechsel* im Rahmen von Art. 542 Abs. 1 OR (vgl. dazu vorne N 47 f.). Schliesslich spielt das Prinzip der Einstimmigkeit bei der *Abgrenzung zur Geschäftsführung* in Art. 535 Abs. 3 OR eine wichtige Rolle (vgl. dazu hinten N 63 f.).

....

[89] *Jede Veränderung* beim Mehrheitsprinzip muss *einstimmig* durch die einfachen Gesellschafter erfolgen, nämlich als Änderung des Gesellschaftsvertrags als Basis der eG. Sollte also z. B. ein qualifiziertes Mehr auf ein einfaches Mehr «gesenkt» werden, muss nicht nur das qualifizierte Mehr der Gesellschafter, sondern müssen *alle einfachen Gesellschafter* zustimmen; anders im Recht der *Kapitalgesellschaften* (Beispiel der AG: Art. 704 Abs. 2 OR zur Einführung entsprechender Statutenbestimmungen).

[90] Die Einführung des Mehrheitsprinzips kann nur *einstimmig* erfolgen.

....

cc) *Firma und Sitz*

53 Die eG sind die einzigen Unternehmungen im schweizerischen Recht, die über *keine Firma* gemäss Art. 944 ff. OR verfügen (allenfalls über eine «Kurzbezeichnung» o. Ä.)[91]. Insofern sind bei diesen Gesellschaften – anders als bei den KlG und bei den KmG (vgl. dazu vorne N 14 ff.) – keine Besonderheiten bei der Firmenbildung zu beachten, und die eG können sich nicht auf firmenrechtliche Abwehransprüche berufen (Art. 956 OR). Allenfalls gelangt das *Namensrecht* einerseits oder das *Lauterkeitsrecht* andererseits bei ihrer Kennzeichnung zur Anwendung. Besonderheiten

Die eG haben ausserdem *keinen Sitz* infolge fehlender Rechtsfähigkeit. Diese Besonderheit unterscheidet die eG ebenfalls von allen übrigen Gesellschaftsformen.

d) Kaufmännisches Unternehmen

54 Das *kaufmännische Unternehmen* darf nicht mit dem wirtschaftlichen Zweck o. Ä. einer Gesellschaft verwechselt werden. Es handelt es sich beim kaufmännischen Unternehmen vielmehr um ein *Mittel zum Zweck*. «Unternehmen» ist dabei der Oberbegriff für Handels-, Fabrikations- oder sonstiges nach kaufmännischer Art betriebenes Gewerbe im Sinne von Art. 934 Abs. 1 OR. Im Übrigen besteht *kein inhaltlicher Unterschied* zwischen den Personengesellschaften und den Kapitalgesellschaften. Verweisung

Die eG steht – mindestens idealtypischerweise – *nicht für den Geschäftsverkehr* zur Verfügung. Insofern wirkt Art. 546 Abs. 2 OR («jährliche Rechnungsabschlüsse») etwas verwirrend. Die eG führt denn auch regelmässig *kein kaufmännisches Unternehmen*, d. h., die in der Praxis bekannte *«kaufmännische eG»* stellt einen Ausnahmefall dar (vgl. dazu hinten N 93 f.). Dadurch unterscheidet sich diese Personengesellschaft stark von den KlG und von den KmG.

2. Chronologie der eG

a) Startphase

55 Keine Gesellschaft kann so einfach und so unkompliziert gegründet werden wie die eG. Die *Gründung* zeichnet sich durch *weitgehende Formlosigkeit* aus («System der freien Gesellschaftsbildung»); z. B. sind bei der eG Gesellschaftsvertrag

[91] Der *geschäftsführende* einfache Gesellschafter tritt «für die eG» entweder in eigenem Namen oder im Namen aller Gesellschafter auf.

keine Statuten vorgesehen, das Gesetz kennt auch sonst *keine Formvorschriften* für den Gesellschaftsvertrag der einfachen Gesellschafter (sc. weder eine öffentliche Beurkundung noch eine Schriftlichkeit). Schliesslich ist *keine HR-Eintragung* der eG möglich.

Einzige Gründungsvoraussetzung der eG ist der (z. B. konkludente) *Vertragsschluss* im Sinne von Art. 1 OR, d. h., die Willensübereinstimmung der Gründungsgesellschafter[92]. Hierbei sind die *notwendigen* Vertragsbestandteile gemäss Art. 530 Abs. 1 OR («essentialia negotii»): Identität der einfachen Gesellschafter, Zweck der eG sowie Beiträge der einfachen Gesellschafter; im Übrigen besteht für den Gesellschaftsvertrag weitgehende Vertragsfreiheit (vgl. dazu vorne N 10 ff.). Sollte im konkreten Fall indes *kein Bindungswille* vorhanden sein, entsteht keine eG[93]. 56

b) Betriebsphase

aa) Innenverhältnis

aaa) Grundverständnis

Innengesellschaft

Bei allen Gesellschaften des schweizerischen Rechts kann zwischen dem *Innen*verhältnis[94] und dem *Aussen*verhältnis[95] unterschieden werden: 57

Die «Gewichtungen» erscheinen – je nach in Frage stehender Gesellschaft – unterschiedlich. Nachdem die eG idealtypischerweise nicht für den Geschäftsverkehr vorgesehen ist, betreffen die meisten Regelungen das Innenverhältnis. Die eG stellt im Wesentlichen eine eigentliche *Innengesellschaft* dar.

Anwendbares Recht

In Bezug auf das *anwendbare Recht* bei eG (und deren Tätigkeiten und Rechtsbeziehungen) ergibt sich aus Art. 540 OR eine Hierarchieordnung: 58

....

92 Es dürfte in der Praxis nicht selten vorkommen, dass sich die einfachen Gesellschafter *nicht wirklich im Klaren* darüber sind, dass sie eine eG bilden und dass Rechtsbeziehungen bestehen (BGE 116 II 710 Erw. 2. a), nämlich etwa beim Organisieren von gemeinsamen Ferien oder beim Zusammenleben in einem Konkubinat (das Bestehen einer eG wurde i. c. in einem über 17 Jahre bestehenden Konkubinat verneint: BGE 4A_684/2012 vom 6. Mai 2013: Erw. 2.3.3).

93 Dies *kann* (muss aber m. E. nicht unbedingt) der Fall sein z. B. bei gemeinsamen Bergtouren oder bei anderen Freizeitaktivitäten (etwa bei Pokerabenden), bei Spontanaktionen unter Gleichgesinnten (etwa beim Verschicken von politischem Werbematerial), bei gemeinsamen Prüfungsvorbereitungen von Jus-Studenten oder bei gemeinsamen musikalischen Übungen.

94 Marginale zu Art. 531 OR: «Verhältnis der Gesellschafter unter sich»; zudem: Art. 557 ff. OR (Titel); Art. 598 ff. OR (Titel).

95 Marginale zu Art. 543 OR: «Verhältnis der Gesellschafter gegenüber Dritten»; zudem: Art. 562 ff. OR (Titel); Art. 602 ff. OR (Titel).

....

Da die Privatautonomie vorherrscht (vgl. dazu vorne N 12 f.), sind in erster Linie die Abmachungen des *Gesellschaftsvertrags* massgeblich und danach[96] *Art. 530 ff. OR*. Im Verhältnis der geschäftsführenden einfachen Gesellschafter zu den übrigen Gesellschaftern ist subsidiär das *Auftragsrecht* anwendbar (Art. 540 Abs. 1 OR). Die *Geschäftsführung ohne Auftrag* kann schliesslich in bestimmten Sondersituationen – z. B. bei Überschreitung der Befugnisse – ebenfalls zu berücksichtigen sein (Art. 540 Abs. 2 OR).

bbb) Beiträge

59 Art. 530 Abs. 1 OR schreibt vor, dass die einfachen Gesellschafter die Zweckerreichung «mit gemeinsamen Kräften oder Mitteln» zu verfolgen haben, d. h. *Beiträge* an die eG zu leisten haben[97]. *Art* und *Umfang* solcher Beiträge an die eG werden dispositiv[98] in Art. 531 OR geregelt. Als Beiträge kommen beispielsweise «Geld, Sachen, Forderungen oder Arbeit» in Frage (Art. 531 Abs. 1 OR)[99]. Grundsätze

Von Gesetzes wegen schulden alle Gesellschafter «gleiche Beiträge», und zwar insoweit, «wie der vereinbarte Zweck es erheischt» (Art. 531 Abs. 2 OR).

60 Die Beiträge stellen Schulden der Gesellschafter dar. Sie können von den übrigen Gesellschaftern gemeinsam oder jeweils einzeln («actio pro socio»)[100] verlangt und *eingeklagt* werden; Klagen auf *Realerfüllung* sind ebenfalls zulässig. Im Hinblick auf die Gewinnbeteiligung bzw. auf die Verlusttragung (vgl. dazu hinten N 67 ff.) sind die Art und die Grösse der Beiträge *ohne rechtliche Bedeutung* (Art. 533 Abs. 1 OR), immerhin bleiben andere gesellschaftsvertragliche Regelungen vorbehalten[101].

---

96 Die meisten Bestimmungen von Art. 530 ff. OR sind m. E. *dispositiver* Natur; immerhin kommen auch *zwingende* Regelungen vor (z. B. Art. 541 Abs. 2 OR).

97 BGE 116 II 710 Erw. 2. a: «Die zur Verfolgung des Gesellschaftszweckes erforderlichen Mittel, d. h. die von den Gesellschaftern zu erbringenden Beiträge können in irgendwelchen vermögensrechtlichen oder persönlichen Leistungen bestehen»; die Beiträge sind zu unterscheiden von der Gewinnbeteiligung bzw. von der Verlusttragung.

98 Die Beitragsleistungen der einfachen Gesellschafter unterstehen prinzipiell der Privatautonomie bzw. der *Vertragsfreiheit*: Vgl. dazu vorne N 10 ff.

99 Art. 531 Abs. 1 OR schreibt vor: «Jeder Gesellschafter hat einen Beitrag zu leisten (...)», m. E. kann die Beitragsleistung aber allein schon darin bestehen, dass der einfache Gesellschafter *unbeschränkt haftbar* ist für Gesellschaftsschulden, d. h., etwas *«Zusätzliches»* muss *nicht unbedingt* «geleistet» werden.

100 Zu dieser Klage: ANDREA TAORMINA, Innenansprüche in der einfachen Gesellschaft und deren Durchsetzung (Diss. Fribourg 2002) N 342 ff.

101 Insbesondere kann durch den Gesellschaftsvertrag eine *Verlusttragung ausgeschlossen* werden, wenn *Arbeit* als Beitrag geleistet wird: Art. 533 Abs. 3 OR.

Details

Beiträge können nicht allein dadurch an die eG geleistet werden, dass Sachen zu *Eigentum* übertragen werden[102], vielmehr kann auch nur der *Gebrauch* überlassen sein[103]; die Gefahrtragung ist dann allerdings unterschiedlich geregelt (Art. 531 Abs. 3 OR). 61

Bei der *Liquidation* der eG (vgl. dazu hinten N 83 ff.) «fallen die Sachen, die ein Gesellschafter zu Eigentum eingebracht hat, nicht an ihn zurück» (Art. 548 Abs. 1 OR), sondern er hat nur, aber immerhin «Anspruch auf den Wert, für den sie [von der eG] übernommen worden sind» (Art. 548 Abs. 2 OR). Bei Sachen, die ausschliesslich zum Gebrauch überlassen worden sind, kann der einfache Gesellschafter seinen weiterhin bestehenden *Eigentumsanspruch* geltend machen.

ccc) Geschäftsführung

Ausgangslage

Die *Geschäftsführung* stellt, etwas trivialisiert, das *interne Tätigwerden* für die eG dar[104]; das externe Tätigwerden wird unter dem Rechtsbegriff der Vertretung abgehandelt. 62

Das Recht der eG basiert auf dem *Prinzip der Einzelgeschäftsführungsbefugnis* der einfachen Gesellschafter: «Die Geschäftsführung steht allen Gesellschaftern zu, soweit sie nicht durch Vertrag oder Beschluss einem oder mehreren Gesellschaftern oder Dritten ausschliesslich übertragen ist» (Art. 535 Abs. 1 OR). Im beschränkten Umfang von Art. 535 Abs. 2 OR hat jeder Geschäftsführer ein *Widerspruchsrecht*.

Einzelbefugnis v. Einstimmigkeitsprinzip

Die Abgrenzung zwischen der *Beschlussfassung* gemäss Art. 534 OR (= Einstimmigkeitsprinzip: Vgl. dazu vorne N 50) einerseits sowie der *Geschäftsführung* gemäss Art. 535 OR (= Einzelbefugnis) andererseits – beides sind Themen des Innenverhältnisses – kann im Einzelfall unklar und *umstritten* sein[105]. Nicht jedes Tätigwerden einer eG bedarf einer Beschlussfassung durch die einfachen Gesellschafter. 63

Sozusagen *«dazwischen irgendwo»* liegt die «Vornahme von Rechtshandlungen, die über den gewöhnlichen Betrieb der gemeinschaftlichen Geschäfte hinausgehen», für die – obwohl einen Teil der *Geschäftsführung* 64

[102] Einbringung *quoad dominium*.

[103] Einbringung *quoad usum*.

[104] Dem Geschäftsführer stehen zwar gewisse *Ersatzansprüche* zu (Art. 537 Abs. 1 OR), doch *keine besonderen Vergütungen* (Art. 537 Abs. 3 OR).

[105] Gesellschafts*beschlüsse* sind *erforderlich*, wenn es um Rechtshandlungen geht, die «über den gewöhnlichen Betrieb» der *konkreten* Gesellschaft hinausgehen (Art. 535 Abs. 3 OR); das Gesetz erwähnt das Beispiel des *Generalbevollmächtigen*, wodurch die «Grössenverhältnisse» angedeutet werden sollen; detailliert: BGE 4C.217/2006 vom 15. August 2007.

ausmachend – die «Einwilligung sämtlicher Gesellschafter erforderlich» ist (Art. 535 Abs. 3 OR). Welches Tätigwerden der geschäftsführungsbefugten Gesellschafter *«über den gewöhnlichen Betrieb»* hinausgeht, kann m. E. nicht abstrakt, sondern einzig im konkreten Einzelfall entschieden werden, und zwar unter Berücksichtigung des *Zwecks* der jeweiligen eG.

65 Der einfache Gesellschafter ist gemäss Art. 538 OR einzig zur *Sorgfalt* verpflichtet, die er für seine *eigenen Angelegenheiten* zu beachten pflegt («diligentia quam in suis»: Art. 538 Abs. 1 OR); ein strengerer, d. h. ein *objektivierter* Sorgfaltsmassstab gilt nur, aber immerhin für den geschäftsführenden Gesellschafter, wenn er für seine Tätigkeit eine *Vergütung* bezieht (Art. 538 Abs. 3 OR i. V. m. Art. 398 OR und Art. 321*a* OR). Sorgfaltsmassstab

66 Die Geschäftsführung kann im Rahmen von Art. 539 OR durch die übrigen einfachen Gesellschafter *entzogen* oder *beschränkt* werden. Erforderlich sind indes *wichtige Gründe*, die jedem einzelnen Gesellschafter diese Möglichkeit(en) einräumen (Art. 539 Abs. 1/Abs. 2 OR)[106]. Einem von der Geschäftsführung ausgeschlossenen Gesellschafter stehen *zwingende Informationsrechte* zu (Art. 541 OR)[107]. Die Auflösung der eG kann, muss aber nicht das Ende der Geschäftsführung bedeuten (Art. 547 OR). Beendigung

ddd) Gewinnbeteiligung sowie Verlusttragung

67 Im Prinzip sollen alle Gesellschafter einer eG den Gewinn *miteinander teilen* (Art. 532 OR)[108]. Eine andere gesellschaftsvertragliche Regelung vorbehalten (vgl. dazu vorne N 12 f.), gilt der *Grundsatz der Gleichbehandlung* der einfachen Gesellschafter: «Wird es nicht anders vereinbart, so hat jeder Gesellschafter, ohne Rücksicht auf die Art und Grösse seines Beitrages, gleichen Anteil an Gewinn (…)» (Art. 533 Abs. 1 OR). Gewinn

68 Die einfachen Gesellschafter werden insbesondere mit *zwei finanziellen* Risiken konfrontiert, nämlich einerseits extern mit der *Haftung* gegenüber Verlust

[106] Als *wichtige Gründe* werden z. B. grobe Pflichtverletzungen des Geschäftsführers oder der Verlust der Fähigkeit zu einer guten Geschäftsführung erwähnt: Art. 539 Abs. 3 OR; im Vordergrund stehen meist die Pflichtverletzungen, die allerdings m. E. so intensiv sein müssen, dass das *Vertrauensverhältnis* zwischen den einfachen Gesellschaftern *endgültig zerstört* ist.

[107] Im Ergebnis vergleichbar sind diese spezifischen Rechte der einfachen Gesellschafter *ohne Geschäftsführungsbefugnis* mit den *Informationsrechten des Kommanditärs* gemäss Art. 600 Abs. 3 OR: Vgl. dazu hinten N 165; dies erscheint m. E. sachgerecht, sollen doch beide Informationsordnungen die fehlende Geschäftsführungsbefugnis *kompensieren*.

[108] Trotz Gewinnbeteiligung kann im konkreten Einzelfall ein *Auftragsverhältnis* statt einer eG gegeben sein, wenn ein Subordinationsverhältnis bestehen sollte (BGE 4C.30/2007 vom 16. April 2007: Erw. 4 und 5 [«Miss Kroatien-Wahl»]).

den Gesellschaftsgläubigern (vgl. dazu hinten N 77 f.) sowie andererseits intern mit der *Verlusttragung* für die Gesellschaftsergebnisse:

Wie beim Gewinn gilt gemäss Art. 533 Abs. 1 OR beim Verlust ebenfalls der *Grundsatz der Gleichbehandlung*. Wer *Arbeit* als Beitrag für die eG leistet, soll im Rahmen von Art. 533 Abs. 3 OR gesellschaftsvertraglich insofern *privilegiert* werden können, dass (trotz Gewinnbeteiligung) eine Verlusttragung ausgeschlossen werden darf.

«Societas leonina»

Nach schweizerischem Gesellschaftsrecht ist eine eG – oder eine andere Personengesellschaft – als *«Societas leonina»* («Löwengesellschaft» oder «Leonischer Vertrag»)[109] *unzulässig*; m. a. W. dürfen die einfachen Gesellschafter nicht vereinbaren, dass zwar alle Gesellschafter am Verlust zu tragen haben, dass schliesslich aber nur *ein Einziger* von ihnen (sozusagen der «Löwe») den *Gewinn* (sozusagen die «Beute») erhalten solle. In *ausländischen* Rechtsordnungen werden solche Gesellschaften teils zugelassen (z. B. in Deutschland und in Österreich) und teils verboten (z. B. in Italien oder in Polen). 69

In der Wirtschaftsrealität herrschen *vertragliche* Regelungen zur Gewinnbeteiligung bzw. zur Verlusttragung vor. Sollten die einfachen Gesellschafter entweder nur über den Gewinn oder aber ausschliesslich über den Verlust eine Abmachung getroffen haben, gilt diese vertragliche Anordnung *für beide Aspekte* (Art. 533 Abs. 2 OR).

eee) Treuepflichten u. Ä.

Konkurrenzverbot

Personengesellschaften beruhen auf der *engen persönlichen Beziehung* zwischen den *Gesellschaftern*; ihre personalistische Ausgestaltung (vgl. dazu vorne N 35) erscheint sozusagen als natürliche Folge davon. 70

Zwischen den einzelnen Personengesellschaftern[110] bestehen *Treuepflichten*. Im Recht der eG wird dies beim *Konkurrenzverbot* ersichtlich: «Kein Gesellschafter darf zu seinem besonderen Vorteile Geschäfte betreiben, durch die der Zweck der Gesellschaft vereitelt oder beeinträchtigt

[109] Im Detail: ALEXANDER FREI, Societas leonina – Zwingende Ergebnisbeteiligung und gemeinsamer Zweck in der einfachen Gesellschaft (Diss. Basel 2002) *passim*; der Begriff war bereits im *römischen Recht* bekannt und wurde von der damaligen Jurisprudenz geprägt; die «Löwengesellschaft» (als Jagdgesellschaft eines Löwen, eines Esels und eines Fuchses) wird auf eine *Tierfabel* des griechischen Dichters ÄSOP zurückgeführt; allg.: KAI M. HINGST, Die societas leonina in der Europäischen Privatrechtsgeschichte (…) (Diss. Hamburg 2001) *passim*.

[110] Bei den Kapitalgesellschaftern kann keine eindeutige Aussage gemacht werden: Während insbesondere bei den *Aktionären* von Gesetzes wegen keine Treuepflichten gegeben sind (und auch nicht privatautonom vereinbart werden dürfen: Art. 680 Abs. 1 OR), verhält es sich bei den *GmbH-Gesellschaftern* anders (Art. 803 OR).

würde» (Art. 536 OR)[111]; verglichen mit den anderen Personengesellschaften ist die Regelung *milde* ausgestaltet (vgl. dazu hinten N 128 ff. und N 184).

71 Die *Treuepflicht* der einfachen Gesellschafter kommt in mehreren Bestimmungen zum Ausdruck[112]. Im Vordergrund steht das erwähnte *Konkurrenzverbot*, doch weitere Regelungen unterstreichen das prinzipielle Treueverhältnis der Gesellschafter, etwa die *Pflicht zur Gewinnteilung* (Art. 532 OR) oder die *Rechenschaftspflicht* gegenüber den einfachen Gesellschaftern ohne Geschäftsführungsbefugnis (Art. 541 OR).

bb) Aussenverhältnis

aaa) Grundverständnis

72 Bei den Personengesellschaften (also: eG, KlG und KmG) geht es beim *Innen*verhältnis um die Beziehungen zwischen den einzelnen Gesellschaftern oder zwischen den Gesellschaftern und der Gesellschaft. Generelles

Das *Aussen*verhältnis betrifft hingegen einerseits die Personengesellschaften und deren «Aussenwelt» (z. B. den Abschluss von Rechtsgeschäften, Stichwort: Vertretung) sowie andererseits die Gesellschafter und deren Verhältnis zu Dritten (etwa das Einstehen für Gesellschaftsschulden gegenüber Gesellschaftsgläubigern, Stichwort: Haftung); die Haftung kann eine (mögliche) Folge der Vertretung und sozusagen die «Rückseite der Medaille» sein.

73 Die eG ist v. a. eine *Innengesellschaft* (vgl. dazu vorne N 57), d. h., die meisten Regelungsthemen – z. B. die Beschlussfassung, die Geschäftsführung oder die Gewinnbeteiligung – betreffen das Verhältnis zwischen den einzelnen Gesellschaftern oder zwischen den einfachen Gesellschaftern sowie der Gesellschaft. Die eG stellt zudem eine *relativierte Aussengesellschaft* dar, was – mangels Verwendung im Geschäftsverkehr – durchaus ausreichend erscheint. Relativierte Aussengesellschaft

Bei der eG sind insbesondere (anders als bei der KlG sowie bei der KmG) im Gesetz *keine kaufmännische Vertretung* einerseits[113] sowie *keine kauf-*

[111] Im Ergebnis müsste m. E. die *eG geschädigt* werden, damit das Konkurrenzverbot wirkt.

[112] Zwar sieht das Recht der eG *keine allgemeine Treuepflicht* vor; m. E. sind die einfachen Gesellschafter nichtsdestotrotz beispielsweise zur Wahrung der Geschäftsgeheimnisse verpflichtet.

[113] Die *kaufmännische Vertretung* bedeutet eine *gesetzlich fixierte Vertretungsmacht* (= rechtliches «Können»), die prinzipiell unabhängig von der Vertretungsbefugnis (= rechtliches «Dürfen») ist; es kann im Einzelfall geschehen, dass der *Vertreter mehr kann* als er (allenfalls) darf, wodurch die Dritten bzw. die Interessen des Geschäftsverkehrs geschützt werden sollen; als *Vertreter*, die für die Gesell-

männische Unternehmung andererseits vorgesehen. In der Wirtschaftsrealität kommen indes kaufmännische eG vor (vgl. dazu hinten N 93 f.).

bbb) Vertretung

Bürgerliche Stellvertretung

74 Die *einfachen Gesellschafter* können die eG vertreten, allerdings nicht im Sinne einer kaufmännischen Vertretung, sondern ausschliesslich in *bürgerlicher Stellvertretung* (Art. 32 ff. OR)[114]. Dieser Umstand wird mit Art. 543 Abs. 2 OR[115] klargestellt. Der einfache Gesellschafter braucht also einerseits eine *Vollmacht*, und muss andererseits ausdrücklich *im Namen* der eG bzw. sämtlicher Gesellschafter tätig sein.

Die konkrete Vollmacht zur Stellvertretung umschreibt sowohl das «Dürfen» als auch das «Können» der Vertretung; folglich kann der Stellvertreter nicht mehr, als er darf. Die Ermächtigung zur Stellvertretung wird ausserdem *vermutet*, wenn eine *Geschäftsführungsbefugnis* besteht (Art. 543 Abs. 3 OR)[116].

Gesamteigentum oder Miteigentum

75 Sollten z. B. Sachen oder dingliche Rechte oder Forderungen durch Rechtsgeschäfte *erworben* werden, stehen diese *nicht der eG* zu, die weder rechtsfähig noch sonst wie «verselbständigt» ist. Solche Vermögenswerte gehören vielmehr den *einfachen Gesellschaftern zusammen* (vgl. dazu vorne N 29 f.), und zwar «gemeinschaftlich nach Massgabe des Gesellschaftsvertrages» (Art. 544 Abs. 1 OR), also von Gesetzes wegen in Gesamteigentum bzw. nach Vereinbarung allenfalls in Miteigentum; zur *Geltendmachung* besteht eine notwendige «aktive» Streitgenossenschaft[117].

Delikte der Gesellschafter

76 KlG bzw. KmG können nicht allein durch *rechtsgeschäftliches*, sondern ebenfalls durch *deliktisches* Verhalten ihrer Gesellschafter rechtlich verpflichtet werden (vgl. dazu hinten N 135 und N 189). Anders verhält es sich

schaft z. B. *Rechtsgeschäfte* im Rahmen des *Gesellschaftszwecks* abschliessen können (und dadurch die Gesellschaft verpflichten), kommen verschiedene Personen in Frage, nämlich beispielsweise Prokuristen, Handlungsbevollmächtigte, VR-Mitglieder bzw. Direktoren von AG, *Kollektivgesellschafter* sowie *Komplementäre*; generell: DIETER ZOBL, Probleme der organschaftlichen Vertretungsmacht, ZBJV 125 (1989) 289 ff.

114 Grundlegend: ALICE REICHMUTH PFAMMATTER, Vertretung und Haftung in der einfachen Gesellschaft (Diss. St. Gallen 2002) 41 ff. m. w. H.; BGE 124 III 355; hierzu: WALTER FELLMANN/KARIN MÜLLER, Die Vertretungsmacht des Geschäftsführers in der einfachen Gesellschaft (…), AJP 9 (2000) 637 ff.

115 Art. 543 Abs. 2 OR: «Wenn ein Gesellschafter im Namen der Gesellschaft oder sämtlicher Gesellschafter mit einem Dritten Geschäfte abschliesst, so werden die übrigen Gesellschafter dem Dritten gegenüber nur insoweit berechtigt und verpflichtet, als es die Bestimmungen über die Stellvertretung mit sich bringen;» *Abs. 2* von Art. 543 OR spricht die *direkte* Stellvertretung und *Abs. 1* die *indirekte* Stellvertretung an.

116 Hierzu: CHRISTINE CHAPPUIS, Le répresentant de la société simple: Une hydre à deux têtes?, in: FS für H. Honsell (Zürich 2002) 587 ff.

117 BGE 4C.352/2006 vom 25. Januar 2007: Erw. 3.2.2.

im Rahmen von Art. 32 ff. OR, die auf eG anwendbar sind. Deliktisches Verhalten steht immer ausserhalb der Vollmacht zur Vertretung, so dass *Delikte* der einfachen Gesellschafter – und zwar selbst im Rahmen eines allfälligen Gesellschaftszwecks – die *eG nicht verpflichten* können.

ccc) Haftung der Gesellschafter

77 Die Thematik der Gesellschafterhaftung im Aussenverhältnis auf der einen Seite darf nicht verwechselt werden mit der internen Haftung zwischen den einfachen Gesellschaftern auf der anderen Seite (vgl. dazu vorne N 68 f.). Für die *Gesellschaftsschulden*, die mittels bürgerlicher Stellvertretung im Namen der Gesellschaft rechtsgültig begründet worden sind (vgl. dazu vorne N 74)[118], haften mangels Rechtsfähigkeit *nicht die eG*, sondern die *einfachen Gesellschafter* persönlich: Primärhaftung

Die Gesellschafter unterstehen dabei einer *Primärhaftung*, d. h., die Gläubiger der eG sind nicht gehalten, sich (vorerst) an die Gesellschaft als Schuldnerin zu wenden; anders verhält es sich bei der KlG und bei der KmG. Die Haftung der einfachen Gesellschafter ist *unbeschränkt* (anders als bei den Kommanditären) sowie untereinander *solidarisch* gemäss Art. 544 Abs. 3 OR (wie bei allen Personengesellschaftern)[119]; die Solidarhaftung[120] in Bezug auf die Passiven stellt sozusagen das «Gegenstück» zum Gesamteigentum bei den Aktiven dar.

78 Sollten *juristische Personen* (z. B. AG, GmbH oder Genossenschaften) einfache Gesellschafter sein, gelten die obigen Regeln auch bei diesen Gesellschaften. Deren *Gesellschafter* (also die Aktionäre, die GmbH-Gesellschafter oder die Genossenschafter) haften hingegen nicht; dies gilt immerhin vorbehaltlich des *Durchgriffs*, der eine Ausnahme darstellt. Insofern besteht eine faktisch beschränkte Haftung, weil die juristischen Personen nur mit ihrem *Gesellschaftsvermögen* und nicht mit dem Privatvermögen ihrer Gesellschafter zur Haftung herangezogen werden können. Juristische Personen

118 Die *Auflösung* einer eG hat *keine Auswirkung* auf deren Verbindlichkeiten: Art. 551 OR.

119 Für die Solidarhaftung im Rahmen von Art. 544 Abs. 3 OR wird in jedem Fall vorausgesetzt, dass *tatsächlich eine eG* gegeben ist: BGE 116 II 709 Erw. 1. b.

120 Der Gesellschaftsgläubiger kann von *jedem einzelnen Gesellschafter* die Erfüllung der *gesamten* Gesellschaftsschulden verlangen; intern kann der einfache Gesellschafter auf die anderen Gesellschafter immerhin *Rückgriff* nehmen; eine Beschränkung der Solidarhaftung auf einen der beiden Schuldner, so dass dieser im externen Verhältnis allein haftet, bedarf einer entsprechenden Vereinbarung mit dem Gläubiger (BGE 4A_562/2011 vom 16. Januar 2012: Erw. 4.2).

c) Endphase

Die Endphase bei den (meisten) Gesellschaften erfolgt in drei chronologischen Schritten, nämlich der *Auflösung* der Gesellschaft, deren *Liquidation* sowie der *Löschung im HR*. Die eG stellt in diesem Zusammenhang – erneut – einen Sonderfall dar[121]: 79

Auflösung

Die *Auflösung der eG*, die durch spezifische Gründe im Sinne von Art. 545 f. OR initiiert wird, beendet die Gesellschaft (noch) nicht, sondern führt sie in aller Regel zur Abwicklung (= Liquidation); die aufgelöste eG wird zur *Abwicklungsgesellschaft*, die als *ausschliesslichen Zweck* die Beendigung der Gesellschaft hat. Ausserdem wirkt sich die Gesellschaftsauflösung im Rahmen von Art. 547 OR auf die *Geschäftsführung* aus. 80

Die *Auflösungsgründe* werden v. a. in *Art. 545 Abs. 1 OR* erwähnt, nämlich etwa die Zweckerreichung bzw. die Zweckunmöglichkeit der eG (Ziff. 1), grundsätzlich[122] der Gesellschaftertod (Ziff. 2), gegenseitige Übereinkunft der einfachen Gesellschafter (Ziff. 4), Zeitablauf bei befristeten eG (Ziff. 5) sowie richterliches Urteil bei Auflösung aus wichtigen Gründen (Ziff. 7). In der Praxis steht das *Kündigungsrecht* (Ziff. 6) im Vordergrund[123]; der Gesellschafter kann z. B. bei unbefristeten eG die Gesellschaft jeweils durch (einseitige) Kündigung auflösen, und zwar mit einer Kündigungsfrist von *sechs Monaten* (Art. 546 Abs. 1 OR)[124]. 81

Wichtige Gründe

Sollten *«wichtige Gründe»* vorliegen, kann die Auflösung der eG schon vor Ablauf der Vertragsdauer bzw. ohne vorherige Aufkündigung – also *jederzeit* – vom einfachen Gesellschafter verlangt werden (Art. 545 Abs. 1 Ziff. 7 OR i. V. m. Art. 545 Abs. 2 OR)[125]: 82

Solche wichtigen Gründe zur Auflösung liegen in erster Linie dann vor, «wenn die wesentlichen Voraussetzungen persönlicher oder sachlicher Natur, unter denen der Gesellschaftsvertrag eingegangen wurde, nicht mehr vorhanden sind, so dass die Erreichung des Gesellschaftszweckes in der bei der Eingehung der Gesellschaft beabsichtigten Art nicht mehr

[121] Allg.: PATRICK M. HOCH, Auflösung und Liquidation der einfachen Gesellschaft (Diss. Zürich 2001) *passim*.

[122] Durch *Fortsetzungsklausel(n)* im Gesellschaftsvertrag kann die Auflösung der eG verhindert bzw. die Gesellschaft fortgesetzt werden: Vgl. dazu vorne N 46.

[123] Zu den *Kündigungsmöglichkeiten*: Art. 545 Abs. 1 Ziff. 6 OR i. V. m. Art. 546 OR; zu den *Einschränkungen* (z. B. nur «in guten Treuen» und «nicht zur Unzeit»): Art. 546 Abs. 2 OR.

[124] Die Kündigungsfrist ist *nicht zwingend*, so dass – vorbehaltlich Art. 27 Abs. 2 ZGB – eine Unkündbarkeit auf Lebenszeit vereinbart werden kann: BGE 106 II 228 f. Erw. 2. a; zudem von generellem Interesse: ROGER ZÄCH, Vertraglicher Ausschluss der Kündbarkeit bei den Personengesellschaften (Diss. Genf 1970) *passim*.

[125] Allg.: PETER BERGSMA, Auflösung, Ausschluss und Austritt aus wichtigem Grund bei den Personengesellschaften (Diss. Zürich 1990) *passim*.

möglich ist bzw. wesentlich erschwert oder gefährdet wird und aus diesem Grund dem Gesellschafter die Fortsetzung der Gesellschaft nicht mehr zugemutet werden kann» (BGE 4C.249/2006 vom 13. November 2006: Erw. 3.1).

83 Die *Liquidation der eG* bedeutet, etwas trivialisiert, dass einerseits deren Schulden (= Passiven) zu bezahlen und andererseits das «Gesellschaftsvermögen» (= Aktiven) zu verwerten bzw. zu «versilbern»[126] sind: Liquidation

Sollte im Anschluss – und nach einigen Ersatzzahlungen – ein Überschuss verbleiben, wird dieser als *Gewinn* unter die einfachen Gesellschafter verteilt (Art. 549 Abs. 1 OR). Sollte das gemeinschaftliche Vermögen indes zur Tilgung der Gesellschaftsschulden nicht ausreichen, ist der Negativsaldo von den Gesellschaftern als *Verlust* zu tragen (Art. 549 Abs. 2 OR). Die einfachen Gesellschafter haben im Übrigen einzig Anspruch auf Wertersatz und *nicht* auf Rückerstattung der Einlagen *in natura* (Art. 548 OR).

84 Die Liquidation ist grundsätzlich von *allen Gesellschaftern gemeinsam* vorzunehmen[127], notabene unter Einschluss der einfachen Gesellschafter ohne Geschäftsführungsbefugnis (Art. 550 Abs. 1 OR); Spezialregelungen im Gesellschaftsvertrag bleiben gemäss Art. 550 Abs. 2 OR allerdings vorbehalten. Die Auflösung einer eG hat *keine Auswirkung* auf deren *Verbindlichkeiten* (Art. 551 OR).

85 Einen *Sonderfall* stellt die eG in der Endphase der Gesellschaft dar. Sämtliche Gesellschaften – inklusive die KlG sowie die KmG – werden im Anschluss an die Auflösung und an die Liquidation *im HR gelöscht*. Dies ist bei der *eG unmöglich*, weil diese Gesellschaftsform im HR überhaupt nicht eingetragen werden kann (vgl. dazu vorne N 17). Die Existenz der eG wird somit bereits mit deren *Liquidation beendet*. Löschung im HR?

3. Ausgewählte Einzelfragen

a) EG als Gesellschafterin?

86 Die eG ist keine juristische Person, sondern eine Rechtsgemeinschaft (vgl. dazu vorne N 27). Die *Rechte der eG* (z. B. allfällige *Gesellschafterrechte*) werden *gemeinsam* von allen einfachen Gesellschaftern ausgeübt. Die Rechtsnatur der eG spricht nicht dagegen, dass sie ihrerseits *als Gesell-* Situation bei Personengesellschaften

[126] Zum Begriff: Art. 585 Abs. 1 a. E. OR.

[127] Vor der Gesellschaftsauflösung besteht eine *Einzelgeschäftsführungsbefugnis*: Art. 535 OR; die Gesellschafter können die Liquidationstätigkeit auf Dritte übertragen (z. B. auf Treuhandgesellschaften, auf Rechtsanwälte oder auf einzelne einfache Gesellschafter), was meist der Fall ist.

schafterin anderer Gesellschaften zugelassen würde; massgeblich ist allerdings nicht diese Perspektive, sondern vielmehr die Frage, ob die *betroffenen Gesellschaftsformen* die *eG als Gesellschafterin* zulassen oder nicht:

87 M. E. kommt die eG bei einer anderen eG als deren *einfache Gesellschafterin* ohne weiteres in Frage (vgl. dazu vorne N 45 inkl. FN 81)[128], hingegen nicht bei einer KlG als deren Kollektivgesellschafterin (vgl. dazu hinten N 107)[129]: Bei der KmG muss m. E. schliesslich differenziert werden: Die eG muss zwar als *Kommanditärin* der KmG zugelassen werden (vgl. dazu hinten N 164)[130], allerdings nicht als Komplementärin (vgl. dazu hinten N 160)[131].

Situation bei Kapitalgesellschaften

88 Die Begriffsbestimmungen zum *Aktionär* (Art. 625 OR bzw. Art. 707 Abs. 3 OR) sowie zum *GmbH-Gesellschafter* gemäss Art. 772 Abs. 1 OR bzw. Art. 775 OR bzw. Art. 776*a* Abs. 1 Ziff. 12 OR sind semantisch *(zu) eng* ausgefallen («natürliche oder juristische Personen oder andere Handelsgesellschaften»)[132]. M. E. erwähnen zwar die Gesetzestexte die eG nicht ausdrücklich, wollen sie indes nicht ausschliessen, und gleich verhält es sich bei der Genossenschaft bzw. beim *Genossenschafter* (z. B. Art. 828 Abs. 1 OR).

89 M. E. kann somit jeder Rechtsfähige ein Gesellschafter einer Kapitalgesellschaft sein, d. h., die eG ist als *Aktionärin* sowie als *GmbH-Gesellschafterin* zulässig[133]; eine legislative Klarstellung wäre sinnvoll und wünschbar. Schliesslich kommt – mit der gleichen Begründung – die eG als *Genossenschafterin* ebenfalls in Frage[134].

b) Austrittsrecht und Ausschlussrecht?

Austritt

90 Das Recht der eG im Rahmen von Art. 530 ff. OR sieht *kein Austrittsrecht* (grundlos oder aus wichtigen bzw. aus sonstigen Gründen) vor. Die einzige Möglichkeit des einfachen Gesellschafters «auszutreten» («Exit») ist

128 Diese Ansicht ist *umstritten*; gl.M. wie hier: JEAN NICOLAS DRUEY/EVA DRUEY JUST/LUKAS GLANZMANN, Gesellschafts- und Handelsrecht (11. A. Zürich 2015) § 3 N 9.

129 Ein Teil der Lehre möchte die *eG* als Kollektivgesellschafterin *zulassen*, wenn deren Gesellschafter *ausschliesslich natürliche* Personen sind.

130 Die wohl h. M. lehnt die eG als Kommanditärin ab (z. B. wegen angeblich gesetzgeberischem Willen).

131 Ein Teil der Lehre möchte die *eG* als Komplementärin *zulassen*, wenn deren Gesellschafter *ausschliesslich natürliche* Personen sind.

132 Die eG ist *keine Person* und auch *keine Handelsgesellschaft*: Vgl. dazu vorne N 6.

133 Zur eG als Aktionärin: PETER V. KUNZ, Geplante Neuerungen bei einigen Generalien der aktuellen Aktienrechtsrevision (...), GesKR/Sondernummer Aktienrechtsrevision (2008) 12; gl.M.: LUKAS HANDSCHIN, Die kleine Aktienrechtsrevision, ZBGR 88 (2007) 71 f.; in der Lehre ist indes *umstritten*, ob die eG als *Aktionärin* bzw. als *GmbH-Gesellschafterin* in Frage kommen.

134 Die h. M. scheint die eG als Genossenschafterin *abzulehnen*.

die *Kündigung* seiner Gesellschafterstellung (vgl. dazu vorne N 81). Dadurch wird die eG – immerhin eine andere Abrede unter den Gesellschaftern vorbehalten (= Fortsetzungsklausel) – *aufgelöst* und *liquidiert* (vgl. dazu vorne N 79 ff. und N 83 ff.).

91 Ausserdem enthält das Recht der eG *kein Ausschlussrecht* der übrigen Gesellschafter bzw. der Gesellschaft gegenüber einzelnen einfachen Gesellschaftern (es handelt sich um ein qualifiziertes Schweigen des Gesetzgebers: BGE 94 II 119); anders verhält es sich bei der KlG (vgl. dazu hinten N 149)[135]. Als pragmatische Alternative steht die *Auflösung* der bisherigen eG verbunden mit der *Gründung* einer neuen eG (notabene ohne den «ausgeschlossenen» Gesellschafter) im Vordergrund. Ausschluss

Immerhin ist es m. E. zulässig, im *Gesellschaftsvertrag* der eG ein Ausschlussrecht vorzusehen. Die Gründe für einen Ausschluss sollten im Vertrag umschrieben werden (z. B. könnten eine Generalklausel [«wichtige Gründe»] oder einzelne Pflichtverletzungen vereinbart werden). Die finanziellen Konsequenzen – v. a. die Abfindung des ausgeschlossenen einfachen Gesellschafters[136] – sollten ebenfalls geregelt werden.

92 Der Austritt oder der Ausschluss beenden – zumindest im Prinzip – die eG. In der Wirtschaftsrealität kann die Gesellschaft in diesen oder in anderen Auflösungsfällen – etwa beim Tod eines einfachen Gesellschafters – mittels einer vertraglichen *Fortsetzungsklausel* (vgl. dazu vorne N 46) im Gesellschaftsvertrag weitergeführt werden. Der ausgetretene bzw. der ausgeschlossene einfache Gesellschafter ist zwar bei der eG nicht mehr «dabei» als Gesellschafter, erhält aber notwendigerweise eine *Abfindung*. Fortsetzung sowie Abfindung

c) Kaufmännische eG?

93 Die h. M. und die Praxis (z. B. ZR 1994 Nr. 41, 156 f.) gehen von einem *Verbot kaufmännischer eG* aus. Diese Ansichten stützen sich (mittelbar) auf Art. 934 Abs. 1 OR, wonach eine Eintragungspflicht bei kaufmännischen Unternehmen besteht und die eG im HR weder eingetragen werden darf noch kann. Wenn *ausschliesslich natürliche* Personen als einfache Gesellschafter auftreten, wird bei einer kaufmännischen Tätigkeit der eG eine *Konversion in eine KlG* angenommen (z. B. BGE 73 I 314 f. Erw. 2). Regel

135 Zum *Ausschlussrecht* bei Personengesellschaften im Detail: RETO STRITTMATTER, Ausschluss aus Rechtsgemeinschaften (Diss. Zürich 2002) 114 ff.

136 M. E. wäre es unzulässig (Art. 27 ZGB), einen *generellen Abfindungsverzicht* zu vereinbaren; eine *reduzierte* Abfindung erscheint hingegen durchaus zulässig.

Eine solche Konversion ist wegen Art. 552 OR (vgl. dazu hinten N 107) indes unmöglich für den Fall, dass eine *juristische* Person als einfache Gesellschafterin auftritt:

Ausnahme In diesem in der Praxis nicht seltenen (Ausnahme-)Fall werden *kaufmännische einfache Gesellschaften* als akzeptabel betrachtet (z. B. BGE 84 II 381 Erw. a)[137]. Zwar wird die eG als Gesellschaft immer noch nicht im HR eingetragen, aber immerhin deren einfache Gesellschafter. Umstritten ist in der Lehre heute insbesondere, *nach welchen Regeln* solche kaufmännischen eG im *Aussenverhältnis* behandelt werden müssen; m. E. hat das *Recht der KlG* im Drittverkehr zur Anwendung zu gelangen, so dass der Schutz der Geschäftspartner gewährleistet wird. 94

d) Konzerne als eG?

Verweisung *Konzerne* sind keine juristischen Personen. Offen scheint indes die Anschlussfrage, ob allenfalls eine *Rechtsqualifikation als eG* möglich ist. Das Bundesgericht hat die Frage bis anhin (noch) nicht definitiv entschieden, sondern – mangels Streitfall – offengelassen[138]. Die Lehre debattiert die Thematik seit Jahren kontrovers; zwar stellt ein Konzern – zumindest im Regelfall – *keine eG* dar, doch können m. E. durchaus *Ausnahmen* vorkommen (vgl. dazu hinten § 12 N 25 ff.)[139]. 95

Rechtsfolgen Eine solche (mögliche) Qualifikation im Einzelfall hat Konsequenzen in verschiedenen Bereichen. Beispielsweise führt dies zu einer *ausgeweiteten Konzernhaftung*, indem die Konzerngesellschaften als einfache Gesellschafter prinzipiell «untereinander» haften. Ausserdem führt eine Qualifikation als eG zu *Veränderungen der Konzerntransparenz* (z. B. Informationsprivilegierung der Obergesellschaft, also «von unten nach oben», weil die herrschende Unternehmung eine Treuepflicht hat)[140]. 96

....

137 Detailliert: LUKAS HANDSCHIN, Kaufmännische einfache Gesellschaften, in: Entwicklungen im Gesellschaftsrecht I (Bern 2006) 31 ff.; PETER JUNG, Die einfache Gesellschaft als Betreiberin eines kaufmännischen Gewerbes, in: FS für R. Ruedin (Basel 2006) 3 ff.

138 Im Jahr 2004 lehnte das Bundesgericht mit BGE 4C.217/2003 vom 29. Januar 2004: Erw. 3.3 die These vom Konzern als eG zwar nicht ab, zeigt sich allerdings zumindest *skeptisch*: «Même si l'on ne rejetait pas d'emblée la conception des auteurs minoritaires, l'existence d'une société simple, en l'espèce, serait douteuse».

139 Eine automatische Gleichschaltung der Interessen der Konzernunternehmungen besteht zwar nicht ex lege; immerhin scheint m. E. eine Qualifikation als eG möglich, wenn es um *Alleinbeteiligungen* und um Gesellschaften mit *statutarischen Konzernklauseln* geht; zur Thematik im Detail: PETER V. KUNZ, Unternehmensgruppen: Konzernbegriffe sowie Konzernqualifikation, ZBJV 148 (2012) 358 ff. m. w. H.

140 Allg.: PETER V. KUNZ, Transparenzen im Konzern, in: FS für R. H. Weber (2011) 136 f.

....

4. Wirtschaftsrealität – Beispiele

a) Gesellschafterbindungsvertrag

97 Die Kapitalgesellschafter (z. B. die Aktionäre oder die GmbH-Gesellschafter) sind zwar von Gesetzes wegen nicht miteinander «verbunden». Alle oder nur einzelne Gesellschafter können aber einen Vertrag schliessen, in dem sie Rechte und Pflichten vorsehen; es liegt ein *Gesellschafterbindungsvertrag* (bei AG: ABV)[141] vor[142]. Als *Inhalte* stehen v. a. Erwerbsrechte (Vorhandrechte, Vorkaufsrechte oder Kaufrechte) sowie Stimmbindungen (z. B. Verpflichtungen, sich vor einer GV abzusprechen, um in der GV gleich zu stimmen, oder sich gegenseitig in den VR zu wählen) im Vordergrund. Inhalt(e)

98 *Erwerbsrechte* beinhalten ein Austauschverhältnis (Synallagma) zwischen den vertragsschliessenden Gesellschaftern, so dass insoweit *kein Gesellschaftsverhältnis* zwischen den Vertragsparteien vorliegt (vgl. dazu vorne N 56). ABV als eG?

Stimmbindungen weisen hingegen einen gemeinsamen Zweck auf, so dass solche Absprachen durchaus als Gesellschaftsverhältnis eingeordnet werden können. ABV, die ausschliesslich Stimmbindungen enthalten – bzw. die entsprechenden Teile davon –, werden meist als *eG qualifiziert*. Die AG und die Aktionäre, die einen entsprechenden ABV als eG abgeschlossen haben, stellen eine *Doppelgesellschaft* dar.

b) Gründungsgesellschaften

99 Auf der einen Seite gibt es Gesellschaften, die entstehen bereits vor einem (allfälligen) HR-Eintrag, nämlich die eG, die kaufmännischen KlG sowie die kaufmännischen KmG. Auf der anderen Seite werden hingegen zahlreiche Gesellschaften überhaupt erst *mit der HR-Eintragung* gegründet, d. h., dem HR kommt eine *konstitutive* Wirkung zu (z. B. AG, GmbH, Genossenschaft, nichtkaufmännische KlG): Auffang-gesellschaft

[141] Zur Thematik: PETER FORSTMOSER, Aktionärbindungsverträge, in: FS für W. R. Schluep (Zürich 1988) 359 ff.; OLIVER ARTER/FLORIAN S. JÖRG, Stimmbindung mit Aktionärbindungsvertrag (…), ST 81 (2007) 474 ff.; DIETER HAAB, Der Aktionärbindungsvertrag (…), ST 81 (2007) 383 ff.; HANSJÜRG APPENZELLER, Stimmbindungsabsprachen in Kapitalgesellschaften (Diss. Zürich 1996) *passim*; bei ABV handelt es sich um *Innominatkontrakte*.

[142] ABV sowie weitere Gesellschafterbindungsverträge kommen in der Praxis meist nur dann vor, wenn es *relativ wenige Gesellschafter* gibt (z. B. bei Familiengesellschaften).

Bei diesen letzteren Gesellschaftsformen sind die Gründer regelmässig schon *vor der Gründung* mit eigentlichen *Gründungstätigkeiten* beschäftigt[143]. Rechtlich bilden sie eine Gründungsgesellschaft bzw. «Vorgesellschaft», die nicht im Gesetz vorgesehen wird und regelmässig als *eG qualifiziert* werden kann[144].

c) Weitere Beispiele

Rechtsanwaltskanzleien

100 Ein Rechtsanwalt kann alleine tätig sein (= Einzelunternehmer). Es können sich aber ebenfalls eine *Mehrzahl* von Anwälten[145], also mindestens zwei Personen «zusammenschliessen», um ihre juristischen Dienstleistungen gemeinsam an die Klienten anzubieten. Je nach Organisation der Kanzlei und konkreter Absprache liegt eine *unterschiedliche Gesellschaftsform* vor[146]. Im Vordergrund stehen die eG, die KlG (vgl. dazu hinten N 153 ff.) und die AG (vgl. dazu hinten § 8)[147].

101 Wenn eine *restriktive Integration* mehrerer Rechtsanwälte erfolgt (z. B. keine gemeinsame «Firma», kein gemeinschaftliches Auftreten «gegen aussen», keine Vollmacht für die «Kanzlei» als solche), dürfte meist eine *eG* vorliegen[148]. Oftmals handelt es sich um eine *Unkostengemeinschaft*, d. h., die Anwälte als einfache Gesellschafter teilen die Infrastrukturkosten (etwa für das Sekretariat oder für die juristische Bibliothek). Der Vorteil dieser Organisation gegenüber einer KlG liegt insbesondere darin, dass *keine deliktische (Stell-)Vertretung* durch einfache Gesellschafter möglich ist[149].

Die *rechtsgeschäftliche* Vertretung bei einer Anwaltssozietät als eG ist durchaus vergleichbar mit der KlG. Das Bundesgericht hat klargemacht, dass eine Haftung der übrigen Rechtsanwälte bei einer eG für *Rechtsge-*

143 Die Gründer haben insbesondere *Kosten* (z. B. für die Erstellung der Statuten oder für die Vorprüfung beim HR-Amt oder für die Beratung durch einen Rechtsanwalt); sollte die *Gesellschaftsgründung* (aus welchen Gründen auch immer) *nicht erfolgen*, müssen diese Kosten getragen bzw. «verteilt» werden zwischen den «Gründern».

144 Statt aller bereits: ROLF BÄR, Gründergesellschaft und Vorgesellschaft zur AG, in: FS für M. Kummer (Bern 1980) 77 ff.; zur Thematik: Urteil des Kantonsgerichts St. Gallen BZ.2007.49 vom 22. August 2007 (Erw. III. 1).

145 Analoge Überlegungen gelten bei anderen *freien Berufen*, also beispielsweise bei *Ärzten*, bei *Architekten* oder bei *Ingenieuren*.

146 Allg.: WALTER FELLMANN, Rechtsformen der Zusammenarbeit von Rechtsanwälten, Anwalts-Revue 2003, 339 ff. m. w. H.

147 Den Anwälten muss die Rechtsform *nicht bewusst* sein: BGE 124 III 365 Erw. 2. a.

148 Die *Abgrenzung* zur KlG kann schwierig sein – am Beispiel der Firma: BGE 124 III 367 Erw. 2. c.

149 Sollte ein Rechtsanwalt also bei einer eG allenfalls *Delikte* begehen (z. B. Veruntreuung oder Geldwäscherei), haften die übrigen Gesellschafter dafür nicht (vgl. dazu vorne N 76); bei einer KlG oder KmG kann es sich anders verhalten (vgl. dazu hinten N 135 und N 189).

schäfte (z. B. eine falsche Auskunft oder das Verpassen einer Rechtsmittelfrist) – genau gleich wie bei einer KlG – nicht ein Einzelmandat an den betreffenden Anwalt, sondern ein *Gesamtmandat* an die Rechtsanwaltskanzlei voraussetzt (BGE 124 III 367 f. Erw. 2. d).

102 Das *Konkubinat* («wilde Ehe» bzw. «Zusammenleben» in einer eheähnlichen Gemeinschaft) stellt – obwohl dies den Betroffenen häufig nicht bewusst ist – *keinen rechtsfreien* Bereich dar[150]. Vielmehr dürfte es sich bei Konkubinaten oft um eG handeln, was sowohl in der Lehre[151] als auch in der Praxis (z. B. BGE 108 II 204; BGE 109 II 228; BGE 4C.195/2006 vom 12. Oktober 2007[152]) anerkannt ist; es kommt auf den *Einzelfall* an, d. h., eine automatische Gleichschaltung «Konkubinat = eG» ist unzulässig. Konkubinate o. Ä.

103 Nach dem Eheschluss besteht eine *Ehegattengemeinschaft* (Art. 159 ZGB), die im Einzelfall ebenfalls als eG eingestuft werden kann[153], d. h. sozusagen parallel verlaufend zum Eheverhältnis. Die *Scheidung* der Ehe stellt regelmässig einen *wichtigen Auflösungsgrund* der eG dar, sofern die Familienwohnung betroffen ist (hierzu: BGE 7B.184/2006 vom 6. Februar 2007: Erw. 3.3).

M. E. gleich wie bei diesem «traditionellen» Ehe(rechts)verhältnis verhält es sich bei den *eingetragenen Partnerschaften*, die – zumindest bis anhin – unter gesellschaftsrechtlichen Aspekten (noch) kaum untersucht wurden[154].

104 Von einem *Joint Venture* bzw. Gemeinschaftsunternehmen wird gesprochen, wenn zwei oder mehrere Partner ihre Geschäftsaktivitäten in einer gemeinsamen Gesellschaft organisieren; eine Legaldefinition besteht nicht. Als Organisationsform kommen im Prinzip *sämtliche Gesellschaftsformen* in Frage. Wenn die Kooperation klar strukturiert werden soll, steht die AG (mit einem ABV der Partneraktionäre) im Vordergrund, und wenn die Zusammenarbeit relativ informell erfolgen soll, liegt oft eine eG vor[155]. Joint Venture

150 Umso mehr drängt sich m. E. bei (langjährigen) Konkubinaten ein *schriftlicher Konkubinatsvertrag* auf.

151 Statt aller: ARTHUR MEIER-HAYOZ, Die eheähnliche Gemeinschaft als einfache Gesellschaft, in: FS für F. Vischer (Zürich 1983) 577 ff.; IRENE HOHL, Gesellschaften unter Ehegatten (Diss. Basel 1995) 70 f.

152 Eine *eG unter Konkubinatspartnern* liegt vor, wenn der Wille besteht, die eigene Rechtsstellung einem gemeinsamen Zweck «unterzuordnen»; dies kann etwa durch das *Zusammenlegen finanzieller Mittel* oder durch das *Teilen der Hausarbeit* geschehen.

153 Allg.: HEINZ HAUSHEER, Anmerkungen zur Ehegattengesellschaft, ZBJV 131 (1995) 617 ff.

154 PartG: SR 211.231.

155 Zur Qualifikation als eG: MATTHIAS OERTLE, Das Gemeinschaftsunternehmen (Joint Venture) im schweizerischen Recht (Diss. Zürich 1990) 32 ff.

III. Kollektivgesellschaft (KlG)

1. Grundelemente

a) Umschreibung

Begriff

105 Art. 552 ff. OR umschreiben in *42 Artikeln* im Detail das *Recht der KlG*. Die Legaldefinition lautet wie folgt: «Die Kollektivgesellschaft ist eine Gesellschaft, in der zwei oder mehrere natürliche Personen, ohne Beschränkung ihrer Haftung gegenüber den Gesellschaftsgläubigern, sich zum Zwecke vereinigen, unter einer gemeinsamen Firma ein Handels-, ein Fabrikations- oder ein anderes nach kaufmännischer Art geführtes Gewerbe zu betreiben» (Art. 552 Abs. 1 OR).

Das *kaufmännische Unternehmen* ist – entgegen dem ersten Anschein – kein notwendiges Begriffselement (vgl. dazu hinten N 115).

b) Gesellschafter

Einschränkungen

106 *Einpersonen-KlG* sind gemäss Art. 552 Abs. 1 OR *unzulässig* («zwei oder mehrere […] Personen»), d. h., es braucht eine *Mehrzahl* von Kollektivgesellschaftern, und zwar sowohl für die Gründung als auch für den Weiterbestand der KlG. Eine Spezialregelung findet sich in diesem Zusammenhang in *Art. 579 OR* (vgl. dazu hinten N 151 f.).

107 Betreffend die *Gesellschafter* von KlG schränkt das OR die Auswahlmöglichkeiten ganz erheblich ein, indem ausschliesslich *natürliche* Personen (Art. 11 ff. ZGB) zugelassen werden; m. E. sind mit Art. 552 Abs. 1 OR alle Gesellschaften bewusst ausgeschlossen worden. Die juristischen Personen (z. B. AG oder GmbH)[156] sowie die anderen Handelsgesellschaften (also die KlG und die KmG)[157] sowie die eG[158] kommen *nicht als Kollektivgesellschafter* in Frage.

156 Der Ausschluss *juristischer Personen* ergibt sich *e contrario* aus Art. 552 Abs. 1 OR.

157 Dass die *KlG* und die *KmG* mit der Verwendung von «natürliche Personen» ebenfalls ausgeschlossen sind, zeigt Art. 594 Abs. 2 OR, wo zwischen juristischen und natürlichen Personen und Handelsgesellschaften differenziert wird; der Gesetzgeber hat in Art. 552 Abs. 1 OR die Handelsgesellschaften nicht erwähnt, so dass sie nicht gemeint sein sollen.

158 Die *eG* ist keine unbeschränkt haftende natürliche Person, sondern eine unbeschränkt haftende Rechtsgemeinschaft, so dass sie *e contrario* ausgeschlossen ist; *wäre* es anders, *könnte* die Haftungsregelung bei der KlG (= unbeschränkte Haftung) umgangen werden, indem eine eG (mit juristischen Personen als einfache Gesellschafter) als Kollektivgesellschafterin auftritt, und dies soll mit Art. 552 Abs. 1 OR *verhindert* werden.

108 Der *Tod eines Kollektivgesellschafters* führt von Gesetzes wegen, und zwar basierend auf Art. 574 Abs. 1 OR i. V. m. Art. 545 Abs. 1 Ziff. 2 OR, zur *Auflösung der KlG* mit anschliessender Liquidation und Löschung im HR (vgl. dazu hinten N 141 ff.). Gesellschaftertod

Die umfassende *Verweisung auf das Recht der eG* macht klar, dass *Fortsetzungsklauseln* (vgl. dazu vorne N 46 und N 92) unter den übrigen Kollektivgesellschaftern zulässig sind und damit den Untergang der KlG verhindern. In der Wirtschaftsrealität kommen solche Vertragsabreden gemäss Art. 576 OR regelmässig vor.

109 Sollte ein Kollektivgesellschafter *ausscheiden* (müssen oder wollen), hat dies im Prinzip die Auflösung der KlG zur Folge (vgl. dazu hinten N 141). Von diesem Grundsatz sind Ausnahmen zu beachten, nämlich etwa: Eine *Fortsetzung* der KlG kann im Gesellschaftsvertrag *vereinbart* werden (Art. 576 OR)[159]; die *Ausschlussrechte* gestützt auf Art. 577 f. OR durch den Richter bzw. durch die Kollektivgesellschafter führen zu keiner Gesellschaftsauflösung (vgl. dazu hinten N 149). Gesellschafterwechsel

110 Die *Übertragung* der Mitgliedschaft und der *Beitritt* neuer Gesellschafter in die KlG erfolgt nach den Regeln der eG (vgl. dazu vorne N 47). Der neu eintretende Kollektivgesellschafter haftet – anders als der neu eintretende einfache Gesellschafter – ebenfalls für die *vor seinem Beitritt* entstandenen Verbindlichkeiten (z. B. BGE 71 II 40 f. Erw. 2). Der ausscheidende Kollektivgesellschafter haftet im Prinzip während *fünf Jahren* weiter (Art. 591 Abs. 1 OR).

c) Strukturelles

aa) Organe

111 Die interne Geschäftsführung sowie die externe Vertretung sind bei *KlG* nicht von (Dritt-)Organen wahrzunehmen, die von den Kollektivgesellschaftern gewählt werden, sondern von den *Gesellschaftern selbst*; bei der eG (vgl. dazu vorne N 49) bzw. bei der KmG (vgl. dazu hinten N 167) sind indes Besonderheiten bei der Vertretung zu berücksichtigen. Die KlG beruht auf einer *Selbstorganschaft* (Art. 563 OR). Selbstorganschaft

[159] Sollte es um einen *Todesfall* gehen, werden in der Praxis häufig vertragliche *Konversionsklauseln* verabredet, d. h., die KlG wird in eine KmG umgewandelt, und zwar mit den Erben als Kommanditären.

bb) *Beschlussfassung*

Einstimmigkeitsprinzip

Das *Einstimmigkeitsprinzip* (Art. 557 Abs. 2 OR i. V. m. Art. 534 Abs. 1 OR) ist – wie bei der eG und bei der KmG – bei der KlG ein Element der *personalistischen* Ausgestaltung dieser Personengesellschaft (vgl. dazu vorne N 50). Jeder einzelne Kollektivgesellschafter hat m. a. W. ein Vetorecht gegen Beschlussfassungen der KlG. *Gesellschaftsvertragliche* Abweichungen davon – konkret: Einführung oder Veränderung(en) beim Mehrheitsprinzip – sind durch einstimmigen Beschluss jederzeit möglich. 112

cc) *Firma und Sitz*

Firma

Jede KlG – sei es mit oder ohne kaufmännische Unternehmung – muss über eine *Firma* verfügen. Bei deren Bildung besteht grundsätzlich Firmenfreiheit (Art. 944 ff. OR), doch muss in der Firma zwingend die Rechtsform angegeben werden (Art. 950 Abs. 1 OR; vgl. dazu vorne N 16). Der Terminus «Firma» wird im Kollektivgesellschaftsrecht mehrfach erwähnt: Art. 552 Abs. 1 OR, Art. 556 Abs. 2 OR, Art. 562 OR, Art. 589 OR sowie Art. 590 Abs. 1 OR. 113

Sitz

Die rechtliche Verselbständigung, ähnlich einer juristischen Person, kommt beispielsweise darin zum Ausdruck, dass die KlG einen *Sitz* haben muss (Art. 554 OR: «Die Gesellschaft ist ins Handelsregister des Ortes einzutragen, an dem sie ihren Sitz hat»). Die KlG darf – wie die übrigen Gesellschaften – nur *einen einzigen Sitz* haben, der allerdings *nicht frei wählbar* ist, sondern am Ort des bedeutsamsten tatsächlichen Mittelpunkts der geschäftlichen Aktivitäten der KlG besteht (Art. 934 Abs. 1 OR). 114

d) Kaufmännisches Unternehmen

Grundunterscheidung

Die Wirtschaftsrealität in der Schweiz belegt, dass die Mehrzahl der KlG als *kaufmännische KlG* ausgestaltet sind (und zwar meist als KMU), d. h. eine kaufmännische Unternehmung betreiben. Solche Personengesellschaften müssen zwar in jedem Fall ins HR eingetragen werden, doch die HR-Eintragung erweist sich bloss als deklaratorisch (Art. 552 Abs. 2 OR) Bei den *nichtkaufmännischen KlG* entsteht die Gesellschaft gemäss Art. 553 OR erst durch die Eintragung im HR (vgl. dazu hinten N 117). 115

2. Chronologie der KlG

a) Startphase

116 Zentrale Gründungsvoraussetzung bei der KlG ist der Abschluss eines (evtl. sogar konkludent geschlossenen) *Gesellschaftsvertrags*; in inhaltlicher Hinsicht sowie unter formellen Aspekten soll im Wesentlichen auf das Recht der eG verwiesen werden (vgl. dazu vorne N 55 f.). Ob im Einzelfall beispielsweise eine KlG oder eine eG vorliegt, kann durchaus *umstritten* sein[160] und die Bezeichnung spielt keine Rolle. Die *Vertragsfreiheit* gelangt beim Kollektivgesellschaftsvertrag ebenfalls zur Anwendung (vgl. dazu vorne N 10 ff.). Gesellschaftsvertrag

117 Besonderheiten betreffend die Gesellschafts*gründung* bestehen bei der *Eintragung im HR*. Einerseits kommt der HR-Eintragung bei der kaufmännischen KlG deklaratorische Funktion zu (Art. 552 Abs. 2 OR)[161], andererseits wirkt die Eintragung im HR bei der nichtkaufmännischen KlG konstitutiv (Art. 553 OR)[162]. In der Wirtschaftsrealität führen die *meisten KlG* eine *kaufmännische Unternehmung*, so dass mehr Gesellschaften bestehen, als durch die HR ausgewiesen werden[163].

118 Im HR einzutragen sind z. B. die *Firma*, die *Rechtsform*, der *Sitz*, der insbesondere für den Gerichtsstand sowie den Betreibungsort der KlG massgeblich ist, sowie alle *Kollektivgesellschafter* (Art. 41 Abs. 1 HRegV). Die *Anmeldung(en)* beim HR erfolgen von allen Gesellschaftern der KlG mit beglaubigter Unterschrift (Art. 556 OR). HR-Eintragung

Sämtliche KlG *müssen im HR eingetragen* werden, allerdings mit unterschiedlichen Wirkungen hinsichtlich der Gesellschaftsgründung. Die im HR eingetragene KlG unterliegt der *Betreibung auf Konkurs* sowie der *Wechselbetreibung* (Art. 39 Abs. 1 Ziff. 6 SchKG). Mit der Eintragung im HR ist zugunsten der KlG im Rahmen von Art. 951 OR ein spezifischer *Firmenschutz* verbunden.

160 Dies wird z. B. ersichtlich bei *Rechtsanwaltskanzleien*: Vgl. dazu vorne N 100 f. und hinten N 153 f.

161 Die KlG entsteht *schon vor* dem HR-Eintrag.

162 Die KlG entsteht *erst mit* dem HR-Eintrag.

163 Nicht selten kommt es vor, dass – gerade bei einem KMU – die betroffenen Personen sich *nicht bewusst* sind, dass ihre Unternehmung im HR eingetragen werden müsste.

b) Betriebsphase

aa) Innenverhältnis

aaa) Anwendbares Recht

Hierarchie Für das Innenverhältnis bei KlG gilt gemäss Art. 557 OR eine *Hierarchieordnung* der anwendbaren Bestimmungen. Der *Gesellschaftsvertrag* – vorbehaltlich zwingender gesellschaftsrechtlicher Normen – geht in jedem Fall vor (Art. 557 Abs. 1 OR)[164]. Sollten indes solche privatautonomen Abmachungen fehlen, sind *Art. 557 ff. OR* ergänzend anwendbar. Findet sich schliesslich keine dispositive Regelung im Recht der KlG, gelangt – sozusagen als generelle Subsidiärordnung des Gesellschaftsrechts – das *Recht der eG* zur Anwendung (Art. 557 Abs. 2 OR)[165]. 119

Die *Verweisung* auf das Recht der eG als subsidiäre Ordnung wirkt insbesondere bei der Beschlussfassung (vgl. dazu vorne N 112), bei den Beiträgen (vgl. dazu hinten N 121) sowie bei der Geschäftsführung (vgl. dazu hinten N 122). Kollektivgesellschaftsrechtliche *Spezialbestimmungen* finden sich hingegen bei der Gewinnbeteiligung, bei der Verlusttragung sowie bei den finanziellen Ansprüchen der Gesellschafter (vgl. zum Ganzen dazu hinten N 123 ff.). 120

Beiträge Die Personengesellschaften verfügen – anders als die Kapitalgesellschaften – über *kein gesetzliches Nominalkapital* (z. B. Aktienkapital). Die Beiträge der Gesellschafter übernehmen immerhin eine vergleichbare Funktion für die *Eigenkapitalfinanzierung* der KlG. Die Summe der Beiträge der Kollektivgesellschafter stellt für die Gesellschaft zu Beginn sozusagen ein *Start*kapital und in der Folge ein *Betriebs*kapital dar. 121

Das Kollektivgesellschaftsrecht enthält keine Spezialregelungen zu den Beiträgen der Gesellschafter[166], so dass die Verweisung zum Innenverhältnis der Gesellschafter (Art. 557 Abs. 1 OR) zur Anwendung kommt. Die *privatautonome* Ausgestaltung, die Art sowie der Umfang der Beiträge der Kollektivgesellschafter an die KlG richten sich gemäss Art. 557 Abs. 2 OR i. V. m. Art. 531 OR subsidiär nach dem Recht der eG (vgl. dazu vorne N 59 ff.).

....

164 Art. 557 *Abs. 1* OR: «Das Rechtsverhältnis der Gesellschafter untereinander richtet sich zunächst nach dem Gesellschaftsvertrag.»

165 Art. 557 *Abs. 2* OR: «Soweit keine Vereinbarung getroffen ist, kommen die Vorschriften über die einfache Gesellschaft zur Anwendung, jedoch mit den Abweichungen, die sich aus den nachfolgenden Bestimmungen [zur KlG] ergeben.»

166 Allg. zur Thematik: ARTHUR WULKAN, Die Beitragspflicht des Kollektivgesellschafters (Diss. Zürich 1973) *passim*.

bbb) Geschäftsführung

122 Zur *Geschäftsführung* bei der KlG kann gemäss Art. 557 Abs. 2 OR auf das Recht der eG verwiesen werden, das eine ausführliche Ordnung enthält (vgl. dazu vorne N 62 ff.)[167]; anders sieht es bei der KmG aus (vgl. dazu hinten N 180). In der Wirtschaftsrealität zur KlG *vereinbaren* die Gesellschafter regelmässig eine Organisation der Geschäftsführung, die eine Annäherung an eine Körperschaft ergeben soll. Verweisung

ccc) Gewinnbeteiligung sowie Verlusttragung

123 Eine Gesellschaft hat in aller Regel keinen Selbstzweck, sondern betreibt Geschäfte, die bei der konkreten Unternehmung zu Ausgaben bzw. Aufwand sowie zu Einnahmen bzw. Ertrag führen sollen. Die *Ergebnisermittlung* (= Gewinn oder Verlust) ist der erste und die *Ergebnisbeteiligung* (= Gewinnbeteiligung oder Verlusttragung) der zweite Schritt. Diese beiden Phasen müssen jedoch bei sämtlichen Gesellschaften *auseinandergehalten* werden. Grundlagen

Das Recht der eG – etwa der Grundsatz der Gleichbehandlung der Gesellschafter sowie die Vertragsfreiheit bei der Ausgestaltung (vgl. dazu vorne N 67 ff.) – zur *Gewinnbeteiligung* sowie zur *Verlusttragung* gelangt bei der KlG ebenfalls zur Anwendung (z. B. BGE 77 II 50 Erw. 2. b betreffend Art. 533 OR). Das Kollektivgesellschaftsrecht enthält spezifische Bestimmungen zur Ergebnisermittlung (Art. 558 ff. OR)[168]:

124 Der Gewinn oder der Verlust der KlG wird für jedes Geschäftsjahr aufgrund der *Erfolgsrechnung* sowie der *Bilanz* der Gesellschaft ermittelt. Dabei wird der Anteil jedes Gesellschafters berechnet (Art. 558 Abs. 1 OR); dieser vermögenswerte Anteil wird dem *Kapitalkonto* des einzelnen Kollektivgesellschafters (= Eigenkapital des Gesellschafters) angerechnet[169], und zwar bei Gewinn *positiv* und bei Verlust *negativ*. Ergebnisermittlung

125 Die Kapitalanteile der Gesellschafter können gemäss *Gesellschaftsvertrag verzinst* werden zu Lasten des Gesellschaftsvermögens, wobei mangels Aufwandpositionen

[167] M. E. stehen beispielsweise dem Kollektivgesellschafter *ohne Geschäftsführungsbefugnisse* die *Informationsrechte* gemäss Art. 541 OR zu; sollte dem Kollektivgesellschafter hingegen die Geschäftsführung zustehen, was den gesetzlichen Idealtypus darstellt, ist er auf diese *Kompensation nicht angewiesen*.

[168] KlG mit einem Jahresumsatz ab CHF 500'000 sind ausserdem generell *buchführungspflichtig* sowie *rechnungslegungspflichtig*: Art. 957 Abs. 1 Ziff. 1 OR; eine blosse «Milchbüchlein-Rechnung» genügt hingegen bei geringerem Umsatz: Art. 957 Abs. 2 Ziff. 1 OR; zur *Buchführung*: Art. 957a OR; zur *Rechnungslegung*: Art. 958 ff. OR.

[169] Sollten *Gewinne* oder *Zinsen* oder *Honorare* nicht bezogen worden sein, werden sie dem *Kapitalkonto* des Kollektivgesellschafters gemäss Art. 559 Abs. 3 OR *gutgeschrieben*.

Abrede die KlG einen Zinssatz von 4 % schuldet (Art. 558 Abs. 2 OR); für die *Arbeit* eines Kollektivgesellschafters kann ausserdem ein *Honorar* im Gesellschaftsvertrag vereinbart werden (Art. 558 Abs. 3 OR). Sowohl bei den Zinsen als auch bei den Honoraren handelt es sich um *Aufwand* der KlG[170], der den Gewinn reduziert[171].

Auszahlungen

126 *Zinsen* sowie *Honorare* können dem Gesellschafter entweder nach abgelaufenem Geschäftsjahr oder – weil unabhängig von einem Gewinn geschuldet – bereits während des laufenden Geschäftsjahrs ausbezahlt werden (Art. 559 Abs. 1/Abs. 2 OR)[172]; die Auszahlung von *Gewinnanteilen* setzt gemäss Art. 560 Abs. 1 OR einen Gewinn aufgrund einer Jahresbilanz voraus[173], so dass das Geschäftsjahr abgelaufen sein muss (Art. 559 Abs. 1/Abs. 2 OR), d. h., eine *vorläufige Gewinnverteilung* ist *ausgeschlossen*.

127 Für den Fall des Konkurses einer KlG können insbesondere die *verfallenen Zinsen* sowie die *Honoraransprüche* vom Gesellschafter *kolloziert* werden (Art. 570 Abs. 2 OR)[174], weil es sich um reguläre Forderungen handelt.

ddd) Treuepflichten u. Ä.

Konkurrenzverbot

128 Wesentlich *strenger* und insbesondere *umfassender* als bei der eG[175] (vgl. dazu vorne N 70 f.) ausgestaltet ist – notabene als Ausfluss einer umfassenden Treuepflicht – das *Konkurrenzverbot* für die Kollektivgesellschafter.

Art. 561 OR sieht vor: «Ohne Zustimmung der übrigen Gesellschafter darf ein Gesellschafter in dem Geschäftszweige der Gesellschaft weder für eigene noch für fremde Rechnung Geschäfte machen, noch an einer andern Unternehmung als unbeschränkt haftender Gesellschafter, als Komman-

....

170 Aus diesem Grund bestehen diese Gesellschafteransprüche *unabhängig* vom Gesellschaftsergebnis, d. h. *selbst bei Verlust* der KlG: Art. 560 Abs. 1 OR.

171 Von dieser Betrachtungsweise (= Schulden der Gesellschaft) zu *unterscheiden* ist die Thematik der *Beiträge* der Kollektivgesellschafter (= Schulden der Gesellschafter); wer nämlich Vermögenswerte in die KlG einbringt oder Arbeit für die Gesellschaft leistet, kann dies als (geschuldete) Gesellschafterbeiträge machen (vgl. dazu vorne N 121) – *unabhängig* davon können, müssen aber nicht *Zinsen oder Honorare* seitens der KlG geschuldet sein.

172 Während die Auszahlung z. B. von Zins bzw. von Honorar nach abgelaufenem Geschäftsjahr in jedem Fall möglich ist (Art. 559 Abs. 1 OR), bedürfen die (vorläufigen) Auszahlungen *während des Geschäftsjahres* einer entsprechenden *vertraglichen* Regelung (Art. 559 Abs. 2 OR).

173 Sollten in früheren Jahren allenfalls Verluste aufgetreten sein, ist eine Gewinnauszahlung nur möglich, wenn die *Verlustverminderungen ausgeglichen* worden sind: Art. 560 Abs. 1 *2. Halbsatz* OR.

174 Schliesslich stellen z. B. die Zinsen, das Honorar sowie der Gewinn auch Vollstreckungssubstrat für die *Privatgläubiger* der Kollektivgesellschafter dar: Art. 572 Abs. 2 OR.

175 Das Konkurrenzverbot bei der eG setzt eine Gesellschaftsschädigung voraus; bei der *KlG* wirkt das Verbot *unbesehen* einer *Gesellschaftsschädigung*.

ditär oder als Mitglied einer Gesellschaft mit beschränkter Haftung teilnehmen.»[176]

129 Das Konkurrenzverbot gilt nicht allein in der *Betriebsphase* der KlG, sondern ebenfalls in der *Liquidationsphase* der Gesellschaft (vgl. dazu hinten N 142 f.). Beim *Ausscheiden* eines Kollektivgesellschafters aus der KlG endet das Konkurrenzverbot, wobei ein Fortdauern des Verbots im Gesellschaftsvertrag vorgesehen werden kann.

130 Wie bei der eG (vgl. dazu vorne N 71) besteht in Bezug auf die KlG *keine allgemeine Treuenorm*, sondern die Treuepflicht der Kollektivgesellschafter ergibt sich aus zahlreichen Einzelbestimmungen: Das *Konkurrenzverbot* steht zwar im Vordergrund, doch die Beitragspflicht und die Geschäftsführungspflicht sowie die Rechenschaftspflicht der geschäftsführenden Gesellschafter gegenüber ihren Mitgesellschaftern (Art. 557 Abs. 2 OR i. V. m. Art. 541 OR) ergänzen das Bild zur Treuepflicht. Basis

bb) Aussenverhältnis

aaa) Grundverständnis

131 Das Innenverhältnis der KlG wird weniger detailliert geregelt als bei der eG. Die KlG, die für den *Geschäftsverkehr* konzipiert ist, stellt eine *Aussengesellschaft* dar: Aussengesellschaft

Die Gesellschaft wird folglich in verschiedenen Bereichen wie eine juristische Person behandelt (vgl. dazu vorne N 26), obwohl sie keine ist. Die *Aktivlegitimation* und die *Passivlegitimation* der KlG sind im Rahmen von Art. 562 OR gegeben. Die KlG kann ausserdem insbesondere *Rechtsgeschäfte* abschliessen, und zwar mittels *kaufmännischer Vertretung.*

bbb) Vertretung u. Ä.

132 Die *kaufmännische Vertretung* gemäss Art. 563 ff. OR[177] betrifft die *Rechtsgeschäfte* und geht weiter als die bürgerliche Stellvertretung bei der eG (vgl. dazu vorne N 74). Insbesondere kann bei der KlG das «Können» (= Vertretungsmacht) weiter gehen als das «Dürfen» (= Vertretungsbefugnis), was für einen *funktionierenden Geschäftsverkehr* unerlässlich erscheint. Kaufmännische Vertretung

[176] Unzulässig ist somit die «Teilnahme» generell als Personengesellschafter oder als Gesellschafter einer GmbH; m. E. immer *zulässig* erscheint hingegen die Beteiligung als *Aktionär* (e contrario).

[177] Bereits: JEANPIERRE L. FREYMOND, Die Geschäftsführung und Vertretung im Rechte der Kollektivgesellschaft (Diss. Zürich 1951) *passim*; FLORIAN KÜNZLI, Die Vertretungsverhältnisse bei der Kollektivgesellschaft (Diss. Zürich 1971) 95 ff.

Die *Vertretungsmacht* wird umschrieben wie folgt: «Die zur Vertretung befugten Gesellschafter sind ermächtigt, im Namen der Gesellschaft alle Rechtshandlungen vorzunehmen, die der Zweck der Gesellschaft mit sich bringen kann» (Art. 564 Abs. 1 OR)[178]; die Praxis wendet (auch bei Körperschaften) eine *weite Zweckauslegung* an[179].

Ohne *anderslautenden HR-Eintrag* dürfen *gutgläubige* Dritte – mögliche Vertragspartner etc. – davon ausgehen, dass «jeder einzelne Gesellschafter zur Vertretung der Gesellschaft ermächtigt» ist (Art. 563 OR: *Einzelvertretungsbefugnis* der Gesellschafter). Sollten von einem vertretungsbefugten Kollektivgesellschafter also Rechtsgeschäfte innerhalb des Gesellschaftszwecks für die Gesellschaft[180] abgeschlossen werden, wird die *KlG berechtigt bzw. verpflichtet* (Art. 567 Abs. 1 OR). 133

Ein *Entzug* der Vertretungsbefugnis ist nur, aber immerhin aus wichtigen Gründen möglich (Art. 565 Abs. 1 OR).

Gesamthandschaft und Gesellschafterhaftung

Sollten z. B. Sachen oder dingliche Rechte oder Forderungen durch entsprechende Rechtsgeschäfte *erworben* werden, stehen diese trotzdem nicht der KlG zu, die nicht rechtsfähig ist; diese Vermögenswerte gehören vielmehr allen Kollektivgesellschaftern zusammen, die eine *Gesamthandschaft* bilden (vgl. dazu vorne N 29 f.). 134

Für die *Schulden* der KlG hat zwar in erster Linie die *Gesellschaft* (= Schuldnerin) einzustehen. Nichtsdestotrotz besteht ausserdem eine subsidiäre persönliche Solidarhaftung der *Gesellschafter* (vgl. dazu hinten N 136 ff.).

Delikte der Vertreter/Gesellschafter

Eine KlG kann nicht allein (mittels kaufmännischer Vertretung) durch *Rechtsgeschäfte* verpflichtet werden, sondern ebenfalls durch *Delikte* der Kollektivgesellschafter: 135

«Die Gesellschaft haftet für den Schaden aus unerlaubten Handlungen, die ein Gesellschafter in Ausübung seiner geschäftlichen Verrichtungen begeht» (Art. 567 Abs. 3 OR). M. a. W. wird der KlG *nicht jegliches* deliktische Verhalten der Kollektivgesellschafter angerechnet, sondern nur, aber

178 Eine *interne* Beschränkung der Vertretungs*befugnis* schränkt die Vertretungs*macht nicht* ein: Art. 564 Abs. 2 OR; anders verhält es sich nur, aber immerhin mit Einschränkungen, die aus dem *HR ersichtlich* sind, wobei gemäss Art. 555 OR im HR ausschliesslich der *Ausschluss* von der Vertretung, die *Einzel*vertretung sowie die *Kollektiv*vertretung möglich sind.

179 Bei AG *unzulässig*, d. h. den Rahmen des Zwecks «sprengend», ist ein *Rechtsgeschäft* für den Fall, dass es vom thematischen *Gesellschaftszweck geradezu ausgeschlossen* ist: BGE 111 II 288 ff. Erw. 3; zudem jüngst BGE 4A_147/2014 vom 19. November 2014: Erw. 3.1.1.

180 Die *KlG* muss *nicht ausdrücklich* als Partei des Rechtsgeschäfts bezeichnet werden, sondern es genügt, wenn dies «aus den Umständen hervorgeht»: Art. 567 Abs. 2 OR.

immerhin diejenigen Delikte, die bei *geschäftlichen Verrichtungen* begangen wurden[181].

ccc) Haftung der Gesellschafter

136 Für *Gesellschaftsschulden* hat in erster Linie die *Gesellschaft* als Schuldnerin geradezustehen; im Konkurs der KlG bildet ihr Vermögen ein Sondervermögen, das ausschliesslich den Gesellschaftsgläubigern unter Ausschluss der Privatgläubiger der Kollektivgesellschafter zur Verfügung steht (Art. 570 Abs. 1 OR). Subsidiärhaftung

Immerhin besteht eine *Subsidiärhaftung* (anders als bei der eG)[182] der einzelnen *Gesellschafter* (generell: BGE 134 III 643)[183]. Die entsprechende Gesellschafterhaftung wird in Art. 552 Abs. 1 OR sogar als Begriffselement der KlG bezeichnet[184].

137 Die persönliche Haftung der Gesellschafter gilt – wie bei der eG (vgl. dazu vorne N 77) – *unbeschränkt* und zwischen den Kollektivgesellschaftern *solidarisch*: «Die Gesellschafter haften für alle Verbindlichkeiten der Gesellschaft solidarisch und mit ihrem ganzen Vermögen» (Art. 568 Abs. 1 OR)[185].

Neu *eintretende* Gesellschafter in die KlG unterstehen sogleich und automatisch dieser umfassenden Haftung, und zwar nicht allein für «neue», sondern auch für *«alte»* Schulden. Der «Neue» haftet also für die «vor seinem Beitritt entstandenen Verbindlichkeiten der Gesellschaft» (Art. 569 Abs. 1 OR)[186], was ein Risiko darstellen kann; dadurch unterscheidet sich die KlG von der eG (vgl. dazu vorne N 110).

138 Die *Subsidiarität* bzw. die *Belangbarkeitsvoraussetzungen* werden in Art. 568 Abs. 3 OR umschrieben: «Der einzelne Gesellschafter kann jedoch, auch nach seinem Ausscheiden, für Gesellschaftsschulden erst dann persönlich belangt werden, wenn er selbst in Konkurs geraten oder Belangbarkeitsvoraussetzungen

[181] Sollte ein Kollektivgesellschafter beispielsweise mit dem Geschäftsauto der KlG bei einer *geschäftlichen Besorgung* einen Unfall verursachen, kann der Geschädigte grundsätzlich die Gesellschaft in Anspruch nehmen; sollte sich hingegen der Unfall mit dem Geschäftsauto bei einer *Privatfahrt* des Gesellschafters ereignen, ist ausschliesslich der Kollektivgesellschafter gemäss Art. 41 ff. OR haftbar und nicht die KlG.

[182] Für die *einfachen Gesellschafter* gilt eine *Primärhaftung*, weil die eG kein Sondervermögen hat.

[183] Rezension: HANS-UELI VOGT, Haftungsverhältnisse in der Kollektivgesellschaft (…), GesKR 2009, 96 ff.

[184] Grundlegend zur Thematik: STEFAN PLATTNER, Die Haftung des Kollektivgesellschafters (Diss. Basel 2002) 28 ff. sowie 87 ff.; zudem: DAVID VON WYSS, Die Haftung des Kollektivgesellschafters für die Verbindlichkeiten der Gesellschaft (Diss. Zürich 1952) 17 ff.

[185] Diese Haftung kann durch *Gesellschaftsvertrag* nicht abgeändert werden: Art. 568 Abs. 2 OR.

[186] Eine Änderung durch *Gesellschaftsvertrag* hat Dritten gegenüber keine Wirkung: Art. 569 Abs. 2 OR.

wenn die Gesellschaft aufgelöst oder erfolglos betrieben worden ist. (…)»[187]; die Belangbarkeit aus einer für die KlG vom Gesellschafter eingegangenen *Solidarbürgschaft* bleibt vorbehalten (Art. 568 Abs. 3 Satz 2 OR).

Die Gesellschaftsgläubiger gehen im *Gesellschaftskonkurs* den Privatgläubigern der Gesellschafter vor (Art. 570 Abs. 1 OR). Die Kollektivgesellschafter können für ihre Kapitaleinlagen sowie für die laufenden Zinsen am Konkurs nicht teilnehmen, anders aber z. B. für die verfallenen Zinsen sowie für die Honorarforderungen (Art. 570 Abs. 2 OR). Im Übrigen bewirkt der *Konkurs der KlG* nicht den *Gesellschafterkonkurs* – und *vice versa* (Art. 571 Abs. 1/Abs. 2 OR). 139

Die Privatgläubiger eines Gesellschafters können das Gesellschaftsvermögen nicht in Anspruch nehmen, ausser die dem Gesellschafter zustehenden «Zinsen, Honorar[e], Gewinn[e] und Liquidationsanteil[e] aus dem Gesellschaftsverhältnis» (Art. 572 OR)[188].

Verjährung

Für neu eintretende Gesellschafter regelt Art. 569 Abs. 1 OR die Haftung, und für *austretende* Kollektivgesellschafter gilt Art. 591 ff. OR, d. h., Subsidiärhaftungsansprüche von Gesellschaftsgläubigern gegen Gesellschafter verjähren – im Regelfall – innert *fünf Jahren* nach Veröffentlichung des Ausscheidens des Gesellschafters oder der Auflösung der KlG (Art. 591 Abs. 1 OR). Für einige Sonderfälle gelten kürzere Verjährungsfristen (z. B. Art. 592 Abs. 2 OR).[189] 140

c) Endphase

Auflösung

Die *Auflösung der KlG* wird durch dieselben Auflösungsgründe wie bei der *eG* (vgl. dazu vorne N 80 ff.) bewirkt (Art. 574 Abs. 1 Satz 2 OR). Hinzu kommt allerdings gemäss Art. 574 Abs. 1 Satz 1 OR insbesondere der *Gesellschaftskonkurs*, der bei einer eG nicht möglich ist[190]. 141

[187] Die drei Voraussetzungen sind m. E. nicht kumulativ, sondern *alternativ* («oder») zu verstehen; im Übrigen genügt die Gesellschafts*auflösung*, d. h., eine Gesellschafts*liquidation* muss (noch) nicht erfolgt sein.

[188] Ebenfalls zu berücksichtigen sind Art. 575 OR sowie Art. 578 OR.

[189] Eine Anpassung der Verjährungsfrist von zwei auf drei Jahre bei Art. 592 Abs. 2 OR wurde im Rahmen der Revision des Fusionsgesetzes nicht vorgenommen. Entsprechend angepasst wurde hingegen Art. 181 Abs. 2 OR (BBl 2000 4492), wonach nun eine Verjährungsfrist von drei Jahren gilt. Die Lehre wendet diese Bestimmung deshalb gegenüber Art. 592 Abs. 2 OR vorrangig an (BSK OR II-STAEHELIN, Art. 592 N 3 mit weiteren Hinweisen; sich zudem für die dreijährige Verjährungsfrist aussprechend: BGE 126 V 272 Erw. 2.3.2).

[190] Ausserdem bestehen spezifische Kündigungsrechte der *Konkursverwaltung* (im Falle eines Gesellschafterkonkurses) sowie der *Privatgläubiger* der Kollektivgesellschafter (für den Fall der Pfändung des Liquidationsanteils), die zur Gesellschaftsauflösung führen: Art. 575 Abs. 1/Abs. 2 OR; bei der

Die Auflösung ist beim HR anzumelden (Art. 574 Abs. 2 OR), was zu einer Ergänzung der Firma (z. B. «in Liquidation» bzw. «in Liq.») gemäss Art. 42 Abs. 3 lit. b HRegV sowie Art. 159 Abs. 1 lit. c HRegV führt[191]. Dadurch wird, für Dritte ersichtlich, der *Gesellschaftszweck* auf Liquidationstätigkeiten *eingeschränkt*; die Liquidation kann indes den Abschluss neuer Rechtsgeschäfte verlangen (Art. 585 Abs. 2 OR).

142 Die *Liquidation der KlG* wird in Art. 582 ff. OR detailliert geregelt[192]. Alternative Liquidationsmöglichkeiten können entweder vereinbart werden zwischen den Gesellschaftern oder ergeben sich aus dem Konkursverfahren (Art. 582 OR). Als *Liquidatoren* sind die *vertretungsbefugten* Kollektivgesellschafter gemäss Art. 583 Abs. 1 OR tätig[193], die im HR eingetragen werden müssen (Art. 583 Abs. 3 OR). Die KlG in Liq. haftet für unerlaubte Handlungen eines Liquidators im Sinne von Art. 41 ff. OR, die er «in Ausübung seiner geschäftlichen Verrichtungen begeht» (Art. 585 Abs. 4 OR). Liquidation

143 Im Liquidationsstadium, das sich über Jahre hinziehen kann, sind im Rahmen von Art. 586 OR *vorläufige Verteilungen* (für die «entbehrlichen Gelder und Werte») unter den Kollektivgesellschaftern zulässig. Die Liquidation beginnt mit der Erstellung einer *Anfangsbilanz* (Art. 587 Abs. 1 OR), zu der allenfalls jährliche *Zwischenbilanzen* (Art. 587 Abs. 2 OR) hinzukommen können. Ein Überschuss wird als Gewinn unter die Gesellschafter verteilt (Art. 588 Abs. 2 OR); für einen Negativsaldo kommt die Verlusttragung der Gesellschafter (vgl. dazu vorne N 136 ff.) zur Anwendung.

144 Den *Abschluss der Endphase* umschreibt Art. 589 OR wie folgt: «Nach Beendigung der Liquidation haben die Liquidatoren die Löschung der Firma im Handelsregister zu veranlassen», wobei diese Eintragung bloss *deklaratorisch* ist, und zwar sowohl bei kaufmännischen KlG als auch bei nichtkaufmännischen KlG. Doch die Löschung stellt nicht das definitive Ende der KlG dar: Für die Bücher und für sonstige Gesellschaftsunterlagen besteht eine *Aufbewahrungspflicht* von zehn Jahren (Art. 590 Abs. 1 OR). Löschung im HR

eG steht ausschliesslich den Gesellschaftern ein Kündigungsrecht zu; die entsprechende Auflösung der KlG kann gemäss Art. 575 Abs. 3 OR durch *Bezahlung abgewendet* werden; als Alternative steht der *Gesellschafterausschluss* durch die übrigen Kollektivgesellschafter zur Verfügung: Vgl. dazu hinten N 149 f.

191 Zum generellen Prinzip: Art. 937 OR.

192 Allg.: PABLO DUC, Liquidation einer Kollektivgesellschaft nach Obligationenrecht, ST 81 (2007) 986 ff.

193 Die *Vertragsfreiheit* lässt allerdings auch weitere Personen zu; generell zur *Tätigkeit* der Liquidatoren: Art. 585 OR; Liquidatoren können vom Richter *abberufen* werden, und zwar auf Antrag eines Gesellschafters bei Vorliegen wichtiger Gründe: Art. 583 Abs. 2 OR.

3. Ausgewählte Einzelfragen

a) KlG als Gesellschafterin?

Personengesellschaften

145 Die KlG ist keine juristische Person, sondern eine *Rechtsgemeinschaft* (vgl. dazu vorne N 27). Die Rechte der KlG (z. B. allfällige Gesellschafterrechte) werden gemeinsam von allen Kollektivgesellschaftern ausgeübt.

Die Rechtsnatur der KlG spricht insbesondere nicht dagegen, dass sie *ihrerseits als Gesellschafterin* anderer Gesellschaften zugelassen wird. Massgeblich ist indes nicht diese Perspektive, sondern vielmehr die Frage, ob die betroffenen Gesellschaftsformen die KlG als Gesellschafterin zulassen oder nicht:

146 M. E. kommt die KlG bei einer eG als deren einfache Gesellschafterin ohne weiteres in Frage (vgl. dazu vorne N 45), hingegen nicht bei einer anderen KlG als deren Kollektivgesellschafterin (vgl. dazu vorne N 107); bei der KmG ist m. E. zu *unterscheiden*: Die KlG muss zwar als Kommanditärin zugelassen werden (vgl. dazu hinten N 164), allerdings nicht als Komplementärin (vgl. dazu hinten N 160).

Kapitalgesellschaften

147 Die KlG gehört zu den *Handelsgesellschaften* (vgl. dazu vorne N 6). Das Gesellschaftsrecht stellt somit klar, dass sich die KlG als *Aktionärin* (z. B. Art. 625 OR) sowie als *GmbH-Gesellschafterin* (z. B. Art. 772 Abs. 1 OR) beteiligen kann; notabene werden die Gesellschafterrechte von den Kollektivgesellschaftern gemeinsam ausgeübt. Die KlG ist ebenfalls als *Genossenschafterin* zulässig (z. B. Art. 828 Abs. 1 OR).

b) Austrittsrecht und Ausschlussrecht?

Ausgangslage

148 Das Recht der KlG enthält – wie bei der eG (vgl. dazu vorne N 90) – *kein Austrittsrecht* für Kollektivgesellschafter; das gleiche Ergebnis («Exit») kann allerdings beispielsweise durch eine Kündigung der KlG im Rahmen von Art. 574 Abs. 1 OR i. V. m. Art. 545 Abs. 1 Ziff. 6 OR bzw. Art. 546 Abs. 1 OR erreicht werden.

Anders als das Recht der eG (vgl. dazu vorne N 91) sehen Art. 577 ff. OR[194] schon von Gesetzes wegen detaillierte *Ausschlussrechte* vor[195], die von einem Teil der Lehre als «Ultima Ratio» betrachtet und behandelt werden[196]:

....

194 Die Ordnung steht in *rechtspolitischer* Kritik und sollte revidiert werden.

195 Die Ausschliessung kann nur *gegen Abfindung* erfolgen (z. B. Art. 578 OR sowie Art. 580 OR).

196 M. E. bringt dieses *«Ultima-Ratio-Prinzip»* wenig: Entweder sind die gesetzlichen Voraussetzungen

149 Einerseits besteht die Möglichkeit, einen Kollektivgesellschafter *gerichtlich auszuschliessen* durch einen gemeinsamen Antrag aller übrigen Gesellschafter[197]. Vorausgesetzt wird, dass die *Auflösung der KlG* aus wichtigen Gründen verlangt werden könnte (Art. 577 OR)[198], d. h., die Mitgliedschaft des auszuschliessenden Gesellschafters darf im Ergebnis *nicht (mehr) zumutbar* sein[199]. Zwangsweiser «Exit»

Andererseits können die Kollektivgesellschafter einen Ausschluss aus der KlG vornehmen[200], wenn der andere Gesellschafter schwere finanzielle Probleme hat, nämlich *in Konkurs* geht oder sein *Liquidationsanteil gepfändet* wird (Art. 578 OR)[201].

Der Unterschied von Art. 577 ff. OR und Art. 576 OR besteht v. a. darin, dass der Ausschluss *gegen den Willen* des Ausgeschlossenen erfolgt. Der ausgeschlossene Gesellschafter erhält gemäss Art. 580 OR eine *Abfindung*. Ausserdem bewirkt der Ausschluss keine Gesellschaftsauflösung, d. h., es handelt sich um eine *Ausnahme* vom Grundprinzip, dass mit dem Ausscheiden eines Personengesellschafters die Gesellschaft aufgelöst wird. M. a. W. wirkt sich der Gesellschafterausschluss nicht auf den Fortbestand der Gesellschaft, sondern auf die *Zusammensetzung der Gesellschafter* aus.

150 Die gesetzlichen Ausschlussrechte gemäss Art. 577 ff. OR sind m. E. nicht zwingendes Recht, sondern dispositiv. Es bleibt somit erheblicher Raum zur *vertraglichen Ausgestaltung* des Ausschlussrechts bei einer KlG (und ebenfalls bei einer KmG). Vertragsfreiheit

Nicht jegliche Abrede zwischen den Kollektivgesellschaftern scheint indes angesichts von Art. 27 Abs. 1 ZGB möglich (z. B. ist es unzulässig, generell das Ausschlussrecht auszuschliessen). Im Prinzip sind *Erleichte-*

zum Ausschluss gegeben (z. B. wichtige Gründe) oder eben nicht; das «Ultima-Ratio-Prinzip» kann eine *unzumutbare Pflichtverletzung* nicht zu einer *zumutbaren Pflichtverletzung* machen.

197 Bei dieser Klage liegt eine *notwendige aktive Streitgenossenschaft* (ohne den Auszuschliessenden) vor; immerhin bleibt eine andere vertragliche Abrede vorbehalten.

198 Die wichtigen Gründe zur (möglichen) Gesellschaftsauflösung müssen «vorwiegend in der Person eines oder mehrerer Gesellschafter» (= der auszuschliessenden Kollektivgesellschafter) liegen: Art. 577 OR.

199 Solche wichtigen Gründe können etwa gegeben sein, wenn ein Kollektivgesellschafter seine *Gesellschafterpflichten verletzt* (z. B. Missachtung der Beitragspflicht oder des Konkurrenzverbots).

200 Das Ausschlussrecht im Rahmen von Art. 577 OR setzt ein Gerichtsurteil voraus; der Ausschluss gemäss *Art. 578 OR* erfolgt durch die *Kollektivgesellschafter* selber, d. h. *ohne gerichtliche Mitwirkung* eines Gerichts.

201 Durch diese «Ausbezahlung» des aus der KlG auszuschliessenden Gesellschafters kann die Auflösung bzw. die Liquidation der Gesellschaft *verhindert* werden; zu berücksichtigen ist ausserdem Art. 575 OR.

rungen einerseits[202] und *Erschwerungen* andererseits[203] möglich. Solche Abreden zu Ausschlussvarianten müssen indes (als Gesellschaftsvertragsänderungen) *einstimmig* erfolgen.

c) Fortsetzung(en)?

Varianten

Im Hinblick auf das Ausscheiden eines Kollektivgesellschafters (z. B. bei seinem Ausschluss) kann im Gesellschaftsvertrag eine *Fortsetzungsklausel* gemäss Art. 576 OR vorgesehen sein, die eine Auflösung bzw. eine Liquidation der KlG ausschliesst. 151

Sollte bei einer *Zweipersonen-KlG* nur einer der Gesellschafter die Veranlassung zur Auflösung gegeben haben, kann der andere Kollektivgesellschafter die KlG gegen Abfindung als *Einzelunternehmen* weiterführen (Art. 579 Abs. 1 OR; als Beispiel: BGE 4A_67/2007 vom 15. Juni 2007: Erw. 2.1)[204]. Sowohl das Ausscheiden als auch die Fortsetzung sind im *HR einzutragen* (Art. 581 OR).

Der *Anwendungsbereich* von Art. 579 OR ist *weiter* als der Wortlaut erahnen lässt. Die Regelung gelangt nicht nur bei Zweipersonen-KlG zur Anwendung, sondern in allen Fällen, wenn nur noch *ein einziger Gesellschafter* nach dem Ausscheiden eines oder mehrerer Kollektivgesellschafter die Unternehmung alleine weiterführen möchte. 152

4. Wirtschaftsrealität – Beispiele

a) Rechtsanwaltskanzleien

Organisationsformen

Während ein Anwalt allein als Einzelunternehmer tätig sein kann, kann eine Mehrzahl von Rechtsanwälten als Gesellschaft organisiert werden, nämlich etwa als *eG* (vgl. dazu vorne N 100 f.), als *KlG* oder als *AG*. Sollte im Einzelfall[205] eine KlG vorliegen, bringt dies erhöhte Haftungsrisiken für alle Gesellschafter mit sich, weil die Gesellschaft für *Rechtsgeschäfte* 153

....

202 Beispielsweise kann ein Ausschluss durch die *Gesellschafter selber* (statt durch den Richter gemäss Art. 577 OR) bei *wichtigen Gründen* vereinbart werden: BGE 69 II 120 Erw. 2. b; zulässig ist ebenfalls, das *Mehrheitsprinzip* statt dem Einstimmigkeitsprinzip für die *Klageerhebung* (Art. 577 OR) vorzusehen.

203 Es erscheint m. E. etwa zulässig, die Kollektivgesellschafter zu *vorgängigen Schlichtungsversuchen* zu verpflichten, bevor eine Ausschlussklage eingereicht werden darf.

204 Einen Ausschluss kann der *Richter verfügen*, wenn eine *Auflösung der KlG* aus *wichtigen Gründen* möglich wäre: Art. 579 Abs. 2 OR.

205 Massgeblich ist die *individuelle Rechtsgestaltung* (= Gesellschaftsvertrag): BGE 124 III 364 f. Erw. 2. a.

(z. B. falsche Beratungen oder Falschauskünfte) und für *Delikte* (z. B. Geldwäscherei oder Veruntreuung von Klientengeldern) haftbar sein kann:

Das Bundesgericht hat in diesem Zusammenhang klargemacht, dass eine *Haftung für Rechtsgeschäfte* der übrigen Rechtsanwälte bei einer KlG – genau gleich wie bei einer eG (vgl. dazu vorne N 101) – nicht ein Einzelmandat an den betreffenden Rechtsanwalt, sondern vielmehr ein eigentliches *Gesamtmandat an die Rechtsanwaltskanzlei* als solche voraussetzt (BGE 124 III 367 f. Erw. 2. d):

154 Mit BGE 124 III 363 hat das Bundesgericht die *mögliche Qualifikation als KlG* umschrieben. Die Abgrenzung zwischen einer eG einerseits und einer KlG andererseits kann schwierig sein. Für eine *Qualifikation als KlG* müssen gewisse *Voraussetzungen* erfüllt sein, etwa ein externes integriertes Auftreten, und zwar z. B. «gemeinsam, namentlich mit einheitlichem Briefkopf und einheitlicher Zahlstelle» (BGE 124 III 366 Erw. 2. b.); ein weiteres *Abgrenzungskriterium* ist etwa das «Auftreten unter gemeinsamer Firma» im Sinne von Art. 947 Abs. 1 aOR (BGE 124 III 367 Erw. 2. c.)[206].

155 Rechtsanwälte gehen durch ihre Tätigkeiten erhebliche *finanzielle Risiken* ein (gerade bei Beratungen zu Steueroptimierungen oder bei M&A), und die Personengesellschaften – anders als die Kapitalgesellschaften – beinhalten Haftungsrisiken für die Gesellschafter. Die Wahl einer AG oder einer GmbH als Gesellschaftsform für eine Anwaltskanzlei erscheint somit (gerade bei grösseren Kanzleien) naheliegend. Kapitalgesellschaften

Standesrechtlich war den Rechtsanwälten über viele Jahrzehnte verboten, ihre anwaltlichen Dienstleistungen im Rahmen einer *Kapitalgesellschaft* (im Vordergrund steht die AG) anzubieten. Dies hat sich in den letzten Jahren geändert[207] – mit der Konsequenz, dass immer mehr Rechtsanwaltskanzleien heute *nicht mehr als eG oder als KlG*, sondern meist als AG und teilweise als GmbH organisiert sind (sei es infolge einer Umwandlung[208] oder einer Neugründung). Entsprechende *Anwalts-Körperschaften* funktionieren im Grossen und Ganzen wie «normale» Kapitalgesellschaften.

206 Wenn *kein Auftritt nach aussen* vorliegt, kann eine *stille Gesellschaft* gegeben sein: BGE 124 III 367 Erw. 2. c. a. E.: Vgl. dazu hinten N 202 ff.

207 Statt aller: Lukas Küng, Anwalts-AG – Werdegang und erste Erfahrungen im Rahmen der Gründung der ersten Obwaldner Anwalts-AG, Jusletter 15. Januar 2007; Gaudenz G. Zindel, Anwaltsgesellschaften in der Schweiz, SJZ 108 (2012) 249 ff.; nunmehr das Bundesgericht: BGE 138 II 440.

208 Hierzu: Urs P. Gnos, Umwandlung einer Anwaltskanzlei in eine Anwalts-AG, REPRAX 2/2007, 1 ff.

b) Privatbankiers

Verweisung

Die *Privatbankiers* (nicht zu verwechseln mit «Privatbanken») müssen entweder als KlG/KmG oder als Einzelunternehmungen organisiert sein. Die persönliche Haftung in allen Fällen, nämlich als Personengesellschafter oder als Einzelunternehmer, stellt einen wichtigen Faktor dieser *Bankunternehmungen* dar, worauf an anderer Stelle eingegangen wird (vgl. dazu hinten N 222). Obwohl es nur (noch) wenige Privatbankiers gibt, sollte deren Bedeutung gerade für das *Vermögensverwaltungsgeschäft* und damit für das Swiss Banking nicht unterschätzt werden. 156

IV. Kommanditgesellschaft (KmG)

1. Grundelemente

a) Umschreibung

Begriff

Das *Recht der KmG* findet sich in *26 Artikeln*, nämlich in Art. 594 ff. OR[209]: «Eine Kommanditgesellschaft ist eine Gesellschaft, in der zwei oder mehrere Personen sich zum Zwecke vereinigen, ein [kaufmännisches Unternehmen] unter einer gemeinsamen Firma in der Weise zu betreiben, dass wenigstens ein Mitglied unbeschränkt, eines oder mehrere aber als Kommanditäre nur bis zum Betrag einer bestimmten Vermögenseinlage, der Kommanditsumme, haften» (Art. 594 Abs. 1 OR). 157

Das *kaufmännische Unternehmen* ist – entgegen dem ersten Anschein – kein notwendiges Begriffselement (vgl. dazu hinten N 172).

b) Gesellschafter

aa) Komplementäre

Einschränkungen

Einpersonen-KmG sind infolge Art. 594 Abs. 1 OR *unzulässig* («zwei oder mehrere Personen»), d. h., es braucht eine *Mehrzahl* von Gesellschaftern, und zwar sowohl für die Gründung der Gesellschaft als auch für den Weiterbestand der KmG. Sollten Gesellschafter im Verlauf der KmG «wegfallen», kann dies unterschiedliche Rechtsfolgen für die KmG haben (z. B. sind – je nach Sachverhalt – Konversionen der KmG in *Einzelunternehmungen* oder Umwandlungen von KmG in *KlG* möglich). 158

[209] Die *Vertragsfreiheit* gilt ebenfalls bei KmG; statt aller: Ulrich Richard, Atypische Kommanditgesellschaften (Diss. Zürich 1970) 68 ff.

159 Bei der KmG wird unterschieden, ob die Gesellschafter unbeschränkt haftbar (= Komplementäre) oder beschränkt haftbar (= Kommanditäre) sind (vgl. dazu hinten N 163 ff.); was die Anzahl der erforderlichen Gesellschafter bei einer KmG anbelangt, muss es *mindestens einen* Komplementär *und* (zusätzlich) *mindestens einen* Kommanditär geben. Nicht jedermann kann als Komplementär wirken:

160 Betreffend die *Komplementäre* schränkt das Gesetz ein, indem nur *natürliche* Personen (Art. 11 ff. ZGB) zugelassen werden, was vergleichbar mit der KlG ist (vgl. Art. 552 Abs. 1 OR sowie Art. 594 Abs. 2 OR); m. E. sind mit Art. 594 Abs. 2 a. A. OR alle Gesellschaften bewusst ausgeschlossen worden[210]. M. a. W. kommen die juristischen Personen (z. B. AG oder GmbH)[211] sowie die anderen Handelsgesellschaften (also die KlG und die KmG)[212] sowie die eG *nicht als Kollektivgesellschafter* in Frage. Anders sieht die Beurteilung für die Kommanditäre aus (vgl. dazu hinten N 164).

161 Der *Tod eines Komplementärs* führt durch Verweisungen zur *Auflösung* der KmG (Art. 619 Abs. 1 OR i. V. m. Art. 574 Abs. 1 OR i. V. m. Art. 545 Abs. 1 Ziff. 2 OR). Immerhin bleiben *Fortsetzungsklauseln* (vgl. dazu vorne N 46 und N 151) vorbehalten, wobei diese Regelungen im Gesellschaftsvertrag m. E. einzig unter den Komplementären und nicht mit den Kommanditären zu vereinbaren sind. Bei der KmG gilt somit dieselbe Ordnung wie bei der *eG* und bei der *KlG*, sofern ein *Komplementär verstirbt*. Gesellschaftertod

162 Für den *Gesellschafterwechsel* kommen die Regeln der KlG (vgl. dazu vorne N 109 f.) zur Anwendung, und zwar sowohl für die *Komplementäre* als auch für die *Kommanditäre*, immerhin mit den zwei Ausnahmen, dass der Tod und die Entmündigung eines Kommanditärs zu keiner Auflösung der KmG führt (Vgl. dazu hinten N 166 und N 194). Gesellschafterwechsel

bb) Kommanditäre

163 Dass bei der KmG *mindestens ein* Kommanditär und mindestens ein Komplementär vorhanden sein müssen, stellt für diese Gesellschaftsform zwingendes Recht dar; folglich wäre eine «KmG» mit ausschliesslich «Komplementären» eine KlG. Wesentlich weiter als beim Komplementär (vgl. dazu vorne N 160) geht beim *Kommanditär* die Regelung zu den *möglichen Gesellschaftern*: Keine Einschränkungen

210 Die Regelung zu den *Komplementären* stimmt überein mit der Ordnung zu den *Kollektivgesellschaftern*, so dass darauf verwiesen werden kann: Vgl. dazu vorne N 107.

211 Die *juristischen Personen* werden nur, aber immerhin beim *Kommanditär* aufgezählt.

212 Die *KlG* und die *KmG* werden als *Handelsgesellschaften* ausdrücklich in Art. 594 Abs. 2 a. E. OR beim Kommanditär erwähnt, so dass sie (e contrario) beim Komplementär ausgeschlossen sein müssen.

164 Als *Kommanditär* kommt grundsätzlich – wie bei der eG (vgl. dazu vorne N 45) – jeder Rechtsträger in Frage. Art. 594 Abs. 2 a. E. OR lässt als Kommanditäre nebst *natürlichen* Personen ebenfalls *juristische* Personen und *Handelsgesellschaften* (konkret die KlG und die KmG) zu; m. E. ist der Begriff «Handelsgesellschaften» untechnisch verwendet worden, so dass – sozusagen a maiore ad minus zur Kategorie der *juristischen* Personen – die eG ebenfalls als Kommanditäre zugelassen werden müssen.

Besondere Rechte der Kommanditäre

165 Die Kommanditäre haben zahlreiche vermögensrechtliche Ansprüche[213]. Mindestens im Prinzip sind die Kommanditäre *gleichberechtigt* mit den Komplementären. Da die Komplementäre allerdings verschiedene «Nachteile» alleine zu tragen haben (z. B. eine unbeschränkte Haftung für Gesellschaftsschulden), stehen gewisse «Vorteile» einzig diesen Gesellschaftern zu (etwa die Geschäftsführung sowie die Vertretung).

Sozusagen als Vorteilskompensation gewährt Art. 600 Abs. 3 OR dem Kommanditär *spezifische Gesellschafter- bzw. Informationsrechte*: «Er ist berechtigt, eine Abschrift der Erfolgsrechnung und der Bilanz zu verlangen und deren Richtigkeit unter Einsichtnahme in die Geschäftsbücher und Buchungsbelege zu prüfen oder durch einen unabhängigen Sachverständigen prüfen zu lassen; im Streitfall bezeichnet das Gericht den Sachverständigen.» Diese Informationsordnung kann *vertraglich* abgeändert werden[214].

Gesellschaftertod o. Ä.

166 Insbesondere der *Tod eines Kommanditärs* hat – zumindest im Prinzip – *keine* Auswirkungen auf die KmG bzw. auf deren Fortbestehen: «Dagegen haben der Tod und die Errichtung einer umfassenden Beistandschaft für den Kommanditär nicht die Auflösung der Gesellschaft zur Folge» (Art. 619 Abs. 2 Satz 2 OR). Sollte im konkreten Einzelfall indes der einzige Kommanditär der Gesellschaft versterben, liegt in der Folge eine *KlG* statt einer KmG vor.

c) Strukturelles

aa) Organe

Selbstorganschaft

167 Die interne *Geschäftsführung* sowie die externe *Vertretung* sind bei KmG nicht von (Dritt-)Organen wahrzunehmen, die gewählt werden müssen, sondern von den *Gesellschaftern selbst*, wobei in diesem Zusammenhang

[213] Zu den Ansprüchen auf *Gewinn*, auf *Zinsen* sowie auf *Honorar*: MIRELLA BUXBAUM CARONI, Die vermögensrechtliche Stellung des Kommanditärs (Diss. Zürich 1987) 55 ff.

[214] Allg.: BERNHARD CHRIST, Das Kontrollrecht des Kommanditärs, in: FG zum Schweizerischen Juristentag (Basel 1973) 39 ff.

ausschliesslich eine Kategorie von Gesellschaftern gemeint ist, nämlich die *Komplementäre*. Das Prinzip der *Selbstorganschaft* bezieht sich somit auf die Komplementäre allein (Art. 603 OR).

bb) Beschlussfassung

168 Das *Einstimmigkeitsprinzip* (Art. 598 Abs. 2 OR i. V. m. Art. 557 Abs. 2 OR i. V. m. Art. 534 Abs. 1 OR) ist – wie bei der eG und bei der KlG – bei der KmG ein Element der personalistischen Ausgestaltung dieser Personengesellschaft (vgl. dazu vorne N 50 und N 112). *Gesellschaftsvertragliche* Abweichungen davon – etwa Einführung des Mehrheitsprinzips – sind durch einstimmigen Beschluss aller Gesellschafter möglich[215]. Einstimmigkeitsprinzip

169 Bemerkenswert erscheint, dass der *Kommanditär* bei der Beschlussfassung das *identische Stimmrecht* hat wie der Komplementär, obwohl seine Rechtsstellung ansonsten schwächer ist. Dies erklärt sich damit, dass *gewisse Gesellschaftsthemen* ausschliesslich den *Komplementären* zustehen, d. h., in diesen Bereichen haben die Kommanditäre nichts zu sagen bzw. kein Vetorecht (z. B. Geschäftsführung: Art. 599 f. OR[216]; Vertretung: Art. 603 OR[217]).

cc) Firma und Sitz

170 Jede KmG – sei es mit oder ohne kaufmännische Unternehmung – muss über eine *Firma* verfügen. Bei deren Bildung besteht grundsätzlich Firmenfreiheit (Art. 944 OR), doch muss zwingend die Rechtsform angegeben werden. (Art. 950 Abs. 1 OR; vgl. dazu vorne N 16). Der Terminus «Firma» wird im Kommanditgesellschaftsrecht mehrfach erwähnt: Art. 594 Abs. 1 OR, Art. 597 Abs. 2 OR sowie Art. 602 OR. Firma

[215] Immerhin erscheint die Vertragsfreiheit limitiert; m. E. wäre es etwa *unzulässig*, durch Gesellschaftsvertrag das Stimmrecht *kategorisch unterschiedlich* auszugestalten bei den Komplementären und bei den Kommanditären (z. B. Einstimmigkeit bei den Komplementären und einfaches Mehr bei den Kommanditären).

[216] Zur *Kompensation* erhält der Kommanditär einen Anspruch u. a. auf *Abschriften* gewisser Gesellschaftsunterlagen: Art. 600 Abs. 3 OR.

[217] Sollte sich der Kommanditär in diesem Bereich (= Vertretung) in *unzulässiger* Weise *«einmischen»*, hat er die Konsequenzen zu tragen, d. h., er *haftet* wie ein Komplementär: Art. 605 OR. Jedoch steht Art. 605 OR im Widerspruch zur positiven Publizitätswirkung gemäss Art. 933 OR, wonach sich niemand auf die Unkenntnis des Handelsregistereintrags berufen kann. In der Lehre wird Art. 933 Abs. 1 OR Vorrang gegeben: BSK OR II-Christoph M. Pestalozzi/Hans-Ueli Vogt, Art. 605 N 3.

Sitz

171 Die Verselbständigung, ähnlich einer juristischen Person, kommt etwa darin zum Ausdruck, dass die KmG einen *Sitz* haben muss (Art. 596 Abs. 1 OR: «Die Gesellschaft ist ins Handelsregister des Ortes einzutragen, an dem sie ihren Sitz hat»). Die KmG darf, wie die übrigen Gesellschaften, nur *einen einzigen Sitz* haben, der allerdings *nicht frei wählbar* ist, sondern sich am Ort des bedeutsamsten tatsächlichen Mittelpunkts der geschäftlichen Aktivitäten der KmG befinden muss (Art. 934 Abs. 1 OR).

d) Kaufmännisches Unternehmen

Dualität der KmG

172 Die schweizerische Wirtschaftsrealität zeigt auf, dass die Mehrzahl der KmG als *kaufmännische KmG* tätig sind (v. a. als KMU), d. h. eine kaufmännische Unternehmung betreiben; solche Personengesellschaften sind obligatorisch ins HR einzutragen, wobei die Eintragung einzig deklaratorisch wirkt (Art. 594 Abs. 3 OR). Bei den *nichtkaufmännischen KmG* entsteht die Gesellschaft gemäss Art. 595 OR hingegen erst durch die Eintragung im HR, die konstitutiv ist.

2. Chronologie der KmG

a) Startphase

Gesellschaftsvertrag

173 Zentrale Gründungsvoraussetzung bei der KmG ist der Abschluss eines (z. B. konkludenten) *Gesellschaftsvertrags*; in inhaltlicher Hinsicht sowie unter formellen Aspekten kann im Wesentlichen auf das Recht der KlG bzw. der eG verwiesen werden (vgl. dazu vorne N 55 f. und N 116). Die *Vertragsfreiheit* gelangt beim Kommanditgesellschaftsvertrag ebenfalls zur Anwendung (vgl. dazu vorne N 12 f.). Besonderheiten im Hinblick auf die Gesellschaftsgründung bestehen bei der *Eintragung im HR*:

Während auf der einen Seite der HR-Eintragung bei der *kaufmännischen KmG* einzig eine deklaratorische Funktion zukommt (Art. 594 Abs. 3 OR)[218], wirkt auf der anderen Seite die Eintragung im HR bei der *nichtkaufmännischen KmG* konstitutiv, d. h., es handelt sich um eine unerlässliche Gründungsvoraussetzung (Art. 595 OR)[219].

HR-Eintragung

174 Im HR einzutragen sind z. B. die *Firma*, die *Rechtsform*, der *Sitz*, der insbesondere für den Gerichtsstand sowie den Betreibungsort der KmG massgeblich ist, sowie sämtliche *Gesellschafter*, nämlich sämtliche Komplementäre (Art. 41 Abs. 2 lit. f HRegV) und alle Kommanditäre, und zwar

[218] Die KmG entsteht *schon vor* dem HR-Eintrag.
[219] Die KmG entsteht *erst mit* dem HR-Eintrag.

«unter Hinweis auf den jeweiligen Betrag ihrer Kommanditsumme» (Art. 41 Abs. 2 lit. g HRegV). Die *Anmeldungen* beim HR müssen von allen Gesellschaftern der KmG unterzeichnet werden (Art. 597 Abs. 1 OR)[220].

175 *Sämtliche KmG* müssen *im HR eingetragen* werden, es besteht m. a. W. eine Eintragungspflicht, allerdings mit unterschiedlichen Wirkungen hinsichtlich der Gesellschaftsgründung. Die im HR eingetragene KmG unterliegt der *Betreibung auf Konkurs* sowie der *Wechselbetreibung* (Art. 39 Abs. 1 Ziff. 7 SchKG). Mit der Eintragung im HR ist seit dem 1. Juli 2016 zugunsten der KmG im Rahmen von Art. 951 Abs. 1 OR ein *schweizweiter Firmenschutz* verbunden.

176 Anders als beim Nominalkapital (sc. Aktienkapital sowie Stammkapital) – und anders als teilweise im Ausland – gibt es *keine minimale Kommanditsumme* bei der KmG, was m. E. rechtspolitisch bedauert werden muss; insofern wäre es rechtlich zulässig, beispielsweise einen Franken oder sogar einen Rappen als Kommanditsumme im HR einzutragen, was natürlich der Kreditwürdigkeit der KmG kaum helfen dürfte[221]. Kommanditsumme

Eine Besonderheit muss beachtet werden, wenn beabsichtigt wird, die *Kommanditsumme nicht in bar* zu leisten: «Soll die Kommanditsumme nicht oder nur teilweise in bar entrichtet werden, so ist die Sacheinlage in der Anmeldung ausdrücklich und mit bestimmtem Wertansatz zu bezeichnen und in das Handelsregister einzutragen» (Art. 596 Abs. 3 OR). Diese *Transparenzregelung* dient dem Gläubigerschutz.

b) Betriebsphase

aa) Innenverhältnis

aaa) Anwendbares Recht

177 Für das Innenverhältnis sieht Art. 598 OR eine *Hierarchieordnung* der anwendbaren Bestimmungen vor. Der *Gesellschaftsvertrag* – vorbehaltlich zwingender gesellschaftsrechtlicher Normen – hat Priorität (Art. 598 Abs. 1 OR)[222]. Sollte eine privatautonome Abmachung fehlen, sind Hierarchie

[220] Einzig die *Komplementäre*, die zur *Vertretung befugt* sind, müssen zudem ihre *beglaubigten Unterschriften* beim HR hinterlegen: Art. 597 Abs. 2 OR.

[221] M. W. lag bis anhin (noch) keine eingetragene Kommanditsumme unter *CHF 100.–*; gemäss Aussage des EHRA muss die Kommanditsumme einfach grösser als null sein; die Eidgenössische Fachkommission für das Handelsregister hat festgehalten, dass die Kommanditsumme auch in einer *Fremdwährung* festgelegt werden und ins HR eingetragen werden kann.

[222] Art. 598 *Abs. 1* OR: «Das Rechtsverhältnis der Gesellschafter untereinander richtet sich zunächst nach dem Gesellschaftsvertrag.»

Art. 598 ff. OR anwendbar; findet sich keine dispositive Regelung im Recht der KmG, gelangt bzw. gelangen als Subsidiärordnung(en) primär das *Recht der KlG* und subsidiär[223] das *Recht der eG* zur Anwendung (Art. 598 Abs. 2 OR)[224].

Die Verweisung z. B. auf das Recht der eG als subsidiäre Ordnung wirkt u. a. bei der *Beschlussfassung* (vgl. dazu vorne N 168 f.). Bei den meisten Themen des Innenverhältnisses, etwa bei der Geschäftsführung (vgl. dazu hinten N 180) oder bei der Gewinnbeteiligung und bei der Verlusttragung (vgl. dazu hinten N 181 ff.), bestehen hingegen – gerade wegen der Sondersituation des *Kommanditärs* – kommanditgesellschaftsrechtliche *Spezialbestimmungen*, die vorgehen.

Beiträge

Bei der KmG – wie bei der KlG (vgl. dazu vorne N 121) – übernehmen die *Beiträge* sämtlicher Gesellschafter[225] die Funktionen eines Startkapitals sowie eines Betriebskapitals der Gesellschaft; sie gehören zur Eigenkapitalfinanzierung der KmG. Das Kommanditgesellschaftsrecht enthält *keine Spezialregelungen* zu den Beiträgen der Gesellschafter, so dass eine Doppelverweisung zu berücksichtigen ist: 178

Die *privatautonome* Ausgestaltung, die *Art* sowie der *Umfang* der Beiträge der Gesellschafter an die KmG richten sich gemäss Art. 598 Abs. 2 OR i. V. m. Art. 557 Abs. 2 OR i. V. m. Art. 531 OR subsidiär nach dem *Recht der eG* (vgl. dazu vorne N 59 ff.). 179

bbb) Geschäftsführung

Spezialregelung

Bei der *eG* (vgl. dazu vorne N 74) sowie bei der *KlG* (vgl. dazu vorne N 122) stimmen die Regeln über die Geschäftsführung im Wesentlichen überein. Bei der *KmG* sieht dies anders aus: 180

Nach dispositiver Anordnung hat der *Komplementär*, nicht aber der Kommanditär ein Recht auf Geschäftsführung (Art. 599 OR sowie Art. 600 Abs. 1 OR). Handelt es sich um Rechtshandlungen, die «über den gewöhnlichen Betrieb» der Gesellschaft hinausgehen (vgl. dazu vorne N 64), muss m. E. prinzipiell die *Zustimmung der Kommanditäre* eingeholt werden[226]; dies wird *bestätigt* mit Art. 600 Abs. 2 OR.

223 Anwendbarkeit des *Rechts der eG*: Art. 598 Abs. 2 OR i. V. m. *Art. 557 Abs. 2 OR*.

224 Art. 598 *Abs. 2* OR: «Soweit keine Vereinbarung getroffen ist, kommen die Vorschriften über die Kollektivgesellschaft zur Anwendung, jedoch mit den Abweichungen, die sich aus den nachfolgenden Bestimmungen [zur KmG] ergeben».

225 Gemeint sind sowohl die *Komplementäre* als auch die *Kommanditäre*.

226 Dies ergibt sich systematisch aus verschiedenen *Verweisungen* im Personengesellschaftsrecht,

ccc) Gewinnbeteiligung und Verlusttragung

181 Bei der KmG gelten für die Ergebnisermittlung sowie für die Ergebnisbeteiligung im Prinzip dieselben Grundsätze wie bei der KlG (vgl. dazu vorne N 123 ff.), mindestens hinsichtlich der Gesellschafterkategorie der *Komplementäre* (z. B. Art. 598 Abs. 2 OR i. V. m. Art. 559 Abs. 2 OR). Einige kommanditgesellschaftsrechtliche Besonderheiten gelten hingegen für die Gesellschafterkategorie der *Kommanditäre*: Grundlagen

182 Die *maximale Verlusttragung* des Kommanditärs gegenüber Dritten wird jeweils durch seine individuelle Kommanditsumme begrenzt (Art. 601 Abs. 1 OR), die mangels Minimalziffer sehr unterschiedlich sein kann. Sofern der Gesellschaftsvertrag keine Regelung(en) enthält, liegt die Festlegung der Gewinnbeteiligung bzw. der Verlusttragung des Kommanditärs im *richterlichen Ermessen* (Art. 601 Abs. 2 OR)[227]. Kommanditäre

183 M. E. hat der Kommanditär für seinen Kapitalanteil einen *dispositiven Zinsanspruch* von 4 % gemäss Art. 598 Abs. 2 OR i. V. m. Art. 558 Abs. 2 OR. Die Zinsen, die Honorare sowie der Gewinn dürfen dem *Kapitalkonto des Kommanditärs* erst gutgeschrieben werden, nachdem die nicht voll einbezahlte bzw. nach der Einzahlung wieder verminderte Kommanditsumme «ausgeglichen» wurde (Art. 601 Abs. 3 OR).

Gegenüber dem Komplementär[228] ist der Kommanditär insofern *benachteiligt*, als er die Auszahlung von Zinsen und von Gewinn – m. E. indes nicht[229] von Honorar – nur verlangen kann, «wenn und soweit die Kommanditsumme durch die Auszahlung nicht vermindert wird» (Art. 611 Abs. 1 OR).

ddd) Treuepflichten u. Ä.

184 Das Recht der KmG enthält keine spezifische Regelung zum *Konkurrenzverbot* der Gesellschafter, so dass gemäss Art. 598 Abs. 2 OR i. V. m. Art. 561 OR die Ordnung der Kollektivgesellschafter (vgl. dazu vorne N 128 ff.) zur Anwendung gelangt. Dies trifft sowohl auf die *Komplementä-* Konkurrenzverbot

nämlich aus Art. 598 Abs. 2 OR (= Recht der KmG) i. V. m. Art. 557 Abs. 2 OR (= Recht der KlG) i. V. m. Art. 535 Abs. 3 OR (= Recht der eG).

227 Der Gesetzgeber hat bewusst auf eine *gesetzliche Anordnung verzichtet*, weil die *Stellung des Kommanditärs* höchst unterschiedlich sein kann; beispielsweise kann er der wichtigste Kapitalgeber sein, allenfalls hat er aber auch bloss einen symbolischen Betrag zur Verfügung gestellt.

228 Beim *Komplementär* gelangen Art. 598 Abs. 2 OR i. V. m. *Art. 559 Abs. 1/Abs. 2 OR* zur Anwendung.

229 Der Begriff «Honorar» fehlt in Art. 611 Abs. 1 OR bewusst, anders als in Art. 601 Abs. 3 OR; deshalb ist bei *Honoraransprüchen* m. E. Art. 598 Abs. 2 OR i. V. m. *Art. 559 Abs. 1/Abs. 2 OR* anwendbar.

re als auch auf die *Kommanditäre* zu[230]; dieses Ergebnis scheint de lege lata für die Kommanditäre kaum gerechtfertigt zu sein, so dass zumindest rechtspolitisch m. E. eine Anpassung *de lege ferenda* sinnvoll erscheint.

bb) Aussenverhältnis

aaa) Grundverständnis

Aussengesellschaft

Die KmG – wie die KlG (vgl. dazu vorne N 131) – stellt in erster Linie eine *Aussengesellschaft* dar, die für den *Geschäftsverkehr* konzipiert ist, d. h. sie wird unter verschiedenen Aspekten wie eine juristische Person behandelt. Insbesondere kommen einer KmG im Rahmen von Art. 602 OR sowohl *Aktiv*legitimation als auch *Passiv*legitimation zu. Mittels kaufmännischer Vertretung (vgl. dazu hinten N 186 ff.) kann sie z. B. «Rechte erwerben und Verbindlichkeiten eingehen» (Art. 602 OR) oder m. a. W. *Rechtsgeschäfte abschliessen*. 185

bbb) Vertretung u. Ä.

Verweisung

Die für die KlG aufgestellten Regeln gemäss Art. 563 ff. OR (vgl. dazu vorne N 132 ff.) zur *Gesellschaftshaftung* für Rechtsgeschäfte sowie für Delikte gelten ebenfalls bei den KmG, und zwar mittels *Verweisung*: «Die Gesellschaft wird nach den für die Kollektivgesellschaft geltenden Vorschriften durch den oder die unbeschränkt haftenden Gesellschafter vertreten» (Art. 603 OR). Der Gesetzestext hält klar fest, dass diese Anordnung *ausschliesslich bei Komplementären* zur Anwendung gelangt[231]. 186

Kommanditäre

Die Sonderstellung der *Kommanditäre* – also «mindere Pflichten» und «mindere Rechte» – wird bei der Vertretung eindrücklich ersichtlich. Ein Kommanditär *darf und kann* die KmG *nicht vertreten*; sollte er sich im *rechtsgeschäftlichen* Bereich diese Stellung anmassen, muss er die Konsequenzen daraus tragen (= Haftung): «Schliesst der Kommanditär für die Gesellschaft Geschäfte ab, ohne ausdrücklich zu erklären, dass er nur als Prokurist oder als Bevollmächtigter handle, so haftet er aus diesen Gründen gutgläubigen Dritten gegenüber gleich einem unbeschränkt haftenden Gesellschafter» (Art. 605 OR)[232]. Jedoch wird Art. 605 OR in der 187

....

230 Im Gesetzgebungsprozess sollten die *Kommanditäre ursprünglich* von diesem *Verbot befreit* werden, doch entschied sich die Legislative dagegen.

231 Der Komplementär der KmG hat somit z. B. die gleiche *Vertretungsbefugnis* und die identische *Vertretungsmacht* wie der Kollektivgesellschafter der KlG.

232 Der Kommanditär kann die KmG somit einzig als *Prokurist*, als *Handlungsbevollmächtigter* oder als *Stellvertreter* gemäss Art. 32 ff. OR berechtigen bzw. verpflichten; m. E. hat er ausschliesslich in

....

Lehre zurückhaltend betrachtet und an seiner Stelle dem Prinzip der positiven Publizitätswirkung gemäss Art. 933 OR der Vorrang gegeben (vgl. dazu vorne FN 217).

188 Sollten z. B. Sachen oder dingliche Rechte oder Forderungen durch Rechtsgeschäfte *erworben* werden, stehen diese nicht der KmG als solcher zu, die nicht rechtsfähig ist; diese Vermögenswerte gehören vielmehr allen Gesellschaftern zusammen, die eine *Gesamthandschaft* bilden (vgl. dazu vorne N 29 f.). Gesamthandschaft und Gesellschafterhaftung

Für die *Schulden* der Gesellschaft hat in erster Linie die KmG (= Schuldnerin) einzustehen. Ausserdem besteht eine subsidiäre persönliche Solidarhaftung der *Gesellschafter*, die allerdings – je nach Gesellschafterkategorie – unterschiedlich ausgestaltet ist (vgl. dazu hinten N 191 f.).

189 Eine KmG kann nicht allein (mittels kaufmännischer Vertretung) durch *Rechtsgeschäfte* verpflichtet werden, sondern ebenfalls durch *Delikte* der Komplementäre (Art. 603 OR i. V. m. Art. 567 Abs. 3 OR). Dabei ist der KmG jedoch *nicht jegliches* deliktische Verhalten der Komplementäre anzurechnen, sondern nur, aber immerhin diejenigen Delikte, die bei *geschäftlichen Verrichtungen* begangen wurden (vgl. dazu vorne N 135). Delikte der Komplementäre

Bei einem Kommanditär findet diese Regelung keine Anwendung; eine Haftung der KmG für dessen Handlungen als Prokurist oder Handlungsbevollmächtigter kann sich aber aus Art. 55 OR ergeben.

ccc) Haftung der Gesellschafter

190 Es gehört zum *Begriff der KmG*, dass mindestens ein Gesellschafter unbeschränkt und im Minimum ein Gesellschafter beschränkt auf die Kommanditsumme haftbar ist für Gesellschaftsschulden (Art. 594 Abs. 1 OR). Es handelt sich indes, anders als bei der eG und gleich wie bei der KlG, um eine *Subsidiärhaftung* der Gesellschafter, d. h., in erster Linie haftet die *Gesellschaft* für ihre eigenen Schulden. Ausgangslage

Der *Konkurs der KmG* bewirkt *nicht* den *Gesellschafter*konkurs – und vice versa (Art. 615 Abs. 1/Abs. 2 OR); insofern gilt bei der KmG dieselbe Regelung wie bei der KlG mit Art. 571 OR. In diesem Bereich wird ersichtlich, dass die Personengesellschaften *wie juristische Personen behandelt* werden. Das gesellschaftsrechtliche Abwicklungsprozedere im Konkurs findet sich im Übrigen in Art. 615 ff. OR.

den ersten beiden Situationen (= Prokura und Handlungsvollmacht), aber *nicht bei der Stellvertretung* die entsprechende(n) Vertretung(en) offenzulegen, wenn er die Folge von Art. 605 OR vermeiden will.

Komplementäre

191 Der *Komplementär* wird betreffend Haftung wie der Kollektivgesellschafter (vgl. dazu vorne N 137) behandelt; er haftet *persönlich* sowie *unbeschränkt* mit seinem ganzen Privatvermögen und *solidarisch* mit allen übrigen Gesellschaftern. Art. 604 OR umschreibt die *subsidiäre* Haftung[233] gegenüber der KmG wie folgt: «Der unbeschränkt haftende Gesellschafter kann für eine Gesellschaftsschuld erst dann persönlich belangt werden, wenn die Gesellschaft aufgelöst oder erfolglos betrieben worden ist.»[234]

Kommanditäre

192 Der *Kommanditär* haftet (wie der Komplementär) zwar ebenfalls subsidiär, persönlich und solidarisch, allerdings *beschränkt*, und zwar ausschliesslich im Umfang der nach aussen durch Eintragung im HR[235] vermittelten *Kommanditsumme* (Art. 608 Abs. 1 OR)[236]; in Bezug auf die Kommanditsumme und deren Höhe besteht Vertragsfreiheit. Die *Solidarhaftung* bezieht sich auf Kommanditäre und auf Komplementäre, d. h., ein Gläubiger kann selbst zwischen den Gesellschafterkategorien wählen.

Diese *Haftungsbeschränkung* kann beim Kommanditär – als Folge eines «Fehlverhaltens» auf seiner Seite – ausser Kraft gesetzt werden; dies ist z. B. der Fall, wenn der Kommanditär die KmG vertritt ohne Hinweis auf seine Stellung als Prokurist oder Handlungsbevollmächtigter (Art. 605 OR) oder (vgl. dazu aber vorne: N 187 sowie FN 217) wenn die kaufmännische KmG vor ihrer Eintragung im HR im Verkehr aufgetreten ist (Art. 606 OR). Diese *Ausnahmen* von der beschränkten Haftung dienen dem Gläubigerschutz.

Rechtspolitische Kritik

193 M. E. muss *bedauert* werden, dass das Recht der KmG *keine Mindestkommanditsumme* vorsieht. Zwar erlaubt diese legislative Unterlassung eine erhöhte Flexibilität, doch verliert die KmG dadurch im Bereich des *Gläubigerschutzes* an Attraktivität. Bei der nächsten Revision des Personengesellschaftsrechts sollte eine Mindestkommanditsumme vorgesehen werden, notabene wie dies in der rechtspolitischen Diskussion für eine *neue Personengesellschaft* (vgl. dazu hinten N 232) vorgeschlagen wird.

233 Die *Subsidiärhaftung* gelangt nebst *Art. 604 OR* auch in *Art. 617 OR* zum Ausdruck.

234 M. E. ist die Belangbarkeitsoption des *Gesellschafterkonkurses* – anders als bei der KlG (Art. 568 Abs. 3 OR) – *nicht* vorhanden betreffend Komplementär.

235 Wenn die Kommanditsumme *nicht in bar*, sondern als *Sacheinlage* geleistet werden soll, muss Art. 596 Abs. 3 OR berücksichtigt werden.

236 Die *Kommanditsumme* wird *extern* z. B. für potenzielle Gläubiger der KmG kommuniziert (dadurch kann allenfalls die Kreditwürdigkeit der Gesellschaft erhöht werden); das *interne* Versprechen gegenüber den anderen Gesellschaftern, auf das sich Dritte – vorbehaltlich Art. 608 Abs. 2 OR – nicht berufen können, wird als *Kommanditeinlage* bezeichnet; Kommanditsumme(n) sowie Kommanditeinlage(n) können zwar, müssen aber nicht übereinstimmen.

c) Endphase

194 Die *Auflösung der KmG* erfolgt nach den Regeln der KlG (vgl. dazu vorne N 141)[237], auf die mit Art. 619 Abs. 1 OR verwiesen wird: Auflösung

Nicht allein beim *Komplementär*, sondern selbst beim *Kommanditär* gilt, dass dessen Konkurs oder die Pfändung seines Liquidationsanteils der Konkursverwaltung bzw. dem Privatgläubiger ein spezifisches Kündigungsrecht einräumt (Art. 619 Abs. 2 Satz 1 OR i. V. m. Art. 575 OR). Allerdings lösen beim *Kommanditär* dessen *Tod* oder dessen *Entmündigung* keine Gesellschaftsauflösung aus (Art. 619 Abs. 2 Satz 2 OR), anders als dies beim Komplementär der Fall ist.

195 Die *Liquidation der KmG* erfolgt gemäss Art. 619 Abs. 1 OR ebenfalls nach den Regeln der KlG; insofern kann darauf verwiesen werden (vgl. dazu vorne N 142 f.). Liquidation

196 Art. 619 OR erwähnt ausschliesslich die Auflösung sowie die Liquidation der KmG, aber *nicht die HR-Löschung*. Hierbei handelt es sich um ein gesetzgeberisches Versehen, so dass m. E. Art. 589 OR (= *Löschung* im HR) sowie Art. 590 OR (= *Aufbewahrungspflicht* der Bücher der Gesellschaft) auch bei KmG zur Anwendung gelangen (vgl. dazu vorne N 144). Löschung im HR

3. Ausgewählte Einzelfragen

a) KmG als Gesellschafterin?

197 Die KmG ist keine juristische Person, sondern eine Rechtsgemeinschaft (vgl. dazu vorne N 27). Die *Rechte der KmG* (z. B. allfällige *Gesellschafterrechte*) werden *gemeinsam* von allen Gesellschaftern ausgeübt. Personengesellschaften

Die Rechtsnatur der KmG spricht insbesondere nicht dagegen, dass sie ihrerseits als Gesellschafterin anderer Gesellschaften zugelassen würde. Massgeblich ist allerdings nicht diese Perspektive, sondern vielmehr die Frage, ob die *betroffenen Gesellschaftsformen* die *KmG als Gesellschafterin* zulassen oder nicht:

198 M. E. kommt die KmG bei einer eG als deren *einfache Gesellschafterin* ohne weiteres in Frage (vgl. dazu vorne N 45), hingegen nicht bei einer KlG als deren Kollektivgesellschafterin (vgl. dazu vorne N 107); bei einer anderen KmG ist m. E. schliesslich zu unterscheiden: Die KmG muss zwar als deren

[237] Durch Weiterverweisung gelangt das *Recht der eG* zur Anwendung, z. B. bei der *Auflösung* der KmG aus *wichtigen Gründen* (BGE 4C.249/2006 vom 13. November 2006: Erw. 3).

Kommanditärin zugelassen werden (vgl. dazu vorne N 164), allerdings nicht als deren Komplementärin (vgl. dazu vorne N 160).

Kapitalgesellschaften

Die *KmG* gehört zu den Handelsgesellschaften (vgl. dazu vorne N 6). Das 199
Gesellschaftsrecht stellt somit klar, dass sich diese Gesellschaftsform als *Aktionärin* (z. B. Art. 625 OR) sowie als *GmbH-Gesellschafterin* (z. B. Art. 772 Abs. 1 OR) beteiligen kann, wobei die Gesellschafterrechte von den Gesellschaftern gemeinsam ausgeübt werden. Die KmG ist auch als *Genossenschafterin* zulässig (z. B. Art. 828 Abs. 1 OR).

b) Austrittsrecht und Ausschlussrecht?

Verweisungen

Einerseits haben die Komplementäre und die Kommanditäre *kein Austrittsrecht* von Gesetzes wegen, d. h., es verhält sich gleich wie bei der 200
KlG (vgl. dazu vorne N 148). Andererseits sind Art. 577 ff. OR bei KmG anwendbar, d. h., es bestehen sowohl für die Komplementäre als auch für die Kommanditäre (zwei) *Ausschlussrechte* (vgl. dazu vorne N 149 f.); die Anwendbarkeit von Art. 577 OR und von Art. 578 OR ergibt sich nach h. M. und Praxis aus der Verweisungsnorm von Art. 619 Abs. 1 OR.

Das Ausschlussrecht steht *beiden Gesellschafterkategorien* zu. Es ist somit zulässig, dass *Kommanditäre* gegen andere Kommanditäre oder gegen Komplementäre auf Ausschluss klagen. Gleich verhält es sich bei den *Komplementären* als Ausschlusskläger.

Bleiben nach dem Ausschluss in der (vormaligen KmG) *ausschliesslich Komplementäre* zurück, besteht die Gesellschaft als *KlG* weiter (Art. 55 Abs. 2 lit. a FusG). Werden hingegen sämtliche Komplementäre ausgeschlossen, so dass als Gesellschafter der Gesellschaft *ausschliesslich Kommanditäre* vorhanden sind, muss mindestens ein Kommanditär die Komplementärstellung übernehmen, ansonsten wird die *KmG aufgelöst*.

c) Fortsetzung(en)?

Verweisungen

M. E. bewirkt der *Ausschluss des Kommanditärs* in analoger Anwendung 201
von Art. 619 Abs. 2 Satz 2 OR (sc. Gleichsetzung mit dessen Tod oder mit dessen umfassender Beistandschaft) *keine Auflösung* der KmG, d. h., die Gesellschaft besteht weiter, selbst ohne Fortsetzungsklausel im Gesellschaftsvertrag. Im Übrigen sind Art. 579 OR/Art. 581 OR (vgl. dazu vorne N 151 f.) ebenfalls bei KmG anwendbar (Art. 619 Abs. 1 OR).

E. Spezialthemen

I. Stille Gesellschaft

1. Keine Regelung

202 Die sog. *stille Gesellschaft* wird im Gesellschaftsrecht nicht geregelt. Trotzdem wird sie in der Praxis «gelebt». Insofern stellt die stille Gesellschaft die *einzige Innominatsgesellschaft* der Schweiz dar. Dadurch unterscheidet sich die Schweiz teilweise vom *Ausland*, etwa von Deutschland sowie von Liechtenstein, wo die stille Gesellschaft in den Gesellschaftsrechten *ausdrücklich vorgesehen* wird (vgl. dazu hinten N 239 und N 244). Regelungsbedarf?

Obwohl aus dieser Unterlassung kaum Rechtsprobleme resultieren, besteht m. E. trotzdem ein rechtspolitischer Revisionsbedarf[238]. Angesichts des Fokus der Politik auf Publikumsgesellschaften dürfte sich indes am aktuellen Zustand nichts ändern.

203 Die Lehre[239] und die Praxis (obiter etwa BGE 124 III 367 Erw. 2. c) setzen sich *relativ selten* mit stillen Gesellschaften und mit deren Rechtsproblemen auseinander, obwohl diese Organisationsform nicht selten vorkommt. Dieser Umstand führt in der Wirtschaftsrealität immer wieder zu *Rechtsunsicherheiten*. Status quo

Die Bedeutung der stillen Gesellschaft sollte – ähnlich wie bei der eG – also nicht unterschätzt werden. Diese Gesellschaftsform entspricht einem Bedürfnis nach *gesellschaftsrechtlicher* statt vertragsrechtlicher[240] Beteiligung, die extern nicht wirksam (und ersichtlich) wird[241]. In der Wirtschaftsrealität kommen stille Gesellschaften beispielsweise für Familien-

238 Tatsächlich lagen in den *Jahren 1919 bzw. 1923* bereits zwei *Regelungsvorschläge* für die stille Gesellschaft vor, die von der Expertenkommission in der Folge aber nicht weiterverfolgt wurden.

239 Allg.: UELI SOMMER, Die stille Gesellschaft (Diss. Zürich 2000) 1 ff.; MARIO M. PEDRAZZINI, Stille Gesellschaft oder (offene) einfache Gesellschaft?, SJZ 52 (1956) 369 ff.; KURT NAEF, Kennt das schweizerische Recht die stille Gesellschaft?, ZBJV 96 (1960) 257 ff.; HANS JOACHIM HABERMAS, Die stille Gesellschaft im deutschen und schweizerischen Recht (Diss. Bern 1961) *passim*.

240 Die Abgrenzung zwischen der *stillen Gesellschaft* einerseits und dem *partiarischen Darlehen* andererseits kann sich als äusserst schwierig erweisen, denn es gilt die Vertragsfreiheit; allg.: PETER GRAF, Das Darlehen mit Gewinnbeteiligung oder das partiarische Darlehen, besonders seine Abgrenzung von der Gesellschaft (Diss. Zürich 1951) *passim*; der *stille Gesellschafter* ist *kein Darleiher*, sondern ein *(einfacher) Gesellschafter*; erforderlich ist zumindest ein «animus societatis» zwischen Hauptgesellschafter und stillem Gesellschafter.

241 Dadurch kann der stille Gesellschafter sozusagen fast ausschliesslich Vorteile bei sich akkumulieren, z. B. eine *Gewinnbeteiligung* sowie eine *Mitsprache* (als Gesellschafter) und einen *Haftungsausschluss* (wie als Vertragspartei).

unternehmen, für Kapitalanlagen, für Mitarbeiterbeteiligungen sowie für Sanierungssituationen vor.

2. Übersicht zur stillen Gesellschaft

a) Struktur

Grundverständnis

Die stille Gesellschaft stellt eine gesellschaftsrechtliche Personenverbindung von einem *Hauptgesellschafter* mit einem *stillen Gesellschafter* dar, für die prinzipiell das Recht der eG (vgl. dazu vorne N 42 ff.) gilt[242]. Inhaltlich beteiligt sich der stille Gesellschafter intern an der geschäftlichen Tätigkeit des Hauptgesellschafters mit einer *Einlage*, die in *dessen Vermögen übergeht*, und erhält nebst Mitspracherechten dadurch insbesondere einen Anteil am Gewinn; extern im *Rechtsverkehr* tritt ausschliesslich der Hauptgesellschafter auf, der insofern alleine berechtigt und verpflichtet wird. 204

Innengesellschaft

Es handelt sich bei der stillen Gesellschaft um eine *reine Innengesellschaft*, wodurch die stille Gesellschaft einen Schritt weiter geht als die eG (vgl. dazu vorne N 57 ff.). Hauptgesellschafter sowie stille Gesellschafter können *natürliche* oder *juristische* Personen oder *Rechtsgemeinschaften* sein. Wenn der Hauptgesellschafter eine natürliche Person ist, erfolgt die geschäftliche Tätigkeit der stillen «Gesellschaft» als Einzelunternehmung; wenn hingegen etwa eine AG als Hauptgesellschafterin aktiv ist, wird diese Gesellschaft im Rechtsverkehr unmittelbar berechtigt bzw. verpflichtet. 205

b) Ausgewählte Details

Innenverhältnis

Das *Recht der eG* kommt auf die (meisten) Aspekte des *Innen*verhältnisses zur Anwendung, z. B. auf die Beitragsleistung[243], auf die Gewinnbeteiligung[244], auf die Verlusttragung, auf die Beschlussfassung[245], auf die 206

[242] Da eine im Ergebnis durchaus ähnliche Interessenlage beim *stillen Gesellschafter* und beim *Kommanditär* besteht, will ein Teil der Lehre das *Recht der KmG* anwenden (z. B. Art. 601 Abs. 2 OR statt Art. 533 Abs. 1 OR).

[243] Zentraler Unterschied ist, dass der Beitrag ins Alleineigentum des Hauptgesellschafters geht.

[244] Die Lehre will – wie erwähnt – teilweise das Recht der KmG in diesem Bereich zur Anwendung bringen; in der Wirtschaftsrealität bestehen meist *vertragliche* Regelungen in diesem Bereich.

[245] Prinzip der Einstimmigkeit: Die Beschlüsse wirken nur intern, d. h., sie begrenzen *nicht das rechtliche «Können»* des Hauptgesellschafters, sondern einzig dessen *«Dürfen»*.

Treuepflichten[246] sowie auf die Geschäftsführung[247]. Sollte der stille Gesellschafter von der *Geschäftsführung ausgeschlossen* worden sein, stehen ihm m. E. die *Einsichtsrechte* gemäss Art. 541 Abs. 1 OR zu.

207 Das *Gesellschaftsvermögen* der stillen Gesellschaft (inklusive der Einlagen des stillen Gesellschafters) steht im *Alleinvermögen des Hauptgesellschafters*. Dies erscheint rechtlich konsequent, denn extern tritt er nicht für die Gesellschaft, sondern in eigenem Namen und auf eigene Rechnung (also: für sich selber) auf. Ein *Gesamthandverhältnis*, und somit Gesamteigentum oder Miteigentum, kann m. E. nicht vereinbart werden[248].

208 Die stille Gesellschaft hat überhaupt *kein Aussenverhältnis*, denn der Hauptgesellschafter (z. B. als Einzelunternehmer oder als AG) tritt im Rechtsverkehr alleine auf und führt insofern in aller Regel ein *kaufmännisches Unternehmen* (für sich selber): Aussenverhältnis

209 Der *Hauptgesellschafter* ist alleine zuständig und verantwortlich für die geschäftlichen Tätigkeiten der extern nicht erkennbaren stillen Gesellschaft, die interne Auswirkungen auf den stillen Gesellschafter haben können; der stille Gesellschafter tritt nach aussen nicht auf, d. h., ihm kommt insbesondere *keine Vertretungsbefugnis* bzw. *keine Vertretungsmacht* zu (immerhin kann er beispielsweise basierend auf einer Prokura tätig werden). Ausserdem besteht nach h. M. *keine Haftung* gegenüber Dritten[249].

II. Verzicht auf Revisionspflicht

1. Grundlagen

210 Die «Zahlenwerke» bei Unternehmungen – insbesondere bei Körperschaften – beruhen regelmässig auf der folgenden Trias: *Buchführung* («Bookkeeping»), *Rechnungslegung* («Accounting») sowie *Revision* bzw. Abschlussprüfung («Auditing»). Einige Besonderheiten sind bei Perso- Buchführung sowie Rechnungslegung

[246] Die Situation des *stillen Gesellschafters* ist in diesem Bereich vergleichbar mit dem *Kommanditär*.

[247] Im Rahmen von *Art. 535 Abs. 3 OR* ist die *Zustimmung des stillen Gesellschafters* nötig; vereinbar ist sogar, dass der Einfluss des stillen Gesellschafters überwiegen soll.

[248] Gl.M.: ARTHUR MEIER-HAYOZ, Berner Kommentar zu ZGB 641–654 (Bern 1981) N 33 f. zu Art. 652 ZGB; diese nicht unerhebliche *Einschränkung der Vertragsfreiheit* ist der Preis des stillen Gesellschafters, sich im Übrigen extern absolut «freizeichnen» zu können.

[249] Immerhin kann der *Gläubiger des Hauptgesellschafters* die *Einlagen des stillen Gesellschafters* zur eigenen Befriedigung heranziehen, weil sich diese Vermögenswerte im Alleineigentum des Hauptgesellschafters befinden.

nengesellschaften zu beachten, und zwar sowohl bei den Grundsätzen als auch bei den Details:

Die Buchführungspflicht einer Unternehmung ergibt sich aus deren Eintragungspflicht im HR (Art. 957 OR). Die KlG als auch die KmG sind prinzipiell *buchführungs- und rechnungslegungspflichtig* im Rahmen von Art. 957 ff. OR; eine umfassende Gesetzesrevision im Jahr 2013 führte zu Einschränkungen, und zwar nicht zuletzt bei Personengesellschaften, also bei KlG und bei KmG[250].

Aus den Pflichten zur Buchführung einerseits und zur Rechnungslegung andererseits folgt indes *nicht automatisch*, dass die entsprechenden Unterlagen (z. B. die Bilanz und die Erfolgsrechnung) von einem externen Organ revidiert werden müssen. Die prinzipiell bei allen Gesellschaften geltende *Revisionspflicht* ist nicht anwendbar auf die Personengesellschaften, was m. E. in aller Regel durchaus sinnvoll erscheint [251]:

Begründung(en)

Die *Revisionspflicht* unterstützt den *Gläubigerschutz*. Da der Schutz der Gläubiger bei den Personengesellschaften – anders als bei den Kapitalgesellschaften – im Aussenverhältnis durch die *Gesellschafterhaftung gewährleistet* wird, kann auf eine Revisionspflicht bei den KlG und bei den KmG verzichtet werden (explizit: BBl 2004 3996); für den Fall von *beschränkt haftbaren Personengesellschaften*, die de lege ferenda zur Diskussion stehen, sieht dies hingegen anders aus (vgl. dazu hinten N 227 ff.). 211

Die *Revisionspflicht* verstärkt zudem den *Gesellschafterschutz*, was bei den Personengesellschaften als nicht notwendig erachtet wird: «Die Gesellschafterinnen und Gesellschafter einer Kollektiv- oder Kommanditgesellschaft haben jederzeit die Möglichkeit, sich über den finanziellen Zustand der Gesellschaft zu informieren (...). Eine Revision ist daher im internen Verhältnis nicht erforderlich» (BBl 2004 3996). Mit dieser zusätzlichen Überlegung zum Innenverhältnis hat der Gesetzgeber bei den KlG bzw. bei den KmG bewusst auf eine Revisionspflicht verzichtet.

....

250 Da eG grundsätzlich kein kaufmännisches Unternehmen führen dürfen (vgl. dazu vorne N 54), sind Buchführung, Rechnungslegung sowie Revision *a priori ausgeschlossen*.

251 Eine legislative Fortentwicklung in die andere Richtung, nämlich durch ein geplantes «Rechnungslegungs- und Revisionsgesetz» mit einer *Revisionspflicht für Personengesellschaften*, wurde schon vor vielen Jahren *aufgegeben*.

2. Einführung einer Revisionspflicht?

212 Die *Personengesellschaften* sind zwar *nicht revisionspflichtig*, doch eine Revision auf freiwilliger Basis ist zulässig. Die vierte Personengesellschaft in der Schweiz, nämlich die *Kommanditgesellschaft für kollektive Kapitalanlagen* (KmGK) untersteht hingegen einer spezialgesetzlichen Revisionspflicht (vgl. dazu hinten § 15 N 34 f.). Ausnahme(n)

Sollten in Zukunft beschränkt haftbare Personengesellschaften – wie die *GmbH & Co. KG* oder die *Partnerschaft mit beschränkter Haftung* – eingeführt werden, sollten m. E. bei diesen Gesellschaftsformen künftig ebenfalls Revisionspflichten vorgesehen werden (vgl. dazu hinten N 230).

III. Umstrukturierungsrecht

1. Allgemeine Hinweise

213 Das *Fusionsgesetz* (FusG) sieht vier Transaktionsformen für die Umstrukturierung(en) von Gesellschaften vor, nämlich: Fusionen, Spaltungen, Umwandlungen sowie Vermögensübertragungen; auf die Details wird an anderer Stelle eingegangen (vgl. dazu hinten § 13 N 49 ff.). *Personengesellschaften* können ebenfalls umstrukturiert werden, wobei verschiedene Spezialitäten zu berücksichtigen sind; insbesondere gibt es Relativierungen zur *Zulässigkeit* von Umstrukturierungen (vgl. dazu hinten N 216 ff.). Verweisung

214 Die KlG sowie die KmG werden an verschiedenen Stellen ausdrücklich angesprochen (z. B. Art. 1 Abs. 1 FusG oder Art. 2 lit. b FusG), wohingegen die eG nicht erwähnt wird. M. E. sind die *eG ausgeschlossen* vom Anwendungsbereich des Fusionsgesetzes[252] (immerhin teilweise vorbehaltlich der Vermögensübertragung: vgl. dazu hinten N 219)[253], d. h. Umstrukturierungen bei den eG basieren auf dem *Vertragsrecht*. Die folgenden Ausführungen konzentrieren sich somit auf die KlG und auf die KmG. FusG und eG?

215 Das Umstrukturierungsrecht enthält *KMU-Privilegierungen*. Obwohl die Personengesellschaften meist KMU sind, können sich die KlG und die KmG nicht generell auf diese Privilegierung berufen, sondern einzig für den Fall, dass sie die Voraussetzungen gemäss *Art. 2 lit. e FusG* erfüllen KMU-Privilegierung

252 Hierzu: Piera Beretta, Strukturanpassungen, SPR VIII/8 (Basel 2006) 28.

253 Lukas Glanzmann, Umstrukturierungen (…) (3. A. Bern 2014) N 74, N 134, N 160 und N 180; dieser Autor lässt die eG als *übernehmende* Gesellschaft bei einer *Vermögensübertragung* zu (a. a. O. N 181); allg.: Marc Amstutz/Ramon Mabillard, Fusionsgesetz (FusG) Kommentar (Basel 2008) N 8 zu Art. 2 FusG.

(Kriterien: Bilanzsumme, Umsatzerlös etc.). In der Wirtschaftsrealität dürften die meisten KlG sowie KmG in diese Kategorie fallen, so dass sie auf die Erstellung des Strukturanpassungsberichts, auf die Prüfung und auf den Prüfungsbericht sowie auf das Einsichtsverfahren verzichten dürfen.

2. Besondere Hinweise

Fusionen

Die KlG sowie die KmG können auf der einen Seite unter sich (sc. KlG/KlG bzw. KmG/KmG) und auf der anderen Seite ebenfalls «übers Kreuz» (sc. KlG/KmG bzw. KmG/KlG) gemäss Art. 4 Abs. 2 lit. a FusG *ohne Einschränkungen* fusionieren, d. h. sowohl übertragend als auch übernehmend. 216

Mit einer Kapitalgesellschaft (z. B. AG oder GmbH) oder mit einer Genossenschaft können die KlG bzw. die KmG hingegen nur *eingeschränkt* fusionieren, nämlich ausschliesslich als *übertragende* Unternehmung und nicht als übernehmende Gesellschaft (Art. 4 Abs. 2 lit. b/lit. c FusG)[254].

Spaltungen

Von einer *Spaltung* sind die KlG sowie die KmG *generell ausgeschlossen* (Art. 30 FusG e contrario), und zwar unter sich, «übers Kreuz» oder mit anderen Gesellschaftsformen; dies gilt zudem sowohl übertragend als auch übernehmend. Ein ähnliches Ergebnis können diese Gesellschaftsformen allenfalls durch eine Vermögensübertragung erreichen (vgl. dazu hinten N 219). 217

Umwandlungen

Eine *Umwandlung* von einer KlG in eine KmG oder vice versa ist ohne Einschränkung zulässig (Art. 54 Abs. 2 lit. c/Abs. 3 lit. c FusG); entsprechende Umwandlungen unterstehen gemäss Art. 55 Abs. 4 FusG *nicht dem Fusionsgesetz*, sondern dem *OR*, was zu Kosteneinsparungen führt, denn die KlG bzw. die KmG dürfen auf die FusG-Formalien (Umwandlungsplan, Umwandlungsbericht etc.) verzichten. 218

Umwandlungen von KlG oder von KmG in *Kapitalgesellschaften* oder in Genossenschaften sind *eingeschränkt* möglich[255], und zwar ausschliesslich als *übertragende* Gesellschaft(en): Art. 54 Abs. 2 lit. a/lit. b FusG, Art. 54 Abs. 3 lit. a/lit. b FusG sowie Art. 54 Abs. 1 FusG (e contrario); solche Umwandlungen «ausserhalb» der Personengesellschaften erfolgen nicht nach OR, sondern im Rahmen des *Umstrukturierungsrechts*.

254 AG/GmbH: Art. 4 *Abs. 1 lit. c* FusG; Genossenschaft: Art. 4 *Abs. 3 lit. c* FusG.

255 Detailliert: DANIEL HASLER, Die Umwandlung von Personengesellschaften in Kapitalgesellschaften nach dem Fusionsgesetz (Diss. Bern 2006) 45 ff.

219 Eine *Vermögensübertragung* im Zusammenhang mit den KlG sowie mit den KmG ist prinzipiell in jeder möglichen Konstellation – also unter sich, «übers Kreuz», mit Kapitalgesellschaften oder mit Genossenschaften, übertragend oder übernehmend – ohne Einschränkung zulässig. Die einzige Schranke liegt darin, dass die *übertragende* KlG bzw. KmG *tatsächlich im HR eingetragen* sein muss (Art. 69 Abs. 1 FusG), d. h., die blosse Pflicht zur Eintragung genügt noch nicht.

Vermögensübertragungen

Anders verhält es sich auf der «empfangenden» Seite der Vermögensübertragung: Für die *übernehmende* KlG bzw. KmG bedarf es keiner HR-Eintragung. Tatsächlich besteht nicht einmal eine Eintragungspflicht, sondern *jeder private Rechtsträger* kommt als «Empfänger» in Frage; aus diesem Grund kann m. E. sogar die eG, die prinzipiell nicht dem FusG untersteht (vgl. dazu vorne N 214), ausnahmsweise als übernehmende Unternehmung in Erscheinung treten.

IV. Privatbankiers

220 Die *Finanzbranche* stellt einen wichtigen schweizerischen Wirtschaftsbereich dar. In diesem Zusammenhang sind zahlreiche Finanzintermediäre (z. B. die Banken und die Versicherungen) tätig. Im Bereich der ca. 300 Banken in der Schweiz dominiert traditionellerweise die Vermögensverwaltung. Die *Privatbankiers* («banquiers privés») spielten – zumindest früher – eine nicht zu unterschätzende Rolle[256].

Finanzbranche

221 Bankenrechtlich wird mit *Art. 1 Abs. 1 BankG* festgehalten, dass – nebst Einzelunternehmern (= natürliche Personen) – ausschliesslich KlG einerseits und KmG andererseits überhaupt als Privatbankiers bewilligt werden können, d. h., *Körperschaften* können *keine Privatbankiers* sein. Der Begriff «Privatbankier» ist ausserdem als Kollektivmarke geschützt. Die Interessenvertretung der Privatbankiers erfolgt u. a. durch die Vereinigung Schweizerischer Privatbankiers (VSPB).

Rechtsgrundlagen

222 Bei diesem Bankenstatus wird in erster Linie die *persönliche Haftung* der Kollektivgesellschafter sowie der Komplementäre (sowie der Einzelunternehmer) hervorgehoben, die für Privatbankiers zentral ist, notabene nicht zuletzt aus Marketinggründen. Angesichts dieser *umfassenden Haftung*

256 Anfangs Jahr 2018 gab es jedoch nur noch *sechs Privatbankiers* in der Schweiz, nämlich: Baumann & Cie, Bordier & Cie, E. Gutzwiller & Cie, Morgue d'Algue & Cie, Rahn+Bodmer Co. sowie Reichmuth & Co.

der Privatbankiers *privilegiert* das Gesetz im Übrigen diese (vom «Aussterben bedrohten») Banken in anderen Bereichen[257].

V. Rechtspolitische Aspekte

1. Wettbewerb der Gesellschaftsformen

Ausgangslage

223 Heftige *rechtspolitische Sturmböen* wirbeln das *Kapitalgesellschaftsrecht* der Schweiz seit den 1990er Jahren immer wieder auf und durcheinander[258]. Im Bereich des schweizerischen *Personengesellschaftsrechts* herrscht hingegen traditionellerweise eine *legislative Flaute* vor[259] – dass dies rechtspolitisch nicht wirklich gerechtfertigt ist, wird aufzuzeigen sein (vgl. dazu hinten N 227 ff.).

Die Personengesellschaften des OR sind m. E. zu Unrecht die *«Stiefkinder»* unter den Gesellschaften. Von der aktuellen «grossen» Aktienrechtsrevision sind die Personengesellschaften nur, aber immerhin am Rande betroffen, nämlich durch terminologische Anpassungen (z. B. BBl 2008 1725). Im Übrigen stellen die Personengesellschaften zurzeit *kein rechtspolitisches Revisionsthema* dar.

224 Das Gesellschaftsrecht bietet eine *breite Palette möglicher Gesellschaftsformen* an. Die verschiedenen Gesellschaften befriedigen die unterschiedlichsten Bedürfnisse bei der Gründung sowie bei der Geschäftstätigkeit. Die Personengesellschaften stehen für *KMU* im Vordergrund (vgl. dazu vorne N 1). Die Gesellschaftsform der GmbH stellt indes seit der umfassenden Gesetzesrevision im Jahre 2008 eine *ernsthafte Konkurrenz* dar: «Trotz ihrer übrigen positiven Faktoren drohen die Kollektiv- und Kommanditgesellschaften in den kommenden Jahren überflüssig zu werden»[260].

Konkurrenz

225 Die *GmbH* hat insbesondere durch den Ausschluss der Gesellschafterhaftung gegenüber den Personengesellschaften einen *erheblichen (neuen) Wettbewerbsvorteil* erhalten. Es ist zu befürchten, dass gerade KMU unter diesem Aspekt in den nächsten Jahren entweder a priori als GmbH ge-

....

[257] Beispiele: Reservefonds überflüssig; keine Zwischenabschlüsse etc.

[258] Übersicht: PETER V. KUNZ, Permanenter Umbruch im Gesellschaftsrecht (…), SJZ 102 (2006) 145 ff.

[259] Zwar gab es verschiedene *Vorschläge* (z. B. Groupe de réflexion im Jahr 1993, Motion Raggenbass im Jahr 1998 oder Arbeitsgruppe GmbH-Revision in den Jahren 1998/1999); doch es kam in der Folge zu *keinen Revisionen im OR* – in den letzten Jahren geschah überhaupt nichts mehr.

[260] PETER V. KUNZ, Besteht ein gesetzgeberischer Revisionsbedarf? Konkurrenzkampf um die beste Rechtsform für KMU, FuW Nr. 55 (2007) 29.

....

gründet oder von KlG bzw. KmG in GmbH umgewandelt werden, d. h., die Personengesellschaften befinden sich auf dem «absteigenden Ast».

Um die *Vielfalt der Gesellschaftsformen* zu erhalten, sollte m. E. rechtspolitisch zugunsten der Personengesellschaften interveniert werden (vgl. dazu hinten N 227 ff.). Dadurch würde (wieder) ein *«level playing field»* mit GmbH geschaffen.

2. Neue Personengesellschaftsform(en)

a) KmGK gemäss KAG

226 Das *Kollektivanlagenrecht* hat im Jahre 2007 eine neue Personengesellschaft ins schweizerische Gesellschaftsrecht eingeführt, nämlich die *Kommanditgesellschaft für kollektive Kapitalanlagen* (KmGK) gemäss Art. 98 ff. KAG; auf diese finanzmarktrechtliche Gesellschaftsform, die Besonderheiten gegenüber der KmG aufweist[261], wird an anderer Stelle eingegangen (vgl. dazu hinten § 15 N 34 ff., insbesondere N 40 und N 44). Sofern das KAG als *lex specialis* nicht anwendbar ist, wird bei KmGK auf das *Recht der KmG* verwiesen[262]. Verweisung

b) Personengesellschaften de lege ferenda?

aa) Problem der Gesellschafterhaftung

227 Die *unbeschränkte solidarische Haftung* der (meisten) Personen*gesellschafter* stellt ein zentrales Charakteristikum des schweizerischen Personengesellschaftsrechts dar – und gleichzeitig eines der grössten Probleme der Wirtschaftsrealität (vgl. dazu vorne N 25). In der Doktrin werden seit einigen Jahren *zwei mögliche Lösungsvorschläge* diskutiert, nämlich der Einsatz von juristischen Personen als unbeschränkt haftbare Personengesellschafter einerseits sowie die Abschaffung der unbeschränkten Gesellschafterhaftung bei Personengesellschaften andererseits: Ausgangslage

228 Bei der ersten Variante (Modell einer sog. *GmbH & Co. KG*: vgl. dazu hinten N 231) könnte die aktuelle KmG leicht angepasst werden, d. h. es geht um keine «neue» Personengesellschaft; bei der zweiten Variante (Modell einer sog. *PmbH*: vgl. dazu hinten N 232) steht hingegen die Schaffung Zwei Varianten

---

261 Eine ursprünglich geplante Besonderheit der KmGK, nämlich eine *zeitliche Limite* von zwölf Jahren (Botschaft: BBl 2005 6474), wurde im Parlament ersatzlos gestrichen.

262 Art. 99 KAG: «Sofern dieses Gesetz [= KAG] nichts anderes vorsieht, kommen die Bestimmungen des Obligationenrechtes über die Kommanditgesellschaft zur Anwendung.»

einer gänzlich neuen Gesellschaftsform zur Diskussion. M. E. schliessen sich diese beiden Formen nicht aus, sondern könnten (und sollten) *parallel eingeführt* werden. Bis anhin findet die Debatte ausschliesslich in den Fachkreisen statt, ohne dass rechtspolitische Bemühungen vorliegen.

Legislative Modelle in der Schweiz und im Ausland

Diese beiden (möglichen) Relativierungen der unbeschränkten Haftung der Personengesellschafter haben *Vorbilder* im aktuellen Recht: 229

Auf der einen Seite sind in der *Schweiz* juristische Personen als unbeschränkt haftbare Gesellschafter bei den eG zulässig (vgl. dazu vorne N 45); ausserdem muss bei der KmGK der Komplementär eine AG mit Sitz in der Schweiz sein (vgl. dazu hinten § 15 N 39). Auf der anderen Seite können schliesslich in den meisten *ausländischen* Personengesellschaftsrechtsordnungen (vgl. dazu hinten N 233 ff.) nebst natürlichen Personen juristische Personen als unbeschränkt haftbare Personengesellschafter tätig sein.

Revisionspflicht

Bei Personengesellschaften mit beschränkter Haftung sollte m. E. eine *Revisionspflicht de lege ferenda* vorgesehen werden, und zwar aus Gründen des Gläubigerschutzes[263]. 230

Bei den KlG bzw. KmG wird darauf verzichtet (vgl. dazu vorne N 210 f.) mit der folgenden Überlegung: «[I]m Aussenverhältnis drängt sich die Einführung einer Revisionspflicht nicht auf: (...) Dem Schutz der Gläubiger dient (...) die bestehende persönliche Haftung zumindest einzelner Gesellschafter besser als die Revisionspflicht» (BBl 2004 3996) – diese rechtspolitische Argumentation trifft gerade nicht (mehr) zu bei einer GmbH & Co. KG oder bei einer PmbH.

bb) GmbH & Co. KG

Kleine Gesetzesanpassung

Die Schaffung einer *schweizerischen GmbH & Co. KG* wäre durch eine (minimale) Gesetzesanpassung möglich, indem nämlich Art. 594 Abs. 2 OR (konkret: «Unbeschränkt haftende Gesellschafter [sc. Komplementäre bei KmG] können nur natürliche Personen, Kommanditäre jedoch auch juristische Personen und Handelsgesellschaften sein») *ersatzlos gestrichen* würde. Dies würde dazu führen, dass als Komplementär insbesondere AG oder GmbH in Frage kämen[264], die dann sozusagen «haftungsmässig vorgeschoben» werden könnten. 231

263 Die Revisionspflicht wäre sozusagen eine *Kompensation* zugunsten der *Gläubiger*, deren Schutz durch den Abbau der Gesellschafterhaftung relativiert wird.

264 Nebst *GmbH & Co. KG* gäbe es (wohl) noch mehr *AG & Co. KG*.

cc) *Partnerschaft mit beschränkter Haftung (PmbH)*

232 Vor einigen Jahren wurde eine neue Personengesellschaft vorgeschlagen, nämlich die *Partnerschaft mit beschränkter Haftung* (PmbH)[265]. Zwar löste die Thematik bis anhin keine legislativen Folgen aus, doch interessiert sich die Wissenschaft dafür[266]. Umfassendere Gesetzesrevision

Im Wesentlichen soll der *haftbare Personengesellschafter abgeschafft* werden. Die PmbH stellt m. a. W. eine «Kommanditgesellschaft ohne Komplementär» dar. Eine solche Abschwächung des Gläubigerschutzes könnte kompensiert werden, und zwar durch eine *Revisionspflicht* sowie durch eine *minimale Kommanditsumme* der Kommanditäre; beide Kompensationsmechanismen fehlen (noch) im heutigen Recht der KmG.

VI. Internationales Umfeld

1. Europäische Union

233 Die Europäische Union (EU) strebt *Harmonisierungen im Gesellschaftsrecht* (vgl. dazu hinten § 16 N 11 f.) an, um sozusagen einen «ungesunden Wettbewerb» der Länderrechte der Mitgliedstaaten («race to the bottom») zu verhindern. Dadurch sollen die *vier Grundfreiheiten* in der EU – insbesondere die Niederlassungsfreiheit sowie die Kapitalverkehrsfreiheit – zur Stärkung des Europäischen Binnenmarkts gestärkt werden. Die EU sieht zum Gesellschaftsrecht sowohl *Verordnungen*, die eine Rechtsvereinheitlichung bewirken, als auch *Richtlinien*, die zu einer Rechtsanpassung führen, vor. Zielsetzung

234 Im Vordergrund der gesellschaftsrechtlichen Harmonisierungen in der EU stehen die *grenzüberschreitend tätigen* Gesellschaften, also v. a. die «grossen» Körperschaften (sc. AG und am Rande ebenfalls GmbH). Das *Personengesellschaftsrecht* erfährt auf Ebene der EU *keine* eigentliche Harmonisierung[267]. Dies wird sich wohl künftig angesichts des Mehrstaatenerfordernisses nicht ändern. Personengesellschaftsrecht

[265] PETER BÖCKLI, Partnerschaft mit beschränkter Haftung – ein Vorschlag de lege ferenda, in: FS für P. Nobel (Bern 2005) 17 ff.

[266] Hierzu: DOROTHEA HERREN, Die vorgeschlagene Partnerschaft mit beschränkter Haftung: Würde die PmbH die GmbH verdrängen?, SZW 80 (2008) 269 ff.; ausserdem: PETER V. KUNZ, Recht der KMU: Personengesellschafts- und GmbH-Recht – Entwicklungen 2007 (Bern 2008) 8 sowie 19 f.

[267] Hinsichtlich der Gesellschaftsform der *EWIV* (= Europäische Wirtschaftliche Interessenvereinigung), die seit dem Jahre 1985 in einer EU-Verordnung geregelt ist, bestimmen die Mitgliedstaaten der EU, ob dieser Gesellschaftsform Rechtspersönlichkeit zukommt oder nicht (Art. 3 EWIV-VO); beispielsweise in *Deutschland* ist die EWIV eine *Personengesellschaft*.

2. Ausgewählte Länderberichte

a) Deutschland

Einleitung

In *Deutschland* werden auf gesetzlicher Ebene[268] – die GmbH & Co. KG ist in der Praxis entstanden – verschiedene Personengesellschaftsformen geregelt, nämlich etwa die Gesellschaft des bürgerlichen Rechts gemäss § 705 ff. BGB (vergleichbar mit der eG), die Offene Handelsgesellschaft bzw. die OHG gemäss § 105 ff. HGB (entspricht in etwa der KlG) sowie die Kommanditgesellschaft bzw. die KG gemäss § 161 ff. HGB (ähnlich wie die KmG). Im Vergleich zu den schweizerischen Personengesellschaften fallen *zahlreiche Übereinstimmungen* und einige *gewichtige Differenzen* auf. 235

Jede Personengesellschaft in Deutschland besteht aus *mindestens zwei* Gesellschaftern, d. h., Einpersonen-Personengesellschaften sind unzulässig. Dabei kommen nebst *natürlichen* Personen *juristische* Personen als Personengesellschafter in Frage, was ebenfalls bei der OHG zutrifft; dies kann für die Schweiz rechtspolitisch interessant sein.

Gesellschaft des bürgerlichen Rechts

Die *Gesellschaft des bürgerlichen Rechts*, die auf einem Gesellschaftsvertrag basiert (§ 705 BGB), fungiert als Auffanggesellschaft und als Grundtypus für die anderen Personengesellschaften[269]. Es handelt sich zwingend um eine *nichtkaufmännische* Gesellschaft *ohne Firma*. Jeder Gesellschafter ist beitragspflichtig und kann eine Erhöhung des Beitrags ablehnen (§ 706 f. BGB). 236

Die *Geschäftsführung* steht jedem Gesellschafter zu und das *Einstimmigkeitsprinzip* herrscht vor (§ 709 [1] BGB)[270]. Der Gesellschaftertod führt – andere Vereinbarung vorbehalten – zur Auflösung der Gesellschaft (§ 727 BGB).

Offene Handelsgesellschaft

Die *OHG*, die im Handelsregister an ihrem Sitz einzutragen ist (§ 106 HGB), muss ein kaufmännisches Unternehmen betreiben, und alle Gesellschafter haften persönlich und unbeschränkt (z. B. § 105 [1] HGB): 237

Das Recht zur OHG unterscheidet zwischen einerseits dem *Innenverhältnis* gemäss § 109 ff. HGB (z. B. Konkurrenzverbot [§ 112 HGB], Geschäftsführung [§ 114 ff. HGB] und Beschlussfassung [§ 119 HGB]) sowie andererseits dem *Aussenverhältnis* im Rahmen von § 123 ff. HGB (Aktiv- bzw.

---

268 *Rechtsgrundlagen* sind das Bürgerliche Gesetzbuch (BGB) sowie das Handelsgesetzbuch (HGB).
269 Insofern wird beispielsweise in § 105 (3) HGB bei der OHG subsidiär auf das Recht zur Gesellschaft des bürgerlichen Rechts verwiesen.
270 *Vertraglich* kann vom *Einstimmigkeitsprinzip abgewichen* werden: § 709 (2) BGB.

Passivlegitimation [§ 124 (1) HGB], Vertretung [§ 125 ff. HGB], Haftung [§ 128 f. HGB] etc.).

238 Die KG – als abgewandelte Form der OHG[271] – verfügt gemäss § 161 (1) HGB sowohl über *unbeschränkt haftende* Gesellschafter als auch über *beschränkt haftende* Gesellschafter (= Kommanditisten). Den Kommanditisten steht die Geschäftsführung nicht zu (§ 164 HGB), immerhin haben sie gewisse *Kontrollrechte* gemäss § 166 HGB[272]. Den Kommanditisten fehlt das Recht zur Vertretung der Gesellschaft (§ 170 HGB). Kommanditgesellschaft

239 Anders als in der Schweiz (vgl. dazu vorne N 202 ff.), aber gleich wie in Liechtenstein (vgl. dazu hinten N 244), wird in Deutschland die *stille Gesellschaft* im Gesetz geregelt, und zwar in sieben Normen gemäss § 230 ff. HGB: Stille Gesellschaft

Die vom stillen Gesellschafter zu leistende Vermögenseinlage geht in das *Alleineigentum des Inhabers* über (§ 230 [1] HGB), der zusätzlich aus den «in dem Betrieb geschlossenen Geschäften allein berechtigt und verpflichtet» wird (§ 230 [2] HGB). Wurde die Beteiligung am Gewinn bzw. am Verlust nicht vertraglich geregelt, erhält der stille Gesellschafter einen den Umständen entsprechenden *angemessenen Anteil* (§ 231 [1] HGB); er nimmt am Verlust «nur bis zum Betrag seiner eingezahlten oder rückständigen Einlage teil» (§ 232 [2] HGB).

Der *Tod des stillen* Gesellschafters löst die Gesellschaft nicht auf (§ 234 [2] HGB). Dem stillen Gesellschafter kann auch *Gläubigerstellung* zukommen[273].

b) Liechtenstein

240 Das Gesellschaftsrecht von Liechtenstein, das sich am *schweizerischen* Recht orientiert[274], sieht *zahlreiche* Personengesellschaftsformen vor, deren Bedeutung allerdings nicht überschätzt werden sollte. Im *Vordergrund* stehen die einfachen Gesellschaften (Art. 680 ff. PGR), die Kollektivgesellschaften bzw. die Offenen Gesellschaften (Art. 689 ff. PGR), die Einleitung

[271] Das *Recht der OHG* gelangt *subsidiär* bei der KG zur Anwendung: § 161 (2) HGB.

[272] Der Kommanditist kann die «abschriftliche Mitteilung des Jahresabschlusses» verlangen und dessen Richtigkeit unter Einsicht der Bücher und der Papiere der KG prüfen: § 166 (1) HGB.

[273] § 236 (1) HGB sieht vor: «Wird über das Vermögen des Inhabers des Handelsgeschäfts das Insolvenzverfahren eröffnet, so kann der stille Gesellschafter wegen der Einlage, soweit sie den Betrag des auf ihn fallenden Anteils am Verlust übersteigt, seine Forderung als Insolvenzgläubiger geltend machen.»

[274] Das *schweizerische OR* ist in Liechtenstein *nicht anwendbar*; Rechtsgrundlage ist vielmehr das Personen- und Gesellschaftsrecht (PGR) vom 20. Januar 1926: LR 216.0.

Kommanditgesellschaften (Art. 733 ff. PGR) sowie die stillen Gesellschaften, die explizit im Gesetz (Art. 768 ff. PGR) geregelt werden.

Einfache Gesellschaft

Die *einfache Gesellschaft* ähnelt stark der eG des schweizerischen Rechts, u. a. hat sie ebenfalls eine Auffangfunktion für alle anderen Gesellschaften (Art. 680 PGR), und alle Gesellschafter haben die gleiche Beitragspflicht (Art. 681 Abs. 1 PGR)[275]. Die Gesellschafter sind am Gewinn und am Verlust beteiligt (Art. 683 PGR). Als mögliche besondere Arten der einfachen Gesellschaft gelten etwa *Konzerne* (Art. 684 PGR)[276] sowie *partiarische Rechtsgeschäfte* bzw. Gewinnbeteiligungsverträge (Art. 688 PGR). 241

Kollektivgesellschaft

Die *Kollektivgesellschaft* bzw. Offene Gesellschaft wird in Art. 689 ff. PGR detailliert geregelt. Die Übereinstimmungen mit dem Recht der KlG sind gross, und zwar sowohl formell als auch materiell. Abweichend vom schweizerischen Recht muss z. B. der *Gesellschaftsvertrag schriftlich* geschlossen worden sein (Art. 689 Abs. 2 PGR); im Übrigen dominiert die Vertragsfreiheit die Gesellschaftsform (Art. 692 PGR). *Juristische Personen* kommen als Gesellschafter in Frage (Art. 689 Abs. 1 PGR). 242

Die einfache Gesellschaft gilt u. a. als Vorgesellschaft der Offenen Gesellschaft: «Vor der Eintragung in das Handelsregister sind die Handlungen der Gesellschafter und ihrer Vertreter nach den Bestimmungen über die einfache Gesellschaft zu beurteilen» (Art. 689 Abs. 3 PGR).

Kommanditgesellschaft

Die *Kommanditgesellschaft* (Art. 733 ff. PGR) ähnelt stark der KmG[277]. Die Vertragsfreiheit ist zentral (Art. 737 PGR). Die Regierung kann mittels Verordnung u. U. einen *Mindestbetrag* für die Kommanditsumme vorschreiben (Art. 733 Abs. 2 PGR). Hat es in einer Kommanditgesellschaft *mehrere* unbeschränkt haftende Gesellschafter, sind auf sie die Regeln zur Kollektivgesellschaft anwendbar (Art. 736 PGR). 243

Stille Gesellschaft

Art. 768 ff. PGR enthalten eine umfassende Ordnung zur *stillen Gesellschaft*, dies im Gegensatz zur Schweiz (vgl. dazu vorne N 202 ff.). Der stille Gesellschafter hat sich «vertraglich dauernd [zu] beteiligen» mit einer Vermögenseinlage o. Ä. (Art. 768 Abs. 1 PGR). Der Inhaber ist *alleiniger Geschäftsführer* (Art. 769 Abs. 1 PGR). 244

Eine ausnahmsweise *Haftung* des stillen Gesellschafters wird durch seine Publizität begründet (Art. 769 Abs. 4/Abs. 5 PGR). Wurde die Beteiligung am Gewinn bzw. am Verlust nicht geregelt, erhält der stille Gesellschafter

[275] Im Zweifel liegt *Gesamteigentum der Gesellschafter* vor: Art. 681 Abs. 3 PGR.

[276] Bei Konzernen kann auch eine *Gelegenheitsgesellschaft* vorliegen: Art. 756 Abs. 1 PGR.

[277] Sonderformen, die das schweizerische Recht nicht kennt, sind die *Kommanditärengesellschaft* und die *Kollektivgesellschaft mit beschränkter Haftung*: Art. 755 PGR.

einen den Umständen entsprechenden *angemessenen Anteil* (Art. 771 PGR)

c) Vereinigte Staaten von Amerika

245 Das *Gesellschaftsrecht* in den USA, und zwar sowohl für Kapitalgesellschaften (Corporations) als auch für Personengesellschaften (Partnerships)[278], gehört nicht zur Bundeszuständigkeit, sondern vielmehr zur Legiferierungskompetenz der Gliedstaaten. D. h., es gibt entsprechende *Gliedstaatengesellschaftsrechte*; eine faktische Harmonisierung erfolgt indes durch private «Mustergesetze» (Model Codes)[279]. Einleitung

Hinsichtlich der einzelnen Personengesellschaftsformen unterscheidet das «Gesellschaftsrecht der USA» (als Oberbegriff)[280] – nebst Hybrid-Gesellschaftsformen[281] – im Wesentlichen zwischen den General Partnerships (ungefähr den KlG entsprechend) einerseits und den Limited Partnerships (vergleichbar mit den KmG) andererseits:

246 Die *General Partnership* besteht aus mindestens zwei Gesellschaftern (hierbei sind juristische Personen als «General Partners» zulässig: § 102 [10] UPA 1997) als Miteigentümer eines auf Dauer angelegten Unternehmens; alle Gesellschafter haften für die Gesellschaftsschulden als Gesamtschuldner sowie unbeschränkt (§ 306 [a] UPA 1997). Übersicht

Die *Limited Partnership* hat nebst «General Partners» (= unbeschränkt haftbare Gesellschafter: § 404 [a] ULPA 2001) «Limited Partners» (= beschränkt haftbare Gesellschafter: § 102 [10] ULPA 2001); juristische Personen kommen für beide Gesellschafterkategorien in Frage. Die Limited Partnership kommt in der Wirtschaftsrealität insbesondere in den Bereichen von Private Equity und Venture Capital vor.

[278] Allg.: Filippo Taddei, Die US amerikanische Partnership im Vergleich zum schweizerischen Recht (Diss. Basel 2004) *passim*.

[279] Uniform Partnership Act (1997) = *UPA 1997*; Uniform Limited Partnership Act (2001) = *ULPA 2001*.

[280] Zum Recht der *Partnerships*: Hanno Merkt, US-amerikanisches Gesellschaftsrecht (3. A. Frankfurt 2013) N 148 ff.

[281] Beispiele: *Limited Liability Partnership* (LLP) als Sonderform der General Partnership; diese Gesellschaftsform wird insbesondere von den freien Berufen (Anwälte, Architekten etc.) verwendet; *Limited Liability Company* (LLC) als Sonderform nicht einer Partnership, sondern einer Corporation (die LLC kann am ehesten mit der GmbH verglichen werden): Daniel A. Würsch, Die amerikanische Limited Liability Company, ein aufgewecktes Patenkind der GmbH, SZW 68 (1996) 249 ff.

3. Folgerungen

Harmonisierung

247 Das Gesellschaftsrecht wird seit Jahrzehnten auf *globaler* Ebene *faktisch harmonisiert*, d. h., die nationalen Gesetzgeber passten und passen die jeweiligen Gesellschaftsrechte (mindestens unbewusst) einander an[282]. In den meisten Länderrechtsordnungen bestehen *identische Prinzipien*, nämlich beispielsweise der Numerus clausus, die Unterscheidung zwischen Kapitalgesellschaften einerseits und *Personengesellschaften* andererseits oder die juristische Persönlichkeit von Körperschaften.

Personengesellschaften

248 Die Personengesellschaftsrechte in den verschiedenen Ländern weisen *grundsätzliche Gleichheiten* auf; als Beispiele zu erwähnen sind die Abgrenzung zwischen den Kapitalgesellschaften und den Personengesellschaften sowie die Unterscheidung von unbeschränkt haftbaren bzw. von beschränkt haftbaren Personengesellschaftern.

249 Doch es gibt auch *Unterschiede* (mindestens in den Details), die – gerade für die Schweiz – von rechtspolitischem Interesse sein könnten; beispielsweise sehen zahlreiche Gesetzgeber kein Problem darin, *juristische Personen als* (unbeschränkt haftbare) *Personengesellschafter* zuzulassen. M. E. könnte diesen ausländischen Ordnungen eine legislative Vorbildfunktion für die Schweiz zukommen (vgl. dazu vorne N 229).

F. Vertiefungsfragen

1. Blaire, Claire und Diego sind Coiffeure und teilen sich einen Salon; sie bilden in diesem Zusammenhang eine eG. Als Diego seinen Wunsch, Coiffeur in New York City zu sein, wahrmachen kann, stellt sich die Frage nach dem Weiterbestehen der eG. Kann Diego:

   a) seinen Anteil an der eG selbständig auf einen Dritten übertragen?

   b) austreten, ohne dass die einfache Gesellschaft aufgelöst wird?

2. Die Schwestern Luisa, Maja, Naomi, Olivia und Pia Graf gründen eine KlG und sind als «Graf Hochzeitstraum KlG» im HR eingetragen. Die KlG bietet die Organisation von ausgefallenen Hochzeits-

282 Allg. zu Rechtsangleichungen: PETER V. KUNZ, Amerikanisierung, Europäisierung sowie Internationalisierung im schweizerischen (Wirtschafts-)Recht, recht 30 (2012) 37 ff.; *formelle* Harmonisierungen – beispielsweise im Rahmen von UNCITRAL – erfolgen hingegen *nicht* im Bereich des Gesellschaftsrechts.

festen an, doch das Geschäft läuft nur schleppend. Naomi, die privat zu einem grossen Vermögen gekommen ist, fürchtet sich vor ihrer persönlichen Haftung für Gesellschaftsschulden. Da im Vorfeld zu einer Hochzeit beträchtliche Kosten eingegangen werden, möchte sie die Einzelzeichnungsberechtigung der Gesellschafterinnen einschränken. Sie schlägt vor, dass:

a) die Gesellschafterinnen nur noch in Kollektivunterschrift zu zweien gültig unterzeichnen können;

b) alle Ausgaben über einen Betrag von CHF 5000 der einstimmigen Genehmigung durch alle Gesellschafterinnen bedürfen.

Sind diese Einschränkungen zulässig? Wenn ja: Ist ein HR-Eintrag für die Gültigkeit der Beschränkung erforderlich?

3. Die «Herrenhäusern Hut KmG» schliesst mit der «Immobilien Karl Klaus AG» einen Vertrag über Mieträume ab und bezahlt in der Folge die Mietzinsen nicht. Die «Immobilien Karl Klaus AG» fordert den offenen Betrag ein. Kann der Kommanditär Franz Reich belangt werden, wenn:

   a) die KmG im HR eingetragen ist?

   b) die KmG nicht im HR eingetragen ist?

   c) der Kommanditär das Geschäft im Namen der KmG abgeschlossen hat?

§ 8 Aktiengesellschaft

A. Einstieg

Lernziele

- Sie können die charakteristischen Merkmale der AG und die Gemeinsamkeiten sowie Unterschiede zwischen personen- und kapitalbezogenen Gesellschaften aufzählen.
- Sie erkennen, unter welchen Umständen die Verwendung einer AG geeignet ist und welches die Vor- und Nachteile gegenüber anderen Gesellschaftsformen sind.
- Sie sind in der Lage, Anwendungsfälle zum Aktienrecht zu lösen, namentlich im Bereich der Gründung der AG, des Aktienkapitals, der Rechtsstellung der Aktionärin, der Organisation und der Organe der AG, der Auflösung sowie der Verantwortlichkeit der Organe.

Gesetzliche Grundlagen

- Art. 620–Art. 763 OR
- Art. 43–Art. 65 Handelsregisterverordnung (HRegV) vom 17. Oktober 2007 (SR 221.411)
- revidierte Bestimmungen des Obligationenrechts in der Fassung gemäss Botschaft zur Änderung des Obligationenrechts (Aktienrecht) vom 23. November 2016 (zit. E-OR 2016)[1]

[1] BBl 2017, S. 399–681 (Botschaft) bzw. S. 683–754 (Gesetzesentwurf). Vereinzelt wird der Vorentwurf vom 28. November 2014 erwähnt (zit. VE-OR 2014, mit Entwurf des erläuternden Berichts zur Änderung des Obligationenrechts, zit. Bericht VE-OR 2014). Da die Verordnung gegen übermässige Vergütungen bei börsenkotierten Aktiengesellschaften (VegüV) vom 20. November 2013 (SR 221.331) durch Vorschriften auf Gesetzesstufe ersetzt wird, verweist dieser Abschnitt verschiedentlich bereits auf den Gesetzesentwurf. Dieser wird im Rahmen der parlamentarischen Beratungen noch gewisse Anpassungen erfahren.

Literaturhinweise

BÖCKLI PETER, Schweizer Aktienrecht, 4. Aufl., Zürich/Basel/Genf 2009

DRUEY JEAN NICOLAS/DRUEY JUST EVA/GLANZMANN LUKAS, Gesellschafts- und Handelsrecht, 11. Aufl., Zürich/Basel/Genf 2015 (§§ 7–16)

FISCHER WILLI/DRENCKHAN HELKE/GWELESSIANI MICHAEL/THEUS SIMONI FABIANA (Hrsg.), Handbuch Schweizer Aktienrecht, Musterdokumente, Checklisten und Übersichten für die Praxis, Basel 2014

FORSTMOSER PETER/MEIER-HAYOZ ARTHUR/NOBEL PETER, Schweizerisches Aktienrecht, Bern 1996

HANDSCHIN LUKAS (Hrsg.), Zürcher Kommentar, Die Aktiengesellschaft, Art. 620–659*b* OR, 2. Aufl., Zürich/Basel/Genf 2016; Art. 698–726 und 731*b* OR, 3. Aufl., Zürich/Basel/Genf 2018; Art. 727–731*a* OR, Zürich/Basel/Genf 2016

HOFSTETTER KARL, Swiss Code of Best Practice for Corporate Governance 2014, Grundlagenbericht zur Revision, 2. Aufl., Zürich 2014

HONSELL HEINRICH/VOGT NEDIM PETER/WATTER ROLF (Hrsg.), Basler Kommentar, Obligationenrecht II, 5. Aufl., Basel 2016 (Teil ab Vor Art. 620, zit. BSK OR II-AUTOR)

MEIER-HAYOZ ARTHUR/FORSTMOSER PETER, Schweizerisches Gesellschaftsrecht, 11. Aufl., Bern 2012 (§ 16)

NOBEL PETER, Berner Kommentar, Das Obligationenrecht, Das Aktienrecht: Systematische Darstellung, Bern 2017

MÜLLER ROLAND/LIPP LORENZ/PLÜSS ADRIAN, Der Verwaltungsrat, Ein Handbuch für Theorie und Praxis, 4. Aufl., Zürich/Basel/Genf 2014

VON BÜREN ROLAND/STOFFEL WALTER A./WEBER ROLF H., Grundriss des Aktienrechts, 3. Aufl., Zürich/Basel/Genf 2011

VON DER CRONE HANS CASPAR, Aktienrecht, Bern 2014

B. Einführungsfall

Aline, Bernadette, Claudia und Daniela möchten zusammen die ABCD Treuhand AG gründen. Aline und Bernadette bringen je CHF 25 000 ein, Claudia stellt diverses Büroinventar samt Computer von total CHF 25 000 zur Verfügung, und Daniela überträgt ihren VW Golf im Wert von CHF 25 000 als Geschäftsfahrzeug auf die Gesellschaft. Aline und Daniela wollen aktiv mitarbeiten und das Geschäft führen. Bernadette und Claudia sind lediglich finanziell interessiert und möchten sich nicht mit der Verwaltung der Gesellschaft auseinandersetzen. Deshalb sind sie einverstanden, dass Aline und Daniela mehr Einfluss haben als sie.

Aufgaben

1. Was ist bei der Gründung der AG zu beachten, wenn Claudia und Daniela Sachwerte einbringen?
2. Wie kann erreicht werden, dass Aline und Daniela trotz der gleich hohen Kapitaleinlage als Aktionärinnen mehr Stimmkraft haben als Bernadette und Claudia?
3. Auf welcher rechtlichen Grundlage können Bernadette und Claudia verpflichtet werden, sich nicht an einem Konkurrenzunternehmen zu beteiligen?
4. Welche Zusammensetzung des Verwaltungsrats empfiehlt sich?
5. Beurteilen Sie das Risiko einer persönlichen Haftung aller vier Beteiligten.

C. Umschreibung

Kapitalbezogene Gesellschaft

1 Die AG (Aktiengesellschaft, *société anonyme*, *società anonima* bzw. *company limited by shares/corporation*) ist eine körperschaftlich strukturierte, kapitalbezogene Gesellschaft mit eigener *Rechtspersönlichkeit* (juristische Person). Im Rechtsverkehr tritt die AG unter ihrer Firma selbständig auf. Sie hat einen eigenen Sitz und Vermögen, welches rechtlich ihr und nicht den Aktionärinnen gehört. Für ihre Verbindlichkeiten haftet einzig das Gesellschaftsvermögen (Art. 620 Abs. 1 OR). Die AG verfügt über ein statutarisch festgelegtes *Kapital* (Aktien-, womöglich zusätzlich

Partizipationskapital), welches in Teilsummen (Aktien bzw. Partizipationsscheine) zerlegt ist (Art. 620 Abs. 1 OR). Die Rechtsstellung der Aktionärinnen hängt massgeblich von ihrer Kapitalbeteiligung ab. Die gesetzlichen Organe der AG sind die Generalversammlung, der Verwaltungsrat, unter Umständen eine Geschäftsleitung und häufig eine Revisionsstelle für die Prüfung der Jahresrechnung.

Legaldefinition

Der Entwurf 2016 zur Aktienrechtsrevision definiert die AG wie folgt (Art. 620 Abs. 1 E-OR 2016): 2

«Die Aktiengesellschaft ist eine Kapitalgesellschaft, an der eine oder mehrere Personen, Handelsgesellschaften oder Rechtsgemeinschaften beteiligt sind. Für ihre Verbindlichkeiten haftet nur das Gesellschaftsvermögen.»

Körperschaft

Die AG hat eine körperschaftliche Struktur und verfügt mit ihren Aktionä- 3
rinnen über *Mitglieder*, denen im Verhältnis zur Gesellschaft bestimmte Rechte und begrenzte Pflichten zukommen. Zulässig ist auch die Einpersonen-AG. Die Person der Aktionärin steht nicht im Zentrum, vielmehr ist deren Kapitaleinlage entscheidend. Die Verwaltung und Geschäftsführung sowie die Vertretung der Gesellschaft werden grundsätzlich nicht von den Aktionärinnen besorgt (Drittorganschaft). Mangels Ausrichtung auf ihre Person ist es für die Aktionärin bedeutsam, dass sie ihre Rechtsposition durch Übertragung der Aktien weitergeben kann, dass die Titel insoweit «handelbar» sind. Die Aktienübertragung tritt an die Stelle eines Austritts aus der Gesellschaft. Der Bestand der Gesellschaft wird von der Übertragung der Mitgliedschaft nicht berührt.

Verwendung

Die AG verfolgt im Regelfall, obgleich nicht zwingend, *wirtschaftliche* 4
Zwecke (vgl. aber Art. 620 Abs. 3 OR). Weiter ist die AG typischerweise *gewinnstrebig* ausgerichtet (vgl. Art. 706 Abs. 2 Ziff. 4 OR), indem sie letztlich die Erzielung eines an die Aktionärinnen verteilbaren Gewinns (Dividende) bezweckt. Meistens betreibt die AG ein *kaufmännisches Unternehmen*. Die AG lässt sich flexibel einsetzen und eignet sich nicht nur für Grossunternehmen mit börsenkotierten, breit gestreuten Aktien (Publikumsgesellschaften) oder als Gruppengesellschaft innerhalb von Konzernen, sondern auch für kleinere Verhältnisse. Indessen ist es grundsätzlich nicht möglich, in den Gesellschaftsstatuten bestimmte Mitgliedschaftspflichten vorzusehen, beispielsweise ein Konkurrenzverbot. Eine Aktionärin ist im Wesentlichen bloss verpflichtet, die versprochenen Einlagen zu leisten (vgl. Art. 620 Abs. 2 OR). Falls ein solches Bedürfnis besteht und eine Regelung auf vertraglicher Basis (Aktionärbindungsvertrag; vgl. N 239) als ungenügend betrachtet wird, ist als Rechtsform die GmbH vorzuziehen. Der Gesetzgeber orientiert sich bei der AG tendenziell an grösseren Gesellschaften. Das Aktienrecht enthält nur zum Teil Regeln, wel-

che an die wirtschaftliche Bedeutung der AG oder die Anzahl beteiligter Aktionärinnen anknüpfen (Grundsatz der *Einheit des Aktienrechts*). Allerdings haben derartige Differenzierungen mit dem neuen Rechnungslegungs- und Revisionsrecht sowie der Umsetzung der «Abzocker»-Initiative, welche sich an Gesellschaften mit börsenkotierten Aktien richtet, in jüngster Zeit zugenommen – teilweise auf Kosten der Unterscheidung nach der Gesellschaftsform, so dass eine rechtsformübergreifende Regelung besteht, welche nach der wirtschaftlichen Bedeutung der Gesellschaft differenziert. Ausserdem schafft die Börsenregulierung ein Sonderrecht für die Gesellschaften mit börsenkotierten Aktien.

5 Die AG ist noch immer die häufigste Gesellschaftsform in der Schweiz. Anfang 2018 waren 215 194 AG im Handelsregister eingetragen.[2] Die Erhöhung des Mindestkapitals gemäss Art. 621 OR von CHF 50 000 auf CHF 100 000 per Anfang Juli 1992 führte aber dazu, dass sich die Anzahl GmbH stark erhöhte – für die Gründung einer GmbH genügt nach Art. 773 OR ein Stammkapital von CHF 20 000. Verbreitung

D. Gründung der AG

I. Errichtung und Entstehung der AG

6 Die Willenserklärung der Gründerinnen, eine AG zu gründen, muss in der Form einer *öffentlichen Urkunde* abgegeben werden, in welcher auch die Statuten festgelegt und die Organe bestellt werden (Art. 629 Abs. 1 OR). Folglich wird die Gesellschaft in Anwesenheit einer Urkundsperson (Notar) gegründet. Die Gründerinnen können sich gestützt auf eine beglaubigte Vollmacht vertreten lassen. Die Aktienzeichnung wird in die öffentliche Urkunde integriert: In der Urkunde erklären die Gründerinnen die bedingungslose Verpflichtung, die Einlage zu leisten, welche dem Ausgabebetrag der von ihnen gezeichneten Aktien entspricht (vgl. Art. 630 Ziff. 2 OR). Anders als bei einer Kapitalerhöhung (Art. 652 Abs. 1 OR; N 147) werden somit nicht separate Zeichnungsscheine verwendet. Einlagen in Geld müssen im Umfang des Nennwerts – unter dem Vorbehalt einer Teilliberierung – vorgängig auf ein *Sperrkonto* bei einer Schweizer Bank überwiesen werden (Art. 633 Abs. 1 OR; N 50). Die Bank händigt nach Zahlungseingang eine Bestätigung aus, welche der Urkundsperson Errichtungsakt

[2] Eidgenössisches Amt für das Handelsregister, Stand 1. Januar 2018 (gemäss Datum des Schweizerischen Handelsamtsblatts); Vorjahr: 211 926.

vorzuweisen ist. Auf dieser Basis stellen die Gründerinnen in der Urkunde fest, dass die Anforderungen an die Leistung der Einlagen erfüllt sind (Art. 629 Abs. 2 Ziff. 3 OR). Die gewählten Organe müssen nicht persönlich anwesend sein, sondern können vorab eine schriftliche Annahmeerklärung ausstellen (N 83). Bei qualifizierten Gründungsarten (N 70 ff.) müssen als *Belege* der Gründungsbericht, die Prüfungsbestätigung sowie gegebenenfalls Sacheinlage- oder Sachübernahmeverträge vorliegen (Art. 631 Abs. 2 OR). Im Entwurf 2016 zur Aktienrechtsrevision wird vorgeschlagen, die Gründung von AG, GmbH und Genossenschaften bei einfachen Verhältnissen von der Pflicht zur öffentlichen Beurkundung zu befreien. Für den Errichtungsakt ist die blosse Schriftform gemäss Art. 629 Abs. 4 E-OR 2016 ausreichend, wenn sich die Statuten auf den Mindestinhalt von Art. 626 OR (Art. 626 Abs. 1 E-OR 2016) beschränken können (N 22), das Aktienkapital nicht auf eine Fremdwährung lautet und die Einlagen vollständig in bar (in Franken) geleistet werden. Noch wenig verbreitet sind *Online-Gründungen*. Auf der vom Staatssekretariat für Wirtschaft SECO betriebenen Plattform <www.easygov.swiss> kann die Gründung von Gesellschaften elektronisch vorbereitet und die Anmeldung bei der AHV-Ausgleichskasse, der Eidgenössischen Steuerverwaltung (Mehrwertsteuer) und der Unfallversicherung vorgenommen werden. Die Gründung muss weiterhin über ein Notariat erfolgen. Dabei können die Kantone auf der Basis der EÖBV[3] die Erstellung von *elektronischen* öffentlichen Urkunden vorsehen, welche öffentlichen Urkunden auf Papier rechtlich gleichgestellt sind.

Eintragung ins Handelsregister

Nach dem Gründungsakt in Anwesenheit der Urkundsperson ist die Ge- 7
sellschaft in das Handelsregister einzutragen. Die Anmeldung wird beim Handelsregisteramt am Sitz der Gesellschaft vorgenommen (Art. 640 OR; N 29); die Beurkundung des Errichtungsaktes kann hingegen durch eine Urkundsperson in einem anderen Kanton erfolgen. Nach der Prüfung der Anmeldung (Art. 940 Abs. 1 OR, Art. 28 HRegV)[4] erfolgt zunächst die Aufnahme in das Tagesregister i. S. v. Art. 8 HRegV. Das Eidgenössische Handelsregisteramt hat den Text des Eintrags zu prüfen und zu genehmigen (Art. 32 Abs. 1 HRegV) und dessen Publikation im Schweizerischen Handelsamtsblatt (SHAB, <www.shab.ch>) zu veranlassen (vgl. Art. 931 Abs. 1 OR; Art. 32 Abs. 4 HRegV).[5] Spätestens am Tag der Veröffentlichung im SHAB muss der Eintrag im Tagesregister in das Hauptregister

3 Verordnung über die Erstellung elektronischer öffentlicher Urkunden und elektronischer Beglaubigungen vom 8. Dezember 2017 (SR 211.435.1), in Kraft getreten am 1. Februar 2018.

4 Art. 937 OR in der Fassung gemäss Änderung vom 17. März 2017, BBl 2017, S. 2433–2445, S. 2438.

5 Die Veröffentlichung im Schweizerischen Handelsamtsblatt wird neu in Art. 936*a* Abs. 1 OR (Fassung gemäss Änderung vom 17. März 2017, BBl 2017, S. 2433–2445, S. 2437) geregelt.

übernommen werden (Art. 9 Abs. 1 HRegV). Nach der SHAB-Publikation wird ein Handelsregisterauszug ausgestellt. Im sog. «Expressverfahren» steht eine Eintragungsbestätigung bzw. ein Auszug bereits zur Verfügung, wenn das Eidgenössische Handelsregisteramt den Eintrag im Tagesregister genehmigt hat. Auf diese Weise kann die Zeit, welche für die SHAB-Publikation erforderlich ist,[6] eingespart werden. Um Beanstandungen zu vermeiden, empfiehlt sich bei komplexeren Verhältnissen eine Vorprüfung der Unterlagen durch das kantonale Handelsregisteramt.

8 Der Gründungsvorgang wird mit der *Eintragung* in das Handelsregister abgeschlossen.[7] Die Eintragung wirkt *konstitutiv:* Die Gesellschaft erlangt das Recht der Persönlichkeit erst mit der Eintragung (Art. 643 Abs. 1 OR). Vor der Eintragung können Aktien nicht gültig ausgegeben werden (Art. 644 Abs. 1 OR; N 84). Die Bank wird die Einlagen auf dem Sperrkonto zugunsten der Gesellschaft erst freigeben, wenn Letztere in das Handelsregister eingetragen worden ist und zumindest die Eintragungsbestätigung aufgrund der Aufnahme in das Tagesregister und der Genehmigung durch das Eidgenössische Handelsregisteramt (N 7) vorliegt.

Erlangung der Rechtsfähigkeit

9 Der Eintragung in das Handelsregister kommt *heilende Wirkung* zu. Einmal eingetragen, stehen etwaige Gründungsmängel dem Erwerb der Rechtsfähigkeit nicht entgegen (Art. 643 Abs. 2 OR). Ungeachtet dieses Verkehrsschutzes sind vorhandene Mängel zu beheben und besteht unter Umständen das Risiko einer Gründungshaftung (N 15). Überdies können eine Aktionärin oder ein Gläubiger in schwerwiegenden Fällen innerhalb von drei Monaten seit der Veröffentlichung der Gründung im SHAB beim Gericht die Auflösung der Gesellschaft verlangen (Art. 643 Abs. 3 und Abs. 4 OR; N 338).

Rechtslage bei Gründungsmängeln

10 Der Gründungsvorgang nimmt im Minimum ungefähr eine Woche, mit der Einholung der nötigen Belege und der heute bisweilen langwierigen Eröffnung eines Bankkontos oft ein paar Wochen in Anspruch. Die Gründung erfolgt in einer auf die konkreten Verhältnisse massgeschneiderten Weise. Die Errichtung einer «Vorratsgesellschaft» – zunächst ohne Absicht einer Geschäftstätigkeit («Vorratsgründung») – ist ihrerseits umständlich und in der Schweiz mit Rechtsrisiken behaftet. Analoges gilt für die Verwendung einer bestehenden, faktisch liquidierten Gesellschaft für eine neue

Zeitbedarf

[6] Da die SHAB-Publikationen heute elektronisch erfolgen (Art. 35 Abs. 1 HRegV), ist die Zeitersparnis begrenzt.

[7] Zeitlich massgebend ist die Aufnahme in das Tagesregister, wobei die Eintragung erst mit der Genehmigung durch das Eidgenössische Handelsregisteramt (rückwirkend) rechtswirksam wird; Dritte müssen sich die Eintragung indessen erst am nächsten Werktag nach der SHAB-Publikation entgegenhalten lassen (Publizitätswirkung i. S. v. Art. 933 OR), vgl. Art. 932 OR und Art. 34 HRegV.

Geschäftstätigkeit, ohne die bisherige Gesellschaft formell zu liquidieren und eine zweite Gesellschaft zu gründen («Mantelhandel»).[8]

II. Gründerinnen

1. Anzahl

Einpersonen-AG

11 Es ist zulässig, eine AG mit lediglich einer Aktionärin zu errichten (vgl. Art. 625 OR).[9] Doch hat auch die Alleinaktionärin die Selbständigkeit der juristischen Person zu respektieren. Vermischt sie die Vermögenssphären, riskiert sie, gestützt auf die Rechtsfigur des *Durchgriffs* mit dem persönlichen Vermögen für die Verbindlichkeiten der Gesellschaft einstehen zu müssen (N 16 ff.).[10] Eine 100 %ige Beherrschung durch eine einzige Obergesellschaft findet sich regelmässig in Konzernverhältnissen. Als Einpersonen-AG wird auch eine Gesellschaft bezeichnet, an welcher neben der die AG direkt oder indirekt beherrschenden Hauptaktionärin noch weitere Gesellschafter beteiligt sind. Vorausgesetzt wird, dass die Verfügungsmacht ausschliesslich der Hauptaktionärin zusteht und dass die Interessen der AG und der Hauptaktionärin vollständig übereinstimmen, die Gesellschaft mit der Hauptaktionärin somit wirtschaftlich identisch ist.

2. Eigenschaften

Mögliche Gründerinnen und Aktionärinnen

12 Als Gründerin zu betrachten ist jede Person, in deren Namen im Errichtungsakt Aktien der Gesellschaft gezeichnet werden. Wie sich aus Art. 625 OR ergibt, kommen als Gründerinnen und somit als Aktionärin-

8 Näher zur Frage der Zulässigkeit und der Risiken der Vorratsgründung sowie des Mantelhandels FLORIAN S. JÖRG, Gründerhaftung: Vorratsgründung und Mantelhandel, in: Peter V. Kunz/Florian S. Jörg/Oliver Arter (Hrsg.), Entwicklungen im Gesellschaftsrecht IX, Bern 2014, S. 17–80, S. 38 ff.

9 Bis Ende 2007 waren für die Gründung einer AG mindestens drei Aktionärinnen erforderlich, doch tolerierte man, wenn nach erfolgter Gründung Mitglieder ausschieden und die Gesellschaft als Ein-Personen-AG fortgeführt wurde.

10 Auch mit Blick auf gewisse Tatbestände des Strafrechts ist es wichtig, dass die Selbständigkeit der juristischen Person respektiert wird. So kann nach der umstrittenen bundesgerichtlichen Rechtsprechung Art. 158 StGB (ungetreue Geschäftsbesorgung) auch in einer Einpersonen-AG erfüllt sein, wenn mit der Vermögensdisposition in das Aktienkapital und die gebundenen Reserven eingegriffen wird, BGE 141 IV 104 E. 3.2 S. 105 f. m. w. H. (verspätete Konkurseröffnung infolge ungenügender Wertberichtigung von Forderungen, so dass weiterhin Honorare an den Verwaltungsrat und Löhne sowie Spesen an den Alleinaktionär und Direktor ausgerichtet wurden), kritisiert von DAMIAN K. GRAF, Einmanngesellschaften und ungetreue Geschäftsbesorgung, Besprechung des Urteils des Bundesgerichts 6B_20/2015 vom 16. März 2015 (zur Publikation vorgesehen), Jusletter vom 20. April 2015, N 20 ff. (Einwilligung durch Alleinaktionär, Schutz der Gläubigerinteressen einzig durch Betreibungs- und Konkursdelikte).

nen natürliche und juristische Personen sowie «andere Handelsgesellschaften» in Frage. Unter Handelsgesellschaften versteht das Gesetz (vgl. Titel zu Art. 552 ff. OR) neben der AG und der GmbH die *Kollektiv-* und *Kommanditgesellschaften*. Diese sind begrenzt rechtsfähig. Wohnsitz- oder Nationalitätserfordernisse bestehen für die Gründerinnen im geltenden Aktienrecht nicht.

13 Eine einfache Gesellschaft kann mangels Rechtsfähigkeit unter dem geltenden Recht nicht direkt als Gründerin auftreten.[11] Vielmehr müssen ihre Gesellschafter als Gründer handeln. Als zulässig betrachtet wird indessen der spätere Erwerb von Aktien durch eine einfache Gesellschaft. Die einfachen Gesellschafter üben die Rechte aus den Aktien über einen gemeinsamen Vertreter aus (vgl. Art. 690 Abs. 1 OR). Im Entwurf 2016 zur Aktienrechtsrevision wird vorgeschlagen, dass eine einfache Gesellschaft, eine Erbengemeinschaft oder eine ähnliche «Rechtsgemeinschaft» direkt als Gründerinnen auftreten können (Art. 620 Abs. 1 Satz 1 E-OR 2016).

Einfache Gesellschaft

3. Rechtsgeschäfte vor der Gründung

14 Da die AG ihre Rechtsfähigkeit erst mit der Eintragung in das Handelsregister erlangt (N 8), können die Gründerinnen die Gesellschaft in der Gründungsphase nicht bereits verpflichten. Die Gründerinnen bilden typischerweise eine *einfache Gesellschaft* («Gründungsgesellschaft», nach erfolgtem Errichtungsakt «Vorgesellschaft»). Soweit die Gründerinnen im eigenen Namen (Art. 543 Abs. 1 OR) oder im Namen der Gründungsgesellschaft (Art. 543 Abs. 2 OR) auftreten, untersteht ihre Haftung dem Recht der einfachen Gesellschaft. Eine etwaige Bindung der Gesellschaft richtet sich nach Stellvertretungsrecht (vgl. Art. 32 Abs. 2 und Abs. 3 OR). Die Gründerinnen oder weitere Beteiligte haften gemäss Art. 645 Abs. 1 OR auch dann persönlich und solidarisch, wenn sie vor der Eintragung der Gesellschaft in das Handelsregister im Namen der künftigen AG handeln. Doch kann die AG Verpflichtungen, welche ausdrücklich im Namen der gegründeten Gesellschaft eingegangen worden sind, innerhalb von drei Monaten seit der Eintragung in das Handelsregister übernehmen (Art. 645 Abs. 2 OR). Die Übernahme wird durch den Verwaltungsrat beschlossen, ohne dass besondere Formerfordernisse zu erfüllen wären. Sie ist den betroffenen Gegenparteien zur Kenntnis zu bringen. Durch

Rechtshandlungen im Gründungsstadium

[11] Wie sich aus der systematischen Stellung von Art. 530 ff. OR ergibt, stellt die einfache Gesellschaft keine Handelsgesellschaft i. S. v. Art. 625 OR (vgl. den Titel zur dritten Abteilung des Obligationenrechts, Art. 552 ff. OR) dar (vgl. Handelsregisteramt des Kantons Zürich, Fragen und Antworten zum neuen GmbH-Recht [inkl. andere Rechtsformen], REPRAX 1/2008, S. 1–14, S. 5 [Antwort auf Frage 12 m. w. H. primär zu Art. 775 OR] sowie S. 7 [Antwort auf Frage 21 zu Art. 775 OR]).

die Übernahme wird die AG verpflichtet und werden die Gründerinnen befreit.

4. Gründungshaftung

Pflichtverletzungen bei Gründung

15 Art. 753 OR sieht verschiedene Tatbestände vor, welche eine Haftung von Personen begründen können, die bei der Gründung mitwirken und dabei die Gesellschaft, einzelne Aktionärinnen oder Gesellschaftsgläubiger schädigen (N 361 und N 366).

5. Durchgriff

Umschreibung

16 Die Rechtsordnung anerkennt im Prinzip die rechtliche Selbständigkeit der juristischen Person. So muss auch der Inhaber einer Einpersonen-AG nicht mit seinem persönlichen Vermögen für die Verbindlichkeiten der Gesellschaft einstehen. Der Grundsatz findet dort seine Grenze, wo die Berufung auf die rechtliche Selbständigkeit der AG und deren ausschliessliche Haftung offensichtlich zweckwidrig und damit rechtsmissbräuchlich erfolgt. In diesem Fall kann die Trennung zwischen der juristischen und der beherrschenden Person aufgehoben werden. Man greift bildlich betrachtet durch den körperschaftlichen Schleier der Gesellschaft hindurch (auf Englisch *«piercing the corporate veil»*, auf Französisch *«théorie/principe de la transparence»*) auf die dahinter stehende Person (speziell zum Durchgriff in Konzernverhältnissen vgl. § 12 N 155 ff.).

Voraussetzungen

17 Die Möglichkeit der Beherrschung einer juristischen Person genügt nicht, um einen Durchgriff zu bejahen. Der Durchgriff setzt nach der Rechtsprechung erstens voraus, dass die Gesellschaft von einer hinter ihr stehenden Person abhängig ist. Letztere hat die Möglichkeit, die Gesellschaft zu *beherrschen*. Die wirtschaftlichen Interessen der Gesellschaft und der sie beherrschenden Person müssen übereinstimmen, so dass eine wirtschaftliche Identität besteht. Zweitens muss die Berufung auf die rechtliche Selbständigkeit der juristischen Person *rechtsmissbräuchlich* sein und dazu führen, dass berechtigte Interessen Dritter offensichtlich verletzt werden, indem beispielsweise ein Vertrag nicht erfüllt oder eine Gesetzesvorschrift umgangen wird.[12] Die Bejahung eines Rechtsmissbrauchs erfordert eigentliche Machenschaften und eine qualifizierte Schädigung Dritter. In der Gerichtspraxis werden Durchgriffe selten bejaht. Da das Schweizer Recht den Durchgriff nicht ausdrücklich regelt, sondern das allgemeine In-

---

12 BGer. 5A_498/2007 vom 28. Februar 2008 E. 2.1 und E. 2.2; vgl. auch BGer. 4A_417/2011 vom 30. November 2011 E. 2.3.

stitut des Rechtsmissbrauchs Anwendung findet, behilft man sich mit typischen Fallkonstellationen, bei denen ein erhöhtes Durchgriffsrisiko besteht. Eine abschliessende Beurteilung ist nur unter Berücksichtigung der gesamten Umstände möglich.

18 Aus der Lehre und Rechtsprechung lassen sich als wichtigste Fallgruppen des Durchgriffs die nachfolgend umschriebenen Konstellationen ableiten, welche aufgrund der konkreten Umstände im Einzelfall missbräuchlich erscheinen müssen. Fallgruppen

- *Sphären- und Vermögensvermischung:* Die Selbständigkeit der juristischen Person gegenüber der beherrschenden Person wird nicht genügend beachtet, indem die Vermögensmassen der AG und der beherrschenden Aktionärin vermischt werden.
- *Unterkapitalisierung:* Eine Gesellschaft wird nicht mit ausreichenden finanziellen Mitteln ausgestattet oder Vermögenssubstrat wird ihr entzogen, so dass ihre Lebensfähigkeit gefährdet ist und die Gläubiger Ausfälle erleiden.
- *Instrumentalisierung (Fremdsteuerung):* Die beherrschende Person verfolgt mit Hilfe der AG Sonderinteressen zu Lasten der juristischen Person, instrumentalisiert dadurch die Gesellschaft und bezweckt mit ihrer Fremdsteuerung beispielsweise die Umgehung von gesetzlichen oder vertraglichen Bestimmungen.

19 Die Rechtsfigur des Durchgriffs findet in beide Richtungen Anwendung: Neben dem *«direkten Durchgriff»* auf die beherrschende Aktionärin ist es denkbar, für Verbindlichkeiten der Aktionärin das Vermögenssubstrat der AG heranzuziehen *(«umgekehrter Durchgriff»)*.[13] Ebenso kann innerhalb einer Gruppe von abhängigen Gesellschaften auf das Vermögen einer Schwestergesellschaft gegriffen werden *(«Quer-Durchgriff»)*.[14] Arten von Durchgriffen

20 Liegen die Voraussetzungen eines Durchgriffs vor, sind unterschiedliche Rechtsfolgen möglich: Rechtsfolgen

- Indem die juristische Person nicht als selbständiges Rechtssubjekt betrachtet wird, lässt sich eine persönliche *Haftung* der beherr-

[13] Vgl. BGer. 5A_587/2007 vom 28. Februar 2008 E. 2 (Einbezug des Vermögens einer Genossenschaft in der Zwangsvollstreckung gegen die beherrschende Person, d. h. den zeitweise alleinigen Genossenschafter und einzelzeichnungsberechtigten Präsidenten des Vorstands).

[14] Kein eigentlicher Durchgriff ist jedoch anzunehmen, wenn eine Vertragspartei für das Verhalten einer (konzernmässig) verbundenen Person einzustehen hat. Eine derartige erweiterte Vertragswirkung wird zum Teil als «unechter Durchgriff» bezeichnet. Davon abzugrenzen ist die Konzernvertrauenshaftung (§ 12 N 159 ff.).

schenden Aktionärin begründen. Ein Bedürfnis für die Durchgriffshaftung besteht, wenn die vorgeschobene Gesellschaft insolvent ist.

- Verwandt mit der Haftung aus Durchgriff ist die *Zurechnung* von Vermögen, welches formell der juristischen Person gehört, zugunsten der beherrschenden Person, beispielsweise im Rahmen einer Zwangsvollstreckung oder im Steuerrecht.[15] Die beherrschende Aktionärin hat durch die Übertragung auf die Gesellschaft womöglich versucht, persönliches Vermögen dem Zugriff von Gläubigern zu entziehen.
- In ähnlicher Weise kann ein *Selbstkontrahieren* (N 310) angenommen werden, wenn ein Organ einen Vertrag statt mit sich selbst mit einer von ihm beherrschten Gesellschaft abschliesst.[16]
- Dient das Vorschieben der juristischen Personen der *Umgehung* einer gesetzlichen oder vertraglichen Pflicht, findet die umgangene Bestimmung gleichwohl Anwendung. Zu denken ist an ein Konkurrenzverbot, welches formal bloss die Aktionärin, nicht aber die Gesellschaft bindet. Analoges gilt, wenn mit dem Vorschieben der juristischen Person der Eintritt einer Bedingung oder ein Vorkaufsfall verhindert werden soll. Allgemeiner ausgedrückt werden Pflichten, Eigenschaften oder Tätigkeiten der Aktionärin der juristischen Person angerechnet.

III. Statuten

1. Überblick

Vorgeschriebener und freiwilliger Inhalt

In den Statuten sind die wesentlichen individuellen Charakteristika einer AG wie Firma, Sitz, Zweck und Aktienkapital festzuhalten (vgl. Art. 626 OR). In vielen Belangen ist die Ausgestaltung der Statuten standardisiert.[17] Spielraum besteht dahingehend, ob bzw. inwieweit in den Statuten der Wortlaut von Gesetzesvorschriften wiedergegeben werden soll. Die zwingend vorgeschriebenen Klauseln werden in Abgrenzung zu fakultati- 21

[15] Vgl. BGer. 5A_498/2007 vom 28. Februar 2008 E. 5 (Familienstiftung).

[16] BGer. 4C.327/2005 vom 24. November 2006 E. 3.2.5 (ungültiger Abschluss eines Treuhandvertrags durch eine AG, handelnd durch einen Vertreter, welcher gleichzeitig Mehrheitsaktionär und alleiniger Verwaltungsrat der Gegenpartei war, welche ihrerseits durch die Ehegattin des Vertreters handelte).

[17] Verschiedene Handelsregisterämter und Notariate stellen im Internet Muster zur Verfügung.

ven Bestimmungen (N 44) als «notwendiger» bzw. «bedingt notwendiger» (N 42 f.) Statuteninhalt bezeichnet.

2. Notwendiger Statuteninhalt

a) Umschreibung

22 Das Gesetz enthält in Art. 626 OR eine abschliessende Aufzählung derjenigen Elemente, welche in den Statuten einer AG zwingend aufzuführen sind: Gesetzlicher Katalog

1. die Firma (N 24) und der Sitz (N 25 ff.);
2. der Gesellschaftszweck (N 31 ff.);
3. die Höhe des Aktienkapitals und der Umfang der Liberierung (N 38);
4. die Anzahl und die Art der Aktien samt Nennwert (N 38);
5. die Form der Einberufung von Generalversammlungen und Ausführungen zum Stimmrecht, einschliesslich einer etwaigen Beschränkung der Stimmenzahl (Art. 692 Abs. 2 Satz 2 OR) oder der Festsetzung des Stimmrechts unabhängig vom Nennwert mittels Stimmrechtsaktien gemäss Art. 693 Abs. 1 OR (N 39);
6. die Zusammensetzung des Verwaltungsrats und der Revisionsstelle, üblicherweise mit dem Hinweis, dass auf die Revisionsstelle bei Vorliegen der gesetzlichen Voraussetzungen verzichtet werden kann, die Amtsdauer und Besonderheiten der Organisation dieser Organe (N 40);
7. die Form der Bekanntmachungen der Gesellschaft an Aktionärinnen sowie an Gläubiger und weitere Dritte (N 41).

23 Der Entwurf 2016 zur Aktienrechtsrevision schreibt für die Statuten von Gesellschaften mit börsenkotierten Aktien gestützt auf Art. 95 Abs. 3 lit. c BV zusätzliche Angaben hauptsächlich im Zusammenhang mit den *Vergütungen* der Mitglieder des Verwaltungsrats, der Geschäftsleitung und eines etwaigen Beirats vor (vgl. Art. 626 Abs. 2 und Abs. 3 sowie Art. 735 Abs. 2 und Abs. 3 E-OR 2016; ferner N 250). Bei Börsenkotierung

b) Firma

Festlegung der Firma

24 Die Statuten müssen die Firma erwähnen. Entsprechend bedürfen Änderungen der Firma eines Beschlusses der Generalversammlung (vgl. Art. 698 Abs. 2 Ziff. 1 OR). Für die Firmenbildung sei auf Art. 944 und Art. 950 OR,[18] für den Firmenschutz auf Art. 951 OR verwiesen. In der Firma muss die *Rechtsform* in einer Landessprache des Bundes angegeben werden (Art. 950 Abs. 1 Satz 2 OR, Art. 116*a* HRegV). Meistens wird die Rechtsform abgekürzt («AG» oder «SA», als nicht amtliche Übersetzung auch «Ltd» oder «Inc.»/«corp.»).

c) Sitz

Gemeinde als Sitz

25 Neben der Firma ist in den Statuten der Sitz der AG zu erwähnen (Art. 626 Ziff. 1 OR). Eine Änderung des Sitzes erfordert somit eine Statutenanpassung. Der Sitz bezieht sich auf eine politische Gemeinde (vgl. Art. 117 Abs. 1 HRegV).

Rechtsdomizil

26 Der genaue Ort *(Strasse und Hausnummer)* innerhalb der Sitzgemeinde wird als Rechtsdomizil bezeichnet (vgl. Art. 2 lit. c HRegV). Die Büros am Rechtsdomizil können der AG aufgrund von Eigentum oder eines Mietvertrags zustehen («eigene Büros»). Andernfalls ist die Gesellschaft darauf angewiesen, dass ihr ein Domizilhalter sein Domizil zur Verfügung stellt, was im Handelsregister mit dem Adresszusatz «c/o» vermerkt wird.[19]

Sonstige Adressen

27 Zusätzlich zum Rechtsdomizil kann die AG weitere Adressen in das Handelsregister eintragen lassen (Art. 117 Abs. 4 HRegV), darunter auch *Postfach*-Adressen. Führt die Gesellschaft an einer Adresse einen wirtschaftlich selbständigen Betriebsteil, ist eine Eintragung als Zweigniederlassung erforderlich (vgl. Art. 641 und Art. 935 Abs. 1 OR).

Wahl des Sitzes

28 Der Sitz kann in der Schweiz frei gewählt werden. Der Ort der effektiven Geschäftstätigkeit («Geschäftsniederlassung») und der statutarische Sitz müssen nicht übereinstimmen. Der Ort der *tatsächlichen Verwaltung* kann namentlich in internationalen Verhältnissen eine Rolle spielen, so im Steuerrecht und in aufsichtsrechtlichen Belangen, oder wenn ein auslän-

18 Vgl. auch die Anleitung und Weisung des Eidgenössischen Amtes für das Handelsregister an die Handelsregisterbehörden für die Bildung und Prüfung von Firmen und Namen sowie die Interne Weisung desselben Amtes zur Prüfung der Firmenidentität, je vom 1. Juli 2016.

19 Der Anmeldung beim Handelsregisteramt ist in diesem Fall eine Domizilhaltererklärung beizulegen, vgl. Art. 43 Abs. 1 lit. g und Art. 117 Abs. 3 Satz 2 HRegV.

discher Staat kollisionsrechtlich auf die Sitz- statt auf die Inkorporations- bzw. Gründungstheorie abstellt.[20]

29 Der statutarische Sitz der Gesellschaft bestimmt die Zuständigkeit des Handelsregisteramts für die Eintragungen in das *Handelsregister* (Art. 640 OR; N 7). Am Gesellschaftssitz stehen den Aktionärinnen der Geschäfts- und der Revisionsbericht zur *Einsicht* offen (Art. 696 Abs. 1 Satz 1 OR). In Gerichtsverfahren begründet der statutarische Sitz oft eine *Zuständigkeit des dortigen Gerichts* für Klagen gegen die Gesellschaft (vgl. etwa Art. 10 Abs. 1 lit. b, Art. 31 und Art. 36 ZPO; Art. 2 i. V. m. Art. 21 und Art. 151 Abs. 1 IPRG). Aus der Sicht des schweizerischen Rechts bestimmt in internationalen Verhältnissen der statutarische Sitz und nicht der Ort der tatsächlichen Verwaltung, nach welcher Rechtsordnung die Gesellschaft gegründet sowie organisiert wird und welchen Registrierungsvorschriften die Gesellschaft untersteht (Inkorporations- bzw. Gründungstheorie). Somit ist auf Gesellschaften mit statutarischem Sitz in der Schweiz das *hiesige Gesellschaftsrecht* anzuwenden (Art. 154 Abs. 1 IPRG). Bedeutung des Sitzes

30 Für die Verlegung des Sitzes der AG ist ein Beschluss der *Generalversammlung* mit qualifiziertem Mehr erforderlich (Art. 704 Abs. 1 Ziff. 7 OR). Die Gesellschaft muss sich beim Handelsregisteramt am neuen Sitz zur Eintragung anmelden (Art. 123 Abs. 1 HRegV). Von der Sitzverlegung zu unterscheiden ist ein Wechsel des Rechtsdomizils innerhalb derselben politischen Gemeinde, welcher gestützt auf einen Verwaltungsratsbeschluss vorgenommen werden kann. Für die Eintragung in das Handelsregister genügt eine gültig unterzeichnete Anmeldung, gegebenenfalls zusammen mit einer Domizilhaltererklärung. Sitzverlegung

d) Gesellschaftszweck

31 Der statutarische Zweck der Gesellschaft gehört ebenfalls zum notwendigen Statuteninhalt (Art. 626 Ziff. 2 OR). Nach Art. 118 Abs. 1 HRegV muss aus der Zweckumschreibung das *Tätigkeitsfeld* der Gesellschaft «für Dritte klar ersichtlich» sein. Im Handelsregister darf der Zweck verkürzt wie- Umschreibung des Zwecks

20 Anders als die Schweiz wenden zahlreiche kontinentaleuropäische Staaten im internationalen Privatrecht die Sitztheorie an und bestimmen das auf die Gesellschaft anwendbare Recht anhand des Orts der tatsächlichen Verwaltung («effektiver» Sitz). Wird eine AG mit statutarischem Sitz in der Schweiz vom Ausland aus verwaltet, anerkennt ein ausländischer Staat die Gesellschaft unter Umständen nicht als rechtsfähige juristische Person, weil die dortigen Anforderungen, wie die Eintragung in ein lokales Gesellschafts- oder Handelsregister, nicht erfüllt sind, so aus deutscher Sicht der bekannte Fall «Trabrennbahn» (Urteil des deutschen Bundesgerichtshofs vom 27. Oktober 2008 – II ZR 158/06, NJW 2009, S. 289–293).

dergegeben werden (Art. 118 Abs. 2 lit. b HRegV). Allzu vage Angaben (etwa «Erbringen von Dienstleistungen aller Art» oder «Produktion von Gütern aller Art») genügen nicht.[21] Gleichwohl darf der Zweck recht allgemein gehalten werden (beispielsweise «Erbringung von Finanzdienstleistungen aller Art» oder «Erbringen von Dienstleistungen aller Art, insbesondere im Bereich Informatik»). Üblich ist eine konkrete Angabe zum hauptsächlichen Zweck, ergänzt mit weiteren möglichen Tätigkeitsfeldern («Nebenzweck»), beispielsweise wie folgt:

«Die Gesellschaft bezweckt [den Vertrieb von Produkten aller Art, namentlich von Büromaterial und Computerzubehör]. Die Gesellschaft kann Zweigniederlassungen und Tochtergesellschaften im In- und Ausland errichten und sich an anderen Unternehmen im In- und Ausland beteiligen sowie alle Geschäfte tätigen, die direkt oder indirekt mit ihrem Zweck in Zusammenhang stehen. Die Gesellschaft kann im In- und Ausland Grundeigentum erwerben, belasten, veräussern und verwalten. Sie kann auch Finanzierungen für eigene oder fremde Rechnung vornehmen sowie Garantien und Bürgschaften für Tochtergesellschaften und Dritte eingehen.»[22]

Wirtschaftliche Zielsetzung

Der statutarische Zweck ist zu unterscheiden von dem *«Endzweck»* der Gesellschaft, wie der Erzielung eines Gewinns zwecks Ausschüttung an die Aktionärinnen. Die AG verfolgt zumeist, aber nicht zwingend (vgl. Art. 620 Abs. 3 OR; N 4) *wirtschaftliche Zwecke*. Dabei geht es um die Erzielung von geldwerten Vorteilen zugunsten der Aktionärinnen. Üblicherweise verschafft die AG – anders als eine Genossenschaft – den Gesellschaftern nicht direkt wirtschaftliche Vorteile. Vielmehr ist die AG *gewinnstrebig* ausgerichtet. Sie möchte folglich einen finanziellen Überschuss erwirtschaften, welcher als Dividende an die Aktionärinnen ausgeschüttet werden kann. Falls die AG nicht gewinnstrebig orientiert ist bzw. wirtschaftliche Vorteile zugunsten Dritter bezweckt, ist eine statutarische Regelung erforderlich. 32

Zweckwidrige Geschäftstätigkeit

Der Gesellschaftszweck definiert die äussere Grenze der Vertretungsmacht der Organe: Die vertretungsbefugten Personen können alle Rechtshandlungen vornehmen, welche der Gesellschaftszweck mit sich bringen kann (Art. 718*a* Abs. 1 OR; N 307). Ein Rechtsgeschäft ausserhalb des Zwecks ist ungültig *(«ultra vires»)* und kann eine Verantwortlichkeit des handelnden Organs wegen Pflichtwidrigkeit begründen. Aus den obigen Ausführungen (N 31) ergibt sich, dass der Zweck üblicherweise breit abgefasst ist. Es genügt für die Gültigkeit eines Rechtsgeschäfts, dass dieses mit dem Gesellschaftszweck in Zusammenhang gebracht werden kann 33

21 Vgl. Florian Zihler, Zweckumschreibung bei Dienstleistungserbringern, REPRAX 1/2009, S. 56–68, S. 59 ff.

22 Fassung (ohne eckige Klammern) gemäss den im Internet verfügbaren Musterstatuten des Handelsregisteramts Zürich.

und von diesem nicht objektiv ausgeschlossen ist. Das Rechtsgeschäft muss bloss potenziell, nicht tatsächlich dem Gesellschaftszweck dienen. Dass das Handeln der vertretungsberechtigten Organe ausserhalb des Gesellschaftszwecks liegt, ist somit selten denkbar.

34 Der Gesellschaftszweck – verstanden als statutarischer Zweck wie auch als Endzweck – stellt eine Orientierungshilfe zur Bestimmung des Gesellschaftsinteresses dar. Ein zweckdienliches Rechtsgeschäft liegt vermutungsweise im Interesse der Gesellschaft, während zweckwidriges Handeln dem Gesellschaftsinteresse mutmasslich widerspricht und eine Pflichtverletzung des zuständigen Organs begründet. Weiter kann der Gesellschaftszweck eine Ungleichbehandlung von Aktionärinnen legitimieren, indem Art. 706 Abs. 2 Ziff. 3 OR eine «durch den Gesellschaftszweck nicht gerechtfertigte Ungleichbehandlung oder Benachteiligung der Aktionäre» als *Anfechtungsgrund* für Generalversammlungsbeschlüsse erwähnt. Zusammenhang zum Gesellschaftsinteresse

35 Der Gesellschaftszweck spielt auch eine Rolle, falls die Statuten die Übertragbarkeit der Aktien einschränken und die Übertragung von der Zustimmung der Gesellschaft abhängig machen. Die gewünschte *Zusammensetzung des Aktionariats* kann vor dem Hintergrund des Gesellschaftszwecks die Ablehnung der Übertragung aus wichtigem Grund rechtfertigen (Art. 685*b* Abs. 2 OR; N 141). Übertragbarkeitsbeschränkungen

36 Da die Schweiz kein eigentliches Konzernrecht kennt und das Handeln im Interesse einer Konzerngesellschaft, welches sich nicht mit dem eigenen Gesellschaftsinteresse deckt, für die Organpersonen mit einem Haftungsrisiko verbunden ist, verweisen Gesellschaften im Zweckartikel teilweise auf ihre Konzernzugehörigkeit. Verbreitet ist insbesondere die ausdrückliche Befugnis, Gruppengesellschaften Darlehen einzuräumen oder zugunsten von Gruppengesellschaften Sicherheiten zu gewähren, beispielsweise wie folgt: Zweck einer Konzerngesellschaft

> «Die Gesellschaft kann ihrer direkten oder indirekten Obergesellschaft sowie deren oder ihren direkten oder indirekten Untergesellschaften Darlehen oder andere Finanzierungen gewähren sowie für Verbindlichkeiten solcher Gesellschaften Sicherheiten aller Art stellen, einschliesslich mittels Pfandrechten an oder fiduziarischer Übereignungen von Aktiven der Gesellschaft oder Garantien jeglicher Art, ob gegen Entgelt oder nicht.»

Ein derart abgefasster Zweckartikel schützt nicht vor einer Prüfung des Gesellschaftsinteresses und der Zweckkonformität im Einzelfall.

37 Die Änderung des Zwecks der AG erfordert einen Beschluss der Generalversammlung mit *qualifiziertem Mehr* (Art. 704 Abs. 1 Ziff. 1 OR). Ein solcher Beschluss ist auch zu fassen, wenn ein Rechtsgeschäft zu einer *fakti-* Zweckänderungen

schen Änderung des Gesellschaftszwecks führt, beispielsweise wenn die AG sämtliche wesentlichen Vermögenswerte veräussert. Werden die Geschäftsaktivitäten ohne formellen Beschluss eingestellt und die Vermögenswerte liquidiert, handelt es sich um eine faktische *Liquidation* (N 339).

e) Angaben zu Aktien und Kapital

Aktienkapital und Liberierung

In den Statuten sind überdies das Aktienkapital und die Aktien zu umschreiben (vgl. Art. 626 Ziff. 4 OR). Neben dem Betrag des ausgegebenen Aktienkapitals ist die *Liberierung* zu erwähnen, d. h. die Höhe der auf den Nennwert geleisteten Einlagen. Im Normalfall der vollen Liberierung genügt ein Hinweis wie «Die Aktien sind vollständig liberiert». Neben der Anzahl der Aktien und dem Nennwert (Nominalbetrag) muss aus den Statuten die Ausgestaltung als Namen- oder Inhaberaktien und gegebenenfalls als Stimmrechts- oder Vorzugsaktien ersichtlich sein. 38

f) Weitere Angaben

Generalversammlung und Stimmrecht

Hinsichtlich der Einberufung der Generalversammlung und des Stimmrechts (Art. 626 Ziff. 5 OR) ist in den Statuten zu erwähnen, dass Generalversammlungen beispielsweise durch *Brief* oder E-Mail an die (Namen-) Aktionärinnen und Nutzniesser einberufen werden (vgl. Art. 700 Abs. 1 OR und N 41) und dass die Aktionärinnen – sofern die Stimmenzahl nicht gemäss Art. 692 Abs. 2 Satz 2 OR beschränkt werden soll und keine Stimmrechtsaktien bestehen (N 100) – ihr Stimmrecht im Verhältnis zum gesamten Nennwert ihrer Aktien ausüben (vgl. Art. 692 Abs. 1 OR).[23] 39

Organe

Bei den Bestimmungen über den Verwaltungsrat und die Revisionsstelle (Art. 626 Ziff. 6 OR) geht es um Abweichungen von den dispositiven gesetzlichen Vorschriften zur *Zusammensetzung* (für den Fall von Stimmrechts- oder Vorzugsaktien vgl. Art. 709 Abs. 1 OR), zur *Amtsdauer* (Art. 710 Abs. 1 und Art. 730*a* Abs. 1 Satz 1 OR)[24] oder zur *Organisation* (Art. 712 ff. OR, etwa Wahl des Verwaltungsratspräsidenten durch die Generalversammlung [Art. 712 Abs. 2 OR][25] oder Verzicht auf Stichentscheid des Vorsitzenden für Verwaltungsratsbeschlüsse [Art. 713 Abs. 1 Satz 2 40

....

23 In der Praxis wird zumeist der Gesetzeswortlaut wiederholt. Im Entwurf 2016 zur Aktienrechtsrevision wird die Streichung von Art. 626 Ziff. 5 OR vorgeschlagen.

24 Für Gesellschaften mit börsenkotierten Aktien sieht Art. 710 Abs. 1 E-OR 2016 vor, dass die Amtsdauer spätestens mit dem Abschluss der nächsten ordentlichen Generalversammlung endet.

25 Bei Gesellschaften mit börsenkotierten Aktien erfolgt die Wahl des Verwaltungsratspräsidenten nach Art. 712 Abs. 1 Satz 1 E-OR 2016 durch die Generalversammlung.

....

OR]).[26] Die statutarischen Bestimmungen zur Revisionsstelle werden zumeist so abgefasst, dass ein Verzicht auf die eingeschränkte Revision möglich ist, ohne die Statuten anpassen zu müssen.

41 Bei der Form der Bekanntmachungen i. S. v. Art. 626 Ziff. 7 OR stehen Mitteilungen der Gesellschaft an die Aktionärinnen sowie etwaige freiwillige öffentliche Bekanntmachungen im Zentrum. *Mitteilungen an die Aktionärinnen* erfolgen beispielsweise per Brief oder E-Mail an die im Aktienbuch verzeichneten Adressen, womöglich alternativ mittels Publikation im Schweizerischen Handelsamtsblatt.[27] Als *Publikationsorgan* der Gesellschaft für freiwillige Bekanntmachungen, welche sich nicht oder nicht ausschliesslich an die Aktionärinnen richten, wird üblicherweise das Schweizerische Handelsamtsblatt bezeichnet. Bekanntmachungen, welche gesetzlich vorgesehen sind, beispielsweise Schuldenrufe, müssen nach Art. 931 Abs. 2 OR[28] in jedem Fall im Schweizerischen Handelsamtsblatt erfolgen. Weil hinsichtlich der durch das Gesetz vorgeschriebenen Veröffentlichungen eine Statutenbestimmung zum Publikationsorgan überflüssig ist, wird in Art. 626 Abs. 1 Ziff. 7 E-OR 2016 bloss noch die Form der Mitteilungen an die Aktionärinnen als notwendiger Statuteninhalt angeführt. Bekanntmachungen

3. Bedingt notwendiger Statuteninhalt

42 Der bedingt notwendige Statuteninhalt zielt auf Vorgänge, welche in den Statuten geregelt werden müssen, falls die Gesellschaft vom entsprechenden Tatbestand Gebrauch machen bzw. von der dispositiven gesetzlichen Ordnung abweichen möchte. Es geht im Prinzip um eine Formvorschrift. Beispielsweise erfordert die Ermächtigung des Verwaltungsrats, die Geschäftsführung an eine Direktion oder Geschäftsleitung zu übertragen, gemäss Art. 716*b* Abs. 1 OR eine statutarische Grundlage (N 298). Weiter ist die Liberierung von Aktien durch Sacheinlage in einer Statutenbestimmung zu spezifizieren (Art. 628 Abs. 1 OR). Bei der Liberierung in Geld erübrigt sich eine solche Klausel. Gemäss dem Entwurf 2016 zur Aktienrechtsrevision können die Statuten bestimmen, dass gesellschaftsrechtliche Streitigkeiten durch ein Schiedsgericht mit Sitz in der Schweiz beurteilt werden; mangels gegenteiliger Regelung ist die Schiedsklausel Umschreibung

[26] Die Statuten geben mehrheitlich den Gesetzestext wieder. Der Entwurf 2016 zur Aktienrechtsrevision schlägt vor, Art. 626 Ziff. 6 OR aufzuheben.

[27] Bei der Information über die Auflage des Geschäfts- und des Revisionsberichts ist Art. 696 Abs. 2 OR zu beachten (N 255).

[28] Art. 936*a* Abs. 2 OR in der Fassung gemäss Änderung vom 17. März 2017, BBl 2017, S. 2433–2445, S. 2437.

gegenüber der AG, den Organen und den Aktionärinnen verbindlich (Art. 697*n* Abs. 1 E-OR 2016).[29]

Gesetzlicher Katalog

Art. 627 OR enthält einen Katalog von bedingt notwendigen Statutenbestimmungen, welcher durch weitere Vorschriften – wie Art. 628, Art. 656e oder Art. 709 Abs. 1 OR – ergänzt wird. So ist es möglich, wenn auch äusserst selten, die Dauer der Gesellschaft gestützt auf eine statutarische Bestimmung zu begrenzen (Art. 627 Ziff. 4 OR; N 338). Ein häufigeres Beispiel sind Vinkulierungsbestimmungen (Art. 627 Ziff. 8 OR), gestützt auf welche die Übertragbarkeit der Namenaktien eingeschränkt und von der Zustimmung der Gesellschaft abhängig gemacht wird. Die Auflistung ist indessen unvollständig.[30] Im Entwurf 2016 zur Aktienrechtsrevision wird die ersatzlose Streichung von Art. 627 OR vorgeschlagen, weil der Vorschrift keine eigenständige Bedeutung zukommt und sich das statutarische Erfordernis direkt aus den jeweiligen Gesetzesbestimmungen ergibt. 43

4. Fakultativer Statuteninhalt

Umschreibung

Zum fakultativen Statuteninhalt zählen statutarische Bestimmungen, welche *Gesetzesvorschriften wiederholen*, sowie Regeln, welche auch ausserhalb der Statuten festgesetzt werden könnten. Verzichtet eine Gesellschaft darauf, können die Statuten äusserst kurz gehalten werden. Fakultativer Statuteninhalt kann sich dadurch rechtfertigen, dass ein – mit dem Schweizer Aktienrecht nicht vertrauter – Leser ein vollständigeres Bild der Rechtslage erhält, ohne das Gesetz oder Gesellschaftsreglemente konsultieren zu müssen. Ungünstig ist, wenn sich die Statuten auf gesetzliche Bestimmungen stützen, welche später angepasst werden. So hat das Aktienrecht bis Ende 2007 verlangt, dass die Mitglieder des Verwaltungsrats Aktionäre sind und mehrheitlich in der Schweiz wohnen sowie das Schweizer Bürgerrecht besitzen (Art. 707 Abs. 1 und Art. 708 Abs. 1 Satz 1 aOR). Ein solches Erfordernis gilt auf statutarischer Grundlage grundsätzlich weiterhin, bis die Statuten formell angepasst werden. 44

[29] Der Generalversammlungsbeschluss über die Einführung einer statutarischen Schiedsklausel untersteht dem qualifizierten Quorum (Art. 704 Abs. 1 Ziff. 12 E-OR 2016). Unter dem geltenden Recht ist die Wirksamkeit einer statutarischen Schiedsklausel ohne die Zustimmung sämtlicher Aktionärinnen umstritten, so dass derartige Statutenbestimmungen in der Praxis selten vorkommen.

[30] Zu weiteren Punkten vgl. BÖCKLI, § 1 N 509 ff.

5. Statutenänderungen

45 Statutenänderungen stellen eine unübertragbare Aufgabe der *Generalversammlung* dar (Art. 698 Abs. 2 lit. 1 OR). Dem Verwaltungsrat kommen lediglich sehr eingeschränkte Kompetenzen für Statutenänderungen zu: Es geht hauptsächlich um den Feststellungsbeschluss nach durchgeführten Kapitalerhöhungen (vgl. Art. 652*g* Abs. 1 OR; N 150 bzw. Art. 653*g* Abs. 1 OR; N 169), daneben um die Anpassung des genehmigten Kapitals bzw. die Streichung der entsprechenden Klausel nach Fristablauf (vgl. Art. 651*a* OR; N 160; analog zum bedingten Kapital Art. 653*i* OR; N 170) sowie um die Richtigstellung bei der nachträglichen Leistung von Einlagen auf nicht voll liberierte Aktien (vgl. Art. 634*a* Abs. 1 OR; N 62). Zuständigkeit

46 Statutenänderungen bedürfen der öffentlichen Beurkundung und der Eintragung in das Handelsregister (Art. 647 OR). Nach dem Entwurf 2016 zur Aktienrechtsrevision genügt bei einfachen Verhältnissen analog zur Gründung (N 6) die Schriftform, ausgenommen im Fall einer Kapitalherabsetzung (Art. 647 Abs. 2 E-OR 2016). Formerfordernisse

47 Nach einem Teil der Lehre werden Statutenänderungen mit reiner Innenwirkung sofort nach der Beschlussfassung wirksam, während für Statutenänderungen mit Innen- *und* Aussenwirkung auch für die Aktionärinnen auf die Eintragung in das Handelsregister abzustellen ist.[31] Angesichts der mit dieser Auffassung verbundenen Abgrenzungsprobleme und Rechtsunsicherheit erscheint es sinnvoller, einheitlich auf die *Handelsregistereintragung* abzustellen, was die Beteiligten im Innenverhältnis grundsätzlich nicht daran hindert, bereits vorab nach Massgabe der beschlossenen Statutenänderung – suspensiv bedingt an die Eintragung – zu handeln.[32] Unbeteiligten Dritten gegenüber wird eine Statutenänderung am *Werktag nach der SHAB-Publikation* wirksam (Art. 932 Abs. 2 OR; N 8). Mit der Umsetzung der Revision des Handelsregisterrechts wird die Eintragung in das Handelsregister auch Dritten gegenüber unmittelbar mit der elektronischen Veröffentlichung im SHAB wirksam.[33] Zeitpunkt der Wirksamkeit

31 Vgl. BSK OR II-Schenker, Art. 647 N 9 m. w. H.

32 Vgl. BGE 84 II 34 E. 3 S. 40 f. (betreffend Sitzverlegung). Nach Art. 694 OR kann auch bereits das Stimmrecht ausgeübt werden, bevor eine Kapitalerhöhung in das Handelsregister eingetragen worden ist.

33 Vgl. Art. 936*a* Abs. 1 Satz 2 OR in der Fassung gemäss Änderung vom 17. März 2017, BBl 2017, S. 2433–2445, S. 2437.

IV. Liberierung des Aktienkapitals

1. Begründung und Erfüllung der Liberierungspflicht

Bedeutung des Aktienkapitals bei der Gründung

48 Weil es sich bei der AG um eine kapitalbezogene Gesellschaft handelt (N 1), sind die Festlegung des Aktienkapitals und die Leistung der von den Aktionärinnen versprochenen Einlagen zentrale Bestandteile des Gründungsvorgangs. Mit der Liberierung wird das ursprüngliche Gesellschaftsvermögen gebildet, welches das Haftungssubstrat gegenüber den Gläubigern der AG darstellt. Nach der Höhe der Einlagen richten sich wesentliche Rechte, welche Aktionärinnen zukommen.

Zeichnung der Aktien

49 Die Liberierungspflicht wird durch die im Rahmen der Aktienzeichnung abgegebene bedingungslose Verpflichtung begründet, eine dem Ausgabebetrag i. S. v. Art. 624 OR entsprechende Einlage zu leisten (vgl. Art. 630 Ziff. 2 und Art. 652 Abs. 1 OR).

Liberierung in Geld

50 Die Leistung des Nennwerts (zum Agio N 64) in Geld erfolgt durch Überweisung des jeweils geschuldeten Betrags durch die Zeichner der Aktien auf ein *Sperrkonto* der Gesellschaft bei einer Schweizer Bank (Art. 633 Abs. 1 OR; N 6). Die Bank gibt den Betrag zugunsten der Gesellschaft erst frei, wenn zumindest der Auszug des Handelsregisteramts aus dem Tagesregister die erfolgreiche Gründung und Eintragung bescheinigt (vgl. Art. 633 Abs. 2 OR). Scheitert die Gründung, ist das Kontoguthaben an die Einleger zurückzuerstatten. Analoges gilt für die Eintragung einer Kapitalerhöhung in das Handelsregister. Erfolgt die Leistung nicht in Geld, sondern durch Sacheinlage oder Verrechnung, müssen besondere Voraussetzungen erfüllt werden (N 70 ff.).

Entstehung des Stimmrechts

51 Aus Art. 694 OR geht hervor, dass das Stimmrecht – auch bei einer Teilliberierung (N 60) – mit der Erfüllung der Liberierungspflicht entsteht, also im Prinzip noch vor der Eintragung der Gründung oder Kapitalerhöhung in das Handelsregister.

Verzugsfolgen

52 Leistet der Zeichner von Aktien die geschuldete Einlage in der Höhe des Ausgabebetrags nicht rechtzeitig, tritt er ohne Mahnung in Verzug und muss *Verzugszinsen* zahlen (Art. 681 Abs. 1 OR). Überdies riskiert er, nach einer vorgängigen Zahlungsaufforderung sowie Nachfristansetzung seiner aus der Aktienzeichnung erlangten Rechte verlustig zu gehen, so dass die Aktien neu ausgegeben werden können. Dieses vom Verwaltungsrat angestrengte sog. *«Kaduzierungsverfahren»* wird in Art. 681 f. OR näher geregelt. Es stellt die einzige Möglichkeit im Aktienrecht dar, um eine Aktionärin auszuschliessen. Falls die Statuten eine Konventionalstrafe vorsehen, kann der Aktienzeichner auch dafür belangt werden. Überdies

ist er gegenüber der Gesellschaft haftbar (Art. 682 Abs. 3, Art. 106 Abs. 1 und Art. 161 Abs. 2 OR).

2. Mindestnennwert und Mindesteinlagen

53 Das Aktienkapital muss einen Mindestnennwert von CHF 100 000 aufweisen (Art. 621 OR).[34] Mindestkapital

54 Der Nennwert jeder Aktie beträgt derzeit *mindestens 1 Rappen* (Art. 622 Abs. 4 OR). Gemäss dem Entwurf 2016 zur Aktienrechtsrevision darf der Nennwert auch kleiner als 1 Rappen sein, solange er «grösser als null» ist (Art. 622 Abs. 4 E-OR 2016). Diese Liberalisierung nimmt Rücksicht auf den Umstand, dass der wirtschaftliche Wert einer Aktie deren Nennwert um ein Vielfaches übersteigen kann. Im Interesse der besseren Handelbarkeit ihrer Titel sind Gesellschaften mit börsenkotierten Aktien bestrebt, Aktien durch Statutenänderung zu zerlegen (*Aktiensplit*, vgl. Art. 623 Abs. 1 OR),[35] falls der Preis für eine einzelne Aktie zu hoch, der Titel also zu «schwer» erscheint.[36] Ausserdem haben steuerlich attraktive Nennwertrückzahlungen (vgl. N 65) als Ersatz für Ausschüttungen von Dividenden aus dem Gewinn dazu geführt, dass die Aktien zahlreicher Publikumsgesellschaften einen Nennwert aufweisen, welcher sich nahe beim heutigen Mindestnennwert bewegt oder diesen erreicht hat. Mindestnennwert pro Aktie

55 Die Höhe des Mindestnennwerts pro Aktie ist in den letzten Jahren zweimal gesenkt worden: mit der Aktienrechtsrevision 1992 von ursprünglich CHF 100 (gemäss Aktienrecht von 1936) auf CHF 10 und im Jahr 2001 auf 1 Rappen. Verschiedentlich ist diskutiert worden, im Schweizer Aktienrecht gänzlich auf den Nennwert zu verzichten. Die *«unechte»* nennwertlose Aktie hat keinen festen Nennwert, doch besteht ein Aktienkapital in bestimmter Grösse, so dass jeder Aktie rechnerisch ein Anteil daran zugeordnet werden kann. Ändert sich der rechnerische Anteil beispielsweise als Folge eines Aktiensplittings, brauchen etwaige Urkunden nicht angepasst zu werden. Demgegenüber fehlt bei *«echten»* nennwertlosen Aktien ein festes Aktienkapital. An dessen Stelle tritt der Erlös aus der Aktienaus- Nennwertlose Aktien

[34] Es existieren noch ältere Gesellschaften mit tieferem Aktienkapital. Art. 2 Abs. 2 Satz 3 der per Anfang Juli 1992 in Kraft getretenen Schlussbestimmungen zum Sechsundzwanzigsten Titel befreit vor Anfang 1985 gegründete AG von der Erhöhung des Mindestkapitals von CHF 50 000 auf CHF 100 000.

[35] Art. 623 OR erlaubt auch den umgekehrten Vorgang, nämlich die Zusammenlegung von Aktien, verlangt dafür aber die Zustimmung sämtlicher betroffenen Aktionärinnen. Nach Art. 623 Abs. 2 E-OR 2016 ist diese Zustimmung nur noch bei Gesellschaften ohne börsenkotierte Aktien erforderlich, während bei Gesellschaften mit börsenkotierten Aktien aus Praktikabilitätsgründen ein Beschluss der Generalversammlung mit qualifiziertem Quorum (Art. 704 Abs. 1 Ziff. 2 E-OR 2016) genügt.

[36] Die Mehrzahl der in der Schweiz börslich gehandelten Titel weist Kurse unterhalb von CHF 1000 auf.

gabe, welcher sich im Fall eines Rückkaufs von Aktien reduzieren kann. Die Rechte, welche mit einer nennwertlosen Aktie verbunden sind, bestimmen sich nicht nach der geleisteten Einlage, sondern nach der Anzahl der Aktien.

Mindesteinlage bei Teilliberierung

Das Gesetz erlaubt die Teilliberierung einzelner oder sämtlicher Namen- 56
aktien, schränkt indessen die Möglichkeit, die Leistung der Einlage erst später zu erfüllen, betragsmässig ein: Für jede Namenaktie muss die von der Aktionärin sofort geleistete Einlage mindestens *20 % des Nennwerts* betragen (Art. 632 Abs. 1 OR). Zusätzlich kann die Leistung eines Agios (N 64) ganz oder teilweise aufgeschoben werden. Insgesamt müssen im Zeitpunkt der Gründung zumindest *CHF 50 000* geleistet werden (Art. 632 Abs. 2 OR). Es geht bei der Teilliberierung lediglich um den Zeitpunkt der Erbringung der Einlage. Die Aktionärin schuldet stets die gesamte anlässlich der Aktienzeichnung versprochene Einlage in der Höhe des Ausgabebetrages (vgl. Art. 630 Ziff. 2 OR). In der Praxis macht bloss eine Minderheit von etwas mehr als 10 % der AG von der Möglichkeit der Teilliberierung Gebrauch. Im Vorentwurf 2014 zur Aktienrechtsrevision war die Abschaffung der Teilliberierung vorgeschlagen worden.[37] Somit hätte das Aktienkapital von mindestens CHF 100 000 vollständig zu Beginn aufgebracht werden müssen. Nach der Vernehmlassung entschied sich der Bundesrat jedoch, an der Teilliberierung festzuhalten.

Liberierung von Stimmrechtsaktien

Stimmrechtsaktien (N 100) müssen voll liberiert sein (Art. 693 Abs. 2 57
Satz 1 OR).

Liberierung von Inhaberaktien

Art. 683 OR untersagt die Ausgabe von teilliberierten Inhaberaktien und 58
ordnet für den Fall einer Verletzung der Vorschrift die *Nichtigkeitsfolge* sowie eine Schadenersatzpflicht an. Dieses Erfordernis wird nicht immer eingehalten. Das Gesetz erwähnt lediglich die Einzahlung des Nennwerts, nicht auch des *Agios* (N 64), d. h. des gesamten Ausgabebetrags. Da die Gesellschaft die Übertragung der Inhaberaktien nicht kontrollieren kann (vgl. Art. 685 OR), wird man auch die volle Leistung des Agios verlangen müssen, doch wäre es kaum gerechtfertigt, einen Verstoss mit der Nichtigkeitsfolge zu sanktionieren.[38]

[37] Vgl. Art. 632 VE-OR 2014. Bereits das geltende Recht verlangt die vollständige Liberierung der Aktien einer Investmentgesellschaft mit variablem oder festem Kapital (SICAV und SICAF, Art. 40 Abs. 2 und Art. 113 Abs. 1 KAG). Bei einer Bank muss nach Art. 3 Abs. 2 lit. b BankG i. V. m. Art. 15 Abs. 1 BankV wenigstens das Mindestkapital von CHF 10 Mio. voll einbezahlt sein.

[38] Zumindest ein Teil der Lehre bezieht Art. 683 OR auf den gesamten Ausgabebetrag, lehnt aber im Interesse des Rechtsverkehrs bei einem diesbezüglichen Verstoss die Nichtigkeitsfolge ab, vgl. BSK OR II-BAUDENBACHER, Art. 624 N 7 m. w. H.

3. Rechtsfolgen der Teilliberierung

59 Ist eine Namenaktie nicht voll liberiert, muss der eingezahlte Betrag gemäss der Ordnungsvorschrift von Art. 687 Abs. 4 OR auf dem Titel vermerkt werden. Ausserdem untersteht die Aktie nach Art. 685 OR einer gesetzlichen Übertragbarkeitsbeschränkung. Aktienübertragungen erfordern die Zustimmung der Gesellschaft, ohne dass dieser *Vinkulierungsgrund* in den Statuten erwähnt werden müsste (N 139). Die Erwerberin einer nicht voll liberierten Aktie ist ihrerseits zur Einzahlung verpflichtet (Art. 687 Abs. 1 OR). Der ursprüngliche Zeichner bleibt nach Art. 687 Abs. 2 OR haftbar, falls die Gesellschaft innerhalb von zwei Jahren seit ihrer Eintragung in das Handelsregister in Konkurs gerät und die Erwerberin der Aktie ihrer Rechte aus der Aktie verlustig erklärt worden ist. Demgegenüber wird ein Veräusserer, welcher nicht der Zeichner der Aktien ist, von der Einzahlungspflicht befreit, sobald die Aktienerwerberin in das Aktienbuch eingetragen worden ist (Art. 687 Abs. 3 OR).

Zustimmungserfordernis bei Übertragungen

60 Da die Rechtsstellung der Aktionärin in verschiedener Hinsicht von der Einlage abhängt, stellt sich im Fall einer Teilliberierung die Frage, ob für den Umfang der Rechte die versprochene oder die tatsächlich geleistete Einlage massgeblich ist. Für das Stimmrecht stellt Art. 692 Abs. 1 OR auf den gesamten *Nennwert* ab. Ob die geschuldete Leistung auf den Nennwert bereits erbracht worden ist, spielt keine Rolle.

Rechtsfolgen für Stimmrecht

61 Aus Art. 661 und Art. 745 Abs. 1 OR ergibt sich, dass sich das Dividendenrecht und der Anspruch auf einen verhältnismässigen Anteil am Liquidationsergebnis nach dem *tatsächlich geleisteten Nennwert* richten. Eine zusätzlich geschuldete, noch nicht geleistete Einlage wird folglich nicht berücksichtigt. Vorbehalten bleibt eine gegenteilige statutarische Regelung. Demgegenüber bestimmt sich das *Bezugsrecht* wie das Stimmrecht unabhängig vom effektiven Kapitaleinsatz gemäss dem gesamten Nennwert.[39]

Rechtsfolgen für Vermögensrechte

62 Der Verwaltungsrat kann ausstehende Einlagen jederzeit einfordern (Art. 634*a* Abs. 1 OR). Die Verzugsfolgen richten sich nach Art. 681 f. OR (N 52). Für die nachträgliche Leistung stehen alle Formen der Liberierung zur Verfügung (Art. 634*a* Abs. 2 OR). Die Art der Einlage ist von der Gesellschaft und nicht von der Aktionärin zu bestimmen. Es gelten die normalen Anforderungen (vgl. N 70 ff.). Einlagen in Geld sind auf ein Sperrkonto zu überweisen (N 6 und N 50).

Nachträgliche Leistung der Einlagen

39 FORSTMOSER/MEIER-HAYOZ/NOBEL, § 40 N 236.

4. Aufgeld (Agio)

Verbot von Unter-pari-Emissionen

Der Ausgabebetrag, d. h. die vom Aktienzeichner geschuldete Einlage, darf nie tiefer als der Nennwert sein (vgl. Art. 624 OR). «Unter-pari-Emissionen» sind nicht zulässig. 63

Zulässigkeit von Agio

Demgegenüber ist es möglich und kommt vor allem bei Kapitalerhöhungen nicht selten vor, dass der Ausgabebetrag über dem Nennwert angesetzt wird. Der Differenzbetrag zwischen dem Nennwert und dem Ausgabebetrag der Aktien wird als *«Aufgeld»* oder *«Agio»* bezeichnet. Ist der Wert einer Gesellschaft seit der Gründung gestiegen, rechtfertigt es sich, diesen Mehrwert bei der Ausgabe neuer Aktien als Aufpreis zu berücksichtigen, so dass die Kapitalerhöhung nicht zu einer wirtschaftlichen Benachteiligung der bisherigen Aktionärinnen führt. Nach der Praxis der Handelsregisterämter muss das Agio bei der Gründung oder Kapitalerhöhung nicht auf das Sperrkonto (N 6 und N 50) eingezahlt, sondern kann auch auf ein normales Bankkonto der Gesellschaft überwiesen werden. Dadurch entfällt die Freigabe der Mittel durch die Bank gestützt auf den Handelsregisterauszug (N 8). 64

Qualifikation als Reserve

Das Agio bildet einen Teil der gesetzlichen Reserve, nämlich der allgemeinen Reserve gemäss Art. 671 Abs. 2 Ziff. 1 OR (N 228). Nach der herrschenden Lehre und Rechtsprechung darf Agio, obwohl es sich nicht um einen Gewinnanteil handelt, wie eine gewöhnliche allgemeine Reserve gemäss Art. 675 Abs. 2 OR an die Aktionärinnen ausgeschüttet werden, soweit die allgemeinen Reserven die Hälfte des Aktienkapitals übersteigen (vgl. Art. 671 Abs. 3 OR).[40] Insoweit fällt die Ausschüttung von Agio nicht unter das Verbot der Einlagenrückgewähr i. S. v. Art. 680 Abs. 2 OR (N 125). Seit der Einführung des *Kapitaleinlageprinzips* anlässlich der Unternehmenssteuerreform II wird die Rückzahlung von Agio und ähnlichen Einlagen oder Zuschüssen von Aktionärinnen steuerlich wie die Rückzahlung von Aktienkapital (Nennwertherabsetzung) behandelt (vgl. Art. 20 Abs. 3 DBG; Art. 5 Abs. 1bis VStG). Im Unterschied zu einer aus dem Gewinn ausgerichteten Dividende und zu Ausschüttungen aus den übrigen Reserven unterliegen Rückzahlungen aus Reserven aus Kapitaleinlagen nicht der Verrechnungssteuer und für natürliche Personen mit Wohnsitz in der Schweiz, welche die Aktien im Privatvermögen halten, ebenso wenig der Einkommenssteuer. Hierfür ist das Agio in der Handelsbilanz gesondert als Reserve auszuweisen (vgl. Art. 125 Abs. 3 DBG; Art. 5 Abs. 1bis 65

---

40 BGE 140 III 533 E. 6.2.2 S. 548 m. w. H.

VStG).[41] Zahlreiche Unternehmen machen vom Kapitaleinlageprinzip Gebrauch, was zu unerwartet hohen Steuerausfällen geführt hat.

66 Ähnlich wie bei der Teilliberierung (N 60 f.) stellt sich für den Fall der Leistung eines Agios die Frage, inwieweit für die Bemessung der Rechte einer Aktionärin auf den geleisteten Nennwert oder den insgesamt geleisteten Ausgabebetrag einschliesslich des Agios abzustellen ist. Für das Stimmrecht bleibt gemäss Art. 692 Abs. 1 OR ein Agio unberücksichtigt. Entscheidend ist grundsätzlich der *Nennwert* der gehaltenen Aktien. Rechtsfolgen für Stimmrecht

67 Aus Art. 661 und Art. 745 Abs. 1 OR ist abzuleiten, dass auch für das *Dividendenrecht* und für den Anspruch auf einen verhältnismässigen Anteil am Liquidationsergebnis der geleistete Nennwert – welcher in seiner Gesamtheit das Aktienkapital ausmacht – massgeblich ist und ein etwaiges Agio *keine Berücksichtigung* findet. Vorbehalten bleibt eine gegenteilige statutarische Regelung. Ebenso bestimmt sich das Bezugsrecht nach dem Nennwert. Rechtsfolgen für Vermögensrechte

5. Liberierung in Fremdwährung

68 Gemäss Art. 621 und Art. 622 Abs. 4 OR lauten das Aktienkapital und der Nennwert der Aktien auf Franken und Rappen. Der Nennwert der Aktien ist somit in Schweizer Franken festzulegen. Die Handelsregisterämter akzeptieren indessen anlässlich der Gründung oder einer Kapitalerhöhung, dass die Einlage in einer zum Schweizer Franken frei konvertierbaren Fremdwährung geleistet wird, sofern der Betrag in der Fremdwährung den geschuldeten Ausgabebetrag in Schweizer Franken im Zeitpunkt, in welchem das Handelsregisteramt die Eintragung in das Tagesregister vornimmt, deckt.[42] Mit Blick auf Kursschwankungen zwischen der Anmeldung beim Handelsregisteramt und der Eintragung in das Tagesregister ist eine Sicherheitsmarge vorzusehen.[43] Eine solche Leistung gilt als Liberierung in Geld und nicht als Sacheinlage. Qualifikation als Einlage in Geld

41 Vor der Ausschüttung erfolgt teilweise zunächst eine Umbuchung des Ausschüttungsbetrags von den Reserven aus Kapitaleinlagen in die freien Reserven (als Durchlaufkonto).

42 Vgl. Paul Thalmann, Bares ist Wahres, Zur Liberierung in Fremdwährungen nach schweizerischem Aktienrecht, REPRAX 4/2003, S. 19–41, S. 33 ff.; der Entwurf 2016 zur Aktienrechtsrevision sieht die Leistung in einer – zur Währung des Aktienkapitals frei konvertierbaren – Fremdwährung ausdrücklich vor (Art. 633 Abs. 3 E-OR 2016), stellt allerdings auf den früheren Zeitpunkt der Unterzeichnung des Errichtungsakts ab (vgl. Art. 629 Abs. 2 Ziff. 3 E-OR 2016) und verlangt die Angabe des angewandten Umrechnungskurses in der öffentlichen Urkunde (Art. 629 Abs. 3 E-OR 2016).

43 Der Überschuss kommt der Gesellschaft zu und wird den Reserven zugeschrieben.

Aktienkapital in Fremdwährung

69 Bisweilen besteht ein Bedürfnis, ein Aktienkapital in einer Fremdwährung vorzusehen. Der Entwurf 2016 zur Aktienrechtsrevision erlaubt die Verwendung der für die Geschäftstätigkeit wesentlichen ausländischen Währung, sofern auch die Buchführung und die Rechnungslegung der Gesellschaft in dieser Fremdwährung erfolgen (Art. 621 Abs. 2 Satz 1 und Satz 3 E-OR 2016).[44] Die Aktien sind in derjenigen Währung zu liberieren, auf welche das Aktienkapital lautet, oder in einer zum Aktienkapital frei konvertierbaren anderen Währung (Art. 633 Abs. 3 E-OR 2016). Die geleisteten Einlagen müssen im Zeitpunkt der Errichtung mindestens CHF 50 000 entsprechen (Art. 632 Abs. 2 Satz 2 E-OR 2016). Ein Wechsel der Währung bedarf eines Antrags des Verwaltungsrats, des Beschlusses der Generalversammlung mit dem qualifizierten Quorum (Art. 704 Abs. 1 Ziff. 9 E-OR 2016) und der Einhaltung der in Art. 621 Abs. 2 E-OR 2016 genannten Voraussetzungen.

V. Qualifizierte Gründungsarten

1. Zusätzliche Anforderungen

Hintergrund

70 Wird die geschuldete Einlage nicht in Geld geleistet oder werden anlässlich der Gründung finanzielle Vorteile versprochen, welche das Gesellschaftsvermögen belasten, besteht das Risiko, dass der neu gegründeten Gesellschaft nicht Mittel im Umfang des Aktienkapitals (abzüglich Gründungskosten) zur Verfügung stehen. Auf diese Weise ist das Haftungssubstrat geringer, als ein Gläubiger annehmen könnte. Es geht um die Liberierung durch Sacheinlage (N 71 ff.), geplante Sachübernahmen (N 74 ff.), die Liberierung durch Verrechnung (N 78 ff.) sowie um die Gewährung von besonderen Vorteilen (N 82). Die qualifizierten Formen der Liberierung finden analog auf *Kapitalerhöhungen* Anwendung, ergänzt um die Möglichkeit der Liberierung durch Umwandlung von frei verwendbarem Eigenkapital (N 81). Für die Beschlussfassung der Generalversammlung sieht Art. 704 Abs. 1 Ziff. 5 OR das qualifizierte Quorum von zwei Dritteln vor – derzeit noch mit Ausnahme der Liberierung durch Verrechnung (anders Art. 704 Abs. 1 Ziff. 3 E-OR 2016). Werden die erhöhten Anforderungen nicht eingehalten, riskieren die Beteiligten einschneidende Konsequenzen: Die entsprechenden Rechtsgeschäfte sind grundsätzlich nichtig, und unter Umständen sind Straftatbestände erfüllt. Denn im Rahmen der Gründung oder Kapitalerhöhung muss ausdrücklich bestätigt

44 Vgl. zur Buchführung in einer Fremdwährung Art. 957*a* Abs. 4 OR und zur Rechnungslegung in einer Fremdwährung Art. 958*d* Abs. 3 OR.

werden, dass keine nicht offengelegten Sacheinlagen, Sachübernahmen oder Verrechnungstatbestände bestehen bzw. keine besonderen Vorteile gewährt worden sind.[45]

2. Sacheinlagen

71 Anstelle einer Einlage in Geld kann die Aktionärin eine Sacheinlage leisten. Um sicherzustellen, dass der Gesellschaft mit der Sacheinlage tatsächlich Vermögenswerte in der Höhe des geschuldeten Ausgabebetrags zukommen, stellt das Gesetz erhöhte formelle und materielle Anforderungen an die Leistung von Sacheinlagen. Aus diesem Grund sind Sacheinlagen in der Praxis umständlich, und die Prüfung der Belege durch die Handelsregisterämter ist regelmässig streng. In formeller Hinsicht muss die Sacheinlage in den *Statuten* und im *Handelsregister* offengelegt werden (Art. 628 Abs. 1 und Art. 642 OR).[46] Auch die Bewertung und der Name des Einlegers sind in der Statutenbestimmung zu erwähnen.[47] Weiter sind ein schriftlicher *Sacheinlagevertrag*,[48] ein Rechenschaftsbericht der Gründerinnen (*Gründungsbericht*, Art. 635 Ziff. 1 OR) und die *Prüfungsbestätigung* einer zugelassenen Revisorin (Art. 635*a* OR) erforderlich (Art. 634 OR). Diese Unterlagen sind dem Handelsregisteramt als Belege einzureichen.

Formelle Voraussetzungen

[45] Die Erklärung wird unter dem geltenden Recht gestützt auf Art. 43 Abs. 1 lit. h bzw. Art. 46 Abs. 2 lit. g HRegV direkt gegenüber dem Handelsregisteramt abgegeben, oft gestützt auf ein standardisiertes Formular (sogenannte «Stampa-Erklärung»). Die Revision des Handelsregisterrechts sieht vor, die Erklärung in die öffentliche Urkunde (Gründungsurkunde bzw. Feststellungsbeschluss des Verwaltungsrats) zu integrieren (Art. 629 Abs. 2 Ziff. 4 und Art. 652*g* Abs. 1 Ziff. 4 OR in der Fassung gemäss Änderung vom 17. März 2017, BBl 2017, S. 2433–2445, S. 2440 f.).

[46] Nach zehn Jahren kann die Generalversammlung die Statutenbestimmung über eine Sacheinlage oder Sachübernahme aufheben (Art. 628 Abs. 4 Satz 1 OR).

[47] Vgl. beispielsweise Art. 49 Abs. 9 der Statuten der UBS Group AG in der Fassung vom 5. März 2018: «Im Zusammenhang mit der Kapitalerhöhung vom 28. August 2015 erwirbt die Gesellschaft von der UBS AG, Zürich und Basel, 88 825 456 Aktien der UBS AG, Zürich und Basel, mit einem Nennwert von je CHF 0.10 und einem Gesamtwert von CHF 968 693 952.29. Im Gegenzug hat die Gesellschaft, im Verhältnis eins-zu-eins, 88 825 456 Namenaktien der Gesellschaft mit einem Nennwert von je CHF 0.10 an die Sacheinlegerin ausgegeben.» Der Eintrag im Handelsregister lautet wie folgt: «Sacheinlage: Die Gesellschaft übernimmt bei der Kapitalerhöhung vom 28.08.2015 gemäss Vertrag vom 28.08.2015 88 825 456 Namenaktien zu CHF 0.10 der UBS AG, in Zürich und Basel, wofür 88 825 456 Namenaktien zu CHF 0.10 ausgegeben werden.»

[48] Ein strengeres Formerfordernis als einfache Schriftlichkeit – namentlich die öffentliche Beurkundung bei der Einlage eines Grundstücks – bleibt vorbehalten.

Sacheinlagefähigkeit

Neben den Dokumentationserfordernissen müssen Sacheinlagen kumulativ die folgenden Eigenschaften aufweisen (vgl. Art. 634 Abs. 1 E-OR 2016):[49] 72

1. Sie sind *aktivierbar* bzw. *bilanzierungsfähig*, d. h., sie können als Aktiven bilanziert und somit bewertet werden.

2. Sie sind *frei übertragbar*, können folglich in das Vermögen der Gesellschaft übertragen werden, ohne dass rechtliche Hindernisse entgegenstehen.

3. Sie sind *frei verfügbar*, die Gesellschaft muss somit nach der Eintragung in das Handelsregister sofort und bedingungslos als Eigentümerin über den Vermögenswert verfügen können (so bereits Art. 634 Ziff. 2 OR).

4. Sie sind durch Übertragung auf Dritte und Umwandlung in Geld zwecks Befriedigung von Gläubigern *verwertbar*.

Fehlende Sacheinlagefähigkeit

Nicht sacheinlagefähig sind beispielsweise erbrachte Dienst- oder Arbeitsleistungen, im Gegensatz zu einem daraus resultierenden abtretbaren Anspruch auf Leistung einer Vergütung. 73

3. Sachübernahmen

Tatbestand

Die qualifizierten Anforderungen an die Leistung von Sacheinlagen (N 71 f.) können umgangen werden, indem eine Aktionärin zunächst eine Einlage in Geld leistet und die Gesellschaft ihr alsdann einen bestimmten Vermögenswert abkauft. Aus diesem Grund sind analoge Vorschriften wie für Sacheinlagen auf den Fall anwendbar, dass die Gesellschaft von einer Aktionärin oder einer ihr nahestehenden Person Vermögenswerte übernimmt oder im Zeitpunkt der Gründung eine derartige Sachübernahme beabsichtigt (Art. 628 Abs. 2 OR). Echte Drittgeschäfte werden seit der Revision von 2005 nicht mehr erfasst. 74

Gemischte Sacheinlage und Sachübernahme

Keine Sachübernahme im eigentlichen Sinne ist die sog. «gemischte Sacheinlage und Sachübernahme». Es geht um eine Sacheinlage, deren Wert den geschuldeten Ausgabebetrag übersteigt, so dass die Gesellschaft dem Einleger neben der Ausgabe der Aktien als weitere Gegenleistung den Differenzbetrag schuldet. Dieser Umstand ist in den Statuten ebenfalls abzubilden und in das Handelsregister als Sachübernahme einzutragen (vgl. Art. 45 Abs. 3 HRegV). 75

[49] So bereits Eidgenössisches Amt für das Handelsregister, Mitteilung betreffend Sacheinlage und Sachübernahme vom 15. August 2001, REPRAX 2/2001, S. 59–65, S. 60 f. m. w. H.

76 Eine Sachübernahme erfordert neben der Statutenbestimmung den Gründungsbericht (Art. 635 Ziff. 1 OR), die Prüfungsbestätigung (Art. 635*a* OR) und einen Handelsregistereintrag (Art. 642 OR). Der Vertrag muss nur offengelegt werden, wenn er im Zeitpunkt der Gründung bereits vorliegt (Art. 631 Abs. 2 Ziff. 6 OR).

Offenlegungsvorschriften

77 Der Entwurf 2016 zur Aktienrechtsrevision sieht die Sachübernahme nicht mehr als qualifizierten Tatbestand der Gründung oder einer Kapitalerhöhung vor. Begründet wird dies unter anderem mit den Abgrenzungsschwierigkeiten und der Rechtsunsicherheit infolge der drohenden Nichtigkeit im Verletzungsfall.[50] Richtig ist, dass die Beteiligten das Haftungssubstrat durch anderweitige Rechtsgeschäfte reduzieren können, ohne die Sachübernahmevorschriften zu verletzen, und dass sonstige Schutzmechanismen, insbesondere das Verbot der Einlagenrückgewähr (Art. 680 Abs. 2 OR), die Pflicht zur Rückerstattung von verdeckten Gewinnausschüttungen (Art. 678 Abs. 2 OR) sowie das Verantwortlichkeitsrecht (Art. 754 OR), einen gewissen Schutz gegen ungerechtfertigte Vermögensentnahmen durch Organe bieten.

Geplante Abschaffung

4. Verrechnung

78 Bei der Liberierung durch Verrechnung erfüllt der Zeichner von Aktien seine Liberierungspflicht, indem er eine ihm gegenüber der Gesellschaft zustehende Forderung in der Höhe der geschuldeten Einlage mittels Erklärung zur Verrechnung bringt. Es ist zulässig, bereits bei der Gründung Aktien durch Verrechnung zu liberieren. Die Verrechnung weist einige Besonderheiten gegenüber dem obligationenrechtlichen Institut gemäss Art. 120 ff. OR auf. Wie aus Art. 635 Ziff. 2 OR abgeleitet werden kann, muss die zur Verrechnung gebrachte Forderung *bestehen* und *verrechenbar* sein. Insbesondere wird verlangt, dass die Forderung fällig ist. Eine verjährte oder von der Gesellschaft *bestrittene* Forderung lässt sich nicht zur Liberierung verwenden.

Umschreibung

79 Die Liberierung durch Verrechnung wird im Gesetz bloss lückenhaft geregelt. Es empfiehlt sich, die *Verrechnungserklärung* schriftlich abzufassen. Der Bestand der Verrechnungsforderung wird häufig durch eine *Saldobestätigung* der Gesellschaft oder einen Auszug aus der Buchhaltung belegt. Eine Offenlegung in den Statuten ist unter dem geltenden Recht nicht vorgesehen (anders Art. 634*a* Abs. 3 sowie Art. 650 Abs. 2 Ziff. 5 E-OR 2016). Die Gründerinnen müssen jedoch im *Gründungsbericht* Rechenschaft

Formelle Anforderungen

[50] Vgl. Botschaft E-OR 2016, S. 432 ff., Ziff. 1.4.1.3.

über den Bestand und die Verrechenbarkeit der Schuld ablegen (Art. 635 Ziff. 2 OR). Der Gründungsbericht ist von einer zugelassenen Revisorin zu *prüfen* (Art. 635*a* OR).

Frage der Werthaltigkeit

Ein Bedürfnis nach einer Liberierung durch Verrechnung kann auch bestehen, wenn die finanzielle Lage der Gesellschaft angeschlagen und eine Sanierung notwendig ist. Wird eine Darlehensschuld der Gesellschaft in Aktienkapital umgewandelt, reduziert sich das Fremdkapital, womit sich die Bilanzsituation der Gesellschaft verbessert, obwohl der Gesellschaft keine neuen Mittel zufliessen.[51] Gemäss einem Teil der Lehre setzt eine Liberierung durch Verrechnung voraus, dass die zur Verrechnung gestellte Forderung werthaltig ist.[52] Diese Bedingung ist im Fall einer Überschuldung der Gesellschaft nicht bzw. nicht im vollen Umfang erfüllt. Demgegenüber hält Art. 634*a* Abs. 2 E-OR 2016 fest, dass die Verrechnungsliberierung auch dann als Deckung gilt, wenn die Forderung gegen die Gesellschaft nicht mehr durch Aktiven gedeckt ist. 80

5. Liberierung aus Eigenkapital

Umschreibung

Eine besondere Form der Liberierung, welche nur bei Kapitalerhöhungen zur Verfügung steht, ist nach Art. 652*d* OR die Umwandlung von frei verwendbarem Eigenkapital in Aktienkapital. Die auf diese Weise ausgegebenen Titel werden als «Gratisaktien» bezeichnet, obwohl die Aktionärin dafür insofern aufkommt, als frei verfügbare Mittel der Gesellschaft verbraucht und dadurch zukünftige Dividendenausschüttungen an die Aktionärinnen reduziert bzw. verhindert werden. 81

6. Gründervorteile

Anforderungen

Werden anlässlich der Gründung den Gründerinnen – bzw. bei einer Kapitalerhöhung den Aktionärinnen – oder Dritten besondere Vorteile vermögensrechtlicher Art eingeräumt, welche direkt der begünstigten Person zustehen und nicht mit den von ihr gehaltenen Aktien verknüpft sind, müssen auch diese Vorteile in den Statuten und im Handelsregister ange- 82

---

51 Anstelle einer formellen Umwandlung von Fremd- in Eigenkapital kann eine Rangrücktritts- oder Subordinationserklärung eingeholt werden, worin der Gläubiger anerkennt, dass seine Forderung im Insolvenzfall von der Gesellschaft nur erfüllt wird, soweit die übrigen Gläubiger vollständig befriedigt worden sind; zur Auswirkung auf die Pflicht des Verwaltungsrats zur Benachrichtigung des Konkursgerichts vgl. Art. 725 Abs. 2 Satz 2 OR.

52 Böckli, § 2 N 127 ff. m. w. H. in Fn. 315.

führt werden (Art. 628 Abs. 3 und Art. 642 OR).[53] Die Gründerinnen haben im *Gründungsbericht* Rechenschaft über die Begründung und die Angemessenheit der besonderen Vorteile abzulegen (Art. 635 Ziff. 3 OR). Der Gründungsbericht ist von einer zugelassenen Revisorin zu prüfen (Art. 635*a* OR).

VI. Bestellung der Organe

83 Zum Errichtungsakt gehört die Wahl des *Verwaltungsrats* und, sofern nicht auf die eingeschränkte Revision verzichtet wird, der *Revisionsstelle* (vgl. Art. 629 Abs. 1 OR). Bestellte Organe, welche nicht anwesend sind, können ihre Annahme der Wahl mittels schriftlicher Erklärung bestätigen.

Wahl und Annahmeerklärung

VII. Ausgabe der Aktien

84 Da die Gesellschaft das Recht der Persönlichkeit mit der Eintragung in das *Handelsregister* erlangt (Art. 643 Abs. 1 OR; N 8), untersagt Art. 644 Abs. 1 OR die Ausgabe von Aktien vor der Eintragung. Die entsprechenden Titel sind nichtig, und die Beteiligten werden schadenersatzpflichtig (Art. 644 Abs. 2 OR), doch bleibt der Zeichner der Aktien zur Leistung der Einlage verpflichtet. Die analogen Rechtsfolgen treten ein, falls *Inhaberaktien* ausgegeben werden, bevor der Zeichner den vollen Nennwert eingezahlt hat (Art. 683 OR; N 58).

Zeitpunkt

85 Interimsscheine i. S. v. Art. 688 OR sind provisorische Ausweise über die Aktionärseigenschaft, bevor die definitiven Titel ausgestellt sind. Auch sie dürfen erst ausgegeben werden, wenn die Gesellschaft in das Handelsregister eingetragen worden ist. Bei auf den *Inhaber* lautenden Interimsscheinen für Inhaberaktien muss die gesamte Einlage geleistet worden sein. Für die Ausgabe und Übertragung von Interimsscheinen sind Art. 688 Abs. 2 und Abs. 3 OR zu beachten. Die praktische Bedeutung der Interimsscheine ist heute gering.

Interimsscheine

[53] Die Namen der begünstigten Personen sind in den Statuten, nicht hingegen im Handelsregister zu erwähnen (Art. 628 Abs. 3 und Art. 642 OR, Art. 636 E-OR 2016).

E. Aktienkapital und Aktien

I. Aktienkapital

Aktienkapital als Nennkapital

86 Bei einer kapitalbezogenen Gesellschaft wie der AG (N 1) spielt das Aktienkapital rechtlich eine bedeutende Rolle. Die einzelne Aktionärin zeichnet sich nicht durch besondere persönliche Eigenschaften aus. Vielmehr steht ihre Pflicht im Zentrum, die anlässlich der Zeichnung der Aktien versprochene Einlage zu leisten. Beim Aktienkapital[54] handelt es sich um die *Summe der Nennwerte*, welche sich die Zeichner der Aktien verpflichtet haben einzulegen. Über die tatsächlich vorhandenen Vermögenswerte sagt das Aktienkapital wenig aus. Bei einer Teilliberierung von Aktien (N 56) oder einem Agio (N 64) weichen bereits im Zeitpunkt der Gründung oder Kapitalerhöhung die effektiven Einlagen von der Höhe des nominellen Aktienkapitals ab. Wirtschaftet die Gesellschaft alsdann erfolgreich, wird ihr Vermögen steigen. Im umgekehrten Fall sinkt das Nettovermögen unter die Höhe des Aktienkapitals. Gegenüber ihren Gläubigern haftet die AG mit ihrem gesamten Vermögen und nicht mit dem Betrag des Aktienkapitals. Die Aktionärin hat auch im Fall einer Liquidation der AG keinen Anspruch auf Rückzahlung des eingezahlten Nennwerts. Immerhin dient der Nennwert einer Aktie im Verhältnis zum gesamten Aktienkapital unter dem geltenden System als Referenzgrösse für die Bemessung des Stimmrechts (Art. 692 Abs. 1 OR; N 60 und N 66) und der Vermögensrechte der Aktionärin (N 226). Bei teilliberierten Aktien wird für das Recht auf Dividenden und den Anteil am Liquidationserlös allerdings nicht auf den Nennwert, sondern auf die Höhe der tatsächlich geleisteten Einlage abgestellt (vgl. Art. 661 und Art. 745 Abs. 1 OR; N 61 und N 67).

Aktienkapital als Eigenkapital

87 Beim Aktienkapital handelt es sich um Eigenkapital. Die Aktionärin hat im Unterschied zu einer Kreditgeberin (Fremdkapital) kein Recht auf Rückzahlung der Einlage (Art. 680 Abs. 2 OR; N 125). Sie trägt das wirtschaftliche *Risiko* ihrer Investition, partizipiert dafür am Erfolg des Unternehmens, indem sie von einem Wertanstieg ihrer Beteiligung bzw. von Dividendenausschüttungen profitiert.

Aktienkapital als Sperrquote

88 Die Kapitalschutzvorschriften des Aktienrechts (N 115 ff.) knüpfen in verschiedener Hinsicht an das Aktienkapital als rechnerische Grösse und Bilanzposition an. Man spricht von einer Sperrquote oder -ziffer, weil die Gesellschaft daran gehindert wird, *Ausschüttungen* an die Aktionärinnen

[54] Teilweise wird der Begriff «Grundkapital» verwendet, welcher das Aktien- und ein etwaiges Partizipationskapital (N 107) erfasst.

vorzunehmen, wenn die Vermögenswerte der Gesellschaft das Eigenkapital nicht decken. In der Bilanz der Gesellschaft werden das Umlauf- und das Anlagevermögen auf der Aktivseite, das Fremd- und das Eigenkapital auf der Passivseite dargestellt (vgl. Art. 959*a* OR).

Aktiven	Passiven
Umlaufvermögen (Bankguthaben, Forderungen etc.)	**Fremdkapital** (kurz- und langfristige Verbindlichkeiten, Rückstellungen)
Anlagevermögen (Beteiligungen, Sachanlagen etc.)	**Eigenkapital** – **Aktienkapital (Nennwert)** – gesetzliche Kapitalreserve – gesetzliche Gewinnreserve – freiwillige Gewinnreserven oder kumulierte Verluste (als Minusposten) – eigene Aktien (als Minusposten)

Abb. 25: Grobgliederung der Bilanz

Die finanzielle Lage beurteilt sich anhand einer Gegenüberstellung aller Vermögenswerte der Gesellschaft (Bruttovermögen) abzüglich Fremdkapital (= Netto- oder Reinvermögen) und des Eigenkapitals. Idealerweise deckt das Bruttovermögen nicht nur das Fremdkapital, sondern auch die Eigenkapitalpositionen. Bei einer Verschlechterung der finanziellen Lage der Gesellschaft ist der Verwaltungsrat unter Umständen verpflichtet, besondere Massnahmen zu ergreifen (N 129 ff.).

II. Aktien

1. Aktienarten

Gestaltungsmöglichkeiten und Umwandlung

89 Die Aktien lauten gemäss Art. 622 Abs. 1 Satz 1 OR auf den Inhaber (N 92 ff.) oder auf den Namen (N 96 ff.). Die eine Aktienart kann später in die andere umgewandelt werden (Art. 622 Abs. 3 OR). Die Umwandlung von Inhaber- in Namenaktien ist im Interesse der Geldwäschereibekämpfung und der erhöhten Transparenz gegenüber Steuerbehörden durch Art. 704*a* OR insofern erleichtert worden, als der Generalversammlungsbeschluss mit der Mehrheit der abgegebenen Stimmen zu fassen ist und die Statuten kein qualifiziertes Quorum vorsehen dürfen.[55] Eine Gesellschaft kann auch gleichzeitig Namen- und Inhaberaktien haben (vgl. Art. 622 Abs. 2 OR). Daneben besteht die Möglichkeit, Stimmrechts- (N 100 ff.) oder Vorzugsaktien (N 105 f.) zu schaffen. Während zahlreiche Gesellschaften früher verschiedene Aktienarten und zum Teil noch Partizipationsscheine führten, kam es in den 1990er-Jahren zu einem Trend, die Kapitalstruktur zu vereinfachen und eine *«Einheitsaktie»* einzuführen. Eine Mehrheit von Gesellschaften wählte dabei die Namenaktie.

Verurkundung als Wertpapier

90 Traditionell sind für Aktien Wertpapiere ausgegeben worden bzw. hat man unter dem Begriff der Aktie das Wertpapier verstanden.[56] Hält eine Aktionärin mehrere Aktien, können diese in einem einzigen Aktienzertifikat zusammengefasst werden. Die Urkunde hat als Mittel dazu gedient, die mit der Aktie verbundenen Rechte auf einfache Art zu übertragen: Die Rechte aus dem Papier sind dem Recht am Papier gefolgt. In den letzten Jahren hat diese Funktion an Bedeutung eingebüsst. Inzwischen verzichten zahlreiche Gesellschaften auf den Druck von Urkunden. Oft wird in den Statuten die Ausgabe von Wertpapieren gänzlich ausgeschlossen *(aufgehobener Titeldruck)* oder die Auslieferung von Titeln bloss noch auf Verlangen der Aktionärin vorgesehen *(aufgeschobener Titeldruck)*. Grundsätzlich wird die Aktionärin als berechtigt angesehen, eine Bestätigung über die von ihr gehaltenen Aktien zu erhalten. Einer solchen Be-

[55] Bei einer Umwandlung von Inhaberaktien in vinkulierte Namenaktien wird das Recht der Aktionärin auf freie Übertragung ihrer Aktien berührt, weshalb die Umwandlung ein überwiegendes schutzwürdiges Interesse der Gesellschaft verlangt.

[56] Wertpapiere werden in Art. 965 OR als Urkunden definiert, mit denen Rechte – hier die Rechte als Aktionärin – derart verknüpft sind, dass sie ohne die Urkunde weder geltend gemacht noch übertragen werden können. Der als Wertpapier ausgestaltete Aktientitel ist gemäss Art. 622 Abs. 5 OR durch ein Verwaltungsratsmitglied zu unterzeichnen. Werden Aktien in grosser Zahl ausgegeben, genügt eine Faksimile-Unterschrift, d. h. die «Nachbildung der eigenhändigen [Unterschrift] auf mechanischem Wege» (Art. 14 Abs. 2 OR).

weisurkunde kommt keine Übertragungsfunktion zu. Sie stellt kein Wertpapier dar.

91 Die «Entmaterialisierung» der Aktien ist mit einer zunehmenden *«Mediatisierung»* einhergegangen: der Titelverwahrung über verschiedene Verwahrungsstellen, darunter der eigenen Bank der Aktionärin sowie einer zentralen Verwahrungsstelle wie der SIX SIS AG, Clearstream oder Euroclear. Werden Aktien in Form von vertretbaren Einzeltiteln i. S. v. Art. 973*a* Abs. 1 OR *(Sammelverwahrung)* bzw. zusammengefasst in einer *Globalurkunde* i. S. v. Art. 973*b* OR bei einer Verwahrungsstelle hinterlegt oder als *Wertrechte* i. S. v. Art. 973*c* Abs. 1 OR in ein Hauptregister einer Verwahrungsstelle gemäss Art. 6 Abs. 2 BEG (N 195) eingetragen, können nach Art. 6 Abs. 1 BEG mit der Gutschrift im Effektenkonto (Bankdepot) der Aktionärin Bucheffekten entstehen.[57] Bei Bucheffekten handelt es sich nicht um eine besondere Aktienart. Wie Art. 622 Abs. 1 Satz 2 OR klarstellt, werden auch Bucheffekten aktienrechtlich als Namen- oder Inhaberaktien ausgestaltet; mit anderen Worten verkörpern Bucheffekten im Bereich des Aktienrechts Namen- oder Inhaberaktien. Solange Bucheffekten bestehen, ist die etwaige dingliche Rechtsposition der Aktionärin suspendiert. Das Bucheffektengesetz regelt die Titelverwahrung sowie -übertragung durch Banken und damit primär das Rechtsverhältnis zwischen der Aktionärin und der Bank, nicht die Beziehung der Aktionärin zur Gesellschaft, wobei die Rechte im Verhältnis zur Gesellschaft üblicherweise über die Bank ausgeübt werden. Doch äussern sich Art. 7 und Art. 8 BEG unter Verweis auf die Statuten der Gesellschaft zur Umwandlung von Titeln, welche den Bucheffekten zugrunde liegen, sowie zur Titelauslieferung durch Aktionärinnen. Für die Übertragung von Bucheffekten ist Art. 24 BEG zu beachten. In Art. 24 Abs. 4 Satz 1 BEG werden die aktienrechtlichen Übertragbarkeitsbeschränkungen (Vinkulierung, N 138 ff.) vorbehalten. Bucheffekten

2. Inhaberaktien

92 Inhaberaktien sind grundsätzlich Inhaberpapiere, so dass das *Vorlegen der Titel* zur Ausübung der Mitgliedschaftsrechte legitimiert (vgl. Art. 689*a* Abs. 2 und Art. 978 OR). Wertpapierrechtlich erfolgt die Verfügung über Inhaberaktien durch die *Übertragung des Besitzes* an den Urkunden gestützt auf ein gültiges Verpflichtungsgeschäft (zum Gutglaubensschutz hinsichtlich der Rechtszuständigkeit des Veräusserers vgl. Art. 935 ZGB). Inhaberaktien können sammelverwahrt oder in Form einer Inhaberpapiere

57 Bucheffekten werden folglich nicht direkt durch die Gesellschaft ausgegeben.

Globalurkunde ausgegeben werden. Das Konzept des Inhaberpapiers wird relativiert, falls keine Urkunden ausgegeben werden. Es handelt sich dann um Wertrechte, auf deren Basis Bucheffekten entstehen können (N 91). Das für Wertrechte vorgeschriebene Wertrechtebuch (Art. 973*c* Abs. 2 OR; N 194), in welches die Zeichner der Aktien einzutragen sind, und die Übertragung mittels schriftlicher Abtretungserklärung sind für Inhaberpapiere untypisch, doch lässt die Lehre auch Inhaberaktien als Wertrechte zu.[58]

Meldepflicht beim Erwerb

93 Wegen der Anonymität des Aktieninhabers gegenüber der Gesellschaft sind die Inhaberaktien mit Blick auf die Missbrauchsmöglichkeiten für Geldwäscherei und die reduzierte Transparenz gegenüber Steuerbehörden in Verruf geraten. Der ursprüngliche Vorschlag, die Inhaberaktien gänzlich abzuschaffen, ist zunächst nicht umgesetzt worden. Auf Druck der Empfehlungen des Global Forum on Transparency and Exchange of Information for Tax Purposes hat der Bundesrat indessen Anfang 2018 einen neuen Anlauf genommen, um die Inhaberaktien für Gesellschaften ohne börsenkotierte Aktien zu verbieten. Bereits Anfang Juli 2015 sind weitreichende, streng sanktionierte Meldepflichten in Kraft getreten.[59] Art. 697*i* Abs. 1 OR verpflichtet die Erwerberin von nicht als Bucheffekten[60] ausgestalteten Inhaberaktien einer Gesellschaft, deren Aktien nicht börsenkotiert sind, ihren Erwerb samt Namen bzw. Firma und Adresse innerhalb eines Monats der Gesellschaft[61] zu melden.[62] Sie muss dabei den Aktienbesitz nachweisen sowie gestützt auf eine Ausweiskopie bzw. einen Han-

....

58 BSK Wertpapierrecht-Bärtschi, Art. 6 BEG N 90 m. w. H.

59 Zum Ganzen Eidgenössisches Amt für das Handelsregister, Praxismitteilung EHRA 1/15 vom 24. Juni 2015, Gesellschaftsrechtliche Umsetzung des Bundesgesetzes zur Umsetzung der 2012 revidierten Empfehlungen der Groupe d'action financière (GAFI); Lukas Glanzmann/Philip Spoerlé, Die Inhaberaktie – leben Totgesagte wirklich länger?, Eine kritische Auseinandersetzung mit dem Gesetzesentwurf für ein Bundesgesetz zur Umsetzung der 2012 revidierten Empfehlungen der GAFI, GesKR 1/ 2014, S. 4–21.

60 Vgl. Art. 697*i* Abs. 4 OR. Bei Bucheffekten ist davon auszugehen, dass die jeweilige Verwahrungsstelle die Erwerberin identifiziert und den wirtschaftlich Berechtigten feststellt. Die Gesellschaft muss eine Verwahrungsstelle in der Schweiz bezeichnen, an welche nachgelagerte Verwahrungsstellen auf Anfrage die erforderlichen Angaben weiterzuleiten haben (Art. 23*a* BEG). In vielen Fällen werden Aktien, welche als Bucheffekten ausgestaltet sind, allerdings börsenkotiert sein, so dass Art. 697*i* OR keine Anwendung findet.

61 Alternativ darf der Verwaltungsrat nach Art. 697*k* OR gestützt auf einen Beschluss der Generalversammlung einen Finanzintermediär i. S. v. Art. 2 Abs. 2 oder Abs. 3 GwG bezeichnen, an welchen die Erwerberinnen von Inhaberaktien ihre Meldungen zu erstatten haben. Der Finanzintermediär ist der Gesellschaft gegenüber auskunftspflichtig, für welche Inhaberaktien (Aktiennummern) der Erwerb gemeldet und der Besitz nachgewiesen wurde. Auf diese Weise lässt sich die Anonymität der Inhaberaktionärinnen wenigstens gegenüber der Gesellschaft wahren.

62 Übergangsrechtlich geht aus Art. 3 OR Übergangsbestimmungen der Änderung vom 12. Dezember 2014 hervor, dass bestehende Inhaberaktionärinnen die Meldung bis Anfang Januar 2016 erstatten mussten.

....

delsregisterauszug ihre Identität belegen (Art. 697*i* Abs. 2 OR). Die Meldungen dienen als Grundlage für das Verzeichnis der Inhaberaktionärinnen, welches die Gesellschaft gemäss Art. 697*l* OR führen muss (N 192). Bei Inhaberaktien einer Gesellschaft mit *börsenkotierten* Aktien gelangt lediglich die Meldepflicht gemäss Art. 120 Abs. 1 FinfraG zur Anwendung, welche als untersten Grenzwert für eine Meldung 3 % der Stimmrechte vorsieht (§ 14 N 55).

94 Wer allein oder in gemeinsamer Absprache mit Dritten eine Beteiligung von mindestens 25 % des Aktienkapitals oder der Stimmen einer Gesellschaft erwirbt, deren Aktien weder börsenkotiert noch als Bucheffekten ausgestaltet sind, muss der Gesellschaft innerhalb eines Monats den Namen und die Adresse der an den Aktien *wirtschaftlich berechtigten natürlichen Person* melden (Art. 697*j* Abs. 1 OR). Auch hier gilt bei börsenkotierten Aktien bloss die Meldepflicht nach Art. 120 Abs. 1 FinfraG, welche direkt die wirtschaftlich Berechtigten trifft.

Meldepflicht ab 25 %

95 Nach Art. 697*m* Abs. 1 und Abs. 2 OR kann eine Aktionärin, welche ihrer Meldepflicht beim Erwerb der Aktien nicht nachkommt, weder Stimm- noch Vermögensrechte ausüben. In fragwürdiger Weise sieht Art. 697*m* Abs. 3 OR eine *Verwirkung* der Vermögensrechte vor, falls der Aktienerwerb nicht wie vorgeschrieben innerhalb eines Monats erfolgt. Das Nachholen der Meldung wirkt bloss für die Zukunft.

Verletzungen der Meldepflicht

3. Namenaktien

96 Namenaktien werden auf den Namen der Aktionärin ausgestellt und sind in der Regel als Ordrepapiere zu qualifizieren. Wertpapierrechtlich werden Namenaktien veräussert durch die Übertragung des Besitzes an den indossierten Urkunden auf der Basis eines gültigen Verpflichtungsgeschäfts (Art. 684 Abs. 2, Art. 967 Abs. 2 OR). Im *Indossament* vermerkt der Veräusserer auf dem Titel, dass er die Aktie auf die Erwerberin überträgt. Daneben ist die Übertragung nach zessionsrechtlichen Grundsätzen gestützt auf eine separate *Abtretungserklärung* unter gleichzeitiger Titelübergabe anerkannt. Dürfen Namenaktien aufgrund einer Statutenbestimmung einzig mittels schriftlicher Abtretungserklärung übertragen werden, stellen sie (echte) Namen- oder Rektapapiere i. S. v. Art. 974 ff. OR dar. Die zessionsrechtliche Übertragung erfordert neben der Abtretungserklärung die Übertragung des Besitzes an den Urkunden und die Verfügungsmacht des Veräusserers. Der Schutz des gutgläubigen Erwerbs ist stark eingeschränkt. Hingegen ist ein gültiges Verpflichtungsgeschäft entbehrlich, sofern man die abstrakte Rechtsnatur der Abtretung befürwortet. Weil Namenaktien auf den Namen lauten müssen, ist die Ausgabe einer *Global-*

Ordrepapier

urkunde nicht möglich. Die *Sammelverwahrung* ist nach der Lehre auch bei blankoindossierten und damit übertragbaren bzw. vertretbaren Namenaktien ausgeschlossen, weil die Eintragung als Alleinaktionärin in das Aktienbuch Alleineigentum an den Aktien voraussetzt.

Wertrechte

97 Heutzutage werden Namenaktien üblicherweise als *Wertrechte* ausgegeben. Wertrechte werden gemäss Art. 973*c* Abs. 4 Satz 1 OR durch schriftliche Abtretungserklärung übertragen.[63] Börsenkotierte Aktien, welche in ein Hauptregister einer Verwahrungsstelle gemäss Art. 6 Abs. 2 BEG eingetragen worden und einem Effektenkonto (Bankdepot) der Aktionärin gutgeschrieben sind, stellen in diesem Fall Bucheffekten dar (vgl. N 91). Bei nicht börsenkotierten Aktien wird die Qualifikation als Wertrechte i. S. v. Art. 973*c* Abs. 1 OR zum Teil mit der Begründung verneint, dass die Aktien nicht vertretbar seien.[64] Würde man dieser Auffassung folgen, bliebe die Frage nach der rechtlichen Qualifikation der nicht verurkundeten Titel unklar.

Eintragung in Aktienbuch

98 Die Ausübung der Stimmrechte erfordert grundsätzlich die Eintragung in das Aktienbuch der Gesellschaft (vgl. Art. 689*a* Abs. 1 OR; N 191), obgleich der Eintragung für die Berechtigung keine konstitutive Wirkung zukommt. Vermögensrechte werden regelmässig auch gewährt, wenn der Gesellschaft bloss die Depotbank der Aktionärin bekannt ist.

Meldepflicht ab 25 %

99 Wer als Namenaktionärin allein oder in gemeinsamer Absprache mit Dritten mindestens 25 % des Aktienkapitals oder der Stimmen einer Gesellschaft erwirbt, deren Aktien weder börsenkotiert noch als Bucheffekten ausgestaltet sind, muss nach Art. 697*j* OR wie die Inhaberaktionärin den *wirtschaftlich Berechtigten* melden (N 94).[65] Kommt die Aktienerwerberin ihrer Meldepflicht nicht nach, kann sie gemäss Art. 697*m* Abs. 1 und Abs. 2 OR weder Stimm- noch Vermögensrechte ausüben (N 95). Nach einem neuen Vorschlag sollen vorsätzliche Verletzungen der Meldepflicht überdies mit Busse bestraft werden können. Hierfür ist eine Ergänzung des Strafgesetzbuchs geplant.

[63] Das Schriftformerfordernis wird im Zeitalter des Internets und der Blockchain-Technologie, in welchem Gesellschaften im Rahmen von Initial Coin Offerings «Token» ausgeben, als impraktikables Relikt aus einer vordigitalen Epoche betrachtet. Keiner schriftlichen Abtretungserklärung bedarf es bei einer Qualifikation als Bucheffekten.

[64] Vgl. BSK Wertpapierrecht-Bärtschi, Art. 6 BEG N 52 m. w. H.

[65] Aus Art. 3 Abs. 1 OR Übergangsbestimmungen der Änderung vom 12. Dezember 2014 ist abzuleiten, dass die bestehenden Namenaktionärinnen der Meldepflicht nicht unterstehen, solange sie nicht zusätzliche Aktien erwerben.

4. Stimmrechtsaktien

100 Im Schweizer Aktienrecht dürfen Aktien nicht bei gleichem Nennwert eine mehrfache Stimmkraft verleihen («echte» oder «offene» Stimmrechtsaktien). Zulässig ist jedoch eine indirekte oder verdeckte Form einer Stimmrechtsaktie durch Schaffung einer Aktie, welche einen *kleineren Nennwert* hat, aber wie die Aktienkategorie mit dem höheren Nennwert zu einer Stimme berechtigt (Art. 693 Abs. 1 OR). Auf diese Weise erlangt die Aktionärin bei gleichem Kapitaleinsatz mehr Stimmen.[66] Die Statuten müssen hierfür ausdrücklich festhalten, dass jeder Aktie unabhängig vom Nennwert eine Stimme zukommt. Andernfalls richtet sich die Stimmkraft nach dem Nennwert. Die Schaffung von Stimmrechtsaktien untersteht dem *qualifizierten Quorum* von zwei Dritteln (Art. 704 Abs. 1 Ziff. 2 OR). Die Aufhebung des Stimmrechtsprivilegs untersteht im Gegensatz zur Abschaffung von Vorzugsaktien (Art. 654 Abs. 2 OR) wohl keiner Sonderversammlung und ebenso wenig dem qualifizierten Quorum von Art. 704 Abs. 1 OR.[67] Voraussetzungen

101 Das Gesetz schränkt die Schaffung von Stimmrechtsaktien in verschiedener Hinsicht ein. Die Stimmrechtsaktie muss als *Namenaktie* ausgestaltet und *voll liberiert* sein (Art. 693 Abs. 2 Satz 1 OR; N 57). Der Nennwert der übrigen Aktien («Stammaktien») darf unter dem geltenden Recht maximal *zehnmal* so hoch sein wie derjenige der Stimmrechtsaktien (Art. 693 Abs. 2 Satz 2 OR). Der Kapitaleinsatz und die Stimmkraft sollen also nicht zu stark auseinanderfallen. Schranken

102 Das Stimmenprivileg findet nach Art. 693 Abs. 3 OR keine Anwendung bei Beschlüssen über die Wahl der Revisionsstelle (Art. 730 Abs. 1 OR), die Ernennung von Sachverständigen zur Prüfung der Geschäftsführung (Art. 731*a* Abs. 3 OR), eine Sonderprüfung (Art. 697*a* OR) oder eine Verantwortlichkeitsklage (Art. 752 ff. OR). Abzustellen ist in diesen Fällen auf den Nennwert der Aktien (vgl. N 275). Analoges gilt, soweit das Gesetz auf eine bestimmte Mindestbeteiligung abstellt, beispielsweise von 10 % für die Erhebung einer Auflösungsklage aus wichtigen Gründen (Art. 736 Ziff. 4 OR). Bei der Berechnung des qualifizierten Quorums von zwei Dritteln der vertretenen Stimmen nach Art. 704 Abs. 1 OR (N 276) kommt die verstärkte Stimmkraft der Stimmrechtsaktien zur Geltung, Ausnahmen

66 Dasselbe Resultat lässt sich erreichen, wenn Namenaktien nicht voll liberiert werden, da sich das Stimmrecht unabhängig von der Liberierung nach dem gesamten Nennwert richtet (Art. 692 Abs. 1 OR), doch bleibt die Aktionärin den ausstehenden Betrag schuldig. Eine Kombination der beiden Möglichkeiten ist ausgeschlossen, da Stimmrechtsaktien voll liberiert sein müssen (N 101).

67 BSK OR II-Länzlinger, Art. 693 N 9 (Selbstschutzpotenzial, indem das Stimmrechtsprivileg greift); a. M. Böckli, § 4 N 146 und § 12 N 407 (für Anwendung von Art. 704 Abs. 1 OR).

während für die gleichzeitig erforderliche absolute Mehrheit der vertretenen Aktiennennwerte auf den tieferen Nennwert abzustellen ist.

Recht auf Vertretung

103 Bestehen hinsichtlich der Stimm- oder Vermögensrechte unterschiedliche Aktienkategorien, müssen die Statuten jeder Kategorie einen Anspruch auf Wahl mindestens eines *Vertreters im Verwaltungsrat* einräumen (Art. 709 Abs. 1 OR). Dadurch werden die Stammaktionärinnen geschützt.

Wirtschaftliche Bedeutung

104 Der stärkeren Stimmkraft von Stimmrechtsaktien kann ein *ökonomischer Wert* zukommen.[68] Dies gilt namentlich bei Unternehmensübernahmen, wenn mit einem Aktienpaket – kapitalmässig unter Umständen einer Minderheitsbeteiligung – die Zielgesellschaft faktisch kontrolliert werden kann (Kontrollprämie). Zum Teil stösst das Auseinanderklaffen von Kapitaleinsatz und Stimmkraft auf Kritik. Verfechter des Prinzips «one share, one vote» plädieren für die Abschaffung der Stimmrechtsaktien.

5. Vorzugsaktien

Ausgabe

105 Während die Stimmrechtsaktien einen Vorteil hinsichtlich des Stimmrechts einräumen, geht es bei Vorzugsaktien um vermögensmässige Vorrechte gegenüber den übrigen Aktien («Stammaktien»).[69] Die Schaffung von Vorzugsaktien erfolgt auf statutarischer Grundlage (Art. 654 Abs. 1 OR) anlässlich der Gründung oder im Rahmen einer Kapitalerhöhung durch Beschluss der Generalversammlung, welcher grundsätzlich dem ordentlichen Quorum von Art. 703 OR untersteht. Besteht das Vorrecht in einem privilegierten Bezugsrecht, ist für dessen Einführung das qualifizierte Quorum von Art. 704 Abs. 1 Ziff. 6 OR einzuhalten. Hingegen erfordert der Entzug der Bezugsrechte der Stammaktionärinnen im Einzelfall keinen wichtigen Grund i. S. v. Art. 652*b* Abs. 2 OR. Die Statuten müssen das Recht der Vorzugsaktionärinnen auf Vertretung im Verwaltungsrat erwähnen (Art. 709 Abs. 1 OR). Die Abänderung oder Aufhebung von bestehenden Vorrechten setzt zusätzlich einen zustimmenden Mehrheitsbeschluss der betroffenen Vorzugsaktionärinnen («Sonderversammlung») voraus, sofern statutarisch nicht eine abweichende Ordnung vorgesehen ist (Art. 654 Abs. 2 und Abs. 3 OR).

68 Dies ist bei Einzeltiteln nicht immer der Fall. Interessant ist etwa die Wertentwicklung bei Roche: Die stimmberechtigte Inhaberaktie und der an der Börse häufiger gehandelte und damit liquidere, aber grundsätzlich stimmrechtslose Genussschein verleihen dasselbe Dividendenrecht (vgl. § 4 Abs. 3 der Statuten der Roche Holding AG). Der Börsenkurs des Genussscheins liegt bisweilen über dem Preis einer Inhaberaktie. Früher mass der Markt dem Stimmrecht einen grösseren Wert zu, so dass der Kurs der Inhaberaktie wesentlich höher war als derjenige des Genussscheins.

69 Es ist auch möglich, Stimmrechts- und Vorzugsaktien zu kombinieren.

106 Die Vorrechte sind in den Statuten zu umschreiben (Art. 656 Abs. 1 OR). Das Gesetz nennt als Gegenstand von Vorrechten eine Bevorzugung hinsichtlich der Dividende mit oder ohne Nachbezugsrecht, des Anteils am Liquidationserlös oder des Bezugsrechts bei einer Kapitalerhöhung (Art. 656 Abs. 2 OR). Diese Aufzählung ist nicht abschliessend. Häufig geht es um die Schaffung eines finanziellen Anreizes zugunsten von Risikokapitalgebern, so bei Private-Equity-Finanzierungen oder Sanierungen. Das Vorrecht kann in einer zeitlichen Priorität (Anspruch auf Vorabbefriedigung vor einer Ausschüttung an die Stammaktionärinnen) bestehen oder als umfangmässiger Mehranspruch ausgestaltet sein. Bei *partizipierenden* Vorzugsaktien erhalten die Vorzugsaktionärinnen zunächst den vorweg ausgerichteten Betrag; sie sind alsdann zusammen mit den Stammaktionärinnen gleichmässig an der Ausschüttung an sämtliche Aktionärinnen beteiligt. Ein *kumulatives* Vorrecht wird ganz oder teilweise auf das Folgejahr übertragen (Nachbezugsrecht), soweit der Anspruch in einem bestimmten Jahr nicht erfüllt wird. Nachfolgend werden mögliche Ausgestaltungen beispielhaft skizziert.

Arten von Vorrechten

– *Dividendenvorrecht:* Es kann sich auf einen fixen Betrag oder auf einen Prozentsatz des Nennwerts oder der geleisteten Einlage bzw. des ausschüttbaren oder ausgeschütteten Gewinns beziehen. Auf diese Weise lässt sich unter Umständen eine Art Verzinsung der getätigten Investition erzielen. Weil es sich um eine Gewinnausschüttung handelt, wird das Zinsverbot von Art. 675 Abs. 1 OR nicht verletzt.

  • Beispiel eines Dividendenvorrechts auf einen fixen Betrag: Auszahlung von bis zu CHF 10 pro Vorzugsaktie; eine etwaige weitere Dividende wird den Stammaktionärinnen ausgerichtet, ohne dass die Vorzugsaktionärinnen nochmals zum Zuge kämen. Falls kein Betrag ausgeschüttet werden kann, besteht beim kumulativen Vorrecht im nächsten Geschäftsjahr ein Anspruch der Inhaberinnen von Vorzugsaktien auf je CHF 20 (CHF 10 für das laufende Jahr und CHF 10 für das Vorjahr). Demgegenüber verfällt ein nicht kumulativer Anspruch des laufenden Jahres, so dass im Folgejahr bloss der reguläre Betrag von CHF 10 pro Vorzugsaktie bezogen werden kann.

  • Beispiel eines Dividendenvorrechts auf einen Prozentsatz des ausgeschütteten Gewinns: Insgesamt 20 % des ausgeschütteten Gewinns kommt den Vorzugsaktionärinnen zugute, der Rest wird an die Stammaktionärinnen ausgeschüttet.

– *Liquidationserlös:* Beim Vorrecht auf den Liquidationserlös wird häufig ein Bezug zum investierten Kapital hergestellt.

- Beispiel 1: Vorab erfolgt eine Auszahlung an die Vorzugsaktionärinnen in der Höhe der geleisteten Einlagen, anschliessend eine analoge Auszahlung an die Stammaktionärinnen, zuletzt wird der Rest an sämtliche Aktionärinnen gemäss dem Nennwert verteilt.
- Beispiel 2: Die ursprünglichen Einlagen werden an die Vorzugsaktionärinnen gezahlt, zuzüglich eines Betrags von CHF 200 pro Vorzugsaktie. Der übrige Liquidationserlös wird unter den Stammaktionärinnen nach Massgabe des Nennwerts aufgeteilt.

– *Bezugsrecht:* Es geht um ein Recht auf die Ausgabe neuer Vorzugs- oder Stammaktien anlässlich einer Kapitalerhöhung, welche zugunsten der Vorzugsaktionärinnen von den bisherigen Beteiligungsverhältnissen abweicht. Zum Beispiel werden die Vorzugsaktionärinnen, welche 30 % des Aktienkapitals der Gesellschaft halten, berechtigt, bei einer Kapitalerhöhung insgesamt 60 % der neu ausgegebenen Stammaktien zu zeichnen.

III. Partizipations- und Genussscheine

1. Partizipationsscheine

Umschreibung

107 Die Statuten der AG können gemäss Art. 656*a* Abs. 1 Satz 1 OR neben dem Aktienkapital zusätzlich ein Partizipationskapital vorsehen, welches aus Partizipationsscheinen besteht. Die Partizipationsscheine werden gegen Einlage ausgegeben,[70] haben einen *Nennwert* und gewähren *kein Stimmrecht* (Art. 656*a* Abs. 1 Satz 2 OR).

Verbreitung

108 Partizipationsscheine finden in Publikumsgesellschaften nur noch relativ selten Einsatz.[71] Ihre Blütezeit geht ironischerweise zurück auf eine Phase, als es an einer gesetzlichen Regelung fehlte: Mehr und mehr hatte der Ge-

[70] Dass das Partizipationskapital bei der Gründung oder durch eine Kapitalerhöhung einschliesslich im Rahmen des neuen Kapitalbands (N 186 f.) geschaffen werden kann, bestätigt Art. 656*a* Abs. 4 E-OR 2016 (vgl. bereits Art. 656*b* Abs. 5 OR). Gemäss Art. 704*b* E-OR 2016 erfordert die Umwandlung von Aktien in Partizipationsscheine – neben einem Generalversammlungsbeschluss mit dem ordentlichen Quorum – die Zustimmung sämtlicher betroffenen Aktionärinnen, welche ihres Stimmrechts verlustig gehen. Nach bisheriger Praxis war zusätzlich eine statutarische Grundlage notwendig. Auf die Umwandlung von Partizipationsscheinen in Aktien findet das qualifizierte Quorum Anwendung (Art. 704 Abs. 1 Ziff. 6 E-OR 2016), weil den Aktionärinnen kein Bezugsrecht zusteht. Eine statutarische Grundlage ist nicht mehr erforderlich.

[71] Von den Gesellschaften mit börsenkotierten Titeln sind etwa Schindler, Lindt & Sprüngli oder einzelne Kantonalbanken zu erwähnen, daneben gibt es verschiedene privat gehaltene AG mit Partizipationsscheinen.

nussschein ab den 1960er-Jahren – zweckentfremdet – als Finanzierungsinstrument unter der Bezeichnung Partizipationsschein Einsatz gefunden.

109 Seit der Aktienrechtsrevision von 1992 wird der Partizipationsschein relativ ausführlich in Art. 656*a* ff. OR behandelt. Soweit dort keine besondere Regelung besteht, finden die Bestimmungen zum Aktienkapital bzw. zu den Aktien und Aktionärinnen Anwendung (Art. 656*a* Abs. 2 OR; Grundsatz der *Gleichstellung der Partizipanten* mit den Aktionärinnen). Das Partizipationskapital darf maximal das Doppelte des Aktienkapitals betragen (Art. 656*b* Abs. 1 OR).[72] Die rechtliche Behandlung des Partizipationskapitals, namentlich hinsichtlich der Berechnung von Grenzwerten für die Ausübung von Aktionärsrechten, wird in Art. 656*b* Abs. 3 und Abs. 4 OR angesprochen und nach dem Entwurf 2016 zur Aktienrechtsrevision auf differenzierte Weise in Art. 656*b* Abs. 3–Abs. 6 E-OR 2016 geregelt. Gesetzliche Regelung

110 Partizipanten darf kein Stimmrecht gewährt werden. Die Statuten können den Partizipanten indessen mit dem Stimmrecht *zusammenhängende Rechte* einräumen (vgl. Art. 656*c* Abs. 2 und Art. 656*e* OR), so das Recht, Mitgliedschaftsrechte von Partizipanten

- eine Generalversammlung einberufen zu lassen oder die Traktandierung eines Verhandlungsgegenstands zu verlangen,
- an der Generalversammlung teilzunehmen und dort Auskunft oder Einsicht zu verlangen sowie
- einen Vertreter im Verwaltungsrat zu bestellen.

Unabhängig von der statutarischen Ausgestaltung sind die Partizipanten berechtigt (vgl. Art. 656*c* Abs. 3 und Art. 656*d* OR),

- über Generalversammlungen und deren Beschlüsse informiert zu werden,
- auf schriftlichem Weg zuhanden der Generalversammlung Auskunft oder Einsicht zu verlangen (Art. 697 OR) bzw.
- die Einleitung einer Sonderprüfung zu beantragen (Art. 697*a* Abs. 1 OR),
- Generalversammlungsbeschlüsse anzufechten (Art. 706 Abs. 1 OR) und

[72] Diese Begrenzung wird bei börsenkotierten Partizipationsscheinen mit Art. 656*b* Abs. 1 Satz 1 E-OR 2016 abgeschafft. Als Begründung für diese – in der Lehre kritisch aufgenommene – Liberalisierung wird sinngemäss angeführt, dass unzufriedene Partizipanten ihre Partizipationsscheine regelmässig ohne Probleme über die Börse veräussern können (Botschaft E-OR 2016, S. 518; MEIER-HAYOZ/FORSTMOSER, § 16 N 336 m. w. H.).

– eine Organisations- (Art. 731*b* Abs. 1 OR) oder Verantwortlichkeitsklage (Art. 753 ff. OR) zu erheben.

Vermögensrechte von Partizipanten

Hinsichtlich des Bezugsrechts sowie der Verteilung des Bilanzgewinns 111
und eines Liquidationserlöses dürfen die Partizipanten nicht schlechter gestellt werden als die nicht bzw. am wenigsten bevorzugte Aktienkategorie (Stammaktien; Art. 656*f* Abs. 1 und Abs. 2 OR).[73] Bei einer Erhöhung des Aktien- oder des Partizipationskapitals steht jeweils den Aktionärinnen sowie den Partizipanten ein Bezugsrecht zu (vgl. Art. 656*g* Abs. 3 OR; N 172). Somit kommt den Aktionärinnen und den Partizipanten bei der Ausgabe neuer Partizipationsscheine ein Bezugsrecht im Verhältnis zu den bisherigen Nennwerten zu. Werden das Aktien- und das Partizipationskapital *gleichzeitig* und im gleichen Verhältnis erhöht, können statutarisch oder durch Beschluss der Generalversammlung[74] die Bezugsrechte der Aktionärinnen auf den Erwerb von Aktien und die Bezugsrechte der Partizipanten auf den Erhalt von Partizipationsscheinen beschränkt werden (vgl. Art. 656*g* Abs. 2 OR). Für die Aufhebung des Bezugs- oder Vorwegzeichnungsrechts gelten die allgemeinen Regeln (vgl. Art. 652*b* Abs. 2; N 173 bzw. Art. 653*c* Abs. 2 OR; N 176). Eine *Verschlechterung* der Rechtsstellung der Partizipanten ist bloss zulässig, wenn die betreffende Aktienkategorie ebenfalls angepasst wird (Art. 656*f* Abs. 3 OR) oder eine Sonderversammlung der Partizipanten durch Mehrheitsbeschluss die Zustimmung erteilt (Art. 656*f* Abs. 4 OR). Vorbehalten bleibt eine gegenteilige statutarische Regelung.

2. Genussscheine

Umschreibung

Während der Partizipationsschein als stimmrechtslose Aktie umschrieben 112
werden kann (vgl. N 110), ist der Genussschein gleichzeitig stimmrechts- und nennwertlos: Er darf *nicht* gegen eine *Kapitaleinlage* ausgegeben werden (vgl. Art. 657 Abs. 3 OR). Der Genussschein gewährt den Berechtigten auf statutarischer Grundlage eine *vermögensmässige Beteiligung*, indem er ihnen ein Recht auf einen Anteil am Bilanzgewinn oder Liquidationsergebnis oder auf den Bezug neuer Aktien einräumt (Art. 657 Abs. 2 OR). Diese Vermögensrechte können kombiniert werden. Andere Vorteile fallen ausser Betracht. Erst wenn ein entsprechender Beschluss auf Gewinnverteilung oder Aktienausgabe gefällt worden ist, entsteht ein durchsetzbarer Anspruch der Genussscheininhaber.

73 Umgekehrt ist eine Besserstellung im Sinne eines Vorzugs-Partizipationsscheins analog zur Vorzugsaktie (N 105 f.) zulässig.

74 Böckli, § 5 N 68; BSK OR II-Rampini/Spillmann, Art. 656*g* N 3. Das «artgleiche» Bezugsrecht wird mit Verweis auf Art. 652*b* Abs. 1 OR als Normalfall betrachtet.

113 Genussscheine werden bei der Gründung oder durch statutenändernden Beschluss der Generalversammlung mit dem ordentlichen Quorum von Art. 703 OR geschaffen. Als Inhaber von Genussscheinen kommen nach Art. 657 Abs. 1 Satz 1 OR bestehende oder ehemalige Aktionärinnen sowie Gläubiger, Arbeitnehmer und andere Personen in Betracht, welche mit der Gesellschaft in ähnlicher Weise verbunden sind. So können mit Genussscheinen finanzielle und andere Leistungen zugunsten der Gesellschaft mit einer Beteiligung am künftigen Erfolg belohnt werden. Genussscheinberechtigte

114 Auf die Genussscheinberechtigten finden die Bestimmungen über die Gläubigergemeinschaft bei Anleihensobligationen (Art. 1157 ff. OR) sinngemäss Anwendung (Art. 657 Abs. 4 Satz 1 OR). Eine Einschränkung der Rechte der Genussscheinberechtigten bedarf der *Zustimmung der Mehrheit* aller Inhaber von Genussscheinen (Art. 657 Abs. 4 Satz 2 OR). Rechtsstellung

IV. Kapitalschutzvorschriften

115 Verschiedene zwingende Gesetzesbestimmungen des Aktienrechts dienen dem Kapitalschutz. Sie haben insbesondere zum Zweck, dass der AG ein Reinvermögen (Aktiven minus Fremdkapital; N 88) mindestens im Umfang des Aktienkapitals und der gebundenen Reserven erhalten bleibt,[75] dass ungerechtfertigte Vermögensentäusserungen an die Gesellschaft zurückgeführt werden können und dass die Organe der Gesellschaft bei finanziellen Schwierigkeiten die erforderlichen Massnahmen ergreifen. Weitere Bestimmungen, welche das Aktienkapital schützen, werden andernorts behandelt, so die qualifizierten Gründungsarten (N 70 ff.) oder die Voraussetzungen einer Kapitalherabsetzung (N 177 ff.). Zweck

1. Gewinnausschüttungen

116 Dividenden dürfen nur aus dem Bilanzgewinn und aus hierfür gebildeten Reserven ausgerichtet werden (Art. 675 Abs. 2 OR; näher zum Dividendenrecht N 226). Besteht ein Verlust, müssen die Reserven diesen übersteigen. Vor der Ausschüttung einer Dividende sind die erforderlichen Zuweisungen an die gesetzlichen und freiwilligen Reserven vorzunehmen (N 228 f.). *Zinsen* dürfen für das Aktienkapital *nicht* gezahlt werden (Art. 675 Abs. 1 OR). Zulässig sind in der Aufbauphase eines Unternehmens während der Errichtung einer dauernden Anlage sog. *Bauzinse* auf statutarischer Basis gemäss den Voraussetzungen von Art. 676 OR. Schranken von Dividendenzahlungen

[75] BGE 140 III 533 E. 4.1 S. 541 (Swisscargo).

Voraussetzungen von Tantiemen

117 Keine grosse praktische Bedeutung kommt den in Art. 677 OR geregelten Gewinnausschüttungen an Verwaltungsratsmitglieder zu. Die Ausrichtung von derartigen Tantiemen aus dem Bilanzgewinn erfordert neben einer statutarischen Grundlage jeweils einen Beschluss der Generalversammlung (Art. 698 Abs. 2 Ziff. 4 OR), die vorgeschriebene Zuweisung an die allgemeinen Reserven sowie eine Dividendenausschüttung an die Aktionärinnen von mindestens 5 %. Im Konkursfall ist Art. 679 OR zu beachten. Von den Tantiemen zu unterscheiden sind die festen oder auch variablen Vergütungen, welche an Verwaltungsratsmitglieder auf vertraglicher Grundlage gezahlt werden.

2. Rückerstattung von Leistungen

Erfasste Leistungen

118 Dem Schutz des Gesellschaftsvermögens dient der Anspruch der Gesellschaft und der Aktionärinnen gegenüber dem Empfänger einer ungerechtfertigten Leistung auf Rückgabe. Art. 678 Abs. 1 OR verpflichtet Aktionärinnen und Verwaltungsratsmitglieder sowie ihnen nahestehende Personen zur Rückerstattung von Dividenden, Tantiemen, anderen Gewinnanteilen oder Bauzinsen, welche sie ungerechtfertigt und in bösem Glauben bezogen haben. Erfasst werden auch andere Leistungen der Gesellschaft, d. h. *verdeckte Gewinnausschüttungen*, soweit diese «in einem offensichtlichen Missverhältnis zur Gegenleistung und zur wirtschaftlichen Lage der Gesellschaft» stehen (Art. 678 Abs. 2 OR).

Missverhältnis zur Gegenleistung

119 Bei der Beurteilung des Missverhältnisses gemäss Art. 678 Abs. 2 OR ist auch ein für die Gesellschaft erzielter Erfolg zu berücksichtigen.[76] Weiter ist relevant, ob die Leistung der Gesellschaft ein Entgelt für eine aussergewöhnliche Tätigkeit ausserhalb des ordentlichen Rahmens darstellt. Die Rechtsgrundlage der Gegenleistung des Empfängers ist nicht entscheidend. Der Gegenleistung kann ein Vertrag mit einem Missverhältnis von Leistung und Gegenleistung zugrunde liegen, es kann sich aber auch um ein stark übersetztes, klar marktunübliches Salär handeln.[77] Der Umfang der Rückerstattungspflicht wird sich bei Art. 678 Abs. 2 OR nicht auf die gesamte Leistung beziehen, sondern auf denjenigen Teil beschränken, welcher das Missverhältnis begründet.

76 BGE 140 III 602 E. 8.1.2 S. 604.

77 BGer. 4A_195/2014, 4A_197/2014 vom 27. November 2014 E. 6.2 m. w. H. (nicht publiziert in BGE 140 III 602).

120 Das Missverhältnis zur Leistung der Gesellschaft ist offensichtlich i. S. v. Art. 678 Abs. 2 OR, wenn es «jedermann, der gerecht und billig denkt und die konkreten Verhältnisse vernünftig beurteilt, in die Augen fällt […], weil es einer vernünftigen wirtschaftlichen Begründung entbehrt».[78] Offensichtliches Missverhältnis

Beispiel (BGE 140 III 602): Die beiden Verwaltungsratsmitglieder einer nicht operativ tätigen Finanzgesellschaft beschliessen, eine von der Gesellschaft gehaltene Beteiligung zu veräussern und sich für den Fall, dass der Verkaufspreis mehr als CHF 4 Mio. beträgt, eine Erfolgsprämie von je 1 % des definitiven Verkaufspreises zu überweisen. Die Beteiligung wird für CHF 4,4 Mio. verkauft. Jedes Verwaltungsratsmitglied erhält CHF 44 000 ausgezahlt, zusätzlich zum fixen ordentlichen Verwaltungsratshonorar von über CHF 20 000 bzw. CHF 11 000 plus Spesen. Der tatsächliche Aufwand der beiden Verwaltungsratsmitglieder anlässlich des Verkaufs ist gering gewesen und hat sich im Rahmen der gewöhnlichen, bereits im üblichen Mass entlohnten Verwaltungsratstätigkeit bewegt. Deshalb ist ein offensichtliches Missverhältnis zu bejahen.

121 Art. 678 Abs. 2 OR verlangt ein offensichtliches Missverhältnis zur wirtschaftlichen Lage der Gesellschaft. Diesem von der Lehre kritisierten Kriterium kommt bloss Bedeutung zu für das *Ermessen*, welches der Gesellschaft zugebilligt wird.[79] Sanktioniert wird bei finanzstarken wie -schwachen Gesellschaften die Überschreitung des Ermessens. Der Ermessensspielraum ist bei wirtschaftlich guten Verhältnissen grösser; eine finanzstarke Gesellschaft kann sich deshalb eher grosszügig zeigen. Wirtschaftliche Lage der Gesellschaft

122 Die Rückerstattungspflicht setzt bei Art. 678 Abs. 1 und Abs. 2 OR voraus, dass der Empfänger nicht gutgläubig ist.[80] Am guten Glauben fehlt es regelmässig, wenn die übrigen Voraussetzungen eines Rückerstattungsanspruchs vorliegen. Bei einem offensichtlichen Missverhältnis kann sich der Empfänger der Leistung nach Art. 3 Abs. 2 ZGB nicht auf seinen guten Glauben berufen. Bösgläubigkeit

123 Der Rückerstattungsanspruch steht der Gesellschaft und jeder Aktionärin zu (Art. 678 Abs. 3 OR). Er muss innerhalb von fünf Jahren seit dem Empfang der Leistung geltend gemacht werden (Art. 678 Abs. 4 OR). Geltendmachung des Anspruchs

124 Mit dem Entwurf 2016 zur Aktienrechtsrevision wird präzisiert, dass auch die mit der *Geschäftsführung* befassten Personen rückerstattungspflichtig sind und es sich bei der Leistung um eine unzulässige *Vergütung* i. S. v. Art. 735*c* f. E-OR 2016 handeln kann (Art. 678 Abs. 1 E-OR 2016). Existiert bei einer Sachübernahme oder einem sonstigen Rechtsgeschäft zwischen Geplante Revision

78 BGE 140 III 602 E. 8.2 S. 605 m. w. H.
79 BGE 140 III 602 E. 9.3.1 S. 608 m. w. H.
80 BGE 140 III 602 E. 10.1 S. 609.

der Gesellschaft und einer rückerstattungspflichtigen Person ein offensichtliches *Missverhältnis* zwischen Leistung und Gegenleistung, besteht ein Rückerstattungsanspruch hinsichtlich desjenigen Anteils, welcher das Missverhältnis ausmacht (Art. 678 Abs. 2 E-OR 2016). Die wirtschaftliche Lage der Gesellschaft (N 121) spielt keine Rolle mehr. In Anlehnung an Art. 64 OR soll der Rückerstattungsanspruch nicht länger von der Bösgläubigkeit des Empfängers der Leistung abhängen (N 122). Doch entfällt die Pflicht zur Rückerstattung, wenn der Empfänger im Zeitpunkt der Rückforderung nachweisbar nicht mehr bereichert ist und er bei der Entäusserung gutgläubig war (Art. 678 Abs. 3 E-OR 2016 i. V. m. Art. 64 OR).

Mittels eines *Generalversammlungsbeschlusses* können Aktionärinnen die Geltendmachung des Rückerstattungsanspruchs der Gesellschaft auf deren Kosten erzwingen und anstelle des Verwaltungsrats einen Vertreter mit der Prozessführung beauftragen (Art. 678 Abs. 5 E-OR 2016). Ein Anspruch auf Rückerstattung einer Leistung zugunsten einer Konzerngesellschaft steht auch der Gläubigerin zu, wobei deren Klage wie diejenige der Aktionärin auf Leistung an die Gesellschaft gerichtet ist (Art. 678 Abs. 4 E-OR 2016).

Geändert wird schliesslich die *Frist* zur Geltendmachung des Anspruchs (N 123): Sie beträgt neu drei Jahre ab Kenntnis des Anspruchs (relative Frist) bzw. zehn Jahre nach dessen Entstehung (absolute Frist), wobei die Frist während einer Sonderuntersuchung (Art. 697*d* ff. E-OR 2016) stillsteht und eine längere strafrechtliche Verfolgungsverjährung vorbehalten bleibt (Art. 678*a* E-OR 2016).

3. Verbot der Einlagenrückgewähr

Umschreibung

125 Gemäss Art. 680 Abs. 2 OR ist die Aktionärin nicht berechtigt, den für die von ihr gezeichneten Aktien eingezahlten Ausgabebetrag zurückzufordern. Auch der Gesellschaft ist es untersagt, Aktienkapital ausserhalb eines Kapitalherabsetzungsverfahrens gemäss Art. 732 ff. OR an eine Aktionärin zurückzuzahlen. Eine entsprechende Rückzahlungsverpflichtung der Gesellschaft wäre nichtig. Wird dieses Kapitalrückzahlungsverbot verletzt, muss die Aktionärin den ausgezahlten Betrag zurückerstatten: Ihre Einlagepflicht lebt wieder auf.

Anwendung in Konzernverhältnissen

126 Das Verbot der Einlagenrückgewähr wirft in Konzernverhältnissen zum Teil heikle Fragen auf. So können Darlehen einer Untergesellschaft an die Obergesellschaft *(«up-stream»)* oder solche an Schwestergesellschaften (*«cross-»* oder *«side-stream»*; vgl. § 12 N 139) direkt oder indirekt eine unzulässige Ausschüttung von geschütztem Eigenkapital an die Aktionä-

rin (Obergesellschaft) darstellen.[81] Eine verdeckte Gewinnausschüttung (N 118) ist anzunehmen, wenn die Parteien tatsächlich keine Rückzahlung des Darlehens beabsichtigen (fehlender *Rückzahlungswille*), womit ein simuliertes Rechtsgeschäft vorliegt, oder wenn die Darlehensnehmerin zur Rückzahlung nicht fähig ist (fehlende anfängliche *Rückzahlungsfähigkeit*). Die Forderung der Gesellschaft auf Rückzahlung ist im letzteren Fall nicht *werthaltig*. Die I. zivilrechtliche Abteilung des Bundesgerichts nimmt in einem neueren, von der Lehre kritisierten Urteil hingegen bereits eine kapitalschutzrechtlich relevante Ausschüttung an, wenn das Darlehen an die Konzerngesellschaft nicht zu Markt- bzw. *Drittbedingungen* ausgerichtet wird.[82] Eine verdeckte Ausschüttung führt zur Nichtigkeit des Rechtsgeschäfts, sofern nicht genügend Gewinn bzw. ausschüttbare Reserven vorhanden oder die formellen Voraussetzungen für die Ausrichtung einer Dividende nicht eingehalten worden sind. Bei einem Eingriff in das Aktienkapital, d. h. einer unzulässigen Einlagenrückgewähr, kommt der Gesellschaft ein Anspruch auf Rückzahlung wie bei einer nicht vollständig liberierten Aktie zu (N 125). «Freies» Eigenkapital ist gemäss Bundesgericht in der Höhe des Darlehens für eine Dividendenausschüttung zu sperren.[83] Die Missachtung dieser Regel begründet auch für die Revisionsstelle, welche die Gesetzes- und Statutenkonformität des Dividendenantrags bestätigt, ein Verantwortlichkeitsrisiko.[84]

127 Zu konzerninternen Darlehen kommt es auch beim *cash pooling*. Ein solches dient in grösseren Unternehmensgruppen der Konzern-Innenfinanzierung sowie gemeinsamen Liquiditätsbewirtschaftung (vgl. § 12 N 148). Überschüsse einzelner Gesellschaften können von einem anderen Mitglied vorübergehend genutzt werden, ohne dass von einer Gruppengesellschaft separat ein Bankkredit in Anspruch genommen werden müsste. Sonderfall des Cash Pooling

81 Vgl. BGE 140 III 533 E. 4.2 S. 541 f. m. w. H. (Swisscargo).

82 BGE 140 III 533 E. 4.2 S. 542 m. w. H. (Swisscargo; ungesichertes Darlehen in der Höhe von CHF 16,5 Mio. bzw. CHF 7,2 Mio.); Kritik etwa bei Druey/Glanzmann, § 11 N 75 (Abweichung von Drittbedingungen lediglich als Indiz für die fehlende Rückzahlungsfähigkeit und die nicht vorhandene Werthaltigkeit der Rückzahlungsforderung; umgekehrt kann trotz Einhaltung des Marktzinssatzes eine Ausschüttung vorliegen); zum Ganzen EXPERTsuisse (vormals Treuhand-Kammer), Ausgewählte Fragen und Antworten bei der Beurteilung konzerninterner Forderungen, Cash Pooling und Dividenden im Hinblick auf Art. 680 Abs. 2 OR; Oliver Blum, Die Wirkung von Konzerndarlehen auf die Ausschüttungsfähigkeit, Besprechung des Urteils HG130015 des zürcherischen Handelsgerichts vom 20. Januar 2014 und des Bundesgerichtsurteils 4A_138/2014 vom 16. Oktober 2014, GesKR 4/2014, S. 463–474; Lukas Glanzmann/Markus Wolf, Cash Pooling – Was ist noch zulässig?, Ausgewählte Bemerkungen zum Urteil HG130015-O des Handelsgerichts des Kantons Zürich vom 20. Januar 2014, GesKR 2/2014, S. 264–273.

83 BGE 140 III 533 E. 4.2 S. 542 m. w. H. (Swisscargo; Pflicht zur Bildung einer Reserve [bzw. Rückstellung] im Umfang der Darlehensvaluta in Analogie zu Art. 659*a* Abs. 2 OR).

84 BGer. 4A_248/2012 vom 7. Januar 2013 (Swisscargo/PwC; Ausschüttung einer Dividende von CHF 28,5 Mio. an die Obergesellschaft).

Entsprechenden Guthaben gegenüber Konzerngesellschaften kommt Darlehenscharakter zu. Beim *notional cash pooling* werden die jeweiligen positiven und negativen Saldi der Bankkonten der beteiligten Gesellschaften lediglich rechnerisch (virtuell) zusammengeführt, während beim *zero balancing cash pooling* die Mittel zentral von der Poolführerin verwaltet und typischerweise täglich physisch ausgeglichen werden.[85]

Darlehen von Aktionärinnen

128 Von Leistungen der Gesellschaft an deren Aktionärinnen bzw. an die Obergesellschaft *(«up-stream»)* sind Darlehen einer Aktionärin an die Gesellschaft *(«down-stream»)* zu unterscheiden. Im Gegensatz zu Dividendenausschüttungen, welche ein Entgelt für die Gewährung von Eigenkapital durch die Aktionärin an die Gesellschaft darstellen, entfällt bei Zinszahlungen seitens der Gesellschaft an die Aktionärin die Besteuerung als Gewinn. Hält das Aktionärsdarlehen Drittbedingungen nicht ein, wird es steuerrechtlich als verdecktes Eigenkapital qualifiziert.

4. Massnahmen bei finanziellen Problemen

Finanzielle Lage gemäss Bilanz

129 Die Kapitalschutzvorschriften sollen nicht bloss präventiv wirken, sondern die zuständigen Organe der Gesellschaft auch anleiten, bei finanziellen Schwierigkeiten rechtzeitig die geeigneten Massnahmen zu ergreifen. Mit der drohenden Insolvenz steigt im Übrigen das praktische Risiko von Verantwortlichkeitsklagen, weshalb die Einhaltung der Pflichten durch den Verwaltungsrat und die Revisionsstelle in dieser Phase von besonderer Wichtigkeit ist. Angesichts der Rolle des Aktienkapitals im System des aktienrechtlichen Kapitalschutzes (N 88) hat der Verwaltungsrat die Entwicklung der finanziellen Lage anhand der Bilanz zu beobachten.

Bilanz- und Kapitalverlust

130 Ein *Bilanzverlust* (Unterbilanz im weiteren Sinne) liegt vor, wenn das Nettovermögen nicht mehr das gesamte Eigenkapital (Aktienkapital, gesetzliche Kapital- und Gewinnreserve sowie freiwillige Gewinnreserven) deckt.[86] Beim *Kapitalverlust* ist das Nettovermögen tiefer als das Aktienkapital und die gesetzlichen Reserven. Art. 725 Abs. 1 OR stellt auf den *hälftigen Kapitalverlust* ab. Davon ist die Rede, wenn das Nettovermögen die *Hälfte des Aktienkapitals und der gesetzlichen Reserven* nicht mehr zu decken vermag. Von einer *Unterbilanz* (im engeren Sinne) wird gesprochen, falls das Nettovermögen kleiner ist als das Aktienkapital. Die Bezugsgrössen sind zusammengefasst wie folgt:

[85] Ein Überschuss wird auf den *master account* der Poolführerin überwiesen; bei einem Habensaldo des individuellen Kontos (Liquiditätsdefizit) erfolgt eine Gutschrift durch die Poolführerin.

[86] Die Terminologie des Gesetzgebers und der Lehre ist nicht einheitlich; zum Ganzen etwa Böckli, § 13 N 738 ff.

- Bilanzverlust: Eigenkapital (Aktienkapital und Reserven)
- Kapitalverlust: Aktienkapital und gesetzliche Reserven
- hälftiger Kapitalverlust: Hälfte von Aktienkapital und gesetzlichen Reserven
- Unterbilanz: Aktienkapital
- (Überschuldung: Fremdkapital)

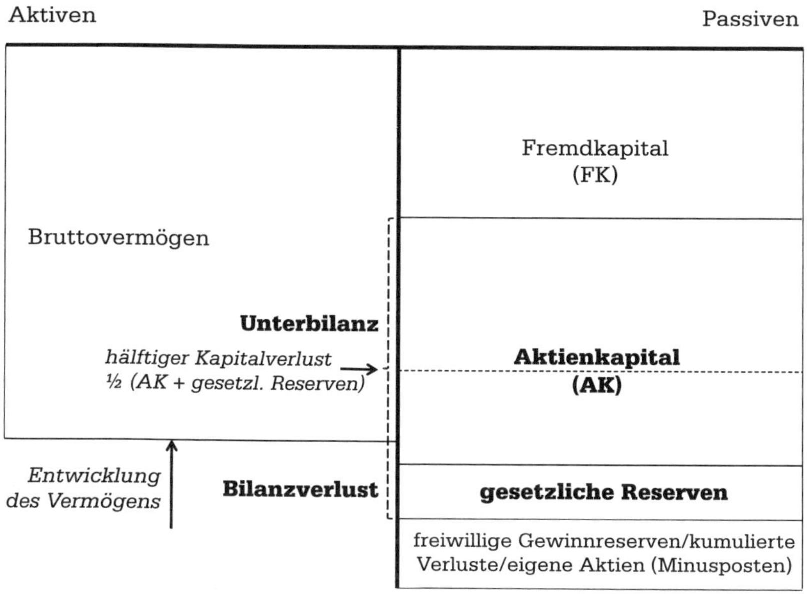

Abb. 26: Bilanzverlust und Unterbilanz

131 Eine Überschuldung liegt vor, wenn die Aktiven (Bruttovermögen) *nicht mehr alle Verbindlichkeiten* (Fremdkapital) der Gesellschaft decken (vgl. Art. 725 Abs. 2 Satz 2 OR), folglich kein Nettovermögen mehr vorhanden ist. Überschuldung

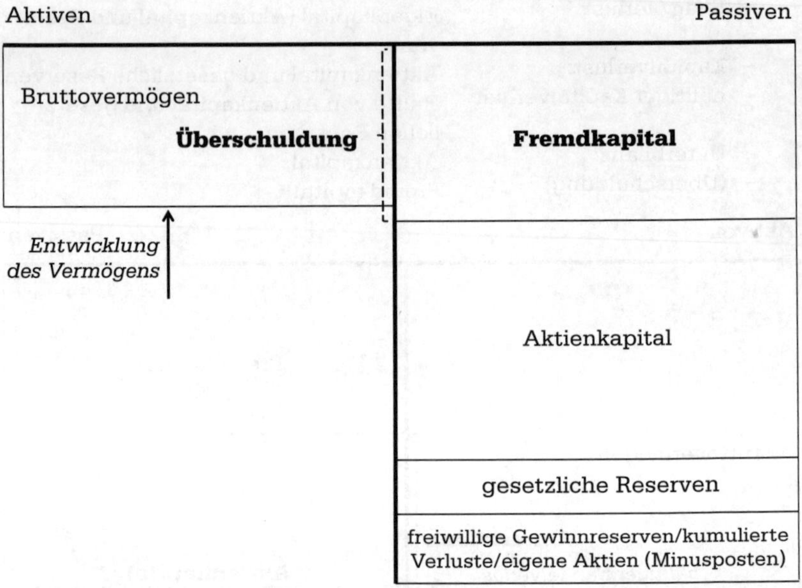

Abb. 27: Überschuldung

Massnahmen bei drohender Zahlungsunfähigkeit

Unter dem geltenden Recht muss der Verwaltungsrat erst aktiv werden, wenn die Bilanz einen hälftigen Kapitalverlust ausweist (Art. 725 Abs. 1 OR; N 133) oder begründete Besorgnis einer Überschuldung besteht (Art. 725 Abs. 2 OR; N 134). Für Sanierungsmassnahmen ist es dann oft zu spät. Demgegenüber wird der Handlungsbedarf bei einer mittelfristig drohenden Zahlungsunfähigkeit der Gesellschaft nicht direkt angesprochen. Aus der allgemeinen Kompetenzordnung ergibt sich bloss, dass der Verwaltungsrat für die Finanzplanung zuständig ist (Art. 716*a* Abs. 1 Ziff. 3 OR). Nach dem Entwurf 2016 zur Aktienrechtsrevision muss der Verwaltungsrat, wenn begründete Besorgnis besteht, dass die Gesellschaft in den nächsten sechs Monaten zahlungsunfähig wird, einen *Liquiditätsplan* erstellen[87] und eine Beurteilung der wirtschaftlichen Lage der Gesellschaft vornehmen (Art. 725 Abs. 1 E-OR 2016). Ist die Gesellschaft zur ordentlichen Revision verpflichtet, beträgt der Zeitraum zwölf Monate. Droht gemäss Liquiditätsplan die Zahlungsunfähigkeit, muss der Verwal- 132

87 Der Liquiditätsplan zeigt die vorhandenen flüssigen Mittel sowie die zu erwartenden Ein- und Auszahlungen auf (Art. 725 Abs. 2 Satz 1 E-OR 2016; vgl. Botschaft E-OR 2016, S. 574 [prospektive Abschätzung der künftigen Zuflüsse der flüssigen Mittel]).

tungsrat weitere Massnahmen zur Sicherstellung der Zahlungsfähigkeit ergreifen und nötigenfalls ein Nachlassstundungsgesuch gemäss Art. 293 lit. a SchKG einreichen (Art. 725 Abs. 3 E-OR 2016)

133 Im Fall eines hälftigen Kapitalverlusts hat der Verwaltungsrat unverzüglich eine *Generalversammlung* einzuberufen und ihr *Sanierungsmassnahmen* zu beantragen (Art. 725 Abs. 1 OR). Solche Massnahmen reichen von bilanztechnischen Instrumenten bis zur Zuführung neuen Kapitals. Die finanzielle Lage der Gesellschaft lässt sich etwa verbessern durch die Auflösung von Reserven (N 228 ff.) zur Deckung von Verlusten, eine Kapitalherabsetzung oder eine Kapitalerhöhung mittels Umwandlung von Fremd- in Eigenkapital.[88] Hinzu kommen betriebliche oder organisatorische Anpassungen. Der Entwurf 2016 zur Aktienrechtsrevision (Art. 725*a* E-OR 2016) setzt bereits bei einem Verlust von einem Drittel des Aktienkapitals und der gesetzlichen Reserven an. Wenn die letzte Jahresrechnung zeigt, dass die Aktiven abzüglich der Verbindlichkeiten zwei Drittel der Summe aus Aktienkapital und gesetzlicher Kapital- sowie Gewinnreserve nicht mehr decken, hat der Verwaltungsrat die wirtschaftliche Lage der Gesellschaft zu beurteilen und Massnahmen zur Beseitigung des Kapitalverlusts zu ergreifen. Die letzte Jahresrechnung muss zumindest eingeschränkt durch eine zugelassene Revisorin geprüft werden, sofern der Verwaltungsrat nicht ein Gesuch um Nachlassstundung stellt.

Massnahmen bei hälftigem Kapitalverlust

134 Besteht begründete Besorgnis einer Überschuldung, muss der Verwaltungsrat eine *Zwischenbilanz* erstellen und diese von einer zugelassenen Revisorin prüfen lassen (Art. 725 Abs. 2 Satz 1 OR). Sind nach der Zwischenbilanz die Forderungen der Gesellschaftsgläubiger weder zu Fortführungs- noch zu Veräusserungswerten (bei einer Liquidation) gedeckt, hat der Verwaltungsrat das Gericht zu benachrichtigen und dieses um die Eröffnung des Konkurses oder gegebenenfalls um Nachlassstundung zu ersuchen (vgl. Art. 725 Abs. 2 Satz 2 OR). Vorbehalten bleibt ein Rangrücktritt von Gesellschaftsgläubigern im Ausmass der Überschuldung (Rangrücktritts- oder Subordinationserklärung).[89] Falls Aussicht auf Sanierung besteht, kann das Gericht die Eröffnung des Konkurses auf Antrag

Massnahmen bei Überschuldung

88 Zur Möglichkeit der Aufwertung von Grundstücken oder Beteiligungen zwecks bilanzmässiger Sanierung vgl. N 228.

89 Art. 725*b* Abs. 4 E-OR 2016 präzisiert, dass der Rangrücktritt (samt Stundung der Forderungen) den geschuldeten Betrag sowie die Zinsen während der Dauer der Überschuldung zu umfassen hat, und erwähnt als zweite Ausnahme von der Pflicht zur Benachrichtigung des Gerichts die begründete Aussicht, dass die Überschuldung innerhalb von längstens *90 Tagen* seit Vorliegen der Zwischenbilanz behoben werden kann und dass sich die Überschuldung während dieser Zeit nicht wesentlich vergrössert.

des Verwaltungsrats oder eines Gläubigers aufschieben und einen Sachwalter bestellen (Art. 725*a* OR).

V. Eigene Aktien

Voraussetzungen und Einschränkungen

Wenn die Gesellschaft ihre Aktiven dafür einsetzt, um eigene Aktien zu kaufen, erwirbt sie wirtschaftlich betrachtet Vermögen, welches ihr bereits gehört. Ausserdem wäre problematisch, falls der Verwaltungsrat das Stimmrecht an den eigenen Aktien ausüben könnte. Deshalb schränkt Art. 659 OR den Erwerb eigener Aktien ein und regelt in Art. 659*a* OR die Rechtsfolgen. Erstens muss die AG über *frei verwendbares Eigenkapital* in der Höhe des vorgesehenen Anschaffungswerts verfügen. Zweitens darf die Gesellschaft nicht mehr als *10 % des Aktienkapitals* erwerben. Im Zusammenhang mit einer Vinkulierungsbestimmung (N 140 ff.) darf die Gesellschaft eigene Aktien im Umfang von bis zu 20 % des Aktienkapitals halten (Art. 659 Abs. 2 OR).[90] Die eigenen Aktien, welche den Grenzwert von 10 % übersteigen, sind innerhalb von zwei Jahren zu veräussern oder mittels Kapitalherabsetzung zu vernichten. Die genannten Vorgaben gelten als Ordnungsvorschriften, so dass Rechtsgeschäfte trotz Verstössen grundsätzlich gültig sind. Indessen sind negative Steuerfolgen zu bedenken. Verstösst ein Rechtsgeschäft gleichzeitig gegen das Verbot der Einlagenrückgewähr i. S. v. Art. 680 Abs. 2 OR (N 125), droht Nichtigkeit. 135

Rechtsfolgen

Das *Stimmrecht* und die damit verbundenen Rechte können für die von der Gesellschaft gehaltenen Aktien *nicht ausgeübt* werden (Art. 659*a* Abs. 1 OR).[91] Überdies ist die Gesellschaft unter den geltenden Rechnungslegungsvorschriften verpflichtet, in der Höhe des Anschaffungswerts bzw. Ausgabebetrags beim Eigenkapital einen *Minusposten* auszuweisen bzw. einen entsprechenden Abzug vorzunehmen (vgl. Art. 959*a* Abs. 2 Ziff. 3 lit. e OR; Art. 659*a* Abs. 4 E-OR 2016; N 228). Demzufolge ist die Bildung einer besonderen Reserve für eigene Aktien entgegen dem Gesetzeswortlaut (vgl. Art. 659*a* Abs. 2 und Art. 671*a* OR) nicht mehr erforder- 136

90 Gemäss Art. 659 Abs. 3 Satz 1 E-OR 2016 findet der erhöhte Grenzwert auch Anwendung, wenn die eigenen Aktien im Zusammenhang mit einer *Auflösungsklage* erworben werden. Diese Regelung erleichtert es dem Gericht, einer Auflösungsklägerin den Austritt aus der AG zu ermöglichen (N 340).

91 Art. 659*a* Abs. 2 E-OR 2016 ordnet dieselbe Rechtsfolge für den Fall an, dass die eigenen Aktien vorübergehend auf einen Dritten übertragen werden, beispielsweise aufgrund eines Wertpapierdarlehens *(securities lending)* oder ähnlichen Rechtsgeschäfts, mit welchem die Stimmrechtsbeschränkung umgangen werden könnte. Bei einer unzulässigen Stimmrechtsausübung findet die Bestimmung zur unbefugten Teilnahme an einer Generalversammlung (Art. 691 OR) Anwendung (Art. 659*a* Abs. 3 E-OR 2016).

lich. In der Regel werden auf eigene Aktien *keine Dividenden* bezahlt, da eine Ausschüttung der Gesellschaft an sich selbst nicht sinnvoll ist.

137 Die mit dem Erwerb eigener Aktien verbundenen Probleme treten in ähnlicher Weise auf, wenn die Aktien von einer kontrollierten Gesellschaft gehalten werden. Die erwähnten Restriktionen (N 135) und Rechtsfolgen (N 136) sind deshalb auch anwendbar, wenn die Gesellschaft an einer Untergesellschaft direkt oder indirekt mehrheitlich beteiligt ist[92] und Letztere Aktien der Gesellschaft erwirbt bzw. bereits hält (Art. 659*b* Abs. 1 und Abs. 2 OR). Falls sowohl die Ober- als auch die Untergesellschaft Aktien halten, sind die Beteiligungen zusammenzuzählen. Die Obergesellschaft hat den Anschaffungswert bzw. Ausgabebetrag der Aktien von den Beteiligungen abzuziehen bzw. diesen gesondert als gesetzliche Gewinnreserve auszuweisen (vgl. Art. 659*b* Abs. 3 OR; Art. 659*b* Abs. 2 Satz 2 E-OR 2016). Konzernverhältnis

VI. Übertragbarkeitsbeschränkungen

1. Arten von Übertragbarkeitsbeschränkungen

138 Die Aktien können im Prinzip frei übertragen werden (Art. 684 Abs. 1 OR), denn bei einer kapitalbezogenen Gesellschaft wie der AG sind die persönlichen Eigenschaften und Fähigkeiten der Erwerberin nicht von zentraler Bedeutung. Da der Aktionärin nach dem Aktienrecht grundsätzlich kein Austrittsrecht zukommt, ist es entscheidend, dass die Aktionärin ihre Mitgliedschaft durch Veräusserung der Aktien aufgeben bzw. übertragen kann. Nichtsdestotrotz gewährt das Aktienrecht der Gesellschaft die Möglichkeit, die Übertragbarkeit der Aktien unter gewissen Voraussetzungen auf statutarischer Grundlage einzuschränken (sog. Vinkulierung). Gerade in kleineren Gesellschaften mit personenbezogenen Elementen besteht oft ein Bedürfnis, auf die Zusammensetzung des Aktionariats Einfluss zu nehmen. Demgegenüber geht es in *Publikumsgesellschaften* darum, Machtkonzentrationen und dadurch feindliche Übernahmen zu verhindern. Dabei handelt der Verwaltungsrat unter Umständen im eigenen Interesse, nicht im Interesse der Gesellschaft oder der Aktionärinnen, weshalb die recht verbreitete Vinkulierungspraxis bei schweizerischen Publikumsgesellschaften zunehmend auf Kritik stösst. Soweit die Vinkulierung Investoren von einer Beteiligung abhalten sollte, könnten die Freie Übertragbarkeit als Grundsatz

[92] Art. 659*b* Abs. 1 E-OR 2016 stellt statt auf die mehrheitliche Beteiligung auf die (direkte oder indirekte) Kontrolle (vgl. Art. 963 Abs. 2 OR) ab.

Übertragbarkeitsbeschränkungen zu einem Abschlag beim Aktienkurs führen. Neben der statutarischen Vinkulierung (N 140 ff.) sieht das Gesetz eine Übertragbarkeitsbeschränkung vor, welche unabhängig von einer Erwähnung in den Statuten zur Anwendung gelangt (N 139).

Gesetzliche Übertragbarkeitsbeschränkung

139 Sind Namenaktien nicht voll liberiert, erfordert ihre Übertragung kraft Gesetzes die Zustimmung der Gesellschaft («Bonitätsvinkulierung», Art. 685 Abs. 1 OR; N 59).[93] Vorbehalten bleibt eine Übertragung der Aktien durch Erbgang, Erbteilung, eheliches Güterrecht oder Zwangsvollstreckung. Die Gesellschaft darf ihre Zustimmung nicht aus beliebigen Gründen verweigern, sondern nur, wenn die Zahlungsfähigkeit der Erwerberin zweifelhaft ist und diese die verlangte Sicherheit nicht leistet (Art. 685 Abs. 2 OR).

Statutarische Übertragbarkeitsbeschränkungen

140 Die grössere Bedeutung kommt den Übertragbarkeitsbeschränkungen auf statutarischer Grundlage zu. Die Statuten haben zu umschreiben, in welchen Fällen die Übertragung der Namenaktien der Zustimmung der Gesellschaft bedarf und welche Voraussetzungen die Erwerberin erfüllen muss, um als Aktionärin mit Stimmrecht anerkannt und in das Aktienbuch eingetragen zu werden. Da die Vinkulierung den «Austritt» bestehender und den «Eintritt» neuer Aktionärinnen beschränkt, stellt das Gesetz solche Statutenbestimmungen nicht in das freie Ermessen der Generalversammlung. Während bei einer kleineren AG die persönlichen Verhältnisse nicht bedeutungslos sind und gewisse Selektionskriterien legitim erscheinen, wäre bei börsenkotierten Aktien eine rigide Vinkulierung geradezu sinnwidrig. Die gesetzliche Ordnung differenziert deshalb danach, ob die Aktien börsenkotiert sind (N 143 f.) oder nicht (N 141 f.). Die Übertragbarkeitsbeschränkungen gelten jeweils auch für die Begründung einer *Nutzniessung* (Art. 685*a* Abs. 2 OR), denn dem Nutzniesser steht gemäss Art. 690 Abs. 2 OR das Stimmrecht zu. Die *Verpfändung* der Aktien wird durch die Vinkulierung hingegen nicht eingeschränkt; die Aktionärin bleibt stimmberechtigt (Art. 905 Abs. 1 ZGB). Vinkulierungsbestimmungen dürfen auch nachträglich eingeführt werden, selbst gegen den Willen von Minderheitsaktionärinnen. Der Beschluss der *Generalversammlung* untersteht dem qualifizierten Quorum von zwei Dritteln gemäss Art. 704 Abs. 1 Ziff. 3 OR und darf nicht gegen das Sachlichkeitsgebot, das Verhältnismässigkeitsprinzip oder den Gleichbehandlungsgrundsatz verstossen (vgl. Art. 706 Abs. 2 OR).

93 Diese Übertragbarkeitsbeschränkung bleibt auch unter dem Entwurf 2016 zur Aktienrechtsrevision bestehen, da teilliberierte Aktien entgegen dem früheren Vorschlag weiterhin zugelassen sind.

2. Nicht börsenkotierte Aktien

141 Bei nicht börsenkotierten Aktien anerkennt das Gesetz drei Arten von Ablehnungsgründen (Art. 685*b* OR): Ablehnungsgründe

1. einen wichtigen, in den Statuten genannten Grund betreffend die Zusammensetzung des Aktionärskreises, sofern dieser die Ablehnung mit Blick auf den Gesellschaftszweck (vgl. N 35) oder die wirtschaftliche Selbständigkeit des Unternehmens rechtfertigt, insbesondere das Erfordernis von persönlichen Eigenschaften oder Fähigkeiten, welche für die Zweckerreichung von Bedeutung sind, oder die Verhinderung der Beteiligung von Konkurrenten;[94]
2. das Angebot an den Veräusserer, die Aktien zum wirklichen Wert[95] zu übernehmen *(«escape clause»)*, sei es für eigene Rechnung, für Rechnung anderer Aktionärinnen oder für Rechnung Dritter, wobei dieser Grund als einziger auch bei einem Erwerb durch Erbgang, Erbteilung, eheliches Güterrecht oder Zwangsvollstreckung anwendbar ist;[96]
3. die Verweigerung der Erklärung durch die Erwerberin, dass sie die Aktien im eigenen Namen und auf eigene Rechnung, d. h. nicht bloss fiduziarisch oder treuhänderisch, erworben hat *(«Fiduz-» oder «Treuhandklausel»)*.[97]

94 Eine mögliche Formulierung lautet: «Die Übertragung von Aktien, ob zu Eigentum oder zur Nutzniessung, bedarf der Genehmigung durch den Verwaltungsrat. Die Zustimmung kann aus wichtigen Gründen verweigert werden. Als wichtige Gründe gelten: [...] das Fehlen von Fähigkeiten des Erwerbers, die im Hinblick auf den Gesellschaftszweck notwendig sind [...].»

95 Wie der wirkliche Wert bestimmt werden muss, ist oft umstritten. Fehlt ein Marktwert (Verkehrswert), ist wohl auf den *inneren Wert* abzustellen, wobei neben dem *Substanzwert* (bestimmt anhand des Nettovermögens der Gesellschaft) und dem *Ertragswert* (welcher sich nach dem erwarteten künftigen Ertrag richtet) die Höhe der Beteiligung berücksichtigt werden sollte. Nach Art. 685*b* Abs. 5 OR kann die Erwerberin verlangen, dass der Wert auf Kosten der Gesellschaft durch das Gericht bestimmt wird.

96 Beispiel (gemäss Musterstatuten des Handelsregisteramts Zürich): «Die Übertragung der Namenaktien oder die Begründung einer Nutzniessung an den Namenaktien bedarf der Genehmigung durch den Verwaltungsrat. Der Verwaltungsrat kann das Gesuch um Zustimmung ablehnen, wenn er im Namen der Gesellschaft dem Veräusserer der Aktien anbietet, die Aktien für deren Rechnung, für Rechnung anderer Aktionäre oder für Rechnung Dritter zum wirklichen Wert im Zeitpunkt des Gesuches zu übernehmen [...].» Das Übernahmeangebot steht einer Gesellschaft mit nicht kotierten vinkulierten Aktien gemäss der Lehre auch ohne entsprechende Klausel in den Statuten zur Verfügung, vgl. Böckli, § 6 N 197 m. w. H.

97 Beispiel (gemäss Musterstatuten des Handelsregisteramts Zürich): «[...] Der Verwaltungsrat kann das Gesuch um Zustimmung ablehnen, [...] wenn der Erwerber nicht ausdrücklich erklärt, dass er die Aktien im eigenen Namen und auf eigene Rechnung erworben hat.» Nach der herrschenden Lehre ist auch dieser Vinkulierungsgrund ohne ausdrückliche Erwähnung in den Statuten auf die vinkulierten Namenaktien anwendbar, vgl. Böckli, § 6 N 285 m. w. H.

Rechtsübergang

Sämtliche Rechte an den Aktien verbleiben beim Veräusserer, bis die Zustimmung der Gesellschaft vorliegt oder drei Monate seit Erhalt des Gesuchs um Zustimmung verstrichen sind, ohne dass die Gesellschaft das Gesuch zu Recht abgelehnt hätte (vgl. Art. 685*c* Abs. 1 und Abs. 3 OR). Beim Erwerb durch Erbgang, Erbteilung, eheliches Güterrecht oder Zwangsvollstreckung gehen das Eigentum und die Vermögensrechte sogleich über, die Mitwirkungsrechte erst mit der Zustimmung (Art. 685*c* Abs. 2 OR). Es kommt hier vorübergehend zu einer Spaltung der Rechte, bis die Gesellschaft die Zustimmung erteilt hat oder das Angebot zur Übernahme der Aktien zustande gekommen ist. Entfallen die Voraussetzungen für den Erwerb im Nachhinein oder führt die Gesellschaft nachträglich eine Vinkulierungsbestimmung ein, behält die von der Gesellschaft als Aktionärin anerkannte Erwerberin grundsätzlich ihre Rechtsposition. 142

3. Börsenkotierte Aktien

Ablehnungsgründe

Bei börsenkotierten Aktien lässt das Gesetz die folgenden Ablehnungsgründe zu, welche beim Erwerb durch Erbgang, Erbteilung oder eheliches Güterrecht[98] nicht anwendbar sind (Art. 685*d* OR und Art. 4 Schlussbestimmungen zum XXVI. Titel vom 4. Oktober 1991): 143

1. die Überschreitung einer in den Statuten aufgeführten prozentmässigen Begrenzung der Namenaktien, für welche eine Erwerberin als Aktionärin anerkannt werden muss *(«Prozentklausel»)*;
2. die Verweigerung der Erklärung durch die Erwerberin, dass sie die Aktien im eigenen Namen und auf eigene Rechnung erworben hat *(«Fiduz-»* oder *«Treuhandklausel»*[99]*)*;[100]
3. die Anerkennung der Erwerberin könnte die Gesellschaft daran hindern, durch Bundesrecht geforderte Nachweise über die Zusammensetzung des Kreises der Aktionärinnen zu erbringen *(«Ausländerklausel»)*, beispielsweise eine Bank im Zusammenhang mit qua-

[98] Im Unterschied zu Art. 685*b* Abs. 4 und Art. 685*c* Abs. 2 OR wird der Aktienerwerb im Rahmen einer Zwangsvollstreckung in Art. 685*d* Abs. 3 OR nicht erwähnt. Es ist strittig, ob der Gesetzgeber diese Differenzierung bewusst vorgenommen hat (Böckli, § 6 N 114 m. w. H. verneint ein redaktionelles Versehen, weil die Vermögensrechte hier ohnehin auf die Erwerberin übergehen).

[99] Gemäss der herrschenden Lehre gilt dieser Vinkulierungsgrund bei vinkulierten Namenaktien auch ohne ausdrückliche statutarische Erwähnung, vgl. Böckli, § 6 N 119 m. w. H.

[100] Der Entwurf 2016 zur Aktienrechtsrevision ergänzt diesen Ablehnungsgrund mit der verweigerten Erklärung, dass keine Vereinbarung über die Rücknahme oder Rückgabe der Aktien besteht (Art. 685*d* Abs. 2 Satz 1 E-OR 2016). Es geht um Wertpapierdarlehen *(securities lending)* und ähnliche Rechtsgeschäfte, welche teilweise – ähnlich wie treuhänderische Übertragungen – zur Umgehung von Stimmrechtsbeschränkungen eingesetzt werden.

lifizierten Beteiligungen von Ausländern (vgl. Art. 3bis Abs. 3 BankG), während das analoge Problem bei Immobiliengesellschaften aufgrund der *Lex Koller* lediglich beim Erwerb von *nicht börsenkotierten* Anteilen durch Personen im Ausland auftreten würde.

144 Beim *börsenmässigen* Aktienerwerb gehen die Rechte mit der Übertragung auf die Erwerberin über (Art. 685*f* Abs. 1 Satz 1 OR). Die Bank des Veräusserers hat dessen Namen und die Anzahl verkaufter Aktien gemäss Art. 685*e* OR der Gesellschaft zu melden, worauf diese den Eintrag im Aktienbuch löschen wird. Werden die Aktien *ausserbörslich* erworben, gehen die Rechte auf die Erwerberin über, sobald diese bei der Gesellschaft ein Gesuch um Anerkennung als Aktionärin eingereicht hat (Art. 685*f* Abs. 1 Satz 2 OR). Indessen vermag die Erwerberin das Stimmrecht und die damit zusammenhängenden Rechte erst auszuüben, wenn die Gesellschaft sie anerkennt (Art. 685*f* Abs. 2 OR) oder ihr Gesuch um Anerkennung nicht innerhalb von 20 Tagen ablehnt (Art. 685*g* OR). Vor bzw. unabhängig von der Anerkennung als Aktionärin mit Stimmrecht kann die Erwerberin als Aktionärin ohne Stimmrecht in das Aktienbuch eingetragen werden (Art. 685*f* Abs. 3 OR). Da auch der Veräusserer das Stimmrecht nicht mehr ausüben darf, gelten die Aktien in einer Generalversammlung als nicht vertreten. Erfolgt die Ablehnung der Anerkennung zu Unrecht, darf die Erwerberin gerichtlich vorgehen. Sie erlangt das Stimmrecht ab dem Zeitpunkt des Gerichtsurteils (Art. 685*f* Abs. 4 OR). Rechtsübergang

VII. Kapitalerhöhungen

1. Arten, Gründe und Verfahren

145 Das geltende Recht kennt drei unterschiedliche Formen der Kapitalerhöhung: die direkt von der Generalversammlung beschlossene *ordentliche* Kapitalerhöhung (N 154 ff.), die Ermächtigung des Verwaltungsrats durch die Generalversammlung, aus dem auf diese Weise *genehmigten* Kapital innerhalb gewisser Rahmenbedingungen selbständig über eine Kapitalerhöhung zu beschliessen (N 157 ff.), und die Bereitstellung von *bedingtem* Aktienkapital zwecks Ausübung von Wandel- oder Optionsrechten durch Gläubiger von Obligationen oder durch Arbeitnehmer (N 163 ff.). Bevor näher auf die einzelnen Kapitalerhöhungsarten eingegangen wird, sind einige gemeinsame Merkmale zu erörtern. Arten von Kapitalerhöhungen

146 Es können unterschiedliche Beweggründe bestehen, um eine Kapitalerhöhung durchzuführen. Naheliegend ist das Bedürfnis, der Gesellschaft auf der Basis von Eigenkapital finanzielle Mittel zuzuführen. Denkbar ist aber Gründe für Kapitalerhöhungen

auch, dass der Gesellschaft ein Darlehen gewährt worden ist und dieses Fremdkapital in Aktien umgewandelt werden soll. Zwar gewinnt die Gesellschaft dadurch keine Liquidität, doch verbessert sich das Bilanzbild infolge Reduktion der Schulden.

Aktienzeichnung und Liberierung

Die ordentliche Kapitalerhöhung bzw. die Durchführung einer Kapitalerhöhung aus genehmigtem Aktienkapital gleicht in verschiedener Hinsicht der Gründung. Für die Zeichnung der Aktien (hier mittels Zeichnungsschein; Art. 652 Abs. 1 OR)[101] und die Liberierung (vgl. Art. 652*c* OR) kann auf die Ausführungen zur Gründung verwiesen werden (N 6 und N 48 ff.). Die Liberierung durch Umwandlung von frei verwendbarem Eigenkapital in Aktienkapital (N 81) ist nur bei Kapitalerhöhungen denkbar. 147

Kapitalerhöhungsbericht

Im Kapitalerhöhungsbericht hat der Verwaltungsrat über die in Art. 652*e* OR genannten Punkte Rechenschaft abzulegen, darunter die Einhaltung des Generalversammlungsbeschlusses sowie – analog zum Gründungsbericht gemäss Art. 635 OR – gewisse Aspekte bei qualifizierten Formen der Liberierung. Der Kapitalerhöhungsbericht wird im Rahmen des Feststellungsbeschlusses (N 150) vom anwesenden Verwaltungsratsmitglied unterzeichnet und der öffentlichen Urkunde beigelegt. 148

Prüfungsbestätigung

Liegen qualifizierte Tatbestände vor, muss eine zugelassene Revisorin den Kapitalerhöhungsbericht des Verwaltungsrats prüfen und dessen Vollständigkeit sowie Richtigkeit bestätigen (Art. 652*f* Abs. 1 OR). Keine Prüfungsbestätigung ist gemäss Art. 652*f* Abs. 2 OR erforderlich, wenn die neuen Aktien in Geld liberiert werden, keine Sachübernahme geplant ist und die Bezugsrechte der Aktionärinnen nicht eingeschränkt werden. 149

Feststellungsbeschluss

Sind die neuen Aktien gültig gezeichnet sowie liberiert worden und liegen die erforderlichen Unterlagen, darunter der Kapitalerhöhungsbericht und gegebenenfalls die Prüfungsbestätigung, vor, stellt der Verwaltungsrat in öffentlicher Urkunde die gesetzeskonforme Durchführung der Kapitalerhöhung fest und passt die Statuten an (vgl. Art. 652*g* OR). 150

[101] Beim Zeichnungsschein, welcher für eine ordentliche oder eine genehmigte Kapitalerhöhung verwendet wird, sind die formellen Vorgaben gemäss Art. 652 Abs. 2 OR zu beachten, wonach unter anderem ausdrücklich auf den Generalversammlungsbeschluss hingewiesen werden muss. Gemäss Art. 652 Abs. 3 OR ist ein nicht befristeter Zeichnungsschein drei Monate ab der Unterzeichnung gültig. Der Entwurf 2016 zur Aktienrechtsrevision sieht keine derartige Frist mehr vor. Weil die Zeichnungsscheine dem Handelsregisteramt nicht als Belege eingereicht werden müssen, könnte die Fristeinhaltung ohnehin bloss von der Urkundsperson im Zeitpunkt des Feststellungsbeschlusses überprüft werden. Zu beachten bleibt, dass eine ordentliche Kapitalerhöhung innerhalb von sechs (bisher drei) Monaten ab dem Erhöhungsbeschluss der Generalversammlung beim Handelsregisteramt angemeldet werden muss (Art. 650 Abs. 3 E-OR 2016).

151 Das Verfahren der Kapitalerhöhung wird abgeschlossen mit der *Eintragung* des erhöhten Aktienkapitals in das Handelsregister (vgl. Art. 652*h* Abs. 1 und Abs. 2 OR).[102] Vor der Eintragung in das Tagesregister ausgegebene Aktien sind *nichtig* (Art. 652*h* Abs. 3 OR; vgl. zur Gründung Art. 644 Abs. 1 OR; N 84).

Handelsregisteranmeldung

152 Werden im Rahmen der Kapitalerhöhung Aktien öffentlich zur Zeichnung angeboten, ist ein Emissions- oder Angebotsprospekt gemäss Art. 652*a* OR zu erstellen. Darin sind einige Angaben zur Gesellschaft und zu deren Aktien aufzuführen. Der gesetzlich verlangte Inhalt (vgl. Art. 652*a* Abs. 1 OR) ist überschaubar, namentlich verglichen mit dem Kotierungsprospekt, welcher gleichzeitig zu veröffentlichen ist, falls die Titel börsenkotiert sind, und beispielsweise auf besondere Risiken hinzuweisen hat (vgl. für Beteiligungsrechte, welche an der SIX Swiss Exchange AG kotiert sind, Art. 27 ff. KR). Um zu beurteilen, ob ein Emissionsprospekt erforderlich ist, kommt dem – nicht immer klaren – Kriterium der *Öffentlichkeit* grosse Bedeutung zu. Nach Art. 652*a* Abs. 2 OR ist eine Einladung zur Aktienzeichnung öffentlich, wenn sie sich «nicht an einen begrenzten Kreis von Personen richtet». Gemäss der Lehre, welche sich hierfür an der Gesetzgebung zu den kollektiven Kapitalanlagen orientiert, ist nicht primär die Anzahl Adressaten massgeblich, sondern die Ausrichtung auf einen unbegrenzten Adressatenkreis.[103] Entsprechend dürfte die Einladung nicht öffentlich sein, wenn sie sich einzig an die bisherigen Namenaktionärinnen richtet, sofern die Bezugsrechte nicht gehandelt werden, und wenn die Aktien nicht fest durch Banken gezeichnet werden zwecks öffentlicher Ausgabe (zum Festübernahmeverfahren vgl. N 156). Art. 652*a* Abs. 4 E-OR 2016 stellt klar, dass kein Emissionsprospekt erforderlich ist, wenn die Aktien ausschliesslich qualifizierten Anlegern i. S. v. Art. 10 Abs. 3 KAG zur Zeichnung angeboten werden. Ist ein Emissionsprospekt zu erstellen, muss der Verwaltungsrat einer AG ohne Revisionsstelle die Jahresrechnung oder eine Zwischenbilanz durch eine zugelassene Revisorin prüfen lassen und das Ergebnis der Revision im Prospekt erwähnen (Art. 652*a* Abs. 3 OR). Wegen der Haftungsrisiken ist der Prospektinhalt sorgfältig zu prüfen. Unrichtige, irreführende oder den gesetzlichen Anforderungen nicht entsprechende Angaben in einem Emissionsprospekt oder ähnlichen Mitteilungen können die *Prospekthaftung* i. S. v. Art. 752 OR auslösen. Im Vorentwurf des *Finanzdienstleistungsgesetzes* ist eine Neu-

Emissionsprospekt

102 Vgl. zu den Belegen für die Anmeldung einer ordentlichen Kapitalerhöhung Art. 46 Abs. 2 HRegV; für die Anmeldung der Durchführung einer genehmigten Kapitalerhöhung Art. 50 Abs. 1 HRegV.

103 Vgl. BSK OR II-ZINDEL/ISLER, Art. 652*a* N 3 m. w. H.

regelung des Prospekterfordernisses angeregt worden, unter anderem um die Ausnahmen von der Prospektpflicht zu präzisieren.[104]

Bedingte Kapitalerhöhung

Die Durchführung einer bedingten Kapitalerhöhung weist einige Besonderheiten auf, welche damit zusammenhängen, dass sich das Aktienkapital als Folge der Ausübung der Wandel- oder Optionsrechte kraft Gesetzes erhöht. Darauf ist zurückzukommen (N 168). 153

2. Ordentliche Kapitalerhöhung

Generalversammlungsbeschluss

Die ordentliche Kapitalerhöhung wird von der Generalversammlung beschlossen (Art. 650 Abs. 1 OR). Eine Liberierung aus Eigenkapital (N 81) oder durch Sacheinlage (N 71 ff.) bzw. zwecks Sachübernahme (N 74 ff.), die Gewährung besonderer Vorteile anlässlich der Kapitalerhöhung (N 82) und die Einschränkung oder Aufhebung des Bezugsrechts der Aktionärinnen (N 173) führen dazu, dass der Beschluss dem qualifizierten Quorum untersteht (vgl. Art. 704 Abs. 1 Ziff. 5 und Ziff. 6 OR). In den übrigen Fällen findet das ordentliche Quorum gemäss Art. 703 OR Anwendung. Der Beschluss der Generalversammlung umfasst bereits die zentralen Rahmenbedingungen der Kapitalerhöhung, wie sie gemäss Art. 650 Abs. 2 OR in der öffentlichen Urkunde anzugeben sind. Dazu gehören etwa die Form der Liberierung, die Vinkulierung der neuen Aktien oder eine Einschränkung des Bezugsrechts. Die Festsetzung des Ausgabebetrags darf an den Verwaltungsrat delegiert werden (Art. 650 Abs. 2 Ziff. 3 OR). Als zulässig betrachtet wird die Kapitalerhöhung mit *Maximalbetrag*, bei welcher der Verwaltungsrat die Kapitalerhöhung im Umfang der eingegangenen Zeichnungen durchzuführen hat. Der Entscheid über die Verwendung von nicht ausgeübten Bezugsrechten darf entgegen Art. 650 Abs. 2 Ziff. 8 OR ebenfalls dem Verwaltungsrat überlassen werden, welcher sich nach dem Gesellschaftsinteresse zu richten und die Aktionärinnen gleich zu behandeln hat.[105] In seltenen Fällen erfolgt die Kapitalerhöhung nicht durch Ausgabe von neuen Aktien, sondern durch eine Erhöhung des Nennwerts der bestehenden Aktien (Nennwertaufschreibung). 154

....

104 Vgl. Art. 3 lit. h und lit. i sowie Art. 37 ff. des Entwurfs zum Finanzdienstleistungsgesetz vom 4. November 2015 (BBl 2015, S. 9093–9138, S. 9095 und S. 9105 ff.), welche Art. 652*a*, Art. 752 und Art. 1156 OR ablösen sollen; dazu Botschaft des Bundesrats zum Finanzdienstleistungsgesetz (FIDLEG) und zum Finanzinstitutsgesetz (FINIG) vom 4. November 2015, BBl 2015, S. 8901–9091, S. 8970 ff.

105 Vgl. BGE 121 III 219 E. 4a S. 238 f. (SBG gegen BK Vision AG). Die gutgeheissene Klausel im Rahmen einer genehmigten Kapitalerhöhung lautete: «Aktien, für die Bezugsrechte eingeräumt, aber nicht ausgeübt werden, stehen zur Verfügung des Verwaltungsrats, der diese im Interesse der Gesellschaft verwendet.»

155 Der Verwaltungsrat hat die von der Generalversammlung beschlossene ordentliche Kapitalerhöhung innerhalb von *drei Monaten* durchzuführen und in das Handelsregister eintragen zu lassen, andernfalls fällt der Generalversammlungsbeschluss dahin (Art. 650 Abs. 1 und Abs. 3 OR).[106] Ist der Kreis der Aktionärinnen überschaubar, wird die Durchführung der Kapitalerhöhung in der Praxis regelmässig im Voraus vorbereitet, so dass der Feststellungsbeschluss des Verwaltungsrats unmittelbar im Anschluss an die Generalversammlung öffentlich beurkundet werden kann.

Umsetzung durch Verwaltungsrat

156 Bei Publikumsgesellschaften werden die neu auszugebenden Aktien häufig vollständig durch eine Bank oder ein Bankenkonsortium gezeichnet und nach der Eintragung der Kapitalerhöhung in das Handelsregister an die interessierten Aktionärinnen oder Drittinvestoren veräussert. Die originäre Zeichnung der Aktien durch eine Bank wirft die Frage auf, ob darin ein Ausschluss des Bezugsrechts liegt (N 174; vgl. auch N 152).

Festübernahmeverfahren

3. Genehmigte Kapitalerhöhung

157 Die Schaffung von genehmigtem Aktienkapital gewährt dem Verwaltungsrat mehr Flexibilität, was insbesondere bei Publikumsgesellschaften von Vorteil ist, wenn man den Aufwand und Zeitbedarf für die Durchführung einer ausserordentlichen Generalversammlung bedenkt. Die Generalversammlung fällt einen Beschluss über eine Ergänzung der Statuten. Darin wird der Verwaltungsrat ermächtigt, innerhalb einer Frist von bis zu zwei Jahren das Aktienkapital bis zum angegebenen maximalen Nennbetrag zu erhöhen (Art. 651 Abs. 1 OR).[107] Die Generalversammlung beschliesst folglich die *Schaffung* des genehmigten Aktienkapitals, während die Durchführung der Kapitalerhöhung in der Kompetenz des Verwaltungsrats liegt. Der Generalversammlungsbeschluss untersteht dem qualifizierten Quorum gemäss Art. 704 Abs. 1 Ziff. 4 OR. Der vorgeschriebene Inhalt der Statutenbestimmung lässt sich aus dem Gesetz ableiten (Art. 651 Abs. 3 i. V. m. Art. 650 Abs. 2 OR; Art. 49 Abs. 2 HRegV). So müssen sich die Statuten noch nicht zur Liberierung äussern. Nach der Rechtsprechung darf der Verwaltungsrat entgegen Art. 651 Abs. 3 OR ermächtigt werden, das *Bezugsrecht* aus bestimmten, in den Statuten

Generalversammlungsbeschluss

[106] Im Entwurf 2016 zur Aktienrechtsrevision (Art. 650 Abs. 3 E-OR 2016) ist eine Verlängerung der Durchführungsfrist auf sechs Monate ab dem Generalversammlungsbeschluss vorgesehen. Die Frist ist gewahrt, wenn die Kapitalerhöhung rechtzeitig beim Handelsregisteramt angemeldet wird. Das geltende Recht stellt hingegen auf den Zeitpunkt der Eintragung in das Handelsregister ab.

[107] Da der Beschluss der Generalversammlung lediglich die statutarische Ermächtigung des Verwaltungsrats, das Aktienkapital zu erhöhen, schafft und noch keine Kapitalerhöhung erfolgt, wird hier statt von einer (genehmigten) Kapitalerhöhung zumeist von der «Schaffung des genehmigten Kapitals» gesprochen.

umschriebenen wichtigen Gründen auszuschliessen.[108] Die wichtigen Gründe sind im Zeitpunkt des Generalversammlungsbeschlusses unter Umständen noch nicht bekannt. Auch die Zuweisung nicht ausgeübter Bezugsrechte darf an den Verwaltungsrat delegiert werden (N 154).

Höchstbetrag

158 **Eine wichtige Einschränkung für die Schaffung von genehmigtem Aktienkapital besteht darin, dass der von der Generalversammlung bestimmte Maximalbetrag die *Hälfte des bisherigen Aktienkapitals* nicht übersteigen darf (Art. 651 Abs. 2 Satz 2 OR).[109]**

Beispiel einer Statutenbestimmung

159 **Eine Statutenbestimmung zur Schaffung von genehmigtem Aktienkapital lässt sich wie folgt formulieren:**

«Der Verwaltungsrat ist ermächtigt, jederzeit bis spätestens 1. Dezember 2020 das Aktienkapital der Gesellschaft im Maximalbetrag von CHF 200 000 durch Ausgabe von höchstens 200 000 voll zu liberierenden Namenaktien im Nennwert von je CHF 1.– zu erhöhen. Erhöhungen in Teilbeträgen sind gestattet. Der Verwaltungsrat legt den jeweiligen Zeitpunkt der Ausgabe von neuen Aktien, den Ausgabebetrag, die Art der Einlagen, die Bedingungen der Bezugsrechtsausübung und den Beginn der Dividendenberechtigung fest. Der Erwerb von neuen Aktien sowie jede nachfolgende Übertragung unterliegen den Übertragungsbeschränkungen gemäss Art. 7 dieser Statuten [Verweis auf Vinkulierungsbestimmung].

Der Verwaltungsrat ist berechtigt, das Bezugsrecht der Aktionäre ganz oder zum Teil auszuschliessen und Dritten zuzuweisen zwecks Ausgabe von neuen Aktien zur Beteiligung von strategischen Partnern oder von Mitarbeitern der Gesellschaft oder aus anderen wichtigen Gründen im Sinne von Art. 652b Abs. 2 OR. Der Verwaltungsrat kann nicht ausgeübte Bezugsrechte im Interesse der Gesellschaft und unter Wahrung der Gleichbehandlung der Aktionäre verwenden.»

Durchführung der Kapitalerhöhung

160 **Anders als bei einer ordentlichen Kapitalerhöhung ist der Verwaltungsrat nicht blosses Vollzugsorgan. Er entscheidet innerhalb des von der Generalversammlung gesetzten Rahmens selbständig, ob und in welchem Um-**

....

108 Vgl. BGE 121 III 219 E. 1d/cc S. 233 f. (SBG gegen BK Vision AG). Die Statutenfassung enthielt den folgenden Wortlaut: «Diese Aktien sind zur Platzierung bei den bisherigen Aktionären vorgesehen. Der Verwaltungsrat ist jedoch berechtigt, das Bezugsrecht der Aktionäre auszuschliessen und Dritten zuzuweisen im Falle der Verwendung von Aktien für die Übernahme von Unternehmen, Unternehmensteilen, Beteiligungen oder im Falle einer Aktienplatzierung für die Finanzierung derartiger Transaktionen.» Demgegenüber ist eine solche Delegation des Bezugsrechtsausschlusses an den Verwaltungsrat bei einer ordentlichen Kapitalerhöhung ausgeschlossen.

109 Bei einem Aktienkapital von derzeit CHF 400 000 darf das genehmigte Kapital höchstens CHF 200 000 betragen. Wird unmittelbar vor der Schaffung des genehmigten Kapitals das Aktienkapital ordentlich erhöht (beispielsweise von CHF 400 000 auf CHF 1 Mio.) und die Durchführung der ordentlichen Kapitalerhöhung gleichzeitig mit der Schaffung des genehmigten Kapitals beim Handelsregisteramt angemeldet, bildet bereits der höhere Wert die Berechnungsgrundlage (im genannten Beispiel darf das genehmigte Kapital somit bis zu CHF 500 000 betragen). Analoges gilt für die Ausgabe von Aktien aus bedingtem Kapital, wenn die Eintragung in das Handelsregister gleichzeitig erfolgt.

fang das Aktienkapital erhöht werden soll. Regelmässig wird der Verwaltungsrat ermächtigt, das genehmigte Kapital gestaffelt, d. h. in mehreren Tranchen einzusetzen. Die Durchführung einer Kapitalerhöhung erfordert einen schriftlich festgehaltenen Erhöhungsbeschluss des Verwaltungsrats (Art. 651 Abs. 4 OR; näher zum Inhalt Art. 50 Abs. 2 HRegV) und im Anschluss daran dessen öffentlich beurkundeten Feststellungsbeschluss für die Statutenanpassung (N 150). In den Statuten wird der Betrag des ausgegebenen Aktienkapitals erhöht und die verbleibende Höhe des genehmigten Kapitals entsprechend reduziert (vgl. Art. 651*a* Abs. 1 OR).

161 In Art. 651 Abs. 4 OR werden die Bestimmungen des Bankengesetzes über das *Vorratskapital* (Art. 11 f. BankG) vorbehalten. Dieses muss der Stärkung der Eigenkapitalbasis und der Verhinderung oder Bewältigung einer Krise dienen (Art. 11 Abs. 3 BankG). Subsidiär gelten die Vorschriften des Obligationenrechts über die genehmigte Kapitalerhöhung (Art. 12 Abs. 3 BankG). Auf die Schaffung von Vorratskapital durch die Generalversammlung ist das qualifizierte Quorum gemäss Art. 704 Abs. 1 Ziff. 4 OR anwendbar.

Spezialvorschriften für Banken

162 Der Entwurf 2016 zur Aktienrechtsrevision schlägt die Einführung des *Kapitalbands* vor (N 186 f.). Dadurch wird das Institut der genehmigten Kapitalerhöhung überflüssig.

Aktienrechtsrevision

4. Bedingte Kapitalerhöhung

163 Die Generalversammlung beschliesst eine bedingte Kapitalerhöhung, indem sie in den Statuten der Gesellschaft eine Bestimmung einfügt und darin Gläubigern von «Anleihens- oder ähnlichen Obligationen» bzw. Arbeitnehmern Rechte auf den Bezug neuer Aktien einräumt (Art. 653 Abs. 1 OR).[110] Der Beschluss untersteht dem qualifizierten Quorum gemäss Art. 704 Abs. 1 Ziff. 4 OR.

Umschreibung

[110] Ähnlich wie bei der Schaffung von genehmigtem Aktienkapital (vgl. N 157) führt auch der Beschluss der Generalversammlung über eine bedingte Kapitalerhöhung noch nicht zu einer Erhöhung des Aktienkapitals, sondern stellt lediglich die Grundlage hierfür bereit. Sind die Voraussetzungen erfüllt, kommt es allerdings zur Ausgabe der neuen Aktien, ohne dass die Generalversammlung oder der Verwaltungsrat mitwirken müssten. Der Entscheid über die Kapitalerhöhung wird beim genehmigten Kapital von der Generalversammlung an den Verwaltungsrat, beim bedingten Kapital gewissermassen an die Inhaber der Wandel- oder Optionsrechte delegiert. Art. 653 E-OR 2016 spricht statt von bedingter Kapitalerhöhung von «Erhöhung aus bedingtem Kapital».

Kreis der Berechtigten

Aus Art. 653 Abs. 1 OR ergibt sich, dass bedingtes Aktienkapital zugunsten der Gläubiger einer *Wandelobligation*[111] oder der Inhaber von *Optionsrechten*, welche im Zusammenhang mit Anleihen eingeräumt worden sind,[112] geschaffen werden kann. Ein weiterer gesetzlich vorgesehener Zweck liegt in einem *Mitarbeiterbeteiligungsplan*. Neben den Mitarbeitern der Gesellschaft oder einer Konzerngesellschaft fallen Mitglieder des Verwaltungsrats als Empfänger von Optionen in Betracht.[113] In der Praxis werden damit zum Teil auch beauftragte Personen ohne Arbeitsverhältnis bedient, beispielsweise Berater der Gesellschaft. Will die Gesellschaft das bedingte Aktienkapital gleichzeitig im Rahmen einer Obligation und eines Mitarbeiterbeteiligungsplans nutzen, muss in der Statutenbestimmung die maximale Anzahl Aktien für beide Kategorien spezifiziert werden.[114] In der Praxis ist zudem anerkannt, dass selbständige, übertragbare Optionen auch bestehenden *Aktionärinnen* zugeteilt werden dürfen.[115] Solche Optionen werden häufig unentgeltlich eingeräumt («Gratisoptionen») und aus frei verwendbarem Eigenkapital der Gesellschaft liberiert (N 81). Zum Teil lassen Gesellschaften ihren Aktionärinnen die Wahl, statt einer Dividende in Geld Optionen für den Erwerb neuer Aktien zu beziehen.[116] In jedem Fall erfolgt die Ausgabe der Options- oder Wandelrechte gestützt auf einen Beschluss des Verwaltungsrats. Art. 653*d* Abs. 2 OR schützt die Inhaber von Wandel- oder Optionsrechten vor einer *Verschlechterung* ihrer Rechtsposition beispielsweise als Folge einer Kapitalerhöhung oder der Ausgabe von weiteren Wandel- und Optionsrechten. Falls die Aktionärinnen nicht in gleicher Weise beeinträchtigt werden, muss der Wandel- oder Optionspreis entsprechend gesenkt, die Anzahl zugeteilter Aktien erhöht oder ein sonstiger angemessener Ausgleich gewährt werden. Die Anleihensbedingungen enthalten in der Regel Klauseln zum Verwässerungsschutz. 164

111 Bei einer Wandelobligation *(convertible bond)* ist der Gläubiger berechtigt oder verpflichtet (Pflichtwandelanleihe), anstelle der Rückzahlung der Obligation durch die Gesellschaft Aktien zu erwerben. Die neu ausgegebenen Aktien werden liberiert durch Verrechnung mit der Forderung des Gläubigers auf Rückzahlung. Unter Umständen ist zusätzlich eine Ausgleichszahlung zu leisten.

112 Bei der Optionsanleihe bleibt das Recht des Gläubigers auf Rückzahlung von der Ausübung des Optionsrechts unberührt. Die Ausgabe der Aktien erfolgt grundsätzlich gegen Leistung der Einlage in Geld.

113 In Art. 653 Abs. 1 E-OR 2016 werden die Verwaltungsratsmitglieder ausdrücklich genannt.

114 BGE 121 III 219 E. 5a S. 240 (SBG gegen BK Vision AG). Die maximale Anzahl Mitarbeiteraktien zu kennen, ist für die Aktionärin relevant, weil ihr hier im Unterschied zu Obligationen kein Vorwegzeichnungsrecht gewährt werden kann.

115 Die Aktionäre sind in Art. 653 Abs. 1 E-OR 2016 ausdrücklich erwähnt. In diesem Fall gelangen nach Art. 653*c* Abs. 1 E-OR 2016 die Bestimmungen zum Bezugsrecht bei einer ordentlichen Kapitalerhöhung sinngemäss zur Anwendung.

116 Für eine derartige Wahldividende können anstelle von Optionen auch direkt Aktien aus genehmigtem Kapital ausgegeben werden.

165 Wie bei der Schaffung von genehmigtem Aktienkapital (N 158) besteht eine bedeutende Schranke darin, dass der von der Generalversammlung festgesetzte maximale Umfang (Nennbetrag) die *Hälfte des bisherigen Aktienkapitals* nicht übersteigen darf (Art. 653*a* Abs. 1 OR). Es ist zulässig, gleichzeitig genehmigtes und bedingtes Aktienkapital jeweils in der maximalen Höhe zu schaffen.

Höchstbetrag

166 Die Statutenbestimmung für bedingtes Aktienkapital lässt sich für Optionsrechte unter einem Mitarbeiterbeteiligungsplan wie folgt formulieren:[117]

Beispiel einer Statutenbestimmung

«Das Aktienkapital der Gesellschaft kann sich durch die Ausgabe von höchstens 200 000 voll zu liberierenden Namenaktien im Nennwert von je CHF 1.– im Maximalbetrag von CHF 200 000 erhöhen mittels Ausübung von Optionsrechten, welche den Verwaltungsratsmitgliedern und Mitarbeitern der Gesellschaft nach Massgabe eines Beteiligungsplans eingeräumt werden. Das Bezugsrecht und das Vorwegzeichnungsrecht der bisherigen Aktionäre sind ausgeschlossen. Der Verwaltungsrat legt den Beteiligungsplan fest und regelt die Einräumung sowie Ausübung der Optionsrechte. Der Erwerb von Aktien durch Ausübung der Optionsrechte[118] sowie jede nachfolgende Übertragung der Aktien unterliegen den Übertragbarkeitsbeschränkungen gemäss Art. 7 dieser Statuten [Verweis auf Vinkulierungsbestimmung].»

167 Die von der Generalversammlung beschlossene Statutenänderung, auf deren Grundlage das bedingte Aktienkapital geschaffen wird, ist beim Handelsregisteramt zur Eintragung anzumelden.[119] Nach Art. 653*b* Abs. 3 OR sind Wandel- oder Optionsrechte *nichtig*, wenn sie vor der Eintragung der entsprechenden Statutenbestimmung in das Handelsregister eingeräumt werden. Allerdings können zumindest Gesellschaften mit börsenkotierten Aktien Wandel- und Optionsrechte auch ohne bedingtes Aktienkapital ausgeben und die benötigten Aktien über den Markt beschaffen. Richtig ist, dass mit der Ausübungserklärung und Erfüllung der Einlagepflicht nicht Aktionärsrechte entstehen können (Art. 653*e* Abs. 3 OR; N 168), wenn das bedingte Kapital noch gar nicht in das Handelsregister eingetragen worden ist.

Eintragung ins Handelsregister

117 Vgl. zum geforderten Statuteninhalt Art. 653*b* Abs. 1 und Abs. 2 OR.

118 Aufgrund von Art. 653d Abs. 1 OR kann eine Vinkulierungsbestimmung dem Inhaber des Wandel oder Optionsrechts nur entgegengehalten werden, wenn in der Statutenbestimmung und im etwaigen Emissionsprospekt ein entsprechender Vorbehalt gemacht worden ist. Gemäss einem Teil der Lehre können indessen eine bisherige Aktionärin (mit Stimmrecht), welche ihr Vorwegzeichnungsrecht ausgeübt hat oder welcher ein Optionsrecht zugeteilt worden ist, sowie ein Arbeitnehmer, welchem Mitarbeiteroptionen eingeräumt worden sind, nicht abgelehnt werden, BSK OR II-Zindel/Isler, Art. 653d N 4 m. w. H.

119 Art. 653 Abs. 2 VE-OR 2014 hatte hierfür eine Frist von 30 Tagen vorgesehen.

Durchführung der Kapitalerhöhung

168 Die Besonderheit des bedingten Aktienkapitals liegt darin, dass sich das Kapital – nach erfolgter Ausübung des Wandel- oder Optionsrechts mittels schriftlicher Erklärung[120] – mit der Erfüllung der Einlagepflicht durch Einzahlung des Ausgabebetrags bei einer Bank oder durch Verrechnung *ex lege* erhöht (Art. 653 Abs. 2 und Art. 653*e* OR). Der Inhaber des Wandel- oder Optionsrechts ist somit nicht auf die Mitwirkung von Gesellschaftsorganen angewiesen. Die beauftragte Bank hat die Ausübungserklärungen sowie Einlagen zu prüfen und die neuen Aktien zur Verfügung zu stellen. Auch bei einer Erhöhung aus bedingtem Aktienkapital sind «Unter-pari-Emissionen» ausgeschlossen (N 63). Mit anderen Worten muss die Einlage mindestens dem *Nennwert* entsprechen (Art. 653*a* Abs. 2 OR). Dies gilt auch für die Ausübung von Optionsrechten, welche Mitarbeitern unter einem Beteiligungsplan unentgeltlich zur Verfügung gestellt werden.[121] Einlagen in Geld müssen nicht auf ein Sperrkonto geleistet werden. Die Verwendung eines *separaten Bankkontos* erleichtert jedoch der Gesellschaft – sowie der zugelassenen Revisionsexpertin (vgl. N 169) – die Abwicklung bzw. Kontrolle.

Nachführung des Aktienkapitals

169 Mit der Leistung von Einlagen wird das Aktienkapital kontinuierlich erhöht, ohne dass dies aus den Statuten oder dem Handelsregister ersichtlich wäre. Das in den Statuten und im Handelsregister angegebene Aktienkapital muss mindestens einmal jährlich nachgeführt werden. Art. 653*h* OR setzt dem Verwaltungsrat für die Anmeldung beim Handelsregisteramt eine Frist von *drei Monaten seit Abschluss des Geschäftsjahres*. Es handelt sich um eine blosse Ordnungsvorschrift. Zunächst muss eine zugelassene Revisionsexpertin in einer schriftlichen *Prüfungsbestätigung* zum Ausdruck bringen, dass die Aktien gesetzes- sowie statutenkonform ausgegeben worden sind (Art. 653*f* OR). Alsdann hat der Verwaltungsrat mit *öffentlicher Urkunde* die neue Höhe des Aktienkapitals festzustellen und die Statuten anzupassen (Art. 653*g* OR). Nach erfolgter Anmeldung wird das Aktienkapital im *Handelsregister* angepasst.

Aufhebung der Statutenbestimmung

170 Die Statutenbestimmung zum bedingten Aktienkapital stellt für die Inhaber der Wandel- und Optionsrechte eine Absicherung dar, indem diese die Ausgabe der neuen Aktien durchsetzen können, ohne dass Organe der Gesellschaft mitwirken müssten (N 168). Art. 653*i* OR schützt die Inhaber von Wandel- oder Optionsrechten vor einer eigenmächtigen Streichung der Statutenbestimmung durch den Verwaltungsrat. Eine zugelassene

[120] Bei Pflichtwandelanleihen erübrigt sich eine Ausübungserklärung, weil sich die Wandlung in Aktien nach den Anleihensbedingungen richtet.

[121] Falls der Wert der Aktie nicht höher ist als der vom Mitarbeiter zu leistende Nennwert, kommt dem Optionsrecht grundsätzlich kein wirtschaftlicher Wert zu.

Revisionsexpertin muss in einem schriftlichen Prüfungsbericht bestätigen, dass die ausgegebenen Wandel- bzw. Optionsrechte nach Ablauf der Ausübungsfrist ganz oder teilweise erloschen sind. Das Verfahren ist analog anzuwenden, falls gar keine Wandel- oder Optionsrechte eingeräumt worden sind oder deren Inhaber – unter Umständen gegen Entschädigung – auf die Ausübung verzichtet haben.[122] Die Statutenanpassung wird durch den Verwaltungsrat vorgenommen und bedarf wiederum einer öffentlichen Urkunde sowie der Anmeldung beim Handelsregisteramt (vgl. Art. 53 HRegV).

171 Art. 653 Abs. 3 OR enthält einen Vorbehalt für die Bestimmungen des Bankengesetzes über das *Wandlungskapital* (Art. 11 und Art. 13 BankG). Es geht dabei um eine Sonderform des bedingten Aktienkapitals. Das Wandlungskapital zeichnet sich aus durch die automatische Wandlung der Forderungsrechte aus einer bedingten Pflichtwandelanleihe der Bank *(contingent convertible bond, «CoCo»)* in Aktien oder Partizipationsscheine beim Eintritt eines bestimmten Ereignisses. Die Umwandlung wird mit dem öffentlich beurkundeten Feststellungsbeschluss des Verwaltungsrats der Bank wirksam; gleichzeitig mit der Kapitalerhöhung erlöschen die Forderungsrechte aus der Pflichtwandelanleihe (Art. 13 Abs. 5, Abs. 6 und Abs. 7 BankG). Wie das Vorratskapital (N 161) hat das Wandlungskapital der Stärkung der Eigenkapitalbasis und der Verhinderung oder Bewältigung einer Krise zu dienen (Art. 11 Abs. 3 BankG). Wegen des Wandlungsmechanismus lässt sich das aufgenommene Fremdkapital unter bestimmten Voraussetzungen auf die erforderlichen Eigenmittel der Bank anrechnen (vgl. Art. 11 Abs. 4 BankG). Einzelne Vorschriften des Obligationenrechts über die bedingte Kapitalerhöhung sind auf das Wandlungskapital anwendbar (vgl. Art. 13 Abs. 8 BankG).

Spezialvorschriften für Banken

5. Bezugs- und Vorwegzeichnungsrecht

172 Die Ausgabe neuer Aktien im Rahmen einer ordentlichen oder genehmigten Kapitalerhöhung (zur bedingten Kapitalerhöhung vgl. N 175) reduziert die proportionale Stimmkraft der bestehenden Aktionärinnen, welche sich an der Kapitalerhöhung nicht beteiligen. Zukünftige Dividendenausschüttungen verteilen sich auf zusätzliche Aktionärinnen, so dass der bisherigen Aktionärin ein geringerer Anteil zukommt. Und falls der Ausgabebetrag für die neuen Aktien zu tief angesetzt wird, erwerben die neuen Aktionärinnen ihre Beteiligungsrechte zu billig, wodurch Vermögenssubstrat von den bisherigen wirtschaftlichen Eigentümerinnen auf die

Hintergrund des Bezugsrechts

[122] Vgl. Art. 653*i* Abs. 1 E-OR 2016.

neuen Aktionärinnen verschoben wird.[123] Aus diesen Gründen schützt das Gesetz die bestehenden Aktionärinnen, indem es ihnen ein Recht auf den Bezug neuer Aktien gewährt, und zwar proportional zur bisherigen Beteiligung (Art. 652*b* Abs. 1 OR).[124] Verfügt die Aktionärin über die erforderlichen finanziellen Mittel, kann sie sich an der Kapitalerhöhung beteiligen und auf diese Weise ihren Besitzstand – stimmkraft- wie vermögensmässig – wahren. Die einer Aktionärin aufgrund ihrer bisherigen Beteiligung eingeräumten Bezugsrechte dürfen – im Gegensatz zu «vertraglich» erworbenen Bezugsrechten – ungeachtet einer Vinkulierung ausgeübt werden (Art. 652*b* Abs. 3 OR). Bei Publikumsgesellschaften wird den Aktionärinnen oft ermöglicht, ihre Bezugsrechte im Rahmen eines *Bezugsrechtshandels* zu veräussern. Der Erlös aus dem Verkauf der Bezugsrechte entschädigt die Aktionärin für den wirtschaftlichen Nachteil. Indessen gibt es Situationen, in denen die Gesellschaft die neu geschaffenen Aktien für bestimmte Zwecke benötigt und deshalb nicht den bestehenden Aktionärinnen zur Verfügung stellen kann oder will. Die zentrale Frage beim Bezugsrecht ist deshalb, unter welchen Voraussetzungen dieses ausgeschlossen werden darf.

Ausschluss des Bezugsrechts

Unter gewissen Voraussetzungen darf die *Generalversammlung* (vgl. 173
Art. 650 Abs. 2 Ziff. 8 und Art. 651 Abs. 3 OR) das Bezugsrecht der bestehenden Aktionärinnen einschränken oder aufheben. Es findet das qualifizierte Quorum von Art. 704 Abs. 1 Ziff. 6 OR Anwendung. Aus dem Gesetzeswortlaut von Art. 652*b* Abs. 2 OR lassen sich die folgenden zwingenden Voraussetzungen für einen gültigen Entzug des Bezugsrechts ableiten:

- Es liegen *wichtige* (d. h. sachliche) *Gründe* vor, insbesondere die Übernahme von Unternehmen, Unternehmensteilen oder Beteiligungen sowie die Beteiligung der Arbeitnehmer. Der Bezugsrechtsausschluss muss somit durch ein qualifiziertes *Interesse der Gesellschaft* gerechtfertigt und für die Erreichung des angestrebten Zwecks erforderlich sein. Oft ist es in diesen Fällen gar nicht möglich, das Bezugsrecht zu gewähren, weil die Aktien Dritten angeboten werden sollen, zum Beispiel den Aktionärinnen der Zielgesellschaft, der einen Unternehmensteil veräussernden Gesellschaft oder den Arbeitnehmern der Gesellschaft. Die gesetzliche Aufzählung wichtiger Gründe ist nicht abschliessend. In Frage kommen

[123] Gemäss Art. 652*b* Abs. 4 E-OR 2016 darf die Festsetzung des Ausgabebetrags niemanden in unsachlicher Weise begünstigen oder benachteiligen. Dieselbe Anforderung gilt bereits für die Aufhebung des Bezugsrechts (Art. 652*b* Abs. 2 Satz 2 OR; N 173).

[124] Im Fall der Schaffung eines Partizipationskapitals berechtigt Art. 656*g* Abs. 1 OR die Aktionärinnen in analoger Weise zum Bezug von neu ausgegebenen Partizipationsscheinen.

weiter die Beteiligung eines strategisch wichtigen Geschäftspartners, eine Fusion oder die blosse *Finanzierung* von Übernahmen und Beteiligungen durch eine internationale Aktienplatzierung zu Marktkonditionen.[125] Die Generalversammlung muss die wichtigen Gründe in ihrem Beschluss spezifizieren. Allerdings darf die Generalversammlung den Entscheid über den Bezugsrechtsausschluss bei der Schaffung von genehmigtem Kapital an den Verwaltungsrat delegieren (N 157). In diesem Fall ist das individuelle Vorhaben, welches den Ausschluss des Bezugsrechts rechtfertigt, oft noch nicht bekannt, weshalb zumindest bei Publikumsgesellschaften generell-abstrakte Weisungen an den Verwaltungsrat – im Stil der allgemeinen Ausschlussgründe, welche Art. 652*b* Abs. 2 Satz 2 OR nennt – genügen.[126]

- Es wird niemand in unsachlicher Weise begünstigt oder benachteiligt. Es darf mit anderen Worten nicht gegen den Grundsatz der *Gleichbehandlung* der Aktionärinnen verstossen werden.
- Überdies sollte das Prinzip der *schonenden Rechtsausübung* beachtet werden. Dies gilt auch in Fällen, in denen das Bezugsrecht aufgrund einer nachteiligen Festsetzung des Bezugspreises oder Bezugsverhältnisses bloss faktisch ausgeschlossen wird.

174 Zur einfacheren Abwicklung werden die neu auszugebenen Aktien von Publikumsgesellschaften oft über eine Bank bzw. ein Bankenkonsortium angeboten (N 156). Technisch werden die Aktien hierfür zunächst von einer Bank treuhänderisch gezeichnet und übernommen. Formell betrachtet können die bisherigen Aktionärinnen ihr Bezugsrecht nicht ausüben. Gleichwohl wird ein Ausschluss des Bezugsrechts verneint, soweit die Aktionärinnen die Aktien anschliessend im Verhältnis zu ihrer bisherigen Beteiligung über die Bank erwerben können.[127]

Festübernahmeverfahren

175 Beim bedingten Aktienkapital besteht ein ähnliches Problem wie bei einer ordentlichen oder genehmigten Kapitalerhöhung: Indem die eingeräumten Wandel- oder Optionsrechte den Bezug neuer Aktien ermöglichen, werden die Stimmkraft und die vermögensrechtliche Stellung der bisherigen Aktionärinnen beeinträchtigt. Ein Bezugsrecht ist hier ausgeschlossen, weil die Inhaber der Wandel- oder Optionsrechte die neuen Aktien

Vorwegzeichnungsrecht

[125] Vgl. BGE 121 III 219 E. 3 S. 237 (SBG gegen BK Vision AG): «Übernahme von Unternehmen, Unternehmensteilen, Beteiligungen oder […] Aktienplatzierung für die Finanzierung derartiger Transaktionen».

[126] BGE 121 III 219 E. 2 S. 235 (SBG gegen BK Vision AG).

[127] Auf eine ausdrückliche Regelung des Bezugsrechts bei Festübernahmen wird auch im Entwurf 2016 zur Aktienrechtsrevision verzichtet (vgl. demgegenüber Art. 652*b* Abs. 1bis VE-OR 2014).

erhalten sollen. Als Ausweg verpflichtet Art. 653*c* Abs. 1 OR die Gesellschaft, den Aktionärinnen etwaige *Obligationen*, mit denen *Wandel- oder Optionsrechte* verbunden sind, vorab zur Zeichnung anzubieten. Auf diese Weise haben die bisherigen Aktionärinnen indirekt die Möglichkeit, ohne Bezugsrechte neue Aktien zu erwerben. Bei der Einräumung von Optionsrechten an Mitarbeiter fällt ein Vorwegzeichnungsrecht nicht in Betracht. Da dem Vorwegzeichnungsrecht eine analoge Funktion wie dem Bezugsrecht zukommt, werden auch die Gründe für eine Beschränkung oder einen Entzug in ähnlicher Weise geregelt.

Ausschluss des Vorwegzeichnungsrechts

Nach Art. 653*c* Abs. 2 und Abs. 3 OR darf das Vorwegzeichnungsrecht nur 176
beschränkt oder aufgehoben werden, wenn ein *wichtiger Grund* vorliegt und niemand in unsachlicher Weise begünstigt oder benachteiligt wird.[128] Ebenso darf die für die Schaffung des bedingten Aktienkapitals erforderliche Aufhebung des Bezugsrechts niemanden unsachlich begünstigen oder benachteiligen. Die möglichen wichtigen oder sachlichen Gründe für den Entzug des Vorwegzeichnungsrechts werden im Gesetz nicht spezifiziert. Jedenfalls muss der Entzug durch ein – die Aktionärsinteressen überwiegendes – *Interesse der Gesellschaft* gerechtfertigt sein und sich für die Verfolgung des Gesellschaftszwecks als notwendig erweisen. Zu beachten sind auch das Gleichbehandlungsgebot und das Prinzip der schonenden Rechtsausübung. Zuständig für den Entzug oder die Beschränkung des Vorwegzeichnungsrechts ist die Generalversammlung, doch darf sie diese Befugnis *an den Verwaltungsrat delegieren*, sofern die für den Entzug erforderlichen wichtigen Gründe mindestens in abstrakter Form im Delegationsbeschluss angegeben werden.[129] Wird das Vorwegzeichnungsrecht entzogen, muss die Statutenbestimmung zum Schutz der Aktionärinnen den maximalen Zeitraum für die Ausübung der Wandel- oder Optionsrechte sowie die Berechnungsweise des Ausgabebetrags – bzw. die Bestimmung des für den Verwaltungsrat verbindlichen Mindestausgabebetrags – erwähnen (vgl. Art. 653*b* Abs. 2 OR).

128 Art. 653*c* Abs. 3 E-OR 2016 erwähnt als Rechtfertigung für eine Beschränkung des Vorwegzeichnungsrechts alternativ zum wichtigen Grund den Umstand, dass die Aktien an einer Börse kotiert sind und die Obligationen «zu angemessenen Bedingungen» ausgegeben werden. Die Aktionärinnen können in diesem Fall zusätzliche Titel über die Börse erwerben.

129 Vgl. BGE 121 III 219 E. 5b S. 240 f. (SBG gegen BK Vision AG): Die Pflicht, die Anleihensbedingungen an den Marktverhältnissen zu orientieren, genügt nicht.

VIII. Kapitalherabsetzungen

1. Arten von Kapitalherabsetzungen

177 Die *ordentliche* oder konstitutive Kapitalherabsetzung (Art. 732 OR; N 179 ff.) findet Anwendung, wenn eine Gesellschaft überkapitalisiert ist. Auf diese Weise kann ein Teil der Einlagen zur Verbesserung der Eigenkapitalrendite an die Aktionärinnen zurückerstattet werden, oder bei teilliberierten Aktien wird auf den offenen Restbetrag der Einlage verzichtet. Um die Gläubiger vor dem Entzug von Haftungssubstrat zu schützen, sind verschiedene gesetzliche Erfordernisse einzuhalten. Kapitalherabsetzungen mit Mittelabfluss

178 Häufig dienen Kapitalherabsetzungen der Sanierung von Gesellschaften, namentlich zur Beseitigung einer Unterbilanz (N 130). Man spricht von einer *deklarativen* oder nominellen Kapitalherabsetzung (N 182 f.). Ebenfalls die Sanierung bezweckt der Kapitalschnitt auf null (sog. *«Harmonika»*, N 184 f.): Das Aktienkapital wird reduziert und sogleich wieder mindestens bis zum ursprünglichen Betrag erhöht und dabei voll liberiert (vgl. Art. 732 Abs. 1 bzw. Abs. 5 und Art. 732*a* OR). Weil die Gläubiger dadurch nicht benachteiligt werden, finden die Gläubigerschutzvorschriften auf diesen Vorgang keine Anwendung. Kapitalherabsetzungen zur Sanierung

2. Ordentliche Kapitalherabsetzung

179 Das Aktienkapital lässt sich auf zwei Arten herabsetzen: Entweder wird der Nennwert der Aktien gesenkt, oder es werden einzelne Aktien vernichtet. Zahlreiche Gesellschaften haben eine Zeit lang aus steuerlichen Gründen *Nennwertrückzahlungen* anstelle von Dividendenausschüttungen an die Aktionärinnen vorgenommen (vgl. N 65). Bei einer Nennwertreduktion sind der derzeitige Mindestnennwert von 1 Rappen (Art. 622 Abs. 4 OR; N 54) und das gesetzliche Mindestkapital von CHF 100 000 (Art. 621 und Art. 732 Abs. 5 OR; N 53) einzuhalten, sofern die Herabsetzung nicht mit einer gleichzeitigen Wiedererhöhung des Kapitals auf das Minimum verbunden ist. Zur *Vernichtung von Aktien* kommt es häufig bei Aktienrückkaufsprogrammen, bei denen die Gesellschaft von verkaufswilligen Aktionärinnen Titel erwirbt und die Titel anschliessend durch eine Kapitalherabsetzung aufhebt. Mit dem Wegfall von Aktien vergrössert sich die prozentuale Höhe der Beteiligung der übrigen Aktionärinnen, was sich positiv auf das Stimmrecht und den Anteil an Dividendenausschüttungen auswirkt. Art der Herabsetzung

180 Die ordentliche oder konstitutive Kapitalherabsetzung wird von der *Generalversammlung* durch Statutenänderung beschlossen. Vorab muss eine Verfahren

zugelassene Revisionsexpertin in einem *Prüfungsbericht* bestätigen, dass die Forderungen der Gläubiger (Fremdkapital) auch nach der Kapitalherabsetzung voll gedeckt sind (Art. 732 Abs. 2 OR). Die Prüfungsbestätigung stützt sich auf die Bilanz. Liegt der Stichtag der letzten Bilanz weiter als sechs Monate zurück, verlangt die Praxis einen *Zwischenabschluss*.[130] Im Anschluss an den Generalversammlungsbeschluss sind die Gläubiger dreimal im Schweizerischen Handelsamtsblatt sowie in der statutarisch vorgesehenen Form auf die Möglichkeit aufmerksam zu machen, innerhalb von zwei Monaten die Befriedigung fälliger und unbestrittener Forderungen bzw. die Sicherstellung von nicht fälligen oder bestrittenen Forderungen zu verlangen (*Schuldenruf*, Art. 733 OR). Gemäss der wohl herrschenden Lehre müssen die angemeldeten Forderungen nicht vollständig sichergestellt werden, sondern lediglich im Verhältnis zu der als Folge der Kapitalherabsetzung reduzierten Deckung.[131] Nach Ablauf der Frist und der verlangten Befriedigung bzw. Sicherstellung der Forderungen muss die Gesellschaft in *öffentlicher Urkunde* bestätigen, die Vorschriften eingehalten zu haben (Art. 734 OR). Zuletzt erfolgt die Eintragung in das *Handelsregister*.

Aktienrechtsrevision

Der Entwurf 2016 zur Aktienrechtsrevision ergänzt und präzisiert die heutigen Regeln zur Kapitalherabsetzung in Art. 653*j* ff. E-OR 2016 im Anschluss an die Bestimmungen zur Kapitalerhöhung. Der *Schuldenruf* – eine einmalige Publikation genügt – kann neu bereits vor dem Herabsetzungsbeschluss der Generalversammlung veröffentlicht werden, und die Frist für die Anmeldung von Forderungen wird von zwei Monaten auf 30 Tage verkürzt (Art. 653*k* E-OR 2016; vgl. auch Art. 25 FusG). Auf diese Weise wird das Verfahren flexibler ausgestaltet und beschleunigt. Die *Prüfungsbestätigung* wird ausgestellt, wenn die Ergebnisse des Schuldenrufs vorliegen, unter Umständen also erst nach der Generalversammlung (vgl. Art. 653*m* E-OR 2016). Analog zum Verfahren der Kapitalerhöhung fällt der Verwaltungsrat nach der Durchführung der Kapitalherabsetzung einen statutenändernden Beschluss und nimmt die Anmeldung beim Handelsregisteramt vor; erst nach der Eintragung dürfen durch die Kapitalherabsetzung freigewordene Mittel den Aktionärinnen ausgerichtet werden (Art. 653*o* E-OR 2016). 181

130 Böckli, § 2 N 356; vgl. Art. 653*l* i. V. m. Art. 960*f* E-OR 2016 und Art. 11 Abs. 1 FusG.

131 A. M. BSK OR II-Küng/Schoch, Art. 734 N 7 m. w. H.

3. Deklarative Kapitalherabsetzung

182 Die deklarative oder *nominelle* Kapitalherabsetzung bezweckt die Beseitigung einer Unterbilanz[132], welche durch Verluste entstanden ist («materielle Unterbilanz») und in der Bilanz der Gesellschaft offen ausgewiesen wird («formelle Unterbilanz»). Der Betrag der Kapitalherabsetzung darf die Höhe der Unterbilanz nicht übersteigen. Dieser bilanztechnische Vorgang (Bilanzbereinigung) führt nicht zum Abfluss von Vermögenswerten der Gesellschaft. Deshalb erfordert die deklarative Kapitalherabsetzung gemäss Art. 735 OR keinen Schuldenruf und keine Sicherstellung von Forderungen. Für die *Prüfungsbestätigung* hat sich die zugelassene Revisionsexpertin zu vergewissern, dass eine echte, verlustbedingte Unterbilanz vorliegt[133] und der Herabsetzungsbetrag nicht grösser ist als diese Unterbilanz. Voraussetzungen

183 Die deklarative Kapitalherabsetzung wird von der *Generalversammlung* durch statutenändernden Beschluss gestützt auf die Prüfungsbestätigung vorgenommen (vgl. Art. 653*p* E-OR 2016). Anschliessend erfolgt die Anmeldung beim Handelsregisteramt durch den Verwaltungsrat. Die Eintragung in das *Handelsregister* wirkt konstitutiv. Verfahren

4. Kapitalschnitt

184 Zum Zweck der Sanierung erlaubt Art. 732*a* OR (sinngemäss ebenso Art. 653*q* und Art. 653*r* E-OR 2016) die Herabsetzung des Aktienkapitals auf null mit anschliessender Wiedererhöhung um den gleichen Betrag. Bildlich wird von der *«Harmonika»* gesprochen. Anlässlich der Herabsetzung auf null werden die vorhandenen Aktien vernichtet; die Mitgliedschaftsrechte der Aktionärinnen gehen unter. Als Ausgleich steht den bisherigen Aktionärinnen bei der Wiedererhöhung des Kapitals ein unbedingtes und unentziehbares Bezugsrecht zu. Die Gläubigerschutzvorschriften für die ordentliche Kapitalherabsetzung sind auf diesen Vorgang nicht anwendbar (vgl. Art. 732 Abs. 1 OR). Harmonika

185 Der Zweck dieser Kapitalherabsetzung liegt darin, die Gesellschaft zu sanieren. Der Kapitalschnitt auf null erfordert deshalb zunächst eine *Sanierungsbedürftigkeit*, wie sie bei einer Überschuldung i. S. v. Art. 725 Abs. 2 OR vorliegt, d. h., das Aktienkapital muss bei objektiver Beurteilung voll- Sanierungszweck

[132] Eine Unterbilanz liegt vor, wenn das Nettovermögen auf der Aktivseite der Bilanz tiefer ist als das Aktienkapital auf der Passivseite (vgl. N 130).

[133] Mit dem Bilanzverlust verrechenbare Reserven schliessen diese Form der Kapitalherabsetzung aus. Gegenteiliges gilt nach herrschender Lehre in der Regel für stille Reserven (a. M. BSK OR II-Küng/Schoch, Art. 735 N 6 m. w. H.).

ständig verloren sein.[134] Zusätzlich muss der Kapitalschnitt auf null einem *Sanierungszweck* dienen, somit mindestens darauf ausgerichtet sein, unabhängig von etwaigen Rangrücktrittserklärungen die Anrufung des Gerichts zu vermeiden und – direkt oder zusammen mit weiteren Sanierungsmassnahmen – die Überschuldung zu beseitigen.[135]

IX. Kapitalband

Umschreibung

Im Interesse einer erhöhten Flexibilisierung der Kapitalstruktur der AG 186 sieht der Entwurf 2016 zur Aktienrechtsrevision in Art. 653*s* ff. E-OR 2016 die Möglichkeit vor, ein Kapitalband zu schaffen.[136] Dieses neue Rechtsinstitut ersetzt die bisherige genehmigte Kapitalerhöhung (N 157 ff.). Der Verwaltungsrat wird dabei mittels Statutenbestimmung ermächtigt, das Aktienkapital während einer Dauer von bis zu fünf Jahren innerhalb einer gewissen Bandbreite zu erhöhen und herabzusetzen (Art. 653*s* Abs. 1 E-OR 2016). Die statutarisch festgesetzte Obergrenze *(Maximalkapital)* darf das im Handelsregister eingetragene Aktienkapital maximal um die Hälfte übersteigen, die Untergrenze *(Basiskapital)* dieses höchstens um die Hälfte unterschreiten (Art. 653*s* Abs. 2 E-OR 2016). Die Ermächtigung kann sich auf die Erhöhung oder die Herabsetzung beschränken und darf Auflagen oder Bedingungen vorsehen (Art. 653*s* Abs. 3 und Art. 653*t* Abs. 1 Ziff. 3 E-OR 2016). Beschliesst die Generalversammlung während der Laufzeit des Kapitalbands ihrerseits eine Kapitalerhöhung oder -herabsetzung, muss das Kapitalband aus Gründen der Rechtssicherheit ebenfalls neu beschlossen werden; andernfalls fällt es dahin (Art. 653*v* E-OR 2016).

Gläubigerschutz

Zum Schutz der Gläubiger darf die Gesellschaft, welche das Kapitalband 187 anwenden möchte, nicht auf die eingeschränkte Prüfung ihrer Jahresrechnung verzichtet haben (Art. 653*s* Abs. 4 E-OR 2016). Die Gläubiger müssen *vor* der Schaffung eines Kapitalbands, welches eine Kapitalherabsetzung zulässt, im Schweizerischen Handelsamtsblatt aufgefordert worden sein,

....

134 BGE 138 III 204 E. 3.2 S. 209 m. w. H.

135 BGE 138 III 204 E. 3.3.1 und E. 3.3.2 S. 209 f. m. w. H. Es müssen vernünftige Aussichten auf eine nachhaltige Sanierung der Gesellschaft bestehen, wobei der Verwaltungsrat der Generalversammlung sein Sanierungskonzept vorzulegen hat (a. a. O., E. 3.3.3, S. 211). Informiert der Verwaltungsrat die Generalversammlung nicht genügend über die vorgesehenen weiteren Sanierungsmassnahmen, ist der Beschluss der Generalversammlung gemäss Art. 706 Abs. 1 OR anfechtbar und der gestützt darauf gefällte Durchführungsbeschluss des Verwaltungsrats nach Art. 714 OR nichtig (a. a. O., E. 4.1 und E. 4.2, S. 212 f.).

136 Die Einführung des Kapitalbands wird seit längerer Zeit diskutiert; vgl. etwa BENJAMIN BÜCHLER, Das Kapitalband, Diss. Zürich, Zürich/Basel/Genf 2012 (= Zürcher Studien zum Privatrecht, Band 242).

ihre Forderungen anzumelden (Art. 653*w* Abs. 1 Ziff. 2 i. V. m. Art. 653*k* E-OR 2016). Ausserdem ist eine Prüfungsbestätigung einer zugelassenen Revisionsexpertin einzuholen, wonach die Forderungen der Gläubiger bei einer Herabsetzung auf das Basiskapital voll gedeckt sind (Art. 653*w* Abs. 1 Ziff. 2 i. V. m. Art. 653*m* E-OR 2016). Bei der Durchführung einer Kapitalherabsetzung liegt es am Verwaltungsrat sicherzustellen, dass die Forderungen der Gläubiger dadurch nicht gefährdet werden (Art. 653*w* Abs. 3 E-OR 2016). Die Pflicht zur Aufforderung an die Gläubiger und zur Einholung der Prüfungsbestätigung entfällt, wenn das Kapitalband bereits anlässlich der Gründung beschlossen wird.

F. Rechtsstellung der Aktionärin

I. Rechte der Aktionärin

1. Überblick

188 Während das Interesse der Gesellschaft bei der Ausgabe von Aktien auf die Beschaffung von Eigenkapital gerichtet ist, geht es der Aktionärin darum, am finanziellen Erfolg des Unternehmens zu partizipieren und in diesem Zusammenhang gewisse Mitwirkungs- sowie Schutzrechte (d. h. Informations- und Kontrollrechte) wahrnehmen zu können. Die Möglichkeit der Aktionärin zur *Mitwirkung* ist grösstenteils auf die Generalversammlung beschränkt. Auch die *Informationsrechte* sind an die Generalversammlung geknüpft. Als *Kontrollinstrumente* stehen der Aktionärin insbesondere verschiedene Klagerechte zur Verfügung. Das Gesetz regelt die Rechte und Pflichten der Aktionärinnen – wenig systematisch – in Art. 660 ff. OR.

Arten von Aktionärsrechten

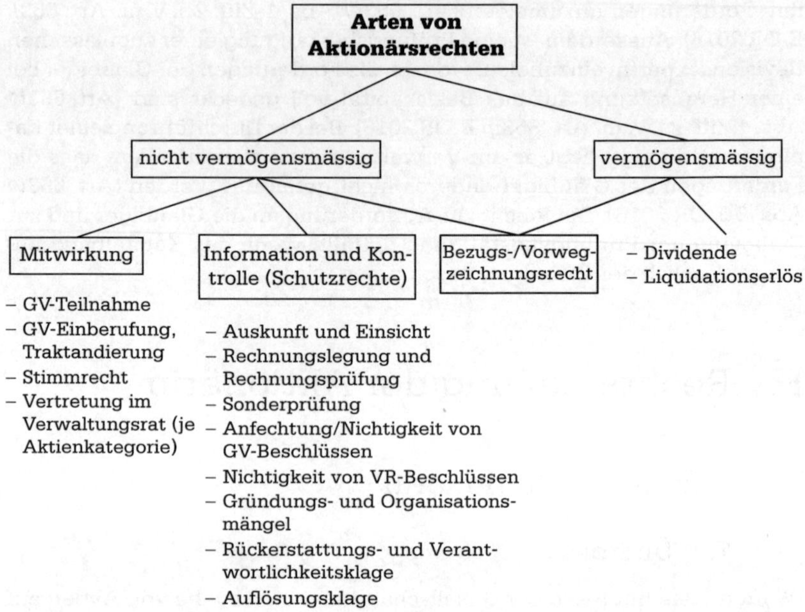

Abb. 28: Arten von Aktionärsrechten

Aktionärsrechte in Abhängigkeit von der Beteiligung

Da es sich bei der AG um eine kapitalbezogene Gesellschaft handelt, 189
hängt die Rechtsstellung der Aktionärin von ihrer Kapitalbeteiligung ab (N 1). Allerdings gibt es verschiedene Rechte, welche jeder Aktionärin zustehen, auch wenn sie bloss eine Aktie der Gesellschaft hält. Einige Rechtsbehelfe erfordern eine gewisse Mindestbeteiligung. Für die Minderheitsaktionärin ist deshalb entscheidend, wie hoch ihre Beteiligung ist und wie sich das Aktionariat im Übrigen zusammensetzt, namentlich, ob es eine beherrschende Aktionärin gibt. Dies trifft insbesondere auf eine kleinere oder mittlere Gesellschaft zu: Bei ihr ist die Aktionärin unter Umständen nicht nur an der finanziellen Beteiligung, sondern auch an einer Mitwirkung interessiert, und die Aktien lassen sich nicht immer leicht veräussern. Dann kommt den Minderheitsrechten eine erhöhte Bedeutung zu, denn die Aktionärin kann nicht einfach ihren Austritt erklären. Aber auch für eine Aktionärin mit einer grösseren Beteiligung ist entscheidend zu wissen, welche Rechte der Aktienbesitz ihr verleiht.

Aktionärsrechte in Abhängigkeit von der Beteiligung

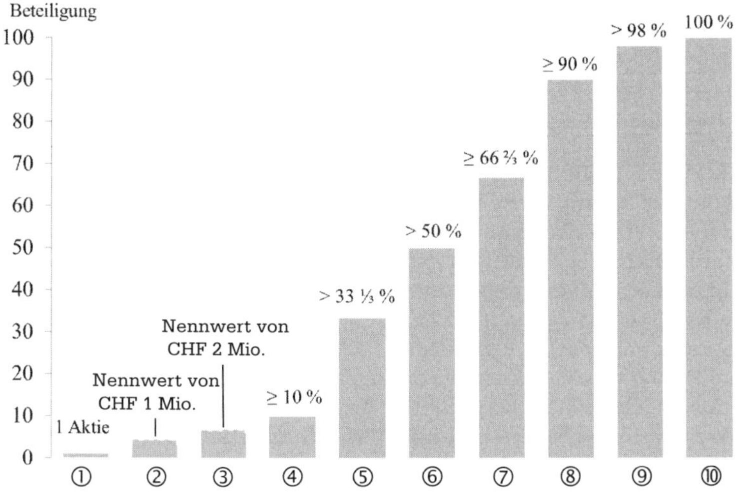

① – GV-Teilnahme (Art. 689 OR), Stimmrecht (Art. 692 OR), Auskunft und Einsicht (Art. 697 OR)
- GV-Antrag auf Sonderprüfung (Art. 697a OR)
- Anfechtung/Nichtigkeit von GV-Beschlüssen (Art. 706 ff. OR)
- Dividende/Liquidationserlös (Art. 660 OR)
- Bezugs- (Art. 652b, Art. 656g OR) und Vorwegzeichnungsrecht (Art. 653c OR)
- eingeschränkte Revision (Art 727a Abs. 4 OR)
- Gründungs- und Organisationsmängel (Art. 643 Abs. 3, Art. 731b OR)
- Rückerstattungs- (Art. 678 OR) und Verantwortlichkeitsklage (Art. 752 ff. OR)

② – GV-Traktandierung (Art. 699 Abs. 3 OR)

③ – Klage auf Sonderprüfung (Art. 697b OR)

④ – GV-Einberufung (Art. 699 Abs. 3 OR)
- ordentliche Revision (Art. 727 Abs. 2 OR), Klage auf Sonderprüfung (Art. 697b OR)
- Auflösung aus wichtigen Gründen (Art. 736 Ziff. 4 OR)

⑤ – Sperrminorität für GV-Beschlüsse mit ⅔-Quorum (Art. 704 OR)

⑥ – Kontrolle über GV-Beschlüsse mit 50%-Quorum (Art. 703 OR)

⑦ – Kontrolle über GV-Beschlüsse mit ⅔-Quorum (Art. 704 OR)

⑧ – Möglichkeit zur Abfindungsfusion («squeeze-out merger», Art. 18 Abs. 5 FusG)

⑨ – Recht auf Kraftloserklärung der restlichen Beteiligungspapiere (Art. 137 FinfraG)

⑩ – Universalversammlung (Art. 701 OR)

Abb. 29: Aktionärsrechte in Abhängigkeit von der Beteiligung

2. Anerkennung und Registrierung der Aktionärin

Anerkennung als Aktionärin

190 Die Ausübung der Aktionärsrechte setzt voraus, dass die Gesellschaft bzw. das Gericht die Ansprecherin als Aktionärin anerkennt. Die Anerkennung (Legitimation) hängt zusammen mit dem Erwerb der Rechtsposition bei der Übertragung der als Wertpapiere verbrieften bzw. als Wertrechte oder Bucheffekten ausgestalteten Aktien (N 90 ff.) sowie mit der Wirkung von Übertragbarkeitsbeschränkungen, falls Namenaktien vinkuliert sind (N 138 ff.). Die Legitimation begründet die Vermutung, dass die Aktionärin materiell berechtigt ist. Bei *Namenaktien* drückt grundsätzlich die Eintragung in das Aktienbuch die Anerkennung als Aktionärin (bzw. Nutzniesserin) mit Stimmrecht aus (Art. 689*a* Abs. 1 OR; N 191). Bei *Inhaberaktien* erfolgt die Legitimation gegenüber der Gesellschaft traditionell durch Vorlegen der Titel (Art. 689*a* Abs. 2 Satz 1 OR; N 92) bzw. gestützt auf einen Nachweis der Depotbank. In beiden Fällen hat die tatsächliche materielle Berechtigung an den Aktien Vorrang gegenüber der Rechtslage, welche sich aus der (formellen) Legitimation ergibt.[137] Mit anderen Worten bleibt der Aktionärin der Nachweis offen, dass sie trotz fehlender Legitimation Inhaberin der Aktionärsrechte ist.

Aktienbuch

191 In das Aktienbuch werden nach Art. 686 Abs. 1 Satz 1 OR Eigentümer und Nutzniesser mit Namen und Adresse eingetragen. Durch die verbreitete elektronische Führung des «Aktienbuchs» erklärt sich die synonyme Bezeichnung *Aktienregister*. Unabhängig von der Art der Führung muss der jederzeitige Zugriff in der Schweiz sichergestellt sein (Art. 686 Abs. 1 Satz 2 OR). Der Eintragung kommt *Legitimationsfunktion* im Verhältnis der Aktionärin zur Gesellschaft zu (vgl. Art. 686 Abs. 4 OR).[138] Die Gesellschaft ist gehalten, den Eintrag aufgrund eines Ausweises über den Aktienerwerb oder die Begründung einer Nutzniessung vorzunehmen (Art. 686 Abs. 2 OR). Allerdings wirkt das Aktienbuch nicht konstitutiv. Sein Inhalt hat bloss die Bedeutung einer *widerlegbaren Vermutung*.[139] Die Vermutung kann umgestossen werden durch den Nachweis, dass eine Eingetragene nicht Aktionärin bzw. eine Nichteingetragene Aktionärin ist. Die Gesellschaft darf sich nur solange auf den Eintrag verlassen, als sie keine Kenntnis davon hat oder haben müsste, dass dieser falsch ist. Es ist somit einerseits nicht ausgeschlossen, als Namenaktionärin Rechte ohne Eintrag im Aktienbuch auszuüben, obgleich die Gesellschaft das Aktienbuch regelmässig nachführen wird, wenn sie eine Antragstellerin als Aktionärin anerkannt hat. Anderseits wird die Gesellschaft die Stimm-

137 BGer. 4A_507/2014 vom 15. April 2015 E. 5.3.
138 BGE 137 III 460 E. 3.2.2 S. 463.
139 BGE 137 III 460 E. 3.2.2 S. 463 m. w. H.

rechtsausübung durch eine eingetragene Person verweigern, wenn sich die Eintragung als unrichtig erweist. Das Aktienbuch kann und soll in derartigen Fällen korrigiert werden (vgl. für die Eintragung aufgrund von falschen Angaben der Erwerberin Art. 686*a* OR). Das Aktienbuch ist nicht öffentlich. Die Aktionärin ist lediglich befugt, ihren eigenen Eintrag einzusehen. Somit verfügt die Aktionärin auch nicht über ein Recht, die Namen und Adressen von Mitaktionärinnen zu erfahren, was Absprachen im Vorfeld einer Generalversammlung erschwert.[140]

192 Art. 697*l* Abs. 1 OR verpflichtet die Gesellschaft zur Führung eines nicht öffentlichen Verzeichnisses der Inhaberaktionärinnen. Darin einzutragen sind Namen bzw. Firma, die Adresse, die Staatsangehörigkeit und das Geburtsdatum der Inhaberaktionärinnen (Art. 697*l* Abs. 2 OR). Die Gesellschaft führt das Verzeichnis auf der Basis der erhaltenen Meldungen (N 93). Stattdessen kann der Verwaltungsrat gemäss Art. 697*l* Abs. 4 i. V. m. Art. 697*k* OR gestützt auf einen Beschluss der Generalversammlung einen Finanzintermediär i. S. v. Art. 2 Abs. 2 oder Abs. 3 GwG bezeichnen, an welchen die Meldungen zu erstatten sind und welcher das entsprechende Verzeichnis führt.[141] Das Verzeichnis der Inhaberaktionärinnen erfüllt nicht eine aktienrechtliche Funktion, sondern dient lediglich der Bekämpfung der Geldwäscherei und der Erhöhung der Transparenz gegenüber Steuerbehörden.

Verzeichnis der Inhaberaktionärinnen

193 In das soeben erwähne Verzeichnis sind neben den Inhaberaktionärinnen auch die wirtschaftlich berechtigten Personen mit Namen und Adresse einzutragen, sofern der Gesellschaft gemäss Art. 697*j* Abs. 1 OR Meldung erstattet worden ist. Der Meldepflicht untersteht, wer allein oder in gemeinsamer Absprache mit Dritten nicht börsenkotierte und nicht als Bucheffekten ausgestaltete Namen- oder Inhaberaktien erwirbt und dabei den Grenzwert von *25 % des Aktienkapitals oder der Stimmen* erreicht oder überschreitet (N 94 und N 99).

Verzeichnis der wirtschaftlich Berechtigten

[140] Professionelle Anbieter, welche im Auftrag der Gesellschaft, aber auch von Aktionärinnen oder Dritten um Vollmachten bzw. Stimmen werben (*«proxy solicitation»*), verfügen nötigenfalls über informelle Kanäle, um die bedeutenden Investoren einer Gesellschaft auszumachen und mit ihnen im Vorfeld einer Generalversammlung in Kontakt zu treten. Der Vorentwurf 2014 zur Aktienrechtsrevision schlug in Art. 701*g* VE-OR 2014 eine Pflicht von Gesellschaften mit börsenkotierten Aktien vor, ein *elektronisches Forum* einzurichten, um den Meinungsaustausch unter den Aktionärinnen vor der Generalversammlung zu ermöglichen. Der Vorschlag wurde nicht weiterverfolgt, weil man ein Missverhältnis zwischen Aufwand und Nutzen sowie Missbräuche bzw. ein zusätzliches Haftungsrisiko für den Verwaltungsrat befürchtete (Botschaft E-OR 2016, S. 427 f.). Eine Gesellschaft kann ein derartiges Aktionärsforum jedoch auf freiwilliger Basis einführen.

[141] In übergangsrechtlicher Hinsicht mussten die Gesellschaften gemäss Art. 2 OR Übergangsbestimmungen der Änderung vom 12. Dezember 2014 ihre Statuten und Reglemente bis spätestens 1. Juli 2017 anpassen.

Wertrechtebuch

194 Vom Aktienbuch und vom Verzeichnis der Inhaberaktionärinnen sowie der wirtschaftlich Berechtigten zu unterscheiden ist das ebenfalls nicht öffentliche Wertrechtebuch gemäss Art. 973*c* Abs. 2 OR, in welches die Emittentin von Wertrechten die Anzahl und Stückelung (d. h. den Nennwert) der ausgegebenen Wertrechte sowie die «Gläubiger», somit die Zeichner der Aktien und ersten Inhaber, einzutragen hat. Für die Entstehung der Wertrechte ist das Wertrechtebuch *konstitutiv* (Art. 973*c* Abs. 3 OR). Es bildet jedoch lediglich den ursprünglichen Zustand im Zeitpunkt der Aktienausgabe ab und muss bei Übertragungen nicht nachgeführt werden, solange der Aktienbestand als solcher unverändert bleibt. Aktien, deren momentaner Inhaber der Gesellschaft nicht bekannt ist (Dispoaktien; N 267), sind im Wertrechtebuch ebenfalls erfasst. Die physische Auslieferung von Aktientiteln führt hingegen zu einer Reduktion der Anzahl ausgegebener Wertrechte. Da keine besonderen formellen Anforderungen an das Wertrechtebuch gestellt werden, genügen nach einhelliger Auffassung auch Unterlagen wie eine Buchhaltung oder ähnliche Belege, sofern darin die verlangten Angaben ersichtlich sind. In der Praxis delegieren grössere Gesellschaften die Führung des Wertrechtebuchs häufig an die für das Aktienbuch zuständige Stelle. Es ist denn auch möglich, ein einziges kombiniertes Register einzurichten, obgleich Funktion und Inhalt des Aktienbuchs einerseits und des Wertrechtebuchs anderseits unterschiedlich sind.

Hauptregister

195 Im Geltungsbereich des *Bucheffektengesetzes* wird das Wertrechtebuch durch das von einer Verwahrungsstelle i. S. v. Art. 4 Abs. 2 BEG zu führende Hauptregister i. S. v. Art. 6 Abs. 2 BEG überlagert, welches öffentlich ist und Angaben über die Emission und die Anzahl sowie die Stückelung der ausgegebenen Wertrechte enthält. Das Hauptregister ist laufend nachzuführen, doch sind daraus die Inhaber der Titel nicht ersichtlich.

Rechtsstellung des Nutzniessers

196 Wird an Aktien eine Nutzniessung begründet, steht das *Stimmrecht* dem Nutzniesser zu (Art. 690 Abs. 2 OR; N 140). Daraus erklärt sich, dass bei Namenaktien die Nutzniesser in das Aktienbuch eingetragen werden (Art. 686 Abs. 1 Satz 1 OR; N 191). Auch die *Dividenden* fallen grundsätzlich an den Nutzniesser (vgl. Art. 745 Abs. 2 und Art. 755 Abs. 1 ZGB).

Rechtsstellung des Pfandgläubigers

197 Bei der Verpfändung von Aktien bleibt die *Aktionärin* (Verpfänderin) stimmberechtigt (Art. 905 Abs. 1 ZGB; N 140). Pfandgläubiger werden denn auch nicht in das Aktienbuch eingetragen. Die Verpfänderin kann jedoch den Pfandgläubiger schriftlich zur Stimmrechtsausübung ermächtigen (vgl. zu Inhaberaktien Art. 689*b* Abs. 2 OR). Mangels gegenteiliger

Vereinbarung ist die Verpfänderin auch weiterhin an den Dividenden berechtigt.[142]

3. Mitwirkungsrechte

199 Die Aktionärinnen sind als solche nicht an der Verwaltung oder Geschäftsführung der Gesellschaft beteiligt. Sie üben ihre Rechte vielmehr in der Generalversammlung aus (Art. 689 Abs. 1 OR). Nach der – zumindest bei Publikumsgesellschaften überholten – Idealvorstellung des Gesetzgebers dient die Generalversammlung der Aktionärinnen der Debatte und Meinungsfindung, weshalb eine Beschlussfassung auf dem Zirkularweg – anders als bei der GmbH (§ 10 N 68) – unter dem geltenden Recht noch nicht zulässig ist.[143] Die Aktionärin kann persönlich an der Generalversammlung teilnehmen oder sich vertreten lassen (Art. 689 Abs. 2 OR; näher zur Vertretung N 269 ff.).[144] Das Recht auf Teilnahme an der Generalversammlung ist auch bedeutsam für die Ausübung des Auskunftsrechts (N 207). Die Befugnis, an der Generalversammlung teilzunehmen, bedingt das Recht der Aktionärin, vom Verwaltungsrat fristgerecht und unter Angabe der Verhandlungsgegenstände zur Generalversammlung eingeladen zu werden und genügend Zeit für die Vorbereitung zu haben (Art. 700 OR; N 258). Vorbehalten bleibt das Einverständnis sämtlicher Aktionärinnen der Gesellschaft, eine Universalversammlung ohne Einhaltung der Einberufungsvorschriften abzuhalten (Art. 701 Abs. 1 OR; N 253). Der Entwurf 2016 zur Aktienrechtsrevision lässt als neue Form der «Generalversammlung» Zirkularbeschlüsse zu, sofern alle Aktionärinnen mit dieser Art der Beschlussfassung einverstanden sind (Art. 701 Abs. 3 E-OR 2016; N 254a). GV-Teilnahmerecht

200 Die Pflicht zur Einberufung der Generalversammlung liegt beim Verwaltungsrat. Ausserdem sind die Revisionsstelle, Liquidatoren und Vertreter der Anleihensgläubiger zur Einberufung einer Generalversammlung berechtigt (Art. 699 Abs. 1 OR). Aktionärinnen, welche einzeln oder gemein- Einberufungsrecht

[142] Vgl. HARALD BÄRTSCHI, Pfandrecht und Nutzniessung an Gesellschaftsanteilen, in: Peter V. Kunz/Florian S. Jörg/Oliver Arter (Hrsg.), Entwicklungen im Gesellschaftsrecht VII, Bern 2012, S. 263–358, S. 325 ff. m. w. H. Beim irregulären Pfandrecht und bei der Sicherungsübereignung stehen das Stimmrecht und die Dividenden hingegen im Aussenverhältnis grundsätzlich dem Sicherungsnehmer (Pfandgläubiger) zu, welcher die Dividenden regelmässig an die Sicherungsgeberin herauszugeben bzw. anzurechnen hat.

[143] Der Unterschied zwischen einem Zirkularbeschluss und der – bei Publikumsgesellschaften verbreiteten – schriftlichen Erteilung von Instruktionen an einen Stimmrechtsvertreter ist faktisch allerdings gering.

[144] Art. 689 Abs. 2 OR wird als überflüssig betrachtet und soll gemäss Entwurf 2016 zur Aktienrechtsrevision aufgehoben werden.

sam mindestens *10 % des Aktienkapitals* vertreten,[145] können vom Verwaltungsrat die Einberufung einer Generalversammlung verlangen (Art. 699 Abs. 3 OR).[146] Sie müssen im schriftlichen Begehren die Verhandlungsgegenstände und die Anträge bezeichnen.

Traktandierungsrecht

Aktionärinnen, welche einzeln oder gemeinsam Aktien im *Nennwert von mindestens CHF 1 Mio.* halten, dürfen die Traktandierung eines Verhandlungsgegenstandes verlangen (Art. 699 Abs. 3 OR). Verfügen Aktionärinnen über 10 % des Aktienkapitals, steht ihnen das Traktandierungsrecht ungeachtet der vertretenen Nennwerte zu, da das Recht auf Einberufung einer Generalversammlung das Traktandierungsrecht einschliesst.[147] Die Gesellschaft darf in ihren Statuten tiefere Schwellenwerte vorsehen. Der Entwurf 2016 zur Aktienrechtsrevision regelt das Vorgehen im Vorfeld einer ordentlichen Generalversammlung näher: Wenn der Verwaltungsrat die Aktionärinnen – spätestens gut einen Monat vor der Generalversammlung – über den Zugang zum Geschäftsbericht sowie zu den Revisionsberichten informiert (N 206), muss er ihnen auch eine Frist von mindestens zehn Tagen ansetzen, um Traktanden zu verlangen oder Anträge zu stellen (Art. 699*a* Abs. 2 E-OR 2016). Anschliessend kann der Verwaltungsrat die Generalversammlung einberufen. 201

Antrags- und Stimmrecht

An der Generalversammlung darf die Aktionärin bei den Verhandlungsgegenständen mitwirken, d. h. ihre Meinung äussern sowie im Rahmen dieser Verhandlungsgegenstände Anträge bzw. Gegenanträge stellen (Art. 700 Abs. 4 OR; näher zum *Antragsrecht* N 257). Bei den Abstimmungen kann die Aktionärin ihr *Stimmrecht* ausüben. Das Stimmrecht hängt grundsätzlich vom *Nennwert* ab, ungeachtet der Höhe der tatsächlich 202

....

145 Bei Gesellschaften mit börsenkotierten Aktien soll der Schwellenwert auf 5 % des Aktienkapitals oder der Stimmen gesenkt werden (Art. 699 Abs. 3 Ziff. 1 E-OR 2016). Analog genügen bei den übrigen Gesellschaften – mit Rücksicht auf Stimmrechtsaktionärinnen – auch 10 % der *Stimmen* (Art. 699 Abs. 3 Ziff. 2 E-OR 2016).

146 Kommt der Verwaltungsrat dem Begehren nicht nach, kann die Aktionärin an das Gericht gelangen (Art. 699 Abs. 4 OR). Das Gericht ordnet die Einberufung und Durchführung der Generalversammlung durch den *Verwaltungsrat* oder durch einen unabhängige *Dritten* an, beispielsweise einen Notar, oder ruft in besonderen Fällen, insbesondere wenn Gefahr in Verzug ist, *direkt* die Generalversammlung ein (BGer. 4A_507/2014 vom 15. April 2015 E. 5.7 m. w. H.). Neu wird dem Verwaltungsrat eine gesetzliche Frist von 60 Tagen für die Einberufung der Versammlung gesetzt (Art. 699 Abs. 5 E-OR 2016). Nach Ablauf der Frist können die Gesuchsteller die Einberufung beim Gericht beantragen.

147 BGE 142 III 16 E. 2.3 S. 19 f. m. w. H. Der Entwurf 2016 zur Aktienrechtsrevision knüpft nicht mehr an den Nennwert an und sieht in Art. 699*b* Abs. 1 E-OR 2016 die folgenden reduzierten Schwellenwerte vor: 0,5 % des Aktienkapitals oder der Stimmen bei Gesellschaften mit börsenkotierten Aktien und 5 % für die übrigen Gesellschaften. Eine Beteiligung in dieser Höhe berechtigt auch zur Aufnahme von *Anträgen* zu Verhandlungsgegenständen in die Einberufung der Generalversammlung (Art. 699*b* Abs. 2 E-OR 2016).

....

geleisteten Einlage (Art. 692 Abs. 1 OR; N 60 und N 66).[148] Die Statuten können indessen zur Verhinderung einer dominierenden Stellung von Grossaktionärinnen die Stimmenzahl von Einzelaktionärinnen bzw. Aktionärsgruppen *beschränken* (vgl. Art. 692 Abs. 2 Satz 2 OR)[149] oder jeder Aktie unabhängig vom Nennwert eine Stimme verleihen (Stimmrechtsaktien nach Art. 693 Abs. 1 OR; N 100). Jeder Aktionärin kommt kraft Gesetzes mindestens eine Stimme zu (sog. «Virilstimmrecht»; Art. 692 Abs. 2 Satz 1 OR). Steht eine Aktie im gemeinschaftlichen Eigentum, müssen die Berechtigten ihr Stimmrecht über einen *gemeinsamen Vertreter* ausüben (Art. 690 Abs. 1 OR; vgl. N 13). Sie können bloss «mit einer Stimme sprechen». Eine Erbengemeinschaft kann auch durch den Willensvollstrecker vertreten werden. Wer formell oder faktisch (N 245) an der Geschäftsführung teilgenommen hat, darf das Stimmrecht bei der Abstimmung über die *Entlastung* von Mitgliedern des Verwaltungsrats und der Geschäftsleitung (N 375) nicht ausüben (Art. 695 OR). Die betroffenen Organpersonen dürfen für diesen Verhandlungsgegenstand weder einen Vertreter einsetzen noch selbst Aktien Dritter vertreten. Bei einer Einpersonen-AG ist ein Entlastungsbeschluss somit nicht möglich.

203 Soweit Aufgaben in die Zuständigkeit des Verwaltungsrats bzw. einer Geschäftsleitung fallen, sind sie dem Einflussbereich der Aktionärinnen grundsätzlich entzogen. Die Aktionärin kann lediglich mit ihrem Wahl- und Abberufungsrecht die Zusammensetzung des Verwaltungsrats steuern. Von Gesetzes wegen steht auch einer Aktionärin mit grösserer Beteiligung kein Recht auf Mitwirkung oder Vertretung im Verwaltungsrat zu. Immerhin müssen die Statuten, falls eine Gesellschaft über verschiedene *Aktienkategorien* verfügt, jeder Kategorie das Recht auf Wahl eines Vertreters in den Verwaltungsrat gewähren (Art. 709 Abs. 1 OR; N 103).

Recht auf Vertretung im Verwaltungsrat

4. Informations- und Kontrollrechte

204 Der Aktionärin kommen gewisse Informationsrechte zu, welche für ihre Mitgliedschaft und die Ausübung weiterer Aktionärsrechte von Bedeutung sind (N 205 ff.). Verfügt die Aktionärin nicht über die erforderlichen

Überblick

[148] Eine im Prinzip systemwidrige, da dem Nennwertprinzip widersprechende Ausnahme wird in Art. 692 Abs. 3 OR vorbehalten, wonach bei einer Nennwertherabsetzung zwecks Sanierung in den Statuten vorgesehen werden kann, dass das ursprüngliche Stimmrecht erhalten bleibt. Die Bestimmung soll mit der Aktienrechtsrevision gemäss Entwurf 2016 gestrichen werden. Die Schaffung von Stimmrechtsaktien (Art. 693 OR; N 100 ff.) anlässlich der Nennwertherabsetzung bleibt möglich.

[149] Zu den Rechtsfolgen einer Umgehung von Stimmrechtsbeschränkungen vgl. Art. 691 OR; N 219 und N 281.

Informationen, ist beispielsweise die erfolgreiche Geltendmachung eines Verantwortlichkeitsanspruchs gegen eine Organperson undenkbar. Das Gesetz spricht in der Marginalie zu Art. 696 OR von «Kontrollrechten». Demgegenüber verwendet Art. 697 E-OR 2016 den treffenderen Begriff «Auskunfts- und Einsichtsrecht». Als Kontrollrecht bezeichnet werden kann etwa das Recht auf Sonderprüfung (N 213 ff.). Hinzu kommen verschiedene Klagerechte (N 219 ff.). Die Informations- und Kontrollrechte werden teilweise unter dem Oberbegriff der *«Schutzrechte»* zusammengefasst.[150]

a) Informationsrechte

Übersicht

Die Informationsrechte dienen dem Abbau von *Informationsasymmetrien*, 205
welche zwischen den Aktionärinnen und den Verwaltungsrats- bzw. Geschäftsleitungsmitgliedern unvermeidlich bestehen und für sog. Principal-Agent-Verhältnisse typisch sind (vgl. N 247). Die Informationsrechte können in Auskunfts- (N 207) und Einsichtsrechte (N 208) unterteilt werden. Zusätzlich hat die Gesellschaft ihre Aktionärinnen spontan über gewisse Punkte zu informieren (N 206).

Bekanntgabepflichten der Gesellschaft

Gewisse Informationen muss die Gesellschaft den Aktionärinnen von sich 206
aus zur Verfügung stellen. Dazu gehört insbesondere der *Geschäftsbericht* mit der Jahresrechnung (vgl. Art. 958 Abs. 2 OR) samt Revisionsbericht,[151] welcher spätestens 20 Tage vor der ordentlichen Generalversammlung verfügbar sein muss (Art. 696 OR; N 255).[152] Ein Gesuchsteller, der keine Aktien an der Gesellschaft hält, hat nach der ordentlichen Generalversammlung ein Recht auf Einsicht in die Jahresrechnung bzw. den Geschäftsbericht, sofern die Gesellschaft Anleihensobligationen ausstehend hat bzw. ihre Aktien börsenkotiert sind oder wenn er als Gläubiger neben seiner Gläubigerstellung ein schutzwürdiges Interesse nachweisen[153]

....

150 So Meier-Hayoz/Forstmoser, § 16 N 189 ff.

151 Vgl. zu den erforderlichen Informationen im Anhang zur Bilanz einer Gesellschaft mit börsenkotierten Aktien Art. 663*b*^bis^ OR (Vergütungen) und Art. 663*c* OR (Beteiligungen). Neu sind die Angaben zu den Vergütungen in den Vergütungsbericht aufzunehmen (vgl. Art. 734*a*–Art. 734*c* E-OR 2016).

152 Die Aktionärin kann innerhalb eines Jahres nach der Generalversammlung die Zustellung des Geschäftsberichts und des Revisionsberichts verlangen. Im Rahmen der Aktienrechtsrevision präzisiert Art. 699*a* Abs. 1 Satz 3 bzw. Abs. 3 E-OR 2016, dass die Zustellung kostenlos ist, sofern die Gesellschaft diese Unterlagen nicht elektronisch zugänglich macht.

153 Die Rechtsprechung verlangt keinen strikten Beweis, sondern lässt eine hohe Wahrscheinlichkeit, nicht jedoch blosse Glaubhaftmachung der Anspruchsvoraussetzungen, genügen (zu Art. 697*h* Abs. 2 aOR BGE 137 III 255 E. 4.1.2 S. 257 f. m. w. H.). Je nach Interessenabwägung im Einzelfall kann ein objektiv schutzwürdiges Interesse bejaht werden, wenn der Gläubiger begründete Zweifel an der Zahlungsfähigkeit der Gesellschaft hat, welche auf konkreten Anzeichen beruhen und sich nur durch die Einsicht beseitigen lassen, oder wenn er bereits konkrete Schritte mit Blick auf eine Klageeinrei-

....

kann (Art. 958*e* OR). Nach dem Entwurf 2016 zur Aktienrechtsrevision informiert der Verwaltungsrat die Aktionärinnen im Vorfeld der Generalversammlung über den elektronischen oder anderweitigen Zugang zum Geschäftsbericht sowie zu den Revisionsberichten und setzt ihnen gleichzeitig eine Frist für Traktanden und Anträge (Art. 699*a* Abs. 1 und Abs. 2 E-OR 2016; N 201).

207 Möchte eine Aktionärin bestimmte Informationen über die Gesellschaft erhalten, muss sie an oder im Vorfeld der *Generalversammlung* darum ersuchen. Nach Art. 697 Abs. 1 und Abs. 2 OR kann sie vom Verwaltungsrat Auskunft über die Angelegenheiten der Gesellschaft und von der Revisionsstelle Auskunft über die Durchführung und das Ergebnis der Prüfung verlangen, soweit die Auskunft für die Ausübung von Aktionärsrechten erforderlich ist und dadurch keine Geschäftsgeheimnisse oder anderen schutzwürdigen Interessen der Gesellschaft gefährdet werden. Erforderlich ist ein Sachzusammenhang mit der Tätigkeit der Gesellschaft und hängigen Verhandlungsgegenständen. Im Zentrum stehen Informationen, welche für die *wirtschaftliche und finanzielle Lage* der Gesellschaft relevant sind. Es müssen sodann im Einzelfall die schutzwürdigen Interessen der Gesellschaft gegen die Interessen der Gesuchstellerin an der Auskunftserteilung abgewogen werden. Unter dem geltenden Recht steht der Aktionärin kein Auskunftsrecht ausserhalb einer Generalversammlung zu. Bei Gesellschaften ohne börsenkotierte Aktien gelangen auch keine kapitalmarktrechtlichen Offenlegungspflichten zur Anwendung. Gemäss dem Entwurf 2016 zur Aktienrechtsrevision dürfen Aktionärinnen einer Gesellschaft ohne börsenkotierte Aktien, sofern sie zusammen mindestens 5 % des Aktienkapitals oder der Stimmen vertreten, vom Verwaltungsrat schriftlich Auskunft über die Angelegenheiten der Gesellschaft verlangen (Art. 697 Abs. 2 E-OR 2016). Der Verwaltungsrat hat vier Monate Zeit für die Beantwortung und kann diese anlässlich einer Generalversammlung vornehmen, falls eine solche innerhalb der Frist durchgeführt wird. Andernfalls sind die Antworten im Interesse der Gleichbehandlung der Aktionärinnen spätestens an der nächsten Generalversammlung zur Einsicht aufzulegen (Art. 697 Abs. 3 E-OR 2016).[154] Auskunftsrecht

208 Die Einsichtnahme in Unterlagen der Gesellschaft wie Geschäftsbücher und Korrespondenz erfordert die Ermächtigung der Generalversammlung oder des Verwaltungsrats und steht unter dem Vorbehalt von Geschäfts- Einsichtsrecht

chung unternommen hat und das Kostenrisiko abschätzen bzw. die Zahlungsfähigkeit der Gesellschaft prüfen möchte (a. a. O., E. 4.1.3 S. 258 f. m. w. H.).

[154] Gemäss dem Vorentwurf 2014 zur Aktienrechtsrevision hätte jede Aktionärin jederzeit schriftlich Auskunft verlangen dürfen, wobei der Verwaltungsrat die eingegangenen Anfragen zweimal pro Jahr hätte beantworten müssen (Art. 697 Abs. 2 VE-OR 2014).

geheimnissen (Art. 697 Abs. 3 OR) sowie anderen vorrangigen Interessen der Gesellschaft (vgl. Art. 697*a* Abs. 3 Satz 1 E-OR 2016). Gemäss dem Entwurf 2016 der Aktienrechtsrevision dürfen Aktionärinnen, welche zusammen mindestens 5 % des Aktienkapitals oder der Stimmen vertreten, die Geschäftsbücher und Akten einsehen (Art. 697*a* Abs. 1 E-OR 2016). Die Einsichtnahme wird innerhalb von vier Monaten nach Eingang der Anfrage durch den Verwaltungsrat gewährt, wobei die Erstellung von Notizen zulässig ist (Art. 697*a* Abs. 2 E-OR 2016).

Durchsetzung von Auskunft und Einsicht

Werden Auskunft oder Einsicht ungerechtfertigt verweigert, eröffnet 209
Art. 697 Abs. 4 OR die Möglichkeit einer gerichtlichen Durchsetzung. Die entsprechende Leistungsklage der betroffenen Aktionärin richtet sich gegen die Gesellschaft. Die Anhebung der Klage untersteht keiner Frist, doch riskiert die Aktionärin, welche übermässig lange zuwartet, dass ihr Rechtsschutzinteresse verneint oder ein rechtsmissbräuchliches Verhalten angenommen wird. Der Entwurf 2016 zur Aktienrechtsrevision sieht eine Frist von 30 Tagen vor ab Verweigerung oder Ablauf der viermonatigen Frist zur Gewährung der Auskunft bzw. Einsicht (Art. 697*b* E-OR 2016). Die gerichtliche Durchsetzung des Auskunfts- oder Einsichtsrechts ist ein Unterfangen mit unsicheren Erfolgsaussichten. Als Instrument für erzwungene Abklärungen ist die Einleitung einer Sonderprüfung (Art. 697*a* ff. OR; N 213 ff.) unter Umständen vorzuziehen.

Einsicht in Generalversammlungsprotokoll

Ein besonderer Fall der Einsicht wird in Art. 702 Abs. 3 OR geregelt: Jede 210
Aktionärin ist berechtigt, das Generalversammlungsprotokoll einzusehen.[155]

Organisation der Geschäftsführung

Der Verwaltungsrat hat eine Aktionärin oder einen Gesellschaftsgläubi- 211
ger, falls Letzterer ein schutzwürdiges Interesse glaubhaft macht, nach Art. 716*b* Abs. 2 Satz 2 OR auf Anfrage hin schriftlich über die Organisation der Geschäftsführung zu orientieren.[156]

Rechnungslegung und Rechnungsprüfung

Eine gewisse Kontroll- und Schutzfunktion hinsichtlich der Verwaltung 212
und Geschäftsführung sowie der finanziellen Lage der Gesellschaft übt die Revisionsstelle aus. Einzelne Aktionärsrechte knüpfen deshalb an die Rechnungslegung bzw. Rechnungsprüfung an. Hat eine Gesellschaft auf eine *eingeschränkte Revision* verzichtet, kann jede Aktionärin spätes-

155 Vgl. auch Art. 702 Abs. 4 Satz 1 E-OR 2016, wonach das Protokoll den Aktionärinnen innerhalb von 30 Tagen nach der Generalversammlung zugänglich zu machen ist. Gemäss Art. 702 Abs. 5 E-OR 2016 muss eine Gesellschaft mit börsenkotierten Aktien die Abstimmungsergebnisse bereits innerhalb von 15 Tagen nach der Generalversammlung elektronisch offenlegen.

156 Gemäss dem neuen Gesetzeswortlaut richtet sich die Informationspflicht nach dem zwingenden Mindestinhalt des Organisationsreglements (Art. 716*b* Abs. 2 E-OR 2016; N 298) und umfasst auch die Organisation des *Verwaltungsrats*, vgl. Art. 716*b* Abs. 4 E-OR 2016.

tens zehn Tage vor der Generalversammlung eine eingeschränkte Revision verlangen (Art. 727*a* Abs. 4 Satz 2 OR). Aktionärinnen, welche einzeln oder gemeinsam mindestens 10 % des Aktienkapitals vertreten, haben Anspruch auf eine *ordentliche Revision* (Art. 727 Abs. 2 OR). Bei der ordentlichen Revision muss die Revisionsstelle anwesend sein, wenn die Generalversammlung die Jahresrechnung genehmigt und über die Verwendung des Bilanzgewinns beschliesst. Der Verzicht auf die Anwesenheit erfordert Einstimmigkeit (Art. 731 Abs. 2 OR), so dass jede an der Generalversammlung teilnehmende Aktionärin mit ihrem «Veto» die Präsenz der Revisionsstelle erzwingen kann. Aktionärinnen, welche 10 % des Aktienkapitals vertreten, dürfen ausserdem nach Art. 961*d* Abs. 2 Ziff. 1 OR fordern, dass eine Gesellschaft, welche eine *Konzernrechnung* nach einem anerkannten Rechnungslegungsstandard erstellt, nicht von der dort vorgesehenen Erleichterung Gebrauch macht.

b) Recht auf Sonderprüfung

213 Aktionärinnen haben keinen direkten Einblick in die Tätigkeit der Verwaltungsrats- und Geschäftsleitungsmitglieder. Es fällt ihnen schwer, etwaige Versäumnisse zu beurteilen und gewissen Organpersonen zuzuschreiben. Will eine Aktionärin gegen einen Verantwortlichen einen Schadenersatzanspruch geltend machen, ist sie jedoch darauf angewiesen, in substanziierter Weise eine Pflichtwidrigkeit nachweisen zu können. Die Sonderprüfung – mit der bevorstehenden Aktienrechtsrevision als *Sonderuntersuchung* bezeichnet (Art. 697*c* ff. E-OR 2016) – gibt der Aktionärin ein Instrument in die Hand, um bestimmte Sachverhalte durch unabhängige, vom Gericht eingesetzte Sachverständige abklären zu lassen und auf diese Weise die Fakten aufzubereiten, auf deren Basis eine Verantwortlichkeitsklage erhoben werden kann. Da das Recht auf die Sonderprüfung bisher von geringer Bedeutung geblieben ist, wird dessen Ausübung mit der Aktienrechtsrevision erleichtert. Immerhin kann die Sonderprüfung auch präventiv wirken und als Druckmittel gegenüber dem Verwaltungsrat verwendet werden. Bei der GmbH oder der Genossenschaft ist das Institut der Sonderprüfung nicht vorgesehen. Hintergrund

214 Jede Aktionärin ist nach Art. 697*a* OR berechtigt, der Generalversammlung die Einsetzung eines Sonderprüfers zu beantragen, falls die Sonderprüfung zur Ausübung der Aktionärsrechte erforderlich ist und soweit die Aktionärin bereits ihr Auskunfts- oder Einsichtsrecht gemäss Art. 697 OR (N 207 und N 208) ausgeübt hat. Die Ausübung in der Generalversammlung genügt; eine gerichtliche Durchsetzung (N 209) ist nicht not- Genehmigung der Generalversammlung

wendig.[157] Die anlässlich der Generalversammlung gestellten, mit einer gewissen Genauigkeit formulierten Fragen an den Verwaltungsrat müssen in den grossen Linien dem Gegenstand der verlangten Sonderprüfung entsprechen.[158] Der Antrag auf Durchführung einer Sonderprüfung braucht nicht im Voraus angekündigt oder traktandiert zu werden (Art. 700 Abs. 3 OR). Doch ist die Aktionärin für die Ausübung ihres Rechts darauf angewiesen, dass eine Generalversammlung abgehalten wird. Innerhalb von 30 Tagen ab der Genehmigung durch die Generalversammlung können die Gesellschaft und jede Aktionärin das Gericht um die Bezeichnung des Sonderprüfers ersuchen. Die Gesellschaft trägt in diesem Fall die Kosten der Sonderprüfung (Art. 697*g* Abs. 2 OR).

Ablehnung durch Generalversammlung

Lehnt die Generalversammlung den Antrag auf Sonderprüfung ab oder 215
verweigert der Verwaltungsrat die Abstimmung über den Antrag,[159] kann eine Gruppe von Aktionärinnen, welche zusammen mindestens *10 % des Aktienkapitals* oder Aktien im *Nennwert von CHF 2 Mio.* vertritt,[160] innerhalb von drei Monaten das Gericht um die Anordnung einer Sonderprüfung ersuchen (Art. 697*b* Abs. 1 OR).[161] Sie müssen hierfür die vorgängige Ausübung ihres Auskunfts- bzw. Einsichtsrechts nachweisen[162] und überdies glaubhaft machen, dass Gründerinnen oder Organe eine bestimmte Gesetzes- oder Statutenbestimmung verletzt und dadurch die Gesellschaft bzw. Aktionärinnen geschädigt haben (Art. 697*b* Abs. 2 OR).[163] Die Sonderprüfung hat auf die Ermittlung von bestimmten Tatsachen zu zielen und nicht auf die Erlangung von Ermessensentscheiden oder Werturteilen, ebenso wenig auf eine Untersuchung zwecks reiner Ausforschung in der Hoffnung, noch nicht bekannte Unregelmässigkeiten aufzu-

157 BGE 138 III 246 E. 3.2 S. 247.

158 BGE 138 III 252 E. 3.1 S. 256 m. w. H. (= Pra 101 [2012] Nr. 109 S. 750 E. 3.1 S. 754).

159 Vgl. BGE 138 III 246 E. 3.3 S. 248 m. w. H. Verweigert der Verwaltungsrat nicht die Abstimmung, sondern überhaupt die Durchführung einer Generalversammlung, muss die Einberufung einer solchen gerichtlich erzwungen werden (a. a. O., E. 4.3 S. 250). Die Sonderprüfung kann nicht direkt gerichtlich verlangt werden.

160 Mit dem Entwurf 2016 zur Aktienrechtsrevision wird der an den Nennwert geknüpfte Schwellenwert aufgehoben, dafür die Grenze bei Gesellschaften mit börsenkotierten Aktien auf 3 % des Aktienkapitals oder der Stimmen gesenkt (Art. 697*d* Abs. 1 E-OR 2016). Dass der Verantwortlichkeitsanspruch von jeder Aktionärin geltend gemacht werden kann, für die Sonderprüfung jedoch eine Mindestbeteiligung verlangt wird, ist international betrachtet selten. Meistens sind beide Institute einheitlich entweder als Individual- oder als blosses Minderheitsrecht ausgestaltet.

161 In prozessualer Hinsicht ist das Begehren von einer einzigen kantonalen Instanz im summarischen Verfahren zu behandeln, Art. 5 Abs. 1 lit. g und Art. 250 lit. c Ziff. 8 ZPO.

162 BGE 140 III 610 E. 4.3.3 und E. 4.3.4 S. 615 (Regelbeweismass der vollen Überzeugung; Nachweis etwa durch Protokoll der Generalversammlung).

163 Gemäss Art. 697*d* Abs. 3 E-OR 2016 genügt es, dass die Rechtsverletzung *geeignet* ist, die Gesellschaft bzw. die Aktionärinnen zu schädigen. Ein Schaden muss nicht mehr glaubhaft gemacht werden.

decken.[164] Heisst das Gericht das Gesuch gut, überbindet es die Kosten grundsätzlich der Gesellschaft, sofern nicht besondere Umstände rechtfertigen, die Kosten ganz oder teilweise den Gesuchstellerinnen aufzuerlegen (Art. 697*g* Abs. 1 OR).[165]

216 Nach Anhörung der Gesellschaft und der ursprünglichen Antragstellerin bezeichnet das Gericht bei Gutheissung des Begehrens den oder die mit der Sonderprüfung betrauten unabhängigen Sachverständigen und umschreibt den Prüfungsgegenstand (Art. 697*c* OR). Gerichtliche Anordnung

217 Die Aufgaben und Pflichten des Sonderprüfers hängen vom Einzelfall ab und werden im Gesetz nur in allgemeiner Weise umschrieben. Der Sonderprüfer, welcher zur Geheimhaltung verpflichtet ist, muss die Sonderprüfung innert nützlicher Frist sowie ohne unnötige Störung des Geschäftsgangs durchführen und die Gesellschaft zu den Ergebnissen anhören (Art. 697*d* OR). Die Organe und Arbeitnehmer sowie Beauftragte sind dem Sonderprüfer zur Auskunft über erhebliche Tatsachen verpflichtet. Durchführung der Sonderprüfung

218 Der Sonderprüfer berichtet unter Wahrung des Geschäftsgeheimnisses in einem Bericht über das Ergebnis seiner Prüfung. Der Bericht wird dem Gericht vorgelegt,[166] welches diesen zunächst der Gesellschaft mit Blick auf die Wahrung des Geschäftsgeheimnisses und von anderen schutzwürdigen[167] Interessen der Gesellschaft zur Stellungnahme unterbreitet (Art. 697*e* OR). Der bereinigte Bericht wird der Gesellschaft sowie den Gesuchstellerinnen und überdies der nächsten Generalversammlung unterbreitet (Art. 697*f* Abs. 1 OR). Bericht

c) Weitere Schutzrechte

219 Verstösst ein Generalversammlungsbeschluss gegen das Gesetz oder die Statuten, kann er von jeder Aktionärin angefochten werden (Art. 706 ff. OR; N 280 ff.). Analoges gilt, wenn ein unbefugter Teilnehmer bei einem Beschluss der Generalversammlung mitgewirkt hat (Art. 691 Abs. 3 OR; N 281). In schwerwiegenden Fällen geht die Klage auf Feststellung der Nichtigkeit (Art. 706*b* OR; N 284 ff.). Anfechtbare und nichtige Generalversammlungsbeschlüsse

164 BGE 138 III 252 E. 3.1 S. 257 m. w. H. (= Pra 101 [2012] Nr. 109 S. 750 E. 3.1 S. 755 f.).

165 Art. 697*h^bis* E-OR 2016 verzichtet auf diesen Vorbehalt und ordnet generell an, dass die Gesellschaft die Kosten der Sonderuntersuchung trägt und etwaige Kostenvorschüsse zu leisten hat. Die gerichtliche Prüfung reduziert das Risiko einer missbräuchlichen Verwendung, welche die Kostenauferlegung zu Lasten der Gesuchsteller rechtfertigen würde.

166 Art. 697*g* Abs. 1 E-OR 2016 stellt klar, dass der Bericht nur dann dem Gericht vorzulegen ist, wenn die Sonderuntersuchung durch das Gericht angeordnet worden ist.

167 Art. 697*g* Abs. 2 E-OR 2016 verweist statt auf schutzwürdige auf vorrangige Interessen der Gesellschaft.

Nichtige Verwaltungsratsbeschlüsse

Verwaltungsratsbeschlüsse können von einer Aktionärin nicht angefochten werden. Ist ein Beschluss hingegen nichtig, kann die Aktionärin dessen Nichtigkeit gerichtlich feststellen lassen oder in einem Verfahren einwenden. Für die *Nichtigkeitsgründe* verweist Art. 714 OR auf die entsprechende Bestimmung zur Generalversammlung (Art. 706*b* OR; N 284 und N 322). 220

Gründungs- und Organisationsmängel

Sind bei der *Gründung* der Gesellschaft gesetzliche oder statutarische Vorschriften missachtet und dadurch die Interessen von Aktionärinnen oder Gläubigern in erheblichem Mass gefährdet oder verletzt worden, so kann eine betroffene Aktionärin bzw. ein Gläubiger gemäss Art. 643 Abs. 3 OR beim Gericht die Auflösung der Gesellschaft verlangen (N 9). Bei Fehlen oder nicht rechtmässiger *Zusammensetzung eines Organs* darf eine Aktionärin bzw. ein Gläubiger beim Gericht die erforderlichen Massnahmen beantragen (Art. 731*b* OR; N 334 ff.). Aus wichtigen Gründen wird ein Gericht auf Antrag einer Aktionärin *Liquidatoren* abberufen und nötigenfalls Ersatzpersonen ernennen (Art. 741 Abs. 2 OR). 221

Rückerstattungsklage

Haben andere Aktionärinnen oder Verwaltungsratsmitglieder bzw. Nahestehende ungerechtfertigt Leistungen der Gesellschaft bezogen, kann die Aktionärin durch Klage auf Leistung an die Gesellschaft die Rückerstattung verlangen (Art. 678 Abs. 3 OR; N 118 ff.). 222

Verantwortlichkeitsklage

Verhalten sich Verwaltungsratsmitglieder oder andere Geschäftsführungsorgane pflichtwidrig und erleidet deswegen die Gesellschaft bzw. eine Aktionärin einen Schaden, kann die Aktionärin gestützt auf Art. 754 OR eine Verantwortlichkeitsklage erheben (N 356 f.). Auch der Schaden der Gesellschaft darf von jeder einzelnen Aktionärin geltend gemacht werden (vgl. Art. 756 OR; N 350 ff.). 223

Auflösungsklage

Aktionärinnen, welche einzeln oder gemeinsam mindestens 10 % des Aktienkapitals vertreten,[168] können beim Gericht aus wichtigen Gründen die Auflösung der Gesellschaft verlangen (Art. 736 Ziff. 4 OR; N 340). 224

5. Bezugs- und Vorwegzeichnungsrecht

Einordnung

Das Bezugs- und das Vorwegzeichnungsrecht (N 172 ff.) zielen auf die Beibehaltung der Beteiligungsquote. Weil das Stimmrecht (N 202) und das Dividendenrecht (N 226) von der Kapitalbeteiligung abhängen und sich überdies die Höhe des Ausgabebetrags für neue Aktien auf das Gesell- 225

168 Neu genügen auch 10 % der Stimmen (Art. 736 Abs. 1 Ziff. 4 E-OR 2016).

schaftsvermögen auswirkt, sind das Bezugs- und das Vorwegzeichnungsrecht gleichzeitig vermögensmässiger und nicht vermögensmässiger Natur. Sie schützen gegen eine stimmrechts- sowie eine vermögensmässige Verwässerung. Allerdings dürfen das Bezugs- und das Vorwegzeichnungsrecht aus wichtigen Gründen entzogen werden (N 173 und N 176).

6. Vermögensmässige Rechte

a) Dividendenrecht

226 Die Aktionärin hat nach Art. 660 Abs. 1 OR ein Recht auf einen Anteil am Bilanzgewinn im Verhältnis zu den von ihr gehaltenen Aktien, sofern die *Generalversammlung* die Ausschüttung eines Gewinns an die Aktionärinnen im Einklang mit den gesetzlichen und statutarischen Vorgaben beschliesst. Berechnungsbasis für die Verteilung der Dividende auf die Aktionärinnen ist der durch die Aktionärin *tatsächlich geleistete Nennwert* (Art. 661 OR; N 61 und N 67). Die statutarischen Dividendenvorrechte von Vorzugsaktionärinnen bleiben vorbehalten (vgl. Art. 660 Abs. 3 OR). Es steht der Gesellschaft grundsätzlich frei, einen erzielten Gewinn auszuschütten. Die Aktionärin kann einen entsprechenden Generalversammlungsbeschluss nicht erzwingen. In jedem Fall müssen die formellen Anforderungen und die Vorschriften zum Kapitalschutz eingehalten werden sowie die Zuweisungen an die gesetzlichen und freiwilligen Reserven erfolgt sein (Art. 671 ff. OR; N 116). Immerhin hat jede Aktionärin insofern ein Recht auf *Gewinnstrebigkeit*, als Letztere einzig mit der Zustimmung sämtlicher Aktionärinnen aufgehoben werden darf; andernfalls ist der Beschluss der Generalversammlung anfechtbar (Art. 706 Abs. 2 Ziff. 4 OR). Aus steuerlichen Gründen haben zahlreiche Gesellschaften in den letzten Jahren anstelle von Gewinnanteilen Ausschüttungen aus den Reserven für *Agio* oder Rückzahlungen von Aktienkapital (Nennwertherabsetzung) vorgenommen (zum *Kapitaleinlageprinzip* vgl. N 65). Die Verteilung auf die Aktionärinnen bestimmt sich auch hier nach dem eingezahlten Nennwert. Voraussetzungen

227 Üblicherweise wird die Dividende einer gewinnstrebigen AG als Geldzahlung ausgerichtet. Möglich ist aber auch eine Gewinnverteilung in Form von *Sachleistungen* (Natural- oder Sachdividende), zum Beispiel Aktien einer anderen Gesellschaft. Form der Dividende

228 Das Gesetz schreibt in Art. 671 ff. OR die Bildung von gewissen Reserven auf der Passivseite der Bilanz vor. Reserven, welche in der Bilanz als solche ausgewiesen sind, werden als offene Reserven bezeichnet und stehen den stillen Reserven gegenüber, welche sich aus einer zu tiefen Bewertung von Aktiven ergeben und ohne Kenntnis des tatsächlichen Werts nicht Gesetzliche Reserven

aus der Bilanz ersichtlich sind. Die offenen Reserven dienen ähnlich wie das Aktienkapital (N 88) als Sperrquote. Sie bezwecken den Rückbehalt von Vermögenswerten und beschränken somit die Möglichkeit von Dividendenausschüttungen (vgl. Art. 674 Abs. 1 OR). Es handelt sich um einen abstrakten bilanztechnischen Vorgang; es werden hierfür nicht bestimmte Gesellschaftsmittel ausgesondert.

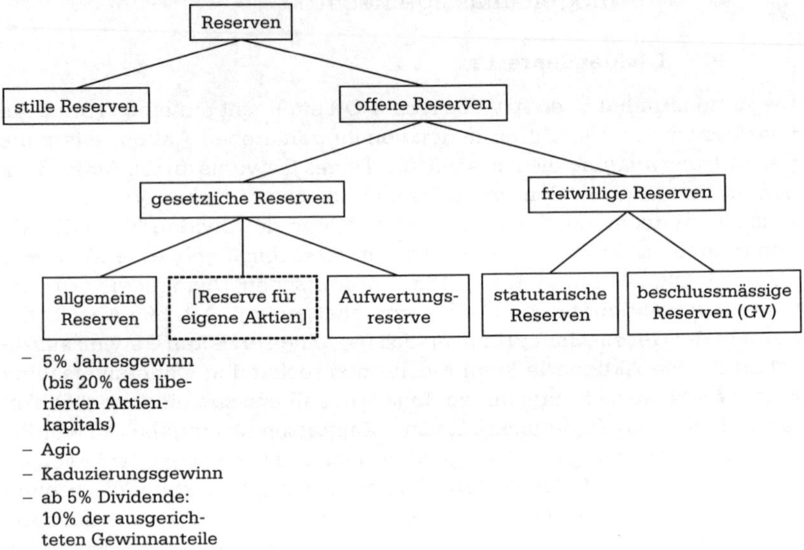

Abb. 30: Stille und offene Reserven

Zu unterscheiden sind drei Hauptarten von gesetzlichen Reserven:

- *Allgemeine Reserven* (Art. 671 OR). Soweit die allgemeinen Reserven die Hälfte des gesamten Aktienkapitals der Gesellschaft nicht übersteigen, dürfen sie von einer AG (ausgenommen Holdinggesellschaften) nicht zur Ausschüttung als Gewinnanteile, sondern nur zur Verrechnung mit einem Bilanzverlust oder für Massnahmen bei schlechtem Geschäftsgang verwendet werden.
  - Vom *Jahresgewinn* sind jährlich 5 % zwingend der Reserve zuzuweisen, bis diese 20 % des eingezahlten (liberierten) Aktienkapitals erreicht hat (Art. 671 Abs. 1 OR).
  - Ein bei der Ausgabe von Aktien erzieltes *Agio* (N 64) ist in der Regel der allgemeinen Reserve zuzuweisen (Art. 671 Abs. 2 Ziff. 1 OR; N 65).

- Als Reserve abzubilden ist, was bei einer *Kaduzierung* (Art. 681 f. OR; N 52) von den geleisteten Einlagen auf die ausgefallenen Aktien nach Abzug eines Mindererlöses für die neu ausgegebenen Aktien als Gewinn (Kaduzierungsgewinn) übrig bleibt (Art. 671 Abs. 2 Ziff. 2 OR).
- Richtet die Gesellschaft über eine jährliche *Dividende* von insgesamt *5 %* des eingezahlten Aktienkapitals hinaus Gewinnanteile aus, ist eine Reserve von 10 % zu schaffen, berechnet auf der den Schwellenwert von 5 % übersteigenden Ausschüttung (Art. 671 Abs. 2 Ziff. 3 OR). Von dieser Pflicht ausgenommen sind Holdinggesellschaften (Art. 671 Abs. 4 OR); gemäss einem Teil der Lehre überdies Gesellschaften, welche bereits über eine allgemeine Reserve in der Höhe der Hälfte des Aktienkapitals verfügen.[169]

– *Reserve für eigene Aktien.* Erwarb eine Gesellschaft eigene Aktien, musste sie im Einklang mit den früheren Rechnungslegungsvorschriften bis zur Veräusserung oder Vernichtung der Aktien (Art. 671*a* OR) eine Reserve in der Höhe des Anschaffungswerts bilden (Art. 659*a* Abs. 2 OR), denn der Anschaffungswert für die eigenen Aktien wurde als Vermögenswert aktiviert. Gemäss den geltenden Rechnungslegungsregeln wird von einer Aktivierung abgesehen und beim Eigenkapital ein Minusposten in der Höhe des Anschaffungswerts bzw. Ausgabebetrags vermerkt (vgl. Art. 959*a* Abs. 2 Ziff. 3 lit. e OR; Art. 659*a* Abs. 4 E-OR 2016).[170] Eine Reservenbildung erübrigt sich dadurch.

– *Aufwertungsreserve.* Unter bestimmten Voraussetzungen erlaubt das Gesetz im Fall eines hälftigen Kapitalverlusts i. S. v. Art. 725 Abs. 1 OR (N 130) die Aufwertung von Grundstücken und Beteiligungen über die Anschaffungs- oder Herstellungskosten hinaus (vgl. Art. 960*a* Abs. 1 und Abs. 2 OR) bis zum wirklichen Wert (Art. 670 Abs. 1 OR; Art. 725*c* Abs. 1 E-OR 2016). Es geht um eine bilanzmässige Sanierung der Gesellschaft. Der Aufwertungsbetrag ist als Reserve auszuweisen. Diese Reserve darf nur nach Massgabe von Art. 671*b* OR (Art. 725*c* Abs. 3 E-OR 2016) aufgelöst werden.

Statutarische und beschlussmässige Reserven

229 Abgesehen von den soeben erwähnten gesetzlich vorgeschriebenen Reserven kann die Gesellschaft gestützt auf eine statutarische Bestimmung oder für gewisse Zwecke auch aufgrund eines Beschlusses der General-

[169] Vgl. Forstmoser/Meier-Hayoz/Nobel, § 50 N 20. Wird demgegenüber eine Pflicht zur weiteren Reservenäufnung bejaht, handelt es sich insoweit um freie Reserven.

[170] Im Konzernverhältnis hat die kontrollierende Gesellschaft den Anschaffungswert bzw. Ausgabebetrag der Aktien von den Beteiligungen abzuziehen bzw. diesen gesondert als gesetzliche Gewinnreserve auszuweisen (vgl. Art. 659*b* Abs. 3 OR; Art. 659*b* Abs. 2 Satz 2 E-OR 2016; N 137).

versammlung höhere als die gesetzlich vorgesehenen oder anderweitige Reserven bilden (vgl. im Einzelnen Art. 672 f. und Art. 674 OR).

Aktienrechtsrevision

Mit der Aktienrechtsrevision gemäss Entwurf 2016 wird deutlicher zwischen Kapital- und Gewinnreserve unterschieden (vgl. Art. 959*a* Abs. 2 Ziff. 3 lit. b–lit. d OR). 230

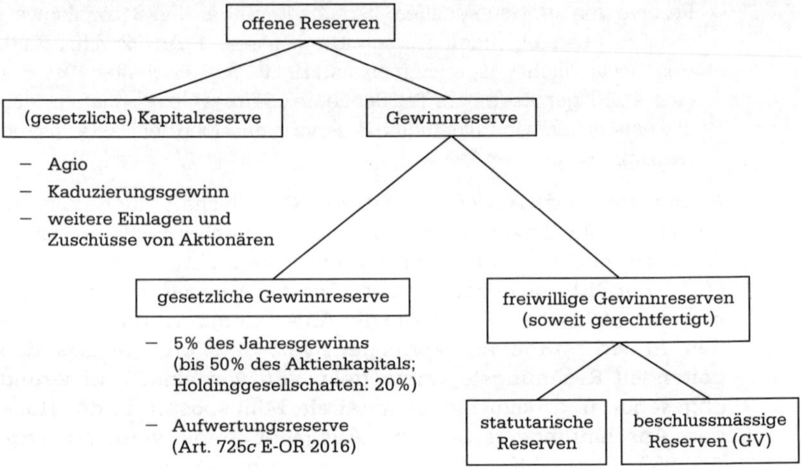

Abb. 31: Kapital- und Gewinnreserve

Zur (gesetzlichen) *Kapitalreserve* gehören Agio und Kaduzierungsgewinn (N 228) sowie – ebenfalls dem Kapitaleinlageprinzip (N 65) unterstehende – weitere Einlagen oder Zuschüsse von Aktionärinnen (Art. 671 Abs. 1 E-OR 2016). Die *Gewinnreserve* wird aus einbehaltenen Gewinnen der Gesellschaft gebildet. Die *gesetzliche* Gewinnreserve ist zu äufnen, bis sie zusammen mit der gesetzlichen Kapitalreserve 50 % (bei Holdinggesellschaften 20 %) des im Handelsregister eingetragenen Aktienkapitals erreicht hat (Art. 672 Abs. 2 E-OR 2016). Die Pflicht, bei Dividendenzahlungen von über 5 % eine zusätzliche Reserve zu bilden («zweite Zuweisung»), entfällt. Die Möglichkeit der Bildung von statutarischen oder beschlussmässigen Gewinnreserven auf *freiwilliger* Basis wird zur Verhinderung von Missbräuchen und zum Schutz der Minderheitsaktionärinnen eingeschränkt: Freiwillige Gewinnreserven müssen durch das dauernde Gedeihen des Unternehmens unter Berücksichtigung der Interessen aller Aktionärinnen gerechtfertigt sein (Art. 673 Abs. 2 E-OR 2016).

Verluste sind gemäss Art. 674 E-OR 2016 in folgender Reihenfolge zu verrechnen:

1. mit dem Gewinnvortrag;
2. mit freiwilligen Gewinnreserven;
3. soweit die verbleibenden Verluste nicht auf die neue Jahresrechnung vorgetragen werden, mit der gesetzlichen Gewinnreserve;
4. mit der gesetzlichen Kapitalreserve.

231 Eine Rückzahlung von gesetzlichen Kapital- und Gewinnreserven i. S. v. Art. 671 bzw. Art. 672 E-OR 2016 ist nicht zulässig, wenn die Gesellschaft einen Verlustvortrag (Art. 959*a* Abs. 2 Ziff. 3 lit. f E-OR 2016) aufweist (Art. 677*a* E-OR 2016). Dasselbe gilt für eine ordentliche Kapitalherabsetzung gemäss Art. 653*j* ff. E-OR 2016 (N 181), dies im Gegensatz zu einer Kapitalherabsetzung ohne Mittelabfluss (Kapitalherabsetzung mit gleichzeitiger Wiedererhöhung nach Art. 653*q* f. E-OR 2016 [N 184 f.] oder Kapitalherabsetzung bei Unterbilanz gemäss Art. 653*p* E-OR 2016 [N 182 f.]).

Unzulässige Rückzahlungen bei Bilanzverlust

232 Im Vorentwurf 2014 zur Aktienrechtsrevision wurde eine Differenzierung der Dividendenhöhe vorgeschlagen, je nachdem ob die betreffende Aktionärin ihr Stimmrecht in der Generalversammlung ausgeübt hat oder nicht. Die Dividende hätte auf statutarischer Grundlage um bis zu 20 % erhöht oder reduziert werden können (Art. 661 Abs. 2 VE-OR 2014). Auf diese Weise sollten die Erwerberinnen von Aktien einen materiellen Anreiz erhalten, an der Generalversammlung teilzunehmen bzw. sich vertreten zu lassen und sich vorab in das Aktienregister einzutragen, wodurch sich der Anteil an Dispoaktien (N 267) reduzierte. Ein solches System würde indessen zu einem administrativen Aufwand sowie zu Schwierigkeiten beim Handel von Aktien mit unterschiedlichen Dividendenberechtigungen führen. Der Vorschlag einer Bonus- oder Malusdividende wurde nicht umgesetzt.

Dividendenhöhe in Abhängigkeit von der Stimmrechtsausübung?

233 In der Praxis besteht hie und da ein Bedürfnis, eine Dividende aus dem Gewinn des *laufenden Geschäftsjahres* auszurichten, so dass sich der Generalversammlungsbeschluss nicht auf einen Jahresabschluss stützen kann. Die Zulässigkeit derartiger Interims- oder Zwischendividenden ist umstritten. Grundsätzlich wird eine Zwischenbilanz vorausgesetzt, welche von der etwaigen Revisionsstelle geprüft sein muss. Von Interimsdividenden zu unterscheiden sind gestaffelte Dividendenausschüttungen aus dem Bilanzgewinn eines bereits abgeschlossenen Geschäftsjahres gestützt auf die geprüfte Jahresbilanz. Der Entwurf 2016 zur Aktienrechtsrevision er-

Interimsdividenden

laubt in Art. 675*a* E-OR 2016 die Ausrichtung von Zwischendividenden unter folgenden kumulativen Voraussetzungen:

- Die Statuten sehen die Ausrichtung einer Zwischendividende vor.
- Es liegt ein Zwischenabschluss vor.
- Der Zwischenabschluss ist von der Revisionsstelle geprüft worden.

Hat die Gesellschaft auf die eingeschränkte Revision verzichtet, steht ihr die Möglichkeit zur Ausrichtung einer Zwischendividende nicht zu (vgl. Art. 727*a* Abs. 2 E-OR 2016).

Segmentaktien

Die Zulässigkeit von Aktien, welche ein Recht auf Dividende aus dem Ge- 234
winn eines gewissen Betriebsteils der AG einräumen *(tracking* oder *targeted stocks)*, ist im Schweizer Recht umstritten. Als Alternative fällt die rechtliche Verselbständigung des entsprechenden Betriebsteils mittels Abspaltung (§ 13 N 62 ff.) in Betracht.

b) Recht auf Liquidationserlös

Bemessung

Gemäss Art. 660 Abs. 2 OR hat die Aktionärin bei der Liquidation der Ge- 235
sellschaft das Recht auf einen verhältnismässigen Anteil am verbleibenden Vermögen. Massgeblich ist wie bei der Bestimmung der Dividende (N 226) der durch die Aktionärin *tatsächlich geleistete Nennwert* (Art. 661 und Art. 745 Abs. 1 OR; N 61 und N 67). Statutarisch kann eine abweichende Ordnung vorgesehen werden. Neben dem Dividendenvorrecht stellt eine Bevorzugung bei der Verteilung des Liquidationserlöses eine typische Ausgestaltung für *Vorzugsaktien* dar (vgl. Art. 656 Abs. 2 und Art. 660 Abs. 3 OR; N 106). Auf diese Weise kann einem Investor die getätigte Einlage, unter Umständen samt Verzinsung, zurückgezahlt werden. Vorauszusetzen ist aber stets, dass die Gesellschaft nach der Begleichung aller Schulden noch über genügend Vermögenswerte verfügt.

II. Pflichten der Aktionärin

Leistung der Einlage

Die zentrale Pflicht der Aktionärin besteht darin, die anlässlich der Aktien- 236
zeichnung versprochene Einlage in der Höhe des Ausgabebetrags, d. h. des Nennwerts zuzüglich eines etwaigen Agios (N 64), zu leisten. Bei voll liberierten Aktien wird diese Pflicht im Zuge der Gründung bzw. Kapitalerhöhung erfüllt. Weitere Pflichten treffen die Aktionärin in der Regel nicht und dürfen nach der herrschenden Lehre auf statutarischer Grundlage

nicht begründet werden (vgl. Art. 680 Abs. 1 OR).[171] Insbesondere haftet die Aktionärin nicht persönlich für die Verbindlichkeiten der Gesellschaft (Art. 620 Abs. 2 OR). Möglich ist nach Art. 681 Abs. 3 OR, statutarisch eine Konventionalstrafe vorzusehen für den Fall, dass die Aktionärin den Ausgabebetrag nicht rechtzeitig bezahlt (vgl. Art. 627 Ziff. 5 OR).

237 Aufgrund des internationalen Drucks, die Massnahmen zur Bekämpfung der Geldwäscherei und zur Erhöhung der Transparenz gegenüber Steuerbehörden zu verstärken, sind in Art. 697*i* und Art. 697*j* OR neue Pflichten von Aktionärinnen bzw. Aktienerwerberinnen eingeführt worden, bestimmte Meldungen an die Gesellschaft bzw. einen beauftragten Finanzintermediär zu erstatten (N 93 f. und N 99). Meldepflichten

238 Nach herrschender Auffassung trifft die Aktionärin keine Treuepflicht gegenüber der Gesellschaft. Deshalb darf die Aktionärin beispielsweise für ein Konkurrenzunternehmen tätig sein. Allerdings findet die treuwidrige Ausübung von Rechten keinen Rechtsschutz (Rechtsmissbrauchsverbot, Art. 2 Abs. 2 ZGB). Da die Aktionärin keiner Schweigepflicht untersteht, ist es zum Schutz der Geheimhaltungsinteressen der Gesellschaft gerechtfertigt, dass die Aktionärin bloss über ein beschränktes Auskunfts- und Einsichtsrecht verfügt (N 207 f.). Keine Treuepflicht

239 Zusätzliche Pflichten können sich gegenüber der Gesellschaft aus der Übernahme eines *Verwaltungsratsmandats* oder einer Geschäftsführungsfunktion und unter den Aktionärinnen auf *vertraglicher* Grundlage ergeben, namentlich gestützt auf einen Aktionärbindungsvertrag oder eine Geheimhaltungsvereinbarung. Die Aktionärin einer Gesellschaft mit börsenkotierten Aktien hat das *Börsenrecht* zu beachten, welches in gewissen Fällen beispielsweise eine Melde- und eine Angebotspflicht statuiert. Mögliche Quellen von Pflichten

[171] Aus Art. 620 Abs. 2 OR, wonach die Aktionärinnen (nur) zu den «statutarischen Leistungen» verpflichtet sind, ist nichts anderes abzuleiten.

G. Organisation und Organe der AG

I. Arten von Organen

1. Begriff des Organs

Organe als «Funktionszentren»

240 Mit dem Begriff «Organ» werden – neben einzelnen «Funktionsträgern» (N 242 ff.) – gesetzlich vorgeschriebene oder freiwillig gebildete «Funktionszentren» der Gesellschaft bezeichnet, namentlich die Generalversammlung (N 249 ff.), der Verwaltungsrat (N 287 ff.) und die Revisionsstelle (N 327 ff.).

Gesetzlich vorgeschriebene und fakultative Organe

241 Die Generalversammlung und der Verwaltungsrat sind als Organe für jede AG obligatorisch. Auf die Revisionsstelle kann unter gewissen Voraussetzungen verzichtet werden (N 329). Daneben besteht die Möglichkeit, weitere Organe zu bestimmen. Abgesehen von der Delegation der Geschäftsführung durch den Verwaltungsrat an eine Direktion oder Geschäftsleitung wird davon in der Praxis eher selten Gebrauch gemacht. Zu denken ist etwa an ein institutionalisiertes Experten- oder Beratergremium. Beiräte haben im Zuge der Regelung der Vergütungen – zwecks Verhinderung von Gesetzesumgehungen – eine prominente Behandlung erfahren, ungeachtet ihrer geringen praktischen Bedeutung.

Organe als «Funktionsträger»

242 Ebenfalls als Organe bezeichnet werden einzelne Mitglieder oder Vertreter der «Funktionszentren», d. h. «Funktionsträger», beispielsweise ein bestimmtes Verwaltungsratsmitglied. Zum Teil ist von Organpersonen die Rede. Im Zentrum stehen Geschäftsführungs- bzw. Vertretungsorgane der Gesellschaft. Durch das Verhalten ihrer Organe wird die Gesellschaft grundsätzlich als juristische Person berechtigt und verpflichtet (vgl. zur Haftung der AG *für* Organe Art. 722 OR und Art. 55 Abs. 2 ZGB; N 243, N 299 und N 311). Die Organe im so verstandenen Sinne können für pflichtwidriges Verhalten ihrerseits schadenersatzpflichtig werden (Verantwortlichkeit der Organe; vgl. Art. 55 Abs. 3 ZGB und Art. 754 OR; N 244 und N 346 ff.). Der Verantwortlichkeit unterstehen aber auch gewisse Dritte ohne Organstellung (vgl. Art. 752 f. OR; N 361).

Haftung für Organe

243 Das Verhalten der Geschäftsführungs- und Vertretungsorgane wird der Gesellschaft zugerechnet. Wer ermächtigt ist, die Gesellschaft nach aussen zu vertreten, und im Namen der AG einen Vertrag eingeht, begründet Rechte und Pflichten der Gesellschaft.[172] Analoges gilt im ausservertrag-

172 Im Unterschied zur ausservertraglichen Haftung der AG für ihre Organe muss beim Abschluss eines

lichen Bereich: Wenn eine zur Geschäftsführung bzw. Vertretung befugte Person in Ausübung ihrer geschäftlichen Verrichtungen (funktionaler Zusammenhang zur Organtätigkeit) einen Dritten widerrechtlich und schuldhaft schädigt, wird die Gesellschaft nach Art. 722 OR *(lex specialis)* bzw. Art. 55 Abs. 2 ZGB *(lex generalis)* für den durch die unerlaubte Handlung verursachten Schaden ersatzpflichtig. Bei *Hilfspersonen* ist die Anwendung von Art. 55 OR oder von Art. 101 OR zu prüfen.

Verantwortlichkeit der Organe

244 Während es bei der Begründung einer Haftung der Gesellschaft für ihre Organe um die Verkörperung der juristischen Person und deren Verpflichtung im Aussenverhältnis geht, welche mit der Zurechnung des Organverhaltens verknüpft ist, zielt der verantwortlichkeitsrechtliche Organbegriff auf die *persönliche Haftung* aus einer pflichtwidrigen Wahrnehmung namentlich von Leitungs- und Geschäftsführungsaufgaben. Daraus können sich gewisse Differenzen zwischen dem Organbegriff gemäss Art. 722 OR (bzw. Art. 55 ZGB) und demjenigen von Art. 754 OR ergeben.

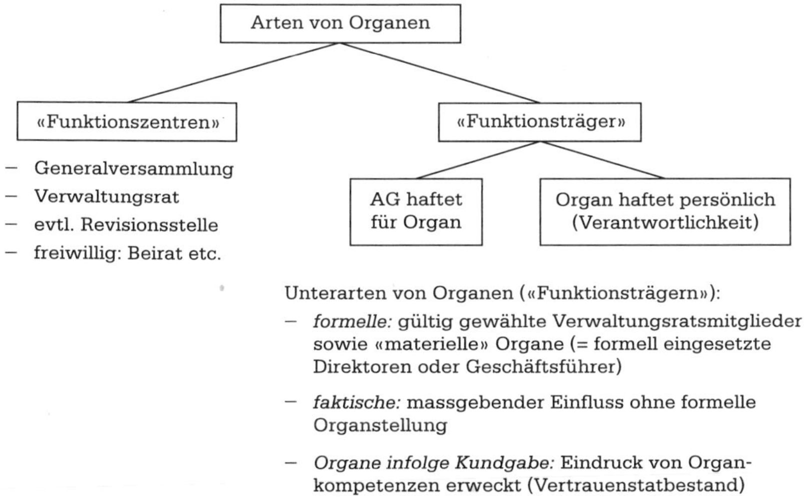

Abb. 32: Arten von Organen

Formelle und faktische Organe

245 Der haftungs- bzw. verantwortlichkeitsrechtliche Organbegriff – im Sinne der Haftung der Gesellschaft für ihre Organe und der persönlichen Verantwortlichkeit der Organe – erfasst formelle, materielle und faktische Orga-

Vertrags im Fall einer Kollektivunterschrift zu zweien ein weiteres Vertretungsorgan mitwirken, um die Gesellschaft zu binden.

ne sowie «Organe» infolge Kundgabe. Die von der Generalversammlung gültig gewählten Mitglieder des Verwaltungsrats sind *formelle* Organe, unabhängig von den tatsächlich durch sie wahrgenommenen Aufgaben. Auch nicht im Handelsregister eingetragene «stille» Verwaltungsratsmitglieder gehören dazu. Dasselbe gilt für Personen, auf welche Geschäftsführungsaufgaben durch einen gesellschaftsinternen Akt übertragen werden (zum Teil als *«materielle»* Organe bezeichnet), namentlich die vom Verwaltungsrat auf statutarischer Grundlage und nach Massgabe eines Organisationsreglements ernannten Direktoren oder Geschäftsführer. Bei ihnen fehlt es an einem gesetzlichen Pflichtenkatalog.[173] Mit der Geschäftsführung *faktisch* befasst ist, wer ohne ausdrückliche Ernennung tatsächlich Organen vorbehaltene Entscheide trifft oder die eigentliche Geschäftsführung besorgt und so die Willensbildung der Gesellschaft massgebend mitbestimmt.[174] Erforderlich sind eine tatsächliche Einflussnahme auf den Geschäftsgang der Gesellschaft verbunden mit der Möglichkeit, einen Schaden zu verursachen oder zu verhindern, sowie eine gewisse organisatorische Eingliederung in die Willensbildung, so dass die Einflussnahme aus einer organtypischen Stellung heraus erfolgt. Zu denken ist an eine Hauptaktionärin ohne formelle Leitungs- oder Geschäftsführungsfunktion oder an eine Obergesellschaft, welche über eigene Organe Einfluss auf die AG nimmt. Eine blosse Mithilfe bei der Entscheidung genügt nicht. Mitarbeiter in untergeordneter und abhängiger Stellung fallen als faktische Organe in der Regel ausser Betracht. Der Begriff des faktischen Organs wird hauptsächlich verwendet, um eine aktienrechtliche Verantwortlichkeit oder eine Haftung für Sozialversicherungsbeiträge, welche die Gesellschaft schuldet, zu begründen. Ob ein faktisches Organ auch befugt ist, die Gesellschaft zu vertreten, muss im Einzelfall geprüft werden.[175] In analoger Weise wie faktische Verwaltungs- bzw. Geschäftsführungsorgane sind eine faktische Revisionsstelle oder faktische Liquidatoren denkbar. Das *«Organ» infolge Kundgabe* erweckt den Eindruck von Organkompetenzen und begründet dadurch einen Vertrauenstatbestand, aus welchem sich ausnahmsweise eine Haftung ableiten lässt.

173 Insofern lassen sich auch sog. *Suppleanten*, d. h. als solche von der Generalversammlung gültig gewählte Ersatzpersonen für an Sitzungen verhinderte Verwaltungsratsmitglieder, als materielle Organe betrachten.

174 BGE 132 III 523 E. 4.5 S. 528 f. (= Pra 96 [2007] Nr. 32 E. 4.5 S. 200 E. 4.5 S. 205); 128 III 29 E. 3a S. 30 m. w. H. In BGE 128 III 92 E. 3a S. 94 m. w. H. hält das Bundesgericht auch eine Verantwortlichkeit für pflichtwidrige Unterlassungen innerhalb des wahrgenommenen Aufgabenbereichs für möglich.

175 Für Art. 204 Abs. 1 ZPO (Pflicht der Parteien, zur Schlichtungsverhandlung persönlich zu erscheinen) verneint in BGE 141 III 159 E. 2.6 S. 167: Die juristische Person kann sich nicht durch ein faktisches Organ vertreten lassen, da die Schlichtungsbehörde die Stellung innerhalb der Gesellschaft nur schwer verifizieren könnte.

2. Verhältnis der Organe

246 Die Generalversammlung der Aktionärinnen wird vom Gesetz als *oberstes* Organ der AG bezeichnet (Art. 698 Abs. 1 OR). Diese hierarchische Einstufung ergibt sich insbesondere aus dem Umstand, dass die Generalversammlung den Verwaltungsrat sowie die Revisionsstelle wählt und gegebenenfalls abberuft. Der Generalversammlung kommt indessen nicht das Recht zu, die zwingenden Kompetenzen des Verwaltungsrats einzuschränken. Dessen Kernaufgaben gemäss Art. 716*a* Abs. 1 OR (N 295) sind nicht nur unübertragbar, dürfen von diesem folglich nicht an die Geschäftsleitung delegiert werden, sondern auch unentziehbar. Indem den Organen der AG zwingend zugewiesene Kompetenzen zukommen, sind sie einander *gleichgestellt* (Paritätsprinzip). Faktisch haben die Aktionärinnen jedoch insbesondere bei grösseren Gesellschaften nur beschränkt Einblick in die Unternehmensführung. Der Verwaltungsrat darf zumeist erwarten, dass die Generalversammlung seine Anträge gutheissen wird.[176] Damit scheint die Rolle der Generalversammlung auf eine «Akklamationsfunktion» beschränkt zu sein und die tatsächliche Macht beim Verwaltungsrat – welchem die Oberleitung der Gesellschaft zusteht (Art. 716*a* Abs. 1 Ziff. 1 OR) – oder der Geschäftsleitung zu liegen. Paritätsprinzip

247 Das Verhältnis zwischen den Aktionärinnen einerseits – verstanden als Eignerinnen und Kapitalgeberinnen der Gesellschaft *(Principals)* – und den Verwaltungsrats- bzw. Geschäftsleitungsmitgliedern anderseits – als Beauftragten *(Agents)* – ist von Informationsasymmetrien und Interessengegensätzen geprägt. Diese Problematik bildet den Gegenstand zahlreicher wissenschaftlicher Untersuchungen. Die Ausgangslage zeichnet sich dadurch aus, dass die Principals die Agents wegen der Informationsasymmetrien bloss beschränkt kontrollieren können, während die Agents eigene Interessen verfolgen, welche unter Umständen den Interessen der Principals widersprechen. Weil die einzelne Aktionärin an der Gesellschaft lediglich anteilsmässig beteiligt ist, lohnt sich eine übermässige Kontrolle der Geschäftsführung für sie gar nicht. Eine vollständige Überwindung der Informationsasymmetrien ist angesichts der begrenzten Informationsrechte der Aktionärinnen (N 205 ff.) und der Geheimhaltungspflichten der Geschäftsführungsorgane bereits von Gesetzes wegen ausgeschlossen. Principal-Agent-Theorie

[176] Gemäss einer Auswertung zum Jahr 2014 wurden von 961 Traktanden, welche an 47 Generalversammlungen in der Schweiz behandelt wurden, bloss sechs Traktanden nicht im Sinne der Anträge des Verwaltungsrats entschieden, vgl. ALEXANDER F. WAGNER/CHRISTOPH WENK BERNASCONI, Aktionäre und Stimmrechtsberater im Jahr 1 nach der Minder-Initiative, Relevanz und Wettbewerb der Stimmrechtsberater sowie ein Blick in die Zukunft, Der Schweizer Treuhänder 12/2014, S. 1147–1152, S. 1148. In letzter Zeit sind namentlich konsultative Abstimmungen über Vergütungsberichte teilweise knapp oder sogar ablehnend ausgefallen.

Weiter steht die vorgeschriebene Kompetenzordnung der Gesellschaftsorgane gemäss dem Paritätsprinzip (N 246) einer vollständigen Kontrolle der Geschäftsführung durch die Aktionärinnen im Wege. Die Aktionärin verfügt immerhin über Rechtsbehelfe wie die Verantwortlichkeitsklage, um pflichtwidrig handelnde Geschäftsführungsorgane zu belangen. In der jüngeren Vergangenheit lässt sich ein Ausbau der zwingenden Aufgaben der Generalversammlung und des gesetzlich verlangten Statuteninhalts auf Kosten des Zuständigkeitsbereichs des Verwaltungsrats beobachten. Dieser Trend – zum Teil mit dem Schlagwort der «Aktionärsdemokratie» verfochten – ist durch die Umsetzung der «Abzocker»-Initiative verstärkt worden. Das Principal-Agent-Problem steht im Bereich des Gesellschaftsrechts mit der Corporate-Governance-Diskussion in Verbindung, welche sich ebenfalls auf das gegenseitige Verhältnis der einzelnen Organe der AG bezieht und deren Zusammenspiel thematisiert.

Corporate Governance

Bei der Corporate Governance geht es um das System der Leitung und Steuerung von Gesellschaften. Corporate Governance zielt auf eine optimale, ausgewogene Gestaltung und Kontrolle der Unternehmensführung *(Checks and Balances)* sowie auf die Bewältigung des Principal-Agent-Problems.[177] Auf eine Verbesserung der Corporate Governance ausgerichtet ist der 2002 erlassene und 2014 revidierte, vom Schweizer Wirtschaftsverband economiesuisse herausgegebene *Swiss Code of Best Practice for Corporate Governance*, an dessen rechtlich nicht verbindlichen Empfehlungen sich insbesondere schweizerische Publikumsgesellschaften orientieren.[178] 248

II. Generalversammlung

1. Aufgaben

Unübertragbare Aufgaben

Gestützt auf Art. 698 Abs. 2 OR kommen der Generalversammlung folgende unübertragbare Aufgaben zu: 249

177 Zum Ganzen etwa Christoph B. Bühler, Regulierung im Bereich der Corporate Governance, Habil. Zürich, Zürich/St. Gallen 2009, N 340 ff. m. w. H.

178 Abrufbar unter <www.economiesuisse.ch>; näher zur aktuellen Fassung des Regelwerks Hofstetter. Gesellschaften, deren Beteiligungsrechte an der SIX Swiss Exchange AG kotiert sind, haben im Übrigen die *Richtlinie betr. Informationen zur Corporate Governance* einzuhalten, bei welcher es um Transparenz geht, d. h. um die Pflicht zur Veröffentlichung bestimmter Informationen zur Corporate Governance im Geschäftsbericht. Zu den zahlreichen Regelwerken zur Corporate Governance im Ausland vgl. die Zusammenstellung des *European Corporate Governance Institute* auf <www.ecgi.org/codes>.

1. *Statutenänderungen*, soweit nicht – wie für den Feststellungsbeschluss nach einer durchgeführten Kapitalerhöhung – ausnahmsweise der Verwaltungsrat dafür zuständig ist (N 45);
2. die *Wahl* der Verwaltungsratsmitglieder und der Revisionsstelle sowie deren *Abberufung* (Art. 705 Abs. 1 OR), auf statutarischer Grundlage zusätzlich die Wahl des Verwaltungsratspräsidenten (Art. 712 Abs. 2 OR);
3. die Genehmigung des *Lageberichts* (Art. 961*c* OR) und der *Konzernrechnung* (Art. 963 ff. OR);
4. die Genehmigung der *Jahresrechnung* (Art. 959 ff. OR) und die Beschlussfassung über die Verwendung des Bilanzgewinns, insbesondere die Festsetzung der *Dividende*;
5. die *Entlastung* (Décharge) von Verwaltungsratsmitgliedern, gegebenenfalls auch von Geschäftsführungsorganen und der Revisionsstelle, und
6. die Beschlussfassung über *gesetzlich* oder *statutarisch* der Generalversammlung zugewiesene Aufgaben, beispielsweise die Ermächtigung zur Einsicht in Geschäftsbücher oder die Korrespondenz (Art. 697 Abs. 3 OR) sowie die Durchführung einer Sonderprüfung (Art. 697*a* Abs. 2 OR).

Mit dem Entwurf 2016 zur Aktienrechtsrevision wird vorgesehen, den Katalog der unübertragbaren Aufgaben der Generalversammlung zu erweitern, wobei einige Befugnisse mit der Umsetzung der «Abzocker»-Initiative zusammenhängen und lediglich auf Gesellschaften mit börsenkotierten Aktien anwendbar sind.

- Sämtliche Gesellschaften (Art. 698 Abs. 2 Ziff. 5–Ziff. 8 E-OR 2016):
  1. Festsetzung einer *Zwischendividende* samt Genehmigung des hierfür erforderlichen Zwischenabschlusses (N 233);
  2. Rückzahlung von gesetzlichen *Kapitalreserven*, d. h. beispielsweise von Agio (N 65 und N 230), in Abgrenzung zur Ausrichtung einer traditionellen Dividende im Sinne einer Gewinnausschüttung und
  3. Dekotierung der Beteiligungspapiere der Gesellschaft.
- Gesellschaften mit börsenkotierten Aktien (Art. 698 Abs. 3 Ziff. 1–Ziff. 4 E-OR 2016):
  1. Wahl des Verwaltungsratspräsidenten (Art. 712 Abs. 1 Satz 1 E-OR 2016; N 292);

2. Wahl der Mitglieder des Vergütungsausschusses (N 250);
3. Wahl des unabhängigen Stimmrechtsvertreters (N 272) und
4. Abstimmung über die Vergütungen des Verwaltungsrats und der Geschäftsleitung sowie eines etwaigen Beirats (N 250).

Aufgaben im Bereich der Vergütungen

250 Die Aufgaben der Generalversammlung im Zusammenhang mit der Vergütungsthematik werden im Entwurf 2016 zur Aktienrechtsrevision näher umschrieben. Die Mitglieder des *Vergütungsausschusses* des Verwaltungsrats sind von der Generalversammlung einzeln auf eine einjährige Amtsdauer zu wählen (Art. 733 E-OR 2016).[179] Die Statuten und das Organisationsreglement legen die Aufgaben des Vergütungsausschusses fest. Die Höhe der ausgerichteten *Vergütungen* wird gesetzlich nicht beschränkt, doch muss die Generalversammlung die direkten und indirekten Vergütungen an die Mitglieder des Verwaltungsrats, der Geschäftsleitung und eines etwaigen Beirats beschliessen oder zumindest genehmigen. Die Einzelheiten sind im Vergütungsbericht des Verwaltungsrats offenzulegen (N 326). Die Abstimmung der Generalversammlung über die Vergütungen ist unter Beachtung der folgenden *Mindestvorschriften* in den Statuten zu regeln (Art. 735 Abs. 2 Satz 1 und Abs. 3 E-OR 2016):

1. Die Abstimmung findet *jährlich* – im Voraus *(prospektiv)* oder im Nachhinein *(retrospektiv)* – statt, sei es als Genehmigung der vom Verwaltungsrat beantragten Beträge oder als Beschluss mit der Möglichkeit der Gutheissung von Gegenanträgen aus dem Kreis der Aktionärinnen mit abweichenden Beträgen.
2. Es wird *gesondert* über die Gesamtbeträge der Vergütungen je des Verwaltungsrats, der Geschäftsleitung und des Beirats abgestimmt.
3. Der Abstimmung kommt *bindende* Wirkung zu (keine blossen Konsultativabstimmungen).
4. *Prospektive* Abstimmungen über *variable* Vergütungen sind entgegen dem Vorschlag des Vorentwurfs 2014 zulässig, sofern der Vergütungsbericht nachträglich der Generalversammlung zur Konsultativabstimmung vorgelegt wird. Die Möglichkeit prospektiver Abstimmungen schafft Planungssicherheit für die Personalrekru-

179 Es handelt sich um mindestens zwei, nicht aber um sämtliche Verwaltungsratsmitglieder, Botschaft E-OR 2016, S. 586. Gemäss der Auffassung des Eidgenössischen Amts für das Handelsregister darf die individuelle Wahl als Verwaltungsratsmitglied und als Mitglied des Vergütungsausschusses gleichzeitig erfolgen, Praxismitteilung EHRA 3/13 vom 20. November 2013, S. 5, Ziff. 2.4. Ebenso braucht der Verwaltungsratspräsident nicht separat als Verwaltungsratsmitglied gewählt zu werden.

tierung. Im Übrigen dürfen die Statuten unter dem prospektiven Abstimmungsmodell einen Zusatzbetrag bis zur nächsten Generalversammlung für die Vergütung von Geschäftsleitungsmitgliedern vorsehen, welche erst nach der Abstimmung neu ernannt werden (Art. 735*a* Abs. 1 E-OR 2016).

2. Arten von Generalversammlungen

a) Ordentliche Generalversammlung

251 Die ordentliche Generalversammlung muss jedes Jahr innerhalb von *sechs Monaten* seit dem Abschluss des Geschäftsjahres durchgeführt werden (Art. 699 Abs. 2 OR). Es handelt sich um eine Ordnungsvorschrift, für deren Verletzung das Aktienrecht keine Sanktionen vorsieht. Üblicherweise werden an der ordentlichen Generalversammlung einer AG ohne börsenkotierte Aktien die folgenden Gegenstände behandelt: Aufgaben

1. Genehmigung des *Geschäftsberichts*, bestehend aus
   - dem Lagebericht (Art. 961*c* OR), sofern die Gesellschaft zur ordentlichen Revision verpflichtet ist (Art. 961 Ziff. 3 OR),
   - der Jahresrechnung (dem Einzelabschluss, Art. 959 ff. OR), zusammengesetzt aus der Bilanz, der Erfolgsrechnung und dem Anhang (Art. 958 Abs. 2 Satz 1 OR), sowie
   - gegebenenfalls der Konzernrechnung (der konsolidierten Jahresrechnung, Art. 963 ff. OR),

   und Kenntnisnahme des *Revisionsberichts* (Art. 728*b* bei ordentlicher Revision bzw. Art. 729*b* OR bei eingeschränkter Revision), falls die Gesellschaft eine Revisionsstelle hat;
2. Verwendung des *Bilanzergebnisses*, d. h. die Verwendung des Bilanzgewinns, einschliesslich der Reservenzuweisung und der Ausrichtung einer Dividende aus dem Bilanzgewinn bzw. einer Rückzahlung aus den Reserven aus Kapitaleinlagen, oder der Vortrag des Bilanzverlusts auf die neue Rechnung;
3. *Entlastung* (Décharge) der Mitglieder des Verwaltungsrats, unter Umständen auch der Geschäftsleitung bzw. einer Konzernleitung;
4. Wiederwahl bzw. Wahl von *Verwaltungsratsmitgliedern* und
5. Wiederwahl der *Revisionsstelle*.

Bei einer Gesellschaft mit börsenkotierten Aktien kommen die Abstimmungen zur Vergütung sowie die Wahl des Verwaltungsratspräsidenten, der Mitglieder des Vergütungsausschusses und des unabhängigen Stimmrechtsvertreters hinzu. An einer ordentlichen Generalversammlung können weitere Traktanden behandelt werden, welche nicht mit dem Abschluss des Geschäftsjahres zusammenhängen. Gerade bei grösseren Gesellschaften ist die Durchführung einer Generalversammlung mit einem beträchtlichen Aufwand verbunden, so dass eine ausserordentliche Generalversammlung bloss einberufen wird, wenn es nicht möglich ist, den Gegenstand der nächsten ordentlichen Generalversammlung vorzulegen.

b) Ausserordentliche Generalversammlung

Aufgaben

252 Ausserordentliche Generalversammlungen können vom Verwaltungsrat jederzeit nach Bedarf einberufen werden (vgl. Art. 699 Abs. 2 OR). Die Verhandlungsgegenstände sind grundsätzlich frei bestimmbar. Die Einberufung erfolgt auf die gleiche Weise wie bei der ordentlichen Generalversammlung.

c) Universalversammlung

Umschreibung

253 Die Universalversammlung ist eine besondere Form der Durchführung einer Generalversammlung. Sie zeichnet sich dadurch aus, dass während der gesamten Versammlung sämtliche Aktien der Gesellschaft vertreten sind. Sofern alle Aktionärinnen damit einverstanden sind, kann die Universalversammlung als «vollwertige» Generalversammlung gültig abgehalten werden, ohne dass die Formvorschriften für die Einberufung von Generalversammlungen eingehalten sein müssten (Art. 701 OR). Eine Universalversammlung lässt sich rasch durchführen, weil die Frist für die Einberufung (N 258) nicht beachtet werden muss. Da die Aktionärinnen nicht persönlich anwesend zu sein brauchen, genügt es, dass Vollmachten sämtlicher Aktionärinnen der AG vorliegen, worin sich diese mit der Durchführung der Generalversammlung als Universammlung einverstanden erklären. In kleineren Verhältnissen bzw. innerhalb von Konzerngesellschaften sind Universalversammlungen häufig, wenn nicht die Regel.

Fehlen von Aktionärinnen

254 Die Abwesenheit auch lediglich einer Aktionärin bzw. von deren Vertreter begründet nach der Rechtsprechung und der herrschenden Lehre einen schwerwiegenden formellen Mangel, welcher zur Nichtigkeit der anlässlich dieser Versammlung gefassten Beschlüsse führt.[180] Dass die übergan-

[180] BGE 137 III 460 E. 3.3.2 S. 465 f. m. w. H.

gene Aktionärin das Abstimmungsergebnis nicht hätte verhindern können, spielt gemäss Bundesgericht keine Rolle, weil von einer möglichen Einflussnahme auf die Willensbildung in der Versammlung ausgegangen wird. Vorauszusetzen ist, dass nicht alle Aktionärinnen rechtzeitig zur Versammlung eingeladen worden sind, denn bei Beachtung der Einberufungsvorschriften liegt eine «normale» Generalversammlung vor. Sind zwar sämtliche Aktionärinnen zur Versammlung eingeladen worden, aber gewisse Einberufungsvorschriften verletzt worden, dürfte es gerechtfertigt sein, die gefällten Beschlüsse lediglich als anfechtbar zu betrachten (vgl. N 285).

d) Zustimmung zu Antrag

254a Gemäss dem Entwurf 2016 zur Aktienrechtsrevision kann eine Generalversammlung ohne formelle Einberufung abgehalten werden, indem die Beschlussfassung schriftlich auf Papier oder in elektronischer Form erfolgt (Art. 701 Abs. 3 E-OR 2016). Sämtliche Aktionärinnen müssen mit dieser Art der Beschlussfassung einverstanden sein. Unter dem geltenden Recht sind Zirkularbeschlüsse durch die Generalversammlung einer AG nicht zulässig. Zirkularbeschluss

3. Einberufung der Generalversammlung

255 Die Generalversammlung ist in der *statutarisch* vorgesehenen Form (Art. 700 Abs. 1 OR) unter Beachtung der gesetzlichen Erfordernisse einzuberufen, etwa durch Brief bzw. E-Mail an die (Namen-)Aktionärinnen und Nutzniesser oder mittels Publikation im Schweizerischen Handelsamtsblatt (N 39 und N 41). Grössere Gesellschaften stellen oft auf die Publikation im Schweizerischen Handelsamtsblatt ab und sehen den Postversand lediglich ergänzend vor. Vor der ordentlichen Generalversammlung muss die Gesellschaft die Aktionärinnen nach Massgabe von Art. 696 Abs. 2 OR darauf aufmerksam machen, dass der Geschäftsbericht und der Revisionsbericht am Sitz eingesehen werden können bzw. auf Verlangen zugestellt werden (N 206). Form

256 Die Einladung muss die Verhandlungsgegenstände (Traktanden) sowie die Anträge des Verwaltungsrats und gegebenenfalls der Aktionärinnen (N 257) bekannt geben (Art. 700 Abs. 2 OR). Die Verhandlungsgegenstände müssen *genügend bestimmt* formuliert und für die durchschnittliche Aktionärin klar verständlich sein. Nach dem Entwurf 2016 zur Aktienrechtsrevision hat der Verwaltungsrat sicherzustellen, dass jeder Verhandlungsgegenstand die *«Einheit der Materie»* wahrt (Art. 700 Abs. 3 Verhandlungsgegenstände

E-OR 2016). Sämtliche Aspekte eines Traktandums müssen zur gleichen Thematik gehören und einen engen Zusammenhang aufweisen. Ausser bei einer bloss formellen Bereinigung kann somit nicht die Totalrevision der Statuten als Traktandum für eine einzige Abstimmung vorgesehen werden.[181] Indessen dürfen die Verhandlungsgegenstände auch nicht zu eng abgefasst sein, weil sonst das Stellen von Anträgen bzw. Gegenanträgen durch einzelne Aktionärinnen verunmöglicht würde. Neben einer bedingten Traktandierung ist es zulässig, Einzelheiten zu einem Verhandlungsgegenstand unmittelbar vor der Versammlung zu präzisieren, etwa wenn auf die aktuellen Marktbedingungen Rücksicht genommen werden soll.

Anträge Beim Antrag handelt es sich um den konkreten *Vorschlag zur Beschlussfassung* über den Verhandlungsgegenstand. Im Unterschied zur Umschreibung des Verhandlungsgegenstands darf der Antragsteller seinen Antrag vor der Beschlussfassung noch anpassen. Jede Aktionärin bzw. deren Vertreter ist befugt, vor sowie während der Generalversammlung Anträge oder Gegenanträge zu den Verhandlungsgegenständen zu stellen (individuelles *Antragsrecht* nach Art. 700 Abs. 4 OR). Mangels Traktandierung nicht zulässig sein dürfte beispielsweise der Antrag auf Abberufung eines Verwaltungsratsmitglieds im Rahmen der angekündigten Wiederwahl von bestimmten anderen Verwaltungsratsmitgliedern. Nicht der Traktandierungspflicht unterstehen Anträge auf die Einberufung einer ausserordentlichen Generalversammlung, auf Durchführung einer Sonderprüfung (Art. 697*a* Abs. 1 OR) und – soweit von einer Aktionärin verlangt – auf Wahl einer Revisionsstelle (Art. 700 Abs. 3 OR).[182] 257

Frist Die Einberufung hat *mindestens 20 Tage* vor dem Versammlungstag zu erfolgen (Art. 700 Abs. 1 OR), damit die Aktionärinnen genügend Zeit haben, um sich auf die Versammlung vorzubereiten bzw. eine Stimmrechtsvertretung zu organisieren. Für die Berechnung der Frist stellt die wohl herrschende, auf den Gesetzeswortlaut gestützte Lehre auf den Tag der Publikation der Einladung bzw. des Versands (mit A-Post) ab, wobei dieser Tag sowie der Versammlungstag nicht mitgezählt werden.[183] Somit erfolgt die 258

181 Umgekehrt erfordert die Totalrevision der Statuten nicht, über jeden Artikel einzeln abzustimmen, Botschaft E-OR 2016, S. 554 (Verhandlungsgegenstand darf nur Aspekte enthalten, welche einen engen Zusammenhang aufweisen oder sich gegenseitig bedingen, doch dürfen Themenblöcke, welche voneinander inhaltlich abhängen, unter demselben Verhandlungsgegenstand zur Abstimmung gebracht werden). Jede Aktionärin kann während einer Generalversammlung die getrennte Behandlung von inhaltlich nicht zusammengehörenden Themen verlangen. Wird die Einheit der Materie verletzt, ist der Beschluss anfechtbar (N 280).

182 Nach dem ursprünglichen Vorschlag von Art. 703 Abs. 1 E-OR 2016 hätte auch der Antrag auf Zulassung zur Klage auf Kosten der Gesellschaft (N 352) nicht traktandiert werden müssen.

183 Böckli, § 12 N 83 ff.; BSK OR II-Dubs/Truffer, Art. 700 N 5.

am ersten Tag des Monats versandte, nach der absoluten Empfangstheorie zumeist am Folgetag eintreffende Einladung noch rechtzeitig, wenn die Generalversammlung am 22. Tag abgehalten wird (Versand am 21. Tag vor der Versammlung).[184] Die Frist von 20 Tagen darf statutarisch verlängert, nicht aber verkürzt werden.

4. Stimmrechtsberater

259 Bei Publikumsgesellschaften haben Stimmrechtsberater *(proxy advisors)* aus dem Ausland, insbesondere der globale Marktführer *ISS*[185] und *Glass Lewis,* sowie inländische Anbieter, wie *Ethos*[186] oder *zRating*[187] und der Verein *Actares,* an Bedeutung gewonnen. Diese unterstützen auf zumeist entgeltlicher Basis die Stimmrechtsausübung, geben Abstimmungsempfehlungen zu den Verhandlungsgegenständen ab und nehmen Stimmrechtsvertretungen vor.[188] Ein zusätzliches Bedürfnis nach solchen Dienstleistungen ist bei den Vorsorgeeinrichtungen mit der «Abzocker»-Initiative durch die Pflicht geweckt worden, die Stimmrechte auszuüben und das Abstimmungsverhalten offenzulegen (vgl. Art. 95 Abs. 3 lit. a Satz 3 BV; Art. 71*a* f. BVG in der Fassung gemäss E-OR 2016). Dadurch steigt der Einfluss der Stimmrechtsberater.[189] Zum Teil wirkt sich der Einfluss der Stimmrechtsberater bereits auf die vorgeschlagenen Verhandlungsgegenstände aus. Funktion und Bedeutung

184 Gemäss anderer Auffassung ist der Tag des Empfangs massgeblich, doch darf die Gesellschaft von einer ordnungsgemässen Zustellung durch die Post ausgehen, vgl. FORSTMOSER/MEIER-HAYOZ/NOBEL, § 23 N 42 f.

185 Institutional Shareholder Services Inc.

186 ETHOS SERVICES SA mit Sitz in Genf.

187 Es handelt sich um eine Marke der Inrate AG mit Sitz in Freiburg.

188 Vgl. zur Rolle und Bedeutung externer Stimmrechtsberater etwa DIETER GERICKE/OLIVIER BAUM, Corporate Governance: Wer ist der Governor?, SZW 86 (2014), S. 345–361, S. 350 ff. Teilweise beraten die Stimmrechtsberater auch die betreffenden Gesellschaften, was zu Interessenkonflikten führen kann.

189 Allerdings folgen die Stimmrechtsberater vielfach den Anträgen des Verwaltungsrats. Nach einer Auswertung für das Jahr 2014 unter Berücksichtigung von 961 Traktanden von 47 Generalversammlungen (vgl. bereits N 246) haben ISS, Ethos, zRating und SWIPRA im Durchschnitt bei rund 4 % bis 17 % der traktandierten Anträge die Ablehnung empfohlen; bei knapp 30 % der Traktanden trat mindestens einer dieser vier Stimmrechtsberater für ein Nein ein. Selbst wenn die vier Stimmrechtsberater geschlossen ein Nein empfohlen haben, sind bloss 16,7 % der Aktionärinnen dem Antrag nicht gefolgt. Bei umstrittenen Traktanden sind sich die Stimmrechtsberater oft ihrerseits nicht einig. Vgl. ALEXANDER F. WAGNER/CHRISTOPH WENK BERNASCONI, Aktionäre und Stimmrechtsberater im Jahr 1 nach der Minder-Initiative, Relevanz und Wettbewerb der Stimmrechtsberater sowie ein Blick in die Zukunft, Der Schweizer Treuhänder 12/2014, S. 1147–1152, S. 1148.

5. Durchführung der Generalversammlung

a) Ort

Wahl durch Verwaltungsrat

260 Das Gesetz enthält keine Vorgaben zum Ort der Durchführung einer Generalversammlung. Unter dem Vorbehalt von besonderen statutarischen Bestimmungen ist der Verwaltungsrat frei in der Wahl des Ortes, solange er sich nicht für eine Lokalität entscheidet, welche für alle oder gewisse Aktionärinnen schlecht erreichbar ist und damit die Ausübung der Aktionärsrechte erschwert. Demgegenüber verlangt der Entwurf 2016 zur Aktienrechtsrevision für einen *ausländischen* Tagungsort, dass ein unabhängiger Stimmrechtsvertreter bezeichnet wird; Gesellschaften ohne börsenkotierte Aktien können mit der Zustimmung sämtlicher Aktionärinnen darauf verzichten (Art. 701*b* E-OR 2016).[190] Weiter wird eine gesetzliche Grundlage für die gleichzeitige Durchführung einer Generalversammlung *an verschiedenen Orten* geschaffen. Voraussetzung dafür ist, dass die Voten der Teilnehmer unmittelbar in Bild und Ton an alle Tagungsorte übertragen werden (Art. 701*a* Abs. 2 E-OR 2016).

b) Zutritt

Legitimation

261 Die Teilnahme an der Generalversammlung und die dortige Ausübung der Mitgliedschaftsrechte durch die Aktionärin oder einen Vertreter erfordern, dass die Gesellschaft die Aktionärin als solche anerkennt. Für die formelle Berechtigung (Legitimation) der Aktionärin gegenüber der AG anlässlich der Generalversammlung ist zwischen Inhaberaktien und Namenaktien zu differenzieren.[191] Bei *Inhaberaktien* setzt Art. 689*a* Abs. 2 Satz 1 OR voraus, dass sich die Aktionärin durch die Vorlegung der Aktien als Besitzerin ausweist (N 92 und N 190). Stattdessen kann sie mittels Bestätigung der Depotbank belegen, dass die Aktien von ihr hinterlegt sind. Die *Namenaktionärin* muss grundsätzlich in das Aktienbuch eingetragen sein (Art. 689*a* Abs. 1 OR; N 98 und N 191). Die Ausübung der Stimmrechte an der Generalversammlung verlangt ausserdem, dass die Aktionärin ihren Meldepflichten nachgekommen ist (Art. 697*m* Abs. 1 und Abs. 2 OR; N 95 und N 99). Die Statuten oder der Verwaltungsrat können weitere Formen der Legitimation vorsehen (vgl. Art. 689*a* Abs. 4 E-OR 2016; für Inhaberaktien Art. 689*a* Abs. 2 Satz 2 OR).

---

190 Dank der unabhängigen Stimmrechtsvertretung sollen Aktionärinnen, welche nicht ins Ausland reisen, ihr Stimmrecht wenigstens auf diese Weise ausüben können, vgl. Botschaft E-OR 2016, S. 556.

191 Wie erwähnt (N 190) ist es möglich, dass die Aktionärin unabhängig von der (formellen) Legitimation ihre materielle Berechtigung nachweist (vgl. BGer. 4A_507/2014 vom 15. April 2015 E. 5.3).

c) Teilnahmerecht der Verwaltungsratsmitglieder

262 Die Mitglieder des Verwaltungsrats sind berechtigt, an der Generalversammlung teilzunehmen sowie Anträge zu stellen (Art. 702*a* OR) bzw. sich zumindest zu den Verhandlungsgegenständen zu äussern.[192] Diese Bestimmung wurde Anfang 2008 eingefügt; bis zu diesem Zeitpunkt waren die Verwaltungsratsmitglieder bereits aufgrund ihrer obligatorischen Aktionärseigenschaft (Art. 707 Abs. 1 aOR) zur Teilnahme an der Generalversammlung befugt. Mit dem Entwurf 2016 zur Aktienrechtsrevision wird der Gesetzeswortlaut leicht angepasst: Nach Art. 702*a* E-OR 2016 dürfen sich die anwesenden Verwaltungsrats- und Geschäftsleitungsmitglieder zu jedem Verhandlungsgegenstand äussern; ein durchsetzbarer Anspruch auf Teilnahme wird nicht vorgesehen.

Mitwirkungsbefugnis

d) Leitung

263 Der Verwaltungsrat ist nicht nur für die Vorbereitung (Art. 716*a* Abs. 1 Ziff. 6 OR), sondern auch für die Durchführung der Generalversammlung verantwortlich. Dazu gehören die Zutrittsprüfung und die Feststellung der Stimmrechte (Art. 702 Abs. 1 OR). Die Generalversammlung wird zumeist vom Präsidenten oder von einem anderen Mitglied des Verwaltungsrats geleitet. Der Vorsitzende muss aber nicht zwingend dem Verwaltungsrat angehören. Gerade Universalversammlungen (N 253) werden nicht selten durch einen gemeinsamen Bevollmächtigten der Aktionärinnen ohne Anwesenheit von Verwaltungsratsmitgliedern durchgeführt.

Vorsitz durch Verwaltungsratspräsidenten

e) Protokoll

264 Der Verwaltungsrat ist für die Führung des Protokolls der Generalversammlung verantwortlich. Der Mindestinhalt des Protokolls ist gesetzlich vorgegeben (Art. 702 Abs. 2 OR).[193] Insbesondere sind im Protokoll die vertretenen Aktien und die Beschlüsse festzuhalten.

Protokollierungspflicht

[192] Entsprechend gelten Verwaltungsräte – wie auch Mitglieder der Geschäftsleitung – nach Art. 691 Abs. 2bis E-OR 2016 nicht als unberechtigte Personen. In der Lehre wird das Teilnahmerecht der Verwaltungsratsmitglieder als blosse Befugnis verstanden, Zutritt zur Generalversammlung zu erhalten, anwesend zu sein und sich zu Wort zu melden, nicht aber als Recht, zur Generalversammlung eingeladen zu werden und wie eine Aktionärin mitwirken sowie abstimmen zu dürfen, vgl. BSK OR II-Dubs/Truffer, Art. 702*a* N 3 f.

[193] Der vorgeschriebene Inhalt wird durch Art. 702 Abs. 2 E-OR 2016 erweitert. Zum Einsichtsrecht der Aktionärinnen vgl. Art. 702 Abs. 3 OR; N 210.

f) Cybergeneralversammlung

Elektronische Stimmrechtsausübung

265 Das geltende Aktienrecht äussert sich nicht zur Frage, ob sich Aktionärinnen über das Internet an einer Generalversammlung beteiligen können oder ob eine Gesellschaft die Versammlung ausschliesslich virtuell durchführen darf. Der Entwurf 2016 zur Aktienrechtsrevision erlaubt es dem Verwaltungsrat, den Einsatz elektronischer Mittel zur Durchführung einer Generalversammlung vorzusehen. So können abwesende Aktionärinnen ihr Stimmrecht unmittelbar auf elektronischem Weg ausüben (*direct voting*,[194] Art. 701*c* E-OR 2016).

Virtuelle Generalversammlung

266 Ausserdem kann gemäss dem Entwurf eine Generalversammlung rein virtuell abgehalten werden, sofern die Statuten dies vorsehen (Art. 701*d* E-OR 2016). Hierfür muss der Verwaltungsrat in der Einberufung einen *unabhängigen Stimmrechtsvertreter* bezeichnen, falls nicht die Zustimmung sämtlicher Aktionärinnen der Gesellschaft ohne börsenkotierte Aktien vorliegt. Diesem können eine Vollmacht oder Weisungen auch auf dem Papierweg erteilt werden. Bei technischen Problemen seitens der Gesellschaft sind die betroffenen Abstimmungen bzw. Wahlen – unter Umständen die gesamte Generalversammlung – zu wiederholen (vgl. Art. 701*f* E-OR 2016).

6. Vertretung der Aktionärin

a) Persönliche Teilnahme und Vertretung

Geringer Anreiz für Stimmrechtsausübung

267 Der prozentuale Anteil von Aktionärinnen, welche an Generalversammlungen persönlich teilnehmen, ist bei Publikumsgesellschaften regelmässig tief. Zahlreiche Aktionärinnen lassen sich auch nicht vertreten. Manche Kleinaktionärin bringt den Verhandlungsgegenständen wenig Interesse entgegen, weiss um den geringen persönlichen Einfluss bzw. die Macht von Grossaktionärinnen, scheut den Anfahrtsweg zum Versammlungsort bzw. den zeitlichen Aufwand oder ist an der Teilnahme verhindert. Falls eine Anlegerin über ein breit diversifiziertes Portfolio verfügt, müsste sie jedes Jahr an zahlreichen Generalversammlungen teilnehmen. Der mit der Vorbereitung der Verhandlungsgegenstände und der Teilnahme verbundene Aufwand würde zum Investment kaum in einem angemessenen Verhältnis stehen. Wegen der Konzentration einer Mehrheit

[194] Dem *direct voting* steht das *indirect voting* gegenüber, bei welchem die Aktionärin einer Gesellschaft mit börsenkotierten Aktien dem unabhängigen Stimmrechtsvertreter für die kommende Generalversammlung auf elektronischem Weg eine Vollmacht oder Weisungen erteilt, vgl. Art. 689*c* Abs. 5 Satz 2 E-OR 2016.

der Versammlungen auf einen Zeitraum von rund drei Monaten im Frühjahr käme es zu Terminkollisionen. Und einzelne Finanzinstitute, etwa Internetbanken, bemühen sich nur auf ausdrückliches Verlangen des Kunden hin um eine Eintragung der Erwerberinnen von Namenaktien in das Aktienbuch der Gesellschaft.[195] Da die Dividendenausschüttungen über die Depotbanken abgewickelt werden, erhalten auch Kunden, welche nicht im Aktienbuch eingetragen sind, die Dividenden.[196] Weiter ist die durchschnittliche Haltedauer der Aktien stark gesunken und reicht oft nicht bis zur nächsten ordentlichen Generalversammlung. Diese Entwicklung erklärt sich mit der Tendenz zu einem verkürzten Anlagehorizont und liegt nicht nur am verbreiteten Hochfrequenzhandel, bei welchem Finanzinstrumente ohne menschliche Intervention – gesteuert durch Computeralgorithmen – erworben und lediglich während Bruchteilen von Sekunden gehalten werden. Insoweit fehlt ein Interesse an einer Eintragung der Aktionärin in das Aktienbuch. Die leichte Verkäuflichkeit der Titel erscheint wichtiger als das Stimmrecht. Das Problem der nicht im Aktienbuch eingetragenen Namenaktien (sog. *Dispoaktien*) wird seit längerer Zeit kontrovers diskutiert.[197] Der Anteil Dispoaktien beträgt bei einzelnen Publikumsgesellschaften 30 % oder mehr. Zur Vermeidung zufälliger Abstimmungsergebnisse und eines kontrollierenden Einflusses durch dominante Minderheitsaktionärinnen hat die Gesellschaft ein Interesse daran, dass die Stimmrechtsausübung über einen Vertreter leicht möglich ist und sich die Aktionärinnen für die Generalversammlung vertreten lassen.

268 Zu begrüssen ist, dass die Publikumsgesellschaften seit einigen Jahren den Aktionärinnen mit der Einladung für die Generalversammlung vorgedruckte Formulare zur Verfügung stellen, auf denen sie dem unabhängigen Stimmrechtsvertreter für jeden Verhandlungsgegenstand *Instruktionen* zur Ausübung des Stimmrechts erteilen können. Auf diese Weise nähert sich das Abstimmungsverfahren zwar nicht rechtlich, aber doch faktisch einer schriftlichen Stimmabgabe an. Die Kehrseite dieser Entwicklung liegt darin, dass die Abstimmungsresultate zu Beginn der Generalversammlung feststehen und die Möglichkeit für persönliche Äusserun- Verlagerung auf Weisungserteilung

[195] Art. 686*b* E-OR 2016 sieht beim Erwerb börsenkotierter Aktien ausdrücklich die Einreichung des Gesuchs um Anerkennung als Aktionärin auf elektronischem Weg vor und erleichtert dadurch die Eintragung in das Aktienregister, welche auch über die Bank erfolgen kann (vgl. Art. 685*d* Abs. 2 Satz 2 E-OR 2016).

[196] Das als Anreiz für die Ausübung des Stimmrechts in der Generalversammlung in Art. 661 Abs. 2 VE-OR 2014 vorgeschlagene Bonus-Malus-System in der Form einer bis zu 20 % erhöhten oder reduzierten Dividendenausschüttung wurde nicht umgesetzt (vgl. N 232).

[197] Zur börsenrechtlichen Melde- oder Offenlegungspflicht vgl. Art. 120 Abs. 1 FinfraG; § 14 N 53 ff.

gen an der Versammlung nicht mehr der Willensbildung dient, sondern als mediale Plattform missbraucht wird.[198]

b) Gesetzlicher und gewillkürter Vertreter

Stimmrechtsinstruktionen

269 Nimmt eine Aktionärin nicht persönlich an der Generalversammlung teil, kann sie das Stimmrecht und die übrigen Mitwirkungsrechte durch einen von ihr gemäss Art. 32 ff. OR ernannten Stellvertreter oder gegebenenfalls durch ihren gesetzlichen Vertreter ausüben (vgl. Art. 689 Abs. 2 OR). Einer Mehrzahl von Aktionärinnen steht es frei, einen gemeinsamen Vertreter einzusetzen. Manche Statuten schreiben derzeit vor, dass der Vertreter seinerseits die Aktionärsqualifikation aufweist.[199] Der Vertreter hat die Weisungen der Aktionärin zu befolgen (Art. 689*b* Abs. 1 OR). Eine Stimmabgabe in Verletzung der erteilten Instruktionen ist gleichwohl gültig. Umstritten ist die Rechtslage, falls die Gesellschaft gewusst hat oder hätte wissen müssen, dass der Vertreter gegen die Weisungen verstösst.[200]

c) Organ- und Depotvertretung

Organvertretung

270 Eine Gesellschaft *ohne* börsenkotierte Aktien[201] darf den Aktionärinnen ein Mitglied des Verwaltungsrats bzw. der Geschäftsleitung oder eine andere *abhängige Person* als Stimmrechtsvertreter vorschlagen (Organvertretung). Macht die Gesellschaft von dieser Möglichkeit Gebrauch, ist sie gesetzlich verpflichtet, zugleich einen unabhängigen Stimmrechtsvertreter zu bezeichnen, welchen die Aktionärinnen mit der Vertretung beauftragen können (Art. 689*c* OR). Gemäss dem Entwurf 2016 zur Aktienrechtsrevision ist die institutionelle Organstimmrechtsvertretung unabhängig von einer Börsenkotierung der Aktien nicht mehr zulässig (Art. 689*b* Abs. 2 Satz 1 E-OR 2016). Die individuelle Vertretung durch eine Organperson bleibt möglich.

198 Zur Idee eines elektronischen Forums für den Meinungsaustausch zwischen Aktionärinnen vor einer Generalversammlung vgl. Art. 701*g* VE-OR 2014; N 191.

199 Diese Auflage bezweckt unter anderem die Durchsetzung von Vinkulierungsbestimmungen, indem Vertreter ausgeschlossen sind, auf welche die Aktien nicht übertragen werden dürften. Auf einen *gesetzlichen* Vertreter oder die Organe einer juristischen Person ist die Einschränkung nicht anwendbar. Gemäss dem Entwurf 2016 zur Aktienrechtsrevision steht sie nur noch Gesellschaften ohne börsenkotierte Aktien offen, sofern diese auf Verlangen einer Aktionärin einen unabhängigen Stimmrechtsvertreter bezeichnen (Art. 689*d* E-OR 2016).

200 VON DER CRONE, § 5 N 142 m. w. H. Beim unabhängigen Stimmrechtsvertreter wird die Gesellschaft keinen Einblick in die Weisungen haben, so dass sich die Frage einer möglichen Ungültigkeit der weisungswidrigen Stimmabgabe nicht stellt, vgl. VON DER CRONE, § 5 N 155 m. w. H.

201 Durch die Annahme der «Abzocker»-Initiative ist AG mit *börsenkotierten* Aktien die Organ- und die Depotstimmrechtsvertretung untersagt worden (Art. 95 Abs. 3 lit. a Satz 4 BV; Art. 11 VegüV).

271 Bei Gesellschaften *ohne* börsenkotierte Aktien ist die Depotvertretung möglich. Bis vor einigen Jahren übten viele *Banken* und gewerbsmässige *Vermögensverwalter* (vgl. Art. 689*d* Abs. 3 OR) das Stimmrecht auf den bei ihnen hinterlegten Aktien aus. Heute wird die Möglichkeit des Depotstimmrechts nicht mehr häufig genutzt. Dieses war für die Banken aufwendig und geriet in Verruf, nicht zuletzt weil die Banken das Stimmrecht oft auf der Grundlage von Dauervollmachten und im Zweifel zugunsten der Anträge des Verwaltungsrats auszuüben pflegten (vgl. Art. 689*d* Abs. 2 OR). Art. 689*d* Abs. 1 OR verpflichtet den Depotvertreter, den Hinterleger (Bankkunden) vor jeder Generalversammlung um Weisungen für die Stimmabgabe zu ersuchen. Mit dem Entwurf 2016 zur Aktienrechtsrevision bleibt die Depotvertretung bei Gesellschaften mit börsenkotierten Aktien untersagt (Art. 689*b* Abs. 2 Satz 2 E-OR 2016) und bei Gesellschaften ohne börsenkotierte Aktien zulässig. Der Depotvertreter hat sich neu der Stimme zu enthalten, falls konkrete Weisungen nicht rechtzeitig erhältlich sind und eine allgemeine Weisung des Hinterlegers fehlt (Art. 689*e* Abs. 2 E-OR 2016). Letzterer Fall dürfte kaum eintreten, da als Weisung auch eine Regelung in Allgemeinen Geschäftsbedingungen gelten soll. Depotvertretung

d) Unabhängiger Stimmrechtsvertreter

272 Ursprünglich wurden unabhängige Stimmrechtsvertreter eingesetzt, um den Aktionärinnen eine Alternative zur Stimmrechtsausübung über den von der Gesellschaft vorgeschlagenen Organvertreter anzubieten (Art. 689*c* OR; N 270). Wegen des Verbots der Organstimmrechtsvertretung bedürfen Publikumsgesellschaften insofern keines Stimmrechtsvertreters mehr. Trotzdem ist dessen Bedeutung für Gesellschaften mit börsenkotierten Aktien mit der Umsetzung der «Abzocker»-Initiative gestiegen,[202] denn dessen Einsetzung wird nun zwingend vorgesehen (vgl. Art. 95 Abs. 3 lit. a Satz 2 BV; Art. 8 ff. VegüV). Der Entwurf 2016 zur Aktienrechtsrevision regelt den unabhängigen Stimmrechtsvertreter einer Gesellschaft mit börsenkotierten Aktien ausführlich in Art. 689*c* E-OR 2016. Die Generalversammlung hat den unabhängigen Stimmrechtsvertreter jedes Jahr neu zu wählen (Art. 689*c* Abs. 1 E-OR 2016; N 249).[203] Wahl und Stellung

[202] Vgl. etwa René Schwarzenbach, Der unabhängige Stimmrechtsvertreter nach der Minder-Initiative, SJZ 110 (2014), S. 397–404, S. 397 f.

[203] Eine Abberufung ist lediglich auf das Ende einer Generalversammlung hin möglich (Art. 689*c* Abs. 2 E-OR 2016), da sonst die erteilten Vollmachten und Weisungen hinfällig würden.

Die Aktionärinnen müssen dem unabhängigen Stimmrechtsvertreter zu jedem Verhandlungsgegenstand eine separate Weisung (Zustimmung zum Antrag, Ablehnung oder Stimmenthaltung) erteilen können (Art. 689*c* Abs. 4 E-OR 2016). Hinzu kommen allgemeine Weisungen zu nicht angekündigten Anträgen des Verwaltungsrats oder anderer Aktionärinnen sowie zu neuen Verhandlungsgegenständen (vgl. N 257). Sind dem unabhängigen Stimmrechtsvertreter keine Weisungen erteilt worden, muss er sich der Stimme enthalten (Art. 689*b* Abs. 3 Satz 2 E-OR 2016).[204] Die Verwendung von Vollmachten oder Weisungen aus Vorjahren ist ausgeschlossen (vgl. Art. 689*c* Abs. 5 Satz 1 E-OR 2016).

7. Beschlussfassung

a) Allgemeines Quorum

Erfasste Beschlüsse

273 Die Generalversammlung fasst ihre Beschlüsse grundsätzlich mit der *absoluten Mehrheit der vertretenen Aktienstimmen* (Art. 703 OR). Art. 704 OR enthält eine Liste mit Beschlüssen, welche dem qualifizierten Quorum unterstehen (N 276). Die meisten anderen Beschlüsse unterstehen dem allgemeinen Quorum, sofern die Statuten keine Verschärfungen vorsehen. Das allgemeine Quorum ist etwa auf die *Wahl* oder Abberufung von Verwaltungsratsmitgliedern und der Revisionsstelle anwendbar, ausserdem auf die Genehmigung der Jahresrechnung und die Verwendung des Bilanzgewinns sowie auf *Statutenänderungen*, falls es nicht um eine Zweckänderung, Sitzverlegung oder einen anderen qualifizieren Tatbestand geht. Analoges gilt für eine ordentliche *Kapitalerhöhung* mit Liberierung in Geld und ohne Einschränkung des Bezugsrechts oder für eine Kapitalherabsetzung. Für den Zeitpunkt der *Wirksamkeit* eines von der Generalversammlung gefassten Beschlusses ist bei eintragungspflichtigen Geschäften auf die Handelsregistereintragung abzustellen, sofern die Eintragung konstitutiv ist (zu Statutenänderungen N 47), während beispielsweise Wahlen direkt mit der Beschlussfassung und Annahme der Wahl wirksam werden.

Berechnungsbasis

274 Für die Ermittlung des absoluten Mehrs muss die Anzahl stimmberechtigter Aktien bekannt sein, welche bei der Abstimmung über einen bestimmten Verhandlungsgegenstand vertreten sind. Bei 100 vertretenen Aktien

[204] Aufgrund dieser Regelung kann den Enthaltungen bei einer Abstimmung eine bedeutende Rolle zukommen. Deshalb ist es wichtig, ob Enthaltungen nicht berücksichtigt oder aber wie Nein-Stimmen gezählt werden (N 274).

(bzw. Nennwerten von total CHF 100) wird das absolute Mehr mit 51 Ja- (Hälfte + 1) gegen 49 Nein-Stimmen erreicht, bei 101 vertretenen Aktien mit 51 Ja- (Hälfte + ½) gegen 50 Nein-Stimmen. Massgeblich für die Berechnung sind die *stimmberechtigten* Aktien, so dass beispielsweise eigene Aktien der Gesellschaft (N 136) oder von einer Stimmrechtsbeschränkung betroffene Aktien (N 202) nicht zu berücksichtigen sind. Das Abstellen auf die *vertretenen* Aktienstimmen ist bedeutsam für die Behandlung von *Stimmenthaltungen*. Wer sich der Stimme enthält, dessen Aktien sind gleichwohl vertreten und zählen für die Berechnung der erforderlichen Ja-Stimmen mit. Im Ergebnis wirkt die Enthaltung wie eine Nein-Stimme. Dasselbe gilt für nicht gültig abgegebene Stimmen. Die Statuten können statt auf die vertretenen auf die abgegebenen Stimmen abstellen, womit Enthaltungen nicht zu einer Erhöhung der erforderlichen Ja-Stimmen führen. Mit dem Entwurf 2016 zur Aktienrechtsrevision ist vorgesehen, das dispositive System umzustellen. Neu ist die einfache Mehrheit der *abgegebenen* Stimmen massgeblich (Art. 703 Abs. 2 E-OR 2016). Nach der zwingenden Bestimmung von Art. 703 Abs. 3 E-OR 2016 gelten Enthaltungen nicht als abgegebene Stimmen. Diese Umstellung ist bedeutsam für die Stimmrechtsausübung durch den unabhängigen Stimmrechtsvertreter bzw. den Depotvertreter, soweit diesem Weisungen fehlen und er sich deshalb der Stimme zu enthalten hat (N 272 bzw. N 271).

275 Die *Statuten* können dem Präsidenten des Verwaltungsrats bzw. dem Vorsitzenden der Generalversammlung den Stichentscheid einräumen für den Fall, dass gleich viele Ja- und Nein-Stimmen abgegeben worden sind. Nicht zulässig ist nach BGE 143 III 120 E. 3.2 S. 124 der Stichentscheid des Verwaltungsratspräsidenten bei Stimmrechtsaktien, soweit gemäss Art. 693 Abs. 3 OR auf den Nennwert der Aktien abzustellen ist (N 102); denn für die Wahl des Präsidenten ist grundsätzlich die Mehrheit der Aktienstimmen und nicht des Nennwerts massgeblich. Stichentscheid

b) Qualifiziertes Quorum

276 Das geltende Aktienrecht verzichtet für die Generalversammlung – abgesehen vom Sonderfall der Universalversammlung (N 253) – auf bestimmte Anwesenheitserfordernisse (Präsenzquoren). Doch unterstehen «wichtige» Beschlüsse einem erhöhten Quorum von *zwei Dritteln* der vertretenen Stimmen (Stimmenquorum). Zusätzlich muss die absolute Mehrheit der vertretenen Nennwerte erreicht werden (Kapitalquorum). Das Kapitalquorum ist bei Stimmrechtsaktien (N 100 ff.) oder bei einer statutarischen Höchststimmklausel (Art. 692 Abs. 2 Satz 2 OR; N 202) von Bedeutung. Aktienrechtlicher Katalog

Nach Art. 704 Abs. 1 OR[205] gilt das qualifizierte Quorum für folgende Beschlüsse:

1. die Änderung des Gesellschaftszwecks (N 37);
2. die Einführung von Stimmrechtsaktien (N 100);
3. die Beschränkung der Übertragbarkeit von Namenaktien (N 140);
4. die Schaffung von genehmigtem (N 157 ff.) und von bedingtem Aktienkapital (N 163 ff.) oder von Vorratskapital gemäss Art. 12 BankG (N 161);
5. die Kapitalerhöhung aus Eigenkapital (N 81), gegen Sacheinlage (N 71 ff.) oder zwecks Sachübernahme (N 74 ff.) und die Gewährung von besonderen Vorteilen (N 82);
6. die Einschränkung oder Aufhebung des Bezugsrechts (N 173);
7. die Sitzverlegung (N 30) und
8. die Auflösung der Gesellschaft (N 338).

Weitere Beschlüsse

277 Ebenfalls dem Quorum von zwei Dritteln der vertretenen Aktienstimmen und der absoluten Mehrheit der vertretenen Nennwerte untersteht der Beschluss über eine *Fusion* gemäss Art. 18 Abs. 1 lit. a FusG oder über eine Umwandlung in eine andere Rechtsform nach Art. 64 Abs. 1 lit. a FusG (vgl. § 13 N 41). Bei der Abfindungsfusion *(«squeeze-out merger»)* erfordert Art. 18 Abs. 5 FusG die Zustimmung von 90 % der stimmberechtigten Aktionärinnen der übertragenden Gesellschaft (§ 13 N 60). Einen *einstimmigen* Generalversammlungsbeschluss verlangt das Aktienrecht im Fall der ordentlichen Revision für den Verzicht auf die Anwesenheit der Revisionsstelle während der Generalversammlung (Art. 731 Abs. 2 Satz 2 OR; N 212). *Jede Aktionärin* muss ihre Zustimmung zur Aufhebung der Gewinnstrebigkeit der Gesellschaft (Art. 706 Abs. 2 Ziff. 4 OR; N 226) oder zu einer Zusammenlegung von Aktien (Art. 623 OR; N 54) erteilen (vgl. auch

[205] Der Entwurf 2016 zur Aktienrechtsrevision schlägt vor, auch die folgenden Beschlüsse Art. 704 Abs. 1 E-OR 2016 und damit dem Quorum von zwei Dritteln der *abgegebenen* Stimmen zu unterstellen:
- die Zusammenlegung von Aktien (einer Gesellschaft mit börsenkotierten Aktien, vgl. Art. 623 Abs. 2 E-OR 201; N 54);
- die Liberierung durch Verrechnung mit einer Forderung;
- die Einführung eines Kapitalbands;
- die Umwandlung von Partizipationsscheinen in Aktien;
- der Wechsel der Währung des Aktienkapitals;
- die Dekotierung der Aktien sowie
- die Einführung einer statutarischen Schiedsklausel.

Art. 18 Abs. 1 lit. b und Abs. 4 sowie Art. 64 Abs. 1 lit. a und lit. b FusG; § 13 N 33).

278 Die Statuten dürfen für Beschlüsse, welche dem allgemeinen Quorum von Art. 703 OR (N 273) unterstehen, eine Erleichterung oder Erschwerung vorsehen. Beispielsweise können weitere Beschlüsse dem Quorum von zwei Dritteln oder einem höheren Quorum unterstellt werden. Der statutenändernde Beschluss der Generalversammlung muss das entsprechende Quorum seinerseits einhalten (Art. 704 Abs. 2 OR).[206] Die gesetzlich vorgesehenen qualifizierten Quoren (N 276 f.) sind einseitig zwingend, d. h., die Gesellschaft kann das Mehrheitserfordernis erhöhen, nicht aber senken. Auf statutarischer Basis können auch Präsenzquoren eingeführt werden. Für den Fall, dass das Präsenzquorum nicht erreicht wird, empfiehlt sich zur Vermeidung einer Beschlussunfähigkeit, die Abhaltung einer neuen Versammlung mit herabgesetztem oder weggefallenem Anwesenheitserfordernis vorzusehen.

Statutarische Quoren

c) Sonderversammlung

279 Das Gesetz sieht verschiedentlich die Zustimmung einer besonderen Kategorie oder Gruppe von Aktionärinnen durch Mehrheitsbeschluss vor, falls deren Rechtsstellung beeinträchtigt wird. So erfordert die Abänderung oder Aufhebung der Vorrechte von Vorzugsaktionärinnen grundsätzlich eine derartige Sonderversammlung (N 105; vgl. auch N 111). Dabei braucht nicht eine separate Versammlung abgehalten zu werden. Es genügt im Rahmen einer Generalversammlung ein *Doppelbeschluss*.

Anwendungsbereich

d) Anfechtbare Beschlüsse

280 Ein Generalversammlungsbeschluss, der gegen das Gesetz oder die Statuten verstösst, kann vom Verwaltungsrat und jeder Aktionärin durch Klage gegen die Gesellschaft angefochten werden (Art. 706 Abs. 1 OR). Als Anfechtungsgründe kommen gemäss Art. 706 Abs. 2 OR insbesondere in Frage:

Gesetzliche Anfechtungsgründe

1. die Verletzung von gesetzlichen oder statutarischen Aktionärsrechten (vgl. Art. 660 ff. OR; N 188 ff.), etwa ein Beschluss über einen nicht korrekt traktandierten Verhandlungsgegenstand (N 256);

[206] Gemäss Art. 704 Abs. 2 E-OR 2016 gilt dasselbe erhöhte Quorum für die Abschaffung der entsprechenden Statutenbestimmung, weil sonst ein zum Schutz von Minderheitsaktionärinnen eingeführtes qualifiziertes Quorum durch das einfache Mehr wieder aufgehoben werden könnte.

2. der Entzug oder die Beschränkung von Aktionärsrechten – zum Beispiel auf Teilnahme an einer Kapitalerhöhung – in einer unsachlichen, nicht dem Gesellschaftsinteresse dienenden Weise, namentlich um die Interessen einer Aktionärsmehrheit zu verfolgen, wobei auch Verstösse gegen das Verhältnismässigkeitsprinzip oder das Gebot der schonenden Rechtsausübung erfasst werden;
3. eine durch das Gesellschaftsinteresse nicht gerechtfertigte Ungleichbehandlung oder Benachteiligung von Aktionärinnen;
4. die Aufhebung der Gewinnstrebigkeit ohne Zustimmung sämtlicher Aktionärinnen.

Die gesetzliche Aufzählung bezieht sich vor allem auf inhaltliche Mängel. Es können aber auch *formelle Mängel* im Zustandekommen eines Beschlusses (Verfahrensfehler) als Anfechtungsgründe angerufen werden, sofern sie für den Beschluss kausal gewesen sind. Die Kausalität wird vermutet. Die Gesellschaft hat nachzuweisen, dass sich der Mangel nicht auf das Ergebnis der Beschlussfassung ausgewirkt hat (vgl. Art. 691 Abs. 3 OR). Zu denken ist etwa an eine fehlerhafte Stimmenauszählung oder die Anwendung eines unrichtigen Quorums. Stets muss es um konkrete Rechtsverletzungen gehen. Nicht gerügt werden kann die fehlende Angemessenheit oder Zweckmässigkeit eines Beschlusses.

Weitere Anfechtungsgründe

Der Katalog von Art. 706 Abs. 2 OR ist nicht abschliessend. Einzelne Anfechtungsgründe werden im Gesetz an anderen Stellen ausdrücklich erwähnt oder sind in der Praxis anerkannt. 281

- So führt die Missachtung der Bestimmungen über die *Anwesenheit der Revisionsstelle* an der Generalversammlung im Fall der ordentlichen Revision zur Anfechtbarkeit der Beschlüsse zur Genehmigung der Jahresrechnung und zur Verwendung des Bilanzgewinns (Art. 731 Abs. 3 Satz 2 OR).
- Ein Spezialfall der Anfechtungsklage wird in Art. 691 Abs. 3 OR geregelt: Wirken bei einem Generalversammlungsbeschluss *unbefugte Teilnehmer* mit, ist jede Aktionärin zur Anfechtung des Beschlusses befugt (Stimmrechtsklage). Die Gesellschaft kann den Nachweis erbringen, dass die Mitwirkung des unbefugten Teilnehmers den Ausgang der Beschlussfassung nicht beeinflusst hat.
- Umgekehrt ist ein Beschluss auch anfechtbar, bei welchem einer Aktionärin zu Unrecht die Mitwirkung bei der Beschlussfassung bzw. die *Teilnahme* an der Generalversammlung *verwehrt* worden ist oder bei welchem Stimmen zu Unrecht nicht berücksichtigt worden sind. Bei der gemäss Lehre zulässigen «positiven Stimm-

rechts-» bzw. «Beschlussfeststellungsklage» hat das Gericht in solchen Fällen zudem das korrekte Abstimmungsresultat festzustellen.[207] Ist eine grössere Anzahl von Aktionärinnen betroffen, wird der Beschluss in der Regel nichtig sein.

- Die Anfechtbarkeit von Generalversammlungsbeschlüssen wegen unbefugter Teilnahme findet nach Art. 689*e* Abs. 1 Satz 2 OR auch Anwendung, wenn es Organe, unabhängige Stimmrechtsvertreter oder Depotvertreter unterlassen, der Gesellschaft die erforderlichen Angaben zu den von ihnen vertretenen Aktien bekannt zu geben. Teilt der Vorsitzende diese Angaben – pauschal pro Vertretungsart – der Generalversammlung trotz Nachfrage einer Aktionärin nicht mit, besteht gemäss Art. 689*e* Abs. 2 Satz 2 OR ebenfalls ein Anfechtungsgrund.

Aktiv- und Passivlegitimation

282 Zur Anfechtungsklage sind der *Verwaltungsrat* als Organ (d. h. *in corpore* und nicht jedes Mitglied einzeln) sowie jede *Aktionärin* mit einem Rechtsschutzinteresse befugt (Art. 706 Abs. 1 OR). Die Aktionärin ist zur Klage berechtigt, falls sie im Zeitpunkt der Klageanhebung an der Gesellschaft beteiligt ist. Ein Rechtsschutzinteresse der Aktionärin ist gemäss Rechtsprechung zu bejahen, wenn die Aufhebung des angefochtenen Beschlusses im Interesse der Gesellschaft liegt und sich positiv auf die Rechtsstellung der Aktionärin auswirkt. Vorbehaltlich eines Rechtsmissbrauchs genügt für ein rechtlich geschütztes Interesse der Aktionärin die Absicht, die Interessen der Gesellschaft zu wahren.[208] Die Aktionärin bzw. ihre Rechtsvorgängerin kann gegen den angefochtenen Beschluss gestimmt, sich der Stimme enthalten oder an der Generalversammlung nicht teilgenommen haben. Hat die Aktionärin dem Beschluss hingegen zugestimmt, ohne sich in einem wesentlichen Irrtum befunden zu haben, verstösst die Anfechtungsklage grundsätzlich gegen Treu und Glauben. Die Anfechtungsklage muss innerhalb von zwei Monaten seit der Generalversammlung angehoben werden (Art. 706*a* Abs. 1 OR). Es ist nicht zulässig, nach Ablauf dieser *Verwirkungsfrist* Anfechtungsgründe nachzuschieben.[209] Die Klage richtet sich gegen die Gesellschaft (Art. 706 Abs. 1 OR). Falls

[207] Vgl. BSK OR II-Länzlinger, Art. 691 N 14; BSK OR II-Dubs/Truffer, Art. 706 N 9c m. w. H.

[208] Vgl. BGer. 4A_630/2012 vom 19. März 2013 E. 3.1: Ein Interesse der Aktionärin an der Aufhebung eines mit einem Ja-Anteil von 63,64 % zustande gekommenen Entlastungsbeschlusses ist zu verneinen mangels Anzeichen, dass die Generalversammlung bei einer neuen Abstimmung anders entschiede bzw. der Verwaltungsrat eine Verantwortlichkeitsklage gegen seine Mitglieder anheben würde, sowie vor dem Hintergrund, dass die Aktionärin den Verantwortlichkeitsanspruch selbst geltend machen kann.

[209] BGer. 4A_10/2012 vom 2. Oktober 2012 E. 3.1.

die Klage durch den Verwaltungsrat geltend gemacht wird, bestellt das Gericht für die Gesellschaft einen Vertreter (Art. 706*a* Abs. 2 OR).

Rechtsfolgen

283 Die Klage zielt auf die rückwirkende Aufhebung des Generalversammlungsbeschlusses (Aufhebung *ex tunc*). Der Beschluss steht unter der auflösenden Bedingung einer erfolgreichen Anfechtung. Um rechtzeitig den Vollzug des Beschlusses zu verhindern, empfehlen sich vorsorgliche oder superprovisorische Massnahmen bzw. eine Handelsregistersperre (Art. 162 HRegV). Dem Urteil, welches die Klage gutheisst, kommt *Gestaltungswirkung* zu; die Aufhebung des Beschlusses wirkt gegenüber allen Aktionärinnen (*erga omnes*; Art. 706 Abs. 5 OR). Das Gericht kann den angefochtenen Beschluss nicht abändern oder positive Anordnungen treffen, sondern das Urteil wirkt bloss kassatorisch. Bei einer Klageabweisung könnten andere Aktionärinnen ihrerseits den Beschluss anfechten, falls die Frist noch nicht abgelaufen sein sollte.

e) Nichtige Beschlüsse

Gesetzliche Nichtigkeitsgründe

284 Qualifizierte Mängel führen zur gänzlichen Unwirksamkeit des Generalversammlungsbeschlusses, unabhängig von einer Anfechtung. Nach Art. 706*b* OR existieren folgende Nichtigkeitsgründe:

1. der Entzug oder die Beschränkung des Rechts auf Teilnahme an der Generalversammlung, des Mindeststimmrechts, der Klagerechte oder von anderen zwingenden, d. h. *unverzichtbaren Aktionärsrechten*;
2. die Beschränkung von *Kontrollrechten* der Aktionärinnen über das gesetzlich zulässige Mass hinaus, etwa die Erschwerung der Ausübung des Rechts auf Sonderprüfung (N 214 f.);
3. die Missachtung der Grundstrukturen der AG oder die Verletzung der *Kapitalschutzvorschriften*, zum Beispiel durch eine Ausgabe von Aktien unter dem Nennwert (N 63).

Im Interesse der Rechtssicherheit ist in den angeführten Fällen jeweils nur von einem nichtigen Beschluss auszugehen, wenn eine qualifizierte Rechtsverletzung vorliegt. Ansonsten ist der Beschluss lediglich anfechtbar. Die Nichtigkeit ist demzufolge *subsidiär* gegenüber der Anfechtbarkeit.

Weitere Nichtigkeitsgründe

285 Die Aufzählung der Nichtigkeitsgründe in Art. 706*b* OR ist nicht abschliessend. Neben den im Gesetz aufgeführten Mängeln primär inhaltlicher Natur können schwerwiegende *formelle Mängel* zur Nichtigkeit führen. In Art. 731 Abs. 3 Satz 1 OR wird die Nichtigkeitsfolge statuiert für den Fall,

dass die Generalversammlung die Jahresrechnung genehmigt oder über die Verwendung des Bilanzgewinns beschliesst, ohne dass der erforderliche Revisionsbericht vorgelegen hat. Aufgrund der einschneidenden Rechtsfolgen ist Nichtigkeit jedoch nur zurückhaltend anzunehmen. Die Abgrenzung gegenüber bloss anfechtbaren Generalversammlungsbeschlüssen kann sich im Einzelfall als schwierig erweisen, weil die gesetzlichen Kriterien unklar sind. Als Faustregeln können folgende Grundsätze dienen:

- Verstösst ein Beschluss bloss gegen die *Statuten*, ist er lediglich anfechtbar.

- Gesetzwidrige Beschlüsse mit einem *generell-abstrakten* Gegenstand, wie Statutenänderungen, sind nichtig. Es geht um Beschlüsse, mit denen die Generalversammlung gesellschaftsinterne Regeln schafft, welche gegen zwingendes Recht verstossen. Zu denken ist etwa an eine Statutenbestimmung, welche die Einberufungsfrist für Generalversammlungen (N 258) verkürzt, oder an einen Beschluss, der gewisse Aktionärsrechte dauernd und generell entzieht. Es wäre problematisch, wenn eine solche Regelung nach Ablauf der Anfechtungsfrist nicht mehr in Frage gestellt werden könnte.

- Gesetzwidrige Beschlüsse mit einem *individuell-konkreten* Gegenstand sind nichtig, wenn Vorschriften verletzt werden, welche zum Schutz von Drittinteressen erlassen worden sind, so die den Gläubigerinteressen dienenden Kapitalschutzvorschriften.

- Schwerwiegende *formelle Mängel* in der Beschlussfassung (Verfahrensfehler) führen zur Nichtigkeit.[210] Zum Teil werden davon unwirksame Beschlüsse abgegrenzt, welche gar nicht im Rahmen einer eigentlichen Generalversammlung gefällt worden (Scheinbeschlüsse) oder welche anlässlich einer Generalversammlung nicht mittels ordentlicher Beschlussfassung zustande gekommen sind (Nichtbeschlüsse). Nichtig ist auch ein Beschluss, für welchen die Generalversammlung offensichtlich nicht zuständig ist.

- Gesetzwidrige Beschlüsse mit einem *individuell-konkreten* Gegenstand sind bloss anfechtbar, wenn lediglich individuelle Aktionärsinteressen tangiert sind und die Aktionärin auf die entsprechende Rechtsposition verzichten kann.

210 BGE 137 III 460 E. 3.3.2 S. 465 m. w. H.

Obgleich methodisch fraglich, wird bei der Abgrenzung zwischen der Anfechtbarkeit und der Nichtigkeit eines Generalversammlungsbeschlusses auch auf die Rechtsfolge abgestellt, d. h. darauf, ob sich im Einzelfall die Nichtigkeit rechtfertigt bzw. die blosse Anfechtbarkeit zu stossenden Ergebnissen führt.

Rechtsfolgen

Nichtige Beschlüsse einer Generalversammlung entfalten *keinerlei Rechtswirkungen*, ohne dass sie angefochten oder für nichtig erklärt werden müssten. Jedermann, auch ein Gläubiger bzw. ein Dritter, kann sich grundsätzlich zu jeder Zeit auf die Nichtigkeit des Beschlusses berufen. Das Gericht hat die Nichtigkeit von Amtes wegen zu beachten. Wer ein schutzwürdiges Interesse an der Feststellung der Nichtigkeit geltend macht, kann die Nichtigkeit mittels Klage gegen die Gesellschaft gerichtlich feststellen lassen. Eine Heilung des Mangels ist im Prinzip ausgeschlossen, doch wird im Interesse der Rechtssicherheit zum Teil der gute Glaube Dritter geschützt. 286

III. Verwaltungsrat

Begriff

Der Ausdruck Verwaltungsrat bezeichnet in erster Linie das *Gremium*, somit eines der drei gesetzlichen Organe einer AG. Daneben meint der Begriff oft das einzelne *Mitglied*, welches im Verwaltungsrat Einsitz nimmt. Nachfolgend wird im letzteren Fall zumeist vom Verwaltungsratsmitglied gesprochen. 287

1. Wahl und Zusammensetzung

Wahlorgan

Zuständig für die Wahl und Abberufung der Mitglieder des Verwaltungsrats ist die *Generalversammlung* (Art. 698 Abs. 2 Ziff. 2 und Art. 705 Abs. 1 OR). Die Mitglieder des Verwaltungsrats einer Gesellschaft mit börsenkotierten Aktien sind je einzeln zu wählen (Art. 95 Abs. 3 lit. a Satz 2 BV; Art. 3 Abs. 1 VegüV; Art. 710 Abs. 3 E-OR 2016). 288

Wählbare Personen

Bei den Verwaltungsratsmitgliedern einer Schweizer AG muss es sich um *natürliche Personen* handeln (so ausdrücklich Art. 707 Abs. 1 E-OR 2016). Wenn eine juristische Person oder Handelsgesellschaft (N 12) an einer AG beteiligt ist, kann sie somit nicht selbst Verwaltungsrätin sein, sondern muss eine ihrer Organpersonen wählen lassen (Art. 707 Abs. 3 OR[211]; § 12 N 88). Derartige Vertreter der Obergesellschaft oder einer an- 289

[211] Der Entwurf 2016 zur Aktienrechtsrevision sieht die Streichung von Art. 707 Abs. 3 OR vor, weil die Bestimmung als überflüssig erachtet wird.

deren Aktionärin handeln treuhänderisch. Sie befolgen im Rahmen ihrer Pflichten und des Gesellschaftsinteresses die Weisungen der Aktionärin (zum Haftungsrisiko der Obergesellschaft § 12 N 153 f.). Im Gegenzug werden sie typischerweise von der Aktionärin auf der Basis eines Mandatsvertrags entschädigt, falls sie für einen weisungsgemäss bewirkten Schaden persönlich einstehen müssen. *Nationalitäts-* oder *Wohnsitzerfordernisse* bestehen im Aktienrecht für die Verwaltungsratsmitglieder keine mehr. Das geltende Wohnsitzerfordernis kann durch irgendeinen Zeichnungsberechtigten ohne besondere Organfunktion erfüllt werden (N 312).

290 Die gewählten Mitglieder müssen die Annahme ihrer Wahl erklären. Dies geschieht häufig auf schriftlichem Weg (vgl. N 83). Annahme der Wahl

291 Derzeit beträgt die Amtsdauer des Verwaltungsratsmitglieds einer Gesellschaft ohne börsenkotierte Aktien jeweils *drei Jahre*, sofern die Statuten nicht eine andere Dauer zwischen einem Jahr und sechs Jahren vorsehen (Art. 710 Abs. 1 OR).[212] Die Verwaltungsratsmitglieder von Gesellschaften mit börsenkotierten Aktien sind jährlich zu wählen; ihre Amtsdauer endet mit dem Abschluss der nächsten ordentlichen Generalversammlung (vgl. Art. 95 Abs. 3 lit. a Satz 2 BV; Art. 3 Abs. 2 Satz 1 VegüV; Art. 710 Abs. 1 E-OR 2016). Die zwingende einjährige Amtsdauer verunmöglicht eine Staffelung der Amtszeiten verschiedener Verwaltungsratsmitglieder *(staggered board)*, wie sie im Interesse des Erfahrungsschatzes zum Teil praktiziert worden ist. Bestehende Mitglieder können wiedergewählt werden (Art. 710 Abs. 2 OR; Art. 710 Abs. 4 E-OR 2016). Das Aktienrecht schreibt keine absolute Amtszeitbeschränkung oder Alterslimite vor. Amtsdauer

292 Der Verwaltungsrat einer AG kann aus einem einzigen Mitglied oder aus mehreren Mitgliedern zusammengesetzt sein (Art. 707 Abs. 1 OR). Besteht ein Verwaltungsrat aus mehreren Mitgliedern, muss ein Mitglied zum Präsidenten *(Chairman)* ernannt werden (Art. 712 Abs. 1 Satz 1 OR). Dies geschieht anlässlich einer Verwaltungsratssitzung oder auf dem Zirkularweg (Konstituierungsbeschluss). Die Statuten können bestimmen, dass der Verwaltungsratspräsident statt durch den Verwaltungsrat durch die *Generalversammlung* gewählt wird (Art. 712 Abs. 2 OR; Art. 712 Abs. 2 Satz 2 E-OR 2016). Bei Gesellschaften mit börsenkotierten Aktien ist zwingend die Generalversammlung für die jährliche Wahl des Verwaltungsratspräsidenten zuständig (Art. 95 Abs. 3 lit. a Satz 2 BV; Art. 4 Abs. 1 VegüV; Art. 712 Abs. 1 E-OR 2016). Bei einem ein- Bestimmung des Präsidenten

212 Gemäss Art. 710 Abs. 2 E-OR 2016 soll die Amtsdauer bei Gesellschaften ohne börsenkotierte Aktien neu höchstens vier Jahre betragen.

köpfigen Verwaltungsrat ist es nicht möglich, das einzige Mitglied als «Präsidenten» zu bezeichnen. Neben dem Präsidenten kann der Verwaltungsrat überdies einen *Vizepräsidenten* bestimmen.

Sekretär

Der Verwaltungsrat hat unter dem geltenden Recht einen Sekretär zu ernennen, welcher nicht Mitglied des Verwaltungsrats zu sein braucht (Art. 712 Abs. 1 OR). Grössere Gesellschaften lassen den Sekretär manchmal in das Handelsregister eintragen, selbst wenn dieser nicht Mitglied des Verwaltungsrats ist. Die gesetzliche Regelung zum Verwaltungsratssekretär fällt knapp aus. Dessen Aufgabe umfasst die Erstellung der Sitzungsprotokolle (vgl. Art. 713 Abs. 3 OR) und weitere administrative Pflichten, deren Erfüllung als solche keine Organstellung verleiht.[213] 293

2. Aufgaben

a) Kompetenzvermutung

Aufgabenzuweisung durch Gesetz oder Statuten

Der Zuständigkeitsbereich des Verwaltungsrats wird in Art. 716 Abs. 1 OR negativ abgegrenzt: Der Verwaltungsrat darf einen Beschluss im Bereich der Exekutivaufgaben der Gesellschaft fällen, wenn das Gesetz oder die Statuten nicht die *Generalversammlung* für zuständig erklären. Beispielsweise steht der Entscheid, die Aktien der Gesellschaft an der Börse zu kotieren *(Initial Public Offering)* oder zu dekotieren *(Delisting)*, dem Verwaltungsrat zu, falls er nicht statutarisch der Generalversammlung zugewiesen wird. 294

b) Zwingender Aufgabenkatalog

Unübertragbare Aufgaben

Gewisse Aufgaben müssen zwingend durch den Verwaltungsrat wahrgenommen werden, und zwar durch sämtliche Mitglieder. Die Erfüllung der entsprechenden Aufgaben darf deshalb nicht vom Gesamtverwaltungsrat auf einzelne Mitglieder (Ausschuss) oder auf eine Geschäftsleitung übertragen werden. Die Aufgaben sind *unübertragbar.* Ebenso wenig ist es zulässig, dass die Generalversammlung diese Aufgaben dem Verwaltungsrat entzieht. Somit sind sie auch *unentziehbar.* Zu den betroffenen Aufgaben gehören gemäss Art. 716*a* Abs. 1 OR:[214] 295

[213] Der Entwurf 2016 zur Aktienrechtsrevision verzichtet auf Vorschriften zum Verwaltungsratssekretär.

[214] In Art. 716*a* Abs. 1 Ziff. 7–9 E-OR 2016 werden zusätzlich die Ergreifung von Massnahmen bei drohender Zahlungsunfähigkeit, einem Kapitalverlust oder einer Überschuldung, die Einreichung eines Gesuchs um Nachlassstundung sowie für Gesellschaften mit börsenkotierten Aktien die Erstellung des Vergütungsberichts erwähnt. In BGer. 4A_349/2017 vom 23. Januar 2018 E. 3.2 ist die Gestaltung

1. die *Oberleitung* der Gesellschaft – namentlich die Festlegung der Strategie und die Wahl der Mittel zur Zielerreichung, die Einrichtung eines internen Kontrollsystems und das Risikomanagement – sowie die Erteilung der nötigen *Weisungen* an die Geschäftsleitung;

2. die Festlegung der *Organisation*, d. h. die Bestimmung einer angemessenen Führungsorganisation und Unternehmensstruktur, einschliesslich der Festsetzung der Kompetenzen der Geschäftsleitung und der Berichterstattungspflichten bzw. der Errichtung eines Informationssystems;

3. die Ausgestaltung des *Rechnungswesens*, der Finanzkontrolle und, soweit für die Führung der Gesellschaft notwendig,[215] der Finanzplanung, so dass der Verwaltungsrat über die finanzielle Entwicklung bzw. Lage der Gesellschaft Bescheid weiss und seine Finanzverantwortung wahrnehmen kann;

4. die Ernennung und Abberufung der mit der *Geschäftsführung* – zumindest soweit dem Verwaltungsrat direkt unterstellt – und mit der *Vertretung* betrauten Personen, wobei die Praxis in der Regel eine Delegation der Erteilung von Zeichnungsberechtigungen nach Massgabe des Organisationsreglements zulässt (vgl. N 306);

5. die *Oberaufsicht* über die mit der Geschäftsführung betrauten Personen, namentlich im Hinblick auf die Befolgung der Gesetze, Statuten, Reglemente und Weisungen (Überwachungspflicht);

6. die Erstellung des *Geschäftsberichts* (vgl. N 251) sowie die Vorbereitung der *Generalversammlung* samt Festlegung der Verhandlungsgegenstände und die Ausführung ihrer Beschlüsse, beispielsweise mittels Anmeldung beim Handelsregisteramt;

7. die Benachrichtigung des Gerichts im Fall einer *Überschuldung* (N 134).

296 Auch die Alleinaktionärin bzw. Obergesellschaft hat die zwingenden Kompetenzen des Verwaltungsrats zu respektieren. Die gelebte Führungsstruktur in Konzernverhältnissen wird dieser Vorgabe oft nicht gerecht. So erteilt etwa der CEO der Gruppe dem Geschäftsleitungsmitglied der lokalen Untergesellschaft eine wichtige Weisung, ohne dass der Ver- Konzern

des Auftritts der Gesellschaft, einschliesslich des Wechsels des Firmenlogos, als Teil der Oberleitung und somit als unübertragbare Verwaltungsratskompetenz betrachtet worden.

[215] Dieser Vorbehalt ist nicht gerechtfertigt und wird gemäss dem Entwurf 2016 zur Aktienrechtsrevision gestrichen.

waltungsrat der Untergesellschaft einbezogen wäre. Eine derartige Kompetenzordnung widerspricht dem Leitbild des Schweizer Aktienrechts und führt zu Haftungsrisiken.[216] Soll ein Manager der Obergesellschaft die Oberleitung und Führung der Untergesellschaft bestimmen, ist es empfehlenswert, ihn in den Verwaltungsrat der Untergesellschaft zu wählen. Dies gilt auch für schweizerische Untergesellschaften von ausländisch beherrschten Konzernen, denn Wohnsitzerfordernisse stellen für die Zusammensetzung des Verwaltungsrats einer Schweizer AG kein Hindernis mehr dar (vgl. N 289 und N 312).

Einsatz von Ausschüssen

297 Im Bereich der unübertragbaren Aufgaben des Verwaltungsrats (N 295) erlaubt Art. 716*a* Abs. 2 OR, die *Vorbereitung* und die *Ausführung* von Beschlüssen sowie die *Überwachung* von Geschäften einem einzelnen Mitglied oder mehreren Mitgliedern gemeinsam (Ausschüssen) zuzuweisen (vgl. auch Art. 726 Abs. 1 OR). In grösseren Gesellschaften üblich sind heute namentlich ein Vergütungs- *(Compensation Committee)*, ein Prüfungs- *(Audit Committee)* und ein Nominationsausschuss *(Nomination Committee)*. Der Gesamtverwaltungsrat bleibt grundsätzlich für die entsprechenden Aufgaben verantwortlich.

c) Übertragung der Geschäftsführung

Anforderungen

298 Gemäss Art. 716 Abs. 2 OR werden die Geschäfte der AG vom Verwaltungsrat geführt, d. h. von dessen Mitgliedern gesamthaft (vgl. Art. 716*b* Abs. 3 OR). Unter der *Geschäftsführung* werden die Tätigkeiten verstanden, welche die AG zur Verfolgung des Gesellschaftszwecks vornimmt. Die Geschäftsführung stellt nicht eine unübertragbare Aufgabe (N 295) dar. In grösseren Gesellschaften delegiert der Verwaltungsrat die Geschäftsführung regelmässig. Die Delegation erfolgt üblicherweise an «Dritte», d. h. an Nichtmitglieder (Geschäftsleitung, Direktion).[217] Stattdessen bzw. zusätzlich darf die Geschäftsführung an ein einzelnes Verwaltungsratsmitglied (Delegierter des Verwaltungsrats) übertragen werden. Die Delegation kann den Verwaltungsrat von seiner Verantwortung für die Geschäftsführung befreien (vgl. Art. 754 Abs. 2 OR; N 366). Hierfür müssen die formellen Voraussetzungen gemäss Art. 716*b* OR erfüllt sein: Einerseits haben die *Statuten* eine Ermächtigungsklausel zu enthalten, was standardmässig der Fall ist. Anderseits ist der Verwaltungsrat ver-

216 Wer ohne formelle Organstellung in die Zuständigkeitsordnung eingreift, läuft Gefahr, als faktisches Organ verantwortlich gemacht zu werden, während dem formellen Organ unter Umständen eine Unterlassung anzulasten ist (vgl. N 362).

217 Dass es sich um natürliche Personen handeln muss, wird – gestützt auf Art. 95 Abs. 3 lit. b Satz 2 BV – in Art. 716*b* Abs. 1 Satz 1 E-OR 2016 präzisiert; vgl. bereits Art. 120 Satz 1 HRegV.

pflichtet, die Geschäftsführung – samt den dafür erforderlichen Stellen, den Aufgaben und der Berichterstattung – in einem *Organisationsreglement* zu umschreiben.[218] Die Mitglieder der Geschäftsleitung werden vom Verwaltungsrat ernannt sowie abberufen – zumindest soweit es sich um Dritte handelt und diese dem Verwaltungsrat direkt unterstellt sind (Art. 716*a* Abs. 1 Ziff. 4 und Art. 726 Abs. 1 OR; N 295). Sie werden in das Handelsregister eingetragen und stehen zur Gesellschaft – abgesehen von der organschaftlichen Rechtsbeziehung – grundsätzlich in einem Arbeitsverhältnis. Bei Banken ist die Trennung zwischen Oberleitung, Aufsicht und Kontrolle einerseits und Geschäftsführung anderseits nicht nur zulässig, sondern im Wesentlichen aufsichtsrechtlich vorgeschrieben (vgl. Art. 3 Abs. 2 lit. a und Art. 3*f* Abs. 1 BankG; Art. 11 Abs. 2 BankV).

299 Die Mitglieder der Geschäftsleitung werden in der Regel ermächtigt, die Gesellschaft im Aussenverhältnis zu vertreten (N 306). Insofern bindet ihr rechtsgeschäftliches Handeln die Gesellschaft, wie dies auch bei vertretungsberechtigten Verwaltungsratsmitgliedern der Fall ist. Analoges gilt unabhängig vom Vertretungsrecht und von der formellen Ernennung für den ausservertraglichen Bereich: Nach Art. 722 OR haftet die Gesellschaft für den Schaden aus einer unerlaubten Handlung, welche eine zur Geschäftsführung befugte Person in Ausübung ihrer geschäftlichen Verrichtungen begeht (vgl. N 243 und N 311). Haftung der Gesellschaft

3. Pflichten

300 Den Verwaltungsrat trifft die Pflicht, die in seinen Zuständigkeitsbereich fallenden Aufgaben (N 294 ff.) wahrzunehmen und sich dabei sowie in seiner übrigen Tätigkeit an Art. 717 OR zu halten: Diese Bestimmung verpflichtet die Mitglieder des Verwaltungsrats und der Geschäftsleitung zur Sorgfalt (N 301), zur Wahrung der Interessen der Gesellschaft (Treuepflicht, N 302) sowie zur Gleichbehandlung der Aktionärinnen (N 304). Konkrete Handlungsanweisungen an den Verwaltungsrat ergeben sich aus den unübertragbaren Aufgaben gemäss Art. 716*a* Abs. 1 OR (N 295) und verschiedenen anderen Gesetzesnormen sowie den Statuten und Reglementen der Gesellschaft. Letztlich hat der Verwaltungsrat bei seiner Tätigkeit generell die anwendbaren Vorschriften einzuhalten. Die Bestimmung des pflichtgemässen Verhaltens ist wichtig bei der Geltend- Umschreibung

[218] Als Gegenstand des Organisationsreglements werden neu auch die Organisation des Verwaltungsrats und die Verwaltungsratsausschüsse, der Umgang mit Interessenkonflikten (vgl. N 303) sowie diejenigen Geschäfte erwähnt, welche durch den Verwaltungsrat genehmigt werden müssen, Art. 716*b* Abs. 2 Ziff. 1, Ziff. 4 und Ziff. 5 E-OR 2016. Zur Orientierungspflicht des Verwaltungsrats gegenüber Aktionärinnen und Gesellschaftsgläubigern vgl. N 211.

machung von Verantwortlichkeitsansprüchen der Gesellschaft oder von Aktionärinnen bzw. Gläubigern: Mit der Abweichung des tatsächlichen Verhaltens vom Soll-Verhalten lässt sich eine Pflichtwidrigkeit begründen (vgl. N 366 ff.).

Sorgfaltspflicht

Die Mitglieder des Verwaltungsrats und der Geschäftsleitung müssen «ihre Aufgaben mit aller Sorgfalt erfüllen» (Art. 717 Abs. 1 OR). Was für die Erfüllung der Sorgfaltspflicht konkret verlangt ist, muss im *Einzelfall* bestimmt werden. Die Pflicht kann auch verletzt sein, wenn es die Organperson *unterlässt*, eine gebotene Handlung vorzunehmen. Der Sorgfaltsmassstab wird in *objektiver* Weise bestimmt, anhand einer abstrakt vorgestellten, ordnungsgemäss handelnden Person in vergleichbarer Situation (vgl. N 367). Fehlende Kenntnisse vermögen unsorgfältiges Handeln nicht zu rechtfertigen (vgl. zum Verschulden N 372). 301

Treuepflicht

Das Gesetz umschreibt die Treuepflicht mit der Formulierung, dass «die Interessen der Gesellschaft in guten Treuen [zu] wahren» seien (Art. 717 Abs. 1 OR). Folglich müssen die Mitglieder des Verwaltungsrats und der Geschäftsleitung ihr Verhalten am Gesellschaftsinteresse ausrichten. Nicht immer ist eindeutig, wonach sich das *Gesellschaftsinteresse* im konkreten Fall bestimmt. Unter Umständen kann der statutarische Zweck berücksichtigt werden. Das Gesellschaftsinteresse muss jedenfalls nicht mit den Interessen einer Aktionärsmehrheit übereinstimmen. Umstritten ist, ob oder in welchem Ausmass neben den finanziellen Interessen der Aktionärinnen *(«shareholder value»)* die kurz- oder langfristigen Interessen sonstiger *«stakeholders»* zu berücksichtigen sind – namentlich von Gläubigern, Arbeitnehmern und Kunden oder auch der Allgemeinheit. Der Begriff *«corporate social responsibility»* schliesst Aspekte der Nachhaltigkeit in sozialer und ökologischer Hinsicht ein. Inwieweit die Wahrnehmung der gesellschaftlichen Verantwortlichkeit durch die Unternehmen rechtlich gesteuert werden muss, wird kontrovers diskutiert. Jedenfalls sollten Verwaltungsrat und Geschäftsleitung ihr Handeln nicht nach ihren persönlichen Interessen ausrichten. Auch das treuhänderisch handelnde Verwaltungsratsmitglied (N 289), welches einem «doppelten Pflichtennexus» untersteht, muss achtgeben, im Rahmen des Gesellschaftsinteresses zu handeln und sich nicht einseitig an den Interessen des Auftraggebers zu orientieren. Aus der Treuepflicht lassen sich ein *Konkurrenzverbot* und eine *Verschwiegenheitspflicht* der Verwaltungsratsmitglieder ableiten. 302

Interessenkonflikte

Besteht die Gefahr eines Interessenkonflikts, hat die Organperson mittels geeigneter Massnahmen sicherzustellen, dass die Interessen der Gesellschaft gebührend berücksichtigt werden. Das Obligationenrecht enthält derzeit keine konkreten Anweisungen, wie sich ein Mitglied des Verwaltungsrats oder der Geschäftsleitung im Fall eines Interessenkonflikts ver- 303 halten soll – einmal abgesehen vom Sonderfall des Insichgeschäfts (N 310). Es besteht aber Einigkeit, dass der Betroffene den Interessenkonflikt, sofern sich dieser nicht vermeiden lässt, offenlegen und in der Regel in den *Ausstand* treten muss, wenn über das entsprechende Thema beraten bzw. darüber abgestimmt wird. Dies ist Ausfluss der Treue- bzw. Sorgfaltspflicht. Zum Teil finden sich spezifische Regelungen zum Umgang mit Interessenkonflikten in den Organisationsreglementen. Die Thematik hat in letzter Zeit an Bedeutung gewonnen, einerseits aufgrund einer erhöhten Sensibilität der Öffentlichkeit für Interessenkonflikte, anderseits wegen der Anleihen an das US-amerikanische Instrument der *Business Judgment Rule*, welches Mitglieder des Verwaltungsrats und der Geschäftsleitung lediglich dann in ihrem Ermessen bei Geschäftsentscheidungen schützt, wenn sie nicht in einem Interessenkonflikt gestanden haben (N 367). Gemäss BGer. 4A_259/2016, 4A_267/2016 vom 13. Dezember 2016 E. 5.2 ist das blosse Bestehen eines Interessenkonflikts zwar nicht pflichtwidrig, doch begründet dieser – im Sinne einer Beweiswürdigung, nicht als Umkehr der Beweislast – eine tatsächliche Vermutung pflichtwidrigen Handelns. Der Entwurf 2016 zur Aktienrechtsrevision schlägt eine *Anzeigepflicht* von Mitgliedern des Verwaltungsrats und der Geschäftsleitung an den Verwaltungsrat vor, wobei die im Gesellschaftsinteresse zu ergreifenden Massnahmen nicht spezifiziert werden (Art. 717*a* E-OR 2016). Bei einer Übertragung der Geschäftsführung (N 298) muss das Organisationsreglement den Umgang mit Interessenkonflikten regeln (Art. 716*b* Abs. 2 Ziff. 4 E-OR 2016).

Gleichbehandlungspflicht

304 Art. 717 Abs. 2 OR verpflichtet die Mitglieder des Verwaltungsrats und der Geschäftsleitung, die Aktionärinnen «unter gleichen Voraussetzungen gleich zu behandeln». Diese Pflicht zur *relativen* Gleichbehandlung gebietet, die Aktien bzw. deren Besitzerinnen unter denselben Umständen gleich und bei abweichender Situation verschieden zu behandeln. Eine Ungleichbehandlung erfordert einen *sachlichen Grund* bzw. eine Rechtfertigung durch das *Gesellschaftsinteresse* sowie die Beachtung des *Verhältnismässigkeitsprinzips*, womit die Ungleichbehandlung für den angestrebten Zweck geeignet sowie erforderlich sein muss und keine übermässigen Auswirkungen entfalten darf. Heikel ist angesichts der Pflicht zur Gleichbehandlung etwa eine privilegierte Informationsgewährung zugunsten von Grossaktionärinnen. Darin liegt eine *formelle* Ungleichbehandlung. Gegen die Gleichbehandlungspflicht verstösst aber auch eine formelle Gleichbehandlung, welche sich aufgrund der Umstände je nach Aktionärin unterschiedlich auswirkt. Eine solche *materielle* Ungleichbehandlung kann beispielsweise vorliegen, wenn das Datum oder der Durchführungsort einer Generalversammlung gewissen Aktionärinnen die Teilnahme verunmöglichen.

4. Vertretung der Gesellschaft

Verwaltungsratsmitglieder

Nach der gesetzlichen Ordnung ist der Verwaltungsrat nicht nur das für die Oberleitung und Geschäftsführung, sondern auch das für die Vertretung der Gesellschaft zuständige Organ (Art. 718 Abs. 1 Satz 1 OR): Mangels abweichender Regelung in den Statuten oder im Organisationsreglement ist jedes Mitglied einzeln zur Vertretung berechtigt (Art. 718 Abs. 1 Satz 2 OR). Der Verwaltungsrat kann sein eigenes Vertretungsrecht einschränken und dieses bloss einzelnen Mitgliedern einräumen (Art. 718 Abs. 2 OR, «Delegierte»[219]). Mindestens ein Mitglied muss zur Vertretung befugt bleiben (Art. 718 Abs. 3 OR). In der Praxis ist es üblich, dass jedes Verwaltungsratsmitglied zur Vertretung berechtigt ist, allerdings nicht immer einzeln: Bei grösseren Gesellschaften ist die Kollektivunterschrift zu zweien verbreitet (N 308). 305

Weitere Zeichnungsberechtigte

Es steht dem Verwaltungsrat frei, weiteren Personen das Recht einzuräumen, die Gesellschaft zu vertreten (Art. 718 Abs. 2 OR). Gemäss Art. 716*a* Abs. 1 Ziff. 4 OR ist der Gesamtverwaltungsrat für die Ernennung und Abberufung der mit der Vertretung betrauten Personen zuständig (vgl. auch Art. 726 Abs. 1 OR). Folglich wäre für jede Einräumung einer Zeichnungsberechtigung oder deren Löschung ein Beschluss des Gesamtverwaltungsrats erforderlich. Die Umsetzung dieser Zuständigkeitsordnung erscheint in grossen Unternehmen umständlich und wenig sinnvoll. Deshalb akzeptiert die Praxis in der Regel eine Delegation an die Geschäftsleitung, soweit es um die Zeichnungsberechtigung von nicht direkt dem Verwaltungsrat unterstellten Personen geht.[220] Die Eintragung der Zeichnungs- 306

219 Traditionell ist als Verwaltungsratsdelegierter dasjenige Mitglied bezeichnet worden, an welches Geschäftsführungsaufgaben übertragen worden sind. Der aktuelle Gesetzeswortlaut verwendet den Begriff jedoch – wie denjenigen des Direktors – bei der Vertretung (Art. 718 Abs. 2 OR), nicht bei der Delegation von Geschäftsführungsaufgaben (Art. 716*a* Abs. 2 Satz 1 OR).

220 Die Zeichnungsberechtigung kann nach Massgabe des Organisationsreglements direkt an die Ernennung eines Kadermitglieds in bestimmter Funktion durch die Geschäftsleitung geknüpft werden oder wohl auch durch die Geschäftsleitung unabhängig von der Übertragung einer bestimmten Geschäftsführungsfunktion eingeräumt werden. Die Voraussetzungen sind wie folgt (vgl. BSK OR II-Watter/Roth Pellanda, Art. 716*a* N 20 m. w. H.):
- Es besteht eine statutarische Grundlage;
- die Zuständigkeit für die Einräumung und Löschung der Zeichnungsberechtigungen wird im Organisationsreglement geregelt;
- es liegt ein Beschluss des gemäss Organisationsreglement zuständigen Organs vor; und
- die Handelsregisteranmeldung wird in der üblichen Form durch den Verwaltungsrat unterzeichnet.

Für die Löschung von Zeichnungsberechtigungen akzeptieren die Handelsregisterämter oft eine gültig unterzeichnete Handelsregisteranmeldung, ohne dass sämtliche Mitglieder des Verwaltungsrats dabei mitwirken. Bei Verwaltungsratsmitgliedern ist überdies eine Rücktrittserklärung bzw. das Protokoll mit dem Abberufungsbeschluss erforderlich. Art. 938*b* Abs. 2 Satz 1 OR erlaubt die Anmeldung der Löschung durch die ausgeschiedene Person ohne Beteiligung der Gesellschaft.

berechtigten in das Handelsregister ist vorgeschrieben (Art. 720 OR), wirkt aber nicht konstitutiv und ist somit kein Gültigkeitserfordernis. Mitgliedern der Geschäftsleitung wird die Zeichnungsberechtigung regelmässig eingeräumt. Verbreitet ist auch hier die Kollektivunterschrift zu zweien. Den Zeichnungsberechtigten muss nicht zwingend die Funktion von Geschäftsführern oder Direktoren zukommen (vgl. Art. 718 Abs. 2 OR). Häufig wird die Zeichnungsberechtigung ohne besondere Funktion in das Handelsregister eingetragen, selbst wenn der Zeichnungsberechtigte intern eine bestimmte Funktion oder hierarchische Stellung einnimmt.

Umfang des Vertretungsrechts

307 Im Aussenverhältnis gegenüber gutgläubigen Dritten wird das Vertretungsrecht bloss durch den *Zweck der Gesellschaft* begrenzt: Die zur Vertretung befugte Person kann im Namen der Gesellschaft alle Rechtshandlungen vornehmen, welche der Gesellschaftszweck mit sich bringen kann (Art. 718*a* Abs. 1 OR; N 33). Der Zweck ist weit auszulegen. Innerhalb des Zwecks liegen alle Rechtshandlungen, welche durch diesen nicht geradezu ausgeschlossen werden.[221] Zweckwidrige Rechtsgeschäfte sind deshalb selten. Beispielsweise verstösst die Veräusserung sämtlicher Betriebsanlagen, ohne die AG formell in Liquidation zu setzen, in der Regel gegen den Gesellschaftszweck, weil dadurch die im Zweck vorgesehene operative Tätigkeit der Gesellschaft aufgegeben wird (vgl. N 37 und N 339).

Beschränkungen mit Aussenwirkung

308 Das Gesetz lässt es zu, das Vertretungsrecht mit Wirkung gegenüber gutgläubigen Dritten auf zwei Arten zu beschränken: durch die Begrenzung auf die Haupt- oder Zweigniederlassung und durch die Kollektivunterschrift (Art. 718*a* Abs. 2 OR). In beiden Fällen muss die Beschränkung in das Handelsregister eingetragen werden. Die Beschränkung auf die *Zweigniederlassung* ist praktisch vor allem relevant, wenn der Zweck der Zweigniederlassung enger gefasst ist als derjenige der Hauptniederlassung. Die *Kollektivunterschrift* wird meist auf zwei Personen gerichtet. Möglich sind spezifische Vorgaben zur Mitwirkung weiterer Zeichnungsberechtigter, so dass beispielsweise ein Direktor nur zusammen mit einem Verwaltungsratsmitglied unterzeichnen darf. Ebenfalls nach aussen wirksam sind die gesetzlichen Beschränkungen, wenn der Verwaltungsrat statt einer ordentlichen Unterschriftsberechtigung lediglich eine *Prokura* (Art. 458 ff. OR) oder eine *Handlungsvollmacht* (Art. 462 OR) einräumt

Ist ein Bevollmächtigter statt durch den Verwaltungsrat von der Generalversammlung ernannt worden, ermächtigt Art. 726 Abs. 2 OR den Verwaltungsrat, den Bevollmächtigten in seiner Funktion einzustellen (vgl. auch Art. 705 Abs. 1 OR).

221 Vom Zweck erfasst werden auch ungewöhnliche Rechtsgeschäfte, welche bloss «möglicherweise im Gesellschaftszweck begründet sind» (BGer. 4A_147/2014 vom 19. November 2014 E. 3.1.1).

(Art. 721 OR). Im Unterschied zur Prokuristin (Art. 458 Abs. 2 OR) wird der Handlungsbevollmächtigte nicht in das Handelsregister eingetragen.

Beschränkungen mit blosser Innenwirkung

Sämtliche übrigen Beschränkungen des Vertretungsrechts entfalten 309 grundsätzlich bloss gesellschaftsinterne Wirkung. Im Innenverhältnis lässt sich die Zeichnungsberechtigung beliebig begrenzen. Denkbar sind etwa betragsmässige Limiten. Auch aus der sachlichen Zuständigkeit eines Zeichnungsberechtigten ergeben sich implizite Grenzen. Handelt die Organperson ausserhalb ihres Vertretungsrechts und schädigt sie dadurch die Gesellschaft, kann sie von der Gesellschaft belangt werden. Sind dem Dritten die internen Beschränkungen des Vertretungsrechts jedoch *bekannt* oder hätte er bei der Aufmerksamkeit, wie sie nach den Umständen von ihm verlangt werden darf, nicht gutgläubig sein können (Art. 3 Abs. 2 ZGB), werden sie ihm entgegengehalten. Fehlt das erforderliche Vertretungsrecht und wird der gutgläubige Dritte nicht geschützt, entfaltet ein im Namen der Gesellschaft eingegangenes Rechtsgeschäft gleichwohl Wirkungen, falls es nachträglich genehmigt wird. Terminologisch wird zum Teil zwischen der im Innenverhältnis relevanten, intern begrenzbaren *Vertretungsbefugnis* und der grundsätzlich weiter reichenden *Vertretungsmacht* unterschieden, welche im Verhältnis zu gutgläubigen Dritten sowie für die Frage der Bindung der Gesellschaft massgeblich ist.

Insichgeschäfte

Es kommt immer wieder vor, dass das Organ einer AG ein Rechtsgeschäft 310 mit sich selbst oder einer ebenfalls von ihm vertretenen Gesellschaft abschliesst. Handelt das Organ auf der Gegenseite in persönlicher Eigenschaft, spricht man von *Selbstkontrahieren*. Bei einem Tätigwerden als Organ für zwei verschiedene Rechtseinheiten geht es um eine *Doppelvertretung*. Insichgeschäft ist der Oberbegriff für Selbstkontrahieren und Doppelvertretung. Weil das Kontrahieren eines Vertreters mit sich selbst regelmässig zu Interessenkollisionen führt, ist es nach der zum allgemeinen Stellvertretungsrecht entwickelten bundesgerichtlichen Rechtsprechung grundsätzlich unzulässig. Selbstkontrahieren ist lediglich zulässig und das betreffende Rechtsgeschäft gültig, falls die Vertretene – d. h. ein gleich- oder übergeordnetes Organ der AG – den Vertreter zum Vertragsschluss mit sich selbst besonders *ermächtigt* hat bzw. das Geschäft nachträglich genehmigt oder wenn die *Gefahr einer Benachteiligung* der vertretenen AG nach der Natur des Geschäfts ausgeschlossen ist.[222] Letzteres ist anzunehmen, wenn angesichts von objektiven Kriterien – wie einem *Markt- oder Börsenpreis* – ein Voranstellen eigener Interessen ausgeschlossen werden kann. Von einer stillschweigenden Ermächtigung

[222] BGer. 4A_195/2014, 4A_197/2014 vom 27. November 2014 E. 6.1 m. w. H. (nicht publiziert in BGE 140 III 602).

wird in Konzernverhältnissen bzw. bei einer Einpersonengesellschaft ausgegangen. Diese Praxis ist nicht nur auf das Selbstkontrahieren anwendbar, sondern auch auf die Doppelvertretung sowie auf andere Fälle eines Interessenkonflikts, wenn dieser für den Dritten erkennbar gewesen ist oder der Dritte ihn wenigstens bei gebührender Sorgfalt hätte erkennen müssen.[223] Art. 718*b* OR verlangt für das Selbstkontrahieren die *schriftliche* Abfassung des Vertrags, sofern es nicht um ein laufendes Geschäft mit einer Leistung der Gesellschaft im Wert von maximal CHF 1000 geht.

Haftung der Gesellschaft

311 Das Handeln einer vertretungsberechtigten Person berechtigt und verpflichtet die Gesellschaft. Dies gilt auch für den ausservertraglichen Bereich: Nach Art. 722 OR haftet die Gesellschaft für den Schaden aus einer unerlaubten Handlung, welche eine zur Vertretung befugte Person in Ausübung ihrer geschäftlichen Verrichtungen begeht (N 243; zur analogen Rechtslage bei einer zur Geschäftsführung befugten Person N 299).

Wohnsitzerfordernis

312 Um eine minimale Belangbarkeit der Organpersonen einer AG in der Schweiz sicherzustellen, muss mindestens *eine vertretungsberechtigte Person* der Gesellschaft in der Schweiz *Wohnsitz* haben (Art. 718 Abs. 4 OR).[224] Entgegen dem Gesetzeswortlaut ist nicht eine Funktion als Verwaltungsratsmitglied oder Direktor erforderlich. Die Praxis der Handelsregisterämter lässt eine Vertretungsberechtigung ohne spezifische Funktion genügen. Eine Prokura oder eine Handlungsvollmacht reichen hingegen nicht.[225] Im Fall einer Kollektivunterschrift zu zweien müssen zwei Vertretungsberechtigte Wohnsitz in der Schweiz haben. Unter dem früheren Recht (Art. 708 Abs. 1 Satz 1 aOR, in Kraft bis Ende 2007) musste eine Mehrheit der Verwaltungsratsmitglieder in der Schweiz wohnhaft sein und das Schweizer Bürgerrecht besitzen,[226] was dazu führte, dass etliche Verwaltungsratsmandate treuhänderisch für Personen mit ausländischer Staatsangehörigkeit bzw. Wohnsitz im Ausland ausgeübt wurden.

223 BGer. 4A_147/2014 vom 19. November 2014 E. 3.1.1. In dieser Situation nimmt das Bundesgericht eine Begrenzung der Vertretungsmacht an.

224 Die in der Schweiz wohnhafte vertretungsberechtigte Person muss grundsätzlich Zugang zum Aktienbuch (Art. 686 OR) sowie zum Verzeichnis der Aktionärinnen und der wirtschaftlich Berechtigten (Art. 697*l* OR) haben (Art. 718 Abs. 4 Satz 3 OR).

225 Eidgenössisches Amt für das Handelsregister, Praxismitteilung EHRA 1/08 vom 17. Oktober 2008, Hinweise zur Praxis des Eidg. Amtes für das Handelsregister, REPRAX 1/2009, S. 2–11, S. 10 f.

226 Aufgrund der Personenfreizügigkeit war das Erfordernis des Schweizer Bürgerrechts nicht mehr anwendbar gegenüber Staatsangehörigen der EU oder EFTA. Ausserdem konnte der Bundesrat Ausnahmen für Holdinggesellschaften bewilligen.

5. Sitzungen

Einberufung

313 Verwaltungsratssitzungen werden üblicherweise vom *Präsidenten* einberufen. Jedes Mitglied des Verwaltungsrats ist befugt, vom Präsidenten die Einberufung einer Sitzung zu verlangen (Art. 715 OR). Die Einberufung kann grundsätzlich formfrei erfolgen. Die Sitzung sollte im Normalfall ungefähr fünf bis zehn Arbeitstage im Voraus unter Angabe der Traktanden und Zustellung der Unterlagen einberufen werden. Der *Sitzungsrhythmus* hängt von der Grösse der Gesellschaft und den Umständen ab. In kleineren Gesellschaften wird eine Sitzung pro Quartal genügen.

Auskunftsrecht

314 Die Verwaltungsratsmitglieder kommen während der *Sitzungen* in den Genuss eines erweiterten gesetzlichen Auskunftsrechts. Jedes Mitglied hat Anspruch auf Auskunft über alle Angelegenheiten der Gesellschaft; die anwesenden Mitglieder des Verwaltungsrats und der Geschäftsleitung sind zur Auskunft verpflichtet (Art. 715*a* Abs. 1 und Abs. 2 OR). Demgegenüber kann ein Mitglied ausserhalb der Sitzungen von den Geschäftsleitungsmitgliedern Auskunft über den Geschäftsgang verlangen, während Auskünfte über einzelne Sachgeschäfte der Ermächtigung des Präsidenten bedürfen (Art. 715*a* Abs. 3 OR). Das Auskunftsrecht wird ergänzt durch ein *Einsichtsrecht*, welches durch Antrag beim Präsidenten ausgeübt werden kann, soweit es für die Erfüllung einer Aufgabe erforderlich ist (Art. 715*a* Abs. 4 OR). Wenn der Präsident die verlangte Auskunft oder Einsicht nicht gewährt, hat auf Antrag der Gesamtverwaltungsrat zu entscheiden (Art. 715*a* Abs. 5 OR). Gemäss Rechtsprechung kann das Verwaltungsratsmitglied im Verweigerungsfall sein Recht auf Information mittels Leistungsklage gegen die Gesellschaft durchsetzen.[227]

Telefonische Sitzungsteilnahme

315 Verbreitet ist eine Bestimmung in den Statuten oder einem Reglement, wonach die Sitzungsteilnahme durch *Telefon-* oder *Videokonferenz* möglich sei. Ein auf diese Weise mitwirkendes Mitglied gilt als anwesend. Eine solche Regelung rechtfertigt sich aus praktischer Sicht, obgleich derzeit eine gesetzliche Grundlage dafür fehlt[228] und die Zulässigkeit einer analogen Regelung bei der Generalversammlung unter dem geltenden Recht zweifelhaft wäre.[229]

....

227 BGE 144 III 100 E. 5.2.3.2 S. 107; vgl. BSK OR II-Wernli/Rizzi, Art. 715*a* N 13 m. w. H. Es findet das summarische Verfahren Anwendung, BGE 144 III 100 E. 6 S. 110.

228 Art. 713 Abs. 2 E-OR 2016 erlaubt ausdrücklich die Beschlussfassung unter Verwendung elektronischer Mittel analog zur Generalversammlung (Art. 701*c*–Art. 701*e* E-OR 2016; N 265 f.), also auch mittels virtueller Verwaltungsratssitzung; zu den Bedenken gegen Verwaltungsratssitzungen mittels Telefonkonferenzen Böckli, § 13 N 136 ff.

229 Zur elektronischen Stimmrechtsausübung an einer Generalversammlung durch physisch Abwesende vgl. Art. 701*c* E-OR 2016 und dazu N 265.

316 Das Gesetz sieht kein Präsenzquorum vor, so dass der Verwaltungsrat mangels gegenteiliger Regelung in den Statuten oder in einem Reglement – die gehörige Einladung vorausgesetzt – beschlussfähig ist, selbst wenn bloss ein Mitglied anwesend ist. Oft verlangen die Statuten die Anwesenheit einer Mehrheit der Mitglieder, sehen aber ausdrücklich eine Ausnahme vor, soweit es um den Feststellungsbeschluss für eine Kapitalerhöhung samt Statutenänderung geht (vgl. Art. 652*g* Abs. 1 OR; N 150 bzw. Art. 653*g* Abs. 1 OR; N 169), wofür die Anwesenheit eines einzigen Verwaltungsratsmitglieds als genügend erklärt wird. Präsenzquorum

317 Die Verhandlungen und Beschlüsse sind zu protokollieren (Art. 713 Abs. 3 OR). Nicht zuletzt mit Blick auf Verantwortlichkeitsklagen ist es wichtig, neben dem Abstimmungsergebnis auch die Diskussion zumindest in groben Zügen abzubilden und Gegenpositionen einzelner Mitglieder festzuhalten. In der Sitzung geäusserte Bedenken und vorgebrachte Einwände wirken allerdings kaum entlastend, wenn das Mitglied am Ende gleichwohl seine Zustimmung erteilt. Protokoll

6. Beschlussfassung

318 Jedem anwesenden Mitglied des Verwaltungsrats kommt eine Stimme zu (Kopfstimmprinzip). Gefasst werden die Beschlüsse mit der Mehrheit der abgegebenen Stimmen (Art. 713 Abs. 1 Satz 1 OR), so dass Enthaltungen nicht zu berücksichtigen sind. Abweichende statutarische oder reglementarische Regelungen sind innerhalb gewisser Schranken zulässig. Relatives Mehr

319 Falls die Statuten nichts Gegenteiliges bestimmen, hat der Vorsitzende den Stichentscheid (Art. 713 Abs. 1 Satz 2 OR). Der Vorsitzende meint den Leiter der Verwaltungsratssitzung («Tagespräsident»), welcher nicht mit dem gewählten Präsidenten des Verwaltungsrats übereinstimmen muss.[230] Stichentscheid

320 Weil es sich beim Verwaltungsratsmandat um ein höchstpersönliches Amt handelt, ist eine Stellvertretung durch andere Mitglieder oder Dritte nach überwiegender Auffassung ausgeschlossen. Eine ausdrückliche statutarische Vertretungsmöglichkeit, wie sie vereinzelt anzutreffen ist, ändert daran nichts. Einige Lehrmeinungen befürworten die Zulässigkeit einer Stellvertretung durch ein anderes Verwaltungsratsmitglied für ein konkretes Traktandum gestützt auf eine statutarische Grundlage.[231] Keine Vertretung

230 Vgl. BSK OR II-Wernli/Rizzi, Art. 713 N 13a m. w. H.

231 BSK OR II-Wernli/Rizzi, Art. 713 N 10 m. w. H.; a. M. Böckli, § 13 N 129 ff.

Zirkularbeschluss

Art. 713 Abs. 2 OR lässt ausdrücklich auf dem Zirkularweg gefasste Beschlüsse zu, wobei jedem Mitglied das Recht eingeräumt wird, eine mündliche Beratung zu verlangen. Gemäss Art. 23 Abs. 2 HRegV müssen Zirkularbeschlüsse «von allen Personen, die dem Organ angehören», unterzeichnet werden.[232] *Einstimmigkeit* sollte indessen nicht verlangt werden. Es muss im Prinzip genügen, wenn einzelne Mitglieder den Beschluss in ablehnender Weise unterzeichnen und dadurch zum Ausdruck bringen, dass sie die Gelegenheit zur Mitwirkung gehabt haben und mit dem Zirkularverfahren einverstanden gewesen sind. Einstimmigkeit ist jedoch der Normalfall. Der Zirkularweg eignet sich nicht, wenn kontroverse Beschlüsse gefällt werden, weil keine Möglichkeit besteht, den Gegenstand mündlich zu diskutieren. Der Entwurf 2016 zur Aktienrechtsrevision erlaubt – abgesehen von «virtuellen» Verwaltungsratssitzungen (N 315) – die elektronische Beschlussfassung, sofern sämtliche Mitglieder ihre Zustimmung zur Art der Beschlussfassung erteilt haben (Art. 713 Abs. 2 Ziff. 3 E-OR 2016). 321

Anfechtung von Beschlüssen

Wie erwähnt (N 220) können Verwaltungsratsbeschlüsse im Unterschied zu Beschlüssen der Generalversammlung *nicht angefochten* werden. Ist ein Beschluss des Verwaltungsrats jedoch *nichtig*, entfaltet er keine rechtlichen Wirkungen. Die Nichtigkeitsgründe für Generalversammlungsbeschlüsse finden sinngemäss Anwendung (Art. 714 i. V. m. Art. 706*b* OR; N 284 f.). Verstösst ein Verwaltungsratsbeschluss in schwerwiegender Weise gegen zwingende und grundlegende Normen des Aktienrechts, kann ein Betroffener demzufolge eine Klage auf Feststellung der Nichtigkeit erheben, wobei das Feststellungsurteil gegenüber jedermann wirkt.[233] 322

7. Rücktritt oder Abberufung

Jederzeitige Beendigungsmöglichkeit

Vorbehaltlich einer Wiederwahl endet das Verwaltungsratsmandat mit Ablauf der Amtsdauer (N 291), wobei für den genauen Zeitpunkt üblicherweise auf das Datum der *ordentlichen Generalversammlung* abgestellt wird. Bei einer Wahl durch eine ausserordentliche Generalversammlung empfiehlt sich zur Vermeidung von Unklarheiten über den Beendigungszeitpunkt eine spezifische Regelung, bis zu welcher ordentlichen General- 323

[232] Der Zirkularbeschluss kann auch elektronisch signiert werden, sofern die Signatur auf einem qualifizierten Zertifikat einer anerkannten Anbieterin von Zertifizierungsdiensten gemäss der einschlägigen Gesetzgebung beruht. Handelsregisterrechtlich genügt es im Übrigen, wenn anstelle eines Zirkularbeschlusses (oder Sitzungsprotokolls) alle Mitglieder die Handelsregisteranmeldung unterzeichnen und auf diese Weise ihre Zustimmung zum Ausdruck bringen, vgl. Art. 23 Abs. 3 Satz 1 HRegV.

[233] BGE 138 III 204 E. 4.2 S. 212 m. w. H.

versammlung das Amt dauern soll. Während der Amtsdauer kann das Verwaltungsratsmitglied jederzeit seinen Rücktritt erklären oder von der ordentlichen bzw. einer ausserordentlichen Generalversammlung abberufen werden (Art. 705 Abs. 1 OR; N 249 und N 288). Für die Abberufung von Mitgliedern der Geschäftsleitung und von sonstigen Geschäftsführungs- oder Vertretungsberechtigten ist der Verwaltungsrat zuständig (Art. 716*a* Abs. 1 Ziff. 4 OR). Die Beendigung eines etwaigen mit der Organperson bestehenden *Arbeitsverhältnisses* richtet sich nach den einschlägigen Gesetzesbestimmungen und vereinbarten Kündigungsfristen.

8. Vergütung

324 Fixe oder auch variable Vergütungen an Verwaltungsratsmitglieder («Verwaltungsratshonorare») sind seit Langem üblich, wurden bislang aber im Aktienrecht nicht geregelt. Die Entschädigung kann im Rahmen des auftragsähnlichen Rechtsverhältnisses zwischen der Gesellschaft und dem Verwaltungsratsmitglied grundsätzlich frei festgesetzt werden. Das Gesetz behandelt demgegenüber in Art. 677 OR den in der Praxis seltenen Fall der *Tantiemen*. Dabei geht es um eine Gewinnausschüttung an Verwaltungsratsmitglieder auf statutarischer Grundlage, ähnlich den Dividenden an die Aktionärinnen (N 117). Gesetzliche Regelung

325 Im Rahmen der Umsetzung der *«Abzocker»-Initiative* sind zwingende Vorschriften zur Festlegung und Offenlegung der Vergütungen von Mitgliedern des Verwaltungsrats, der Geschäftsleitung und eines etwaigen Beirats erlassen worden (vgl. Art. 95 Abs. 3 BV; Art. 12 ff. VegüV; Art. 732 ff. E-OR 2016). Bestimmte Vergütungsarten, wie Abgangsentschädigungen, Provisionen für Unternehmensübernahmen oder Entschädigungen aufgrund eines geschäftsmässig nicht begründeten Konkurrenzverbots, werden untersagt (vgl. Art. 95 Abs. 3 lit. b BV; Art. 20 VegüV; Art. 735*c* und Art. 735*d* E-OR 2016). Für die Ausrichtung und den Bezug von unzulässigen Vergütungen sowie ähnliche Verstösse werden zum Teil strafrechtliche Sanktionen vorgesehen (vgl. Art. 95 Abs. 3 lit. d BV; Art. 24 Abs. 1 VegüV; Art. 154 StGB in der Fassung gemäss E-OR 2016). Auf Gesellschaften *ohne* börsenkotierte Aktien gelangen diese Bestimmungen höchstens zur Anwendung, soweit diese in den Statuten freiwillig für massgeblich erklärt werden (Art. 732 Abs. 2 E-OR 2016). AG mit börsenkotierten Aktien

326 Bei den Gesellschaften mit börsenkotierten Aktien nimmt der Vergütungsbericht eine zentrale Rolle ein. Der Verwaltungsrat hat diesen jährlich zuhanden der Generalversammlung zu erstellen und analog zu den Vorschriften über den Geschäftsbericht zu veröffentlichen (Art. 13 VegüV; Art. 734 E-OR 2016). Der Vergütungsbericht erläutert insbesondere die in Vergütungsbericht

Art. 734*a*–Art. 734*c* E-OR 2016 (Art. 14–Art. 16 VegüV) spezifizierten Einzelheiten zu den *Vergütungen aller Art* sowie zu Darlehen und Krediten, welche an Mitglieder des Verwaltungsrats, der Geschäftsleitung bzw. eines Beirats oder an diesen nahestehende Personen ausgerichtet bzw. ihnen gewährt worden sind. Weiter sind *Verwaltungsratsmandate und Leitungsfunktionen in anderen Unternehmen* anzugeben (Art. 734*e* E-OR 2016). Gemäss einem kontroversen Vorschlag sollte bei einer Gesellschaft mit börsenkotierten Aktien, welche die Schwellenwerte gemäss Art. 727 Abs. 1 Ziff. 2 OR überschreitet, jedes *Geschlecht* mindestens zu 30 % im Verwaltungsrat und zu 20 % in der Geschäftsleitung *vertreten* sein; andernfalls hat die Gesellschaft im Vergütungsbericht die Gründe für die Untervertretung des einen Geschlechts sowie die ergriffenen oder geplanten Massnahmen zur Förderung des weniger stark vertretenen Geschlechts zu erläutern (Art. 734*f* E-OR 2016, *«comply or explain»*). Längere Übergangsfristen erleichtern die Umsetzung.[234]

IV. Revisionsstelle

Stellung

327 Die Revisionsstelle (Art. 727 ff. OR) ist neben der Generalversammlung und dem Verwaltungsrat das dritte gesetzlich vorgesehene Organ (N 240) einer AG, auf welches unter bestimmten Voraussetzungen verzichtet werden darf. Das geltende Recht stellt hierfür unter anderem auf die Grösse bzw. Bedeutung der Gesellschaft ab. Der gesetzliche Regelfall – gewissermassen in der Mitte – ist die eingeschränkte Revision (vgl. Art. 727*a* Abs. 1 OR).[235] In qualifizierten Fällen (N 328) wird eine umfassendere Prüfung (ordentliche Revision) vorgeschrieben, während kleinere Gesellschaften auf eine Prüfung der Jahresrechnung verzichten können (N 329). Von der Revisionsstelle im hier verstandenen Sinne sind *«Spezialrevisionsstellen»* abzugrenzen, welche namentlich bei Publikumsgesellschaften beispielsweise für die Prüfung von Kapitalerhöhungsberichten zum Einsatz kommen, weil die ordentliche Revisionsstelle aufgrund von ausländischen Unabhängigkeitsanforderungen die entsprechende Aufgabe nicht wahrnehmen darf. Ebenfalls von der Revisionsstelle zu unterscheiden sind Sachverständige, welche die Generalversammlung mit der

[234] Art. 4 E-OR 2016 Übergangsbestimmungen sieht hinsichtlich des Verwaltungsrats eine Übergangsfrist von fünf Jahren und bezüglich der Geschäftsleitung eine solche von zehn Jahren nach Inkrafttreten der Aktienrechtsrevision vor.

[235] Auf den in der Marginalie zu Art. 729 OR verwendeten Begriff *«review»* wird mit dem Entwurf 2016 zur Aktienrechtsrevision verzichtet, weil damit üblicherweise prüfende Durchsichten unterhalb des Revisionsniveaus bezeichnet werden.

Prüfung der *Geschäftsführung* beauftragen kann (Art. 731*a* Abs. 3 OR; vgl. auch Art. 728*a* Abs. 3 und Art. 729*a* Abs. 3 OR).

328 In Art. 727 Abs. 1 OR werden die drei Arten von Gesellschaften umschrieben, welche ihre Jahres- und etwaige Konzernrechnung ordentlich prüfen lassen müssen: Pflicht zur ordentlichen Revision

- *Publikumsgesellschaften*, d. h. Gesellschaften mit börsenkotierten Beteiligungspapieren bzw. mit Anleihensobligationen sowie Gesellschaften, welche mindestens 20 % der Aktiven oder des Umsatzes zur Konzernrechnung einer Gesellschaft mit börsenkotierten Beteiligungspapieren bzw. Anleihensobligationen beitragen.
- Gesellschaften, welche zwei der nachstehenden Grössen in zwei aufeinanderfolgenden Geschäftsjahren überschreiten: *Bilanzsumme* von CHF 20 Mio., *Umsatzerlös* von CHF 40 Mio. und 250 *Vollzeitstellen* im Jahresdurchschnitt.
- Gesellschaften, welche eine *Konzernrechnung* erstellen müssen.

Hinzu kommen Gesellschaften, bei denen die ordentliche Revision in den *Statuten* bzw. einem *Generalversammlungsbeschluss* vorgesehen wird (Art. 727 Abs. 3 OR) oder bei denen *Aktionärinnen* mit mindestens 10 % des Aktienkapitals die ordentliche Revision verlangen (Art. 727 Abs. 2 OR; N 212).

329 Eine AG kann unter folgenden drei kumulativen Voraussetzungen auf die eingeschränkte Revision verzichten (*«Opting-out»*; Art. 727*a* Abs. 2 OR, Art. 62 Abs. 1 HRegV): Verzicht auf Revision

1. Die Gesellschaft ist nicht zur *ordentlichen* Revision verpflichtet (N 328);
2. sie hat nicht mehr als *zehn Vollzeitstellen* im Jahresdurchschnitt;
3. sämtliche Aktionärinnen haben *zugestimmt*.[236]

Jede Aktionärin kann zu einem späteren Zeitpunkt wieder eine eingeschränkte Revision verlangen (Art. 727*a* Abs. 4 Satz 2 OR). Anstelle eines gänzlichen Verzichts ist eine reduzierte eingeschränkte Revision möglich (*«opting-down»*).

[236] Neu kommt gemäss Art. 727*a* Abs. 2 E-OR 2016 als Voraussetzung hinzu, dass die Statuten der Gesellschaft keine Zwischendividenden (Art. 675*a* E-OR 2016; N 233) und im Falle eines Kapitalbands (Art. 653*s* ff. E-OR 2016; N 186 f.) lediglich die Erhöhung, nicht hingegen eine Herabsetzung des Aktienkapitals vorsehen.

Belege für Opting-out

Der Verwaltungsrat darf die Zustimmung der Aktionärinnen auf dem Korrespondenzweg einholen (vgl. Art. 727*a* Abs. 3 OR). Für die Anmeldung beim Handelsregisteramt verlangt Art. 62 Abs. 2 HRegV die Erklärung eines Verwaltungsratsmitglieds, wonach die Voraussetzungen erfüllt sind, sowie Kopien «der massgeblichen aktuellen Unterlagen wie Erfolgsrechnungen, Bilanzen, Jahresberichte, Verzichtserklärungen der Aktionärinnen und Aktionäre oder das Protokoll der Generalversammlung».[237] 330

Wahl und Amtsdauer

Zuständig für die Wahl und Abberufung der Revisionsstelle ist die *Generalversammlung* (Art. 698 Abs. 2 Ziff. 2, Art. 705 Abs. 1, Art. 730 Abs. 1 und Art. 730*a* Abs. 4 OR; N 249).[238] Häufig handelt es sich bei der Revisionsstelle um eine juristische Person (vgl. aber Art. 730 Abs. 2 OR). Die Amtsdauer beträgt üblicherweise ein Jahr, doch lässt Art. 730*a* Abs. 1 Satz 1 OR eine Amtsdauer von bis zu drei Jahren zu. Bei der ordentlichen Revision muss der zuständige Mandatsleiter spätestens nach sieben Jahren ersetzt werden und darf frühestens drei Jahre danach wieder zum Einsatz kommen (Art. 730*a* Abs. 2 OR). Diese Rotation soll der Unabhängigkeit und kritischen Distanz zur geprüften Gesellschaft dienen. Die Revisionsstelle kann jederzeit zurücktreten, muss in diesem Fall aber den Verwaltungsrat zuhanden der Generalversammlung über die Gründe informieren (Art. 730*a* Abs. 3 OR). 331

Anforderungen

Die gesetzlichen Anforderungen an die Revisionsstelle sind bei der ordentlichen Revision strenger als bei der eingeschränkten Revision. Für eine Publikumsgesellschaft (N 328) schreibt Art. 727*b* Abs. 1 OR ein *staatlich beaufsichtigtes Revisionsunternehmen* vor. In den übrigen Fällen obliegt die ordentliche Revision *zugelassenen Revisionsexpertinnen* (Art. 727*b* Abs. 2 OR). Bei einer eingeschränkten Revision genügt eine *zugelassene Revisorin* (Art. 727*c* OR). Die weiteren Anforderungen und die Beaufsichtigung richten sich nach dem Revisionsaufsichtsgesetz. Darüber hinaus enthält das Aktienrecht detaillierte Vorschriften zur *Unabhängigkeit* der Revisionsstelle (vgl. bei der ordentlichen Revision Art. 728 OR und bei der eingeschränkten Revision Art. 729 OR, ausserdem Art. 731*a* Abs. 2 OR). Im Fall der ordentlichen Revision darf die Revisionsstelle nicht bei der Buchführung mitwirken (Art. 728 Abs. 2 Ziff. 4 OR; vgl. Art. 729 Abs. 2 332

[237] Entgegen einer Lehrmeinung und der Praxis gewisser Handelsregisterämter ist ein *Prüfungsbericht* für die Jahresrechnung, somit ein Nachweis, dass die Gesellschaft in der Vergangenheit ihrer Revisionspflicht nachgekommen ist, nicht erforderlich, vgl. zum Fall einer GmbH BGE 139 III 449 E. 2.3.2 und E. 2.3.4 S. 454 f. und S. 456 m. w. H.; zur AG, Kommandit-AG und Genossenschaft intertemporalrechtlich Art. 174 HRegV.

[238] Gemäss Art. 730*a* Abs. 4 E-OR 2016 soll die Generalversammlung die Revisionsstelle bloss noch aus wichtigen Gründen abberufen können.

OR). Die Revisionsstelle muss ihren Sitz in der *Schweiz* haben (vgl. Art. 730 Abs. 4 OR).

333 Die zentrale Aufgabe der Revisionsstelle liegt in der Prüfung der *Jahresrechnung* und der durch den Verwaltungsrat beantragten *Verwendung des Bilanzgewinns* auf Gesetzes- und Statutenkonformität (vgl. Art. 728*a* Abs. 1 Ziff. 1 und Ziff. 2 sowie Art. 729*a* Abs. 1 OR).[239] Im Fall der ordentlichen Revision ist das interne Kontrollsystem bei der Prüfung zu berücksichtigen (vgl. Art. 728*a* Abs. 1 Ziff. 3 und Abs. 2 OR). Der Inhalt des *Revisionsberichts* wird in Art. 728*b* und Art. 729*b* OR geregelt. Liegt der Revisionsbericht nicht vor, darf die Generalversammlung weder die Jahres- bzw. Konzernrechnung genehmigen noch über die Verwendung des Bilanzgewinns beschliessen (Art. 731 Abs. 1 OR). Bei einer ordentlichen Revision muss die Revisionsstelle an der Generalversammlung anwesend sein, falls nicht einstimmig auf ihre Anwesenheit verzichtet wird (Art. 731 Abs. 2 OR; N 212 und N 277). Im Rahmen der ordentlichen Revision festgestellte Verstösse gegen das Gesetz, die Statuten oder das Organisationsreglement hat die Revisionsstelle schriftlich dem Verwaltungsrat zu melden (Art. 728*c* Abs. 1 OR). Zudem ist die Generalversammlung zu informieren, soweit Gesetzes- oder Statutenverstösse wesentlich sind oder der Verwaltungsrat keine angemessenen Massnahmen ergriffen hat (Art. 728*c* Abs. 2 OR). Bei der ordentlichen sowie der eingeschränkten Revision muss die Revisionsstelle das Gericht benachrichtigen, falls die Gesellschaft *offensichtlich überschuldet* ist (N 131) und der Verwaltungsrat die erforderliche Anzeige (N 134) unterlässt (Art. 728*c* Abs. 3 und Art. 729*c* OR). Aufgaben

V. Organisationsmängel

334 Fehlt der AG ein vorgeschriebenes Organ oder ist ein solches Organ nicht rechtmässig zusammengesetzt, können nach Art. 731*b* Abs. 1 Satz 1 OR eine Aktionärin oder ein Gläubiger und überdies das Handelsregisteramt (vgl. Art. 941*a* Abs. 1 OR; Art. 154 HRegV[240]) beim Gericht mittels Klage gegen die Gesellschaft die erforderlichen Massnahmen beantragen. Erfasst wird auch der Fall, dass ein Organ nicht mehr *handlungsfähig* bzw. Voraussetzungen

[239] Hinzu kommt gemäss Art. 17 VegüV bzw. Art. 728*a* Abs. 1 Ziff. 4 E-OR 2016 die Prüfung des *Vergütungsberichts* einer Gesellschaft mit börsenkotierten Aktien. Bislang sind die Angaben zu den Vergütungen als Bestandteil des Anhangs zur Jahresrechnung mitgeprüft worden (vgl. N 206).

[240] Gemäss Art. 939 Abs. 1 OR (in der Fassung gemäss Änderung vom 17. März 2017, BBl 2017, S. 2433–2445, S. 2438) hat das Handelsregisteramt die Gesellschaft bei Mängeln in der Organisation aufzufordern, den Mangel fristgerecht zu beheben. Andernfalls ergreift das Gericht auf Anzeige des Handelsregisteramts hin die erforderlichen Massnahmen (Abs. 2 der genannten Bestimmung).

dauerhaft *blockiert* ist, was die Wahl eines Organs oder die Geschäftsführung verhindern kann. Analoges gilt, wenn die Gesellschaft am Sitz kein Domizil mehr hat (vgl. zum Vorgehen des Handelsregisteramts indessen Art. 153 ff. HRegV).[241]

Mögliche Massnahmen

335 Dem Gericht stehen unter anderem die folgenden Massnahmen zur Verfügung (Art. 731*b* Abs. 1 Satz 2 OR):

1. die Fristansetzung zur *Wiederherstellung* des rechtmässigen Zustands unter Androhung der Auflösung der Gesellschaft;
2. die *Ernennung* des fehlenden Organs oder eines Sachwalters;
3. die Anordnung der *Auflösung* und Liquidation der Gesellschaft nach den Vorschriften über den Konkurs.[242]

Verhältnismässigkeitsprinzip

336 Das Gericht muss bei der Wahl der Massnahme das Verhältnismässigkeitsprinzip beachten und ist aufgrund der Interessen Dritter sowie der Öffentlichkeit nicht an die Parteianträge gebunden (Offizialgrundsatz, Art. 58 Abs. 2 ZPO). Die Auflösung als das letztmögliche Mittel *(Ultima Ratio)* darf das Gericht nur anordnen, falls sich mildere Mittel nicht als sachgerecht oder zielführend erweisen, beispielsweise wenn Verfügungen nicht zustellbar sind oder sich die Gesellschaft nicht vernehmen lässt.[243] Kann ein Organ wegen einer Pattsituation im Aktionariat *(Deadlock)* nicht bestellt werden, stellt die gerichtliche *Ernennung* des fehlenden Organs – und nicht die Auflösung der Gesellschaft – grundsätzlich die angemessene Massnahme zur Beseitigung des Organisationsmangels dar.[244] Ansonsten könnten die strengen Anforderungen an die Auflösungsklage gemäss Art. 736 Ziff. 4 OR (N 340) unterlaufen werden. Bezeichnet das Gericht für eine bestimmte Dauer (vgl. Art. 731*b* Abs. 2 Satz 1 OR) ein Organ, kann es der Gesellschaft gleichzeitig eine Frist ansetzen zur Bezahlung eines Kostenvorschusses zugunsten des neuen Organs und die Auflösung der

....

241 Eine besondere Regelung enthält Art. 689*c* Abs. 3 E-OR 2016 für den Fall, dass die Generalversammlung einer Gesellschaft mit börsenkotierten Aktien keinen *unabhängigen Stimmrechtsvertreter* gewählt hat oder dieser kurzfristig zurückgetreten ist. Unter dem Vorbehalt einer abweichenden statutarischen Bestimmung hat der Verwaltungsrat für die nächste Generalversammlung einen unabhängigen Stimmrechtsvertreter zu ernennen. Ähnlich kann der Verwaltungsrat nach Art. 712 Abs. 4 Satz 1 E-OR 2016 für die verbleibende Amtsdauer einen neuen *Verwaltungsratspräsidenten* bestimmen, wenn das Amt des Präsidenten vakant ist.

242 Obwohl die Auflösung in Art. 250 lit. c. Ziff. 6 und Ziff. 11 ZPO nicht erwähnt wird, ist auch darüber im summarischen Verfahren zu entscheiden, BGE 138 III 166 E. 3.9 S. 173 (= Pra 101 [2012] Nr. 102 S. 702 E. 3.9 S. 711).

243 BGE 138 III 294 E. 3.1.4 S. 299 m. w. H.

244 BGE 138 III 294 E. 3.1.5 S. 299 m. w. H. (fehlende Revisionsstelle, Pattsituation mit zwei zerstrittenen 50 %-Aktionären, ansonsten funktionierendes und finanziell gesundes Unternehmen); ähnlich zum GmbH-Recht BGer. 4A_411/2012 vom 22. November 2012 E. 2.1.5.

Gesellschaft androhen bei Nichtbeachtung der Frist. In einer Pattsituation zwischen zwei zerstrittenen Aktionären je mit 50 %-Beteiligung ist in BGer. 4A_51/2017 vom 30. Mai 2017 E. 6 eine private *Aktienversteigerung* unter den beiden Aktionären angeordnet worden.

H. Auflösung und Liquidation der AG

337 Die Auflösung der Gesellschaft ist gewissermassen der «Anfang vom Ende» und führt entweder zur Liquidation und Verwertung der vorhandenen Vermögenswerte gemäss Art. 739 ff. OR (Auflösung *mit* Liquidation) oder zu deren Übertragung auf eine andere Rechtseinheit durch Fusion, (Auf-) Spaltung oder Umwandlung gemäss Fusionsgesetz (vgl. zum Umstrukturierungsrecht § 13) bzw. mittels Übernahme durch eine öffentlich-rechtliche Körperschaft nach Art. 751 OR (Auflösung bzw. Beendigung *ohne* Liquidation; vgl. Art. 738 OR). Umschreibung

338 Art. 736 OR erwähnt als mögliche Auflösungsgründe: Auflösungsgründe

1. eine *statutarische* Regelung (Art. 627 Ziff. 4 OR), welche die Dauer der Gesellschaft begrenzt, was selten vorkommt (N 43);
2. einen Beschluss der *Generalversammlung*, welcher dem qualifizierten Quorum von zwei Dritteln untersteht (Art. 704 Abs. 1 Ziff. 8 OR; N 276) und öffentlich zu beurkunden ist;
3. die *Konkurseröffnung,* welche zur Liquidation gemäss den Vorschriften des SchKG führt, mit oder ohne vorgängige Betreibung bzw. nach Benachrichtigung des Gerichts durch die Gesellschaftsorgane (N 134 und N 333);
4. eine *Auflösungsklage* (N 224 und N 340);
5. die übrigen *gesetzlich* vorgesehenen Fälle einer Auflösung, sei es
   - im Aktienrecht (vgl. beispielsweise zu den Gründungsmängeln Art. 643 Abs. 3 OR; N 9; zu den Organisationsmängeln Art. 731*b* Abs. 1 Satz 2 Ziff. 3 OR; N 335; zur amtlichen Löschung faktisch liquidierter Gesellschaften Art. 938*a* OR; N 339) oder
   - ausserhalb des Aktienrechts (vgl. etwa Art. 57 Abs. 3 ZGB).

Handelsregistereintrag

Ist die Gesellschaft gestützt auf eine statutarische Regelung oder durch einen Generalversammlungsbeschluss aufgelöst worden, hat der Verwaltungsrat beim Handelsregisteramt die Auflösung als solche, den Firmenzusatz *«in Liquidation»* (Art. 739 Abs. 1 OR) sowie die *Liquidatoren* (Art. 740 Abs. 2 OR) zur Eintragung anzumelden (vgl. Art. 737 OR). Der Gesellschaftszweck erfährt formell keine Anpassung, doch ist die Geschäftstätigkeit nun auf die Abwicklung der laufenden Geschäfte und die Verwertung der vorhandenen Vermögenswerte ausgerichtet. Unterlässt es der Verwaltungsrat, trotz der Einstellung der Geschäftstätigkeit und der Verwertung der Aktiven einen Generalversammlungsbeschluss einzuholen und die Auflösung der Gesellschaft beim Handelsregisteramt anzumelden, liegt eine *faktische Liquidation* vor (N 37). Die Gesellschaft kann in einem solchen Fall von Amtes wegen gelöscht werden (vgl. Art. 938*a* OR; Art. 155 HRegV). 339

Auflösungsklage

Aktionärinnen mit einer Beteiligung von mindestens 10 % des Aktienkapitals können aus wichtigen Gründen die Auflösung verlangen, doch kann das Gericht stattdessen eine andere «sachgemässe und den Beteiligten zumutbare Lösung» vorsehen (Art. 736 Ziff. 4 OR). Die Auflösungsklage dient dem Minderheitenschutz. Wie sich für die gerichtliche Behandlung von Organisationsmängeln gezeigt hat (N 336), stellt die Auflösung der AG eine subsidiäre Massnahme dar. Entsprechend wird eine Auflösungsklage vom Gericht nicht gutgeheissen, solange die um Auflösung ersuchende Aktionärin ihre legitimen Interessen mit weniger einschneidenden Mitteln, wie der Anfechtung von Generalversammlungsbeschlüssen oder der Klage auf Auskunftserteilung, verteidigen kann.[245] Die Auflösung muss *verhältnismässig* sein, wobei die Interessenabwägung die Interessen der übrigen Aktionärinnen und weiteren Anspruchsgruppen am Fortbestand der Gesellschaft zu berücksichtigen hat.[246] Gerade in kleineren Gesellschaften, bei welcher sich die Aktien nicht ohne weiteres an Dritte veräussern lassen, strebt eine Minderheitsaktionärin mit der Auflösungsklage oft bloss ihr Ausscheiden an *(«Exit»)*. Anstelle der gerichtlichen Auflösung können die Aktien unter Umständen von der Gesellschaft übernommen werden (gerichtlich angeordneter Aktienrückkauf). Im Entwurf 2016 zur Aktienrechtsrevision wird die Gesellschaft ermächtigt, im Zusammenhang mit einer Auflösungsklage – analog zur Vinkulierung (N 135) – vorübergehend bis zu 20 % eigene Aktien zu erwerben (Art. 659 340

245 BGE 138 III 294 E. 3.1.6 S. 300 m. w. H. (zu Art. 731*b* OR).

246 BGE 138 III 294 E. 3.1.6 S. 300 (Situation hat derart gravierend zu sein, dass der Fortbestand der Gesellschaft nach Treu und Glauben als nicht mehr tragbar erscheint, die Gesellschaft mithin ihr Existenzrecht verwirkt hat).

Abs. 3 Satz 1 E-OR 2016).[247] Bei Überschreitung des Grenzwerts ist unter Umständen eine Kapitalherabsetzung durchzuführen. Als Alternativen denkbar sind etwa Anpassungen an der Zusammensetzung des Verwaltungsrats, Anordnungen zu Dividendenausschüttungen, die Abspaltung eines Betriebsteils oder eine Teilliquidation.

341 Die Gesellschaft in Liquidation bleibt rechtsfähig (Art. 739 Abs. 1 OR), doch wird die Befugnis der bestehenden *Gesellschaftsorgane* – nach Massgabe des neu ausgerichteten Gesellschaftszwecks (N 339) – auf Handlungen im Zusammenhang mit der Liquidation beschränkt, welche nicht in die Zuständigkeit der Liquidatoren fallen (vgl. Art. 739 Abs. 2 OR). Gestützt auf einen Generalversammlungsbeschluss oder eine statutarische Bestimmung können *Liquidatoren* ernannt werden; andernfalls sind die Verwaltungsratsmitglieder kraft Gesetzes («gesetzliche Liquidatoren») für die Liquidation zuständig (Art. 740 Abs. 1 OR). Bei der gerichtlichen Auflösung bestimmt das Gericht die Liquidatoren (Art. 740 Abs. 4 OR), während im Konkursfall die Liquidation von der Konkursverwaltung besorgt wird (Art. 740 Abs. 5 Satz 1 OR). Als Liquidatorin kann auch eine juristische Person ernannt werden. Mindestens ein Liquidator muss in der Schweiz Wohnsitz haben und vertretungsberechtigt sein (Art. 740 Abs. 3 OR). Besteht eine Mehrheit von Liquidatoren, richtet sich die Art des Vertretungsrechts nach dem Generalversammlungsbeschluss, den Statuten oder der gerichtlichen Anordnung. Die Amtsdauer wird bei der Ernennung in der Regel nicht spezifiziert, sondern orientiert sich an der Dauer der Liquidation. Stets ist ein Rücktritt des Liquidators möglich. Die Generalversammlung kann die von ihr ernannten oder statutarisch bestimmten Liquidatoren jederzeit abberufen (vgl. Art. 741 Abs. 1 OR). Aus wichtigen Gründen, insbesondere bei einer Gefährdung von Aktionärs- bzw. Gesellschaftsinteressen, erfolgt die Abberufung auf Antrag einer Aktionärin durch das Gericht (Art. 741 Abs. 1 OR; N 221). Mit der Liquidation verlieren statutarische *Vinkulierungsbestimmungen* ihre Wirkung (Art. 685a Abs. 3 OR).

Rechtsfolgen der Auflösung

342 Nach der Eintragung der Auflösung in das Handelsregister (N 339) erstellen die Liquidatoren per Stichtag der Auflösung gestützt auf die Veräusserungswerte der vorhandenen Aktiven die *Liquidationseröffnungsbilanz* (Art. 742 Abs. 1 OR) und veröffentlichen zwecks Erfassung der Forderungen dreimal einen *Schuldenruf* im Schweizerischen Handelsamtsblatt (Art. 742 Abs. 2 OR). Die Liquidatoren schliessen die laufenden Geschäfte ab, ziehen ausstehende Forderungen ein, verwerten die Aktiven und erfül-

Liquidationstätigkeit

[247] Die über den Grenzwert von 10 % hinaus erworbenen Aktien sind innerhalb von zwei Jahren wieder zu veräussern oder durch Kapitalherabsetzung zu vernichten (Art. 659 Abs. 3 Satz 2 E-OR 2016).

len die Verbindlichkeiten (Art. 743 Abs. 1 OR). Für nicht fällige und für streitige Verbindlichkeiten ist der entsprechende Betrag gerichtlich zu *hinterlegen* oder dem Gläubiger eine Sicherheit einzuräumen. Andernfalls ist die Verteilung des Gesellschaftsvermögens an die Aktionärinnen bis zur Erfüllung dieser Verbindlichkeiten aufzuschieben (vgl. Art. 744 Abs. 2 OR). Falls die Gesellschaft überschuldet ist, muss das Gericht den Konkurs eröffnen (Art. 743 Abs. 2 OR). Dauert die Liquidation länger, erstellen die Liquidatoren jährliche Zwischenbilanzen (Art. 743 Abs. 5 OR). Zuletzt folgt die *Liquidationsschlussbilanz* (Schlussabrechnung), welche von der Generalversammlung abzunehmen ist.

Verteilung des Vermögens

343 Frühestens ein Jahr nach dem dritten Schuldenruf darf das verbliebene Vermögen (Liquidationsüberschuss) an die Aktionärinnen verteilt werden (Art. 745 Abs. 2 OR). Die einjährige Frist kann auf *drei Monate* verkürzt werden, wenn die Bestätigung eines zugelassenen Revisionsexperten vorliegt, wonach die Schulden getilgt sind und nach den Umständen angenommen werden kann, dass keine Drittinteressen gefährdet sind (Art. 745 Abs. 3 OR). Die Verteilung an die Aktionärinnen richtet sich nach dem tatsächlich *geleisteten Nennwert* ohne Berücksichtigung eines Agios (Art. 661 und Art. 745 Abs. 1 OR; N 61 und N 67), sofern nicht Vorzugsaktien bestehen bzw. die Statuten etwas Gegenteiliges bestimmen (vgl. N 235). Das Liquidationsverfahren wird mit der Löschung der AG im Handelsregister abgeschlossen, wobei die Anmeldung durch die Liquidatoren erfolgt (Art. 746 OR). Das Handelsregisteramt nimmt die Löschung regelmässig erst vor, wenn das kantonale Steueramt und die Eidgenössische Steuerverwaltung bestätigt haben, dass keine offenen Steuerschulden bestehen. Die Löschung im Handelsregister wirkt nach der traditionellen Lehre und Rechtsprechung konstitutiv. Gemäss abweichender Auffassung ist die Löschung bloss deklaratorischer Natur, und die Existenz der Gesellschaft endet mit der vollständig abgeschlossenen Liquidation. Eine vermittelnde Ansicht geht davon aus, dass die Löschung eine notwendige, nicht aber eine hinreichende Bedingung für das Erlöschen der Rechtspersönlichkeit der AG ist.[248]

Verantwortlichkeit der Liquidatoren

344 Bei den Liquidatoren handelt es sich um Organe der Gesellschaft. Wie es bei den zur Geschäftsführung bzw. Vertretung befugten Personen der Fall ist (N 243, N 299 und N 311), haftet die *Gesellschaft* für die von Liquidatoren widerrechtlich und schuldhaft in Ausübung ihrer geschäftlichen Verrichtungen verursachten Schäden (Art. 743 Abs. 6 OR). Die Liquidatoren

[248] Übersicht über den Meinungsstand bei MARKUS VISCHER, Untergang der AG: Konstitutive oder deklaratorische Wirkung der Löschung im Handelsregister?, GesKR 2/2015, S. 257–266, S. 259.

selbst unterstehen der aktienrechtlichen Verantwortlichkeit gemäss Art. 754 Abs. 1 OR (N 361).

345 Solange mit der Verteilung des Vermögens noch nicht begonnen worden ist, kann die beschlossene Auflösung durch die Generalversammlung widerrufen werden. Darüber hinaus besteht manchmal ein schutzwürdiges Interesse, eine gelöschte Gesellschaft wieder in das Handelsregister eintragen zu lassen, zum Beispiel wenn noch *Aktiven vorhanden* sind oder gegen die Gesellschaft ein Gerichts- bzw. Betreibungsverfahren läuft. Die Wiedereintragung gelöschter Rechtseinheiten auf gerichtliche Anordnung hin stützt sich derzeit auf Art. 164 HRegV und wird neu auf Gesetzesstufe geregelt.[249]

Wiedereintragung einer gelöschten Gesellschaft

I. Aktienrechtliche Verantwortlichkeit

I. Überblick

346 Das Aktienrecht enthält besondere Regeln für die Erhebung von Verantwortlichkeitsansprüchen durch die Gesellschaft, Aktionärinnen und Gläubiger sowie weitere Berechtigte (N 347 ff.) gegen formelle oder faktische Organpersonen der Gesellschaft und sonstige Ersatzpflichtige (N 361 f.). Die Voraussetzungen eines Anspruchs stimmen im Wesentlichen mit den Erfordernissen vertraglicher bzw. deliktsrechtlicher Schadenersatzansprüche überein: Der belangte Verantwortliche muss einen Schaden (N 363 ff.) auf pflichtwidrige Weise (N 366 ff.) natürlich und adäquat kausal verursacht (N 370 f.) und sich schuldhaft verhalten haben (N 372 f.). Zu beachten sind besondere Ausschlussgründe (N 374 ff.) sowie die Rechtslage bei einer Mehrheit von Ersatzpflichtigen (N 377 f.). Schliesslich ist die Verjährung von Verantwortlichkeitsansprüchen besonders geregelt (N 379 f.).

Voraussetzungen

[249] Vgl. Art. 935 OR in der Fassung gemäss Änderung vom 17. März 2017, BBl 2017, S. 2433–2445, S. 2437. In verfahrensrechtlicher Hinsicht handelt es sich bei der Wiedereintragung um eine gerichtliche Anordnung der freiwilligen Gerichtsbarkeit gemäss Art. 1 lit. b ZPO, somit nicht um eine Streitigkeit nach Art. 6 Abs. 4 lit. b ZPO, weshalb keine sachliche Zuständigkeit des Handelsgerichts besteht, BGE 140 III 550 E. 2.5 S. 553.

II. Aktivlegitimation

1. Gesellschaft

Ausserhalb Konkurs

347 Verhält sich eine Organperson pflichtwidrig, wirkt sich dies häufig in erster Linie zum Nachteil des Gesellschaftsvermögens aus. Die Gesellschaft ist grundsätzlich befugt, einen Schadenersatzanspruch gegenüber dem Verantwortlichen geltend zu machen. Über die Anhebung einer Klage entscheidet der *Verwaltungsrat*. Dass der Verwaltungsrat gegen einzelne im Amt stehende Mitglieder vorgeht, ist kaum vorstellbar. Er wird ein Verfahren höchstens gegen *ehemalige* Mitglieder des Verwaltungsrats oder der Geschäftsleitung anstrengen, sofern er nicht befürchtet, dass er selbst oder die Gesellschaft in der Folge ebenfalls belangt werden könnten. Daneben kann die *Generalversammlung* über die Geltendmachung eines Verantwortlichkeitsanspruchs beschliessen (vgl. Art. 693 Abs. 3 Ziff. 4 OR; ausdrücklich Art. 756 Abs. 2 E-OR 2016) und den Verwaltungsrat so zwingen, ein Verfahren einzuleiten. Wegen möglicher Interessenkonflikte kann anstelle des Verwaltungsrats ein Prozessbeistand mit der Prozessführung betraut werden. Ansprüche aus der Prospekthaftung stehen nach Art. 752 OR den Titelerwerberinnen zu, weshalb hier die Gesellschaft als Emittentin (Titelausgeberin) nicht aktivlegitimiert ist.

Im Konkurs

348 Solange eine Gesellschaft aufrecht steht, sind Verantwortlichkeitsklagen selten. Dies ändert sich mit der Konkurseröffnung. Gemäss der umstrittenen bundesgerichtlichen Rechtsprechung wird der Anspruch der Gesellschaft im Konkursfall oder bei einem Nachlassvertrag mit Vermögensabtretung durch einen einheitlichen *Anspruch der Gläubigergesamtheit* abgelöst,[250] welcher durch die Konkursverwaltung nach der zweiten Gläubigerversammlung geltend gemacht werden kann.

2. Aktionärin

Schadensart

349 Eine Aktionärin ist auf unterschiedliche Weise von der schädlichen Pflichtwidrigkeit einer Organperson betroffen: Einerseits kann die Pflichtverletzung sich primär auf das Vermögen der Gesellschaft auswirken[251] und die Aktionärin lediglich mittelbar schädigen, indem der Wert ihrer Beteiligung sinkt (*Gesellschaftsschaden*; N 350 ff.). Anderseits ist es denkbar, dass das Vermögen der Gesellschaft durch die Pflichtverletzung nicht beeinträch-

250 Vgl. BGE 117 II 432 E. 1b/ee S. 439 m. w. H. (sog. *Raschein*-Doktrin, benannt nach dem früheren Bundesrichter Rolf Raschein).

251 Aus der Sicht der Gesellschaft handelt es sich um einen «unmittelbaren» Schaden.

tigt und einzig die Aktionärin geschädigt wird (*unmittelbarer*[252] *Schaden*; N 356 f.). Schliesslich können ein Gesellschaftsschaden und ein unmittelbarer Schaden der Aktionärin kombiniert auftreten. Die Art des Schadens hat einen Einfluss darauf, inwieweit die Aktionärin einen Verantwortlichkeitsanspruch geltend machen kann und ob der Anspruch auf Leistung an die Aktionärin oder an die Gesellschaft gerichtet ist.

a) Gesellschaftsschaden

350 Gemäss Art. 756 OR ist jede einzelne Aktionärin ausserhalb eines Konkurses befugt, den gesamten Gesellschaftsschaden auf Leistung an die Gesellschaft geltend zu machen. Die Rechtsnatur des Anspruchs ist umstritten. Nach der wohl herrschenden Lehre verfügt die Aktionärin über ein blosses *Prozessführungsrecht*.[253] Die Klägerin muss im Zeitpunkt der Klageanhebung Aktionärin sein. Ausserhalb Konkurs

351 Aktionärinnen haben ökonomisch betrachtet einen geringen Anreiz, den Anspruch auf Ersatz des Gesellschaftsschadens selbst durchzusetzen. Die Informationslage ist regelmässig schwierig (vgl. N 371) und das *Kostenrisiko* hoch. Die klagewillige Aktionärin trägt dieses persönlich, profitiert bei Gutheissung des Verantwortlichkeitsanspruchs aber lediglich indirekt und anteilsmässig. Weil die Gesellschaft am Verantwortlichkeitsverfahren einer Aktionärin gegen das Organ nicht als Partei beteiligt ist, kann ihr das Gericht auch gestützt auf Art. 107 Abs. 1 ZPO keine Kosten auferlegen. Deshalb wird mit dem Entwurf 2016 zur Aktienrechtsrevision in Art. 107 Abs. 1bis ZPO eine gesetzliche Grundlage vorgeschlagen, wonach das Gericht die Prozesskosten bei der Abweisung einer gesellschaftsrechtlichen Klage auf Leistung an die Gesellschaft nach Ermessen auf die Gesellschaft und die klagende Partei verteilen kann. Verteilung der Kosten

352 Das Problem des übermässigen Kostenrisikos einer Aktionärin entfällt, wenn der Anspruch durch die Gesellschaft geltend gemacht wird (N 347). Hierfür muss in der Generalversammlung eine *Mehrheit* gefunden werden. Ist dies nicht möglich, bleibt die Aktionärin auf sich allein gestellt. Genehmigung durch Generalversammlung

353 Im Vorentwurf 2014 zur Aktienrechtsrevision war ein *Zulassungsverfahren* vorgeschlagen worden, welches eine Kostentragung durch die Gesellschaft ermöglicht hätte (für Einzelheiten vgl. 1. Aufl., N 353; Art. 697*j* und Art. 697*k* VE-OR 2014). In den Genuss dieser Regelung gekommen wären Aktionärinnen mit einer Beteiligung von 3 % bei einer Gesellschaft Vorschlag einer gerichtlichen Klagezulassung

252 Die Qualifikation eines Schadens als «unmittelbar» hängt im vorliegenden Kontext nicht vom Kausalzusammenhang ab, sondern von der durch den Schaden betroffenen Vermögensmasse.

253 Etwa Böckli, § 18 N 226 und N 227 m. w. H. («Prozessstandschaft»).

mit börsenkotierten Aktien bzw. von 10 % bei den übrigen Gesellschaften. Der Vorschlag sah ein Verfahren in mehreren Etappen vor: Spricht sich die Generalversammlung gegen die Erhebung der Klage aus, müssen die Aktionärinnen das Gericht um Klagezulassung ersuchen und dabei unter anderem eine Pflichtwidrigkeit sowie einen Schaden glaubhaft machen. Das Kostenrisiko für das Klagezulassungsverfahren tragen die Aktionärinnen.[254] Heisst das Gericht das Gesuch gut, muss die Gesellschaft für die Verfahrenskosten des Hauptverfahrens aufkommen.

Kritik am Vorschlag

354 Im Rahmen der Vernehmlassung war der Vorschlag der gerichtlichen Klagezulassung auf breite Kritik gestossen. Es wurden *Missbräuche* befürchtet und Zweifel geäussert, ob das Gericht besser als die Generalversammlung beurteilen könne, was im Interesse der Gesellschaft liegt. Deshalb wird das Schweizer Aktienrecht auch in Zukunft kein gerichtliches Klagezulassungsverfahren kennen.

Im Konkurs

355 Sobald über die geschädigte Gesellschaft der Konkurs eröffnet worden ist, ändert sich die Rechtslage. In diesem Fall steht es zunächst der *Konkursverwaltung* zu, den Verantwortlichkeitsanspruch geltend zu machen (Art. 757 Abs. 1 Satz 2 OR; N 348). Verzichtet die Konkursverwaltung darauf, ist jede Aktionärin zur Durchsetzung des Anspruchs berechtigt (Art. 757 Abs. 2 OR). Die Chancen auf einen nennenswerten Ertrag dürften in einem solchen Fall tief sein. Immerhin sind die klagenden Aktionärinnen im Ausmass ihrer Beteiligung am «Überschuss» beteiligt, nachdem die Forderungen von klagenden Gläubigern gedeckt worden sind. Auch Prozesskosten können wohl in Analogie zu Art. 260 Abs. 2 SchKG aus dem Erlös beglichen werden. Dies schafft einen Anreiz zur Klage. In den Genuss eines Liquidationserlöses käme die Aktionärin in dieser Situation kaum.

b) Unmittelbarer Schaden

Ausserhalb Konkurs

356 Die unmittelbar in ihrem Vermögen beeinträchtigte Aktionärin darf grundsätzlich direkt gegen die verantwortliche Organperson vorgehen. Erforderlich ist, dass ihr die Eigenschaft als Aktionärin im Zeitpunkt der Schädigung zugekommen ist.

Im Konkurs

357 Die Eröffnung des Konkurses über die Gesellschaft hindert die unmittelbar geschädigte Aktionärin grundsätzlich nicht an der Durchsetzung ihres Verantwortlichkeitsanspruchs. Doch besteht das Risiko, dass die belangte

[254] Art. 107 Abs. 1 ZPO erlaubt immerhin eine Verteilung der Kosten zwischen den Aktionärinnen und der Gesellschaft nach gerichtlichem Ermessen.

Organperson nicht alle Ansprüche zu befriedigen vermag, falls das Verhalten der Organperson auch die Gesellschaft geschädigt hat. Um einen «Wettlauf» und eine Benachteiligung der Gläubigergesamtheit zu verhindern, schränkt die von der Lehre kritisierte bundesgerichtliche Rechtsprechung die Geltendmachung eines unmittelbaren Schadens durch einen Gläubiger ein, wenn die Gesellschaft ebenfalls einen Schaden erlitten hat, so dass zwei konkurrierende Ansprüche gegenüber denselben Organpersonen bestehen.[255] In diesem Fall kann der unmittelbar geschädigte Gesellschaftsgläubiger individuell lediglich vorgehen, wenn er seine Klage mit einem widerrechtlichen Verhalten gemäss Art. 41 OR, einer *culpa in contrahendo* oder einer ausschliesslich dem Gläubigerschutz dienenden Bestimmung des Gesellschaftsrechts zu begründen vermag.[256] Die Schutznorm darf nicht gleichzeitig die Gesellschaft schützen. Es ist anzunehmen, dass diese Rechtsprechung analog auf Ansprüche von unmittelbar geschädigten Aktionärinnen anzuwenden ist.

3. Gläubiger

a) Gesellschaftsschaden

358 *Ausserhalb* eines Konkurses ist ein Gläubiger von einer Schädigung nicht direkt betroffen, solange die Gesellschaft weiterhin in der Lage ist, die Forderung des Gläubigers zu begleichen. Der Gläubiger kann unter dem geltenden Recht keinen Verantwortlichkeitsanspruch erheben. *Im Konkurs* ist der Gesellschaftsgläubiger wie die Aktionärin (N 355) zur Geltendmachung des Verantwortlichkeitsanspruchs berechtigt, falls die Konkursverwaltung darauf verzichtet (Art. 757 Abs. 1 und Abs. 2 OR). Im Gegenzug wird die Forderung des klagenden Gläubigers vorab aus dem Erlös gedeckt – vor den übrigen Gesellschaftsgläubigern und noch vor den am Verfahren teilnehmenden Aktionärinnen. Zulässigkeit bei Insolvenz

[255] Die beiden Schäden können miteinander zusammenhängen. Bezahlt zum Beispiel eine Gesellschaft die Prämien der kollektiven Krankentaggeldversicherung nicht, obwohl sie dem Arbeitnehmer die Beiträge vom Lohn abzieht, erleidet der Arbeitnehmer als Gesellschaftsgläubiger wegen der entgangenen Versicherungsleistungen einen unmittelbaren Schaden, während die Passiven der Gesellschaft aufgrund der vertraglichen Pflicht zur Leistung von Schadenersatz an den Arbeitnehmer gestiegen sind, BGE 141 III 112 E. 5.3.2 S. 118 (= Pra 104 [2015] Nr. 96 S. 762 E. 5.3.2 S. 770 f.).

[256] BGE 132 III 564 E. 3.2.3 S. 570 f. (= Pra 96 [2007] Nr. 57 S. 375 E. 3.2.3 S. 380), bestätigt etwa in BGE 141 III 112 E. 5.2.3 S. 117 (= Pra 104 [2015] Nr. 96 S. 762 E. 5.2.3 S. 770).

b) Unmittelbarer Schaden

Voraussetzungen

359 Wird ein Gläubiger *ausserhalb* eines Konkurses unmittelbar geschädigt, darf er wie eine Aktionärin (N 356) direkt das pflichtwidrig handelnde Organ belangen. Auch *Arbeitnehmer* können als Gläubiger der Gesellschaft aktivlegitimiert sein.[257] *Im Konkurs* gelangen gemäss der Rechtsprechung des Bundesgerichts die bereits behandelten Einschränkungen (N 357) zur Anwendung, falls die Gesellschaft durch das Verhalten der Organperson ebenfalls geschädigt worden ist.

4. Weitere Berechtigte

Prospekthaftung

360 Bei der Gründungs- (Art. 753 OR), Verwaltungsrats- (Art. 754 OR) und Revisionshaftung (Art. 755 OR) beschränkt sich die Anspruchsberechtigung auf die Gesellschaft und die einzelnen Aktionärinnen sowie Gesellschaftsgläubiger. Demgegenüber sind bei der Prospekthaftung (Art. 752 OR) die *Erwerberinnen* der ausgegebenen Titel zur Erhebung von Verantwortlichkeitsklagen befugt.

III. Passivlegitimation

Kreis der Verantwortlichen

361 Die möglichen Beklagten unterscheiden sich je nach Verantwortlichkeitstatbestand. Bei der Prospekthaftung (Art. 752 OR) und der Gründungshaftung (Art. 753 OR) genügt grundsätzlich eine Mitwirkung, ohne dass der beklagten Person Organeigenschaft zukommen muss. Der Gesetzeswortlaut enthält nähere Ausführungen zu den möglichen Arten der pflichtwidrigen Tätigkeit (vgl. N 366), ist aber breit abgefasst. Die Gründungshaftung wird auch auf Kapitalerhöhungen angewandt. Ein Schadenersatzanspruch gestützt auf Art. 754 Abs. 1 OR richtet sich gegen Mitglieder des Verwaltungsrats bzw. der Geschäftsleitung oder gegen Liquidatoren. Der Revisionshaftung nach Art. 755 OR unterliegt, wer «mit der Prüfung der Jahres- und Konzernrechnung, der Gründung, der Kapitalerhöhung oder Kapitalherabsetzung» befasst ist (Art. 755 Abs. 1 OR). *Überschneidungen* zwischen den einzelnen Tatbeständen sind möglich, beispielsweise wenn ein Verwaltungsratsmitglied bei der Ausgabe von Titeln oder einer Kapitalerhöhung mitwirkt. Weil die Haftungsvorausset-

[257] Vgl. BGE 141 III 112 E. 4.5 S. 115 (= Pra 104 [2015] Nr. 96 S. 762 E. 4.5 S. 768): Anspruch des Arbeitnehmers gemäss Art. 97 Abs. 1 OR gegenüber der Gesellschaft und gestützt auf Art. 41 OR gegenüber den verantwortlichen Organpersonen wegen Nichtzahlung der Prämien der kollektiven Krankentaggeldversicherung.

zungen ähnlich sind, ist die Frage des anwendbaren Gesetzesartikels regelmässig nicht entscheidend.

362 Neben den formell eingesetzten Organen fallen auch faktische Organe unter die aktienrechtliche Verantwortlichkeit (N 245). Ein Haftungsrisiko besteht beispielsweise für eine Obergesellschaft oder eine Kreditgeberin, welche Einfluss auf den Geschäftsgang der Gesellschaft nimmt (vgl. N 296). Organstellung

IV. Schaden

363 Im Einklang mit dem allgemeinen Haftpflichtrecht ist der Schaden die ungewollte Verminderung des Reinvermögens in Form einer Reduktion der Aktiven, einer Vermehrung der Passiven oder eines entgangenen Gewinns. Gemäss der vorherrschenden *Differenztheorie* ergibt sich der Schaden aus der Differenz zwischen dem gegenwärtigen Stand des Vermögens des Geschädigten nach dem schädigenden Ereignis und demjenigen Stand, welchen das Vermögen ohne das schädigende Ereignis hätte. Umschreibung

364 Auf die für das Verantwortlichkeitsrecht typische Unterscheidung zwischen dem Gesellschaftsschaden und dem unmittelbaren Schaden einer Aktionärin oder eines Gesellschaftsgläubigers ist bereits hingewiesen worden (N 349). Es ist denkbar, dass ein pflichtwidriges Verhalten einer Organperson gleichzeitig die Gesellschaft und eine Aktionärin bzw. einen Gläubiger unmittelbar schädigt (vgl. N 357). Betroffene Vermögensmasse

365 Der Entwurf 2016 zur Aktienrechtsrevision sieht entgegen der bundesgerichtlichen Rechtsprechung vor, dass Forderungen mit Rangrücktritt im Konkurs der geschädigten Gesellschaft bei der Schadensberechnung nicht zu berücksichtigen sind (Art. 757 Abs. 4 E-OR 2016). Falls beispielsweise der Verwaltungsrat die Bildung von erforderlichen Rückstellungen unterlässt und die Bilanz zu spät deponiert, vergrössern Forderungen gegen die Gesellschaft mit eingeholten Rangrücktritten den pflichtwidrig verursachten Schaden nicht, selbst wenn die Rangrücktrittserklärungen die Überschuldungsanzeige weiter verzögert haben. Denn Art. 725 Abs. 2 Satz 2 OR erlaubt ausdrücklich den Aufschub der Benachrichtigung des Konkursgerichts beim Vorliegen von Rangrücktrittserklärungen (N 134).[258] Behandlung von Rangrücktritten

[258] Anders etwa BGer. 4A_277/2010 vom 2. September 2010 E. 2.3 (keine Berücksichtigung des Rangrücktritts bei der Schadensberechnung, somit Berücksichtigung der rangrücktrittsbelasteten Forderungen als Schadenszunahme), kritisiert von RICO A. CAMPONOVO/ANDREAS C. BAUMGARTNER, Wird der

V. Pflichtwidrigkeit

Umschreibung

366 Gemäss dem gesetzlichen Tatbestand der *Prospekthaftung* (Art. 752 OR) besteht die Pflichtwidrigkeit darin, dass bei einer Titelausgabe in Emissionsprospekten oder ähnlichen Mitteilungen «unrichtige, irreführende oder den gesetzlichen Anforderungen nicht entsprechende Angaben gemacht oder verbreitet» worden sind, wobei der Verantwortliche dabei vorsätzlich oder fahrlässig mitgewirkt hat. Eine detaillierte Umschreibung des pflichtwidrigen Verhaltens wird für die *Gründungshaftung* in Art. 753 OR vorgesehen: Es geht im Wesentlichen um fehlerhafte Angaben im Zusammenhang mit qualifizierten Tatbeständen der Gründung oder einer Kapitalerhöhung (vgl. N 70 ff.), um Handelsregistereintragungen gestützt auf unrichtige Belege oder um einen wissentlichen Beitrag zu Titelzeichnungen durch Zahlungsunfähige. Die *Geschäftsführungshaftung* von Art. 754 Abs. 1 OR begnügt sich mit einem allgemeinen Verweis auf die Verletzung von Pflichten. Diese können sich aus unterschiedlichen Gesetzesbestimmungen auch ausserhalb des Aktienrechts ergeben. Oft kann das vorgeworfene Versäumnis auf eine Verletzung der drei allgemeinen Pflichten zurückgeführt werden: Die Verwaltungsrats- und Geschäftsleitungsmitglieder unterstehen nach Art. 717 OR einer Sorgfalts- und einer Treuepflicht sowie der Pflicht zur Gleichbehandlung der Aktionärinnen (N 300 ff.). Darauf ist zurückzukommen. Zusätzlich statuiert Art. 754 Abs. 2 OR die Voraussetzungen einer *haftungsbefreienden Delegation* von Aufgaben: Abgesehen von der Einhaltung der formellen Voraussetzungen (N 298) muss die delegierende Organperson den Nachweis erbringen, dass sie «bei der Auswahl, Unterrichtung und Überwachung die nach den Umständen gebotene Sorgfalt angewendet hat». Für die *Revisionshaftung* verweist Art. 755 Abs. 1 OR wiederum generisch auf eine Verletzung von Pflichten.

Sorgfaltspflicht

367 Die Sorgfaltspflicht (N 301) wird nach einem objektiven Massstab[259] und rückwirkend *(ex ante)* gemäss dem Zeitpunkt der fraglichen Handlung oder Unterlassung beurteilt. In der Regel als sorgfaltswidrig gilt beispielsweise die Gewährung eines Darlehens an eine nicht konzernmässig verbundene Rechtseinheit (vgl. N 126) ohne gleichzeitige Bestellung einer

Rangrücktritt unbrauchbar?, Schadenserhöhende Wirkung von Rangrücktrittserklärungen im Verantwortlichkeitsfall, Der Schweizer Treuhänder 2011/12, S. 1036–1039, S. 1037 f.

259 Das Verhalten eines Verwaltungsratsmitglieds wird mit demjenigen verglichen, welches billigerweise von einer abstrakt vorgestellten, ordnungsgemäss handelnden Person in einer vergleichbaren Situation erwartet werden kann, BGE 139 III 24 E. 3.2 S. 26. Die Sorgfalt in eigenen Angelegenheiten ist nicht massgeblich.

Kreditsicherheit.[260] Ist ein Geschäftsentscheid in einem einwandfreien, auf einer angemessenen Informationsbasis beruhenden und von Interessenkonflikten freien Entscheidprozess zustande gekommen, üben die Gerichte bei der nachträglichen Beurteilung Zurückhaltung.[261] Dieser Ansatz wird von der heutigen Lehre mit dem angloamerikanischen Institut der *Business Judgment Rule* in Verbindung gebracht, deren prozessualer Hintergrund und deren Funktion als Beweislastregel sich allerdings nicht ohne weiteres auf das hiesige Recht übertragen lassen.[262]

368 Auf Transaktionen unter Konzerngesellschaften sowie andere Geschäfte, bei denen ein besonderer *Wissensstand* über die Risikofaktoren vorhanden ist oder erwartet werden darf, wendet die Rechtsprechung einen *strengeren Massstab* zur Beurteilung von Sorgfaltspflichtverletzungen an und stellt auf die Informationen ab, über welche das Organ im Zeitpunkt der Pflichtverletzung verfügt hat oder verfügen konnte.[263] Konzernverhältnisse

369 Die Treuepflicht gebietet, dass die Organpersonen ihr Verhalten am Gesellschaftsinteresse ausrichten (N 302). Die Treuepflicht wird beispielsweise verletzt, wenn der Verwaltungsrat ein Gerichtsverfahren führt bzw. provoziert, mit dem kein im Gesellschaftsinteresse liegendes Ziel verfolgt wird und welches von vornherein als aussichtslos erscheint, folglich bloss unnötige Kosten für die Gesellschaft generiert.[264] Im Fall eines *Interessenkonflikts* (vgl. N 303) besteht ein erhöhtes Haftungsrisiko. Treuepflicht

260 BGer. 4A_15/2013 vom 11. Juli 2013 E. 7.2.2 (blosse Minderheitsbeteiligung an der Darlehensnehmerin ohne Einfluss auf die Geschäftsführung, Interessenkonflikt des betreffenden Organs).

261 BGE 139 III 24 E. 3.2 S. 26 m. w. H.

262 Umstritten ist bereits, ob die *Business Judgment Rule* auf der Ebene der Pflichtwidrigkeit oder des Verschuldens angewandt werden müsste. Zum Ganzen PETER V. KUNZ, Business Judgment Rule (BJR) – Fluch oder Segen?, SZW 86 (2014), S. 274 ff.; ferner § 93 Abs. 1 Satz 2 (deutsches) Aktiengesetz vom 6. September 1965, wonach keine Pflichtverletzung vorliegt, wenn *«bei einer unternehmerischen Entscheidung vernünftigerweise [angenommen werden darf], auf der Grundlage angemessener Information zum Wohle der Gesellschaft zu handeln»*.

263 BGer. 4A_74/2012 vom 18. Juni 2012 E. 5.1 (zum Verschulden; sorgfaltswidrige Darlehensgewährung an überschuldete 100 %-Untergesellschaft ohne ernsthafte Sanierungsbemühungen oder spezifisches Sanierungskonzept; Annahme, dass der Verwaltungsrat aufgrund seiner Stellung als Doppelorgan die prekäre finanzielle Lage der Untergesellschaft hätte kennen müssen).

264 BGE 139 III 24 E. 3.3 S. 26 f. (erfolglos geführtes Gerichtsverfahren betreffend die Verweigerung einer Eintragung in das Aktienbuch der Gesellschaft, welche pflichtwidrig sowie rechtsmissbräuchlich und nicht im Interesse der Gesellschaft, sondern im Interesse der Aktionärsmehrheit erfolgt ist).

VI. Kausalzusammenhang

Umschreibung

370 Ein Anspruch aus aktienrechtlicher Verantwortlichkeit verlangt neben dem Schaden und der Pflichtwidrigkeit einen natürlichen sowie adäquaten Kausalzusammenhang zwischen der Pflichtverletzung und dem Schaden. Wie im allgemeinen Haftpflichtrecht muss das Verhalten nach dem gewöhnlichen Lauf der Dinge und nach der allgemeinen Lebenserfahrung an sich geeignet sein, einen Erfolg von der Art des eingetretenen herbeizuführen; der Eintritt des Erfolgs muss durch das Verhalten allgemein als begünstigt erscheinen. Bei einer *Unterlassung* wird auf den hypothetischen Kausalzusammenhang bei Annahme eines pflichtgemässen Handelns abgestellt. Der hypothetische Geschehensablauf wird dann häufig nicht noch auf seine Adäquanz überprüft, weil sonst wertende Gesichtspunkte doppelt berücksichtigt würden. Gerade bei einer Mehrheit von Ersatzpflichtigen in unterschiedlichen Funktionen ist es wichtig, dass der Schaden korrekt auf die massgeblichen Pflichtverletzungen zurückgeführt wird. So ist es denkbar, dass sich eine Pflichtwidrigkeit der Revisionsstelle bei der Rechnungsprüfung gar nicht oder bloss teilweise auf den Schaden ausgewirkt hat. Wenn der Verwaltungsrat in Verletzung von Art. 725 Abs. 2 OR – trotz begründeter Besorgnis einer Überschuldung und ungedeckter Forderungen zu Fortführungs- sowie Veräusserungswerten – die Benachrichtigung des Konkursgerichts unterlässt, beschränkt sich der kausal verursachte Vermögensverlust auf den sog. *«Fortführungsschaden»*, welcher infolge der Konkursverschleppung entsteht.[265]

Erleichterungen

371 Weil Aktionärinnen und Gesellschaftsgläubiger regelmässig keinen direkten Einblick in die internen Abläufe und die Organisation der Gesellschaft haben, fällt ihnen der Nachweis des Kausalzusammenhangs oft schwer. Ist ein strikter Beweis der Natur der Sache nach unmöglich oder unzumutbar («Beweisnot»), genügt nach der bundesgerichtlichen Rechtsprechung für den Nachweis des natürlichen bzw. hypothetischen Kausalzusammenhangs das Beweismass der *überwiegenden Wahrscheinlichkeit*. Danach gilt ein Beweis als erbracht, «wenn für die Richtigkeit der Sachbehauptung nach objektiven Gesichtspunkten derart gewichtige Gründe sprechen, dass andere denkbare Möglichkeiten vernünftigerweise nicht massgeblich in Betracht fallen».[266] Bei der Prospekthaftung wird angenommen, dass die Angaben im Prospekt direkt kausal für den Kaufentschluss der Ersterwerberin der Titel sind und diese Angaben wegen der Preisbildung am Markt – unter dem Vorbehalt von neuen Informationen – auch für einen

265 BGer. 4A_324/2011 vom 16. Januar 2012 E. 2.1 und E. 2.2.2 (Differenz zwischen der tatsächlich eingetretenen Überschuldung und derjenigen bei rechtzeitiger Benachrichtigung des Gerichts).

266 BGE 132 III 715 E. 3.1 S. 720 (zur Prospekthaftung).

späteren Käufer relevant sind, welcher den Prospekt überhaupt nicht gelesen hat. Eine eigentliche Umkehr der Beweislast wird vom Bundesgericht hingegen abgelehnt.

VII. Verschulden

372 Beim Verschulden geht es um die Vorwerfbarkeit des pflichtwidrigen Verhaltens. In subjektiver Hinsicht muss der Verantwortliche *urteilsfähig* gewesen sein. Objektiv ist das Verschulden zu bejahen, wenn der in Anspruch Genommene nicht so gehandelt hat, wie es von einem sachkundigen Organ in der konkreten Stellung objektiv verlangt werden darf. Massgebend ist die von einer gewissenhaften und vernünftigen Person desselben Verkehrskreises unter den gleichen Umständen als erforderlich angesehene Sorgfalt. Es findet somit ein *objektivierter Verschuldensmassstab* Anwendung. Umstände wie fehlende Zeit oder mangelnde Kenntnisse werden grundsätzlich nicht als Entschuldigung anerkannt. Für eine Haftung aus aktienrechtlicher Verantwortlichkeit genügt leichte Fahrlässigkeit. Wie im Vertragsrecht bestehen Berührungspunkte zur Pflichtwidrigkeit. Umschreibung

373 Die Beweislast für das Verschulden ist umstritten. Da zwischen der Gesellschaft und der Organperson ein vertragliches oder zumindest vertragsähnliches Rechtsverhältnis besteht, rechtfertigt es sich, für Ansprüche aus einem Gesellschaftsschaden das Verschulden zu vermuten (Art. 97 Abs. 1 OR analog). Beim unmittelbaren Schaden ist das Verschulden von der Aktionärin oder dem Gläubiger nachzuweisen. Dasselbe dürfte unter dem aktuellen Recht für die Titelerwerberin bei einem Anspruch aus Prospekthaftung gelten. Beweislast

VIII. Ausschlussgründe

374 Hat die Geschädigte in das schädliche Verhalten eingewilligt oder dieses toleriert, kann sie den Verantwortlichen nicht belangen (*«volenti non fit iniuria»*). So ist ein Anspruch der Gesellschaft ausgeschlossen, wenn die Organperson im ausdrücklichen oder stillschweigenden Einverständnis aller Aktionärinnen gehandelt oder einen gesetzeskonform gefassten, unangefochten gebliebenen Beschluss der Generalversammlung vollzogen hat. Daran ändert sich nichts, wenn der Gesellschaftsschaden durch eine Aktionärin gestützt auf ihr Prozessführungsrecht (N 350) geltend gemacht werden soll. Die Ablösung des Anspruchs der Gesellschaft durch den einheitlichen Anspruch der Gläubigergesamtheit im Konkurs (N 348) bewirkt Einwilligung

hingegen, dass die gegenüber der Gesellschaft bestehenden Einreden oder Einwendungen nicht mehr erhoben werden können. Auf diese Weise werden die Gesellschaftsgläubiger geschützt.

Entlastungsbeschluss

Soweit den Gesellschaftsorganen von der Generalversammlung Entlastung (Décharge) erteilt worden ist, kann die Gesellschaft gestützt auf die bekannten bzw. *bekannt gegebenen Tatsachen* gegen die betreffenden Organe keine Verantwortlichkeitsklage erheben (Art. 758 Abs. 1 OR). Dasselbe gilt für Aktionärinnen, welche dem Entlastungsbeschluss zugestimmt oder die Aktien seither in Kenntnis der Décharge erworben haben. Das Klagerecht der übrigen Aktionärinnen erlischt sechs, gemäss dem Entwurf 2016 zur Aktienrechtsrevision zwölf Monate nach dem Entlastungsbeschluss (Art. 758 Abs. 2 OR).[267] Auf die Geltendmachung eines unmittelbaren Schadens durch eine Aktionärin oder einen Gläubiger hat der Entlastungsbeschluss grundsätzlich keinen Einfluss. Vorbehalten bleibt ein rechtsmissbräuchliches Verhalten. 375

Verhältnis zur Rückerstattungsklage

Wer legitimiert ist, einen Verantwortlichkeitsanspruch geltend zu machen, muss gemäss Rechtsprechung nicht vorher eine Rückerstattungsklage nach Art. 678 OR (N 118 ff.) anstrengen.[268] Die Verantwortlichkeitsklage ist mit anderen Worten gegenüber der Rückerstattungsklage *nicht subsidiär*. 376

IX. Mehrheit von Ersatzpflichtigen

Solidarität

Mehrere Ersatzpflichtige sind gemäss Art. 759 Abs. 1 OR solidarisch haftbar, soweit sie den Schaden pflichtwidrig und schuldhaft mitverursacht haben («differenzierte Solidarität»). Dass ein Drittverschulden den Kausalzusammenhang unterbricht, ist demgegenüber nur denkbar, wenn der eine Kausalzusammenhang bei wertender Betrachtung als derart intensiv erscheint, dass er den anderen Kausalzusammenhang gleichsam verdrängt und als unbedeutend erscheinen lässt. Dies ist selten der Fall. Weil es für einen Aussenstehenden oft schwierig ist, das individuelle Fehlverhalten der Organpersonen zu beurteilen, erlaubt Art. 759 Abs. 2 OR (entsprechend Art. 759 Abs. 3 E-OR 2016) der Klägerin, mehrere Beteiligte *gemeinsam* auf den Gesamtschaden zu verklagen. In der Folge hat das Gericht im gleichen Verfahren die Ersatzpflicht jedes einzelnen Beklagten festzusetzen. Falls kein Interessenkonflikt zwischen den beklagten Streit- 377

267 Die Frist steht aufgrund von Art. 758 Abs. 2 Satz 2 E-OR 2016 während einer Sonderuntersuchung still.

268 BGE 140 III 533 E. 3.2.3 S. 540 (Swisscargo).

genossen besteht, hat die unterliegende Klägerin im erstinstanzlichen Verfahren in der Regel bloss für *eine* Parteientschädigung aufzukommen.

378 Hat eine Revisionsstelle einen Schaden lediglich fahrlässig mitverursacht, haftet sie gemäss dem Entwurf 2016 zur Aktienrechtsrevision lediglich insoweit, als sie zufolge Rückgriffs für den Schaden aufkommen müsste (Art. 759 Abs. 2 E-OR 2016). Die Haftung im *Innenverhältnis* begrenzt so die Ersatzpflicht gegenüber den Geschädigten. Diese Erleichterung, welche selbst bei *Grobfahrlässigkeit* Anwendung findet,[269] erklärt sich aus dem Umstand, dass Revisionsstellen wegen ihrer Vermögensverhältnisse und Versicherungsdeckung häufig belangt werden, obwohl sie aufgrund ihrer Aufgaben typischerweise höchstens subsidiär zur Schadensentstehung bzw. -vergrösserung beitragen. Problematisch an der Bestimmung ist, dass die übrigen verantwortlichen Organe am Verfahren unter Umständen nicht teilnehmen. Alternative Formen der Haftungsbegrenzung, beispielsweise eine Limitierung der Schadenersatzpflicht von Revisionsstellen bei leichtem Verschulden auf CHF 10 bzw. 25 Mio., auf 25 % des Gesamtschadens oder auf ein bestimmtes Vielfaches des Revisionshonorars, konnten sich nicht durchsetzen.

Haftungsprivileg von Revisionsstellen

X. Verjährung

379 Der Schadenersatzanspruch aus der aktienrechtlichen Verantwortlichkeit verjährt gemäss Art. 760 Abs. 1 OR in fünf Jahren ab der Kenntnisnahme des Schadens und der Person des Ersatzpflichtigen *(relative Frist)* bzw. in zehn Jahren ab der schädigenden Verhaltensweise *(absolute Frist)*.[270]

Relative und absolute Frist

380 Hat die beklagte Organperson einen Straftatbestand erfüllt, gilt für den Verantwortlichkeitsanspruch die längere strafrechtliche Verfolgungsverjährung (Art. 760 Abs. 2 OR).

Strafrechtliche Frist

[269] Die Grösse des Verschuldens ist allerdings bei der Bemessung des Rückgriffs zu berücksichtigen.

[270] Die relative Frist wird in Art. 760 Abs. 1 E-OR 2016 von fünf Jahren auf drei Jahre verkürzt.

J. Vertiefungsfragen

1. Was versteht man unter einer qualifizierten Gründung und welche besonderen Erfordernisse bestehen dafür?
2. Unter welchen Umständen riskiert eine Aktionärin, persönlich für die Verbindlichkeiten der AG schadenersatzpflichtig zu werden?
3. Wie wird im Aktienrecht das Gesellschaftsvermögen geschützt?
4. Welche Bedeutung kommt dem Nennwert für die Rechtsstellung der Aktionärin zu?
5. Welche Möglichkeiten für Erhöhungen oder Herabsetzungen des Aktienkapitals bestehen unter dem geltenden und dem künftigen Recht?
6. Wie werden Aktien übertragen und wie kann der Verwaltungsrat die Übertragung von Aktien steuern?
7. Welche Rechte hat eine Aktionärin mit einer Beteiligung von 5 % bzw. von 15 % am Aktienkapital?
8. Wie wird eine Generalversammlung einberufen, und auf welche Weise kann erreicht werden, dass die Formerfordernisse für die Einberufung nicht zur Anwendung gelangen?
9. Kann eine Kleinaktionärin in der Generalversammlung die Wahl von Y. zum Mitglied des Verwaltungsrats vorschlagen, wenn sie mit der beantragten Wahl von X. nicht einverstanden ist?
10. Wie delegiert der Verwaltungsrat die Geschäftsführung und welche Haftungsrisiken der Verwaltungsratsmitglieder bestehen, wenn sich ein Direktor pflichtwidrig verhält?

§ 9 Kommanditaktiengesellschaft

A. Einstieg

Lernziele

- Sie können die charakteristischen Elemente der Kommandit-AG, die Unterschiede in der Rechtsstellung der beiden Arten von Aktionärinnen sowie die wesentlichen Abgrenzungsmerkmale zur AG sowie Kollektiv- bzw. Kommanditgesellschaft aufzählen.
- Sie erkennen, unter welchen Umständen die Verwendung einer Kommandit-AG geeignet ist und welches die Vor- und Nachteile gegenüber der AG bzw. anderen Gesellschaftsformen sind.
- Sie sind in der Lage, Anwendungsfälle zum Recht der Kommandit-AG zu lösen, namentlich im Bereich der Organisation der Kommandit-AG, der Haftung und Verantwortlichkeit der Komplementäre sowie der Rechtsstellung der gewöhnlichen Aktionärinnen.

Gesetzliche Grundlagen

- Art. 764–771 OR
- Art. 66–70 Handelsregisterverordnung (HRegV) vom 17. Oktober 2007 (SR 221.411)

Literaturhinweise

Druey Jean Nicolas/Druey Just Eva/Glanzmann Lukas, Gesellschafts- und Handelsrecht, 11. Aufl., Zürich/Basel/Genf 2015 (§ 17)

Eilentrop Bettina, Die Kommanditaktiengesellschaft, Eine rechtsvergleichende Betrachtung insbesondere der Exekutiv- und der

Aufsichtsfunktionen, Diss. Zürich 1988 (= Schweizer Schriften zum Handels- und Wirtschaftsrecht, Band 112)

HONSELL HEINRICH/VOGT NEDIM PETER/WATTER ROLF (Hrsg.), Basler Kommentar, Obligationenrecht II, 5. Aufl., Basel 2016 (Teil ab Vor Art. 764–Art. 771, zit. BSK OR II-AUTOR)

MEIER-HAYOZ ARTHUR/FORSTMOSER PETER, Schweizerisches Gesellschaftsrecht, 11. Aufl., Bern 2012 (§ 17)

SETHE ROLF, Die Kommanditaktiengesellschaft als Stiefkind der Schweizer Aktienrechtsrevision, RIW (Recht der Internationalen Wirtschaft, Betriebs-Berater International, Heidelberg, heute Frankfurt am Main) 39 (1993, Heft 7), S. 561–572

B. Einführungsfall

Architekt A. führt zusammen mit seinen beiden Söhnen, ihrerseits Architekten, ein profitables Architekturbüro in der Rechtsform der Kollektivgesellschaft. Die beiden Töchter möchten sich nicht aktiv am Geschäft beteiligen. Im Rahmen der Nachfolgeplanung liegt A. daran, dass seine Söhne das Geschäft weiterführen, dass aber alle vier Kinder zu gleichen Teilen am erzielten Gewinn partizipieren.

Aufgaben

1. Könnte in diesem Sachverhalt eine Kommandit-AG verwendet werden, und falls ja, welche Rollen (Aktionärinnen und Verwaltung) würden dann die Söhne und die Töchter einnehmen?
2. Was sind mögliche Vor- und Nachteile der Kommandit-AG verglichen mit einer AG?
3. Über welche Vermögens- und Mitspracherechte verfügen die beiden Töchter?
4. Über welche Vermögens- und Mitspracherechte verfügen die beiden Söhne?
5. Auf welche Weise könnte sich ein Investor am Geschäft beteiligen?

C. Umschreibung

1 Die Kommandit-AG (Kommanditaktiengesellschaft, *société en commandite par actions*, *società in accomandita per azioni* bzw. *corporation with unlimited partners*) kombiniert Elemente der AG mit Merkmalen der Kollektiv- bzw. Kommanditgesellschaft. Sie gilt als personenbezogene Sonderform der AG, nicht als modifizierte Kommanditgesellschaft. Den *gewöhnlichen Aktionärinnen*, deren Verpflichtung auf die Leistung der Kapitaleinlage beschränkt ist, stehen die unbeschränkt haftenden Gesellschafter *(Komplementäre)* gegenüber, welche – ähnlich Kollektivgesellschaftern – subsidiär unbeschränkt und solidarisch für die Verbindlichkeiten der Gesellschaft einstehen müssen. Das Gesetz definiert die Kommandit-AG als «Gesellschaft, deren Kapital in Aktien zerlegt ist und bei der ein oder mehrere Mitglieder den Gesellschaftsgläubigern unbeschränkt und solidarisch gleich einem Kollektivgesellschafter haftbar sind» (Art. 764 Abs. 1 OR). Sonderform der AG

2 Die praktische Bedeutung der Kommandit-AG ist seit jeher gering, so dass immer wieder deren Abschaffung diskutiert worden ist. Es gibt in der Schweiz heute ein knappes Dutzend Kommandit-AG, darunter indessen wirtschaftlich bedeutende Gesellschaften, hauptsächlich im Finanzbereich.[1] Wegen der geringen Verbreitung fehlt es an einer gefestigten Praxis. Literatur und Rechtsprechung zur Kommandit-AG sind rar, und auch der Gesetzgeber behandelt diese Rechtsform stiefmütterlich. Verbreitung

[1] Vgl. die folgenden Beispiele von schweizerischen Kommandit-AG:
- *Compagnie Financière Michelin SCmA* mit Sitz im Kanton Freiburg, welche über ein Aktienkapital von rund CHF 2,5 Mia. verfügt;
- *Pictet & Cie Group SCA* im Kanton Genf mit einem Aktienkapital von knapp CHF 150 Mio., welche die als Sacheinlage im Wert von CHF 1 Mia. eingelegten Aktien an der Banque Pictet & Cie SA besitzt;
- **die Genfer** *Compagnie Lombard Odier SCmA* und *Compagnie Immobilière Lombard Odier SCmA* (welche die Liegenschaften der Banque Lombard Odier & Cie SA hält) oder
- *Mirabaud SCA*, ebenfalls in Genf.

D. Wesentliche Merkmale

Subsidiäre Anwendung des Aktienrechts

3 Das statutarisch festgelegte Kapital einer Kommandit-AG ist in Aktien zerlegt und entspricht dem *Aktienkapital* der AG. Die charakteristische Eigenschaft der Kommandit-AG im Vergleich zur AG liegt in den *unbeschränkt haftenden Mitgliedern:* Zur Haftung der Gesellschaft für ihre Verbindlichkeiten mit dem Gesellschaftsvermögen tritt die subsidiäre persönliche solidarische Haftung der Komplementäre in Analogie zu Kollektivgesellschaftern. Angesichts der Überschneidungen mit der AG beschränkt sich das Gesetz auf eine knappe Darstellung der Besonderheiten und verweist subsidiär auf die Bestimmungen des Aktienrechts (Art. 764 Abs. 2 OR). Entsprechend werden nachfolgend lediglich einzelne Punkte erwähnt, in denen sich die Kommandit-AG von der AG unterscheidet.

Gründung

4 Da es an spezifischen Vorschriften zur Gründung einer Kommandit-AG fehlt, gelangen die *aktienrechtlichen Regeln* zur Anwendung (Art. 764 Abs. 2 i. V. m. Art. 629 ff. OR). Obwohl der Verweis auf das Aktienrecht als dynamisch gilt und das derzeitige Aktienrecht die Gründung durch eine einzige Person zulässt (Art. 625 OR), ist die Einpersonen-Kommandit-AG nach herrschender Auffassung anlässlich der Gründung wie auch danach unzulässig, weil begriffsnotwendig beide Arten von Aktionärinnen vorhanden und somit mindestens zwei Gesellschafter beteiligt sein müssen.[2] Einer Lehrmeinung zufolge spricht jedoch nichts gegen die Zulässigkeit einer Einpersonen-Kommandit-AG, wenn es sich bei der Aktionärin um eine unbeschränkt haftende Gesellschafterin handelt.[3]

Firma

5 Die Firma der Kommandit-AG kann Familiennamen von Gesellschaftern enthalten, darf aber auch aus Sachbegriffen oder Fantasiebezeichnungen bestehen. Die Rechtsform ist anzugeben. In der Regel wird die Abkürzung verwendet (auf Deutsch «KmAG», auf Französisch «SCmA» und auf Italienisch «SAcA»).[4] Bis Ende Juni 2016 musste die Firma den Familiennamen wenigstens eines unbeschränkt haftenden Gesellschafters sowie einen

2 Vgl. Botschaft des Bundesrats zur Revision des Obligationenrechts (GmbH-Recht sowie Anpassungen im Aktien-, Genossenschafts-, Handelsregister- und Firmenrecht) vom 19. Dezember 2001, BBl 2002, S. 3148–3264, S. 3226; BSK OR II-WILDHABER, Art. 765 N 2 m. w. H.

3 ROLF SETHE, Und es gibt sie doch – die Einpersonen-Kommanditaktiengesellschaft, SZW 86 (2014), S. 307–309, S. 308 f. Der Ausschluss vom Stimmrecht gemäss Art. 768 Abs. 2 OR würde in diesem Fall keine Anwendung finden.

4 Vgl. Anhang 2 HRegV. Die Abkürzung «KG» wird wegen der Verwechslungsgefahr mit Kollektivgesellschaften (offiziell abgekürzt «KlG»), «KAG» wegen des Risikos einer Assoziation mit den spezifischen Rechtsformen des Kollektivanlagengesetzes nicht verwendet. Früher war auf Französisch «SCA» gebräuchlich.

das Gesellschaftsverhältnis andeutenden *Zusatz* (etwa «Compagnie» oder «& Cie») enthalten. Namen von anderen Personen durften in der Firma nicht aufgeführt sein. In der Regel war eine Firmenänderung erforderlich, falls ein Namensgeber aus der Gesellschaft ausschied. Es bestehen derzeit noch Firmen, welche nach den früheren Vorschriften gebildet worden sind.[5]

Gewöhnliche Aktionärinnen

6 Die für die Gesellschaftsverbindlichkeiten nicht persönlich haftenden Gesellschafterinnen sind wie die Aktionärinnen einer AG bloss mit ihrer Kapitaleinlage an der Gesellschaft beteiligt. Ihre Mitwirkungsrechte sind beschränkt, insbesondere weil die Generalversammlung (N 7) über bloss begrenzte Kompetenzen verfügt.

Generalversammlung

7 Generalversammlungen sind nach den Regeln des Aktienrechts abzuhalten (Art. 699 ff. OR). Ein wesentlicher Unterschied besteht im Aufgabenbereich der Generalversammlung: Weil die Verwaltung notwendigerweise aus den unbeschränkt haftenden Gesellschaftern besteht (N 8), ist die Generalversammlung nicht für die Wahl oder Abberufung der Mitglieder der Verwaltung zuständig. Überdies bedürfen einzelne Beschlüsse der Generalversammlung, darunter Änderungen des Gesellschaftszwecks oder die Auflösung der Gesellschaft, der Zustimmung der Mitglieder der Verwaltung (Art. 766 und Art. 770 Abs. 2 OR). Auf diese Weise sind die Einflussmöglichkeiten der gewöhnlichen Aktionärinnen einer Kommandit-AG geringer als bei einer AG.

Verwaltung

8 Anders als bei der AG, bei welcher die Generalversammlung Aktionärinnen oder Dritte als Mitglieder des Verwaltungsrats wählt, setzt sich die Verwaltung[6] einer Kommandit-AG kraft Gesetzes aus den *unbeschränkt haftenden Mitgliedern* zusammen (Art. 765 Abs. 1 OR; Selbstorganschaft). Diese sind zur Geschäftsführung sowie Vertretung der Gesellschaft berechtigt und in den Statuten namentlich aufzuführen. Es handelt sich nach der impliziten Vorstellung des Gesetzgebers um natürliche Personen. Ihre Rechtsstellung entspricht Kollektivgesellschaftern oder Komplementären der Kommanditgesellschaft. Darin liegt der entscheidende Unterschied zur Rechtsstellung der gewöhnlichen Aktionärinnen, während sich die Art der Kapitalbeteiligung beider Gruppen von Aktionärinnen und deren

[5] Eine bestehende Kommandit-AG hat ihre Firma gestützt auf Art. 2 OR Übergangsbestimmung der Änderung vom 25. September 2015 erst an die neuen Vorschriften anzupassen, wenn die Firma gemäss den früheren Regeln geändert werden müsste.

[6] Der Begriff entspricht der früheren Terminologie im Aktienrecht. Vielfach wird im Recht der Kommandit-AG ebenfalls vom Verwaltungsrat gesprochen. Die – vom Gesetzgeber nicht bewusst getroffene – begriffliche Unterscheidung dient allerdings der sachlichen Abgrenzung zwischen der Verwaltung der Kommandit-AG und dem Verwaltungsrat der AG, ähnlich wie bei der Aufsichts- im Vergleich zur Revisionsstelle.

Vermögensrechte entsprechen. Für den Entzug der Geschäftsführung und Vertretung aus wichtigen Gründen verweist Art. 767 OR auf das Recht der Kollektivgesellschaft (vgl. Art. 565 und Art. 557 Abs. 2 i. V. m. Art. 539 Abs. 2 OR), wobei mit der Entziehung die Haftung für künftig entstehende Verbindlichkeiten der Gesellschaft entfällt.

Personalmutationen

9 Eine Änderung im Bestand der unbeschränkt haftenden Mitglieder bedarf neben einer Statutenanpassung der Zustimmung der übrigen unbeschränkt haftenden Mitglieder (Art. 765 Abs. 3 OR). Art. 771 Abs. 1 OR räumt dem unbeschränkt haftenden Gesellschafter ein Kündigungsrecht gemäss dem Recht der Kollektivgesellschaft ein. Gestützt auf Art. 574 Abs. 1 i. V. m. Art. 546 OR kann der unbeschränkt haftende Gesellschafter folglich mit einer Frist von sechs Monaten auf das Ende eines Geschäftsjahres kündigen. Die Gesellschaft wird von den übrigen Komplementären fortgesetzt, wenn die Statuten nichts Gegenteiliges bestimmen (Art. 771 Abs. 2 OR).

Geschäftsführung

10 Nach Art. 765 Abs. 1 Satz 2 OR steht die Geschäftsführung den Mitgliedern der Verwaltung zu. Eine Übertragung der Geschäftsführung auf Dritte ist zulässig. Art. 716*a* (unübertragbare Aufgaben) und Art. 716*b* OR (Anforderungen an die Übertragung der Geschäftsführung) können analog angewandt werden. Die Delegation wirkt gemäss Art. 754 Abs. 2 OR haftungsbefreiend. Die subsidiäre Haftung der Komplementäre für die Verbindlichkeiten der Gesellschaft wird davon nicht berührt.

Aufsichtsstelle

11 Die von den gewöhnlichen Aktionärinnen gewählte Aufsichtsstelle i. S. v. Art. 768 OR prüft nicht bloss die Rechnungslegung, sondern ist auch zuständig für die dauernde *Überwachung der Geschäftsführung* und überdies für die Erhebung von Verantwortlichkeitsklagen gegen Mitglieder der Verwaltung (Art. 769 OR). Diese Doppelfunktion lässt sich mit dem geltenden Revisionsrecht nicht ohne weiteres vereinbaren (vgl. Art. 728*a* Abs. 3 und Art. 729*a* Abs. 3 OR). Allerdings wird in der Praxis neben den Mitgliedern der Aufsichtsstelle häufig eine «klassische» Revisionsstelle bestimmt. Hinsichtlich der Rechnungsprüfung ist ein Opting-out denkbar (vgl. § 8 N 329). Demgegenüber erscheint die Möglichkeit eines Verzichts auf die gesetzlich statuierte Überwachung der Geschäftsführung fragwürdig, und zwar mit Blick auf den Gesetzeswortlaut sowie den Zweck von Art. 768 f. OR. Denn die Aufsichtsstelle soll eine gewisse Kontrolle über die mächtige Verwaltung sicherstellen. Die herrschende Lehre befürwortet jedoch die Möglichkeit eines Opting-out.[7] Immerhin erfordert ein Verzicht auf die eingeschränkte Revision die Zustimmung sämtlicher Aktionä-

7 Sethe (Fn. 3), S. 309 m. w. H.

rinnen (Art. 727*a* Abs. 2 OR)[8] und kommen die Gläubiger in den Genuss der unbeschränkten subsidiären Haftung der Komplementäre.

12 Die Gesellschaft wird kraft Gesetzes aufgelöst, wenn sämtliche unbeschränkt haftenden Gesellschafter ausscheiden, sterben, handlungsunfähig werden oder in Konkurs fallen (Art. 770 Abs. 1 OR). Im Übrigen gelten die aktienrechtlichen Bestimmungen zur Auflösung, wobei eine von der Generalversammlung beschlossene Auflösung zusätzlich der Zustimmung der Verwaltung bedarf (Art. 770 Abs. 2 OR; N 7). Auflösung

E. Vertiefungsfragen

1. Weshalb wird die Kommandit-AG als Sonderform der AG und nicht als modifizierte Kommanditgesellschaft oder Mischung zwischen AG und Kommanditgesellschaft betrachtet?
2. In welchen Fällen stellt die Kommandit-AG eine geeignete Rechtsform dar?
3. Wie lässt es sich erklären, dass die Kommandit-AG oft nur vorübergehend eingesetzt wird?
4. Ist eine Kommandit-AG denkbar, welche einzig aus unbeschränkt haftenden Gesellschaftern besteht?
5. Inwieweit ist die Kompetenz der Generalversammlung einer Kommandit-AG geringer als bei der AG?
6. Über welche besonderen Vetorechte verfügt die Verwaltung?
7. Unter welchen Voraussetzungen müssen die unbeschränkt haftenden Aktionärinnen für Verbindlichkeiten der Gesellschaft einstehen?
8. Wie unterscheidet sich die Stellung der beiden Arten von Aktionärinnen hinsichtlich der Vermögensrechte?

[8] Überdies dürfte die Zustimmung der unbeschränkt haftenden Gesellschafter erforderlich sein, weil auch sie ein Interesse an einer Rechnungsprüfung – und im Prinzip ebenso an der Überwachung der Geschäftsführung – haben können und Art. 768 Abs. 2 OR lediglich die Wahl der Aufsichtsstelle betrifft; vgl. zur Kontroverse MEIER-HAYOZ/FORSTMOSER, § 17 N 37a m. w. H.

9. Wie unterscheidet sich die Stellung der beiden Arten von Aktionärinnen hinsichtlich der Mitwirkungsrechte?

10. Wie können die gewöhnlichen Aktionärinnen vorgehen, wenn sie mit der Verwaltung der Kommandit-AG nicht einverstanden sind oder es zu Unstimmigkeiten in der Geschäftsführung gekommen ist?

§ 10 Gesellschaft mit beschränkter Haftung

A. Einstieg

Lernziele

- Sie können die charakteristischen Merkmale der GmbH sowie die wesentlichen Unterschiede zur AG aufzählen.
- Sie erkennen, unter welchen Umständen die Verwendung einer GmbH geeignet ist und welches die Vor- und Nachteile gegenüber der AG bzw. anderen Gesellschaftsformen sind.
- Sie sind in der Lage, Anwendungsfälle zum Recht der GmbH zu lösen, namentlich im Bereich der Gründung der GmbH, des Stammkapitals, der Rechtsstellung des Gesellschafters, der Organisation und der Organe der GmbH, der Auflösung sowie der Verantwortlichkeit der Organe.

Gesetzliche Grundlagen

- Art. 772–827 OR
- Art. 71–83 Handelsregisterverordnung (HRegV) vom 17. Oktober 2007 (SR 221.411)
- revidierte Bestimmungen des Obligationenrechts in der Fassung gemäss Botschaft zur Änderung des Obligationenrechts (Aktienrecht) vom 23. November 2016 (zit. E-OR 2016)

Literaturhinweise

BÖCKLI PETER/FORSTMOSER PETER (Hrsg.), Das neue schweizerische GmbH-Recht, Zürich/Basel/Genf 2006 (Sammelband)

DRUEY JEAN NICOLAS/DRUEY JUST EVA/GLANZMANN LUKAS, Gesellschafts- und Handelsrecht, 11. Aufl., Zürich/Basel/Genf 2015 (§ 18)

FORSTMOSER PETER/PEYER PATRIK R./SCHOTT BERTRAND, Das neue Recht der GmbH, Einführung und synoptische Darstellung, Zürich/St. Gallen 2006

HANDSCHIN LUKAS/TRUNIGER CHRISTOF, Die neue GmbH, 2. Aufl., Zürich/Basel/Genf 2006

JÖRG FLORIAN S./ARTER OLIVER, Das Recht der schweizerischen Gesellschaft mit beschränkter Haftung (GmbH), Bern 2015

KÜNG MANFRED/HAUSER ISABEL, GmbH, Gründung und Führung der Gesellschaft mit beschränkter Haftung, Basel 2005

MEIER-HAYOZ ARTHUR/FORSTMOSER PETER, Schweizerisches Gesellschaftsrecht, 11. Aufl., Bern 2012 (§ 18)

NUSSBAUM MARTIN F./SANWALD RETO/SCHEIDEGGER MARKUS, Kurzkommentar zum neuen GmbH-Recht, Muri bei Bern 2007

REBSAMEN KARL, Die neue GmbH im Handelsregister, Ein Leitfaden für die Praxis, Zürich/St. Gallen 2008

SIFFERT RINO/FISCHER MARC PASCAL/PETRIN MARTIN, Baker & McKenzie (Hrsg.), GmbH-Recht, Revidiertes Recht der Gesellschaft mit beschränkter Haftung (Art. 772–827 OR), Bern 2008 (Reihe Stämpflis Handkommentar)

B. Einführungsfall

Peter und Claude machen ihr Hobby zum Beruf: Sie möchten auf professioneller Basis geführte Kletter- und Skitouren anbieten. Sie verfügen beide über je CHF 10 000, welche sie in das Geschäft zu investieren beabsichtigen, wollen aber unter keinen Umständen ein persönliches Haftungsrisiko eingehen. Sie sind höchstens noch bereit, einen zusätzlichen Betrag von

CHF 10 000 einzuschiessen. Es liegt ihnen daran, dass sich am Geschäft nur beteiligen darf, wer über genügend Erfahrungen verfügt und selbst Touren organisieren kann, und dass die Mitwirkenden nicht gleichzeitig für andere Organisationen tätig werden.

Aufgaben

1. Welche Vorteile hat unter den gegebenen Umständen die Verwendung einer GmbH verglichen mit einer AG?
2. Was regeln Sie vorliegend in den Statuten der GmbH? Ist ein ausdrückliches Konkurrenzverbot erforderlich?
3. Welche Zusammensetzung der Geschäftsführung empfiehlt sich?
4. Wie schätzen Sie das Risiko einer persönlichen Haftung von Peter und Claude ein?
5. Welche Anpassungen empfehlen Sie, falls sich Peter und Claude in ein paar Jahren aus dem aktiven Geschäft zurückziehen, aber weiterhin finanziell beteiligt bleiben möchten?

C. Umschreibung

Personenbezogene Kapitalgesellschaft

1 Die GmbH (Gesellschaft mit beschränkter Haftung, *société à responsabilité limitée*, *società a garanzia limitata* bzw. *limited liability company*) ist eine körperschaftlich strukturierte, teils kapital- und teils personenbezogene Gesellschaft mit eigener Rechtspersönlichkeit. Das als «Stammkapital» bezeichnete, statutarisch festgelegte Gesellschaftskapital muss mindestens CHF 20 000 (Art. 773 OR) betragen. Es kann somit deutlich tiefer sein als bei der AG, welche ein Aktienkapital von CHF 100 000 erfordert (Art. 621 OR; § 8 N 53). Allerdings ist eine Teilliberierung (§ 8 N 56) bei der GmbH nicht mehr möglich (vgl. Art. 777*c* Abs. 1 OR). Die Bestimmungen des GmbH-Rechts von Art. 772 ff. OR sind 1936 erlassen und Anfang 2008 umfassend revidiert worden. In vielerlei Hinsicht bestehen Gemeinsamkeiten mit dem Aktienrecht. Verschiedentlich verweist das Gesetz denn auch auf die aktienrechtrechtlichen Bestimmungen. Derartige Verweisungen sind grundsätzlich dynamisch, d. h., sie beziehen sich nach der Umsetzung einer Aktienrechtsrevision auf die neuen Regeln. Ab und zu gibt es terminologische Unterschiede zum Aktienrecht. Die nachfolgenden Ausführungen bauen auf dem Kapitel zur AG (§ 8) auf. Die Darstellung

beschränkt sich auf zentrale Punkte sowie die Hervorhebung von Differenzen zu den aktienrechtlichen Vorschriften.

Legaldefinition

2 Art. 772 Abs. 1 OR umschreibt die GmbH als *personenbezogene Kapitalgesellschaft*, an welcher eine oder mehrere Personen bzw. Handelsgesellschaften beteiligt sind, deren Stammkapital in den Statuten festgelegt ist und für deren Verbindlichkeiten nur das Gesellschaftsvermögen haftet. In Art. 772 Abs. 2 OR wird darauf hingewiesen, dass die Gesellschafter mit mindestens je einem Stammanteil am Kapital beteiligt sind und dass die Statuten Nachschuss- oder Nebenleistungspflichten vorsehen können.

Verwendung

3 Wie die AG (§ 8 N 4) verfolgt die GmbH im Regelfall wirtschaftliche Zwecke und betreibt meistens ein kaufmännisches Unternehmen. Im Unterschied zur AG ist die GmbH *personenbezogen* ausgerichtet (vgl. Art. 772 Abs. 1 OR). Es handelt sich bei der GmbH um eine Mischform zwischen Kollektivgesellschaft und AG, gedacht insbesondere für kleinere und mittlere Unternehmen. Typischerweise wirken die Gesellschafter aktiv mit und wird die Geschäftsführung von den Gesellschaftern besorgt (N 69). Zentral ist die Möglichkeit, finanzielle und weitere Pflichten der Gesellschafter in die Statuten aufzunehmen (N 46 ff.). Es besteht ein grosser Gestaltungsspielraum, um auf die Bedürfnisse im Einzelfall Rücksicht zu nehmen. Wegen des personenbezogenen Charakters lässt sich der Kreis der Gesellschafter stärker kontrollieren als bei der AG. Allerdings werden diese Optionen vielfach nicht genutzt. So kann die GmbH ähnlich wie eine AG eingesetzt werden, indem Dritte zu Geschäftsführern ernannt, keine besonderen Pflichten der Gesellschafter statutarisch festgelegt und Übertragungen der Stammanteile nicht von einer Zustimmung abhängig gemacht werden. Ausgeschlossen ist es jedoch, die Stammanteile als Wertpapiere mit erhöhter Verkehrsfähigkeit (d. h. als Inhaber- oder Ordrepapiere) auszugestalten (vgl. Art. 784 Abs. 1 OR; N 14). Entsprechend fällt auch eine Kotierung der Stammanteile an der Börse ausser Betracht.[1]

Verbreitung

4 Die GmbH ist nach der AG die häufigste Gesellschaftsform in der Schweiz; sie hat inzwischen die im Handelsregister verzeichneten Einzelunternehmen überholt. Anfang 2018 waren 188 428 GmbH im Handelsregister eingetragen.[2] Bis Anfang der 1990er-Jahre blieb die Bedeutung der GmbH gering. Die Situation änderte sich, als das Mindestkapital der AG von CHF 50 000 auf CHF 100 000 angehoben wurde (§ 8 N 5). Weil für die Gründung einer GmbH CHF 20 000 genügen, wird die GmbH von kleineren Un-

1 Zu den Gründen der fehlenden Kapitalmarktfähigkeit vgl. BSK Wertpapierrecht-Bärtschi, Art. 6 BEG N 103.

2 Eidgenössisches Amt für das Handelsregister, Stand 1. Januar 2018 (gemäss Datum des Schweizerischen Handelsamtsblatts); Vorjahr: 178 594.

ternehmen bevorzugt. Daneben kommt sie für Joint Ventures oder in Konzernverhältnissen zum Einsatz. Unter ausländischen Steuervorschriften ist die Ausgestaltung der Schweizer Untergesellschaft als GmbH statt als AG teilweise vorteilhafter. In den letzten Jahren hat sich die Anzahl GmbH stärker erhöht als diejenige der AG. Setzt sich die Entwicklung fort, ist es nur eine Frage der Zeit, bis die GmbH die AG als die am meisten verbreitete Rechtsform in der Schweiz ablösen wird.[3]

D. Gründung der GmbH

5 Das Verfahren der Gründung einer GmbH ist ähnlich wie bei der AG (§ 8 N 6 ff.). In Anwesenheit einer Urkundsperson erklären die Gründerinnen mittels öffentlicher Urkunde die Gründung, genehmigen die Statuten, wählen die Organe und zeichnen ihre Stammanteile (Art. 777 Abs. 1 und Abs. 2 OR). Falls die Statuten besondere Pflichten der Gesellschafter vorsehen, wie Nachschuss- oder Nebenleistungspflichten, Konkurrenzverbote, Kaufsrechte oder Konventionalstrafen, ist bei der Zeichnung darauf hinzuweisen (Art. 777*a* Abs. 2 OR). Im Fall einer qualifizierten Gründungsart (vgl. zur AG § 8 N 70 ff.) müssen als Belege der Gründungsbericht, die Prüfungsbestätigung sowie gegebenenfalls Sacheinlage- oder Sachübernahmeverträge vorliegen (Art. 777*b* Abs. 2 OR). Der Entwurf 2016 zur Aktienrechtsrevision lässt wie bei der AG (§ 8 N 6) einen Errichtungsakt in blosser Schriftform statt öffentlicher Urkunde zu, falls sich die Statuten auf den Mindestinhalt von Art. 776 OR beschränken können (N 8), das Stammkapital nicht auf eine Fremdwährung lautet und auch die Einlagen in bar (in Franken) geleistet werden (Art. 777 Abs. 3 E-OR 2016). Errichtungsakt

6 Die GmbH ist wie die AG am Ort ihres Sitzes in das Handelsregister einzutragen (Art. 778 OR). Mit der Eintragung erlangt die Gesellschaft das Recht der *Persönlichkeit* (Art. 779 Abs. 1 OR). Aufgrund der heilenden Wirkung der Eintragung ist dies selbst bei *Gründungsmängeln* der Fall (Art. 779 Abs. 2 OR; zur AG § 8 N 9). Innerhalb von drei Monaten seit der Veröffentlichung der Gründung im SHAB können Gesellschafter oder Gläubiger die gerichtliche Auflösung erwirken, falls ihre Interessen wegen der Nichteinhaltung gesetzlicher bzw. statutarischer Voraussetzun- Eintragung ins Handelsregister

[3] In verschiedenen Kantonen, darunter Zürich, Bern und Basel, gibt es bereits mehr GmbH als AG (vgl. die Statistik des Eidgenössischen Amts für das Handelsregister, Stand 1. Januar 2018).

gen in erheblichem Masse gefährdet oder verletzt worden sind (Art. 779 Abs. 3 und Abs. 4 OR).

Gründerinnen

7 Auch eine GmbH kann von einer einzigen Person gegründet werden. Gemäss Art. 775 OR kommen eine natürliche oder juristische Person bzw. eine Handelsgesellschaft (zum Begriff § 8 N 12) als Gründerinnen in Frage. Im Einklang mit Art. 620 Abs. 1 Satz 1 E-OR 2016 (vgl. § 8 N 13) dürfen nach dem Entwurf 2016 zur Aktienrechtsrevision auch eine einfache Gesellschaft, eine Erbengemeinschaft oder eine ähnliche «Rechtsgemeinschaft» direkt als Gründerinnen einer GmbH handeln (Art. 772 Abs. 1 Satz 1 E-OR 2016).[4] Die persönliche und solidarische Haftung der Gründerinnen für Handlungen, welche vor der Eintragung in das Handelsregister im Namen der Gesellschaft vorgenommen werden, entfällt, wenn die Gesellschaft die Verpflichtungen innerhalb von drei Monaten übernimmt (Art. 779*a* Abs. 1 und Abs. 2 OR). Auf die Gründungshaftung ist aufgrund von Art. 827 OR das Aktienrecht analog anwendbar (vgl. Art. 753 OR; § 8 N 15).

Statuten

8 In den Statuten sind gemäss Art. 776 OR die Firma und der Sitz, der Gesellschaftszweck, das Stammkapital und die Form der Bekanntmachungen[5] zu spezifizieren. Statutenänderungen müssen öffentlich beurkundet und in das Handelsregister eingetragen werden (Art. 780 OR). Gemäss dem Entwurf 2016 zur Aktienrechtsrevision (Art. 780 Abs. 2 E-OR 2016) dürfen die Statuten bei einfachen Verhältnissen in blosser Schriftform geändert werden (vgl. zur Gründung N 5). Der bedingt notwendige Statuteninhalt (vgl. § 8 N 42) ergibt sich aus Art. 776*a* OR. Der Katalog zeigt die Gestaltungsmöglichkeiten auf, etwa hinsichtlich der statutarischen Pflichten von Gesellschaftern. Nach dem Entwurf 2016 zur Aktienrechtsrevision soll Art. 776*a* OR gestrichen werden, da die Bestimmung keine selbständige Bedeutung hat (vgl. zur analogen Situation im Aktienrecht § 8 N 43).

Firma

9 Wie bei der AG lässt sich auch die Firma einer GmbH grundsätzlich frei wählen, wobei die Rechtsform in einer Landessprache des Bundes erwähnt werden muss (Art. 950 Abs. 1 Satz 2 OR, Art. 116*a* HRegV). Die offizielle Abkürzung lautet «GmbH» (auf Französisch «Sàrl», auf Italienisch «Sagl»), die nicht amtliche Übersetzung auf Englisch «LLC/Ltd liab. Co.».[6]

4 Wegen dieser Ergänzung in Art. 772 Abs. 1 Satz 1 E-OR 2016 schlägt der Entwurf 2016 zur Aktienrechtsrevision die Streichung von Art. 775 OR vor.

5 In Art. 776 Ziff. 4 E-OR 2016 ist statt von Bekanntmachungen von Mitteilungen an die Gesellschafter die Rede, welche auch die Einberufung von Gesellschafterversammlungen erfasst (vgl. Art. 626 Abs. 1 Ziff. 7 E-OR 2016 und § 8 N 41).

6 Bevor die Abkürzungen verbindlich in Anhang 2 HRegV geregelt wurden, war die Praxis nicht einheitlich. Deshalb sind bei früheren Firmen geringfügige Differenzen auf Französisch («Sàrl»/«S. à r. l.»/«SARL») und Italienisch («Sàrl»/«S. à r. l.»/«SARL») festzustellen.

10 Die Zeichnung der Stammanteile und die Liberierung des Stammkapitals von mindestens CHF 20 000 (Art. 773 OR)[7] sowie die Gewährung von besonderen Vorteilen anlässlich der Gründung oder einer Kapitalerhöhung unterstehen grösstenteils den Regeln des Aktienrechts (vgl. Art. 777*c* Abs. 2 OR). Anders als unter dem früheren GmbH-Recht (Art. 774 Abs. 2 Satz 2 aOR) und derzeit bei der AG (§ 8 N 56 ff.) muss das Stammkapital der GmbH *vollständig liberiert* werden (Art. 777*c* Abs. 1 OR). Als Einlagen können auch bei einer GmbH Sachwerte eingebracht (vgl. § 8 N 71 ff.)[8] oder – obwohl im GmbH-Recht nicht ausdrücklich erwähnt – Forderungen verrechnet werden (vgl. § 8 N 78 ff.). Eine Kapitalerhöhung ist zusätzlich aus Eigenkapital möglich (Art. 781 Abs. 5 Ziff. 3 OR; vgl. § 8 N 81).

Liberierung des Stammkapitals

11 Der Mindestnennwert eines Stammanteils beträgt CHF 100, bei Sanierungen CHF 1.– (Art. 774 Abs. 1 OR). Nach dem Entwurf 2016 zur Aktienrechtsrevision muss der Nennwert eines Stammanteils analog zum Mindestnennwert der Aktie (Art. 622 Abs. 4 E-OR 2016; § 8 N 54) bloss noch grösser als null sein (Art. 774 Abs. 1 E-OR 2016). Der Ausgabebetrag für die Stammanteile darf nicht unterhalb des Nennwerts angesetzt werden (Art. 774 Abs. 2 OR). Es ist hingegen möglich, einen den Nennwert übersteigenden Ausgabebetrag (*Agio*, vgl. § 8 N 64) vorzusehen.

Mindestnennwert und Aufgeld

12 Analog zu den geplanten Vorschriften im Aktienrecht (§ 8 N 69) darf nach dem Entwurf 2016 zur Aktienrechtsrevision beim Stammkapital der GmbH eine für die Geschäftstätigkeit wesentliche ausländische Währung verwendet werden (Art. 773 Abs. 2 E-OR 2016). Ein Wechsel der Währung bedarf eines Beschlusses der Gesellschafterversammlung mit dem qualifizierten Quorum gemäss Art. 808*b* Abs. 1 Ziff. 6bis E-OR 2016.

Liberierung in Fremdwährung

E. Stammkapital und Stammanteile

13 Das Stammkapital einer GmbH dient ähnlichen Zwecken wie das Aktienkapital bei der AG (vgl. § 8 N 86 ff.). Unter dem früheren GmbH-Recht durfte ein Gesellschafter bloss eine Stammeinlage besitzen (Art. 774 Abs. 2 Satz 1 aOR). Deshalb setzt sich das Stammkapital älterer GmbH oft aus bloss wenigen Stammanteilen zusammen. Bei Übertragungen von Stamm-

Funktionen des Stammkapitals

7 Die Obergrenze des Stammkapitals von CHF 2 Mio. (Art. 773 aOR) ist anlässlich der Revision des GmbH-Rechts aufgehoben worden.

8 Wie im Aktienrecht entfällt die Sachübernahme gemäss dem Entwurf 2016 zur Aktienrechtsrevision als qualifizierter Tatbestand einer Gründung oder Liberierung (vgl. § 8 N 77).

anteilen unter den Gesellschaftern ändert sich unter Umständen die Einteilung des Stammkapitals in Stammanteile, so dass die Statuten anzupassen sind.

Verurkundung als Wertpapiere

14 Die Verurkundung der Stammanteile ist freiwillig. Neben der reinen Beweisurkunde sind lediglich *Namenpapiere*, nicht jedoch andere Arten von Wertpapieren zulässig (Art. 784 Abs. 1 OR). In der Urkunde müssen statutarische Rechte und Pflichten des Gesellschafters, darunter Nachschuss- und Nebenleistungspflichten, Konkurrenzverbote oder Vorkaufsrechte, erwähnt werden (Art. 784 Abs. 2 i. V. m. Art. 777*a* Abs. 2 OR).

Stimmrechts-Stammanteile

15 Ähnlich den Stimmrechtsaktien i. S. v. Art. 693 OR (§ 8 N 100 ff.) lässt Art. 806 Abs. 2 OR ein Stimmenprivileg zu. Auch hier wird die Stimmkraft über die Festsetzung unterschiedlicher Nennwerte – maximal im Verhältnis 1:10 – variiert,[9] indem statutarisch jedem Stammanteil eine Stimme eingeräumt wird («unechte Stimmrechtsanteile»). Das Stimmenprivileg ist gestützt auf Art. 806 Abs. 3 OR (vgl. zum Aktienrecht Art. 693 Abs. 3 OR; § 8 N 102) nicht anwendbar auf die Wahl der Revisionsstelle (Art. 804 Abs. 2 Ziff. 3 OR; N 55), die Ernennung von Sachverständigen zur Prüfung der Geschäftsführung (vgl. zum Aktienrecht Art. 731*a* Abs. 3 OR) und die Anhebung von Verantwortlichkeitsklagen (Art. 827 OR; N 100).

Vorzugs-Stammanteile

16 Die Schaffung von Vorzugs-Stammanteilen ist gemäss Art. 799 OR nach Massgabe der aktienrechtlichen Vorschriften möglich (Art. 656 OR; § 8 N 105 ff.).

Genuss- und Partizipationsscheine

17 Art. 774*a* OR erklärt die Ausgabe von Genussscheinen auf statutarischer Grundlage ausdrücklich für zulässig. Die aktienrechtlichen Bestimmungen gelten analog (§ 8 N 112 ff.). Gesetzlich nicht vorgesehen ist die Schaffung von *Partizipationsscheinen* (vgl. Art. 4 OR Übergangsbestimmungen der Änderung vom 16. Dezember 2005). Gemäss der Botschaft zum revidierten GmbH-Recht handelt es sich dabei um ein qualifiziertes Schweigen. Begründet wird diese Auffassung unter anderem mit den fehlenden Schutzmechanismen wie beispielsweise der Sonderprüfung, welche für Partizipanten mangels Stimmrechts bedeutsam wäre.[10]

Kapitalschutzvorschriften

18 Die von den Gesellschaftern aufgebrachten Einlagen dürfen nicht zurückerstattet werden (Art. 793 Abs. 2 OR; vgl. zum Verbot der Einlagenrückge-

9 Gemäss Art. 8 Abs. 1 OR Übergangsbestimmungen der Änderung vom 16. Dezember 2005 müssen unter dem früheren GmbH-Recht geschaffene Stammanteile nicht an das geltende Verhältnis angepasst werden.

10 Botschaft des Bundesrats zur Revision des Obligationenrechts (GmbH-Recht sowie Anpassungen im Aktien-, Genossenschafts-, Handelsregister- und Firmenrecht) vom 19. Dezember 2001, BBl 2002, S. 3148–3264, S. 3249.

währ im Aktienrecht § 8 N 125 ff.). Auf die Rückerstattung von Leistungen an Gesellschafter, Geschäftsführer oder diesen nahestehende Personen finden die aktienrechtlichen Vorschriften (Art. 678 OR; § 8 N 118 ff.) analog Anwendung (Art. 800 OR). Dies gilt auch für die Anzeigepflichten bei Kapitalverlust bzw. Überschuldung und für den Konkurs (Art. 820 Abs. 1 OR; § 8 N 130 ff.). Auf Antrag der Geschäftsführer oder eines Gläubigers kann der Konkurs aufgeschoben werden, wenn ausstehende Nachschüsse eingezahlt werden und Aussicht auf Sanierung besteht (vgl. Art. 820 Abs. 2 OR).[11]

Eigene Stammanteile

19 Die Gesellschaft darf eigene Stammanteile im Umfang von bis zu 10 % des Stammkapitals erwerben (Art. 783 Abs. 1 OR). Der die Limite von 10 % übersteigende Anteil ist innerhalb von zwei Jahren zu veräussern oder zu vernichten. Steht der Erwerb mit einer Übertragbarkeitsbeschränkung oder einem Austritt im Zusammenhang, gilt eine Höchstgrenze von 35 % (Art. 783 Abs. 2 OR). Der Erwerb eigener Stammanteile setzt voraus, dass die Gesellschaft über frei verwendbares Eigenkapital in der Höhe der dafür nötigen Mittel verfügt. Weiter müssen etwaige Nachschuss- oder Nebenleistungspflichten vorgängig aufgehoben werden (Art. 783 Abs. 3 OR). Im Übrigen sind die aktienrechtlichen Vorschriften analog anwendbar (Art. 783 Abs. 4 OR; vgl. § 8 N 135 ff.).

Übertragung von Stammanteilen

20 Stammanteile werden mittels schriftlicher Abtretungserklärung übertragen. Bereits das Verpflichtungsgeschäft bedarf der Schriftform (Art. 785 Abs. 1 OR). Im Abtretungsvertrag ist auf besondere statutarische Rechte und Pflichten des Gesellschafters hinzuweisen (Art. 785 Abs. 2 i. V. m. Art. 777*a* Abs. 2 OR).[12] Falls ausnahmsweise Namenpapiere ausgegeben worden sind (N 14), muss überdies der Besitz an den Urkunden übertragen werden (Art. 967 Abs. 1 OR). Das frühere GmbH-Recht schrieb für die Abtretung von Stammanteilen die öffentliche Beurkundung vor (Art. 791 Abs. 4 aOR).

Zustimmung der Gesellschafterversammlung

21 Ohne besondere statutarische Regelung erfordert die Abtretung von Stammanteilen die Zustimmung der Gesellschafterversammlung (Art. 786 Abs. 1 OR). Anders als bei vinkulierten Namenaktien bedarf die Verweigerung der Zustimmung *keiner Begründung*. Es ist nämlich legitim, dass eine personenbezogene Gesellschaft wie die GmbH den Kreis ihrer Gesell-

[11] Der Entwurf 2016 zur Aktienrechtsrevision verweist in Art. 820 E-OR 2016 für die drohende Zahlungsunfähigkeit, den Kapitalverlust, die Überschuldung sowie die Aufwertung von Grundstücken und Beteiligungen pauschal auf die aktienrechtlichen Bestimmungen (Art. 725 ff. E-OR 2016; § 8 N 129 ff.).

[12] Falls der Erwerber bereits Gesellschafter ist, erscheint ein Hinweis auf die Rechte und Pflichten überflüssig. Art. 785 Abs. 2 OR in der Fassung gemäss Änderung vom 17. März 2017, BBl 2017, S. 2433–2445, S. 2441, sieht eine entsprechende Ausnahme vor.

schafter steuern kann. Für die Zustimmung ist zwingend die Gesellschafterversammlung zuständig (Art. 804 Abs. 2 Ziff. 8 OR). Der Beschluss untersteht dem qualifizierten Quorum (Art. 808*b* Abs. 1 Ziff. 4 OR). Die Abtretung wird erst mit der Zustimmung bzw. mit Ablauf von sechs Monaten seit Eingang des Gesuchs rechtlich wirksam (Art. 787 Abs. 1 und Abs. 2 OR).

Statutarische Vinkulierung

22 Das Gesetz gewährt in Art. 786 Abs. 2 OR einen grossen Gestaltungsspielraum: Die Statuten können die zulässigen Verweigerungsgründe spezifizieren oder die Übernahme der Stammanteile durch die Gesellschaft zum wirklichen Wert vorsehen (vgl. § 8 N 141), die Abtretung von Stammanteilen gänzlich untersagen[13] oder umgekehrt von einem Zustimmungserfordernis absehen. Umstritten ist, ob auch lediglich das vom Gesetz für den Beschluss der Gesellschafterversammlung erforderliche qualifizierte Quorum (N 21) angepasst, d. h. gesenkt werden kann. In jedem Fall bleibt das Recht des Gesellschafters auf *Austritt aus wichtigem Grund* vorbehalten (Art. 786 Abs. 3 OR; N 94).

Besondere Erwerbsgründe

23 Bei einem Erwerb der Stammanteile durch Erbgang, Erbteilung, eheliches Güterrecht oder Zwangsvollstreckung gehen die Rechte ohne Zustimmung der Gesellschafterversammlung über (Art. 788 Abs. 1 OR). Sofern die Statuten nicht das Gegenteil vorsehen (Art. 788 Abs. 5 OR), erfordert die Ausübung des Stimmrechts und der damit zusammenhängenden Rechte die Anerkennung als stimmberechtigten Gesellschafter durch die Gesellschafterversammlung (Art. 788 Abs. 2 OR). Im Ablehnungsfall muss dem Erwerber die Übernahme der Stammanteile zum wirklichen Wert im Zeitpunkt des Gesuchs angeboten werden (Art. 788 Abs. 3 Satz 1 OR). Im Streitfall wird der wirkliche Wert gerichtlich festgesetzt (Art. 789 Abs. 1 OR).

Nutzniessung an Stammanteilen

24 Auf die Bestellung einer Nutzniessung sind die Übertragungsvorschriften analog anwendbar (Art. 789*a* Abs. 1 OR). Diese Regelung erklärt sich mit dem Umstand, dass das Stimmrecht und die damit zusammenhängenden Rechte dem Nutzniesser zustehen (Art. 806*b* Satz 1 OR).

Pfandrecht an Stammanteilen

25 Die Statuten können vorsehen, dass die Bestellung eines Pfandrechts an Stammanteilen die Zustimmung der Gesellschafterversammlung erfordert (Art. 789*b* Abs. 1 Satz 1 OR). Die Zustimmung darf nur aus wichtigem Grund verweigert werden (Art. 789*b* Abs. 1 Satz 2 OR).

13 Dann dürfen an den Stammanteilen auch keine Nutzniessung und kein Pfandrecht begründet werden (Art. 789*a* Abs. 2 und Art. 789*b* Abs. 2 OR).

26 Im GmbH-Recht wird die Erhöhung des Stammkapitals lediglich knapp geregelt. Möglich sind einzig ordentliche Kapitalerhöhungen. Die genehmigte und die bedingte Kapitalerhöhung werden als nicht erforderlich betrachtet. Beschlossen werden Kapitalerhöhungen durch die Gesellschafterversammlung (Art. 781 Abs. 1 OR) mit einem Quorum von zwei Dritteln der vertretenen Stimmen und der absoluten Mehrheit des gesamten stimmberechtigten Stammkapitals (Art. 808*b* Abs. 1 Ziff. 5 OR). Für die Durchführung der Kapitalerhöhung sind die Geschäftsführer verantwortlich (Art. 781 Abs. 2 OR). Die Anmeldung beim Handelsregisteramt muss innerhalb von drei Monaten seit dem Beschluss der Gesellschafterversammlung erfolgen (Art. 781 Abs. 4 OR).[14] Die Stammanteile dürfen nicht öffentlich zur Zeichnung angeboten werden (Art. 781 Abs. 3 Satz 3 OR). Im Übrigen verweisen Art. 781 Abs. 3 Satz 2 und Abs. 5 OR hinsichtlich verschiedener Aspekte auf das Aktienrecht. Das gilt etwa für das Bezugsrecht oder die Leistung der Einlagen (vgl. auch Art. 777*c* Abs. 2 OR; N 10). Kapitalerhöhungen

27 Auch auf Herabsetzungen des Stammkapitals finden die aktienrechtlichen Vorschriften analog Anwendung (Art. 782 Abs. 4 OR; § 8 N 177 ff.). Die Herabsetzung wird von der Gesellschafterversammlung beschlossen (Art. 782 Abs. 1 OR) und hat das Mindestkapital von CHF 20 000 (N 10) zu respektieren (Art. 782 Abs. 2 OR). Soll die Kapitalherabsetzung eine durch Verluste entstandene Unterbilanz beseitigen (§ 8 N 178), müssen zunächst statutarisch vorgesehene Nachschüsse (N 46 ff.) vollumfänglich erbracht werden (Art. 782 Abs. 2 OR). Kapitalherabsetzungen

F. Rechtsstellung des Gesellschafters

I. Rechte des Gesellschafters

28 Wie die Aktionärin verfügt der Gesellschafter der GmbH über nicht vermögensmässige und über vermögensmässige Rechte. Die Rechte bemessen sich grundsätzlich nach dem Nennwert der vom Gesellschafter gehaltenen Stammanteile. Unter Umständen sind auch geleistete Nachschüsse von Bedeutung. In diesem Abschnitt geht es einzig um diejenigen Rechte und Pflichten, welche mit der Gesellschafterstellung verbunden sind. Gemäss der dispositiven gesetzlichen Ordnung üben die Gesellschafter ge- Überblick

[14] Gemäss dem Entwurf 2016 zur Aktienrechtsrevision beträgt die Frist neu sechs Monate nach dem Beschluss der Gesellschafterversammlung, wobei der Zeitpunkt der Handelsregisteranmeldung massgeblich ist (Art. 781 Abs. 4 E-OR 2016; vgl. Art. 650 Abs. 3 E-OR 2016 und § 8 N 155).

meinsam die Geschäftsführung aus (Art. 809 Abs. 1 Satz 1 OR). In diesem Fall kommen die Rechte und Pflichten als Geschäftsführer hinzu (vgl. N 69 ff.).

Anteilbuch und Handelsregistereintrag

29 Anders als eine AG hat die GmbH die Gesellschafter nicht nur in das Anteilbuch (Art. 790 OR), sondern samt Anzahl und Nennwert der Stammanteile auch in das öffentlich einsehbare Handelsregister einzutragen (Art. 791 Abs. 1 und Abs. 2 OR). Hierfür ist es wichtig, dass die Gesellschaft über die Veräusserung von Stammanteilen informiert wird, selbst wenn die Zustimmung der Gesellschafterversammlung nicht erforderlich ist (Art. 786 Abs. 2 Ziff. 1 OR). Neben den Gesellschaftern mit und ohne Stimmrecht (vgl. Art. 790 Abs. 3 OR) werden im Anteilbuch Nutzniesser und Pfandgläubiger angeführt (Art. 790 Abs. 2 Ziff. 3 und Ziff. 4 OR). Anders als Aktionärinnen (§ 8 N 191) sind die Gesellschafter einer GmbH berechtigt, in das Anteilbuch Einsicht zu nehmen (Art. 790 Abs. 4 OR).

Verzeichnis der wirtschaftlich Berechtigten

30 Neben dem Anteilbuch muss die Gesellschaft aufgrund von Art. 790*a* Abs. 3 i. V. m. Art. 697*l* OR ein Verzeichnis der gemeldeten wirtschaftlich berechtigten Personen führen (vgl. § 8 N 193). Der Meldepflicht untersteht, wer allein oder in gemeinsamer Absprache mit Dritten Stammanteile erwirbt und dabei den *Grenzwert von 25 %* des Stammkapitals oder der Stimmen erreicht oder überschreitet (Art. 790*a* Abs. 1 OR; vgl. § 8 N 94). Erfolgt die Meldung nicht innerhalb eines Monats, droht als Sanktion die Suspendierung bzw. Verwirkung der Mitgliedschaftsrechte gemäss Art. 790*a* Abs. 3 i. V. m. Art. 697*m* OR (§ 8 N 95).

Mitwirkungsrechte

31 Im Zentrum der Mitwirkungsrechte steht die Möglichkeit, an den Gesellschafterversammlungen teilzunehmen (vgl. § 8 N 199). Auf das *Einberufungs-* und *Antragsrecht* finden die aktienrechtlichen Vorschriften analog Anwendung (Art. 805 Abs. 5 Ziff. 2 OR; § 8 N 200 f.).

Stimmrecht

32 Das Stimmrecht bemisst sich nach dem Nennwert der Stammanteile (Art. 806 Abs. 1 Satz 1 OR), ohne Berücksichtigung eines etwaigen Agios (vgl. § 8 N 66). Die Stimmenzahl eines Besitzers von mehreren Stammanteilen – bzw. eines Stammanteils mit einem höheren Nennwert – kann statutarisch beschränkt werden (Art. 806 Abs. 1 Satz 3 OR), beispielsweise auf 20 % der Stimmen sämtlicher Stammanteile. Möglich ist auch die Einführung des Kopfstimmprinzips analog zu einer Personengesellschaft. Gemäss Art. 806 Abs. 1 Satz 2 OR hat jeder Gesellschafter mindestens eine Stimme. Wer an der Geschäftsführung beteiligt gewesen ist, kann sein Stimmrecht beim Beschluss über die Entlastung der Geschäftsführer nicht ausüben (Art. 806*a* Abs. 1 OR; vgl. zum Aktienrecht Art. 695 OR; § 8 N 202). Das GmbH-Recht schliesst das Stimmrecht aufgrund von möglichen Interessenkonflikten in zwei weiteren Konstellationen aus:

- für den Veräusserer der Stammanteile beim Beschluss über den Erwerb von eigenen Stammanteilen durch die Gesellschaft (Art. 806*a* Abs. 2 OR) und
- für den betroffenen Gesellschafter beim Beschluss über die Zustimmung zu Tätigkeiten, welche gegen die Treuepflicht oder das Konkurrenzverbot verstossen (Art. 806*a* Abs. 3 OR; N 44).

33 Steht ein Stammanteil mehreren Berechtigten ungeteilt zu, üben sie ihre Rechte durch einen gemeinsamen Vertreter aus (Art. 792 Ziff. 1 OR).

Gemeinschaftliches Eigentum

34 Mit der Einladung zur ordentlichen Gesellschafterversammlung müssen den Gesellschaftern der Geschäfts- und der Revisionsbericht zugestellt werden (Art. 801*a* Abs. 1 OR). Überdies können die Gesellschafter verlangen, dass sie den Geschäftsbericht nach der Versammlung in der genehmigten Fassung erhalten (Art. 801*a* Abs. 2 OR).

Bekanntgabepflicht der Gesellschaft

35 Da die GmbH personenbezogen ausgestaltet ist und der Gesetzgeber annimmt, dass sich die Gesellschafter an der Geschäftsführung beteiligen (N 69), gehen das Auskunfts- und das Einsichtsrecht der Gesellschafter einer GmbH nach der gesetzlichen Ordnung weiter als dasjenige von Aktionärinnen (vgl. § 8 N 207 f.). Die Informationsrechte orientieren sich deshalb stärker an der Stellung des Verwaltungsratsmitglieds einer AG (vgl. § 8 N 314) als an derjenigen einer Aktionärin. Gemäss Art. 802 Abs. 1 OR darf der Gesellschafter von den Geschäftsführern *Auskunft* über alle Angelegenheiten der Gesellschaft verlangen. Dieses Recht ist nicht auf die Gesellschafterversammlung beschränkt. Weiter darf der Gesellschafter uneingeschränkt *Einsicht* in die Geschäftsbücher und Akten nehmen, sofern die Gesellschaft auf die Revisionsstelle verzichtet hat (Art. 802 Abs. 2 Satz 1 OR). Andernfalls erfordert die Einsichtnahme, dass der Gesellschafter ein berechtigtes Interesse glaubhaft macht (Art. 802 Abs. 2 Satz 2 OR). Die Auskunft und die Einsichtnahme können verweigert werden, soweit die Gefahr besteht, dass der Gesellschafter die erlangten Kenntnisse zum Schaden der Gesellschaft für gesellschaftsfremde Zwecke verwendet (Art. 802 Abs. 3 OR). Auf Antrag des Gesellschafters hat die Gesellschafterversammlung bzw. im Streitfall das Gericht zu entscheiden (vgl. Art. 802 Abs. 4 OR).

Auskunfts- und Einsichtsrecht

36 Auch bei der GmbH geht von der *Revisionsstelle* eine gewisse Schutz- und Kontrollfunktion aus (vgl. zur AG § 8 N 212). Dies gilt besonders für Gesellschafter mit einer Nachschusspflicht, weil diese von der finanziellen Lage der GmbH abhängt. Deshalb kommt den nachschusspflichtigen Gesellschaftern das Recht zu, die ordentliche Revision der Jahresrechnung zu verlangen (Art. 818 Abs. 2 OR; N 89).

Rechnungslegung und Rechnungsprüfung

Keine Sonderprüfung

Gesetzlich nicht vorgesehen ist ein Recht der Gesellschafter einer GmbH auf Durchführung einer Sonderprüfung. 37

Mangelhafte Beschlüsse

Jeder Gesellschafter hat das Recht, gesetzes- bzw. statutenwidrige Gesellschafterversammlungsbeschlüsse gerichtlich *anzufechten* (vgl. Art. 808*c* OR; N 67). Zudem kann der Gesellschafter die *Nichtigkeit* von Beschlüssen der Gesellschafterversammlung oder der Geschäftsführer (N 86) geltend machen. 38

Gründungs- und Organisationsmängel

Besondere Rechtsbehelfe stehen dem Gesellschafter bei Mängeln anlässlich der Gründung (N 6) oder in der Organisation (N 90) zu. 39

Rückerstattungs- und Verantwortlichkeitsklage

Auf die Rückerstattungs- (N 18) und die Verantwortlichkeitsklage (N 100) finden die aktienrechtlichen Vorschriften Anwendung (vgl. § 8 N 118 ff. und N 346 ff.). 40

Austrittsrecht und Auflösungsklage

Im Gegensatz zur Aktionärin (§ 8 N 138) verfügt der Gesellschafter einer GmbH über ein gesetzliches Austrittsrecht, welches auf statutarischer Grundlage erweitert werden darf (Art. 822 Abs. 1 und Abs. 2 OR). Darauf ist zurückzukommen (N 94). Überdies kann jeder Gesellschafter aus wichtigen Gründen beim Gericht die Auflösung der GmbH verlangen (Art. 821 Abs. 3 OR; N 92). 41

Bezugsrecht

Bei Kapitalerhöhungen kommt den bestehenden Gesellschaftern grundsätzlich das Bezugsrecht zu. Es gelangen die aktienrechtlichen Vorschriften zur Anwendung (N 26). 42

Dividendenrecht

Die Ausrichtung von Dividenden aus dem Bilanzgewinn und hierfür gebildeten Reserven ist ähnlich geregelt wie im Aktienrecht (vgl. Art. 798 Abs. 1 und Abs. 2 bzw. Art. 801 OR; zum Aktienrecht Art. 660 f. bzw. Art. 671 ff. OR; § 8 N 226 ff.). Die Höhe der Dividenden bestimmt sich nach dem Nennwert sowie der etwaigen Leistung von Nachschüssen (Art. 798 Abs. 3 OR). Vorbehalten bleibt eine abweichende statutarische Regelung. Ein Agio (N 11) findet bei der Bemessung der Dividende keine Berücksichtigung (vgl. § 8 N 67). Eine Verzinsung des Stammkapitals oder geleisteter Nachschüsse ist nicht gestattet (Art. 798*a* Abs. 1 OR). Zulässig sind Bauzinse (Art. 798*a* Abs. 2 i. V. m. Art. 676 OR; § 8 N 116) und für die Geschäftsführer Tantiemen (Art. 798*b* Abs. 1 i. V. m. Art. 677 OR; § 8 N 117).[15] 43

Recht auf Liquidationserlös

Unter dem Vorbehalt einer abweichenden Regelung in den Statuten richtet sich der Anspruch des Gesellschafters auf einen Anteil am Liquidationsergebnis nach dem Nennwert der von ihm gehaltenen Stammanteile 44

[15] Der Entwurf 2016 zur Aktienrechtsrevision verweist hinsichtlich der Dividenden, Zwischendividenden, Bauzinsen und Tantiemen pauschal auf die aktienrechtlichen Vorschriften (Art. 798 E-OR 2016) und hebt Art. 798*a* sowie Art. 798*b* OR auf.

(Art. 826 Abs. 1 OR). Nicht zurückbezahlte Nachschüsse sind zum Nennwert hinzuzurechnen.

II. Pflichten des Gesellschafters

45 Wie die Aktionärin (§ 8 N 236) ist der Gesellschafter zur Leistung der versprochenen Einlage in der Höhe des Ausgabebetrags verpflichtet (Art. 793 Abs. 1 OR; vgl. N 10).

Leistung der Einlage

46 Die Statuten können bestimmen, dass der Gesellschafter einer Nachschusspflicht untersteht (Art. 795 Abs. 1 OR) und in bestimmten Fällen eine zusätzliche Einlage leisten muss. Deren Umfang ist für jeden Inhaber eines Stammanteils betragsmässig festzulegen. Die maximale Höhe beträgt das Doppelte des Nennwerts des betreffenden Stammanteils (Art. 795 Abs. 2 OR).[16] Im Übrigen haftet auch bei der GmbH für die Verbindlichkeiten der Gesellschaft lediglich das Gesellschaftsvermögen (Art. 794 OR).

Zulässigkeit einer Nachschusspflicht

47 Die Geschäftsführer (Art. 795*a* Abs. 1 OR) dürfen die Nachschüsse in den folgenden Fällen einfordern (Art. 795*a* Abs. 2 OR):

Einforderung von Nachschüssen

1. die Summe von Stammkapital und gesetzlichen Reserven ist nicht mehr gedeckt;
2. die Gesellschaft kann ihre Geschäfte sonst nicht ordnungsgemäss weiterführen;
3. die Gesellschaft benötigt Eigenkapital aus statutarisch umschriebenen Gründen.

Ausstehende Nachschüsse werden überdies im Konkurs der GmbH fällig (Art. 795*a* Abs. 3 OR). Die Rückzahlung geleisteter Nachschüsse erfordert die Bestätigung einer zugelassenen Revisionsexpertin, dass der zurückgezahlte Betrag durch frei verwendbares Eigenkapital gedeckt ist (Art. 795*b* OR).

48 Eine Nachschusspflicht darf nur mit der Zustimmung sämtlicher davon betroffenen Gesellschafter eingeführt oder erweitert werden (Art. 797 OR). Die Reduktion oder Aufhebung von statutarischen Nachschusspflichten untersteht den Vorschriften über die Kapitalherabsetzung (Art. 795*c*

Änderungen der Nachschusspflicht

[16] Gestützt auf Art. 6 Abs. 1 OR Übergangsbestimmungen der Änderung vom 16. Dezember 2005 ist es zulässig, dass unter dem früheren GmbH-Recht begründete Nachschusspflichten die heutige Begrenzung auf das Doppelte des Nennwerts nicht einhalten.

Abs. 2 OR; N 27). Vorausgesetzt wird, dass das Stammkapital und die gesetzlichen Reserven voll gedeckt sind (Art. 795*c* Abs. 1 OR).

Nachschusspflicht bei Ausscheiden

Scheidet ein Gesellschafter aus, besteht die Nachschusspflicht be- 49
schränkt auf den Konkursfall noch während dreier Jahre seit der Löschung des Gesellschafters im Handelsregister fort, sofern sie nicht von einem Rechtsnachfolger erfüllt worden ist (Art. 795*d* Abs. 1, Abs. 2 und Abs. 3 OR).

Nebenleistungspflichten

Anders als Aktionärinnen (§ 8 N 236) können die Gesellschafter der GmbH 50
in den Statuten zu Nebenleistungen verpflichtet werden (Art. 796 Abs. 1 OR). Nebenleistungspflichten müssen dem Gesellschaftszweck, der Erhaltung der Selbständigkeit oder der Wahrung der Zusammensetzung des Kreises der Gesellschafter dienen (Art. 796 Abs. 2 OR). Denkbar sind beispielsweise eine Pflicht zur Mitarbeit in der Gesellschaft oder Vorkaufsrechte der übrigen Gesellschafter für die Stammanteile. Geht es um die Leistung von Vermögenswerten zur Deckung des Eigenkapitalbedarfs der GmbH, ohne dass eine angemessene Gegenleistung vorgesehen ist, sind die Vorschriften zur Nachschusspflicht anwendbar (Art. 796 Abs. 4 OR). Die Einführung oder Erweiterung einer Nebenleistungspflicht erfordert die Zustimmung sämtlicher betroffenen Gesellschafter (Art. 797 OR; analog zur Nachschusspflicht N 48). Angesichts der statutarischen Gestaltungsmöglichkeiten besteht insbesondere noch ein Bedürfnis nach einer bloss vertraglichen Regelung, wenn die Vertraulichkeit gewahrt oder eine rasche Anpassung ohne Urkundsperson sichergestellt werden soll.

Gemeinschaftliches Eigentum

Steht ein Stammanteil mehreren Berechtigten ungeteilt zu, haften sie für 51
Nachschuss- und Nebenleistungspflichten solidarisch (Art. 792 Ziff. 2 OR).

Treuepflicht und Konkurrenzverbot

Ein gewichtiger Unterschied zur Rechtsstellung der Aktionärin (vgl. § 8 52
N 238) besteht in der Treuepflicht des Gesellschafters einer GmbH. Das Gesetz verpflichtet die Gesellschafter in Art. 803 Abs. 1 OR zur Wahrung des Geschäftsgeheimnisses. Weiter müssen die Gesellschafter alles unterlassen, was den Interessen der GmbH widerspricht, und dürfen insbesondere keine Geschäfte betreiben, welche ihnen zum besonderen Vorteil gereichen oder den Gesellschaftszweck beeinträchtigen würden (Art. 803 Abs. 2 Satz 1 und Satz 2 OR). Ein *Konkurrenzverbot* der Gesellschafter besteht allerdings nur, wenn es die Statuten vorsehen (Art. 803 Abs. 2 Satz 3 und Art. 776*a* Abs. 1 Ziff. 3 OR; vgl. demgegenüber für die Geschäftsführer N 77).[17] Die aufgrund der Treuepflicht und eines etwaigen Konkurrenzver-

....

17 Vgl. zum Konkurrenzverbot Olivier Blanc, Das Konkurrenzverbot in der Gesellschaft mit beschränkter Haftung, Diss. Bern, Zürich/St. Gallen 2014.

....

bots bestehenden Einschränkungen entfallen, wenn die schriftliche Zustimmung sämtlicher übrigen Gesellschafter bzw. – falls statutarisch so vorgesehen – die Zustimmung der Gesellschafterversammlung vorliegt (Art. 803 Abs. 3 OR).

G. Organisation und Organe der GmbH

53 Die gesetzlich vorgeschriebenen Organe der GmbH – verstanden als «Funktionszentren» (§ 8 N 240) – sind die Gesellschafterversammlung, die Geschäftsführung und gegebenenfalls die Revisionsstelle. Trotz Unterschieden in den Details besteht eine Verwandtschaft mit den aktienrechtlichen Organen (vgl. § 8 N 240 ff.). Die Gesellschafterversammlung der GmbH verfügt über mehr Kompetenzen als die Generalversammlung einer AG. Doch kommen auch bei der GmbH allen gesetzlichen Organen zwingende Aufgaben zu. Die Statuten können weitere Organe vorsehen. Überblick

I. Gesellschafterversammlung

54 Analog zur Generalversammlung der AG (Art. 698 Abs. 1 OR; § 8 N 246) wird die Gesellschafterversammlung als *oberstes* Organ der GmbH bezeichnet (Art. 804 Abs. 1 OR). Stellung

55 Art. 804 Abs. 2 OR enthält einen Katalog von 18 unübertragbaren Befugnissen der Gesellschafterversammlung, darunter: Unübertragbare Aufgaben

- Statutenänderungen (Ziff. 1);
- die Bestellung und Abberufung von Geschäftsführern sowie der Revisionsstelle (Ziff. 2 und Ziff. 3; Art. 815 Abs. 1 OR);
- die Genehmigung der Jahresrechnung und des Lageberichts sowie die Festsetzung der Dividende (Ziff. 4 und Ziff. 5);[18]
- die Festsetzung der Entschädigung der Geschäftsführer sowie deren Entlastung (Ziff. 6 und Ziff. 7);
- die Zustimmung zur Abtretung von Stammanteilen bzw. die Anerkennung als stimmberechtigter Gesellschafter (Ziff. 8);

[18] In Art. 804 Abs. 2 Ziff. 5bis E-OR 2016 wird die Beschlussfassung über die Rückzahlung von Kapitalreserven separat angeführt, vgl. Art. 698 Abs. 2 Ziff. 6 E-OR 2016 und § 8 N 249.

- der Ausschluss eines Gesellschafters aus einem in den Statuten genannten Grund (Ziff. 15);
- die Auflösung der GmbH (Ziff. 16);
- die Beschlussfassung über Gegenstände, welche das Gesetz oder die Statuten der Gesellschafterversammlung vorbehalten oder ihr die Geschäftsführer vorlegen (Ziff. 18).

Ernennung von Vertretern

56 Direktoren, Prokuristen und Handlungsbevollmächtigte sind von der Gesellschafterversammlung zu ernennen, sofern die Statuten diese Befugnis nicht auf die Geschäftsführer übertragen (Art. 804 Abs. 3 OR). Dies gilt generell für die Bestimmung von Zeichnungsberechtigten. Darin liegt ein Unterschied zur AG, bei welcher die Ernennung und die Abberufung der mit der Vertretung betrauten Personen nicht der Generalversammlung obliegen, sondern unübertragbare Aufgaben des Verwaltungsrats sind (Art. 716*a* Abs. 1 Ziff. 4 OR). Bei der GmbH können die Geschäftsführer mangels abweichender Regelung in den Statuten höchstens im Einzelfall eine bürgerliche Vollmacht, nicht aber eine allgemeine Zeichnungsberechtigung erteilen. Insofern ist es empfehlenswert, die Geschäftsführer statutarisch zu ermächtigen, Direktoren, Prokuristen, Handlungsbevollmächtigte und sonstige Zeichnungsberechtigte zu ernennen und abzuberufen.[19]

Abberufung von Vertretern

57 Die Abberufung der von der Gesellschafterversammlung ernannten Direktoren, Prokuristen, Handlungsbevollmächtigten und übrigen Zeichnungsberechtigten erfolgt ebenfalls durch die Gesellschafterversammlung. Allerdings ermächtigt Art. 815 Abs. 3 OR die Geschäftsführer jederzeit zur *Funktionseinstellung* der genannten Personen. In der Folge muss umgehend eine Gesellschafterversammlung einberufen werden (Art. 815 Abs. 4 OR), welche über die formelle Abberufung zu entscheiden hat.

Genehmigung von Entscheiden der Geschäftsführung

58 Das Paritätsprinzip (§ 8 N 246) ist bei der GmbH weniger stark ausgeprägt als bei der AG. Die Geschäftsführer der GmbH können statutarisch ermächtigt oder verpflichtet werden, bestimmte Fragen oder Entscheide der Gesellschafterversammlung zur Genehmigung vorzulegen (Art. 811 Abs. 1 OR). Durch eine derartige Genehmigung der Gesellschafterversammlung soll die Haftung der Geschäftsführer nicht eingeschränkt werden (Art. 811 Abs. 2 OR). Diese Regelung ist gerechtfertigt im Verhältnis zu Dritten sowie zu Gesellschaftern, welche den Genehmigungsbeschluss nicht unterstützt haben. Verantwortlichkeitsansprüche der Gesellschaft sowie von Gesellschaftern, welche für die Genehmigung gestimmt haben,

19 BSK OR II-WATTER, Art. 814 N 5.

sollten hingegen nicht mehr zulässig sein (vgl. zum Entlastungsbeschluss Art. 758 Abs. 1 OR; § 8 N 375).

59 Analog zum Aktienrecht ist zwischen der jährlich abgehaltenen *ordentlichen* Versammlung (vgl. § 8 N 251) und den jederzeit möglichen *ausserordentlichen* Versammlungen (vgl. § 8 N 252) zu unterscheiden. Die ordentliche Versammlung ist innerhalb von sechs Monaten seit dem Abschluss des Geschäftsjahres durchzuführen (Art. 805 Abs. 2 Satz 1 OR). Bei der *Universalversammlung* (vgl. § 8 N 253) entfallen die Formvorschriften für die Einberufung der Gesellschafterversammlung (Art. 805 Abs. 3 Satz 3 OR).

Arten von Gesellschafterversammlungen

60 Die Geschäftsführer haben die Gesellschafterversammlung spätestens zwanzig Tage vor dem Versammlungstag einzuberufen (Art. 805 Abs. 3 Satz 1 OR). Statutarisch kann diese Frist auf bis zu zehn Tage verkürzt werden (Art. 805 Abs. 3 Satz 2 OR). Im Übrigen gilt das Aktienrecht analog (vgl. Art. 805 Abs. 5 Ziff. 1 OR; § 8 N 255 ff.).

Einberufung der Gesellschafterversammlung

61 Das GmbH-Recht enthält keine eigenständige Regelung der Durchführung der Gesellschafterversammlung. Somit ist das Aktienrecht analog anwendbar (vgl. Art. 805 Abs. 5 OR; § 8 N 260 ff.). Das gilt auch für die *Vertretung* von Gesellschaftern (Art. 805 Abs. 5 Ziff. 8 OR; § 8 N 267 ff.). Der Entwurf 2016 zur Aktienrechtsrevision verweist überdies für die Verwendung *elektronischer Mittel* (vgl. zur AG § 8 N 265 f.) und für die im GmbH-Recht bereits heute vorgesehene Möglichkeit von Zirkularbeschlüssen (N 68) auf die aktienrechtlichen Bestimmungen (Art. 805 Abs. 5 Ziff. 2bis und Ziff. 5 E-OR 2016).

Durchführung der Gesellschafterversammlung

62 Als allgemeines Quorum für Beschlüsse der Gesellschafterversammlung statuiert Art. 808 OR die absolute Mehrheit der vertretenen Stimmen.

Allgemeines Quorum

63 Für die folgenden Beschlüsse der Gesellschafterversammlung verlangt Art. 808*b* Abs. 1 OR die Zustimmung von mindestens zwei Dritteln der vertretenen Stimmen und der absoluten Mehrheit des *gesamten* stimmberechtigten Stammkapitals:[20]

Qualifiziertes Quorum

1. eine Änderung des Gesellschaftszwecks;
2. die Einführung von stimmrechtsprivilegierten Stammanteilen (Art. 806 Abs. 2 OR; N 15);

[20] Der Katalog wird nach dem Entwurf 2016 zur Aktienrechtsrevision ergänzt mit den Beschlüssen über den Wechsel der Währung des Stammkapitals (Art. 808*b* Abs. 1 Ziff. 6bis E-OR 2016; N 12) und die Einführung einer statutarischen Schiedsklausel (Art. 808*b* Abs. 1 Ziff. 10bis E-OR 2016). Die Vorschriften des Aktienrechts zum Schiedsgericht (Art. 697*n* E-OR 2016; § 8 N 42) sind gemäss Art. 797*a* E-OR 2016 entsprechend anwendbar.

3. Änderungen der Übertragbarkeit der Stammanteile (Art. 785 ff. OR; N 20 ff.);
4. die Zustimmung zur Übertragung von Stammanteilen bzw. die Anerkennung als stimmberechtigter Gesellschafter (Art. 786 Abs. 1 OR; N 21);
5. Kapitalerhöhungen (Art. 781 OR; N 26);
6. die Einschränkung oder Aufhebung des Bezugsrechts (N 42);
7. die Zustimmung zu Tätigkeiten der Geschäftsführer (N 77) sowie der Gesellschafter (N 52), welche gegen die Treuepflicht oder das Konkurrenzverbot verstossen;
8. den Antrag an das Gericht, einen Gesellschafter aus wichtigem Grund auszuschliessen (Art. 823 Abs. 1 OR; N 97);
9. den Ausschluss eines Gesellschafters aus in den Statuten vorgesehenen Gründen (Art. 823 Abs. 2 OR; N 96);
10. eine Sitzverlegung;
11. die Auflösung der Gesellschaft (Art. 821 Abs. 1 Ziff. 2 OR; N 91).

Statutarische Quoren

Das allgemeine Quorum kann auf statutarischer Grundlage angepasst werden. Beim qualifizierten Quorum sind Erschwerungen zulässig. Denkbar sind auch Präsenzquoren (vgl. § 8 N 278). Bei einer Erhöhung des gesetzlich vorgesehenen Quorums muss der statutenändernde Beschluss der Gesellschafterversammlung das gewünschte Quorum seinerseits einhalten (Art. 808*b* Abs. 2 OR). 64

Stichentscheid

Dem Vorsitzenden der Gesellschafterversammlung kommt nach Art. 808*a* OR der Stichentscheid zu, falls die Statuten nichts Gegenteiliges vorsehen (zur abweichenden Rechtslage bei der AG § 8 N 275). 65

Vetorecht

Die Statuten können vorsehen, dass gewissen Gesellschaftern gegen bestimmte Beschlüsse der Gesellschafterversammlung ein unübertragbares Vetorecht zukommt (Art. 807 Abs. 1 und Abs. 3 OR). Wird ein Vetorecht nachträglich eingeführt, müssen sämtliche Gesellschafter zustimmen (Art. 807 Abs. 2 OR). 66

Anfechtbare und nichtige Beschlüsse

Gemäss Art. 808*c* OR richten sich die Anfechtbarkeit und die Nichtigkeit von Beschlüssen der Gesellschafterversammlung nach den aktienrechtlichen Bestimmungen (vgl. Art. 706 ff. OR; § 8 N 280 ff.). 67

Zirkularbeschluss

Im Unterschied zu den derzeitigen Vorschriften zur Generalversammlung einer AG (§ 8 N 199), aber im Einklang mit dem Entwurf 2016 zur Aktien- 68 rechtsrevision (§ 8 N 254a), erlaubt es das GmbH-Recht, Beschlüsse statt in der Gesellschafterversammlung schriftlich zu fassen (Art. 805 Abs. 4 OR). Erforderlich ist, dass alle Gesellschafter damit einverstanden sind und niemand die mündliche Beratung verlangt.

II. Geschäftsführung

1. Wahl und Zusammensetzung

69 Das GmbH-Recht geht von der Annahme aus, dass die Geschäftsführung von sämtlichen Gesellschaftern gemeinsam ausgeübt wird (*Selbstorganschaft*; Art. 809 Abs. 1 Satz 1 OR). Insoweit ist weder eine Wahl durch die Gesellschafterversammlung noch eine Wahlannahmeerklärung des Gesellschafters erforderlich. Auf statutarischer Grundlage (Art. 809 Abs. 1 Satz 2 OR) wird häufig davon abgewichen und vorgesehen, dass ausschliesslich oder teilweise Geschäftsführer ohne Gesellschafterstellung eingesetzt werden. Für die Wahl der Geschäftsführer ist in diesem Fall die Gesellschafterversammlung zuständig (Art. 804 Abs. 2 Ziff. 2 OR). Für die Funktion als Geschäftsführer besteht grundsätzlich kein Unterschied, ob die Geschäftsführer ihr Amt in Selbstorganschaft als Gesellschafter wahrnehmen oder von der Gesellschafterversammlung gewählt worden sind (zum Fall eines Rücktritts oder einer Abberufung vgl. N 87). Wahlorgan

70 Bei den Geschäftsführern muss es sich um natürliche Personen handeln (Art. 809 Abs. 2 Satz 1 OR). Bei der Beteiligung einer juristischen Person oder Handelsgesellschaft ist eine natürliche Person, welche als Vertreterin handelt, zu bestimmen (Art. 809 Abs. 2 Satz 2 OR). Die Statuten können dafür die Zustimmung der Gesellschafterversammlung verlangen (Art. 809 Abs. 2 Satz 2 Satz 3 OR). Die Geschäftsführer unterstehen keinen Nationalitäts- oder Wohnsitzerfordernissen (vgl. immerhin N 80). Wählbare Personen

71 Weil das Gesetz vom Prinzip der Selbstorganschaft ausgeht (N 69), erübrigt sich die Festsetzung einer Amtsdauer. Wird statutarisch davon abgewichen, ist in den Statuten oder im entsprechenden Beschluss der Gesellschafterversammlung auch die Amtsdauer zu regeln. Amtsdauer

72 Hat eine GmbH mehrere Geschäftsführer, ist ein Vorsitzender zu bestimmen. Dafür ist nach Art. 809 Abs. 3 OR die Gesellschafterversammlung zuständig. Der Vorsitzende ist für die Einberufung und Leitung der Gesellschafterversammlungen, Bekanntmachungen gegenüber den Gesellschaftern und die Anmeldungen beim Handelsregisteramt verantwortlich (Art. 810 Abs. 3 OR). Vorsitzender der Geschäftsführung

2. Aufgaben

a) Zwingender Aufgabenkatalog

Unübertragbare Aufgaben

73 Ähnlich wie Art. 716*a* Abs. 1 OR für den Verwaltungsrat der AG (§ 8 N 295) enthält Art. 810 Abs. 2 OR einen Katalog der folgenden unübertragbaren und unentziehbaren Aufgaben der Geschäftsführer:

1. die Oberleitung der Gesellschaft und die Erteilung der nötigen Weisungen;
2. die Festlegung der Organisation;
3. die Ausgestaltung des Rechnungswesens, der Finanzkontrolle und, soweit für die Führung der Gesellschaft notwendig,[21] der Finanzplanung;
4. die Aufsicht über die Geschäftsführer, namentlich im Hinblick auf die Befolgung der Gesetze, Statuten, Reglemente und Weisungen;
5. die Erstellung des Geschäftsberichts;
6. die Vorbereitung der Gesellschafterversammlung sowie die Ausführung ihrer Beschlüsse;
7. die Benachrichtigung des Gerichts im Fall der Überschuldung.[22]

Beschlussfassung der Gesellschafterversammlung

74 Den Geschäftsführern bleibt die Möglichkeit bzw. Pflicht, auf statutarischer Grundlage gewisse Fragen oder Entscheide der Gesellschafterversammlung zur Genehmigung vorzulegen (Art. 811 Abs. 1 OR; N 58).

b) Übertragung der Geschäftsführung

Zulässigkeit der Delegation

75 Zumindest «Teile» der Geschäftsführung (vgl. Art. 810 Abs. 2 Ziff. 4 OR) können auch bei der GmbH von den Geschäftsführern auf Dritte (Direktoren) übertragen werden (vgl. zur AG § 8 N 298). Zu respektieren sind die unübertragbaren Aufgaben gemäss Art. 810 Abs. 2 OR (N 73). Das Gesetz äussert sich nicht näher zur Delegation.

[21] Der Vorbehalt soll gemäss dem Entwurf 2016 zur Aktienrechtsrevision analog zu Art. 716*a* Abs. 1 Ziff. 3 E-OR 2016 (vgl. § 8 N 295) gestrichen werden.

[22] In Art. 810 Abs. 2 Ziff. 7 E-OR 2016 wird neu die Ergreifung von Massnahmen im Fall einer drohenden Zahlungsunfähigkeit oder eines Kapitalverlusts, in Ziff. 8 zusätzlich die Einreichung eines Gesuchs um Nachlassstundung angeführt.

c) Subsidiäre Zuständigkeit

76 Die Geschäftsführer sind überdies für alle anderen Beschlüsse zuständig, welche nicht nach dem Gesetz oder den Statuten der Gesellschafterversammlung zugewiesen sind (Art. 810 Abs. 1 OR). Kompetenzvermutung

3. Pflichten

77 Analog zu den Verwaltungsratsmitgliedern der AG unterstehen die Geschäftsführer der GmbH einer Sorgfalts- und Treuepflicht (Art. 812 Abs. 1 OR). Die Treuepflicht entspricht derjenigen der Gesellschafter (Art. 812 Abs. 2 OR). Aus ihr lässt sich gemäss BGE 140 III 409 E. 3.2.2 S. 413 kein materiellrechtlicher Anspruch der Gesellschaft gegenüber einem Geschäftsführer auf Auskunft oder Rechenschaft ableiten. Art. 812 Abs. 3 OR statuiert für die Geschäftsführer ausserdem ein *Konkurrenzverbot*, sofern nicht die Statuten oder sämtliche übrigen Gesellschafter bzw. die Gesellschafterversammlung eine konkurrierende Tätigkeit zulassen.[23] Die Gesellschafter der GmbH unterstehen demzufolge dann einem Konkurrenzverbot, wenn sie gleichzeitig Geschäftsführer sind oder wenn die Statuten ein solches vorsehen (vgl. Art. 803 Abs. 2 Satz 3 OR; N 44). Sorgfalts- und Treuepflicht

78 Die Geschäftsführer müssen die Gesellschafter unter gleichen Voraussetzungen gleich behandeln (Art. 813 OR). Gleichbehandlungspflicht

4. Vertretung der Gesellschaft

79 Kraft Gesetzes ist jeder Geschäftsführer *einzeln* zur Vertretung der Gesellschaft berechtigt (Art. 814 Abs. 1 OR). Das individuelle Vertretungsrecht im Aussenverhältnis steht im Kontrast zur gemeinsamen Geschäftsführung im Innenverhältnis (N 69). Die *Statuten* können eine abweichende Regelung vorsehen und für die Einzelheiten auf ein Reglement verweisen. Verbreitet ist die Kollektivunterschrift zu zweien. In jedem Fall muss mindestens ein Geschäftsführer vertretungsberechtigt bleiben (Art. 814 Abs. 2 Satz 1 OR). Zulässig ist die Vertretung durch zwei Geschäftsführer mit Kollektivunterschrift zu zweien. Einzelvertretungsrecht

80 Analog zur AG (vgl. § 8 N 312) muss mindestens eine vertretungsberechtigte Person in der Schweiz Wohnsitz haben (Art. 814 Abs. 3 OR). Bei Kollektivunterschrift zu zweien werden zwei Vertretungsberechtigte mit Schweizer Wohnsitz verlangt. Entgegen dem Gesetzeswortlaut ist nicht eine Funktion als Geschäftsführer oder Direktor erforderlich, sondern es Wohnsitzerfordernis

[23] Näher zum Konkurrenzverbot BLANC (Fn. 17).

genügt eine Vertretungsberechtigung ohne spezifische Funktion (vgl. § 8 N 312).

Umfang und Beschränkung der Vertretungsbefugnis

Art. 814 Abs. 4 OR verweist für den Umfang und die Beschränkung der Vertretungsbefugnis sowie für Verträge zwischen der Gesellschaft und dem Vertretungsberechtigten auf das Aktienrecht (Art. 718*a* und Art. 718*b* OR). Somit besteht für Verträge zwischen der GmbH und einem Organ zumindest ab einem Wert von CHF 1000 ein Schriftformerfordernis (vgl. § 8 N 310). Die unter Umständen gestützt auf Art. 811 Abs. 1 Ziff. 1 OR in den Statuten vorgesehene Pflicht der Geschäftsführer, gewisse Entscheide der Gesellschafterversammlung zur Genehmigung vorzulegen (N 58), schränkt die Vertretungsmacht gegenüber gutgläubigen Dritten nicht ein.[24] Mangels positiver Kenntnis oder fahrlässiger Unkenntnis der Genehmigungspflicht durch den Dritten ist ein Rechtsgeschäft folglich gültig, auch wenn die Zustimmung der Gesellschafterversammlung nicht eingeholt worden ist. 81

Haftung für Organe

Das Handeln der zur Geschäftsführung oder zur Vertretung befugten Personen verpflichtet die Gesellschaft auch im ausservertraglichen Bereich: Nach Art. 817 OR haftet die Gesellschaft für den Schaden aus unerlaubten Handlungen, welche eine zur Geschäftsführung oder zur Vertretung befugte Person in Ausübung ihrer geschäftlichen Verrichtungen begeht (vgl. Art. 722 OR; § 8 N 243, N 299 und N 311). 82

5. Sitzungen

Keine Spezialvorschriften

Zu den Sitzungen der Geschäftsführer finden sich im GmbH-Recht keine besonderen Vorschriften. Soweit auch die Statuten und etwaige Reglemente keine Bestimmungen dazu enthalten, können sinngemäss die aktienrechtlichen Regeln zu den Verwaltungsratssitzungen (§ 8 N 313 ff.) herangezogen werden. In der Regel wird der Vorsitzende als für die Einberufung der Sitzungen zuständig erklärt. 83

6. Beschlussfassung

Mehrheitserfordernis und Stichentscheid

Sofern die Statuten keine abweichende Regelung vorsehen, entscheiden die Geschäftsführer mit der Mehrheit der abgegebenen Stimmen (Art. 809 Abs. 4 Satz 1 und Satz 3 OR). Der Vorsitzende hat den Stichentscheid (Art. 809 Abs. 4 Satz 2 OR; vgl. zur analogen Regelung beim Verwaltungsrat der AG Art. 713 Abs. 1 Satz 2 OR; § 8 N 319). 84

24 BSK OR II-WATTER, Art. 814 N 8 (keine Pflicht, die Statuten der GmbH zu konsultieren).

85 Obwohl nicht ausdrücklich geregelt, können die Geschäftsführer ihre Beschlüsse wie die Gesellschafter (Art. 805 Abs. 4 OR; N 68) auf dem Zirkularweg fassen (vgl. zu den Zirkularbeschlüssen des Verwaltungsrats einer AG § 8 N 321). Zirkularbeschluss

86 Geschäftsführerbeschlüsse können im Gegensatz zu Beschlüssen der Gesellschafterversammlung nicht angefochten werden. Hingegen kann sich jedermann auf die Nichtigkeit eines Beschlusses der Geschäftsführer berufen und auf diese Weise dessen Unwirksamkeit geltend machen. Die Nichtigkeitsgründe für Generalversammlungsbeschlüsse der AG finden gemäss Art. 816 OR analog Anwendung (vgl. Art. 706*b* OR; § 8 N 284 f.). Anfechtung von Beschlüssen

7. Rücktritt oder Abberufung

87 Das Mandat von gewählten Geschäftsführern endet mit Ablauf der statutarischen bzw. vereinbarten Amtsdauer. Überdies sind jederzeit ein Rücktritt oder eine Abberufung von gewählten Geschäftsführern möglich. Für die Abberufung ist die Gesellschafterversammlung zuständig (Art. 804 Abs. 2 Ziff. 2 OR). Nehmen Geschäftsführer ihre Funktion aufgrund der Gesellschafterstellung ein, behalten sie das Amt als Geschäftsführer grundsätzlich, solange sie an der GmbH beteiligt sind. Ein Rücktritt oder eine Abberufung erfordern, dass die Statuten vom Prinzip der Selbstorganschaft abweichen (N 69). In jedem Fall haben alle Gesellschafter das Recht, aus wichtigem Grund, namentlich im Fall einer groben Pflichtverletzung, gerichtlich die Geschäftsführungs- und Vertretungsbefugnis eines Geschäftsführers entziehen oder beschränken zu lassen (Art. 815 Abs. 2 OR). Bedeutung der Gesellschafterstellung

III. Revisionsstelle

88 Das Recht der GmbH enthält keine eigenständige Regelung der Revision, sondern verweist in Art. 818 Abs. 1 OR auf das Aktienrecht (vgl. Art. 727 ff. OR; § 8 N 327 ff.). Verweis auf Aktienrecht

89 Unterliegt ein Gesellschafter einer Nachschusspflicht (N 46 ff.), kann er die ordentliche Revision der Jahresrechnung verlangen (Art. 818 Abs. 2 OR). Recht auf ordentliche Revision

IV. Organisationsmängel

Verweis auf Aktienrecht

90 Auf Mängel in der Organisation der GmbH gelangen die aktienrechtlichen Vorschriften (Art. 731*b* OR; § 8 N 334 ff.) analog zur Anwendung (Art. 819 OR). Das Gericht kann somit den rechtmässigen Zustand wiederherstellen lassen, das fehlende Organ bzw. einen Sachwalter ernennen oder die Gesellschaft auflösen (Art. 731*b* Abs. 1 Satz 2 OR).

Beispiel (BGE 138 III 213): Die beiden je zu 50 % beteiligten Gesellschafter einer GmbH können sich nicht auf einen Vorsitzenden der Gesellschafterversammlung einigen, weshalb die Gesellschafterversammlung nicht abgehalten werden kann. Es liegt ein Mangel in der Organisation vor. Jeder der beiden Gesellschafter ist befugt, gestützt auf Art. 819 i. V. m. Art. 731*b* Abs. 1 Ziff. 2 OR mittels Klage gegen die Gesellschaft die Bestellung eines Sachwalters zu verlangen.[25]

H. Auflösung und Liquidation der GmbH

Auflösungsgründe

91 Das Gesetz erwähnt in Art. 821 OR die folgenden Auflösungsgründe:

1. ein *statutarisch* vorgesehener Auflösungsgrund tritt ein (Art. 821 Abs. 1 Ziff. 1 OR);
2. die Gesellschafterversammlung fällt einen öffentlich beurkundeten *Auflösungsbeschluss* (Art. 821 Abs. 1 Ziff. 2 und Abs. 2 OR);
3. über die Gesellschaft wird der *Konkurs* eröffnet (Art. 821 Abs. 1 Ziff. 3 OR);
4. ein Gesellschafter erhebt eine *Auflösungsklage* (Art. 821 Abs. 3 OR; N 92);
5. es liegt ein sonstiger *gesetzlicher* Auflösungsgrund vor (Art. 821 Abs. 1 Ziff. 4 OR).

Auflösungsklage

92 Anders als im Aktienrecht, welches die Auflösungsklage von einer Mindestbeteiligung in der Höhe von 10 % abhängig macht (Art. 736 Ziff. 4 OR; § 8 N 340), kann bei einer GmbH jeder Gesellschafter gerichtlich die Auflösung der Gesellschaft aus wichtigem Grund verlangen (Art. 821

[25] BGE 138 III 213 E. 2.1 S. 215 (= Pra 101 [2012] Nr. 110 S. 759 E. 2.1 S. 762). Der zweite Gesellschafter wehrte sich gegen die Bestellung des Sachwalters und verlangte die Auflösung der Gesellschaft sowie die Ernennung eines Liquidators. Seine Berufung blieb ohne Erfolg, weil sie fälschlicherweise gegen den anderen Gesellschafter statt gegen die GmbH gerichtet war.

Abs. 3 Satz 1 OR). Bei der Beurteilung des wichtigen Grundes ist auf den personenbezogenen Charakter der GmbH Rücksicht zu nehmen. Das Gericht kann eine andere sachgemässe und den Beteiligten zumutbare Lösung vorsehen, insbesondere die Abfindung des klagenden Gesellschafters zum wirklichen Wert seiner Stammanteile (Art. 821 Abs. 3 Satz 2 OR).

93 Die Folgen der Auflösung richten sich nach dem Aktienrecht (Art. 821*a* Abs. 1 und Art. 826 Abs. 2 OR; vgl. Art. 737 ff. OR; § 8 N 339 und N 341 ff.). Die Gesellschafter haben Anspruch auf einen Anteil am Liquidationserlös (N 44). Rechtsfolgen der Auflösung

I. Ausscheiden von Gesellschaftern

94 Jeder Gesellschafter darf beim Gericht aus wichtigem Grund auf Bewilligung des Austritts klagen (Art. 822 Abs. 1 OR). Neben diesem gesetzlichen Austrittsrecht können die Statuten ein Austrittsrecht einräumen und hierfür bestimmte Bedingungen aufstellen (Art. 822 Abs. 2 OR). Austrittsrecht

95 Die Geschäftsführer müssen die übrigen Gesellschafter unverzüglich über eine Austrittsklage oder -erklärung informieren (Art. 822*a* Abs. 1 OR). Kommt es zu Anschlussaustritten durch weitere Gesellschafter innerhalb von drei Monaten nach Zugang der Mitteilung, werden alle austretenden Gesellschafter hinsichtlich der Abfindung – nach Massgabe des Nennwerts der Stammanteile zuzüglich etwaiger Nachschüsse – gleich behandelt (Art. 822*a* Abs. 2 OR). Anschlussaustritt

96 Die Gesellschafterversammlung (Art. 804 Abs. 2 Ziff. 15 OR) darf einen Gesellschafter aus der Gesellschaft ausschliessen, wenn die Statuten dies vorsehen und ein darin erwähnter Grund eingetreten ist (Art. 823 Abs. 2 OR). Der Beschluss untersteht dem qualifizierten Quorum (Art. 808*b* Abs. 1 Ziff. 9 OR). Statutarische Ausschlussgründe

97 Auch ohne statutarische Grundlage kann die Gesellschaft auf Ausschluss eines Gesellschafters aus *wichtigem Grund* klagen (Art. 823 Abs. 1 OR). Ein wichtiger Grund liegt vor, wenn die Fortsetzung der Gesellschaft den anderen Gesellschaftern wegen der Person oder des Verhaltens des Auszuschliessenden nicht mehr zugemutet werden kann. Die Ausschlussklage erfordert einen Beschluss der Gesellschafterversammlung (Art. 804 Abs. 2 Ziff. 14 OR), auf welchen das qualifizierte Quorum anwendbar ist (Art. 808*b* Abs. 1 Ziff. 8 OR). Wird das Quorum nicht erreicht, bleibt die Ausschlussklage

Möglichkeit einer Auflösungsklage (Art. 821 Abs. 3 OR; N 92) oder einer Klage auf Austritt aus wichtigem Grund (Art. 822 Abs. 1 OR; N 94).

Sistierung von Mitgliedschaftsrechten

Im Verfahren betreffend das Ausscheiden eines Gesellschafters kann dem Gericht beantragt werden, dass gewisse oder sämtliche Mitgliedschaftsrechte und -pflichten der betroffenen Person ruhen (Art. 824 OR). 98

Abfindung

Der ausscheidende Gesellschafter hat Anspruch auf eine Abfindung, welche dem *wirklichen Wert* seiner Stammanteile entspricht (Art. 825 Abs. 1 OR). Die Statuten können die Abfindung im Fall der Ausübung eines statutarischen Austrittsrechts (Art. 822 Abs. 2 OR) abweichend festlegen (Art. 825 Abs. 2 OR). Der Anspruch auf Abfindung steht in einem Spannungsverhältnis zum Schutz des Gesellschaftskapitals. Deshalb macht Art. 825*a* Abs. 1 OR den Abfindungsanspruch bzw. dessen Fälligkeit davon abhängig, dass alternativ: 99

1. verwendbares Eigenkapital vorhanden ist, wobei dessen Höhe von einer zugelassenen Revisionsexpertin festzustellen ist (Art. 825*a* Abs. 2 Satz 1 OR);
2. die Stammanteile des ausscheidenden Gesellschafters von der Gesellschaft wieder veräussert werden können oder
3. eine Herabsetzung des Stammkapitals zulässig ist für den Fall, dass das verwendbare Eigenkapital für die Auszahlung der Abfindung nicht ausreicht (vgl. Art. 825*a* Abs. 2 Satz 2 OR).

Kann die Abfindung nicht vollständig gezahlt werden, hat der ausgeschiedene Gesellschafter eine unverzinsliche nachrangige Forderung für den Restbetrag (Art. 825*a* Abs. 3 Satz 1 OR). Die Forderung wird fällig, wenn die Gesellschaft gemäss dem Geschäftsbericht über verwendbares Eigenkapital verfügt (Art. 825*a* Abs. 3 Satz 2 OR). Bis zur vollständigen Begleichung der Forderung ist der ausgeschiedene Gesellschafter berechtigt, eine ordentliche Revision der Jahresrechnung zu verlangen (Art. 825*a* Abs. 4 OR).

J. Verantwortlichkeit

Verweisung

Auf die Verantwortlichkeit der mit der Gründung, Geschäftsführung, Revision oder Liquidation der GmbH befassten Personen finden die aktienrechtlichen Vorschriften (Art. 753 ff. OR; § 8 N 346 ff.) analog Anwendung (Art. 827 OR). 100

K. Vertiefungsfragen

1. Welche Arten von Pflichten der Gesellschafter können in den Statuten der GmbH statuiert werden?
2. Was ist der Unterschied zwischen einer Nachschuss- und einer Nebenleistungspflicht?
3. Welche Mitwirkungsrechte hat ein Gesellschafter, der nicht an der Geschäftsführung beteiligt ist?
4. Dürfen Beschlüsse der Gesellschafterversammlung auf dem Korrespondenzweg gefasst werden?
5. Unter welchen Voraussetzungen kann ein Gesellschafter seinen Austritt aus der GmbH verlangen oder von den anderen Gesellschaftern zum Ausscheiden gezwungen werden?
6. Wie werden Stammanteile übertragen, und inwieweit kann die Gesellschaft die freie Übertragbarkeit von Stammanteilen einschränken?
7. Wer besorgt bei der GmbH nach der gesetzlichen Ordnung die Geschäftsführung, und welche statutarischen Gestaltungsmöglichkeiten bestehen?
8. Was kann ein Gesellschafter unternehmen, wenn ein anderer Gesellschafter seine Pflichten als Geschäftsführer schwer verletzt hat und deshalb als Geschäftsführer nicht mehr tragbar ist?
9. Wer ist bei der GmbH für die Ernennung von Direktoren und sonstigen Zeichnungsberechtigten zuständig?
10. Inwieweit können die Geschäftsführer der GmbH ein persönliches Haftungsrisiko vermeiden, indem sie bestimmte Geschäfte durch die Gesellschafterversammlung genehmigen lassen?

§ 11 Genossenschaft

A. Einstieg

Lernziele

- Sie können die charakteristischen Merkmale der Genossenschaft sowie die wesentlichen Unterschiede zur AG und zur GmbH aufzählen.
- Sie erkennen, unter welchen Umständen die Verwendung einer Genossenschaft geeignet ist und welches die Vor- und Nachteile gegenüber der AG und der GmbH sind.
- Sie sind in der Lage, Anwendungsfälle zum Recht der Genossenschaft zu lösen, namentlich im Bereich der Gründung der Genossenschaft, des Genossenschaftskapitals, der Rechtsstellung des Genossenschafters, der Organisation und der Organe der Genossenschaft, der Auflösung sowie der Verantwortlichkeit der Organe.

Gesetzliche Grundlagen

- Art. 828–926 OR
- Art. 84–89 Handelsregisterverordnung (HRegV) vom 17. Oktober 2007 (SR 221.411)
- revidierte Bestimmungen des Obligationenrechts in der Fassung gemäss Botschaft zur Änderung des Obligationenrechts (Aktienrecht) vom 23. November 2016 (zit. E-OR 2016)

Literaturhinweise

BRUNNER-DOBLER SARAH, Fusion und Umwandlung von Genossenschaften, Diss. Zürich, Zürich/St. Gallen 2008 (= Schweizer Schriften zum Handels- und Wirtschaftsrecht, Band 271)

DRUEY JEAN NICOLAS/DRUEY JUST EVA/GLANZMANN LUKAS, Gesellschafts- und Handelsrecht, 11. Aufl., Zürich/Basel/Genf 2015 (§§ 19–20)

GERBER WALTER, Die Genossenschaft als Organisationsform von Mittel- und Grossunternehmen, Diss. Bern 2003 (= Abhandlungen zum schweizerischen Recht, Heft 677)

MEIER-HAYOZ ARTHUR/FORSTMOSER PETER, Schweizerisches Gesellschaftsrecht, 11. Aufl., Bern 2012 (§ 19)

NATSCH REGINA, Die Genossenschaft im Konzern, Diss. Bern 2002 (= Abhandlungen zum schweizerischen Recht, Heft 670)

PURTSCHERT ROBERT (Hrsg.), Das Genossenschaftswesen in der Schweiz, Bern 2005 (Sammelband)

TAISCH FRANCO, Genossenschaftsgruppen und deren Steuerung, Zürich/St. Gallen 2009

TAISCH FRANCO, Genossenschaftsunternehmen, Ein Leitfaden, Zürich/St. Gallen 2012 (dreisprachig)

B. Einführungsfall

Eine Gruppe von sechs befreundeten Künstlern möchte sich in der Form einer Genossenschaft zusammenschliessen, um gemeinsame Ausstellungen zu organisieren und sich beim Verkauf ihrer Werke gegenseitig auszuhelfen. Ein siebter Kollège, der noch unentschlossen ist, kann für ihr Vorhaben möglicherweise ebenfalls gewonnen werden.

Aufgaben

1. Eignet sich zur Umsetzung dieses Plans die Gründung einer Genossenschaft? Was sind die Vor- und Nachteile verglichen mit einer anderen Rechtsform?

2. Welche Organe der Genossenschaft sind vorzusehen?

3. Was sind die Rechte und Pflichten der beteiligten Künstler? Besteht ein persönliches Haftungsrisiko?
4. Ein weiterer Künstler möchte sich diesem Verbund anschliessen. Steht ihm ein Beitrittsrecht zu?
5. Wie ist die Rechtslage, falls sich zwei Beteiligte entschliessen, aus der Genossenschaft auszutreten? Haben sie ein Recht auf Austritt?

C. Umschreibung

1 Die Genossenschaft *(société coopérative, società cooperativa* bzw. *Cooperative)* ist eine *personenbezogene* Körperschaft, welcher mindestens sieben Mitglieder angehören müssen (Art. 831 OR). Ihr hauptsächlicher Zweck besteht in der Förderung bzw. Befriedigung von wirtschaftlichen Interessen der Mitglieder in *gemeinsamer Selbsthilfe* (vgl. Art. 828 Abs. 1 OR). Die Tätigkeit der Genossenschaft soll direkt – und nicht lediglich über die Ausschüttung eines erzielten Gewinns – den Mitgliedern zugutekommen. Der Beteiligung liegt somit nicht wie bei der AG ein blosses finanzielles Interesse zugrunde. Die Genossenschaft kann, muss aber nicht, über ein in Anteile zerlegtes Grundkapital verfügen. Der Genossenschaftszweck wird unter Mitwirkung der Genossenschafter erreicht. Entsprechend sind persönliche Eigenschaften oder Fähigkeiten der Mitglieder relevant. Neuen Mitgliedern soll der Eintritt nicht übermässig erschwert werden (Prinzip der offenen Tür), und bestehenden Genossenschaftern darf der Austritt nicht verwehrt sein. Deshalb bedarf die Genossenschaft einer flexiblen Struktur. Ein festes Grundkapital ist nicht zulässig (Art. 828 Abs. 2 OR). Trotz der gegensätzlichen Ausrichtung lehnt sich das Genossenschaftsrecht verschiedentlich an das frühere Aktienrecht an. Die folgenden Ausführungen stützen sich auf das Kapitel zur AG (§ 8). Die Darstellung beschränkt sich auf zentrale Punkte sowie die Hervorhebung von Differenzen zu den aktienrechtlichen Vorschriften.

Personenbezogene Körperschaft zur gemeinsamen Selbsthilfe

2 Das Gesetz definiert die Genossenschaft in Art. 828 Abs. 1 OR als «Verbindung einer nicht geschlossenen Zahl von Personen oder Handelsgesellschaften, die in der Hauptsache die Förderung oder Sicherung [bestimmter][1] wirtschaftlicher Interessen ihrer Mitglieder in gemeinsamer Selbst-

Legaldefinition

[1] Der Ausdruck «bestimmter» wird in der Fassung gemäss Änderung vom 17. März 2017, BBl 2017, S. 2433–2445, S. 2442, gestrichen.

hilfe bezweckt». Alternativ zur gemeinsamen Selbsthilfe wird als Genossenschaftszweck neu ausdrücklich die Möglichkeit einer *gemeinnützigen* Ausrichtung vorgesehen (N 4).[2]

Genossenschaftsverband

Beim Genossenschaftsverband handelt es sich um eine Genossenschaft, welche aus *mindestens drei Genossenschaften* besteht (Art. 921 OR), aber auch andere juristische oder natürliche Personen als Mitglieder haben kann, sofern die Mehrheit Genossenschaften sind. Das oberste Organ des Genossenschaftsverbands ist, sofern in den Statuten nicht anders geregelt, die Delegiertenversammlung (Art. 922 Abs. 1 OR). Die Statuten können die Verwaltung ermächtigen, die Geschäftstätigkeit der angeschlossenen Genossenschaften zu überwachen (Art. 924 Abs. 1 OR). Soweit keine Sondervorschriften bestehen, gelten die Bestimmungen des allgemeinen Genossenschaftsrechts. Für die Organisation des Genossenschaftsverbands besteht ein grosser Gestaltungsspielraum. 3

Verwendung

In der geltenden Fassung impliziert Art. 828 Abs. 1 OR die hauptsächliche Verfolgung eines *wirtschaftlichen* Zwecks. Es ist somit zulässig, gleichzeitig untergeordnete nichtwirtschaftliche Zwecke zu verfolgen. So kann eine Konsumgenossenschaft auch noch ein kulturelles Projekt unterstützen, eine Gewerkschaft soziale Interessen ihrer Mitglieder fördern. Gemäss Art. 86 lit. b Ziff. 2 HRegV bzw. der geänderten Fassung von Art. 828 Abs. 1 OR darf der statutarische Genossenschaftszweck gänzlich *gemeinnützig* ausgerichtet sein (N 2). Insofern nicht unproblematisch bleibt eine Geschäftstätigkeit, welche weder den Interessen der Mitglieder dient noch gemeinnützig ausgerichtet ist, so im Zusammenhang mit den bei einzelnen Genossenschaften häufigen Nichtmitgliedergeschäften. Die Genossenschaft kann selbst ein *kaufmännisches Unternehmen* betreiben, sich aber auch darauf beschränken, beispielsweise für die Mitglieder den Absatz von Produkten zu fördern oder Güter einzukaufen. In der Praxis existieren Genossenschaften in unterschiedlicher Grösse und Ausprägung. Ihre Tätigkeitsgebiete reichen vom Lebensmittelvertrieb (Konsumgenossenschaften) über den Banken- und Versicherungsbereich sowie die Landwirtschaft bis hin zum Angebot von günstigem Wohnraum. Auch der Gesetzgeber hatte nicht nur landwirtschaftlich ausgerichtete Kleingenossenschaften vor Augen, deren Mitglieder sich zur gegenseitigen Unterstützung zusammenschliessen. Vielmehr nimmt das Gesetz verschiedentlich auf grosse Genossenschaften Rücksicht. 4

2 Art. 828 Abs. 1 OR in der Fassung gemäss Änderung vom 17. März 2017, BBl 2017, S. 2433–2445, S. 2442. Vgl. bereits Art. 86 lit. b Ziff. 2 HRegV.

5 Die Anzahl Genossenschaften ist in der Schweiz von Jahr zu Jahr leicht rückläufig. Verschiedene grosse Genossenschaften wandelten sich in AG um. Anfang 2018 waren noch 8683 Genossenschaften im Handelsregister eingetragen.[3] Wirtschaftlich bedeutende Unternehmen (vgl. zu den Genossenschaftskonzernen § 12 N 41)[4] – wie die Migros[5], Coop[6] oder fenaco[7] – weisen die Rechtsform der Genossenschaft auf. Aus dem Bankenbereich sind etwa die Raiffeisenbanken[8], im Versicherungswesen die Schweizerische Mobiliar[9] zu erwähnen. Daneben existieren in der Schweiz zahlreiche Wohnbaugenossenschaften. Verbreitung

D. Gründung der Genossenschaft

6 Gemäss Art. 830 und Art. 834 Abs. 1 OR erfordert die Gründung einer Genossenschaft, dass die konstituierende Versammlung die *Statuten* genehmigt. Eine Sacheinlage- oder Sachübernahmegründung setzt eine Umschreibung in den Statuten (Art. 833 Ziff. 2 und Ziff. 3 OR) sowie einen Errichtungsakt

[3] Eidgenössisches Amt für das Handelsregister, Stand 1. Januar 2018 (gemäss Datum des Schweizerischen Handelsamtsblatts); Vorjahr: 8855.

[4] Die nachfolgenden Angaben basieren auf öffentlich zugänglichen Informationen der einzelnen Unternehmen, namentlich den letzten Geschäftsberichten und im Internet verfügbaren Informationen zur Struktur.

[5] Ursprünglich als Migros AG gegründet, wurde das Unternehmen später in Form von regionalen Genossenschaften organisiert. An der Spitze steht heute der Migros-Genossenschafts-Bund mit Sitz in Zürich und einem Genossenschaftskapital von CHF 15 Mio. Es handelt sich um einen Genossenschaftsverband i. S. v. Art. 921 ff. OR, der aus zehn regionalen Genossenschaften besteht, welche auch die Anteilscheine halten. Der höchste Anteil kommt der Genossenschaft Migros Zürich mit knapp einem Drittel zu, basierend auf dem Detailverkaufsumsatz des Jahres 1957. Die Genossenschaft Migros Aare mit Sitz im Kanton Bern hat über 500 000 Genossenschafter, alle Genossenschaften zusammen zählen mehr als 2 Mio. Mitglieder.

[6] Der Coop-Gruppe Genossenschaft mit Sitz in Basel gehören über 2,5 Mio. Genossenschaftsmitglieder an. Sie hält zu 100 % die Coop Genossenschaft.

[7] Die fenaco Genossenschaft mit Sitz in Bern ist ein Genossenschaftsverband, der aus rund 200 Mitgliedern besteht und unter anderem die Detailhandelsketten Volg und LANDI betreibt. Bei den Mitgliedern handelt es sich insbesondere um landwirtschaftliche Genossenschaften (LANDI), denen mehrheitlich Bauern angehören.

[8] Die Raiffeisen Schweiz Genossenschaft mit Sitz in St. Gallen steht zuoberst im Verbund der etwa 250 Raiffeisenbanken, welche je rechtlich selbständige Genossenschaften mit insgesamt ungefähr 2 Mio. Mitgliedern sind. Zur Verbindung zwischen der Raiffeisen Schweiz Genossenschaft und den einzelnen Raiffeisenbanken existieren mehrere Regionalverbände in der Rechtsform von Vereinen.

[9] Die bereits im 19. Jahrhundert gegründete Schweizerische Mobiliar Genossenschaft mit Sitz in Bern hält sämtliche Aktien der Schweizerischen Mobiliar Holding AG. Die Mitgliedschaft an der Schweizerischen Mobiliar Genossenschaft erwirbt, wer mit der Schweizerischen Mobiliar Versicherungsgesellschaft AG einen Versicherungsvertrag abschliesst. Die Anzahl Genossenschafter beträgt rund 2 Mio.

schriftlichen Gründungsbericht voraus (Art. 834 Abs. 2 OR). Die Versammlung bestellt nach Art. 834 Abs. 3 OR auch die gesetzlich und statutarisch vorgesehenen *Organe*. Eine öffentliche Beurkundung des Protokolls der konstituierenden Versammlung ist unter dem geltenden Recht nicht vorgeschrieben. Demgegenüber verlangt der Entwurf 2016 zur Aktienrechtsrevision in Art. 830 Abs. 1 E-OR 2016 für die Errichtung der Genossenschaft analog zur AG und GmbH eine öffentliche Urkunde. Ein Errichtungsakt in blosser Schriftform reicht nach Art. 830 Abs. 2 E-OR 2016 aus, wenn sich die Statuten auf den Mindestinhalt gemäss Art. 832 OR beschränken können, somit kein bedingt notwendiger Statuteninhalt vorliegt (vgl. N 10).

Eintragung ins Handelsregister

7 Wie die AG (§ 8 N 8) und die GmbH (§ 10 N 6) entsteht auch die Genossenschaft erst mit der Eintragung in das Handelsregister (Art. 830 und Art. 838 Abs. 1 OR) an ihrem Sitz (Art. 835 OR). Der Eintragung kommt heilende Wirkung zu (vgl. zum Aktienrecht § 8 N 9).

Gründer

8 Gemäss Art. 828 Abs. 1 OR besteht die Genossenschaft aus natürlichen sowie juristischen «Personen oder Handelsgesellschaften» (vgl. § 8 N 12). Somit fallen Kollektiv- und Kommanditgesellschaften als Mitglieder einer Genossenschaft in Betracht. Werden vor der Eintragung in das Handelsregister im Namen der Genossenschaft Verbindlichkeiten begründet, haften die Handelnden *persönlich* und solidarisch (Art. 838 Abs. 2 OR). Die persönliche Haftung entfällt, wenn die Genossenschaft die Verpflichtungen innerhalb von drei Monaten nach der Eintragung in das Handelsregister übernimmt (Art. 838 Abs. 3 OR). Eine besondere Gründungshaftung wird im Abschnitt zur Verantwortlichkeit (Art. 916 ff. OR) nicht vorgesehen (N 95).

Mindestanzahl

9 An der Gründung müssen mindestens *sieben Mitglieder* beteiligt sein (Art. 831 Abs. 1 OR). Anders als unter dem früheren Aktienrecht, bei welchem die Praxis ein späteres Unterschreiten der damaligen gesetzlichen Mindestanzahl von drei Gründerinnen toleriert hat, muss eine Genossenschaft jederzeit mindestens sieben Mitglieder aufweisen. Andernfalls kommen die aktienrechtlichen Vorschriften zu *Organisationsmängeln* analog zur Anwendung (Art. 831 Abs. 2 i. V. m. Art. 731*b* OR; § 8 N 334 ff.). Das Bundesgericht geht noch einen Schritt weiter: Sinkt die Mitgliederzahl unter das Minimum, liegt nicht bloss eine mangelhafte Organisation vor, sondern es ist der Tatbestand der Genossenschaft als solcher nicht mehr gegeben. Es fehlt dann an einem begriffsbestimmenden Element. Die Körperschaft existiert nur noch formal im Handelsregister, hat aber materiell ihre Existenz verloren. Somit fällt eine Wiederherstellung mittels gerichtlicher Massnahme ausser Betracht. Das Gericht muss entweder Frist zur Wiederherstellung des rechtmässigen Zustands ansetzen oder die Auflö-

sung der Genossenschaft verfügen.[10] Das Urteil ist in der Lehre kritisch aufgenommen worden. In der Praxis wird etwa bei landwirtschaftlichen Genossenschaften die historisch bedingte «magische Zahl» Sieben nicht selten unterschritten, ohne dass eine Auflösung sinnvoll erschiene.[11]

10 Die Statuten sind anlässlich der Gründung durch die konstituierende Versammlung zu genehmigen (N 6). Als Statuteninhalt schreibt Art. 832 OR Bestimmungen über die folgenden Punkte vor: Statuten

1. die Firma und den Sitz;
2. den Zweck;
3. etwaige Pflichten der Genossenschafter;[12]
4. die Verwaltung samt Ausübung der Vertretung und die Revisionsorgane[13] und
5. die Form von Bekanntmachungen der Genossenschaft.[14]

Der bedingt notwendige Statuteninhalt (vgl. § 8 N 42) wird in Art. 833 OR umschrieben. Dazu gehören etwa die Schaffung eines Genossenschaftskapitals durch die Ausgabe von Anteilscheinen (Art. 833 Ziff. 1 OR), Bestimmungen über Sacheinlagen (Art. 833 Ziff. 2 OR) oder Vorschriften über den Eintritt und den Verlust der Mitgliedschaft (Art. 833 Ziff. 4 OR) sowie über die persönliche Haftung und die Nachschusspflicht der Genossenschafter (Art. 833 Ziff. 5 OR).[15]

11 Auch die Firma einer Genossenschaft kann grundsätzlich frei gewählt werden. Wiederum ist die Rechtsform in einer Landessprache des Bundes anzugeben (Art. 950 Abs. 1 Satz 2 OR, Art. 116*a* HRegV). Die Anfang Juli 2016 in Kraft getretene Revision des Firmenrechts hat als offizielle *Abkürzung* der Rechtsform «Gen» («SCoop» auf Französisch und Italienisch) Firma

10 BGE 138 III 407 E. 2.5.2 S. 410 f. (Auflösung der Genossenschaft, da eine Fristansetzung auch von der Beschwerdeführerin als unzweckmässig betrachtet worden ist).

11 Vgl. MEIER-HAYOZ/FORSTMOSER, § 19 N 40c.

12 Da es sich hierbei um bedingt notwendigen Statuteninhalt handelt, wird diese Ziffer nach dem Entwurf 2016 zur Aktienrechtsrevision (Art. 832 Ziff. 3 E-OR 2016) gestrichen.

13 Entsprechende Statutenbestimmungen sind entbehrlich, weshalb die Ziffer nach dem Entwurf 2016 zur Aktienrechtsrevision (Art. 832 Ziff. 4 E-OR 2016) aufgehoben werden soll.

14 In Art. 832 Ziff. 5 E-OR 2016 wird der Begriff der «Bekanntmachungen» durch «Mitteilungen» an die Genossenschafter ersetzt.

15 Anders als im Aktien- und GmbH-Recht soll die Bestimmung zum bedingt notwendigen Statuteninhalt hier nicht gestrichen werden, weil sie sich als weniger redundant erweist. Zur Aufhebung vorgesehen ist Art. 833 Ziff. 3 OR betreffend Sachübernahmen.

festgesetzt.[16] Üblicherweise wird bei Genossenschaften die Rechtsform ausgeschrieben.

E. Genossenschaftskapital und Anteilscheine

Genossenschaftskapital

Analog zum Aktienkapital wird das Grundkapital einer Genossenschaft aus den Einlagen der Mitglieder gebildet. Aufgrund der personen- statt einer kapitalbezogenen Ausrichtung der Genossenschaft weist deren Grundkapital im Vergleich zum Aktienkapital Besonderheiten auf. Der wichtigste Unterschied besteht darin, dass das Grundkapital bei der Genossenschaft *freiwillig* ist und ihm eine geringere Bedeutung als dem Aktienkapital einer AG zukommt. Deshalb schreibt das Genossenschaftsrecht weder eine minimale Höhe des Grundkapitals oder des Nennwerts der Anteile noch eine Mindestliberierung vor.[17] Nicht zulässig ist ein Grundkapital in fester Höhe (Art. 828 Abs. 2 OR). Ein solches stünde mit dem Prinzip der offenen Tür (N 19) in einem Spannungsverhältnis. Auch die Handelsregisterpublizität ist beschränkt: In das Handelsregister wird lediglich der Nennwert der Anteilscheine eingetragen (Art. 87 Abs. 1 lit. h HRegV). 12

Genossenschaftsanteil

Der Genossenschaftsanteil ist der Anteil des Genossenschafters am statutarisch vorgesehenen *Grundkapital* und verkörpert die aus der Beteiligung fliessenden vermögensmässigen Rechte bzw. Pflichten. Jeder Genossenschafter muss mindestens einen Anteil übernehmen (vgl. Art. 853 Abs. 1 OR). Der Genossenschaftsanteil wird entweder von der Genossenschaft durch Zeichnung und Leistung der Einlage oder von einem anderen Genossenschafter durch Kauf erworben. Die Statuten können vorsehen, dass ein Genossenschafter mehrere Anteile erwerben darf, wobei die Anzahl zu bestimmen ist (vgl. Art. 853 Abs. 2 OR). Verfügt die Genossenschaft nicht über ein Grundkapital, bestehen keine Genossenschaftsanteile. 13

16 Die Abkürzungen ergeben sich verbindlich aus Anhang 2 HRegV (Art. 116*a* Abs. 2 HRegV).

17 Ist eine Genossenschaft als Versicherungsunternehmen tätig, schreibt Art. 8 VAG ein Mindestkapital in der Höhe von CHF 3–20 Mio. vor. Nach der Praxis ist es zulässig, in den Statuten der Genossenschaft ein Mindestkapital anzugeben.

14 Der Anteilschein – sofern nicht synonym zum Begriff Genossenschaftsanteil verwendet – ist die freiwillig bzw. auf statutarischer Grundlage ausgestellte *Beweisurkunde* über den Genossenschaftsanteil.[18] Er bescheinigt die Beteiligung eines Genossenschafters am Grundkapital und gegebenenfalls die sich daraus ergebende Rechtsposition, etwa das Recht auf einen Anteil am Reinertrag (vgl. Art. 859 Abs. 3 OR; N 33 f.), auf Rückzahlung des Anteilscheins (vgl. Art. 864 Abs. 2 OR; N 35) oder auf Ausrichtung eines Liquidationsüberschusses (Art. 913 Abs. 2 OR; N 85). Zusätzlich zum Ausweis über die Kapitalbeteiligung kann der Anteilschein eine Bescheinigung der Mitgliedschaft enthalten (N 23). Anteilscheine

15 Die personenbezogene Ausrichtung der Genossenschaft steht einer verkehrsfähigen Ausgestaltung der Anteilscheine entgegen. Die Anteilscheine müssen auf den Namen des Mitglieds ausgestellt werden; eine Ausgabe in Form von Wertpapieren ist unzulässig (Art. 853 Abs. 3 OR). Die *Übertragung* von Genossenschaftsanteilen bzw. Anteilscheinen bewirkt nach der zwingenden Bestimmung von Art. 849 Abs. 1 OR keinen Mitgliederwechsel, so dass der Veräusserer Genossenschafter bleibt. Der Erwerber wird grundsätzlich erst mit dem *Aufnahmebeschluss* originär zum Mitglied und kann bis zur Aufnahme höchstens die aus der Mitgliedschaft fliessenden vermögensmässigen Rechte ausüben. Keine Ausgabe von Wertpapieren

16 Genossenschaften ist es verwehrt, gegen Einlage Beteiligungsscheine mit einem Nennwert und einem Recht auf Gewinnbeteiligung sowie auf einen Liquidationsanteil, aber ohne Stimmrecht (Partizipationsscheine) auszugeben. Das Bundesgericht verneint in Analogie zum GmbH-Recht (§ 10 N 17) das Vorliegen einer Gesetzeslücke, da bei der Genossenschaft die im Aktienrecht vorhandenen Schutzmechanismen für Partizipanten, welche Eigenkapital gewähren, ohne umfangreiche Mitwirkungsrechte zu erhalten (§ 8 N 107 ff.), fehlen.[19] Kein Partizipationskapital

[18] Die französische Terminologie ist anschaulicher als die deutschen Begriffe: Als «part sociale» wird der Genossenschaftsanteil, als «titre représentant la part sociale» der Anteilschein bezeichnet.

[19] BGE 140 III 206 E. 3.6.5 und E. 3.7 S. 219 f. (Raiffeisen); Kritik bei Peter Forstmoser/Franco Taisch/Tizian Troxler, Unzulässigkeit von Beteiligungsscheinen bei Genossenschaften, Jusletter vom 14. Juli 2014; zustimmend Herbert Wohlmann, Die Revision des Genossenschaftsrechts ist überfällig, Jusletter vom 15. September 2014. Einigkeit herrscht, dass die vom Bundesgericht erkannte Lücke mittels Revision des Genossenschaftsrechts gefüllt werden sollte. Für Banken in der Rechtsform der Genossenschaft wird mit dem Entwurf zum neuen Finanzinstitutsgesetz in Art. 14 BankG ein Beteiligungskapital vorgeschlagen, welches dem aktienrechtlichen Partizipationskapital nachgebildet ist.

Kapitalschutzvorschriften

17 Wie im Aktienrecht erfordert eine Reduktion des Grundkapitals grundsätzlich die Einhaltung der Vorschriften zur Kapitalherabsetzung (N 18). Die Pflichten der Verwaltung im Fall einer *Überschuldung* und eines *Kapitalverlusts* gemäss Art. 903 OR stimmen mit der aktienrechtlichen Bestimmung von Art. 725 bzw. Art. 725*a* OR nicht exakt überein. Ein sachlicher Grund für die Differenzen besteht nicht. Mit dem Entwurf 2016 zur Aktienrechtsrevision wird die gewünschte Kohärenz hergestellt. Art. 903 E-OR 2016 erklärt die Bestimmungen des Aktienrechts zur drohenden Zahlungsunfähigkeit, zur Überschuldung sowie zur Aufwertung von Grundstücken und Beteiligungen, bei Genossenschaften mit Anteilscheinen überdies die Vorschriften über den Kapitalverlust für entsprechend anwendbar.

Veränderungen des Grundkapitals

18 *Kapitalerhöhungen* erfolgen durch den Beitritt neuer Genossenschafter, welche Anteile übernehmen. Ein formelles Erhöhungsverfahren wie beim Aktienkapital kennt das Genossenschaftsrecht nicht. Wie sich aus Art. 874 Abs. 2 OR ergibt, finden auf die *Herabsetzung* des Grundkapitals bzw. die Aufhebung von Anteilscheinen die *aktienrechtlichen* Bestimmungen über die Kapitalherabsetzung Anwendung (vgl. § 8 N 177 ff.). Überdies wird das Grundkapital faktisch durch den Austritt von Genossenschaftern reduziert. Gemäss dem Entwurf 2016 zur Aktienrechtsrevision ist die im Rahmen einer Kapitalanpassung erforderliche Statutenänderung öffentlich zu beurkunden (Art. 838*a* Abs. 1 E-OR 2016).

F. Rechtsstellung des Genossenschafters

I. Erwerb und Verlust der Mitgliedschaft

Prinzip der offenen Tür

19 Der Beitritt neuer Mitglieder ist jederzeit möglich (Art. 839 Abs. 1 OR). Die Statuten können die Aufnahme von Genossenschaftern regeln. Dabei ist nach Art. 839 Abs. 2 OR der Grundsatz der nicht geschlossenen Mitgliederzahl zu wahren und darf der Eintritt nicht übermässig erschwert werden. Persönliche Voraussetzungen, welche an neue Mitglieder gestellt werden, müssen sachlich gerechtfertigt sein. Verfügt die Genossenschaft in einem bestimmten Geschäftsbereich über eine bedeutende Stellung oder kommt ihr gar ein faktisches Monopol zu, kann es für andere Erwerbstätige dieser Branche wichtig sein, der Genossenschaft beitreten zu dürfen. Doch lässt sich aus dem Genossenschaftsrecht grundsätzlich kein

klagbares Recht auf Eintritt ableiten. Ein solches kann sich aus dem Kartellrecht oder einer anderen gesetzlichen Grundlage ergeben.[20]

20 Der Beitritt zur Genossenschaft beruht auf einer schriftlichen Erklärung (Art. 840 Abs. 1 OR). Entscheidend ist die Unterzeichnung durch den Beitretenden. In der Erklärung ist auf eine etwaige *persönliche Haftung oder Nachschusspflicht* des Mitglieds hinzuweisen (Art. 840 Abs. 2 OR). Erhält der Beitretende davon keine Kenntnis, entfällt für ihn die persönliche Haftung bzw. Nachschusspflicht. Ist die Genossenschaft noch nicht in das Handelsregister eingetragen, sind für den Erwerb der Mitgliedschaft die Statuten zu unterzeichnen (Art. 834 Abs. 4 OR). Auf diese Weise wird sichergestellt, dass der Beitretende von den aus den Statuten hervorgehenden Pflichten Kenntnis erlangt. Beitrittserklärung

21 Zuständig für die Aufnahme neuer Mitglieder ist die *Verwaltung* (Art. 840 Abs. 3 OR). Die Statuten können bestimmen, dass der Eintritt direkt mit der Entgegennahme der Beitrittserklärung erfolgt oder umgekehrt die Generalversammlung über die Aufnahme neuer Mitglieder beschliessen muss. Ist die Zugehörigkeit zur Genossenschaft mit einem Versicherungsvertrag verknüpft, wird die Mitgliedschaft mit der Annahme des Versicherungsvertrags erworben (Art. 841 Abs. 1 OR). Aufnahmebeschluss

22 Die Genossenschaft darf den Eintritt von neuen Mitgliedern nicht übermässig erschweren (N 19) und hat ebenso das Austrittsrecht ihrer Mitglieder (Art. 842 ff. OR; N 86) zu respektieren. Auf die Modalitäten des Austritts und die Gründe, welche zur Beendigung der Mitgliedschaft führen, sowie auf die Übertragung der Mitgliedschaft ist zurückzukommen (N 86 ff.). Beendigung der Mitgliedschaft

II. Rechte des Genossenschafters

23 Wie die Aktionärin und der Gesellschafter einer GmbH verfügt der Genossenschafter über nicht vermögensmässige und über vermögensmässige Rechte, doch gibt es wesentliche Unterschiede beim Gegenstand und Umfang dieser Rechte. Das Gesetz geht vom Prinzip der *Rechtsgleichheit* aller Genossenschafter aus (Art. 854 OR). Tatsächliche, für die Genossenschaft relevante Unterschiede dürfen bzw. sollen berücksichtigt werden, so dass eine *relative* Gleichbehandlung genügt (vgl. zum Aktienrecht § 8 N 304). Doch existieren grundsätzlich keine unterschiedlichen Kategorien von Ge- Überblick

[20] Zu denken ist an das Krankenversicherungsgesetz, unter Umständen auch an eine Aufnahmepflicht gestützt auf das Verbot sittenwidrigen Verhaltens oder den Persönlichkeitsschutz (vgl. zur Kontrahierungspflicht BGE 129 III 35).

nossenschaftern. Zum Beispiel sind bei der Genossenschaft vermögensmässige Privilegien analog den Vorzugsaktien oder Gründervorteilen nach herrschender Auffassung ausgeschlossen. Die Statuten können die Ausstellung von Mitgliedschaftsurkunden vorsehen, welche auch in die Anteilscheine integriert sein können (Art. 852 Abs. 1 und Abs. 2 OR; N 14). Mitgliedschaftsurkunden dienen der Kontrolle bei der Ausübung von Mitgliedschaftsrechten.

Genossenschafterverzeichnis

24 Die Genossenschafter sind in ein von der Genossenschaft geführtes Verzeichnis einzutragen (Art. 837 Abs. 1 Satz 1 OR). Aufgrund der schriftlichen Beitrittserklärung (Art. 840 Abs. 1 OR) sind der Genossenschaft sämtliche Genossenschafter bekannt. Das Genossenschafterverzeichnis ist nur in bestimmten Fällen öffentlich einsehbar. Die Genossenschafter werden grundsätzlich auch nicht in das Handelsregister eingetragen. Sind sie jedoch für die Verbindlichkeiten der Genossenschaft persönlich haftbar (N 39 ff.) oder zu Nachschüssen verpflichtet (N 42), muss die Verwaltung die Ein- und Austritte von Genossenschaftern dem Handelsregisteramt melden (Art. 877 Abs. 1 OR). Dabei ist dem Handelsregisteramt ein von einem Mitglied der Verwaltung unterzeichnetes aktualisiertes Genossenschafterverzeichnis einzureichen, welches von jedermann eingesehen werden kann (Art. 88 Abs. 1 und Abs. 2 HRegV). Im Gegensatz zur AG (§ 8 N 193) und zur GmbH (§ 10 N 30) wird bei der Genossenschaft kein Verzeichnis von wirtschaftlich Berechtigten ab einer 25 %-Beteiligung verlangt, da aufgrund der zwingenden Mindestanzahl von sieben Genossenschaftern (N 9) und des Kopfstimmprinzips (N 25) nicht denkbar ist, dass die Genossenschaft von einem Mitglied kontrolliert wird.

Mitwirkungsrechte

25 Auf Verlangen von mindestens 10 % der Genossenschafter oder, bei Genossenschaften mit weniger als 30 Mitgliedern, von mindestens drei Genossenschaftern hat die Verwaltung eine *Generalversammlung einzuberufen* (Art. 881 Abs. 2 OR). Das Recht auf Teilnahme an der Generalversammlung und das Antragsrecht (vgl. § 8 N 257) sind vergleichbar mit der aktienrechtlichen Regelung. Zentral ist das Recht des Genossenschafters, anlässlich einer Generalversammlung oder einer Urabstimmung das Stimmrecht auszuüben (Art. 855 OR). Art. 885 OR statuiert für Generalversammlungen sowie Urabstimmungen zwingend das *Kopfstimmprinzip*: Jeder Genossenschafter hat eine Stimme.

Bekanntgabepflicht der Genossenschaft

26 Als Kontrollrechte erwähnt das Gesetz die Bekanntgabe der Bilanz und die Auskunftserteilung (Art. 856 f. OR). Spätestens zehn Tage vor der Generalversammlung oder der Urabstimmung, welche über die Genehmigung des Lageberichts und der Jahresrechnung zu entscheiden hat, sind diese Unterlagen zusammen mit dem Revisionsbericht zur Einsicht aufzulegen (Art. 856 Abs. 1 OR). Falls so in den Statuten vorgesehen, kann gemäss

Art. 856 Abs. 2 OR jeder Genossenschafter ein Exemplar der Betriebsrechnung und der Bilanz (d. h. der Jahresrechnung) verlangen.[21]

27 Der Genossenschafter darf *Geschäftsbücher* und *Korrespondenz* bloss einsehen, falls ihn die Generalversammlung oder die Verwaltung dazu ermächtigen und soweit Geschäftsgeheimnisse gewahrt werden (Art. 857 Abs. 2 OR). Überdies kann das Gericht anordnen, dass die Genossenschaft einem Genossenschafter bestimmte, für die Ausübung des Kontrollrechts relevante Auszüge aus den Geschäftsbüchern oder der Korrespondenz – in Form von beglaubigten Abschriften – offenlegt, sofern dadurch die Interessen der Genossenschaft nicht gefährdet werden (vgl. Art. 857 Abs. 3 OR). Schliesslich erlaubt Art. 857 Abs. 1 OR den Genossenschaftern, die Revisionsstelle «auf zweifelhafte Ansätze aufmerksam [zu] machen und die erforderlichen Aufschlüsse [zu] verlangen». Auskunftspflichtig ist neben der Revisionsstelle die Verwaltung. Gegenstand des Auskunftsrechts können alle Vorgänge innerhalb der Genossenschaft sein. Einsichts- und Auskunftsrecht

28 Die Sondervorschriften zur Offenlegung der Vergütungen und Auskunftserteilung (vgl. § 8 N 206 und N 325 f.) finden lediglich auf AG Anwendung. Im Rahmen der Aktienrechtsrevision wird auf eine Ausdehnung auf Genossenschaften verzichtet. Der Vorentwurf 2014 hatte eine solche noch vorgesehen. Offenlegung der Vergütungen

29 Jeder Genossenschafter mit einem Rechtsschutzinteresse ist befugt, von der Generalversammlung oder in einer Urabstimmung gefasste, gegen das Gesetz oder die Statuten verstossende Beschlüsse beim Gericht mittels Klage gegen die Genossenschaft *anzufechten* (Art. 891 Abs. 1 Satz 1 OR). Die Klage muss spätestens zwei Monate nach der Beschlussfassung angehoben werden (Art. 891 Abs. 2 OR). Zeitlich unbefristet kann ein Genossenschafter die *Nichtigkeit* von Beschlüssen der Generalversammlung oder der Verwaltung geltend machen. Mangelhafte Beschlüsse

30 Ein Recht auf Abberufung von Mitgliedern der Verwaltung, der Revisionsstelle sowie von anderen gewählten Bevollmächtigten und Beauftragten steht nicht nur nach Art. 890 Abs. 1 OR der Generalversammlung zu. Vielmehr räumt Art. 890 Abs. 2 Satz 1 OR einer Minderheit von *10 % der Genossenschafter* die Befugnis ein, beim Gericht die Abberufung aus wichtigen Gründen zu verlangen, etwa bei einer Vernachlässigung der Pflichten. Das Gericht verfügt soweit erforderlich eine Neuwahl durch die zuständigen Abberufungsrecht

[21] Art. 856 Abs. 2 E-OR 2016 berechtigt jeden Genossenschafter unabhängig von einer statutarischen Grundlage, während eines Jahres nach der Generalversammlung kostenlos die Zustellung des Geschäftsberichts und der Revisionsberichte zu verlangen, falls die Unterlagen nicht elektronisch zugänglich sind (vgl. Art. 699*a* Abs. 3 E-OR 2016).

Genossenschaftsorgane und trifft für die Zwischenzeit die geeigneten Anordnungen (Art. 890 Abs. 2 Satz 2 OR).

Verantwortlichkeits- und Rückerstattungsklage

Die *Verantwortlichkeit* von Mitgliedern der Verwaltung und Liquidatoren gegenüber Genossenschaftern wird in Art. 917 Abs. 1 OR geregelt (N 97). Anders als das Aktien- (Art. 678 OR) und das GmbH-Recht (Art. 800 OR) kennt das Genossenschaftsrecht keine allgemeine Pflicht zur *Rückerstattung* von Leistungen. Art. 904 Abs. 1 OR findet lediglich im Konkurs der Genossenschaft im Verhältnis zwischen Mitgliedern der Verwaltung (als Verpflichteten) und Gläubigern der Genossenschaft (als Berechtigten) Anwendung. Weil eine uneinheitliche Regelung nicht gerechtfertigt ist, verweist der Entwurf 2016 zur Aktienrechtsrevision für die Rückerstattung von Leistungen auf das Aktienrecht (Art. 902*a* E-OR 2016). Im Genossenschaftsrecht nicht vorgesehen ist das aktienrechtliche Institut der *Sonderprüfung* bzw. Sonderuntersuchung (vgl. zur GmbH § 10 N 37). Dasselbe gilt für die *Auflösungsklage* (vgl. N 83). Stattdessen steht dem Genossenschafter das Austrittsrecht zur Verfügung (Art. 842 ff. OR; N 86). 31

Leistungsbezugs- und Benutzungsrecht

Das zentrale vermögensmässige Recht des Genossenschafters besteht nicht wie bei der Aktionärin im Erhalt einer Dividende, sondern im Bezug von Leistungen der Genossenschaft bzw. in der Benutzung von genossenschaftlichen Einrichtungen. 32

Recht auf Reinertrag

Erzielt die Genossenschaft aus ihrem Betrieb einen Reinertrag (Bilanzgewinn), so setzt dessen Verteilung an die Genossenschafter eine *statutarische Grundlage* sowie die vorgeschriebenen Zuweisungen an Reservefonds und etwaige weitere Fonds (Art. 860 ff. OR) voraus. Mangels statutarischer Bestimmung fällt der Reinertrag vollumfänglich in das Genossenschaftsvermögen (Art. 859 Abs. 1 OR). Auf diese Weise dient der Ertrag der Finanzierung der Genossenschaft und erlaubt weitere Investitionen. Weil die Möglichkeit, sich von Investoren Kapital zu beschaffen, beschränkt ist, kommt der Eigenfinanzierung eine grössere Bedeutung zu als bei der AG. Allerdings ist die Tätigkeit der Genossenschaft gar nicht auf die Erzielung eines Gewinns, sondern auf die Förderung bzw. Befriedigung wirtschaftlicher Interessen der Mitglieder gerichtet (N 1). 33

Verteilung des Reinertrags

Wird der Reinertrag an die Genossenschafter ausgezahlt, richtet sich die Verteilung, soweit nicht statutarisch anders geregelt, nach dem Mass der *Benutzung der genossenschaftlichen Einrichtungen* durch die einzelnen Mitglieder (Art. 859 Abs. 2 OR). Es wird nämlich davon ausgegangen, dass der Reinertrag aus Überschüssen oder Rückbehalten gebildet worden ist, zu denen die Mitglieder beitragen, soweit sie Leistungen der Genossenschaft in Anspruch nehmen. Die Genossenschaft vertreibt beispielsweise Produkte, welche sie von den Mitgliedern kauft, und erzielt 34 dabei einen Überschuss. Oder sie veräussert erworbene Güter an die Mitglieder zu Preisen, welche nicht bloss kostendeckend sind. Soll der Reinertrag anhand der Anteile verteilt werden, legt Art. 859 Abs. 3 OR als *Obergrenze* den landesüblichen Zinsfuss für langfristige Darlehen ohne besondere Sicherheiten fest. Dadurch erweisen sich Anteilscheine als wenig attraktives Anlageinstrument, partizipiert der Inhaber doch am Risiko. Ein grösserer Spielraum besteht bei Banken (vgl. zu den Kreditgenossenschaften Art. 861 Abs. 1 OR).

35 Das Gesetz gewährt ausscheidenden Genossenschaftern keinen Abfindungsanspruch (Art. 865 Abs. 1 OR). Eine Ausnahme besteht nach Art. 865 Abs. 2 OR, falls die Genossenschaft innerhalb eines Jahres nach dem Ausscheiden aufgelöst und das Vermögen an die vorhandenen Genossenschafter verteilt wird. Auf *statutarischer* Grundlage kann ausscheidenden Genossenschaftern gemäss Art. 864 OR ein Abfindungsanspruch eingeräumt werden. Die Berechnung richtet sich nach dem bilanzmässigen Reinvermögen im Zeitpunkt des Ausscheidens mit Ausschluss der Reserven. Alternativ dürfen die Statuten ein Recht des ausscheidenden Genossenschafters auf *Rückzahlung* der Anteile vorsehen (Art. 864 Abs. 2 OR). Abfindungsanspruch

36 Ohne statutarische Regelung kommt dem Genossenschafter kein Anspruch auf einen Anteil am Liquidationsüberschuss zu (Art. 913 Abs. 4 OR; N 85). Recht auf Liquidationserlös

III. Pflichten des Genossenschafters

37 Während bei der Aktionärin (§ 8 N 236) und beim Gesellschafter einer GmbH (§ 10 N 45) die Pflicht zur Leistung der Einlage im Zentrum steht, wird im Abschnitt über die Pflichten der Genossenschafter zuerst die Treuepflicht statuiert: Gemäss Art. 866 OR sind die Genossenschafter verpflichtet, die Interessen der Genossenschaft in guten Treuen zu wahren. Der Inhalt der Treuepflicht hängt im Einzelfall vom Genossenschaftszweck und von der statutarischen Ausgestaltung des Mitgliedschaftsverhältnisses ab. Ob aus der Treuepflicht beispielsweise ein Konkurrenzverbot abzuleiten ist, bestimmt sich somit nach den konkreten Umständen. Treuepflicht

38 Die Beitrags- und Leistungspflichten richtet sich nach den Statuten (Art. 867 Abs. 1 OR). Erbringt ein Genossenschafter die geschuldeten Beitragsleistungen trotz zweimaliger Zahlungsaufforderung und entsprechender Androhung nicht, kann er gemäss Art. 867 Abs. 3 OR seiner Genossenschaftsrechte verlustig erklärt und aus der Genossenschaft ausgeschlossen werden. Falls die Genossenschaft *Anteile* ausgegeben hat, Beitrags- und Leistungspflichten

muss jedes beitretende Mitglied mindestens einen Anteil übernehmen (vgl. Art. 853 Abs. 1 OR; N 13). Möglich sind auch *Eintrittsgelder* (vgl. Art. 839 Abs. 2 OR) oder *Auslösungssummen* beim Austritt (Art. 842 Abs. 2 und Art. 846 Abs. 3 OR; N 87 und N 90).

Persönliche Haftung

39 Ohne besondere statutarische Regelung gilt auch bei der Genossenschaft der Grundsatz, dass für die Verbindlichkeiten ausschliesslich das Genossenschaftsvermögen haftet (Art. 868 OR). Doch erlaubt das Gesetz den Genossenschaften mit Ausnahme von Versicherungsunternehmen[22], in den *Statuten* eine – unbeschränkte (N 40) oder beschränkte (N 41) – persönliche Haftung der Genossenschafter vorzusehen (Art. 869 Abs. 1 und Art. 870 Abs. 1 OR). Die Haftung betrifft *alle Genossenschafter* und darf nicht auf einzelne Mitglieder beschränkt werden (Art. 872 OR). Weil die Genossenschaft kein festes Grundkapital hat (N 12), sichert die persönliche Haftung der Genossenschafter den Gläubigern ein gewisses Haftungssubstrat. Tritt ein Genossenschafter neu ein, haftet er auch für die vor seinem Eintritt entstandenen Verbindlichkeiten (Art. 875 Abs. 1 OR). Nach dem Ausscheiden dauert die Haftung des ausgeschiedenen Genossenschafters für bereits entstandene Verbindlichkeiten fort, falls die Genossenschaft innerhalb eines Jahres oder eines statutarisch festgesetzten längeren Zeitraums seit der Eintragung des Ausscheidens in das Handelsregister in Konkurs gerät (Art. 876 Abs. 1 OR). Analoges gilt für den Fall einer Auflösung der Genossenschaft (Art. 876 Abs. 3 OR).

Unbeschränkte Haftung

40 Bei der unbeschränkten Haftung müssen die Genossenschafter, soweit die Gläubiger im Konkurs der Genossenschaft zu Verlust kommen, für alle Verbindlichkeiten der Genossenschaft mit ihrem ganzen Vermögen einstehen (Art. 869 Abs. 2 OR). Die Haftung ist *solidarisch* und wird durch die Konkursverwaltung geltend gemacht.

Beschränkte Haftung

41 Die beschränkte Haftung i. S. v. Art. 870 OR entspricht abgesehen vom *Höchstbetrag* im Wesentlichen der unbeschränkten Ersatzpflicht. Falls Genossenschaftsanteile bestehen, richtet sich der Haftungsbetrag des einzelnen Genossenschafters danach (Art. 870 Abs. 2 OR).

Nachschusspflicht

42 Zur Deckung von Bilanzverlusten können die Genossenschafter statutarisch gegenüber der Genossenschaft zur Leistung von Nachschüssen verpflichtet werden (Art. 871 Abs. 1 OR). Eine Nachschusspflicht kann auch zusätzlich zur persönlichen Haftung der Genossenschafter vorgesehen werden. Ähnlich wie die Haftung kann die Nachschusspflicht gemäss Art. 871 Abs. 2 OR *unbeschränkt* oder *beschränkt* sein. Die Aufteilung unter die Genossenschafter bestimmt sich nach der statutarischen Rege-

22 Das Verbot dient dem Schutz der Versicherungsnehmer vor einer Haftung.

lung, andernfalls nach dem Betrag der Genossenschaftsanteile oder mangels Genossenschaftsanteilen nach Köpfen (Art. 871 Abs. 3 OR). Die Nachschüsse können *jederzeit* eingefordert werden (Art. 871 Abs. 4 Satz 1 OR). Für neu eintretende sowie ausscheidende Genossenschafter gilt das zur Haftung Erwähnte analog (vgl. Art. 875 Abs. 1 und Art. 876 Abs. 2 OR; N 39).

43 Eine persönliche Haftung oder eine Nachschusspflicht können auch nachträglich eingeführt bzw. erweitert werden. Erforderlich ist hierfür die *Zustimmung von drei Vierteln aller Genossenschafter* (Art. 889 Abs. 1 OR). Stimmt ein Genossenschafter einem solchen Beschluss nicht zu, kann er die Anwendung des Beschlusses auf ihn verhindern, indem er innerhalb von drei Monaten seit der Veröffentlichung des Beschlusses den *Austritt* aus der Genossenschaft erklärt (Art. 889 Abs. 2 Satz 1 OR), ohne dass er eine Auslösungssumme leisten müsste (Art. 889 Abs. 3 OR). Nachträgliche Einführung

44 Auf statutarischer Grundlage kann die Genossenschaft weitere *Leistungs-, Duldungs-* oder *Unterlassungspflichten* der Genossenschafter vorsehen. Die Pflichten können auch nachträglich eingeführt oder ausgedehnt werden. Weitere Pflichten

G. Organisation und Organe der Genossenschaft

45 Die gesetzlich vorgeschriebenen Organe der Genossenschaft – wiederum verstanden als «Funktionszentren» (§ 8 N 240) – sind die Generalversammlung, die Verwaltung und gegebenenfalls die Revisionsstelle. Es besteht eine Verwandtschaft mit den aktienrechtlichen Organen (vgl. § 8 N 240 ff.). Auch bei der Genossenschaft kommen den gesetzlichen Organen zwingende Aufgaben zu. Eine Kompetenzvermutung zugunsten eines der Organe fehlt im Genossenschaftsrecht. Überblick

I. Generalversammlung

46 Wie die Generalversammlung der AG (Art. 698 Abs. 1 OR; § 8 N 246) und die Gesellschafterversammlung der GmbH (Art. 804 Abs. 1 OR; § 10 N 54) wird die Generalversammlung der Genossenschafter als *oberstes* Organ der Genossenschaft bezeichnet (Art. 879 Abs. 1 OR). Besondere alter- Stellung

native Formen der Beschlussfassung stellen bei der Genossenschaft die *Urabstimmung* (Art. 880 OR; N 57) sowie die *Delegiertenversammlung* (Art. 892 OR; N 58) dar.

Unübertragbare Aufgaben

47 Art. 879 Abs. 2 OR enthält einen Katalog von fünf unübertragbaren Befugnissen der Generalversammlung, nämlich:

- Statutenänderungen (Ziff. 1);
- die Wahl der Verwaltung sowie der Revisionsstelle (Ziff. 2);
- die Genehmigung des Lageberichts und der Konzernrechnung (Ziff. 3);
- die Entlastung der Verwaltung (Ziff. 4) und
- die Beschlussfassung über Gegenstände, welche das Gesetz oder die Statuten der Generalversammlung vorbehalten (Ziff. 5).

Bei der Anpassung an das neue Rechnungslegungsrecht wurde die weiterhin vorhandene Befugnis der Generalversammlung zur Genehmigung der Betriebsrechnung und der Bilanz (d. h. der Jahresrechnung) sowie der Verteilung des Reinertrags (Bilanzgewinns) versehentlich gestrichen.[23]

Einberufung der Generalversammlung

48 Die Generalversammlung kann gemäss Art. 881 OR einberufen werden:

- durch die Verwaltung;
- durch ein anderes nach den Statuten dazu befugtes Organ;
- nötigenfalls durch die Revisionsstelle;
- durch Liquidatoren oder Vertreter der Anleihensgläubiger;
- durch die Verwaltung auf Verlangen von mindestens 10 % der Genossenschafter oder, bei Genossenschaften mit weniger als 30 Mitgliedern, von mindestens drei Genossenschaftern sowie
- auf Anordnung des Gerichts, falls die Verwaltung dem Begehren der Genossenschafter nicht innerhalb angemessener Frist nachkommt.

23 Mit dem Entwurf 2016 zur Aktienrechtsrevision soll die Lücke gefüllt werden, indem Art. 879 Abs. 2 Ziff. 2bis E-OR 2016 die Genehmigung der Jahresrechnung sowie gegebenenfalls die Beschlussfassung über die Verwendung des Bilanzgewinns als unübertragbare Befugnisse der Generalversammlung vorsieht. Zusätzlich wird in Art. 879 Abs. 2 Ziff. 3bis E-OR 2016 die Beschlussfassung über die Rückzahlung von Kapitalreserven eingefügt.

49 Die Generalversammlung ist in der statutarisch vorgesehenen Form, spätestens aber *fünf Tage vor dem Versammlungstag* einzuberufen (Art. 882 Abs. 1 OR). Bei einer Genossenschaft mit über 30 Mitgliedern ist die Einberufung erst wirksam, wenn sie durch öffentliche Auskündigung erfolgt ist (Art. 882 Abs. 2 OR).

Zeitpunkt und Form der Einberufung

50 Wie im Aktienrecht (§ 8 N 256) sind bei der Einberufung die Verhandlungsgegenstände bekannt zu geben (Art. 883 Abs. 1 OR). Über nicht gehörig angekündigte Gegenstände können keine gültigen Beschlüsse gefasst werden (Art. 883 Abs. 2 OR). Die Stellung von *Anträgen* sowie Verhandlungen ohne Beschlussfassung werden gemäss Art. 883 Abs. 3 OR von der Traktandierungspflicht nicht erfasst.

Verhandlungsgegenstände

51 Auch bei der Genossenschaft brauchen die *Formvorschriften* für die Einberufung der Generalversammlung nicht eingehalten zu werden, wenn und solange alle Genossenschafter in einer Versammlung anwesend sind und niemand Widerspruch erhebt (Art. 884 OR; vgl. zur AG § 8 N 253 und zur GmbH § 10 N 59).

Universalversammlung

52 Ein Genossenschafter kann sich gemäss Art. 886 Abs. 1 OR an der Generalversammlung durch einen anderen Genossenschafter vertreten lassen, doch darf ein Bevollmächtigter *nicht mehr als einen Genossenschafter* vertreten. Bei einer Genossenschaft mit über 1000 Mitgliedern ist es zulässig, dass ein Genossenschafter auf statutarischer Grundlage bis zu neun andere Genossenschafter vertritt (Art. 886 Abs. 2 OR). Überdies können die Statuten vorsehen, dass sich Genossenschafter durch *Familienangehörige* vertreten lassen dürfen (Art. 886 Abs. 3 OR).

Vertretung

53 Der Entwurf 2016 zur Aktienrechtsrevision erklärt die aktienrechtlichen Vorschriften über den Tagungsort und die Verwendung *elektronischer Mittel* bei der Vorbereitung und Durchführung der Generalversammlung für sinngemäss anwendbar (Art. 893*a* E-OR 2016; vgl. zur AG § 8 N 265 f.).

Elektronische Durchführung

54 Als allgemeines Quorum für Beschlüsse der Generalversammlung sowie Urabstimmungen statuiert Art. 888 Abs. 1 OR die *absolute Mehrheit* der *abgegebenen* Stimmen.

Allgemeines Quorum

55 Soweit die Statuten der Genossenschaft kein höheres Quorum vorschreiben, unterstellt Art. 888 Abs. 2 OR Beschlüsse der Generalversammlung über *Statutenänderungen* und über die *Auflösung* der Genossenschaft einer Mehrheit von *zwei Dritteln* der *abgegebenen* Stimmen. Sollen eine persönliche Haftung der Genossenschafter oder eine Nachschusspflicht eingeführt bzw. ausgedehnt werden, müssen *drei Viertel sämtlicher* Genossenschafter zustimmen (Art. 889 Abs. 1 OR; zum Austrittsrecht N 43). Abgesehen vom erhöhten Quorum ist bei Statutenänderungen zu

Qualifiziertes Quorum

beachten, dass nach dem Entwurf 2016 zur Aktienrechtsrevision unter Umständen eine öffentliche Beurkundung des Beschlusses erforderlich sein wird (vgl. Art. 838*a* E-OR 2016).

Anfechtbare und nichtige Beschlüsse

Gesetzes- oder statutenwidrige Beschlüsse der Generalversammlung können von der Verwaltung und jedem Genossenschafter innerhalb von zwei Monaten seit der Beschlussfassung beim Gericht mittels Klage gegen die Genossenschaft *angefochten* werden (Art. 891 Abs. 1 Satz 1 und Abs. 2 OR; N 29). Die *Nichtigkeit* eines Beschlusses ist von Amtes wegen zu beachten. 56

Urabstimmung

Zählt eine Genossenschaft mehr als 300 Mitglieder oder bestehen die Mitglieder mehrheitlich aus Genossenschaften, erlaubt Art. 880 OR, dass die Statuten die sog. Urabstimmung vorsehen: Dabei werden die Befugnisse der Generalversammlung ganz oder teilweise durch *schriftliche Stimmabgabe* der Genossenschafter ausgeübt. Es besteht eine Verwandtschaft mit dem GmbH-Recht, welches als Alternative zur physisch abgehaltenen Gesellschafterversammlung die schriftliche Beschlussfassung zulässt (Art. 805 Abs. 4 OR; § 10 N 68; vgl. ferner Art. 701 Abs. 3 E-OR 2016; § 8 N 254a). Allerdings wird dort vorausgesetzt, dass kein Gesellschafter die mündliche Beratung verlangt. 57

Delegiertenversammlung

Zählt eine Genossenschaft mehr als 300 Mitglieder oder bestehen die Mitglieder mehrheitlich aus Genossenschaften, können die Statuten ausserdem gemäss Art. 892 Abs. 1 OR die *Befugnisse der Generalversammlung* ganz oder teilweise auf eine Delegiertenversammlung übertragen. Der Gestaltungsspielraum ist gross. Die Zusammensetzung, Wahlart und Einberufung der Delegiertenversammlung sind durch die Statuten zu regeln (Art. 892 Abs. 2 OR). Unter dem Vorbehalt einer abweichenden statutarischen Regelung hat jeder Delegierte in der Delegiertenversammlung eine Stimme (Art. 892 Abs. 3 OR). Im Übrigen erklärt Art. 892 Abs. 4 OR die Vorschriften über die Generalversammlung für anwendbar. Die Delegiertenversammlung und die Urabstimmung können auch miteinander kombiniert werden. 58

Versicherungsgenossenschaften

Eine besondere Delegation von Kompetenzen der Generalversammlung erlaubt Art. 893 OR den Versicherungsunternehmen: Falls sie über 1000 Mitglieder haben, dürfen sie die *Befugnisse der Generalversammlung* statutarisch ganz oder teilweise auf die *Verwaltung* übertragen, mit Ausnahme der Einführung oder Ausdehnung der Nachschusspflicht, der Auflösung sowie der Fusion, Spaltung oder Umwandlung der Rechtsform. Die Genossenschafter verfügen so kaum noch über Mitwirkungsrechte. 59

II. Verwaltung und Geschäftsführung

1. Wahl und Zusammensetzung

60 Die Wahl der Verwaltung stellt nach Art. 879 Abs. 2 Ziff. 2 OR eine unübertragbare Befugnis der *Generalversammlung* dar. Ebenso ist die Generalversammlung berechtigt, Mitglieder der Verwaltung abzuberufen (Art. 890 Abs. 1 OR). Wahlorgan

61 Die Verwaltung der Genossenschaft muss gemäss Art. 894 Abs. 1 OR aus mindestens *drei Personen* und *mehrheitlich* aus *Genossenschaftern* bestehen. Bei der Beteiligung einer juristischen Person oder Handelsgesellschaft sind natürliche Personen, welche als Vertreter handeln, zu bestimmen (Art. 894 Abs. 2 OR). Die Mitglieder der Verwaltung unterstehen keinen Nationalitäts- oder Wohnsitzerfordernissen (vgl. immerhin Art. 898 Abs. 2 OR; N 70). Wählbare Personen

62 Die Amtsdauer beträgt *höchstens vier Jahre*, doch ist eine Wiederwahl der Mitglieder der Verwaltung möglich, sofern die Statuten eine solche nicht ausschliessen (Art. 896 Abs. 1 OR). Für Versicherungsunternehmen verweist Art. 896 Abs. 2 OR auf das Aktienrecht, so dass die Amtsdauer derzeit, falls in den Statuten nicht anders geregelt, drei Jahre beträgt (Art. 710 Abs. 1 OR).[24] Amtsdauer

2. Aufgaben

63 Aus Art. 902 Abs. 1 OR ergibt sich, dass die Verwaltung für die *Geschäftsführung* der Genossenschaft zuständig ist. Einzelne Aufgaben der Verwaltung werden in Art. 902 Abs. 2 und Abs. 3 OR aufgezählt: Gesetzlich vorgesehene Aufgaben

- die Vorbereitung der Generalversammlung und die Ausführung von deren Beschlüssen (vgl. Art. 716*a* Abs. 1 Ziff. 6 OR; § 8 N 263 und N 295);
- die Überwachung von etwaigen mit der Geschäftsführung und Vertretung beauftragten Personen sowie der regelmässige Erhalt von Informationen über den Geschäftsgang;
- die Führung der Protokolle von Sitzungen der Verwaltung oder Generalversammlungen, der Geschäftsbücher und des Genossenschafterverzeichnisses;

[24] Im Fall einer – systemwidrigen – Börsenkotierung der Anteile eines Versicherungsunternehmens wäre eine jährliche Wiederwahl der Mitglieder der Verwaltung erforderlich (vgl. § 8 N 291).

- die Erstellung der Betriebsrechnung und der Bilanz (d. h. der Jahresrechnung) sowie deren Prüfung durch die Revisionsstelle und
- die Meldung der Ein- und Austritte von Genossenschaftern an das Handelsregisteramt, sofern diese für die Genossenschaftsschulden haftbar oder zu Nachschüssen verpflichtet sind (Art. 877 Abs. 1 OR; N 24).

Ob es sich bei diesen Pflichten um unübertragbare Aufgaben handelt, erwähnt das Gesetz nicht. Es ist davon auszugehen, dass die Sorgfaltspflicht der Mitglieder der Verwaltung (N 66) verlangt, zentrale Kompetenzen selbst wahrzunehmen.

Verwaltungsausschüsse

64 Gemäss Art. 897 OR können die Statuten «einen Teil der Pflichten und Befugnisse der Verwaltung» *Ausschüssen* übertragen, welche von der Verwaltung bestimmt werden. Umstritten ist, ob Aufgaben auch auf einen *Delegierten* der Verwaltung übertragen werden könnten (vgl. zum Aktienrecht § 8 N 298 und N 305).

Geschäftsleitung oder Direktion

65 Die Generalversammlung oder die Verwaltung dürfen die Geschäftsführung auf *statutarischer Grundlage* auf Geschäftsführer oder Direktoren übertragen, welche nicht Mitglieder der Genossenschaft sein müssen (Art. 898 Abs. 1 OR). Das Gesetz regelt die Delegation nicht näher.

3. Pflichten

Sorgfalts- und Treuepflicht

66 Die Mitglieder der Verwaltung unterstehen gemäss Art. 902 Abs. 1 OR einer *Sorgfaltspflicht*, welche mit derjenigen von Verwaltungsratsmitgliedern einer AG vergleichbar ist (vgl. Art. 717 Abs. 1 OR; § 8 N 301). Wie im früheren Aktienrecht wird nicht ausdrücklich eine *Treuepflicht* statuiert. An eine solche ist die Verwaltung nach allgemeiner Auffassung gleichwohl gebunden. Diese geht weiter als die Treuepflicht der Genossenschafter (Art. 866 OR; N 37). Ausserdem verpflichtet Art. 902 Abs. 1 OR die Verwaltung, «die genossenschaftliche Aufgabe mit besten Kräften zu fördern».

Gleichbehandlungspflicht

67 Die *Rechtsgleichheit* aller Genossenschafter (Art. 854 OR; N 23) ist auch von der Verwaltung zu berücksichtigen. Es kann auf die Ausführungen zur Gleichbehandlungspflicht der Mitglieder des Verwaltungsrats einer AG verwiesen werden (Art. 717 Abs. 2 OR; § 8 N 304).

Anzeigepflicht bei Überschuldung und Kapitalverlust

68 Das vorgeschriebene Verhalten der Verwaltung bei einer Überschuldung bzw. einem Kapitalverlust wird in Art. 903 OR geregelt (N 17).

4. Vertretung der Genossenschaft

69 Die Art der Vertretung der Genossenschaft durch die Verwaltung wird gesetzlich nicht geregelt. Aus Art. 898 Abs. 1 OR geht hervor, dass die Verwaltung die Vertretung auf Geschäftsführer oder Direktoren übertragen kann. Doch bleibt unklar, ob auch bei der Genossenschaft mindestens ein Mitglied der Verwaltung zur Vertretung befugt bleiben muss (vgl. zum Aktienrecht Art. 718 Abs. 3 OR; § 8 N 305; zum GmbH-Recht Art. 814 Abs. 2 Satz 1 OR; § 10 N 79). Dies sollte bejaht werden. Bei Kollektivunterschrift zu zweien sind zwei Mitglieder erforderlich. Sämtliche Zeichnungsberechtigten sind von der Verwaltung in das Handelsregister eintragen zu lassen (Art. 901 Satz 1 OR; mit dem Entwurf 2016 zur Aktienrechtsrevision bloss noch in Art. 87 Abs. 1 lit. l HRegV geregelt), doch wirkt die Eintragung nicht konstitutiv.

Vertretungsrecht

70 Gleich wie bei der AG (vgl. § 8 N 312) und GmbH (§ 10 N 80) muss mindestens eine vertretungsberechtigte Person in der Schweiz Wohnsitz haben (Art. 898 Abs. 2 Satz 1 OR). Bei Kollektivunterschrift zu zweien sind zwei Vertretungsberechtigte mit Schweizer Wohnsitz erforderlich. Trotz des Wortlauts von Art. 898 Abs. 2 Satz 2 OR wird nicht eine Funktion als Mitglied der Verwaltung, als Geschäftsführer oder als Direktor verlangt. Eine Vertretungsberechtigung ohne spezifische Funktion genügt (vgl. § 8 N 312).

Wohnsitzerfordernis

71 Wie bei der AG (Art. 718*a* Abs. 1 OR; § 8 N 307) wird das Vertretungsrecht gegenüber gutgläubigen Dritten lediglich durch den Zweck der Genossenschaft begrenzt (Art. 899 Abs. 1 OR). Vorbehalten bleibt nach Art. 899 Abs. 2 OR eine im Handelsregister eingetragene Beschränkung des Vertretungsrechts auf die Haupt- bzw. Zweigniederlassung oder mittels Einräumung einer Kollektivunterschrift (vgl. Art. 718*a* Abs. 2 OR; § 8 N 308). Für Verträge zwischen der Genossenschaft und einem Organ statuiert Art. 899*a* OR zumindest ab einem Wert von CHF 1000 ein Schriftformerfordernis (vgl. zur AG Art. 718*b* OR; § 8 N 310).

Umfang und Beschränkung der Vertretungsbefugnis

72 Analog zur AG (vgl. Art. 722 OR; § 8 N 243, N 299 und N 311) und GmbH (vgl. Art. 817 OR; § 10 N 82) verpflichtet das Handeln der zur Geschäftsführung oder zur Vertretung befugten Personen die Genossenschaft auch im ausservertraglichen Bereich: Nach Art. 899 Abs. 3 OR haftet die Genossenschaft für den Schaden aus unerlaubten Handlungen, welche eine zur Geschäftsführung oder zur Vertretung befugte Person in Ausübung ihrer geschäftlichen Verrichtungen begeht.

Haftung für Organe

5. Sitzungen

Keine Spezialvorschriften

73 Das Genossenschaftsrecht enthält keine Bestimmungen zu den Sitzungen der Verwaltung. Wie im GmbH-Recht (§ 10 N 83) können sinngemäss die *aktienrechtlichen* Regeln zu den Verwaltungsratssitzungen (vgl. § 8 N 313 ff.) herangezogen werden. Obwohl gesetzlich nicht ausdrücklich verlangt, sollte ein *Präsident* der Verwaltung bestimmt werden, welcher grundsätzlich die Sitzungen einberuft und leitet.

6. Beschlussfassung

Mehrheitserfordernis

74 Die interne Organisation der Verwaltung ist gesetzlich nicht geregelt, weshalb sich Bestimmungen dazu in den Statuten empfehlen. Sofern die Statuten keine abweichende Regelung vorsehen, entscheiden die Mitglieder der Verwaltung mit der *Mehrheit der abgegebenen Stimmen*. Jedem Mitglied kommt eine Stimme zu.

Zirkularbeschluss

75 Auch ohne gesetzliche oder statutarische Grundlage dürfte es *zulässig* sein, dass die Mitglieder der Verwaltung ihre Beschlüsse auf dem Zirkularweg fassen (vgl. zu den Zirkularbeschlüssen des Verwaltungsrats einer AG § 8 N 321).

Anfechtung von Beschlüssen

76 Beschlüsse der Verwaltung sind im Gegensatz zu Beschlüssen der Generalversammlung (N 56) *nicht anfechtbar*, jedenfalls soweit die Verwaltung nicht Aufgaben der Generalversammlung wahrnimmt (vgl. Art. 893 Abs. 1 OR). Doch kann sich jedermann auf die *Nichtigkeit* eines Beschlusses der Verwaltung berufen. Für die Nichtigkeitsgründe kann auf die Regelung zu den Verwaltungsratsbeschlüssen bei der AG abgestellt werden (Art. 714 OR; § 8 N 220 und N 322), welche ihrerseits auf die Bestimmung über die Generalversammlungsbeschlüsse der AG (Art. 706*b* OR; § 8 N 284 f.) verweist.

7. Rücktritt oder Abberufung

Beendigungsgründe

77 Das Mandat der Mitglieder der Verwaltung endet mit Ablauf der statutarischen bzw. vereinbarten *Amtsdauer*. Zusätzlich stellen der *Rücktritt* und die Abberufung Beendigungsgründe dar. Das *Abberufungsrecht* steht der Generalversammlung (Art. 890 Abs. 1 OR) sowie aus wichtigen Gründen einer Minderheit von 10 % der Genossenschafter zu (Art. 890 Abs. 2 Satz 1 OR; N 30). Gemäss Art. 905 Abs. 1 OR ist ausserdem die Verwaltung berechtigt, die von ihr bestellten Ausschüsse, Geschäftsführer, Direktoren und anderen Bevollmächtigten oder Beauftragten jederzeit abzuberufen. Sind Bevollmächtigte oder Beauftragte von der Generalver-

sammlung ernannt worden, können sie durch die Verwaltung *in ihren Funktionen eingestellt* werden (Art. 905 Abs. 2 OR). In diesem Fall ist umgehend eine Generalversammlung einzuberufen, welche über die Abberufung zu entscheiden hat (vgl. Art. 890 Abs. 1 OR).

III. Revisionsstelle

78 Das Genossenschaftsrecht regelt – wie das Recht der GmbH (Art. 818 Abs. 1 OR; § 10 N 88) – die Revision nicht eigenständig, sondern verweist in Art. 906 Abs. 1 OR auf das *Aktienrecht* (vgl. Art. 727 ff. OR; § 8 N 327 ff.). Verweis auf Aktienrecht

79 Die ordentliche Revision der Jahresrechnung können *10 % der Genossenschafter* bzw. Genossenschafter, welche zusammen mindestens 10 % des Grundkapitals vertreten, sowie Genossenschafter mit persönlicher Haftung oder einer Nachschusspflicht verlangen (Art. 906 Abs. 2 OR). Recht auf ordentliche Revision

80 Falls die Genossenschafter eine persönliche Haftung oder Nachschusspflicht trifft, kommt der *Revisionsstelle* die Aufgabe zu, die Führung des Genossenschafterverzeichnisses zu prüfen (Art. 907 Satz 1 OR). Genossenschaften ohne Revisionsstelle müssen das Verzeichnis durch einen zugelassenen Revisor prüfen lassen (Art. 907 Satz 2 OR). Das Genossenschafterverzeichnis, welches in diesem Fall über das Handelsregisteramt öffentlich einsehbar ist (N 24), kann für Gläubiger der Genossenschaft eine zentrale Rolle spielen. Prüfung des Genossenschafterverzeichnisses

IV. Organisationsmängel

81 Auf Mängel in der Organisation der Genossenschaft finden wie bei der GmbH (§ 10 N 90) die *aktienrechtlichen* Vorschriften (Art. 731*b* OR; § 8 N 334 ff.) Anwendung (Art. 908 OR). Folglich kann das Gericht den rechtmässigen Zustand wiederherstellen lassen, das fehlende Organ bzw. einen Sachwalter ernennen oder die Genossenschaft auflösen (Art. 731*b* Abs. 1 Satz 2 OR). Verweis auf Aktienrecht

H. Auflösung und Liquidation der Genossenschaft

Auflösungsgründe

Folgende Auflösungsgründe werden in Art. 911 OR erwähnt: 82

1. ein *statutarisch* vorgesehener Auflösungsgrund tritt ein;
2. die Generalversammlung fällt einen *Auflösungsbeschluss*, für welchen – anders als im Aktienrecht (Art. 736 Ziff. 2 OR) und GmbH-Recht (Art. 821 Abs. 2 OR) – die öffentliche Beurkundung nicht vorgeschrieben ist (vgl. Art. 888 Abs. 2 OR);
3. über die Genossenschaft wird der *Konkurs* eröffnet; oder
4. es liegt ein sonstiger gesetzlicher *Auflösungsgrund* vor.

Keine Auflösungsklage

Das Genossenschaftsrecht sieht keine Auflösungsklage vor. Kann ein einzelner Genossenschafter bzw. eine Minderheit von Genossenschaftern nicht einen entsprechenden Generalversammlungsbeschluss bewirken, steht das individuelle *Austrittsrecht* zur Verfügung (Art. 842 ff. OR; N 86). 83

Rechtsfolgen der Auflösung

Die Auflösung der Genossenschaft ist von der Verwaltung beim *Handelsregisteramt* anzumelden (Art. 912 OR). Im Übrigen richten sich die Folgen der Auflösung nach dem *Aktienrecht*, soweit das Genossenschaftsrecht keine besonderen Vorschriften enthält (Art. 913 Abs. 1 OR; vgl. Art. 737 ff. OR; § 8 N 341 ff.). 84

Verwendung des Liquidationsüberschusses

Eine Verteilung des Liquidationsüberschusses, welcher nach der Tilgung der Schulden und der etwaigen Rückzahlung von Anteilen verbleibt, darf nur an die *Genossenschafter* verteilt werden, wenn die *Statuten* dies vorsehen (Art. 913 Abs. 2 OR). Soweit statutarisch nicht abweichend geregelt, erfolgt die Verteilung nach Köpfen (Art. 913 Abs. 3 OR). Fehlt eine statutarische Ordnung, ist der Liquidationsüberschuss gemäss Entscheid der Generalversammlung «zu genossenschaftlichen Zwecken oder zur Forderung gemeinnütziger Bestrebungen» zu verwenden (Art. 913 Abs. 4 und Abs. 5 OR). 85

I. Ausscheiden von Genossenschaftern

I. Austrittsrecht

86 Jedem Genossenschafter steht, solange die Auflösung der Genossenschaft nicht beschlossen ist, der Austritt frei (Art. 842 Abs. 1 OR). Ein dauerndes Verbot oder eine übermässige Erschwerung des Austritts durch die Statuten oder durch Vertrag sind ungültig (Art. 842 Abs. 3 OR). Sehen die Statuten nicht eine für die Mitglieder grosszügigere Regelung vor, kann der Austritt lediglich unter Einhaltung einer *Kündigungsfrist von einem Jahr* auf das Ende eines Geschäftsjahres erfolgen (Art. 844 Abs. 1 und Abs. 2 OR). Möglich ist der statutarische oder vertragliche *Ausschluss* des Austritts während maximal fünf Jahren (Art. 843 Abs. 1 OR, «Sperrfrist»), unter dem Vorbehalt eines Austritts aus wichtigen Gründen (Art. 843 Abs. 2 Satz 1 OR). Voraussetzungen

87 Zulässig ist eine statutarische Pflicht des austretenden Genossenschafters zur Leistung einer verschuldensunabhängigen Auslösungssumme, falls der Austritt zu einer erheblichen Schädigung der Genossenschaft führt oder deren Fortbestand gefährdet (Art. 842 Abs. 2 OR). Der Auslösungssumme kommt nicht der Charakter einer Konventionalstrafe zu. Sie darf die Höhe des effektiven *Schadens* nicht überschreiten und findet keine Anwendung, wenn der Austritt wegen einer neuen bzw. erweiterten Haftung oder Nachschusspflicht erfolgt (Art. 889 Abs. 3 OR; N 43). Auslösungssumme

88 Die Statuten können für den Fall eines Austritts *Abfindungsansprüche* oder die *Rückzahlung von Anteilen* vorsehen. Ist ein Genossenschafter insolvent, kommt gemäss Art. 845 OR der Konkursverwaltung bzw. dem Betreibungsamt das Recht zu, das Kündigungsrecht auszuüben und den Austritt zu erklären. Abfindung

II. Ausschluss

89 Ein Genossenschafter kann jederzeit aus *wichtigen* sowie aus etwaigen in den *Statuten* genannten Gründen ausgeschlossen werden (Art. 846 Abs. 1 und Abs. 2 OR). Ein Ausschluss ohne Angabe von Gründen ist nicht statthaft. Die Lehre gewährt dem Betroffenen einen Anspruch auf rechtliches Gehör. Zuständig für den Ausschluss ist gemäss Art. 846 Abs. 3 OR grundsätzlich die *Generalversammlung*. Erklären die Statuten die Verwaltung für zuständig, ist der Ausgeschlossene zwingend zum Rekurs an die Generalversammlung berechtigt. Die Frist für die Einreichung eines derartigen Ausschlussgründe

Rekurses ist umstritten. Zum Teil wird eine dreimonatige Frist vertreten. Der Beschluss der Generalversammlung kann innerhalb von drei Monaten *gerichtlich angefochten* werden.

Auslösungssumme

Analog zur Pflicht des freiwillig austretenden Mitglieds zur Leistung einer verschuldensunabhängigen Auslösungssumme (N 87) können ausgeschlossene Mitglieder unter *denselben Voraussetzungen* zur Entrichtung einer Auslösungssumme verpflichtet werden (Art. 846 Abs. 4 OR). 90

III. Verlust der Mitgliedschaft im Todesfall

Übergang der Mitgliedschaft

Mit dem Tod des Genossenschafters endet die Mitgliedschaft (Art. 847 Abs. 1 OR). Gestützt auf eine *statutarische* Bestimmung können die *Erben* an die Stelle des verstorbenen Genossenschafters treten, und zwar entweder automatisch oder auf schriftlichen Antrag aller bzw. einzelner Erben hin (Art. 847 Abs. 2 und Abs. 3 OR). Die Erbengemeinschaft hat für die Ausübung der Mitgliedschaftsrechte einen gemeinsamen *Vertreter* zu bestellen (Art. 847 Abs. 4 OR). 91

IV. Beendigung eines Rechtsverhältnisses

Anstellung oder sonstiger Vertrag

Steht die Mitgliedschaft in der Genossenschaft mit einem öffentlich-rechtlichen bzw. privaten Anstellungsverhältnis oder mit einem Vertrag in Zusammenhang, endet die Mitgliedschaft mit der *Beendigung der Anstellung* bzw. *des Vertrags* (Art. 848 OR). Zu denken ist etwa an einen Versicherungsvertrag. Die Statuten können eine abweichende Regelung vorsehen. 92

V. Übertragung der Mitgliedschaft

Aufnahme des neuen Mitglieds

Ein Mitgliedschaftswechsel bedingt bei der Genossenschaft grundsätzlich, dass das bisherige Mitglied austritt und das neue Mitglied aufgenommen wird. Die Abtretung von Genossenschaftsanteilen oder die Übergabe einer Mitgliedschaftsurkunde bewirken nicht direkt die Übertragung der Mitgliedschaft (Art. 849 Abs. 1 OR; N 15). Vielmehr ist ein *Aufnahmebeschluss* erforderlich. Bis zur Aufnahme des Erwerbers verbleiben die persönlichen Mitgliedschaftsrechte beim Veräusserer (Art. 849 Abs. 2 OR). 93

Übernahme eines Vertrags oder Grundstücks

Die *Statuten* der Genossenschaft können den Übergang der Mitgliedschaft auf den Rechtsnachfolger anordnen, welcher einen *Vertrag übernimmt*, sofern die Mitgliedschaft mit diesem Vertrag in Zusammenhang steht 94

(Art. 849 Abs. 3 OR). Hängt die Mitgliedschaft gemäss Statuten vom Eigentum an einem *Grundstück* oder vom wirtschaftlichen Betrieb eines Grundstücks ab, kann der Übergang der Mitgliedschaft statutarisch an den Erwerb des Grundstücks oder die Übernahme des Betriebs geknüpft werden (Art. 850 Abs. 1 und Abs. 2 OR). Der Erwerber des Grundstücks oder Betriebs wird somit automatisch zum Genossenschafter. Bei Grundstücken ist diese statutarische Anordnung im Grundbuch vorzumerken (Art. 850 Abs. 3 OR).

J. Verantwortlichkeit

Anwendbare Bestimmungen

95 Die Verantwortlichkeit ist in Art. 916 ff. OR geregelt. Die Bestimmungen lehnen sich an das *frühere Aktienrecht* an. Es fehlt eine besondere Prospekt- bzw. Gründungshaftung, so dass unter Umständen die allgemeinen Regeln des Deliktsrechts herangezogen werden müssen. Bei Kreditgenossenschaften[25] und Versicherungsunternehmen untersteht die Verantwortlichkeit den aktienrechtlichen Bestimmungen (Art. 920 OR). Der Verweis ist dynamisch zu verstehen, d. h., es sind die aktuellen Vorschriften massgeblich.

Haftung gegenüber Genossenschaft

96 Gegenüber der *Genossenschaft* werden nach Art. 916 OR alle mit der Verwaltung, Geschäftsführung, Revision oder Liquidation befassten Personen ersatzpflichtig. Erforderlich ist eine vorsätzliche oder fahrlässige Pflichtverletzung. Für die Haftungsvoraussetzungen sei auf die Ausführungen zur aktienrechtlichen Verantwortlichkeit verwiesen (§ 8 N 347 f. und N 363 ff.). Auch faktische Organe fallen unter die Haftung. Die befugte *Delegation* von Aufgaben kann haftungsbefreiend wirken, sofern die Auswahl, Unterrichtung und Überwachung sorgfältig vorgenommen worden sind (vgl. Art. 754 Abs. 2 OR; § 8 N 366).

Haftung gegenüber Genossenschaftern und Gläubigern

97 Werden gesetzliche Pflichten im Zusammenhang mit der *Überschuldung* einer Genossenschaft (Art. 903 OR; N 17) verletzt, besteht auch gegenüber den *Genossenschaftern* und den *Gläubigern* der Genossenschaft eine Haftung der Mitglieder der Verwaltung sowie der Liquidatoren (vgl. Art. 917 Abs. 1 OR). Die *Revisionsstelle* untersteht dieser Bestimmung nicht, kann folglich lediglich von der Genossenschaft gemäss Art. 916 OR belangt werden. Auch mit der *Geschäftsführung* betraute Personen fal-

[25] Auf Banken findet die Spezialvorschrift von Art. 39 BankG Anwendung, welche ihrerseits auf die aktienrechtlichen Verantwortlichkeitsbestimmungen verweist.

len nicht unter Art. 917 Abs. 1 OR. Sonstige Pflichtverletzungen werden nicht erfasst. Es kann sich um einen unmittelbaren oder einen mittelbaren Schaden handeln. Für den Ersatz des *mittelbaren Schadens* verweist Art. 917 Abs. 2 OR bei der Geltendmachung ausser Konkurs und im Konkurs auf das Aktienrecht (Art. 756 ff. OR; § 8 N 350 ff.).

Entlastungsbeschluss

Obwohl es an einer Bestimmung wie Art. 758 OR fehlt (vgl. § 8 N 375), wird ein Entlastungsbeschluss auch im Genossenschaftsrecht nicht wirkungslos bleiben. Es rechtfertigt sich, die *aktienrechtlichen* Grundsätze analog anzuwenden. 98

Mehrheit von Ersatzpflichtigen

Mehrere Ersatzpflichtige haften nach Art. 918 Abs. 1 OR solidarisch. Die *differenzierte Solidarität* des Aktienrechts (Art. 759 Abs. 1 OR; § 8 N 377) ist analog anzuwenden. Der Rückgriff unter mehreren Beteiligten wird durch das Gericht nach dem Grad des Verschuldens bestimmt (Art. 918 Abs. 2 OR). 99

Verjährung

Art. 919 Abs. 1 OR statuiert eine relative Verjährungsfrist von fünf Jahren ab der Kenntnisnahme des Schadens und der Person des Ersatzpflichtigen durch den Geschädigten sowie eine absolute Verjährungsfrist von zehn Jahren ab der schädigenden Handlung. Vorbehalten bleibt eine längere strafrechtliche Verjährungsfrist (Art. 919 Abs. 2 OR). Mit dem Entwurf 2016 zur Aktienrechtsrevision (Art. 919 Abs. 1 E-OR 2016) wird der Wortlaut der Bestimmung auf die aktienrechtliche Vorschrift von Art. 760 Abs. 1 E-OR 2016 (vgl. § 8 N 379 f.) abgestimmt. 100

K. Vertiefungsfragen

1. Was sind die wesentlichen Unterschiede zwischen einer AG, einer GmbH und einer Genossenschaft?
2. Darf eine Genossenschaft nichtwirtschaftliche Zwecke verfolgen?
3. Welches ist die Bedeutung des Genossenschaftskapitals? Welche Rechte können an einen Anteilschein geknüpft werden?
4. Was zeichnet die Rechtsstellung eines Genossenschafters aus? Welchen Pflichten unterstehen Genossenschafter?
5. Was umfasst die gesetzliche Treuepflicht des Genossenschafters? Vergleichen Sie die Rechtslage mit einer Aktionärin und dem Gesellschafter einer GmbH.

6. Welche Struktur und Beschlussverfahren empfehlen sich bei grossen Genossenschaften wie Migros oder Coop? Erläutern Sie das Institut des Genossenschaftsverbands, die Delegiertenversammlung und die Urabstimmung.
7. Welche gesetzlichen Vorgaben bestehen für die Zusammensetzung und Organisation der Verwaltung?
8. Wie unterscheidet sich das Austrittsrecht des Gesellschafters einer GmbH vom Austrittsrecht des Genossenschafters? Welche Unterschiede gibt es beim Ausschluss von Gesellschaftern?
9. In welchen Ausnahmefällen lässt das Gesetz eine Übertragung der Mitgliedschaft zu?
10. Welche Unterschiede bestehen zwischen der Verantwortlichkeit der Organe gemäss Genossenschaftsrecht und derjenigen des Aktienrechts?

§ 12 Konzerngesellschaftsrecht

A. Einstieg

Lernziele

- Sie kennen den gesellschaftsrechtlichen Begriff des Konzerns und können erklären, wie ein Konzern prinzipiell (ob gross oder klein) funktioniert und strukturiert ist – Sie wissen im Übrigen um die Konzernbegriffe in anderen Rechtsgebieten.
- Sie verstehen die Rechtsfolgen der Konzernierung («Werden eines Konzerns») im Bereich des Gesellschaftsrechts auf den verschiedenen Konzernebenen (in erster Linie betreffend die Revision sowie die Rechnungslegung).
- Sie können die Motive für die Konzernierung von Unternehmungen erklären und kennen die Vorteile und die Nachteile der verschiedenen Gesellschaftsformen als Konzerngesellschaften (sei es als Obergesellschaften oder Untergesellschaften).
- Sie sind in der Lage, die Grundzüge des Konzerngesellschaftsrechts und dessen zentrale Aspekte zu beschreiben – und Sie sind sensibilisiert für Spezialsituationen (z. B. für Konzernrestrukturierungen sowie für Konzernfinanzierungen).
- Sie beobachten die gesetzgeberischen Entwicklungen im Konzerngesellschaftsrecht, und zwar in der Schweiz und im Ausland (z. B. in der Europäischen Union).

Gesetzliche Grundlagen

Beispiele: Art. 659*b* OR, Art. 727 OR, Art. 963 ff. OR

Weitere Auswahl: Art. 23 f. FusG; Art. 3*c* Abs. 1 BankG; Art. 12 Abs. 1 Ziff. 1/Abs. 2 Ziff. 8 VegüV; Art. 20 Ziff. 3 VegüV; Art. 21 VegüV

Hinweis: es gibt heute (noch) *keine Konzernrechtskodifikation* in der Schweiz.

Literaturhinweise

AMSTUTZ MARC, Konzernorganisationsrecht (Diss. Zürich 1993).

BÖCKLI PETER, Schweizer Aktienrecht (4. A. Zürich 2009) § 11.

BRAND PATRIC A., Konzernorganisationsrechtliche Grenzen von Upstream-Darlehen (Diss. Bern 2014).

HANDSCHIN LUKAS, Der Konzern im geltenden schweizerischen Privatrecht (Habil. Basel 1994).

JÖRG FLORIAN S., Altes und Neues zum Konzerngesellschaftsrecht, in: Entwicklungen im Gesellschaftsrecht II, Hrsg. O. Arter et al. (Bern 2007) 19 ff.

KUNZ PETER V., Grundlagen zum Konzernrecht der Schweiz (Bern 2016).

KUNZ PETER V., Rundflug über's schweizerische Gesellschaftsrecht (2. A. Bern 2012) 198 ff.

VON BÜREN ROLAND, Der Konzern, SPR VIII/6 (2. A. Basel 2005).

B. Einführungsfall

Andrea und Adolf Amherd sind «typische Geschwister»: Sie ist klug und fleissig, er isst und golft… und seit ihrer frühesten Jugend kämpften sie gleichermassen um die Liebe und um die Anerkennung ihres Vaters, der ihnen als Universalerben mit seinem Tod *zwei Unternehmungen* – nämlich die M Amherd AG sowie die T Amherd AG – vererbte. Die Erbteilung führte zu folgender Ausgangslage:

M Amherd AG: 60 % des Aktienkapitals gehören Andrea, und 40 % der Aktien stehen Adolf zu. Die beiden Geschwister sind VR-Mitglieder (Andrea ist Präsidentin); Andrea und Adolf haben ausserdem gut dotierte Einzelarbeitsverträge mit der M Amherd AG. *T Amherd AG:* 60 % des Aktienkapitals gehören der M Amherd AG, und die restlichen Aktien stehen den beiden Geschwistern je hälftig zu; sie sind erneut VR-Mitglieder, wobei nunmehr Adolf als Präsident amtiert. Die beiden Gesellschaften haben Andrea und Adolf während der letzten Jahre jeweils *hohe Dividenden* ausgeschüttet.

Nachdem Adolf zunehmend seiner Golfleidenschaft «verfällt» (er ist ein stolzer «Single Handicapper»!), hat Andrea genug und *verkauft ihre Beteiligungen* an beiden Gesellschaften an die KÜ Cooking Ltd., die Muttergesellschaft eines internationalen Konzerns, und zwar *ohne Rücksprache* mit ihrem Bruder. Ihr Einzelarbeitsvertrag mit der M Amherd AG wird aufgehoben, und Andrea tritt aus den beiden VR zurück.

Die KÜ Cooking Ltd. plant *grundlegende strategische Neuorientierungen* der Unternehmungen, obwohl beide Gesellschaften hohe Gewinne ausweisen, um die Gesellschaften besser in ihre «Group» zu integrieren. Nach Gesprächen mit Adolf wird schnell klar, dass dieser im Wege steht. Ein Kaufangebot für seine Beteiligungen lehnt er ab, weil er – anders als seine Schwester – das «Erbe des Vaters nicht verraten» wolle.

In der Folge *kündigt* die KÜ Cooking Ltd. den Einzelarbeitsvertrag von Adolf mit der M Amherd AG. An ausserordentlichen Generalversammlungen von beiden Unternehmungen wird Adolf aus dem *VR abberufen*. Die KÜ Cooking Ltd. teilt ihm mit, dass *künftige Gewinne thesauriert* und nicht mehr als Dividenden ausgeschüttet werden. Ausserdem sollen die Unternehmungen in naher Zukunft *umfirmiert* werden, nämlich in Z Cooking AG und in Swiss Cookly AG.

Adolf wird heimlich zugetragen, dass die M Amherd AG (künftig: Z Cooking AG) einer durch die KÜ Cooking Ltd. zu 100 % beherrschten Unternehmung mit Sitz in Deutschland ein *ungesichertes zinsloses Darlehen* gewährt haben soll. Adolf ist empört und will sich diese «Schändung» seines Erbes nicht gefallen lassen.

Adolf reduziert deshalb seine Golfrunden und stellt *Forderungen* gegenüber der KÜ Cooking Ltd., nämlich im Wesentlichen eine Wiederanstellung bei der M Amherd AG, eine Wiederwahl in die VR der M Amherd AG und der T Amherd AG, eine angemessene Dividende für die Zukunft, einen Verzicht auf die beiden geplanten Umfirmierungen sowie genaue Auskunft über die Darlehensvergabe.

Adolf droht, bei Nichterfüllung seiner Forderung den *Rechtsweg zu beschreiten* – Sie sollen ihn bei den zahlreichen Rechtsfragen kompetent beraten!

Aufgaben

1. Liegt im konkreten Fall überhaupt eine *Konzernierung* vor? Wenn ja: Welche Unternehmung ist die *herrschende* Gesellschaft – und mit welchen Folgen?

2. Kann Adolf Amherd die beiden *Aktienverkäufe verhindern* und somit gegen die Veräusserungen der Beteiligungen seiner Schwester an der M Amherd AG und an der T Amherd AG «vorgehen»? Wenn ja: wie?

3. Hat Adolf Amherd einen konzernrechtlichen Anspruch auf *(Mit-) Verkauf seiner Aktien* an die KÜ Cooking Ltd.? Wäre eine *vertragliche* Anordnung in diesem Sinne («take along») mit seiner Schwester möglich gewesen?

4. Wie steht es um die behaupteten Ansprüche von Adolf Amherd auf *Dividende*, auf *Anstellung* sowie auf *VR-Mitgliedschaft*? Hat er allenfalls zumindest einen Informationsanspruch – oder sogar einen Leistungsanspruch – im Zusammenhang mit der *Darlehensvergabe* durch die M Amherd AG?

5. Kann Adolf Amherd die geplanten *Umfirmierungen* sowie den grundlegenden *Strategiewechsel* bei den beiden Gesellschaften verhindern?

6. *Welche Aktionärsklagen* stehen für Adolf Amherd im konkreten Fall vermutlich im Vordergrund – und, wenn überhaupt, *gegen wen* könnte er klagen? Wie steht es ausserdem mit den Erfolgsaussichten solcher Klagen?

7. Sehen Sie allenfalls rechtspolitischen Anlass und legislative Möglichkeiten für Verbesserungen durch den *Rechtssetzer*?

C. Einführung

I. Bedeutung in der Wirtschaftsrealität

1 Es bestehen *keine Statistiken* über die Verbreitung von *Konzernen* in der Schweiz (oder im Ausland)[1]. Dies hängt in erster Linie damit zusammen, dass – im Gegensatz zu den meisten Gesellschaftsformen – infolge fehlender HR-Eintragung keine Zählung möglich ist. Schätzungen gehen davon aus, dass *ca. 70 %* aller schweizerischen Körperschaften zu einem Konzern gehören; ausserdem erscheint wahrscheinlich, dass *fast alle Publikumsgesellschaften* in der Schweiz, also AG mit kotierten Beteiligungspapieren (vgl. dazu hinten § 14 N 1 ff.), konzerniert sind. Statistisches

M. E. steht fest: *Konzerne dominieren* die Wirtschaftsrealität, nicht allein in der Schweiz! Dieser Umstand allein sollte dazu führen, dass sich künftig die *Juristen vermehrt* mit dem komplexen Konzern(gesellschafts)recht auseinandersetzen.

2 Als *Konzernrecht* werden diejenigen Rechtsregeln bezeichnet, die sich unmittelbar oder mittelbar mit Unternehmensgruppen beschäftigen. Konzernrecht stellt einen *Oberbegriff* dar. Nebst dem *Konzerngesellschaftsrecht* gibt es ausserdem eine Vielzahl von anderen Konzernrechtsteilgebieten (z. B. das Konzernvertragsrecht[2], das Konzernsteuerrecht, das Konzernstrafrecht[3], das Konzernbankrecht[4], das Konzerninsolvenzrecht, das Konzernimmaterialgüterrecht oder das Konzernkartellrecht). Konzernrecht als Oberbegriff

3 Dem Konzernrecht kommt eine *Klammerfunktion* für das gesamte nationale und internationale Wirtschaftsrecht zu. Das Konzernrecht stellt die Anwendung von Wirtschaftsrecht auf Gruppenverhältnisse dar. Verschiedene Rechtsquellen, überwiegend zur hoheitlichen Regulierung gehörig, speisen das Konzernrecht (vgl. dazu hinten N 4 ff.).

Dem Konzernrecht kommt eine *überragende (wirtschafts-)rechtliche Bedeutung* zu, die oftmals – nicht allein von Studenten – etwas unterschätzt wird. Das Konzernrecht kann und sollte m. E. also geradezu als *«Wirtschaftsrecht für Fortgeschrittene»* betrachtet und bezeichnet werden.

1 Dem *Terminus «Konzern»* ist der *Begriff «Gruppe»* gleichgestellt.

2 Praxisrelevant in Konzernverhältnissen erscheinen z. B. die *Einzelarbeitsverträge* (vgl. dazu hinten N 116 und N 119) sowie die *Finanzierungsverträge* (vgl. dazu hinten N 133 ff.).

3 Allg.: MARTIN SCHUBARTH, Konzernstrafrecht (...), SZW 78 (2006) 161 ff.

4 Das Konzernbankrecht hat eine *relativ hohe Regulierungsdichte*; Bankengesetz (BankG): SR 952.0; Bankenverordnung (BankV): SR 952.02.

II. Rechtsquellen des Konzernrechts

1. Nationale Ebene

a) Aktuelle Situation

Rechtssetzung

In der Schweiz besteht zwar Konzernrecht, aber *keine umfassende Konzernrechtskodifikation*, d. h., es gibt keine zusammenhängenden gesetzlichen Regelungen zum wirtschaftlichen Phänomen des Konzerns – obwohl eine eigentliche Kodifikation des Konzern(gesellschafts)rechts immer wieder *rechtspolitisch postuliert* wurde[5]. 4

Bei den generell-abstrakten Normen konzernrechtlicher Natur handelt es sich regelmässig um *arbiträre Einzelregelungen* zu Sonderfragen. Diese Normierungen finden sich insbesondere im Gesellschaftsrecht (z. B. Art. 659*b* OR, Art. 727 Abs. 1 Ziff. 1 lit. c sowie Ziff. 3 OR, Art. 728 Abs. 6 OR, Art. 728*a* Abs. 1 Ziff. 1 OR oder Art. 963 ff. OR) und in einigen anderen wirtschaftsrechtlichen Rechtsgebieten, nämlich etwa im Umstrukturierungsrecht (vgl. dazu hinten N 125 ff.) oder im Steuerrecht.

Regulierung sowie Selbstregulierung

Im Bereich des Konzernrechts dominiert die *Regulierung* in aller Regel die Selbstregulierung[6]. Nur, aber immerhin in einigen wenigen selbstregulierenden Bereichen kommen Konzernaspekte überhaupt vor (z. B. im Kotierungsrecht der Börsen). Immerhin verdrängt die *Selbstregulierung* die gesetzliche Ordnung im Bereich der *Rechnungslegung* für Konzerne nach Art. 963*b* Abs. 1 und 4 OR (vgl. dazu hinten N 70). 5

Rechtsanwendung

Die konzernrechtliche Rechtssetzung hinkt traditionellerweise der Rechtsanwendung im Konzernrecht nach. Die Konzerne entwickelten sich in der Wirtschaftsrealität. Die *Praxis* von Gerichten sowie von Behörden (z. B. Steuerbehörden und Finanzmarktbehörden[7]) setzt sich mit diesen faktischen Entwicklungen auseinander. Besonders illustrativ erscheint in der Schweiz die Gerichtspraxis zu verschiedenen konzernrechtlichen *Haftungsfragen*, nämlich insbesondere zum Durchgriff (vgl. dazu hinten N 155 ff.) sowie zum Konzernvertrauen (vgl. dazu hinten N 159 ff.). 6

....

5 Zur Debatte: JEAN NICOLAS DRUEY, Schweizerisches Konzernrecht – Traktandum des Gesetzgebers?, in: FS für A. Koller (Bern 1993) 223 ff.; ANDRÉ VON GRAFFENRIED, Über die Notwendigkeit einer Konzerngesetzgebung (Diss. Bern 1976) 133 ff.

6 Bei der *Selbstregulierung* handelt es sich um einen *nichthoheitlichen*, d. h. prinzipiell privaten Akt eines Selbstregulators; es kann differenziert werden zwischen echter Selbstregulierung (= freiwillig) sowie unechter Selbstregulierung (= staatlich vorgegeben oder genehmigt): Vgl. dazu hinten § 14 N 13.

7 Illustrativ: BGE 116 Ib 331 («CS Holding») betreffend eine *konsolidierte Eigenkapitalunterlegung* in einem *Bankkonzern*; dazu: SZW 63 (1991) 140 ff.; nunmehr: Art. 4 BankG.

....

b) Legislative Entwicklungen

7 Die *AG* einerseits sowie die *GmbH* andererseits stellen in quantitativer Hinsicht die primären Konzernunternehmungen dar (vgl. dazu hinten N 41 und N 44). Allfällige Änderungen der entsprechenden Rechtsgrundlagen beeinflussen deshalb – zumindest mittelbar – ebenfalls die Konzerne. Die Wirtschaftsrechts- und Gesellschaftsrechtsgesetzgebungen befinden sich seit einigen Jahren in permanentem Umbruch[8].

Gesetzgebungen im Gesellschaftsrecht

Die umfassende *Revision des GmbH-Rechts* per 1. Januar 2008 führte dazu, dass die Rechtsform der GmbH als ideale Konzerngesellschaftsform – insbesondere als abhängige Gesellschaft – qualifiziert werden kann[9].

8 Das *Aktienrecht* wird seit einem Jahrzehnt einer *«grossen» Revision* zu unterziehen versucht; der erste Anlauf fand ab dem Jahr 2005 und der zweite Anlauf mit dem Jahr 2014 statt. Dazwischen erfolgte eine *Revision des Rechnungslegungsrechts*, bei der ein konzerngesellschaftsrechtlicher Paradigmenwechsel vorgenommen wurde (vgl. dazu hinten N 16 f.). Durch die «grosse» Aktienrechtsrevision würde hingegen das *Konzerngesellschaftsrecht*, wenn überhaupt, einzig *nebensächlich* verändert (z. B. betreffend Rückforderungsklage).

Konzernrechtskodifikation durch «grosse» Aktienrechtsrevision?

9 Im *internationalen* Vergleich ist einzuräumen, dass spezifische Konzernrechtsregelungen äusserst selten sind. In der Schweiz verhallten bis anhin entsprechende *Forderungen ungehört:* M. E. könnte indes zumindest eine selektive gesellschaftsrechtliche Konzernrechtskodifikation durchaus sinnvoll sein[10]. Vorrangiger *legislativer Handlungsbedarf* ergibt sich beispielsweise bei der Möglichkeit der Wahl von juristischen Personen in VR oder bei fiduziarischen VR (vgl. dazu hinten N 88 ff.).

Blick in die Zukunft?

[8] Übersicht zu den Revisionen: PETER V. KUNZ, Aufbruchstimmung im Schweizer Wirtschaftsrecht – Die Rechtssetzung als zentrale Herausforderung für die Rechtsanwendung, in: Jusletter vom 18. Februar 2008, N 21 ff.

[9] LUKAS HANDSCHIN, Gesellschaftsanteile und Gesellschafterversammlung – die Willensbildung in der GmbH – die Konzernleitung der GmbH, in: Das neue schweizerische GmbH-Recht (Zürich 2006) 114 ff.; DERS., Der KMU-Konzern, GesKR 2008, 317 f.

[10] PETER V. KUNZ, Aktienrechtsrevision 20xx, Jusletter vom 2. Februar 2009, N 148 f.

2. Internationale Ebene

Konzernregelungen im Ausland

Konzerne sind *globale Erscheinungen* des Wirtschaftsrechts. Nationale 10
Konzernrechte folgen auf dem Fusse, wobei kein grenzüberschreitendes Konzernrecht existiert. In den wenigsten Staaten finden sich *Konzernrechtskodifikationen* (Ausnahme z. B. Deutschland mit § 291 ff. AktG). Auf Ebene der Europäischen Union gibt es zwar – entgegen früheren Plänen – keine «Konzernrechtsrichtlinie», doch konzernrechtliche Bestimmungen finden sich in mehreren Richtlinien.

Eine Richtlinie, die sich ausschliesslich mit der Konzernrechnungslegung befasste, gab es allerdings auf Ebene EU (bzw. EWG), nämlich die Richtlinie 83/349/EWG über den konsolidierten Abschluss. Diese «EU-Konzernbilanzrichtlinie» wurde mit Erlass der Richtlinie 2013/34/EU, der EU-Bilanzrichtlinie, aufgehoben[11].

Selbstregulierungen im Konzernbereich kommen auf internationaler Ebene – wie schon in der Schweiz – in erster Linie im Bereich der *Rechnungslegung* vor. Im Vordergrund stehen die Selbstregulierungen der international anerkannten «standard setters» in diesem Bereich, nämlich die International Financial Reporting Standards (IFRS) sowie die United States Generally Accepted Accounting Principles (US GAAP). In diesen Standards finden sich zahlreiche Konzernrechtsnormen.

Rechtsvergleichung

Die Wissenschaftsdisziplin der *Rechtsvergleichung* versucht, mit «Blicken 11
über die Landesgrenzen» allenfalls Erkenntnisse zu gewinnen, die bei der *Rechtssetzung* oder bei der *Rechtsanwendung* nutzbringend sind[12]. Das Wirtschaftsrecht im Allgemeinen sowie das Konzernrecht im Besonderen erscheinen unter rechtsvergleichenden Aspekten besonders interessant. Gerade im Hinblick auf allfällige Diskussionen *de lege ferenda* könnte eine rechtsvergleichende Debatte nutzbringend sein.

....

[11] Die Bestimmungen betreffend den konsolidierten Abschluss finden sich seither im sechsten Kapitel dieser EU-Bilanzrichtlinie, insbesondere in den Artikeln 21 ff.; mit der Richtlinie 2014/95/EU wurde die EU-Bilanzrichtlinie ein erstes Mal angepasst, und es wurden zusätzlich Bestimmungen zur Corporate Social Responsibility in die EU-Bilanzrichtlinie aufgenommen, die insbesondere auch für Konzerne gelten (Art. 29a Konsolidierte nichtfinanzielle Erklärung).

[12] Statt aller: Peter V. Kunz, Instrumente der Rechtsvergleichung in der Schweiz bei der Rechtssetzung und bei der Rechtsanwendung, ZVglRWiss 108 (2009) 31 ff.

III. Strukturelles

1. Begriff des Konzerns

a) Grundverständnis

12 Der Konzern darf nicht mit einer einzelnen Gesellschaft verwechselt oder mit einer solchen gleichgesetzt werden. Vielmehr sind Konzerne, etwas trivialisiert, *Gruppen von Unternehmungen*, also Mehrheiten von rechtlich selbständigen Gesellschaften[13] unter einer wirtschaftlich einheitlichen Leitung.

Konzern als «Familie»

Interessanterweise werden – nicht allein in der Schweiz – jeweils meist *weibliche* Bezeichnungen für die Konzernunternehmungen verwendet (nämlich: «Muttergesellschaft»[14], «Tochtergesellschaft» oder Schwestergesellschaft), notabene sogar in der Rechtssetzung sowie in der Rechtsanwendung.

13 Ein *quantitatives* Element auf der einen Seite sowie ein *qualitatives* Element auf der anderen Seite definieren den Konzern: Für einen Konzern braucht es im Minimum zwei Unternehmungen (vgl. dazu hinten N 20), also eine *herrschende* Gesellschaft sowie mindestens eine *abhängige* Gesellschaft; diese Unternehmungen werden miteinander «verbunden», sozusagen durch einen *spezifischen «Leim»*, d. h. eine einheitliche wirtschaftliche Leitung oder Kontrolle (vgl. dazu hinten N 18 f.).

Konzernelemente

Der Konzernbegriff ist in der Schweiz gesetzlich *nicht umfassend* definiert. Zumindest das *Gesellschaftsrecht*, auf das sich diese Darstellung fokussiert, kennt seit den 1990er-Jahren einen eigenständigen Begriff, der sich indes unterscheidet von den anderen Konzernbegriffen, nämlich beispielsweise im Steuerrecht, im Kartellrecht, im Börsenrecht sowie im Bankrecht (vgl. dazu hinten N 15).

14 In Bezug auf die *Rechnungslegung* schrieb Art. 663e Abs. 1 aOR früher vor: «Fasst die Gesellschaft durch Stimmenmehrheit oder auf andere Weise eine oder mehrere Gesellschaften unter einheitlicher Leitung zusammen (Konzern) (...)». Diese Umschreibung des Konzerns stellte den Tatbestand zur Konsolidierungspflicht dar.

Beispiel: Konzernbegriff im Rechnungslegungsrecht

[13] Die Begriffe *«Gesellschaft»* sowie *«Unternehmung»* werden als *Synonyme* verwendet; bei Einzelunternehmungen liegen allerdings keine Gesellschaften, jedoch Unternehmungen, vor.

[14] Seit einiger Zeit scheint sich dies im angelsächsischen Bereich zu ändern, indem seltener von «mother company» und vermehrt von *«parent company»* gesprochen wird.

Art. 963 Abs. 1 OR enthält nunmehr eine gesellschaftsrechtliche *Legaldefinition* der Gruppe wie folgt: «Kontrolliert eine rechnungslegungspflichtige juristische Person ein oder mehrere rechnungslegungspflichtige Unternehmen (...)»; entsprechend steht die Kontrollmöglichkeit der abhängigen Unternehmen im Vordergrund. Dadurch kam ein *Paradigmenwechsel* zustande (vgl. dazu hinten N 16 f.).

Es gibt *weitere gesellschaftsrechtliche Konzernbegriffe*, z. B. in den Bereichen des Erwerbs eigener Aktien (Art. 659*b* OR) sowie des Revisionsrechts (Art. 728 Abs. 6 OR: Vgl. dazu hinten N 80 ff.). Es dürfen *keine Verallgemeinerungen* vorgenommen werden, selbst im Unterteilrechtsgebiet des Konzerngesellschaftsrechts.

Beispiel: Konzernbegriff im Bankrecht

15 Der *«Bankkonzern»* wird spezialgesetzlich geregelt, und zwar nicht im Gesellschaftsrecht, sondern im Finanzmarktrecht. Eine sog. Finanzgruppe, die aus zwei oder aus mehreren Unternehmungen bestehen muss, setzt insbesondere voraus, dass zwischen den Konzerngesellschaften eine *wirtschaftliche Einheit* oder ein rechtlicher bzw. ein faktischer *Beistandszwang* besteht (Art. 3*c* Abs. 1 lit. c BankG). Der bankrechtliche Konzernbegriff erscheint zwar ähnlich, aber nicht identisch mit dem gesellschaftsrechtlichen Konzernbegriff gemäss Art. 963 Abs. 1 OR.

Eine *wirtschaftliche Einheit* wird begründet bzw. fingiert, «wenn eines der Unternehmen an den anderen Unternehmen direkt oder indirekt mit mehr als der Hälfte der Stimmen oder des Kapitals beteiligt ist oder diese auf andere Weise beherrscht» (Art. 21 Abs. 1 BankV). Im Zusammenhang mit der Konzernrechnung kennt die BankV eine detaillierte Regelung, indem die Bank ein Unternehmen kontrolliert, wenn sie: «a. direkt oder indirekt über die Mehrheit der Stimmen im obersten Organ verfügt; b. direkt oder indirekt über das Recht verfügt, die Mehrheit der Mitglieder des obersten Leitungs- oder Verwaltungsorgans zu bestellen oder abzuberufen; oder c. auf andere Weise [...] einen beherrschenden Einfluss ausüben kann» (Art. 34 Abs. 3 BankV).

b) Rückblick: Paradigmenwechsel

Vom Leitungsprinzip ...

16 In der Schweiz führte Art. 663*e* aOR (vgl. dazu vorne N 14) zu Beginn der 1990er-Jahre das *Leitungsprinzip* für den rechnungslegungsrechtlichen Konzernbegriff ein[15]. Dies bedeutete, dass die *tatsächliche* Leitung ausgeübt werden musste, damit überhaupt von einem Konzern gesprochen wer-

[15] Detailliert: KARIN BEYELER, Konzernleitung im schweizerischen Privatrecht (Diss. Zürich 2004) 113 ff.; SEBASTIAN HARSCH, Die einheitliche Leitung im Konzern (Diss. Bern 2005) 25 ff.

den konnte. Die blosse *Möglichkeit* zur Kontrolle einer anderen Gesellschaft, die im konkreten Einzelfall indes realiter nicht wahrgenommen wurde, genügte folglich eben gerade *nicht* zur Konzernierung.

17 Das Leitungsprinzip wurde mit der Einführung des *Kontrollprinzips*, das seit jeher auf internationaler Ebene verbreitet war, anlässlich einer Aktien- bzw. Rechnungslegungsrechtsrevision auf den 1. Januar 2013 aufgehoben. Dieses «neue» Prinzip setzt für eine Konzernierung keine tatsächliche Beherrschung mehr voraus, sondern es genügt die *blosse Beherrschungsmöglichkeit* einer anderen Gesellschaft. Dies erleichtert u. a. den Beweis des Bestehens eines Konzerns erheblich. … zum Kontrollprinzip

c) Einheitliche wirtschaftliche Leitung

18 Das *qualitative* Element bei Gruppen (vgl. dazu vorne N 13), also – etwas trivialisiert – der «Leim» zwischen den Konzernunternehmungen bzw. die *Macht zu sagen, «wo's lang geht»*, kann unterschiedlich begründet werden – notabene jeweils in Abhängigkeit von der konkreten Rechtsgrundlage: Mittel der Beherrschung

In der Schweiz steht die *Stimmenmehrheit* (z. B. Art. 963 Abs. 2 Ziff. 1 OR) im Vordergrund, denn die meisten Konzerne stellen Beteiligungskonzerne dar. Doch die Beherrschung kann auch *«auf andere Weise»* erfolgen, etwa über die Möglichkeit, die Mehrheit der Mitglieder des VR zu bestellen oder abzuberufen (Art. 963 Abs. 2 Ziff. 2 OR), oder schliesslich aufgrund der Statuten, der Stiftungsurkunde, eines Vertrages oder vergleichbarer Instrumente, um einen beherrschenden Einfluss auf die Tochtergesellschaften ausüben zu können (Art. 963 Abs. 2 Ziff. 3 OR).

Durch die unmittelbare oder mittelbare *Beteiligung* der herrschenden Unternehmung, die in erster Linie die Konzernleitung (vgl. dazu hinten N 78) wahrnimmt, können die abhängigen Gesellschaften auf jeder Konzernebene beherrscht werden. Dabei ist indes nicht erforderlich, dass eine *Alleinbeteiligung* an den Konzerngesellschaften vorliegt (vgl. dazu hinten N 33 ff., insbesondere N 35 f.); Allein- bzw. Mehrheitsbeteiligungen sind *weder notwendig noch hinreichend* zur einheitlichen Leitung.

19 Nachdem die einheitliche wirtschaftliche Leitung (allenfalls: Kontrolle) begründet wurde, muss sie zur Aufrechterhaltung der Konzernierung in der Folge *sichergestellt* werden. Ansonsten fällt der Konzerntatbestand dahin. Sicherstellung der Beherrschung

Die in der Konzernrealität wohl gewichtigste und häufigste Sicherstellungsmassnahme bildet der Einsatz von *natürlichen* Personen innerhalb der Gruppe:

Die Obergesellschaft stellt ihren Einfluss bei den Untergesellschaften beispielsweise sicher, indem sie ihr *«Personal» delegiert*. Es kommt in den Konzernunternehmungen auf verschiedenen Ebenen und in unterschiedlichen Richtungen zu zahlreichen *Personalunionen*, und zwar insbesondere «von oben nach unten» (vertikale Integration)[16] sowie «seitwärts» (horizontale Integration)[17].

2. Minimalvariante und Variationen

Grundstruktur

Es braucht – unter quantitativem Aspekt – insgesamt *mindestens zwei* 20
Gesellschaften, damit von einem Konzern[18] bzw. von einer Gruppe[19] gesprochen werden kann, nämlich *eine herrschende* Gesellschaft einerseits (Synonyme: Obergesellschaft[20] oder Muttergesellschaft[21]) sowie mindestens *eine abhängige* Gesellschaft andererseits (Synonyme: Untergesellschaft oder Tochtergesellschaft[22] etc.). Gesamthaft ist von Konzerngesellschaft(en)[23] die Rede.

In der Praxis gibt es *unzählige Variationen* von unterschiedlichen *Konzernstrukturen*, und zwar unbesehen dessen, ob es um nationale Konzerne, um internationale Konzerne, um Grosskonzerne oder um Kleinkonzerne geht (auf der linken Seite findet sich die Minimalvariante jeder Unternehmensgruppe):

16 Die *vertikale* Integration, die vorherrscht, erfolgt z. B. durch Doppelorganschaften sowie durch Weisungen der herrschenden Unternehmung an die abhängigen Gesellschaften.

17 Die *horizontale* Integration ist *seltener*; dazu: PETER FORSTMOSER, Horizontale Integration im Konzern, in: FS für J. N. Druey (Zürich 2002) 383 ff.

18 Der Begriff *«Konzern»* findet sich in Art. 958 Abs. 2 OR, Art. 961*c* Abs. 1 OR, Art. 963*a* Abs. 3 OR (wobei hier von Ober- und Unterkonzern die Rede ist), Art. 963*b* Abs. 3 OR sowie in Art. 38 BankV.

19 Begriff *«Gruppe»*: Art. 10 und 27 Abs. 2 BankV; Begriff *«Finanzgruppe»*: Art. 3*b* ff. BankG oder in Art. 18 BankG; Begriff *«Gruppengesellschaft»*: Art. 3*c* Abs. 1 lit. c BankG sowie Art. 22 f. BankV; Begriff *«Bankgruppe»*: Art. 23 BankG; Begriff *«Gruppenstruktur»*: Art. 8 Abs. 1 lit. b Ziff. 3 BankV.

20 Begriff: Art. 10*a* f. BankG («Konzernobergesellschaft»); Art. 34 f. und 39 Abs. 2 BankV.

21 Begriff: Art. $4^{quinquies}$ Abs. 1 a. A./Abs. 1 lit. b BankG.

22 Begriff: Art. 659*b* Abs. 1 OR; zudem: Art. 3 Abs. 7 BankG und Schlussbestimmungen der BankG-Änderungen vom 18. März 1994: Abs. 7.

23 Begriff: Art. 653 Abs. 1 OR.

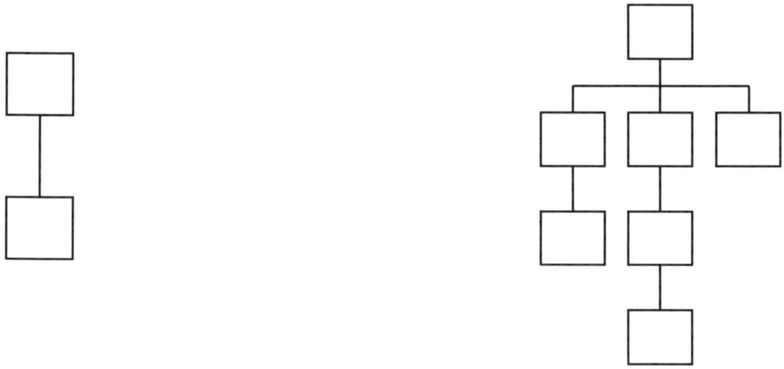

Abb. 33: Konzern: Variationen

21 Sollte sich der statutarische Sitz einer oder mehrerer Konzerngesellschaften im Ausland befinden, handelt es sich um einen *internationalen Konzern*: Internationale Konzerne

Gesellschaftsrechtlich ändert sich prinzipiell nichts für die Konzernunternehmungen mit Sitz in der Schweiz, d. h., das schweizerische Gesellschaftsrecht gelangt zur Anwendung. Immerhin dürften *zusätzliche (ausländische) Rechtsgrundlagen* zu berücksichtigen sein; die Konzern-compliance spielt eine besonders wichtige Rolle. Künftig wird auf verschiedene Bedürfnisse internationaler Konzerne im Bereich der *Rechnungslegung* besser Rücksicht genommen (vgl. dazu hinten N 63).

22 Bei den *abhängigen* Unternehmungen bestehen *keine quantitativen Limiten*; konzernrechtlich spielt es keine Rolle, ob im Konzern nur eine einzige oder Dutzende oder Hunderte Tochtergesellschaften existieren. Anders sieht es aus für die Obergesellschaft: Strukturelles: «Teilkonzern» oder «Konzern im Konzern»?

In jedem Konzern kann es m. E. nur eine *einzige herrschende* Gesellschaft geben, selbst wenn sie ihre Leitungskompetenzen allenfalls delegiert oder aufteilt (z. B. auf eine Holding einerseits sowie auf eine Managementgesellschaft als Tochtergesellschaft andererseits). Die einheitliche Leitung erweist sich somit als *Unikat im Konzern*.

23 Strukturell mag dies anders aussehen. Eine Tochtergesellschaft ist – als Beispiel – allenfalls an einer weiteren abhängigen Unternehmung sogar mit 100 % beteiligt, wird dadurch aber trotzdem nicht ihrerseits zur «Muttergesellschaft», d. h., sie fungiert sozusagen einzig als eine Art «Durchlaufgesellschaft». Konzernrechtliche Muttergesellschaft ist und bleibt so-

mit immer die Obergesellschaft. Nach herrschender Ansicht gibt es keinen «Teilkonzern»[24] bzw. keinen «Konzern im Konzern»[25].

Zwischenholdings

24 Eine besondere Funktion bei den «Durchlaufgesellschaften» im Konzern nehmen die *Zwischenholdings* gemäss Art. 963*a* Abs. 1 Ziff. 2 OR ein. Es handelt sich dabei um eine spezifische konzernrechtliche Qualifikation mit entsprechenden privilegierenden Rechtsfolgen im Bereich der *Rechnungslegung* (vgl. dazu hinten N 71 f.).

3. Konzernqualifikation (und ausgewählte Rechtsfragen)

a) Konzern als einfache Gesellschaft?

Meinungsstreit

25 Der Konzern besteht aus einer Mehrzahl bzw. aus einer *Gruppe rechtlich selbständiger Unternehmen* unter wirtschaftlich einheitlicher Leitung (vgl. dazu vorne N 12 ff.). Jede Konzernunternehmung als solche ist eine Gesellschaft. Da unterschiedliche Rechtsbeziehungen *zwischen* den einzelnen Konzerngesellschaften bestehen, erscheint naheliegend, ebenfalls den Konzern *als solchen* rechtlich qualifizieren zu wollen.

Die Lehre debattiert in diesem Zusammenhang die Frage, ob der Konzern gesellschaftsrechtlich als *einfache Gesellschaft* gemäss Art. 530 ff. OR (vgl. dazu vorne § 7 N 42 ff.) verstanden werden kann oder nicht[26]. Die Qualifikation als einfache Gesellschaft *hätte* einige weitreichende Rechtsfolgen; in erster Linie würde dies für die Konzernhaftung (vgl. dazu hinten N 149 ff.) bedeuten, dass sämtliche Gruppengesellschaften miteinander unbeschränkt und solidarisch *haftbar wären* (Art. 544 Abs. 3 OR)[27].

Gerichtspraxis

26 Das *Bundesgericht* hat m. W. die Frage zur Konzernqualifikation als einfache Gesellschaft (noch) nicht definitiv entschieden. Vielmehr wurde sie bis anhin *offengelassen* (immerhin abgelehnt in BGE 4C.217/2003 vom 29. Januar 2004: Erw. 3.3).

....

24 Zwar verwendet insbesondere Art. 35 Abs. 3 BankV den Begriff *«Teilkonzern»*, doch ist eine Zwischenholding gemeint.

25 Allg.: CHRISTOPH VON GREYERZ, Der Teilkonzern, in: Das St. Galler Konzernrechtsgespräch (Bern 1988) 149 ff. m. w. H.

26 Hierzu: HENRY PETER/FRANCESCA BIRCHLER, Les groupes de sociétés sont des sociétés simples, SZW 70 (1998) 113 ff.; ROLAND VON BÜREN/MICHAEL HUBER, Warum der Konzern keine einfache Gesellschaft ist – eine Replik, SZW 70 (1998) 213 ff.; HENRY PETER/FRANCESCA CAVADINI-BIRCHLER, Les groupes de sociétés sont (parfois) des sociétés simples – une duplique, in: FS für R. von Büren (Basel 2009) 131 ff.

27 Ausserdem *stünde* das *Einstimmigkeitsprinzip* gemäss Art. 534 Abs. 1 OR im Widerspruch zur einheitlichen Leitung, wonach *eine* Gesellschaft zu sagen hat, «wo's lang geht».

27 In aller Regel dürften die Konzerne nach schweizerischem Rechtsverständnis *keine einfachen Gesellschaften* sein. Insbesondere darf die gemeinsame Zweckverfolgung der Gesellschafter als Grunderfordernis aller «Vergesellschaftungen» nicht gleichgesetzt werden mit dem Konzerninteresse, d. h., durch die Konzernierung als solche erfolgt (noch) *keine automatische* Gleichschaltung der Interessen sämtlicher Konzerngesellschaften.

Vermittelnde Position[28]

28 M. E. *kann* ein Konzern nichtsdestotrotz – zumindest in Ausnahmefällen – als einfache Gesellschaft qualifiziert werden, wenn nämlich konzernintern eine *Interessenparallelität* zwischen den Konzerngesellschaften besteht. Dies ist regelmässig der Fall bei zwei Szenarien: Einerseits sehen sog. *statutarische Konzernklauseln* der abhängigen Gesellschaften (vgl. dazu hinten N 90) deren Interessenfokussierung auf das Konzerninteresse vor, und andererseits kann bei *Alleinbeteiligungen* an Untergesellschaften eine Interessenparallelität sogar vermutet werden.

b) Rechtsfähigkeit und sonstige Eigenschaften?

29 Die Unternehmensgruppe ist zu *unterscheiden* von den einzelnen Konzernunternehmungen. Die Rechtslage ist nicht vergleichbar mit der Verselbständigung bei juristischen Personen und ihren Gesellschaftern[29]. Das Konzernrecht wird beherrscht vom *Trennungsprinzip* in Bezug auf die Konzerngesellschaften und dem von ihnen gebildeten Konzern. Zur Anwendung gelangt eine *formale* Betrachtungsweise.

Formale Betrachtungsweise

Aus diesem Grund gibt es z. B. *keine unmittelbare Haftung* der Muttergesellschaft für Schulden einer Tochtergesellschaft (vgl. dazu hinten N 155 ff.); ein Konkurs einer abhängigen Unternehmung schlägt *nicht unmittelbar* auf die Obergesellschaft durch.

30 Der *Konzern als Gruppe* von Unternehmungen ist beispielsweise nicht rechtsfähig gemäss Art. 11 ZGB, nicht handlungsfähig gemäss Art. 12 ff. ZGB, nicht betreibungsfähig gemäss Art. 39 ff. SchKG, nicht HR-pflichtig (z. B. Art. 640 ff. OR), nicht buchführungspflichtig gemäss Art. 957 OR sowie nicht revisionspflichtig gemäss Art. 727 f. OR (vgl. dazu hinten N 80 ff. und N 92 ff.). Ausserdem erscheint der Konzern prozessrechtlich weder aktivlegitimiert noch passivlegitimiert.

Auswahl

28 Im Detail: PETER V. KUNZ, Unternehmensgruppen: Konzernbegriffe sowie Konzernqualifikation, ZBJV 148 (2012) 354 ff.

29 ROLF H. WEBER, Juristische Personen, SPR II/4 (Basel 1998) 46.

Diese verschiedenen Eigenschaften bzw. Qualifikationen kommen nur, aber immerhin den *einzelnen Konzerngesellschaften*, aber *nicht dem Konzern* als solchem zu.

Wirtschaftliche Betrachtungsweise

31 Eine formale Betrachtungsweise kann *ausnahmsweise* eine Missachtung der Realität sein. In einigen wenigen Bereichen – mehrheitlich im öffentlichen Recht – kommt deshalb eine *wirtschaftliche* Betrachtungsweise[30] zur Anwendung. D. h., die rechtliche Selbständigkeit der Konzernunternehmungen wird ignoriert zugunsten einer *Gesamtbetrachtung*. Dies ist beispielsweise der Fall im Konzernfinanzmarktrecht (bei der konsolidierten Bankenaufsicht)[31] oder im Konzernsteuerrecht.

32 *Gesellschaftsrechtlich* erfolgt teils ebenfalls eine wirtschaftliche Betrachtungsweise, nämlich in erster Linie einerseits im Rechnungslegungsrecht (vgl. dazu hinten N 59) sowie andererseits beim privatrechtlichen Durchgriff als Spezialform der Konzernhaftung (vgl. dazu hinten N 155 ff.). Normalerweise folgt das Privatrecht der formalen Betrachtungsweise, so dass die rechtliche Selbständigkeit der Konzerngesellschaften respektiert wird. Die wirtschaftliche Betrachtungsweise durchbricht das Trennungsprinzip, auf dem ein Konzern konzeptionell basiert.

4. Weitere strukturelle Aspekte

a) Mögliche Einteilungen von Konzernen

aa) Art der Beherrschung

Beteiligungskonzerne

33 Die *Beteiligungskonzerne* basieren nicht auf einem Vertrag, sondern auf tatsächlichen Machtverhältnissen; deshalb werden sie auch als «faktische Konzerne» bezeichnet. Die Beherrschung wird wahrgenommen mittels *Beteiligungen* zwischen verschiedenen Konzernunternehmungen (also «von oben nach unten» oder aber «seitwärts»). Diese Beteiligungen verschaffen in erster Linie das *Stimmrecht* in den GV der betroffenen Konzerngesellschaften. In der Schweiz dominieren die Beteiligungskonzerne.

....

[30] Statt aller: HANS MICHAEL RIEMER, «Wirtschaftliche Betrachtungsweise» bei der Auslegung im Privatrecht (Gesetze und Rechtsgeschäfte)?, in: Aspekte des Wirtschaftsrechts (Zürich 1994) 129 ff.; RAPHAEL LANZ, Die wirtschaftliche Betrachtungsweise im schweizerischen Privatrecht (Diss. Bern 2000) 85 ff.

[31] Art. 3*b* und 3*d* f. BankG, Art. 23 f. BankV; zudem: MARKUS AFFOLTER, Aufsicht über international tätige Finanzgruppen, in: Cross-Border Banking (Basel 2009) 131 ff.; PETER NOBEL, Bank- und Finanzkonglomerate (…), in: Vom Gesellschafts- zum Konzernrecht (Bern 2000) 145 ff.; ALAIN HIRSCH, La surveillance des groupes bancaires, in: St. Galler Konzernrechtsgespräch (Bern 1988) 209 ff.

....

34 Die *Vertragskonzerne*, die in der Schweiz selten – anders als im Ausland (z. B. in Deutschland) – vorkommen[32], haben als Rechtsgrundlage der Unternehmenszusammenfassung einen oder mehrere Verträge zwischen den Unternehmungen des Konzerns. Es stehen *unterschiedliche Innominatkontrakte* zur Debatte (z. B. ein Beherrschungsvertrag, ein Gewinnabführungsvertrag, ein Gewinngemeinschaftsvertrag, ein Betriebsführungsvertrag, ein Betriebsüberlassungsvertrag oder ein Stimmbindungsvertrag). Vertragskonzerne

Nicht mit den Vertragskonzernen zu verwechseln sind die *strategischen Partnerschaften* (vgl. dazu hinten N 49), die zu keiner Konzernierung führen.

bb) Intensität der Beherrschung

35 Die bei den meisten Gruppen – aus Gründen der Simplizität und der Effizienz – bevorzugte abhängige Konzerngesellschaft ist ohne Zweifel die *Alleinbeteiligung* bzw. die 100 %-Beteiligung («wholly owned subsidiary»). Bei diesen Unternehmungen gibt es insbesondere *keine Quorumsprobleme*, so dass z. B. ein Verzicht auf Gewinnstrebigkeit (Art. 706 Abs. 2 Ziff. 4 OR) möglich ist. Die Beschlüsse können ausserdem in *Universalversammlungen* gefasst werden (Art. 701 OR). Alleinbeteiligungen

Eine Alleinbeteiligung kann aber ebenfalls Nachteile mit sich bringen. Nicht unterschätzt werden sollten gewisse *rechtliche Risiken* einer Alleinbeteiligung im Konzern, auch wenn sich diese teilweise (noch) selten realisiert haben:

36 Erstens waren *Einpersonengesellschaften illegal* als abhängige Unternehmungen, mindestens bei gewissen Rechtsformen; seit dem 1. Januar 2008 werden aber *Einpersonen-AG* (Art. 625 OR) und *Einpersonen-GmbH* (Art. 775 OR) akzeptiert, was die Problematik entschärft hat, denn AG und GmbH sind heute die im Vordergrund stehenden Konzerngesellschaften (vgl. dazu hinten N 41 und N 43 f.). Zweitens erscheinen derart organisierte Gesellschaften für die *Durchgriffshaftung* (vgl. dazu hinten N 155 ff.) besonders gefährdet. Drittens kann m. E. eine Alleinbeteiligung allenfalls zur Qualifikation des Konzerns als *einfache Gesellschaft* führen (vgl. dazu vorne N 25 ff.). Risiken

[32] Ein Teil der Lehre *bezweifelt generell die Legalität* von Vertragskonzernen.

Mehrheitsbeteiligungen

37 Regelmässig reicht eine *einfache Mehrheitsbeteiligung* einer Obergesellschaft an einer Untergesellschaft aus, um diese zu beherrschen und damit zu konzernieren, weil die meisten Beschlüsse in der GV im Rahmen von Art. 703 OR mit der absoluten Mehrheit der Aktienstimmen gefasst werden.

Trotzdem kann eine *qualifizierte Mehrheitsbeteiligung* bei einer abhängigen Konzernunternehmung notwendig erscheinen, damit gewisse «wichtige Beschlüsse» möglich sind (z. B. eine Zweckänderung: Art. 704 Abs. 1 Ziff. 1 OR; dazu gehören etwa die statutarischen Konzernklauseln: vgl. dazu hinten N 105).

Minderheitsbeteiligungen

38 In Ausnahmefällen genügt eine *Minderheitsbeteiligung*, um eine Gesellschaft beherrschen und somit konzernieren zu können. Dies dürfte etwa der Fall sein bei einem atomistischen Aktionariat (d. h. bei vielen unorganisierten Kleinaktionären), das an den GV nicht allzu präsent ist; in den GV sind gemäss Art. 703 f. OR nämlich einzig die *vertretenen* Stimmen bzw. die *vertretenen* Aktiennennwerte massgeblich, so dass eine Minderheitsbeteiligung durchaus zu einer Mehrheit in einer GV führen kann.

Ausserdem kann eine Minderheitsbeteiligung als solche einer herrschenden Gesellschaft zur Konzernierung ausreichen, wenn – nebst dem Stimmrecht – *zusätzliche* Mittel der Beherrschung hinzukommen (vgl. dazu vorne N 18).

b) Irrelevanz der wirtschaftlichen Bedeutung

aa) Prinzip

Grösse und Bedeutung

39 Konzerngesellschaftsrechtlich spielt es *keine Rolle*, ob ein Konzern gross oder klein ist bzw. wie es sich mit dessen wirtschaftlicher Bedeutung verhält. Zwar dürften die Rechtsprobleme mit der Grösse oder mit der Komplexität der Konzernstruktur oder mit dem internationalen Bezug (vgl. dazu vorne N 21) meist zunehmen und allenfalls *weitere Rechtsgrundlagen* ins Spiel bringen[33]. Nichtsdestotrotz können die konzerngesellschaftsrechtlichen Grundprobleme bei *jedem* Konzern besprochen werden.

---

33 Bei *Publikums(konzern)gesellschaften* – als erstes Beispiel – zusätzlich beachtlich ist u. a. das Finanzmarktinfrastrukturgesetz (FinfraG: SR 958.1); bei *internationalen Konzernen* (vgl. dazu vorne N 21) – als zweites Beispiel – muss ausserdem das Internationale Privatrecht (IPRG: SR 291) beachtet werden.

bb) Ausnahmen

40 Die *wirtschaftliche Bedeutung* – unter den Aspekten einerseits der Grösse[34] sowie andererseits der Benutzung der Kapitalmärkte[35] zur Konzernfinanzierung (vgl. dazu hinten N 133 ff.) – kann gesellschaftsrechtliche *Sonderregelungen* beachtlich machen: Sonderregelungen im Gesellschaftsrecht

Die *Konsolidierungspflicht* kennt im Rahmen von Art. 963*a* Abs. 1 Ziff. 1 OR eine Ausnahme für Kleinkonzerne (vgl. dazu hinten N 62). Die gleichen Überlegungen spielen schliesslich im Rahmen von Art. 727 Abs. 1 Ziff. 2 OR i. V. m. Art. 727*a* Abs. 1 OR bei der *ordentlichen Revision* der Konzernrechnung eine Rolle, wonach bei Nichtüberschreitung der genannten Grössenanforderungen auf die Durchführung einer ordentlichen Revision verzichtet werden kann (vgl. dazu hinten N 82).

c) Auswahl bei Konzerngesellschaften

aa) Herrschende Unternehmungen

41 Die herrschende Unternehmung muss fähig sein, die Konzernleitung wahrzunehmen. Im Prinzip *keine gesellschaftsrechtlichen Einschränkungen* bestehen bei der Obergesellschaft. In der Wirtschaftsrealität selten sind allerdings *Personengesellschaften*, also konkret[36] KlG oder KmG; ausgeschlossen sind nur, aber immerhin eG. Vielmehr handelt es sich bei der herrschenden Gesellschaft meist um eine *AG* oder um eine *GmbH*. Ebenfalls beliebt sind *Genossenschaften*, wie die schweizerische Praxis belegt (z. B. Migros, Coop, Fenaco, Raiffeisen, Mobiliar)[37]. Gesellschaften

Mit dem Kollektivanlagenrecht wurden *zwei neue Gesellschaftsformen* eingeführt: die SICAV sowie die KmGK (vgl. dazu hinten § 15 N 34 ff. und § 15 N 45 ff.); ausserdem werden die Investmentgesellschaften mit festem Kapital bzw. die SICAF ebenfalls reguliert (vgl. dazu hinten § 15 N 25 ff.). Es stellt sich damit die Frage, ob diese Gesellschaften als *herrschende* Gesellschaft(en) in Frage kommen (vgl. dazu hinten § 15 N 30 f.).

[34] Bilanzsumme, Umsatzerlös sowie Anzahl der Vollzeitarbeitnehmer.

[35] Kotierung der Beteiligungspapiere oder Emission einer Anleihensobligation.

[36] MARKUS KAUFMANN, Personengesellschaften als Konzernspitze (Diss. Bern 1988) 21 ff.

[37] Generell zu den *Genossenschaftskonzernen*: ROLAND VON BÜREN, Genossenschaftskonzern – Gesetz und Wirklichkeit, in: FS für P. Forstmoser (Zürich 2003) 99 ff.; zudem allg.: REGINA NATSCH, Die Genossenschaft im Konzern (Diss. Bern 2002) *passim*; FRANCO TAISCH, Genossenschaftsgruppen und deren Steuerung (Zürich 2009) *passim*.

Natürliche Personen?

42 Zulässig ist, dass als herrschender Unternehmer eine *natürliche Person* auftritt. Dies bedeutet, dass eine *Einzelunternehmung* an der Spitze des Konzerns steht und folglich die Konzernleitung wahrnimmt. In der Konzernrealität in der Schweiz erscheint diese Möglichkeit aber – soweit ersichtlich – eher Theorie als Praxis.

bb) *Abhängige Unternehmungen*

Beherrschbarkeit

43 Gesellschaftsrechtliche Kriterien für eine Untergesellschaft bestehen nicht. Grundvoraussetzung, um als abhängige Konzernunternehmung geeignet zu sein, erscheint die *Beherrschbarkeit* der in Frage stehenden Gesellschaftsform, d. h. die Möglichkeit, in die einheitliche Leitung der Obergesellschaft *«eingebunden»* zu werden.

Mögliche OR-Gesellschaften

44 Dieses Kriterium dürfte bei *Genossenschaften* z. B. infolge des Kopfstimmprinzips (Art. 885 OR) und der beschränkten Vertretungsmöglichkeit in der GV (Art. 886 OR) kaum möglich sein. Ausserdem scheiden die *KlG* sowie die *KmG* meist aus, weil eine juristische Personen als geschäftsführender Gesellschafter gemäss Art. 552 Abs. 1 OR und Art. 594 Abs. 2 OR unmöglich ist; denkbar ist dies nur, aber immerhin, wenn ein Einzelunternehmer die Konzernspitze ausmacht (vgl. dazu vorne N 42).

Keine Probleme ergeben sich bei der *AG* und bei der *GmbH*; gerade die Letztere dürfte infolge der Möglichkeiten von Nachschusspflichten (Art. 795 ff. OR) sowie von Nebenleistungspflichten (Art. 796 OR) ideal als Untergesellschaft sein. AG und GmbH stehen im aktuellen Vordergrund als abhängige Gesellschaften.

Natürliche Personen sowie KAG-Gesellschaften?

45 M. E. können *natürliche Personen nicht* als abhängige Unternehmer tätig sein; sie können nur, aber immerhin, als herrschende Unternehmer den Konzern leiten (vgl. dazu vorne N 42). Zwar ist es möglich, dass ein Mensch sich im Rahmen der Vertragsfreiheit (Art. 19 ff. OR) beispielsweise gegenüber einer Obergesellschaft bindet. Doch die rechtsverbindliche Einbindung im Sinne der einheitlichen Leitung dürfte immer persönlichkeitsverletzend sein und *gegen Art. 27 ZGB* verstossen.

Ebenfalls ist die Frage zu beantworten, ob die zwei bzw. drei KAG-Gesellschaften – nämlich die SICAV, die SICAF sowie die KmGK – als *abhängige* Gesellschaft(en) im Konzern in Frage kommen (vgl. dazu hinten § 15 N 32 f.).

d) Abgrenzungen

46 Der Begriff der *Holding* wird nicht selten falsch verstanden und verwechselt, wenn es um Konzerne geht. Holding darf weder mit Konzern einerseits noch mit Konzernmuttergesellschaft andererseits gleichgesetzt werden, es handelt sich m. a. W. um keine Synonyme. Eine Holdinggesellschaft hat als *hauptsächlichen*, aber *nicht ausschliesslichen* Zweck, Beteiligungen *dauernd* zu halten («to hold»). Eine Holding wird in erster Linie gesellschaftsrechtlich[38] und steuerrechtlich[39] privilegiert.

Holding (als Obergesellschaft)

47 In der Wirtschaftsrealität sind die *herrschenden* Gesellschaften oftmals ausgestaltet als Holding, wobei keine rechtliche Notwendigkeit dazu besteht.

Holding versus «Stammhaus»

Die *Holdingsstruktur* kann sich aus einer allfälligen *Stammhausstruktur* des Konzerns heraus entwickeln, d. h., die Muttergesellschaft nimmt z. B. ursprünglich alle Funktionen wahr (Anstellung der Arbeitnehmer, Eigentum an den Immobilien, Berechtigung an Immaterialgüterrechten, Produktion und Handel etc. = Stammhaus) und wird dann sozusagen *«entschlackt» und reduziert* auf die Holdingfunktion. M. E. ist die Konzernleitungsfunktion ohne weiteres vereinbar mit einer Holding.

48 Von der abhängigen Unternehmung – einer rechtlich selbständigen Gesellschaft – unterscheidet sich die *Zweigniederlassung* (= Filiale gemäss Art. 641 OR)[40]:

Filialen

Die Filiale wird definiert als «kaufmännischer Betrieb (...), der zwar rechtlich Teil einer Hauptunternehmung ist, von der er abhängt, der aber in eigenen Räumlichkeiten dauernd eine gleichartige Tätigkeit wie jene ausübt und dabei über eine gewisse wirtschaftliche und geschäftliche Unabhängigkeit verfügt» (BGE 117 II 87 Erw. 3; zudem: BGE 108 II 124 f. Erw. 1). Die Zweigniederlassung hat *keine Rechtspersönlichkeit.*

49 Bei der *strategischen Partnerschaft*, für die keine Legaldefinition besteht, geht es nicht darum, dass irgendeine Unterwerfung bzw. Einordnung der Partner in einen Verbund erfolgt, d. h., keinem Partner kommt eine Leitungsfunktion zu. Vielmehr steht eine Kooperation auf *vertraglicher* Basis im Vordergrund, die meist gegenseitig Synergien schaffen soll. Oft werden zwischen den Partnern zudem *Kreuzbeteiligungen* vorgesehen, was aller-

Strategische Partnerschaften

38 Beispiel: Art. 671 Abs. 4 OR (betreffend Reserven).

39 Beispiel auf Bundesebene: Art. 69 DBG (Beteiligungsabzug): SR 642.11.

40 Zu Verwechslungen kommt es nicht zuletzt wegen der *französischen* Terminologie: Zweigniederlassungen bzw. Filialen heissen *«succursales»*, wohingegen die abhängigen Konzerngesellschaften als *«filiales»* bezeichnet werden, d. h., Filialen und «filiales» sind *keine Synonyme*.

dings nichts zwingend erscheint. Nichtsdestotrotz sollen die Partner *gleichberechtigt* sein und somit auf gleicher Augenhöhe stehen.

Joint Ventures

Als *Joint Venture* werden «Gemeinschaftsunternehmen»[41] bezeichnet, an denen sich die beteiligten Partner nicht primär vertraglich, sondern in erster Linie *kapitalmässig beteiligen* und damit die Stimmrechte wahrnehmen. Dabei bleibt offen, ob die Partner gleiche oder unterschiedliche Beteiligungen übernehmen. Je nach konkreter Ausgestaltung des Verhältnisses untereinander *kann bzw. muss* ein Joint Venture als *Konzerngesellschaft* qualifiziert werden. 50

In der Wirtschaftsrealität sind Joint Ventures oftmals paritätisch ausgestaltet, so dass kein Partner dominieren kann. Dadurch wird eine *Konzernierung verhindert*.

IV. Aufbau der Darstellung

Aktienrecht

In der vorliegenden Darstellung stehen die praxisrelevantesten *Aktiengesellschaftskonzerne* im Fokus. Insofern werden die meisten juristischen Problembereiche anhand des *Aktienrechts* gemäss Art. 620 ff. OR erläutert. Dies ist beispielsweise ersichtlich bei den Gesellschaftsorganen (vgl. dazu hinten N 73 ff.), bei der Rechnungslegung (vgl. dazu hinten N 57 ff.), bei den Gesellschafteraspekten (vgl. dazu hinten N 96 ff.) sowie bei den Gläubigeraspekten (vgl. dazu hinten N 112 ff.). 51

Spezialthemen

Bei Konzernen stehen regelmässig unterschiedliche Rechtsgebiete zur Debatte, insbesondere das Steuerrecht. In dieser Darstellung erfolgt eine Beschränkung auf das *Gesellschaftsrecht*, notabene im Bewusstsein, dass damit nur ein Kapitel der Konzernrealität erzählt wird; dies ist nicht zuletzt bei gewissen *Spezialthemen* der Fall, nämlich bei den Konzernsanierungen einerseits (vgl. dazu hinten N 145 ff.) sowie bei den Konzernfinanzierungen andererseits (vgl. dazu hinten N 133 ff.). 52

41 Statt aller: Jasmin Djalali, Internationale Joint Ventures (…), (Diss. Bern 1998) *passim*; Matthias Oertle, Das Gemeinschaftsunternehmen (Joint Venture) im schweizerischen Recht (Diss. Zürich 1990) *passim*.

D. Grundfragen

I. Sphären des Konzerns

1. Konzerninnenverhältnisse

53 Konzerne als Gruppen von Unternehmungen haben keine Rechtspersönlichkeit und können regelmässig auch nicht als einfache Gesellschaften qualifiziert werden (vgl. dazu vorne N 25 ff.). Die *einzelnen* Konzerngesellschaften hingegen sind *selbständige Unternehmungen* (vgl. dazu vorne N 12), die ein wirtschaftliches und rechtliches Eigenleben in ihren Geschäftsaktivitäten führen. Auslegeordnung

Dieses im konzernrechtlichen Trennungsprinzip zum Ausdruck gelangende *Eigenleben* eröffnet *drei Perspektiven* für Konzernbetrachtungen, nämlich auf die Konzerngesellschaften als solche (vgl. dazu hinten N 54), auf die Rechtsverhältnisse zwischen den Konzernunternehmungen (vgl. dazu hinten N 55) sowie schliesslich auf die rechtlichen Beziehungen der Konzerngesellschaften mit konzernunabhängigen Dritten (vgl. dazu hinten N 56).

54 Die *Konzerngesellschaften als solche* werfen – nebst den regulären gesellschaftsrechtlichen Fragen – zahlreiche spezifische konzerngesellschaftsrechtliche Fragen auf. Dabei muss nach der *Konzernebene* (also: Obergesellschaft oder Untergesellschaften) differenziert werden. In diesem Zusammenhang wird in erster Linie auf die *Organe* der einzelnen Konzernunternehmungen eingegangen (vgl. dazu hinten N 73 ff.). Intra-Perspektiven

55 Die Gruppengesellschaften treten sich im Konzerninnenverhältnis jeweils als *Rechtssubjekte* gegenüber. Zwischen den einzelnen Unternehmen besteht regelmässig in unterschiedlichen Richtungen ein *vertragliches «Netzwerk»*. Bei der privatautonomen Ausgestaltung dieser konzerninternen Beziehungen besteht keine absolute Freiheit, sondern es müssen – beispielsweise aus gesellschaftsrechtlichen Gründen – *Grenzen* beachtet werden. Inter-Perspektiven

Als herausragendes Thema der Wirtschaftsrealität betreffend das Konzerninnenverhältnis erweist sich insbesondere die *konzerninterne Finanzierung* (inklusive Sanierung) von Konzerngesellschaften (vgl. dazu hinten N 133 ff. und N 145 ff.).

2. Konzernaussenverhältnisse

Konzernfremde Dritte

Die Konzernunternehmungen agieren nicht allein unter- bzw. miteinander, sondern stehen ebenfalls in Aussenbeziehungen, d. h., sie treten *vertraglich* oder *deliktisch* oder *sonst wie* in Kontakt mit *konzernexternen Dritten*: 56

Unter diesem Aspekt wird auf einige konzernrechtliche Sonderfragen hingewiesen. Ausgewählt wurden zwei *strukturelle* Bereiche, nämlich die konzernfremden Gesellschafter (vgl. dazu hinten N 96 ff.) und die Gläubiger (vgl. dazu hinten N 112 ff.), sowie zwei *thematische* Bereiche, nämlich die Konzernfinanzierungen einerseits (vgl. dazu hinten N 133 ff.) sowie die Konzernhaftungen andererseits (vgl. dazu hinten N 149 ff.).

II. Rechnungslegung im Konzern

1. Grundsätzliches

Übersicht

Seit dem 1. Januar 2013 ist das Rechnungslegungsrecht rechtsformunabhängig in den Art. 957 ff. OR zusammen mit der Buchführungspflicht geregelt; konzernrechtlich fand ein eigentlicher Paradigmenwechsel statt (vgl. dazu vorne N 16 f.). In Folge dieser Neuordnung wurde der *Konsolidierungskreis erweitert*. 57

Gemäss Art. 957*a* Abs. 1 OR sind von der *Buchführung* «Geschäftsvorfälle und Sachverhalte, die für die Darstellung der Vermögens-, Finanzierungs- und Ertragslage des Unternehmens (wirtschaftliche Lage) notwendig sind» zu erfassen; von Bedeutung sind die Grundsätze der ordnungsmässigen Buchführung (Art. 957*a* Abs. 2 OR). Gestützt auf die Buchführung der Gesellschaft findet die *Rechnungslegung* statt, die es Dritten in erster Linie ermöglichen soll, sich ein «zuverlässiges Urteil» über die wirtschaftliche Lage des Unternehmens zu bilden (Art. 958 Abs. 1 OR).

Ordnungsmässige Rechnungslegung

Der VR erstellt einen *Geschäftsbericht*, der die Jahresrechnung (Einzelabschluss) enthält. Die Bestandteile der Jahresrechnung der Gesellschaft sind die Erfolgsrechnung, die Bilanz sowie der Anhang (Art. 958 Abs. 2 OR). Die *Konzernrechnung*, also m. a. W. die *konsolidierte Jahresrechnung* der Gruppe, besteht aus den gleichen drei Elementen der Jahresrechnung, nämlich aus einer *Konzernerfolgsrechnung*, aus einer *Konzernbilanz* sowie schliesslich aus einem *Konzernanhang*. 58

Die für die ordnungsmässige Rechnungslegung geltenden *allgemeinen Prinzipien* (sc. Vollständigkeit, Klarheit, Stetigkeit etc.: Art. 958*c* Abs. 1

OR) gelangen sowohl für die Jahres- wie auch für die *Konzernrechnung* zur Anwendung.

59 Bei *Konzernen* würde eine Einzelbetrachtung, d. h. eine separate Rechnungslegung für die einzelnen Konzernunternehmungen, keine vertieften Erkenntnisse erlauben. Aus diesem Grund sieht das Aktienrecht seit Beginn der 1990er-Jahre eine Gesamtbetrachtung vor, nämlich eben eine Pflicht zur *konsolidierten Jahresrechnung* bzw. zur *Konzernrechnung* (ehemals Art. 663*e* ff. aOR; heute Art. 963 ff. OR)[42].

Wirtschaftliche Betrachtungsweise

Eine *Konsolidierung* bedeutet, etwas trivialisiert, eine «Zusammenfassung der Einzelabschlüsse der zu einer Gruppe gehörigen Unternehmen, bei der sämtliche Positionen aus gruppeninternen Beziehungen eliminiert werden» (BBl 2008 1722)[43]. Wenn alle Positionen addiert würden, würde dadurch das Zahlenwerk «aufgeblasen»; der Zweck der Konsolidierung besteht deshalb darin, aus dem Ballon etwas *«Luft abzulassen»*. Verschiedene Konsolidierungsarten[44] kommen in der Konzernpraxis vor.

60 Die Obergesellschaft des Konzerns ist verpflichtet, eine konsolidierte Jahresrechnung für die Unternehmensgruppe zu erstellen. Diese Konzernrechnung ersetzt aber die reguläre Jahresrechnung für die herrschende Gesellschaft als Einzelgesellschaft nicht, sondern *ergänzt* dieses Zahlenwerk, und zwar in Konzernhinsicht.

Herrschende Unternehmung mit zwei Jahresrechnungen

Dies bedeutet, dass die Obergesellschaft zwei unabhängige «Rechnungen» verantwortet, nämlich die *Jahresrechnung* gemäss Art. 959 ff. OR sowie die *Konzernrechnung* gemäss Art. 963 ff. OR. Beide Rechnungen werden *separat* der GV der Obergesellschaft vorgelegt (vgl. dazu hinten N 74) und wurden bei AG früher von unterschiedlichen Organen revidiert (vgl. dazu hinten N 75 und N 81).

61 Sonderregelungen zur Konzernrechnung finden sich z. B. bei den *Bankkonzernen*; insbesondere wird die *Transparenz verstärkt* bei Banken. Ausserdem sind deren konsolidierte Jahresrechnungen in jedem Fall «zu veröffentlichen oder der Öffentlichkeit zugänglich zu machen» (Art. 6*a* Abs. 1

Bankkonzerne

[42] Konzernrechnung sowie konsolidierte Jahresrechnung sind *Synonyme*; Regelungen zur Konzernrechnung finden sich in: Art. 652*a* Abs. 1 Ziff. 5 OR; Art. 698 Abs. 2 Ziff. 3 OR; Art. 727 Abs. 1 OR; Art. 728*a* f. OR; Art. 731 OR; Art. 755 Abs. 1 OR; Art. 804 Abs. 2 Ziff. 3/Ziff. 4 OR; Art. 810 Abs. 2 Ziff. 5 OR; Art. 856 Abs. 1 OR; Art. 879 Abs. 2 Ziff. 3 OR; Art. 958*e* Abs. 1 OR; Art. 961*d* Abs. 1 OR; Art. 962 Abs. 3 OR; und schliesslich: Art. 963 ff. OR.

[43] Statt aller: DANIEL SUTER, Konzernrechnung – Konsolidierung und Darstellung von Beteiligungen, ST 82 (2008) 372 ff.

[44] *Voll*konsolidierung (bspw. Art. 33 Abs. 2 BankV); *Quoten*konsolidierung; Konsolidierung nach *Equity-Accounting-Methode*.

BankG). *Ausnahmen* sowie *Details* werden auf Verordnungsstufe geregelt (Art. 32 BankV).

Konsolidierung bei Kleinkonzernen

Kleinkonzerne im Rahmen von Art. 963*a* Abs. 1 Ziff. 1 OR sind von der Pflicht zur Erstellung einer konsolidierten Jahresrechnung befreit (Gegenausnahme: Art. 963*a* Abs. 2 OR), sofern die Muttergesellschaft zusammen mit ihren Tochtergesellschaften in zwei aufeinander folgenden Geschäftsjahren zwei der nachstehenden Grössen nicht überschreitet: (a) Bilanzsumme von CHF 20 Mio.; (b) Umsatzerlös von CHF 40 Mio.; (c) 250 Vollzeitstellen im Jahresdurchschnitt. 62

Internationale Konzerne

Art. 958*d* Abs. 3 OR erlaubt, dass die Rechnungslegung nicht nur in der Landeswährung, sondern ebenso in einer für die Geschäftstätigkeit *wesentlichen Währung* erfolgen darf. Diesfalls müssen die Werte allerdings zusätzlich in der Landeswährung angegeben werden, wobei die verwendeten Umrechnungskurse im Anhang offenzulegen und gegebenenfalls zu erläutern sind. Die Rechnungslegung kann ausserdem in jeder *Landessprache* sowie in *Englisch* erfolgen (Art. 958*d* Abs. 4 OR). 63

2. Übersicht zur Konzernrechnungslegung

a) Konsolidierte Jahresrechnung

aa) Kaskadenordnung

Grundsatz

Als *Grundsatz* ist jeder Konzern bzw. (korrekt) *jede Obergesellschaft* verpflichtet, eine konsolidierte Jahresrechnung zu erstellen. Gemäss Art. 963 Abs. 1 OR stellt der Konzernbegriff den *Tatbestand* und die Konzernrechnung die *Rechtsfolge* dar. Insofern hat die Änderung am Begriff des Konzerns (vgl. dazu vorne N 14) unmittelbare Auswirkungen auf die Konsolidierungspflicht der herrschenden Gesellschaft. 64

An dieser Pflicht zur Konzernrechnung knüpft im Übrigen die *ordentliche* Revision der herrschenden Unternehmung an (vgl. dazu hinten N 82).

Ausnahmen

Als *Ausnahme* kann – selbst bei Existenz eines Konzerns – auf eine *Konzernrechnung verzichtet* werden beim Kleinkonzern im Sinne spezifischer Grössenkriterien. Ein Verzicht ist nur, aber immerhin bei Erfüllung von Art. 963a Abs. 1 Ziff. 1 OR möglich (dazu vorne N 62)[45]. 65

[45] Allg.: Hansjörg Stöckli, Besonderheiten der Konsolidierung im Kleinkonzern, ST 70 (1996) 897 ff.

Weitere Ausnahmen von der Konsolidierungspflicht finden sich in Art. 963*a* Abs. 1 Ziff. 2 und 3 OR, wonach auf die Erstellung einer Konzernrechnung verzichtet werden kann, wenn die juristische Person «von einem Unternehmen kontrolliert wird, dessen Konzernrechnung nach schweizerischen oder gleichwertigen ausländischen Vorschriften erstellt und ordentlich geprüft worden ist» (Ziff. 2), oder wenn die juristische Person «die Pflicht zur Erstellung einer Konzernrechnung an ein kontrolliertes Unternehmen nach Art. 963 Abs. 4 übertragen hat» (Ziff. 3).

66 Als *Gegenausnahme* müssen Kleinkonzerne, die also diese Grössenkriterien nicht erreichen, trotzdem eine *Konzernrechnung erstellen*, wenn dies für eine möglichst zuverlässige Beurteilung der wirtschaftlichen Lage notwendig ist (Art. 963*a* Abs. 2 Ziff. 1 OR); Gesellschafter, die mindestens 20 % des Grundkapitals vertreten, oder 10 % der Vereinsmitglieder dies verlangen (Art. 963*a* Abs. 2 Ziff. 2 OR); ein Gesellschafter oder ein Vereinsmitglied, der oder das einer persönlichen Haftung oder einer Nachschusspflicht unterliegt, dies verlangt (Art. 963*a* Abs. 2 Ziff. 3 OR) oder die Stiftungsaufsichtsbehörde dies verlangt (Art. 963*a* Abs. 2 Ziff. 4 OR). Gegenausnahmen

bb) Ausgewählte Details

67 Die Rechnungslegung – z. B. das Erstellen der Jahresrechnung – steht als Ausfluss des «Rechnungswesens» in der unübertragbaren und unentziehbaren *Kompetenz des VR* der Gesellschaft (zur AG: Art. 716*a* Abs. 1 Ziff. 3 OR). Gleich verhält es sich bei der Konzernrechnungslegung, d. h., die konsolidierte Jahresrechnung wird ebenfalls obligatorisch vom VR der Obergesellschaft verantwortet, obwohl sich die Grundlage einzig in Art. 958 Abs. 3 OR und nicht explizit in Art. 716*a* OR findet. Organkompetenz

Die Erstellung der Konzernrechnung ist m. E. somit eine *unübertragbare und unentziehbare* Kompetenz des VR der *herrschenden* Gesellschaft.

68 Der *Anhang der Jahresrechnung der Obergesellschaft* enthält Angaben, Aufschlüsselungen und Erläuterungen zu Positionen der Bilanz und der Erfolgsrechnung (Art. 959*c* Abs. 1 Ziff. 2 OR). Bei Konzernen von besonderem Interesse sind Angaben zu *Gesellschaftsbeteiligungen*, die aus der Bilanz hervorgehen (Art. 959*a* Abs. 1 Ziff. 2 lit. b OR). Der Anhang enthält zudem Angaben über die in der Jahresrechnung angewandten Grundsätze gemäss Art. 959*c* Abs. 1 Ziff. 1 OR. Anhang

69 Früher hatte der VR einer AG einen *Jahresbericht* in Schriftform über die Tätigkeit dieser konkreten Unternehmung – nicht des Konzerns als Ganzen – als Teil des Geschäftsberichts zu erstellen (Art. 662 Abs. 1 aOR). Dies wurde geändert: Lagebericht statt Jahresbericht

Neu müssen die einer ordentlichen Revision unterliegenden Unternehmungen, und dazu gehören gemäss Art. 727 Abs. 1 Ziff. 3 OR in aller Regel die konzernrechnungspflichtigen Gesellschaften (vgl. dazu hinten N 82), einen *Lagebericht* erstellen (Art. 961 Ziff. 3 OR) und der GV zur Genehmigung vorlegen (Art. 698 Abs. 2 Ziff. 3 OR). In diesem Bericht der Muttergesellschaft braucht es nunmehr *Angaben zum Konzern*, wie sich explizit aus Art. 961*c* Abs. 1 OR ergibt (hierzu: BBl 2008 1717 f.).

Selbstregulierungen

70 Im Bereich der Konzernrechnungslegung (wie generell bei der Rechnungslegung) dominieren private «Accounting-Standards» – d. h. Selbstregulierungen – gegenüber den gesetzlichen Grundordnungen:

Auf *internationaler Ebene* sind in erster Linie die IFRS und die US GAAP zu beachten (vgl. dazu vorne N 10); auf Ebene der EU spielt beispielsweise die IAS-Verordnung eine nicht zu unterschätzende Rolle. In der Schweiz besonders bedeutsam sind die Fachempfehlungen zur Rechnungslegung (Swiss GAAP FER) und in diesem Zusammenhang insbesondere *Swiss GAAP FER 30*, die zusätzliche Erfordernisse für den Konzernabschluss (z. B. zum Konsolidierungskreis) vorsieht[46].

b) Zwischenholdings

Konsolidierungspflicht der Zwischenholdings

71 Die Pflicht zur Erstellung einer konsolidierten Jahresrechnung trifft die herrschende Gesellschaft (Art. 963 Abs. 1 OR). Alle *übrigen* Konzerngesellschaften sind nicht konzernrechnungspflichtig, sondern haben ihre eigenen Rechnungslegungserfordernisse im Rahmen von Art. 957 ff. OR zu erfüllen.

Einen Spezialfall stellen die *Zwischenholdings* im Konzern dar (vgl. dazu vorne N 24), d. h. die Tochtergesellschaften und die weiteren Konzerngesellschaften, die ihrerseits sozusagen «Mütter» sind. Die Zwischenholding erfüllt die Definition von Art. 963 Abs. 2 OR und ist deshalb grundsätzlich eigentlich *konsolidierungspflichtig* – aus diesem Grund muss sie ordentlich revidiert werden (vgl. dazu hinten N 82 und N 95).

Privilegierung

72 Die Zwischenholding wird unter bestimmen Voraussetzungen *privilegiert* und muss *keine Konzernrechnung* erstellen, wenn sie nämlich in die konsolidierte Jahresrechnung ihrer Obergesellschaft integriert ist und dieses Zahlenwerk nach schweizerischen oder gleichwertigen ausländischen Vorschriften erstellt und ordentlich geprüft worden ist (Art. 963*a* Abs. 1 Ziff. 2 OR). Greift diese Privilegierung hat sich die Zwischenholding konse-

[46] Hierzu: Stiftung für Fachempfehlungen zur Rechnungslegung (FER), Swiss GAAP FER 2014/2015, Fachempfehlungen zur Rechnungslegung (Zürich 2015) *passim*.

quenterweise «nur» eingeschränkt prüfen zu lassen. Die Zwischenholding hat eine *«besondere Konzernrechnung»* zu erstellen, wenn dies z. B. für eine möglichst zuverlässige Beurteilung der wirtschaftlichen Lage notwendig ist (Art. 963*a* Abs. 2 Ziff. 1 OR).

Verzichtet eine Zwischenholding auf die Erstellung einer Konzernrechnung für den Unterkonzern gemäss Art. 963*a* Abs. 1 Ziff. 2 OR, so ist sie verpflichtet, die Konzernrechnung des Oberkonzerns entsprechend den Vorschriften für die eigene Jahresrechnung zu veröffentlichen (Art. 963*a* Abs. 3 OR).

III. Organe

1. Herrschende Unternehmungen

a) Generalversammlung

73 Die GV einer AG – als deren «oberstes Organ» (Art. 698 Abs. 1 OR) – hat verschiedene Kompetenzen, darunter insbesondere zahlreiche unübertragbare Befugnisse (Art. 698 Abs. 2 OR). Der *GV der Obergesellschaft* kommt allerdings bezüglich der *Konzernleitung*, die von der herrschenden Unternehmung als Konzernspitze zu verantworten ist, kaum juristische Bedeutung zu. Es bestehen indes einige *konzernrechtliche Kompetenzen der GV* der herrschenden Unternehmung: Allgemeines

74 Die herrschende Gesellschaft hat die Pflicht zur Erstellung einer Konzernrechnung (vgl. dazu vorne N 64). Der GV der Obergesellschaft steht die unübertragbare Kompetenz zu, diese *Konzernrechnung zu genehmigen* (Art. 698 Abs. 2 Ziff. 3 a. E. OR). Die GV der Obergesellschaft genehmigt also zwei Zahlenwerke, nämlich die Jahresrechnung der herrschenden Unternehmung (Art. 698 Abs. 2 *Ziff. 4* OR) und die konsolidierte Jahresrechnung der gesamten Gruppe (Art. 698 Abs. 2 *Ziff. 3* OR). Genehmigung der Konzernrechnung

75 Im Hinblick auf die GV-Genehmigung ist die Konzernrechnung zu revidieren. Dazu kannte das frühere Revisionsrecht bei AG ein spezifisches Organ, nämlich den *Konzernprüfer* (Art. 731*a* Abs. 1 aOR), den – zumindest in der Praxis – regelmässig die GV wählte, notabene ohne gesetzliche oder statutarische Basis. Wahl eines separaten Konzernprüfers?

Mit dem Inkrafttreten des teilweise revidierten Aktienrechts per 1. Januar 2008 wurde diese Wahlkompetenz – vom Publikum fast unbemerkt[47] – *ersatzlos gestrichen*, so dass seither die *Revisionsstelle* bei AG ebenfalls für die Konzernrechnung zuständig ist (vgl. dazu hinten N 81). Im GmbH-Recht ging diese Streichung schlicht vergessen[48] (Art. 804 Abs. 2 Ziff. 3 OR), so dass die Gesellschafterversammlung bei einer *GmbH als Obergesellschaft* nach wie vor einen *Konzernprüfer* zu wählen hat.

Transparenz für die Gesellschafter

76 Die Gesellschafter der Obergesellschaft können in der GV ihr *Informationsrecht* gemäss Art. 697 OR wahrnehmen, d. h. ihre Auskunfts- und Einsichtsrechte geltend machen. Das *Einsichtsrecht* erstreckt sich praxisgemäss unter bestimmten Voraussetzungen ebenfalls auf die *abhängigen* Unternehmungen des Konzerns (BGE 132 III 78 ff. Erw. 1.3.3)[49]. Diese Praxis des Bundesgerichts sollte ursprünglich mit der «grossen» Aktienrechtsrevision ins künftige Recht übernommen werden[50].

Der Transparenz förderlich ist ausserdem Art. 959*c* Abs. 2 Ziff. 3 OR. Gemäss dieser Bestimmung sind im Anhang zur Jahresrechnung Firma, Rechtsform und Sitz der Unternehmen offenzulegen, an denen direkte oder wesentliche indirekte Beteiligungen bestehen, unter Angabe des Kapital- und des Stimmanteils (= «Mutterperspektive»). Sozusagen die «Tochterperspektive» findet sich in Art. 663*c* OR, sofern es sich um eine Publikumsgesellschaft handelt (vgl. dazu hinten N 87).

b) Verwaltungsrat

Allgemeines

77 Der VR ist zwar nicht oberstes Organ der AG, sondern mit der GV gleichberechtigt (= Paritätstheorie), doch es steht ihm eine *gesetzliche Auffangkompetenz* zu (Art. 716 Abs. 1 OR). Im Übrigen hat der VR im Rahmen von Art. 716*a* OR zahlreiche *unübertragbare und unentziehbare* Befugnisse. Ausserdem kommen dem VR der Obergesellschaft konzernrechtliche Sonderbefugnisse zu, und zwar im Rahmen der *Konzernleitung*:

....

47 MAX BOEMLE, Zögerlicher Abschied vom Konzernprüfer, FuW Nr. 36 (2008) 27.

48 Es handelt sich um ein gesetzgeberisches Versehen: SAMUEL KRÄHENBÜHL/FLORIAN ZIHLER, Handelsregisterrechtliche Praxis zum neuen Revisionsrecht, REPRAX 2–3/2008, 69.

49 Hierzu: MATTHIAS NÄNNI/HANS CASPAR VON DER CRONE, Auskunft und Einsicht im Konzern, SZW 78 (2006) 150 ff., v. a. 153 ff.

50 Der ehemalige Textvorschlag für einen neuen Art. 697*bis* Abs. 3 E-OR (BBl 2008 1773) lautete wie folgt: «Unter den gleichen Voraussetzungen [wie in Abs. 2 umschrieben] kann jeder Aktionär einer Konzernobergesellschaft in die Geschäftsbücher und Korrespondenz einer Konzernuntergesellschaft Einsicht nehmen.»

78 Der Konzern wird geführt bzw. geleitet vom «Kopf» her, also von der Obergesellschaft, und das zuständige Organ zur Leitung ist deren VR. Der *VR der herrschenden* Gesellschaft nimmt somit die *Konzernleitung* wahr[51] (Art. 716*a* Abs. 1 Ziff. 1 OR), also etwa die Festlegung der Strategie für die Unternehmensgruppe, die Organisation konzerninterner Dienstleistungen (Marketing, Compliance, Rechtsdienst etc.) oder die Ausübung des Stimmrechts in den GV der Untergesellschaften. Hinzu kommt gemäss Art. 716*a* Abs. 1 Ziff. 3 OR die Konzernfinanzierung als eigentliche «Lebensader» oder «Blutbahn» jeder Unternehmensgruppe (vgl. dazu hinten N 133 ff.). Konzernleitung

Der Umfang, die Struktur und die Qualifikation der Konzernleitung sind in der Lehre seit Jahrzehnten *umstritten*, ohne dass dieser Umstand zu praktischen Konsequenzen geführt hat. Heftig debattiert wird beispielsweise, ob die herrschende Unternehmung nicht allein ein *Recht*, sondern auch eine *Pflicht* zur Konzernleitung hat.

79 Die Kompetenz des *VR der Obergesellschaft* zur Erstellung der konsolidierten Jahresrechnung ergibt sich aus Art. 963 Abs. 1 OR i. V. m. Art. 716 Abs. 1 OR. Zwar wird die Konzernrechnung *nicht explizit* als unübertragbare und unentziehbare VR-Befugnis aufgeführt. M. E. deckt Art. 716*a* Abs. 1 Ziff. 3 OR nichtsdestotrotz diese Thematik ab, weil die konsolidierte Jahresrechnung als Ausfluss des Rechnungswesens der herrschenden Unternehmung qualifiziert werden kann (vgl. dazu vorne N 67). Erstellen der Konzernrechnung

c) Revisionsstelle

80 Es besteht eine allgemeine Revisionspflicht, die *rechtsformunabhängig* ausgestaltet ist (nicht allein für die Gesellschaften, sondern ebenfalls für die Vereine sowie für die Stiftungen). Die Hauptaufgabe der Revisionsstelle der herrschenden Gesellschaft besteht darin, deren *Konzernrechnung* (vgl. dazu vorne N 64 ff.) zu revidieren – notabene zusätzlich zur regulären Jahresrechnung der Obergesellschaft. Allgemeines

81 Bei der *GmbH* erfolgt die Revision der konsolidierten Jahresrechnung durch einen *Konzernprüfer*, der von der Gesellschafterversammlung gewählt wird (Art. 804 Abs. 2 Ziff. 3 OR), bei der AG hingegen wurde dieses separate Gesellschaftsorgan abgeschafft (vgl. dazu vorne N 60 und N 75), so dass sowohl für die *Jahresrechnung* als auch für die *Konzernrechnung* die *Revisionsstelle* gemäss Art. 727 ff. OR zuständig ist. Konzernprüfer sowie Revisionsstelle als separate Organe

51 Statt aller: Jean Nicolas Druey, Leitungsrecht und -pflicht im Konzern, in: Vom Gesellschafts- zum Konzernrecht (Bern 2000) 1 ff., v. a. 8 ff.

Die kürzliche Revision des Revisionsrechts für Unternehmungen hat einige *konzernrechtliche* Besonderheiten mit sich gebracht:

Ordentliche Revision als Grundsatz

Gesellschaften, die «zur Erstellung einer Konzernrechnung verpflichtet» sind, müssen ordentlich revidiert werden (Art. 727 Abs. 1 Ziff. 3 OR), d. h., die (meisten) *herrschenden* Unternehmungen benötigen eine *ordentliche Revisionsstelle*, und zwar für die Jahresrechnung und für die Konzernrechnung. Massgeblich für die ordentliche Revision ist also die *Pflicht* zur konsolidierten Jahresrechnung gemäss Art. 963 OR. 82

Sollte im Rahmen von Art. 963*a* Abs. 1 OR für einen Kleinkonzern eine *Befreiung* von der Konzernrechnungspflicht bestehen (vgl. dazu vorne N 62)[52], kann auf eine ordentliche Revision der Obergesellschaft verzichtet werden, d. h., es dürfte regelmässig eine *eingeschränkte Revision* gemäss Art. 727*a* OR erfolgen.

Da das Gesetz die «höchste Revisionsstufe» nicht an die Konsolidierung, sondern an die Konsolidierungs*pflicht* anknüpft, führt m. E. die *freiwillige* Erstellung einer Konzernrechnung *nicht* zu einer ordentlichen Revision der beiden Jahresrechnungen.

Revisionsträger

Es besteht keine Konzernrechtsnorm zur Frage, ob die ordentliche Revision der Konzernrechnung durch ein *staatlich beaufsichtigtes Revisionsunternehmen* oder durch einen *zugelassenen Revisionsexperten* durchgeführt werden muss. Massgeblich ist die Ausgestaltung der Obergesellschaft (z. B. als Publikumsgesellschaft gemäss Art. 727 Abs. 1 Ziff. 1 OR), d. h., Art. 727*b* OR gelangt ohne weiteres zur Anwendung. 83

Bei einer herrschenden Gesellschaft mit einer eingeschränkten Revision genügt hingegen bereits ein *zugelassener Revisor* (Art. 727*c* OR) zur Revision der Konzernrechnung.

Konzernunabhängigkeit

Die Anforderungen an die *Unabhängigkeit* der Revisionsstelle variieren generell danach, ob es sich um eine ordentliche Revision (Art. 728 OR: streng betreffend z. B. Beteiligungen, Mitgliedschaft im VR, Dienstleistungsangebot) oder um eine eingeschränkte Revision (Art. 729 OR: weniger streng) der konsolidierten Jahresrechnung handelt. 84

Bei der *ordentlichen* Revision muss aus Gründen der Vermeidung von Interessenkonflikten eine strenge und umfassende bzw. sozusagen *konsolidierte Konzernunabhängigkeit* beachtet werden: «Die Bestimmungen über die Unabhängigkeit erfassen auch Gesellschaften, die mit der zu prü-

52 Wenn eine Obergesellschaft die Grössenkriterien von *Art. 963a Abs. 1 Ziff. 1 OR* nicht erfüllt, d. h., ein Kleinkonzern vorliegt, ist sie – vorbehältlich Art. 963*a* Abs. 2 OR – nicht konsolidierungspflichtig und muss unter diesem Aspekt nicht ordentlich revidiert werden.

fenden Gesellschaft oder der Revisionsstelle unter einheitlicher Leitung stehen» (Art. 728 Abs. 6 OR).

2. Abhängige Unternehmungen

a) Generalversammlung

85 Die *Obergesellschaft beherrscht* im Rahmen der einheitlichen Leitung die Untergesellschaft regelmässig als deren Gesellschafterin und somit in deren GV. Art. 698 ff. OR sind betreffend GV-Durchführung auf abhängige Unternehmungen ebenfalls anwendbar. Sollte es in einer Untergesellschaft freie Gesellschafter (vgl. dazu hinten N 96 ff.) geben, muss die GV regelmässig gemäss Art. 699 f. OR durchgeführt werden. Allgemeines

Für den Fall einer *Alleinbeteiligung* der Obergesellschaft hingegen (vgl. dazu vorne N 35) können die GV der abhängigen Unternehmungen jeweils als *Universalversammlungen* (Art. 701 OR) durchgeführt werden; in der Praxis dominieren in solchen Situationen «GV auf dem Papier», was rechtlich nicht unproblematisch ist.

86 Im Übrigen stehen der GV die *regulären* Befugnisse im Rahmen von Art. 698 OR zu. Bei Konzernverhältnissen besonders wichtig erscheinen die Kompetenzen, die *Statuten festzusetzen* (Art. 698 Abs. 2 Ziff. 1 OR)[53] und den *VR zu wählen* (Art. 698 Abs. 2 Ziff. 2 OR). Die von der Obergesellschaft gewählten VR-Mitglieder der Untergesellschaft können in eine eigentliche «Sandwichposition» zwischen den Interessen der verschiedenen Konzerngesellschaften geraten (vgl. dazu hinten N 89 f.). GV-Kompetenzen

87 Den Aktionären der abhängigen Gesellschaft stehen die *Informationsrechte* gemäss Art. 697 ff. OR zu, also insbesondere Auskunft- und Einsichtsrechte. Diese Ansprüche beziehen sich ausschliesslich auf die «eigene» AG, also auf die konkrete Untergesellschaft, und *nicht* auf die *Obergesellschaft*. Den Gesellschaftern steht – ausser es handle sich um eine Zwischenholding (vgl. dazu vorne N 71 f.) – *keine Einsicht* in die oder *keine Auskunft* über die *Konzernrechnung* zu. Transparenz[54]

Abhängige Gesellschaften mit *kotierten Aktien* müssen im *Anhang* zur Bilanz «bedeutende Aktionäre und deren Beteiligungen» angeben (Art. 663*c* Abs. 1 OR). Der Grenzwert der Bedeutsamkeit liegt gemäss

[53] Beispiele: *Aktienkapitalerhöhungen* zur Konzernfinanzierung oder *Konzernklauseln*, um allfällige Probleme bei der Vertretungsmacht zu relativieren.

[54] Hierzu: Peter V. Kunz, Transparenz(en) im Konzern, in: Kommunikation, Festschrift für R. H. Weber (Bern 2011) 123 ff.

Art. 663*c* Abs. 2 OR relativ tief, nämlich bei 5 % aller Stimmrechte dieser Publikumsgesellschaft. Dadurch wird die Obergesellschaft transparent gemacht, d. h., es handelt sich um eine *«Tochterperspektive»*. Art. 959*c* Abs. 2 Ziff. 3 OR sieht eine Mutterperspektive vor, ohne dass allerdings eine Kotierung erforderlich ist (vgl. dazu vorne N 76).

b) Verwaltungsrat

Allgemeines

Auf den VR der abhängigen Gesellschaft sind die *regulären* Normen von Art. 707 ff. OR anwendbar, und zwar ohne konzernrechtliche Sonderbestimmungen: 88

Die normalen Wählbarkeitsvoraussetzungen müssen berücksichtigt werden; insbesondere kann die *herrschende* Gesellschaft *nicht selber gewählt* werden (Art. 707 Abs. 3 OR). Diese Rechtslage hat haftungsrechtliche Konsequenzen (vgl. dazu hinten N 153 f.). Konzernfremde Dritte haben *keinen VR-Vertretungsanspruch* im Rahmen von Art. 709 Abs. 1 OR (vgl. dazu hinten N 106).

Doppelter Pflichtennexus

Die Muttergesellschaft wird regelmässig *fiduziarische VR-Mitglieder* bei den Tochterunternehmungen einsetzen bzw. delegieren bzw. wählen[55]: 89

Diese Personen befinden sich im Anschluss an die Wahl in einer heiklen «Sandwichposition» (genannt: *doppelter Pflichtennexus*), weil sie die Interessen der *Obergesellschaft* als Auftraggeberin oder als Arbeitgeberin (und damit die Konzerninteressen) berücksichtigen möchten sowie gleichzeitig die Interessen der *Untergesellschaft* wahrnehmen müssen[56]. Ihr Pflichtenheft (z. B. also Art. 717 OR) bezieht sich indes infolge einer formalen Betrachtungsweise ausschliesslich auf die *abhängige* Gesellschaft.

Lösung des Interessenkonflikts

Der Interessenkonflikt für den VR der Untergesellschaft kann z. B. durch *statutarische Konzernklauseln* gelöst oder zumindest relativiert werden, wobei dieses Vorgehen gewisse Haftungsrisiken mit sich bringen kann wegen einer möglichen Qualifikation als einfache Gesellschaft (vgl. dazu vorne N 25 ff.). In der Konzernpraxis behelfen sich fiduziarische VR-Mit- 90

55 Statt aller: EDUARD VÖGELI/ROMAN GEIGER, Verwaltungsräte von Tochtergesellschaften im Konzern, SJZ 102 (2006) 73 ff.

56 Allg.: MICHAEL LAZOPOULOS, Interessenkonflikte und Verantwortlichkeit des fiduziarischen Verwaltungsrates (Diss. Zürich 2004) *passim*; PETER BÖCKLI, Konzernrecht: Die Stellung des Verwaltungsrates einer in den Konzern eingeordneten Untergesellschaft, in: Vom Gesellschafts- zum Konzernrecht (Bern 2000) 35 ff.; FLURIN VON PLANTA, Der Interessenkonflikt des Verwaltungsrates der abhängigen Konzerngesellschaft (Diss. Zürich 1988) 49 ff.; zudem: RETO SCHILTKNECHT, Arbeitnehmer als Verwaltungsräte abhängiger Konzerngesellschaften, (Diss. Bern 1997) *passim*.

glieder teils mit *vertraglichen Schadloshaltungen* durch die Obergesellschaft in ihren Mandatsverträgen («hold harmless clauses»)[57].

Sollte der VR der Untergesellschaft nicht die Interessen der «eigenen» Gesellschaft verfolgen, sondern die Interessen des Konzerns oder der Muttergesellschaft, drohen *Verantwortlichkeitsklagen* durch allfällige freie Aktionäre sowie durch Gesellschaftsgläubiger im Konkursfall (Art. 754 ff. OR); m. E. ist somit absolut notwendig, den doppelten Pflichtennexus zugunsten der «eigenen» Gesellschaft zu lösen und den Interessen der *abhängigen* Unternehmung *klare Priorität* zu geben.

91 Es gibt *keine konzernrechtliche* Sonderordnung für die Vertretungsmacht der VR abhängiger Unternehmungen. Massgeblich für das erlaubte Verhalten ist somit der *Gesellschaftszweck* der konkreten Unternehmung (Art. 718*a* Abs. 1 OR). Vertretungsmacht

In Konzernverhältnissen kann es aber immer wieder vorkommen, dass die fiduziarischen VR-Mitglieder die *Interessen der Obergesellschaft* favorisieren (etwa bei Konzernfinanzierungen «von unten nach oben» oder «seitwärts»: vgl. dazu hinten N 139 f.). Sollte im Einzelfall eine *Zweecküberschreitung* und damit eine Verletzung der Vertretungsmacht vorliegen, erweist sich das Rechtsgeschäft als *rechtsungültig*.

c) Revisionsstelle

92 Einzig bei der Obergesellschaft gab es früher bei der AG einen *Konzernprüfer* (vgl. dazu vorne N 75). Auf Ebene der abhängigen Gesellschaften bestand nie das Bedürfnis nach einer konzernrechtlichen Sonderordnung. Nichtsdestotrotz gibt es einige *Besonderheiten* für Revisionsstellen von Untergesellschaften, die zu beachten sind (N 94 f.). Allgemeines

93 Die *Obergesellschaft* erfährt eine konzernrechtliche Regelung bei der Revision der Jahresrechnung sowie der Konzernrechnung (vgl. dazu vorne N 82). Grundsatz

Die *Untergesellschaften* unterstehen prinzipiell den allgemeinen Revisionsregeln gemäss Art. 727 ff. OR, d. h., insbesondere ist Art. 727 Abs. 1 Ziff. 3 OR nicht anwendbar. Je nach in Frage stehender abhängiger Gesell-

[57] Hierzu: Claudio Bazzani, Vertragliche Schadloshaltung weisungsgebundener Verwaltungsratsmitglieder (Diss. Luzern 2007) *passim*; Markus Vischer, Schadloshaltungsklauseln in Mandatsverträgen fiduziarischer Verwaltungsräte, AJP 12 (2003) 491 ff.

schaft erfolgt eine *ordentliche* Revision (Art. 727 Abs. 1/Abs. 2[58] OR) oder eine *eingeschränkte* Revision (Art. 727*a* Abs. 1 OR) oder *keine* Revision im Falle eines revisionsrechtlichen Opting-out (Art. 727*a* Abs. 2 OR). Immerhin müssen *zwei Spezialfälle* beachtet werden:

Art. 727 Abs. 1 Ziff. 1 lit. c OR stellt eine der seltenen spezifischen Konzernrechtsnormen dar (vgl. dazu vorne N 4). Für gewisse *quantitativ besonders wichtige* Untergesellschaften wird eine *ordentliche* Revision vorgeschrieben, und zwar für Gesellschaften, die «mindestens 20 % der Aktiven oder des Umsatzes zur Konzernrechnung einer Gesellschaft» mit kotierten Beteiligungspapieren oder ausstehenden Anleihensobligationen *beitragen*. 94

Revision bei Zwischenholdings

Prinzipiell sind *Zwischenholdings* als abhängige Gesellschaften (vgl. dazu vorne N 71 f.) konsolidierungspflichtig im Rahmen von Art. 963 OR, d. h., sie unterstehen einer *ordentlichen* Revisionspflicht (Art. 727 Abs. 1 Ziff. 3 OR). Wenn aber im Einzelfall keine Pflicht zur Erstellung einer Konzernrechnung gegeben ist (z. B. für den Fall einer Privilegierung gemäss Art. 963*a* Abs. 1 Ziff. 2 OR), *entfällt* somit die ordentliche Revisionspflicht im Sinne von Art. 727 Abs. 1 Ziff. 3 OR. 95

Eine Zwischenholding muss *immer ordentlich revidiert* werden, wenn sie die *übrigen Voraussetzungen* von Art. 727 OR erfüllt; doch stellt dies keine konzernrechtliche Spezialität dar.

IV. Gesellschafter

1. Allgemeines

a) Freie Aktionäre (bzw. freie Gesellschafter)

Positionierungen im Konzern

Die Risikokapitalgeber der Konzerngesellschaften sind deren *Gesellschafter*. Je nach in Frage stehender Unternehmung (vgl. dazu vorne N 44 f.) handelt es sich z. B. um Aktionäre, um GmbH-Gesellschafter, um Genossenschafter oder um Personengesellschafter. Den Gesellschaftern stehen die *Gesellschafterrechte* zu, die «ihre» konkrete Gesellschaftsform vermittelt (also etwa die Aktionärsrechte oder die Genossenschafterrechte). Diese Rechte werden in der GV wahrgenommen (vgl. dazu vorne N 85 ff.). 96

[58] Art. 727 *Abs. 2* OR stellt ein Schutzinstrument beispielsweise für *freie Aktionäre* dar: vgl. dazu hinten N 108.

97 Bei den Beteiligungskonzernen (vgl. dazu vorne N 33) sind die *Konzerngesellschaften* ebenfalls *Gesellschafter* und «unter sich» beteiligt, d. h., sie sind nicht nur Objekte, sondern ausserdem Subjekte der Gesellschafterrechte[59].

Daneben gibt es regelmässig weitere, notabene *konzernfremde* Gesellschafter: Sollten diese Gesellschafter an der Obergesellschaft beteiligt sein, handelt es sich sozusagen um «normale» Minderheitsgesellschafter, wohingegen bei den *abhängigen* Gesellschaften von *freien Gesellschaftern* (bzw. bei AG von «freien Aktionären»: BBl 1983 II 818) gesprochen wird[60]. Keine freien Gesellschafter bzw. keine freien Aktionäre gibt es somit zwangsläufig bei *Allein*beteiligungen (vgl. dazu vorne N 35).

98 Die Rechts- sowie die Risikosituationen der Gesellschafter der *herrschenden* Gesellschaft stimmen im Wesentlichen überein mit den Situationen bei nicht verbundenen Unternehmungen; nichtsdestotrotz bestehen für deren Aktionäre konzernrechtliche Besserstellungen (vgl. dazu hinten N 102). Spezifische Risikosituationen

Gefährdet(er) sind hingegen bei den *abhängigen* Unternehmungen deren Minderheitsgesellschafter, also die freien Gesellschafter. Es droht das Risiko, dass die herrschende Gesellschaft die Untergesellschaft sozusagen *«ins Konzerninteresse stellt»*. Z. B. können die freien Aktionäre unter konzernspezifischen Druck geraten[61], und zwar einerseits durch die *Mehrheitsmacht* (sc. GV) und andererseits durch die *Verwaltungsmacht* (z. B. konzerninterne Personalunionen im VR).

b) Drei Phasen der Konzernierung

99 Bei der *Konzerneintritts-Phase*, durch die eine Gesellschaft bzw. eine AG überhaupt erst konzerniert wird, geht es darum, ob der (potenzielle) freie Gesellschafter die Konzernierung der Gesellschaft *verhindern* kann: Konzerneintritts-Phase

[59] Daraus ergibt sich beispielsweise, dass die Muttergesellschaft einer als *AG organisierten* Tochtergesellschaft in ihrer Funktion als Gesellschafterin *keine Treuepflichten* hat gegenüber den anderen Aktionären: Art. 680 Abs. 1 OR; anders sieht dies jedoch aus, wenn die abhängige Gesellschaft als *GmbH organisiert* ist: Art. 803 OR.

[60] Statt aller: Bernhard Bratschi, Die Stellung des freien Aktionärs im Konzern (Diss. Bern 1996) *passim*; Martin Plüss, Der Schutz der freien Aktionäre im Konzern (Diss. St. Gallen 1977) *passim*.

[61] Es kann nach einer Konzernierung vorkommen, dass – anders als früher – in der abhängigen Gesellschaft *keine Dividenden* mehr ausgeschüttet, sondern die *Gewinne thesauriert* werden; dadurch wird den freien Aktionären eine «Einnahmequelle» entzogen.

Der freie Aktionär hat ein erhöhtes Schutzbedürfnis, wenn die Konzernierung *gegen seinen Willen* (= passiver Konzerneintritt) erfolgt. Das schweizerische Recht sieht für den Aktionär kein Recht vor, nicht zum freien Aktionär zu werden. Der Gesellschafter kann somit die Konzernierung *nicht «blockieren»*. Dieser schlechte Schutz des freien Gesellschafters sollte m. E. rechtspolitisch kompensiert werden[62].

Konzernbetriebs-Phase

100 In der *Konzernbetriebs-Phase* werden die freien Aktionäre potenziell gefährdet einerseits durch mangelhafte Informationen[63] und andererseits durch finanzielle «Aushungerungen»; beide Problembereiche sind ungenügend geregelt. Zwar bestehen *konzernrechtliche Informationsansprüche* für Konzerngesellschafter, doch können sich einzig die Gesellschafter der Obergesellschaft darauf berufen (vgl. dazu vorne N 76 und N 87).

Ausserdem ist in der Schweiz – anders als teils im Ausland – die *Pflichtdividende unbekannt*, d. h., den freien Aktionären stehen einzig die regulären Schutzbehelfe zur Verfügung[64]. M. E. dürften *gesetzgeberische* Verbesserungen sinnvoll sein.

Konzernaustritts-Phase

101 Die *Konzernaustritts-Phase* ist ebenfalls de lege lata kaum geregelt. Trotz rechtspolitischen Forderungen aus der Lehre kennt das schweizerische Recht – anders als teilweise im Ausland (erwähnenswert erscheint etwa die *«Appraisal Remedy»* in den USA: Vgl. dazu hinten § 13 N 34) – *kein spezifisches Austrittsrecht* der freien Aktionäre. Allenfalls kann der Gesellschafter seine Beteiligung veräussern im Rahmen eines *Pflichtangebotes* gemäss Art. 135 FinfraG (vgl. dazu hinten § 14 N 68 ff.)[65].

Sozusagen ein indirektes Austrittsrecht kann in seltenen Ausnahmefällen mittels einer *Auflösungsklage* im Rahmen von Art. 736 Ziff. 4 OR geltend gemacht werden, wobei die freien Aktionäre sowohl mindestens 10 % des Aktienkapitals vertreten als auch einen wichtigen Grund[66] anrufen müssen.

....

62 Denkbar wäre, dem Gesellschafter ein *«Nicht-Eintrittsrecht»* analog der ehemaligen OR-Bestimmung von Art. 822 Abs. 1 aOR zu gewähren, doch müsste hierzu der Gesetzgeber aktiv werden.

63 Generell: PAUL ROBERT PEYROT, Informationspflichten der Konzernobergesellschaft gegenüber der Konzernuntergesellschaft (Diss. St. Gallen 2002) *passim*.

64 Beispiele: Art. 678 OR, Art. 706 f. OR, Art. 736 Ziff. 4 OR sowie Art. 754 ff. OR.

65 Vorausgesetzt wird, dass es sich um eine *kotierte* Tochtergesellschaft *ohne Opting-out* in den Statuten handelt, deren Konzernierung durch ein *öffentliches Übernahmeangebot* erfolgt: Vgl. dazu hinten § 14 N 36 ff.

66 Die Blankettnorm des *wichtigen Grunds* belässt dem Richter ein erhebliches Ermessen; ein wichtiger Grund dürfte m. E. etwa vorliegen, wenn *berechtigte Erwartungen* (z. B. jahrelange Dividendenausschüttungen) im Anschluss an einen passiven Konzerneintritt *plötzlich enttäuscht* und freie Aktionäre *permanent benachteiligt* werden.

....

2. Herrschende Gesellschaften

102 Die Gesellschafter der *Obergesellschaft* erhalten einige konzernrechtliche Besserstellungen, was insofern überrascht, als diese Aktionäre *weniger gefährdet* sind als die freien Gesellschafter, d. h. die Aktionäre der Untergesellschaften. Die Wahrnehmung ihrer Gesellschafterrechte erfolgt in erster Linie in der *GV der herrschenden* Unternehmung (vgl. dazu vorne N 73 ff.). Für diese Gesellschafter steht, etwas trivialisiert, eine *erhöhte Konzerntransparenz* im Vordergrund: Transparenz

Dieses Grundanliegen wird an der Konzernspitze erfüllt insbesondere durch die *obligatorische Konzernrechnung* gemäss Art. 963 ff. OR einerseits (vgl. dazu vorne N 64 ff.) sowie durch das Gruppenrecht der Gesellschafter auf eine konsolidierte Jahresrechnung selbst bei *Kleinkonzernen* im Rahmen von *Art. 963a Abs. 2 Ziff. 2 OR* andererseits. Das Interesse der Aktionäre der Muttergesellschaft an beispielsweise den Büchern der abhängigen Gesellschaft(en) wird zusätzlich durch ein *konzernrechtliches Einsichtsrecht* abgedeckt (vgl. dazu vorne N 76).

3. Abhängige Gesellschaften

a) Quoren als Schutzmechanismen

103 Der zentrale Schutzmechanismus zugunsten der Minderheitsaktionäre im Allgemeinen sowie der freien Aktionäre im Besonderen findet sich in den *Quoren der GV*. Sollte die Obergesellschaft direkt oder indirekt über die Stimmenmehrheit bei der Untergesellschaft verfügen, was bei Beteiligungskonzernen den Regelfall darstellt, können die *einfachen Mehrheitsbeschlüsse* gemäss Art. 703 OR ohne weiteres gefasst werden. Dies ist eine logische Folge des gesellschaftsrechtlichen *Mehrheitsprinzips*. Einfache Mehrheiten

104 Verschiedene GV-Beschlüsse, die u. a. konzernrechtlich relevant erscheinen, bedürfen indes eines *qualifizierten Quorums* (insbesondere Art. 704 Abs. 1 Ziff. 1 und 6 OR); dies führt dazu, dass freie Aktionäre, die über *mehr als einen Drittel* der Stimmrechte in der abhängigen Gesellschaft verfügen, diese Beschlüsse blockieren können und somit ein *Vetorecht* haben. Qualifizierte Mehrheiten

105 Mit einer Konzernierung sind meist *strategische Neuorientierungen* für die Untergesellschaft (und für deren freie Aktionäre) verbunden. Diese Grundänderungen müssen bzw. sollten mit entsprechenden *Anpassungen der Statuten* gekoppelt werden: Spezialfälle

Je nach konkreter Intensität der Neuorientierung braucht es bei der Untergesellschaft eine Zweckänderung und damit das qualifizierte Mehr im

Rahmen von Art. 704 Abs. 1 OR. Die Einführung von *statutarischen Konzernklauseln* stellt eine solche Zweckänderung dar. Sozusagen «in extremis» kann schliesslich bei einer Konzernierung sogar eine *Aufgabe der Gewinnstrebigkeit* der abhängigen Gesellschaft gegeben sein, was Einstimmigkeit aller freien Aktionäre voraussetzt (Art. 706 Abs. 2 Ziff. 4 OR).

b) Weitere Schutzmechanismen

Vertretung im VR der Untergesellschaft?

106 Die freien Aktionäre bilden *keine formelle Rechtskategorie* mit unterschiedlicher Behandlung bei den Stimmrechten oder bei den vermögensrechtlichen Ansprüchen, so dass ihnen *kein VR-Vertretungsanspruch* gemäss Art. 709 Abs. 1 OR bei der Untergesellschaft zukommt[67]. Ein unmittelbarer Einfluss beim VR der Obergesellschaft steht nicht zur Diskussion, handelt es sich bei der *herrschenden* Unternehmung doch um einen *Mitgesellschafter der freien* Aktionäre in der Untergesellschaft.

Aktionärsklagen

107 Nicht alle potenziell wünschbaren Gesellschafterrechte stehen den freien Aktionären zu; z. B. haben sie *kein Austrittsrecht* (vgl. dazu vorne N 101). Im Übrigen können sie sich indes auf sämtliche regulären Gesellschafterrechte berufen:

Konzernrechtlich interessant erscheinen die verschiedenen *Aktionärsklagen*, mit denen sich die freien Aktionäre – basierend auf einer einzigen Aktie oder auf einer gewissen Mindestbeteiligung am Aktienkapital – zur Wehr setzen können, also etwa die Anfechtungsklage (Art. 706 f. OR), die Verantwortlichkeitsklage (Art. 754 ff. OR), die Auflösungsklage (Art. 736 Ziff. 4 OR) oder die Rückforderungsklage (Art. 678 OR).

Gruppenrechte

108 Den freien Aktionären stehen zudem konzernspezifische Gruppenrechte zu. Die *Zwischenholdings* dürfen allenfalls auf eine Konzernrechnung verzichten (vgl. dazu vorne N 72); als Ausnahme können freie Aktionäre trotzdem eine *besondere Konzernrechnung verlangen*, wenn sie mindestens 20 % des Aktienkapitals vertreten (Art. 963*a* Abs. 2 Ziff. 2 OR). Eine *ordentliche Revision* muss – ohne Bezug zu Art. 727 Abs. 1 Ziff. 3 OR (vgl. dazu vorne N 82) – bei einer abhängigen Gesellschaft durchgeführt werden, wenn dies von freien Aktionären mit mindestens 10 % am Aktienkapital auf der regulären Revisionsgrundlage von Art. 727 Abs. 2 OR verlangt wird.

67 M. E. kann es sinnvoll sein, den freien Aktionären auf *statutarischer* Basis eine *freiwillige* Vertretung gemäss Art. 709 *Abs. 2* OR zu gewähren.

c) Ausschlussmöglichkeiten

109 Bei den in der Schweiz heute noch vorherrschenden Aktiengesellschaftskonzernen besteht *kein Ausschlussrecht* gegen freie Aktionäre, d. h., deren Mitgliedschaft steht konzeptionell nicht zur Debatte (anders als bei GmbH-Konzernen: Art. 823 OR). Nichtsdestotrotz gibt es in der Praxis verschiedene *ausschlussähnliche Szenarien*, die nicht zuletzt gegenüber freien Gesellschaftern angewendet werden: Verweisungen

110 Erstens, eine *Kraftloserklärung* von *kotierten* Beteiligungspapieren der freien Aktionäre im Rahmen von Art. 137 FinfraG, wenn also eine Obergesellschaft im Rahmen eines öffentlichen Übernahmeangebots mehr als 98 %[68] der an einer Börse gehandelten Aktien einer Untergesellschaft übernommen hat (vgl. dazu hinten § 14 N 49 ff.). Relativ unproblematisch

Zweitens, ein *Squeeze-out Merger* (und zwar unbesehen einer Kotierung), wenn bei einer konzerninternen Fusion gemäss Art. 8 Abs. 2 FusG eine ausschliessliche Barabfindung zugunsten bzw. wohl eher zu Lasten der freien Aktionäre vorgesehen wird (vgl. dazu hinten § 13 N 59 f.), was gemäss Art. 18 Abs. 5 FusG eine Mehrheit von 90 % der stimmberechtigten Gesellschafter der übertragenden Gesellschaft voraussetzt (vgl. dazu hinten N 129)[69].

111 Drittens, eine *asymmetrische Spaltung* (Art. 31 Abs. 2 lit. b FusG), durch die das Prinzip der Kontinuität der Mitgliedschaft durchbrochen wird (vgl. dazu § 13 N 72 f.), kann zum Ausschluss von freien Aktionären führen, wobei die Beschlussfassungen eine Mehrheit von 90 %[70] der stimmberechtigten Gesellschafter der übertragenden Gesellschaft bedingen (Art. 43 Abs. 3 FusG). Relativ problematisch

Viertens, eine *Aktienkapitalerhöhung* gemäss Art. 650 ff. OR (vgl. dazu § 8 N 145 ff.), die im Bewusstsein oder in der Absicht durchgeführt wird, dass die freien Aktionäre nicht «mitziehen» (können) und dadurch relativ dezimiert werden, was im konkreten Einzelfall *rechtsmissbräuchlich* sein kann.

68 Die Sperrquote der freien Aktionäre beträgt somit *2 %* am Aktienkapital.
69 Sperrquote = *10 %* (wie bei der asymmetrischen Spaltung).
70 Sperrquote = *10 %* (wie beim Squeeze-out Merger).

V. Gläubiger

1. Allgemeines

Grundverständnis

112 Die Konzernunternehmungen können Parteien in Schuldverhältnissen im Allgemeinen und dabei *Schuldner* im Besonderen sein; im Folgenden interessiert das Konzernaussenverhältnis, d. h., es geht um konzernfremde Anspruchsberechtigte[71].

Die *Gläubiger* der Konzerngesellschaften stützen ihre Ansprüche in aller Regel entweder auf eine vertragliche Grundlage oder auf eine ausservertragliche (z. B. auf eine deliktische) Basis ab. Dabei können für die Gläubiger im Wesentlichen vertragsrechtliche sowie gesellschaftsrechtliche Aspekte untersucht werden.

Insichgeschäft und Doppelvertretung

113 Infolge der horizontalen Integrationen sowie der vertikalen Integrationen im Konzern kommt es oftmals zu *Doppelvertretungen* einerseits und zu *Insichgeschäften* andererseits (vgl. dazu hinten N 144). In diesen Situationen steht allerdings der Gesellschafterschutz im Vordergrund, d. h., der *Gläubigerschutz* ist prinzipiell *irrelevant*, weil den Gläubigern – nach Ansicht des Bundesgerichts (BGE 126 III 366f. Erw. 5. a) – alternative Schutzmöglichkeiten (z. B. Verantwortlichkeitsklagen gemäss Art. 754 ff. OR sowie paulianische Anfechtungen gemäss Art. 285 ff. SchKG) offenstehen.

2. Herrschende Gesellschaft

a) Vertragsrechtliche Basis

Grundverständnis

114 Die herrschende Gesellschaft bzw. deren VR ist im Rahmen von Art. 718*a* Abs. 1 OR frei, Verträge mit Dritten abzuschliessen und dadurch Schuldnerin von Konzernfremden zu werden. M. E. kann der *Zweck* der Muttergesellschaft mit den *Konzerninteressen gleichgesetzt* werden; dies erscheint insbesondere bedeutsam im Hinblick auf den Umfang der Vertretungs*macht*. Die Gläubiger der Obergesellschaft können die Vertragserfüllung gemäss Art. 97 ff. OR durchsetzen.

Konzernfinanzierung

115 Der herrschenden Unternehmung kommt z. B. bei den konzernexternen *Konzernfinanzierungen* eine besonders wichtige Rolle für den Konzern zu, und zwar etwa als Darlehensschuldnerin oder als Sicherheitsbestellerin zugunsten abhängiger Gesellschaften (vgl. dazu hinten N 139 ff.).

....

71 Allg.: ERICH SCHANZE, Konzernspezifischer Gläubigerschutz, in: Das Gesellschaftsrecht der Konzerne im internationalen Vergleich (Baden-Baden 1991) 473 ff.

....

Sollte die Muttergesellschaft als Bürgin oder als Garantin bei einer Fremdkapitalfinanzierung auftreten, kann sich der Dritte (z. B. eine Bank als Darlehensgeberin) auf Art. 97 ff. OR berufen; bei den *Patronatserklärungen* kommt es darauf auf, ob ein Vertrag vorliegt oder nicht[72].

116 In einem Konzern gibt es regelmässig eine Vielzahl von *Einzelarbeitsverträgen* gemäss Art. 319 ff. OR[73]. Dabei handelt es sich jeweils um Angestellte entweder der Obergesellschaft oder einer Untergesellschaft. Sollte ein Arbeitnehmer allenfalls bei mehreren Konzerngesellschaften eingesetzt werden, ist es üblich, einen *Rahmenvertrag* mit der herrschenden Unternehmung zu schliessen («Konzernarbeitsvertrag»). Arbeitsverhältnisse

b) Gesellschaftsrechtliche Basis

117 Jeder Gläubiger der herrschenden Gesellschaft – und zwar unabhängig von der konkreten Anspruchsgrundlage – kann sich zusätzlich auf den *gesellschaftsrechtlichen Gläubigerschutz* berufen, der aber im Vergleich zum Gesellschafterschutz geringer ausfällt. Konzernrechtlich interessant erscheinen die *Informationsansprüche* für Gläubiger: Gläubigerschutz

Die Konzernrechnung muss gemäss Art. 958e OR nach der Genehmigung (bei AG durch die GV: Art. 698 Abs. 2 Ziff. 3 OR) mit dem Revisionsbericht entweder im SHAB veröffentlicht oder jeder Person, die es innerhalb eines Jahres nach der Genehmigung verlangt, gegen Übernahme der Kosten in einer Ausfertigung zugestellt werden, sofern das Unternehmen Anleihensobligationen ausstehend hat oder ihre Beteiligungspapiere an einer Börse kotiert sind. Die übrigen Gesellschaften müssen Gläubigern, welche ein schutzwürdiges Interesse nachzuweisen vermögen, Einsicht in den Geschäftsbericht sowie den Revisionsbericht gewähren (Art. 958*e* Abs. 2 OR).

Ausserdem besteht ein Anspruch darauf, über die *Organisation der Geschäftsführung* der Unternehmung orientiert zu werden, und zwar für die Gläubiger, die ein «schutzwürdiges Interesse glaubhaft» machen (Art. 716*b* Abs. 2 Satz 2 OR); zur «Organisation» gehört m. E. ebenfalls die *Konzernorganisation*.

72 Die Erklärungen reichen z. B. von *unverbindlichen* «Letters of Awareness» bis hin zu *vertraglichen* Zusicherungen; konkrete Formulierungen: Anton K. Schnyder, Patronatserklärungen – Haftungsgrundlagen für Konzernobergesellschaften, SJZ 86 (1990) 59 f.; generell: Peter R. Altenburger, Die Patronatserklärungen als «unechte» Personalsicherheiten (Diss. Basel 1978) *passim*; bei *Bankkonzernen* begründen Patronatserklärungen einen *Beistandszwang*: Art. 3*c* Abs. 1 lit. c BankG i. V. m. Art. 21 f. BankV.

73 Allg.: Thomas Geiser/Kai-Peter Uhlig, Arbeitsverhältnisse im Konzern, ZBJV 139 (2003) 757 ff.; Roman Heiz, Das Arbeitsverhältnis im Konzern (Diss. St. Gallen 2004) *passim*.

3. Abhängige Gesellschaft

a) Vertragsrechtliche Basis

Grundverständnis

Die abhängige Gesellschaft bzw. deren VR ist im Rahmen von Art. 718*a* Abs. 1 OR frei, Verträge mit Dritten abzuschliessen und dadurch Schuldnerin von Konzernfremden zu werden; m. E. kann in diesem Zusammenhang aber der *Zweck* mit den *Konzerninteressen nicht gleichgesetzt* werden. Die Gläubiger der Untergesellschaft können die Vertragserfüllung gemäss Art. 97 ff. OR durchsetzen. 118

Arbeitsverhältnisse

Eine zentrale Gläubigerkategorie – als Beispiel – bilden die *Arbeitnehmer*. Sie stehen jeweils in einem Einzelarbeitsvertrag (Art. 319 ff. OR) mit «ihrer» Gesellschaft, so dass sich *sämtliche Rechte und Pflichten* auf diese *konkrete Untergesellschaft* und nicht auf den Konzern oder die Muttergesellschaft beziehen – es sei denn, dass ein Rahmenvertrag mit der Obergesellschaft gegeben ist (vgl. dazu vorne N 116). 119

Einzig das zuständige Organ der *abhängigen* Unternehmung und nicht die herrschende Unternehmung kann formell die *Kündigung* «ihres» Arbeitnehmers aussprechen.

Treuepflichten

In der Praxis muss jeweils klar differenziert werden zwischen den Rechtsstellungen als *Organ* (= Gesellschaftsrecht) einerseits sowie als *Arbeitnehmer* (= Vertragsrecht) andererseits; hierzu illustrativ: BGE 130 III 213[74]. 120

Sollten – als Beispiel – irgendwelche rechtsgrundlosen Vermögensverschiebungen *zu Lasten der «eigenen»* Konzernunternehmung, wenn auch *zugunsten anderer* Konzerngesellschaften erfolgen, wird dadurch die arbeitsvertragliche Treuepflicht verletzt. In einem konkreten Fall liess es das Bundesgericht immerhin *nicht* zu, dass eine *fristlose Kündigung* ausgesprochen wurde (BGE 130 III 220 ff. Erw. 3)[75].

b) Gesellschaftsrechtliche Basis

Anspruch auf Konzerninformationen?

Den Gläubigern von abhängigen Gesellschaften stehen *wenige Konzerninformationen* zu. Betreffend die Konzernrechnung können sich die Gläubiger der Untergesellschaft – anders als die Gläubiger der Obergesellschaft (vgl. dazu vorne N 117) – nicht auf Art. 958*e Abs. 2* OR, sondern im Sinne eines Popularanspruchs (also: für jedermann) ausschliesslich auf die Be- 121

---

74 KARIN EUGSTER/HANS CASPAR VON DER CRONE, Rechtliche Stellung des Geschäftsführers im Konzern, SZW 76 (2004) 434 ff.

75 CAROLINE KIRCHSCHLÄGER, Gültigkeit einer Kündigung im Konzernverhältnis (…), AJP 16 (2007) 787 ff.; ROGER GRONER, Treuepflicht im Konzern, recht 22 (2004) 160 ff.

stimmung von Art. 958*e Abs. 1* OR berufen, d. h., sie gelangen an die konsolidierte Jahresrechnung nur, aber immerhin, bei Obergesellschaften mit kotierten Aktien oder mit emittierten Anleihensobligationen.

Vorbehalten bleibt die konzernspezifische Sonderordnung zur *Zwischenholding* im Rahmen von Art. 963*a* Abs. 1 Ziff. 2 OR (vgl. dazu vorne N 24 und N 71 f.).

Art. 716*b* Abs. 2 Satz 2 OR ist m. E. *nicht konsolidiert* zu verstehen. Die Gesellschaftsgläubiger haben einen Orientierungsanspruch betreffend «ihre» Schuldnergesellschaft; sie müssen folglich *nicht* über die *Konzernorganisation* informiert werden.

122 Bei den Gläubigerklagen steht die *Verantwortlichkeitsklage* gemäss Art. 754 ff. OR im Vordergrund, wobei ein Gesellschaftskonkurs vorausgesetzt wird (Art. 757 Abs. 1 OR). Diese Klage kann insbesondere gegen den *fiduziarischen VR* der Untergesellschaft einerseits (vgl. dazu vorne N 89 f.) oder gegen die *Obergesellschaft* als materielles Organ andererseits eingesetzt werden. Gläubigerklagen

123 Zwischen den Konzernunternehmungen erfolgen in der Wirtschaftsrealität oftmals Vermögensverschiebungen[76]. Dadurch wird den Gläubigern der abhängigen Gesellschaft allenfalls *Haftungssubstrat entzogen*. Konzeptionell wird der Gläubiger davon nicht betroffen, solange die Unternehmung nicht in Konkurs ist. Aus diesem Grund sind die Gesellschaftsgläubiger für die *Rückforderungsklage* gemäss Art. 678 OR *nicht aktivlegitimiert*, was unter konzernrechtlichem Aspekt zu bedauern ist.

c) Konzernrechtlicher «Schuldnerwechsel»?

124 Der Gläubiger einer *Untergesellschaft* kann, und zwar unbesehen der konkreten Anspruchsgrundlage, aus unterschiedlichen Gründen versucht sein, nicht gegen den eigentlichen Vertragspartner als formalen Schuldner, sondern vielmehr gegen die *Obergesellschaft* vorzugehen. Dies geht allerdings *nicht ohne weiteres*, d. h., die Muttergesellschaft haftet nicht eo ipso für abhängige Gesellschaften. Verweisung

Ausnahmefälle für einen solchen *«Schuldnerwechsel»* stellen – als Beispiele – auf der einen Seite der Durchgriff (vgl. dazu hinten N 155 ff.) sowie auf der anderen Seite das Konzernvertrauen (vgl. dazu hinten N 159 ff.) dar.

[76] Statt aller: Ralph Malacrida, Die Konzernübertragung aus privatrechtlicher Sicht, in: Unternehmen – Transaktion – Recht (Zürich 2008) 315 ff.

E. Spezialfragen

I. Konzernumstrukturierungen

1. Grundzüge

Konzernexpansion und Konzernreduktion

Konzerne sind dynamische Gebilde, d. h., sie können wachsen oder schrumpfen, was die *Anzahl* der einzelnen Gruppengesellschaften angeht: 125

Das Umstrukturierungsrecht (vgl. dazu hinten § 13) stellt mit unterschiedlichen Restrukturierungsmöglichkeiten die rechtliche Grundlage dar, und zwar sowohl für ein *Wachstum* (= z. B. durch Spaltungen) als auch für eine *Reduktion* (= durch Fusionen) der Gruppe. Es ist anwendbar auf den Drittverkehr einerseits (vgl. dazu hinten N 126) und enthält besondere Regelungen für den Konzernverkehr andererseits (vgl. dazu hinten N 127).

2. Ausgewählte Details

a) Fusionen

aa) Erleichterungen

Drittverkehr

Gruppengesellschaften können *ohne weiteres* mit *Drittgesellschaften*, die nicht zum Konzern gehören, *fusioniert* werden im Rahmen von Art. 3 ff. FusG (konzernexterne Fusionen). In diesem Zusammenhang gelangen die regulären Schutzvorkehrungen (vgl. dazu hinten § 13 N 29 ff.) für die Gesellschafter – z. B. das Prinzip der Mitgliedschaftskontinuität – und für die Gesellschaftsgläubiger – etwa das Mehrbelastungsverbot – zur Anwendung. Es gibt *keine konzernrechtlichen* Privilegien. 126

Konzernverkehr

Fusionen *zwischen Konzerngesellschaften* (konzerninterne Fusionen) sind ebenfalls basierend auf Art. 3 ff. FusG möglich. Bei zwei Sachverhalten werden sie – infolge des reduzierten Schutzbedarfes – gemäss Art. 23 f. FusG *erleichtert* bzw. privilegiert (z. B. durch den Verzicht auf verschiedene Unterlagen)[77], nämlich: 127

[77] Bei den fusionierenden *Konzerngesellschaften* muss es sich um *Kapitalgesellschaften* handeln, d. h. um AG, um GmbH oder um Kommandit-AG (Art. 23 f. FusG i. V. m. Art. 2 lit. c FusG).

Alleinbeteiligungsfusionen, und zwar sowohl im *Mutter-Tochter-Verhältnis* (d. h. 100 % der übertragenden Gesellschaft gehören der übernehmenden Gesellschaft: Art. 23 Abs. 1 lit. a FusG) als auch im *Schwestern-Verhältnis* (d. h. eine Gesellschaft hält 100 % der zu fusionierenden Gesellschaften: Art. 23 Abs. 1 lit. b FusG); gewisse *Mutter-Tochter-Fusionen* mit einer Beteiligung von mindestens *90 %* der übernehmenden Gesellschaft an der übertragenden Gesellschaft (Art. 23 Abs. 2 FusG)[78].

Weitere Erleichterungen?

128 Gemäss Wortlaut von Art. 23 f. FusG sind *«verwandte»* Szenarien von den Erleichterungen *nicht* erfasst; m. E. ist etwa ein «Reverse Merger» (d. h., die Obergesellschaft tritt übertragend und die 100 %-Tochtergesellschaft übernehmend auf) zwar gemäss Art. 3 ff. FusG möglich, jedoch nicht erleichtert im Rahmen von Art. 23 Abs. 1 lit. a FusG. Die strenge Praxis der Handelsregisterämter, die *erleichterte* Fusionen bei *indirekten* Alleinbeteiligungen *ablehnt* (z. B. betreffend eine «Grossmutter-Enkelin-Fusion» oder eine «Cousinen-Fusion») wird von einem Teil der Lehre kritisiert[79].

bb) Squeeze-out Merger

Variante des Ausschlussrechts

129 Die Umstrukturierungsform der Fusion kann zudem genutzt werden, um freie Gesellschafter in *abhängigen* Gesellschaften aus dem Konzern *«auszuschliessen»* (Squeeze-out Merger bzw. zwangsweise Abfindungsfusion)[80]; Art. 8 Abs. 2 FusG, der eine ausschliessliche Barabfindung zulässt, geht dem Aktienrecht, das kein Ausschlussrecht gegen Aktionäre kennt, als Lex specialis vor. Immerhin wird vorausgesetzt, dass *mindestens 90 %* der Gesellschafter der übertragenden Gesellschaft zustimmen (Art. 18 Abs. 5 FusG), d. h., die freien Aktionäre sind nicht schutzlos.

78 *Privilegierte Schwesterfusionen* sind basierend auf Art. 23 *Abs. 2* FusG *nicht möglich*.

79 Hinweise: Urs P. Gnos, Die Praxis zur erleichterten Fusion von Konzerngesellschaften, GesKR 2006, 189 ff.

80 Dazu statt aller: Mark Mauerhofer, Squeeze-Out Merger (Diss. Bern 2008) *passim*; Roger Groner, Barabfindungsfusion (Cash-Out Merger), SJZ 99 (2003) 393 ff.; Hubert Orso Gilliéron, Dédommagement forcé des actionnaires minoritaires en cas de fusion simplifiée (art. 23 al. 2 let. a LFus), SZW 81 (2009) 339 ff.

b) Übrige Restrukturierungsmöglichkeiten

aa) *Spaltungen*

Erleichterungen möglich?

130 Das Gesetz sieht gemäss Art. 23 f. FusG einzig bei *konzerninternen Fusionen* explizite Erleichterungen vor. Nichtsdestotrotz wird zum Teil argumentiert, dass diese Erleichterungsmöglichkeiten bei den übrigen Umstrukturierungen analog anwendbar seien.

Das Fusionsgesetz sieht zwar *kein erleichtertes Verfahren* bei den *konzerninternen Spaltungen* vor, doch scheint insbesondere ein Verzicht auf einen Spaltungsbericht oder auf das Einsichtsrecht – anders als auf eine GV-Beschlussfassung – sinnvoll[81]; m. E. scheint dies trotzdem ausgeschlossen mangels gesetzlicher Grundlage.

Variante des Ausschlussrechts?

131 Art. 31 Abs. 2 lit. b FusG lässt zwar prinzipiell eine *asymmetrische Spaltung* zu (vgl. dazu vorne N 111). Es ist allerdings eine offene Frage, ob dadurch den übertragenden Gesellschaftern die Kontinuität der Mitgliedschaft *gänzlich* abgesprochen werden kann. Sollte dies der Fall sein, gäbe es in Konzernsituationen eine weitere Möglichkeit, *freie Gesellschafter «auszuschliessen»*; m. E. dürfte eine solche Transaktion jedoch in den meisten Fällen unzulässig sein.

bb) *Vermögensübertragungen und Umwandlungen*

Verweisungen

132 *Vermögensübertragungen* (vgl. dazu hinten § 13 N 82 ff.) sowie *Umwandlungen* (vgl. dazu hinten § 13 N 74 ff.) sind im Konzernverkehr – also konzernintern – ohne weiteres möglich im Rahmen der fusionsrechtlichen Ordnung. Bei beiden Restrukturierungsmöglichkeiten sieht das Gesetz *keine konzernrechtlichen Erleichterungen* im Verfahren vor; m. E. drängt sich eine analoge Anwendung von Art. 23 f. FusG nicht auf.

81 LUKAS GLANZMANN, Umstrukturierungen (3. A. Bern 2014) N 152.

II. Konzernfinanzierungen

1. Grundzüge

a) Finanzierung von Gesellschaften

133 Alle Unternehmungen sowie sämtliche Konzerne benötigen *Finanzierungen*, um überhaupt ihre Geschäftstätigkeiten auszuüben. Die Finanzierung bildet somit ein, wenn nicht sogar *das* Zentralthema im Gesellschaftsrecht[82]. Unterschieden werden kann, etwas trivialisiert, zwischen der *Eigenkapital*finanzierung (z. B. Aktienkapital) sowie der *Fremdkapital*finanzierung (z. B. Bankdarlehen oder Anleihensobligationen). Finanzierungsformen

Bei Konzernen treten als Finanzierungsquellen entweder *konzerninterne* oder *konzernexterne* Kapitalgeber auf, was zu unterschiedlichen gesellschaftsrechtlichen Fragen führt (vgl. dazu hinten N 137 f.). Zur Konzernfinanzierung werden ausserdem oftmals *Zwischendividenden* bezahlt[83], für die de lege lata (noch) eine Rechtsgrundlage fehlt.

134 Ob überhaupt, in welchem Zeitpunkt und auf welche Weise eine *Konzernfinanzierung*[84] erfolgt, stellt einen strategischen Entscheid dar, d. h., der VR der *Obergesellschaft* ist zuständig (Art. 716*a* Abs. 1 Ziff. 1/Ziff. 3 OR). Dieser Entscheid der Muttergesellschaft muss dann auf Ebene der betroffenen *Konzerngesellschaft(en) umgesetzt* werden, wobei sich die Organkompetenzen je nach Finanzierungsform ganz erheblich unterscheiden[85]. Konzernaspekte

b) Kriterium des «Dealing at Arm's Length»

135 Die heikelsten Konzernrechtsfragen sind bei der *Fremdkapitalfinanzierung* (vgl. dazu hinten N 139 ff.) zu beantworten. Insbesondere droht das Risiko, dass die involvierte(n) Konzerngesellschaft(en) das *Konzerninteresse* statt das Eigeninteresse berücksichtigen. Als Folge des Trennungsprinzips haben indes sämtliche Konzerngesellschaften im Verhältnis zu- und miteinander ihre Leistungen *ohne Konzernsonderkonditionen* zu erbrin- Grundverständnis

82 Nebst dem Gesellschaftsrecht ist das *Strafrecht* wichtig; als Übersicht: MARTIN LANZ/ROLAND M. RYSER, Strafrechtliche Aspekte der Financial Assistance, GesKR 2008, 33 ff.

83 PETER V. KUNZ, Statuten – Grundbaustein der Aktiengesellschaften, in: Die «grosse» Schweizer Aktienrechtsrevision (Zürich/St. Gallen 2010) 67 f.; allg.: PETER FORSTMOSER/GAUDENZ G. ZINDEL/VALERIE MEYER BAHAR, Zulässigkeit der Interimsdividende im schweizerischen Recht, SJZ 105 (2009) 212 ff.

84 Detailliert: PETER V. KUNZ, Unternehmensfinanzierung sowie Konzernfinanzierung, in: Entwicklungen im Gesellschaftsrecht V (Bern 2010) 45 ff. m. w. H.

85 Für *Eigenkapitalfinanzierungen* – z. B. bei Aktienkapitalerhöhungen oder bei der Schaffung von Partizipationskapital – ist die GV zuständig; bei *Fremdkapitalfinanzierungen* – etwa bei Darlehensaufnahmen oder bei Emissionen von Anleihensobligationen – entscheidet hingegen regelmässig der VR.

gen. Ihre Leistungen müssen einem «Drittpersonentest» («Drittmannstest») genügen, d. h., ihr Verhalten muss einem *«Dealing at Arm's Length»* entsprechen.

Bedeutung

Das Erfordernis eines «Dealing at Arm's Length» betrifft bei Konzernfinanzierungen sämtliche Leistungen. Konzerngesellschaften können als *Fremdkapitalgeber* auftreten, d. h. insbesondere konzerninterne Darlehen gewähren. Häufig finanzieren sie nicht unmittelbar, sondern treten als *Sicherheitsgeber* für eine konzernexterne Finanzierung auf (z. B. mit Bürgschaften oder mit Garantien oder mit Patronatserklärungen)[86]. 136

In allen Fällen müssen die jeweiligen Leistungen dem *«Drittpersonentest» genügen*, ansonsten insbesondere gesellschafts-, steuer- und sanierungsrechtliche Risiken drohen. Die Konzernunternehmung muss in jedem Fall für ihre Finanzierungsleistung von den anderen Konzerngesellschaften *angemessen entschädigt etc.* werden (Kriterien sind z. B. Sicherheiten, Verzinsungen sowie Amortisationen).

2. Ausgewählte Details

a) Eigenkapitalfinanzierungen

Konzerninterne Finanzierung

Bei sämtlichen Konzerngesellschaften kann zur Finanzierung deren Eigenkapital im Rahmen von Art. 650 ff. OR entweder *ordentlich* oder *genehmigt* oder *bedingt* erhöht werden mittels entsprechender GV-Beschlussfassungen; eine spezifische Konzernrechtsnorm findet sich in Art. 653 Abs. 1 OR für die bedingte Kapitalerhöhung. 137

Im Prinzip keine Rechtsprobleme zu lösen sind bei den *Alleinbeteiligungen* an den abhängigen Gesellschaften; die kapitalerhöhenden Untergesellschaften müssen z. B. keine Rücksicht nehmen auf «Drittbeteiligte» (= freie Aktionäre).

Konzernexterne Finanzierung

Wenn an abhängigen Konzernunternehmungen *freie Gesellschafter* (vgl. dazu vorne N 96 ff.) beteiligt sind, müssen bei der Finanzierung deren Bezugsrechte gewahrt werden. Aktienkapitalerhöhungen werden teilweise missbraucht, um die Minderheitsaktionäre an Untergesellschaften *faktisch auszuschliessen*. Konzernexterne Eigenkapitalfinanzierungen – also durch Dritte – kommen fast nur bei *konzerninternem Kapitalmangel* vor. 138

---

86 Es handelt sich um *Personalsicherheiten* (zusammenfassend als *«Securities»* bezeichnet).

Der *Börsengang* («Going Public» oder «Initial Public Offering» bzw. IPO)[87] einer *abhängigen* Gesellschaft kommt in der Konzernwirklichkeit immer wieder vor. Den strategischen Entscheid dazu fällt zwar der VR der Obergesellschaft, doch die eigentlichen Kotierungsbeschlussfassungen müssen von der betroffenen Untergesellschaft gefasst werden. Gründe für einen solchen Börsengang können etwa ein *Finanzierungsbedarf im Konzern* oder eine strategische Neuorientierung («Desinvestment») sein[88].

b) Fremdkapitalfinanzierungen

aa) Leistungen

139 Konzerngesellschaften können bei der Fremdkapitalfinanzierung involviert werden entweder als Fremdkapitalgeber oder als Sicherheitsgeber (z. B. als Bürgin oder als Garantin). Diese beiden Leistungsinhalte können in *drei Richtungen* innerhalb des Konzerns erfolgen, nämlich entweder *downstream* bzw. «von oben nach unten» oder *upstream* bzw. «von unten nach oben» oder schliesslich *sidestream* bzw. «seitwärts»; illustriert für eine konzernexterne Darlehensvergabe (= D), die gesichert (= S) wird: Richtungen der Leistungserbringungen

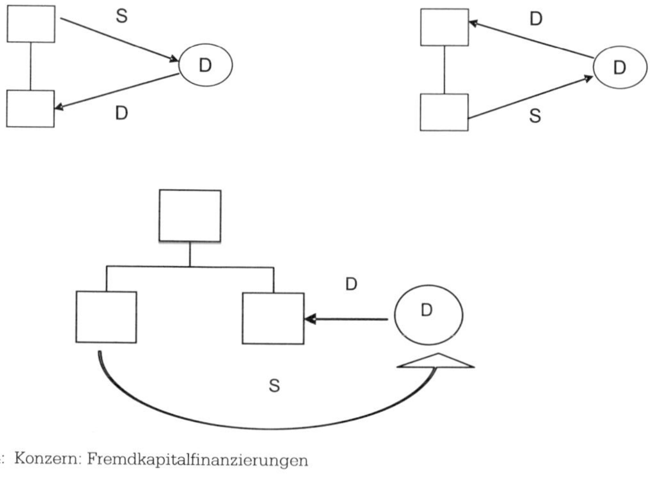

Abb. 34: Konzern: Fremdkapitalfinanzierungen

[87] Vgl. dazu hinten § 14 N 6 ff.; Beteiligungspapiere der Konzerngesellschaft werden an einer *Börse kotiert*; allg.: PETER V. KUNZ, Kotierung sowie Dekotierung (…), GesKR 2006, 117 ff.

[88] Je nach Umfang der emittierten Aktien bleibt die *Konzernierung* der Untergesellschaft aufrechterhalten oder nicht.

Problemskizze

Downstream-Darlehen sowie Downstream-Sicherheiten sind in aller Regel *rechtlich unproblematisch*: Die Obergesellschaft profitiert in jedem Fall, selbst wenn die finanzierte Untergesellschaft eine Sonderbehandlung erfahren sollte. 140

Mindestens *potenziell rechtlich heikler* sind die finanzierenden Leistungen upstream sowie sidestream: Die abhängigen Gesellschaften sind nämlich gehalten, weder die Interessen der Obergesellschaft noch die Konzerninteressen, sondern einzig die Eigeninteressen zu verfolgen, und es drohen *Interessenkonflikte*.

Sollte ein *«Dealing at Arm's Length»* (vgl. dazu vorne N 135 f.) vorliegen, kann z. B. gesellschaftsrechtlich nichts beanstandet werden, doch dürften solche Geschäfte in der Konzernrealität oftmals nicht der Fall sein, insbesondere bei finanziellen Problemen.

bb) Rechtsfragen

Vertretungsmacht

Der Beschluss zur Fremdkapitalfinanzierung entweder durch Darlehensvergabe oder durch Sicherheitsbestellung – sei es konzernintern oder konzernextern – wird durch den VR der betroffenen Konzerngesellschaft als «Financier» gefasst. Die *Vertretungsmacht* des VR wird durch den statutarischen Zweck der konkreten Gesellschaft beschränkt (Art. 718*a* Abs. 1 OR): 141

Zulässigkeit oder Unzulässigkeit?

Keine Rechtsprobleme ergeben sich unter diesem Aspekt für die *herrschende* Gesellschaft, d. h., das Darlehen oder die Sicherheit der Obergesellschaft (downstream) ist rechtsgültig, es sei denn, dass es sich um eine *a priori hoffnungslose Sanierung* handelt. 142

Leistungen von Konzernuntergesellschaften upstream oder sidestream müssen hingegen *angemessen entschädigt* werden. Sollte dies im konkreten Fall nicht zutreffen, wird die Vertretungsmacht gemäss Art. 718*a* Abs. 1 OR verletzt[89].

89 *Konzernextern* statt aller: ROLAND VON BÜREN/BENDICHT LÜTHI, Sicherung von Krediten Dritter im Konzern, in: Kreditsicherheiten (Basel 2008) 55 ff.; *konzernintern*: ENRICO FRITZ, Darlehen an Konzerngesellschaften, GesKR 2006, 325 ff.

Die Darlehensverträge bzw. die Sicherheitsverträge der *abhängigen* Gesellschaften sind somit potenziell *rechtsungültig*, wenn kein «Dealing at Arm's Length» gegeben ist[90].

143 Die zentrale Problematik bei diesen Fremdkapitalfinanzierungen liegt in *Art. 718a Abs. 1 OR*, d. h. bei der Vertretungsmacht des VR. Das Problem kann gesellschaftsrechtlich mindestens relativiert werden, indem bei der unterstützenden *abhängigen* Gesellschaft der *Zweck angepasst* wird (Konzernklausel: vgl. dazu vorne N 105). Gesellschaftsrechtliche Probleme

Sollte dies im Einzelfall unterlassen worden sein, wie meist in der Wirtschaftsrealität, ergeben sich zusätzliche gesellschaftsrechtliche Probleme, insbesondere hinsichtlich *Art. 678 OR* («verdeckte Gewinnausschüttung») sowie *Art. 680 Abs. 2 OR* («verdeckte Kapitalrückzahlung») und *Art. 754 ff. OR* (Verantwortlichkeit); zahlreiche Fragen in diesem Zusammenhang sind offen in der Praxis und umstritten in der Doktrin.

144 Ein heikler *Interessenkonflikt* kann ausserdem entstehen, wenn beim Darlehensabschluss zwischen Konzernunternehmungen *dieselben Personen* auf beiden Seiten aktiv sind bzw. den Vertrag unterzeichnen: Interessenkonflikte

Bei einer Alleinbeteiligung wird ein solches *Insichgeschäft* als unproblematisch qualifiziert. Sollten hingegen freie Gesellschafter vorhanden sein, müssen bei einer *Doppelvertretung* deren Interessen ebenfalls berücksichtigt werden; dies kann m. E. dadurch geschehen, dass die Darlehensvereinbarung einem *gleich- oder übergeordneten Organ* zur Genehmigung vorgelegt wird (BGE 126 III 363 Erw. 3. a: «Schwegler»).

c) Sanierungssituationen

145 Notleidende Konzerngesellschaften können im Einzelfall die gesamte Unternehmensgruppe in finanzielle Bedrängnis bringen und damit zum Sanierungsfall machen. Der Konkurs einer bedeutenden *abhängigen* Gesellschaft kann zum Zusammenbruch des Konzerns führen, und zwar entweder *«von oben nach unten»* (etwa durch die Abschreibung der Beteiligung) oder wohl in der Praxis meist eher *«seitwärts»* zum Kippen (beispielsweise durch den Ausfall von konzerninternen Darlehensrückzahlungen). Konzerninsolvenzrecht?

[90] BGE 140 III 545 Erw. 4.5; das Bundesgericht kam zum Schluss, dass die beiden konzerninternen Darlehen im Umfang von CHF 16.5 Mio. und CHF 7.2 Mio. «nicht unter Drittbedingungen ausgerichtet worden waren und folglich mit Blick auf Art. 680 Abs. 2 OR das freie Eigenkapital insoweit sperrten, als der Betrag im Umfang der Darlehensvaluta nicht zur Dividendenausschüttung zur Verfügung stand» (Hervorhebung weggelassen).

Die Schweiz kennt heute (noch) *kein integriertes Konzerninsolvenzrecht*, was m. E. rechtspolitisch überdacht werden sollte[91]. Auf absehbare Zeit erscheint indes eine grundlegende Änderung der Rechtslage unwahrscheinlich.

Eigenkapitalersetzende Darlehen

146 *Konzernintern* kann mittels Eigenkapital oder mittels Fremdkapital *saniert* werden. Die Eigenkapitalfinanzierung hat verschiedene Nachteile (z. B. Unverzinslichkeit oder Totalausfall im Konkurs), so dass oftmals *pro forma* eine *Fremdkapitalfinanzierung* im Vordergrund steht; dies dürfte insbesondere der Fall sein, wenn die Sanierungsaussichten relativ schlecht erscheinen. Gesellschafts- und konzernrechtlich stellt sich die Frage, ob ein *eigenkapitalersetzendes Darlehen* («verdecktes Eigenkapital»)[92] vorliegt.

Rechtsfolgen

147 Die praxisrelevante Rechtsfrage, wie eigenkapitalersetzende Konzerndarlehen, die in einem *späten Zeitpunkt* zur Sanierung einer Konzerngesellschaft gewährt werden, rechtlich zu qualifizieren sind, erscheint *umstritten*; eine «normale» Fremdkapitalqualifikation scheidet offensichtlich aus:

Im Vordergrund stehen zwei Varianten, nämlich auf der einen Seite die Umqualifikation[93] zu *Eigenkapital* oder auf der anderen Seite die Qualifikation als *Fremdkapital mit Zwangssubordination*:

Das Bundesgericht lehnt eine Umqualifikation[94] ab (BGE 4A_496/2010 vom 14. Februar 2011: Erw. 2.4) und liess eine Zwangssubordination mindestens bis anhin offen (BGE 5C.230/2005 vom 2. März 2006: Erw. 4).

d) Cash Pooling

Liquiditätsbewirtschaftung

148 Beim *Cash Pooling*, das bei Grosskonzernen zum Einsatz gelangt, werden die gesamten konzerninternen Liquiditätsüberschüsse sozusagen «gesammelt» bzw. gepoolt und dann zwischen den Konzerngesellschaften wieder ausgeglichen. Es handelt sich um *Liquiditätsausgleichsmassnahmen* im Konzern. Mit diesem Instrument werden insbesondere konzernfremde Kreditfinanzierungen verhindert oder aufgeschoben. Das Cash Pooling hat zumindest eine *darlehensnahe* Basis, so dass die besproche-

....

91 Hinweise: LUKAS BOPP, Konzerninsolvenz?, in: FG für A. K. Schnyder (Zürich 2002) 19 ff.; generell zur Thematik: PETER V. KUNZ, Konzerninsolvenz, in: Entwicklungen im Gesellschaftsrecht VIII (Bern 2013) 291 ff.

92 Allg.: JÜRG ROTH, Sanierungsdarlehen (Diss. Basel 2009) 353 ff.; ARMAND P. RUBLI, Sanierungsmassnahmen im Konzern aus gesellschaftsrechtlicher Sicht (Diss. Zürich 2002) 192 ff.

93 Hinweise: URS STÖCKLI, Das kapitalersetzende Darlehen im Konkurs einer Aktiengesellschaft – Umqualifikation als Risiko, ST 81 (2007) 661 ff.; HANS-UELI VOGT/ANNA PETER, Aktienrechtliche Rahmenbedingungen einer finanziellen Sanierung, insbesondere das Verbot der Einlagerückgewähr, GesKR 2011, 228 ff., 239.

94 Anders früher das *Zürcher Obergericht*: SZW 65 (1993) 299 ff..

....

nen gesellschaftsrechtlichen Themen (vgl. dazu vorne N 146 f.) zu diskutieren sind[95].

Mit einem Bundesgerichtsentscheid aus dem Jahr 2014 werden einige Grundsatzfragen zur generellen (Un-)Zulässigkeit des Cash Pooling aufgeworfen (BGE 140 III 533). Das Urteil wurde in der Lehre teils scharf kritisiert[96]. Die Auswirkungen auf die bisherige Konzernpraxis sind indes noch kaum abschätzbar.

III. Konzernhaftungen

1. Grundzüge

Gläubiger und Gesellschafter

149 Bei Haftungsfragen geht es in aller Regel um Forderungen von *Gläubigern* (vgl. dazu vorne N 112 ff.), doch interessieren auch die *Gesellschafter* (vgl. dazu vorne N 96 ff.) und deren Ansprüche. Nicht anders verhält es sich bei Konzernsachverhalten bzw. bei Konzernhaftungen[97]. Es gibt aber *keine idealtypische* konzernrechtliche Haftung, d. h., sowohl die Voraussetzungen als auch die Folgen unterscheiden sich jeweils nach der in Frage stehenden Rechtsgrundlage[98].

Vertragliche und deliktische Anspruchsgrundlagen

150 Im Wesentlichen diskutiert werden die *Vertragsansprüche* gemäss Art. 97 ff. OR sowie die Deliktsansprüche im Rahmen von Art. 41 ff. OR:

Beide Anspruchsgrundlagen existieren sowohl im Konzerninnenverhältnis als auch im Konzernaussenverhältnis. *Passivlegitimiert* bei Haftungsansprüchen kann zwar prinzipiell *jede* Konzerngesellschaft sein; beim Stichwort der Konzernhaftung geht es indes meist um die Haftung der *Obergesellschaft*. In der Konzernrealität stehen regelmässig die *vertraglichen* Ansprüche[99] im Vordergrund.

[95] Übersicht: Oliver Blum, Cash Pooling: gesellschaftsrechtliche Aspekte, AJP 14 (2005) 705 ff.; zudem: Luca Jagmetti, Cash Pooling im Konzern (Diss. Zürich 2007) *passim*.

[96] Statt aller: Patric A. Brand, Swissair Cash Pool, AJP 24 (2015) 135 ff.

[97] Hinweise: Peter V. Kunz, Konzernhaftungen in der Schweiz, GesRZ 41 (2012), 282 ff.; ders., Konzernhaftungen, in: Gesellschafts- und Kapitalmarktrecht in Deutschland, Österreich und der Schweiz 2013 (Tübingen 2014) 49 ff.; ders., Beistandszwang in Konzernverhältnissen?, SJZ 109 (2013) 1 ff.

[98] Auslegeordnung: Peter Forstmoser, Haftung im Konzern, in: Vom Gesellschafts- zum Konzernrecht (Bern 2000) 89 ff.

[99] Die meisten Konzerngesellschaften sind Parteien in zahlreichen konzerninternen und konzernexternen Verträgen, d. h., es besteht ein eigentliches *Vertragsnetzwerk*; dies ist z. B. der Fall im Zusammenhang mit der Konzernfinanzierung (Darlehen, Bürgschaften, Garantien etc.): Vgl. dazu vorne N 133 ff.

Weitere konzernspezifische Anspruchsgrundlagen

In Konzernsachverhalten kommt es immer wieder vor, dass *weder ein Vertrag noch ein Delikt* als Anspruchsgrundlage gegen die herrschende Unternehmung nutzbar gemacht werden kann. Insbesondere die richterliche Praxis hat das «Arsenal» zugunsten der Gläubiger in den letzten Jahren erweitert. Als Auswahl möglicher Rechtsgrundlagen wird im Folgenden auf die *Verantwortlichkeit* (vgl. dazu hinten N 153 f.), auf den *Durchgriff* (vgl. dazu hinten N 155 ff.) sowie schliesslich auf das *Konzernvertrauen* (vgl. dazu hinten N 159 ff.) eingegangen. 151

Vertrauenshaftung als Anspruchsgrundlage

Die Gerichte entwickeln schon seit einigen Jahren eine Haftungsgrundlage *zwischen* den Delikten einerseits und den Verträgen andererseits, nämlich das neue Rechtsinstitut der *Vertrauenshaftung*, das keine gesetzliche Regelung erfahren hat[100]. 152

Mit BGE 120 II 331 hat das Bundesgericht erstmals das *Konzernvertrauen* als möglicherweise haftungsbegründend herausgearbeitet (vgl. dazu hinten N 159), und zwar dogmatisch als eine der Unterkategorien der Vertrauenshaftung – somit im Wesentlichen parallel verlaufend zu den weiteren Kategorien der Haftung *für Rat und für Auskunft* sowie der *Culpa in contrahendo* (BGE 120 II 335 f. Erw. 5. a).

2. Ausgewählte Details

a) Verantwortlichkeit

Haftung für delegiertes Personal

Die Verantwortlichkeit des VR im Konzern stellt ein breites Thema dar[101]. Die *herrschende* Unternehmung kann als Gesellschaft nicht selber im VR der abhängigen Gesellschaften vertreten sein (z. B. Art. 707 Abs. 3 OR). Einfluss wird vielmehr wahrgenommen bzw. sichergestellt, indem die Obergesellschaft sozusagen ihr *Personal delegiert* (Personalunionen: Vgl. dazu vorne N 19 und N 88)[102]. Dieses Verhalten erscheint nicht risikolos und kann die Muttergesellschaft durchaus Haftungsansprüchen aussetzen, und zwar gestützt auf folgende Grundlagen: 153

100 Generell: PETER LOSER, Die Vertrauenshaftung im schweizerischen Schuldrecht (Habil. Basel 2006) *passim*; ausserhalb von Konzernsachverhalten: BGE 130 III 345; BGE 133 III 449; BGE 134 III 390; BGE 142 III 84.

101 Übersicht: KARL HOFSTETTER, Verantwortlichkeit des Verwaltungsrates im Konzern, in: Verantwortlichkeit im Unternehmensrecht IV (Zürich 2008) 1 ff.

102 Hierzu: SIMON KÄCH, Die Rechtsstellung des Vertreters einer juristischen Person im Verwaltungsrat der Aktiengesellschaft (Diss. Zürich 2002) *passim*.

Es liegt oft eine *Doppelorganschaft* vor, d. h., ein Organ der herrschenden Gesellschaft (z. B. deren CEO) ist ebenfalls organschaftlich tätig in der abhängigen Gesellschaft (z. B. als deren einziges VR-Mitglied)[103]; in diesem Fall kann gegen die Obergesellschaft aus *Organhaftung* gemäss Art. 722 OR/Art. 55 ZGB vorgegangen werden (BGE 4A_306/2009 vom 8. Februar 2010: Erw. 7.1.2). Sollte hingegen ein Nichtorgan der Muttergesellschaft (z. B. deren externer Rechtsanwalt) in die Untergesellschaft (beispielsweise als deren VR-Mitglied) delegiert werden, kann die *Hilfspersonenhaftung* gemäss Art. 55 OR gegen die herrschende Gesellschaft zur Anwendung gelangen.

154 Die Obergesellschaft kann *kein formelles Organ* der Untergesellschaften sein. Umstritten[104] war lange Zeit die Frage, ob der herrschenden Unternehmung allenfalls eine faktische Organschaft im Konzern zukommen kann oder nicht:

Materielle Organschaft der Muttergesellschaft?

M. E. *kann* die Muttergesellschaft im Einzelfall durchaus als *materielles Organ* abhängiger Gesellschaften betrachtet werden, so dass Art. 754 ff. OR anwendbar sind. Erforderlich ist nur, aber immerhin, dass die herrschende Gesellschaft die qualifizierenden Kriterien erfüllt (z. B. einen massgeblichen Einfluss ausübt auf die Willensbildung: BGE 128 III 93 f. Erw. 3. a)[105]. Es gibt somit *kein konzernrechtliches Privileg* für Muttergesellschaften, *nicht* als faktische Organe qualifiziert zu werden.

Das Bundesgericht bestätigt dies mit Urteil vom 8. Februar 2010 (BGE 4A_306/2009 vom 8. Februar 2010: Erw. 7.1.2/7.2.2)[106].

[103] Gemäss BGE 4A_522/2011 vom 13. Januar 2012: Erw. 2.3 stellt die die Doppelorganschaft *keinen Organisationsmangel* gemäss Art. 731*b* OR dar: «Die Doppelorganschaft ist vielmehr ein in der schweizerischen Konzernpraxis weit verbreitetes und rechtlich zulässiges Mittel zur Durchsetzung der gesetzlich vorgesehenen Konzernleitung.»

[104] Detailliert: ALEXANDER VOGEL, Die Haftung der Muttergesellschaft als materielles, faktisches oder kundgegebenes Organ der Tochtergesellschaft (...) (Diss. St. Gallen 1997) 349 ff.; zudem: MARTIN CHRISTOPHER IMHOF, Die Verantwortlichkeit der Konzernobergesellschaft als Ausfluss faktischer Organschaft? (Diss. Freiburg i.Br. 2002) *passim*.

[105] Sollte also die Muttergesellschaft im konkreten Fall *keine Beherrschung ausüben*, wird sie auch *kein faktisches Organ* sein; die Fragestellung erscheint gerade für die Zukunft wichtig, weil eine Konzernierung möglich sein wird selbst *ohne tatsächliche* Ausübung einer einheitlichen Leitung: Vgl. dazu vorne N 17.

[106] PETER V. KUNZ, Materielle Organschaft («faktische VR»): Voraussetzung sowie Folgen im Aktienrecht, in: Entwicklungen im Gesellschaftsrecht IX (Bern 2014) 173 ff.

b) Durchgriff

aa) *Gläubigerschutz*

Grundverständnis

155 Der *Gläubiger* einer *abhängigen* Gesellschaft muss sich prinzipiell an seine Schuldnerin halten, d. h., er kann nicht ohne weiteres auf die herrschende Unternehmung zugehen. Unter bestimmten Voraussetzungen (z. B. BGE 113 II 36 f. Erw. 2. c; BGE 108 II 214 Erw. 6), etwa wenn eine wirtschaftliche Identität besteht von juristischer Person und ihrem Mitglied, wird aber zugelassen, dass der Gläubiger sozusagen durch die formelle Schuldnerin «hindurchgreift»[107] auf die dahinter stehende *Obergesellschaft*.

Dieser sog. *Durchgriff* (teils «Piercing the Corporate Veil» genannt) ist Ausfluss einer wirtschaftlichen Betrachtungsweise[108].

Durchgriffsvarianten

156 In der Schweiz wird der Durchgriff – anders als teilweise im Ausland *nicht im Gesetz* geregelt, sondern wurde von der Praxis entwickelt. Die Rechtsprechung und die Lehre[109] unterscheiden vier Varianten, nämlich den direkten Durchgriff (Gläubiger der Tochter gegen die Mutter), den *mehrstufigen* Durchgriff (z. B. Gläubiger der Enkelin gegen die Mutter), den *Rückgriff* (Gläubiger der Mutter gegen die Tochter) sowie den *Querdurchgriff* (z. B. Gläubiger der Tochter gegen die Schwester).

Voraussetzungen

157 Der Durchgriff, für den *strenge* Voraussetzungen gelten, wird in der Wirtschaftsrealität *äusserst selten* bejaht. Vorausgesetzt ist in jedem Fall ein *Abhängigkeitsverhältnis*. Begründet wird dieses regelmässig durch Aktienbesitz, d. h. durch eine Allein- oder zumindest Mehrheitsbeteiligung der Obergesellschaft an der abhängigen Unternehmung. (vgl. dazu vorne N 35 ff.).

Zudem kann der Gläubiger einen Durchgriff nur geltend machen, wenn die herrschende Unternehmung die Schuldnerin *gegen Treu und Glauben vorgeschoben* (Art. 2 ZGB) hat. Die Doktrin sowie die Praxis (z. B. BGE 5A_498/2007 vom 28. Februar 2008: Erw. 2.2) entwickelten verschiedene *Indizien* für einen Missbrauch und Fallgruppen, um einen Durchgriff zuzulassen, nämlich etwa Unterkapitalisierung, Fremdsteuerung, Sphären- und Vermögensvermischung sowie Institutsmissbrauch.

107 Dies ist mittels *Klage* oder mittels *Einrede* (z. B. Verrechnung) möglich: SJZ 83 (1987) 85 Nr. 13; BGE 4C.381/2001 vom 2. Mai 2002: Erw. 3. a.

108 Allg.: DIETER KEHL, Der sogenannte Durchgriff (Habil. Zürich 1991) *passim*; MARKUS DENNLER, Durchgriff im Konzern (Diss. Zürich 1984) *passim*.

109 Statt aller: MARLENE KOBIERSKI, Der Durchgriff im Gesellschafts- und Steuerrecht (Diss. Bern 2012) *passim*.

bb) Gesellschafterschutz?

158 Der Durchgriff stellt, nach allgemeinem Verständnis, einen Mechanismus des *Gläubigerschutzes* dar. Nichtdestotrotz sollte m. E. untersucht werden, ob der Durchgriff und seine konzeptionelle Basis – wie teilweise im Ausland – ebenfalls für den *Gesellschafterschutz* nutzbar gemacht werden könnten[110]. Dabei handelt es sich um einen neuartigen Ansatz, der wissenschaftlich vertieft werden müsste. Verweisung

c) Konzernvertrauen

aa) Rechtsinstitut der Rechtspraxis

159 Das Bundesgericht führte vor einigen Jahren das *Konzernvertrauen* mit BGE 120 II 331 («Swissair»)[111] ins schweizerische Recht ein, und zwar als Variante der Vertrauenshaftung (vgl. dazu vorne N 152). Eine Obergesellschaft kann – zumindest in *Ausnahmefällen* – haftbar sein für *werbemässige Äusserungen* gegenüber Dritten, die sie selber oder eine abhängige Gesellschaft mit ihrer Zustimmung oder mindestens mit ihrem Wissen gemacht hat. Durch solche Aussagen kann ausserhalb eines Vertrags oder eines Delikts eine *rechtliche Sonderbindung* entstehen. BGE 120 II 331

Die herrschende Unternehmung hat *nicht ohne weiteres* für die Untergesellschaft einzustehen: «Eine Haftung entsteht nur, wenn die Muttergesellschaft durch ihr Verhalten bestimmte Erwartungen in ihr Konzernverhalten und ihre Konzernverantwortung erweckt, später aber in treuwidriger Weise enttäuscht» (BGE 120 II 336 Erw. 5. a). Das Konzernvertrauen ist *nicht grenzenlos*. Die Gläubiger müssen *eigenverantwortlich* handeln, d. h., für ihre eigene Unvorsichtigkeit oder für ihre eigene Vertrauensseligkeit sind sie selber verantwortlich und nicht die Obergesellschaft.

160 Das Bundesgericht hat – nach teilweise heftiger Präventivkritik in der Lehre – seine Praxis im Jahre 1998 mit BGE 124 III 297 («Motor Columbus») präzisiert und klargemacht, dass *strenge Anforderungen* gestellt werden: «Das blosse Bestehen einer Konzernverbindung vermag (...) keine Grundlage für eine Vertrauenshaftung abzugeben. Ebenso wenig genügen Werbeaussagen, in denen bloss in allgemeiner Form auf eine bestehende Kon- BGE 124 III 297

110 Hierzu erste Überlegungen: Peter V. Kunz, Der Minderheitenschutz im schweizerischen Aktienrecht (Habil. Bern 2001) § 14 N 72 ff. m. w. H.

111 Allg.: Beat Brechbühl, Haftung aus erwecktem Konzernvertrauen (Diss. Bern 1998) *passim*; Kristina Kuzmic, Haftung aus «Konzernvertrauen» – Die Aussenhaftung des Konzerns im Schweizerischen Privatrecht (Diss. Zürich 1998) *passim*.

zernverbindung hingewiesen wird. Schutzwürdiges Vertrauen setzt ein Verhalten der Muttergesellschaft voraus, das geeignet ist, hinreichend konkrete und bestimmte Erwartungen zu wecken» (BGE 124 III 304 Erw. 6. a).

BGE 4A_306/2009

Mit Urteil vom 8. Februar 2010 (BGE 4A_306/2009: «UBS»)[112] hat sich das Bundesgericht erneut mit dem Konzernvertrauen auseinandergesetzt und seine *strenge Praxis bestätigt*, gerade in einem *professionellen* Umfeld (wie dem Kreditgeschäft von Banken): «Allerdings ist die Erwartung, dass ohne vertragliche Verpflichtung eine Leistung erbracht werde, grundsätzlich nicht schützenswert, da es dem Vertrauenden in aller Regel zumutbar ist, sich durch einen entsprechenden Vertragsschluss abzusichern» (Erw. 5.1.). Offengelassen wurde, ob der Umstand, dass sich eine Obergesellschaft aktiv in *Verhandlungen einmischt*, vertrauensbildend wirkt (Erw. 5.4.3). 161

bb) Weitere Haftungserweiterungen?

Verweisungen

Der Haftungsumfang im Konzern ist *umstritten*. Die Praxis befindet sich heute weiterhin in Entwicklung. Trotz BGE 4A_306/2009 vom 8. Februar 2010 (vgl. dazu N 153 f. und N 161) dürfte zum Konzernvertrauen das letzte Wort (noch) nicht gesprochen sein. 162

Die Doktrin erscheint gespalten, ob ein «Mehr» oder ein «Weniger» erforderlich ist. Die Lehre entwickelte in den letzten Jahren verschiedene Ansätze, um die Konzernhaftung zu erweitern; zwei Beispiele zur Debatte: Qualifikation des Konzerns als *einfache Gesellschaft* (vgl. dazu vorne N 25 ff.) sowie *Konzernerklärungen* als öffentliche und werbemässige «Reputationsleihe» im Konzernverhältnis[113].

Europäische Union

Ausländische Rechtsordnungen kennen unterschiedliche Regelungen zur Konzernhaftung. Es können *keine* allgemeingültigen Aussagen gemacht werden. Immerhin sei verwiesen auf ein Urteil des Europäischen Gerichtshofs (EuGH) vom 10. September 2009 in Sachen «Akzo»[114]. Mit dem Ent- 163

....

112 Urteilsbesprechung: PETER V. KUNZ, Klarstellungen zur Konzernhaftung, recht 29 (2011) 41 ff.

113 Statt aller: HANS CASPAR VON DER CRONE/MARIA WALTER, Konzernerklärung und Konzernverantwortung, SZW 73 (2001) 53 ff.; ROLAND VON BÜREN, Haftung aus Konzernvertrauen (...), in: FS für H. Hausheer (Bern 2002) 639 ff.

114 N 58 EuGH-Urteil (C-97/08 P): «Nach ständiger Rechtsprechung kann einer Muttergesellschaft das Verhalten ihrer Tochtergesellschaft insbesondere dann zugerechnet werden, wenn die Tochtergesellschaft trotz eigener Rechtspersönlichkeit ihr Marktverhalten nicht autonom bestimmt, sondern im Wesentlichen Weisungen der Muttergesellschaft befolgt»; eine *Alleinbeteiligung* stellt eine *widerlegbare Vermutung* der Einflussnahme dar, woraus sich eine Haftung ableitet.

....

scheid wurde die *Konzernmutter haftbar* erklärt für *Kartellbussen von Tochtergesellschaften*.

Ob bzw. welche Auswirkungen das Urteil haben wird, ist noch offen; m. E. kann dieser Entscheid sicherlich *nicht unbesehen* auf die Schweiz übertragen werden.

F. Vertiefungsfragen

1. Was ist unter einem fiduziarischen Verwaltungsrat zu verstehen? Welche Funktionen nimmt er wahr (und welchen Risiken begegnet er dabei)?
2. Welche Besonderheiten ergeben sich in Bezug auf die Rechnungslegung, wenn die Muttergesellschaft/eine Tochtergesellschaft an der Börse kotiert ist?
3. Welchen Anforderungen müssen konzerninterne Darlehen genügen?
4. BGE 120 II 331 führte den Begriff des Konzernvertrauens im schweizerischen (Konzern-)Recht ein. Was verstehen Sie darunter? Wie muss das Konzernvertrauen dogmatisch eingeordnet werden?
5. Unter welchen Voraussetzungen können Minderheitsaktionäre einer Tochtergesellschaft durch die Muttergesellschaft als Mehrheitsaktionärin zwangsweise aus der Gesellschaft «ausgeschlossen» werden?

§ 13 Umstrukturierungsrecht

A. Einstieg

Lernziele

- Sie kennen einerseits die Grundzüge des Umstrukturierungsrechts sowie andererseits die wesentlichen Details der vier Transaktionsformen: der Fusion, der Spaltung, der Umwandlung sowie der Vermögensübertragung.
- Sie verstehen die Zusammenhänge der Umstrukturierungsformen und deren Abgrenzungen (z. B. die Unterscheidung zwischen Abspaltung und Vermögensübertragung).
- Sie können die zentralen gesetzgeberischen Schutzmechanismen für Gesellschafter und für Gläubiger bei den verschiedenen Transaktionsformen erläutern.
- Sie sind in der Lage, den prototypischen Ablauf der vier Transaktionsformen zu analysieren und die legislativen Überlegungen zum Gesellschafterschutz und zum Gläubigerschutz in diesem Zusammenhang zu beschreiben.

Gesetzliche Grundlagen

- FusG (SR 221.301)
- Art. 181 OR; Art. 333 f. OR; Art. 754 ff. OR
- Art. 163*a* ff. IPRG (SR 291)
- Art. 128 ff. HRegV (SR 221.411)

Literaturhinweise

AMSTUTZ MARC/MABILLARD RAMON, Fusionsgesetz (FusG) – Kommentar (Basel 2008).

BERETTA PIERA, Strukturanpassungen, SPR VII/8 (Basel 2006).

EMCH DANIEL, System des Rechtsschutzes im Fusionsgesetz (Diss. Bern 2006).

GLANZMANN LUKAS, Umstrukturierungen (3. A. Bern 2014)

KUNZ PETER V., Das neue Fusionsgesetz (FusG), in: Entwicklungen im Gesellschaftsrecht I (Bern 2006) 185 ff.

DERS., Rundflug übers Schweizerische Gesellschaftsrecht (2. A. 2012) 147 ff.

VON DER CRONE HANS CASPAR ET AL., Das Fusionsgesetz (2. A. Zürich/ Basel/Genf 2016)

B. Einführungsfall

Ariane Aregger gehören *90 %* des Aktienkapitals der AA Cool AG, die im Bereich der Kühltechnik tätig ist; sie ist einzige Verwaltungsrätin der Gesellschaft. Die restlichen *10 %* des Kapitals gehören ihrer Schwester Alexandra, mit der sie seit Jahren verkracht ist. Die Brüder Boris und Benno Bessenich haben vor vielen Jahren die Gebr. Bessenich Heiztechnik Kollektivgesellschaft gegründet, in der sie als Geschäftsführer tätig sind.

Die Brüder Bessenich wollen die AA Cool AG durch ihre *Kollektivgesellschaft* übernehmen und mit dieser als *übernehmender* Gesellschaft fusionieren; Ariane soll ebenfalls Geschäftsführerin in der zu erweiternden Kollektivgesellschaft werden. Ariane, Boris und Benno haben alle Fusionsdokumente vorbereitet und unterzeichnet. Zu ihrer Überraschung wird indes die *Fusion* vom *Handelsregisterführer zurückgewiesen*.

Tatsächlich sind die Bessenichs nur, aber immerhin am *grössten und bedeutendsten* Geschäftsbereich der AA Cool AG, nämlich dem Produktionsbetrieb für Kühlschränke, interessiert und nicht an der gesamten Unternehmung. Ariane, Boris und Benno verständigen sich deshalb in der Folge darauf, die entsprechenden *Aktiven sowie Passiven* mittels einer *Vermö-*

gensübertragung auf die Kollektivgesellschaft zu übertragen. Der Handelsregisterführer trägt die Transaktion ohne weiteres ein.

Da keine Generalversammlung der AA Cool AG durchgeführt wurde, sondern die Beschlussfassung durch die einzige Verwaltungsrätin Ariane erfolgte, erfährt Alexandra erst durch die Publikation im SHAB davon – und ist zornig. Sie stürmt in das Büro von Ariane und droht ihr (nebst physischer Gewalt) rechtliche Schritte an. Alexandra macht u. a. geltend, dass die AA Cool AG einen GV-Beschluss fassen müsse, gegen den sie eine *Anfechtungsklage* einreichen werde, dass sie die gesamte Transaktion rückgängig machen wolle und dass sie eine *Verantwortlichkeitsklage* gegen ihre Schwester und gegen die Bessenichs einleiten werde – Ariane lächelt und geht (nach einer Shopping-Tour) schliesslich auf eine Runde Golf ...

Aufgaben

1. Hat der Handelsregisterführer die angemeldete *Fusion* zwischen der AA Cool AG und der Kollektivgesellschaft der Gebrüder Bessenich zu Recht oder zu Unrecht *zurückgewiesen*? Ändert Ihre Beurteilung, wenn die zu übernehmende Gesellschaft im Zeitpunkt der Fusion *sanierungsbedürftig* war?

2. Ist es rechtlich möglich, den Geschäftsbereich «Kühlschrankproduktion» mittels *Vermögensübertragung* von der AA Cool AG auf die Kollektivgesellschaft zu übertragen? Liegt im konkreten Fall nicht eher eine *Abspaltung* vor?

3. Was halten Sie von den rechtlichen *Vorwürfen von Alexandra* – ist Ariane gut beraten, golfen (und shoppen) zu gehen? Kann Alexandra wirklich einen GV-Beschluss verlangen und in der Folge *anfechten*? Unter welchen Voraussetzungen könnte sich *Ariane verantwortlich* bzw. haftbar machen? Haben die *Gebrüder Bessenich* irgendetwas zu befürchten?

4. Weshalb folgen die meisten FusG-Transaktionen einem *prototypischen* Ablauf? Inwiefern hat der Gesetzgeber sowohl beim Gesellschafterschutz einerseits als auch beim Gläubigerschutz andererseits die *unterschiedlichen Bedrohungspotenziale* bei den vier Transaktionen berücksichtigt? Warum wird gesagt, dass der Vermögensübertragung eine *Auffangfunktion* zukommt?

C. Einführung

I. Bedeutung für das Gesellschaftsrecht

1. Inhaltliches

Teil des Gesellschaftsrechts

Das *Umstrukturierungsrecht* befasst sich mit strukturellen Änderungen 1
bei Gesellschaften auf *privatautonomer* Basis. Es wird in einem Spezialgesetz geregelt: Bundesgesetz über Fusion, Spaltung, Umwandlung und Vermögensübertragung (Fusionsgesetz, FusG)[1] vom 3. Oktober 2003 (vgl. dazu hinten N 15 ff.). Das FusG gehört ohne weiteres zum *Gesellschaftsrecht*, obwohl mit den Umstrukturierungen nebst gesellschaftsrechtlichen auch weitere (z. B. steuerrechtliche) Rechtsfragen verbunden sind.

Gesellschaften

Das Fusionsgesetz ist anwendbar auf *Gesellschaften*, d. h. auf die AG, auf 2
die GmbH, auf die Kommandit-AG, auf die Genossenschaften, auf die KlG sowie auf die KmG (Art. 2 lit. b/lit. c FusG). Ausserdem findet das Gesetz seit dem Jahre 2007 gemäss Art. 2 lit. a FusG ebenfalls Anwendung auf die *zwei neuen* Gesellschaftsformen gemäss Kollektivanlagengesetz (vgl. dazu hinten N 92), nämlich einerseits auf die SICAV und andererseits auf die KmGK[2].

Eine einzige Gesellschaftsform des OR bleibt ausserhalb des Anwen- 3
dungsbereichs des Fusionsgesetzes, nämlich die *einfache Gesellschaft* (Art. 530 ff. OR). Bei allfälligen Umstrukturierungen dieser Gesellschaftsform sind nicht die Prinzipien des Fusionsgesetzes, sondern m. E. die *Grundsätze des Vertragsrechts* zu beachten[3].

Umfassender Anwendungsbereich

Das FusG gelangt nicht allein bei Gesellschaften, sondern zudem bei *wei-* 4
teren Rechtsträgern, die für die Wirtschaftsrealität wichtig sind, zur Anwendung. Dazu gehören in erster Linie die Einzelunternehmungen[4], die

....

1 SR 221.301.

2 Zur Umstrukturierung von *kollektiven Kapitalanlagen*: THOMAS JUTZI, Umstrukturierung von kollektiven Kapitalanlagen, SZW 86 (2014) 49 ff.

3 PETER V. KUNZ, Aktualitäten im schweizerischen Personengesellschaftsrecht – ein erster Überblick, in: Entwicklungen im Gesellschaftsrecht II (Bern 2007) 150 FN 111.

4 Der *Einzelunternehmer* ist eine einzelne (natürliche) Person und *keine Gesellschaft*.

Stiftungen[5], die Vereine[6] sowie die Institute des öffentlichen Rechts[7] (Art. 1 Abs. 1/Abs. 3 FusG i. V. m. Art. 2 FusG). Die Vorsorgeeinrichtungen werden ebenfalls nicht dargestellt, obwohl sie umfassend geregelt sind (Art. 2 lit. i FusG i. V. m. Art. 88 ff. FusG)[8].

5 Das Fusionsgesetz soll *Umstrukturierungen* bei Gesellschaften *erleichtern* und dabei insbesondere Rechtssicherheit auf der einen Seite und Transparenz auf der anderen Seite zugunsten der betroffenen Interessenten gewährleisten (Art. 1 Abs. 2 FusG). Vor Erlass des FusG bestanden zahlreiche Probleme, die in der Wirtschaftsrealität mehr schlecht als recht gelöst wurden. Insgesamt *vier Transaktionsformen* sind in relativ umfassender Weise im neuen Fusionsgesetz vorgesehen, nämlich: Überblick

- *Fusionen:* Bei den Fusionen gemäss *Art. 3 ff. FusG* (vgl. dazu hinten N 49 ff.)[9] verschmelzen zwei oder mehr Gesellschaften miteinander. Deren Aktiven und deren Passiven, nicht deren Beteiligungspapiere werden mittels Universalsukzession auf eine (allenfalls) neue Gesellschaft übertragen, d. h., es gelangt sozusagen alles in «einen einzigen Topf», an dem die bisherigen «Altgesellschafter» beteiligt werden (= Mitgliedschaftskontinuität).
- *Spaltungen:* Die Spaltungen im Rahmen von *Art. 29 ff. FusG* (vgl. dazu hinten N 62 ff.)[10] sind sozusagen das «Spiegelbild» der Fusionen. Die Aktiven und die Passiven werden (erneut mittels Universalsukzession) auf «mehrere Töpfe» verteilt, an denen die bisherigen «Altgesellschafter» entsprechend ihrer Beteiligung an der Ursprungsgesellschaft prozentual (gleich) berechtigt bleiben (= Mitgliedschaftskontinuität).

5 Zu den *Fusionen* und *Vermögensübertragungen* von *Stiftungen*: Art. 78 ff. FusG; allg.: MARTIN TAUFER, Fusion von Stiftungen, AJP 7 (1998) 777 ff.; zur früheren Rechtslage: BGE 115 II 415.

6 *Vereine* werden zwar zu den *Gesellschaften* gezählt (Art. 2 lit. b FusG), gehören aber nicht zu den im OR geregelten Gesellschaftsformen, sondern erfahren eine Spezialregelung in Art. 60 ff. ZGB; allg.: HANS MICHAEL RIEMER, Die Behandlung der Vereine und Stiftungen im Fusionsgesetz, SJZ 110 (2004) 201 ff.; zur früheren Rechtslage: BGE 53 II 1.

7 Art. 99 ff. FusG; STEFAN ZWICKER, Anhang: Besondere Regeln des Fusionsgesetzes für Stiftungen, Vorsorgeeinrichtungen und Institute des öffentlichen Rechts, ZSR 123 (2004) I 183 ff.; zudem: BGE 132 III 470 (sc. Fusion im SBB-Konzern).

8 Hierzu: BGE 134 I 23.

9 Literaturauswahl: URS SCHENKER, Die Fusion, AJP 13 (2004) 772 ff.; PETER ISLER/ULYSSES VON SALIS-LÜTOLF, Fusionen nach dem neuen Fusionsgesetz, ZSR 123 (2004) I 9 ff.; JÜRG LUGINBÜHL, Die Fusion, in: Fusionsgesetz – Auswirkungen auf die Praxis (Zürich 2004) 1 ff.

10 Übersicht zur Thematik: PETER BÖCKLI, Rechtsfragen zum Spaltungsverfahren des Fusionsgesetzes, ST 78 (2004) 899 ff.; DANIEL DAENIKER/MICHA FANKHAUSER, Die Spaltung von Gesellschaften in der Praxis, in: Fusionsgesetz – Auswirkungen auf die Praxis (Zürich 2004) 41 ff.; RALPH MALACRIDA, Spaltung von Gesellschaften, ZSR 123 (2004) I 39 ff.

- *Umwandlungen:* Die Umwandlungen, geregelt in *Art. 53 ff. FusG* (vgl. dazu hinten N 74 ff.)[11], sind nicht Aktiven und Passiven übertragend, sondern stellen sozusagen einzig einen «Rechtskleidwechsel» dar, d. h., es bleibt alles im gleichen «Topf», doch dessen Form wechselt (z. B. von einer «AG-Form» zu einer «GmbH-Form»), ohne dass die Rechtsverhältnisse sich ändern. Es ist, etwas trivialisiert, alles (fast) wie vorher – nur eben ein wenig anders.
- *Vermögensübertragungen:* Bei den Vermögensübertragungen gemäss *Art. 69 ff. FusG* (vgl. dazu hinten N 82 ff.)[12] werden Aktiven und Passiven übertragen, und zwar mittels partieller Universalsukzession; die (allfällige) Gegenleistung geht aber – anders als bei der Spaltung – nicht an die Gesellschafter des übertragenden Rechtsträgers, sondern an die übertragende Gesellschaft.

Während Fusionen, Spaltungen und Umwandlungen nur in *engem Rahmen* zugelassen werden, sind bei Vermögensübertragungen kaum Schranken vorgesehen; es handelt sich bei dieser Transaktionsform m. a. W. um einen eigentlichen *Auffangtatbestand* (vgl. dazu hinten N 83 und N 92). Nicht gänzlich geklärt erscheint, ob in Bezug auf die Transaktionen ein *Numerus clausus im FusG* beachtet werden muss (vgl. dazu hinten N 75).

Begriffliches

6 Durch diesen einleitenden Überblick wird ersichtlich, dass der *Begriff «Fusionsgesetz» zu kurz* greift, obwohl die Transaktionsform der «Fusion» gemäss Art. 3 ff. FusG geradezu das «Muster» für die anderen Formen darstellt, d. h., es wird regelmässig auf diese Grundordnung *verwiesen* (z. B. Art. 31 Abs. 1 FusG oder Art. 48 FusG). M. E. wäre zwar die ursprüngliche Titel-Alternative *«Strukturanpassungsgesetz»* sachgerechter gewesen, erfuhr in der Vernehmlassung allerdings so starke Kritik, dass sich der Terminus «Fusionsgesetz» als Oberbegriff durchgesetzt hat.

11 Hierzu: PATRICK WAMISTER, Umwandlung von Gesellschaften, ZSR 123 (2004) I 63 ff.; DIETER ZOBL, Die Umwandlung von Gesellschaften nach neuem FusG, SZW 76 (2004) 169 ff.; PETER V. KUNZ, Umwandlung und Vermögensübertragung im schweizerischen Fusionsgesetz – Blicke zurück und nach vorne, AJP 13 (2004) 802 ff.

12 Hinweise statt aller: PETER LOSER-KROGH, Die Vermögensübertragung (…), AJP 9 (2000) 1095 ff.; LARISSA MAROLDA MARTINEZ/HANS CASPAR VON DER CRONE, Vermögensübertragung, SZW 76 (2004) 297 ff.; RUDOLF TSCHÄNI, Vermögensübertragung, ZSR 123 (2004) I 83 ff.; PHILIPPE WEBER, Die Vermögensübertragung, in: Fusionsgesetz – Auswirkungen auf die Praxis (Zürich 2004) 123 ff.

2. Strukturelles

7 Zwei zentrale *Strukturelemente* müssen im Zusammenhang mit dem FusG (zumindest im Regelfall) berücksichtigt werden: Einerseits sind bei den Transaktionsformen jeweils *mindestens zwei* Gesellschaften betroffen; andererseits ist mindestens eine Gesellschaft «übertragend» und eine Gesellschaft «übernehmend», d. h., der *übertragende* Rechtsträger transferiert Aktiven und Passiven auf eine andere Unternehmung, nämlich auf den *übernehmenden* Rechtsträger.

Mehrzahl und Transferrichtung

8 Die Umwandlung stellt die Ausnahme bei diesen Strukturelementen dar. Bei der Umwandlung ist *keine Mehrzahl* von Rechtsträgern betroffen, sondern jeweils nur eine einzige Gesellschaft. Zudem findet bei dieser Transaktionsform *kein Transfer* von Aktiven und Passiven von einer übertragenden Gesellschaft auf eine übernehmende Unternehmung statt, weil eben alles sozusagen im gleichen «Topf» verbleibt, dessen Rechtskleid (mit allfälligen Folgen für die Rechtsverhältnisse) gewechselt wird.

Ausnahme: Umwandlung

9 Das Fusionsgesetz soll Umstrukturierungen bei Unternehmungen nicht nur erlauben, sondern erleichtern. Im Vordergrund stehen die *Gesellschaften* als primäre Objekte des Umstrukturierungsrechts. Fusionen, Spaltungen, Umwandlungen sowie Vermögensübertragungen *gefährden* aber potenziell deren «Financiers» bzw. *Kapitalgeber*, und zwar sowohl die Fremdkapitalgeber (= Gesellschaftsgläubiger) als auch die Eigenkapitalgeber (= Gesellschafter). Art. 1 Abs. 2 FusG hebt den *Gläubigerschutz* einerseits[13] sowie den *Gesellschafterschutz* andererseits[14] hervor.

Betroffene Interessenten

10 M. E. führt das schweizerische Gesellschaftsrecht seit einigen Jahren schrittchenweise und wohl nur teilweise bewusst ein sog. *KMU-Statut* ein[15]. D. h., der Rechtssetzer nimmt vermehrt Rücksicht auf die besonderen Bedürfnisse bei kleinen und mittleren Unternehmungen (= KMU) durch *rechtsformunabhängige* Ausgestaltungen (z. B. im neuen Revisionsrecht sowie im neuen Rechnungslegungsrecht). Die *Last der KMU* soll gesetzgeberisch gelindert werden.

KMU-Statut?

13 Die *Arbeitnehmer* einer Gesellschaft sind ebenfalls deren *Gläubiger*; nichtsdestotrotz werden sie separat erwähnt (Art. 1 Abs. 2 FusG), was die Frage aufwirft, ob damit eine besondere Auslegungsrichtlinie verbunden sein soll oder nicht: vgl. dazu hinten N 21.

14 Art. 1 Abs. 2 FusG erwähnt ausdrücklich die *Minderheitsgesellschafter* («Personen mit Minderheitsbeteiligungen»).

15 Statt aller: Dorothea Herren, Das KMU-Statut – ein flüchtiges Ziel, Jusletter vom 6. November 2006; Peter V. Kunz, Zehn bemerkenswerte Auffälligkeiten bei den Revisionen im Gesellschaftsrecht, SJZ 104 (2008) 561 m. w. H.

Art. 2 lit. e FusG enthält eine spezifische Legaldefinition für KMU im Umstrukturierungsrecht[16]. Die Qualifikation als KMU gewährt den entsprechenden Gesellschaften aus administrativen und aus Kostengründen insofern eine *Privilegierung*, als z. B. auf verschiedene *Unterlagen verzichtet* werden kann, wenn sämtliche Gesellschafter einverstanden sind (Art. 14 Abs. 2 FusG: Fusionsbericht; Art. 39 Abs. 2 FusG: Spaltungsbericht etc.)[17]. Diese Regelung als typischer «Swiss finish» erscheint zwar *nicht EU-kompatibel*, nichtsdestotrotz aber durchaus sachgerecht. 11

Internationales Privatrecht

Es kommt in der Wirtschaftsrealität immer wieder vor, dass Umstrukturierungen *über Landesgrenzen hinweg* erfolgen. Die entsprechenden Regelungen – etwa zu den «Cross-Border Mergers» (grenzüberschreitende Fusionen) oder zu den «Cross-Border Spin-offs» (grenzüberschreitende Spaltungen) – finden sich allerdings nicht im Fusionsgesetz, sondern vielmehr im *Bundesgesetz über das internationale Privatrecht* (IPRG), und zwar in Art. 163*a* ff. IPRG[18]. 12

Geregelt sind im Detail die Fusionen, und zwar einerseits die *Immigrationsfusionen* (also Fusionen vom Ausland in die Schweiz: Art. 163*a* IPRG) und andererseits die *Emigrationsfusionen* (d. h. Fusionen von der Schweiz ins Ausland: Art. 163*b* IPRG). Gemäss Art. 163*d* IPRG finden diese IPRG-Fusionsregelungen sinngemäss Anwendung auf grenzüberschreitende *Spaltungen* und *Vermögensübertragungen*.

Harmonisierungstendenzen

Im Bereich des Umstrukturierungsrechts sind auf internationaler Ebene keine Staatsverträge zu beachten. Immerhin kennt die *Europäische Union* (EU) zu Umstrukturierungsthemen die Richtlinie 2017/1132/EU[19], die von den Mitgliedstaaten ins Landesrecht umgesetzt werden muss. Das FusG wurde zwar durchaus von ausländischen Vorbildern beeinflusst («Eklektik»). Der erwähnten Richtlinie der EU kommt indes weder für die Rechts- 13

[16] *Kein KMU* ist beispielsweise, wer sich über die Finanzmärkte finanziert (z. B. kotierte Beteiligungspapiere emittiert) oder bestimmte Grössenkriterien übersteigt (betreffend Bilanz, Umsatz und Vollzeitstellen).

[17] Markus Bösiger, Verfahrenserleichterungen für KMU (…), REPRAX 2–3/2004, 125 ff.

[18] SR 291; Literaturauswahl: Balthasar Bessenich, Das neue Fusionsgesetz: internationale Aspekte, AJP 13 (2004) 851 ff.; Daniel Girsberger/Rodrigo Rodriguez, FusG und Internationales Privatrecht, SZW 76 (2004) 259 ff.; Anton K. Schnyder, Internationale Transaktionen unter dem Vorentwurf zu einem Fusionsgesetz, ZBJV 135 (1999) 60 ff.; detailliert zu diesen Normen: Peter V. Kunz/Rodrigo Rodriguez, in: Basler Kommentar – Internationales Privatrecht, 3. Auflage 2013, Art. 163*a* ff. IPRG, *passim*.

[19] Richtlinie (EU) 2017/1132 des Europäischen Parlaments und des Rates vom 14. Juni 2017 über bestimmte Aspekte des Gesellschaftsrechts. Diese Richtlinie kodifiziert eine Reihe früherer Richtlinien über bestimmte Aspekte des europäischen Gesellschaftsrechts, so in fusionsrechtlicher Hinsicht betr. Spaltungen von Gesellschaften sowie nationaler und grenzüberschreitenden Verschmelzungen von Gesellschaften; das EU-Recht regelt indes viele Fragen nicht – als Auswahl: Johannes Adolff, Konkurrierende Bewertungssysteme bei der grenzüberschreitenden Verschmelzung von Aktiengesellschaften, ZHR 173 (2009) 68 ff.

setzung noch für die Rechtsanwendung unmittelbare Bedeutung zu, weil m. E. *kein autonomer Nachvollzug von EU-Recht* vorliegt[20].

14 Der Bundesrat hielt immerhin als *rechtspolitisches* Programm fest: «Auf Grund der internationalen Vernetzung der schweizerischen Wirtschaft empfiehlt es sich, das Gesellschaftsrecht [inklusive des Umstrukturierungsrechts] unabhängig von einem Beitritt zur Europäischen Union mit dem Recht unserer Nachbarstaaten zu harmonisieren» (BBl 2000 4515). Im Umstrukturierungsrecht kann heutzutage – wie generell im Wirtschaftsrecht (z. B. im Gesellschaftsrecht, im Übernahmerecht bzw. im Börsengesellschaftsrecht) – eine *internationale Rechtsangleichungstendenz* festgestellt werden[21].

II. Rechtsquellen des Umstrukturierungsrechts

1. Fusionsgesetz

a) Gesetzgebungsgeschichte

15 Die ersten Vorarbeiten zu einem Fusionsgesetz erfolgten bereits im *Jahr 1992*. Ein amtsinterner Entwurf zum FusG aus dem Jahr 1996 wurde nicht veröffentlicht. Der Bundesrat schickte den Vorentwurf im *Jahr 1997* in die Vernehmlassung; das Bundesgericht nahm sogar Bezug darauf (BGE 125 III 25 Erw. 4. b). Der bundesrätliche Entwurf sowie die Botschaft wurden im *Jahr 2000* publiziert[22], und das Fusionsgesetz trat schliesslich am *1. Juli 2004* in Kraft. Übersicht

Ein *Revisionsbedarf* zum FusG wird seit einiger Zeit auf Praktikerebene – insbesondere in Bezug auf die Spaltungen – immer wieder vorgebracht. Formelle Vorstösse in den Eidgenössischen Räten wurden indes (noch) nicht gemacht.

16 Das Fusionsgesetz durchlief das reguläre Verfahren der Gesetzgebung (Expertenentwurf, Vorentwurf mit Begleitbericht, Vernehmlassung, Entwurf mit Botschaft, parlamentarische Beratungen). Insofern stehen Materialien

20 Peter V. Kunz, Europa als ein Massstab für das schweizerische Wirtschaftsrecht?, in: FS für E. Bucher (Bern 2009) 473 m. w. H. – diese Ansicht ist *nicht unbestritten*.

21 Allg.: Peter V. Kunz, Amerikanisierung, Europäisierung sowie Internationalisierung im schweizerischen (Wirtschafts-)Recht, recht 30 (2012) 37 ff. und v. a. 39 ff.

22 Botschaft: BBl 2000 4337; Entwurf: BBl 2000 4531.

zahlreiche Materialien für die Gesetzesauslegung zur Verfügung. Zu berücksichtigen ist allerdings, dass im Parlament einige Änderungen vorgenommen wurden, die vorher nicht absehbar waren; insbesondere wurde das Rechtsinstitut der *Vermögensübertragung* erst in den parlamentarischen Beratungen eingeführt, so dass sich dazu in der Botschaft keine Stellungnahmen finden.

b) Erlass eines Spezialgesetzes

aa) Übersicht

FusG und HRegV

Das Fusionsgesetz folgt einer jüngeren Tendenz im Wirtschaftsrecht, 17
nämlich hin zur *Dekodifikation*, d. h., die gesellschaftsrechtlichen Regelungen finden sich nicht im OR, sondern in einem umfassenden *Spezialgesetz*. Tatsächlich enthält das FusG mehr als 100 Artikel und ist Lex specialis zum OR. Es gibt *keine Fusionsverordnung*; die Details zum Umstrukturierungsrecht finden sich vielmehr in der Handelsregisterverordnung (HRegV)[23], d. h. insbesondere in Art. 128 ff. HRegV[24].

Einführung

Das Fusionsgesetz gilt für *vier verschiedene Transaktionsformen*, wobei 18
der Gesellschafterschutz sowie der Gläubigerschutz im Vordergrund des legislativen Interesses stehen (Art. 1 Abs. 2 FusG). Art. 2 FusG enthält umfassende *Legaldefinitionen* für zentrale Themen des Umstrukturierungsrechts (z. B. die KMU-Privilegierung gemäss lit. e).

Transaktionen

Sozusagen als umstrukturierungsrechtliches *«Muster»* für die übrigen drei 19
Transaktionsformen dient die *Fusion* gemäss Art. 3 ff. FusG. *Konzernrechtliche* Spezialaspekte (vgl. dazu hinten N 61) werden in Art. 23 f. FusG (insbesondere zu den erleichterten Fusionen) behandelt. Weitere detaillierte Regelungen finden sich zur *Spaltung* (Art. 29 ff. FusG) sowie zur *Umwandlung* (Art. 53 ff. FusG) sowie schliesslich noch zur *Vermögensübertragung* (Art. 69 ff. FusG).

bb) Auslegungsrichtlinien?

Bedeutung von Art. 1 Abs. 2 FusG

Das Fusionsgesetz – sozusagen in *programmatischem* Verständnis – «ge- 20
währleistet (...) die Rechtssicherheit und Transparenz und schützt Gläubigerinnen und Gläubiger, Arbeitnehmerinnen und Arbeitnehmer sowie Personen mit Minderheitsbeteiligungen» (Art. 1 Abs. 2 FusG). Aus dieser

[23] SR 221.411.
[24] Nichtsdestotrotz handelt es sich beim FusG – anders als beim FinfraG – um *kein Rahmengesetz*.

Regelung leitet ein Teil der Doktrin konkrete *Auslegungsrichtlinien* zugunsten (oder zu Lasten)[25] bestimmter Interessenten ab.

21 Die *Arbeitnehmer* von Gesellschaften, die umstrukturiert werden sollen, kommen in den Genuss spezifischer Schutzmechanismen (vgl. dazu hinten N 100 und N 105 f.). Ausserdem werden sie *explizit hervorgehoben* in Art. 1 Abs. 2 FusG. Arbeitnehmer

M. E. stellt diese programmatische Regelung im Zusammenhang mit den Umstrukturierungen indes *keine Auslegungsrichtlinie* im Sinne einer generellen Privilegierung der Arbeitnehmer dar. Vielmehr gelangen sozusagen die *«regulären» Elemente* der Gesetzesinterpretation (konkret: grammatikalische, historische, systematische und teleologische Elemente der Auslegung) zur Anwendung.

22 Die *Mitgliedschaftskontinuität* stellt einen zentralen Schutzmechanismus zugunsten der Gesellschafter dar (vgl. dazu hinten N 32). Dramatische Einbrüche dazu finden sich beim Squeeze-out Merger einerseits und bei der asymmetrischen Spaltung andererseits. Angesichts deren *Ungewöhnlichkeit(en)* erscheint m. E. angebracht, die entsprechenden Regelungen im Fusionsgesetz – nämlich: Art. 18 Abs. 5 FusG sowie Art. 43 Abs. 3 FusG – prinzipiell *restriktiv* und damit *gesellschafterfreundlich* zu interpretieren (z. B. mit dem Verlangen des Kopfstimmprinzips: vgl. dazu hinten FN 60). Ungewöhnlichkeit

23 Ein Teil der Lehre versucht, das FusG einerseits und das OR andererseits sozusagen *harmonisierend auszulegen*, und zwar insbesondere die Vermögensübertragung als Teil eines «allgemeinen Sukzessionsrechts» zu verstehen[26]. M. E. sollten (behauptete) innere Querbezüge im Gesellschaftsrecht nicht überbewertet werden, d. h., das Umstrukturierungsrecht als Lex specialis ist «aus sich selber» bzw. *autonom auszulegen*. Harmonisierende Auslegung?

2. Weitere Rechtsquellen

24 Die meisten Umstrukturierungen werden im *Fusionsgesetz* geregelt, das allerdings keine abschliessende (und sonstige Regelungen ausschliessende) Ordnung vorsieht. Allfällige internationale Aspekte von Transaktionen Rechtssetzung

[25] Die *Gläubigerschutzbestimmungen* bei den *Spaltungen* und bei den *Vermögensübertragungen* werden teilweise als zu weitgehend kritisiert, und daraus wird abgeleitet, dass diese Regelungen *generell restriktiv auszulegen* seien: ANDREAS BINDER, Der Schutz der Gläubiger von Aktiengesellschaften bei Spaltung und Vermögensübertragung (Zürich 2005) 23 ff.; m. E. steht dies in Widerspruch zum Gesetz und zur allgemeinen Methodologie der Gesetzesinterpretation.

[26] Insbesondere: CHRISTOPH HURNI, Die Vermögensübertragung im Spannungsfeld zwischen Vermögens- und Unternehmensrecht (Diss. Bern 2007) 12.

werden im *Internationalen Privatrecht*, und zwar in Art. 163*a* ff. IPRG behandelt (vgl. dazu vorne N 12).

Ausserdem finden sich Bestimmungen betreffend Strukturanpassungen im *Obligationenrecht* (z. B. in Art. 181 OR, in Art. 333 f. OR[27]; die Umwandlung von KlG in KmG erfolgt formlos durch den Eintritt eines Kommanditärs, was in Art. 612 OR stillschweigend vorausgesetzt wird[28]: BGE 95 II 550 Erw. 2; zu erwähnen ist schliesslich die Verweisung von Art. 108 Abs. 3 FusG auf Art. 754 ff. OR). 25

Rechtsanwendung

Die meisten Gesellschaftsumstrukturierungen erweisen sich als zeitsensitiv, so dass es eher selten zu gerichtlichen Auseinandersetzungen kommt. Aus diesem Grund und wegen der Tatsache, dass das Fusionsgesetz erst vor einigen Jahren in Kraft trat, konnte sich das *Bundesgericht* eher selten damit befassen (erwähnenswert: BGE 132 III 470[29]; BGE 134 I 23; BGE 134 III 255[30]; BGE 135 III 603[31]; BGE 137 III 570; BGE 4A_341/2011 vom 21. März 2012 sowie BGE 4A_547/2011 vom 16. Februar 2012[32]). 26

Im Bereich der Rechtsanwendung umso wichtiger erscheint die Praxis der *Handelsregisterämter*, die in der Wirtschaftsrealität genau zu beobachten ist[33].

III. Aufbau der Darstellung

Allgemeines

Sozusagen in einem *Allgemeinen Teil* soll zuerst eine Übersicht betreffend die *materiellen* Schutzmechanismen – z. B. Transparenz, Mitgliedschaftskontinuität, Mehrbelastungsverbot – bei den Transaktionen des FusG gegeben werden (vgl. dazu hinten N 29 ff.). Das Prozedere der Transaktions- 27

27 Das Fusionsgesetz enthält *Verweisungen* (z. B. in Art. 27 FusG: Vgl. dazu hinten N 105 f.).

28 Im Bereich der Umwandlung von KlG in KmG (und vice versa) ist das FusG *nicht anwendbar*, sondern ausschliesslich das OR: Art. 55 Abs. 4 FusG.

29 Rita Trigo Trindade/Annie Griessen Cotti, FusG (…), GesKR 2007, 144 ff.

30 Irène Schilter/Hans Caspar von der Crone, Beweisedition und Geheimnisschutz im Überprüfungsverfahren nach Art. 105 FusG (…), SZW 80 (2008) 439 ff.; Charlotte Wieser, Offenlegung eines Bewertungsgutachtens (…), GesKR 2008, 263 ff.

31 Matthias Maurer/Hans Caspar von der Crone, Prozesskostentragung bei der Überprüfungsklage nach Art. 105 FusG (…), SZW 82 (2010) 77 ff.; Benedict F. Christ, Kostentragung bei der Überprüfungsklage (…), GesKR 2010, 75 ff.

32 Peter V. Kunz, Die wirtschaftsrechtliche Rechtsprechung des Bundesgerichts in den Jahren 2012/2013: Gesellschaftsrecht sowie Finanzmarktrecht, ZBJV 150 (2014) 166 ff.

33 Als *Interpretationshilfe*: EHRA, Kurzkommentar zu den Bestimmungen der Handelsregisterverordnung zum Fusionsgesetz vom 11. Oktober 2004, REPRAX 2–3/2004, 1 ff.; zudem: Christian Champeaux/Nicholas Turin, Check-Listen für Umstrukturierungen nach dem Fusionsgesetz, REPRAX 2–3/2004, 79 ff.; Michael Gwelessiani, Handelsregisterrechtliche Aspekte zum neuen Fusionsgesetz, in: Fusionsgesetz – Auswirkungen auf die Praxis (Zürich 2004) 235 ff.

formen läuft im Grossen und Ganzen – immerhin mit einer wesentlichen Ausnahme – jeweils gleich ab; daraus werden *formelle* Schutzmechanismen erkennbar (vgl. dazu hinten N 36 ff.).

28 In einem *Besonderen Teil* der Darstellung werden die vier Transaktionen im Überblick dargestellt und in einigen ausgewählten Details miteinander verglichen (vgl. dazu hinten N 49 ff.). Schliesslich wird auf ausgewählte Aspekte zum Gesellschafterschutz (vgl. dazu hinten N 93 ff.) sowie zum Gläubigerschutz (vgl. dazu hinten N 96 ff.) eingegangen; die materiellen und formellen Schutzmechanismen werden dadurch unter neuen Blickwinkeln dargestellt und zusätzlich untersucht. Besonderes

D. Allgemeiner Teil

I. Materielle Schutzmechanismen

1. Informationen

29 Die gesellschaftsrechtlichen Gesetzesrevisionen der letzten Jahre – beispielsweise im Aktienrecht (z. B. Art. 663*c* OR) oder im Börsenrecht (Art. 120 FinfraG) – brachten in der Tendenz eine *deutlich verbesserte Transparenz* mit sich. Nicht anders verhält es sich mit dem Fusionsgesetz. Die Informationen im Zusammenhang mit Umstrukturierungen werden indes je nach konkreten Interessenten *unterschiedlich* ausgestaltet: Prinzip der Transparenz

30 Die *Gesellschafter* erhalten verschiedene Berichte der Umstrukturierungen zur Einsicht vorgelegt und können sogar Kopien verlangen (z. B. Fusionsbericht sowie Prüfungsbericht: Art. 16 Abs. 1 lit. b/lit. c FusG). Der vertieften Information zugunsten der *Gläubiger* dienen insbesondere die Schuldenrufe (z. B. Fusion: Art. 25 Abs. 2 FusG [= nachträglich]; Spaltung: Art. 45 FusG [= vorgängig]) sowie die Konsultationen der Arbeitnehmer (z. B. Fusion: Art. 28 FusG). Differenzierungen

Schliesslich wird die Transparenz für *jedermann* erhöht, indem die Transaktionen im Schweizerischen Handelsamtsblatt (SHAB) sowie im HR publiziert werden (z. B. Umwandlung: Art. 67 FusG; Vermögensübertragung: Art. 73 Abs. 2 FusG).

2. Interventionen

Beschlussfassungen und Klagen

31 Die *Gesellschafter* – und zumindest teilweise die *Gläubiger* der betroffenen Gesellschaften – haben die Möglichkeit, an den Umstrukturierungen entweder *vorgängig* oder aber *nachträglich* irgendwie «mitzuwirken» bzw. zu *intervenieren*:

Bei den meisten FusG-Transaktionen braucht es nämlich in aller Regel jeweils eine *GV-Beschlussfassung* (z. B. Fusion: Art. 18 FusG; Umwandlung: Art. 64 FusG – vgl. dazu hinten N 41), wenn auch nicht durch die Gläubiger, sondern durch die Gesellschafter. Ausserdem stehen – primär den Gesellschaftern – verschiedene *Klagemöglichkeiten* gegen die Transaktionen offen (Art. 105 ff. FusG: vgl. dazu hinten N 44 ff.).

3. Mitgliedschaftskontinuität

Grundsatz und Relativierungen

32 Das *Prinzip der Mitgliedschaftskontinuität* stellt einen zentralen Schutzmechanismus zugunsten der Gesellschafter dar[34]. Es geht darum, dass die Gesellschafter durch die Transaktionen nicht «vor die Türe» gestellt bzw. *nicht «ausgeschlossen»* werden dürfen, sondern dass sie sowohl als Mitglieder als auch finanziell bei der *übernehmenden* Gesellschaft «dabei bleiben» sollen. Der Grundsatz erweist sich bei sämtlichen Transaktionen – mit Ausnahme der Vermögensübertragung[35] – als hervorragend.

Die Mitgliedschaftskontinuität wird indes *relativiert* in zwei Konstellationen, nämlich bei der Barabfindungsfusion (Squeeze-out Merger: vgl. dazu hinten N 59 f.) einerseits und bei der asymmetrischen Spaltung (vgl. dazu hinten N 72) andererseits.

4. Mehrbelastungsverbot

Mehr oder weniger «Mitsprache»

33 Das *Prinzip des Mehrbelastungsverbots* ist ein weiterer zentraler Schutzmechanismus im Bereich des Gesellschafterschutzes. Infolge der Transaktion sollen den Gesellschaftern *nicht (neue) Pflichten aufgebürdet* werden[36], ohne dass sie damit einverstanden sind. Die Gesellschafter sollen

....

34 Statt aller: LUKAS GLANZMANN, Die Kontinuität der Mitgliedschaft im neuen Fusionsgesetz, AJP 13 (2004) 139 ff.

35 Bei der Vermögensübertragung *«wechseln» keine Gesellschafter*, sondern es werden vielmehr einzig Aktiven und Passiven übertragen: vgl. dazu hinten N 82 f.

36 Als Beispiel erwähnt werden kann die *Umwandlung einer AG in eine GmbH*: Während ein Aktionär nebst der Liberierungspflicht prinzipiell keine Pflichten hat bzw. haben kann (Art. 680 Abs. 1 OR), dürfen den GmbH-Gesellschaftern durchaus gewisse statutarische Pflichten (Art. 795 ff. OR) auferlegt werden.

insbesondere nicht unbesehen dem gesellschaftsrechtlichen einfachen Mehrheitsprinzip «ausgeliefert» sein.

In einigen (Ausnahme-)Situationen kommt das *Einstimmigkeitsprinzip* zur Anwendung (z. B. Fusion: Art. 18 Abs. 1 lit. b/Abs. 2 – Abs. 4 FusG; Umwandlung: Art. 64 Abs. 1 lit. b FusG), d. h., jeder Gesellschafter hat ein Vetorecht gegen die Transaktion, die somit verhindert werden kann. Mehrheitlich wird nur, aber immerhin ein *qualifiziertes Mehr* bei den Beschlussfassungen (vgl. dazu hinten N 41) verlangt.

5. Austrittsrecht?

Kein generelles Austrittsrecht

34 Im Ausland – insbesondere in den USA bzw. in deren gliedstaatlichen Gesellschaftsrechten[37] – gewähren verschiedene Rechtsordnungen den Gesellschaftern ein *spezifisches Austrittsrecht* bei fundamentalen Gesellschaftsänderungen («Appraisal Remedy»), um sich gegen die Umstrukturierungen zu wehren. Entsprechende Postulate werden ebenfalls in der Schweiz vorgebracht und ergeben m. E. rechtspolitisch Sinn, doch hat das Fusionsgesetz diese Anliegen (noch) *nicht* aufgenommen.

Austrittsrecht als Ausnahme

35 Immerhin haben Vereinsmitglieder bei einer *Vereinsfusion* ein freies Austrittsrecht gemäss Art. 19 Abs. 1 FusG. Ausserdem kann auf privatautonomer Ebene den Gesellschaftern bei allen Fusionen eine Art indirektes Austrittsrecht eingeräumt werden *mittels Wahlrecht* im Sinne von Art. 8 Abs. 1 FusG (nämlich: Abfindung statt Anteilsrechten oder Mitgliedschaftsrechten).

M. E. steht schliesslich auch den *nicht zustimmenden Genossenschaftern* bei sämtlichen FusG-Transaktionen (z. B. bei einer Genossenschaftsfusion), durch die ihnen neue Nebenleistungspflichten entstehen, ein Austrittsrecht zu, obwohl sich dies nicht explizit aus dem Fusionsgesetz ergibt[38].

[37] Dazu: Flurin von Albertini, The Appraisal Remedy – Zum Austrittsrecht des Aktionärs im amerikanischen Gesellschaftsrecht (Diss. Zürich 1983) *passim*.

[38] Die Thematik ist *umstritten*; gl. M.: Sarah Brunner-Dobler, Fusion und Umwandlung von Genossenschaften (Diss. Zürich 2008), 109 f.; a. M.: Thomas Gelzer, in: Zürcher Kommentar zum Fusionsgesetz, 2. Auflage 2012, Art. 19 N 1; ein Gericht hat sich m. W. nicht geäussert.

II. Formelle Schutzmechanismen

1. Prototypische Struktur einer FusG-Transaktion

a) Vorbereitungsphase

Struktur

Der Transaktionsablauf bei den Fusionen, bei den Spaltungen und bei den Umwandlungen – *nicht* aber bei den *Vermögensübertragungen* – verläuft jeweils in sehr ähnlichen Bahnen, die zahlreiche Schutzmechanismen nicht allein für die Gesellschaften, sondern insbesondere für die Gesellschafter und (mittelbar) für die Gläubiger aufweisen. Diese prototypische Struktur, die in erster Linie der Rechtssicherheit dienen soll (Art. 1 Abs. 2 FusG), wird im Folgenden als Übersicht aufgezeigt. 36

Am intensivsten sind die *Vorbereitungsarbeiten* für die Transaktionen:

Verträge bzw. Pläne

Sozusagen der *erste* Schritt besteht im Verabreden bzw. im Erstellen eines *Vertrags* (z. B. Fusionsvertrag oder Spaltungsvertrag) oder eines *Plans* (nämlich: Spaltungsplan oder Umwandlungsplan)[39] der geplanten Transaktion[40]. 37

Darin werden beispielsweise die Umtauschverhältnisse oder die Ausgleichszahlungen oder die Umtauschmodalitäten vereinbart (z. B. Fusion: Art. 13 FusG) oder das Inventar der zu übertragenden Aktiven und Passiven festgelegt (also: Spaltung: Art. 37 FusG; Vermögensübertragung: Art. 71 FusG). Für den Vertrag bzw. für den Plan ist (meist) die *einfache Schriftlichkeit* notwendig und hinreichend; für den Fall des Transfers von Grundstücken als Aktiven bedarf es bei der Vermögensübertragung jedoch der *öffentlichen Beurkundung* (Art. 70 Abs. 2 FusG).

Exekutiv-Berichte

Als *zweiter* Schritt werden von den Exekutivorganen der Gesellschaften (Beispiel: VR) *spezifische Berichte* zuhanden der Gesellschafter verfasst, mit denen eine Art vorgezogene Rechenschaft abgelegt wird. Zentrale Themen sind etwa der Zweck und die Folgen der Transaktion oder die Auswirkungen auf die Gläubiger (Aspekte, die rechtlich und wirtschaft- 38

....

[39] Der *Begriff «Plan»* findet Anwendung bei der Umwandlung, bei der nur eine einzige Gesellschaft betroffen ist (Art. 59 FusG), sowie bei der Spaltung auf eine neu zu gründende Gesellschaft (Art. 36 Abs. 2 FusG); der *Begriff «Vertrag»* setzt zwangsläufig zwei bestehende Gesellschaften voraus (z. B. Art. 12 FusG).

[40] Allg.: Urs Bertschinger, Spaltungsvertrag und Vermögensübertragungsvertrag gemäss Fusionsgesetz – neue Nominatkontrakte, in: FS für H. Rey (Zürich 2003) 359 ff.; Lukas Glanzmann, Der Umstrukturierungsvertrag bzw. -plan im neuen Fusionsgesetz, AJP 13 (2004) 815 ff.; Rudolf Tschäni, Der Fusionsvertrag, SZW 76 (2004) 197 ff.

....

lich in diesen Berichten *zu erläutern und zu begründen* sind; z. B. Fusion: Art. 14 FusG; Spaltung: Art. 39 FusG; Umwandlung: Art. 61 FusG).

Diese Exekutivberichte stellen *Entscheidungsgrundlagen* für die Gesellschafter dar. Die Korrektheit der Berichte wird sichergestellt mittels des «Damoklesschwerts» möglicher Verantwortlichkeitsklagen gegen die Exekutivorgane (Art. 108 *Abs. 1* FusG).

39 Abschliessend folgt als *dritter* Schritt von einem *zugelassenen Revisionsexperten* eine mindestens kursorische Untersuchung der bzw. eine Auseinandersetzung mit der Transaktion in einem (obligatorischen) *Prüfungsbericht* zu diversen Aspekten[41] (nämlich etwa zum Umtauschverhältnis oder zur Abfindung). Prüfungsberichte

Dieser Prüfungsbericht *nimmt Stellung* zum Vertrag bzw. zum Plan, zum spezifischen Bericht des Exekutivorgans sowie zur Bilanz als Grundlage (nämlich: Fusion: Art. 15 FusG; Spaltung: Art. 40 FusG i. V. m. Art. 15 FusG; Umwandlung: Art. 62 FusG). Sollten diese Prüfungsberichte nicht korrekt sein, droht den entsprechenden Revisoren eine Verantwortlichkeitsklage (Art. 108 *Abs. 2* FusG).

b) Abwicklungsphase

40 In der nächsten Transaktionsphase, der Abwicklungsphase, soll als *erster* Schritt für die Gesellschafter *erhöhte Transparenz* geschaffen werden. Transparenz

Die Unterlagen der Vorbereitungsphase (vgl. dazu vorne N 37 ff.) und einige weitere Dokumente werden für die Gesellschafter, nicht aber für die Gläubiger zur *Einsicht* aufgelegt (z. B. Fusion: Art. 16 Abs. 1 FusG; Spaltung: Art. 41 Abs. 1 FusG); zudem haben die Gesellschafter einen Anspruch auf *Gratiskopien* der Unterlagen (z. B. Fusion: Art. 16 Abs. 3 FusG; Spaltung: Art. 41 Abs. 3 FusG)[42], um sich auf die folgende Beschlussfassung in der GV vertieft vorbereiten zu können.

41 Als *zweiter* Schritt erfolgt die *Beschlussfassung* in der bzw. in den GV der betroffenen Gesellschaft(en)[43]. Der Gesellschafterschutz wird betont durch das Erfordernis *qualifizierter Quoren* bei den meisten Gesellschaftsformen und Transaktionen (z. B. Fusion: Art. 18 FusG; Umwandlung: GV-Beschlussfassungen

[41] Statt aller: Stefan Zwicker, Die Fusions-, Spaltungs- und Umwandlungsprüfung nach dem Fusionsgesetz, ZSR 123 (2004) I 157 ff.

[42] Das Umstrukturierungsrecht geht somit weiter als das Aktienrecht (z. B. Art. 702 Abs. 3 OR).

[43] Hierzu insbesondere: Lukas Glanzmann, Der Fusions-, Spaltungs- und Umwandlungsbeschluss im neuen Fusionsgesetz, SJZ 101 (2005) 157 ff.

Art. 64 FusG); in Ausnahmefällen bedarf es sogar der *Einstimmigkeit* aller Gesellschafter (vgl. dazu vorne N 33).

Ein weiterer Schutzmechanismus, notabene im Sinne eines Übereilungsschutzes, liegt schliesslich darin, dass die GV-Beschlussfassungen *öffentlich beurkundet* werden müssen (z. B. Spaltung: Art. 44 FusG), d. h., die öffentliche Urkundsperson – beispielsweise ein Notar – wirkt nicht zuletzt präventiv gegen allfällige Missbräuche[44].

c) Vollzugsphase

Eintragung im HR

Die Transaktion tritt abschliessend in eine (hoheitliche) Vollzugsphase. 42
Als *erster* Schritt in dieser Phase erfolgt die *Anmeldung* der GV-Beschlüsse beim HR; der privatrechtliche Einspruch bzw. die Handelsregistersperre gemäss Art. 162 f. HRegV kann in der Wirtschaftsrealität ein Problem darstellen.

Als *zweiter* Schritt der Vollzugsphase – und damit die Transaktion hoheitlich vollziehend (und potenziell abschliessend) – folgt zu guter Letzt die *Eintragung* im HR (z. B. Fusion: Art. 21 f. FusG; Spaltung: Art. 51 f. FusG). Damit wird u. a. für Dritte die erforderliche Transparenz erreicht.

Rechtsübergang mittels Universalsukzession

Für den *Rechtsübergang* sämtlicher Aktiven und Passiven ist die *HR-Eintragung massgeblich*, d. h., der Eintrag erweist sich bei allen vier Transak- 43
tionen (Fusion: Art. 22 Abs. 1 FusG; Spaltung: Art. 52 FusG; Umwandlung: Art. 67 FusG, Vermögensübertragung: Art. 73 Abs. 2 FusG) als *konstitutiv*.

Die in Frage stehenden Vermögenswerte gehen in diesem Zeitpunkt mittels (voller oder partieller) *Universalsukzession* von der übertragenden Gesellschaft auf die übernehmende(n) Gesellschaft(en) über. Dieser Vorgang ersetzt somit die sonst üblichen Verfügungsgeschäfte[45], wobei die Rechtswirkung insbesondere auf *Vertragsverhältnisse* bei den Spaltungen und bei den Vermögensübertragungen in der Lehre nicht unumstritten ist und gerichtlich noch nicht entschieden wurde (vgl. dazu hinten N 90 f.).

[44] Allg.: PETER V. KUNZ, Gesellschaftsrecht als Basisrecht für Notare und andere öffentliche Urkundspersonen, in: Ausgewählte Fragen zum Beurkundungsrecht (Zürich 2007) 169 ff.

[45] Die erforderliche *Anmeldung beim Grundbuchamt* (Art. 104 FusG) ist *deklaratorisch*.

d) Nachvollzugsphase (Klagephase)

44 Generell können gesellschaftsrechtliche Klagen den *Gesellschaften*, den *Gesellschaftern* und den *Gläubigern* dienen. Nicht anders verhält es sich im Umstrukturierungsrecht, wobei nicht jeder Interessentenkategorie alle Klagemöglichkeiten offenstehen, m. a. W. ist bei den *Aktivlegitimationen* zu differenzieren. Übersicht

Art. 105 ff. FusG sehen *drei spezifische Klagen* vor[46], nämlich die Klage auf Angemessenheitskontrolle (Art. 105 FusG)[47], die Anfechtungsklage (Art. 106 f. FusG) sowie die Verantwortlichkeitsklage (Art. 108 FusG). Die *Gesellschafter* sind bei *allen* Klagen aktivlegitimiert[48], die Gläubiger einzig bei der Verantwortlichkeitsklage.

45 Mit der originär umstrukturierungsrechtlichen Klage gemäss Art. 105 FusG soll die *Angemessenheit kontrolliert* werden in Bezug auf die Wahrung der Anteils- oder Mitgliedschaftsrechte bzw. die Höhe der Abgeltung. Klagebefugt ist *jeder Gesellschafter*, und zwar innert *zwei Monaten* seit Publikation des Beschlusses (Art. 105 Abs. 1 FusG). Angemessenheitskontrolle

Es handelt sich um eine *Gestaltungsklage* mit Wirkung gegen jedermann («erga omnes»: Art. 105 Abs. 2 FusG). Eine solche Klage hemmt den *Vollzug nicht* (Art. 105 Abs. 4 FusG). Die Klage auf Angemessenheitskontrolle ist einzig möglich bei den Fusionen, bei den Spaltungen und bei den Umwandlungen, m. E. aber *nicht* – als Folge eines qualifizierten Schweigens[49] – bei den *Vermögensübertragungen*.

46 Die *Anfechtungsklage* gemäss Art. 106 f. FusG steht erneut *jedem Gesellschafter* offen, und zwar nicht nur gegen die Fusionen, die Spaltungen und die Umwandlungen, sondern ebenfalls gegen die *Vermögensübertragungen* (obwohl nicht explizit im Gesetzestext erwähnt). Die Klagefrist orientiert sich an der SHAB-Publikation der Transaktion, und die Klage muss innert *zwei Monaten* erfolgen (Art. 106 Abs. 1 FusG). Anfechtungsklage

VR-Beschlüsse können – anders als im Aktienrecht im Rahmen von Art. 706 f. OR – ebenfalls angefochten werden (Art. 106 Abs. 2 FusG). Die eingeklagten Gesellschaften haben ein *formelles Nachbesserungsrecht*

[46] Generell: Urs Bertschinger, Die Klagen gemäss Fusionsgesetz (…), AJP 13 (2004) 839 ff.; Hans Caspar von der Crone et al., Die Klagen des Fusionsgesetzes, in: Fusionsgesetz – Auswirkungen auf die Praxis (Zürich 2004) 153 ff.; Annemarie Nussbaumer, Die Anfechtung von Umstrukturierungsbeschlüssen nach Art. 106 und 107 Fusionsgesetz (…) (Diss. Zürich 2012) *passim*.

[47] Zur Edition eines *Unternehmensbewertungsberichts*: BGE 134 III 255; zudem: BGE 135 III 603.

[48] Dies unterstreicht m. E. nicht zuletzt die *grosse Bedeutung* des Minderheitenschutzes gerade auch im Bereich des Umstrukturierungsrechts.

[49] Ausserdem würde in diesem Bereich eine solche Klage *keinen Sinn* ergeben.

gemäss Art. 107 Abs. 1 FusG, um allfällige Mängel in der Beschlussfassung selbständig zu korrigieren.

Verantwortlichkeitsklage

Schliesslich sieht Art. 108 FusG eine spezifische *Verantwortlichkeitsklage* vor, die sich sozusagen am aktienrechtlichen «Modell» orientiert (Verweisung: Art. 108 Abs. 3 FusG), wodurch m. E. dessen zahlreiche Aktienrechtsprobleme ins Umstrukturierungsrecht transferiert werden. Es handelt sich um eine *Leistungsklage*. 47

Aktivlegitimiert bei der Verantwortlichkeitsklage sind (wie bei Art. 754 ff. OR) die Gesellschaften, die Gesellschafter und – im Gesellschaftskonkurs – die Gläubiger. *Passivlegitimiert* sind nicht allein die formellen Organe (z. B. die Mitglieder des VR), sondern ausserdem die materiellen Organe (allenfalls Mehrheitsgesellschafter oder externe Berater, die massgeblichen Einfluss auf die Willensbildung nehmen). Im Grossen und Ganzen kann die aktienrechtliche Praxis herangezogen werden[50].

2. Sonderfall der Vermögensübertragung

Verweisung

Die Vermögensübertragung erfolgt im Rahmen von Art. 69 ff. FusG weitgehend *originären* Regelungen (vgl. dazu hinten N 86), die vom Ablauf-Prototypus der anderen drei Transaktionen erheblich abweichen (z. B. betreffend Mitsprachemöglichkeiten oder Transparenz). Zwar gibt es ebenfalls *Schutzmechanismen* zugunsten der Gesellschafter und der Gläubiger, doch sind sie jeweils reduziert, weil den (geringeren) Gefährdungspotenzialen *angepasst* (vgl. dazu hinten N 84 f.). 48

E. Besonderer Teil

I. Fusionen

1. Grundverständnis

Übersicht

Die *Fusion* von zwei (oder mehr) Rechtsträgern bedeutet, etwas trivialisiert, deren Verschmelzung in Substanz und in Form. Das Umstrukturierungsrecht sieht zwei Varianten vor, nämlich einerseits die sog. *Absorptionsfusion*, bei der eine Gesellschaft die andere Gesellschaft übernimmt 49

50 Hinweise: PETER V. KUNZ, Materielle Organschaft («faktische VR»): Voraussetzung sowie Folgen im Aktienrecht, in: Entwicklungen im Gesellschaftsrecht IX (Bern 2014) 173 ff.

(Art. 3 Abs. 1 lit. a FusG)[51], und andererseits die sog. *Kombinationsfusion*, bei der sich die beteiligten Gesellschaften zu einer neuen Gesellschaft zusammenschliessen (Art. 3 Abs. 1 lit. b FusG)[52].

Als Folge der Fusionen werden die jeweils *übertragenden* Gesellschaften (= «leere Töpfe») aufgelöst und im HR gelöscht (Art. 3 Abs. 2 FusG), während die *übernehmenden* Gesellschaften (= «volle Töpfe») bestehen bleiben.

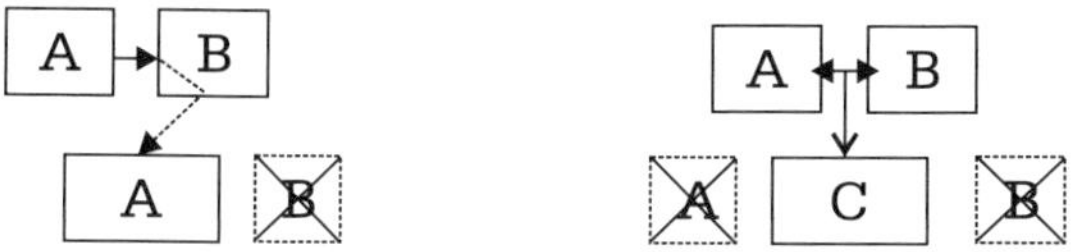

Abb. 35: Übersicht Fusionen

50 Mittels einer Fusion gehen *sämtliche Aktiven und Passiven* (insbesondere alle Vertragsverhältnisse umfassend) der übertragenden Gesellschaft(en) auf die übernehmende Gesellschaft über, also – anders als bei einer «Quasifusion»[53] – nicht deren Aktien. Die Übertragung von Aktiven und Passiven erfolgt eo ipso bzw. mittels einer *Universalsukzession* (z. B. BGE 4C.385/2005 vom 31. Januar 2006: Erw. 1.2.1), so dass es insbesondere *keine separaten Verfügungsgeschäfte* braucht.

Nicht alle Gesellschaften können miteinander und in jede Richtung fusionieren[54]. Vielmehr muss zuerst die *Zulässigkeit* im jeweiligen Einzelfall gemäss Art. 4 FusG abgeklärt werden. Sollte eine Fusionsvariante nicht zugelassen sein, wird in der Wirtschaftsrealität oftmals versucht, mittels einer Vermögensübertragung ein vergleichbares Resultat zu erreichen (vgl. dazu hinten N 92).

[51] Strukturelles: Art. 9 FusG.

[52] Es erfolgt eine *Neugründung*: Art. 10 FusG.

[53] Die *«Quasifusion»* stellt *keine Fusion* dar, und das FusG ist nicht anwendbar; im Wesentlichen übernimmt in dieser Konstellation eine Gesellschaft die *Aktien* einer anderen AG und tauscht dafür eigene Beteiligungspapiere ein; die *übernommene* Gesellschaft wird *nicht aufgelöst*, sondern wird meist zur *abhängigen* Gesellschaft, d. h., die «Quasifusion» dient der Konzernierung.

[54] Beispielsweise können *KlG bzw. KmG* als übertragende, *nicht* aber als *übernehmende* Gesellschaften bei einer Fusion beteiligt sein: Art. 4 Abs. 2 FusG.

2. Gefährdungen

Gesellschafter

51 Die *Gesellschafterinteressen* bei sämtlichen an der Transaktion beteiligten Rechtsträgern (also «übertragend» oder «übernehmend») sind potenziell gefährdet:

Die Gesellschafter der *übertragenden* Gesellschaft verlieren ihre Beteiligung und werden entschädigt mit Beteiligungspapieren (z. B. mit Aktien) der übernehmenden Gesellschaft, d. h., sie werden damit zu neuen Gesellschaftern dieser Unternehmung[55]; aus diesem Grund braucht es bei der *übernehmenden* Gesellschaft in aller Regel eine Kapitalerhöhung (Art. 9 Abs. 1 FusG), wodurch die Beteiligungen von deren Gesellschaftern relativ verwässert (und diese Gesellschafter damit gefährdet) werden.

Das Umstrukturierungsrecht sieht verschiedene Schutzmechanismen für die Gesellschafter auf beiden Seiten der Transaktion vor (vgl. dazu vorne N 29 ff.).

Gläubiger

52 Die Gefährdung der Gläubiger durch eine Fusion erweist sich – mindestens im Normalfall – als *eher gering*, weil ihnen *kein Haftungssubstrat entzogen* wird. Sämtliche Aktiven der übertragenden Unternehmung(en) gelangen in die übernehmende Gesellschaft. Anders verhält es sich nur, aber immerhin, wenn die beteiligten Gesellschaften *finanziell angeschlagen* sind (vgl. dazu hinten N 57 f.).

Als Folge des relativ geringen Gefährdungspotenzials einer Fusion für die Gläubiger konnte sich der Gesetzgeber – anders als bei der Spaltung – beim Schutzmechanismus der Sicherstellung der Forderungen für einen *nachträglichen* Gläubigerschutz entscheiden (vgl. dazu hinten N 56).

3. Ablauf

Grundzüge

53 Die Fusion folgt dem prototypischen Prozedere aller Umstrukturierungen (vgl. dazu vorne N 36 ff.), wobei verschiedene *Details* zu beachten sind. Fusionen sind – vorbehaltlich den Personengesellschaften – in umfassender Weise *zulässig* (Art. 4 FusG). Selbst Gesellschaften *in Liquidation* können noch fusionieren (Art. 5 FusG).

Vorbereitung

54 Das FusG-Prozedere beginnt mit dem Abschluss eines schriftlichen *Fusionsvertrages* (Art. 12 FusG), der gemäss Art. 13 FusG über einen detaillierten Inhalt verfügen muss, nämlich beispielsweise betreffend das Um-

....

55 Zentrales Thema sind die *Umtauschverhältnisse*, wobei ein *Spitzenausgleich* möglich ist (Art. 7 Abs. 2 FusG); die Verhältnisse können mittels Klage (Art. 105 FusG) überprüft werden.

tauschverhältnis (Art. 13 Abs. 1 lit. b FusG). Ein Inventar o. Ä. (wie etwa bei der Spaltung) ist nicht erforderlich[56].

Im *Fusionsbericht* sind u. a. der Zweck und die Folgen der Fusion rechtlich und wirtschaftlich zu erläutern sowie zu begründen (Art. 14 Abs. 3 lit. a FusG), und zwar nicht zuletzt hinsichtlich der Arbeitnehmer und der sonstigen Gesellschaftsgläubiger (Art. 14 Abs. 3 lit. i/lit. j FusG).

Verschiedene Unterlagen – z. B. die Bilanzen der betroffenen Gesellschaften – sind in einem *spezifischen Prüfungsbericht* einem zugelassenen Revisionsexperten zur Prüfung darzulegen (Art. 15 FusG). Deren Korrektheit wird im Übrigen spezifisch abgesichert durch mögliche Verantwortlichkeitsklagen (Art. 108 FusG).

GV-Beschlussfassung und Vollzug

55 Das *Einsichtsrecht* der Gesellschafter beginnt *30 Tage* vor der GV-Beschlussfassung (Art. 16 Abs. 1 FusG); es besteht ein Anspruch auf Kopien (Art. 16 Abs. 3 FusG). In den GV der beteiligten Gesellschaften wird meist ein *qualifiziertes Mehr*, in Ausnahmefällen sogar eine *Einstimmigkeit* verlangt (Art. 18 FusG).

Die Beschlussfassung unterliegt – ausser bei der Fusion von Vereinen – der *öffentlichen Beurkundung* – z. B. durch einen Notar – gemäss Art. 20 FusG.

Die Fusion wird abgeschlossen mit der *konstitutiven Eintragung im HR* (Art. 21 FusG), durch die «alle Aktiven und Passiven der übertragenden Gesellschaft von Gesetzes wegen auf die übernehmende Gesellschaft» übergehen (Art. 22 Abs. 1 FusG), und zwar mittels *Universalsukzession*, also m. a. W. «uno actu».

Spezialitäten

56 Die Gläubiger der beteiligten Gesellschaften können von der übernehmenden Gesellschaft die *Sicherstellung ihrer Forderungen* verlangen, und zwar drei Monate *nach* Rechtswirksamkeit der Fusion (Art. 25 Abs. 1 FusG). Es liegt m. a. W. ein nachträglicher Gläubigerschutz vor; gegenüber der früheren Rechtslage wurde insofern ein Paradigmenwechsel vorgenommen[57]. Ausserdem können sich die Gläubiger auf *verschiedene Schutzmechanismen* gemäss Art. 26 ff. FusG berufen; für Arbeitnehmer gelten besondere Bestimmungen (Art. 27 f. FusG).

[56] Ein umstrukturierungsrechtliches *Inventar* dient einzig der Klarstellung, welche Aktiven bzw. Passiven im Rahmen der konkreten Transaktion übertragen werden bzw. welcher Gesellschaft welche Gegenstände etc. des Aktiv- oder Passivvermögens zuzuordnen sind (z. B. Art. 38 FusG); dies kann kein Thema bei Fusionen darstellen, bei denen *sämtliche Aktiven bzw. Passiven transferiert* werden (müssen).

[57] Das mit dem Fusionsgesetz neu eingeführte System des nachträglichen Gläubigerschutzes ersetzt das ehemalige *System der getrennten Vermögensverwaltung*, das früher bei aktienrechtlichen Fusionen zur Anwendung gelangte: statt aller: PETER BÖCKLI, Aktienrecht (4. A. Zürich 2009) § 3 N 153 ff.

4. Ausgewählte Aspekte

Sanierungsfusion

57 Die *Gläubiger* können bei der Fusion von *finanziell angeschlagenen* (sanierungsbedürftigen) Gesellschaften – anders als im Normalfall (vgl. dazu vorne N 52) – erheblich gefährdet sein. Das FusG sieht deshalb strengere Regelungen für den Sonderfall einer *Sanierungsfusion* vor (Art. 6 FusG)[58]. Es soll verhindert werden, dass die Gläubiger der finanziell gesunden Gesellschaft(en) durch die Fusion benachteiligt werden.

58 Bei einer Sanierungsfusion muss in erster Linie *frei verwendbares Eigenkapital* gemäss Art. 6 Abs. 1 Satz 1 FusG vorliegen, und zwar in dem Umfange, dass entweder die *Überschuldung* (d. h. Fremdkapital ist nicht gedeckt) oder die *Unterdeckung* (d. h. Bilanzverlust von mehr als 50 % des massgeblichen Eigenkapitals) gedeckt werden können. Auf dieses Kapitalerfordernis kann verzichtet werden bei Vorliegen von *Rangrücktritten* durch Gläubiger (Art. 6 Abs. 1 Satz 2 FusG).

Die Zulässigkeit einer Sanierungsfusion bedingt schliesslich zusätzlich die *Bestätigung* eines zugelassenen Revisionsexperten über das Erfüllen dieser alternativen Voraussetzungen (Art. 6 Abs. 2 FusG).

Squeeze-out Merger

59 Die *Gesellschafter* fusionierender Gesellschaften können durch einen *Squeeze-out Merger* (zwangsweise Barabfindungsfusion: Art. 8 Abs. 2 FusG)[59] gefährdet werden, weil damit die *Mitgliedschaftskontinuität durchbrochen* wird (vgl. dazu vorne N 32). Während Art. 8 Abs. 1 FusG für die Gesellschafter ein *Wahlrecht* – also: Gesellschafterstatus beibehalten oder aber Barabfindung – vorsieht, weist Art. 8 Abs. 2 FusG auf die Vereinbarung einer *ausschliesslichen Auszahlung* durch die Gesellschaften hin.

60 Faktisch kann ein Squeeze-out Merger zum *Ausschluss von Gesellschaftern* gebraucht oder sogar missbraucht werden. Der Gesetzgeber hat deshalb einen Schutzmechanismus zugunsten der betroffenen (Minderheits-) Gesellschafter eingeführt, nämlich deren *Mitsprache* im Rahmen der erforderlichen GV-Beschlussfassung.

58 Statt aller: LUCA DALLA TORRE, Die Sanierungsfusion (Diss. Bern 2007) *passim*.

59 Allg.: THOMAS VON BALLMOOS, Art. 23 Abs. 3 VE Fusionsgesetz – ein problematischer Schritt in Richtung eines allgemeinen Rechts zum Ausschluss der Minderheitsaktionäre, SJZ 95 (1999) 113 ff.; ROGER GRONER, Barabfindungsfusion (Cash Out-Merger), SJZ 99 (2003) 393 ff.; MARTIN MOSER/DANIEL EMCH, Austritt und Ausschluss von Minderheitsaktionären bei der Fusion, REPRAX 2–3/2004, 139 ff.; ANDREAS VON PLANTA/DELPHINE ZARB, Le dédommagement des actionnaires minoritaires (...), SZW 76 (2004) 203 ff.; MARK MAUERHOFER, Squeeze-Out Merger (Diss. Bern 2008) *passim*.

Erforderlich ist aber trotz rechtspolitischen Forderungen weder Einstimmigkeit noch eine 98 %-Mehrheit, sondern es braucht gemäss Art. 18 Abs. 5 FusG einzig die Zustimmung von *mindestens 90 %* der stimmberechtigten Gesellschafter der übertragenden Gesellschaft(en); verschiedene Details dazu sind umstritten[60].

61 Art. 23 f. FusG sehen für einige Spezialfälle – nämlich für einige wenige konzerninterne Fusionen im Mutter-Tochter-Verhältnis oder im Schwestern-Verhältnis – gewisse *Erleichterungen* vom prozeduralen Ablauf einer Fusion vor (d. h. Verzichtsmöglichkeiten auf gewisse Unterlagen bzw. Schutzmechanismen). Es handelt sich um Bestimmungen, die zum *Konzerngesellschaftsrecht* gehören (vgl. dazu vorne § 12 N 127 f.)[61]. Erleichterte Fusionen

II. Spaltungen

1. Grundverständnis

62 Das Spiegelbild zur Fusion ist die *Spaltung* gemäss Art. 29 ff. FusG, d. h., die betroffenen Gesellschaften werden nicht «verschmolzen», sondern «auseinandergenommen». Das Umstrukturierungsrecht sieht zwei Varianten vor: Übersicht

Bei der sog. *Aufspaltung* wird das *ganze* Vermögen der Unternehmung auf eine oder mehrere andere Gesellschaften transferiert, und die übertragende Gesellschaft (= «leerer Topf») wird *aufgelöst und gelöscht* im HR (Art. 29 lit. a FusG). Bei der sog. *Abspaltung* überträgt die Gesellschaft nicht ihr ganzes, sondern nur *Teile* des Vermögens[62] und behält den Rest, so dass die übertragende Gesellschaft (= «teilweise gefüllter Topf») *weder aufgelöst noch gelöscht* wird (Art. 29 lit. b FusG).

[60] Infolge der *Ungewöhnlichkeit* der Regelung bzw. des erheblichen Einbruchs in die Mitgliedschaftskontinuität ist m. E. eine Auslegung vorzunehmen, wonach sich diese Zustimmung einerseits auf *sämtliche*, also nicht nur auf die in der GV vertretenen Gesellschafter bezieht und andererseits nicht deren Stimmrecht, sondern vielmehr das *Kopfstimmprinzip* massgeblich ist.

[61] Statt aller: Roland von Büren/Mark Mauerhofer, Zur Wahrung der Anteils- und Mitgliedschaftsrechte bei Fusionen von abhängigen Konzernunternehmen mit Dritten, in: FS für W. Wiegand (Bern 2005) 767 ff.

[62] M. E. ist *nicht* erforderlich, dass es sich um einen *irgendwie zusammenhängenden Betriebsteil* handelt, d. h., es kann ein einzelnes Wirtschaftsgut (z. B. eine spezifische Forderung oder ein konkretes Grundstück oder ein Geschäftsauto) sein.

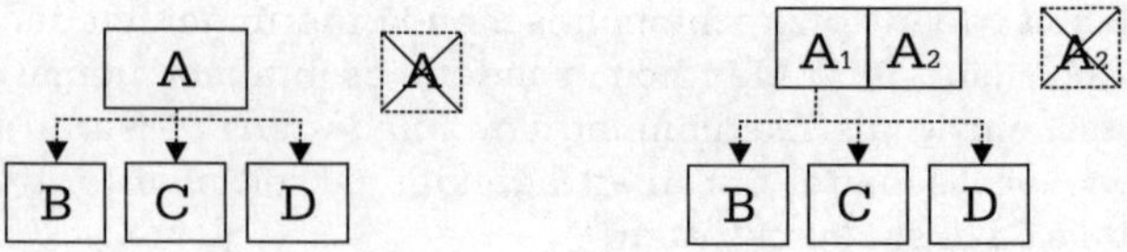

Abb. 36: Übersicht Spaltungen

Beim «Auseinandernehmen» der Rechtsträger infolge Spaltung werden die Aktiven und die Passiven der übertragenden Gesellschaften auf die übernehmenden Gesellschaften transferiert. Der *Zulässigkeitsbereich* (und damit der Anwendungsbereich) von Spaltungen ist im Vergleich zu den Fusionen *wesentlich kleiner*; die restriktive Zulassung wird in der Praxis regelmässig «ausgedehnt» durch die Vermögensübertragung, die insofern als Auffangtatbestand dient (vgl. dazu hinten N 83 und N 92). 63

Einzig die *Kapitalgesellschaften* sowie die *Genossenschaften* können ausschliesslich in Kapitalgesellschaften und in Genossenschaften gespalten werden (Art. 30 FusG), d. h., insbesondere Spaltungen von *Personengesellschaften* sind *nicht* zulässig[63].

2. Gefährdungen

Gesellschafter

Die *Gesellschafter* der übertragenden Gesellschaft (also: nicht die Gesellschaften als solche) erhalten unter dem Aspekt der Mitgliedschaftskontinuität jeweils Anteils- und Mitgliedschaftsrechte der übernehmenden Gesellschaft(en). Kaum gefährdet sind sie im Fall einer sog. *symmetrischen Spaltung*, d. h., die Gesellschafter werden an allen übernehmenden Gesellschaften beteiligt, und zwar «im Verhältnis ihrer bisherigen Beteiligung» (Art. 31 Abs. 2 *lit. a* FusG). 64

Anders verhält es sich bei einer sog. *asymmetrischen Spaltung*, also wenn die Gesellschafter nicht notwendigerweise an allen übernehmenden Gesellschaften und insbesondere «unter Abänderung der Beteiligungsverhältnisse» beteiligt werden (Art. 31 Abs. 2 *lit. b* FusG); spezifische Schutzmechanismen sind in solchen Konstellationen nötig (vgl. dazu hinten N 72).

Gläubiger

Für die *Gläubiger* der beteiligten Gesellschaften sind die *Risiken potenziell gross*. Die Spaltung erweist sich als gefährlichste Umstrukturierung unter dem Aspekt der Gläubigerinteressen. Einerseits wird den Gläubigern der 65

63 Bei den KlG und bei den KmG kommen sozusagen als Auffangtatbestand immerhin *Vermögensübertragungen* in Frage: vgl. dazu hinten N 92.

übertragenden Gesellschaft durch den Transfer von *Aktiven* mehr oder weniger Haftungssubstrat entzogen; andererseits können die Gläubiger der übernehmenden Gesellschaft gefährdet werden durch die Übertragung von neuen *Passiven*, die «ihr» (bisheriges) Haftungssubstrat belasten.

66 Als speziellen Schutzmechanismus sieht deshalb der Gesetzgeber nur, aber immerhin bei der Spaltung einen *vorgezogenen* Gläubigerschutz vor (vgl. dazu hinten N 71). Weitere strenge Gläubigerschutzbestimmungen – z. B. die Subsidiärhaftung gemäss Art. 47 FusG (vgl. dazu hinten N 103) – hat das FusG ebenfalls eingeführt. Rechtspolitisch ist umstritten, ob die Gläubiger zu stark geschützt werden mit der Konsequenz, dass in der Wirtschaftsrealität *kaum Spaltungen* vorkommen.

3. Ablauf

67 Die *Spaltung* folgt dem prototypischen Prozedere aller Umstrukturierungen (vgl. dazu vorne N 36 ff.), wobei verschiedene *Details* zu beachten sind. Bei der übertragenden Gesellschaft erfolgt meist eine Kapitalherabsetzung (Art. 32 FusG) und bei der übernehmenden Gesellschaft – sofern bestehend – eine Kapitalerhöhung (Art. 33 FusG). Die Spaltung und damit der Transfer von Vermögensteilen der übertragenden Gesellschaft kann auf eine bestehende[64] oder auf eine neu zu gründende[65] Gesellschaft (Art. 34 FusG) erfolgen. Grundzüge

68 Das FusG-Prozedere beginnt mit dem Abschluss eines *Spaltungsvertrags* oder eines *Spaltungsplans* (Art. 36 FusG), die gemäss Art. 37 FusG über einen detaillierten Inhalt verfügen müssen, nämlich etwa betreffend das *Inventar* (lit. b: vgl. dazu hinten N 69) sowie das Umtauschverhältnis (lit. c). Vorbereitung

Im *Spaltungsbericht* sind u. a. der Zweck und die Folgen der Spaltung rechtlich und wirtschaftlich zu erläutern und zu begründen (Art. 39 FusG), und zwar nicht zuletzt hinsichtlich der Arbeitnehmer und der sonstigen Gläubiger der Gesellschaft (Art. 39 Abs. 3 lit. g/lit. h FusG).

Verschiedene Unterlagen – z. B. die Bilanzen der Gesellschaften – sind in einem *spezifischen Prüfungsbericht* eines zugelassenen Revisionsexperten darzustellen (Art. 40 FusG i. V. m. Art. 15 FusG). Dessen Korrektheit wird im Übrigen spezifisch abgesichert durch mögliche Verantwortlichkeitsklagen (Art. 108 FusG).

[64] Spaltungs*vertrag*: Art. 36 *Abs. 1* FusG.
[65] Spaltungs*plan*: Art. 36 *Abs. 2* FusG.

Inventar

69 Die *Aktiven* und *Passiven* müssen – anders als bei einer Fusion – bei einer Spaltung *genau aufgeteilt* werden, damit rechtlich klar und unstrittig ist, bei welcher übernehmenden Gesellschaft welche Vermögensteile anwachsen. Dies geschieht im *Inventar* (Art. 37 lit. b FusG), dem grösste Praxisrelevanz zukommt. Die Rechtswirksamkeit der Übertragung betrifft nicht sämtliche, sondern nur, aber immerhin die im *Inventar aufgeführten* Aktiven und Passiven (Art. 52 FusG).

Es kommt immer wieder vor, dass Vermögenswerte im Inventar bzw. im Spaltungsvertrag bzw. -plan sozusagen «vergessen» und somit *nicht zugeordnet* werden. In einem solchen Fall gelangt schliesslich die Regelung von Art. 38 FusG zur Anwendung[66].

GV-Beschlussfassung und Vollzug

70 Das *Einsichtsrecht* der Gesellschafter kann während *zweier Monate* vor der Beschlussfassung in der GV ausgeübt werden (Art. 41 Abs. 1 FusG)[67]; es besteht ein Anspruch auf Kopien (Art. 41 Abs. 3 FusG). In den GV der beteiligten Gesellschaften wird meistens ein *qualifiziertes Mehr*, in Ausnahmefällen sogar *Einstimmigkeit* verlangt (Art. 43 Abs. 2 FusG i. V. m. Art. 18 FusG).

Die Beschlussfassung unterliegt der *öffentlichen Beurkundung* gemäss Art. 44 FusG.

Die Spaltung wird abgeschlossen mit der *konstitutiven Eintragung im HR* (Art. 51 f. FusG), durch die indes *nicht sämtliche*, sondern nur «alle im Inventar aufgeführten Aktiven und Passiven von Gesetzes wegen auf die übernehmenden Gesellschaften» übergehen (Art. 52 FusG), und zwar mittels *Universalsukzession* («uno actu»).

Spezialität des (vorgezogenen) Gläubigerschutzes

71 Der *Gläubigerschutz* ist bei der Spaltung – im Vergleich zu den anderen Transaktionen nach FusG – *am stärksten* ausgebaut, weil in diesem Bereich die Gläubiger am meisten gefährdet sind (vgl. dazu vorne N 65 f.). Die Gläubiger der beteiligten Gesellschaften können z. B. die *Sicherstellung ihrer Forderungen* verlangen, und zwar innerhalb von *zwei Monaten* seit der entsprechenden Aufforderung (Art. 46 Abs. 1 FusG).

....

66 Nicht zugeordnete *Aktiven*: Variante der Aufspaltung = Miteigentum aller übernehmenden Gesellschaften am Aktivum (Art. 38 Abs. 1 lit. a FusG); Variante der Abspaltung = Aktivum verbleibt bei der übertragenden Gesellschaft (Art. 38 Abs. 1 lit. b FusG); nicht zugeordnete *Passiven*: Variante der Aufspaltung = Solidarhaftung der beteiligten Gesellschaften für Verbindlichkeit (Art. 38 Abs. 3 FusG); Variante der Abspaltung = die übertragende Gesellschaft bleibt m. E. die Schuldnerin, d. h., die Verbindlichkeit wurde nicht transferiert (diese Variante ist nicht explizit im Fusionsgesetz vorgesehen).

67 Damit wird bei der Spaltung die *Frist des Einsichtsrechts* gegenüber der Fusion *verdoppelt*.

Dieser Schuldenruf bzw. die daran anschliessende Sicherstellung muss allerdings *vor der GV*, die überhaupt erst über die Spaltung zu beschliessen hat, erfolgen (Art. 43 Abs. 1 FusG). Es handelt sich m. a. W. um einen *vorgezogenen* Gläubigerschutz. Der zeitliche Ablauf ergibt somit was folgt: Schuldenruf – (eventuelle) Sicherstellung der Forderungen – Beschlussfassung in der GV.

4. Ausgewählte Aspekte

72 Das Umstrukturierungsrecht sieht bei der Spaltung zwar kein formelles Squeeze-out vor, doch kann die *asymmetrische Spaltung* allenfalls zum *Ausschluss* von Minderheitsgesellschaftern gebraucht bzw. missbraucht werden; in jedem Fall werden Gesellschafterinteressen potenziell stark gefährdet (vgl. dazu vorne N 64). Asymmetrische Spaltung

Zwar haben die Gesellschafter bei der asymmetrischen Spaltung *kein Vetorecht*, doch setzt die Beschlussfassung die Zustimmung einer qualifizierten Mehrheit voraus, nämlich *mindestens 90 %* aller stimmberechtigten Gesellschafter der übertragenden Gesellschaft (Art. 43 Abs. 3 FusG)[68].

73 Spaltungen bzw. *Abspaltungen* auf der einen Seite und *Vermögensübertragungen* auf der anderen Seite (vgl. dazu hinten N 83) können auf den ersten Blick ähnlich erscheinen, wenn z. B. nur wenige Aktiven transferiert werden. Der Unterschied der beiden Transaktionen liegt indes beim *Empfänger* der Gegenleistung: Abgrenzung

Bei einer *Spaltung* geht die Gegenleistung der übernehmenden Gesellschaft (= Anteils- und Mitgliedschaftsrechte) *nicht* an die übertragende *Gesellschaft*, sondern an *deren Gesellschafter* (Art. 29 lit. a/lit. b FusG; Art. 31 Abs. 2 FusG = Kontinuität der Mitgliedschaft). Wenn anstelle der Gesellschafter die *übertragende Gesellschaft* berechtigt sein soll, d. h., sie den entsprechenden Gegenwert für die «abgespaltenen» bzw. transferierten Vermögensteile erhält, handelt es sich um eine *Vermögensübertragung* (Art. 69 Abs. 1 Satz 2 FusG), und die Mitgliedschaft der Gesellschafter bleibt unberührt.

[68] Eine analoge Auslegung wie beim Squeeze-out Merger (vgl. dazu vorne N 60) drängt sich auf; m. E. bezieht sich diese Zustimmung auf *sämtliche*, also nicht nur auf die in der GV vertretenen Gesellschafter und nicht deren Stimmrecht, sondern das *Kopfstimmprinzip* ist massgeblich.

III. Umwandlungen

1. Grundverständnis

Übersicht

74 Bei der *Umwandlung* gemäss Art. 53 ff. FusG werden *weder Aktiven noch Passiven* übertragen, sondern sämtliche Vermögensteile der Gesellschaft sind und verbleiben im «gleichen Topf» (= Gesellschaft), doch dieser «Topf» wird verändert bzw. umgewandelt. Bei der Umwandlung geht es um einen *«Rechtskleidwechsel»* der betroffenen Gesellschaft (z. B. ist sie zuerst eine GmbH und wird dann zur AG)[69], ohne dass deren Vermögen oder deren Rechtsverhältnisse (Art. 53 FusG) betroffen sind[70].

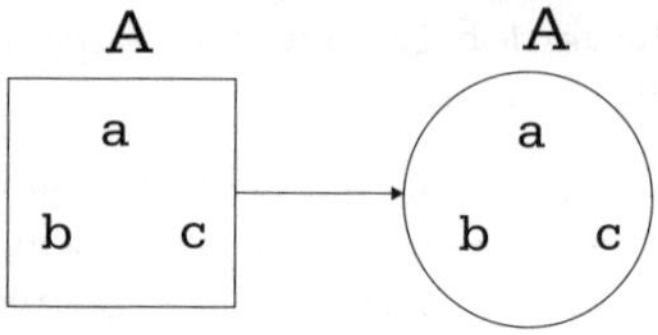

Abb. 37: Übersicht Umwandlungen

75 Die Umwandlung betrifft jeweils nur *einen einzigen* Rechtsträger. Folglich gibt es keinen «Umwandlungsvertrag», sondern einen Umwandlungsplan. Die Gesellschaft ist betreffend Aktiven sowie Passiven *weder übertragend noch übernehmend*. Da es bei der Umwandlung ausserdem immer um die gleiche Gesellschaft geht, wird diese *nicht aufgelöst* und *nicht gelöscht* im HR.

Nicht alle denkbaren Umwandlungen sind zulässig, d. h., es gibt Einschränkungen (Art. 54 FusG). Das Fusionsgesetz ist z. B. *nicht anwendbar* auf Umwandlungen von KlG und KmG «inter se» (Art. 55 Abs. 4 FusG), d. h., das OR *allein* kommt zur Anwendung. Im Wesentlichen geht es um die Thematik des Numerus clausus. Verdeutlicht wird dies beispielhaft in einem Bundesverwaltungsgerichtsurteil:

Das Gericht hat in einem Entscheid aus dem Jahr 2014[71] festgehalten, die Auflistung der zulässigen Umwandlungsformen in Art. 54 FusG sei abschliessend. Damit besteht auch für die Umwandlung ein Numerus clau-

[69] Zur früheren Rechtslage: BGE 125 III 18.

[70] Das Umstrukturierungsrecht regelt in Art. 53 ff. FusG die *rechtsformändernde Umwandlung*; heute gibt es *keine übertragende* Umwandlung (mehr).

[71] Urteil des Bundesverwaltungsgerichts B-6755/2013 vom 11. August 2014; Urteilsbesprechung: Olivier Hari, Transformation d'une SICAF en SICAV et numerus clausus de la loi sur la fusion: lacune ou silence qualifié?, GesKR 2014, 527 ff.

sus[72]. Im konkreten Fall stellte sich die Frage, *ob eine SICAF in eine SICAV umgewandelt* werden kann. Das Bundesverwaltungsgericht kam zum Schluss, dass die Umwandlung einer SICAF in eine SICAV aufgrund des Numerus clausus von Art. 54 FusG und mangels einer Ausnahmebestimmung gemäss Art. 95 KAG nicht zulässig sei[73]. Allerdings könne dasselbe Ergebnis mittels einer Vermögensübertragung gemäss Art. 69 ff. FusG erreicht werden[74].

2. Gefährdungen

76 Die *Gesellschafter* werden durch eine Umwandlung – zumindest grundsätzlich – *kaum gefährdet*, denn das Objekt ihrer Beteiligung (= Gesellschaft) bleibt dasselbe, ausser dass sich dessen «Rechtskleid» verändert hat[75]. Eine Ausnahme (und damit eine potenzielle Gefährdung) liegt darin, dass sich allenfalls die *Rechtsstellung des Gesellschafters* zu seinen Lasten verändern kann: Gesellschafter

Beispielsweise wird ein Aktionär *ohne* Nebenleistungspflichten (Art. 680 Abs. 1 OR) «umgewandelt» in einen GmbH-Gesellschafter *mit* Nebenleistungspflichten (etwa mit Nachschusspflichten gemäss Art. 795 ff. OR). Zu seinem Schutz gilt das *Prinzip des Mehrbelastungsverbots* (vgl. dazu vorne N 33) mit qualifizierten Mehrheiten und teils sogar mit dem Erfordernis der Einstimmigkeit (Art. 64 Abs. 1 lit. a/lit. b FusG), so dass der Gesellschafter insofern ein Vetorecht hat.

77 Die *Gläubiger* werden durch eine Umwandlung – im Prinzip – *kaum gefährdet*, denn es erfolgt einerseits kein Schuldnerwechsel, und andererseits verbleiben alle Aktiven und alle Passiven unverändert im gleichen «Topf». Die umstrukturierungsrechtlichen *Gläubigerschutzvorkehrungen* sind deshalb *gering* ausgefallen (z. B. können die Gläubiger bei der Umwandlung – anders als bei der Fusion und der Spaltung – überhaupt keine Sicherstellung der Forderungen verlangen). Gläubiger

Eine Gefährdung der Gläubiger und deren Interessen liegt nur, aber immerhin dann vor, wenn *persönlich haftbare Gesellschafter* aus der Gesellschaft *ausscheiden* (und damit potenziell aus der Haftung). Gewisse Gläubigerschutzmechanismen sind unerlässlich (vgl. dazu hinten N 81).

[72] Urteil des Bundesverwaltungsgerichts B-6755/2013 vom 11. August 2014 Erw. 5.2.2.

[73] Urteil des Bundesverwaltungsgerichts B-6755/2013 vom 11. August 2014 Erw. 5.3.

[74] Urteil des Bundesverwaltungsgerichts B-6755/2013 vom 11. August 2014 Erw. 5.2.4.

[75] Die Wahrung der Anteils- und Mitgliedschaftsrechte (Art. 56 Abs. 1 FusG) erscheint deshalb in aller Regel als *unproblematisch*.

3. Ablauf

Grundzüge

78 Die *Umwandlung* folgt dem prototypischen Prozedere aller Umstrukturierungen (vgl. dazu vorne N 36 ff.), wobei verschiedene *Details* zu beachten sind. Zu berücksichtigen ist insbesondere, dass *keine Mehrzahl* von Rechtsträgern beteiligt ist.

Vorbereitung

79 Das FusG-Prozedere beginnt mit dem Erstellen eines schriftlichen *Umwandlungsplans* (Art. 59 FusG), der gemäss Art. 60 FusG über einen weniger detaillierten Inhalt als bei den übrigen Umstrukturierungen verfügen muss.

Im *Umwandlungsbericht* des Exekutivorgans sind z. B. der Zweck und die Folgen der Umwandlung rechtlich und wirtschaftlich zu erläutern und zu begründen (Art. 61 FusG), und zwar insbesondere betreffend allfällige (neue) *persönliche Leistungspflichten* der Gesellschafter, die sich aus der Umwandlung ergeben (lit. e).

Verschiedene Unterlagen – u. a. die Bilanz der Gesellschaft – sind in einem *spezifischen Prüfungsbericht* eines zugelassenen Revisionsexperten darzustellen (Art. 62 FusG). Dessen Korrektheit wird im Übrigen spezifisch abgesichert durch mögliche Verantwortlichkeitsklagen (Art. 108 FusG).

GV-Beschlussfassung und Vollzug

80 Das *Einsichtsrecht* der Gesellschafter der betroffenen Gesellschaft beginnt *30 Tage* vor der GV-Beschlussfassung (Art. 63 Abs. 1 FusG)[76]; es besteht ein Anspruch auf Kopien (Art. 63 Abs. 3 FusG). In der GV der (einzigen) Gesellschaft wird meistens ein *qualifiziertes Mehr*, in Ausnahmefällen sogar *Einstimmigkeit* verlangt (Art. 64 FusG).

Die Beschlussfassung unterliegt der *öffentlichen Beurkundung* gemäss Art. 65 FusG.

Die Umwandlung wird abgeschlossen und sogleich rechtskräftig mit der *konstitutiven Eintragung im HR* (Art. 66 f. FusG). Ein Hinweis auf die Übertragung von Aktiven und Passiven erübrigt sich, weil diese eben nicht transferiert werden.

Spezialität

81 Der *Gläubigerschutz* ist angesichts der geringen Gefährdungslage (vgl. dazu vorne N 77) relativ schwach ausgeprägt:

Insbesondere kann *keine Sicherstellung* der Forderungen – wie bei der Fusion und bei der Spaltung – verlangt werden. Immerhin verweist Art. 68 FusG bei der Umwandlung auf gewisse Schutzmechanismen der Fusion, und zwar im Rahmen von *Art. 26 FusG* (nämlich: persönliche Gesellschaf-

[76] Es gibt eine *Analogie zur Fusion* (Art. 16 FusG), aber nicht zur Spaltung (Art. 41 FusG).

terhaftung) sowie von *Art. 27 FusG* (also: Übergang der Arbeitsverhältnisse).

IV. Vermögensübertragungen

1. Grundverständnis

82 Das Fusionsgesetz führte die *Vermögensübertragung* gemäss Art. 69 ff. FusG ein. Bei dieser Umstrukturierung werden Aktiven oder Passiven (oder beides) von einer *übertragenden* Gesellschaft auf eine oder mehrere *übernehmende* Gesellschaft(en) transferiert[77], und zwar in einem einzigen Akt («uno actu»). Es handelt sich um eine *partielle Universalsukzession*, d. h., die Gesamtheit der im Übertragungsvertrag umschriebenen Vermögenswerte wird übertragen, ohne dass (anders als bei Art. 181 OR) die für die Einzelübertragung notwendigen Formvorschriften einzuhalten sind. Übersicht

Die übertragende Gesellschaft ist in ihrer (Weiter-)Existenz nicht unmittelbar betroffen und wird folgerichtig im HR somit *weder aufgelöst noch gelöscht*. Anteils- und Mitgliedschaftsrechte der Gesellschafter sind überhaupt nicht betroffen.

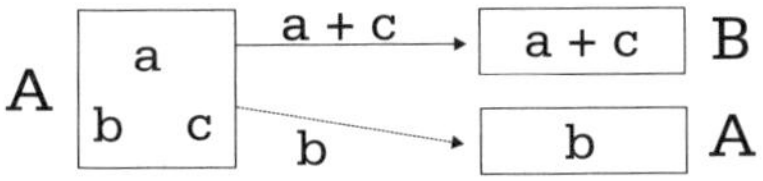

Abb. 38: Übersicht Vermögensübertragungen

83 Der (freiwillige) *Gegenwert* der übernehmenden Gesellschaft geht an die *übertragende Gesellschaft* und nicht an deren Gesellschafter (Art. 69 Abs. 1 *Satz 2* FusG); darin liegt im Übrigen der entscheidende Unterschied zur Abspaltung, bei der die Gesellschafter der übertragenden Gesellschaft unmittelbar berechtigt bzw. direkt entschädigt werden (vgl. dazu vorne N 73)[78]. In der Wirtschaftsrealität können Spaltungen und Vermögensübertragungen durchaus *kombiniert* werden.

[77] Wie bei der Spaltung ist es bei der Vermögensübertragung *nicht* notwendig, dass es sich um einen *irgendwie zusammenhängenden Betriebsteil* handelt, der transferiert wird, d. h., es kann bei der übertragenden Gesellschaft m. E. um deren *gesamtes* Vermögen, aber auch bloss um *Teile* davon oder sogar nur um *Einzelobjekte* gehen; das Umstrukturierungsrecht hat insofern ein liberales Konzept ohne irgendeinen Numerus clausus eingeführt.

[78] Tatsächlich «ersetzt» die Vermögensübertragung die ursprünglich vom Bundesrat vorgesehene und im Parlament *gestrichene Spaltungsvariante* der *«Ausgliederung»*.

Betreffend *Zulässigkeit* der Vermögensübertragung gibt es kaum Einschränkungen, so dass im Prinzip ein Auffangtatbestand zu den übrigen drei Transaktionsformen vorliegt (vgl. dazu hinten N 92).

2. Gefährdungen

Gesellschafter

84 Der *Gesellschafter* der übertragenden Gesellschaft wird (anders als die betreffende Gesellschaft) bei der Vermögensübertragung vom Konzept her *kaum gefährdet*, weil in erster Linie seine Anteils- und Mitgliedschaftsrechte nicht betroffen sind:

Die formelle Beteiligung an der übertragenden Unternehmung bleibt *nachher wie vorher* identisch, doch wurde allenfalls deren *Substanz verändert*. Als Folge der geringeren Gefährdung im Vergleich zu den übrigen Umstrukturierungen werden sowohl die Mitsprachemöglichkeiten (z. B. gibt es nur in Ausnahmefällen überhaupt eine Beschlussfassung in der GV) als auch die Transparenz (= System einer nachträglichen Spontaninformation im Rahmen von Art. 74 FusG) *konzeptionell beschnitten*.

Gläubiger

85 Die *Gläubigergefährdung* erweist sich hingegen als *ziemlich gross* und liegt betreffend Risikoeinschätzung in etwa zwischen der Spaltung und der Fusion; beispielsweise werden die Gläubiger der übertragenden Gesellschaft gefährdet, wenn die Unternehmung keinen (oder keinen angemessenen) Gegenwert für die Vermögenswerte erhält.

Der Gesetzgeber ist deshalb in Bezug auf die Schutzvorkehrungen einen *Mittelweg* gegangen (z. B. Art. 75 ff. FusG)[79], d. h., weiter als bei der Fusion, aber weniger weit als bei der Spaltung. Die Gläubiger können beispielsweise eine *Verantwortlichkeitsklage* (Art. 108 FusG), eine *paulianische Anfechtung* (Art. 285 ff. SchKG) oder schliesslich eine *Strafanzeige* gemäss Art. 163 ff. StGB in Erwägung ziehen.

3. Ablauf

Grundzüge

86 Das *prototypische FusG-Prozedere* (vgl. dazu vorne N 36 ff.) kommt bei den Fusionen, bei den Spaltungen und bei den Umwandlungen, aber eben gerade *nicht* bei den Vermögensübertragungen zur Anwendung. Die Vermögensübertragung stellt insbesondere bei den Mitsprachemöglichkeiten der Gesellschafter auf der einen Seite sowie bei den Transparenzerfordernissen auf der anderen Seite einen *Spezialfall* dar.

[79] Art. 71 Abs. 2 FusG dient ebenfalls dem Gläubigerschutz: vgl. dazu hinten N 96 ff.

87 Die Transaktion beginnt mit dem Abschluss eines *Übertragungsvertrags* zwischen den beteiligten Gesellschaften gemäss Art. 70 f. FusG, der schriftlich vorliegen muss; sollten damit *Grundstücke* übertragen werden, sind die entsprechenden Vertragsteile öffentlich zu beurkunden (Art. 70 Abs. 2 Satz 2 FusG). Vorbereitung

Im Vertrag geregelt werden etwa das Inventar (Art. 71 Abs. 1 lit. b FusG: vgl. dazu hinten N 88), der Gesamtwert der zu übertragenden Vermögenswerte (lit. c) und die allfällige Gegenleistung der übernehmenden Gesellschaft (lit. d). Zudem muss eine Liste der Arbeitsverhältnisse vorliegen (lit. e), die übertragen werden sollen.

88 Im Zentrum der Transaktion steht das *Inventar*. Darin müssen die Aktiven und Passiven (anders als bei einer Fusion, aber ähnlich wie bei einer Spaltung) *genau aufgeteilt* werden, damit klar ist, was auf wen transferiert wird – und was eben nicht (nicht zugeordnete Aktiven verbleiben bei der übertragenden Gesellschaft: Art. 72 FusG). Das Inventar muss in jedem Fall einen *Aktivenüberschuss* aufweisen (Art. 71 Abs. 2 FusG). Es ist m. a. W. unzulässig, mittels dieser Umstrukturierung eine Nettoschuld zu übertragen[80]. Inventar

89 Eine Vermögensübertragung setzt gemäss FusG *keine Beschlussfassung* der GV voraus (somit gibt es *kein Einsichtsrecht* für die Gesellschafter). Nur, aber immerhin in Ausnahmefällen – z. B. bei der Übertragung wesentlicher Aktiven, so dass eine *Zweckänderung* der Unternehmung vorliegt und eine *Statutenänderung* vorgenommen werden muss – hat eine GV über eine Vermögensübertragung zu beschliessen[81]. Vollzug

Die Vermögensübertragung wird am Schluss im *HR eingetragen*, was den Rechtsübergang der Aktiven und der Passiven bewirkt (Art. 73 FusG).

Die Gesellschafter, die mangels Beschlusskompetenz *nicht vorgängig* orientiert werden, erhalten nachträgliche Informationen zur Transaktion, nämlich entweder im *Anhang* zur Jahresrechnung oder anlässlich der *nächsten GV* (Art. 74 Abs. 1 FusG). Schliesslich kann bei der Vermögensübertragung ebenfalls eine *Verantwortlichkeitsklage* erhoben werden (Art. 108 FusG).

80 Dadurch soll in erster Linie eine *Sanierung* der übertragenden Gesellschaft durch die übernehmende Gesellschaft *verhindert* werden; diese Regelung ist ein Schutzmechanismus für die *Gläubiger* der *übernehmenden* Gesellschaft.

81 Die Basis ist dann aber z. B. das *Aktienrecht* und nicht das Fusionsgesetz.

4. Ausgewählte Aspekte

Übergang von Verträgen

Umstritten in der Doktrin und höchstrichterlich bis anhin (noch) nicht entschieden ist die praxisrelevante Frage, was mit bestehenden *Vertragsverhältnissen* bei Vermögensübertragungen (und ebenfalls bei Spaltungen) geschieht[82]: 90

Ein Teil der Lehre bejaht die automatische Übertragung der Verträge, und zwar selbst *ohne Zustimmung* der betroffenen Vertragspartei. Ein anderer Teil der Doktrin verneint dies hingegen und verlangt, dass die Gegenpartei damit einverstanden ist. Nach einer dritten Meinung werden Vertragsverhältnisse von der partiellen Universalsukzession nur, aber immerhin erfasst, sofern die Vermögensübertragung einen Betrieb oder Teilbetrieb betrifft und das Vertragsverhältnis mit diesem zusammenhängt.

Nach der hier vertretenen Ansicht stünde ein automatischer Übergang in Widerspruch zu obligationenrechtlichen Grundprinzipien und zur Gesetzgebungsgeschichte von Art. 69 ff. FusG. Zwar wäre eine zustimmungslose Übertragung aus Perspektive der Praxis wünschbar, doch hätte dies eine ausdrückliche Regelung (wie z. B. in Art. 333 OR) gebraucht. Aus diesen Überlegungen gehen m. E. die *Vertragsverhältnisse* durch Vermögensübertragungen *nicht automatisch* über, sondern bedürfen in jedem Fall der *Zustimmung* der Vertragsgegenpartei. 91

Funktionale Generalklausel

Bei Vermögensübertragungen sieht das FusG *fast keine Einschränkungen* vor. Sämtliche im HR *eingetragenen Gesellschaften* sowie Einzelunternehmungen und die Gesellschaften des KAG (sc. KmGK und SICAV) können ihre Vermögen oder mindestens Teile davon auf andere *Rechtsträger des Privatrechts* übertragen (Art. 69 Abs. 1 FusG). 92

Die Vermögensübertragung erweist sich sozusagen als multifunktional. D. h., es handelt sich um eine Art *funktionale Generalklausel*, durch die teilweise ein umstrukturierungsrechtliches Ziel erreicht werden kann, das aufgrund einer anderen Transaktion gemäss Fusionsgesetz nicht offensteht[83].

....

[82] Statt aller: PIERA BERETTA, Vertragsübertragungen im Anwendungsbereich des geplanten Fusionsgesetzes, SJZ 98 (2002) 249 ff.; ANDREAS BOHRER, Übergang von Verträgen bei der Vermögensübertragung, ST 78 (2004) 933 ff.; ROLF WATTER/URS KÄGI, Der Übergang von Verträgen bei Fusionen, Spaltungen und Vermögensübertragungen, SZW 76 (2004) 231 ff.; RETO M. HILTY, Vermögensübertragung nach Fusionsgesetz – Auswirkungen auf Verträge am Beispiel des Lizenzvertrags, in: FS für D. Zobl (Zürich 2004) 565 ff.; ALEXANDER VOGEL/MICHAEL GÜNTER: Der Vertragsübergang bei Vermögensübertragungen nach Fusionsgesetz, AJP 21 (2012) 592 ff.

[83] Art. 69 ff. FusG stellt somit einen *Auffangtatbestand* dar für Anpassungen der Gesellschaftsstrukturen, falls alternative Transaktionsformen (z. B. wegen der engen Zulässigkeit von Spaltungen) ausgeschlossen sind.

....

V. Spezialfragen

1. Gesellschafterschutz

a) Grundsätzliches

93 *Jeder Gesellschafter* ist konzeptionell daran interessiert, zu seinem eigenen Schutz entweder Mitsprachemöglichkeiten («Voice») oder die Möglichkeit zur Veräusserung seiner Beteiligung («Exit») oder, wenn möglich, beides kombiniert wahrnehmen zu können; nicht anders verhält es sich im Falle von Umstrukturierungen. Durch Fusionen, Spaltungen, Umwandlungen und Vermögensübertragungen werden die Gesellschafter *gefährdet*, so dass das FusG zahlreiche Schutzmechanismen eingeführt hat. «Exit» und «Voice»

b) Schutzmechanismen

aa) Konzept?

94 Im Umstrukturierungsrecht sind *verschiedene Mechanismen* zum Gesellschafterschutz verankert, nämlich etwa das Transparenzgebot (vgl. dazu vorne N 29 f.), die Interventionsmöglichkeiten (vgl. dazu vorne N 31), die Mitgliedschaftskontinuität (vgl. dazu vorne N 32), das Mehrbelastungsverbot (vgl. dazu vorne N 33) oder schliesslich – hier nicht vertieft – die Vermutung zwingenden Rechts[84]. Verweisungen

Es fällt auf, dass – wie generell beim Minderheitenschutz – *kein eigentliches Schutzkonzept* gemäss Fusionsgesetz besteht, d. h., die einzelnen Schutzmechanismen erscheinen relativ arbiträr, wenn auch m. E. meistens risikoadäquat ausgestaltet.

bb) Verschiedene Phasen

95 Der Gesetzgeber hat die umstrukturierungsrechtlichen Schutzmechanismen chronologisch *bewusst «verteilt»* über den gesamten Transaktionsablauf: Zeitlicher Ablauf

Einer Art vorgezogenem Gesellschafterschutz dient in einer *«Frühphase»* das Transparenzgebot (vgl. dazu vorne N 29 f.). In der *«Entscheidphase»* wird z. B. eine Intervention durch qualifizierte Quoren gewährt, was einen Einbezug der Minderheitsgesellschafter gewährleistet. Deren starker Ein-

[84] Dies stellt eine *Ausnahme* für das Gesellschaftsrecht dar; m. E. gilt ansonsten die *Vermutung dispositiven Rechts* (z. B. im Aktienrecht).

fluss zeigt sich schliesslich zudem in der *«Spätphase»*, also nachdem die Transaktionen beschlossen und vollzogen sind; nichtsdestotrotz stehen den Gesellschaftern verschiedene Klagen zur Verfügung (vgl. dazu vorne N 44 ff.), und zwar als Einzelklagen.

2. Gläubigerschutz

a) Grundsätzliches

Basis des Schutzes

Jeder Gläubiger kann sich auf *«seine» spezifische* Gläubigerbasis (etwa als Darlehensgeber, als Anleihensobligationär oder als Arbeitnehmer berufen). Ausserdem stehen dem Gläubiger zusätzlich die *gesellschaftsrechtlichen* Gläubigerschutzrechte zu; ebenso wie sich der Gesellschafter als Eigenkapitalgeber beispielsweise auf den gesellschaftsrechtlichen Minderheitenschutz berufen kann. 96

Sollte die Schuldnergesellschaft in eine Umstrukturierung involviert sein, kann sich der Gläubiger – sogar explizit erwähnt in Art. 1 Abs. 2 FusG – zusätzlich auf verschiedene Gläubigerschutzmechanismen gemäss *Fusionsgesetz* berufen, die je nach Transaktion unterschiedlich ausgestaltet sind (vgl. dazu hinten N 101 ff.).

Mögliche FusG-Konzepte

Die Gläubiger werden nicht durch jede Umstrukturierung gleichermassen in ihren Interessen – primär: Erfüllung der Forderung – gefährdet. M. E. sieht das *Gläubigergefährdungspotenzial* bei den vier FusG-Transaktionen wie folgt aus, und zwar in der Reihenfolge der abnehmenden Gefährdung: (1) Spaltung > (2) Vermögensübertragung > (3) Fusion (Vorbehalt: Sanierungsfusion) > (4) Umwandlung. 97

Das Fusionsgesetz ist bestrebt, diese *Differenzierungen* beim Gefährdungspotenzial je nach konkreter Umstrukturierung legislativ aufzunehmen: 98

Insofern werden zwei verschiedene Schutzkonzepte umgesetzt, nämlich einerseits ein *direkter Schutz* (die Gläubiger können sich m. a. W. unmittelbar auf Regeln berufen, z. B. Sicherstellung von Forderungen oder solidarische Haftung) und andererseits ein *indirekter Schutz* (d. h. die Gläubiger haben keinen eigenen Anspruch, sondern werden sozusagen en passant «miterwähnt» und sollen als eigentliche «Free Rider» geschützt werden, etwa im Fusionsbericht oder im Spaltungsplan)[85].

[85] Detailliert: PETER V. KUNZ, Arbeitsrecht – Neuerungen aufgrund des Fusionsgesetzes, in: Aktuelle Probleme des Arbeitsrechts (Zürich 2005) 93 ff. m. w. H.

b) Schutzmechanismen

aa) Gläubigerkategorien

99 Die Gesellschafter haben unterschiedlichste Interessen. Anders die Gläubiger, die prinzipiell einzig an der *Erfüllung ihrer Forderung* interessiert sind. Insofern erscheinen die Gläubigerinteressen eindimensional. Je nach konkreter Basis des Anspruchs können durchaus weitere Interessen hinzukommen.

Primärinteresse

Das Fusionsgesetz – konkret: Art. 1 Abs. 2 FusG – differenziert hingegen im Bereich der Umstrukturierungen zwischen *Arbeitnehmerinteressen* und *(sonstigen) Gläubigerinteressen*. Dabei darf nicht vergessen werden, dass ein Arbeitnehmer immer zugleich eo ipso ein Gläubiger ist und somit Ansprüche unter beiden «Titeln» hat.

100 Die *Arbeitnehmer* stellen eine spezifische (sowie privilegierte) Gläubigerkategorie im Rahmen des FusG dar[86]. Nichtsdestotrotz ist m. E. eine *generell privilegierende Auslegung* zugunsten der Arbeitnehmer[87] *abzulehnen*, weil keine entsprechende umstrukturierungsrechtliche Auslegungsrichtlinie besteht (vgl. dazu vorne N 21 f.).

Arbeitnehmerinteresse

Die Arbeitnehmer geniessen immerhin (mindestens) einen *vierfachen* Schutz, nämlich den obligationenrechtlichen Arbeitnehmerschutz, den gesellschaftsrechtlichen Gläubigerschutz, den Arbeitnehmerschutz gemäss Fusionsgesetz und schliesslich den besonderen Gläubigerschutz gemäss Fusionsgesetz.

bb) Ausgewählte Schutzmechanismen

101 Die Gläubiger bestimmter von Umstrukturierungen betroffener Gesellschaften können im Rahmen des Umstrukturierungsrechts z. T. verlangen, dass ihre *Forderungen sichergestellt* werden, wobei diese Sicherstellungen jeweils früher oder später erfolgen können, notabene je nach konkretem Gefährdungspotenzial:

Sicherstellung von Forderungen

Bei der *Fusion* kann die Sicherstellung nur, aber immerhin *nachträglich* verlangt werden, nämlich innerhalb von drei Monaten, nachdem der entsprechende Beschluss der GV bereits gefasst wurde (Art. 25 Abs. 1 FusG).

[86] Allg.: THOMAS GEISER, Die Stellung der Arbeitnehmenden nach dem Fusionsgesetz, AJP 13 (2004) 863 ff.; CHRISTOPH ZIMMERLI, Arbeitnehmerschutz bei Umstrukturierungen unter besonderer Berücksichtigung des Fusionsgesetzes, AJP 14 (2005) 771 ff.

[87] In diesem Sinne: MICHAEL E. WINKLER, Arbeitnehmerschutz nach dem Entwurf zum neuen Fusionsgesetz, SJZ 97 (2001) 477 FN 4 m. w. H.

Bei der *Spaltung* hingegen wird die Sicherstellung *vorgezogen*, d.h. die Gläubiger werden zuerst auf die Sicherstellungsmöglichkeit hingewiesen (Art. 45 FusG), dann können sie innerhalb von zwei Monaten die Sicherstellung verlangen (Art. 46 Abs. 1 FusG), und erst im Anschluss kommt es überhaupt zum Spaltungsbeschluss (Art. 43 Abs. 1 FusG).

Gesellschafterhaftung

Sollte ein *Gesellschafter haftbar* sein bei «seiner» Gesellschaftsform (etwa 102
als Kollektivgesellschafter), soll er sich nicht infolge Umstrukturierung sozusagen «aus der Verantwortung stehlen» können. Vielmehr soll seine persönliche Haftung in der Folge der Umstrukturierung *weiterhin bestehen*, und zwar bei den Fusionen (Art. 26 FusG), bei den Spaltungen (Art. 48 FusG) und bei den Umwandlungen (Art. 68 Abs. 1 FusG); hingegen gilt diese Regelung *nicht* bei den *Vermögensübertragungen*.

Subsidiärhaftung der beteiligten Gesellschaften

Einzig bei der *Spaltung*, die das grösste Gefährdungspotenzial für die 103
Gläubiger offenbart (vgl. dazu vorne N 64 ff.), kommt eine *Subsidiärhaftung* der beteiligten *Gesellschaften* im Rahmen von Art. 47 FusG zur Anwendung:

In erster Linie haftet der Rechtsträger, auf den die Verbindlichkeit infolge der Spaltung übertragen wurde, als *primär haftende* Gesellschaft. Wird die Forderung hingegen nicht befriedigt, «haften die übrigen an der Spaltung beteiligten Gesellschaften (subsidiär haftende Gesellschaften) solidarisch» (Art. 47 Abs. 1 FusG). Jede der betroffenen Gesellschaften kann auf das Ganze behaftet werden.

Solidarische Haftung

Die solidarische Haftung stellt einen zentralen Gläubigerschutzmechanis- 104
mus im Zusammenhang mit den *Vermögensübertragungen* dar. Die *bisherigen* Schuldner, die eine Schuld übertragen, haften solidarisch für die übertragenen Schulden bzw. Passiven mit dem *neuen* Schuldner (Art. 75 Abs. 1 FusG), und zwar während *dreier* Jahre. Art. 181 Abs. 2 OR wurde im Rahmen der Gesetzesrevision, was die zeitliche Dimension von neu drei Jahren betrifft, angepasst.

Übergang von Arbeitsverhältnissen

Bei vielen Umstrukturierungen sollen die *Arbeitsverhältnisse übergehen* 105
auf den übernehmenden Rechtsträger und somit an den zu übertragenden Vermögensteilen sozusagen «kleben bleiben», und zwar ohne weiteres:

Auf die entsprechende Regelung des OR – nämlich: Art. 333 OR – wird im Fusionsgesetz mehrfach ausdrücklich *verwiesen*. Dies trifft zu bei der Fusion (Art. 27 Abs. 1 FusG), bei der Spaltung (Art. 49 Abs. 1 FusG) sowie bei der Vermögensübertragung (Art. 76 Abs. 1 FusG), m.E. aber ganz bewusst *nicht* bei der *Umwandlung*, weil bei dieser Transaktion eben gerade nichts übertragen wird.

Konsultation der Arbeitnehmer

106 Ein letzter Gläubigerschutzmechanismus – notabene spezifisch für *Arbeitnehmer* – liegt in Art. 333a OR, d. h. in der *Konsultation* der Arbeitnehmervertretungen im Zusammenhang mit den (meisten) Umstrukturierungen:

107 Bei den *Umwandlungen fehlt* (erneut wie bei Art. 333 OR) eine entsprechende Verweisung, ganz anders als bei den Fusionen (Art. 28 FusG), bei den Spaltungen (Art. 50 FusG) und schliesslich bei den Vermögensübertragungen (Art. 77 FusG). Die Konsultation muss allerdings *vor der GV* erfolgen mit einer anschliessenden Orientierungspflicht anlässlich der GV der jeweiligen Gesellschaft (z. B. Fusion: Art. 28 Abs. 2 FusG). Eine *Verletzung* der Konsultationspflicht wird sanktioniert und kann dazu führen, dass bei Gericht verlangt wird, die Eintragung der Transaktion im HR zu verweigern (z. B. Fusion: Art. 28 Abs. 3 FusG; Vermögensübertragung: Art. 77 Abs. 2 FusG).

F. Vertiefungsfragen

1. Das Aktionariat der X AG besteht aus der vermögenden Privataktionärin Anja (75 % der Aktienstimmrechte) und aus diversen Kleinaktionären. Anja ist einzige VR. Die Kleinaktionäre machen ihr das VR-Leben schwer, so dass ihnen Anja anbietet, deren Beteiligungen zum wirklichen Wert zu übernehmen. Einige der Aktionäre nehmen das Angebot an, andere lehnen es ab, so dass Anja am Schluss über 91 % aller Aktien der X AG verfügt. Das Verhältnis zwischen Anja und den übrigen Aktionären wird immer schlechter. Jede GV wird für Anja zu einem emotionalen Spiessrutenlauf. Aus diesem Grund überlegt Anja sich nun, ob sie die verbliebenen Aktionäre «loswerden» könnte.

   Anja kontaktiert Sie vor diesem Hintergrund mit der Frage nach Möglichkeiten, die restlichen Aktionäre sozusagen zwangsweise von der X AG «auszuschliessen». Welche rechtlich zulässigen Möglichkeiten – wenn überhaupt – sehen Sie im Rahmen des OR oder des FinfraG oder des FusG? Wenn Sie solche Möglichkeiten sehen: Wie hat Anja vorzugehen?

2. Kann eine Einzelfirma («Einzelkaufmann» o. Ä.) in eine GmbH umgewandelt werden? Falls nein, mit welcher Transaktion bzw. mit welchem Rechtsinstitut (gemäss OR oder FusG) könnte dasselbe

Ergebnis erzielt werden? Ändert sich etwas, wenn die Einzelfirma im HR eingetragen ist?

3. Aus welchen Gründen gilt die Spaltung im Allgemeinen als die «gefährlichste» FusG-Transaktion, und was hat der Gesetzgeber unternommen, um die entsprechenden Gefahren zu minimieren?

4. Welche weiteren Bundesgesetze (nebst dem FusG) sind in der Praxis bei Zusammenschlüssen – insbesondere bei Fusionen grosser Unternehmen – zu beachten, und welche Besonderheiten ergeben sich dadurch?

5. Inwiefern stellt das Umstrukturierungsrecht mit dem FusG als Lex specialis einen Einbruch in die traditionelle Lehre des Eigentumsübergangs dar, und worin könnten allenfalls Probleme erkannt werden?

§ 14 Börsengesellschaftsrecht

A. Einstieg

Lernziele

- Sie kennen die Grundzüge des Börsengesellschaftsrechts und die unterschiedlichen Rechtsgrundlagen dazu (v. a. Börsenrecht, Aktienrecht sowie Kotierungsrecht).
- Sie verstehen, wie ein öffentliches Übernahmeangebot abläuft und wie die Transparenzpflicht(en) sowie die Angebotspflicht funktionieren.
- Sie erkennen, ob bzw. inwiefern das Börsengesellschaftsrecht dem übrigen Gesellschaftsrecht – insbesondere dem Aktienrecht des Obligationenrechts – vorgeht.
- Sie sind in der Lage, die unterschiedlichen Rechte und Pflichten von Gesellschaften, von Gesellschaftern sowie von Gesellschaftsgläubigern, je nach Status einer Unternehmung als Publikumsgesellschaft oder als private Gesellschaft, zu erklären.

Gesetzliche Grundlagen

- FinfraG, insbesondere Art. 120 ff. und Art. 125 ff. (SR 958.1)
  Das Bundesgesetz über die Finanzmarktinfrastrukturen und das Marktverhalten im Effekten- und Derivatehandel (Finanzmarktinfrastrukturgesetz (FinfraG) ist auf den 1. Januar 2016 in Kraft getreten. Das FinfraG regelt die Organisation und den Betrieb von Finanzinfrastrukturen. Dadurch wurde eine Regulierung in einem einzigen Bundesgesetz geschaffen; die bisher in verschiedenen Gesetzen (u. a. im BEHG) verstreuten Regeln wurden aufgehoben.
- Aktienrechtliche Sonderbestimmungen (z. B. Art. 685*d* ff. OR)

- VegüV (SR 221.331)
- Kotierungsreglemente (und weitere Selbstregulierungen) der SIX sowie der BX

Literaturhinweise

BAUMANN DANIEL, Unzulässige Abwehrmassnahmen der Zielgesellschaft gemäss Art. 29 Abs. 3 BEHG i. V. m. Art. 37 UEV, Jusletter 11. Oktober 2010.

KÖPFLI CHRISTIAN, Die Angebotspflicht im schweizerischen Kapitalmarktrecht (Diss. Zürich 2000).

KUNZ PETER V., Börsenrechtliche Meldepflicht in Theorie und Praxis, in: Unternehmen – Transaktion – Recht (Zürich 2008) 229 ff.

KURZBEIN REGULA, Verletzung der börsenrechtlichen Meldepflichten (Art. 20 und 31 BEHG) (Diss. Bern 2013).

RÜEDI PASCAL, Der örtliche und sachliche Anwendungsbereich des Schweizer Übernahmerechts (Diss. Bern 2010).

SCHENKER URS, Schweizerisches Übernahmerecht (Habil. St. Gallen 2009).

SCHERRER STEFAN, Aktionäre der Zielgesellschaft im Übernahmeverfahren (Diss. Zürich 2012).

TSCHÄNI RUDOLF/IFFLAND JACQUES/DIEM HANS-JAKOB, Öffentliche Kaufangebote (3. A. Zürich 2014).

WEBER ROLF H., Börsenrechtliche Meldepflichten im Spannungsfeld von Gesellschafts- und Finanzmarktrecht, in: FS für R. von Büren (Basel 2009) 769 ff.

ZYSSET PASCAL, Der streitgenossenschaftlich qualifizierte Aktionär im Verfahren vor der UEK, GesKR 2015, 78 ff.

ZYSSET PASCAL, Selbstregulierung im Finanzmarktrecht. Grundlagen, verwaltungsrechtliche Qualifikationen und rechtsstaatlicher Rahmen (Diss. Bern 2017)

B. Einführungsfall

Anton Ammann und Beat Brenner sind wohlhabende Finanzinvestoren, die einen Teil ihrer Privatvermögen in *kotierten Aktien* der Zarrenkars AG mit Sitz in Bern, die über eine Kotierung ihrer Beteiligungspapiere im Domestic Standard an der SIX Swiss Exchange verfügt, angelegt haben. Ammann gehören *24 %* des Aktienkapitals und Brenner *11 %* des Aktienkapitals der Zarrenkars AG. Ammann und Brenner sind mit der Entwicklung der Unternehmung *höchst unzufrieden* und überlegen sich auf einer gemeinsamen Golfrunde, den aktuellen Verwaltungsratspräsidenten Emil Ernst bei der kommenden *Generalversammlung abzuwählen*.

Daniel Dorsch, ein weiterer Golfkollege von Ammann (und zugleich erfolgreicher Investmentbanker), arrangiert eine gemeinsame Runde mit Christoph Christ, der seinerseits über *10 %* des Aktienkapitals der Zarrenkars AG verfügt. Dorsch schlägt Ammann und Brenner sowie Christ vor, dass sie zu dritt die *Unternehmung gemeinsam übernehmen*, wobei seine Bank für die Finanzierung verantwortlich zeichnen würde.

Ammann, Brenner und Christ prüfen den Vorschlag von Dorsch mit ihren Beratern und stimmen in der Folge zu. An einer *Pressekonferenz*, die von Dorsch organisiert wird, teilen die drei Investoren den anwesenden Medienvertretern mit, dass sie eine *Übernahme planen* und insbesondere *Emil Ernst abberufen* wollen. Der Börsenkurs der Aktien der Zarrenkars AG steigt am gleichen Tag dramatisch an. Dorsch hat Ammann im Stillen versichert, dass er ihm mittels Stimmrechten in Zarrenkars Aktien, über die seine Arbeitgeberin basierend auf Vermögensverwaltungsverträgen verfügen könne, zu einer komfortablen Mehrheit verhelfen könne (und werde).

Emil Ernst, dem einige wenige Aktien der Zarrenkars AG zu Eigentum zustehen, ist indes nicht bereit, klein beizugeben. Er macht *drei identische Anzeigen*, und zwar an die SIX Swiss Exchange, an die Finanzmarktaufsichtsbehörde (FINMA) und an die Übernahmekommission (UEK), wonach (im Originalton) die «arroganten Heuschrecken Ammann, Brenner und Christ zahlreiche Schweizer Gesetze gebrochen [hätten] und von den Behörden zur Verantwortung gezogen» werden müssten. Eine «Übernahmeschlacht» erscheint somit unabwendbar – notabene mit unklarem Ausgang!

Aufgaben

1. Welche *börsenrechtlichen Investorenpflichten* stehen im Vordergrund des Falles? Erläutern Sie diese Aktionärspflichten im Einzelnen und beschreiben Sie deren *Verhältnis* zum aktienrechtlichen Prinzip gemäss Art. 680 Abs. 1 OR.
2. Inwiefern könnte eine *«Gruppen»-Problematik* in Bezug auf die Meldepflicht und auf die Angebotspflicht gegeben sein? Und wer könnte zu einer «Gruppe» allenfalls gezählt werden: Ammann, Brenner, Christ – und sogar die Bank?
3. Welche Funktionen nehmen *Banken* in solchen Situation wahr? Welche *Risiken* drohen (nicht zuletzt den Banken selbst)?
4. Welche *Sanktionen* sind im konkreten Fall zu befürchten, wenn die *Meldepflicht* (Art. 120 FinfraG) oder die *Angebotspflicht* (Art. 135 FinfraG) durch einzelne Investoren oder durch eine «Gruppe» verletzt wurden? Wie sieht die *aktuelle Praxis* der Gerichte und der Behörden aus?
5. Welche rechtliche Bedeutung kommt der *Pressekonferenz* zu – und ist dies ein Anwendungsfall der *Ad hoc-Publizität*? Können die Gespräche anlässlich der *zwei Golfrunden* allenfalls zu (Rechts-)Fragen führen?

C. Einführung

I. Bedeutung in der Wirtschaftsrealität

1. Publikumsgesellschaften

Grundverständnis

Der Begriff *«Publikumsgesellschaft»* meint, etwas trivialisiert im Rahmen dieser Darstellung, dass regelmässig eine schweizerische AG[1] gemäss Art. 620 ff. OR ihre Beteiligungspapiere (= Eigenkapital) – also primär ihre Aktien oder seltener ihre Partizipationsscheine bzw. PS oder Genussschei- 1

[1] Nebst *AG* (inklusive der SICAF) können *Kommandit-AG* sowie *SICAV* ihre Beteiligungspapiere *kotieren* lassen, was aktuell indes nicht der Fall ist; Kotierungen sind hingegen unmöglich z. B. bei GmbH, bei Genossenschaften und bei Personengesellschaften.

ne – an einer der zwei schweizerischen Börsen (sc. SIX oder BX) zum Handel zugelassen, d. h. *kotiert* (Art. 2 lit. f FinfraG)[2] hat.

Kotierte Beteiligungspapiere von AG bringen für die betreffenden Gesellschaften, aber ebenso für deren Gesellschafter und für die Gläubiger eine Vielzahl von Spezialregelungen ins Spiel, die zusammengefasst (bzw. als Oberbegriff) als *Börsengesellschaftsrecht* bezeichnet werden können[3].

2 Nebst den Beteiligungspapieren können *Fremdkapitalpapiere* (z. B. Anleihensobligationen im Rahmen von Art. 1156 ff. OR) kotiert werden. Ausserdem ist es möglich, dass eine Kotierung von Beteiligungspapieren an einer *Börse im Ausland* stattfindet. Der Begriff der «Publikumsgesellschaft» erfuhr zudem vor einiger Zeit eine etwas andere, und zwar breitere Legaldefinition im *Revisionsrecht* (Art. 727 Abs. 1 OR)[4]. Abgrenzungen

Diese drei Konstellationen aus dem genannten Artikel interessieren im Folgenden allerdings nicht, denn das Börsengesellschaftsrecht ist darauf gerade *nicht anwendbar*. Das Börsengesellschaftsrecht setzt die Kotierung von Beteiligungspapieren voraus.

3 Der Anwendungsbereich des Börsengesellschaftsrechts und die Einsatzmöglichkeit der entsprechenden Instrumentarien (z. B. ein «Squeeze-out»: vgl. dazu hinten N 50) sind unter verschiedenen Aspekten nicht unbestritten. Es kam schon vor, dass das Börsengesetz bzw. dessen Kraftloserklärungsklage gemäss Art. 137 FinfraG auf private AG, d. h. auf Gesellschaften ohne kotierte Beteiligungspapiere, angewendet wurde[5]; m. E. ist eine solche *«Börsialisierung»* des privaten Gesellschaftsrechts abzulehnen.

2 Zum *Kotierungsbegriff*: THOMAS VON BALLMOOS, Nochmals zum Kotierungsbegriff gemäss Aktien- und Börsenrecht, SJZ 95 (1999) 113 ff.; allg.: HEINRICH HENCKEL VON DONNERSMARCK, Die Kotierung von Effekten (Diss. Freiburg i. Ü. 1996) *passim*.

3 Allg.: PETER NOBEL, Börsengesellschaftsrecht, in: FS für R. Bär (Bern 1998) 301 ff.; HANS CASPAR VON DER CRONE, Auf dem Weg zu einem Recht der Publikumsgesellschaften, ZBJV 133 (1997) 73 ff.; PETER V. KUNZ, Publikumsgesellschaften in der Schweiz – theoretische und praktische Ansätze zum Investorenschutz, recht 15 (1997) 136 ff.

4 Als «Publikumsgesellschaften» im Rahmen des *Revisionsrechts* werden nicht allein Gesellschaften mit kotierten Beteiligungspapieren bezeichnet, sondern u. a. auch Gesellschaften, die *Anleihensobligationen* emittiert haben: Art. 727 Abs. 1 Ziff. 1 lit. b OR.

5 RAFFAEL BÜCHI, Erstmalige Anwendung von Art. 33 BEHG auf eine nicht kotierte Gesellschaft, AJP 14 (2005) 496 ff.; CHRISTIAN RUDOLF VON ROHR, Die erstmalige Anwendung von Art. 33 BEHG auf eine nicht kotierte Gesellschaft, Jusletter vom 14. Dezember 2009, *passim*.

2. Statistisches

Quantitative Bedeutung

4 Die Publikumsgesellschaften im Sinne des Börsengesellschaftsrechts stellen eine *kleine Minderheit* der Gesellschaften dar. Ende 2017 gab es *mehr als 420 000* juristische Personen, davon gut 215 000 AG, nicht ganz 190 000 GmbH sowie rund je 9000 Genossenschaften und Vereine. An den beiden schweizerischen Börsen sind Beteiligungspapiere von weniger als *300 AG* mit Sitz in der Schweiz kotiert[6], und zwar – Mitte 2018 – 255 AG an der SIX Swiss Exchange sowie 23 AG an der BX Berne eXchange (vgl. dazu hinten N 16).

Volkswirtschaftliche Bedeutung

5 Trotz der geringen Zahl kommt den Publikumsgesellschaften m. E. eine *überragende volkswirtschaftliche Bedeutung* zu (z. B. für Arbeitsplätze oder für Steuererträge). Dies wird offensichtlich bei einer selektiven Aufzählung einiger Gesellschaften aus dem Swiss Market Index (SMI): ABB Ltd., Credit Suisse Group AG, Nestlé AG, Novartis AG, Roche Holding AG, Swiss Life Holding AG, UBS AG oder Zurich Insurance Group AG. Nichtsdestotrotz dürften die wenigsten Publikumsgesellschaften (v. a. «small and mid caps») dem Durchschnittsbürger bekannt sein.

Auffällig und im internationalen Vergleich aussergewöhnlich ist insbesondere, dass relativ vielen Publikumsgesellschaften eine *globale Ausstrahlung* zukommt (insbesondere in der Finanzbranche, in der Pharmabranche oder in der Lebensmittelbranche).

II. Grundlagen

1. Aktienhandel an den Börsen

a) Kotierungen

Statuswechsel

6 Das Börsengesellschaftsrecht setzt eine *Kotierung* der Beteiligungspapiere voraus, d. h., die Aktien müssen zum Handel an einer schweizerischen Börse zugelassen sein. Eine solche Kotierung, die in einem formellen Prozedere (= Kotierungsverfahren) durchgeführt wird, führt zu einem *rechtlichen Statuswechsel* von einer privaten AG zu einer Publikumsgesellschaft. In diesem Zusammenhang werden *zwei Arten* des Börsenganges unterschieden, die unterschiedliche Zielsetzungen verfolgen:

6 Verschiedene Emittenten haben *mehrere* Beteiligungspapiere kotiert.

7 Sog. *Primary Offering* (d. h. die Gesellschaft erhöht das Aktienkapital, und die neuen kotierten Aktien werden dem «Publikum» bzw. im Prinzip jedermann öffentlich zur Zeichnung angeboten)[7] einerseits sowie sog. *Secondary Offering* (d. h. die bisherigen Aktionäre veräussern ihre Aktien an der Börse, ohne dass das Aktienkapital notwendigerweise erhöht werden muss) andererseits: Varianten des Börsengangs

Während beim Primary Offering *neues Eigenkapital* aufgenommen wird und damit eine Finanzierung der Gesellschaft im Vordergrund steht, soll beim Secondary Offering den bisherigen Gesellschaftern die *Aktienveräusserung erleichtert* werden (Verstärkung von «Exit»). In der Praxis kommt regelmässig eine Kombination vor, wobei insbesondere dem Primary Offering eine vertrauensbildende Komponente zukommt.

8 Die Kotierung[8] von Aktien (oder von sonstigen Beteiligungspapieren) hat *verschiedene Rechtsfolgen*, und zwar für die Publikumsgesellschaften, für die Publikumsaktionäre und für die Publikumsgesellschaftsgläubiger. Das Börsengesellschaftsrecht verschafft teils *Erleichterungen*, teils *Erschwerungen* – als Auswahl: Rechtsfolgen

- *Gesellschaftsebene*: Die Publikumsgesellschaften haben zahlreiche Pflichten etwa betreffend Transparenz (Offenlegung von bedeutenden Aktionären im Anhang: Art. 663*c* Abs. 1 OR; Vergütungen an VR/GL: Art. 663*b*^{bis} OR; etc.); sie haben ausserdem eine spezifische Vinkulierungsordnung (Art. 685*d* ff. OR) zu berücksichtigen.
- *Gesellschafterebene*: Die *Publikumsaktionäre* müssen – im Vergleich zu den privaten Aktionären (Art. 680 Abs. 1 OR) – zahlreiche zusätzliche Pflichten erfüllen, beispielweise hinsichtlich der Offenlegung von Beteiligungen gemäss Art. 120 FinfraG (vgl. dazu hinten N 53 ff.) oder der Unterbreitung eines Pflichtangebots gemäss Art. 135 FinfraG (vgl. dazu hinten N 68 ff.).
- *Gläubigerebene*: Schliesslich kommen die *Gläubiger* von Publikumsgesellschaften in den Genuss z. B. einer erhöhten Transparenz betreffend Jahresrechnung und Konzernrechnung im Rahmen von Art. 958*e* OR.

7 Die Rede ist von einem *«Going Public»* bzw. von einem *«Initial Public Offering»* (IPO).

8 Für das schweizerische Recht bedeutsam sind einzig Kotierungen in der Schweiz; verschiedene Gesellschaften mit Sitz in der Schweiz sind zum Teil ausschliesslich im Ausland kotiert oder haben ausländische Zweitkotierungen, wobei diese Fragestellungen hier *nicht* betrachtet werden.

Kompetenzen

Weder das Aktienrecht noch die Mehrheit der Statuten der Publikumsgesellschaften enthalten Regelungen zur Zuständigkeit im Zusammenhang mit Börsengängen: 9

Ein *Primary Offering* setzt neue Aktien und damit eine Kapitalerhöhung (sowie einen Bezugsrechtsausschluss) voraus, so dass die *GV zuständig* ist (Art. 650 Abs. 1 OR). Beim *Secondary Offering* hingegen ist die Erhöhung des Aktienkapitals nicht notwendig, so dass für die Beschlussfassung der Gesellschaft – aufgrund der Auffangkompetenz von Art. 716 Abs. 1 OR – regelmässig eine *VR-Kompetenz* vorliegt.

b) Dekotierungen

Statuswechsel bzw. «Status quo ante»

Mit einer *Dekotierung* («Going Private»)[9] als «Umkehrung» eines Börsengangs werden die Rechtsfolgen der Kotierung (vgl. dazu vorne N 6 ff.) für die Gesellschaft, für die Gesellschafter und für die Gesellschaftsgläubiger wieder *rückgängig gemacht*. D. h., das Börsengesellschaftsrecht kommt nicht (mehr) zur Anwendung. Die Dekotierung stellt einen juristisch-technischen Akt dar[10]. 10

Da durch die Dekotierung – beispielsweise durch eine Relativierung von «Exit» – konzeptionell die *Kleinaktionäre gefährdet* werden, wurden verschiedene Schutzmechanismen im Rahmen des Kotierungsrechts vorgesehen (beispielsweise erhöhte Transparenzvorschriften)[11].

Kompetenzen

Die *Zuständigkeitsfrage* zur Beschlussfassung über die Dekotierung ist insbesondere im Ausland[12] *nicht unumstritten*. In Frage kämen – konzeptionell – der VR, die GV oder eine Sonderversammlung gewisser Minderheitsaktionäre. Da weder das Gesetz noch die Mehrzahl der Statuten der Publikumsgesellschaften explizite Dekotierungsbestimmungen enthalten, ist m. E. (meist) der *VR zuständig* (Art. 716 Abs. 1 OR). 11

9 Im Ausland – nicht zuletzt in Deutschland und in Österreich – ist der *Begriff «Delisting»* üblich.

10 Details: PETER NOBEL, Zur Dekotierung von der Börse (...), SZW 75 (2003) 113 ff.; PETER V. KUNZ, Kotierung sowie Dekotierung, GesKR 2006, 133 ff.; ANDREAS RÖTHELI/JACQUES IFFLAND, La décotation, SZW 76 (2004) 305 ff.; zudem: CAROLINE MÖHRLE, Delisting (Diss. Zürich 2006) *passim*; KAREL KOHLIK, Ausgewählte Aspekte von Going-Private-Transaktionen (Diss. St. Gallen 2005) *passim*; MICHAEL INDERBITZIN, Going Private und dem Going Private ähnliche Sachverhalte (Diss. Zürich 1993) *passim*.

11 Detaillierte Informationen zur Dekotierung und zum anwendbaren Verfahren finden sich in den entsprechenden Selbstregularien der SIX (RLD sowie RLDKK) bzw. der BX (Art. 23 KR BX).

12 In *Deutschland* hatte sich der Bundesgerichtshof im bekannten *«Macrotron»-Urteil* ehemals für eine Kompetenz der Hauptversammlung (= GV) betreffend Dekotierung entschieden; seit dem *Urteil «Frosta»* aus dem Jahr 2013 braucht es nun aber keinen Hauptversammlungsbeschluss mehr, detailliert: WALTER BAYER, Die Delisting-Entscheidungen «Macrotron» und «Frosta» des II. Zivilsenats des BGH, ZfPW 2015, 163 ff.

Angesichts der unmittelbaren Betroffenheit der Aktionäre durch die Dekotierung wäre es *rechtspolitisch* durchaus wünschbar, dass mittels einer Revision von Art. 698 OR eine Kompetenz der GV eingeführt würde[13]. Immerhin geht es – gemäss Diktion der deutschen Rechtsprechung – sogar um die Eigentumsgarantie der Investoren. Entsprechende Vorschläge sind allerdings bis anhin nicht aufgenommen worden.

2. Regulierungsfragen

Regulatorische Zweiteilung

12 Das Börsengesellschaftsrecht findet sich in erster Linie in Gesetzen (z. B. im FinfraG, im OR oder im KAG) sowie in zahlreichen Verordnungen dazu (vgl. dazu hinten N 24 ff.), d. h. in *Regulierungen* bzw. hoheitlichen Rechtssetzungen.

Im Gesellschaftsrecht gab[14] und gibt es indes eine lange Tradition, dass anstelle von oder parallel zu solchen Rechtssetzungen ebenfalls Private (= Selbstregulatoren) nichthoheitliche *Selbstregulierungen* «erlassen»[15]. Bei dieser privaten «Rechtssetzung» muss allerdings eine eigentliche Zweiteilung beachtet werden:

Varianten der Selbstregulierung

13 Bei der *unechten Selbstregulierung* wird, etwas trivialisiert, an den Selbstregulator (z. B. einen privaten Verein) im Prinzip eine Rechtssetzungskompetenz des Staates «delegiert», die er in der Folge privat wahrzunehmen hat oder wahrnehmen kann; der hoheitlich Delegierende behält aber eine Art von Mitsprache- bzw. Interventionsrecht, indem die entsprechenden Selbstregulierungen beispielsweise genehmigt werden müssen.

Im Prinzip überhaupt keine staatlichen Mitwirkungsmöglichkeiten bestehen hingegen bei der *echten Selbstregulierung*, in deren Bereich der Selbstregulator (z. B. ein Branchenverband) völlig autonom tätig sein kann – oder dies eben auch unterlassen darf. Eine entsprechende Selbstregulierung kommt in der Praxis etwa vor, um sozusagen als Präventivschlag eine staatliche Regulierung zu verhindern.

Beispiele zur Selbstregulierung

14 Die *Börsen* (vgl. dazu hinten N 16) basieren auf Selbstregulierungen (Art. 27 FinfraG)[16]. Betreffend die Zulassung von Beteiligungspapieren zum Börsenhandel haben sie gemäss Art. 35 Abs. 1 FinfraG ein *Kotierungsreglement* (KR) zu erlassen (vgl. dazu hinten N 31 f.), das der finanz-

13 FuW vom 12. August 2009, 13 («Wenn Dekotierung zum Druckmittel wird»).

14 In erster Linie das *Rechnungslegungsrecht* wurde stark von Selbstregulierungen ergänzt.

15 Allg.: PETER V. KUNZ, Corporate Governance – Tendenz von der Selbstregulierung zur Regulierung, in: FS für P. Böckli (Zürich 2006) 475 ff.

16 In gewissen Fällen ist eine *Klage beim Zivilrichter* zulässig: Art. 37 Abs. 4 FinfraG.

marktrechtlichen Aufsichtsbehörde (vgl. dazu hinten N 20) zur Genehmigung vorgelegt wird (Art. 27 Abs. 4 FinfraG). Die Kotierungsreglemente der beiden Börsen – als private Selbstregulatoren – gehören somit zur *unechten* Selbstregulierung (sc. KR SIX und KR BX).

Der heute bedeutsamste und umfassendste Wirtschaftsdachverband der Schweiz, nämlich *economiesuisse* (www.economiesuisse.ch), hat erstmals im Jahre 2002 rechtsunverbindliche Empfehlungen für eine verbesserte Corporate Governance im *Swiss Code of Best Practice* (SCBP) gemacht[17], und zwar primär für Publikumsgesellschaften, aber auch für grössere private Gesellschaften. Der SCBP berücksichtigt zwar internationale Tendenzen, ist aber autonom, also ohne jegliche «staatliche Vorgaben». Der SCBP von economiesuisse gehört somit zur *echten* Selbstregulierung.

Zur Privatautonomie: Statuten von Publikumsgesellschaften

15 Die *privatautonome Gestaltungsfreiheit* der Publikumsaktionäre gelangt in den *Statuten* der Publikumsgesellschaften[18] zum Ausdruck[19]. Von Gesetzes wegen bestehen zwar keine statutarischen Differenzierungsnotwendigkeiten zwischen den privaten AG einerseits und den Publikums-AG andererseits (vorbehältlich VegüV); nichtsdestotrotz können für die *Statuten von Publikumsgesellschaften* zahlreiche Sonderthemen diskutiert werden, so bspw. die statutarischen Veränderungen bei den *Grenzwerten* gemäss Art. 120 FinfraG (vgl. dazu hinten N 53 ff.) sowie bei Art. 135 FinfraG (vgl. dazu hinten N 68 ff.)[20].

3. Behörden etc.

Börsen

16 Über die Kotierung von Beteiligungspapieren – und damit mittelbar ebenfalls über die Anwendbarkeit des Börsengesellschaftsrechts – befinden ausschliesslich die selbstregulierten Börsen sowie deren Zulassungsstellen («Regulatory Boards»); es gibt kein «Bundesamt für Börsen». Das Börsenwesen ist auf Bundesebene erst seit den späten 1990er-Jahren vereinheitlicht und lag früher in der kantonalen Kompetenz.

17 Im Jahr 2016 wurde die *vierte* Auflage des SCBP publiziert.

18 Die *«Abzocker»-Ordnung* gemäss Art. 95 Abs. 3 BV/VegüV schränkt die Gestaltungsfreiheit erheblich ein und gibt mehr oder weniger klare Vorgaben zur *Statutenausgestaltung* in diesem Bereich.

19 Die Möglichkeit von *Aktionärbindungsverträgen* zwischen Publikumsaktionären führt zu spezifischen börsengesellschaftsrechtlichen Fragestellungen, etwa zur *«Gruppen»-Problematik* bei Art. 121 FinfraG, bei Art. 125 ff. FinfraG (insbesondere Art. 134 Abs. 2 FinfraG), bei Art. 135 ff. FinfraG (insbesondere Art. 136 Abs. 1 lit. a FinfraG) sowie bei Art. 139 Abs. 2 lit. b FinfraG.

20 Spezifisch: PETER V. KUNZ, Statuten – Grundbaustein der Aktiengesellschaften, in: Die «grosse» Schweizer Aktienrechtsrevision (Zürich/St. Gallen) 71 ff.

Heute bestehen in der Schweiz für den Handel von Beteiligungspapieren zwei Börsen (Art. 2 lit. a Ziff. 1 FinfraG und Art. 26 lit. b FinfraG sowie Art. 4 ff. FinfraG)[21], nämlich die *SIX Swiss Exchange* bzw. SIX in Zürich einerseits und die *BX Berne eXchange* bzw. BX in Bern andererseits; in der Wirtschaftsrealität dominiert die SIX, wobei die Bedeutung der BX – m. E. zu Unrecht – immer wieder unterschätzt wird[22].

Es ist ausserdem möglich, dass eine Unternehmung bzw. deren Beteiligungspapiere *parallel an beiden Börsen* kotiert sind (z. B. traf dies früher zu auf die Valiant Bank AG und auf die Berner Kantonalbank AG/BEKB, deren Aktien an der SIX weiterhin kotiert sind, oder auf die ehemalige Victoria Jungfrau Collection AG (heute: AEVIS Victoria SA), die ihre Titel sowohl an der SIX als auch an der BX kotiert hatte). Zurzeit gibt es indes *keine solche Doppelkotierung* mehr.

17 Es bestehen ausserdem *organisierte Handelsplattformen*, die *keine* Börsen sind, d. h. keine hoheitliche Börsenbewilligung haben: Abgrenzung zu OTC

Am bekanntesten ist der Handel mit *«Ausserbörslichen»* (ehemals: «Telefonische Börse Bern») bzw. der *OTC-Handel* der BEKB (OTC-X). Die heute ausserbörslich bzw. «over the counter» bei der BEKB gehandelten Beteiligungspapiere gelten *nicht als kotierte* Wertpapiere, so dass das Börsengesellschaftsrecht *nicht anwendbar* ist. In den vergangenen Jahren ist eine Tendenz für Dekotierungen an den Börsen – gerade an der BX – und hin zum ausserbörslichen Handel auszumachen.

18 Im Bereich der öffentlichen Übernahmeangebote für kotierte Beteiligungspapiere besteht basierend auf Art. 126 FinfraG die *Übernahmekommission* (UEK) als Regulator und als Aufsichtsbehörde[23]; in anderen börsengesellschaftsrechtlichen Bereichen (z. B. bei der Meldepflicht gemäss Art. 120 FinfraG) hat die UEK keine Zuständigkeiten. Die UEK, prinzipiell zusammengesetzt aus Experten sowie bestellt von der börsenrechtlichen Oberaufsichtsbehörde (Art. 126 Abs. 1 FinfraG), *überprüft* im Einzelfall die *Übernahmesachen* gemäss Art. 126 Abs. 3 FinfraG. UEK

19 Bis Ende 2008 erfolgte dies mittels unverbindlichen Empfehlungen, nunmehr mittels rechtsverbindlicher *Verfügungen* (Art. 138 Abs. 1 FinfraG)[24].

[21] Details: Art. 4 ff. FinfraV.

[22] Beispielsweise kann ein kleines Unternehmen an der BX sozusagen *trainieren*, was es bedeutet, Publikumsgesellschaft zu sein, d. h., es werden *Erfahrungen* gesammelt; eine andere Motivation kann darin liegen, durch eine Kotierung an der BX die Anwendbarkeit einer belastenden *FINMA-Aufsicht zu verhindern* (z. B. betreffend das Kollektivanlagengesetz/KAG).

[23] Basis der UEK ist das Reglement der UEK (R-UEK): SR 954.195.2; Details zu den *Aufgaben* der UEK und zum *Verfahren* vor der UEK: Art. 138 f. FinfraG i. V. m. Art. 54 ff. UEV.

[24] Art. 3 Abs. 2 UEV.

Die Verfahrensrechte der betroffenen Investoren wurden ebenfalls ausgebaut: Sog. *qualifizierten Aktionären*, die mit mindestens 3 % an den Stimmrechten der Zielgesellschaft beteiligt sind, kann Parteistellung im Verfahren vor der UEK zukommen (Art. 139 Abs. 3 FinfraG und Art. 56 Abs. 3/ Abs. 4 UEV).

FINMA

20 Die (frühere) Eidgenössische Bankenkommission/EBK war bis Ende 2008 die Oberaufsichtsbehörde im Börsenrecht, seit dem 1. Januar 2009 ist dies die neu geschaffene *Finanzmarktaufsichtsbehörde* (FINMA) gemäss Art. 1 Abs. 1 lit. e FINMAG[25]. Die börsenrechtlichen Kompetenzen der FINMA sind umfassend (Art. 145 FinfraG; beispielsweise können die UEK-Verfügungen betreffend öffentliche Übernahmeangebote innert fünf Börsentagen bei der *FINMA angefochten* werden (Art. 140 FinfraG), so dass die FINMA insofern als Rechtsmittelinstanz tätig wird.

Weitere staatliche Instanzen

21 Nebst der UEK und der FINMA haben weitere Bundesbehörden ebenfalls Kompetenzen im Börsengesellschaftsrecht. Beispielsweise ist und bleibt das *Eidgenössische Finanzdepartement* (EFD) zuständig bei der strafrechtlichen Sanktionierung im Rahmen von Meldepflichtverletzungen gemäss Art. 120 FinfraG i. V. m. Art. 50 FINMAG (vgl. dazu hinten N 60 ff.); die Zuständigkeitsordnung ist rechtspolitisch umstritten.

22 Schliesslich können die Entscheide der FINMA in Übernahmesachen beim *Bundesverwaltungsgericht* innert zehn Tagen seit Eröffnung des Entscheids mit Beschwerde angefochten werden (Art. 141 FinfraG). Die Urteile des Bundesverwaltungsgerichts sind *endgültig* (Art. 83 lit. u BGG).

III. Rechtsquellen des Börsengesellschaftsrechts

1. Börsenrecht

a) FinfraG/aBEHG sowie Verordnungen

Kantonale Ordnung sowie BEHG: Rückblick

23 Die *ersten Börsen* in der Schweiz entstanden erst relativ spät, nämlich Mitte des 19. Jahrhunderts, und zwar im Jahre 1850 (Genf), im Jahre 1876 (Basel) sowie im Jahre 1877 (Zürich). Ihre Rechtsgrundlagen waren *kantonale Gesetze*. Das Übernahmerecht war selbstreguliert und basierte auf dem «Schweizerischen Übernahmekodex». Insbesondere seit den 1980er-Jahren verstärkten sich die *Vereinheitlichungsbemühungen auf Bundesebene*.

[25] Finanzmarktaufsichtsgesetz (FINMAG): SR 956.1.

Schliesslich trat das Bundesgesetz über die Börsen und den Effektenhandel (Börsengesetz, BEHG) in den Jahren 1997 und 1998 in Kraft.

24 Durch die «Kleeblatt-Reform» wurde das Finanzmarktrecht der Schweiz totalrevidiert und auf eine neue legislative Grundstruktur gestellt[26]. Davon war u. a. das BEHG betroffen, wird das Börsengesellschaftsrecht heute doch überwiegend im Finanzmarktinfrastrukturgesetz (FinfraG)[27] geregelt, welches auf den 1. Januar 2016 in Kraft trat. Bundesgesetze

25 Das BEHG regelt aktuell «nur» noch die Aufsicht über die Effektenhändler für den gewerbsmässigen Handel mit Effekten (Art. 1 Abs. 1 BEHG). Die Absicht des Gesetzgebers ist es, diesen letzten Regulierungsteil vom BEHG ins FINIG – von welchem aktuell lediglich der Vernehmlassungsentwurf vorliegt – zu überführen. Mit dem Inkrafttreten des FINIG wird daher das BEHG aufgehoben.

26 Das FinfraG ist als *Rahmengesetz* konzipiert (wie ehemals auch das BEHG)[28]. D. h., das Gesetz legt die börsenrechtlichen Grundlinien fest, die auf untergeordneter Regelungsstufe umgesetzt werden müssen. Es bestehen *zahlreiche Verordnungen*, die von verschiedenen Rechtssetzern erlassen wurden, nämlich die Finanzmarktinfrastrukturverordnung des Bundesrates (FinfraV)[29], die Finanzmarktinfrastrukturverordnung der FINMA (FinfraV-FINMA)[30], die Übernahmeverordnung der UEK (UEV)[31] sowie das Reglement der UEK (R-UEK). Verordnungen auf Bundesebene

Die *zentralen Inhalte* des Börsengesellschaftsrechts – beispielsweise zu den Verhaltenspflichten der beteiligten Parteien bei öffentlichen Übernahmen oder zu den Investorenpflichten – finden sich in diesen *Verordnungen*. Es scheint nicht immer schlüssig, in welcher Verordnung sich welche Regelungen finden lassen.

b) Inhaltliche Zweiteilung

27 Das *Börsenrecht* (als Oberbegriff) geht erheblich weiter als das Börsengesellschaftsrecht, das einzig einen Teilbereich – wenn auch einen wichtigen – davon darstellt. Das Börsenrecht beinhaltet insbesondere Finanzmarktrecht

[26] Im Detail (und kritisch) zum Revisionsprojekt: PETER V. KUNZ, Braucht es eine neue Architektur des Finanzmarktrechts für die Schweiz?, Die Volkswirtschaft 7/8–2014, 18 ff.; DERS., Sinn und Unsinn der «Kleeblattreform», NZZ Nr. 211 (2014) 21.

[27] SR 958.1.

[28] Allg.: ALBRECHT LANGHART, Rahmengesetz und Selbstregulierung (Diss. Zürich 1992) 248 ff.

[29] SR 958.11.

[30] SR 958.111.

[31] SR 954.195.1.

finanzmarktrechtliche Aspekte (z. B. Bewilligungen, Aufsichten und entsprechende Sanktionierungen), die für das Gesellschaftsrecht im Grossen und Ganzen ohne Bedeutung bleiben.

Publikumsgesellschaften sind *nicht bewilligungspflichtig*; immerhin hat das Bundesgericht im Jahr 2010 mit BGE 136 II 304 festgehalten, dass die FINMA in diesem Bereich ebenfalls kompetent ist. Spezifisch geregelt sind im Börsenrecht die Börsen (Art. 4 Abs. 1 i. V. m. Art. 2 lit. a Ziff. 1 FinfraG)[32] sowie der Effektenhandel bzw. die Effektenhändler (Art. 1 Abs. 1 sowie Art. 10 ff. BEHG)[33]. Das *Finanzmarktrecht* steht im Vordergrund (Zweck: Art. 1 FinfraG). Mit Inkrafttreten des FinfraG regelt das BEHG nur noch die Aufsicht über die Effektenhändler (vgl. dazu vorne N 25).

Gesellschaftsrecht

Das FinfraG und das BEHG gehen als *Leges speciales* insbesondere dem Aktienrecht vor[34]. Das Börsenrecht gemäss FinfraG, BEHG und diversen Verordnungen regelt zahlreiche *gesellschaftsrechtliche* Aspekte, auf die im Folgenden eingegangen wird, nämlich – als Beispiele – das öffentliche Übernahmerecht (vgl. dazu hinten N 36 ff.) und verschiedene Investorenpflichten (vgl. dazu hinten N 53 ff.), die das aktienrechtliche Grundprinzip gemäss Art. 680 Abs. 1 OR (sc. Liberierungspflicht als einzige Aktionärspflicht) verdrängen. 28

2. Weitere Regulierungen

Aktienrecht

Der gesellschaftsrechtliche Gesetzgeber spricht sich seit Jahrzehnten für das Axiom der *«Einheit des Aktienrechts»* aus. Die aktienrechtlichen Regelungen sollen also auf sämtliche AG anwendbar sein, und zwar unbesehen dessen, ob es sich um Publikumsgesellschaften oder um private AG handelt. Dieses Paradigma ist m. E. schon seit langer Zeit obsolet; tatsächlich sieht bereits das aktuelle Aktienrecht in verschiedenen Bereichen zahlreiche börsengesellschaftsrechtliche *Spezialbestimmungen* vor: 29

Art. 663*b^bis^* OR (Transparenz zu den Vergütungen im Anhang zur Bilanz); Art. 663*c* Abs. 1 OR (Offenlegung bedeutender Aktionäre im Anhang zur Bilanz); Art. 963 ff. OR (Konzernrechnungspflicht bei Kleinkonzernen); Art. 685*b* f. OR/Art. 685*d* ff. OR (Differenzierungen bei der Vinkulierung); Art. 958*e* OR (erhöhte Transparenz bei Jahres- und Konzernrechnungen); Art. 727 Abs. 1 OR (Revisionspflicht bei AG).

32 Details: Art. 4 ff. FinfraV.

33 Details: Art. 17 ff. BEHV (Börsenverordnung: SR 954.11).

34 Generell: ROLAND VON BÜREN/THOMAS BÄHLER, Eingriffe des neuen Börsengesetzes ins Aktienrecht, AJP 5 (1996) 391 ff. m. w. H.

Bei der *«Abzocker»-Initiative* (vgl. dazu bspw. vorne § 8 N 325) und den damit in Zusammenhang stehenden (vorgezogenen) Teilen der *«grossen» Aktienrechtsrevision* stehen ebenfalls die Publikumsgesellschaften im Vordergrund. Im Jahr 2013 wurde die Volksinitiative deutlich angenommen. Die Übergangsbestimmung gemäss Art. 197 Ziff. 10 BV verpflichten den Bundesrat zum Erlass der erforderlichen Ausführungsbestimmungen zum angenommenen Art. 95 Abs. 3 BV. Bis zur legislativen Umsetzung (etwa im Aktienrecht) gilt die in gewissen Teilen nicht unumstrittene[35] Verordnung gegen übermässige Vergütungen bei börsenkotierten Aktiengesellschaften[36].

30 Das *Revisionsrecht* gemäss Art. 727 ff. OR, das rechtsformunabhängig gilt, knüpft für die Definition der revisionsrechtlichen «Publikumsgesellschaft» etwa an die Kotierung von Beteiligungspapieren an (Art. 727 Abs. 1 Ziff. 1 lit. a OR). Darauf aufbauend sieht das *Revisionsaufsichtsgesetz* (RAG)[37] mittels Verweisung in Art. 2 lit. c Ziff. 1 RAG ein Sonderregime vor, welche Revisionsstellen überhaupt «Publikumsgesellschaften» revidieren dürfen (z. B. Art. 7 ff. RAG).

Weitere Regelungsbereiche

Es kann schliesslich auf anderer Rechtsgrundlage vorkommen, dass ein Gesetz nicht anwendbar ist auf Publikumsgesellschaften; dies trifft z. B. beim *Kollektivanlagengesetz* bzw. KAG[38] und insbesondere bei den Investmentgesellschaften mit festem Aktienkapital bzw. SICAF (z. B. Art. 110 Abs. 1 lit. c KAG) zu.

3. Kotierungsrecht

31 Das Kotierungsrecht, basierend auf dem BEHG/FinfraG und zu finden in den KR SIX und KR BX, stellt in der Schweiz unechte Selbstregulierung (vgl. dazu vorne N 13) dar:

Ausgangslage

Die beiden Börsen sind bei ihrer «Rechtssetzung» *nicht vollständig frei*, was sie regeln sollen und was nicht. Die Kotierungsreglemente müssen in erster Linie *«international anerkannten Standards»* Rechnung tragen (Art. 35 Abs. 2 FinfraG)[39], denn die grossen Kapitalgeber für Publikumsgesellschaften, die Anlagemöglichkeiten suchen, sind global aktiv und ken-

35 Auswahl: Patric Brand/Karl-Marc Wyss/Pascal Zysset, Nulla Minder-poena sine lege, Jusletter 27. Mai 2013, *passim*.

36 VegüV: SR 221.331.

37 SR 221.302.

38 SR 951.31.

39 Andreas Kellerhals, Von der gesetzlichen Pflicht zur Internationalisierung des schweizerischen Wirtschaftsrechts – Der Verweis auf international anerkannte Standards gemäss Art. 8 Abs. 3 BEHG, in: FS für D. Zobl (Zürich 2004) 375 ff.

nen meist keine nationalen Grenzen. Die kotierungsrechtlichen *Schutzmechanismen* sind deshalb international in aller Regel weit verbreitet[40].

Verweisungen

Einerseits sieht das Kotierungsrecht der beiden Börsen in der Schweiz *schärfere Rechnungslegungsvorschriften* für Publikumsgesellschaften im Vergleich zu privaten Gesellschaften vor – die Anwendung von international anerkannten selbstregulierten Rechnungslegungsstandards (nämlich im Wesentlichen: International Financial Reporting Standards bzw. IFRS sowie United States Generally Accepted Accounting Principles bzw. US GAAP) steht im Vordergrund[41]. 32

Andererseits schreibt das Kotierungsrecht *erhöhte Transparenzpflichten* vor (insbesondere durch das Rechtsinstitut der Ad hoc-Publizität: vgl. dazu hinten N 35 und N 77 ff.).

IV. Aufbau der Darstellung

Übernahmerecht

Die vorliegende Darstellung kann das Börsengesellschaftsrecht *nicht umfassend* behandeln, sondern trifft eine Auswahl. Eingegangen wird auf börsenrechtliche Regelungen, die einen unmittelbaren Bezug zum Gesellschaftsrecht haben. Dies trifft insbesondere zu auf das *Übernahmerecht*, das sowohl die Publikumsgesellschaften (etwa bei den Verhaltenspflichten des VR: vgl. dazu hinten N 44 ff.) als auch die Publikumsaktionäre (etwa bei der Kraftloserklärung: vgl. dazu hinten N 49 ff.) betrifft. 33

Investorenpflichten

Ein zentraler Paradigmenwechsel gegenüber dem Aktienrecht (insbesondere zu Art. 680 Abs. 1 OR) liegt darin, dass das Börsenrecht verschiedene *Investorenpflichten* vorsieht. Auf die drei im Börsengesetz aufgeführten Pflichten der Aktionäre – nämlich: Meldepflicht gemäss Art. 120 FinfraG (vgl. dazu hinten N 53 ff.), Meldepflicht gemäss Art. 134 FinfraG (vgl. dazu hinten N 63 ff.) sowie Angebotspflicht gemäss Art. 135 FinfraG (vgl. dazu hinten N 68 ff.) – wird im Sinne einer Übersicht hingewiesen. 34

Ad hoc-Publizität

Die *Ad hoc-Publizität* als Transparenzpflicht der Publikumsgesellschaft betreffend potenziell kursrelevanten Tatsachen (z. B. Gewinnwarnungen oder Fusionsabsichten oder wichtige Personalmutationen) wird in den 35

....

40 Die internationalen Rechtsangleichungen kommen meist im materiellen Bereich vor und nicht notwendigerweise in der Art der Rechtssetzung; beispielsweise wird die *Ad hoc-Publizität* (vgl. dazu hinten N 35 und N 77 ff.) in der Schweiz in der Selbstregulierung vorgesehen, im Ausland hingegen (z. B. in Deutschland und China) in der staatlichen Regulierung.

41 Bei den *kleineren* Publikumsgesellschaften ist durchaus der Standard von *Swiss GAAP FER* denkbar; dieser Rechnungslegungsstandard wird an der SIX aber einzig zum Handel im Domestic Standard und nicht im Main Standard akzeptiert.

....

meisten Staaten regelmässig in Gesetzen geregelt. Inhaltlich ist von einem «international anerkannten Standard» zu sprechen. Durch diese Transparenz sollen vorab *Insidermissbräuche verhindert* werden. In der Schweiz ist die Ad hoc-Publizität im Kotierungsrecht geregelt, und zwar sowohl im KR SIX als auch im KR BX (vgl. dazu vorne N 31 f.).

D. Ausgewählte Fragestellungen

I. Öffentliche Übernahmen

1. Einleitung

Bezug zum Gesellschaftsrecht

36 Das Übernahmerecht gemäss Art. 125 ff. FinfraG ist, etwas trivialisiert, eigentlich *Kaufrecht*, wobei zum Teil Regulierungen der Privatautonomie vorgehen (z. B. bei gewissen Aspekten des Kaufpreises)[42]. Im Wesentlichen offeriert ein Anbieter den an einer Zielgesellschaft beteiligten Personen (z. B. deren Aktionären oder deren Partizipanten), ihre Effekten zu *kaufen* oder aber zu *tauschen*.

Öffentliche Übernahmeangebote sind also «Angebote zum Kauf oder zum Tausch von Aktien [etc.], die sich öffentlich an Inhaberinnen und Inhaber von Aktien oder von anderen Beteiligungspapieren richten» (Art. 2 lit. i FinfraG)[43]. Diese *Offerten* zum Kauf bzw. zum Tausch können, müssen aber nicht *akzeptiert* werden.

37 Die *Zielgesellschaft* als zumindest mittelbares Objekt der Übernahmeofferte (unmittelbar geht es um die kotierten Beteiligungspapiere) hat *kein formelles Mitspracherecht*; insbesondere braucht es von Gesetzes wegen keine GV-Beschlüsse[44]. Nichtsdestotrotz ist das börsenrechtliche Übernahmerecht zum Gesellschaftsrecht zu zählen, weil es in verschiedenen Bereichen (z. B. betreffend allfällige Abwehrmassnahmen durch die Ziel-

42 Vorgaben zum *Kaufpreis* bestehen insbesondere bei der *Angebotspflicht* (vgl. dazu hinten N 68 ff.) einerseits sowie bei der *Best Price Rule* (Art. 10 UEV) andererseits: SIMON SCHÄREN, Best Price Rule im Schweizerischen Übernahmerecht, ST 82 (2008) 449 ff.

43 Das Gesetz spricht von *Kauf*angeboten (z. B. Art. 2 lit. i FinfraG sowie Art. 125 ff. FinfraG) statt von Übernahmeangeboten, doch erscheint diese *Terminologie zu eng*, weil der Offerent entweder ein Kaufangebot oder ein Tauschangebot machen kann; allg.: THOMAS U. REUTTER, Das öffentliche Kaufangebot nach Art. 2 lit. e BEHG, AJP 8 (1999) 1093 ff.

44 In der Praxis kommen v. a. bei *«unfriendly takeovers»* oft GV vor (z. B. betreffend Abberufungen von VR-Mitgliedern oder für Statutenänderungen wie die Aufhebung der Vinkulierung).

gesellschaft gemäss Art. 132 Abs. 2 FinfraG: vgl. dazu hinten N 45 ff.)[45] in die gesellschafts- bzw. aktienrechtliche Grundordnung eingreift und vorgeht. Das Übernahmerecht ist sogar *zentraler Teil* des Börsengesellschaftsrechts.

Weitere rechtliche Aspekte

Öffentliche Übernahmen haben meist Folgen auch in anderen Rechtsgebieten als im Gesellschaftsrecht. Bei einer erfolgreichen Gesellschaftsübernahme können – beispielsweise – eine Fusion (vgl. dazu vorne § 13 N 49 ff.) oder mindestens eine Dekotierung der Beteiligungspapiere (vgl. dazu vorne N 10 f.) resultieren, was insbesondere *umstrukturierungsrechtliche* und *kotierungsrechtliche* Fragen aufwirft. Je nach Stellung von Anbieter und Zielgesellschaft im Wettbewerb (miteinander oder mit Dritten) können ausserdem *kartellrechtliche* Fragestellungen thematisiert werden; Zielkonflikte sind oftmals vorprogrammiert[46]. Nicht zu unterschätzen sind schliesslich *steuerrechtliche* Themen bei öffentlichen Übernahmen. 38

2. Details

a) Ablauf einer öffentlichen Gesellschaftsübernahme

Pingpong

Das öffentliche Übernahmeangebot für Publikumsgesellschaften verläuft in einem von der UEK mittels Verfügungen (früher: Empfehlungen) beeinflussten *formellen Rahmen* gemäss Art. 125 ff. FinfraG und insbesondere gemäss UEV. Per 1. Januar 2009 wurde das Prozedere erheblich verändert[47]. Das Angebotsverfahren entspricht, etwas trivialisiert, einem *«Pingpongspiel»* zwischen insbesondere dem Anbieter, der Zielgesellschaft, deren Gesellschaftern, der Prüfgesellschaft sowie der UEK, die im Einzelfall die Übernahmesachen überprüft (Art. 126 Abs. 3 FinfraG). 39

Es handelt sich dabei also – bei «unfreundlichen Übernahmen» («unfriendly takeovers») – um ein kontradiktorisches Verwaltungsverfahren. Weitere Änderungen, etwa betreffend die Bestimmung des Angebotspreises und den Schwellenwert des qualifizierten Aktionärs, gab es zudem in der BEHG-Revision 2013 zu verzeichnen. Im Vordergrund dieser Revision standen aber die börsenrechtlichen Straftatbestände des Marktmissbrauchs und des Insiderhandels.

[45] Generell zur Thematik: JRENA FRAUENFELDER, Die Pflichten der Zielgesellschaft gemäss Art. 29 BEHG (...) (Diss. Zürich 2001) *passim*.

[46] Hierzu: MIRJAM EGGEN, Das Verhältnis der Angebotspflicht nach Art. 32 BEHG zum Fusions- und Kartellgesetz (Diss. Bern 2007) *passim*.

[47] Übersicht: RUDOLF TSCHÄNI/HANS-JAKOB DIEM/MATTHIAS WOLF, Das revidierte Recht der öffentlichen Kaufangebote, GesKR 2009, 87 ff.; zur früheren Ordnung: ROBERT BERNET, Die Regelung öffentlicher Kaufangebote im neuen Börsengesetz (Diss. Basel 1998) *passim*.

Als zentrales Ziel des Abwicklungsprozesses erscheint, dass die *Zielgesellschafter* nicht unter zeitlichen oder sonstigen Druck gesetzt werden, sondern über ausreichende Transparenz und über umfassende Handlungsfreiheit[48] in Bezug auf das öffentliche Übernahmeangebot verfügen. Der VR der Zielgesellschaft ist immer und deren GV kann in das Prozedere involviert sein (vgl. dazu hinten N 41 ff.), allerdings mit unterschiedlichen Befugnissen[49]. Vor der UEK kommt es zu *Verfahren* im Rahmen von Art. 139 FinfraG.

Grundunterscheidung

40 Bei öffentlichen Übernahmeangeboten ist jeweils zu *differenzieren*, ob die Offerten vom Anbieter entweder freiwillig oder obligatorisch aufgrund einer Angebotspflicht (vgl. dazu hinten N 68 ff.) durchgeführt werden:

Bei der *freiwilligen Übernahmeofferte* hat der Offerent prinzipiell keine Schranken zu beachten, d. h., er kann beispielsweise den angebotenen Preis völlig frei festsetzen und fast jegliche Bedingungen mit dem Angebot verknüpfen[50]. Beim *Pflichtangebot* muss der Angebotspflichtige hingegen Einschränkungen beachten[51]. In beiden Fällen bleiben indes die *Aktionäre völlig frei*, die Offerte zu akzeptieren oder abzulehnen.

Beteiligte und Prozedere

41 Eine Prüfstelle (oder ein Effektenhändler) unterzieht den *Angebotsprospekt* zur Offerte[52], den der Anbieter zu erstellen hat, einer *Prüfung* (Art. 128 Abs. 1 FinfraG)[53]. Danach erfolgt die *Publikation* des Prospekts (Art. 127 Abs. 1 FinfraG)[54]. Der VR der Zielgesellschaft nimmt formell Stellung zum Angebot in einem *Bericht* (Art. 132 Abs. 1 FinfraG: vgl. dazu hinten N 44); dieser Bericht wird in der Praxis oft mit dem Prospekt kombiniert bzw. in diesen integriert, wenn der VR der Zielgesellschaft den Aktionären die Annahme der Offerte empfiehlt («friendly takeover»).

42 Ausserdem werden als unmittelbare Folge der öffentlichen Übernahmeofferte bzw. deren Voranmeldung die *VR-Kompetenzen eingeschränkt* (Art. 132 Abs. 2/Abs. 3 FinfraG: vgl. dazu hinten N 45 f.), anders als die Befugnisse der GV. Nach Ablauf der Angebotspflicht muss das *Ergebnis pu-*

48 Der *Zwang zur Nachfrist* basiert auf dieser Zielsetzung: Art. 130 Abs. 2 FinfraG.

49 Allg.: URS BERTSCHINGER, Zu den börsengesetzlichen Kompetenzen des Verwaltungsrates und der Generalversammlung bei Unternehmensübernahmen, SJZ 94 (1998) 329 ff.

50 Sollte die Offerte *unattraktiv* sein, wird riskiert, dass die Aktionäre ihre *Aktien nicht verkaufen*.

51 Prinzipiell sind im Rahmen eines Pflichtangebots *keine Bedingungen* möglich; zudem muss der Pflichtanbieter einen *Mindestpreis* offerieren: Art. 135 Abs. 2 FinfraG.

52 Art. 17 ff. UEV.

53 Art. 26 ff. UEV; statt aller: PHILIPP AMREIN, Öffentliche Übernahmeangebote aus der Sicht der Prüfstelle, in: Schweizerisches Übernahmerecht in der Praxis (Zürich 2005) 49 ff.; DANIEL LENGAUER, Die Rolle der Prüfstelle bei öffentlichen Übernahmeangeboten, Mergers & Acquisitions IV (Zürich 2002) 19 ff.

54 In der Praxis beginnt der öffentliche Teil meist mit einer *Voranmeldung*: Art. 5 ff. UEV.

bliziert und – bei Bedingungserfüllung – die *Angebotsfrist verlängert* werden (Art. 130 FinfraG).

Von der Prospektpublikation bis zum Ende der Angebotspflicht besteht eine spezifische *übernahmerechtliche Meldepflicht* im Rahmen von Art. 134 FinfraG (vgl. dazu hinten N 63 ff.), die nicht verwechselt werden darf mit der Meldepflicht gemäss Art. 120 FinfraG (vgl. dazu hinten N 53 ff.). Meldepflichtig sind nebst dem *Anbieter* die *Aktionäre*, die über *mindestens 3 %* der Stimmrechte der Zielgesellschaft verfügen, und zwar selbst dann, wenn sie in das Übernahmeverfahren nicht aktiv involviert sind. 43

b) Verhaltenspflichten der Zielgesellschaft

Bericht des VR

Der Transparenz im Allgemeinen und der Information der Gesellschafter im Besonderen dient die *Pflicht des VR* der Zielgesellschaft, in einem *spezifischen Bericht*, der veröffentlicht werden muss, zur Offerte detailliert Stellung zu nehmen (Art. 132 Abs. 1 FinfraG)[55]. Die Informationen müssen wahr und vollständig sein. Sollte der VR den Zielgesellschaftern die Annahme der Offerte empfehlen, liegt eine *«friendly takeover offer»* vor[56], ansonsten[57] eine *«unfriendly takeover offer»*. 44

Im Rahmen von Art. 717 OR muss der VR versuchen, für die Zielgesellschaft bzw. für deren Gesellschafter das *Maximum herauszuholen* (z. B. einen möglichst hohen Preis). Keine Rolle spielen dürfen hingegen die Eigeninteressen der VR-Mitglieder[58]. M. E. muss für eine allfällige Abwehr eine *sorgfältige Interessenabwägung* erfolgen, d. h., eine sog. Nancy-Reagan-Verteidigung (sc. eine «Just say No»-Reaktion des VR auf eine Übernahmeofferte)[59] dürfte kaum jemals rechtlich akzeptabel sein[60].

---

55 Art. 30 ff. UEV; es besteht eine *umfassende UEK-Praxis* zu Strukturen und zu Inhalten (z. B. betreffend Interessenkonflikte) solcher VR-Berichte; allg.: MATTHIAS GLATTHAAR, Der Verwaltungsratsbericht bei öffentlichen Übernahmeangeboten (Diss. Zürich 2007) *passim*.

56 Generell: NINA EPPER, Die freundliche öffentliche Übernahme (Diss. Bern 2007) *passim*.

57 Hierzu: ANDREAS BOHRER, Unfriendly Takeovers (...) (Diss. Zürich 1997) *passim*; ANDRÉ KUY, Der Verwaltungsrat im Übernahmekampf (Diss. Zürich 1989) *passim*.

58 In der Praxis sind m. E. nicht selten *Interessenkonflikte* zu beobachten, indem allenfalls die (vorerst blockierenden) VR-Mitglieder primär ihre eigenen Interessen verfolgen (z. B. Bewahrung des eigenen Mandats oder Erreichung einer persönlichen Abgangsentschädigung); in solchen Fällen drohen mindestens theoretisch Verantwortlichkeitsklagen (Art. 754 ff. OR).

59 Zur Thematik: ROBERT A. PRENTICE/JOHN H. LANGMORE, Hostile Tender Offers and the "Nancy Reagan Defense": May Target Boards "Just Say No"? Should They Be Allowed To?, Del. J. Corp. L. 15 (1990) 377 ff.

60 Es besteht eine *Neutralitätspflicht* des VR; Hinweise: RUDOLF TSCHÄNI/HANS-JAKOB DIEM, Übernahmekämpfe, GesKR 2006, 58 f.

45 Über den Erfolg einer Übernahmeofferte sollen nicht die VR-Mitglieder, sondern der Markt und die betroffenen Zielgesellschafter entscheiden. Aus diesem Grund und wegen möglicher Interessenkonflikte werden die *Abwehrmassnahmen des VR* bei «unfreundlichen Übernahmen» *eingeschränkt* (Art. 132 Abs. 2/Abs. 3 FinfraG i. V. m. Art. 35 ff. UEV)[61]. Es ist dem VR insbesondere untersagt, eine Übernahme «seiner» Gesellschaft zu erschweren durch «Giftpillen» («Poison Pills»), die in der Praxis nicht selten vorkommen oder vorkamen: Abwehr durch VR

46 Beispielsweise ist es für den VR *unzulässig*, gerade diejenigen Betriebsteile, die zum Hauptgegenstand der Offerte zu zählen sind, zu veräussern oder zu belasten («Crown Jewel Defense» bzw. «Kronjuwelen-Verteidigung»: Art. 36 Abs. 2 lit. b UEV) oder mit den Mitgliedern des VR unüblich hohe Abgangsentschädigungen für den Fall des Ausscheidens zu vereinbaren («Golden Parachute Defense» bzw. «Goldene-Fallschirm-Verteidigung»: Art. 36 Abs. 2 lit. c UEV); generell sind *Abwehrmassnahmen unzulässig*, die «offensichtlich das Gesellschaftsrecht verletzen» (Art. 37 UEV).

Hingegen ist es *zulässig*, dass der VR einen anderen möglichen Offerenten zu einem Konkurrenzangebot zuhanden der Zielgesellschafter «animiert» («White Knight Defense» bzw. «Weisse-Ritter-Verteidigung»)[62]. Die Aktionäre sind ohnehin freibleibend. Die konkurrierenden Offerenten müssen aber vom VR *gleich behandelt* werden.

47 Betreffend Abwehrmassnahmen hat die *GV grundsätzlich keine Schranken* zu beachten (Art. 132 Abs. 2 FinfraG)[63], d. h., der VR kann die für ihn unzulässigen Vorkehrungen der GV vorlegen und bei deren Zustimmung sozusagen zulässig und rechtsgültig machen. Dies erscheint durchaus sachlogisch, weil die Aktionäre der Zielgesellschaft nicht gegen ihren eigenen Willen bzw. Beschluss geschützt werden müssen; insofern gelangt die *Eigenverantwortung* der Gesellschafter zur Anwendung. Abwehr durch GV

Indes gilt die Einschränkung von Art. 37 UEV, wonach keine Abwehrmassnahmen beschlossen werden dürfen, die offensichtlich das Gesellschaftsrecht verletzen, auch für die GV. Die GV kann zwar *gesetzeswidrige* Abwehrmassnahmen i. S. v. Art. 36 UEV beschliessen oder allenfalls genehmigen, aber auch sie darf keine *unzulässigen* Abwehrmassnahmen festlegen (Art. 132 Abs. 3 FinfraG i. V. m. Art. 37 UEV).

61 Allg.: CAROLE LEA GEHRER, Abwehrmassnahmen bei unfreundlichen Übernahmeversuchen, ST 76 (2002) 479 ff.

62 Zu *konkurrierenden Angeboten*: 133 FinfraG i. V. m. Art. 48 ff. UEV.

63 Die früher in den Statuten als Abwehrmassnahme vorgesehenen *gestaffelten Wahldauern* für Mitglieder des VR («staggered boards») sind unter der heutigen «Abzocker»-Ordnung nicht mehr zulässig: Art. 3 Abs. 2 VegüV.

M. E. wäre es im Sinne eines erhöhten Investorenschutzes *rechtspolitisch* angebracht, dass entsprechende Beschlussfassungen der GV jeweils dem qualifizierten Mehr von *Art. 704 OR* und nicht Art. 703 OR unterstellt würden. Bis anhin wurden allerdings keine Bestrebungen in diese Richtung unternommen. 48

c) Kraftloserklärungsklage

Ausschluss von Aktionären

Ein gewichtiges Paradigma des schweizerischen Aktienrechts seit dem 19. Jahrhundert besagt, dass die AG gegen ihre Aktionäre *kein Ausschlussrecht* hat und haben soll (wie auch den Gesellschaftern – sozusagen vice versa – kein Austrittsrecht zusteht). Eine ernsthafte rechtspolitische Debatte zu einer aktienrechtlichen Änderung fand nie statt, obwohl die aktuelle «grosse» Revision dazu einzuladen schien. 49

Dieses *aktienrechtliche Axiom* wurde Ende des 20. Jahrhunderts zwar nicht im Aktienrecht, aber zumindest in verwandten Rechtsgebieten aufgehoben bzw. relativiert[64], nämlich im *Umstrukturierungsrecht* (vgl. dazu vorne § 13 N 59 f.) und im *Börsengesellschaftsrecht*. Damit wird ein zwangsweiser «Exit» von Aktionären, immerhin gegen volle Entschädigung, vorgenommen. Die *Kraftloserklärung* gemäss Art. 137 FinfraG[65] als (möglicher) letzter Schritt einer öffentlichen Übernahme führt zum faktischen Ausschluss von Publikumsaktionären. 50

Klage auf Ausschluss

Der *Anbieter* im Rahmen des Übernahmeverfahrens kann *mittels Klage* verlangen, dass die nicht angebotenen «restlichen Beteiligungspapiere für kraftlos [erklärt]» werden (Art. 137 Abs. 1 Satz 1 FinfraG). Voraussetzungen sind, dass der Anbieter *mehr als 98 %* der Stimmrechte der Zielgesellschaft *im Anschluss* an ein Übernahmeangebot erworben und die Klagefrist von *drei Monaten* eingehalten hat. 51

Die Klage des Anbieters richtet sich nicht gegen die Investoren, die nicht passivlegitimiert sind, sondern gegen die *Zielgesellschaft*, wobei die restlichen Aktionäre diesem *Verfahren beitreten* können (Art. 137 Abs. 1 Satz 2 FinfraG)[66], um ihre Interessen zu vertreten. Sollte der Anbieter im Klageverfahren obsiegen, werden vom Richter die *Aktien kraftlos erklärt* «gegen Entrichtung des Angebotspreises oder Erfüllung des Austauschangebotes» zugunsten der Aktionäre (Art. 137 Abs. 2 FinfraG). 52

---

64 Georg Gotschev/Christian Staub, Der Ausschluss von Minderheitsaktionären nach Art. 33 Börsengesetz und durch squeeze out merger gemäss Fusionsgesetz, GesKR 2006, 265 ff.

65 Details zur Klage: Art. 120 f FinfraV; allg.: Peter V. Kunz, Einige Aspekte der Kraftloserklärungsklage, SZW 71 (1999) 181 ff.

66 Die Frist beträgt mindestens *drei Monate*: 121 Abs. 1 FinfraV.

In der Praxis kommen gelegentlich, wenn auch selten sogar Kraftloserklärungsverfahren bei *nicht kotierten* Aktien vor. M. E. ist dies abzulehnen und stellt eine unzulässige «Börsialisierung» dar (vgl. dazu vorne N 3).

II. Investorenpflichten

1. Meldepflicht gemäss Art. 120 FinfraG

a) Allgemeines

53 Das Börsenrecht schreibt eine prinzipielle Offenlegung von Beteiligungen an Publikumsgesellschaften vor (Art. 120 ff. FinfraG). Im Vordergrund steht dabei die *Meldepflicht des Investors* bzw. des Publikumsaktionärs gemäss Art. 120 FinfraG, das als Lex specialis bzw. als Lex posterior insbesondere Art. 680 Abs. 1 OR vorgeht. Die betroffene Gesellschaft, die eine solche Aktionärsmeldung erhält, nimmt in der Folge eine entsprechende Publikation vor (Art. 124 FinfraG). Zweck

Die Meldepflicht des Aktionärs dient in erster Linie dem *Minderheitenschutz*, d. h., die *anderen Aktionäre* sollen über einen allfälligen Beteiligungsauf- oder -abbau frühzeitig orientiert werden, um selber disponieren zu können[67].

54 Das *Bundesgericht* hat sich seit den Jahren 1997/1998 *relativ selten* mit dieser börsenrechtlichen Aktionärspflicht beschäftigt. Für erhebliches Aufsehen sorgte im Jahr 2010 das *EFD*, das (wegen angeblichen Meldepflichtverletzungen durch eine behauptete «Gruppe») drei ausländischen Investoren in *OC Oerlikon-Aktien* jeweils *Bussen* in Höhe von *je CHF 40 Mio.* (also total CHF 120 Mio.) auferlegte; diese Bussen wurden vom Bundesstrafgericht in der Zwischenzeit rechtskräftig aufgehoben[68]. Praxis

Mit Urteil vom 11. März 2010 hat das Bundesgericht ausserdem in einem anderen Verfahren, nämlich betreffend «Streitfall» *Implenia/Laxey*, festgehalten, dass der Einsatz von *Contracts for Difference* (CfD) im konkreten Fall eine Verletzung von Art. 20 aBEHG darstellte, und sich insbesondere

67 Statt aller: SUSANNE METTIER, Offenlegung von Beteiligungen im Börsengesetz (Diss. Zürich 1999) *passim*; ALAIN P. RÖTHLISBERGER, Offenlegung der Beteiligungsverhältnisse bei Publikumsgesellschaften (Diss. Bern 1998) *passim*.

68 Urteil des Bundesstrafgerichts SK.2010.4 vom 21. September 2010; die gleichen drei Investoren haben sich bei Investments in *Sulzer-Aktien* in einem anderen verwaltungsstrafrechtlichen Verfahren betreffend Verletzung von Art. 20 aBEHG (heute Art. 120 FinfraG) im Jahre 2010 zur Zahlung von insgesamt *CHF 10 Mio.* basierend auf Art. 53 StGB bereit erklärt.

zum in der Praxis zentralen *indirekten Erwerb* von Beteiligungspapieren geäussert (BGE 136 II 304)[69].

b) Besonderes

aa) Grundlagen

Gesetzestext

Art. 120 Abs. 1 FinfraG sieht als *Basis* vor: 55

«Wer direkt, indirekt oder in gemeinsamer Absprache mit Dritten Aktien oder Erwerbs- oder Veräusserungsrechte bezüglich Aktien einer Gesellschaft mit Sitz in der Schweiz, deren Beteiligungspapiere ganz oder teilweise in der Schweiz kotiert sind, oder einer Gesellschaft mit Sitz im Ausland, deren Beteiligungspapiere ganz oder teilweise in der Schweiz hauptkotiert sind, erwirbt oder veräussert und dadurch den Grenzwert von 3, 5, 10, 15, 20, 25, 33 ⅓, 50 oder 66 ⅔ Prozent der Stimmrechte, ob ausübbar oder nicht, erreicht, unter- oder überschreitet, muss dies der Gesellschaft und den Börsen, an denen die Beteiligungspapiere kotiert sind, melden».

Art. 120 Abs. 1 FinfraG entspricht Art. 20 Abs. 1 aBEHG. Die *Details* finden sich in Art. 10 ff. FinfraV-FINMA[70].

Ausgewählte Hinweise

Der Offenlegungspflichtige (= Investor) muss die Meldung über die Beteiligungsveränderung einerseits an die betroffene *Gesellschaft* und andererseits an die konkrete *Börse* vornehmen, an der die Kotierung gegeben ist (also entweder SIX oder BX). Die Publikumsgesellschaft muss die erhaltene Meldung *veröffentlichen* (Art. 124 FinfraG). 56

Nicht allein das *Eigentum* an Aktien, sondern – als Beispiel – ebenfalls *Optionen* an solchen Aktien müssen gemeldet werden, und zwar sowohl Call-Optionen als auch Put-Optionen («Erwerbs- oder Veräusserungsrechte bezüglich Aktien»: Art. 120 Abs. 1 FinfraG); seit dem Jahre 2008 *irrelevant* ist, ob diese Optionen physisch erfüllt («physical settlement») oder einzig 57

---

[69] Hierzu: Corrado Rampini/Charlotte Wieser, Bundesgerichtliche Klarstellungen (…), GesKR 2010, 240 ff.; Peter V. Kunz, Contracts for Difference (…), AJP 19 (2010) 1475 ff.; das verwaltungsstrafrechtliche Verfahren wurde Ende 2010 basierend auf Art. 53 StGB mit der Bezahlung von *CHF 1 Mio.* erledigt.

[70] Bei den Verordnungsbestimmungen finden sich hingegen gewisse Abweichungen im Vergleich zum alten Recht. Hervorzuheben ist insbesondere, dass Art. 9 Abs. 2 aBEHV nicht in die FinfraV-FINMA überführt wurde. Das Bundesgericht stellte fest, dass Art. 9 Abs. 2 aBEHV-FINMA gegen Art. 20 Abs. 5 aBEHG verstiess und gesetzeswidrig war; detailliert BGE 2C_98/2013 vom 29. Juli 2013: Erw. 6.8; hierzu: Peter V. Kunz, Die wirtschaftliche Rechtsprechung des Bundesgerichts in den Jahren 2012/2013, ZBJV 150 (2014) 175 ff.

finanziell abgegolten («cash settlement») werden sollen[71]. Ebenfalls *keine Rolle* für die Meldepflicht spielt, ob in der Folge das *Stimmrecht ausgeübt* werden kann oder nicht[72].

Verschiedene *Finanzinstrumente* (Cash Settlement Optionen, CfD etc.), die sich auf die Berechtigung an kotierten Beteiligungspapieren beziehen, wurden in der Schweiz offensichtlich in den letzten Jahren missbräuchlich eingesetzt zum *«heimlichen Anschleichen»* im Zusammenhang mit Unternehmensübernahmen. Sowohl die Rechtssetzung als auch die Rechtsanwendung versuchten (und versuchen), die entsprechenden börsengesellschaftsrechtlichen Lücken zu schliessen[73].

58 Die Meldepflicht des Investors wird *ausgelöst*, wenn bestimmte *Grenzwerte* der Stimmrechte bei einer Publikumsgesellschaft – sei es durch Erwerb oder durch Veräusserung von Aktien oder von Optionen – *erreicht* oder *überschritten* oder *unterschritten* werden. Es bestehen zahlreiche Grenzwerte, die per 1. Dezember 2008 gesenkt und ausgebaut wurden (vgl. dazu vorne N 55), d. h., das Netz ist *relativ engmaschig*. Der schweizerische Gesetzgeber liess sich von ausländischen Vorbildern bei der Legiferierung beeinflussen (z. B. bei den Grenzwerten oder den Optionen). Die schweizerischen Änderungen dürften nun ihrerseits teils im Ausland als Vorbild herangezogen werden.

59 Der Meldepflicht untersteht nicht allein der Einzelinvestor, sondern z. B. können gemeinsame Absprachen unter Aktionären oder allenfalls «abgestimmtes Verhalten» im Rahmen von Art. 120 Abs. 1 FinfraG zu einer *«Gruppe»* (Art. 121 FinfraG i. V. m. Art. 12 Abs. 1 FinfraV-FINMA) führen, die dann ihrerseits meldepflichtig ist. Die Gruppenbildung im Börsenrecht gehört zu den umstrittensten Themen[74] in der Doktrin[75] und in der Praxis

71 *Cash-Settlement-Optionen* waren *früher* nicht meldepflichtig.

72 Sollte also z. B. ein Investor infolge einer *Vinkulierung* oder einer *statutarischen Stimmrechtsbeschränkung* im Aktienregister *nicht eingetragen* werden (und folglich kein bzw. kein umfassendes Stimmrecht haben), kann er trotzdem meldepflichtig und bei Verletzung sanktioniert werden.

73 Übersicht: Peter V. Kunz, Kapitalmarktrechtliche Beteiligungstransparenz im Lichte moderner Finanzinstrumente – Perspektive der Schweiz, GesRZ 39 (2010) 252 ff.

74 Der *«Gruppen»-Begriff* ist *nicht identisch* bei der Meldepflicht (Art. 121 FinfraG), bei der Angebotspflicht (Art. 135 FinfraG) und im Übernahmerecht (z. B. Art. 134 FinfraG i. V. m. Art. 11 f. UEV): Verfügung der Übernahmekammer der EBK vom 13. Juli 2007 re Converium, N 67 ff. sowie Verfügung des Übernahmeausschusses der FINMA vom 13. November 2014 re SWOCTEM GmbH und Grenzebach Maschinenbau, N 31 ff.; zudem: Karl Hofstetter, Gruppentatbestände im Börsengesellschaftsrecht, SZW 70 (1998) 285 ff.; Jacques Iffland, Groupes et action de concert dans la loi sur les bourses, in: Journée 2003 du droit bancaire et financier (Zürich 2004) 143 ff.; Rudolf Tschäni, Die Gruppe im Übernahmerecht (...), in: Mergers & Acquisitions VI (Zürich 2004) 179 ff.; Thomas Jutzi/Simon Schären, Erfassung bewilligungspflichtiger Gruppensachverhalte in der Finanzmarktaufsicht, GesKR 2012, 411 ff.

75 Übersicht: Pascal M. Kistler, Die Erfüllung der (aktien- und börsenrechtlichen) Meldepflicht und Angebotspflicht durch Aktionärsgruppen (Diss. Zürich 2001) *passim*.

(z. B. BGE 130 II 530). M. E. muss sich die Rechtsanwendung indes vor einem allzu strengen Massstab hüten, weil ansonsten *berechtigte Kommunikationen* zwischen Aktionären verhindert und die Aktionärsdemokratie untergraben würden.

bb) Sanktionen

Strafrecht

60 Das Sanktionenregime bei Meldepflichtverletzungen ist umstritten[76]. Insbesondere erscheint unklar, ob die Verletzung von Art. 120 FinfraG überhaupt *zivilrechtlich* (z. B. Nichtigkeit der Transaktion) oder *aufsichtsrechtlich* (durch die FINMA) sanktionierbar ist. Ausser Frage steht, dass eine Meldepflichtverletzung – sei diese vorsätzlich oder fahrlässig begangen worden – in jedem Fall *strafrechtlich* geahndet werden kann.

Zwar droht in keinem Fall eine Haftstrafe, aber immerhin früher eine drakonische Busse[77] und heute eine Busse, die bei Vorsatz maximal CHF 10 Mio. und bei Fahrlässigkeit höchstens CHF 100 000 betragen kann (Art. 151 FinfraG). In der Praxis kam es bis anhin noch kaum je zu Bussenverfügungen bzw. zu rechtskräftigen Urteilen; immerhin zeigte das EFD im Jahre 2010 erstmals seine Zähne, wurde dann aber in der Folge vom Bundesstrafgericht korrigiert (vgl. dazu vorne N 54).

Stimmrechtssuspendierung und Zukaufsverbot

61 Eine neue Sanktion gegen Meldepflichtverletzungen besteht in der *Stimmrechtssuspendierung* im Rahmen von Art. 144 lit. a FinfraG. M. E. stand ehemals zwar der Sanktionscharakter der Norm im Vordergrund, doch unterstrich früher bereits ein Teil der Lehre ebenfalls die Zielsetzung einer Marktbeeinflussung, d. h., die Regelung wurde ausserdem als Marktordnungs- bzw. als Marktschutznorm verstanden.

Mit der Revision per Mai 2013 ebenfalls neu eingeführt, wurde eine weitere Sanktion, nämlich das *Zukaufsverbot*. Gemäss Art. 144 lit. b FinfraG kann die FINMA einer Person verbieten, Papiere oder Kaufs- und Verkaufsrechte der betroffenen Gesellschaft zu erwerben, wenn hinreichende Anhaltspunkte dafür bestehen, dass die Person die Meldepflicht gemäss Art. 120 FinfraG nicht erfüllt.

....

[76] Generell: URS BERTSCHINGER, Rechtsfolgen bei Verletzung börsen- und bankengesetzlicher Meldepflichten (…), AJP 6 (1997) 283 ff.

[77] Bis zur BEHG-Revision im Mai 2013 konnten Bussen im Betrag von bis zum doppelten Wert des nicht gemeldeten Betrags verhängt werden; Art. 41 Abs. 2 der früheren Fassung: «Die Busse beträgt höchstens das Doppelte des Kauf- oder Verkaufspreises. (…)».

62 Während früher (Art. 20 Abs. 4bis BEHG 2013) die FINMA, die betroffene Gesellschaft und deren Aktionäre aktivlegitimiert waren, steht die Klagebefugnis nun der Ersteren zu (Art. 144 FinfraG). Den Übrigen verbleibt einzig die Möglichkeit, die FINMA über einen möglichen Stimmrechtssuspendierungstatbestand in Kenntnis zu setzen. Gleichzeitig wechselt die Entscheidkompetenz vom Zivilgericht zu einer *Verfügungskompetenz der FINMA*. Im Gegensatz zu früher, als umstritten war, ob der Stimmrechtssuspendierung eine strafrechtliche oder eine zivilrechtliche Rechtsnatur zukommt, ist die Ausgestaltung als Aufsichtsinstrument jetzt eine verwaltungsrechtliche Massnahme[78].

2. Meldepflicht gemäss Art. 134 FinfraG

63 Eine *spezifische Meldepflicht* z. B. des Investors sieht Art. 134 Abs. 1 FinfraG vor[79]: Gesetzestext

«Der Anbieter oder wer direkt, indirekt oder in gemeinsamer Absprache mit Dritten über eine Beteiligung von mindestens 3 Prozent der Stimmrechte, ob ausübbar oder nicht, der Zielgesellschaft oder gegebenenfalls einer anderen Gesellschaft, deren Beteiligungspapiere zum Tausch angeboten werden, verfügt, muss von der Veröffentlichung des Angebots bis zum Ablauf der Angebotsfrist der Übernahmekommission und den Börsen, an denen die Papiere kotiert sind, jeden Erwerb oder Verkauf von Beteiligungspapieren dieser Gesellschaft melden».

64 Die Meldepflicht gemäss *Art. 134 FinfraG*, die nicht mit Art. 120 FinfraG (vgl. dazu vorne N 53 ff.) verwechselt werden darf, entsteht ausschliesslich im Rahmen von *öffentlichen Übernahmeangeboten* und gehört somit zum Übernahmerecht (vgl. dazu vorne N 36 ff.). Die Pflicht muss während des *gesamten Angebotsverfahrens* erfüllt werden. Ausgewählte Hinweise

65 Die Meldung im Rahmen von Art. 134 FinfraG erfolgt einzig gegenüber der *UEK* und der betroffenen *Börse* (also: SIX oder BX) und wird prinzipiell *nicht publiziert*. Es geht also nicht um den Minderheitenschutz, sondern um die Transparenz für die Aufsichtsbehörde im Hinblick auf eine konkrete öffentliche Übernahme. Mit Art. 134 FinfraG sollen in erster Linie allfällige Kursmanipulationen verhindert werden.

78 Botschaft zur Änderung des Börsengesetzes (Börsendelikte und Marktmissbrauch) vom 31. August 2011: BBl 2011 6873, 6889.

79 Details: Art. 38 ff. UEV.

Meldepflichtig sind einerseits die *Anbieter* der öffentlichen Übernahmeofferten und andererseits *alle Investoren*, die an den Zielgesellschaften oder an allfälligen Tauschgesellschaften mit einem Mindestanteil von *3 %* der Stimmrechte beteiligt sind. Diese Meldepflicht, die als Lex specialis und Lex posterior ebenfalls Art. 680 Abs. 1 OR vorgeht, trifft also selbst Einzelinvestoren oder «Gruppen» (Art. 134 Abs. 2 FinfraG), die in die konkreten Übernahmeverfahren *nicht aktiv involviert* sind. Gemeldet werden müssen nicht nur die Beteiligungsveränderungen, die gewisse Grenzwerte betreffen, sondern *sämtliche Transaktionen* (z. B. der Kauf einer einzigen Aktie). 66

Sanktionen

Die Zielgesellschaft oder die Börsen können bei Verdacht auf eine Meldepflichtverletzung eine *Anzeige an die UEK* vornehmen (Art. 134 Abs. 4 FinfraG). Eine *Stimmrechtssuspendierung* droht bei der Verletzung dieser Meldepflicht *niemals*, womit ein zentraler Unterschied zu Art. 144 lit. a FinfraG (vgl. dazu vorne N 61) sowie zu Art. 135 Abs. 5 lit. a FinfraG (vgl. dazu hinten N 76) besteht. 67

Immerhin kann der Meldepflichtverletzer gemäss Art. 151 Abs. 1 lit. b FinfraG *strafrechtlich sanktioniert* werden, und zwar im identischen Rahmen wie der Meldepflichtverletzer gemäss Art. 120 FinfraG (vgl. dazu vorne N 60).

3. Angebotspflicht gemäss Art. 135 FinfraG

a) Allgemeines

Zweck

Die *Angebotspflicht des Investors* (Art. 135 FinfraG)[80] löst ein *obligatorisches* öffentliches Übernahmeangebot (vgl. dazu vorne N 36 ff.) aus. Der zentrale Zweck des Pflichtangebots liegt im *Minderheitenschutz*, d. h., die nicht verpflichteten übrigen Aktionäre können sich (müssen aber nicht) vom angebotspflichtigen öffentlichen Anbieter *auskaufen* lassen, indem sie ihm ihre kotierten Aktien veräussern. 68

Die Angebotspflicht bzw. das Pflichtangebot stellt eine Art *indirektes Austrittsrecht* für die Investoren bei Publikumsgesellschaften dar und verbessert ihre «Exit»-Variante. Die Aktionäre können – anders als bei der Meldepflicht (vgl. dazu vorne N 53 ff.) – auf dieses Recht verzichten oder es zumindest einschränken (vgl. dazu hinten N 73).

80 Allg.: CHRISTIAN KÖPFLI, Die Angebotspflicht im schweizerischen Kapitalmarktrecht (Diss. Zürich 2000) *passim*; MARCO GRUBER, Die Pflicht zum Übernahmeangebot im neuen Börsengesetz (Diss. Freiburg i. Ü. 1996) *passim*; statt einem Einzelinvestor kann auch eine *«Gruppe»* von Aktionären verpflichtet sein: Art. 135 Abs. 1 FinfraG i. V. m. Art. 33 FinfraV-FINMA.

69 Das *Bundesgericht* hat sich seit den Jahren 1997/1998 *erst selten* mit dieser börsenrechtlichen Aktionärspflicht beschäftigt (z. B. BGE 130 II 530: «Quadrant»; BGE 133 II 81: «Motor-Columbus»; BGE 2A.394/2000 vom 2. Juli 2001: «Baumgartner Papiers»). In der Wirtschaftsrealität steht die Meldepflicht (und deren Verletzung) im Vordergrund gegenüber der Angebotspflicht (und deren Verletzung). Praxis

b) Besonderes

aa) Grundlagen

70 Art. 135 Abs. 1 FinfraG als *Basis* sieht vor: Gesetzestext

«Wer direkt, indirekt oder in gemeinsamer Absprache mit Dritten Beteiligungspapiere erwirbt und damit zusammen mit den Papieren, die er bereits besitzt, den Grenzwert von 33 ⅓ Prozent der Stimmrechte einer Zielgesellschaft, ob ausübbar oder nicht, überschreitet, muss ein Angebot unterbreiten für alle kotierten Beteiligungspapiere der Gesellschaft. (...)».

71 Das öffentliche Pflichtangebot läuft im Wesentlichen gleich ab wie ein freiwilliges öffentliches Angebot, wobei *unterschiedliche Details* zu berücksichtigen sind (z. B. betreffend Angebotspreis[81], Bedingungen[82] oder Teilangebot). Die Ausführungsvorschriften zur Pflichtofferte finden sich in *Art. 30 ff. FinfraV-FINMA*.

72 Zentrale Differenz zum freiwilligen Übernahmeangebot ist, dass der Pflichtanbieter einen *Mindestpreis* für die Aktien zu offerieren hat: «Der Preis des Angebots muss mindestens gleich hoch sein wie der höhere der folgenden Beträge: a. der Börsenkurs; b. der höchste Preis, den der Anbieter in den zwölf letzten Monaten für Beteiligungspapiere der Zielgesellschaft bezahlt hat» (Art. 135 Abs. 2 FinfraG)[83]. Dies bedeutet, dass ein Pflichtangebot bei einem *Kurssturz* innerhalb des letzten Jahres für den Pflichtanbieter *sehr teuer* werden könnte. Ausgewählte Hinweise

81 Details: Art. 42 ff. FinfraV-FINMA.

82 Zur *Bedingungsfeindlichkeit* von Pflichtangeboten: Art. 38 FinfraV-FINMA.

83 Art. 32 Abs. 4 des früheren BEHG sah noch eine sog. *Kontrollprämie* vor: «Der Preis des Angebots muss mindestens dem Börsenkurs entsprechen und darf höchstens 25 Prozent unter dem höchsten Preis liegen, den der Anbieter in den zwölf letzten Monaten für Beteiligungspapiere der Zielgesellschaft bezahlt hat»; mit der BEHG-Revision, die per 1. Mai 2013 in Kraft trat, wurde diese Kontrollprämie zugunsten der aktuell geltenden Regelung des FinfraG bzw. des aBEHG gestrichen.

Die Regelung lässt aber auch immer wieder *taktische Pflichtangebote* zu, bei denen der Anbieter damit rechnet und geradezu darauf hofft, dass die übrigen Gesellschafter ihre kotierten Beteiligungspapiere *nicht anbieten* werden. Sollte nämlich ein (unattraktives) Pflichtangebot[84] gemacht werden, das auf wenig Zuspruch trifft, hat der Anbieter für die Zukunft *freie Hand*, weitere Aktien zu kaufen, ohne erneut ein Angebot – allenfalls zu einem in der Zwischenzeit *gestiegenen* Börsenkurs – machen zu müssen.

Opting-out sowie Opting-up

Die *Aktionäre* können selber entscheiden[85], ob sie einen Schutz mittels Angebotspflicht wollen. Auf der einen Seite ist es möglich, dass sie durch eine statutarische Regelung bei der Zielgesellschaft das Pflichtangebot generell aufheben[86] (*Opting-out* = Art. 125 Abs. 3 FinfraG)[87]. Auf der anderen Seite können sie in den Statuten den Grenzwert, der das Pflichtangebot auslöst, anheben auf maximal 49 % der Stimmrechte (*Opting-up* = Art. 135 Abs. 1 Satz 2 FinfraG). 73

Sollte ein Opting-out erst *nach der Kotierung* der Beteiligungspapiere beschlossen werden, droht eine Anfechtungsklage (Art. 125 Abs. 4 FinfraG i. V. m. Art. 706 OR), weil den Aktionären ein indirektes Austrittsrecht «entzogen» wird. Diesbezüglich gibt es eine spezifische Praxis der Übernahmekommission[88].

Der Investor einer Publikumsgesellschaft ist *frei*, das öffentliche Pflichtangebot – wie ebenfalls das freiwillige Angebot – anzunehmen oder abzulehnen. D. h., der Zwang trifft einzig den Anbieter, aber eben gerade nicht die Zielgesellschafter. Immerhin steht es dem Pflichtanbieter offen, bei Erfüllung der Voraussetzungen (insbesondere beim allfälligen Verfügen über mehr als 98 % der Stimmrechte der Zielgesellschaft) eine *Kraftloserklärungsklage* gemäss Art. 137 FinfraG einzureichen und damit die Restaktionäre sozusagen «auszuschliessen» (vgl. dazu vorne N 51 f.). 74

....

84 Der Pflichtanbieter ist nicht verpflichtet, ein (wie auch immer ausgestaltetes) «attraktives» Angebot zu machen, sondern einzig, den *Mindestpreis* zu offerieren; wenn die übrigen Aktionäre indes mit *steigenden* Kursen rechnen, werden sie vermutlich ihre Aktien *nicht anbieten*, was sich allenfalls durchaus mit den Interessen des Offerenten decken kann.

85 M. E. gelangt Art. 703 OR für die Beschlussfassung zur Anwendung.

86 Die Formulierung muss generell-abstrakt erfolgen, d. h., eine *statutarische Individualisierung* – insbesondere ein *partielles Opting-out* – ist unzulässig.

87 Olivier Bloch, La clause d'opting out: Clause virtuelle du droit suisse?, SZW 77 (2005) 293 ff.

88 Verfügung der UEK 490/1 LEM Holding SA vom 22. September 2011 sowie Verfügung 511/01 BT&T Timelife AG vom 8. Mai 2012, Ziff. 2.1; vgl. auch Daniel Daeniker, Angebotspflicht und Kontrollprämie – die Schweiz gegen den Rest der Welt? in: Mergers and Acquisitions XIII (Zürich 2010) 93 ff. und v. a. 116 f.

bb) Sanktionen

75 Erst seit der letzten Gesetzesrevision wird eine Verletzung der Angebotspflicht unter Strafe gestellt. Gemäss Art. 152 FinfraG wird mit Busse bis zu CHF 10 Mio. bestraft, «wer *vorsätzlich* einer rechtskräftig festgestellten Pflicht zur Unterbreitung eines Angebots (...) keine Folge leistet». Da die Fahrlässigkeit in diesem Artikel unerwähnt bleibt und ex lege nur strafbar ist, wenn das Gesetz dies explizit vorsieht (vgl. Art. 12 Abs. 1 StGB), ist das *fahrlässig* unterlassene Pflichtangebot nicht strafbar. Strafrecht

Dies bedeutet aber nicht, dass die Investoren, die entgegen den gesetzlichen Vorgaben kein Pflichtangebot erhalten haben, ihrerseits schutzlos wären. Tatsächlich können sich diese Aktionäre *zivilrechtlich* zur Wehr setzten und ihren *Erfüllungsanspruch* gegen den pflichtvergessenen (Nicht-)Anbieter durchsetzen. Eine behördliche Unterstützung fehlt, so dass die Eigenverantwortlichkeit der Investoren betont wird.

76 Nebst der Zivilklage auf *Erfüllung* der Angebotspflicht durch die Publikumsinvestoren wurde mit der BEHG-Revision vom Mai 2013 die *Stimmrechtssuspendierung* bei Verletzung der Angebotspflicht verändert. Die Kompetenz wurde vom Zivilrichter auf die *UEK* übertragen und ist neu als vorsorgliche aufsichtsrechtliche Massnahme ausgestaltet. Suspendiert werden können nur, aber immerhin die Stimmrechte des Pflichtanbieters, aber keine anderen Rechte (z. B. das Dividendenrecht). Stimmrechtssuspendierung und Zukaufsverbot

Nach neuem Recht besteht nun auch bei der Verletzung der Angebotspflicht – wie bei der Meldepflicht (vgl. dazu vorne N 61) – die Möglichkeit, ein *Zukaufsverbot* auszusprechen, wobei hier die Verfügungskompetenz bei der UEK liegt (Art. 135 Abs. 5 FinfraG):

«Gibt es hinreichende Anhaltspunkte dafür, dass eine Person ihrer Angebotspflicht nicht nachkommt, so kann die Übernahmekommission bis zur Klärung und gegebenenfalls Erfüllung der Angebotspflicht:

a. das Stimmrecht und die damit zusammenhängenden Rechte dieser Person suspendieren; und

b. dieser Person verbieten, direkt, indirekt oder in gemeinsamer Absprache mit Dritten weitere Aktien sowie Erwerbs- oder Veräusserungsrechte bezüglich Aktien der Zielgesellschaft zu erwerben.»

III. Ad hoc-Publizität

1. Einleitung

Hintergrund

77 Die *Ad hoc-Publizität* wird in der Schweiz[89] im Kotierungsrecht und nicht im Börsenrecht geregelt. D. h., die Ordnung findet sich in einer *unechten Selbstregulierung* (vgl. dazu vorne N 13). M. E. handelt es sich – was nicht unumstritten ist – bei den Kotierungsregeln (mindestens betreffend die Ad hoc-Publizität) um *keine Rechtssätze*, sondern im Wesentlichen um *private* Ordnungen, was insbesondere Auswirkungen auf die Haftungsthematik hat.

Die Ad hoc-Publizität gehört zum *internationalen Standard* des Börsengesellschaftsrechts und findet sich in fast allen ausländischen Ordnungen. Insofern waren und sind die schweizerischen Börsen im Rahmen von Art. 35 Abs. 2 FinfraG *nicht frei, ob* sie diese Transparenzvorschrift in ihren Ordnungen vorsehen wollen oder nicht.

Zweck

78 Mit der Ad hoc-Publizität sollen in erster Linie potenzielle *Informationsvorsprünge nivelliert* bzw. ausgeglichen werden, so dass allfälliges Insiderverhalten a priori verhindert werden kann. Ausserdem sollen mit der Ad hoc-Publizität, die eine *Pflicht der Emittentin* und *nicht der Aktionäre* darstellt, Transparenz[90] sowie Gleichbehandlung[91] der Publikumsinvestoren sichergestellt werden. Die Regelung gehört im weiteren Sinne zur *Corporate Governance* bei Publikumsgesellschaften[92].

Ein *Aufschub* der Ad hoc-Meldung durch die Emittentin ist zwar möglich (und teils unerlässlich, beispielsweise bei laufenden Fusionsverhandlungen oder bei einer Sanierung: SIX-Entscheid, ZUL-AHP-II-06 vom 4. September 2006), aber nur unter der Voraussetzung, dass die *Vertraulichkeit sichergestellt* ist. In der Praxis kommen oftmals Geheimhaltungserklärungen für die Informationsträger (Rechtsanwälte etc.) zum Einsatz.

Rechtsquellen

79 Die Ad hoc-Publizität ist in den *Kotierungsreglementen* der schweizerischen Börsen geregelt, nämlich einerseits in Art. 53 f. KR SIX sowie andererseits in Art. 18 KR BX. Die Börsen haben es ausserdem unternommen, ihr Verständnis zur Ad hoc-Publizität auf selbstregulatorischer Basis zu er-

89 Generell: MARIE V. FISCHER, Die Ad hoc-Publizität nach Art. 72 Kotierungsreglement (Diss. Bern 1999) *passim*; PETER HSU, Ad-hoc-Publizität (Diss. Zürich 2000) *passim*.

90 ALEXANDER I. DE BEER, Fairness und Transparenz durch Ad hoc-Publizität, ST 72 (1998) 33 ff.

91 ANDREA HUBER/MICHAEL GRUBER, Ad hoc-Publizität: Gleichbehandlung im Kapitalmarkt, Jusletter vom 27. Juni 2005, *passim*.

92 LUKAS GLANZMANN, Aktuelle Entwicklungen in der Corporate Governance, in: Entwicklungen Gesellschaftsrecht I (Bern 2006) 120 ff.

läutern. Die SIX hat entsprechend eine separate *Richtlinie* (RLAhP) sowie einen *Kommentar* zur RLAhP publiziert; eine Meinungsäusserung in kleinerem Rahmen nahm ebenfalls die BX vor.

2. Details

a) Inhalt

KR SIX und KR BX

80 *Art. 53 Abs. 1 KR SIX* regelt den Grundsatz der Ad hoc-Publizität wie folgt: «Der Emittent informiert den Markt über kursrelevante Tatsachen, welche in seinem Tätigkeitsbereich eingetreten sind. Als kursrelevant gelten Tatsachen, die geeignet sind, zu einer erheblichen Änderung der Kurse zu führen.»

Art. 18 Abs. 1 KR BX sieht – fast identisch wie das KR SIX – vor was folgt: «Der Emittent informiert den Markt über kursrelevante Tatsachen, welche in seinem Tätigkeitsbereich eingetreten und nicht öffentlich bekannt sind. Als kursrelevant gelten neue Tatsachen, die wegen ihrer beträchtlichen Auswirkungen auf die Vermögens- und Finanzlage oder auf den allgemeinen Geschäftsgang des Emittenten geeignet sind, zu einer erheblichen Änderung der Kurse zu führen.»

Ausgewählte Beispiele

81 Die *Verantwortung* dafür, ob im konkreten Einzelfall eine Ad hoc-Meldung über spezifische Kanäle publiziert werden muss[93], liegt ausschliesslich beim *Emittenten* (und dessen VR)[94]. Es ist für die Publikumsgesellschaft ausgeschlossen, sozusagen zur eigenen Absicherung einen verbindlichen Vorabentscheid bzw. ein «Ruling» (wie z. B. in Steuersachen oder beim HR)[95] bei den Börsen einzuholen. Sollte ein Emittent zu Unrecht keine Ad hoc-Meldung vornehmen, kann ihn die betreffende *Börse* im Rahmen ihrer Selbstregulierung *sanktionieren* (vgl. dazu hinten N 83).

82 Als *Beispiele* für Ad hoc-Meldungen können erwähnt werden: Gewinnwarnungen (z. B. Verlust statt Gewinn), wichtige Personalmutationen auf der Ebene des VR oder der GL (Beispiel: Trennung vom CEO oder CFO)[96], ge-

[93] Die *Modalitäten der Bekanntgabe* der Ad hoc-Mitteilungen finden sich in Art. 5 ff. RLAhP.

[94] M. E. gehört die Ad hoc-Publizität in den Bereich der *Oberleitung* der AG, so dass die Beschlussfassung *unentziehbar* beim VR liegt: Art. 716*a* Abs. 1 Ziff. 1 OR.

[95] Hierzu: Marlene Kobierski, Vorabbescheide im Steuerrecht und im Handelsregisterrecht, AJP 24 (2015) 181 ff.

[96] *Nicht jede* Personalmutation im VR oder in der GL muss publiziert werden, sondern der Einzelfall entscheidet; z. B. dürfte die Entlassung des *Finanzchefs* regelmässig kursrelevanter sein als diejenige des Personalchefs (strenger und m. E. zu streng: SIX-Entscheid, SaKo/AHP/I/07 vom 30. Juli 2007: «Verweis», weil die *Kündigung des Personalchefs* nicht gemeldet wurde).

plante Veränderungen beim Aktienkapital (Kapitalerhöhung etc.), Fusionen oder Unternehmensübernahmen, Einleitung von Strafverfahren.

Bekannt gemacht werden müssen einzig *«qualifizierte Ereignisse»* mit *«erheblicher Kursrelevanz»* (Art. 3 RLAhP), was nicht generell, sondern im Einzelfall zu entscheiden ist (Art. 4 Abs. 2 RLAhP). Von einer massgeblichen Kursrelevanz muss ausgegangen werden, «wenn eine das übliche Mass der Schwankungen deutlich übersteigende Kursänderung zu erwarten ist» (Art. 4 Abs. 1 RLAhP)[97]. M. E. sollte *«im Zweifel» publiziert* werden; trotzdem hat der VR eine Interessenabwägung vorzunehmen.

b) Folgen bei Verletzung

Sanktionen durch Börsen

83 Da die Ad hoc-Publizität zum Kotierungsrecht gehört, wird deren Verletzung durch den verpflichteten Emittenten nicht hoheitlich, sondern durch die jeweilige *Börse sanktioniert*. Die *möglichen Sanktionen* (Art. 61 Abs. 1 KR SIX sowie Art. 23*a* KR BX) reichen von einem simplen «Verweis»[98] über eine Sistierung des Handels mit den kotierten Aktien oder einer «Busse»[99] bis hin zu einer allfälligen disziplinarischen Dekotierung.

Das Drohpotenzial der privaten Geldstrafen der SIX wurde im Jahre 2009 erheblich verschärft, indem *«Bussen» bis maximal CHF 10 Mio.* verhängt werden können (Art. 61 Abs. 1 Ziff. 2 KR SIX); ehemals lag die maximale «Busse» bei CHF 200 000[100]. Die heutige «Bussendrohung» erscheint im internationalen Vergleich relativ streng.

Zivilrechtliche Haftung?

84 Durch unterlassene oder durch falsche Ad hoc-Meldungen eines Emittenten können allenfalls seine Aktionäre zu Transaktionen verleitet (oder davon abgehalten) werden, die in der Folge zu Schädigungen führen. Es stellt sich deshalb die Frage, ob *zivilrechtliche Haftungsansprüche* gegen die Gesellschaft (Art. 41 ff. OR) oder gegen deren Mitglieder des VR (Art. 754 ff. OR) möglich sind.

[97] Für die Kursrelevanz kann auf *keine konkreten Prozentzahlen* verwiesen werden: Kommentar der SIX zu Art. 4 RLAhP N 89.

[98] Ein *Verweis* stellt eine *hoheitliche* Massnahme dar, die durch eine Börse als privater Selbstregulator eben gerade nicht verhängt werden kann; die Terminologie ist somit m. E. nicht korrekt.

[99] Beim Begriff der *Busse* verhält es sich m. E. wie beim «Verweis», d. h., im konkreten Fall liegt einzig eine private Sanktion der Börse und *keine hoheitliche* Sanktion vor.

[100] Diese Ordnung galt bis am 1. Juli 2009; in diesem Rahmen wurden «Bussen» wegen Verletzung der Ad hoc-Publizität verhängt z. B. in Höhe von CHF 30 000 (16. April 2009) und sogar von CHF 100 000 (23. Januar 2008); der maximale Rahmen für Bussen an der BX geht wesentlich weniger weit, nämlich einzig bis CHF 50 000 (Art. 23*a* Abs. 1 KR BX).

Einen *Gerichtsentscheid* zu dieser Thematik gibt es (noch) nicht, und die *Lehre* erweist sich als gespalten[101]; m. E. fehlt es jeweils an der *Widerrechtlichkeit*, und zwar mangels Rechtssatzqualität der Ordnungen zur Ad hoc-Publizität, so dass die Haftung *ausschliesslich* gestützt auf die kotierungsrechtliche Ordnung *nicht* in Frage kommt[102]. Immerhin dürften bei einer Verletzung der Ad hoc-Publizität regelmässig Gesetzesbestimmungen (z. B. Art. 717 OR) verletzt sein, so dass meist eine Basis für eine allfällige *Widerrechtlichkeit als Haftungsvoraussetzung* gefunden werden kann.

E. Vertiefungsfragen

1. Inwiefern kann man heute noch von einer Einheit des Aktienrechts sprechen? Was sind die Auswirkungen des Börsengesellschaftsrechts?
2. Wie gross verbleibt der relevante Handlungsspielraum für echte Selbstregulierungen, wie den Swiss Code of Best Practice für Corporate Governance, innerhalb des zunehmend staatlich regulierten Börsengesellschaftsrechts?
3. Soll die Finanzmarktarchitektur wie vom EFD vorgeschlagen neu gestaltet werden? Worin liegen die Vorteile einer Horizontalregulierung im Vergleich zur grundsätzlich geltenden Vertikalregulierung?

101 Allg.: DANIEL DAENIKER/VITO ROBERTO, Pro & Contra Haftung für Ad-hoc-Publizität, GesKR 2006, 139 ff.; JÜRG LEU, Die Rechtswidrigkeit von Informationsmängeln in der Ad hoc-Publizität nach dem Kotierungsreglement der Schweizer Börse (Diss. St. Gallen 2002) 82 ff.

102 Detaillierte Darstellung: PETER V. KUNZ, Der Minderheitenschutz im schweizerischen Aktienrecht (Habil. Bern 2001) § 10 N 270 ff.

§ 15 KAG-Gesellschaftsformen

A. Einstieg

Lernziele

- Sie kennen die Grundzüge des Kollektivanlagengesetzes (KAG) sowie insbesondere die Details der gesellschaftsrechtlichen Regelungen, und zwar sowohl auf Gesetzesstufe als auch auf Verordnungsstufe.
- Sie erkennen, dass ein Anlagefonds zwar eine kollektive Kapitalanlage (auf vertraglicher Basis) ist, aber eben keine Gesellschaft darstellt.
- Sie verstehen die Strukturen sowie die Funktionsweisen zweier neuen Gesellschaftsformen in der Schweiz, nämlich der Kommanditgesellschaft für kollektive Kapitalanlagen (KmGK) sowie der Investmentgesellschaft mit variablem Kapital (SICAV).
- Sie sind in der Lage, die spezialgesetzliche Ordnung zur Investmentgesellschaft mit festem Kapital (SICAF) sowie deren Bedeutung zu beschreiben.
- Sie können einerseits die KmGK mit den übrigen Personengesellschaften sowie andererseits die SICAV mit den Aktiengesellschaften in Bezug setzen und dabei sowohl die Gemeinsamkeiten als auch die Unterschiede erkennen.

Gesetzliche Grundlagen

KAG (SR 951.31)

KKV (SR 951.311) sowie KKV-FINMA (SR 951.312)

Literaturhinweise

D'Amelio Isaia, Der angepasste Geltungsbereich gemäss revidiertem Kollektivanlagengesetz, GesKR 2013, 216 ff.

Gysi Heidi Erika, Die qualifizierten Anleger im Kollektivanlagenrecht (Diss. Bern 2011).

Heberlein Adrian, Die Investmentgesellschaft mit variablem Kapital (SICAV) und die Investmentgesellschaft mit festem Kapital (SICAF) im Vergleich (Diss. Zürich 2008).

Hünerwadel Patrick, Neue Gesellschaftsformen im Bundesgesetz über die kollektiven Kapitalanlagen, in: Entwicklungen im Gesellschaftsrecht II (Bern 2007) 281 ff.

Jutzi Thomas/Schären Simon, Grundriss des schweizerischen Kollektivanlagenrechts (Bern 2014).

Kunz Peter V., Die neue Kommanditgesellschaft für kollektive Kapitalanlagen (KkK) – Unternehmens- sowie Anlageform an der Schnittstelle zwischen Gesellschaftsrecht und Finanzmarktrecht, in: Entwicklungen zum Gesellschaftsrecht IV (Bern 2009) 45 ff.

Ders., Kreuzfahrt durch's schweizerische Finanzmarktrecht (Bern 2014) 170 ff.

Siffert Rino, Investmentgesellschaft mit variablem Kapital (SICAV) im Handelsregister, REPRAX 1/2010, 15 ff.

B. Einführungsfall

Alfred Amsler, Boris Berger und Cäsar Christen sind seit Jahrzehnten im Bereich der *kollektiven Kapitalanlagen* tätig. Sie haben als Sponsoren den *Effektenfonds* «LLF Luxury Lifestyle Fund» im Jahre 1999 gestartet, der äusserst erfolgreich ist und aktuell über mehr als CHF 500 Mio. «Assets under Management» (AuM) verfügt. Amsler, Berger und Christen sind seit Beginn als dessen *Investment Advisors* engagiert. Eine *hoheitliche Aufsicht* durch die Eidgenössische Finanzmarktaufsichtsbehörde (FINMA) ist ihnen nicht zuletzt aus Marketinggründen sehr wichtig.

Amsler, Berger und Christen überlegen sich seit einiger Zeit, ob sie anstelle des Fonds oder ergänzend dazu eine *Investmentgesellschaft mit variablem Kapital* (SICAV) gründen wollen; im Vergleich zum aktuellen Fonds hätte die SICAV nach ihrer Vorstellung den Vorteil, eine *Gesellschaft* zu sein und trotzdem den Investoren ein *jederzeitiges Austrittsrecht* («Exit») zu ermöglichen. Über die Details sind sie sich zwar noch nicht einig, in jedem Fall aber soll die SICAV firmieren als *«LLF Luxury Lifestyle Fund Ltd.»*. Amsler, Berger und Christen kommen zu Ihnen, um sich für die Gründung einer SICAV beraten zu lassen. Folgende Überlegungen legen sie Ihnen vor:

Allenfalls soll – aus Kostengründen – auf eine Neugründung verzichtet werden; es wird erwogen, den *bisherigen* Anlagefonds in eine *SICAV umzuwandeln*. Da Amsler, Berger und Christen vom Erfolg einer SICAV nicht gänzlich überzeugt sind, wollen sie mit dem *gesetzlichen Mindestkapital* starten. Christen erklärt, dass er momentan «short in cash» sei angesichts seiner kürzlichen Scheidung, so dass er bei der Gründung nicht Bargeld, sondern sein 40 Jahre altes *Oldtimer-Auto* einbringen werde. Amsler und Berger sind einverstanden; Berger erwähnt, dass er ausreichend Bargeld habe, aber *nicht Schweizer Franken*, sondern *Euro* sowie *Bitcoins*.

Amsler will sicher sein, dass durch künftige Kapitalerhöhungen sein Anteil an der SICAV *nicht verwässert* werden kann; er will sein *Bezugsrecht absichern*. Für Amsler und für Berger ist klar, dass sie im *Verwaltungsrat* dabei sein wollen. Christen erklärt Amsler und Berger, dass er nicht VR-Mitglied werden wolle; auch nehmen sie keinen Dritten im VR auf. Amsler, Berger und Christen planen, dass die SICAV künftig ebenfalls *Luxusgüter produzieren und vertreiben* solle. Ein *Börsengang der SICAV* in Zukunft könne – je nach Erfolg – nicht ausgeschlossen werden; doch Amsler, Berger und Christen haben Angst, dass dadurch die *FINMA-Aufsicht verloren* gehen könnte, was ein Marketingproblem wäre.

Aufgaben

1. Lassen das Umstrukturierungsrecht (Fusionsgesetz) oder eine andere Rechtsgrundlage eine *Umwandlung* eines Anlagefonds in eine SICAV zu? Was halten Sie von der für den SICAV geplanten *Firma «LLF Luxury Lifestyle Fund Ltd.»*?

2. *Mindestkapital* und *Mindesteinlage* sind keine Synonyme: Wie verhält es sich bei einer SICAV? Was halten Sie von der Idee von Christen, seinen Anteil der Einlage mittels eines *Oldtimer-Autos* zu liberieren? Wie steht es um die geplanten Vorschläge von Berger, seine Einlage mittels *Euro* bzw. *Bitcoins* zu liberieren?

3. Wie sieht es aus mit den *Bezugsrechten* in einer SICAV (und wie kann sich Amsler gegen eine «Verwässerung» absichern, wenn überhaupt)? Ist es rechtlich zulässig, dass nur Amsler und Berger im *Verwaltungsrat* der geplanten SICAV sind?

4. Sehen Sie irgendwelche Rechtsprobleme, wenn die SICAV von Amsler, Berger und Christen *operativ* (nämlich Produktion und Vertrieb von Luxusgütern) tätig sein sollte? Könnte ein *Börsengang der SICAV* die kollektivanlagenrechtliche Unterstellung (und damit die Aufsicht durch die FINMA) allenfalls gefährden?

C. Einführung

I. Gesellschaftsformen in der Schweiz

1. Gesetzgebungshistorie

Erste Bundesregelung

1 Lange Zeit gab es in der Schweiz *keine Bundeskompetenz* für das Privatrecht (inklusive des Gesellschaftsrechts). Deshalb bestanden im 19. Jahrhundert zahlreiche *kantonale* Aktienrechtsordnungen[1]. Eine Verfassungsänderung zur legislativen Kompetenzerweiterung des Bundes aus dem Jahr 1872 führte zum *ersten OR*, das per 1. Januar 1883 in Kraft trat (BBl 1881 III 109 ff.). Diese erste Bundesregelung u. a. zum Gesellschaftsrecht enthielt bereits Bestimmungen zu den *meisten* Gesellschaftsformen:

Geregelt waren somit Ende des 19. Jahrhunderts in der Schweiz bereits die einfache Gesellschaft (Art. 524 ff. OR 1883), die Kollektivgesellschaft (Art. 552 ff. OR 1883), die Kommanditgesellschaft (Art. 590 ff. OR 1883), die Aktiengesellschaft (Art. 612 ff. OR 1883), die Kommanditaktiengesellschaft (Art. 676 f. OR 1883) sowie die Genossenschaft (Art. 678 ff. OR 1883).

OR-Revisionen im 20. (und 21.) Jahrhundert

2 Die Gesellschaftsform der *Gesellschaft mit beschränkter Haftung* (GmbH) war dem OR 1883 unbekannt. Im Rahmen der ersten «grossen» Gesellschaftsrechtsrevision, die in erster Linie das Aktienrecht betraf, hat der Gesetzgeber *per 1. Juli 1937* die GmbH ins Obligationenrecht eingeführt,

[1] THEODOR BÜHLER, Die Aktiengesellschaft in den kantonalen Gesetzgebungen bis zum alten Obligationenrecht 1881–1883, in: Aktienrecht im Wandel, Bd. I. (Tübingen 2007) 287 ff.

und zwar nicht zuletzt angeregt durch ausländische Vorbilder[2]. Das GmbH-Recht wurde in mehr als 70 Jahren nur, aber immerhin einmal – nämlich *per 1. Januar 2008* – formell revidiert[3].

3 Das Recht der *Personengesellschaften* (vgl. dazu vorne § 7) wurde bis heute niemals umfassend überarbeitet. Eine Ergänzung erfährt das Personengesellschaftsrecht mit der neuen Gesellschaftsform der KmGK (vgl. dazu hinten N 34 ff.). M. E. besteht nichtsdestotrotz ein *erheblicher Revisionsbedarf* (vgl. dazu vorne § 7 N 227 ff.); erwähnt werden können eine GmbH & Co. KG (vgl. dazu vorne § 7 N 231) einerseits sowie eine PmbH[4] (vgl. dazu vorne § 7 N 232) andererseits.

4 Das *Aktienrecht* durchlief zahlreiche «kleine» und bis anhin zwei «grosse» Revisionen, nämlich in den Jahren 1936 und 1993; zurzeit wird das Aktienrecht erneut (in mehreren «Schüben») revidiert, wobei das Resultat im heutigen Zeitpunkt nicht ersichtlich ist. Die schweizerischen Aktienrechtsrevisionen stehen unter dem rechtspolitischen Einfluss *ausländischer Rechtsentwicklungen*; insbesondere des Gesellschaftsrechts der Europäischen Union (vgl. dazu hinten § 16). Diesem kommt eine wachsende Bedeutung für das Gesellschaftsrecht in der Schweiz zu (vgl. dazu hinten § 16 N 20 f.).

Neue Gesellschaftsformen des KAG

5 Per 1. Januar 2007 trat das Kollektivanlagengesetz (KAG) in Kraft. Dieses Gesetz ersetzt das frühere Anlagefondsgesetz (AFG). Unter dem früheren Anlagefondsrecht waren die kollektiven Kapitalanlagen auf *gesellschaftsrechtlicher* Basis (z. B. Anlage- bzw. Investmentgesellschaften = die heutigen SICAF) vom gesetzlichen Anwendungsbereich *ausgeschlossen*, notabene anders als unter heutigem Recht:

Die materiell bereits früher bekannten Investmentgesellschaften mit festem Kapital (SICAF) wurden mit der Revision zwar nicht neu geschaffen, indes neu dem KAG unterstellt (vgl. dazu hinten N 25 ff.). Ausserdem führte das KAG *zwei neue* Gesellschaftsformen ins Schweizer Recht ein, nämlich die Investmentgesellschaft mit variablem Kapital (SICAV: vgl. dazu hinten N 45 ff.) sowie die Kommanditgesellschaft für kollektive Kapitalanlagen (KmGK: vgl. dazu hinten N 34 ff.).

2 Beim «Abkupfern» stand *Frankreich* im Vordergrund; die deutsche Ordnung interessierte zwar ebenfalls, aber etwas weniger.

3 Zu den Neuerungen statt aller: PETER V. KUNZ, Grosse GmbH-Reform als Chance und Herausforderung für schweizerische Unternehmungen (...), in: Jusletter vom 30. April 2007, *passim*.

4 PmbH = Personengesellschaft mit beschränkter Haftung.

Kollektive Kapitalanlagen auf vertraglicher Basis

Die *Anlagefonds* unterstanden dem Anlagefondsrecht und unterstehen nun dem Kollektivanlagenrecht. Die insbesondere in Art. 25 ff. KAG geregelten Fonds sind *keine Gesellschaften*, sondern basieren auf einer *vertraglichen* Basis[5]; die Marginale zu Art. 25 KAG spricht von «Vertraglicher Anlagefonds»[6]. Die Anlagefonds sind *offene* Kapitalanlagen (Art. 8 Abs. 1 KAG), d. h., die Anleger haben gemäss Art. 8 Abs. 2 KAG einen Anspruch auf Rückgabe ihrer Anteile («Exit») an den Fonds zum Nettoinventarwert. 6

Mangels Gesellschaftsqualität soll im Rahmen dieser gesellschaftsrechtlichen Darstellung *nicht* weiter auf die Anlagefonds *eingegangen* werden.

2. Numerus clausus

Grundverständnis

Das schweizerische Gesellschaftsrecht, wie ebenfalls sämtliche ausländischen Gesellschaftsrechtsordnungen, wird vom *Numerus clausus* (NC)[7] beherrscht. Der NC umfasst zwei Elemente und bedeutet im Wesentlichen, dass auf der einen Seite nur eine beschränkte Anzahl von Gesellschaftsformen zur Verfügung steht (= Formen*zwang*), d. h., es gibt keine «Innominatsgesellschaften», und dass auf der anderen Seite deren inhaltliche Ausgestaltung nicht grenzenlos ist (= Formen*fixierung*). 7

Rechtssicherheit

Der NC dient in erster Linie der *Rechtssicherheit* der Marktteilnehmer, so dass beispielsweise ein Geschäftspartner weiss, wie sein «Gegenüber» funktioniert, weil es eben eine AG ist (und eine AG funktioniert, im Grossen und Ganzen, eben «immer gleich»). D. h., die generellen Erwartungen des Wirtschaftsverkehrs können relativ einfach erfüllt werden. Der NC ist ohne weiteres sinnvoll, nichtsdestotrotz sollte m. E. eine gewisse Flexibilisierung der Gesellschaftsformen für die Zukunft erwogen und das Angebot an *Gesellschaftsformen erweitert* werden[8]. 8

NC und KAG

Zahlreiche Spezialgesetze enthalten *Sonderregelungen* für Gesellschaften *je nach Branchenzugehörigkeit* (z. B. in der Finanzbranche). Diese «Leges speciales» führen aber keine neuen Gesellschaftsformen ein, sondern ergänzen vielmehr die Regelungen in Bezug auf die bereits bekannten Gesellschaften (etwa betreffend erhöhtem Mindestkapital oder Corporate 9

5 Zum *Fondsvertrag*: Art. 26 f. KAG.

6 Beim Begriff handelt es sich um einen «weissen Schimmel» bzw. um einen *Pleonasmus*; ein Fonds ist immer vertraglicher Natur, d. h., es gibt keine gesellschaftsrechtlichen Anlagefonds.

7 Detailliert: ROLF H. WEBER, Juristische Personen, SPR II/4 (Basel 1998) 78 ff.

8 Hinweise: PETER V. KUNZ, Zehn bemerkenswerte Auffälligkeiten bei den Revisionen der letzten Jahre im schweizerischen Gesellschaftsrecht, SJZ 104 (2008) 560 f.; PETER FORSTMOSER, Abschied vom Numerus clausus im Gesellschaftsrecht?, in: FS für P. Nobel (Bern 2005) 77 ff.

Governance). Anders das KAG, das erstmals seit 70 Jahren *neue Gesellschaftsformen* ins schweizerische Recht einführt.

Dadurch wird der *NC nicht verletzt*, sondern vielmehr *erweitert*. Das Gesellschaftsrecht des OR bleibt subsidiär anwendbar, was zahlreiche OR-Verweisungen belegen.

II. Kollektivanlagenrecht

1. Übersicht

a) Rechtsgrundlagen

10 Das Bundesgesetz über die kollektiven Kapitalanlagen (Kollektivanlagengesetz, KAG) trat am 1. Januar 2007 in Kraft[9] und enthält knapp 160 Artikel. Es bezweckt nebst dem *Anlegerschutz* die *Transparenz* und die *Funktionsfähigkeit* des Marktes für kollektive Kapitalanlagen (Art. 1 KAG). Dem KAG sind sämtliche Kollektivkapitalanlagen unterstellt, und zwar unabhängig von der Rechtsform (Art. 2 Abs. 1 KAG). D. h., sowohl *vertragliche* als auch *gesellschaftsrechtliche* Anlagen fallen darunter[10]. Gesetzesebene

11 Das KAG ist ein eigentliches *Rahmengesetz*, das zahlreiche Delegationsnormen etwa für den Bundesrat gemäss Art. 6 KAG, Art. 17 KAG oder Art. 152 Abs. 1 KAG enthält. Es sind *drei Verordnungen* zu berücksichtigen, nämlich die Verordnung über die kollektiven Kapitalanlagen (KKV)[11] des Bundesrats, die Verordnung der Eidgenössischen Finanzmarktaufsicht über die kollektiven Kapitalanlagen (KKV-FINMA)[12] sowie die Verordnung der Eidgenössischen Finanzmarktaufsicht über den Konkurs von kollektiven Kapitalanlagen (KAKV-FINMA)[13]. Verordnungsebene

b) Inhaltliche Zweiteilung

12 Bei den kollektiven Kapitalanlagen stehen die *finanzmarktrechtlichen* Regelungen im Vordergrund, also anders als bei den Gesellschaften des OR. In Bezug auf kollektive Kapitalanlagen sind insbesondere sowohl *Bewilli-* Finanzmarktrecht

[9] SR 951.31.

[10] Einer *vertraglichen* Form (= Anlagefonds gemäss Art. 25 ff. KAG) stehen drei *gesellschaftsrechtliche* Formen (nämlich: SICAV sowie KmGK sowie SICAF) gegenüber: Art. 7 ff. KAG.

[11] SR 951.311.

[12] SR 951.312.

[13] SR 951.315.2.

gungen (Art. 13 f. KAG)[14] als auch *Genehmigungen* (Art. 15 KAG)[15] erforderlich. Die drei Gesellschaften des KAG als Bewilligungsträger unterstehen der *Aufsicht* der FINMA (Art. 132 ff. KAG) und können verwaltungsrechtlich (z. B. Art. 134 KAG: Liquidation; Art. 138 KAG: Durchführung des Konkurses) sowie strafrechtlich (Art. 148 f. KAG) *sanktioniert* werden.

Gesellschaftsrecht

13 Ebenfalls bedeutsam – und im Vordergrund für diese Darstellung stehend – sind die *gesellschaftsrechtlichen* Bestimmungen des KAG. Dies überrascht nicht, führte das Kollektivanlagenrecht doch immerhin *zwei neue Gesellschaftsformen* ein (SICAV und KmGK) und unterstellte einen bisher bekannten Gesellschaftstyp (SICAF) u. a. einer Bewilligungspflicht. Das KAG sieht in diesem Zusammenhang zahlreiche *originäre* Regelungen vor, bringt aber mittels *Verweisungen* (vgl. dazu hinten N 36 und N 48) ausserdem das obligationenrechtliche Gesellschaftsrecht ins Spiel.

2. Grundverständnisse

Kollektive Kapitalanlagen

14 Eine *kollektive Kapitalanlage* liegt – stark trivialisiert – vor, wenn (meist) viele Leute[16] (hoffentlich) viel Geld in einen «gemeinsamen Topf» geben, dessen Inhalt von einem Dritten mehr oder weniger gut investiert wird; der *«Topf»*, an dem die Investoren bzw. Anleger beteiligt sind, ist entweder ein Anlagefonds, eine SICAV, eine KmGK oder eine SICAF. Rechtlich umschrieben wird dies in Art. 7 Abs. 1 KAG:

«Kollektive Kapitalanlagen sind Vermögen, die von Anlegerinnen und Anlegern zur gemeinschaftlichen Kapitalanlage aufgebracht und für deren Rechnung verwaltet werden. Die Anlagebedürfnisse der Anlegerinnen und Anleger werden in gleichmässiger Weise befriedigt.» Der Begriff der kollektiven Kapitalanlage enthält somit *vier* Tatbestandsvoraussetzungen[17], nämlich ein Vermögen, eine gemeinschaftliche Kapitalanlage, eine Fremdverwaltung sowie schliesslich eine Befriedigung der Anlagebedürfnisse der Investoren in gleichmässiger Weise.

....

14 Die SICAV, die KmGK und die SICAF sind *bewilligungspflichtig* (Art. 13 Abs. 2 lit. b – lit. d KAG), anders als sämtliche Gesellschaften des OR.

15 Gewisse *Dokumente* sind *genehmigungspflichtig*, nämlich beispielsweise die Statuten der SICAV und der SICAF (Art. 15 Abs. 1 lit. b/lit. d KAG) sowie der Gesellschaftsvertrag der KmGK (Art. 15 Abs. 1 lit. c KAG).

16 Der Bundesrat kann eine *Mindestzahl* von Anlegern vorsehen: Art. 7 Abs. 3 KAG.

17 Übersicht statt aller: SIMON SCHÄREN, Einführung in das Recht der kollektiven Kapitalanlagen, ius.full Nr. 1/09, 16 ff.

....

15 Die kollektiven Kapitalanlagen müssen entweder *offen* oder *geschlossen* sein (Art. 7 Abs. 2 KAG), d. h., es gilt: «Tertium non datur»:

Rückgabemöglichkeiten: offene Anlagen v. geschlossene Anlagen

Bei den *offenen* Kapitalanlagen haben die Anleger einen «Rechtsanspruch auf Rückgabe ihrer Anteile zum Nettoinventarwert» (Art. 8 Abs. 2 KAG)[18], d. h., der Investor kann jederzeit *aussteigen* bzw. «austreten» aus dem Investment; zu den offenen Anlagen gehören gemäss Art. 8 Abs. 1 KAG die Anlagefonds sowie die SICAV. Bei den *geschlossenen* Kapitalanlagen *fehlt* dieser Rückgabeanspruch (Art. 9 Abs. 2 KAG); dazu gezählt werden gemäss Art. 9 Abs. 1 KAG die KmGK sowie die SICAF.

16 Keine Einschränkungen gibt es – mindestens im Prinzip – betreffend Gesellschafterqualifikationen bei den drei Gesellschaftsformen des KAG. Es kommt *jedermann* als Gesellschafter in Frage, nämlich natürliche Personen, juristische Personen sowie Personengesellschaften[19], wobei Einschränkungen möglich sind (Art. 10 Abs. 1/Abs. 2 KAG); insbesondere bei *KmGK* sind bei beiden Gesellschafterkategorien einige *Spezialitäten* zu berücksichtigen (vgl. dazu hinten N 38 ff.).

Anleger

17 Eine spezifische Gesellschafterkategorie stellen die *qualifizierten Anleger* im Sinne von Art. 10 KAG dar, deren Schutzbedürfnis kollektivanlagenrechtlich bzw. konzeptionell als *geringer* eingestuft wird als bei anderen Investoren. Zu den qualifizierten Anlegern gehören insbesondere Banken, Effektenhändler und Versicherungen (Art. 10 Abs. 3 lit. a/lit. b KAG) sowie sog. *vermögende Privatpersonen* (Art. 10 Abs. 3bis KAG), die auf Verordnungsebene näher umschrieben werden[20].

3. Aspekte der Rechtsvergleichung

a) Rechtssetzung

18 Bei der Rechtssetzung geht es um den Erlass *generell-abstrakter* Normen, sei es durch den Gesetzgeber oder einen Rechtssetzer auf delegierter Ebene (z. B. Bundesrat); Subdelegationen sind möglich. Der Rechtssetzer wird

Allgemeines

[18] Anstelle von Nettoinventarwert wird in der Praxis regelmässig von *Net Asset Value* bzw. von *NAV* gesprochen.

[19] Erwähnt sind in Art. 10 Abs. 1 KAG einzig *Kollektivgesellschaften* und *Kommanditgesellschaften*, doch m. E. sind *einfache Gesellschaften* ebenfalls dazu zu zählen.

[20] Als *«vermögende Privatperson»* gilt gemäss Art. 6 Abs. 1 KKV u. a. jede natürliche Person, die im Zeitpunkt des Erwerbs kollektiver Kapitalanlagen «[lit. a] aufgrund der persönlichen Ausbildung und der beruflichen Erfahrung oder aufgrund einer vergleichbaren Erfahrung im Finanzsektor über die Kenntnisse verfügt, die notwendig sind, um die Risiken der Anlagen zu verstehen [Ziff. 1] und über ein Vermögen von mindestens CHF 500 000 Franken verfügt [Ziff. 2]» bzw. jeder Anleger, der schriftlich bestätigt, dass er über ein Vermögen von mindestens CHF 5 Mio. verfügt (lit. b).

teilweise beeinflusst durch den «Blick über die Landesgrenzen» hinaus, wobei verschiedene Instrumente bekannt sind[21]. Das schweizerische Kollektivanlagenrecht verfügt über einen ausgeprägten *internationalen Bezug*, und zwar insbesondere betreffend die Europäische Union (EU)[22].

Globalisierung

19 Die (zunehmende) Globalisierung sowie Internationalisierung gerade im Recht der kollektiven Kapitalanlagen kommt etwa dadurch zum Ausdruck, dass auf *«international anerkannte Standards»* verwiesen wird (z. B. Art. 83 Abs. 3 KAG, Art. 108 Abs. 2 KAG)[23]. Ähnliche Verweisungen sind in anderen wirtschaftsrechtlichen Erlassen – etwa im Börsengesetz (vgl. dazu vorne § 14 N 31) – zu finden.

Neue KAG-Gesellschaftsformen

20 Die *KmGK* wird zwar explizit ausschliesslich im schweizerischen Recht geregelt, doch der Gesetzgeber hat sich von ausländischen Vorbildern inspirieren lassen, d. h., es liegt *Eklektik* («Abkupferung») vor[24]. Anders bei der *SICAV*, denn hier übernahm der Rechtssetzer bewusst die Regelungen der EU, so dass europarechtliche Normen ins schweizerische Recht transferiert wurden, was einen *autonomen Nachvollzug von EU-Recht* darstellt[25]. Dieser unterschiedliche «Einfluss» ausländischen Rechts hat unmittelbare Auswirkungen auf die Rechtsanwendung (vgl. dazu hinten N 22).

b) Rechtsanwendung

Allgemeines

21 Die Rechtsanwendung bedeutet, dass entweder Gerichte oder Behörden *individuell-konkrete* Urteile bzw. Verfügungen in Anwendung der materiellen Grundlagen erlassen. Anders als der Rechtssetzer ist der Rechtsanwender *nicht gänzlich frei* bei seiner Tätigkeit. Ein *internationaler Bezug* besteht gerade auch im Bereich des Kollektivanlagenrechts, wobei zu unterscheiden ist zwischen geschlossenen und offenen Anlagen:

Neue KAG-Gesellschaftsformen

22 Da die *KmGK* originär schweizerisches Recht darstellt, ist ausländisches Recht prinzipiell bei der Rechtsanwendung *nicht* zu berücksichtigen; vorbehalten bleiben nur, aber immerhin allfällige Lückenfüllungen gemäss Art. 1 Abs. 2 ZGB.

21 Details: Peter V. Kunz, Instrumente der Rechtsvergleichung in der Schweiz bei der Rechtssetzung und bei der Rechtsanwendung, ZVglRWiss 108 (2009) 39 ff.

22 Hinweise: Peter V. Kunz, Europa als Massstab für das schweizerische Wirtschaftsrecht?, in: FS für E. Bucher (Bern 2009) 466 ff.

23 Auf Verordnungsstufe: Art. 7 Abs. 1 KKV-FINMA, Art. 17 Abs. 1 KKV-FINMA, Art. 30 Abs. 1 KKV-FINMA, Art. 85 Abs. 1 KKV-FINMA.

24 Anlehnungen erfolgten beispielsweise an die Regelungen zur angelsächsischen *Limited Liability Partnership* (LLP) sowie zur deutschen *GmbH & Co KG*.

25 Statt aller: Peter Forstmoser, Der autonome Nach-, Mit- und Vorvollzug europäischen Rechts: das Beispiel der Anlagefondsgesetzgebung, in: FS für R. Zäch (Zürich 1999) 523 ff.

Gänzlich anders hingegen die *SICAV*, die im Sinne eines autonomen Nachvollzugs von EU-Recht eingeführt wurde (vgl. dazu vorne N 20); dieser legislative Umstand führt bei der Interpretation des KAG zu den SICAV (und ebenso zu den Anlagefonds) zur *europarechtskonformen Auslegung* im Rahmen der konkreten Rechtsanwendung (generell: BGE 129 III 335 sowie BGE 130 III 182).

III. Aufbau der Darstellung

23 Das Kollektivanlagenrecht hat erstmals seit 70 Jahren *zwei neue* Gesellschaftsformen ins schweizerische Recht eingeführt, nämlich die KmGK (vgl. dazu hinten N 34 ff.) sowie die SICAV (vgl. dazu hinten N 45 ff.). Die vorliegende Darstellung beabsichtigt, deren *Grundzüge* aufzuzeigen. Nebst den Gemeinsamkeiten mit dem Personengesellschaftsrecht bzw. dem Aktienrecht sollen die Unterschiede aufgezeigt werden. KmGK sowie SICAV

24 Ein bereits *bekannter* Gesellschaftstyp – die SICAF (vgl. dazu hinten N 25 ff.) – wurde ebenfalls dem Kollektivanlagenrecht unterstellt, so dass einige gesellschaftsrechtliche Aspekte erwähnt werden. Ausserdem sollen die konzernrechtlichen Fragen beantwortet werden, ob bzw. welche KAG-Gesellschaften als *Konzernunternehmungen* «eingesetzt» werden können, und zwar als herrschende Gesellschaft (vgl. dazu hinten N 30 f.) oder als abhängige Gesellschaft (vgl. dazu hinten N 32 f.). SICAF sowie KAG-Gesellschaften im Konzern

IV. Sonderfragen

1. SICAF

25 Die *Investmentgesellschaft mit festem Kapital* bzw. SICAF[26] ist bewilligungspflichtig (Art. 13 Abs. 2 lit. d KAG) und hat einige Sonderbestimmungen zu beachten. Gesellschaftsrechtlich handelt es sich um eine *«normale AG»*: Grundlagen

«Die SICAF ist eine Aktiengesellschaft im Sinne des Obligationenrechts (Art. 620 ff. OR)» (Art. 110 Abs. 1 a. A. KAG)[27]. Das Gesetz enthält denn auch verschiedene *Verweisungen* auf das OR (sc. Art. 110 Abs. 1 KAG, Art. 111 Abs. 2 KAG, Art. 112 KAG sowie Art. 117 KAG). Die spezifischen

[26] SICAF = Société d'Investissement à Capital *Fixe*.

[27] Die SICAF hat *kollektive Kapitalanlagen* als *ausschliesslichen* Zweck: Art. 110 Abs. 1 lit. a KAG.

Bezeichnungen «Investmentgesellschaft mit festem Kapital» oder «SICAF» sind gesetzlich geschützt (Art. 12 Abs. 2 KAG)[28]. Bei SICAF handelt es sich um eine «tote Gesellschaftsform». Seit ihrer Einführung im Jahr 2016 wurde keine einzige SICAF gegründet.

Strukturen

26 Die SICAF ist eine *geschlossene* kollektive Kapitalanlage (Art. 9 Abs. 1 KAG), so dass die Gesellschafter gemäss Art. 9 Abs. 2 KAG «weder unmittelbar noch mittelbar einen Rechtsanspruch auf Rückgabe ihrer Anteile zum Nettoinventarwert» haben.

Die *Statuten* und das *Anlagereglement* stellen die Basis der SICAF dar (Art. 9 Abs. 4 KAG)[29]; in diesen beiden Dokumenten, die von der GV der SICAF zu genehmigen sind (z. B. Art. 115 Abs. 3 KAG), werden die Anlagen, die Anlagepolitik, die Anlagebeschränkungen sowie die Anlagerisiken geregelt (Art. 115 Abs. 1 KAG). Die SICAF hat ausserdem einen *Prospekt* zu erstellen (Art. 116 KAG).

27 Prinzipiell kann *jedermann* ein SICAF-Aktionär sein, d. h. natürliche und juristische Personen sowie Personengesellschaften (Art. 10 Abs. 1 KAG); von Gesetzes wegen wird die Gesellschafterstellung *nicht* auf *qualifizierte Anleger* eingeschränkt. Die SICAF darf gemäss Art. 113 Abs. 2 KAG weder Partizipationsscheine noch Genussscheine ausgeben, d. h., es können ausschliesslich *Aktien* emittiert werden[30], die ausserdem *vollständig liberiert* werden müssen (Art. 113 Abs. 1 KAG)[31].

Organisation

28 Die beiden Zwangsorgane der «normalen» AG – nämlich die *Generalversammlung* und der *Verwaltungsrat* – sind gleichermassen bei der SICAF obligatorisch. Es bestehen nur wenige Differenzen; beispielsweise drohen VR-Mitgliedern ebenfalls privatrechtliche Verantwortlichkeitsklagen (Art. 145 Abs. 1 lit. d KAG).

Die Revisionspflicht trifft ebenfalls die SICAF (wie im Prinzip jede AG), wobei keine eigentliche «Revisionsstelle», sondern vielmehr eine *obligatorische Prüfgesellschaft* eingesetzt wird (Art. 118 KAG i. V. m. Art. 126 Abs. 1 lit. d KAG), die z. B. die Jahresrechnung gemäss Art. 126 Abs. 5 KAG zu prüfen hat. Zudem muss die SICAF eine *Depotstelle* und eine *Zahlstelle* haben (Art. 114 KAG).

---

28 Die Offenlegung der Rechtsform ist notwendiger Firmenbestandteil: Art. 111 Abs. 1 KAG, resp. ebenso erwähnt in Art. 950 Abs. 1 OR.

29 Zur *Genehmigungs*pflicht durch die FINMA: Art. 15 Abs. 1 lit. d KAG.

30 Vorzugsaktien sind unzulässig: Art. 113 Abs. 2 a. E. KAG.

31 Insofern ist das KAG eine Lex specialis zum Aktienrecht.

29 Die SICAF darf über *keine kotierten* Aktien an einer Schweizer Börse verfügen (Art. 110 Abs. 1 lit. c KAG)[32]. Lässt eine SICAF dennoch ihre Aktien kotieren, wird sie nicht mehr als SICAF sondern als gewöhnliche AG i. S. von Art. 620 ff. OR behandelt, das Kollektivanlagenrecht ist somit nicht mehr anwendbar (Art. 2 Abs. 3 a. A. KAG). In der Wirtschaftsrealität der letzten Jahre sind immer wieder Investmentgesellschaften zu beobachten, die eine *Kotierung vornehmen* mit der Absicht, eben gerade nicht (mehr) dem kostenintensiven Kollektivanlagenrecht zu unterstehen[33]. SICAF ausgeschlossen als Publikumsgesellschaft

2. KAG-Gesellschaften als Konzernunternehmungen

a) Obergesellschaft

30 Die wirtschaftliche Bedeutung von *Konzernen* bzw. von *Unternehmensgruppen* kann nicht überschätzt werden (vgl. dazu vorne § 12 N 1). Unter diesem Aspekt interessiert die Frage, ob *KAG-Gesellschaften* (also: SICAF, KmGK oder SICAV) als Konzernunternehmen überhaupt in Frage kommen oder nicht. Ausnahmeregelung

Zumindest auf den ersten Blick erscheint nicht eindeutig, ob die Gesellschaften des KAG als *herrschendes* Unternehmen zulässig sind:

Art. 2 Abs. 2 lit. e KAG hält nämlich fest, dass dem *KAG nicht unterstellt* sind: «Gesellschaften, die durch Stimmenmehrheit oder auf andere Weise eine oder mehrere Gesellschaften in einem Konzern unter einheitlicher Leitung zusammenfassen (Holdinggesellschaften)»; der KAG-Gesetzgeber hat dabei indes zwei Begriffe *vermischt*, nämlich *Holdinggesellschaft* sowie *Obergesellschaft* (vgl. dazu vorne § 12 N 46 f.)[34]. Eine eindeutige Antwort gibt diese Regelung somit (noch) nicht.

31 Bei *sämtlichen KAG-Gesellschaften* sieht das Gesetz vor, dass deren *ausschliesslicher Zweck* in kollektiven Kapitalanlagen liegt (Art. 110 Abs. 1 lit. a KAG[35], Art. 98 Abs. 1 KAG[36] sowie Art. 36 Abs. 1 lit. d KAG[37]). Dies Einzelbetrachtung

[32] Ausserdem: Art. 2 KKV.

[33] Die KAG-Aufsicht durch die FINMA ist wesentlich aufwendiger als die «Aufsicht» durch eine der beiden schweizerischen Börsen für Beteiligungspapiere (sc. SIX oder BX).

[34] Die herrschende Gesellschaft im Konzern kann, muss aber nicht als Holding organisiert sein.

[35] Art. 122 Abs. 1 KKV.

[36] Art. 117 KKV; noch weiter einschränkend: Art. 103 Abs. 1 KAG («Risikokapital»).

[37] Art. 52 KKV.

schliesst bereits a priori Konzernleitungsfunktionen aus, so dass KAG-Gesellschaften m. E. generell *keine Obergesellschaften* in Unternehmensgruppen sein können.

Aus verschiedenen Verordnungsbestimmungen scheint sich nun allerdings zu ergeben, dass der *Bundesrat* einerseits sowie die *FINMA* andererseits dies anders sehen, weil sie von der Zulässigkeit von Tochtergesellschaften bei KAG-Gesellschaften (SICAV etc.) ausgehen[38]. Der Bundesrat und die FINMA haben den Delegationsrahmen missachtet, und m. E. erweisen sich diese Regelungen somit als *gesetzeswidrig*.

b) Untergesellschaft

Ausnahmeregelung

32 Art. 2 Abs. 2 lit. e KAG äussert sich – wenn überhaupt – einzig zur «Mutterperspektive» (vgl. dazu vorne N 30) und nicht zur Perspektive einer Untergesellschaft; insofern beantwortet diese Regelung nicht die Frage, ob eine SICAF, eine KmGK oder eine SICAV in einem Konzern als *abhängige* Gesellschaften zulässig sind oder nicht. Die Fokussierung der KAG-Gesellschaften auf kollektive Kapitalanlagen schliesst deren Funktionsfähigkeit als Untergesellschaft(en) nicht aus[39].

Einzelbetrachtung

33 Die SICAF, die KmGK sowie die SICAV sind hingegen ohne weiteres als *abhängige* Konzernunternehmungen *zulässig*. M. E. muss in diesem Zusammenhang die beherrschende Konzernunternehmung (bei Beteiligungskonzernen) als *Komplementärin* bei der KmGK[40] sowie als *Unternehmeraktionärin* bei der SICAV auftreten.

[38] Zur *SICAV* explizit Art. 68 Abs. 1 KKV: «Die (…) SICAV dürfen für die Verwaltung der kollektiven Kapitalanlagen Tochtergesellschaften einsetzen, deren ausschliesslicher Zweck das Halten von Anlagen für die kollektive Kapitalanlage ist. (…)»; für *sämtliche* KAG-Rechtsformen (inklusive z. B. der KmGK sowie der SICAF): «Werden zur Umsetzung der Anlagepolitik Tochtergesellschaften eingesetzt, (…)» (Art. 91 Abs. 1 KKV-FINMA).

[39] Implizit zur SICAF: Art. 89 Abs. 2 KKV-FINMA; das Verbot eigener Aktien bei SICAV (Art. 42 Abs. 2 KAG) schliesst deren Einsatz als abhängige Gesellschaft nicht aus.

[40] Dies setzt voraus, dass es sich um eine *AG* (mit Sitz in der Schweiz) handelt.

D. KmGK

I. Grundsätzliches

1. Rechtsgemeinschaft bzw. Personengesellschaft

34 Die *Kommanditgesellschaft für kollektive Kapitalanlagen*[41] bzw. KmGK[42] ist bewilligungspflichtig (Art. 13 Abs. 2 lit. c KAG). Mitte 2018 bestanden 18 KmGK in der Schweiz; die bekannteste KmGK war ohne Zweifel die im Zusammenhang mit der Rettung der Grossbank UBS im Jahre 2008 in Bern gegründete «StabFund Kommanditgesellschaft für kollektive Kapitalanlagen» der Schweizerischen Nationalbank[43], welche im Oktober 2014 wieder gelöscht wurde. Grundlagen

35 Die KmGK wird als Rechtsgemeinschaft bzw. als *Personengesellschaft* qualifiziert (vgl. dazu vorne N 3), auf die ebenfalls die gesellschaftsrechtlichen Grundsätze des Obligationenrechts – z. B. die fehlende Rechtspersönlichkeit und die Selbstorganschaft – zur Anwendung gelangen. Bei der KmGK stellen die *kollektiven Kapitalanlagen* den ausschliesslichen Zweck dar (Art. 98 Abs. 1 KAG)[44]. Rechtsnatur

Anders als die OR-Personengesellschaften ist die *KmGK revisionspflichtig*, d. h., sie hat eine *obligatorische Prüfgesellschaft* (Art. 107 KAG i. V. m. Art. 126 Abs. 1 lit. c KAG), die u. a. ihre Jahresrechnung prüft (Art. 126 Abs. 5 KAG).

2. Subsidiäre Anwendbarkeit des OR

36 Das KAG geniesst betreffend die KmGK als Lex specialis zwar Vorrang vor dem übrigen Gesellschaftsrecht, doch gelangen ansonsten die «Bestimmungen des Obligationenrechts über die Kommanditgesellschaft zur Anwendung» (Art. 99 KAG). Nebst der *Generalverweisung* findet sich in Verweisung auf KmGK

[41] Statt aller: ADRIAN ANDERMATT, Die Swiss Limited Partnership – ein konkurrenzfähiges Investmentvehikel?, SJZ 103 (2007) 481 ff.; CHRISTIAN BÖHLER, Anlagevehikel für Private Equity – Einführung der Limited Partnership im schweizerischen Recht, ST 80 (2006) 506 ff.; SHELBY DU PASQUIER/XAVIER OBERSON, La société en commandite de placements collectifs (…), SZW 79 (2007) 207 ff.

[42] Zur Abkürzung: Art. 12 Abs. 2 KAG.

[43] Detailliert: PETER V. KUNZ, Eine etwas überraschende Wiederbelebung der Personengesellschaften durch die Schweizerische Nationalbank, in: Jusletter vom 15. Dezember 2008, *passim*.

[44] Zudem: Art. 117 KKV; der Zweck muss im *Gesellschaftsvertrag* umschrieben werden: Art. 102 Abs. 1 lit. b KAG.

Art. 105 Abs. 2 KAG eine (an sich überflüssige) Verweisung auf die OR-Regelungen zum Gesellschafterausschluss.

II. Einzelfragen

1. Struktur

a) Grundlagen

Gründung

Die KmGK ist eine *geschlossene* Kapitalanlage (Art. 9 Abs. 1 KAG), so dass die Gesellschafter gemäss Art. 9 Abs. 2 KAG «weder unmittelbar noch mittelbar einen Rechtsanspruch auf Rückgabe ihrer Anteile zum Nettoinventarwert» haben. 37

Diese Gesellschaftsform beruht als Personengesellschaft auf einem *Gesellschaftsvertrag* (Art. 9 Abs. 3 KAG)[45], der *schriftlich* abgeschlossen werden muss (Art. 102 Abs. 2 KAG). Die KmGK entsteht im Rahmen von Art. 100 Abs. 1 KAG überhaupt erst *mit Eintragung* im Handelsregister, die somit *konstitutiv* wirkt.

Gesellschafterkategorien

Wie die KmG basieren die KmGK gemäss Art. 98 Abs. 1 KAG auf *zwei Gesellschafterkategorien*, nämlich unbeschränkt haftenden Gesellschaftern («Komplementären») sowie beschränkt haftenden Gesellschaftern («Kommanditären»), doch die gesetzlichen Ausgestaltungen unterscheiden sich vom «Vorbild des OR» erheblich (vgl. dazu hinten N 44). Die KmGK gilt als *potenziell «gefährlich»* (z. B. Art. 103 Abs. 1 KAG: «Die Gesellschaft tätigt Anlagen in Risikokapital»), so dass die Anforderungen an die Gesellschafter unter dem Aspekt des *Investorenschutzes* nicht unwesentlich erhöht werden. 38

b) Gesellschafter

Komplementäre

Jede KmGK muss (mindestens) einen *Komplementär* haben, der für die Gesellschaftsschulden *unbeschränkt* haftet; der zentrale Unterschied gegenüber der Regelung von Art. 594 Abs. 2 OR zur KmG liegt darin, dass der Komplementär bei der KmGK keine natürliche Person ist, sondern eine *Aktiengesellschaft* mit Sitz in der Schweiz sein muss (Art. 98 Abs. 2 Satz 1 39

....

[45] Zur *Genehmigungs*pflicht durch die FINMA: Art. 15 Abs. 1 lit. c KAG; zum *Inhalt* des Vertrags: Art. 102 Abs. 1 KAG.

....

KAG)[46]; damit stellt die KmGK sozusagen ein «Modell» für eine GmbH & Co. KG dar (vgl. dazu vorne § 7 N 231).

Komplementäre bei KmGK werden – anders als bei KmG – eingeschränkt in ihrer Wirtschaftsfreiheit. Jeder Komplementär darf nämlich nur *in einer einzigen KmGK* tätig sein (Art. 98 Abs. 2 Satz 2 KAG).

40 Die KmGK braucht nebst dem Komplementär (mindestens) einen[47] *Kommanditär*, dessen Haftung für die Schulden der Gesellschaft *beschränkt* ist, und zwar auf die Kommanditsumme. Die Kommanditsumme ergibt sich als Gesamtsumme aus dem Gesellschaftsvertrag der KmGK (Art. 102 Abs. 1 lit. d KAG). Die individuelle Kommanditsumme jedes Kommanditärs wird im HR eingetragen (Art. 99 KAG i. V. m. Art. 608 Abs. 1 OR). Kommanditäre

Die KmGK führt ein Register der Kommanditäre (Art. 102 Abs. 1 lit. g KAG). Der Gesellschaftsvertrag enthält den Betrag der gesamten Kommanditsumme (Art. 102 Abs. 1 lit. d KAG). E contrario bedeutet dies, dass die einzelnen Kommanditsummen aus dem Gesellschaftsvertrag nicht ersichtlich sind.

Während bei OR-Kommanditgesellschaften im Prinzip jedermann als Kommanditär in Frage kommt, verhält es sich anders bei der KmGK. Die Kommanditärfunktion ist *beschränkt* auf *qualifizierte Anleger* (Art. 98 Abs. 3 KAG) – wer als «qualifiziert» gilt, ergibt sich aus der Liste gemäss Art. 10 Abs. 3 KAG (z. B. Banken, Versicherungen und Effektenhändler). In der Praxis wichtig sind zudem die *«vermögenden Privatpersonen»* (Art. 10 Abs. 3bis KAG)[48]. Bei den qualifizierten Investoren wird das Schutzbedürfnis als geringer beurteilt.

2. Funktionsweise

41 Die KmGK kann *nicht beliebig* im Bereich der kollektiven Kapitalanlagen tätig sein. Art. 103 Abs. 1 KAG hält fest, dass die KmGK einzig für Anlagen in *Risikokapital* zur Verfügung steht, was eine Einschränkung bedeutet. Wegen dieser potenziellen «Gefährlichkeit» für Investoren (Verlustrisiko etc.) wurden die Anforderungen an Komplementäre und an Kommanditäre erhöht (vgl. dazu vorne N 38 ff.). Geschäftsbereiche

[46] Der Komplementär als schweizerische AG benötigt mindestens ein *einbezahltes* Aktienkapital in Höhe von *CHF 100 000*: Art. 118 Abs. 2 KKV.

[47] M. E. darf die Regelung von Art. 98 Abs. 1 Satz 2 KAG («die anderen Mitglieder») nicht wörtlich verstanden werden, d. h., *ein einziger* Kommanditär genügt im Zeitpunkt der *Gründung*.

[48] Die «vermögenden Privatpersonen» werden in Art. 6 KKV näher umschrieben: Vgl. dazu vorne N 17 FN 20.

Es ist umstritten, welche Anlagen im Einzelnen als «Risikokapital» zu qualifizieren sind[49]; m. E. gehören dazu insbesondere *«Venture Capital»* sowie *«Private Equity»*, wobei für diese Begrifflichkeiten ebenfalls keine Legaldefinitionen bestehen.

Rechte und Pflichten

Das Kollektivanlagenrecht enthält gegenüber dem OR verschiedene *Sonderordnungen* zu Gesellschafterrechten und zu Gesellschafterpflichten in der KmGK; Beispiele: Konkurrenzverbot (Art. 104 KAG), Eintritte bzw. Austritte von Kommanditären (Art. 105 KAG) sowie Informationsrechte der Kommanditäre (Art. 106 KAG). 42

Übereinstimmungen mit OR

Die KmGK und die KmG erscheinen durchaus vergleichbar in verschiedener Hinsicht. Ausserdem ist das OR subsidiär anwendbar. Die wichtigsten *Übereinstimmungen* liegen in der Rechtsnatur, indem beide Gesellschaften als Personengesellschaften zu qualifizieren sind. Zudem gibt es jeweils zwei Gesellschafterkategorien, bei denen unterschiedliche Haftbarkeiten im Vordergrund stehen. 43

Unterschiede zum OR

Die *Unterschiede* zwischen der KmG und der KmGK (z. B. die Fokussierung auf Risikokapital; die erhöhten Anforderungen an die Gesellschafter; die konstitutive Wirkung der HR-Eintragung für die Gründung, obwohl eine KmGK immer kaufmännisch ist; die Notwendigkeit einer Prüfgesellschaft) zeigen gänzlich *«verschiedene Welten»* auf. 44

Bei KmGK stehen im Wesentlichen *keine KMU-Situationen* und *keine «retail situations»* im Vordergrund, sondern vielmehr potenziell «gefährliche» Anlagen (Stichwort: Risikokapital), zu denen primär «highly sophisticated investors» zugelassen werden sollen. KmGK sind, etwas trivialisiert, nichts für «Anfänger».

[49] Art. 120 Abs. 1 KKV erwähnt Projekte «mit einer überdurchschnittlichen Verlustwahrscheinlichkeit»; ausserdem: Art. 121 KKV.

E. SICAV

I. Grundsätzliches

1. Körperschaft bzw. Kapitalgesellschaft

45 Die *Investmentgesellschaft mit variablem Kapital* bzw. SICAV[50] ist bewilligungspflichtig (Art. 13 Abs. 2 lit. b KAG) und hat zahlreiche finanzmarktrechtliche Besonderheiten zu beachten. Gesellschaftsrechtlich handelt es sich um eine *Kapitalgesellschaft*, und zwar um eine *spezialgesetzliche AG*, die – immerhin mit gewichtigen Ausnahmen zu Art. 620 ff. OR (vgl. dazu hinten N 63 f.) – wie eine «normale AG» funktioniert. Grundlagen

Mitte 2018 bestanden in der Schweiz 33 SICAV. Die *Bezeichnungen* «Investmentgesellschaft mit variablem Kapital» oder «SICAV» sind gesetzlich geschützt (Art. 12 Abs. 2 KAG)[51].

46 Die kollektiven Kapitalanlagen im Sinne von Art. 7 ff. KAG sind bei der SICAV der *ausschliessliche Zweck* (Art. 36 Abs. 1 lit. d KAG)[52]. Zwar wird eine Holdingfunktion für SICAV ausgeschlossen (Art. 2 Abs. 2 lit. e KAG), doch kommt auf den ersten Blick eine Konzernleitungsfunktion in Frage; m. E. sind nichtsdestotrotz *SICAV ausgeschlossen als Obergesellschaft* in einem Konzern (vgl. dazu vorne N 30 f.). Zweck der SICAV

Der *thematische* Zweck betreffend kollektive Kapitalanlagen muss in den *Statuten* der SICAV aufgeführt werden (Art. 43 Abs. 1 lit. b KAG)[53].

47 Eine *SICAF* kann gemäss Art. 2 Abs. 3 a. A. KAG *keine Publikumsgesellschaft* sein bzw. über keine kotierten Beteiligungspapiere verfügen (vgl. dazu vorne N 29). SICAV als Publikumsgesellschaft?

[50] SICAV = Société d'Investissement à Capital *Variable*; statt aller: ROLF H. WEBER, Aufbruch zu neuer juristischer Person: Investmentgesellschaft mit variablem Kapital, in: FS für H. M. Riemer (Bern 2007) 433 ff.; PETER SPINNLER, Die neue Rechtsform der SICAV im KAG und die Interessenwahrnehmung der Anleger als Aktionäre, GesKR 2007, 79 ff.

[51] Ein Hinweis auf die *Gesellschaftsform* ist obligatorischer Firmenbestandteil: Art. 38 Abs. 1 KAG, ebenso Art. 950 Abs. 1 OR; die *Statuten* müssen die Firma ausweisen: Art. 43 Abs. 1 lit. a KAG.

[52] Ausserdem: Art. 52 KKV.

[53] Beispiel einer *statutarischen Zweckklausel*: «Ausschliesslicher Zweck der Gesellschaft ist die Verwaltung ihres Vermögens bzw. ihrer Teilvermögen als kollektive Kapitalanlage gemäss Kollektivanlagengesetzgebung sowie die Äufnung des Anlegerkapitals und der Vertrieb ihrer Anlegeraktien» (SICAV-Musterstatuten SFAMA).

Anders verhält es sich m. E. bei der *SICAV*, deren Aktien als Beteiligungspapiere durchaus an einer Schweizer Börse kotiert sein können[54], ohne dass die Unterstellung unter das Kollektivanlagenrecht in Frage gestellt wird. Art. 40 Abs. 3 KAG sowie Art. 45 KAG setzen die *Zulässigkeit einer Kotierung* von SICAV-Aktien voraus. Das *Übernahmerecht* gemäss Art. 125 ff. FinfraG (vgl. dazu vorne § 14 N 36 ff.) gelangt bei kotierten SICAV hingegen nicht zur Anwendung (Art. 45 KAG).

2. Subsidiäre Anwendbarkeit des OR

Verweisungen

Auf die SICAV als spezialgesetzliche AG gelangt *subsidiär das Aktienrecht* zur Anwendung. Im Übrigen geht aber jeweils das KAG als Lex specialis vor. Das Kollektivanlagenrecht enthält für die SICAV zahlreiche *OR-Verweisungen*: 48

Art. 37 Abs. 1 KAG (die aktienrechtlichen *Gründungsvorschriften* sind anwendbar, vorbehaltlich der Regelungen zur qualifizierten Gründung [z. B. mittels Sacheinlage]); Art. 38 Abs. 2 KAG (das *Firmenrecht* des Aktienrechts [Wahrheit, Klarheit etc.] gilt im Prinzip ebenfalls bei SICAV); Art. 48 KAG (die *Kontrollrechte* der SICAV-Aktionäre richten sich nach dem Aktienrecht); Art. 50 Abs. 3 KAG (die Regelungen zur *Generalversammlung* von AG sind massgeblich); Art. 51 Abs. 6 KAG (die Ordnung zum zweiten Pflichtorgan der AG – nämlich zum *Verwaltungsrat* – muss berücksichtigt werden); Art. 87 KAG (die *Rechnungslegung* gemäss Art. 662 ff. aOR[55] gilt ebenfalls)[56].

II. Einzelfragen

1. Struktur

a) Grundlagen

Flexibles Aktienkapital

Seit Jahren wurde insbesondere in der Doktrin[57] eine *Flexibilisierung des Aktienkapitals* bei AG angeregt; im Rahmen der aktuellen «grossen» Aktienrechtsrevision deutet das geplante neue Rechtsinstitut des sog. *Kapi-* 49

---

54 Im heutigen Zeitpunkt gibt es (noch) keine SICAV als Publikumsgesellschaft.

55 Bei der *Revision des Rechnungslegungsrechts* im Jahr 2013 wurde die Anpassung des KAG schlicht «vergessen», so dass Art. 87 KAG momentan (noch) formell auf die aufgehobenen Art. 662 ff. aOR verweist; materiell gemeint sind hingegen Art. 957 ff. OR.

56 Zudem: Art. 79 Abs. 1 KKV-FINMA.

57 Schon früh: PETER V. KUNZ, Flexibilisierung des Aktienkapitals (...), REPRAX 1/2000, 18 ff.

talbands (vgl. dazu vorne § 8 N 186 f.) in diese Richtung. Aus Gründen der Rechtssicherheit einerseits sowie des Gesellschafterschutzes oder des Gläubigerschutzes andererseits können und sollen indes bei AG nicht sämtliche *Einschränkungen des Aktienrechts* relativiert werden.

50 Als wesentlich flexibler erweist sich hingegen die SICAV, «deren Kapital und Anzahl Aktien nicht im Voraus bestimmt sind» (Art. 36 Abs. 1 lit. a KAG)[58]:

Das Aktienkapital der SICAV kann im Rahmen von Art. 42 KAG *jederzeit erhöht* («neue Aktien ausgeben») und *jederzeit herabgesetzt* («ausgegebene Aktien [...] zurücknehmen») werden, wozu es weder einer Statutenänderung noch eines Handelsregistereintrags bedarf (Art. 42 Abs. 1 Satz 2 KAG)[59]. Sämtliche Aktien einer SICAV haben *keinen Nennwert* (Art. 40 Abs. 2 KAG), und den Aktionären steht *kein Bezugsrecht* auf neu ausgegebenen Aktien zu (Art. 42 Abs. 3 KAG).

Gründung und Kapitalisierung

51 Eine SICAV wird im Prinzip gleich *wie eine «normale» AG* gegründet, immerhin mit dem Vorbehalt, dass es keine qualifizierten Gründungen gibt (Art. 37 Abs. 1 KAG). Art. 54 Abs. 1 KKV schreibt im Gründungszeitpunkt eine *Mindesteinlage von CHF 500 000* vor[60], die von den Unternehmeraktionären (vgl. dazu hinten N 54) zu leisten ist (Art. 41 Abs. 1 KAG)[61].

Die nennwertlosen Aktien der SICAV müssen in jedem Fall, d. h. bei der Gründung und bei späteren Kapitalerhöhungen, jeweils *vollständig* und *in bar liberiert* werden (Art. 40 Abs. 2 KAG). Die SICAV muss ein Jahr nach ihrer Gründung über ein Mindestnettovermögen von *CHF 5 Mio.* verfügen (Art. 53 KKV i. V. m. Art. 35 Abs. 2 KKV); diese Thematik der «kritischen Masse» gilt bei der SICAF nicht.

Weitere Aspekte

52 Die SICAV stellt eine *offene* Kapitalanlage (Art. 8 Abs. 1 KAG) dar, so dass die Gesellschafter gemäss Art. 8 Abs. 2 KAG «unmittelbar oder mittelbar einen Rechtsanspruch auf Rückgabe ihrer Anteile zum Nettoinventarwert» haben («Exit»). Die Gesellschaft darf *keine eigenen Aktien* halten, und zwar weder direkt noch indirekt (Art. 42 Abs. 2 KAG)[62]. Schliesslich

[58] Es verhält sich *ähnlich* wie beim Prinzip der «offenen Tür» bei *Genossenschaften*: Art. 839 OR.

[59] Die *Details* finden sich in Art. 78 ff. KAG; in Ausnahmefällen kann das Recht auf jederzeitige Rückgabe relativiert werden (Art. 79 KAG); massgeblich für den Ausgabe- und Rücknahmepreis ist der «Nettoinventarwert pro Anteil [sc. Aktie] am Bewertungstag» (Art. 80 KAG).

[60] Zur Regelung in den *Statuten*: Art. 43 Abs. 1 lit. c KAG.

[61] Die Mindesteinlage muss *dauernd* eingehalten werden: Art. 54 Abs. 3 KKV.

[62] Ausserdem: Art. 59 KKV.

stellen die *Statuten* und das *Anlagereglement* die Basis der SICAV dar (Art. 8 Abs. 3 KAG)[63].

Prinzipiell kommt *jedermann als SICAV-Aktionär* in Frage, d. h. natürliche Personen und juristische Personen sowie ausserdem Personengesellschaften (Art. 10 Abs. 1 KAG). Von Gesetzes wegen wird die Gesellschafterfunktion *nicht* auf *qualifizierte Anleger* gemäss Art. 10 Abs. 2 KAG eingeschränkt. Nichtsdestotrotz bestehen zwei Kategorien von Aktionären bzw. Gesellschaftern (vgl. dazu hinten N 54 f.). Generell drohen privatrechtliche *Verantwortlichkeitsklagen* (Art. 145 Abs. 1 lit. b KAG). 53

b) Gesellschafter

Unternehmeraktionäre

Die sog. *Unternehmeraktionäre* sind sozusagen die «Kernaktionäre» der SICAV[64], d. h., sie sind beispielsweise massgeblich bei der «Geburt» und beim «Tod» der Gesellschaft. Ihnen stehen insbesondere die nennwertlosen *Unternehmeraktien* zu[65], die immer als Namenaktien ausgestaltet sein müssen (Art. 40 Abs. 1 KAG)[66]. 54

Die Unternehmeraktionäre leisten zudem gemäss Art. 41 Abs. 1 KAG die erforderliche Mindesteinlage[67] bei der *Gründung* und beschliessen über die *Auflösung* der SICAV (Art. 41 Abs. 2 KAG). Im Übrigen haben sie indes die gleiche Rechtsstellung wie die Anlegeraktionäre (Art. 41 Abs. 3 KAG i. V. m. Art. 46 ff. KAG).

Die SICAV führt ein *Aktienbuch*, in das nur, aber immerhin die *Unternehmer*aktionäre – zwingend: Namenaktionäre – eingetragen werden müssen (Art. 46 Abs. 3 KAG); insofern kann die Ausübung der Mitgliedschaftsrechte von einer «Anerkennung» im Rahmen von Art. 46 Abs. 1 KAG abhängig gemacht werden.

M. E. sind die *Anleger*aktionäre niemals in dieses Aktienbuch einzutragen, selbst wenn es sich um Namenaktionäre handeln sollte.

....

63 Zur *Genehmigungs*pflicht der Statuten durch die FINMA: Art. 15 Abs. 1 lit. b KAG; zum *Inhalt* der Statuten: Art. 43 KAG; zum Anlagereglement: Art. 44 KAG.

64 Rechte und Pflichten der Unternehmeraktionäre gehen mit der *Übertragung* der Aktie(n) auf den *Erwerber* über: Art. 41 Abs. 4 KAG.

65 Das SICAV-Kapital ist in *Unternehmeraktien* und in *Anlegeraktien* aufgeteilt: Art. 36 Abs. 1 lit. b KAG.

66 Unter den Voraussetzungen, dass das angemessene Verhältnis zwischen Einlagen und Gesamtvermögen der SICAV auch nach der Rücknahme eingehalten ist und die Mindesteinlage nicht unterschritten wird, können Unternehmeraktien an die SICAV *zurückgegeben* werden: Art. 58 Abs. 2 KKV.

67 Zwischen den Gesamteinlagen der Unternehmeraktionäre und dem Gesamtvermögen des SICAV muss ein *angemessenes Verhältnis* bestehen: Art. 39 KAG («Eigene Mittel») i. V. m. Art. 55 KKV.

....

55 Die sog. *Anlegeraktionäre* stellen die zweite Gesellschafterkategorie der SICAV dar, die gegenüber den Unternehmeraktionären eine «mindere» Rechtsstellung haben: Anlegeraktionäre

Die *Anlegeraktien* sind ebenfalls nennwertlose Aktien und müssen zu 100 % in bar liberiert werden (Art. 40 Abs. 2 KAG)[68]. Insbesondere mit der *Gründung* und mit der *Auflösung* der SICAV haben die Anlegeraktionäre nichts zu tun, handelt es sich doch um Prärogativen der Unternehmeraktionäre.

Im Übrigen sind die *Anlegeraktionäre gleichberechtigt* mit den übrigen Gesellschaftern, d. h. mit den Unternehmeraktionären (Art. 41 Abs. 3 KAG i. V. m. Art. 46 ff. KAG: Mitgliedschaftsrechte, Kontrollrechte etc.[69])[70].

56 Art. 40 Abs. 5 KAG: «Die Ausgabe von Partizipationsscheinen [und] Genussscheinen (...) ist untersagt», d. h., bei SICAV gibt es *keine Partizipanten* und *keine Genussscheininhaber*. Es sollte bewusst auf die im Aktienrecht bestehende Vielfalt von Beteiligungspapieren verzichtet werden – die Einheitsaktie stand für den Bundesrat erklärtermassen im Vordergrund (BBl 2005 6395 ff. sowie 6420 f.). Partizipanten sowie Genussscheininhaber

2. Funktionsweise

a) Organe

57 Die *Generalversammlung* (GV)[71] stellt das erste Pflichtorgan dar[72]. Meist kommen – mittels Verweisung – die *aktienrechtlichen* Bestimmungen über die GV zur Anwendung (Art. 50 Abs. 3 KAG)[73]. Die GV ist Versammlungsort und Beschlussfassungsort sowohl für die Unternehmeraktionäre als auch für die Anlegeraktionäre, die ihre *Mitgliedschaftsrechte* (Art. 46 KAG) und ihre *Kontrollrechte* (Art. 48 KAG) wahrnehmen können. Gegenüber einer «normalen» AG bestehen einige Differenzen: Generalversammlung

68 Das SICAV-Kapital ist in *Unternehmeraktien* und in *Anlegeraktien* aufgeteilt: Art. 36 Abs. 1 lit. b KAG; m. E. ist die Ausgestaltung als *Inhaberaktie* möglich: Art. 40 Abs. 1 KAG (e contrario).

69 Nicht zu vergessen sind die *übrigen Gesellschafterrechte* (Art. 49 KAG i. V. m. Art. 78 ff. KAG).

70 M. E. gilt dies auch für die *Vermögensrechte* der SICAV-Aktien, ist doch die Ausgabe von *Vorzugsaktien unzulässig*: Art. 40 Abs. 5 KAG.

71 Art. 50 KAG i. V. m. Art. 63 KKV.

72 Die GV wird als *«oberstes Organ»* der SICAV bezeichnet: Art. 50 Abs. 1 KAG.

73 *Nicht* anwendbar ist *Art. 704 OR*: Art. 63 Abs. 5 KKV.

Beispielsweise muss die *ordentliche* GV innert *vier Monaten* nach Abschluss des Geschäftsjahres der SICAV stattfinden (Art. 50 Abs. 2 KAG)[74]. Mangels Nennwert der Aktien gilt für das *Stimmrecht* in der GV: «Jede Aktie entspricht einer Stimme» (Art. 47 Abs. 1 KAG). Eine Bestimmung, die m. E. ebenfalls bei «normalen» AG sinnvoll wäre, sieht vor, dass die Statuten die Möglichkeit von *GV-Zirkularbeschlüssen* enthalten können (Art. 43 Abs. 2 lit. e KAG: «Abstimmung auf dem Korrespondenzweg»).

Verwaltungsrat

Der *Verwaltungsrat* (VR)[75] ist das zweite Pflichtorgan der SICAV und muss in den Statuten vorgesehen bzw. geregelt werden (Art. 43 Abs. 1 lit. e KAG). Erneut sind – mittels Verweisung – die *aktienrechtlichen* Normen subsidiär anwendbar (Art. 51 Abs. 6 KAG). Ein zentraler Unterschied[76] liegt darin, dass Art. 51 Abs. 1 KAG für die Zusammensetzung des VR eine *Minimum-Zahl* und eine *Maximum-Zahl* vorschreibt: «Der Verwaltungsrat besteht aus mindestens drei und höchstens sieben Mitgliedern.» 58

Weitere Organe

Als drittes Pflichtorgan der SICAV fungiert eine *Prüfgesellschaft* (Art. 52 KAG), die in etwa mit einer Revisionsstelle von AG verglichen werden kann. Diese Prüfgesellschaft muss von der RAB[77] zugelassen sein und hat die SICAV zu überprüfen (Art. 126 Abs. 1 lit. b KAG sowie Abs. 3 lit. b KAG). Insbesondere wird jährlich gemäss Art. 126 Abs. 5 KAG die Jahresrechnung der SICAV geprüft. 59

Die *Depotbank* gemäss Art. 72 ff. KAG, die bei «normalen» AG nicht vorkommt, bewahrt in erster Linie das Gesellschaftsvermögen der SICAV auf. Ausserdem hat sie dafür zu sorgen, dass die SICAV «das Gesetz und das Fondsreglement beachte[t]» (Art. 73 Abs. 3 a. A. KAG); z. B. prüft die Depotbank, ob bei der Ausgabe sowie bei der Rücknahme der Aktien die entsprechenden Nettoinventarwerte korrekt berechnet werden (Art. 73 Abs. 3 lit. a KAG). Die geschäftsführenden Personen der SICAV sowie die Depotbank müssen *voneinander unabhängig* sein (Art. 51 Abs. 3 KAG). 60

74 Die *Statuten* müssen Regelungen zur *GV-Einberufung* enthalten: Art. 43 Abs. 1 lit. d KAG.
75 Art. 51 KAG i. V. m. Art. 64 KKV.
76 Inhaltliche Besonderheiten des SICAV-VR finden sich z. B. in Art. 51 Abs. 4 KAG.
77 2015 wurden die Aufsichtszuständigkeiten der FINMA über die Prüfgesellschaften wurden an die RAB übertragen (BBl 2013 6857 ff., 6865).

b) Geschäftstätigkeit

61 Eine SICAV kann im Wesentlichen in den gleichen Bereichen tätig sein wie ein *Anlagefonds*. Die SICAV ist insbesondere *nicht operativ*, d. h. nicht im klassischen Sinne «unternehmerisch» tätig (Art. 2 Abs. 2 lit. d KAG), sondern sie *legt Gelder an*, die von Dritten kollektiv «im Topf gesammelt» wurden, in der Hoffnung auf Wertsteigerungen. Die SICAV muss für die Anlagen einen *Prospekt publizieren* (Art. 75 KAG).

Vergleichbarkeit mit Anlagefonds

62 Bei der Tätigkeit im Bereich der *kollektiven Kapitalanlagen* (Art. 7 ff. KAG), die gemäss Art. 36 Abs. 1 lit. d KAG den ausschliesslichen Zweck einer SICAV darstellen (vgl. dazu vorne N 45 f.), können im Einzelfall jeweils *Anlagetechniken* wie z. B. Effektenleihe («Securities Lending»)[78] oder Leerverkäufe («Short Selling») eingesetzt werden (Art. 55 KAG). Der Einsatz von Derivaten ist ebenfalls möglich (Art. 56 KAG).

Als *Anlagehorizonte* für SICAV denkbar sind die Investitionen in «Effektenfonds» (Art. 53 ff. KAG), in «Immobilienfonds» (Art. 58 ff. KAG) sowie in «Übrige Fonds für traditionelle und für alternative Anlagen» (Art. 68 ff. KAG).

3. Vergleich mit «normaler» AG – Übersicht

63 Die SICAV ist eine (neue) *spezialgesetzliche AG*, «für deren Verbindlichkeiten nur das Gesellschaftsvermögen haftet» (Art. 36 Abs. 1 lit. c KAG). Der *Ausschluss der Aktionärshaftung* stellt eine zentrale Übereinstimmung zwischen SICAV und AG dar.

Übereinstimmungen mit OR

Das Aktienrecht gemäss Art. 620 ff. OR gelangt bei verschiedenen Themen der SICAV (nämlich: Gründung, Firma, GV, VR sowie Rechnungslegung) *subsidiär* zur Anwendung. Die SICAV sowie die AG benötigen *Statuten*, und zwar mit obligatorischen und mit bedingt notwendigen Inhalten, und gewähren ihren Gesellschaftern eine Vielzahl von *Aktionärsrechten*.

64 Im Übrigen dominieren die Unterschiede zwischen der SICAV auf der einen Seite und der «normalen» AG auf der anderen Seite:

Unterschiede zum OR

Diese Differenzen liegen beim *Grundsätzlichen* (z. B. die Flexibilisierung des Aktienkapitals mit jederzeitigen «Erhöhungen» bzw. «Herabsetzungen»; die Zweiteilung der Gesellschafter in Unternehmeraktionäre und Anlegeraktionäre; die Zweckexklusivität betreffend kollektive Kapital-

[78] Details: Art. 1 ff. KKV-FINMA.

anlagen) sowie bei zahlreichen *Detailaspekten* (z. B. die Mindesteinlage bei der Gründung von CHF 500 000; der Zwang zu Unternehmernamenaktien; die 100 %-Barliberierungspflicht; die Verbote für Partizipationsscheine, für Vorzugsaktien und für eigene Aktien; der Ausschluss eines Bezugsrechts; die Möglichkeit von GV-Zirkularbeschlüssen).

F. Vertiefungsfragen

1. Wie schätzen Sie die Zukunftschancen der mit dem KAG neu eingeführten Gesellschaftsformen (SICAV und KmGK) ein? Begründen Sie!
2. Welche Gründe waren ausschlaggebend für die Differenzierung zwischen «gewöhnlichen» und «qualifizierten» Anlegern?
3. Was könnten die Gründe gewesen sein für die Nichteinführung von Partizipationsscheinen und Genussscheinen bei der SICAV?
4. Inwieweit erscheint es sinnvoll, wenn sich der schweizerische Gesetzgeber bei der Schaffung des KAG an «ausländischem» bzw. «europäischem» Recht orientiert? Was sind die Rechtsfolgen?
5. Was könnte den Gesetzgeber dazu bewogen haben, eine Minimum-Zahl bzw. Maximum-Zahl beim Verwaltungsrat der SICAV einzuführen?

§ 16 Gesellschaftsrecht der Europäischen Union

A. Einstieg

Lernziele

- Sie kennen die verschiedenen Mechanismen und zentralen Massnahmen der Harmonisierung und Vereinheitlichung des Gesellschaftsrechts in der Europäischen Union.
- Sie kennen das supranationale Statut der Europäischen Aktiengesellschaft (SE) in seinen Grundzügen sowie die sich mit ihm verbindenden Vor- und Nachteile.
- Sie sind in der Lage, die Bedeutung des EU-Gesellschaftsrechts für das schweizerische Gesellschaftsrecht zu ermessen.

Gesetzliche Grundlagen

- Art. 50, 54, 55, 352 AEUV
- Wichtige Richtlinien: RL 2004/25/EG, RL 2007/36/EG, RL 2009/102/EG, RL 2013/34/EU, RL 2017/1132/EU
- Wichtige Verordnungen: VO (EWG) 2137/85, VO (EG) 2157/2001, VO (EG) 1435/2003, VO (EG) 1606/2002

Literaturhinweise

BÜHLER, CHRISTOPH B., Die Societas Europaea als Restrukturierungsinstrument für den Schweizer Konzern, in: Oertle et al. (Hrsg.), M & A – Recht und Wirtschaft in der Praxis, Liber amicorum Rudolf Tschäni, 2010, S. 411 ff.

FOUNTOULAKIS, CHRISTIANA/JUNG, PETER, Die Societas Europaea als Option für multinationale Unternehmen, SZIER 2006, 525 ff.

GRUNDMANN, STEFAN, Europäisches Gesellschaftsrecht – Eine systematische Darstellung unter Einbeziehung des Europäischen Kapitalmarktrechts, 2. Aufl., Heidelberg 2011

HABERSACK, MATHIAS/VERSE, DIRK, Europäisches Gesellschaftsrecht, 4. Aufl., München 2011

LUTTER, MARCUS/BAYER, WALTER/SCHMIDT, JESSICA, Europäisches Unternehmens- und Kapitalmarktrecht, 6. Aufl. 2017

MENJUCQ, MICHEL, Droit international et européen des sociétés, 4. Aufl., Paris 2016

MUSTAKI, GUY/ENGAMMARE, VALÉRIE, Droit européen des sociétés, Basel 2009

NOBEL, PETER, Internationales und Transnationales Aktienrecht, Band 2: Teil Europarecht, 2. Aufl., Bern 2012

B. Einführungsfall

Die Dreamworks Europe AG hat ihren Sitz in Locarno. Damit befindet sie sich nicht nur am Puls neuester filmischer Entwicklungen, sondern auch in einem steuerlich attraktiven Umfeld. Gerne würde sie sich auch als paneuropäische Filmgesellschaft profilieren. Immerhin verfügt sie bereits über Tochtergesellschaften in Deutschland, Frankreich und Italien. 1

Aufgaben 2

1. Könnte sich die Dreamworks Europe AG in eine Europäische Aktiengesellschaft umwandeln? Was müsste sie dazu tun?

2. Könnte die Dreamworks Europe AG unter Beibehaltung ihres Sitzes in Locarno ihre drei Tochtergesellschaften jeweils in eine Europäische Aktiengesellschaft umwandeln? Welche Vorteile bzw. Nachteile hätte dies?

3. Würde im Falle einer Umwandlung der Tochtergesellschaften in Europäische Aktiengesellschaften für den Konzern ein einheitliches Konzernrecht gelten? Könnte die Muttergesellschaft das bei ihr selbst praktizierte Leitungsmodell mit einem fünfköpfigen

Verwaltungsrat als einzigem Leitungsorgan auch in den drei Tochtergesellschaften umsetzen? Nach welchen Regeln wäre die Konzernrechnungslegung zu erstellen?

C. Primärrechtliche Grundlagen

I. Rechtsetzungskompetenz der EU im Gesellschaftsrecht

Grundsatz der begrenzten Einzelermächtigung

3 Die Europäische Union ist eine seit dem Vertrag von Lissabon mit eigener Völkerrechtssubjektivität ausgestattete *supranationale Rechtsgemeinschaft*[1]. Als solche verfügt sie zwar nicht über eine allumfassende Rechtsetzungskompetenz, kann aber aufgrund einzelner begrenzter völkerrechtlicher Ermächtigungen durch die Mitgliedstaaten (Primärrecht) u. a. im Gesellschaftsrecht von sich aus Recht setzen (Sekundärrecht). Primär- und Sekundärrecht der EU geniessen Vorrang vor den nationalen Rechten der Mitgliedstaaten[2]. Die primär- und sekundärrechtlichen Regelungen werden, sofern sie nicht eindeutig, aber in einem konkreten Rechtsstreit massgeblich für die Entscheidung eines mitgliedstaatlichen Gerichts sind, auf Vorlage dieses Gerichts im Wege des sog. Vorabentscheidungsverfahrens vom EuGH ausgelegt (Art. 267 AEUV).

Gesellschaftsrechtliche Kompetenzgrundlagen

4 Die Ermächtigungen zur supranationalen Gesellschaftsrechtsetzung finden sich aktuell in Art. 50, 114 und 352 AEUV. So gibt *Art. 50 AEUV* dem Europäischen Parlament und dem Rat die Kompetenz zum Erlass von Richtlinien zur Verwirklichung der Niederlassungsfreiheit, die nach Art. 54 AEUV auch für die nach den Rechtsvorschriften eines Mitgliedstaats gegründeten Gesellschaften mit satzungsmässigem Sitz, Hauptverwaltung oder Hauptniederlassung in der EU gilt. Insbesondere soll diese Kompetenz zur Koordinierung derjenigen Schutzbestimmungen genutzt werden, die in den Gesellschaftsrechten der Mitgliedstaaten im Interesse der Gesellschafter sowie Dritter gelten (Art. 50 Abs. 2 lit. g AEUV). Da die Gesellschaften wichtige Akteure im Binnenmarkt sind, werden gesellschaftsrechtliche Richtlinien vereinzelt auch auf die allgemeine Kompetenz zur Rechtsangleichung im Binnenmarkt (*Art. 114 AEUV*) gestützt. Für die nur mittels Verordnung mögliche Schaffung supranationaler Ge-

1 Näher BREITENMOSER/WEYENETH, Europarecht³, 2017, N 30 ff.

2 Siehe nur EuGH (106/77), Slg. 1978, 629 (Simmenthal II).

sellschaftsformen (dazu N 13 ff.) hat schliesslich die sog. Kompetenzergänzungsklausel (*Art. 352 AEUV*) zentrale Bedeutung erlangt, weil sie – allerdings nur mit Einstimmigkeit im Rat – auch den Erlass von unmittelbar in jedem Mitgliedstaat geltenden Verordnungen ermöglicht.

II. Niederlassungsfreiheit von Gesellschaften

Grundlagen der Niederlassungsfreiheit

5 Das Abkommen vom 2. Mai 1992 über den Europäischen Wirtschaftsraum (EWR) hat einen inzwischen von den 28 EU-Mitgliedstaaten sowie den EFTA-Staaten Island, Liechtenstein und Norwegen gebildeten europaweiten *Binnenmarkt* begründet. Dieser weltweit bedeutendste Binnenmarkt ist namentlich durch die Geltung der Waren-, Personen-, Dienstleistungs- und Kapitalverkehrsfreiheit gekennzeichnet. Wichtiger Bestandteil der Personenfreiheit ist die Niederlassungsfreiheit (Art. 49 ff. AEUV bzw. Art. 31 ff. EWRA), die nach Art. 54 AEUV bzw. Art. 34 EWRA auch für die nach den Vorschriften eines Mitgliedstaats gegründeten Gesellschaften mit satzungsmässigem Sitz, Hauptverwaltung oder Hauptniederlassung innerhalb der EU bzw. des EWR gilt[3]. Die Niederlassungsfreiheit wurde insbesondere durch die Rechtsprechung von EuGH[4] und EFTA-Gerichtshof[5] ausgeformt. Gewährleistet sind danach:

1. Erstbegründung des Satzungs- und Hauptverwaltungssitzes

Wahlfreiheit

6 Die Erstbegründung des Satzungs- und Hauptverwaltungssitzes einer Gesellschaft kann im EWR aufgrund der sog. *primären Niederlassungsfreiheit* nach Art. 49 Abs. 1 S. 1 AEUV bzw. Art. 31 Abs. 1 S. 1 EWRA grundsätzlich frei erfolgen[6]. Damit können die Gründer einer Gesellschaft nicht nur den Satzungs- und Hauptverwaltungssitz (dazu § 2 N 47 ff.) im EWR grundsätzlich frei bestimmen, sie können insbesondere auch den Satzungssitz unabhängig vom Hauptverwaltungssitz festlegen, sofern es sich nicht um eine Europäische Aktiengesellschaft oder Genossenschaft handelt[7]. Erforderlich ist aber stets die Gründung nach dem am statutarischen Sitz

[3] Näher Jung, in: Schwarze (Hrsg.), EU-Kommentar[4], Art. 54 AEUV N 1 ff.

[4] Siehe dazu die im Folgenden zitierten Entscheidungen.

[5] Siehe namentlich EFTA-Gerichtshof (E-2/01), ABl. EG 2002, C 115/13 (Pucher) und EFTA-Gerichtshof (E-8/04), C 45/15 (EFTA-Aufsichtsbehörde/FL).

[6] Näher Jung, in: Schwarze (Hrsg.), EU-Kommentar[4], Art. 54 AEUV N 28 ff.

[7] Nach Art. 7 S. 1 SE-VO EG/2157/2001 bzw. Art. 6 S. 1 SCE-VO EG/1435/2003 muss der Sitz einer SE bzw. SCE in dem Staat liegen, in dem sich die Hauptverwaltung befindet; krit. dazu Magnier, RCDIP 2004, 555, 574 ff.

geltenden Recht, so dass aus der Niederlassungsfreiheit nicht die Möglichkeit abgeleitet werden kann, in einem Mitgliedstaat eine Gesellschaft nach dem Recht eines anderen Mitgliedstaats zu gründen[8]. Der Staat des Hauptverwaltungssitzes hat jedoch die Rechts- und Parteifähigkeit einer Gesellschaft mit statutarischem Sitz im Ausland (sog. formal ausländische Gesellschaft) *anzuerkennen*[9]. Er hat diese Gesellschaften zudem in allen organisationsrechtlichen Fragen *grundsätzlich nach ihrem Gründungsrecht zu behandeln*[10]. Sonderanknüpfungen zugunsten des am Hauptverwaltungssitz geltenden Rechts[11] und sachrechtliche Sonderregelungen für formal ausländische Gesellschaften[12] sind nur möglich, wenn diese nach allgemeinen Grundsätzen als nicht diskriminierende Massnahmen durch zwingende Gründe des Allgemeininteresses (v. a. Interessen der Gläubiger, der Minderheitsgesellschafter, der Arbeitnehmer und des Fiskus) gerechtfertigt sind[13]. Die genannten Grundsätze führen dazu, dass bei der Gründung einer Gesellschaft nunmehr unabhängig vom tatsächlichen Hauptverwaltungssitz prinzipiell alle im EWR bestehenden nationalen und supranationalen Gesellschaftsformen zur Auswahl stehen und mit gewissen Einschränkungen untereinander konkurrieren. Möglich wird zudem die einheitliche Strukturierung von multinationalen Konzernen[14].

2. Verlegung des Hauptverwaltungssitzes

Unterscheidung zwischen Zuzug und Wegzug

7 Nach Massgabe der Niederlassungsfreiheit soll die Verlegung des Hauptverwaltungssitzes *grundsätzlich frei und identitätswahrend möglich* sein. Beschränkungen können allerdings entweder vom Wegzugsstaat (sog. *Wegzugsbeschränkungen*) oder vom Zuzugsstaat (sog. *Zuzugsbeschränkungen*) herrühren. Der EuGH hat diesen Umstand spätestens seit der «Überseering»-Entscheidung[15] zur Grundlage einer Differenzierung gemacht: So hat er zum einen in den Entscheidungen «Daily Mail», «Cartesio» und «Vale» dem Wegzugsstaat das Recht eingeräumt, über die Behandlung und insbesondere das Fortbestehen einer nach seinem Recht gegründeten Gesellschaft frei entscheiden zu können, während er ande-

8 KIENINGER, ZGR 1999, 724, 728.
9 Vgl. EuGH (C-208/00), Slg. 2002, I-9919, N 94 (Überseering).
10 Vgl. für die sekundäre Niederlassungsfreiheit EuGH (C-167/01), Slg. 2003, I–10155, N 99 ff. (Inspire Art).
11 Vgl. dazu z. B. im schweizerischen Recht Art. 159 IPRG.
12 Siehe z. B. das niederländische Wet op de formeel buitenlandse vennootschappen vom 17.12.1997.
13 Siehe nur EuGH (C-208/00), Slg. 2002, I-9919, N 92 (Überseering).
14 GÖTZ, Der Konzern 2004, 449 ff.
15 EuGH (C-208/00), Slg. 2002, I-9919, N 61 ff. (Überseering).

rerseits in der Entscheidung «Überseering» die beschränkenden Massnahmen des Zuzugsstaats nach allgemeinen Grundsätzen für rechtfertigungsbedürftig hielt. Begründet wird diese fragwürdige[16] Unterscheidung damit, dass es sich bei einer Gesellschaft im Gegensatz zu einer natürlichen Person um ein Geschöpf der von den Gründern gewählten Gründungsrechtsordnung handle und eine Gesellschaft daher jenseits der jeweiligen nationalen Rechtsordnung, die ihre Gründung und ihre Existenz regle, keine Realität habe[17]. Beim gegenwärtigen Stand des Gemeinschaftsrechts könne jeder Mitgliedstaat in Ermangelung einer einheitlichen gemeinschaftsrechtlichen Definition des Gesellschaftsbegriffs von Art. 54 AEUV selbst darüber bestimmen, ob Art. 49 AEUV den nach seinem Recht gegründeten Gesellschaften im Falle einer Hauptverwaltungssitzverlegung zugutekommen solle oder nicht[18]. Auch der «Wegzugsstaat» hat die Niederlassungsfreiheit aber immerhin dann zu beachten, wenn sich die Gesellschaft im Zusammenhang mit dem Wechsel des Hauptverwaltungssitzes zugleich auch durch einen Wechsel des statutarischen Sitzes dem Gesellschaftsrecht des «Zuzugsstaats» unterstellt und damit rechtlich nicht mehr als Geschöpf des «Wegzugsstaats» zu betrachten ist[19].

Beispiel: Die Überseering BV, eine in den Niederlanden wirksam gegründete Kapitalgesellschaft niederländischen Rechts, ist auch nach der Verlegung ihres tatsächlichen Hauptverwaltungssitzes nach Deutschland von den deutschen Behörden und Gerichten wie in jedem anderen EWR-Mitgliedstaat als rechts- und parteifähige Kapitalgesellschaft anzuerkennen und nicht als Personengesellschaft mit der Folge einer prohibitiven persönlichen Haftung der Gesellschafter zu behandeln[20].

3. Verlegung des statutarischen Sitzes

Rein rechtliche Umstrukturierung

8 Mit der identitätswahrenden Verlegung des statutarischen Sitzes ist die *Umwandlung in eine ausländische Gesellschaftsform* verbunden. Es handelt sich mithin um einen rein rechtlichen Umstrukturierungsvorgang, der gleichwohl von der primären Niederlassungsfreiheit erfasst werden sollte[21]. Nach Ansicht des EuGH dürfen weder der Wegzugsstaat (dann

16 Näher zur Kritik Jung, FS Ivo Schwander, 2011, S. 563 ff.

17 Siehe dazu bereits EuGH (C-81/87), Slg. 1988, 5483, N 19 ff. (Daily Mail) und zuletzt EuGH (C-378/10), EuZW 2012, 621, N 27 ff. (Vale); krit. etwa Lutter, BB 2003, 7, 10 (Recht zum «Totschlag»).

18 EuGH (C-210/06), Slg. 2008, I-9641, N 109 (Cartesio).

19 So obiter EuGH (C-210/06), Slg. 2008, I-9641, N 111 ff. (Cartesio).

20 EuGH (C-208/00), Slg. 2002, I-9919, N 61 ff. (Überseering).

21 Jung, in: Schwarze (Hrsg.), EU-Kommentar[4], Art. 54 AEUV N 44.

auch sog. Herausformwechsel)[22] noch der Zuzugsstaat (dann auch sog. Hereinformwechsel)[23] den identitätswahrenden rechtsordnungsübergreifenden Formwechsel generell vereiteln. In der Rs. Polbud hat der EuGH zuletzt zudem auf das Erfordernis einer tatsächlichen Betriebsstätte im Zuzugsstaat verzichtet[24]. Es ist freilich noch nicht geklärt, wie das Verfahren dieses Formwechsels genau auszugestalten ist und unter welchen Voraussetzungen Wegzugs- und Zuzugsbeschränkungen allenfalls aus zwingenden Gründen des Allgemeinwohls gerechtfertigt sind[25]. Wird der Satzungssitz ohne den Hauptverwaltungssitz verlegt, entsteht eine sog. *formal ausländische Gesellschaft* (dazu N 6). Verfügt die Gesellschaft im Zuzugsstaat nicht einmal über eine Betriebsstätte oder Agentur, wird sie durch den Wechsel des statutarischen Sitzes zur blossen sog. Briefkastengesellschaft.

Beispiel: Eine ursprünglich nach polnischem Recht gegründete Gesellschaft mit Hauptverwaltungssitz in Polen, die sich durch die Verlegung ihres statutarischen Sitzes in eine Gesellschaft luxemburgischen Rechts umgewandelt hat, muss aufgrund der ihr zustehenden Niederlassungsfreiheit im Handelsregister des Wegzugsstaats Polen auch ohne ihre Auflösung und den Abschluss der Liquidation gelöscht werden können[26].

4. Gründung einer selbständigen oder unselbständigen Betriebsstätte

9 Von Art. 49 Abs. 1 S. 2 i. V. m. Art. 54 AEUV wird auch die sog. sekundäre Niederlassungsfreiheit geschützt. Danach besteht die Möglichkeit zur diskriminierungs- und behinderungsfreien Gründung von selbständigen oder unselbständigen Betriebsstätten. Die ausdrücklich als solche erwähnten Agenturen, Zweigniederlassungen oder Tochtergesellschaften werden nur als wichtigste Beispiele in nicht abschliessender Weise aufgeführt. *Agenturen* sind Betriebsstätten zur Marktbeobachtung, zur Repräsentation, zur Geschäftsanbahnung oder zum Abschluss von Geschäften. *Zweigniederlassungen* sind rechtlich unselbständige Unternehmensteile mit einer gewissen organisatorischen Eigenständigkeit (vgl. § 4 N 25).

Sekundäre Niederlassungsfreiheit

[22] EuGH (C-106/16), NJW 2017, 3639, N 29 ff. (Polbud); bereits obiter EuGH (C-210/06), Slg. 2008, I-9641, N 111 ff. (Cartesio).

[23] EuGH (C-378/10, EuZW 2012, 621, N 34 ff. (Vale).

[24] EuGH (C-106/16), NJW 2017, 3639, N 30 ff. (Polbud); anders noch EuGH (C-378/10, EuZW 2012, 621, N 34 ff. (Vale) und im Steuerrecht EuGH (C-196/04), Slg. 2006, I-7995, N 49 ff. (Cadbury Schweppes); EuGH (C-524/04), Slg. 2007, I-2107, N 74 (Test Claimants); dazu auch Roth, Vorgaben der Niederlassungsfreiheit für das Kapitalgesellschaftsrecht, 2010, S. 15.

[25] Dazu Zimmer/Naendrup, NJW 2009, 545, 547 f.

[26] EuGH (C-106/16), NJW 2017, 3639, N 29 ff. (Polbud).

Tochtergesellschaften sind rechtlich eigenständige, jedoch von einer Muttergesellschaft wirtschaftlich abhängige Gesellschaften. Damit fällt auch der *Erwerb von Gesellschaftsanteilen* in den Anwendungsbereich der Niederlassungsfreiheit, sofern der Erwerb eine gesicherte Kontrolle über das Unternehmen vermittelt[27].

Beispiel: Die von einem niederländischen Kunstgewerbehändler in England gegründete *Inspire Art Ltd.* kann über eine Niederlassung in den Niederlanden hauptsächlich ihre Geschäfte tätigen und verwaltet werden. Die niederländischen Behörden und Gerichte haben sie wie eine inländische Gesellschaft zu behandeln. Die niederländischen Bestimmungen (Wet op de formeel buitenlandse vennootschappen vom 17. Dezember 1997), welche derartige formal ausländische Gesellschaften auch aus anderen Mitgliedstaaten der EG (jetzt EU) besonderen Anforderungen an die Kapitalaufbringung und Publizität unterwarfen und Verstösse mit einer persönlichen und unbeschränkten Haftung der Geschäftsführer als Solidarschuldner sanktionierten, wurden vom EuGH als gemeinschaftsrechtswidrig angesehen. Rechtfertigungsgründe seien nicht ersichtlich, da die Gesellschaft als Gesellschaft englischen Rechts auftrete und die Gläubiger damit hinreichend unterrichtet seien. Zwar sei die missbräuchliche oder betrügerische Berufung auf Gemeinschaftsrecht nicht gestattet, doch stelle der Betrieb einer formal ausländischen Gesellschaft als solcher keinen Rechtsmissbrauch dar. Auch die Erhaltung der Lauterkeit des Handelsverkehrs und die Wirksamkeit der Steuerkontrollen seien keine einer Verhältnismässigkeitsprüfung standhaltenden Gemeinwohlbelange[28].

5. Rechtsordnungsübergreifende Fusionen und Spaltungen

Internationale Umstrukturierungen

Wenn die an einer grenzüberschreitenden Fusion oder Spaltung beteilig- 10
ten Rechtsträger hinsichtlich ihres Statuts unterschiedlichen Rechtsordnungen unterstehen, können die gewünschten Rechtswirkungen der Umstrukturierung wie insbesondere die Universalsukzession nur im Zusammenwirken der beteiligten Rechtsordnungen herbeigeführt werden[29]. Zur Niederlassungsfreiheit von Gesellschaften und Stiftungen gehört daher nach der Rechtsprechung des EuGH auch die *möglichst behinderungsfreie Gewährleistung* derartiger rechtsordnungsübergreifender Umstrukturierungen[30]. Zur Angleichung der nationalen Rechte über die grenzüberschreitende Fusion von Gesellschaften mit Rechtspersönlich-

27 EuGH (C-284/06), Slg. 2008, I-4571, N 69 (Burda); EuGH (C-251/98), Slg. 2000, I-2787, N 22 (Baars); EuGH (C-201/15), NJW 2017, 1723, N 46 (AGET Iraklis).

28 EuGH (C-167/01), Slg. 2003, I-10155, N 99 ff. (Inspire Art).

29 Zur Problematik näher S. P. Bühler, Strukturänderung, 1998, S. 43 ff.

30 Für eine sog. Hineinverschmelzung EuGH (C-411/03), Slg. 2005, I-10805 (Sevic Systems AG); generell Jung, in: Schwarze (Hrsg.), EU-Kommentar[4], Art. 54 AEUV N 52 ff.

keit und einer auf ein gesondertes Kapital beschränkten Haftung wurde die sog. internationale Fusionsrichtlinie 2005/56/EG verabschiedet (inzwischen Art. 118 ff. RL 2017/1132/EU[31]).

D. Sekundärrecht

I. Angleichung der mitgliedstaatlichen Gesellschaftsrechte

Gesellschaftsrechtliche Richtlinien

11 Zur Angleichung einzelner Bereiche der mitgliedstaatlichen Gesellschaftsrechte hat die EU (zuvor EWG und EG) zugleich mit Wirkung für die EWR-Staaten Island, Liechtenstein und Norwegen im Rahmen ihrer Kompetenzen (dazu N 4) die folgenden Richtlinien erlassen[32]:

- Die sog. *Kodifikationsrichtlinie* (2017/1132/EU), welche die zuvor bestehenden und zum 20. Juli 2017 aufgehobenen Richtlinien zur Publizität (2009/101/EG bzw. zuvor 68/151/EWG)[33], zum Kapitalschutz (2012/30/EU bzw. zuvor 77/91/EWG)[34], zur internen Fusion (2011/35/EU bzw. zuvor 78/855/EWG)[35], zur grenzüberschreitenden Fusion (2005/56/EG)[36], zur Spaltung (82/891/EWG)[37] und zur Offenlegung von Zweigniederlassungen (89/666/EWG)[38] kodifiziert hat. Die Richtlinie regelt damit den Kern des EU-Gesellschaftsrechts, d. h. insbes. die Gründung von Kapitalgesellschaften, die Register- und Briefkopfpublizität von Handelsgesellschaften und Zweigniederlassungen, die Kapitalaufbringung und -erhaltung bei Kapitalgesellschaften, die interne Fusion und Spaltung von Aktiengesellschaften sowie die grenzüberschreitende Fusion von Kapitalgesellschaften. Zur besseren Orientierung enthält die RL 2017/

31 Zu weiteren geplanten Erleichterungen siehe den Vorschlag COM(2018) 241 final zur Änderung der RL 2017/1132/EU.

32 Näher jeweils Habersack/Verse, Europäisches Gesellschaftsrecht[4], 2011, §§ 5 ff.

33 Näher Fischer-Zernin, Der Rechtsangleichungserfolg der Ersten gesellschaftsrechtlichen Richtlinie der EWG, 1986; zur Neufassung Schemmann, GPR 2003/04, 92 ff.

34 Näher Mustaki/Engammare, Droit européen des sociétés, 2009, S. 142 ff.

35 Näher Mustaki/Engammare, Droit européen des sociétés, 2009, S. 278 ff.; Riesenhuber, NZG 2004, 15 ff.

36 Näher Bayer/Schmidt, NJW 2006, 401 ff.

37 Näher Engelmeyer, Die Spaltung von Aktiengesellschaften nach dem neuen Umwandlungsrecht, 1995.

38 Näher Kindler, NJW 1993, 3301 ff.

1132/EU in ihrem Anhang IV eine Konkordanztabelle[39]. Am 25. April 2018 hat die EU-Kommission zwei Änderungsrichtlinien vorgeschlagen, die zum einen durch den Einsatz digitaler Werkzeuge und Verfahren (sog. digitales Unternehmensregister) auf eine Vereinfachung der Gründung von Kapitalgesellschaften und Zweigniederlassungen und zum anderen auf eine Erleichterung der grenzüberschreitenden Umstrukturierung von Kapitalgesellschaften zielen[40].

- Die sog. *Bilanzrichtlinie* (2013/34/EU; früher 78/660/EWG und 83/349 EWG) enthält für die Rechnungslegung von Kapitalgesellschaften Bestimmungen über den Inhalt und die Gliederung von Bilanz, Gewinn- und Verlustrechnung, Anhang und Lagebericht, die Bilanzierungsgrundsätze, die Prüfung und die Rechnungslegungspublizität sowie den konsolidierten Abschluss von Konzernen[41]. Nach der *IFRS-VO (EG) 1606/2002* sind Publikumsgesellschaften dazu verpflichtet, die IFRS als Regelwerk internationaler Rechnungslegungsstandards anzuwenden, um die Transparenz und Vergleichbarkeit der Rechnungslegung sicherzustellen.
- Die sog. *Abschlussprüferrichtlinie* 2006/43/EG (früher 84/253/EWG) gilt für natürliche und juristische Personen, die mit den vom Unionsrecht (RL 2013/34/EU) zwingend vorgeschriebenen Abschlussprüfungen betraut sind. Geregelt werden die Zulassung, die Registrierung, die Berufspflichten und die Bestellung von Abschlussprüfern bzw. Prüfgesellschaften sowie die Prüfungsstandards, die Qualitätssicherung, die Aufsicht, besondere Standards für die Prüfung von Unternehmen von öffentlichem Interesse und internationale Aspekte[42].
- Die sog. *Einpersonen-GmbH-Richtlinie* (2009/102/EG; früher 89/667/EWG) schreibt den Mitgliedstaaten die Zulassung von Einpersonen-GmbH oder von Einzelunternehmen mit einer auf das Betriebsvermögen beschränkten Haftung des Einzelunternehmers vor und setzt hierfür einige wenige Schutzstandards betreffend die Publizität und Insichgeschäfte[43]. Die Regelungen der Richtlinie gelten auch für Einpersonen-AG, sofern sich ein Mitgliedstaat wie z. B. Deutschland freiwillig für deren Zulassung entschieden hat.

39 Siehe zum Inhalt der einzelnen Vorgänger-RL die Übersicht in der 1. Aufl. (§ 16 N 11).
40 COM(2018) 239 final und COM(2018) 241 final.
41 Näher VELTE/HAAKER, EWS 2014, 204 ff.
42 Näher INWINKL/KORTEBUSCH/SCHNEIDER, Der Konzern 2008, 215 ff.
43 Näher HIRTE, ZIP 1992, 1122 ff.

- Die sog. *Übernahmerichtlinie* 2004/25/EG betrifft Übernahmeangebote für die Wertpapiere einer dem Recht eines Mitgliedstaats unterliegenden Gesellschaft (nicht Kapitalanlagegesellschaften), sofern alle diese Wertpapiere oder ein Teil davon zum Handel auf einem geregelten Markt i. S. d. RL 93/22/EWG in einem oder mehreren Mitgliedstaaten zugelassen sind. Geregelt werden das Gleichbehandlungsgebot, das Transparenzgebot und die Vermeidung von Marktverzerrungen beim Erwerb der Kontrolle über börsennotierte Gesellschaften, die Zuständigkeit und das anwendbare Recht bei grenzüberschreitenden Sachverhalten, das Pflichtangebot, das Vereitelungsverbot für die Organe der Zielgesellschaft, die Durchgriffsregel mit Optionsmöglichkeiten für Mitgliedstaaten und Unternehmensträger sowie der Squeeze-out bzw. Sell-out und die Zulassung von Angebotsunterlagen im gesamten Binnenmarkt[44].
- Die sog. *Aktionärsrechterichtlinie* (2007/36/EG) über die Ausübung bestimmter Rechte von Aktionären in börsennotierten Gesellschaften führt Mindeststandards für die grenzüberschreitende Ausübung von Aktionärsrechten ein, indem sie auf die Verhinderung von Aktiensperrungen, die Sicherung hinreichender und rechtzeitiger Informationen sowie die Möglichkeit der Ausübung des Stimmrechts in Abwesenheit hinwirkt[45].

Bilanz der Rechtsangleichung

12 Die durch die gesellschaftsrechtlichen Richtlinien erreichte Rechtsangleichung betrifft fast ausschliesslich das *Recht der Kapitalgesellschaften* und dort vor allem das Recht der Aktiengesellschaft, bei der wichtige Bereiche wie die Gründung, der Kapitalschutz, die Umstrukturierung, die Rechnungslegung, die Publizität und der Konzerneingangsschutz harmonisiert wurden. Auch im Aktienrecht konnten sich die Mitgliedstaaten aber zumindest bislang nicht auf Richtlinien im Bereich der Corporate Governance[46], des Konzernrechts[47] oder der grenzüberschreitenden Sitzverlegung[48] einigen. Die verabschiedeten Richtlinien setzen grundsätzlich

44 Näher Germain, GPR 2003/04, 150 ff.

45 Näher Zetzsche, NZG 2007, 686 ff.

46 Siehe zum letzten Kommissionsvorschlag der gescheiterten sog. Strukturrichtlinie KOM(91) 372 endg.

47 Siehe zum letzten Vorentwurf der Kommission für eine sog. Konzernrechtsrichtlinie KOM(84) 1639 endg.

48 Zuletzt scheiterte der Kommissionsentwurf KOM(97) 6002 endg.; am 25. April 2018 hat die EU-Kommission einen neuen Vorschlag COM(2018) 241 final betreffend grenzüberschreitende Umstrukturierungen unterbreitet.

auch nur einen Mindeststandard[49], so dass die Mitgliedstaaten vielfach frei sind, weiterreichende Schutzvorschriften zugunsten von Minderheitsgesellschaftern, Gläubigern oder Arbeitnehmern zu erlassen. *Flankiert* werden die gesellschaftsrechtlichen Richtlinien aber auch noch durch solche des Kapitalmarkt-[50], Arbeits-[51] und Steuerrechts[52]. Ausweislich einer Mitteilung der Kommission vom 12. Dezember 2012[53] möchte die EU-Kommission die Transparenz zwischen Gesellschaften und Investoren stärken, das längerfristige Engagement der Aktionäre fördern und die grenzüberschreitende Tätigkeit von Unternehmen rechtlich erleichtern. Hierzu wurden die Bilanz- und die Aktionärsrechterichtlinie bereits revidiert[54], und es sind weitere Massnahmen in den Bereichen digitale Registrierung und grenzüberschreitende Umstrukturierung von Kapitalgesellschaften geplant[55].

II. Supranationale Gesellschaftsformen

1. Überblick

Zielsetzung und Geschichte

Neben der Angleichung des Gesellschaftsrechts der Mitgliedstaaten hat 13
die Europäische Union seit den 1960er-Jahren versucht, durch vorrangig, einheitlich und unmittelbar in jedem Mitgliedstaat geltende Verordnungen supranationale Gesellschaftsformen zu etablieren[56]. Diese Gesellschaftsformen sollten als Zusatzangebot neben die Gesellschaftsformen

....

49 Teilweise enthalten die Richtlinien allerdings ausdrücklich Höchststandards, welche die Mitgliedstaaten im Interesse der Rechtsangleichung auch «nach oben» binden bzw. abweichende Regelungen ausschliessen; teilweise ist umstritten, ob dies nach dem Regelungszweck der Fall ist; dazu LUTTER/BAYER/SCHMIDT, Europ. Unternehmens- und Kapitalmarktrecht[6], 2017, § 3 N 41 ff.

50 Bezüge zum Gesellschaftsrecht haben insbesondere die sog. Kapitalmarktpublizitätsrichtlinie 2001/34/EG (früher 79/279/EWG, 80/390/EWG, 82/121/EWG und 88/627/EWG), die sog. Transparenzrichtlinie 2004/109/EG und die Prospekt-VO Nr. (EU) 2017/1129 (früher RL 2003/71/EG bzw. zuvor 89/298/EWG).

51 Siehe insbesondere die sog. Unternehmensübergangsrichtlinie 2001/23/EG, die sog. Europäische Betriebsräterichtlinie 2009/38/EG und die sog. Mitbestimmungsrichtlinien für SE bzw. SCE 2001/86/EG bzw. 2003/72/EG.

52 Siehe insbesondere die sog. Gesellschaftssteuerrichtlinie (2008/7/EG; früher 69/335/EWG), die Fusionsbesteuerungsrichtlinie (2009/133/EG; früher 90/434/EWG), die Konzernbesteuerungsrichtlinie 90/435/EWG sowie die Zins- und Lizenzrichtlinie 2003/49/EG.

53 «Aktionsplan: Europäisches Gesellschaftsrecht und Corporate Governance – ein moderner Rechtsrahmen für engagiertere Aktionäre und besser überlebensfähige Unternehmen», KOM(2012) 740 endg.

54 CSR-RL 2014/95/EU und RL 2017/828/EU.

55 Siehe dazu COM(2018) 239 final und COM(2018) 241 final.

56 Dazu generell MUSTAKI/ENGAMMARE, Droit européen des sociétés, 2009, S. 343 ff.; JUNG, in: Schwarze (Hrsg.), EU-Kommentar[4], Art. 54 AEUV N 60 ff.

....

des jeweiligen nationalen Rechts treten und ausschliesslich der grenzüberschreitenden Tätigkeit und Zusammenarbeit von Unternehmen dienen. Da sich das Projekt einer Europäischen Aktiengesellschaft[57] insbesondere wegen bestehender Differenzen in der Mitbestimmungsfrage zunächst nicht realisieren liess, kam es 1985 als Erstes zur Verabschiedung der Verordnung über das Statut der Europäischen Wirtschaftlichen Interessenvereinigung (*EWIV*)[58]. Diese dem französischen Groupement d'Intérêt Économique nachgebildete Personengesellschaftsform, für die sich zwischenzeitlich etwa auch die Clariant International AG durch Gründung der Clariant Europa EWIV interessiert hat, darf jedoch nur eine Hilfstätigkeit für ihre unbeschränkt haftenden Gesellschafter ausüben und zur Vermeidung von Problemen mit der unternehmerischen Mitbestimmung nicht mehr als 500 Arbeitnehmer beschäftigen. Erst mit dem sog. Nizza-Kompromiss in den seit 30 Jahren umstrittenen Struktur- und Mitbestimmungsfragen[59] wurde im Dezember 2000 der Weg frei für die Europäische Gesellschaft (Societas Europaea, *SE*[60]) und die Europäische Genossenschaft (Societas Cooperativa Europaea, *SCE*[61]). Das geplante Statut einer sog. Europäischen Privatgesellschaft (Societas Privata Europaea, *SPE*[62]) ist hingegen einstweilen ebenso gescheitert wie das Statut einer Europäischen Stiftung (Fundatio Europaea, *FE*[63]).

14 Die supranationalen Gesellschaftsformen ermöglichen die Gründung einer Gesellschaft mit EWR-weit prinzipiell einheitlichem Statut, wodurch insbesondere die *(Um-)Strukturierung von multinationalen Konzernen und die Sitzverlegung erleichtert* werden. Die Staatszugehörigkeit der Gesellschaft ist nicht mehr ohne weiteres erkennbar, was beim Auftritt auf ausländischen Märkten durch unselbständige Niederlassungen und bei der europaweiten Kapitalbeschaffung von Vorteil sein kann. Ihren Gründern Vorteile

[57] Vgl. dazu noch den weitreichenden Vorschlag einer Verordnung des Rates über das Statut für Europäische Aktiengesellschaften vom 30.6.1970, ABl. C 124 vom 10.10.1970, S. 1 ff.; siehe zur Entstehungsgeschichte auch den Überblick bei NOBEL, Internationales und Transnationales Aktienrecht², Bd. 2 (Europarecht), 2012, S. 314 f.

[58] VO EWG/2137/85 des Rates vom 25.7.1985 über die Schaffung einer Europäischen Wirtschaftlichen Interessenvereinigung (EWIV), ABl. L 199 vom 31.7.1985, S. 1 ff.; dazu BURKHALTER, EWIV, 1998.

[59] Siehe dazu die RL 2001/86/EG vom 8.10.2001 zur Ergänzung des SE-Statuts hinsichtlich der Beteiligung der Arbeitnehmer, ABl. L 294 vom 10.11.2001, S. 22 ff.

[60] VO EG/2157/2001 des Rates v. 8.10.2001 über das Statut der Europäischen Gesellschaft (SE), ABl. L 294 v. 10.11.2001, S. 1 ff. (SE-VO).

[61] VO EG/1435/2003 des Rates v. 22.7.2003 über das Statut der Europäischen Genossenschaft (SCE), ABl. 2003 L 207 v. 18.8.2003, S. 1 ff. (SCE-VO).

[62] KOM(2008) 396 endg. (dazu krit. JUNG, FS Roland von Büren, 2009, S. 103 ff.); siehe stattdessen nunmehr den Vorschlag der EU-Kommission KOM(2014) 212 vom 9. April 2014 für eine Richtlinie über Gesellschaften mit beschränkter Haftung mit einem einzigen Gesellschafter (dazu DRYGALA, EuZW 2014, 491 ff.).

[63] KOM(2012) 35 endg.; dazu HOPT, in: Jung (Hrsg.), Stärkung des Stiftungswesens, 2016, S. 67 ff.

bieten die neuen Gesellschaftsformen schliesslich gerade auch in ihrem komplexen Zusammenspiel mit den mitgliedstaatlichen Rechten zusätzliche Gestaltungsmöglichkeiten[64].

Nachteile

Der Einsatz supranationaler Gesellschaftsformen ist jedoch auf grenz- 15
überschreitende Gründungssachverhalte[65] und teilweise auf bestimmte Tätigkeiten begrenzt[66]. Alle supranationalen Gesellschaftsstatute haben zudem nur eine *beschränkte Reichweite*, da sie viele, teilweise bedeutsame Fragen überhaupt nicht regeln, Vorbehalte zugunsten der nationalen Ausführungsgesetze enthalten oder auf das jeweils massgebliche nationale Recht verweisen. Hierdurch entsteht zunächst ein verhältnismässig *komplexes Geflecht anwendbarer Rechtsregeln*, deren Zusammenspiel bisweilen unklar und noch nicht erprobt bzw. durch Rechtsprechung erhärtet ist. Trotz der inzwischen zumindest im Aktienrecht erreichten Angleichung der nationalen Unternehmensrechte der Mitgliedstaaten (siehe N 11 f.) kann es zudem zu erheblichen Rechtsunterschieden kommen, die nicht nur bei der Wahl des Gründungssitzes im Anschluss an rechtsvergleichende Recherchen berücksichtigt werden müssen, sondern auch zu komplizierten Regelungen im Zusammenhang mit dem Minderheiten- und Gläubigerschutz bei der identitätswahrenden Sitzverlegung führen[67]. Im Ergebnis bestehen damit genau so viele Unterformen einer supranationalen Gesellschaftsform, wie es eigenständige Gesellschaftsrechte im EWR gibt. Massgeblicher Anknüpfungspunkt für die Bestimmung des jeweils subsidiär anwendbaren mitgliedstaatlichen Rechts ist der Satzungssitz der Gesellschaft, der sich zumindest in dem EWR-Staat des Hauptverwaltungssitzes und ggf. nach Massgabe des anwendbaren nationalen Rechts auch an dessen Ort (bei der EWIV ggf. auch nur eines Mitglieds) befinden muss.

Bedeutung

Trotz des begrenzten Anwendungsbereichs und der nur unzureichend 16
durchgeführten Supranationalität darf der rechtspolitische und praktische Erfolg der supranationalen Gesellschaftsformen nicht unterschätzt werden. EWIV, SE und SCE fungieren nämlich zum einen als *Modelle* und Prototypen für die Angleichung der nationalen Gesellschaftsrechte durch Massnahmen der EU[68] und ihrer Mitgliedstaaten[69]. Zum anderen nutzen

....

64 Für die SE Jung, in: Dekeuwer-Defossez/Cotiga (Hrsg.), La société européenne, 2013, S. 49 ff.

65 Siehe Art. 4 Abs. 2 EWIV-VO, Art. 2 SE-VO und Art. 2 SCE-VO.

66 Siehe Art. 3 EWIV-VO und Art. 1 Abs. 3 SCE-VO.

67 Siehe dazu etwa Art. 8 SE-VO und Oechsler, AG 2005, 373 ff.

68 So diente etwa die SE-VO als Vorbild für die Internationale Fusionsrichtlinie 2005/56/EG (jetzt Art. 118 ff. RL 2017/1132/EU).

69 So erprobt etwa das deutsche Recht bei Europäischen Aktiengesellschaften mit Sitz in Deutschland das monistische Leitungssystem.

....

inzwischen einige Unternehmen die durch sie eröffneten zusätzlichen *Gestaltungsmöglichkeiten*[70].

2. Beispiel: Europäische Aktiengesellschaft

17 Die Gründung einer Europäischen Aktiengesellschaft (Societas Europaea, SE)[71] ist im EWR seit dem 8.10.2004 möglich. Bislang wurden gut 3000 derartige Gesellschaften im EWR registriert, wobei der weit überwiegende Teil auf Deutschland und Tschechien entfällt[72]. Dabei sind mit der rechtsordnungsübergreifenden Fusion (Art. 2 Abs. 1 i. V. m. Art. 17 ff. SE-VO), der Holding-Gründung durch die Einbringung von Anteilen an Aktiengesellschaften oder Gesellschaften mit beschränkter Haftung aus verschiedenen Mitgliedstaaten bzw. mit Tochtergesellschaften oder Niederlassungen in verschiedenen EWR-Staaten (Art. 2 Abs. 2 i. V. m. Art. 32 ff. SE-VO), der Errichtung eines SE-Gemeinschaftsunternehmens (Art. 2 Abs. 3 i. V. m. Art. 35 f. SE-VO) und der Umwandlung einer Aktiengesellschaft mit Sitz in demselben Staat und Tochtergesellschaften bzw. Niederlassungen in anderen EWR-Staaten (Art. 2 Abs. 4 i. V. m. Art. 37 SE-VO) nur *vier originäre Gründungsformen* mit grenzüberschreitendem Charakter zugelassen. Sofern eine SE auf eine der vier genannten Weisen entstanden ist, kann sie selbst an der Gründung einer SE mitwirken (Art. 3 Abs. 1 SE-VO) und eine Tochter-SE gründen (Art. 3 Abs. 2 SE-VO). Bei den genannten Gründungsformen können natürliche Personen zudem nur bei der Gründung einer Holding-SE als Gesellschafter mitwirken. Die Gesellschaft wird daher zumindest *zunächst in einen Konzern eingebunden* sein. Immerhin brauchen die an der Gründung beteiligten Gesellschaften keine operativen Gesellschaften zu sein, so dass es sich auch um Holdinggesellschaften oder Vorratsgesellschaften ohne Geschäftsbetrieb handeln kann. Nach Art. 12 Abs. 2 SE-VO kann eine SE erst eingetragen werden, wenn eine Vereinbarung über die Beteiligung der Arbeitnehmer zustande gekommen oder gescheitert ist bzw. für verzichtbar erklärt wurde[73]. Gründung

70 Bekannte Beispiele bilden die Allianz SE (dazu Hemeling, in: Jung [Hrsg.], Supranationale Gesellschaftsformen im Typenwettbewerb, 2011, S. 41 ff.), BASF SE, Porsche SE, Puma SE und STRABAG SE; dazu auch Fountoulakis/Jung, SZIER 2006, 525 ff.

71 Siehe zur SE Günther, La société anonyme européenne, 2009; Nobel, Internationales und Transnationales Aktienrecht², Bd. 2 (Europarecht), 2012, Kap. 5 N 1 ff. sowie näher Lutter/Hommelhoff, SE-Kommentar², 2015.

72 Siehe zu aktuellen statistischen Daten http://ecdb.worker-participation.eu (besucht am 14.5.2018).

73 Zur zwischen den Mitgliedstaaten seit Jahrzehnten stark umstrittenen Mitbestimmung der Arbeitnehmer auf Ebene der Gesellschaftsleitung enthält die RL 2001/86/EG eine sehr detaillierte Kompromisslösung (dazu Fountoulakis/Jung, SZIER 2006, 525, 536 ff.).

Beispiel: Zwar wurde die Umwandlung der österreichischen STRABAG Bauholding AG in eine SE vom Bezirksgericht Klagenfurt mit konstitutiver Wirkung in das Firmenbuch eingetragen, obwohl die erforderlichen Verhandlungen mit den Vertretern der insgesamt etwa 32 000 Arbeitnehmer nicht stattgefunden hatten, doch löste dies heftige Proteste der Belegschaft und der betroffenen nationalen Gewerkschaften aus, die gegen den Eintragungsbeschluss Rekurs einlegten. Erst am 4.5.2006 konnte die erforderliche SE-Mitbestimmungsvereinbarung nach schwierigen Verhandlungen unterzeichnet werden.

Supranationale Grundstruktur

Das SE-Recht wird nach *Art. 9 Abs. 1 lit. a SE-VO* zunächst durch die in allen EWR-Staaten vorrangig, einheitlich und unmittelbar anwendbare VO EG/2157/2001 geprägt. Zumindest auf supranationaler Ebene gilt das Prinzip der *Satzungsstrenge*, so dass abweichende und ergänzende statutarische Bestimmungen im Regelungsbereich der SE-VO nur dort möglich sind, wo dies die SE-VO ausdrücklich zulässt (Art. 9 Abs. 1 lit. b SE-VO). Danach ist die SE eine rechtsfähige *Kapitalgesellschaft* mit einem gesicherten Grundkapital, das in Aktien zerlegt ist und mindestens 120 000 EUR beträgt. Sie kann operativ tätig sein und an der Börse kotiert werden. Der nach Art. 8 SE-VO verlegbare Satzungssitz muss sich zumindest in dem EWR-Staat des Hauptverwaltungssitzes und ggf. nach Massgabe des anwendbaren nationalen Rechts auch an dessen Ort befinden (Art. 7 SE-VO). Nach Art. 10 SE-VO wird die SE in ihrem Sitzstaat wie andere nach dem Recht des Sitzstaats gegründete Aktiengesellschaften behandelt. Der zwingende Rechtsformzusatz «SE» ist ihr firmenrechtlich vorbehalten (Art. 11 SE-VO). Die Aktionäre haben Einlagen zu leisten und haften im Übrigen nicht für die Gesellschaftsverbindlichkeiten (Art. 1 Abs. 2 S. 2 und Art. 5 SE-VO). *Organe* sind die Hauptversammlung sowie im monistischen System das Verwaltungsorgan bzw. im wahlweise zur Verfügung stehenden dualistischen System das Leitungs- und das Aufsichtsorgan (Art. 38 ff. SE-VO). Die Amtszeit der Exekutivorgane beträgt bei möglicher Wiederbestellung maximal sechs Jahre (Art. 46 SE-VO). Ihre Haftung gegenüber der SE ist prinzipiell in Art. 51 SE-VO vorgesehen. 18

National geregelte Bereiche

Soweit die SE-VO auf mitgliedstaatliches Recht verweist oder keine (abschliessende) Regelung enthält, findet dasjenige Recht Anwendung, das der jeweilige Sitzstaat speziell für die SE (SE-Ausführungsgesetze der Mitgliedstaaten) bzw. generell für inländische (Aktien-)Gesellschaften geschaffen hat (Art. 9 Abs. 1 lit. c SE-VO). Das mitgliedstaatliche Recht gilt für so *zentrale Fragen* wie die Geschäftstätigkeit, die Registrierung und (weitgehend) die Firmierung, die Aufbringung, Erhaltung und Änderung des Kapitals, die Aktionärsrechte und -pflichten, die Anteilsübertragung, die Kompetenzen der Hauptversammlung, die Haftung der Leitungsorgane gegenüber der Gesellschaft und Dritten, die Mitbestimmung der Arbeitnehmer, das Konzern- und Übernahmerecht sowie die Liquidation 19 und die Insolvenz. Auch die Besteuerung der Gründungsvorgänge und der Sitzverlegung sowie die laufende Besteuerung der SE und ihrer Gesellschafter richten sich nach dem jeweils anwendbaren und nur geringfügig harmonisierten nationalen Steuerrecht. Hinsichtlich des auf die Rechnungslegung anwendbaren Rechts muss schliesslich differenziert werden: Während börsenkotierte SE ihre Rechnungslegung an den International Financial Reporting Standards (IFRS) auszurichten haben, gilt für die nicht börsenkotierten SE das Rechnungslegungsrecht des Sitzstaats (Art. 61 f. SE-VO).

E. Bedeutung des EU-Gesellschaftsrechts für schweizerische Gesellschaften

Autonomer Nach- und Vorvollzug

20 Der Schweizer Gesetzgeber orientiert sich bisweilen bei der Rechtsetzung im Gesellschaftsrecht an bestehendem bzw. bevorstehendem EU-Sekundärrecht (sog. autonomer Nach- bzw. Vorvollzug)[74]. Beispiele des *Vorvollzugs* bilden Regelungen zur grenzüberschreitenden Fusion[75] und zum Übernahmerecht[76]. Der autonome *Nachvollzug* beeinflusste die Regelungen zur Fusion und Spaltung sowie zur Beteiligungspublizität. Unvereinbar mit den Grundfreiheiten bzw. dem EU-Sekundärrecht sind aber etwa die Vinkulierungsmöglichkeiten von nicht kotierten Namenaktien (Art. 685b Abs. 2 OR)[77], die Beschränkung der Vertretungsmacht auf den Gesellschaftszweck (z. B. Art. 718a OR)[78] und die eingeschränkte Rechnungslegungspublizität (Art. 958e OR)[79]. Im Internationalen Gesellschaftsrecht wäre zu prüfen, inwieweit die Sonderanknüpfungen in Art. 158 und 159 IPRG als Ausnahmen von der generell verfolgten Gründungstheorie (Art. 154 Abs. 1 IPRG) mit der Niederlassungsfreiheit vereinbart werden können. Gerade im Falle von Art. 159 IPRG, wonach sich die Haftung der für eine formal ausländische Gesellschaft Handelnden nach schweizerischem Recht richtet, erscheint eine Vereinbarkeit mit der

74 Dazu generell Jung, ZSR 2010, 513 ff.

75 Einführung der Art. 161 ff. IPRG im Vorgriff auf die RL 2005/56/EG (jetzt Art. 118 ff. RL 2017/1132/EU).

76 Einführung der Art. 22 ff. aBEHG (jetzt Art. 125 ff. FinfraG) und der UEV-UEK im Vorgriff auf die RL 2004/25/EG.

77 Zur Unvereinbarkeit mit dem freien Kapitalverkehr siehe Nobel, ST 1992/7–8, 421, 422 f.

78 Siehe demgegenüber Art. 9 Abs. 1 RL 2017/1132/EU.

79 Siehe demgegenüber Art. 14 lit. f RL 2017/1132/EU.

EuGH-Rechtsprechung in Sachen Inspire Art fraglich[80]. Erforderlich wäre zumindest eine Einschränkung der Kollisionsregel auf Fälle der Rechtsscheinhaftung[81].

Sonderfälle

Ausserhalb des autonomen Vor- und Nachvollzugs hat das supranationale Gesellschaftsrecht der EU in den folgenden Bereichen eine eingeschränkte Bedeutung: 21

- An der Gründung einer Europäischen Aktiengesellschaft (N 17 ff.) oder einer Europäischen Genossenschaft (N 13) kann sich eine Gesellschaft mit tatsächlichem Hauptverwaltungssitz in der Schweiz nur unter ausgesprochen engen Voraussetzungen beteiligen[82]. Das gilt auch für die Europäische wirtschaftliche Interessenvereinigung (EWIV). In aller Regel werden schweizerische Gesellschaften daher nur über ihre EU-/EWR-Tochtergesellschaften von den *supranationalen Gesellschaftsformen* Gebrauch machen können[83].
- Die kollisionsrechtlichen Verordnungen (EG) Nr. 44/2001 (sog. *Rom I-VO*) und (EG) Nr. 864/2007 (sog. *Rom II-VO*) gelten zwar erga omnes (Art. 2 Rom I-VO bzw. Art. 3 Rom II-VO), doch nicht für die eigentlichen gesellschaftsrechtlichen Fragen (Art. 1 Abs. 2 lit. f Rom I-VO bzw. Art. 1 Abs. 2 lit. d Rom II-VO).
- Die schweizerischen Gesellschaften und Gesellschafter können sich auf die von Art. 63 AEUV ausdrücklich erga omnes gewährleistete *Kapital- und Zahlungsverkehrsfreiheit* berufen[84].
- Eine nach schweizerischem Recht gegründete Gesellschaft unterliegt dem durch die *börsengesellschaftsrechtlichen Richtlinien*[85] angeglichenen Recht des betreffenden EU-Mitgliedstaats, wenn ihre Beteiligungspapiere an einer Börse in einem EU-Mitgliedstaat kotiert sind und die jeweilige Richtlinie für ihre Anwendbarkeit allein auf die Zulassung von Wertpapieren zum Handel an einem geregelten Markt, der in einem EU-Mitgliedstaat gelegen ist oder dort be-

80 Siehe dazu etwa auch A. K. Schnyder, FS Erik Jayme, 2004, S. 823, 828.

81 Vischer, FS Ernst A. Kramer, 2004, S. 985, 994 f.

82 Nach Art. 2 Abs. 5 SE-VO (EG) 2157/2001 bzw. Art. 2 Abs. 2 SCE-VO (EG) 1435/2003 kann ein Mitgliedstaat vorsehen, dass sich eine Gesellschaft, die ihre Hauptverwaltung nicht in der Gemeinschaft hat, an der Gründung einer SE bzw. SCE beteiligen kann, sofern sie nach dem Recht eines Mitgliedstaats gegründet wurde, ihren Sitz in diesem Mitgliedstaat hat und mit der Wirtschaft eines Mitgliedstaats in tatsächlicher und dauerhafter Verbindung steht.

83 Dazu Bühler, Liber amicorum Rudolf Tschäni, 2010, S. 411 ff.

84 Dazu und zur Abgrenzung zwischen Kapitalverkehrs- und Dienstleistungsfreiheit siehe etwa EuGH (C-452/04), Slg. 2006, I-09521 (Fidium Finanz AG).

85 Zu diesen näher Nobel, Internationales und Transnationales Aktienrecht, Bd. 2 (Europarecht), 2012, Kap. 2.

trieben wird, abstellt[86] und nicht zusätzlich die Unterstellung unter ein mitgliedstaatliches Gesellschaftsrecht verlangt[87].

- Das *EU-Kartellrecht* kann nach dem Auswirkungsprinzip ebenfalls eine Rolle für die nach schweizerischem Recht gegründeten Gesellschaften spielen. So greift die Fusionskontrollverordnung (EG) Nr. 139/2004 bei einer gemeinschaftsweiten Bedeutung des Zusammenschlusses zweier schweizerischer Aktiengesellschaften ein (Art. 1 i. V. m. Art. 5 FKVO), so dass der Zusammenschluss nach Vertragsabschluss, Veröffentlichung des Übernahmeangebots oder Erwerb einer die Kontrolle begründenden Beteiligung und vor ihrem Vollzug bei der EU-Kommission anzumelden ist und von dieser unter Umständen nur mit gesellschaftsrechtlich relevanten Auflagen bzw. Bedingungen zugelassen oder gar ganz untersagt werden kann (Art. 8 FKVO)[88].
- Das Luftverkehrsabkommen Schweiz–EG (*LVA*)[89] garantiert den Gesellschaften im Bereich des Luftverkehrs die Niederlassungsfreiheit (dazu N 5 ff.) in einer dem EU-Recht (jetzt Art. 49 und 54 AEUV) entsprechenden Weise (Art. 4 und 5 LVA).
- Das gemischte Freizügigkeitsabkommen Schweiz–EG (*FZA*)[90] enthält lediglich Regelungen zur Dienstleistungsfreiheit von Gesellschaften. Es garantiert den nach schweizerischem Recht gegründeten Gesellschaften jedoch keine Niederlassungsfreiheit bzw. kein Recht auf Anerkennung in einem anderen Vertragsstaat.

  Beispiel: Die nach schweizerischem Recht wirksam gegründete X-AG verlegt ihren tatsächlichen Hauptverwaltungssitz nach Deutschland. Dort wird sie nach der im autonomen deutschen Internationalen Gesellschaftsrecht vorherrschenden Ansicht, wonach das Gesellschaftsstatut an den realen Hauptverwaltungssitz anzuknüpfen ist (sog. Sitztheorie), deutschem Recht unterstellt. Da die X-AG nicht nach deutschem Recht gegründet wurde und

86 So insbesondere Art. 1 Abs. 1 Transparenzrichtlinie 2004/109/EG und ähnlich Art. 1 Abs. 1 Prospekt-VO Nr. (EU) 2017/1129 (zuvor RL 2003/71/EG).

87 So aber insbesondere Art. 1 Abs. 1 Übernahmerichtlinie 2004/25/EG.

88 Näher zur Bedeutung der EU-Fusionskontrolle für Schweizer Unternehmen Seitz, WuW 2001, S. 126 ff.; siehe als Beispiel den Fall Winterthur/Schweizer Rück (IV/M.518).

89 Abkommen zwischen der Schweizerischen Eidgenossenschaft und der Europäischen Gemeinschaft über den Luftverkehr vom 21. Juni 1999 (SR 0.748.127.192.68).

90 Abkommen zwischen der Schweizerischen Eidgenossenschaft einerseits und der Europäischen Gemeinschaft und ihren Mitgliedstaaten andererseits über die Freizügigkeit vom 21. Juni 1999 (SR 0.142.112.681).

die Voraussetzungen des deutschen Aktienrechts nicht erfüllt, kann sie vor deutschen Gerichten nicht als Aktiengesellschaft anerkannt werden. Ihr ist daher nach der deutschen Rechtsprechung die Parteifähigkeit nur als Personenhandelsgesellschaft zuzusprechen[91].

Immerhin können die nach schweizerischem Recht gegründeten Gesellschaften auch ausserhalb des Anwendungsbereichs des LVA über rechtlich verselbständigte Tochtergesellschaften im EWR von der im EWR-Raum gewährleisteten Niederlassungsfreiheit (dazu N 5 ff.) profitieren, da es nicht auf die Staatsangehörigkeit der Gesellschafter bzw. Kapitaleigner ankommt[92].

F. Vertiefungsfragen

1. Warum gelten die Regelungen des EU-Gesellschaftsrechts auch für die EFTA-Staaten Island, Liechtenstein und Norwegen, nicht jedoch für die Schweiz?
2. Warum ist es bislang nur zu einer punktuellen Vereinheitlichung bzw. Angleichung der Gesellschaftsrechte der EWR-Mitgliedstaaten gekommen?
3. Was müsste die seit langem geplante Richtlinie zur identitätswahrenden grenzüberschreitenden Sitzverlegung vorsehen, um einen Mehrwert gegenüber der nach der Rechtsprechung des EuGH zur Niederlassungsfreiheit von Gesellschaften bestehenden Rechtslage zu schaffen?
4. Wie beurteilen Sie Bilanz und Perspektiven des EU-Gesellschaftsrechts?

91 BGHZ 178, 192; dazu näher JUNG, NZG 2008, S. 681 ff. (zu den Ausgangsverfahren) und A. K. SCHNYDER, GPR 2009, 227 ff. (zur Entscheidung des BGH).

92 EuGH (C-221/89), Slg. 1991, I-3509 N 28 ff. (Factortame).

Stichwortverzeichnis

Die den Stichworten folgenden Zahlen weisen auf die jeweiligen Fundstellen im Text hin (Paragraf/Randziffer). Die zentralen Stellen sind fett markiert.

A

B

C

D

E

F

G

H

I

J

K

L

....

M

N

O

....

P

Q

R

S

T

U

....

V

W

Z

Alle LiteraB-Lehrbücher für ein erfolgreiches Jus-Studium

Stand: Juli 2018

Alexander R. Markus / Lorenz Droese

Zivilprozessrecht

2018 | 362 S. | PrintPlu§ | broschiert | CHF 69.00 | 978-3-7255-7674-6

Furrer Andreas / Girsberger Daniel / Müller-Chen Markus / Schramm Dorothee

Internationales Privatrecht

3., nachgeführte Auflage

2013 | 430 S. | broschiert | CHF 59.00 | 978-3-7255-6858-1

Schnyder Anton K. / Portmann Wolfgang / Müller-Chen Markus

Ausservertragliches Haftpflichtrecht

2. Auflage

2013 | 286 S. | broschiert | CHF 59.00 | 978-3-7255-6726-3

Furrer Andreas / Müller-Chen Markus

Obligationenrecht

Allgemeiner Teil

3. Auflage

2018 | 804 S. | PrintPlu§ | CHF 98.00 | 978-3-7255-7682-1

Müller-Chen Markus / Girsberger Daniel / Droese Lorenz

Obligationenrecht

Besonderer Teil

2. Auflage

2017 | 466 S. | PrintPlu§ | CHF 69.00 | 978-3-7255-7654-8

Breitschmid Peter / Eitel Paul / Fankhauser Roland / Geiser Thomas / Rumo-Jungo Alexandra

Erbrecht

3. Auflage

2016 | 356 S. | broschiert | CHF 59.00 | 978-3-7255-7236-6

Daniel Girsberger / Tina Huber-Purtschert / Eva Maissen / Jörg Sprecher

Vertragsgestaltung und Vertragsdurchsetzung

2. Auflage

2017 | 352 S. | PrintPlu§ | broschiert | CHF 69.00 | 978-3-7255-7722-4

Daniel Girsberger / Andreas Furrer / Andreas Galli

Wirtschaftsrecht

4. Auflage

2015 | 360 S. | broschiert | CHF 59.00 | 978-3-7255-7249-6

Simonek Madeleine / Gächter Thomas / Müller Karin

Unternehmensrecht I

Gründung und Aufbau, Sanierung und Liquidation

2. Auflage

2013 | 452 S. | broschiert | CHF 59.00 | 978-3-7255-6839-0

Simonek Madeleine / Eitel Paul / Müller Karin

Unternehmensrecht II

Nachfolge und Umstrukturierung

2. Auflage

2013 | 380 S. | broschiert | CHF 59.00 | 978-3-7255-6840-6

Taisch Franco

Finanzmarktrecht

2. Auflage

2010 | 418 S. | broschiert | CHF 59.00 | 978-3-7255-6132-2

Senn Marcel / Gschwend Lukas / Pahud de Mortanges René
Rechtsgeschichte
auf kulturgeschichtlicher Grundlage
3. nachgeführte Auflage
2012 | 428 S. | broschiert | CHF 59.00 | 978-3-7255-6622-8

Eva Maria Belser / Bernhard Waldmann / René Wiederkehr
Staatsorganisationsrecht
2017 | 448 S. | broschiert | CHF 59.00 | 978-3-7255-7385-1
2017 | 448 S. | PrintPlu§ | CHF 69.00 | 978-3-7255-7637-1

Brunner Alexander / Henn Matthias-Christoph / Kriesi Kathrin
Anwaltsrecht
2015 | 348 S. | broschiert | CHF 59.00 | 978-3-7255-7218-2

Belser Eva Maria / Waldmann Bernhard / Molinari Eva
Grundrechte I
Allgemeine Grundrechtslehren
2012 | 274 S. | broschiert | CHF 59.00 | 978-3-7255-6627-3

Belser Eva Maria / Waldmann Bernhard
Grundrechte II
Die einzelnen Grundrechte
2012 | 452 S. | broschiert | CHF 59.00 | 978-3-7255-6639-6

Peters Anne
Völkerrecht
Allgemeiner Teil
4. Auflage
2016 | 482 S. | broschiert | CHF 59.00 | 978-3-7255-7348-6